马克思主义理论研究
和建设工程重点教材

民法学

（第二版）

上册

《民法学》编写组
主　编　王利明
副主编　王卫国　陈小君
主要成员
（以姓氏笔画为序）
王　轶　王歌雅　许德峰
周友军　房绍坤　孟　强
姚　辉　高圣平　程　啸

高等教育出版社·北京

二维码资源访问

使用微信扫描本书内的二维码，输入下册封底防伪二维码下的 20 位数字，进行微信绑定，即可免费访问相关资源。注意：上、下册不分开销售，微信绑定只可操作一次，为避免不必要的损失，请您刮开防伪码后立即进行绑定操作！

教学课件下载

本书有配套教学课件，供教师免费下载使用，请访问 xuanshu.hep.com.cn，经注册认证后，搜索书名进入具体图书页面，即可下载。

图书在版编目（CIP）数据

民法学：上、下册／《民法学》编写组编．-- 2 版．-- 北京：高等教育出版社，2022.8（2024.9 重印）
马克思主义理论研究和建设工程重点教材
ISBN 978-7-04-058271-0

Ⅰ．①民… Ⅱ．①民… Ⅲ．①民法-法的理论-中国-高等学校-教材 Ⅳ．①D923.01

中国版本图书馆 CIP 数据核字（2022）第 032008 号

民法学
MINFAXUE

责任编辑 姜 洁 周铁男　　封面设计 王 鹏　　版式设计 童 丹　　责任校对 刁丽丽
责任印制 耿 轩

出版发行 高等教育出版社
社 址 北京市西城区德外大街 4 号
邮政编码 100120
印 刷 山东临沂新华印刷物流集团有限责任公司
开 本 787mm×1092mm 1/16
本册印张 31.25
本册字数 590 千字
购书热线 010-58581118
咨询电话 400-810-0598

网 址 http://www.hep.edu.cn
http://www.hep.com.cn
网上订购 http://www.hepmall.com.cn
http://www.hepmall.com
http://www.hepmall.cn
版 次 2019 年 1 月第 1 版
2022 年 8 月第 2 版
印 次 2024 年 9 月第 11 次印刷
总 定 价 115.00 元

物 料 号 58271-00

本书引用法律缩略语表

全称	简称
中华人民共和国宪法	宪法
中华人民共和国民法典	民法典
中华人民共和国民法通则（失效）	民法通则
中华人民共和国民法总则（失效）	民法总则
中华人民共和国合同法（失效）	合同法
中华人民共和国物权法（失效）	物权法
中华人民共和国担保法（失效）	担保法
中华人民共和国侵权责任法（失效）	侵权责任法
中华人民共和国婚姻法（失效）	婚姻法
中华人民共和国立法法	立法法
中华人民共和国公司法	公司法
中华人民共和国保险法	保险法
中华人民共和国海商法	海商法
中华人民共和国票据法	票据法
中华人民共和国证券法	证券法
中华人民共和国专利法	专利法
中华人民共和国商标法	商标法
中华人民共和国著作权法	著作权法
中华人民共和国农村土地承包法	农村土地承包法
中华人民共和国刑法	刑法
中华人民共和国涉外民事关系法律适用法	涉外民事关系法律适用法
中华人民共和国海洋环境保护法	海洋环境保护法
中华人民共和国民事诉讼法	民事诉讼法
中华人民共和国律师法	律师法
中华人民共和国合伙企业法	合伙企业法
中华人民共和国企业破产法	企业破产法
中华人民共和国刑事诉讼法	刑事诉讼法
中华人民共和国土地改革法（失效）	土地改革法
中华人民共和国土地管理法	土地管理法

续表

全称	简称
中华人民共和国海域使用管理法	海域使用管理法
中华人民共和国矿产资源法	矿产资源法
中华人民共和国水法	水法
中华人民共和国渔业法	渔业法
中华人民共和国城市房地产管理法	城市房地产管理法
中华人民共和国民用航空法	民用航空法
中华人民共和国税收征收管理法	税收征收管理法
中华人民共和国旅游法	旅游法
中华人民共和国反不正当竞争法	反不正当竞争法
中华人民共和国拍卖法	拍卖法
中华人民共和国电力法	电力法
中华人民共和国建筑法	建筑法
中华人民共和国个人信息保护法	个人信息保护法
中华人民共和国消费者权益保护法	消费者权益保护法
中华人民共和国网络安全法	网络安全法
中华人民共和国电子商务法	电子商务法
中华人民共和国继承法（失效）	继承法
中华人民共和国收养法（失效）	收养法
中华人民共和国未成年人保护法	未成年人保护法
中华人民共和国母婴保健法	母婴保健法
中华人民共和国固体废物污染环境防治法	固体废物污染环境防治法
中华人民共和国传染病防治法	传染病防治法
中华人民共和国家庭教育促进法	家庭教育促进法
中华人民共和国国家赔偿法	国家赔偿法
中华人民共和国产品质量法	产品质量法
中华人民共和国环境保护法	环境保护法
中华人民共和国道路交通安全法	道路交通安全法
中华人民共和国个人独资企业法	个人独资企业法
中华人民共和国食品安全法	食品安全法
中华人民共和国公务员法	公务员法
中华人民共和国教育法	教育法

续表

全称	简称
中华人民共和国义务教育法	义务教育法
中华人民共和国药品管理法	药品管理法
中华人民共和国农产品质量安全法	农产品质量安全法
中华人民共和国核安全法	核安全法
中华人民共和国精神卫生法	精神卫生法
中华人民共和国水污染防治法	水污染防治法
中华人民共和国大气污染防治法	大气污染防治法
中华人民共和国执业医师法	执业医师法
中华人民共和国护士管理办法	护士管理办法
中华人民共和国基本医疗卫生与健康促进法	基本医疗卫生与健康促进法
中华人民共和国野生动物保护法	野生动物保护法
中华人民共和国文物保护法	文物保护法
中华人民共和国动物防疫法	动物防疫法
中华人民共和国公路法	公路法
最高人民法院关于适用《中华人民共和国民法典》时间效力的若干规定	时间效力的若干规定
最高人民法院关于适用《中华人民共和国民法典》总则编若干问题的解释	总则编解释
最高人民法院关于审理民事案件适用诉讼时效制度若干问题的规定	诉讼时效司法解释
最高人民法院关于审理建筑物区分所有权纠纷案件适用法律若干问题的解释	建筑物区分所有权司法解释
最高人民法院关于适用《中华人民共和国婚姻法》若干问题的解释（一）（失效）	婚姻法解释（一）
最高人民法院关于审理人身损害赔偿案件适用法律若干问题的解释	人身损害赔偿解释
最高人民法院关于确定民事侵权精神损害赔偿责任若干问题的解释（2020 年修正）	精神损害赔偿解释
最高人民法院关于审理道路交通事故损害赔偿案件适用法律若干问题的解释	道路交通事故损害赔偿解释
最高人民法院关于审理铁路运输人身损害赔偿纠纷案件适用法律若干问题的解释	铁路人身损害赔偿解释

续表

全称	简称
最高人民法院关于裁判文书引用法律、法规等规范性法律文件的规定	引用法律规定
中华人民共和国矿产资源法实施细则	矿产资源法实施细则
中华人民共和国渔业法实施细则	渔业法实施细则
中华人民共和国户口登记条例	户口登记条例
中华人民共和国市场主体登记管理条例	市场主体登记管理条例
中华人民共和国土地管理法实施条例	土地管理法实施条例
中华人民共和国城镇国有土地使用权出让和转让暂行条例	城镇国有土地使用权出让和转让暂行条例
中华人民共和国公司登记管理条例	公司登记管理条例
中华人民共和国母婴保健法实施办法	母婴保健法实施办法

目　录

绪　论 ………………………………………………………… 1
一、民法学以民法典为主要研究对象 …………………… 1
二、民法典的特色和思维方法 …………………………… 6
三、民法的历史发展 ……………………………………… 12
四、民法的研究立场和学习方法 ………………………… 19

第一编　总　则

第一章　民法的基本原理 ………………………………… 29
第一节　民法的概念和调整对象 ………………………… 29
一、民法的概念 …………………………………………… 29
二、民法的调整对象 ……………………………………… 29
第二节　民法基本原则 …………………………………… 31
一、保护民事权益原则 …………………………………… 32
二、平等原则 ……………………………………………… 33
三、自愿原则 ……………………………………………… 34
四、公平原则 ……………………………………………… 35
五、诚信原则 ……………………………………………… 36
六、公序良俗原则 ………………………………………… 37
七、绿色原则 ……………………………………………… 38
第三节　民事法律关系 …………………………………… 39
一、民事法律关系的概念和特征 ………………………… 39
二、民事法律关系的要素 ………………………………… 40
三、民事法律事实 ………………………………………… 43
第四节　民法的渊源 ……………………………………… 44
一、宪法 …………………………………………………… 44
二、民事法律 ……………………………………………… 44
三、行政法规 ……………………………………………… 45
四、地方性法规、自治条例和单行条例 ………………… 45
五、规章 …………………………………………………… 45

六、司法解释 …… 46
七、国际条约和国际惯例 …… 46
八、习惯 …… 47
第五节　民法的适用 …… 47
一、民法的适用范围 …… 47
二、民法适用的基本原则 …… 49

第二章　民事主体 …… 52
第一节　自然人 …… 52
一、自然人的民事权利能力 …… 52
二、自然人的民事行为能力 …… 53
三、自然人的住所 …… 55
四、监护 …… 55
五、宣告失踪和宣告死亡 …… 59
六、个体工商户和农村承包经营户 …… 61
第二节　法人 …… 62
一、法人概述 …… 62
二、法人的能力 …… 65
三、法人的住所 …… 66
四、法人的机关 …… 66
五、法人的终止 …… 67
第三节　非法人组织 …… 68
一、非法人组织的概念和特征 …… 68
二、非法人组织的法律地位 …… 68
三、非法人组织的分类 …… 69
四、非法人组织的终止 …… 70

第三章　民事权利 …… 71
第一节　民事权利概述 …… 71
一、民事权利的概念和特点 …… 71
二、民事权利的分类 …… 72
三、民事权利与民事义务 …… 75
第二节　民事权利的变动 …… 77
一、权利变动的意义 …… 77

二、权利的取得 …… 77
三、权利的变更和消灭 …… 78
第三节 民事权利的行使 …… 78
一、权利行使的概念 …… 78
二、权利行使的准则 …… 78
第四节 民事权利的救济 …… 81
一、民事权利救济的意义 …… 81
二、民事权利救济的方式 …… 81

第四章 民事法律行为 …… 84
第一节 民事法律行为概述 …… 84
一、民事法律行为的概念和特征 …… 84
二、民事法律行为的类型 …… 84
第二节 意思表示 …… 86
一、意思表示的概念和特征 …… 86
二、意思表示的类型 …… 87
三、意思表示的效果 …… 88
四、意思表示的解释 …… 89
第三节 民事法律行为的成立和生效 …… 90
一、民事法律行为的成立 …… 90
二、民事法律行为的生效 …… 91
第四节 附条件和附期限的民事法律行为 …… 92
一、附条件的民事法律行为 …… 92
二、附期限的民事法律行为 …… 94
第五节 民事法律行为的效力瑕疵 …… 95
一、无效民事法律行为 …… 95
二、可撤销的民事法律行为 …… 98
三、效力待定的民事法律行为 …… 101
四、民事法律行为无效、被撤销或者确定不发生效力后的法律后果 …… 102

第五章 代理 …… 104
第一节 代理概述 …… 104
一、代理的概念和特征 …… 104

二、代理的分类 …… 105
第二节 代理权 …… 106
一、代理权的性质 …… 106
二、代理权的产生 …… 106
三、复代理 …… 107
四、代理权的行使 …… 108
第三节 无权代理 …… 111
一、无权代理概述 …… 111
二、狭义无权代理 …… 111
三、表见代理 …… 113

第六章 民事责任 …… 116
第一节 民事责任概述 …… 116
一、民事责任的概念和特征 …… 116
二、民事责任的分类 …… 117
三、民事责任承担方式 …… 118
第二节 民事责任的免责事由 …… 121
一、不可抗力 …… 121
二、正当防卫 …… 122
三、紧急避险 …… 123
四、自愿救助行为 …… 123
五、其他免责事由 …… 124
第三节 侵害英雄烈士等人格利益的民事责任 …… 125
一、侵害英雄烈士等人格利益的民事责任概述 …… 125
二、侵害英雄烈士等人格利益民事责任的成立条件 …… 125
三、侵害英雄烈士等人格利益请求权的行使 …… 127

第七章 诉讼时效与期间 …… 128
第一节 诉讼时效概述 …… 128
一、时效的概念和类型 …… 128
二、诉讼时效的概念和特征 …… 128
三、诉讼时效的类型 …… 129
第二节 诉讼时效的适用范围 …… 130
一、诉讼时效主要适用于债权请求权 …… 130

二、不适用诉讼时效的请求权 …… 130
第三节　诉讼时效期间的计算 …… 131
一、诉讼时效期间的起算 …… 131
二、诉讼时效的中止、中断和延长 …… 132
第四节　诉讼时效的效力 …… 135
一、诉讼时效效力的主要内容 …… 135
二、诉讼时效利益的抛弃 …… 136
第五节　除斥期间 …… 137
一、除斥期间的概念和特征 …… 137
二、除斥期间与诉讼时效的区别 …… 138
第六节　期间及其计算 …… 139
一、期间的概念 …… 139
二、期间的分类 …… 140
三、期间的计算 …… 140

第二编　物　　权

第一章　物权与物权法概述 …… 145
第一节　物权概述 …… 145
一、物权的概念和特征 …… 145
二、物权的效力 …… 146
三、物权的分类 …… 147
四、物权法的概念和体系 …… 149
第二节　物权法的基本原则 …… 150
一、平等保护原则 …… 150
二、物权法定原则 …… 150
三、公示、公信原则 …… 151
第三节　物权的保护 …… 153
一、物权确认请求权 …… 153
二、物权请求权 …… 153

第二章　物权变动 …… 157
第一节　物权变动概述 …… 157
一、物权变动的概念 …… 157

二、物权变动的模式 …… 157
第二节　基于法律行为的物权变动 …… 158
一、基于法律行为的物权变动概述 …… 158
二、基于法律行为的不动产物权变动模式 …… 158
第三节　不动产登记 …… 159
一、不动产登记概述 …… 159
二、不动产登记簿与权属证书 …… 160
三、不动产登记的效力 …… 160
四、登记机构的审查义务 …… 162
五、登记的查询 …… 162
六、几种特殊的登记制度 …… 163
七、登记机构的责任 …… 165
第四节　动产交付 …… 165
一、动产物权变动概述 …… 165
二、交付的特殊方式 …… 166
三、船舶、航空器等特殊动产物权的变动 …… 166
第五节　非基于法律行为的物权变动 …… 167
一、非基于法律行为发生物权变动的类型 …… 167
二、非基于法律行为的不动产物权变动的登记 …… 168

第三章　所有权的一般原理 …… 170
第一节　所有权概述 …… 170
一、所有权的概念和特征 …… 170
二、所有权的限制 …… 171
第二节　所有权的权能 …… 175
一、所有权的具体权能 …… 175
二、所有权权能的分离 …… 176
第三节　所有权的分类 …… 176
一、国家所有权 …… 176
二、集体所有权 …… 177
三、私人所有权 …… 178
四、其他所有权 …… 179
第四节　所有权的取得 …… 179
一、所有权取得的原因 …… 179

二、所有权的原始取得 …… 180

第四章　业主的建筑物区分所有权 …… 186
第一节　业主的建筑物区分所有权的概念和特征 …… 186
一、建筑物区分所有权的概念 …… 186
二、建筑物区分所有权的特征 …… 186
第二节　专有权 …… 187
一、专有权的概念 …… 187
二、专有部分的范围 …… 188
三、住改商应当符合一定的条件 …… 189
第三节　共有权 …… 189
一、共有权的概念和特征 …… 189
二、共有部分的范围 …… 191
三、车位、车库的归属 …… 192
第四节　共同管理权 …… 193
一、共同管理权的概念和特征 …… 193
二、共同管理权的行使方式 …… 193
三、业主负有遵守管理规约等义务 …… 194
第五节　业主大会和业主委员会 …… 194
一、业主大会 …… 194
二、业主委员会 …… 196
三、业主大会和业主委员会决定的效力 …… 198

第五章　相邻关系 …… 200
第一节　相邻关系的概念和特征 …… 200
一、相邻关系的概念 …… 200
二、相邻关系的特征 …… 200
第二节　处理相邻关系的原则 …… 201
一、依据法律、法规和习惯处理相邻关系 …… 201
二、团结互助、兼顾各方的利益 …… 202
三、有利生产、方便生活 …… 202
四、公平合理 …… 202
五、依法给予补偿 …… 202
第三节　相邻关系的种类 …… 203

一、因用水、排水产生的相邻关系 …… 203
二、因通行产生的相邻关系 …… 203
三、因建造、修缮建筑物以及铺设管线产生的相邻关系 …… 204
四、因通风、采光产生的相邻关系 …… 204
五、因保护环境产生的相邻关系 …… 204
六、因挖掘土地、建造建筑物等产生的相邻关系 …… 205

第六章 共有 …… 206
第一节 共有概述 …… 206
一、共有的概念和特征 …… 206
二、准共有 …… 207
第二节 按份共有 …… 207
一、按份共有的含义 …… 207
二、按份共有人的权利和义务 …… 208
第三节 共同共有 …… 210
一、共同共有概述 …… 210
二、共同共有人的权利和义务 …… 211
三、共同共有的形式 …… 212
第四节 共有财产的分割 …… 213
一、共有财产分割的概念 …… 213
二、共有财产分割的方式 …… 214
三、协议分割和裁判分割 …… 214
四、共有财产分割的效力 …… 214

第七章 用益物权概述 …… 216
第一节 用益物权的概念与功能 …… 216
一、用益物权的概念 …… 216
二、用益物权的功能 …… 216
第二节 用益物权的特征 …… 218
一、用益物权是他物权 …… 218
二、用益物权的客体以不动产为主 …… 218
三、用益物权的内容是占有、使用和收益 …… 218
四、用益物权具有存续期限 …… 219
第三节 用益物权的行使与保护 …… 219

一、用益物权的行使 …… 219
二、用益物权的保护 …… 220
第四节　准用益物权 …… 220
一、准用益物权概述 …… 220
二、海域使用权 …… 222
三、矿业权 …… 223
四、取水权 …… 226
五、渔业权 …… 227

第八章　土地承包经营权 …… 229
第一节　土地承包经营权的概念和特征 …… 229
一、土地承包经营权的概念 …… 229
二、土地承包经营权的特征 …… 229
第二节　土地承包经营权的取得 …… 232
一、土地承包经营权的设定取得 …… 232
二、土地承包经营权的移转取得 …… 233
第三节　土地承包经营权的效力 …… 234
一、土地承包经营权人的权利 …… 234
二、土地承包经营权人的义务 …… 237
三、发包方的权利 …… 237
四、发包方的义务 …… 238
第四节　土地承包经营权的消灭 …… 240
一、土地承包经营权的消灭原因 …… 240
二、土地承包经营权消灭的法律后果 …… 241
第五节　土地经营权 …… 241
一、土地经营权的概念和特征 …… 241
二、土地经营权的取得 …… 243
三、土地经营权的再流转 …… 245
四、土地经营权的消灭 …… 245

第九章　建设用地使用权 …… 247
第一节　建设用地使用权概述 …… 247
一、建设用地使用权的概念 …… 247
二、建设用地使用权的特征 …… 247

第二节 建设用地使用权的取得 …… 248
一、以出让方式设立建设用地使用权 …… 249
二、以划拨方式设立建设用地使用权 …… 251
三、建设用地使用权的公示 …… 252
第三节 建设用地使用权的效力 …… 252
一、建设用地使用权人的权利 …… 252
二、建设用地使用权人的义务 …… 254
第四节 建设用地使用权的消灭 …… 255
一、建设用地使用权消灭的事由 …… 255
二、建设用地使用权消灭的法律后果 …… 256
第五节 集体建设用地使用权 …… 257
一、农村集体公益用地使用权 …… 257
二、乡镇企业建设用地使用权 …… 258
三、集体经营性建设用地使用权 …… 258

第十章 宅基地使用权 …… 260
第一节 宅基地使用权概述 …… 260
一、宅基地使用权的概念与特征 …… 260
二、宅基地使用权与相关权利的区别 …… 261
第二节 宅基地使用权的取得 …… 262
一、宅基地使用权的设立 …… 262
二、宅基地使用权的登记 …… 264
第三节 宅基地使用权的效力 …… 264
一、宅基地使用权人的权利 …… 264
二、宅基地使用权人的义务 …… 266
第四节 宅基地使用权的消灭 …… 266
一、因宅基地灭失而消灭 …… 266
二、因宅基地的收回和调整而灭失 …… 266
三、因宅基地被征收而灭失 …… 266
四、因其他原因而灭失 …… 266

第十一章 居住权 …… 268
第一节 居住权概述 …… 268
一、居住权的概念 …… 268

二、居住权的特征 …… 268
第二节　居住权的设立 …… 270
一、合同设立 …… 271
二、遗嘱设立 …… 271
第三节　居住权的效力 …… 272
一、居住权人的权利 …… 273
二、居住权人的义务 …… 274
第四节　居住权的消灭 …… 276
一、居住权消灭的事由 …… 276
二、居住权消灭的法律效果 …… 277

第十二章　地役权 …… 278
第一节　地役权概述 …… 278
一、地役权的概念和特征 …… 278
二、地役权与相邻关系的比较 …… 279
第二节　地役权的取得 …… 281
一、地役权的设立 …… 281
二、地役权的转让 …… 281
第三节　地役权的效力 …… 282
一、地役权人的权利和义务 …… 282
二、供役地权利人的权利和义务 …… 283
第四节　地役权的消灭 …… 284
一、地役权消灭的事由 …… 284
二、地役权消灭的法律效果 …… 285

第十三章　担保物权概述 …… 286
第一节　担保物权的概念特征与体系 …… 286
一、担保物权的概念 …… 286
二、担保物权的特征 …… 286
三、担保物权的体系 …… 289
第二节　担保合同 …… 289
一、担保合同的形式与内容 …… 289
二、担保物权的担保范围 …… 290
三、流抵（质）契约的效力 …… 291

四、担保合同被认定无效的法律后果 …… 292
第三节 担保物权的竞存 …… 293
一、担保物权的竞存 …… 293
二、担保物权与保证担保的竞存 …… 295
第四节 担保物权的消灭 …… 296
一、《民法典》第 393 条直接规定的消灭事由 …… 296
二、主债权诉讼时效期间的经过对担保物权的影响 …… 297
三、担保物权的消灭与担保物权登记的注销 …… 297

第十四章 抵押权 …… 298
第一节 抵押权概述 …… 298
一、抵押权的概念 …… 298
二、抵押权的体系 …… 298
第二节 抵押权的设立与登记 …… 299
一、抵押财产的条件和范围 …… 299
二、抵押权的登记公示 …… 299
第三节 抵押权的效力与实现 …… 302
一、抵押权效力所及的标的物的范围 …… 302
二、抵押权对抵押权人的效力 …… 304
三、抵押权对抵押人的效力 …… 305
四、抵押权的实现 …… 306
第四节 特殊抵押权 …… 308
一、浮动抵押权 …… 308
二、最高额抵押权 …… 309

第十五章 质权 …… 312
第一节 质权概述 …… 312
一、质权的概念与特征 …… 312
二、质权的体系 …… 313
第二节 动产质权 …… 313
一、动产质权的设立 …… 313
二、动产质权的效力 …… 314
三、动产质权的实现 …… 316
第三节 权利质权 …… 316

一、有价证券质权 …… 317
二、股权质权 …… 320
三、知识产权质权 …… 321
四、应收账款质权 …… 321

第十六章　留置权 …… 324
第一节　留置权概述 …… 324
一、留置权的概念和特征 …… 324
二、留置权的制度功能 …… 324
第二节　留置权的成立 …… 325
一、留置财产的范围 …… 325
二、留置权的成立条件 …… 325
第三节　留置权的效力 …… 326
一、留置权对于留置权人的效力 …… 326
二、留置权对于债务人的效力 …… 327
第四节　留置权的实现 …… 327
一、实现留置权的条件 …… 328
二、实现留置权的程序 …… 328
三、实现留置权的方法 …… 328

第十七章　占有 …… 330
第一节　占有概述 …… 330
一、占有的概念和特征 …… 330
二、占有与相关概念的比较 …… 330
三、占有的分类 …… 331
第二节　占有的取得、变更与消灭 …… 333
一、占有的取得 …… 333
二、占有的变更 …… 334
三、占有的消灭 …… 334
第三节　占有的效力 …… 335
一、占有人的权利和义务 …… 335
二、占有的推定效力 …… 336
第四节　占有的保护 …… 338
一、占有人的自力救济 …… 338

二、占有保护请求权 …… 338
三、损害赔偿请求权 …… 339

第三编 合 同

第一章 债与合同概述 …… 343
第一节 债的概述 …… 343
一、债的概念与特征 …… 343
二、债的法律适用 …… 344
三、债权与物权的区分 …… 344
四、债的要素 …… 345
第二节 债的分类 …… 347
一、单一之债与多数人之债 …… 347
二、按份之债与连带之债 …… 348
三、简单之债与选择之债 …… 349
四、金钱之债与非金钱之债 …… 350
五、种类之债与特定之债 …… 350
第三节 合同概述 …… 351
一、合同的概念和特征 …… 351
二、合同的分类 …… 353
第四节 合同法概述 …… 356
一、合同法的概念 …… 356
二、合同法的调整对象 …… 356
三、合同法的体系 …… 357

第二章 合同的订立 …… 359
第一节 合同的成立 …… 359
一、合同成立的概念和要件 …… 359
二、合同的形式 …… 360
三、合同成立的法律拘束力 …… 361
第二节 要约 …… 362
一、要约的概念和特征 …… 362
二、要约的生效条件 …… 362
三、要约与要约邀请 …… 363

四、要约的法律效力 …… 364
五、要约的撤回和撤销 …… 365
六、要约失效 …… 366
第三节 承诺 …… 366
一、承诺的概念和要件 …… 366
二、承诺的撤回和迟延 …… 369
第四节 特殊的订约方式 …… 370
一、签订确认书方式 …… 370
二、网络交易方式 …… 370
三、悬赏广告 …… 370
四、强制缔约 …… 371
第五节 合同成立的时间和地点 …… 373
一、合同成立的时间 …… 373
二、合同成立的地点 …… 373
第六节 格式条款和免责条款 …… 374
一、格式条款 …… 374
二、免责条款 …… 378
第七节 缔约过失责任 …… 379
一、缔约过失责任的概念 …… 379
二、缔约过失的类型 …… 381
三、缔约过失责任的赔偿范围 …… 383

第三章 合同的效力 …… 384
第一节 合同效力概述 …… 384
一、合同效力的概念 …… 384
二、合同生效与合同成立的区别 …… 385
三、法律行为效力规则对合同效力的适用 …… 386
四、合同效力的特殊规则 …… 386
第二节 合同效力瑕疵的类型 …… 388
一、未生效合同 …… 388
二、效力待定的合同 …… 390
三、无效合同 …… 390
四、可撤销合同 …… 391
第三节 合同被确认无效或被撤销的后果 …… 391

一、返还财产 …… 391
二、赔偿损失 …… 392
三、有关解决争议方法的条款的效力 …… 392

第四章　合同的履行 …… 394
第一节　合同履行概述 …… 394
一、合同履行的概念和特征 …… 394
二、合同履行的原则 …… 394
三、合同漏洞的填补 …… 396
第二节　合同履行的基本规则 …… 397
一、履行主体 …… 397
二、履行标的 …… 399
三、履行地点 …… 400
四、履行期限 …… 400
五、履行方式 …… 401
六、履行费用 …… 401
第三节　合同履行中的抗辩权 …… 402
一、同时履行抗辩权 …… 402
二、后履行抗辩权 …… 404
三、不安抗辩权 …… 405
第四节　情势变更 …… 406
一、情势变更的概念和构成要件 …… 406
二、情势变更的法律后果 …… 408

第五章　合同的保全 …… 410
第一节　合同保全概述 …… 410
一、合同保全的概念和特征 …… 410
二、合同保全的性质和功能 …… 411
第二节　债权人代位权 …… 412
一、债权人代位权的概念 …… 412
二、债权人代位权行使条件 …… 413
三、债权人代位权行使范围与方式 …… 414
四、债权人代位权行使效力 …… 415
第三节　债权人撤销权 …… 416

一、债权人撤销权的概念 …… 416
二、撤销权的成立要件 …… 417
三、债权人撤销权行使范围与方式 …… 419
四、撤销权的行使效力 …… 419

第六章　合同的变更和转让 …… 421
第一节　合同的变更 …… 421
一、合同变更的概念和特征 …… 421
二、合同变更的要件 …… 421
三、合同变更的效力 …… 422
第二节　合同债权的转让 …… 423
一、合同债权转让的概念和特征 …… 423
二、合同债权转让的条件 …… 424
三、合同债权转让的法律效力 …… 425
四、禁止转让特约的效力 …… 427
第三节　合同债务的转移 …… 428
一、合同债务转移的概念和特征 …… 428
二、合同债务转移的类型 …… 429
三、合同债务转移的条件 …… 431
四、合同债务转移的效力 …… 432
第四节　合同权利和义务的概括转让 …… 433
一、合同权利和义务概括转让的概念和特征 …… 433
二、合同权利和义务概括转让的类型 …… 434
三、合同权利和义务概括转让的效力 …… 434

第七章　合同的权利义务终止 …… 436
第一节　合同的权利义务终止概述 …… 436
一、合同权利义务终止的概念和特征 …… 436
二、合同终止的效力 …… 436
第二节　清偿 …… 437
一、清偿的概念和构成要件 …… 437
二、清偿的主体、标的和期限 …… 438
三、清偿抵充 …… 438
第三节　合同的解除 …… 440

一、合同解除的概念和特征 …… 440
二、合同解除的种类 …… 441
三、合同解除的程序 …… 443
四、合同解除的法律后果 …… 445
第四节 合同的司法终止 …… 447
一、司法终止的概念和特征 …… 447
二、司法终止的条件 …… 448
三、司法终止的效果 …… 449
第五节 抵销 …… 449
一、抵销的概念 …… 449
二、法定抵销 …… 449
三、合意抵销 …… 451
第六节 提存 …… 452
一、提存的概念和特征 …… 452
二、提存的条件 …… 453
三、提存的效力 …… 453
第七节 免除 …… 455
一、免除的概念和特征 …… 455
二、免除的要件 …… 456
三、免除的效力 …… 457
第八节 混同 …… 457
一、混同的概念 …… 457
二、混同的效力 …… 458

第八章 违约责任 …… 459
第一节 违约责任概述 …… 459
一、违约责任的概念和特征 …… 459
二、违约责任的一般归责原则 …… 460
三、违约责任的构成要件 …… 460
四、双方违约和第三人的行为造成违约 …… 461
第二节 违约行为形态 …… 461
一、预期违约 …… 461
二、实际违约 …… 463
第三节 实际履行责任 …… 465

一、实际履行的概念和特征 …… 465
二、实际履行的适用 …… 465
第四节 损害赔偿责任 …… 466
一、损害赔偿责任的概念和特征 …… 466
二、损害赔偿的确定方式 …… 466
第五节 违约金和定金 …… 468
一、违约金 …… 468
二、定金 …… 470

绪 论

一、民法学以民法典为主要研究对象

民法是调整平等主体的自然人、法人和非法人组织之间的人身关系和财产关系的法律规范的总称，其以民事权益受法律保护、平等、自愿、公平、诚信、合法和公序良俗、绿色等为基本原则，是中国特色社会主义法律体系的重要组成部分。以民法为研究对象的学科就是民法学。我国民法典颁布后，民法学主要以包括民法典在内的民事法律制度为研究对象。

（一）民法典是社会主义法律体系中的基础性法律

我国民法典是新中国成立以来第一部以“典”命名的法律，分为七编，共1260条，10万多字。民法典的编纂实施，标志着我国民法领域迈向法典化时代。习近平指出，“民法典在中国特色社会主义法律体系中具有重要地位，是一部固根本、稳预期、利长远的基础性法律”①。在汉语中，所谓“典”，通常有“经典”“典范”“典籍”等含义。这也表明，凡是纳入民法典的规则，一般都具有基础性、典范性的特点。民法典作为基础性法律，其特点主要在于：

第一，民法典是调整民商事法律关系的基本法。我国民事法律制度建设一直秉持“民商合一”的传统，在民法典之外，还有大量的单行法，包括商事特别法。民法典是我国民事法律的集大成者。整个民事立法就在民法典的统率下，构成一个完整的体系。可以说，民法典是我国民商事法律的基本法，是解决各类民商事纠纷的基本遵循。由于民法典是基础性规范，因此，在解释民法典以外的有关民事的单行法律规定时，应当以民法典为依据。

第二，民法典是社会主义市场经济的基本法。马克思主义在产生之时就认识到了民法与社会经济生活之间的内在关联，尤其是民法与商品经济之间的联系。恩格斯曾经指出，“把商品生产者社会的第一个世界性法律即罗马法以及它对简单商品占有者的一切本质的法的关系（如买主和卖主、债权人和债务人、契约、债务等等）所作的无比明确的规定作为基础”②，这就深刻地阐述了民法与市场经济的联系。欧洲中世纪后期，由于资本主义商品生产和交换在封建的自然经济的空隙中产生和发展，导致了罗马法的复兴。1804年《法国民法典》以罗马法为蓝本，巧妙地运用法律形式把刚刚形成的资本主义社会的经济规则直接译成法

---

① 习近平：《充分认识颁布实施民法典重大意义，依法更好保障人民合法权益》（2020年5月29日），载习近平：《论坚持全面依法治国》，中央文献出版社2020年版，第278页。

② 《马克思恩格斯选集》第四卷，人民出版社2012年版，第259页。

的语言，从而“成为世界各地编纂一切新法典时当做基础来使用的法典”[①]。列宁在“十月革命”胜利后，就提出了要按商业原则管理经济，因此需要制定民法典。他说，当前的任务是发展民事流转，这是新经济政策的要求，而这样就要求加强革命法制。[②] 马克思主义经典作家对了解民法与市场经济的关系、把握民法的发展规律提供了理论指导。我国确立了社会主义初级阶段公有制为主体、多种所有制经济共同发展的社会主义基本经济制度。社会主义市场经济本质上是法治经济，民法典承担着保护市场主体合法权益、维护市场经济秩序的功能。习近平指出：“民法典把我国多年来实行社会主义市场经济体制和加强社会主义法治建设取得的一系列重要制度成果用法典的形式确定下来，规范经济生活和经济活动赖以依托的财产关系、交易关系，对坚持和完善社会主义基本经济制度、促进社会主义市场经济繁荣发展具有十分重要的意义。”[③] 民法典民事主体制度中的法人制度，规范民事活动的民事法律行为制度、代理制度，调整各类财产关系的物权制度，调整各类交易关系的合同制度，保护和救济民事权益的侵权责任制度，都是坚持和完善社会主义基本经济制度不可或缺的法律制度规范和行为规则。《民法典》物权编健全归属清晰、权责明确、保护严格、流转顺畅的现代产权制度的要求；合同编坚持维护契约、平等交换、公平竞争，促进商品和要素自由流动；民法典秉持“民商合一”的传统，把许多商事法律规范纳入民法之中。编纂民法典，进一步完善我国民商事领域基本法律制度和行为规则，为各类民商事活动提供基本遵循，有利于充分调动民事主体的积极性和创造性、维护交易安全、维护市场秩序，有利于营造各种所有制主体依法平等使用资源要素、公开公平公正参与竞争、同等受到法律保护的市场环境，推动经济高质量发展。

第三，民法典是社会生活的百科全书。恩格斯指出，民法是“将经济关系直接翻译成法律原则”[④]，其只是“以法的形式表现了社会的经济生活条件”[⑤]。按照马克思主义关于经济基础决定上层建筑的历史唯物主义观点，法律是社会的上层建筑，“但社会不是以法律为基础的。那是法学家们的幻想。相反地，法律应该以社会为基础”[⑥]。法律关系包括民法关系，它们不能从自身来理解，也不能从人类精神的一般发展来理解，相反，它们根源于人类的物质生活条件。习近平

---

① 《马克思恩格斯选集》第四卷，人民出版社 2012 年版，第 611 页。

② 参见《列宁全集》第四十二卷，人民出版社 2017 年版，第 364 页。

③ 习近平：《充分认识颁布实施民法典重大意义，依法更好保障人民合法权益》（2020 年 5 月 29 日），载习近平：《论坚持全面依法治国》，中央文献出版社 2020 年版，第 279—280 页。

④ 《马克思恩格斯文集》第十卷，人民出版社 2009 年版，第 598 页。

⑤ 《马克思恩格斯文集》第四卷，人民出版社 2009 年版，第 307 页。

⑥ 《马克思恩格斯全集》第六卷，人民出版社 1961 年版，第 291—292 页。

强调："民法典调整规范自然人、法人等民事主体之间的人身关系和财产关系，这是社会生活和经济生活中最普通、最常见的社会关系和经济关系，涉及经济社会生活方方面面，同人民群众生产生活密不可分，同各行各业发展息息相关。"① 人们的衣食住行、生老病死，都与民法典密切相关。民法典作为社会生活的百科全书，确立了从摇篮到坟墓、从抽象人到具体人的全方位保护体系。民法典着力解决"车轮上的安全""舌尖上的安全""头顶上的安全""脚底下的安全"等人身财产安全问题，为人民的安居乐业织密了安全防护网。

第四，民法典是保护民事权利的宣言书。民法主要是权利法。马克思指出，罗马私法在法律发展史上的创举在于，"最先制定了私有财产的权利、抽象权利、私人权利、抽象人格的权利"②。在民法的发展史上，无论古罗马法、19 世纪的法国民法如何主张个人本位，现代民法如何倡导团体本位，也无论不同历史时期、不同所有制的社会的民法所保障的权利在性质上存在何种区别，各个社会的民法都坚持了一个最基本的共性——以权利为核心，这就证明了马克思主义经典作家关于民法是权利法的深刻论述。党的十八大以来，中国特色社会主义进入新时代，"随着我国经济社会持续发展和人民生活水平不断提高，人民群众对民主、法治、公平、正义、安全、环境等方面的要求日益增长"③，希望对权利的保护更加充分、更加有效。习近平指出，民法典"是一部体现我国社会主义性质、符合人民利益和愿望、顺应时代发展要求的民法典，是一部体现对生命健康、财产安全、交易便利、生活幸福、人格尊严等各方面权利平等保护的民法典"④。《民法典》第 1 条明确宣告，民法典以保护民事主体的合法权益为立法目的。民法典以保护权利为主线，构建了完整的权利保护制度和规则体系。民法典健全和充实了民事权利种类，形成了更加完备的民事权利体系，完善了权利保护和救济机制，全面确认了各类主体的财产权，并坚持平等保护原则，以满足人们的物质生活需要，促进社会财富的增长。党的二十大报告指出，要"依法保护民营企业产权和企业家权益""深化农村土地制度改革，赋予农民更加充分的财产权益""保障进城落户农民合法土地权益""加强知识产权法治保障"，这些都宣示了对财产权的保护。还应当看到，随着中国特色社会主义进入新时代，我国跃升为世

① 习近平：《充分认识颁布实施民法典重大意义，依法更好保障人民合法权益》（2020 年 5 月 29 日），载习近平：《论坚持全面依法治国》，中央文献出版社 2020 年版，第 279 页。

② 《马克思恩格斯全集》第一卷，人民出版社 1956 年版，第 382 页。

③ 习近平：《坚定不移走中国特色社会主义法治道路　为全面建设社会主义现代化国家提供有力法治保障》（2020 年 11 月 16 日），《求是》2021 年第 5 期，第 8 页。

④ 习近平：《充分认识颁布实施民法典重大意义，依法更好保障人民合法权益》（2020 年 5 月 29 日），载习近平：《论坚持全面依法治国》，中央文献出版社 2020 年版，第 279 页。

界第二大经济体，人民群众物质生活条件得到了极大改善，顺利完成了全面建成小康社会的历史任务。在基本温饱问题得到解决之后，人民群众会有更高水平的精神生活追求，希望过上更有尊严、更体面的生活。因此，基于人身自由和人格尊严产生的人格权，在现代社会中占据了重要的位序。保障人格权，顺应了人民群众对美好生活的向往，能够满足人民群众日益增长的多方面的权利需求。保护人格权、维护人格尊严，是我国法治建设的重要任务，特别是互联网、大数据的广泛应用，在给人民群众的生活带来便利的同时，也使其隐私、个人信息等人格权益受到威胁。党的二十大报告强调“加强个人信息保护”，充分回应了时代发展的需要，强化了对人格权的保护。

第五，民法典坚持以人民为中心的理念。习近平强调，民法典“对坚持以人民为中心的发展思想、依法维护人民权益、推动我国人权事业发展”具有重要意义。习近平指出，“尊重和保障人权是中国共产党人的不懈追求。党的百年奋斗史，贯穿着党团结带领人民为争取人权、尊重人权、保障人权、发展人权而进行的不懈努力”①。“实现人民充分享有人权是人类社会的共同奋斗目标。人权保障没有最好，只有更好”②。当今世界，争取人权、尊重人权、保障人权、发展人权已经成为人类社会的共识，并成为当代法律关注的重点，体现人类社会的共同价值。党的二十大报告明确提出：“坚持走中国人权发展道路，积极参与全球人权治理，推动人权事业全面发展。”我国民法典全面彰显了人文关怀精神。作为保护民事权利的宣言书，民法典坚持以人民为中心的理念，坚持“保护人民人身权、财产权、人格权”③，推动了我国人权事业的发展。民法典饱含爱民、护民、安民、惠民的情怀，促进民权保障、民生改善、民业兴旺、民心和顺、民风文明，成为充分关心人、爱护人、保障人的尊严的基本法。④ 人格权编全面维护民事主体所享有的各项人格权，维护人格尊严，构建了更加规范有效的权利保护机制，让每个人生活得更体面、更有尊严。侵权责任编对各类侵权中不幸的受害人提供充分救济，不断增加人民群众的安全感。民法典中监护制度和收养制度等充分体现未成年人利益最大化原则，婚姻家庭和继承制度提倡夫妻互助互爱，树立良好家风，鼓励家庭成员互帮互助，建立和谐和睦的家庭。

---

① 《习近平在中共中央政治局第三十七次集体学习时强调 坚定不移走中国人权发展道路 更好推动我国人权事业发展》，《人民日报》2022 年 2 月 27 日，第 1 版。

② 《习近平致“2015 · 北京人权论坛”的贺信》，《人民日报》2015 年 9 月 17 日，第 1 版。

③ 习近平：《决胜全面建成小康社会，夺取新时代中国特色社会主义伟大胜利》(2017 年 10 月 18 日)，载《习近平谈治国理政》第三卷，外文出版社 2020 年版，第 38 页。

④ 参见黄文艺：《民法典是经世济民、治国安邦之重器》，《光明日报》2020 年 6 月 3 日，第 11 版。

第六，民法典是执法司法要遵循的基本规范。一方面，民法典在社会主义法律体系中居于基础性地位。法律分为公法与私法两部分，它们分别确认公权与私权，现代法治的核心是规范公权、保障私权。一般认为，保障私权是由民法典等民事法律实现的，而规范公权是由公法承担的，但实际上，民法典通过确认和保护私权，也起到了规范公权的作用。正如习近平指出的："各级政府要以保证民法典有效实施为重要抓手推进法治政府建设，把民法典作为行政决策、行政管理、行政监督的重要标尺，不得违背法律法规随意作出减损公民、法人和其他组织合法权益或增加其义务的决定。"①另一方面，民法典规定了基本的民事裁判规则。民法典确立了解决民事纠纷的基本规则，明确了法律适用的基本准则，为法官正确处理民事关系、解决民事纠纷提供了基本准则。

（二）民法典与民法学的关系

民法典和民法学的关系，本质上是一个立法与法学之间的关系，两者相辅相成，不可分离。一方面，进入民法典时代后，需要实现研究范式的转变，这就是说，应当以民法典的体例安排为依据构建民法学理论体系，以民法典的主线特征为准绳增进民法学体系的逻辑性，以民法典的内容特征作为民法学的研究重心，以民法典的人文关怀等价值构建民法学价值体系，以民法典的时代特征为基础引领民法学研究的未来发展，不断推动中国民法学的发展、繁荣，形成中国自主的民法学体系。另一方面，民法学的发展也可以促进民法典的发展完善。民法学对民法发展规律的研究，也可以促进民法典体系、制度、规则的完善。民法典也应当以民法学的发展为基础，从民法学中汲取营养，以民法学的发展为先导，借助民法学理论而发展。例如，在我国民法典编纂过程中，学者通过对民法发展规律的研究，主张侵权责任编与人格权编应当在民法典中独立成编，这也符合现代民法日益注重权利救济、日益强化人文关怀的价值理念。我国民法典吸收了这一民法学研究成果，更加彰显了我国民法典的中国特色、实践特色和时代特色。

民法学以民法典为主要研究对象。从立法层面来看，在民事领域，民法典具有基础性地位，是私法的基本法。一是我国民事法律制度建设一直秉持"民商合一"的传统，商法是民法的特别法；二是民法典和没有入典的单行法是基础性法律和单行法之间的关系。在民法典之外，还有大量的单行法，包括商事特别法。民事关系纷繁复杂，它不仅依靠民法典调整，还需要大量的民事单行法，但是在所有调整民事主体人身关系和财产关系的法律中，民法典居于基础性地位。除此之外，民法学的研究对象还包括对比较法和法律实践的研究，以为民法典的发展完善提供比较基

---

① 习近平：《充分认识颁布实施民法典重大意义，依法更好保障人民合法权益》（2020年5月29日），载习近平：《论坚持全面依法治国》，中央文献出版社2020年版，第281页。

础和实践基础。同时，民法学虽然也要构建自身的理论体系，但其不可能完全照搬立法，因为民法学本身不是对民法规范的简单注释，而是具有自身独特的逻辑体系，将民法学简单等同于注释法学，反而会窒息民法学的发展。

二、民法典的特色和思维方法

（一）民法典是习近平法治思想的鲜明体现

习近平法治思想是马克思主义法治理论中国化的最新成果，是中国特色社会主义法治理论的重大创新发展，是习近平新时代中国特色社会主义思想的重要组成部分，是新时代全面依法治国的根本遵循和行动指南。民法典编纂是以习近平同志为核心的党中央作出的重大决策。新中国成立以来，我国曾经四次启动制定和编纂民法典相关工作，但由于条件所限没有完成。2014 年党的十八届四中全会决定“编纂民法典”，十三届全国人大三次会议于 2020 年 5 月 28 日通过《民法典》，并于 2021 年 1 月 1 日实施。从党的十八届四中全会提出编纂民法典这一重大政治任务和立法任务以来，习近平就民法典编纂实施工作发表了一系列重要讲话，作出了一系列重要指示，为民法典编纂实施工作提供了基本遵循。可以说，民法典编纂实施以中华民族伟大复兴为历史方位，对建设社会主义现代化国家、构建人类命运共同体具有重要意义，是新时代全面依法治国的重大成果，是贯彻习近平法治思想的生动实践。

习近平法治思想的核心要义是习近平在中央全面依法治国工作会议上提出的“十一个坚持”。民法典的编纂实施生动地体现了习近平法治思想的核心要义。

第一，坚持党的领导是民法典编纂实施的根本保证。党的领导是我国社会主义法治之魂，是推进全面依法治国的根本保证。自 2014 年提出编纂民法典的重大任务之后，在党中央坚强领导下，立法机关坚持正确政治方向，坚持科学立法、民主立法、依法立法，总结我国民事立法工作经验，借鉴国外民事立法有益成果，编纂出了一部体现我国社会主义性质、符合人民利益和愿望、顺应时代发展要求的民法典。2020 年《民法典》颁布和实施以来，按照党中央的统一部署，全国上下做好民法典学习宣传贯彻工作，加强民法典执法司法工作，充分发挥民法典在坚持和完善中国特色社会主义制度、推进国家治理体系和治理能力现代化中的重要作用，民法典实施工作已取得显著成效。

第二，坚持以人民为中心是民法典编纂实施的根本立场。全面依法治国最广泛、最深厚的基础是人民，必须坚持为了人民、依靠人民。随着人民群众物质生活条件的逐步改善，人民的精神需求也相应地大幅提升，对人格尊严、人身保护的愿望更加强烈，因此迫切需要通过民法典全面保护人民群众对美好、幸福生活的期待。一方面，民法典就是一部全面保护人民群众人身、财产、人格权的基本法，是实现人民群众美好、幸福生活向往的重要保障。习近平指出：“实施好民法典是坚持以人民为中心、保障人民权益实现和发展的必然要求。”① 民法典明确确认了对公私财产实行平等保护原则，进一步强化对业主建筑物区分所有权的保护、确认居住权、稳定租赁关系等，为解决人民群众最盼望、最急切需要保护的财产权益问题提供了有力方案；民法典全面确认了对未成年人、妇女、老年人、残疾人等特定群体的保护，主张未成年人利益的最大化，进一步提升了人民群众的获得感、幸福感、安全感。《民法典》人格权编全面确认了民事主体所享有的各项人格权益，不仅扩张了人格权益的范围，而且对人格权益的保护保持了开放性。另一方面，在民法典贯彻实施中，“必须坚持以人民为中心的发展思想，发展全过程人民民主”②，习近平强调，要“保障公民人身权、财产权、人格权，保障公民参与民主选举、民主协商、民主决策、民主管理、民主监督等基本政治权利，保障公民经济、文化、社会、环境等各方面权利，不断提升人权法治化保障水平”③。这一论述清晰地阐明了人权的主要内容，即人权包括基本民事权利、基本政治权利和经济文化社会环境权利等。习近平将人身权、财产权和人格权等基本民事权利置于各类人权之首，充分表明民法典保障这类人权的重要性。以人民为中心旨在追求人民的利益和福祉，而尊重和保障人权也应当是其中的应有之义。

第三，坚持中国特色社会主义法治道路是民法典编纂实施的必由之路。中国特色社会主义法治道路是建设社会主义法治国家的唯一正确道路。民法典以宪法为依据，系统总结了新时期改革开放和社会主义现代化建设成果和实践经验，是中国特色社会主义法律制度的重要组成部分。“民法典系统整合了新中国成立七十多年来长期实践形成的民事法律规范，汲取了中华民族五千多年优秀法律文化，借鉴了人类法治文明建设有益成果”④。民法典维护了社会主义基本经济制度，反映以公有制为主体、多种所有制共同发展的所有制制度；贯彻社会主义市场经济体制的需要，确认了平等保护原则；以弘扬社会主义核心价值观为立法目的，规定了保护英烈人格利益、鼓励见义勇为等制度；有效协调了改革与立法的关系，巩固了改革的成果。

第四，民法典编纂实施是坚持在法治轨道上推进国家治理体系和治理能力现

---

① 习近平：《充分认识颁布实施民法典重大意义，依法更好保障人民合法权益》（2020 年 5 月 29 日），载习近平：《论坚持全面依法治国》，中央文献出版社 2020 年版，第 279 页。

② 《中共中央关于党的百年奋斗重大成就和历史经验的决议》，人民出版社 2021 年版，第 24 页。

③ 《习近平在中共中央政治局第三十七次集体学习时强调　坚定不移走中国人权发展道路　更好推动我国人权事业发展》，《人民日报》2022 年 2 月 27 日，第 1 版。

④ 习近平：《充分认识颁布实施民法典重大意义，依法更好保障人民合法权益》（2020 年 5 月 29 日），载习近平：《论坚持全面依法治国》，中央文献出版社 2020 年版，第 279 页。

代化的应有之义。坚持在法治轨道上推进国家治理体系和治理能力现代化，是习近平法治思想的核心要义之一。法治是国家治理体系和治理能力的重要依托。习近平指出："要讲清楚，实施好民法典是提高我们党治国理政水平的必然要求。"① 民法典对推进国家治理体系和治理能力现代化具有重大意义。民法典最大限度凝聚社会共识，与其他法律一起，支撑着国家制度和国家治理体系，是保证国家制度和国家治理体系正常有效运行的基础性法律规范。民法典贯彻私法自治理念，推进负面清单管理模式；民法典采取综合治理的思路，有力推进多元化综合治理；民法典以维护家庭和谐有序、树立优良家风、弘扬家庭美德、重视家庭文明建设为立法理念，为构建和谐稳定的社会治理秩序打下坚实基础。

第五，民法典编纂实施是建设中国特色社会主义法治体系的重要成果。民法典是完备法律规范体系的重要组成部分。法典化就是体系化，随着民法典的颁布，民事法律的基本规范已经较为齐备，建立民法规则和体系的任务总体上已经完成，社会主义法律体系也进一步完善。按照习近平的指示精神，在民法典颁布后，"有关国家机关要适应改革开放和社会主义现代化建设要求，加强同民法典相关联、相配套的法律法规制度建设"②。立法机关、司法机关、行政机关应当按照民法典对法律、司法解释、行政法规、地方性法规等规范性文件进行必要的立改废工作，从而与民法典保持一致，这也有利于加快形成完备的法律规范体系。还要看到，民法典是满足人民日益增长的美好生活需要所必备的法律制度，有助于弘扬社会主义核心价值观，促进依法治国和以德治国相结合。

第六，民法典编纂实施是坚持依法治国、依法执政、依法行政共同推进，法治国家、法治政府、法治社会一体建设的体现。坚持依法治国、依法执政、依法行政共同推进，法治国家、法治政府、法治社会一体建设，是习近平法治思想的核心要义之一。全面依法治国是一个系统工程，需要整体谋划，更加注重系统性、整体性、协同性。依法治国、依法执政、依法行政是一个有机整体，关键在于党要坚持依法执政、各级政府要坚持依法行政。法治国家、法治政府、法治社会相辅相成，法治国家是法治建设的目标，法治政府是建设法治国家的重点，法治社会是构筑法治国家的基础。习近平就民法典对规范公权力行使、促进法治政府建设、提高我们党治国理政水平的重要作用作出了创造性的阐述。他强调："民法典是全面依法治国的重要制度载体，很多规定同有关国家机关直接相关，

① 习近平：《充分认识颁布实施民法典重大意义，依法更好保障人民合法权益》（2020年5月29日），载习近平：《论坚持全面依法治国》，中央文献出版社2020年版，第280页。

② 习近平：《充分认识颁布实施民法典重大意义，依法更好保障人民合法权益》（2020年5月29日），载习近平：《论坚持全面依法治国》，中央文献出版社2020年版，第280页。

直接涉及公民和法人的权利义务关系。"[①] 因此，在民法典实施之后，应当以民法典为准绳，依法行使公权力，规范行政许可、行政处罚、行政强制、行政征收、行政收费、行政检查、行政裁决等活动，提高依法行政能力和水平，加快法治国家、法治政府、法治社会一体建设进程。

民法典编纂实施坚持依宪治国、依宪执政，有效贯彻了宪法的精神、原则和制度，通过具体的具有可操作性的规则贯彻落实宪法；民法典编纂坚持科学立法、民主立法、依法立法，增强了民事法律规范的系统性、完整性，保持了民事法律制度的连续性、稳定性、前瞻性、开放性，民法典实施也必须坚持严格执法、公正司法、全民守法；民法典编纂实施坚持统筹推进国内法治和涉外法治，对涉外民事关系的调整产生较大影响，为时代民法问题的回应提供了中国经验和中国方案；民法典编纂实施必须坚持建设德才兼备的高素质法治工作队伍，这离不开一支革命化、正规化、专业化、职业化的法治专门队伍，离不开高素质的法律服务队伍和法学专家队伍；民法典编纂实施必须坚持抓住领导干部这个"关键少数"，"各级领导干部要做学习、遵守、维护民法典的表率，提高运用民法典维护人民权益、化解矛盾纠纷、促进社会和谐稳定能力和水平"[②]。

（二）民法典的中国特色、实践特色、时代特色

习近平指出，民法典"是一部具有鲜明中国特色、实践特色、时代特色的民法典"[③]。这三大特色贯穿民法典的始终，成为民法典的重大亮点。从总体上看，可以从以下方面探寻民法典上述三个特色的具体体现。

第一，民法典适应了维护基本经济制度需要。我国确立了公有制为主体、多种所有制经济共同发展，按劳分配为主体、多种分配方式并存，社会主义市场经济体制等社会主义基本经济制度。如何实现公有制与市场经济的有机结合，是人类历史上前所未有的新问题。我国民法典设置了一系列与之相适应的具体规则，确保社会主义基本经济制度的落实与巩固，并促进公有制与市场经济的融合发展。民法典在按"国家、集体和私人"划分所有权并分别加以规范的同时，又始终强调对物权的平等保护，鲜明地体现了物权法的中国特色。同时，民法典有效协调改革与立法的关系，巩固和落实集体土地"三权分置"等改革成果。

第二，民法典弘扬了社会主义核心价值观。《民法典》第 1 条将弘扬社会主

---

① 习近平：《充分认识颁布实施民法典重大意义，依法更好保障人民合法权益》（2020 年 5 月 29 日），载习近平：《论坚持全面依法治国》，中央文献出版社 2020 年版，第 280 页。

② 习近平：《充分认识颁布实施民法典重大意义，依法更好保障人民合法权益》（2020 年 5 月 29 日），载习近平：《论坚持全面依法治国》，中央文献出版社 2020 年版，第 283 页。

③ 习近平：《充分认识颁布实施民法典重大意义，依法更好保障人民合法权益》（2020 年 5 月 29 日），载习近平：《论坚持全面依法治国》，中央文献出版社 2020 年版，第 279 页。

义核心价值观作为贯穿法典始终的主线，让主旋律更响亮、正能量更强劲。社会主义核心价值观在民法典中得到了充分体现，例如，强调树立优良家风，弘扬家庭美德，重视家庭文明建设；强化对人格尊严的保护；确立未成年人利益最大化的原则；确认诚信原则，要求从事民事活动应秉持诚实，恪守承诺，遵守契约，崇法尚德；确认公序良俗原则，禁止滥用权利；鼓励见义勇为和救助行为，倡导互助互爱，守望相助，致力于构建和谐的人际关系，维护社会和经济秩序。

第三，民法典适应了人民群众对美好幸福生活的追求，强化了对人格权和财产权的保护。民法典人格权编构建了完整的人格权体系，强化了对生命、健康、身体的优先保护，确立了规制和防止性骚扰的规则，规定禁令、删除和更正等制度以强化对损害的预防。同时，对于财产权，民法典确立了平等保护原则，完善对业主权利的保护，增设居住权、完善租赁制度以实现“住有所居”。

第四，民法典回应了科技爆炸和科技进步带来的时代问题。从民法典的规定来看，其规定的隐私权的内涵较为宽泛，提出了私生活安宁、私生活秘密尤其是私密空间的概念。民法典也扩张了个人信息的内涵，将可以直接或者间接识别个人的信息均纳入个人信息的范畴。民法典将数据、网络虚拟财产作为财产权加以保护，适应了互联网技术的发展需要。此外，为了保护个人的人格尊严，民法典还规定了禁止利用信息技术手段深度伪造他人肖像的规则，规定了从事有关人体基因、人体胚胎医学和科研活动的底线规则，并规定了声音可以获得法律保护，规定了人格利益的许可使用规则。民法典对互联网、大数据、人工智能时代民法问题的回应，饱含着对新一轮科技革命带来的普遍性法律问题的睿智思考和独到见解。

第五，民法典顺应了经济全球化的发展趋势，有效回应了市场经济的发展需要。为适应互联网技术的发展需要，民法典增设了电子商务的相关规则，不仅为调整电子合同提供了民事基本法层面的依据，也为其他相关立法完善电子合同的规则提供了基本依据。同时，修改了交易安全与交易秩序相关规则，注重协调合同严守与合同正义的关系，增设情势变更等制度；禁止高利放贷，维护金融安全、金融秩序。此外，为改善营商环境，民法典实现了担保制度的现代化。一方面，民法典实现了动产和权利担保登记的统一，以登记为中心确立了担保物权受偿顺序的顺位规则，从而消除隐性担保，有效发挥担保制度的功能。另一方面，民法典扩大了担保财产的范围，充分鼓励担保，并规定了集合财产、未来财产的担保。此外，民法典担保制度采用功能主义的立场，所有权保留、融资租赁、保理以及其他具有担保功能的担保方式经登记均可以纳入担保物权的调整范围。

第六，民法典回应了资源环境恶化带来的环境保护和生态维护的时代问题。《民法典》总则编将绿色原则规定为民法的基本原则，彰显了节约资源、强化生态环境保护的理念；增加规定了故意违规污染环境、破坏生态的惩罚性赔偿；规定了公益诉讼以及生态损害的修复责任。此外，物权编、合同编等在制度和规则设计方面都强化了绿色原则。

第七，民法典回应了风险社会的时代需要，强化了损害预防和救济功能。《民法典》侵权责任编规定了受害人的多元救济机制（包括保险、侵权损害赔偿和社会救助），既强调对受害人救济，也注重预防。侵权责任编主要以损害赔偿为中心构建责任形式，区分侵权损害赔偿请求权与物权请求权、人格权请求权，作为民事权利保护的兜底规则，其所规定的侵权责任承担方式既强调损害填补，也注重损害预防，并特别规定了利用网络侵权的相关规则。

（三）民法典时代的思维方法

随着我国民法典的颁布，民法进入法典化时代。民法典完善了我国民商事法律体系，形成了以民法典为中心的、具有内在价值一致性的、完整的制度规则体系。与此同时，由单行法到民法典的转化客观上需要转变法律思维方式。与单行法思维相比，法典化思维更有助于准确理解和运用法律规则解决纠纷，法典化思维具体包括如下内容：

第一，基础性法律思维。民法典在中国特色社会主义法律体系中的基础性地位，也需要我们尽快形成将民法典作为基础性法律的思维。民法典是整个民商事法律的基础，因此，民法典既是民法的主要法源，同时，也要树立以民法典为中心的民事实体法律适用理念。① 民法典是民法的主要渊源，是解决民商事纠纷基本依据。在不具备特别法优先于一般法等正当理由的情形下，裁判者首先应当从民法典各编中找法用法，而不应当在庞杂的单行法中寻找裁判依据。

第二，体系性思维。法典化就是体系化，体系化思维其实就是一种系统思维，这既是哲学上整体观念的体现，也是系统论在法学上的反映。民法典的颁布促进了民商事法律的体系化，有助于实现民事立法规则体系（也称为外在体系）和内在价值体系的一致性、逻辑上的自足性以及内容上的全面性，形成在特定价值指导下的统一法律术语、法律规则和法律制度，保持法律各部分内容的相互协调、相互配合，形成严谨的体系结构。长期以来，由于单行法自成体系，且相互独立，法律人在处理民事纠纷时经常只能“就合同论合同”“就侵权论侵权”，而时常忽略了一个简单的合同案件可能涉及民法典相关领域方方面面的制度和规则的事实。民法典颁布后，法律人要注重运用民法典构建的体系，运用体系化的思维方式处理个案，而不是简单地用碎片化的民法知识处理个案。要用体系化的思维方式学法、找法和释法，并用体系化的方法查漏补缺、弥补法律漏洞。

---

① 2021 年最高人民法院《全国法院贯彻实施民法典工作会议纪要》第 20 条。

第三，统一性思维。统一性思维要求将整个民法部门看作统一的整体。随着民法典的颁布，才真正形成了以民法典为统帅的民商合一的法律体系，才真正发挥民法典统帅各个单行法尤其是商事单行法的作用。虽然在民法典颁布后，既有的相关民事单行法被废止，但在民法典之外仍然存在其他大量的单行法，这就需要树立统一性思维，发挥民法典统帅各民商事法律的作用，将各个单行法统一到民法典所确立的制度规则和价值理念上来，消除单行法之间相互隔离、相互冲突的现象，以统一性思维处理好民法典与单行法之间的关系。

第四，融贯性思维。融贯性思维主要是一种价值的一致性思维，从广义上讲，融贯性思维也是体系性思维的组成部分，由此形成了规则融贯与价值融贯的区分。在民法典中，规则融贯与价值融贯相互衔接，互为表里。如果说规则融贯是体系性思维的外在体现，价值融贯就是体系性思维的价值内核。只有规则体系，民法典体系仍然是不完整的；正是因为有了价值融贯，才能使庞大的民法典规则形散而神不散，并形成了有机的整体。融贯性思维要求将社会主义核心价值观作为阐释民法典的价值指引。《民法典》第 1 条开宗明义地指明，我国民法典的立法目的之一，是要弘扬社会主义核心价值观。因此，要将社会主义核心价值观融入民法典编纂实施的全过程，弘扬中华民族传统美德，强化规则意识，增强道德约束，倡导契约精神，弘扬公序良俗。同时，要将整个民法看作基于一定的价值而形成的整体。在民法典所确立的各项价值中，保障私权的理念，始终是贯穿民法典七编的“中心轴”，整部民法典就是由物权、债权、人格权、婚姻家庭中的权利（亲属权）、继承权以及对权利进行保护的侵权责任构成的。因此，我国民法典的整体框架思路是从“确权”到“救济”，始终以权利为中心来构建民法体系。这表明，我国民法典本质上是一部权利法，民法典各分编通过全面保障民事权利，全面体现和贯彻了法治的价值。这一价值不仅是观察民法典，也是观察整个民法的出发点。

民法典的生命力在于实施，只有树立上述思维方式，才能理解好、贯彻好、实施好民法典。

三、民法的历史发展

恩格斯指出：“在社会发展的某个很早的阶段，产生了这样一种需要：把每天重复着的产品生产、分配和交换用一个共同规则约束起来，借以使个人服从生产和交换的共同条件。这个规则首先表现为习惯，不久便成了法律。”① 因此，法律作为上层建筑，是由经济基础决定的，民法也是如此。

① 《马克思恩格斯选集》第三卷，人民出版社 2012 年版，第 260 页。

（一）民法主要起源于罗马法

罗马法，是指罗马奴隶制国家施行的法律，通常是指自罗马产生起至《查士丁尼法典》颁布止的罗马法律。[①] 罗马时期，在自然经济的土壤上，简单商品经济得到了充分发展，从而产生了调整私人财产关系的发达的古罗马私法。在罗马的法典编纂方面，最有成效、影响最深远的是东罗马帝国皇帝查士丁尼的《国法大全》，即《查士丁尼法典》《学说汇纂》《法学阶梯》和《新律》。罗马法以抽象的方法表现了商品经济社会的一般形态，反映了商品经济社会的正常要求，其关于自然人和法人等权利主体的法律，包括物权法、债权法、婚姻家庭法、继承法等，已经涵盖了现代民法的主要内容。罗马法中的诸多制度，如人格制度、住所制度、时效制度、无因管理制度、不当得利制度、遗嘱继承制度、特留份制度等，至今仍是各国民法典中的基本民事制度。

（二）从近代民法到现代民法

1. 近代民法

近代民法是指经过 17、18 世纪的发展，于 19 世纪经欧洲各国编纂民法典而逐步形成的一整套民法概念、原则、制度、理论和思想的体系，在范围上包括德国、法国、瑞士等大陆法系国家民法。近代民法的主要特点表现在：

（1）抽象的人格平等。近代民法承认的人格平等，是一种形式上的平等。法国《人权宣言》第 1 条就指出，人人生而平等。因此，近代民法所调整、保护、关切的对象是抽象的人，它对于民事主体仅作抽象的规定，而不作年龄、性别、职业等区分。在近代民法典中，人作为被抽象掉了种种能力的个人，以平等的自由意思行动的主体被对待。近代民法注重维护形式正义，强调当事人必须依法订约，并严格遵守合同，从而实现契约的形式正义。

（2）无限制所有权原则。无限制所有权原则又称为绝对所有权原则，是指私人对其财产享有绝对的、排他的、自由处分的权利。1804 年《法国民法典》第 544 条规定：所有权是对于物有绝对无限制的使用、收益及处分的权利。这是对这一原则的准确表述。

（3）契约自由。契约自由是近代民法的一项基本原则，其主要内容为：第一，契约必须基于当事人自由意志彼此一致才能生效，可以优先于任意法规定适用；第二，契约的内容由当事人自由决定；第三，契约的方式以及相对人的选择等由当事人决定，任何人无权干涉。

（4）过失责任原则。过失责任原则也称为自己责任原则。1804 年《法国民法典》第 1382 条规定："任何行为使他人受损害时，因自己的过失而致行为发

---

① 参见［意］朱塞佩·格罗索：《罗马法史》，黄风译，中国政法大学出版社 1994 年版，第 4 页。

生之人对该他人负赔偿的责任。”这一简短的条文是对罗马法债法中的过失原则的重大发展，由此确立了过失责任原则，该原则先后为大陆法系各国的民法典所沿袭。它不仅具有道德的价值，而且具有教育、惩戒和预防损害发生的功能。

2. 现代民法

19世纪末20世纪初，近代民法开始向现代民法转变。现代民法是近代民法在20世纪的发展与修正，是在近代民法的法律结构基础上对近代民法的原理、原则进行修正、发展的结果。现代民法主要具有以下特征：

（1）对所有权的限制。19世纪末，个人主义的所有权观念日渐式微，社会的所有权观念日益发达。这种观念认为，所有权的行使应当顾及社会公共利益，不允许个人滥用权利，损害他人利益和公共利益。从维护社会公共利益出发，应对所有权作适当的限制。例如，1919年德国《魏玛宪法》第153条第3项规定：“所有权为义务，其使用应同时为公共福利之役务。”

（2）对合同自由的限制。20世纪以来，合同自由原则因国家干预经济的加强而受到越来越多的限制，因此，对合同自由的限制成为20世纪以来合同法发展的一个重要趋势。合同法对合同自由的限制主要表现在强制缔约制度的产生、对格式条款和免责条款的限制、对某些特殊合同的形式作特殊要求以及通过诚信原则等对合同关系进行干预等。

（3）归责原则的多元化。随着20世纪以来社会生活的变化，民事责任归责原则理论本身呈现出从单一过错归责理论向过错推定、无过错责任等多元归责理论演化的趋势。许多大陆法系国家在特别法中规定了诸多无过错责任，以保护受害人的利益。

（4）人格权制度的勃兴。人类社会两次世界大战，尤其是第二次世界大战，给世界各国人民造成了极大的伤害，人们越来越强调对作为社会个体的公民之间的平等、人格尊严不受侵犯以及人身自由的保护。这也极大地促进了20世纪中叶世界各国人权运动的发展，尤其是促进了民法上的人格权发展。一些国家在立法上确认了民事主体的生命、健康、身体、名誉、肖像、隐私等人格权，强化了对人格权的保护。

（5）侵权责任法的独立与扩张。20世纪以来，随着工业社会的发展、风险社会的来临，侵权责任法在分配风险、救济受害人方面发挥着日益重要的作用，侵权责任法的地位日益突出。与此相对应，侵权责任法的适用范围也在逐渐扩张，归责原则呈现多元化趋势，法律对各类特殊侵权作出了特别规定，侵权责任法的内容越来越复杂。

（6）交易规则的国际化趋势。20世纪以来，经济全球化和跨国贸易投资的迅速发展，客观上要求法律规则的趋同和统一。作为交易共同规则的合同法以及有关保险、票据等法律的规则日益国际化，两大法系在有关合同、担保等方面的相关规则也正逐渐融合。

（7）注重对特定群体的保护。20 世纪以来，社会经济结构发生巨变，对消费者、劳动者、妇女、未成年人、残疾人等特定群体保护的问题凸显出来。民法在维护形式正义的基础上，已逐渐兼顾和强化对消费者和劳动者的保护，从而维护实质正义。

（三）我国民法的历史发展及未来

1. 我国民法的历史发展

中国古代实行“诸法合一、民刑不分”，虽然存在一些民事规范，并没有形成近代意义上的民法。清末变法时，清政府于 1911 年制定了《大清民律草案》。辛亥革命以后，国民政府的修订法律馆在北京开始了民律草案的起草工作。1925 年，草案完成，史称“第二次民律草案”。之后，南京国民政府于 1929 年 5 月 30 日颁布民法典总则，1929 年 11 月 22 日颁布民法债编，1929 年 11 月 30 日颁布物权编，1930 年 12 月 26 日颁布亲属编和继承编。1949 年新中国成立后废除了旧法统，但该“法典”仍在我国台湾地区继续适用。

我们党在各个历史时期都高度重视民事法律的制定实施。在新民主主义革命时期，我们党在中央苏区、陕甘宁边区等地制定实施了涉及土地、婚姻、劳动、财经等方面的法律。新中国成立后，在社会主义革命和建设时期，我国相继制定实施了《婚姻法》《土地改革法》等重要法律和有关户籍、工商业、合作社、城市房屋、合同等方面的法令，并分别于 1954 年、1962 年启动第一次和第二次编纂民法典的相关工作，但由于条件所限没有完成。在改革开放和社会主义现代化建设时期，我国民事法律制度建设步伐不断加快。

1986 年 4 月 12 日第六届全国人民代表大会第四次会议通过的《民法通则》，是我国第一部调整民事关系的基本法律，也是我国民事立法发展史上的一个新的里程碑。随着改革开放的深化和市场经济的发展，我国陆续制定了一系列规范市场活动的民事基本法。例如，我国于 1999 年颁布了《合同法》，统一了我国的合同法律制度，建立和完善了市场交易的基本规则和原则；于 2007 年颁布了《物权法》，对所有权、用益物权、担保物权等物权制度作出了全面规定；于 2009 年颁布了《侵权责任法》，对民事权利进行了更加周密的保护。此外，我国立法机关还制定了《公司法》《合伙企业法》《个人独资企业法》等法律，完善了市场主体法律制度；颁布了《婚姻法》《收养法》《继承法》等法律，建立和完善了婚姻家庭制度；为保护知识产权，颁布实施了《专利法》《商标法》《著作权法》等法律。这些法律都是我国民法的重要组成部分，其颁布实施是完善我国民事立法体系的重要步骤。在此期间，我国还分别于1979年、2001年第三次和第四次启动编纂民法典相关工作，但仍然由于条件所限没有完成。

党的十八大以来，中国特色社会主义进入新时代，以习近平同志为核心的党中央全面推进依法治国。2014年党的十八届四中全会通过的《中共中央关于全面推进依法治国若干重大问题的决定》明确提出，要“加强市场法律制度建设，编纂民法典”。立法机关决定采取“两步走”方式：一是于2017年制定《民法总则》，二是于2020年通过《民法典》。民法典的颁布极大地推进了民事立法体系化进程，进一步完善了社会主义市场经济制度和社会生活的基本规则，在我国立法史上具有里程碑式的意义。

2. 我国民法的未来发展

习近平指出，“民法典颁布实施，并不意味着一劳永逸解决了民事法治建设的所有问题，仍然有许多问题需要在实践中检验、探索，还需要不断配套、补充、细化。”① 因此，民法典在颁布后，也需要适应社会的发展需要而与时俱进，不断完善。为贯彻落实上述重要指示，必须把握未来我国民法发展的如下重要趋势：

第一，民法价值的发展。民法历来以私法自治为基本的价值理念，但进入21世纪以来，尊重与保护人的基本权利已经成为整个国际社会的普遍共识，人文关怀价值已经成为民法的重要价值，主要表现在，从传统民法的形式平等到兼顾实质平等，注重对特定群体的保护，完善权利公平、机会公平、规则公平的法律制度，维护社会的实质正义。在民法典的适用过程中，除了强化意思自治以外，还要赋予人的尊严和人身自由同样重要的价值。《民法典》第1条明确规定民法典的目的之一，就是弘扬社会主义核心价值观。社会主义核心价值观是社会主义法治建设的灵魂，将社会主义核心价值观融入法治建设，是推进全面依法治国的必然要求。民法尊重生命尊严，秉持生命至上、健康至上的理念，全面维护个人人格尊严，在人格尊严与财产权发生冲突时，将人格尊严置于更高的保护地位，并贯彻在民法各项制度和规则之中。民法价值的另外一个方面的发展就是生态环境保护的绿色原则，实现人和自然的和谐共处，贯彻“绿水青山就是金山银山”的发展理念。

第二，民法制度的发展。民法典的颁布并不意味着民法发展的终结，而是民法发展的新起点。民法典所具有的中国特色、实践特色、时代特色，也为未来民

① 习近平：《充分认识颁布实施民法典重大意义，依法更好保障人民合法权益》（2020年5月29日），载习近平：《论坚持全面依法治国》，中央文献出版社2020年版，第280页。

法的发展指明了方向。一是未来民法更需要坚持主体意识，立足中国的实际，回应中国实践需求，解决中国的实际问题。我国民法应当维护我国基本经济制度，协调改革与立法的关系，巩固改革成果，回应新时代人民群众最迫切需要解决的现实问题，“顺应人民对高品质美好生活的期待，不断满足人民日益增长的多方面的权利需求”①，真正实现“民有所需，法有所应”。二是民法的发展应当彰显时代性。人类社会已经进入互联网高科技时代，法律是时代的一面镜子。以互联网、大数据、云计算、人工智能、基因检测与基因编辑为代表的新一轮科技革命和产业变革风起云涌，正在以远远超出前几次科技革命的颠覆性力量，改变人类的生产方式、生活方式、交往方式，改写法律的生态环境、运作方式、秩序模式②。所以，民法典颁布后，我国未来民法也应当积极顺应互联网高科技，与高科技结合起来，与人工智能、生物科技相拥抱，注重卫生法、科技法、人工智能法等这些新的领域，探索新的问题。三是必须坚持民法的实践性。民法的发展既需要及时总结司法实践经验和交易实践经验，也需要积极回应实践需求，从实践中汲取营养，通过司法解释和指导性案例为民法的发展提供强大的动力，这也是维持民法生命力和活力的保障。

第三，民法典与单行法的衔接，进一步增进民法部门的体系性。在民法典之外，还存在大量的单行法，而单行法的发展也会促进民法典的发展。但单行法在立法和实施中，应当注重与民法典的协调配合，正确处理好民法典与单行法之间的关系。具体而言，一是要明确民法典是基础性法律。民法典是民法的核心，贯彻实施民法典就是要贯彻实施以民法典为中心的实体法，在没有特别和正当理由的前提下，处理案件应当首先适用民法典。二是在各个单行法之间存在矛盾和冲突的情形下，要依据民法典解释单行法，协调单行法之间的矛盾和冲突。三是在解释单行法时，要以民法典为基础，从而实现整体民法价值的统一。四是在单行法的规定存在漏洞时，应当通过解释民法典弥补法律漏洞。单行法的解释应当与民法典保持一致，即民法典是解释民事规范的基础。五是单行法在适用中也要注重与民法典的结合。例如，知识产权单行法对知识产权没有特殊规定的，应当适用民法典；同时，在民法典对知识产权单行法的规则已经作出修改的情况下，也应当适用民法典。

第四，民法与其他法律部门关系的协调。在现代社会中，民法要以宪法为指导，充分体现宪法的基本精神，具体落实宪法规定的公民基本权利，在此基

① 《习近平在中共中央政治局第三十七次集体学习时强调　坚定不移走中国人权发展道路　更好推动我国人权事业发展》，《人民日报》2022年2月27日，第1版。

② 参见王利明、黄文艺：《论法学学科的发展规律和发展前景》，《大学与学科》2020年第1期。

础之上，民法必须与相关法律部门相互配合、相互借鉴、相得益彰，共同实现对社会生活的有效调整，维护社会的安定有序。民法要与行政法、刑法相互配合，共同发挥“规范公权，保障私权”的作用。在贯彻实施民法典过程中，要处理好民行交叉、民刑交叉等法律问题，尽量消除价值和规则之间的冲突矛盾。民法要与经济法、社会法合理协作，实现对经济关系和社会关系的综合调整。例如，在发生严重的道路交通事故、爆炸损害事故后，侵权责任法的损害赔偿规则很难对受害人提供全面救济的，就需要借助多元化的救济机制，即通过社会保障制度、商业保险制度、社会救助制度的补充，实现对受害人的全面救济。

习近平强调：“有关国家机关要适应改革开放和社会主义现代化建设要求，加强同民法典相关联、相配套的法律法规制度建设，不断总结实践经验，修改完善相关法律法规和司法解释。对同民法典规定和原则不一致的国家有关规定，要抓紧清理，该修改的修改，该废止的废止。要发挥法律解释的作用，及时明确法律规定含义和适用法律依据，保持民法典稳定性和适应性相统一。”① 据此，未来民法的发展可以通过以下途径予以实现：

一是“立”，即制定相应的法律法规，配合民法典调整社会关系。按照习近平的要求，“加强同民法典相关联、相配套的法律法规制度建设”。例如，民法典对动产权利担保提出了统一登记的要求，因此有必要就动产权利担保制定相应的程序规则。

二是“改”，对与民法典规定不一致的相关规范及时进行修改。例如，《固体废物污染环境防治法》《大气污染防治法》《水污染防治法》中的免责事由与《民法典》侵权责任编中关于环境侵权责任免责事由的规定存在冲突，《电力法》的相关规定也与《民法典》侵权责任编中关于高度危险免责事由的规定不一致。这些规范均须及时进行修改。

三是“废”，民法典实施后，《婚姻法》《继承法》《民法通则》《收养法》《担保法》《合同法》《物权法》《侵权责任法》《民法总则》同时废止。除此之外，与民法典规定相矛盾的规范，也要及时予以废除。

四是“释”，实践中出现的确实不清晰、不明确的规则可以通过立法解释的方式来解决，从而使民法典保持与时俱进的进步性，符合时代需要。要根据党的二十大精神，提高民事权利的保护水平和效率，畅通司法救济渠道，统一法律适

---

① 习近平：《充分认识颁布实施民法典重大意义，依法更好保障人民合法权益》（2020 年 5 月 29 日），载习近平：《论坚持全面依法治国》，中央文献出版社 2020 年版，第 280 页。《法治中国建设规划（2020—2025 年）》也明确指出“坚持立改废释并举”。

用标准。在全面实施民法典的过程中，司法机关要严格按照党的二十大精神，公正司法，维护人民群众的人身权、财产权、人格权。一方面，要加强司法解释。由于民法典已经建立了规则和体系，因此司法解释不应创设规则，而应着重解决民法典在适用中的重大疑难问题。另一方面，要强调法官在个案中准确解释民法典。法律解释具有节约立法成本、提高立法效用、维持法律稳定、保持法制稳定等优势。可以说，成文法的生命力在相当程度上取决于法律解释活动。从这个意义上说，法律解释活动越发达，科学性越强，成文法的生命力就越长久，其在社会生活中的规范效果就越明显。法律解释活动还可以有效地弥补成文法的缺陷和漏洞，克服其不足，并成为克服成文法刚性和僵化缺点的“润滑剂”。因而，发挥法律解释的作用，能够以更为灵活、成本较低的方式，实现规范和实践之间的统一，促进规范的稳定性和社会回应性之间的协调。

四、民法的研究立场和学习方法

（一）民法的研究立场

从单行法到法典化促进了法律思维方式的转化，也必然使以民法典为核心的整个民法部门的研究产生根本性变化，民法典的中国特色、实践特色、时代特色，为民法学研究指明了方向。按照习近平要求，在民法典颁布后，要加强我国民事法律制度理论研究，“坚持以中国特色社会主义法治理论为指导，立足我国国情和实际，加强对民事法律制度的理论研究，尽快构建体现我国社会主义性质，具有鲜明中国特色、实践特色、时代特色的民法理论体系和话语体系”①。党的二十大报告明确提出，“深入实施马克思主义理论研究和建设工程，加快构建中国特色哲学社会科学学科体系、学术体系、话语体系”。这就为我国民法典时代的民法研究指明了方向。要构建中国自主的民法理论体系和话语体系，必须按照习近平在哲学社会科学工作座谈会上的重要讲话精神，② 坚持以下研究立场：

1. 体现继承性、民族性

中国特色的民法学应当坚持古为今用、洋为中用，融通古今中外各种资源，包括马克思主义资源、中华传统优秀文化资源和国外民法学资源。同时，应当立足本国实际，从中国实际出发，在结构和内容上充分回应中国市场经济建设过程中出现的各种现实问题，将作为市场经济基本规则和市民生活“百科全书”的民商事法律作为研究对象。也就是说，中国自主的民法学体系应当植根于中国大

---

① 习近平：《充分认识颁布实施民法典重大意义，依法更好保障人民合法权益》（2020 年 5 月 29 日），载习近平：《论坚持全面依法治国》，中央文献出版社 2020 年版，第 283 页。

② 参见习近平：《加快构建中国特色哲学社会科学》（2016 年 5 月 17 日），载《习近平谈治国理政》第二卷，外文出版社 2017 年版，第 338—348 页。

地，以中国问题为中心，解决中国的现实问题。在公有制基础上实行市场经济，是人类历史上从未有过的伟大实践，物权法理论既要维护公有制，又要依据市场经济的基本规律探索土地等资源进入市场、实行资源优化配置的规律。我国民法典吸收了中华民族五千年优秀的法律文化传统，继承重家庭、讲仁爱、守诚信、尚公平、促和谐的传统法律精神，展现出鲜明的民族特色和深厚的文化底蕴，因而，民法学也应当反映我国优秀的传统文化、善良风俗，从传统道德中汲取营养。我国民法典从中国实际出发，作出了许多具有中国元素的制度创新。例如，合同编发挥债法总则的功能，物权编关于物权变动模式的规定，侵权责任编规定多元化的救济措施，婚姻家庭编注重弘扬良好家风和建立和睦、和谐的家庭关系等，都体现了我国民法典的中国特色。因此，中国民法学应当在总结我国民法典编纂经验的基础上，努力构建具有中国自主的理论体系和话语体系。

在构建这样一个体系过程中，既需要坚持主体性意识，也需要积极借鉴人类文明的有益成果。贡献中国方案和中国智慧、构建以研究我国现实问题为重心的、自主的民法学体系并不意味着对异域法律文化的排斥。相反，在全球化背景下，中国自主的民法学体系应当是一个包容世界民法文化精髓的体系，反映人类社会发展进程中面临的共同问题和应对智慧。对人类法律文明的优秀成果，应秉持鲁迅所说的，“我们要运用脑髓，放出眼光，自己来拿”①。民法学的研究应当有广阔的视野和开阔的胸襟，广泛借鉴两大法系的先进经验，高度重视国际上民商法学的发展趋势。当然，外国的制度、理论，都只能是我们借鉴的素材，只能服务于我国民事立法和司法的需要。民法学研究应当从中国实际出发，绝不能完全从希腊、罗马出发，照搬照抄他国经验。

2. 体现原创性、时代性

一方面，中国自主的民法学应当不断地与时俱进，随着我国市场经济的发展而不断发展，并与改革开放相伴而行，不断反映和确认改革开放的成果，为国家的法治改革建言献策。民法学研究应当强调原创性，不能进行低水平的重复。另一方面，民法学也应当反映时代精神、体现时代特征。具体来说，应当不断反映互联网、大数据、高科技时代民法的特点；要反映经济全球化对交易规则趋同性要求的发展趋势；要反映在生态环境不断恶化的背景下保护生态环境的时代要求；要反映在风险社会通过多种救济措施保护受害人，同时预防损害发生的要求；要反映新时代人民群众对人身权、财产权、人格权保护的更高要求。我国民法典积极反映了上述需求，彰显了鲜明的时代特色，而民法典所体现的时代性也必然要求民法学的发展要坚持时代性。例如，新一轮科技革命和产业变革正在改

---

① 鲁迅：《拿来主义》，载《鲁迅全集》（第六卷），人民文学出版社2005年版，第40页。

变人类的生产方式、生活方式、交往方式，提出了大量的时代性命题，民法的概念、规则、制度、体系都需要对这些问题的回答提供理论基础。民法学需要加强对新时代经济社会发展中新型法律问题的研究，只有积极回应互联网、大数据、高科技等带来的时代问题，才能真正实现民法学研究的现代化。

体现原创性、时代性的民法学，不仅要反映中国的现实，而且要解决现实问题。习近平指出，“我国哲学社会科学应该以我们正在做的事情为中心，从我国改革发展的实践中挖掘新材料、发现新问题、提出新观点、构建新理论，加强对改革开放和社会主义现代化建设实践经验的系统总结”①；“问题是时代的声音”②。马克思认为，“立法者……不是在创造法律，不是在发明法律，而仅仅是在表述法律”③。因此，民法学研究应当来源并服务于中国改革开放的伟大实践，对社会生活中产生的现实问题提出创造性的解决方案，为民主法治建设作出贡献。每个民族的法学理论都脱胎于本民族的独特法律传统和法律实践，都是对本民族的独特法律记忆和法律经验的理性提取，民法学要成为一门治国安邦、经世济民、服务社会的学问，就必须以中国的现实问题为依归，提出科学合理的解决方案。改革开放以来，中国民法学者在立足基本国情的基础上，以更开阔的视野借鉴大陆法系、英美法系的先进经验，并在许多领域进行了融通性、创新性发展。无论是人格权、侵权责任的独立成编，还是民法典各编许多重要的制度和规则设计，都是在借鉴两大法系经验基础上作出的重要创新，也是中国民法学对世界民法学作出的重要贡献。《民法典》总则编广泛吸收民法学界的研究成果，例如，在主体制度中，构建了营利法人、非营利法人、特别法人的制度体系，明确了非法人组织制度，为民事主体从事民事活动提供了保障；在监护制度中，构建了“家庭监护为主体、社会监护为补充、国家监护为兜底”的监护体系，为特定群体构建了周密的法律保障体系，强化了对被监护人的保护。在《民法典》物权编中，关于所有权的分类和平等保护、用益物权体系的构建，关于农村土地制度“三权分置”的规定等，都是对中国改革开放实践经验的归纳和总结。《民法典》人格权编对隐私、个人信息保护等问题作出了创新性规定，顺应了社会变化和公众关切，孕育出了有资格被称为“中国元素”的诸多民事法律制度。

民法典的实践特色必然要求民法学的发展坚持实践性。民法典的大量规则来源于司法实践，是对司法实践经验的总结，这既使得民法典具有鲜活的生命力，也保障了民法典将来能够得到很好贯彻实施。这一实践特色也为我国民法学的研

① 习近平：《加快构建中国特色哲学社会科学》（2016年5月17日），载《习近平谈治国理政》第二卷，外文出版社2017年版，第344页。

② 《全国政协举行新年茶话会》，《人民日报》2015年1月1日，第1版。

③ 《马克思恩格斯全集》第一卷，人民出版社1995年版，第347页。

究指明了方向：民法学研究必须紧扣实践的脉搏，还原民法学科作为一门实践学科的本质，有效回应社会现实中不断涌现的真问题。民法典颁布后，我们应当挖掘更多的本土资源，从中国的实际出发，研究具有价值的中国案例，丰富我国民法学的实践内涵。同时，民法学研究也应当密切结合中国的发展实践，始终注重问题导向，解决法治建设中的重大问题。社会生活纷繁复杂，变化无穷，法律需要不断适应社会的变化。作为一门实践性很强的学科，民法学不仅应对中国和世界法治实践具有精准的解释力，还应对中国和世界法治变革具有强大的引领力，尤其要适应中国社会发展的变化，配合国家的战略需求，不断提供理论支持。民法典本身就是凝聚万众智慧的法典，民法典在颁布后，要继续立足于实践、服务于实践，不断促进民法学的繁荣与发展。

3. 体现系统性、专业性

民法学之所以是一门科学，是因为民法学本身具有科学的理论体系和科学的研究方法：一方面，经过两千多年的发展，民法学在自身独特的研究对象基础上，已经形成了一些具有共识性的概念、规则和制度，形成了富有逻辑、体系严谨的理论体系；另一方面，我国民法典的体系化也将极大地促进民法学的科学性。民法典的体系化表现在两个方面：一是制度体系（也称为外在规则体系）的构建。民法典七编紧扣民事权益的确认和保障这一立法目的，形成了严谨的、具有内在逻辑联系的体系。二是价值体系（也称为内在体系）。民法典不仅坚持私法自治的价值，而且适应时代精神发展需要，确立了人文关怀的价值，充分保护特定群体的权益，维护个人的人格尊严，甚至通过相应条款确认在人格尊严和私法自治发生冲突的情形下，优先保护人格尊严，这也丰富了民法学的内在价值体系。民法典还通过大量的引致条款，沟通了民法典与单行法、民法典各编之间内在的逻辑联系，从而形成了一个以民法典为中心，包含各个单行法的完整的民商事法律体系。这些都为民法学的科学性奠定了良好的基础。进入 21 世纪以后，民法学必须与时俱进，在内容和方法上不断创新，以解决现实问题为依归，永葆民法学研究的系统性和专业性。

（二）学习民法的基本方法

民法学是一个博大精深、内容丰富的理论体系。学好民法，必须坚持以马克思主义基本原理和习近平法治思想为指导，必须坚持辩证唯物主义和历史唯物主义世界观和方法论，立足于法治中国建设伟大实践，运用正确的学习方法，系统准确地掌握和理解民法典以及其他重要的民商事法律。

1. 系统掌握民法的知识和原理

第一，掌握民法概念。民法概念是民法学科大厦的基石。学习民法不是简单地背诵条文，而应注重对法律概念、法律条文和法律原则的理解、掌握和运用。

通过界定民法概念的内涵和外延，准确把握法律条文的意旨。“名者，实之宾也”[①]。在理解每一个法条的含义时，应当准确把握其所涉及的法律概念的内涵和外延，如果法律概念把握不准确、思路混乱，则很难准确理解、适用法律条文及其背后的法律规则。对法律概念的认识模糊不清甚至理解错误的人，是不可能形成正确的法律思维的。

第二，理解民法制度。民法各项制度是民法的有机组成部分，各个民事法律规范相互之间能够形成密切协调与相互衔接的关系，构成内部自洽的规范群和制度群。尤其是民法典中新增加了许多新制度、新规则，需要准确把握其要旨，理解其适用的场景，才能准确适用民法典。

第三，把握民法体系。法典化思维实际上就是体系化的思维。一是应当把民法典看作逻辑严谨的有机整体。例如，无权处分他人财产，既涉及合同法上的违约行为，又涉及债法中的不当得利返还、侵权损害赔偿等。如果缺乏体系化的研究方式，观察者的视野可能只是局限于某一个部门或某一个制度，这可能导致观察者“一叶障目，不见泰山”，无法理解该问题在民法中的真正性质。二是准确把握引致条款和参照适用条款等，增强对民法体系性的了解。例如，《民法典》第464条第2款规定婚姻、收养、监护等有关身份关系的协议，可以参照适用合同编的规定；《民法典》第468条规定非因合同产生的债权债务关系，可以参照适用合同编通则的有关规定；《民法典》第1001条规定对自然人因婚姻家庭关系等产生的身份权利保护，可以参照适用人格权编人格权保护的有关规定。借助于这样一种参照适用，可以查漏补缺，弥补大量的规则缺陷。三是注重把握总则和分则、原则和规则、一般规则和特别规则之间的逻辑关系，结合完全法条和不完全法条、引致条款和被引致条款等准确适用法律。四是掌握好类型化的学习方法。所谓类型化，就是通过分类的方式实现对具体问题的分析。通过类型化思维，可以揭示民法现象的本质，认识民法在调整社会关系过程中的规律。例如，诚实信用的概念是较为抽象的，如果在具体个案中将其类型化，转化为情势变更、禁止权利滥用、禁止获取非法利益等具体的法律规则，则可以提高其适用的准确性和针对性，这也反映了类型化研究方法在法律思维中的重要性。

2. 理论联系实际、学以致用

民法学是一门实践性、技术性、科学性很强的学科，研习民法必须在掌握民法的概念、制度和规则的基础上，娴熟运用民法的知识和技能，化解实践中出现的各种纠纷，解决实践中的疑难问题。为此，必须加强对案例的分析和研究，灵活掌握关系分析法、请求权基础分析法等各种案例分析方法。通过案例研究，即

① 《庄子·逍遥游》。

将典型案例与法律条文相结合，才能够深刻把握法律的真谛，追问法律的精神、实质，法条的意旨，发现法条在适用中的规律，理解法条的应用场景和内涵。只有结合案例，才能够发现法律适用中的疑难问题。缺乏案例的学习，很可能使得对法律的学习只是从书本到书本，从概念到概念。这种“纸上谈兵”式的学习，注定不能收到良好的学习效果。民法典的各项制度都是司法实践经验的总结和提炼，背后都有鲜活的案例基础。只有通过案例学习，才能够以案释法，举一反三，掌握法律适用的技巧，才能够深刻把握民法典的意旨和精髓，从而灵活运用民法典的规则。

3. 注重运用民法研习的方法

在民法典颁布之后，要准确理解民法的新理念、新制度，将其运用于实践，解决实践问题，并不断推动民法的发展和完善，还必须掌握民法研习的各种方法。

第一，重视运用逻辑的方法。逻辑的方法是指运用演绎推理、归纳推理等形式逻辑的方法进行法律思维。严复曾经指出：逻辑为“一切法之法，一切学之学”。其实，逻辑思维是法律人的重要思维方式，也是学习民法的基本方法。民法学研究是依据传统的形式逻辑方法进行的，论证可以分为演绎论证与归纳论证。这些逻辑推理贯穿民法学研究全过程。其中，演绎论证是一种从一般到个别的论证方法，而归纳论证是从个别到个别的论证方法。还要看到，逻辑的方法，如相似性论证、反比论证、当然论证、体系论证、一致性论证等，也是学习民法学的基本方法。民法的适用也应当在三段论的框架内进行逻辑推理，重视概念和规则的逻辑性，注重说理论证中的逻辑性。还应当看到，一个特定的案件往往涉及多编的相关规定，而不是仅仅限于某编的某一个制度，因此，应当按照体系化的观念，运用缜密的思考方法，从体系的角度寻找最密切联系的法律规范。

第二，准确运用法律解释的方法。“法无解释不得适用”。民法典的颁布，使得我们进入更为注重解释论的时代，因此，民法学的研究重心要从注重立法论转向注重解释论，民法解释学的重要性将日益凸显，并成为民法学研究的重要课题。一方面，民法典的颁布为法律解释方法的运用提供了良好的基础，也为解释方法的形成确立了依据。例如，《民法典》第一编第一章关于立法目的和原则的规定提供了法律解释的价值基础；《民法典》第 1 条关于“根据宪法，制定本法”的规定，为合宪性解释提供了依据；民法典引致条款、参照适用条款为体系解释方法的运用提供了大量的法律素材和依据。另一方面，在民法典颁布之后，要通过总结民法典实施中的经验，提炼出具有共识的法律解释方法，以及运用这些解释方法所应当遵循的基本规则。通过这些方法的运用，有利于从整体上把握民法、理解民法，并准确适用民法典的规则解决纠纷。

第三，注重比较法方法。比较法是指对不同国家或者地区法律制度、法律秩序等的比较研究。比较法研究不仅比较制度和规则，还要比较不同国家法律制度的异同及其发展趋势，研究不同法律制度之间的现实与历史的关系，注重对不同制度之间沿革与联系的考察，探寻其背后的历史传承与社会背景。[①] 我国民法典在编纂过程中，注重运用比较法方法，广泛借鉴了两大法系的经验，因而学习民法也应当注重比较法方法的运用。尤其是随着社会经济生活的发展，社会生活日新月异，民法典的规定也可能具有一定的滞后性，在此情形下，需要通过比较法研究，借鉴域外法律制度的有益经验，不断发展和完善我国的法律制度。因此，注重运用比较法方法，学习域外法律制度，对于不断发展和完善我国民事法律制度也具有重要意义。

第四，注重借鉴经济学、社会学、哲学、历史学、心理学、统计学等其他社会科学的研究方法。应当看到，法学与其他社会科学具有密切的联系，其与其他社会科学一样，都是为了观察、理解和解决社会问题。因此，民法学的研究和学习也应当积极借鉴其他社会科学的方法。例如，社会学注重实证研究方法，强调通过观察、经验或者试验来发现真实的世界，民法学应当注重借鉴此种方法，只有这样，才能够使纸面上的法转变成生活中的法。再如，生物科技进步带来的人工辅助生殖、人体器官移植、克隆、基因编辑等社会现象，对传统民法中人、物、人格权、身份权等提出了一系列新问题，需要综合运用生物学、医学、伦理学、法学等知识才能给出稳妥的解决方案。在大数据时代，大数据不仅为民法学提供了更为可靠的素材，也要求民法学借助数据分析使得其研究更为精细，并进行社会实证分析。同时，法律本身是一种社会现象，也应借助伦理学方法研究婚姻家庭，借助经济分析方法、逻辑分析方法、实证研究方法等多种跨学科方法，借助田野调查方法准确了解民法在实践中的运用，以增强民法学研究的科学性和实用性。[②] 民法学只有与其他人文社科之间进行有效沟通和交流，才能避免形成“隔行如隔山”的学科壁垒和知识割裂。法学学科的发展还必须加强法学内部各学科的知识融合，加强民法学与法学其他学科的知识融合，唯有如此，法学才能形成知识有机关联的学科体系，才能真正融入整个社会科学知识系统之中。

在古希腊语中，方法有“通向正确的道路”之义。[③] 方法是获取知识的重要手段。民法典颁布后，我们应当运用正确的方法，全面领会民法典的精髓，把握民法的要义，并准确地运用民法典解决纠纷。

---

① 参见朱景文：《比较法总论》，中国人民大学出版社2004年版，第1页。

② 参见王轶：《对中国民法学学术路向的初步思考》，《法制与社会发展》2006年第1期。

③ 参见吴元梁：《科学方法论基础》，中国社会科学出版社1984年版，第1页。

第一编　总　则

第一章　民法的基本原理

第一节　民法的概念和调整对象

一、民法的概念

民法作为调整平等主体之间的人身关系和财产关系的法律，在各国法律体系中都占据着重要地位。我国《民法典》第 2 条从民法的调整对象和任务的角度，给民法下了一个定义，即民法是调整平等主体的自然人、法人和非法人组织之间的人身关系和财产关系的法律规范的总和。这一定义科学地揭示了我国民法所调整的社会关系的范围和任务，明确地划定了民法与其他法律部门的界限，确立了民法典统一调整社会主义市场交易关系的基本法地位。

理解民法的概念，必须要区分形式意义上的民法和实质意义上的民法。形式意义上的民法，主要是指民法典。民法典就是按照一定的体系结构将各项基本的民事法律规则与制度加以系统编纂而形成的规范性文件。民法的法典化最早追溯至古罗马调整私人财产关系的私法，大陆法系各国基本都制定了民法典，这也是大陆法系国家法律体系的主要标志。我国民法典是中华人民共和国成立以来第一部以“典”命名的法律，凡是纳入民法典的规则，都具有基础性、典范性的特点。实质意义上的民法，是指所有调整民事关系的法律规范的总称，包括民法典和其他民事法律、法规。除民法典之外，我国还有两百多部单行法律，其中有大量的民事法律，比较典型的民事法律如《著作权法》《商标法》《专利法》等。在我国实行民商合一的立法体制下，一些商事特别法，如《公司法》《保险法》《票据法》等，同样是我国民法的重要组成部分。除了法律，我国还颁行了大量的行政法规、司法解释，其中不少都是民事法律规范。它们都是实质意义上的民法的组成部分。

民法典是私法的基本法，在我国民商事法律体系中处于基础性地位。我国民法典坚持民商合一的立法理念，形成了在民法典统帅下，由各个民商事单行法所组成的完整的私法规范体系，这种做法既符合我国的立法传统，也有利于统一法律适用规则，降低法律适用成本，保障法律规则的准确理解和适用。民法典与各个商事法律构成了一个有机的整体，二者是普通法与特别法的关系。也就是说，在出现商事纠纷后，商事特别法属于对民法典相应规定的细化的，则应当适用商事特别法，否则就应当适用民法典的规则。

二、民法的调整对象

根据《民法典》第 2 条的规定，我国民法统一调整平等主体之间的人身关系和财产关系。该条关于民法调整对象的规定奠定了民法典分则体系的基础，民法典的分则就是由调整人身关系和调整财产关系的具体法律构建起来的。

民法典调整的社会关系都是平等主体之间的关系。所谓平等主体，是指当事人参与民事法律关系时，其法律地位是平等的，任何一方不能凌驾于另一方或具有优越于另一方的法律地位，任何主体参与民事活动都要平等地受到民事法律的拘束，在其权益受到侵害之后要平等地受到民法的保护。无论何类民事主体，只要以平等的民事主体的身份从事交易，就应当遵循民法的规范，并受民法的调整。

（一）民法调整平等主体之间的人身关系

人身关系是指没有直接的财产内容但有人身属性的社会关系。民法调整平等主体之间的人身关系，这种平等指的是法律地位的平等，而不是具体的生活事实中的平等，如父母与未成年子女之间的关系在生活上是管教与被管教的关系，但在民法中，两者的法律地位是平等的。

人身关系是基于一定的人格和身份产生的，因此，人身关系包括以下两类：

一是基于自然人、法人和非法人组织的人格产生的人身关系。这些关系在民法上表现为自然人、法人和非法人组织的人格权，包括自然人的生命权、身体权、健康权、姓名权、肖像权、名誉权、荣誉权、隐私权、婚姻自主权等权利，以及法人、非法人组织的名称权、名誉权、荣誉权等权利。此外，凡是属于《民法典》第109条规定的自然人的人身自由、人格尊严范畴的人格权益，都属于因人格而产生的人身关系。

二是基于自然人、法人和非法人组织的一定身份产生的人身关系。身份关系是人们基于彼此间的身份而形成的相互关系，具体表现为：(1) 在亲属关系中的地位。这类关系在民法上表现为自然人的身份权，包括夫妻之间、父母子女之间、有扶养关系的祖父母与孙子女或外祖父母与外孙子女之间依法相互享有的身份权，以及因监护关系产生的监护权等。(2) 基于知识产权获得的地位。如自然人、法人和非法人组织基于著作权、专利权、商标权而享有的人身权，以及自然人享有的发现权和发明权中的人身权。

民法对身份关系的调整集中体现在《民法典》总则编、婚姻家庭编、继承编，对人格关系的调整则集中体现在《民法典》总则编、人格权编。

（二）民法调整平等主体之间的财产关系

财产关系，是指人们在产品的生产、分配、交换和消费过程中形成的具有经济内容的关系。财产关系以社会生产关系为基础，涉及生产和再生产的各个环节，包括各类性质不同的关系。马克思在谈到在交换过程中形成的商品关系时，曾指出：“商品不能自己到市场去，不能自己去交换。因此，我们必须找寻它的监护人，商品所有者。……为了使这些物作为商品彼此发生关系，商品监护人必须作为有自己的意志体现在这些物中的人彼此发生关系，因此，一方只有符合另一方的意志，就是说每一方只有通过双方共同一致的意志行为，才能让渡自己的商品，占有别人的商品。可见，他们必须彼此承认对方是私有者。”① 这就表明商品关系的形成必须具备三个条件：一是必须有独立的商品“监护人”（所有者）；二是商品交换者必须对商品享有所有权；三是商品交换者的意思表示必须一致。民法调整的财产关系包括财产的归属关系和流转关系，其中财产的流转关系主要就是交易关系。根据《民法典》第2条的规定，民法所调整的财产关系只是发生在平等的民事主体之间的财产关系，其特点在于：

第一，主体平等。一方面，是指民事主体在从事各种交易行为以及行使财产权利、利用和取得财产等方面，彼此之间在法律地位上是平等的。不论双方的经济实力如何悬殊，都不允许任何一方将自己的意志强加于人。另一方面，民事主体在从事各种交易活动时，都应当遵循公平、等价等原则，彼此间的关系应当是平等、互利的，当其财产利益受到损害时，应当得到同等价值的补偿。

第二，平等主体间的财产关系，包括财产归属关系和财产流转关系。财产归属关系是指财产所有人和其他权利人因占有、使用、收益、处分财产而发生的社会关系；财产流转关系是指因财产的交换而发生的社会关系。财产归属关系往往是发生财产流转关系的前提条件，财产流转关系通常又是实现财产归属关系的方法。这两种财产关系，又称为横向财产关系，都应该由我国民法调整。这是由我国社会主义市场的统一性以及民法对市场经济关系进行统一调整所决定的。

第三，民法调整的财产关系的重心是交易关系。所谓交易，是指独立的、平等的市场主体就其所有的财产或利益进行的交换。在民法上，交易的表现形式多种多样，其正常形式是合同，其特殊形式是侵权损害赔偿、不当得利返还等。从民法调整对象的性质来看，所谓平等主体之间的财产关系，主要指交易关系。

民法对财产关系的调整集中体现在《民法典》总则编、物权编与合同编。

第二节　民法基本原则

民法基本原则是指贯穿整部法典，对各项民事制度起统帅作用的基本准则。《民法典》总则编第一章对民法基本原则作出了规定，具体包括保护民事权益原则、平等原则、自愿原则、公平原则、诚信原则、公序良俗原则、绿色原则

---

① 《资本论》第一卷，人民出版社1975年版，第102页。

（《民法典》第3—9条）。

民法基本原则具有价值宣示和裁判补充两方面功效。所谓价值宣示，表明民法基本原则体现了民法的主旨，是制定、解释、适用和研究民法的出发点；它贯穿整个民法制度和规范之中，是民法本质和特征的集中体现，也是高度抽象、最一般的民事行为规范与价值判断标准。通观民法基本原则内容，其与社会主义核心价值观有着一致的价值共识和价值追求，与《民法典》第1条立法目的相契合。所谓裁判补充，是指民法基本原则虽不直接涉及当事人的具体权利、义务，但仍然具有广泛适用范围。当具体民事法律规则出现漏洞，不足以解决诉讼纠纷时，裁判机关可以援用基本原则作为漏洞填补的法律依据。从规范角度看，民法基本原则具有强行性，不允许当事人约定排除适用。

民法各项基本原则均具有抽象性与补充性，均在法律体系中发挥着提纲挈领作用。例如，保护民事权益原则与平等原则，确立了民事主体在市场经济中平等参与、不受不法干涉的根本基调；再如，自愿原则加上公平、诚信以及公序良俗原则，为民事主体行使权利和履行义务划定了基本界限；又如，绿色原则为生态环境问题与代际权利的保护确定了方向。民法典所规定的基本原则，可谓全面、系统、深刻且具有普适性。每项原则均可依据自身内涵，涵盖民法典各编具体制度，为具体制度提供补充和扩展。因此，民法基本原则既各有侧重，又相辅相成，共同为民法典规范的科学适用发挥相应的制度作用。

一、保护民事权益原则

《民法典》第3条规定："民事主体的人身权利、财产权利以及其他合法权益受法律保护，任何组织或者个人不得侵犯。"该条对保护民事权益原则作出了规定。该原则包括如下几方面内涵：

（一）民法主要保护人身、财产等民事权益

民法典系统全面地规定了民事主体所享有的各项人身、财产权益。从民法典规定看，其所保护的民事权益范围虽然宽泛，但并非所有权益都受到民法保护，一些基于公法而享有的权益则主要受公法保护。民法保护的主要是私权，其中人身、财产权益两大种类，涵盖了民事权益的基本内容。

（二）民法不仅保护权利而且保护利益

《民法典》第3条中采用"其他合法权益"的表述，表明除民事权利外，民事主体还可以享有民事利益。这为将来对新型民事权益的保护立法预留了空间，保持了民法规则的开放性。任何组织和个人都不得非法侵害他人合法权益，也不得非法干预权利人行使权利。例如，任何人不得非法查封、扣押、没收公民的合法财产。

（三）对新型民事权益提供保护机制

民法典强化了对新型民事权益的保护，回应了当今社会现实需求，体现了当代中国时代特征。如针对互联网和大数据等技术发展带来的侵害个人信息现象，民法典规定了个人信息保护规则，维护了自然人人格尊严，将有力遏制各种不法行为，诸如“人肉搜索”、非法侵入他人网络账户、贩卖个人信息、网络电信诈骗等，同时亦促进了《个人信息保护法》的出台。

（四）权利人可以请求义务人履行相应的法律义务

在民事权益保护中，义务人可能是个人，也可能是包括国家在内的“任何组织”。根据民法典规定，国家机关、承担行政职能的法定机构同样有可能承担相应法律义务，如《民法典》第212—213条、第223条对政府机关的行政登记及收费作出了规定；第1039条为行政机关保护公民隐私权设定了法定职责；第117条规定，征收、征用财产的，应当给予公平、合理补偿。如果义务人拒不履行义务，导致民事权益受到侵害时，权利人可以请求行为人停止相应侵害行为；如果侵害行为已经发生，则权利人可以通过民法典所规定的各种责任形式获得救济。

二、平等原则

《民法典》第4条规定的平等原则，是指民事主体的法律地位是平等的，其合法权益受到法律平等保护。民法强调平等原则有其特殊意义，民事主体在民事关系中的平等性，体现了市场经济的本质要求和根本特征。平等原则主要包括如下内容：

（一）人格平等

人格平等的核心含义，就是主体在法律上不分尊卑贵贱、财富多寡、种族差异和性别区分等，一律有权获得法律平等对待。这一理念在民法中得到多项制度的支撑。例如，《民法典》第14条规定：“自然人的民事权利能力一律平等。”该条强调民事主体的民事权利能力与生俱来，终身享有，在范围上是平等的；除法律特别规定外，任何单位和个人不得限制和剥夺自然人的民事权利能力。

（二）当事人在具体法律关系中法律地位平等

在民事法律关系中，尤其是在合同关系中，当事人法律地位、权利和义务都是完全平等的。平等原则还表现在民事主体在民事法律关系产生、变更和消灭上必须平等协商，任何一方当事人不得将自己意志强加给另一方当事人。民法规则应当平等地适用于所有民事主体。

（三）民法的救济方法充分贯彻了平等性

无论民事主体在实际情况中存在何种差异，当其权利受到侵害时，法律都给予一体保护。当然，这并不意味着每个主体所承担的责任全部相同，应根据纠纷与案件具体内容加以确定；而且，民事责任并不影响追究违法者承担其他公法上的责任，这两种责任并行不悖，不违背民法的平等性。

（四）法律地位上的平等不等于法律地位的等同

应当注意，在具体民事法律关系中，每个民事主体所享有的民事权利和承担的民事义务都会有所不同。民法上的平等强调资格意义上即形式上的平等，但法律会在特定法律关系中强调实质平等，亦即对特定主体利益倾斜保护。例如，鉴于消费者的弱势地位，法律会对消费者合法权益予以特殊保护，这里便涉及私法公法化的问题。

三、自愿原则

自愿原则又称意思自治原则，是指民事主体依法享有法定范围内广泛的行为自由，可以根据自己的意志设立、变更、终止民事法律关系。《民法典》第5条规定："民事主体从事民事活动，应当遵循自愿原则，按照自己的意思设立、变更、终止民事法律关系。"贯穿整个民法的这一基本原则，特别强调自治而非他治的私法精神，体现了民法最基本的价值理念。

（一）自愿原则集中体现了私法的任意法特质

按照法治基本认识，公法领域的法治理念为"法无明文不得为"，而私法领域则强调"法不禁止皆自由"。在私法领域，当事人可以约定相互之间的权利义务，只要不在禁止范围内，不违反法律强制性规定和公序良俗，这一约定就有效。因此，民法中大多数规范属于任意性规范。所谓任意性，意在赋予市场主体于法定范围内最广泛的行为自由，减少国家干预，以激发市场主体的内生动力，使其能够广泛从事各种交易和创造财富的活动。

（二）自愿的实质是自主决定的法定性

自愿就是允许当事人在法律规定范围内，自主决定自己的事务，自由从事民事法律行为，充分地实现自己利益。具体包括如下内容：（1）当事人有权依法从事或不从事某种民事活动。在民事领域中，除法律另有规定外，当事人是否从事某种行为，是否行使某种权利，应当完全由当事人自由安排。（2）当事人有权选择其行为内容和相对人。当事人可以通过平等协商方式，为自己设定权利和承担义务，当客观情况发生变化后，可以依法变更权利和义务的内容。当事人之间的协议一经合法成立，就具有法律效力，可以优先于民法典等法律中的任意性规定。（3）民事主体有权选择其行为方式。除法律另有规定外，民事主体有权决定自己从事民事法律行为的方式。（4）民事主体有权选择救济方式。通常情况下，受害人会选择对自己最为有利的责任方式。（5）民事主体的自愿意味着也要承担自主选择带来的风险和成本，而不能随意将风险转移给其他主体。

（三）意思自治是相对的、有限制的自由

任何意思自治都不是绝对的自由，而是相对的、有限制的自由。早在罗马法时期，当事人的行为与选择就不能影响其他人利益；进入 20 世纪，新技术发展使得人类在享受更优越生活条件的同时，开始面临诸如贫富分化、生态破坏、环境污染以及重大疫情等严峻的社会问题。为了解决人类共同体所直面的这些现实问题，各国纷纷通过诸多手段加强对经济领域的干预，从而使个别主体的意思自治原则受到越来越多的限制。这些限制虽针对个别主体的意思自治，但也是私法公法化即国家干预的表现，目的仍是保障人类整体（包括代际）的意思自治与社会福祉。

四、公平原则

公平原则是指民事主体应本着利益均衡的价值判断标准合理确定民事主体的权利义务，实施民事法律行为。《民法典》第 6 条规定："民事主体从事民事活动，应当遵循公平原则，合理确定各方的权利和义务。"公平原则作为一种基本价值理念，贯穿整部民法典，更进一步讲，公平原则贯穿立法、司法及法学研究各环节。公平原则具体包括以下内容：

（一）公平原则是民事活动的基本遵循

民事主体在从事民事活动过程中，应当按照公平观念正当行使权利和履行义务。例如，在合同订立后，应当从顾及对方当事人利益的角度出发，进行充分准备；在权利行使过程中，充分顾及他人利益，不得滥用权利。不过，公平并不能突破前述意思自治，当事人不得因结果不如人意而援用公平原则来挽回个人在市场中的正常损失。

（二）公平原则是民事活动的目的性评价标准

任何一项民事活动，是否违背了公平原则，需要从结果上根据是否符合公平的要求来进行评价，当事人动机一般不属于法律在判断公平时所考虑的内容。在民事领域中，如果交易结果造成当事人之间极大的利益失衡，除非当事人自愿接受，否则法律往往会作出适当调整，如《民法典》第 585 条第 2 款有关约定违约金规定。这一点与商事领域有所差别：后者更强调作为商事主体的当事人对风险的自我承担。从这个角度讲，公平原则更多地体现了实质正义的要求，体现了民法对一般民事主体的保护和关切。

（三）公平原则是法官适用民法遵循的重要理念

法谚云："法律是善良公平之术。"而民法最充分地体现了公平正义的要求，这是民法最基本的价值理念。裁判机关应当依据社会的一般公平正义观念进行司法活动，公平合理地处理民事纠纷。不过，由于公平原则过于抽象，它更多的是一种衡平利益的价值理念，而不能一味替代具体的民法规则。换句话说，如果有具体规则，裁判机关应当慎重直接援引公平原则进行裁判。

五、诚信原则

诚信原则是诚实信用原则的简称，是指民事主体在民事活动中应当本着讲求诚实、恪守信用的态度，依照善意的方式行使权利、履行义务。《民法典》第7条规定："民事主体从事民事活动，应当遵循诚信原则，秉持诚实，恪守承诺。"诚实信用是一种基本道德规范，也是自古以来我国一直奉行的治国理念。诚信是我国社会主义核心价值观之一，只有坚持诚信，国家和社会才能有活力、讲道德，才能不断向前发展。正因如此，法律一直坚持诚信的重要性，而以规范市场交易为核心内容之一的民法尤其如此。诚信原则是法律上的一项重要原则，其适用范围不断扩大，效力不断增强，被称为民法"帝王条款"。诚信原则具有如下功能。

（一）确立行为规则的功能

所谓秉持诚实，是指当事人要真实、真诚；所谓恪守承诺，是指严守合同和允诺，没有合法事由，不违背自己之前作出的承诺。信守允诺曾被认为是自然法的基本规则，也是基本商业道德。诚信原则在合同法领域有着最广泛适用空间。例如，在合同订立过程中，要如实披露相关订约信息，告知相关真实情况，不行虚假之事，不欺诈他人，否则，当事人有可能要承担缔约过失责任（《民法典》第500、501条）；在合同履行阶段，当事人不仅应当按照法律和合同规定履行义务，而且应当按照诚信原则要求，合适地履行己方义务，合理配合接受对方履行，负担相应的附随义务（《民法典》第509条）；在合同履行之后，还要履行通知、协助、保密、旧物回收等后合同义务（《民法典》第558条）。诚信原则是一项抽象法律原则，依据该原则可以产生各种具体的民事义务，不仅局限于合同领域。例如，在进行物权登记时，相关权利人在行使权利之时同样要诚信，登记当事人提供虚假材料申请登记，造成他人损害的，则应当承担赔偿责任（《民法典》第222条）。

（二）解释的功能

这既针对当事人之间约定的私领域，也针对法律的规定。对当事人而言，事前虽有约定，但事后仍有可能因约定的含混不清或挂一漏万而难以达成一致。如此，法院或仲裁机构可以根据诚信原则，对当事人约定或合同条款作出解释（《民法典》第142、466条）。对法律而言，由于法律条文以文字加以表达，内涵和外延都有可以扩展的空间，一旦具体的法条适用于具体案件，诚信原则便可以作为裁判机关阐释法律规则内涵之时所秉持的理念，正确解释和适用法律，弥补法律规定的不足。考诸比较法，法官以及学者依据诚信原则解释民法典或法律规则，创设了包括缔约过失、情势变更、禁止滥用权利、加害给付等一系列概念和规则，有效补充了原有法律体系的不足。

（三）衡平的功能

在民事活动中，各方当事人之间的利益常常会发生冲突或矛盾，甚至发生当事人利益与社会利益之间的冲突，民法须有足够丰富的应对机制与手段。除去实证法的具体条文，诚信原则仍然可以作为一项兜底型的原则，在平衡各方利益之时，与其他民法基本原则一并发挥相应衡平的功能。

（四）填补法律和合同漏洞的功能

无论是当事人的约定，还是法律的规定，都不可能将现实中以及未来可能发生的情况事无巨细地加以约定或规定，难免出现遗漏，这就需要对法律和合同进行漏洞填补，而诚信原则正好可以在此发挥相应制度功效。例如，当事人在合同中没有对相关内容作出约定（如约定以快递邮寄，但并未明确是哪家快递公司），或者约定内容不明确，则可以依诚信原则加以完善，填补合同漏洞。

（五）推动交易和增进效率的功能

诚信原则有助于强化人们诚实守信的观念，督促当事人认真履约，从而稳固当事人对未来的预期，降低风险，减少纠纷，维护交易安全和交易秩序，鼓励市场交易，推动社会经济发展。

诚信原则是诚实守信的道德伦理在民法中的体现，民法典将其确立为基本原则，既是对传统美德的延续，也是对社会主义核心价值观的遵循，必将为市场经济良好运行发挥重要作用。应当明确，与前述公平原则一样，诚信原则的弹性必然会引发法官自由裁量，难免存在权力滥用之风险。因此，当使用具体规则与诚信原则均可获得同一结果时，应当适用具体规定而不得适用诚信原则；裁判机关行使自由裁量权时，应当综合考虑案件全部情况与法律整体规定，尽量在法律限度内行使权力，避免滥用诚信原则。

六、公序良俗原则

《民法典》第 8 条规定：“民事主体从事民事活动，不得违反法律，不得违背公序良俗。”这里的“不得违反法律”主要是指不得违反民法中的强制性规范（包括前述基本原则）。如果当事人的约定与民法中的任意性规范不符，则不得以违反法律为由否认其效力，这也是意思自治原则的基本要求。该条主要强调的是公序良俗原则。

（一）公序良俗原则的基本内涵

公序良俗是公共秩序与善良风俗的简称。所谓公共秩序，是指因直接涉及公共利益而应由全体社会成员共同遵守的基本秩序，包含政治秩序、经济秩序与社会秩序；所谓善良风俗，也称社会公共道德，是指由社会全体成员所普遍认可、遵循的一般道德准则。善良风俗的含义包含两个方面：一是社会普遍承认的伦理道德；二是某个区域或特殊共同体普遍存在的风俗习惯。

严格说来，公共秩序与善良风俗是有区别的。对公共秩序的维护，法律上大都有明确规定，危害社会公共秩序的行为通常就是违反强行法规定的行为；而善良风俗则是针对一般认知的道德规范，同时适用于财产关系和人身关系。

（二）公序良俗原则的功能价值

作为民法基本原则，公序良俗原则同样具有价值宣示与裁判补充功能，赋予了裁判机关有限度的自由裁量权。同时，公序良俗原则也有其独特功能，即引致功能。公序良俗的内涵源自社会的一般认知，而社会观念往往与时俱进、日新月异。相比之下，法律作为一个相对封闭的体系，不可能对此种发展步步紧随；法律强制性规定不可能涵盖无余，需要予以补充。因此，需要一种机制作为媒介，将价值与社会生活需求导入法律规范之中，弥补法律与社会生活之间因技术分割而造成的区隔，体现为现代民法“私法公法化”现象。因此，公序良俗原则既有助于弥补强行法规定的不足，也有助于弘扬社会公共道德，建立稳定的社会秩序，与《民法典》第 1 条所确立立法目的之“弘扬社会主义核心价值观”保持一致，可谓贯穿民法典以及其他民事法律整体的重要原则之一。

关于民事主体的行为违反公序良俗的法律后果，《民法典》第 153 条第 2 款规定：“违背公序良俗的民事法律行为无效。”因此，对于违背公序良俗原则的民事法律行为，应当宣告其无效。另外，违反公序良俗有可能诱发公法上的制裁，如组织签订卖淫协议或者赌博协议，就可能引发行政甚至刑事责任。

七、绿色原则

绿色原则是指民事活动中应当遵循节约资源、保护生态环境的准则。进入 21 世纪以来，资源和生态环境日益成为世界各国共同关注的重大问题。我国是人口大国，亦重视人与生态资源之间存在矛盾的国情。党的十八大以来，国家对生态环境问题关注程度与日俱增；2017 年 10 月 18 日，习近平在党的十九大报告中指出，坚持人与自然和谐共生，必须树立和践行“绿水青山就是金山银山”的理念，坚持节约资源和保护环境的基本国策。因此，《民法典》第 9 条规定：“民事主体从事民事活动，应当有利于节约资源、保护生态环境。”将绿色原则作为民法基本原则，是积极回应现代社会问题的体现，亦彰显出我国民法典的特色，将对民法具体制度和规则产生重大影响，对正确解释合同、确立侵害环境和生态责任等具有重要指导意义。

（一）绿色原则的内容

绿色原则的内容主要包括：一是有效率地利用资源，即人们在生产、生活等活动中要与资源、环境相协调，有效利用和节约资源；二是保护环境和生态，建设环境友好、人与自然和谐相处的社会。这两个层面相辅相成，共同服务于环境保护与生态文明建设。

（二）绿色原则是民法相关具体制度的基石

《民法典》总则编规定的绿色原则为民法具体制度奠定了基础。从宏观角度看，绿色原则使得民法典对产权明晰界定有了更深层的意蕴，因为确定的产权有助于更好发挥资源的经济效用，推动资源高效利用；从具体角度讲，绿色原则对民法典具体制度的创设提出了要求，如《民法典》第 558 条规定："债权债务终止后，当事人应当遵循诚信等原则，根据交易习惯履行通知、协助、保密、旧物回收等义务。"此条新增的"旧物回收"，正是这一原则的具体化。再如绿色原则为侵权责任编中的环境污染和生态破坏责任提供了原则性支撑。可以说，民法必须体现保护环境、维护生态的功能，明确民事主体负有保护环境、维护生态的义务。

应当注意，对环境保护的规范，必然同时涉及公法义务与私法义务。违反公法义务会遭致公法上的制裁，但违反私法义务，能否因《民法典》第 9 条的规定而认定相关民事法律行为无效？本书认为，本条主要发挥价值宣示功能，如果有具体法律规范认定责任，如《民法典》第 1229 条规定的"因污染环境、破坏生态造成他人损害的，侵权人应当承担侵权责任"，则应依据具体规定追究责任，不可仅援用《民法典》第 9 条作为否定性判断（包括归责）的法律依据。

第三节　民事法律关系

一、民事法律关系的概念和特征

民事法律关系是民事法律规范在调整人们之间的社会关系过程中所形成的以民事权利和民事义务为内容的一种特殊社会关系。民事法律关系不同于其他法律关系的特点在于：

第一，民事法律关系是民法所调整的社会关系在法律上的表现。人们在社会生活中会形成各种社会关系，各种社会关系分别由不同的法律部门调整，由此形成了不同的法律关系。而民法在调整平等主体之间的人身关系和财产关系的过程中形成了民事法律关系，并使原来的社会关系的内容表现为法律上的权利义务关系。

第二，民事法律关系是人与人之间的权利义务关系。民事法律关系作为一种权利义务关系，实质上是发生在民事主体之间的社会关系。民事法律关系虽然在许多情况下要与物发生直接的联系，但是它并不是人与物、人与自然界的关系，而是通过物所发生的人与人之间的关系。

第三，民事法律关系具有平等性。民法调整社会关系的特点首先在于其平等性，民事法律关系就是平等主体之间的财产关系和人身关系在法律上的表现。因此，在这种关系中，不仅当事人在法律地位上是平等的，而且许多法律关系中当事人的权利、义务具有对等性，一方的权利即另一方的义务，一方的义务即另一方的权利。

第四，民事法律关系具有一定程度的任意性。民事法律关系的发生、变更、消灭均具有一定的任意性。例如，民事法律关系的内容大多由当事人的意思决定，当事人的约定优先于法律规定，只要不违反法律强制性规定和公序良俗，当事人便可以依法协商自由确定其权利义务内容。

二、民事法律关系的要素

（一）民事法律关系的主体

民事法律关系的主体，简称民事主体，是指参加民事法律关系，享有民事权利并承担民事义务的人。在我国，民事主体包括自然人、法人和非法人组织，国家在特定场合也是民事法律关系的主体。任何个人和组织要成为民事主体，必须由法律赋予其主体资格。民事法律关系的每一方主体可以是单一的，也可以是多数的。例如，在债权关系中，债权人和债务人每一方都既可以是一个人，也可以是多个人。在相对法律关系中，每一方主体都是特定的，而在绝对法律关系中，承担义务一方是不特定的任何人。

（二）民事法律关系的内容

民事法律关系的内容，是指民事主体所享有的权利和承担的义务。民法是权利法，我国民法典系统、全面地确认了民事主体所享有的各项民事权利，并规定了民事权利行使的原则与限制，以及侵害民事权利所应当承担的民事责任等，从而确定了民事法律关系的基本内容。民事义务是一种受到国家强制力约束的法律义务，如果义务人不履行其义务，将依法承担法律责任。

在民事法律关系中，权利和义务是相互对立、相互联系在一起的。通常情况下，权利和义务都是一致的，权利的内容要通过相应的义务表现，而义务的内容则由相应的权利限定，离开了民事义务就无所谓民事权利。当事人一方享有权利，必然有另一方负有相应的义务，并且权利和义务往往是同时产生、变更和消灭的。因此，民事权利和民事义务是从不同的角度体现民事法律关系的内容的。

（三）民事法律关系的客体

民事法律关系的客体是指民事权利和民事义务所指向的对象。一般而言，民事法律关系的客体应当通过区分不同的民事法律关系来确定。就物权法律关系而言，其客体应为物；就知识产权法律关系而言，其客体应为智力成果；就债权法律关系而言，单纯的物和行为一样，都不能作为债权法律关系的要素，只有把它们结合起来，即结合成体现一定物质利益的行为，才能成为债权法律关系的客体，如买卖关系中的客体是交付买卖标的物的行为，运输关系中的客体是安全、及时送达运输标的物的行为。

1. 物

物是指存在于人身之外、能够满足人们的需要，能够为人力所支配和控制的客体。马克思主义哲学上的物质，是指不依赖于人的主观意识而又能为人的意识所反映的客观实在。民法上的物则与此不同，并不是一切客观存在的物体都是民事权利的客体，只有符合一定条件的物，才能成为民事权利的客体。这些条件主要包括：一是必须存在于人身之外；二是必须能够满足人们的现实需要；三是必须能够为人力所支配；四是主要是有体物。有体物是指具有一定的物质形体，能够为人们所感觉到的物，即有形的、可触觉并可支配的物。《民法典》物权编主要调整因有体物产生的财产归属和利用关系，因无体物产生的归属和利用关系主要由知识产权法等法律调整。

依据不同标准可以将物区分为不同类型，具体而言：

（1）动产和不动产。所谓不动产，是指依照其物理性质不能移动或者移动将严重损害其经济价值的有体物，包括土地、房屋、林木等；所谓动产，就是不动产之外的、在性质上能够移动，并且移动不损害其经济价值的物，如电视机、书本等。动产和不动产的区别主要表现在：一是是否可以移动。动产通常可以移动，而不动产通常不能移动。二是移动是否在经济上合理。房屋等土地附着物也可能是能够移动的，但一旦移动耗资巨大，而动产通常可以移动，且较之于不动产其移动耗资不大。三是是否附着于土地。不动产除土地之外，其他财产如房屋、林木等都是附着于土地的，通常在空间上不可移动，若发生移动将影响它的经济价值。而动产通常并不附着于土地。

（2）主物和从物。在两个共同使用的物之间，主物是指发挥主要作用或功能的物；而从物是指不作为主物的组成部分，而是为了发挥主物的经济效用，与主物同属一人的物。从物并不是主物的组成部分，具有独立性，是为发挥主物的效用而存在的，而且从物必须与主物同属于一人。依据《民法典》第320条的规定，如果当事人没有特别约定，主物转让的，则从物随主物转让。

（3）单一物和集合物。所谓单一物，是指在形态上能够单独地、个别存在的物；所谓集合物，是指各个物并不丧失其独立存在的价值，但它们结合成为具有独立价值的物。区分单一物和集合物的意义在于，物权的客体主要是单一物，只有在法律有特别规定的情况下，集合物才可以作为物权的客体。例如，《民法典》第 396 条规定，生产设备、原材料、半成品、产品可以作为整体一并进行抵押，这就规定了集合物可以作为担保财产进行担保。

（4）原物和孳息。所谓原物，就是指产生孳息的物；孳息就是指原物所产生的收益。孳息分为两种：一是天然孳息，是指原物因自然规律而产生的，或者按物的用法而收获的物，如母鸡生蛋、树上结果。二是法定孳息，是指根据法律的规定，由法律关系所产生的收益，如出租房屋的租金、借贷的利息。

2. 货币和有价证券

货币是一般等价物，也是特殊的种类物。货币是一种特殊的种类物，货币的占有推定为所有，这也简称为“所有和占有一致原则”。所谓有价证券，是指表示一定的权利，且权利人行使该权利必须持有的权利凭证，原则上权利人不得离开该证券行使相关权利。有价证券通常为权利凭证，它既可以作为物权的客体，也可以作为债权的标的。《民法典》第 125 条规定的股权和其他投资性权利，其客体就包括了股票、债券、票据等有价证券。

3. 人格利益和身份利益

人格利益是指主要满足个人的精神需要、体现个人的人格尊严、专属于民事主体的利益。依据民法典的规定，人格利益可以分为具体人格利益和一般人格利益。具体人格利益通常是具体人格权的客体，其又可以分为自然人的人格利益与法人、非法人组织的人格利益。一般人格利益是一般人格权的客体，而一般人格权是相对于具体人格权而言的，它是自然人享有的，以人格尊严、人身自由为内容的，具有高度概括性和权利集合性特点的权利。

身份利益一般是因自然人之间的身份关系以及因知识产权而获得的利益。身份利益以一定的社会关系为基础，是指基于一定的婚姻关系和家庭关系等身份所取得的利益，主要包括夫妻之间、父母子女之间、兄弟姐妹之间、祖父母与孙子女或外祖父母与外孙子女之间依法相互享有的身份权，以及因监护关系产生的监护权等。此种身份利益以一定的身份关系存续为前提，一旦这种身份关系消灭，则相关的身份利益也将不复存在。

4. 无体财产

所谓无体财产，主要是指除有体物以外的其他权利和利益，其不能为人们所触觉且不占有一定的空间。具体而言，无体财产主要包括作品、发明、实用新型、外观设计、商标等智力成果，数据、网络虚拟财产以及股票、债券、票据等有价证券。

5. 其他民事权利客体

《民法典》第115条规定："物包括不动产和动产。法律规定权利作为物权客体的，依照其规定。"从该规定来看，民法所调整的物主要是有体物，但法律规定权利作为物权客体的，权利也可以成为物权的客体。此外，电、热、声、光等自然力也可以作为民事权利客体。

三、民事法律事实

（一）民事法律事实的概念

民事法律事实是指依法能够引起民事法律关系产生、变更或消灭的客观现象。法律事实作为法律后果产生的原因，具有如下特点：

第一，法律事实是一种客观存在的社会生活中出现的事实，而不是当事人主观的内心意思。在法律事实中，有的与人的意志相关，有的则与人的意志无关，但不论当事人的意思如何，法律事实都是外在于主观意思而存在的客观事实，如自然现象等。就行为而言，法律事实必须是表露于外的事实，单纯的内心意思无法产生法律效果。

第二，法律事实必须能够引起一定的法律后果。社会生活中出现的事实并非都与法律规定有关，也并非都能产生一定的法律后果。法律事实不仅可能引起当事人预期的特定的法律后果，也可能引起当事人预期之外的法律后果。

第三，法律事实能否引起一定的法律后果或者引起何种特定的法律后果，最终都取决于法律的规定。社会生活中的各种事实，有的是由法律规范的，有的是由道德、宗教等规范的，只有为法律规范支配的事实，才是法律事实。

（二）民事法律事实的分类

1. 事件

事件又称为自然事实，是指与人的意志无关，能够引起民事法律关系产生、变更、消灭的客观现象。例如，人的死亡使继承人取得继承遗产的权利、物的灭失引起所有权关系的消灭等。

2. 行为

行为是指人的有意识的活动。行为可以分为以下两种类型：（1）民事法律行为。这是最主要的民事法律事实，是指行为人旨在确立、变更、终止民事权利义务关系的行为。（2）事实行为。它是指行为人实施一定的行为时在主观上并没有产生、变更或消灭某一民事法律关系的意识，但基于法律的规定，同样会引起一定的民事法律后果的行为。事实行为有合法的，也有不合法的。

民事法律关系的产生、变更和消灭，有时只以一个法律事实为根据，有时需要以两个或两个以上的法律事实的相互结合为根据。例如，遗嘱继承法律关系，就需要立遗嘱的行为和遗嘱人死亡这两个法律事实才能够发生。这种引起民事法律关系的产生、变更或消灭的两个以上的法律事实的总和，称为民事法律关系的事实构成。

第四节 民法的渊源

民法的渊源是指民事法律规范借以表现的形式，主要表现在各国家机关根据其权限范围所制定的各种规范性文件之中。正是从这个意义上说，合同、章程等民事法律行为本身并不是法源。民法的渊源主要应体现在立法、司法裁判和行为规则方面，具体包括裁判规则和行为规则两个方面。

一、宪法

宪法是国家的根本法，由全国人民代表大会制定，具有最高的法律效力。毫无疑问，宪法作为国家的根本法，理应成为民法的渊源，宪法中关于社会主义建设的方针和路线的规定、关于财产所有制和所有权的规定、关于公民基本权利和义务的规定等，都是调整民事关系的重要法律规范。因此，《民法典》第 1 条规定："……根据宪法，制定本法。"

但是，宪法规范能否在裁判中引用，一直存在争议。依据 2009 年最高人民法院发布的《引用法律规定》第 4 条的规定，法官在裁判民事案件时，不得直接援引宪法。但是，这并不意味着，裁判文书不能援引宪法。一方面，宪法可以成为裁判中说理论证的重要依据；另一方面，法官在裁判过程中，如果因适用法律出现复数解释时，就应当以宪法的原则、价值和规则为依据，确定文本的含义，得出与宪法相一致的法律解释结论。通过此种解释来确定法律文本含义时，通常采取选择或排除的方式，使文本的含义与宪法保持一致，从而使宪法规范在民法中得到贯彻实施。

二、民事法律

民事法律是由全国人民代表大会及其常委会制定和颁布的民事立法文件，是我国民法的主要表现形式。民事法律主要由以下部分组成：(1) 民法典。民法典主要由总则编、物权编、合同编、人格权编、婚姻家庭编、继承编以及侵权责任编构成。(2) 民事单行法。我国已制定《公司法》《保险法》《海商法》《票据法》《证券法》《专利法》《商标法》《著作权法》等民事单行法。上述法律都是民事法律的重要组成部分，也是裁判中应当依循的基本规则，法官可以直接援引这些法律裁判案件。(3) 其他法律。如《农村土地承包法》《土地管理法》《城市房地产管理法》等中的民事法律规范。

在各项民事法律中，民法典是基础性法律，是私法的基本法，民法典和民事单行法之间的关系，就像树根、主干与枝叶之间的关系，民法典是树根和主干，而民事单行法是枝叶，其必须以民法典为基础和根据。正是在民法典的统帅下，各项民事法律构成了一个完整的整体。民法典为民事单行法的制定提供了民事基本法的依据，并且为民事单行法的解释、适用提供了价值基础和规范依据。

三、行政法规

国务院是最高国家行政机关，它可以根据宪法、法律和全国人民代表大会常务委员会的授权，制定、批准和发布法规、决定和命令，其中有关民事的法规、决定和命令，是民法的重要表现形式，其效力仅次于宪法和民事法律。例如，《国有土地上房屋征收与补偿条例》《婚姻登记管理条例》《医疗事故处理条例》等，都是重要的民法渊源，在处理民事案件时，法官也可以援引这些行政法规裁判案件。

四、地方性法规、自治条例和单行条例

地方性法规，是指地方各级人民代表大会及其常务委员会在宪法、法律规定的权限内制定、发布的决议、命令、法规等规范性法律文件。地方性法规虽然在效力范围上具有从属性，且在适用范围上具有地域局限性，但它是地方国家权力机关依据宪法的授权制定的法规，同样具有法的效力，其中调整民事关系的内容属于民法的渊源。

自治条例和单行条例也可以成为民法的渊源。所谓自治条例，是指民族自治地方的人民代表大会依据宪法和法律，结合当地民族自治地区特点制定的、管理自治地方事务的综合性法规；所谓单行条例，是指民族自治地方的人民代表大会及其常务委员会在宪法和法律规定的自治权范围内，结合民族地区的特点，就某方面具体问题制定的法规。《引用法律规定》第 4 条规定：“民事裁判文书应当引用法律、法律解释或者司法解释。对于应当适用的行政法规、地方性法规或者自治条例和单行条例，可以直接引用。”依据这一规定，自治条例和单行条例也可以成为民事裁判的依据，可以成为民法的渊源。

五、规章

根据《立法法》的规定，规章是指国务院各部委以及各省、自治区、直辖市

的人民政府，以及设区的市、自治州的人民政府根据宪法、法律和行政法规等制定和发布的规范性文件。一些规章也包含调整民事关系的内容，其也可能成为民事裁判的依据。关于规章在司法裁判中的运用，《引用法律规定》第 4 条并没有将其规定为民事裁判可以直接引用的裁判规范，但从该规定第 6 条的规定来看，在民事裁判中，规章并不能直接作为裁判依据，而需要经过法院的审查认定。当然，在特殊情况下，如果法律对规章的适用作出了明确规定，规章也可以成为民事裁判的依据。

六、司法解释

司法解释是最高人民法院和最高人民检察院依法作出的属于审判、检察工作中具体应用法律的解释。《立法法》第 104 条规定："最高人民法院、最高人民检察院作出的属于审判、检察工作中具体应用法律的解释，应当主要针对具体的法律条文，并符合立法的目的、原则和原意……最高人民法院、最高人民检察院作出的属于审判、检察工作中具体应用法律的解释，应当自公布之日起三十日内报全国人民代表大会常务委员会备案。"这就确立了司法解释的法律渊源地位。从法理的角度来看，司法解释并不属于法律体系的组成部分，但司法解释已经成为我国各级审判机关在处理案件中的裁判规则，并被当事人直接援引，所以司法解释事实上已经成为法律渊源。此外，指导性案例并不是法律渊源，但其可以成为裁判说理的理由。

七、国际条约和国际惯例

国际条约是两个或两个以上的国家就政治、经济、贸易、军事、法律、文化等方面的问题确定其相互权利义务关系的协议。国际条约的名称包括条约、公约、协定、和约、盟约、换文、宣言、声明、公报等。国际惯例也称为国际习惯，按照《国际法院规约》第 38 条，国际惯例是指作为通例（general practice）之证明而经接受为法律者。国际惯例通常分为法律范畴的国际惯例和非法律范畴的国际惯例。前者具有法律效力，而后者不具有法律效力。因此，国际惯例主要是指前一种类型。一般而言，对于我国缔结或者参加的国际条约，如果其与我国民事法律的规定不同，除我国声明保留的条款外，应适用国际条约的规定。

应当指出的是，国际条约优先于国内法而适用的效力，主要是针对涉外民事关系而言的，而国内的民事关系原则上仍受国内法调整，不应当盲目地扩张国际条约的适用范围。国际惯例的适用只限于中国法律和中国缔结或者参加的国际条约没有规定的情况。显然，其效力低于中国法律，只有在不违背我国法律规定的前提下，才可适用。

八、习惯

所谓习惯，是指在一定地域、行业范围内长期为一般人从事民事活动时普遍遵守的民间习俗、惯常做法等，包括生活习惯和交易习惯。生活习惯，是指人们在长期的社会生活中形成的习惯；交易习惯，是指交易当事人在当时、当地或者某一行业、某一类交易关系中普遍采纳的，不违反公序良俗的习惯做法。我国是幅员辽阔的多民族国家，在少数民族聚居的地区，生活习惯在民法渊源中具有一定的意义。《民法典》第 10 条规定："处理民事纠纷，应当依照法律；法律没有规定的，可以适用习惯，但是不得违背公序良俗。"当然，习惯要成为民法渊源，并成为裁判的依据，必须经过"合法性"判断，即习惯不得违反法律的强制性规定，不得违背社会主义核心价值观和公序良俗。

《民法典》第 10 条采纳"有法律依法律，无法律依习惯"的规则。也就是说，在存在具体法律规则时，应当优先适用该具体的法律规则，而不能直接适用习惯；此处所说的"法律"是指具体的法律规则，而不包括法律的基本原则。只有在不存在具体的法律规则时，法官才能考虑适用习惯。当事人主张适用习惯的，应当就习惯及其具体内容提供相应证据；必要时，法院可以依职权查明。

第五节　民法的适用

一、民法的适用范围

民法的适用范围，是指民事法律规范在何时、何地、对何人发生法律效力。民法的适用范围，也是民法的效力范围。正确了解民事法律规范的适用范围，是准确适用民事法律规范的重要条件。从内容上看，民法的适用范围包括时间上的适用范围、空间上的适用范围和对人的适用范围。

（一）民法在时间上的适用范围

民法在时间上的适用范围，是指民事法律规范在时间上所具有的法律效力。其具体包括两个方面：民法的生效和民法的失效。民事法律规范对其实施前发生的民事关系有无溯及既往的效力，是关于民法在时间上的效力的一个重要问题。法律是否溯及既往，是指新的法律颁布实施后，对它生效之前发生的事件和行为是否适用。

《时间效力的若干规定》明确了"法不溯及既往"的基本原则及其例外规则。该规定在第 1 条就开宗明义重申了法不溯及既往的基本原则，对于民法典施行前的法律事实引起的民事纠纷案件，民法典原则上不具有溯及力。《时间效力的若干规定》也按照《立法法》的精神和规定确立了例外情形的溯及适用规则：一是有利溯及适用规则。《时间效力的若干规定》从是否更有利于保护民事主体合法权益、是否更有利于维护社会和经济秩序、是否更有利于弘扬社会主义核心价值观等角度，来判断是否应适用有利溯及，确立了特殊情形下可以溯及既往。二是新增规定溯及适用规则。新增规定的溯及适用在学理上是法不溯及既往的重要例外情形，也是在长期审判实践和一系列司法解释基础上发展而来的溯及适用的类型。在理论上，新增规定的溯及适用也被称为“空白溯及”，即让新法溯及适用于旧法的空白之处。三是明确了既判力优于溯及力规则。也就是说，溯及既往必须是尚未终审的案件，如果是已经终审、产生既判力的裁判，即便当事人对此提起了再审申请，亦应按照既判力优于溯及力的原则，民法典的规定不能溯及既往。

（二）民法在空间上的适用范围

民法在空间上的适用范围，是指民事法律规范在地域上所具有的效力。任何国家都是根据主权、领土完整和法制统一的原则，来确定各种法律、法规的空间效力范围的。关于空间效力，一般可以分为域内效力和域外效力。

域内效力，是指一国的法律效力可以及于该国管辖的全部领域。《民法典》第 12 条规定：“中华人民共和国领域内的民事活动，适用中华人民共和国法律。法律另有规定的，依照其规定。”依据这一规定，在我国领域内从事民事活动，原则上需要适用我国的法律，但在法律另有规定时，则可能需要适用其他法律。《涉外民事关系法律适用法》第 2 条规定：“涉外民事关系适用的法律，依照本法确定。其他法律对涉外民事关系法律适用另有特别规定的，依照其规定。本法和其他法律对涉外民事关系法律适用没有规定的，适用与该涉外民事关系有最密切联系的法律。”依据这一规定，对于在我国领域内发生的涉外民事关系，在法律有特别规定的情形下，也可能适用外国法。

域外效力，是指法律在其制定国管辖领域以外的效力。在现代社会，法律一般不能当然产生域外效力，但是随着国际交往的发展，为保护国家及其公民、法人的利益，也可以在例外情况下规定域外效力。例如，《海洋环境保护法》第 2 条第 3 款规定：“在中华人民共和国管辖海域以外，造成中华人民共和国管辖海域污染的，也适用本法。”

（三）民法对人的适用范围

民法对人的适用范围，是指民事法律规范对于哪些人具有法律效力。关于一国法律的对人效力，存在两种不同的理论：一是属人主义，即不论其处于国内还是国外，只要该人具有本国国籍，属本国国民，即适用本国的法律；二是属地主义，即以领土主权为原则，以地域为标准，确定法律对人的拘束力。凡是居住在本国领土之内的人，无论其国籍如何，均受本国法律的管辖。从《民法典》第12条规定来看，其对属地主义作出了规定，但没有对属人主义作出规定。

二、民法适用的基本原则

（一）上位法优先于下位法

上位法优先于下位法，是指在效力较高的规范性法律文件与效力较低的规范性法律文件相冲突的情况下，应当适用效力较高的规范性法律文件。从制定机关来看，如果将数个法律、法规和规范性文件相比较，某个规范性文件的制定机关的地位高于另一个规范性文件的制定机关，那么处于高位阶的机关制定的规范性文件在效力上称为上位法，反之则称为下位法；从立法等级效力来看，某一个位阶高的法律的效力优于位阶低的法律的效力，则前者被称为上位法，后者被称为下位法。在民法的适用中，如果上位法与下位法之间有冲突，应当优先适用上位法。但是，如果上位法规定的原则较为抽象，下位法的规定对上位法作了补充和细化，两者之间又不发生冲突和矛盾，则可以同时适用上位法和下位法。

（二）基础性法律优先于一般性法律

基础性法律，是指规范公民的基本权利义务，涉及国家政治、经济以及社会生活的基本问题，调整基本社会关系的法律。基本社会关系即具有全局性、长远性、普遍性的社会关系。在民商事领域，基础性法律就是民法典。习近平指出，“民法典在中国特色社会主义法律体系中具有重要地位，是一部固根本、稳预期、利长远的基础性法律”。[①] 这就精辟地揭示了民法典在中国特色社会主义法律体系中作为基础性法律的地位。在民商事领域，一般性法律是指除民法典之外的其他单行民商事法律，如《公司法》《保险法》《企业破产法》《票据法》《证券法》等。

基础性法律和一般性法律之间并非上位法和下位法的关系，因为从立法机构上来看，两者都是由全国人大或者其常委会制定的，不存在效力高低的差异。但从法律适用的层面来看，两者之间又存在差别。从民事的角度来看，由于民法典是基础性法律，也是解决民事纠纷的基本实体法依据，如果民法典有规定，原则上应当直接适用民法典的规定，只有民法典没有规定时，才能援引一般性法律。当然，就同一民事关系，如果一般性法律的规定属于对民法典相应规定的细化，则应当适用该一般性法律的规定。这意味着单行法的规定与民法典的规定有冲突

---

① 习近平：《充分认识颁布实施民法典重大意义，依法更好保障人民合法权益》（2022年5月29日），载习近平：《论坚持全面依法治国》，中央文献出版社2020年版，第278页。

时，不能适用单行法，而应当适用民法典，以体现民法典的基础性法律地位。只有在单行法的规定“属于对民法典相应规定的细化”时，才能优先适用单行法的规定。当然，如果民法典中明确规定相关的民事关系适用单行法的规定，则应当适用该单行法。例如，依据《民法典》第 1208 条规定，交通事故责任的承担需要适用道路交通安全法律的相关规定，就应当适用该法的规定。

（三）新法优先于旧法

《立法法》第 92 条规定了新法优于旧法原则。该原则主要适用于同一位阶的规范之间，也就是说，是针对两个具有同等级别的法律发生冲突时所适用的规则。当然，如果在新普通法中明文规定修改或废止特别法，则新普通法优于特别法。新法优先于旧法原则适用于两种情况：一是新法颁布后，旧法已经被废止，则自然应当适用新法；二是新法颁布以后，旧法没有被废止，则旧法继续有效。如果两部法律所涉及的内容相同或相似，则应当适用新法。例如，《民法典》第 123 条扩张了知识产权客体的范围，当涉及相关知识产权法律规定时，应当适用民法典的相关规则。

（四）特别法优先于普通法

《民法典》第 11 条规定：“其他法律对民事关系有特别规定的，依照其规定。”这就明确确认了特别法优先于普通法的原则。在法理上，根据法律的适用范围有无限制，法律可以分为普通法和特别法。民事普通法，是指适用于全国领域、规定一般事项，并且无适用的时间限制的民事法律；民事特别法，是指适用于特定区域、规定特定的事项，或在适用时间上有限制的民事法律。在具有相同等级效力的法律之间，特别法应当优先于普通法而适用。例如，有关公司法人的取得条件问题，应当先适用公司法的规定，在公司法没有规定时才适用民法典关于法人制度的规定。此外，在民法典内部，关于总则和分则之间的关系，如果两者规定的是同一事项，按照特别法优先于普通法原则，分则的规定应当优先于总则的规定。

（五）强行法优先于任意法

法律规范大体可分为任意性规范和强行性规范两种。任意性规范，是指当事人可以通过约定排除其适用的规范。任意性规范允许当事人在法律规定的范围内自由作出约定，当事人之间的意思表示具有优先于任意性规范而适用的效力。例如，民法典合同编中的规范大多是任意性的。

强行性规范，是指当事人不能通过约定加以改变的规范，可分为强制性规定与禁止性规定两种。强制性规定指命令当事人应为一定行为之法律规定；禁止性规定指命令当事人不得为一定行为之法律规定。《民法典》第 153 条第 1 款规定：“违反法律、行政法规的强制性规定的民事法律行为无效。但是，该强制性规定不导致该民事法律行为无效的除外。”法律、行政法规的强制性规定在性质上属于强行法，其在效力上优于任意法，因此，对某一事项，如果强行法已经作出规定的，任意法不得再发挥作用，裁判机关应当直接援引强行法的规定对案件作出裁判。但如果强行法、任意法规定的是不同事项，则不存在两种规范冲突的问题，也自然不存在何者优先的问题。

▶即测即评　　▶案例资源

第二章 民事主体

第一节 自 然 人

自然人即生物学意义上的人，是基于出生而取得民事主体资格的人。我国民法中的自然人外延包括本国公民、外国公民和无国籍人。自然人与公民在概念上有所不同，公民仅指具有一国国籍的人。

自然人是民法上最重要的主体资格享有者。与法人、非法人组织等仅有法律属性的民事主体不同，自然人有两种属性：一是自然属性，即自然人根据出生这一自然状态取得主体资格，并享有一些专属于自然人的民事权利，如生命权、健康权等；二是法律属性，即自然人独立地享有权利和承担义务。法律属性是自然人与法人、非法人组织作为民法上的人格者的共同属性。

一、自然人的民事权利能力

《民法典》第13条规定："自然人从出生时起到死亡时止，具有民事权利能力，依法享有民事权利，承担民事义务。"自然人的民事权利能力是指自然人依法享有民事权利和承担民事义务的资格。民事权利能力与具体民事权利不同。民事主体享有民事权利能力只是具备了取得具体民事权利和承担具体民事义务的前提和可能性，而享有具体民事权利和承担具体民事义务是其参加民事法律关系、实现民事权利能力的结果。

（一）民事权利能力的法律特征

第一，民事权利能力具有平等性。《民法典》第14条规定："自然人的民事权利能力一律平等。"在我国，人人享有并同等享有完全的民事权利能力，不受民族、种族、性别、年龄、职业、职务、家庭出身、宗教信仰、教育程度、财产状况等的限制。

第二，民事权利能力具有不可剥夺性。现代社会中，从事民事活动为自然人生存和发展所必要，而民事权利能力则是从事民事活动的前提和基础。因此，民事权利能力与主体的生存须臾不可分，剥夺其民事权利能力无异于将其放逐于社会之外，使之失去生存保障。

第三，民事权利能力具有不可放弃和不可转让性。现代社会致力于承认并保障每个人的主体地位，反对一切将人视作客体的做法。为了确保这种秩序，法律对主体的自由范围作了限制，即民事权利能力不得放弃与转让。任何人要转让、抛弃民事权利能力，法律都不予允许。

第四，民事权利能力具有法律限制性。根据《民法典》第 13 条“依法享有民事权利，承担民事义务”的规定，自然人只能在法律赋予其能够享有民事权利和承担民事义务的范围内进行民事活动，否则不能获得其预期的法律效果。

（二）自然人民事权利能力的开始和终止

自然人的民事权利能力于出生时开始，于死亡时终止。根据《民法典》第 15 条的规定，自然人的出生时间和死亡时间的确定采用以下标准：（1）以出生证明、死亡证明记载的时间为准；（2）没有出生证明、死亡证明的，以户籍登记或者其他有效身份登记记载的时间为准；（3）有其他证据足以推翻以上记载时间的，以该证据证明的时间为准。

胎儿在出生前，原则上没有民事权利能力。但是，作为例外，在涉及遗产继承、接受赠与等胎儿利益保护的情况下，胎儿视为具有民事权利能力，但以胎儿娩出时为活体为限（《民法典》第 16 条）。在涉及遗产继承、接受赠与等胎儿利益保护的情形下，父母可以在胎儿娩出前作为法定代理人主张相应权利，如可以代理胎儿接受赠与、遗产继承并可以实现财产保全、先予执行；当然，如果胎儿娩出时为死体，就应当返还取得的财产。

自然人死亡后，其民事权利能力即终止，其原有的民事法律关系或者因身份关系消灭而终止，或者因继承而转移。但是，死者在生前享有的某些人格权和知识产权，基于其亲属利益或社会利益的需要，在一定程度上仍受法律保护。

二、自然人的民事行为能力

自然人的民事权利，有些是基于自然属性自动取得的，如生命权，而更多的权利则需要借助特定的发生或变动原因。这些原因，或者是自然事实，或者是人的行为。当权利主体欲以行为变动法律关系时，在民法上还需要具备另一种能力——行为能力，即权利主体能够通过自己的行为独立参加民事法律关系所需要具备的判断能力和意思能力。

自然人的民事行为能力，是指自然人能够通过独立意思表示，实施民事法律行为的能力。在现实社会的民事交往中，行为人要能够理智地形成独立判断，才能有效地维护自己的利益，并尊重他人和社会的利益。

民法设立自然人的民事行为能力制度，基本目的是保护未成年人和不具有辨认自己行为能力的成年人的利益。自然人要具有民事行为能力，一方面要达到一定的年龄，从而具备一定的社会生活经验；另一方面还要有正常的精神状态，能够自主地进行民事活动。我国现行民事立法就是以自然人的年龄和精神健康状况作为确定自然人民事行为能力状况的依据。具备民事行为能力者，通常在事实上就有相应的正确识别事物、判断事物的能力，即有相应的意思能力。从这种意义上来讲，意思能力是自然人具有民事行为能力的基础。

根据我国自然人的具体情况，民法典按照年龄的不同和智力是否正常，将自然人的民事行为能力划分为以下三种。

（一）完全民事行为能力

这是指自然人具有的通过自己独立的意思表示实施民事法律行为的能力。在一般情况下，自然人成年的时候，不仅能够有意识地实施民事行为，而且能够理智地理解和判断法律规范和社会共同生活规则，能够估计实施某种行为可能发生的后果及对自己的影响。因此，已成年的自然人一般被认为是具有完全民事行为能力的人。《民法典》第 17、18 条规定，18 周岁以上的自然人为成年人，不满 18 周岁的自然人为未成年人。成年人为完全民事行为能力人，可以独立实施民事法律行为；16 周岁以上的未成年人，以自己的劳动收入为主要生活来源的，视为完全民事行为能力人。

（二）限制民事行为能力

这是指自然人通过独立意思表示实施民事法律行为的能力受到一定的限制。根据民法典的规定，限制民事行为能力人包括两种：（1）8 周岁以上的未成年人。其实施民事法律行为须由其法定代理人代理或者经其法定代理人同意、追认，但是可以独立实施纯获利益的民事法律行为或者与其年龄、智力相适应的民事法律行为。（2）不能完全辨认自己行为的成年人。其实施民事法律行为须由其法定代理人代理或者经其法定代理人同意、追认，但是可以独立实施纯获利益的民事法律行为或者与其智力、精神健康状况相适应的民事法律行为。限制民事行为能力人实施的民事法律行为是否与其年龄、智力、精神健康状况相适应，可以从行为与本人生活相关联的程度，本人的智力、精神健康状况能否理解其行为并预见相应的后果，以及标的、数量、价款或者报酬等方面认定。

（三）无民事行为能力

这是指自然人不具有以自己独立的意思表示实施民事法律行为的能力。无民事行为能力人包括两种：（1）不满 8 周岁的未成年人；（2）不能辨认自己行为的成年人。他们都要由其法定代理人代理实施民事法律行为。此规定也适用于不能辨认自己行为的 8 周岁以上的未成年人。

对成年人的无民事行为能力和限制民事行为能力，可以通过司法程序进行认定。《民法典》第 24 条规定，不能辨认或者不能完全辨认自己行为的成年人，其利害关系人或者有关组织，可以向人民法院申请认定该成年人为无民事行为能力人或者限制民事行为能力人；并规定，被人民法院认定为无民事行为能力人或者限制民事行为能力人的，经本人、利害关系人或者有关组织申请，人民法院可以根据其智力、精神健康恢复的状况，认定该成年人恢复为限制民事行为能力人或者完全民事行为能力人。这里所说的“有关组织”，包括居民委员会、村民委员会、学校、医疗机构、妇女联合会、残疾人联合会、依法设立的老年人组织、民政部门等。

三、自然人的住所

（一）自然人住所的意义

自然人的住所是指自然人长期居住、生活的地点，是自然人生活和进行民事活动的中心处所。住所与居所不同，居所是自然人非以久居之意思居住的处所。住所作为自然人生活或活动的中心，其意义主要包括：（1）确定自然人权利享有地和义务履行地；（2）作为决定下落不明的空间标准；（3）决定监护人的指定组织；（4）决定婚姻登记的管辖地；（5）决定涉外案件的准据法；（6）确定民事案件的诉讼管辖法院和司法文书的送达地；（7）确定继承开始地。

（二）自然人住所的确定

自然人可以同时拥有多个居所，但只能有一个住所。根据《民法典》第25条的规定，自然人的住所包括三种情形：（1）户籍登记的住所；（2）非本地户籍人士以有效身份登记的居所，其登记凭证如居住证、外国人居留证等；（3）经常居所与住所不一致的，经常居所视为住所。自然人离开住所地最后连续居住1年以上的居所为经常居所，但住院治疗的除外。

四、监护

（一）监护职责和监护权

监护是指对未成年人和无民事行为能力或者限制民事行为能力的成年人的人身、财产及其他合法权益进行监督和保护的民事法律制度。履行监督和保护职责的人，称为监护人；被监督、保护的人，称为被监护人。设立监护制度，既是为了保护无民事行为能力人和限制民事行为能力人的权益，也是为了保护他人的安全和社会秩序。

《民法典》第34条规定：“监护人的职责是代理被监护人实施民事法律行为，保护被监护人的人身权利、财产权利以及其他合法权益等。监护人依法履行监护职责产生的权利，受法律保护。”监护人依监护职责享有的权利，称为监护权。监护人有权保护被监护人的人身，管理其财产和事务，代理被监护人实施民事法律行为和进行诉讼。监护权是监护行为的合法性依据，并使监护人得排除他人对其监护活动的不法妨碍。相对于被监护人而言，监护人有对被监护人进行管束的权利，同时有保护被监护人权益和谨慎管理的义务。监护权在本质上不是自益权而是他益权，其目的不是维护监护人自身的利益而是维护被监护人的利益。

根据监护制度的他益性，《民法典》第 35 条规定，监护人履行监护职责和行使监护权须遵循以下原则：（1）最有利于被监护人原则。监护人应当按照最有利于被监护人的原则履行监护职责。监护人除为维护被监护人利益外，不得处分被监护人的财产。（2）尊重被监护人真实意愿原则。未成年人的监护人履行监护职责，在作出与被监护人利益有关的决定时，应当根据被监护人的年龄和智力状况，尊重被监护人的真实意愿。成年人的监护人履行监护职责，应当最大限度地尊重被监护人的真实意愿，保障并协助被监护人实施与其智力、精神健康状况相适应的民事法律行为。对被监护人有能力独立处理的事务，监护人不得干涉。

监护人不履行监护职责或者侵害被监护人合法权益的，应当承担法律责任。

（二）监护人的设定

为了充分保护无民事行为能力人和限制民事行为能力人的合法权益，我国民法建立了“家庭监护为基础，社会监护为补充，国家监护为兜底”的多层次监护保障体系。根据《民法典》总则编第二章第二节的规定，监护人的设定，首先在家庭成员和其他近亲属中确定，其次在其他愿意担任监护人的个人或组织中确定，最后由国家民政部门或者被监护人住所地的基层群众性自治组织（简称“基层组织”）担任。

根据民法典的规定，监护人的设定方式有六种，即法定监护、遗嘱监护、协议监护、指定监护、国家监护和意定监护。

1. 法定监护

法定监护是指按照法律规定的范围和顺序直接确定的监护。这是最主要的监护方式。法定监护依被监护人是否成年而有所区别。（1）未成年人监护。《民法典》第 27 条规定，未成年人的法定监护人由其父母担任。未成年人的父母已经死亡或者没有监护能力的，由下列有监护能力的人按顺序担任监护人：祖父母、外祖父母；兄、姐；其他愿意担任监护人的个人或者组织，但是须经未成年人住所地的居民委员会、村民委员会或者民政部门同意。需要指出的是，在法定监护中，监护人的资格是由法律规定的，当事人不能通过委托的方式移转监护人资格，否则将不利于保护被监护人的利益，监护制度的目的也难以实现。监护人因患病、外出务工等原因在一定期限内不能完全履行监护职责，将全部或者部分监护职责委托给他人的，当事人不得主张受托人因此成为监护人。（2）成年人监护。《民法典》第 28 条规定，无民事行为能力或者限制民事行为能力的成年人，其监护人由下列有监护能力的人按顺序担任：配偶；父母、子女；其他近亲属；

其他愿意担任监护人的个人或者组织，但是须经被监护人住所地的居民委员会、村民委员会或者民政部门同意。法定监护的设定实行顺序原则，即顺序在前者优先于顺序在后者。顺序在后者原则上不得超越顺序在前者担任监护人。如果顺序在前者认为自己缺乏监护能力，或者顺序在后者有监护意愿和监护能力，可以通过协议监护的方式确定监护人。需要注意的是，根据《民法典》第 26 条第 1 款和第 27 条第 1 款的规定，未成年人的父母有监护能力的，其法定监护资格不得为任何人替代。

2. 遗嘱监护

遗嘱监护是指父母以遗嘱方式为被监护人设定的监护。根据《民法典》第 29 条的规定，担任监护人的父母可以通过订立遗嘱指定监护人，为子女设立未来监护。这里的“子女”，包括未成年人和无民事行为能力或者限制民事行为能力的成年人。遗嘱指定的监护人，应优先于《民法典》第 27 条、第 28 条规定的法定人选，并可不限于该两条规定的人选。遗嘱监护既可以是父母双方共同通过遗嘱指定监护人，也可以是父母中一方通过遗嘱指定监护人，还可以是父母双方分别通过遗嘱指定监护人。需要指出的是，未成年人父母中的一方通过遗嘱指定监护人的，如果另一方在遗嘱生效时有监护能力，则仍应当由该方父母担任该未成年人的监护人。

3. 协议监护

协议监护是指依法具有监护资格的人，在尊重被监护人的真实意愿的条件下，以协议方式设定的监护（《民法典》第 30 条）。协议监护可以不按《民法典》第 27 条、第 28 条规定的顺序确定监护人。但是，未成年人的父母有监护能力的，不适用协议监护。

4. 指定监护

指定监护是指在有监护争议的情况下，由基层组织或者国家机关指定监护人而设定的监护。所谓监护争议，通常指依法具有监护资格的人因争相担任或相互推卸而致监护人不能确定的情形。指定监护对于未成年人和无民事行为能力或者限制民事行为能力的成年人均可适用。根据《民法典》第 31 条的规定，对监护人的确定有争议的，由被监护人住所地的居民委员会、村民委员会或者民政部门指定监护人，有关当事人对指定不服的，可以向人民法院申请指定监护人；有关当事人也可以直接向人民法院申请指定监护人，人民法院指定监护时一般应指定一人，数人共同监护更有利于被监护人的，也可以指定数人。居民委员会、村民委员会、民政部门或者人民法院应当尊重被监护人的真实意愿，按照最有利于被监护人的原则在依法具有监护资格的人中指定监护人。监护人被指定后，不得擅自变更；擅自变更的，其责任不予免除。

5. 国家监护

国家监护是指法律规定的国家机关或社会组织在法定条件下，为保护被监护人的合法权益，以监护人身份履行监护职责。具体包括两种情形：（1）依法具有监护资格的人之间存在监护争议，被监护人的人身权利、财产权利以及其他合法权益在指定监护人前处于无人保护状态的，由被监护人住所地的居民委员会、村民委员会、法律规定的有关组织或者民政部门担任临时监护人（《民法典》第31条第3款）。（2）没有《民法典》第27条、第28条规定的具有监护资格的人的，监护人由民政部门担任，也可以由具备履行监护职责条件的被监护人住所地的居民委员会、村民委员会担任（《民法典》第32条）。

6. 意定监护

意定监护是指自然人以协议方式为自己预先设定的监护。根据《民法典》第33条的规定，具有完全民事行为能力的成年人，因年迈、重病等原因有失去意思能力之虞者，可以自愿与其近亲属、其他愿意担任监护人的个人或者组织事先协商，以书面形式确定自己的监护人，约定在自己丧失或者部分丧失民事行为能力时，由该监护人履行监护职责。意定监护与协议监护的区别在于：（1）前者是为自己利益设定的监护（自益行为），后者是为他人利益设定的监护（他益行为）；（2）前者仅适用于具有完全民事行为能力的成年人，后者适用于未成年人和无民事行为能力或者限制民事行为能力的成年人；（3）前者的监护人范围不受限制，后者的监护人仅限于依法具有监护资格的人。需要指出的是，当事人在订立书面监护协议之后，在完全民事行为能力人丧失或者部分丧失民事行为能力之前，双方当事人均享有任意解除监护协议的权利。当然，在该成年人丧失或者部分丧失民事行为能力后，协议确定的监护人无正当理由不得请求解除协议，其应当按照约定履行监护职责，否则可能不利于保护被监护人。

（三）监护人的撤销

根据《民法典》第36条的规定，监护人有下列情形之一的，人民法院根据有关个人或者组织的申请，撤销其监护人资格，安排必要的临时监护措施，并按照最有利于被监护人的原则依法指定监护人：（1）实施严重损害被监护人身心健康的行为；（2）怠于履行监护职责，或者无法履行监护职责并且拒绝将监护职责部分或者全部委托给他人，导致被监护人处于危困状态；（3）实施严重侵害被监护人合法权益的其他行为。

有权提出上述撤销申请的个人和组织包括：其他依法具有监护资格的人，居民委员会、村民委员会、学校、医疗机构、妇女联合会、残疾人联合会、未成年人保护组织、依法设立的老年人组织、民政部门等。其中，民政部门在个人和其他组织未及时申请的情况下，有义务提出申请。

依法负担被监护人抚养费、赡养费、扶养费的父母、子女、配偶等，被人民法院撤销监护人资格后，应当继续履行负担的义务。

(四) 监护关系的终止

根据《民法典》第39条的规定，有下列情形之一的，监护关系终止：(1) 被监护人取得或者恢复完全民事行为能力。其中，对于未成年人的监护，自被监护人成年之日起，监护关系自然终止。(2) 监护人丧失监护能力。这包括丧失民事行为能力或履行监护职责所必要的其他能力。(3) 被监护人或者监护人死亡。(4) 人民法院认定监护关系终止的其他情形。监护关系终止后，被监护人仍然需要监护的，应当依法另行确定监护。

五、宣告失踪和宣告死亡

为了尽早确定长期下落不明的失踪人在原先的家庭及社会生活中形成的各种财产关系和人身关系，以稳定社会经济秩序和保护利害关系人的合法权益，我国民法规定了宣告失踪和宣告死亡制度。

(一) 宣告失踪

宣告失踪是指法院根据利害关系人的申请，依法宣告下落不明满一定期限的自然人为失踪人，以处理其财产关系的一种制度。

1. 宣告失踪的条件

宣告失踪的条件包括：(1) 须该自然人处于持续的下落不明状态。下落不明是指自然人最后确切行踪消失后没有音讯，处于生死不明的状态。(2) 须该自然人下落不明满2年。下落不明的时间应从自然人失去音讯之日起计算；战争期间下落不明的，应从战争结束之日或者有关机关确定的下落不明之日起计算。(3) 须由该自然人的利害关系人向法院申请。此处的利害关系人包括三类：一是被申请宣告失踪人的近亲属，包括配偶、父母、子女、兄弟姐妹、祖父母、外祖父母、孙子女、外孙子女；二是依据《民法典》第1128条、第1129条规定对被申请人有继承权的亲属；三是债权人、债务人、合伙人等与被申请人有民事权利义务关系的民事主体，但是不申请宣告失踪不影响其权利行使、义务履行的除外。(4) 须经法院依法宣告。宣告失踪案件应依民事诉讼法规定的特别程序审理。

2. 宣告失踪的法律后果

人民法院受理宣告失踪案件后，经公告下落不明者仍无音讯的，法院应作出宣告失踪的判决。宣告失踪的法律后果是确定失踪人的财产代管人。对此，民法典有如下规定：

(1) 财产代管人的选任。法定人选为失踪人的配偶、成年子女、父母或者其他愿意担任财产代管人的人。无法定人选或者法定人选无代管能力的，由人民法院指定（《民法典》第 42 条）。

（2）财产代管人的职责。财产代管人应当妥善管理失踪人的财产，维护其财产权益，包括保管财产、主张债权、清偿债务和缴纳税款等。代管取得的财产和收益归属于失踪人的财产，失踪人所欠税款、债务和应付的其他费用从失踪人的财产中支付。财产代管人因故意或者重大过失造成失踪人财产损失的，应当承担赔偿责任（《民法典》第 43 条）。

（3）财产代管人的变更。财产代管人不履行代管职责、侵害失踪人财产权益或者丧失代管能力的，失踪人的利害关系人可以向人民法院申请变更财产代管人。财产代管人有正当理由的，例如因迁徙而不能继续履行代管职责，可以向人民法院申请变更财产代管人。人民法院变更财产代管人的，变更后的财产代管人有权请求原财产代管人及时移交有关财产并报告财产代管情况（《民法典》第 44 条）。

3. 失踪宣告的撤销

失踪人重新出现，经本人或者利害关系人申请，人民法院应当撤销失踪宣告。失踪宣告撤销后，重新出现的失踪人有权请求财产代管人及时移交有关财产并报告财产代管情况（《民法典》第 45 条）。财产代管人违反财产移交义务、报告义务的，应当承担民事责任。

（二）宣告死亡

宣告死亡又称推定死亡，是指自然人失踪达一定期间后，由利害关系人申请，法院宣告该自然人死亡，以便结束以其生前住所地为中心的民事法律关系的制度。

1. 宣告死亡的条件

根据《民法典》第 46 条和《民事诉讼法》第 184 条的规定，宣告下落不明的自然人死亡，必须符合下列条件：（1）须自然人处于持续下落不明状态并达到一定期间。这里的“一定期间”分为普通期间和特殊期间。普通期间是指下落不明满 4 年的，其计算方法与宣告失踪相同，特殊期间是指因意外事件而下落不明满 2 年的，从意外事件发生日起算，但经有关机关证明该自然人不可能生存的，不受此 2 年时间的限制。（2）须由利害关系人向法院申请。第一顺序的利害关系人是指被申请人的配偶、父母、子女，以及依据《民法典》第 1129 条规定对被申请人有继承权的亲属。宣告死亡对被申请人的配偶、父母、子女的利益特别是身份利益影响重大，而且宣告死亡之后，主要涉及继承人利益问题，所以应当由这些人作为请求宣告死亡的第一顺序的利害关系人。另外，《民法典》第 1129 条规定：“丧偶儿媳对公婆，丧偶女婿对岳父母，尽了主要赡养义务的，作为第一顺序继承人。”据此，对公婆或者岳父母尽了主要赡养义务的丧偶儿媳、丧偶女婿，也是第一顺序的利害关系人。第二顺序的利害关系人是指被宣告死亡人的其他近亲属，以及依据《民法典》第 1128 条规定对被申请人有继承权的亲属。这些利害关系人在申请宣告死亡时，须具备下列情形之一：一是被申请人的配偶、父母、子女均已死亡或者下落不明的；二是不申请宣告死亡不能保护其相应合法权益的。申请宣告死亡的利害关系人主要是上述两类主体。当然，在例外情形下，被宣告死亡人的债权人等主体也可以依法申请宣告死亡。根据《民法典》第 47 条的规定，符合宣告死亡条件的自然人，其利害关系人有的申请宣告死亡，有的申请宣告失踪的，人民法院应当宣告死亡。

2. 宣告死亡的法律后果

人民法院受理宣告死亡案件后，经公告下落不明者仍无音讯的，法院应作出宣告死亡的判决。被宣告人的死亡日期，一般为宣告死亡判决作出之日，因意外事件下落不明者为意外事件发生之日（《民法典》第 48 条）。

自然人被宣告死亡后，其民事法律关系产生与自然死亡同样的法律后果，包括继承开始、婚姻关系消灭等。

被宣告死亡但事实上并未死亡的自然人，在被宣告死亡期间实施的民事法律行为的效力，不受宣告死亡的影响（《民法典》第 49 条）。

3. 死亡宣告的撤销

被宣告死亡的人重新出现，经本人或利害关系人申请，人民法院应当撤销死亡宣告（《民法典》第 50 条）。撤销死亡宣告后，相关民事法律关系按如下规则处理：

（1）婚姻关系的处理。被宣告死亡的人的婚姻关系，自撤销死亡宣告之日起自行恢复，但是其配偶再婚或者向婚姻登记机关书面声明不愿意恢复的除外（《民法典》第 51 条）。

（2）子女被收养的处理。被宣告死亡的人在被宣告死亡期间，其子女被他人依法收养的，在死亡宣告被撤销后，不得以未经本人同意为由主张收养关系无效（《民法典》第 52 条）。

（3）财产关系的处理。被撤销死亡宣告的人有权请求依照继承取得其财产的民事主体返还财产；无法返还的，应当给予适当补偿。利害关系人隐瞒真实情况，致使他人被宣告死亡取得其财产的，除应当返还财产外，还应当对由此造成的损失承担赔偿责任（《民法典》第 53 条）。

六、个体工商户和农村承包经营户

个体工商户和农村承包经营户（简称“两户”）是自然人从事经营活动的特殊主体形式，是具有中国特色的民事主体。根据民法典的规定，自然人从事工商业经营，经依法登记，为个体工商户（第 54 条）；农村集体经济组织的成员，依法取得农村土地承包经营权，从事家庭承包经营的，为农村承包经营户（第55条）。

与民法关于自然人的一般规定相比较，“两户”在民事主体方面有以下特点：

第一，在主体资格的取得上，自然人的主体资格于出生时取得，而个体工商户的主体资格在依照《市场主体登记管理条例》办理登记时取得，农村承包经营户的主体资格在与农村集体经济组织签订承包合同时取得。

第二，在主体的民事活动范围上，自然人可以从事各种领域的民事活动，而“两户”仅从事特定领域的民事活动。其中，个体工商户从事工商业经营，农村承包经营户从事农业经营。

第三，在主体的人员构成上，自然人作为民事主体通常为个人，而“两户”可以是家庭。它们以“户”为单位从事经营活动所产生的债务，按如下规则承担：（1）个体工商户的债务，个人经营的，以个人财产承担；家庭经营的，以家庭财产承担；无法区分的，以家庭财产承担。（2）农村承包经营户的债务，以从事农村土地承包经营的农户财产承担；事实上由农户部分成员经营的，以该部分成员的财产承担（《民法典》第56条）。

第四，在主体的名称上，自然人一般以姓名为人格标志，而个体工商户可以起字号，即采用特殊的商业名称（如店名）从事经营活动。字号名下的财产和经营行为，其权利义务和民事责任归属于登记为负责人的自然人。在民事诉讼中，起字号的个体工商户以负责人为诉讼当事人。

第二节　法　　人

一、法人概述

（一）法人的概念和特征

法人是相对于自然人而言的一类民事权利主体。法律上的人与通常所称的“人”的概念不同，其不限于自然人，还包括法人和非法人组织。根据《民法典》第57条的规定，法人是指具有民事权利能力和民事行为能力，依法独立享有民事权利和承担民事义务的组织。法人具有如下主要特征：

第一，依法成立。依法成立是指依照法律规定的条件和程序成立。在我国，具体包括：（1）法人成立在实体上应符合法律规定，包括有自己的名称、组织机构、住所、财产或者经费。（2）法人成立在程序上应符合法律规定。法人成立的具体条件和程序，依照法律、行政法规的规定。例如，公司、非公司企业法人及其分支机构应当依照《市场主体登记管理条例》办理登记。

第二，具有独立法律人格。法人区别于自然人之处，就在于法人是社会组织体而不是自然生命体。社会组织有自己的名称和组织机构，以自己的名义参加各种社会活动。当具备法定的条件时，它们可依照法律规定的程序成为法人。法人的独立法律人格表现为：法人有自己的意思机关；法人的权利义务与法人成员的权利义务彼此分离；法人以自己的名义参与民事法律关系，享有民事权利和承担民事义务，以自己的名义在法院起诉和应诉。

第三，独立承担民事责任。《民法典》第60条规定："法人以其全部财产独立承担民事责任。"这意味着，相对于自然人和非法人组织而言，法人的一个重要特征就是适用有限责任制度，即法人的出资人或设立人在其出资义务的范围以外，不必对法人的债务负清偿责任。

第四，能长期存续。这是指除非法律或法人组织章程有相反的规定，法人的存续不因成员的变化、某些成员民事行为能力的变化而受影响。或者说，法人可超越自然人生命而长期存在。

（二）法人的分类

1. 大陆法系国家的法人分类

（1）公法人和私法人。这是以法人设立的法律依据为标准对法人所作的划分。一般认为，公法人是指根据宪法、行政法、政府命令等成立，具有政府职能的法人。在学理上，我国现行法上的国家机关法人和部分事业单位法人属于公法人的范畴。私法人是指根据民法、民事特别法成立的法人。

（2）社团法人和财团法人。这是以法人成立的基础为标准对法人所作的划分。社团法人是以人的集合为成立基础，由两个以上的成员组成，根据法律取得独立人格的法人，如股份有限公司。财团法人是以捐赠财产为成立基础，为一定的目的而存在的财产集合体，如基金会组织。

（3）营利法人、公益法人和中间法人。这是以法人活动的目的为标准对法人所作的划分。营利法人是指设立的宗旨在于从事营利活动，并将所取得的盈利在成员中进行分配的法人，如公司。公益法人也称非营利法人，是指基于公益、慈善、教育等目的而组建，于任何情况下都不得将利益在成员中进行分配的法人，如慈善机构。中间法人是指那些既不宜归于营利法人，也不宜归于公益法人的社团法人，如商会、工会等。需要注意的是，认定法人是否营利的关键不在于法人是否从事经营活动和谋取经济利益，而在于其所获利益之归属。

（4）本国法人与外国法人。这是根据法人的国籍对法人进行的划分。具有本国国籍的法人为本国法人，不具有本国国籍的法人为外国法人。这一分类的意义主要在于各国一般对外国法人有专门的认许制度，并对外国法人在民事权利能力上进行特别的限制。

2. 我国民法上的法人分类

民法典将法人划分为营利法人、非营利法人和特别法人三类：

（1）营利法人。营利法人是指以取得利润并分配给股东等出资人为目的成立的法人。营利法人包括有限责任公司、股份有限公司和其他企业法人等（《民法典》第76条）。

（2）非营利法人。非营利法人是指基于公益目的或者其他非营利目的而成立，不向出资人、设立人或者会员分配所取得利润的法人。非营利法人包括事业单位、社会团体、基金会、社会服务机构等（《民法典》第87条）。

区分营利法人与非营利法人，主要看两点：其一，是否以获得利润为目的。一般而言，营利法人的设立以获得利润为目的；而非营利法人的设立一般并不以获得利润为目的。其二，是否将获利分配给出资人、设立人或者会员。营利法人须将所获利润分配给股东等出资人；而非营利法人可以在业务活动中获得收入，但不得将收入在出资人、设立人或者会员中进行分配。

在非营利法人中，事业单位是指为适应经济社会发展需要，提供公益服务而设立，具备法人条件的组织（《民法典》第88条）；社会团体是指基于会员共同意愿，基于公益目的或者会员共同利益等非营利目的设立，具备法人条件的组织（《民法典》第90条）；捐助法人是指基于公益目的以捐助财产设立的，具备法人条件的基金会、社会服务机构等组织（《民法典》第92条）。

我国将各种基金会归入捐助法人。基金会是利用捐赠财产从事公益事业的非营利法人。依学理分析，基金会的成立基础是财产，本质上为财产的集合而非人的集合。所以，尽管我国民事立法没有采用“财团法人”一词，解释上仍可将基金会归类于大陆法系中的财团法人。

（3）特别法人。特别法人是民法典创设的一类法人，包括四种类型，即机关法人、农村集体经济组织法人、城镇农村的合作经济组织法人和基层群众性自治组织法人（《民法典》第96条）。它们具有不同于营利法人和非营利法人的一些特殊性。例如，机关法人有来自国家财政的独立经费，以行使国家权力或承担行政职能为目的；农村集体经济组织法人实行以家庭承包经营为基础、统分结合的双层经营体制，具有集体分配和集体保障的职能；城镇农村的合作经济组织法人，如供销合作社，既从事市场经营又提供公益性服务，在农村经济社会建设中发挥着独特作用；基层群众性自治组织法人如居民委员会、村民委员会，具有社区居民自我管理、自我教育和自我服务的功能。明确特别法人的民事主体资格及其在民事活动中与其他民事主体的平等地位，有助于保障它们的合法权益，也有利于社会的全面发展。需要指出的是，特别法人制度实行类型法定，上述四种类型以外的法人组织体只能归入营利法人或者非营利法人。

二、法人的能力

（一）法人的民事权利能力

法人的民事权利能力是指法人享有民事权利和承担民事义务的资格。法人的民事权利能力与自然人的民事权利能力存在以下区别：

第一，产生、消灭的时间不同。法人的民事权利能力从法人成立时产生，到法人终止时消灭（《民法典》第59条）；自然人的民事权利能力于出生时产生，至死亡时消灭。

第二，内容不同。法人的民事权利能力和自然人的民事权利能力相比，在诸多方面受到限制，主要包括：（1）法律和行政法规的限制，如未经批准不得成立金融机构等。（2）性质的限制，即法人无法享有某些专属于自然人的权利，如健康权、生命权、婚姻自主权、抚养和赡养请求权等。（3）设立目的的限制，即法人的民事权利能力因设立目的的不同而有所区别，如学校不得从事商业经营、国家机关不得为企业提供担保。

（二）法人的民事行为能力

法人的民事行为能力是指法人在法律规定的范围内以自己的行为取得民事权利和承担民事义务的资格。与自然人的民事行为能力相比较，法人的民事行为能力有如下特点：

第一，法人的民事权利能力和民事行为能力同时发生、同时消灭。法人一经成立，就同时产生民事权利能力和民事行为能力。而且，在法人存续的整个期间，民事权利能力和民事行为能力始终相伴随，并随着法人的终止而同时消灭。自然人的民事行为能力受年龄和智力因素限制，在未成年时欠缺民事行为能力，在成年后可能因精神障碍被限制民事行为能力。

第二，法人的民事权利能力和民事行为能力的范围一致。法人的民事行为能力的范围以法人的民事权利能力的范围为准，二者始终一致。自然人的民事行为能力受年龄和精神健康状况的影响，但民事权利能力不受这些影响，因而存在二者不一致的情形。

第三，法人的民事行为能力以团体意思为前提，通过法人的机关来实现。法人可以依据其组织章程产生意思机关，以意思机关形成和表达法人的意思。所以，不存在无行为能力和限制行为能力的法人。

（三）法人的民事责任能力

一般而言，法人的民事责任对法人自身而言是独立责任，即以自己的财产对自己的债务承担责任，而对法人成员而言则是有限责任，即法人的出资人对法人债务的责任以其出资为限。具体而言，以下规则值得注意：

第一，法人对其法定代表人及其他工作人员的职务行为承担民事责任。依据我国法律的规定，法人的法定代表人及其他工作人员执行职务的行为视为法人的行为，其职务行为的法律后果由法人承担。

第二，法人对自己的民事违法行为承担民事责任。法人因违法行为给他人造成损失的，应对受害人承担民事责任。法人的工作人员因执行工作任务造成他人损害的，由法人承担民事责任；法人在对外承担民事责任后，可根据法律和章程的规定，向有过错的法定代表人追偿（《民法典》第 62 条）。

三、法人的住所

法人的住所在法律上具有重要意义，如决定债务履行地、决定登记管辖、决定诉讼管辖、决定法律文书送达的处所、决定涉外民事法律关系的准据法等。《民法典》第 63 条规定，法人以其主要办事机构所在地为住所。所以，法人应当将主要办事机构所在地登记为住所。

四、法人的机关

（一）法人机关的含义

法人机关是指根据法律或法人章程的规定，由单个或多个自然人担任，负责形成和表达法人意思、管理法人事务和对外代表法人的组织机构。法人机关是法人存在并维持其法律人格必不可少的条件，也是法人设立的必要条件。

法人机关不同于法人机关的担当人。法人机关是法人组织体的组成部分，存在于法人内部，由自然人担任或组成，但其本身并不具有独立的法律人格。而担当人即担任法人机关职务的自然人，在法律上有独立的法律人格，可以独立地享有民事权利和承担民事义务。

法人机关亦不同于代理人。法人机关是法人组织体的一个组成部分，与法人属于同一人格。法人机关的意思就是法人的意思，法人机关的行为就是法人的行为，其行为后果当然归属于法人。而在代理关系中，代理人与被代理人具有不同的人格，代理人在代理活动中独立为意思表示，其行为的法律后果依照代理规则归属于被代理人。

（二）法人机关的种类

1. 意思机关

意思机关是法人形成自己意思的机关，又称权力机关，如有限责任公司的股东会。意思机关的担当人是法人的全体成员（股东），法人的意思通过成员（股东）大会的决议来形成。在成员（股东）人数较多时，章程往往规定由成员

（股东）代表大会作为意思机关。意思机关有权决定法人的重大事项，但通常不能代表法人对外进行民事活动。

2. 执行机关

执行机关是执行法人意思机关所形成的决议或其他指定事项的机关。执行机关的主要负责人是法定代表人。例如，公司法人的执行机关是董事会，捐助法人的执行机关是理事会，机关法人、事业单位法人的负责人为其执行机关。执行机关按照法人章程或权力机关的授权，对法人日常业务享有决策权和代表权。

3. 监督机关

监督机关是监督执行机关行为的机关，如公司监事会。但是，并非所有的法人都有监督机关。

（三）法定代表人

法定代表人是依照法律或者法人章程规定，代表法人从事民事活动的负责人（《民法典》第 61 条第 1 款）。在对外活动中，法定代表人的行为就是法人的行为。法定代表人对外执行职务实际上是法人在从事法人的事务，其产生的后果由法人承担。根据《民法典》的规定，法定代表人以法人名义从事的民事活动，其法律后果由法人承受；法人章程或者法人权力机构对法定代表人代表权的限制，不得对抗善意相对人（第 61 条第 2、3 款）。法定代表人因执行职务造成他人损害的，由法人承担民事责任；法人承担民事责任后，依照法律或者法人章程的规定，可以向有过错的法定代表人追偿（《民法典》第 62 条）。

五、法人的终止

法人的终止是指法人人格的消灭，亦即法人作为民事主体的资格丧失，法人的民事权利能力和民事行为能力不复存在。法人终止后，不能再以法人的名义对外进行民事活动。

（一）法人终止的原因

根据《民法典》第 68 条的规定，法人终止的原因包括：（1）法人解散；（2）法人被宣告破产；（3）法律规定的其他原因。其中，法人解散的事由包括：（1）法人章程规定的存续期间届满或者法人章程规定的其他解散事由出现；（2）法人的权力机构决议解散；（3）因法人合并或者分立需要解散；（4）法人依法被吊销营业执照、登记证书，被责令关闭或者被撤销；（5）法律规定的其他情形（《民法典》第 69 条）。

（二）法人的清算

法人的清算，是指在法人终止前，清理其财产，收取其债权，并了结其债务的活动。

法人解散的，除合并或者分立的情形外，清算义务人应当及时组成清算组进行清算。除法律、行政法规另有规定外，清算义务人应当由法人的董事、理事等执行机构或者决策机构的成员担任（《民法典》第 71 条）。清算期间法人存续，但不得从事与清算无关的活动。法人清算后的剩余财产，根据法人章程的规定或者法人权力机构的决议处理。清算结束并完成法人注销登记时，法人终止；依法不需要办理法人登记的，清算结束时，法人终止（《民法典》第 72 条）。

法人被宣告破产的，依法进行破产清算并完成法人注销登记时，法人终止（《民法典》第 73 条）。

第三节 非法人组织

一、非法人组织的概念和特征

在现代社会中，存在大量非法人的社会组织，它们以各种方式参与民事活动，在经济、文化和其他社会领域发挥作用。根据《民法典》第 102 条的规定，非法人组织是指不具有法人资格，但是能够依法以自己的名义从事民事活动的组织。非法人组织包括个人独资企业、合伙企业、不具有法人资格的专业服务机构等。民法典以专章的形式规定，使非法人组织成为除自然人和法人以外的第三类民事主体，丰富了民事主体的类型，有利于激发市场活力，满足我国改革开放的现实需求。承认非法人组织主体地位，也有利于在法律上对其进行规范和管理。

非法人组织具有下列主要法律特征：（1）具有以成员为基础的稳定的组织体；（2）有特定的目的和民事活动范围；（3）以组织体的名义进行民事活动；（4）组织体的民事责任不以成员的出资为限，当组织体的财产不足以清偿债务时，其出资人或者设立人承担无限责任；（5）应当依法登记设立。由此可见，非法人组织具有一些与法人相同的特征。因此，非法人组织除适用民法典的专章规定外，还可参照适用法人的一般规定（《民法典》第 108 条）。

二、非法人组织的法律地位

在现实生活中，存在着大量的不具有法人资格的组织体，其中有营利性的，如合伙企业、合伙制专业服务机构（如律师事务所、会计师事务所等）、个人独资企业、非法人集体企业、非法人合作社等；也有非营利性的，如非法人的文化艺术团体、学术研究团体、社区服务机构、公民联谊团体等。这些非法人组织与法人的主要区别在于，当这些组织体不能以自有财产清偿自己的债务时，应由它们的出资人、开办人或者全体成员承担连带责任；而它们与自然人的主要区别则在于，它们能够以组织的名义对外开展民事活动，成为民事法律关系中的权利义务主体。

从我国的社会实际来看，赋予这些非法人组织民事主体资格，既有利于鼓励社会成员的合作与共享，提高经济效率和增进社会活力，也有利于规范这些组织的民事活动，保护参与者的合法权益，维护民事交往秩序。

三、非法人组织的分类

（一）营利性非法人组织和非营利性非法人组织

以取得经济利益并分配给其成员为目的的非法人组织，为营利性非法人组织；不以取得经济利益并分配给其成员为目的的非法人组织，为非营利性非法人组织。非营利性非法人组织的设立，可以是为了成员的共同利益（如学术交流，增进友谊），也可以是为了社会公益或基于其他非营利目的。

（二）须经批准的非法人组织和无须批准的非法人组织

《民法典》第 103 条规定："非法人组织应当依照法律的规定登记。设立非法人组织，法律、行政法规规定须经有关机关批准的，依照其规定。"在我国，营利性非法人组织未经登记的，不能取得民事主体地位。根据法律和行政法规的规定，设立个人独资企业、合伙企业须依照《市场主体登记管理条例》进行登记。至于其他共同出资、共同参与的民事活动，如众筹投资、合伙租房等，由于未经登记，不属于非法人组织，只能以发起者的个人名义或者参与者的共同名义为民事法律行为。

关于非法人组织是否以有关机关批准为设立条件，须根据法律、行政法规有无规定来确定：（1）法律、行政法规有规定的，为须经批准后才能设立的非法人组织。例如，根据《律师法》的规定，设立律师事务所应当经司法行政部门批准。（2）法律、行政法规没有规定的，为无须批准的非法人组织。无须批准的非法人组织经登记即为设立。

（三）合伙型非法人组织和独资型非法人组织

合伙是指两个或两个以上的民事主体订立合伙协议，共同出资、共同经营、共享收益、共担风险，对合伙债务承担无限连带责任的营利性组织。合伙组织以普通合伙为基本类型，其法律特征如下：（1）以合伙人订立合伙协议为基础。（2）以共同出资为前提。（3）合伙人共同经营、共享收益、共担风险。合伙的重要决定，原则上须经全体合伙人一致同意。（4）合伙财产具有相对独立性。合伙财产为全体合伙人共有。在合伙存续期间，合伙人不得请求分割合伙财产。（5）合伙的经营具有相对独立性。合伙组织可以有自己的名称，可以以自己的名义进行经营，可以作为诉讼当事人参与诉讼。（6）合伙人对合伙债务承担无限连带责任。合伙企业对其债务，应先以其全部财产进行清偿，如果合伙企业不能清偿到期债务，则由合伙人承担无限连带责任。

合伙组织的基本规则和法理，不仅适用于合伙企业和合伙型的其他经营实体，也适用于非企业的合伙型组织。例如，《合伙企业法》第107条规定："非企业专业服务机构依据有关法律采取合伙制的，其合伙人承担责任的形式可以适用本法关于特殊的普通合伙企业合伙人承担责任的规定。"

独资型非法人组织是指由单一民事主体投资并承担无限责任，有自己的名称、住所和经营范围，经登记设立，能以自己名义从事民事活动的组织体。在我国，其典型形态是个人独资企业。此外，根据《公司法》第十一章的规定，外国公司在中国境内设立的分支机构也属于独资型非法人组织。

四、非法人组织的终止

非法人组织终止的原因与法人相同，即解散、被宣告破产和法律规定的其他原因。其中，非法人组织解散的事由包括：（1）章程规定的存续期间届满或者章程规定的其他解散事由出现；（2）出资人或者设立人决定解散；（3）法律规定的其他情形（《民法典》第106条）。

非法人组织解散的，应当依法进行清算（《民法典》第107条）。

▶即测即评　　▶案例资源

第三章　民事权利

第一节　民事权利概述

一、民事权利的概念和特点

一般认为，民事权利是指民事法律关系中的主体依法律规定或合同约定，根据自己的意志实现一定利益的可能性。其本质上是法律为了保障民事主体的正当利益，而对其实现和维护利益的主张予以承认和保护的结果。概括地说，民事权利具有以下几个特点：

（一）民事权利由民法所确认

广义的民事权利包括民法、劳动法、社会法等规定的权利，狭义的民事权利仅指民法规定的权利。这里所说的民事权利是指狭义的民事权利。自然人的民事权利与公法权利不同：自然人的公法权利与权力机关的公权力不是对等关系，双方的赋权依据和行权方式均不相同；而自然人的民事权利是平等主体之间的关系，他们的权利能力和行为规则都是相同的。

（二）民事权利以民事主体的利益为核心

民事权利的设定大多体现了民事主体一定的利益目的。财产权的核心内容是财产利益，人格权、身份权的核心内容则为人格利益、身份利益。社会的发展和民事生活的日益丰富，要求法律通过创设新的权利来回应社会中新的利益需求。例如，我国民法典适应信息社会的需要，制定了有关个人信息保护和数据、网络虚拟财产保护的规定。在权利的内容中，不仅包括民事主体的个人利益，一定情况下可能还包括社会公共利益。民法典对未成年人、老年人、残疾人等特定群体的保护规定，就是相关社会政策的彰显。需要指出的是，利益是权利内容的核心，但并不是所有的利益都能够表现为权利。《民法典》第 3 条规定：“民事主体的人身权利、财产权利以及其他合法权益受法律保护，任何组织或者个人不得侵犯。”此处采用“权益”概念，表明在权利之外，还存在一些受法律承认和保护的利益，如死者的人格利益、占有利益等。

（三）民事权利体现为民事主体一定范围内的行为自由

权利中的自由和利益是密切联系在一起的。正是法律给予了民事主体一定的自由，民事主体才有可能去实现其利益。而且，有时自由本身就是一种权益。权利人享有的自由包括是否行使权利的自由、处分非专属性权利的自由、选择权利行使方式的自由和选择权利救济方式的自由。需要指出的是，在一定情况下，权利自由要让步于公共利益。现代民法承认，国家为了公共利益，可以在公平补偿的条件下，依法对个人财产进行征收、征用。当然，为了防止公权力滥用，法律必须对财产征收、征用行为严加约束。

（四）民事权利受到国家强制力保障

权利在性质上是一种法律上之力。权利人依法可以请求义务人为一定行为或不为一定行为，以保证其享有或实现某种利益。在权利与义务的对应关系基础上，形成了国家强制力保障下“人人各得其所”的民事生活秩序。当权利人的利益因他人的行为而受到侵害时，法律赋予其请求有关国家机关采取强制措施予以保护的诉权。诉权是民事权利的派生和延伸。简言之，任何民事权利都能够获得民法上的救济，无救济则无权利。此外，某种权利能否获得民法上的救济，也是区分民事权利和公法权利的重要标准。

（五）民事权利具有平等性

民事主体平等原则体现在民事权利上，就是人人权利之并行和权利与义务相一致的基本准则。没有无义务的权利，也没有凌驾于他人权利之上的特权。民法基于公平正义的理念，确立了禁止权利滥用的原则。同时，通过对权利范围的界定和对权利行使的规范，化解权利冲突，实现利益平衡。

二、民事权利的分类

民事权利的种类很多，各种权利的性质、内容千差万别，因此有必要把各种不同的权利加以梳理分类，从而构成一个比较清晰和完整的体系。依据不同的标准，民事权利有不同的分类：

（一）财产权与非财产权

这是以权利保护的利益是否具有财产属性为标准进行的划分。

财产权是以财产利益为内容或直接体现为财产利益的民事权利。财产权有狭义与广义之分。狭义财产权指物权和债权，此为德国民法的体系构造；广义财产权除了物权和债权，还包括无形财产权。无形财产权可分为知识财产权和信用财产权。知识财产权包括知识产权（专利权、著作权、商标权、地理标志权、商业秘密权、集成电路布图设计权、植物新品种权等）、数据财产权、网络虚拟财产权等；信用财产权主要包括货币权利、票据权利、股权和其他投资性权利（合伙企业财产份额、基金份额等）。我国民法适应现代知识经济和信用经济的发展，采用广义财产权概念。

非财产权是指基于一定的人格利益、身份利益而设定的权利，可具体分为人格权和身份权。人格权是指以权利主体的人格利益为客体的民事权利。例如自然人享有的生命权、身体权、健康权、姓名权、肖像权、名誉权、荣誉权、隐私权、个人信息权、婚姻自主权等权利；法人、非法人组织享有的名称权、名誉权、荣誉权等权利。身份权主要是指因婚姻、家庭关系产生的亲属权等人身权利。社团成员在团体中享有的社员权（如选举权和被选举权、表决权等）也属于身份权。

（二）绝对权与相对权

这是以权利的效力所及的范围为标准进行的划分。

绝对权又称对世权，是指可以对所有人产生效力，即任何一个人都必须尊重的权利。绝对权的特征在于，其义务主体是不特定的一般人，义务的内容是对权利人权利的尊重、容忍和不侵扰。在民事权利中，除了债权以外的各类权利，如人格权、身份权、物权、继承权、知识产权及其他无形财产权等，都属于绝对权的范畴。

相对权又称对人权，是指能够请求特定人为一定行为或不为一定行为的权利。相对权的特征在于，其义务主体是特定的相对人，义务的主要内容是对权利人为一定的给付，如财产的支付或交付、服务或信息的提供。债权为典型的相对权，义务主体即债务人，其义务的内容主要是积极作为的义务即给付义务，如交付货物，有时也包括不作为的义务，如保密义务。

（三）支配权、请求权、形成权与抗辩权

这是以民事权利的作用为标准进行的划分。

支配权是指权利主体对于作为权利客体的事物进行直接支配并享受其利益的权利，物权、知识产权、人身权、继承权等均属于此。支配权的主要法律特征在于：一是利益的直接实现性，二是权利作用的支配性、排他性。具体而言，从积极方面看，权利主体可依单方意思直接支配客体，无须他人帮助；从消极方面看，权利主体可禁止他人妨碍自己行使权利，即义务主体的义务是消极性的。

请求权是指特定人对于特定他人能够请求为或不为一定行为的权利。其中享有权利的特定人称为请求权人。例如，买受人支付价金和出卖人交付货物，就是请求他人为一定的行为。再如，合同一方当事人依据合同约定请求另一方不得从事某种行为，就属于请求他人不为一定的行为。在民事权利体系中，请求权处于枢纽地位。除了债权本身以请求权为内容并直接以行使请求权的方式实现以外，各种绝对权（如人格权、物权、继承权、知识产权等）在遭到侵害时，均需要通过救济性的请求权获得法律保护。请求权是基于一定的原因或基础权利发生的，据此，可以将请求权分为债权请求权、物权请求权、人格权请求权、继承权请求权、知识产权请求权等。民法以外的法律关系也可以产生债权，如劳动法上的工资债权、税法上的税收债权。

形成权是指权利人完全凭借单方意思表示就能使既存的法律关系发生变动的权利。在一定情形下，权利主体依据法律规定或者合同约定，可以实施引起民事法律关系发生、变更或消灭的单方行为，如承租人依法单方终止租赁关系，合同当事人依约定解除权单方解除合同。形成权的范围广泛，可依不同的标准对其进行分类。形成权依所生效力可以分为三类：(1) 生效形成权，如权利人对无权处分行为的承认权、被代理人对无权代理行为的承认权；(2) 变更形成权，如选择之债因选择权的行使而转化为简单之债；(3) 消灭形成权，如抵销权、撤销权、解除权、继承抛弃权等。形成权依行使方式可以分为简单形成权与形成诉权：前者指无须诉讼，仅依单方意思表示就可实现的形成权，如合同约定解除权；后者指必须提起诉讼，通过生效裁判才能发生效力的形成权，如对可撤销民事法律行为的撤销权。

抗辩权是指权利人用以对抗请求权或其他权利效力的权利，是一种拒绝权。抗辩权的主要作用在于阻止请求权或其他权利的效力，从而使抗辩权人能够拒绝向相对人履行义务或者拒绝承认法律关系的变动，而不在于否认相对人的权利。抗辩权通常是与请求权相对应的，享有抗辩权的民事主体有权拒绝对方请求给付的要求。抗辩权也可以用于对抗形成权。例如，合同一方当事人行使解除权（其性质上属于形成权）时，另一方当事人可以行使抗辩权予以拒绝。抗辩权行使的前提是对方权利的有效存在，如果对方权利已经消灭，则援引这一事实并不属于行使抗辩权。由此可见，抗辩权仅仅是一种防御性的权利。所以，依权利的效力范围，可以将抗辩权分为一时性抗辩权和永久性抗辩权：前者的效力主要在于暂时地阻止请求权的效力，如同时履行抗辩权、不安抗辩权；后者的效力在于永久地阻止请求权的效力，如诉讼时效抗辩权。

（四）既得权与期待权

这是以是否已经完全具备权利的成立要件为标准进行的划分。

既得权也称完整权，是指已经具备权利取得的全部要件，从而被当事人实际享有的权利；期待权是指仅具备权利取得的部分要件，须等到其余要件具备时才能实际发生的权利，如继承开始前法定继承人的继承权、附延缓条件的债权等。期待权不是已经实际取得的权利，其实质是将未来可能取得的权利作为一种现实的合法利益加以保护，或者说，是对权利的提前保护。

（五）主权利与从权利

这是以权利是否能独立存在或者以相互关联的民事权利的不同地位为标准进行的划分。

主权利是指相互关联的民事权利中不依赖其他权利而独立存在的权利，从权利是指须以主权利存在为前提的权利，二者为主导和从属的关系。例如，在抵押借款合同中，债权人请求偿还本金和利息的权利为主权利，抵押权为从权利。除非法律另有规定或当事人另有约定，主权利与从权利之间存在依附从属关系，即从权利随主权利的移转或消灭而移转或消灭。

需要注意的是，主权利与从权利的划分具有相对性。主权利与从权利的区分只在具有关联关系的若干并存权利中存在，而且并不存在绝对的主权利或绝对的从权利。

（六）专属权与非专属权

这是以权利是否可与其主体分离为标准进行的划分。

专属权是指依附于民事主体，专属民事主体享有、行使，不能任意移转的权利，如著作权人享有的署名权。专属权包括两种：一是享有上的专属权，即专属于特定主体享有，不可让与或继承但可以由他人代为行使的权利，如赡养费请求权；二是行使上的专属权，即不仅专属于特定主体享有，而且权利是否行使也只能由权利人自己决定，他人不得代为行使的权利，如人格权原则上为专属行使权。

非专属权是指不依附于民事主体，得与民事主体相分离，可以在民事主体之间移转的权利。财产权原则上属于非专属权，但法律规定某些只能由国家或者其他特定主体享有的财产权则具有专属性，如国有土地所有权、自然人的受抚养权。法律设置这些权利是以一定的社会政策为依据的。

（七）原权利与救济权

这是以权利效力目的为标准进行的划分。

原权利又称原权，是原有的、基于法律规定或当事人意思产生的权利；救济权是在原权利受到侵害或存在受侵害的危险时对原权利产生救援性作用的权利。例如，自然人在人身权受到侵害时，依法享有请求侵害人停止侵害的权利。其中，人身权是原权利，请求侵害人停止侵害的权利属于救济权。

三、民事权利与民事义务

（一）民事义务的概念、特性和分类

1. 民事义务的概念、特性

民事义务是指民事法律关系的当事人一方为了满足他方利益所应实施的行为或者所应遵循的行为限度，是法律加于当事人的作为或不作为的法律拘束。一个人的民事义务通常与他人的民事权利相对应。民事义务有时来自公共秩序的要求，而公共秩序从整体上保护着人们的权益，如保护生态环境的义务。

民事义务的主要特性可概括为：（1）强制性。民事义务的拘束力以法律的强制力为保障。法律为保护权利人的合法利益，要求义务人服从义务的约束。义务人违反义务的，法律除了强制其履行义务外，还会强制其对受害人给予赔偿或其他补救。（2）限定性。民事权利相对人的义务通常以法定或约定的为限，在特殊

情况下可以依据公序良俗、诚信原则和社会公认的规范，认定其应当承担的义务。当然，民事义务无论来源如何，都以保障权利实现为主要目的。同时，民事义务的承担不能超出法律规定的合理限度，过度的义务负担往往导致公平缺失和权利滥用。

2. 民事义务的分类

（1）法定义务和约定义务。这是以义务发生依据为标准进行的划分。法定义务是直接依法律规定而非当事人约定而产生的义务；约定义务是指由当事人自行约定的义务。与人格权、物权、知识产权等绝对权和法定请求权相对应的义务为法定义务。基于民事生活秩序和其他社会秩序的要求，由法律或其他社会规范规定的行为义务也属于法定义务，如从事危险活动时的安全保障义务。基于当事人意思表示产生的义务为约定义务，其主要体现为合同义务。违反法定义务致人损害的，通常承担侵权的民事责任；违反约定义务的，承担违约的民事责任。

（2）积极义务和消极义务。这是以义务的内容为标准进行的划分。积极义务又称作为义务，是指义务人为一定行为（作为）的义务，如交付标的物的义务；消极义务又称不作为义务，是指以义务人不为一定行为（不作为）的义务，或者说是义务人仅负有尊重、容忍他人行为的义务，如不干涉权利人行使权利的义务。

（3）专属义务和非专属义务。这是以义务与义务主体的关系为标准进行的划分。专属义务是指义务人不得将义务转由他人履行的义务，如特邀演员到场演出的义务；非专属义务是指义务人可将其移转给他人负担的义务，如偿还借款的义务。

（二）民事权利与民事义务的关系

民事权利与民事义务的关系可概括为四点：（1）有权利必有义务。权利发生，义务即随之发生；权利存在，必伴随义务的存在；权利消灭，义务随之消灭。（2）无义务则无权利。权利的实现有赖于义务的履行，促成义务履行是保障权利实现的条件。（3）有义务就有强制。法律对权利的保护，必体现为对义务的强制。这种强制体现为违反义务的民事责任。（4）有权利就有救济。权利人在权利受到侵害时，有权请求法律保护，这种保护体现为对权利的确认和对义务的强制。

明确义务是正确履行义务的前提，也是规范义务人行为的依据。首先，基于义务与权利的对应性，民事义务的内容是根据权利的内容来界定的。各种类型的权利在具体条件下都有对应的具体义务，例如，买受人请求权对应出卖人交付义务，患者的健康权对应医生的注意义务。其次，根据权利在不同情形下的实现需要，与之对应的义务被细化为具体的行为要求。例如，出卖人在货物交付后负有质量保证义务，医生在实施手术前负有医疗风险说明义务。最后，根据公序良俗和诚信原则，可以确定一个人在实施行为时避免损害他人的义务，如在从事危险作业时对他人的安全保障义务。

第二节　民事权利的变动

一、权利变动的意义

民事权利的取得、变更和消灭，统称为权利的变动。权利的变动与民事法律关系的变动有所不同，后者还包括民事义务的发生、变更和消灭。例如，债务转由第三人承担，导致合同关系变更，但债权没有变更。当然，并非所有的民事权利都能够发生变动。自然人的人身权利是当然享有、普遍享有和不可让渡的权利。作为例外，自然人的有些人身权利具有可变动性，如婚姻关系中的权利随结婚而产生，因离婚而消灭，但这些权利是不可让渡的。总的说来，除法律有特别限制的外，债权、物权、股权、知识产权、继承权等财产权利都属于可变动的权利。

民事权利特别是财产权利的变动，与社会生活中的生产、交换和消费密切关联。在经济生活中，民事权利的取得制度具有明晰产权和稳定预期的作用，是财产归属和流转秩序的基础。民事权利变更和消灭制度具有规范经济交往和资源流转的作用，是市场交易的保障。例如，在房屋买卖时，卖方拥有房屋所有权，买方有取得房屋所有权的意愿，进而双方订立买卖合同，设定了各方的请求权，最终通过合同履行，实现了房屋和价金的所有权转移，同时双方的债权归于消灭。在这个过程中，权利的取得、变更和消灭要适用相应的法律规则。

二、权利的取得

权利的取得又称权利的发生，包括民事权利绝对的发生和相对的发生。前者称原始取得，后者称继受取得。

原始取得是指独立的、不以他人既存权利为前提而取得权利的情形，如因合法建造房屋而取得房屋所有权。

继受取得又称传来取得，是指基于他人既存权利而取得权利的情形，如因买卖而取得标的物的所有权。继受取得又可分为移转的继受取得与设定的继受取得。前者指权利主体变更而权利内容不变，如转让房屋所有权；后者指前权利主体仍保留其权利，而基于该权利为另一主体设定新权利，如房主以房屋设定抵押权。

三、权利的变更和消灭

既成的权利可以通过变更或者消灭而发生改变或者丧失。

(一) 权利的变更

民事权利的变更包括民事权利主体、内容等方面的变更。民事权利在不同主体间移转而发生的变更属于民事权利主体的变更；民事权利内容的变更可分为量的变更和质的变更。前者如所有权客体的增减、债权因部分清偿而发生变更；后者如债权因债务人不履行债务而转变为损害赔偿请求权、债务和解协议中的延期偿债条款。

(二) 权利的消灭

民事权利的消灭是指特定主体的权利不复存在，包括绝对消灭和相对消灭。前者如所有权的标的物灭失，后者如出卖人因转让而丧失标的物所有权。民事权利的相对消灭，对于相对方而言则为民事权利的取得。

第三节 民事权利的行使

一、权利行使的概念

权利行使是指权利的享有者为实现自己的权利而依照权利的内容和范围实施一定行为。民事权利表现为权利人为实现自身合法民事权益而得为一定行为（作为或不作为）或得要求他人为一定行为（作为或不作为）并受到法律承认和保护的可能性。民事权利的行使就是将这一可能转变为现实的过程。

权利行使的概念，与权利主张、权利实现、权利处分既有区别，又有联系。(1) 权利主张是在权利的存续或权利的行使受到妨碍时，对特定人提出的承认其权利存在或排除妨碍以保障权利行使的要求。(2) 权利实现是权利行使的目的，权利实现的过程表现为权利行使，权利行使是权利实现的手段，但并不是所有的权利行使均可获得权利的实现；当权利的实现受到妨害时，权利人有权寻求法律救济。(3) 权利处分不是针对权利的内容，而是针对权利本身，其结果不是权利的实现，而是权利的变更或消灭。

二、权利行使的准则

关于民事权利的行使，《民法典》第 130—132 条分别规定了权利行使的三项基本准则：权利行使自由、权利与义务相一致、禁止权利滥用。

（一）权利行使自由

根据民法的自愿原则和自治原则，权利人享有行使权利的意志自由。《民法典》第130条规定："民事主体按照自己的意愿依法行使民事权利，不受干涉。"

权利行使自由的基本含义是行为自主，即权利人可以通过一定行为实现权利，其他人不得干涉和妨碍。例如，居住自有房屋，即以占有和使用方式行使不动产物权；接收快递包裹，即以受领方式行使买方债权；购买股票，即行使财产处分权和投资自由权。

权利行使自由也包括不行使权利的自由。民事权利主体根据自己的意愿，既可以积极地主张权利，以获得权利所赋予的利益，也可以不主张权利，甚至放弃全部或部分权利，如债权人减免债务人所欠的债务。当然，权利行使自由也意味着权利人自行承担不行使权利的后果。例如，债权人怠于行使权利，超过诉讼时效期间提起诉讼的，法院不予保护。

当然，行使权利要采用正确的方法。权利行使方法可分为两类：事实行为方法与法律行为方法。事实行为方法是指不以意思表示为要素，以单纯的作为或者不作为行使权利的方法，如占有和使用不动产；法律行为方法是指以意思表示为要素行使权利的方法，如债权人催告债务人履行债务。一般来说，权利人可以自主采用符合权利内容和自身利益的行为方法。但是，法律对权利行使方法有特别规定的，权利人应当按照规定行使权利。例如，根据《民法典》第546条的规定，债权人转让债权，未通知债务人的，该转让对债务人不发生效力。又如，根据《企业破产法》的规定，破产程序开始后，债权人只能通过申报债权参加集体清偿程序，不得接受债务人的个别清偿。

（二）权利与义务相一致

《宪法》第33条第4款规定："任何公民享有宪法和法律规定的权利，同时必须履行宪法和法律规定的义务。"《民法典》第131条将这一原则贯彻于民事生活中，规定："民事主体行使权利时，应当履行法律规定的和当事人约定的义务。"这一规定既是民事主体的行为准则，也是裁判机关裁判和行政机关执法的依据。在理解和适用这条规定时，需要把握以下两点。

第一，享有权利的同时必须承担义务。这是处理个体之间"权利冲突"的基本准则。在当事人双方各自强调自己权利和对方责任时，不仅要界定各方权利，而且要明确各方义务。根据"义务制约权利"的原理，对于片面强调权利而回避义务甚至违反义务的一方，可以依法适用权利减损或权利剥夺的规则。例如，在离婚分割财产时，对隐藏、转移、变卖、毁损夫妻共同财产或伪造债务的一方可以少分或不分；在分配遗产时，对有扶养能力和扶养条件而不尽扶养义务的继承人不分或少分，对遗弃或者严重虐待被继承人的继承人剥夺其继承权。

第二，权利附带义务。这是处理个人与集体、个体与社会之间利益冲突的基本依据。在平衡个人福利诉求与公众安全关切、资源利用权利与环境生态保护、股东权与法人利益、企业利润追求与企业社会责任、市场竞争与商业道德、经营自由与消费者保护等之间的关系时，要通过明确权利边界和社会义务，准确地把握权利保护的尺度。在面临两难选择的情况下，可参照《民法典》第 8 条、第 86 条等的规定，按照“公共秩序优先”“安全价值优先”“多数人利益优先”和“弱者保护优先”等社会共识，作出符合法律和道德的抉择。

（三）禁止滥用权利

《宪法》第 51 条规定：“中华人民共和国公民在行使自由和权利的时候，不得损害国家的、社会的、集体的利益和其他公民的合法的自由和权利。”根据这一原则，《民法典》第 132 条规定：“民事主体不得滥用民事权利损害国家利益、社会公共利益或者他人合法权益。”该条对禁止滥用权利的规则作出了规定。所谓滥用权利，是指行使权利违背权利设定的目的，损害了他人利益。权利意味着主体的意志自由，但这种自由是有一定的限度的。法律并不允许权利人以任何方式随心所欲地行使自己的权利，民事权利亦不例外。从权利行使角度来看，自由止于权利。任何权利的实现不仅关涉权利人的利益，而且涉及义务人的利益、国家和社会的利益。因此，各国立法无不对权利的行使规定了这样或那样的限制。

概言之，滥用权利就是行使权利超出权利的边界。权利的边界包括两种：一是内在的限制，即权利的范围或目的。超出权利的范围或者违反权利的目的，致他人受损害的，构成滥用权利。二是外在的限制，即行使权利的行为不得违反公序良俗和诚信原则。以损害他人为目的恶意地行使权利，或者在自己欠缺正当利益或获益极少而致人损失甚大的情况下任意地行使权利，或者以违反社会道德的方式不当行使权利的，均构成滥用权利。具体而言，滥用权利应当具备如下条件：

第一，权利人行使了权利。滥用权利以权利的存在为前提，因此，若权利人并不享有相关权利，虽然造成他人损害，亦不构成滥用权利，但可能直接构成侵权。只有在存在权利的情形下，才能判断权利人行使权利是否超出应有的范围，即是否构成滥用权利的问题。

第二，以加害他人为主要目的。判断是否构成滥用权利，关键是从权利行使的表象上，看权利人是否以加害他人为主要目的。权利人在行使权利时为了实现自己的利益而侵害他人利益的，通常不宜认定为滥用权利。权利的行使必须要有合理的界限，这个界限就是不得损害国家利益、社会公共利益和他人的合法权益。如行使权利以造成他人损害为主要目的，则应构成滥用权利。

第三，行为人的行为侵害了他人的合法权益。构成滥用权利以权利人行使权利的行为侵害他人合法权益为条件，如果权利人行使权利并未侵害他人的合法权益，则无法构成滥用权利。

当然，由于权利类型繁多，滥用权利的形态多种多样，简单运用上述标准，可能无法准确判断是否构成滥用权利，因此，在判断是否构成滥用权利时，还应当结合权利行使的对象、目的、时间、方式、造成当事人之间利益失衡的程度等因素作出认定。

滥用权利将产生如下两方面的法律后果：

第一，权利行使产生超过合理界限的部分不具有法律约束力。这就是说，滥用权利不应当产生行为人追求的后果，即超过合理界限的部分不具有法律约束力；但是，在当事人合理行使权利的范围内，仍然可以产生相应的法律效果。

第二，滥用权利造成他人损害，构成侵权的，应承担侵权责任。滥用权利可能产生损害后果，也可能并未产生损害后果。即便造成了损害，是否构成侵权，还需要依据《民法典》侵权责任编的规定予以判断。如果权利人行使权利的行为满足了侵权责任的成立要件，受害人便有权请求权利人承担侵权责任，其中既包括侵权损害赔偿，也包括其他侵权责任承担方式。

第四节 民事权利的救济

一、民事权利救济的意义

民事权利救济，就是民事权利在行使过程中遇到障碍妨害其实现时，法律给予的各种强制性保护措施。其目的在于恢复被侵害的民事权利的内容。民事权利救济是民事权利实现的一个特殊环节，也称民事权利保护。民法典开宗明义地将民事权利保护列入立法宗旨，明确宣示民事主体的人身权利、财产权利以及其他合法权益受法律保护，任何人不得侵犯。根据实施主体的不同，民事权利保护分为自我保护与国家保护。在现代法治国家，对民事权利的保护以国家保护为主，以自我保护为辅。前者称公力救济，后者称自力救济。此外，我国民法还提倡对他人扶危救险的救助行为，并在法律中予以规定。这种情况也可归入自力救济。

二、民事权利救济的方式

（一）公力救济

公力救济是指当义务主体不履行义务或者侵犯他人权利时，国家机关根据权利主体的请求，对受到侵害的权利予以保护的公权行为。在现代社会，国家保护已成为民事权利最主要的保护方法。国家提供的民事权利保护方法主要是民事诉讼程序和民事执行程序。民事诉讼依当事人提出诉讼请求的目的和要求的不同，可以分为确认之诉、给付之诉和变更之诉。确认之诉是在权利的存在或归属发生争议时，请求法院予以确认而提起的诉讼；给付之诉是请求法院责令对方为一定行为以实现民事权利的诉讼；变更之诉是请求法院对现有的民事权利义务关系予以变更的诉讼。

（二）自力救济

自力救济又称私力救济，是指民事主体在法律允许的范围内，凭借自身的力量对自己或他人的权利实施保护的行为。在大陆法系发展过程中，私力救济是近代化以前保护民事权利的主要方式，主要体现的是私权主体之间的直接对抗，通常表现为一定程度的侵害性行为。随着国家力量的强大以及国家职能的完备，公权力介入社会生活的范围得以扩大，国家以公权力实施的保护日益重要。因此，国家保护逐渐成为权利保护的主要方式。不过，在某些情况下，特别是在来不及寻求公力救济的情况下，为了有效地保护自己或他人的权利，法律允许采取一定程度的自力救济。目前，在我国民法领域，法律允许的自力救济方式主要为自卫行为、自助行为和救助行为。

1. 自卫行为

自卫行为是指为了使自己或他人的财产或人身免受侵害或者遇到紧急危险时，为防止损害的发生或扩大而采取的必要措施。依法实施的使自己或他人利益免于受损的行为，包括正当防卫和紧急避险。①

2. 自助行为

自助行为是指民事主体为保护自身请求权的实现，在情势紧急又不能及时请求国家公权力救济的情况下实施的扣押他人财产、拘束他人行动自由的合法措施。自卫行为赋予权利人对积极侵害的抵御能力，而自助行为则为权利人提供了实现权利的机会。相较于自卫行为，自助行为保护的是财产利益而非人身利益，但针对的不仅可以是财产，也可以是人身自由，因而在法律上应受到较为严格的限制。根据《民法典》第 1177 条的规定，我国允许权利人采取适当的自力救济手段。例如，餐馆对用餐后拒不付账的顾客，可以扣留其财物或者阻止其离去，同时应当立即报警。

3. 救助行为

救助行为是指行为人在他人受到不法侵害或遭遇危险时主动给予的救护和援助。实施这种行为常常有自身和他人受到损害的风险。在中国历史上，见义勇为一向受到道德的赞誉和法律的肯定。在我国民法中，对见义勇为者的保护主要涉

① 关于正当防卫和紧急避险，详见本编第六章第二节。

及两个方面：（1）对救助人所受损害的救济。《民法典》第183条规定："因保护他人民事权益使自己受到损害的，由侵权人承担民事责任，受益人可以给予适当补偿。没有侵权人、侵权人逃逸或者无力承担民事责任，受害人请求补偿的，受益人应当给予适当补偿。"该规定不仅适用于保护他人权益免受人为侵害的情形，而且适用于保护他人权益免受自然事件或事故危害（如抢险救灾、抢救落水者）的情形。（2）对救助行为致他人损害的免责。如果救助行为致侵权人受损害，救助人可援引正当防卫主张免责；如果救助行为致第三人受损害，则救助人可援引紧急避险主张免责；如果在紧急情况下救助行为给受助人造成损害，则可援引《民法典》第184条"因自愿实施紧急救助行为造成受助人损害的，救助人不承担民事责任"的规定主张免责。这一规定表明了我国民法强化保护救助行为、倡导见义勇为风尚的立法政策。

▶即测即评

▶案例资源

第四章　民事法律行为

第一节　民事法律行为概述

一、民事法律行为的概念和特征

民事法律行为是指民事主体通过意思表示设立、变更、终止民事法律关系的行为。换言之，民事法律行为是以意思表示为核心，能够产生当事人预期的法律效果的行为。民事法律行为是以发生私法上效果的意思表示为核心的行为，是实现私法自治的工具，是民法中最为核心的制度之一。

民事法律行为具有如下主要特征：

第一，它是民事主体实施的以设立、变更、终止民事法律关系为目的的行为。民事法律行为作为一种法律事实，是由当事人实施的行为。同时，民事法律行为应当产生一定的法律效果，即民事权利义务关系的设立、变更和终止。

第二，它是通过意思表示实施的行为。所谓意思表示，是指向外部表明意欲发生一定私法上效果的意思的行为，是旨在达到某种特定法律效果的意思的表达。民事法律行为都是通过意思表示作出的，即表意人将其内心意思表示于外，为他人所知晓。

第三，它是能够产生当事人预期的法律效果的行为。民事法律行为作为引起法律关系变动的原因，不仅导致民事法律关系的产生，而且可以成为民事法律关系变更和终止的原因。民事法律行为仅产生私法上的效果，而且能够产生当事人所预期的法律效果，因此，民事法律行为是民事主体私法自治的重要工具。

二、民事法律行为的类型

（一）单方法律行为、双方法律行为、共同法律行为与决议行为

单方法律行为又称一方行为，是指根据一方的意思表示就能够成立的行为。单方法律行为大体上可以分为两种：一是因行使个人权利而实施的单方行为，而该行为仅仅发生个人的权利变动，如抛弃所有权和其他物权等；二是该行为涉及他人权利的发生、变更或消灭等，如授予代理权、授予处分权等。

双方法律行为是指双方当事人意思表示一致才能成立的法律行为。双方法律行为的典型形式是合同，其成立必须要有两个以上的当事人，各方当事人须互相作出意思表示。这就是说，当事人各自从追求自身的利益出发而作出意思表示，双方的意思表示是交互的，才能成立合同。

共同法律行为是指各方基于共同的目的达成的意思表示一致的协议。例如，

各方当事人订立合伙合同的行为，该行为需要各方当事人意思表示一致，且意思表示的方向是一致的。共同法律行为不同于双方法律行为，在实施共同法律行为时，当事人所追求的利益是共同的，通常要依据法律规定和合同约定共享收益、共担后果；而在双方法律行为中，当事人的利益是相对的。同时，当事人实施共同法律行为可能需要遵循一定的程序，而当事人实施双方法律行为通常不需要遵循相关的程序。

决议行为是指法人、非法人组织依照法律或者章程规定的议事方式和表决程序作出的意思表示。决议行为是法人和非法人组织及其内部所作出的决议，并不适用于单个自然人。同时，决议行为是法人、非法人组织依照法律或者章程规定的议事方式和表决程序作出决议。此外，决议行为需要按照法定或者约定的程序作出。对决议行为而言，其主要实行多数决规则，只要按照程序作出了决议，成员不论是否参与或者同意该决议，该决议对其都是有效的。民事法律行为一般不需要按照一定程序实施。

（二）财产行为与身份行为

财产行为是以发生财产上的法律效果为目的的行为，此类行为的后果通常是在当事人之间发生财产关系的变动。例如，当事人之间订立买卖合同、赠与合同、租赁合同等行为，即属于财产行为。身份行为是以发生身份上的法律效果为目的的民事法律行为，此类行为通常在当事人之间发生身份关系的变动。例如，当事人之间订立收养协议的行为，在具备其他法定条件后，将依法在当事人之间产生收养关系，该行为即属于身份行为。从我国民法典各分编的规定来看，财产行为主要适用物权编、合同编的规则，而身份行为主要适用婚姻家庭编的规则。同时，从我国民法典的规定来看，其对财产行为设置的限制通常较少，而对身份行为而言，法律通常设置了较多的限制性条件，如办理离婚登记、向婚姻登记机关申请发给结婚证等行为，需要当事人亲自实施，而不得由他人代理。

（三）有偿法律行为与无偿法律行为

有偿法律行为是指一方通过履行法律行为规定的义务而给对方某种利益，对方要得到该利益必须为一定给付的法律行为；无偿法律行为是指一方给付对方某种利益，对方取得该利益时并不需要为对待给付的法律行为。

有偿法律行为与无偿法律行为的区分意义，首先在于确定某些法律行为的性质。许多法律行为如果要由有偿变为无偿，或者相反，则法律关系在性质上就要发生根本的变化。其次，在无偿法律行为中，单纯给予利益的一方原则上只应承担较低的注意义务，如无偿保管合同中，保管人只在故意或重大过失的情况下，才对保管物的毁损、灭失承担责任；而在有偿法律行为中，当事人所承担的注意义务显然要较无偿法律行为中当事人应承担的注意义务更重。

（四）诺成性行为与实践性行为

诺成性行为是指当事人一方的意思表示一旦经对方同意即能产生法律效果的法律行为，即“一诺即成”的行为；实践性行为又称要物法律行为，是指除当事人双方意思表示一致以外，尚需交付标的物才能成立的法律行为。

诺成性行为与实践性行为的主要区别在于，二者的成立与生效时间是不同的。诺成性行为自双方当事人意思表示一致（即达成合意）时即告成立；而对实践性行为而言，在当事人达成合意之后，还必须由当事人交付标的物，该法律行为才能成立。诺成性行为与实践性行为的确定，通常应根据法律的规定及交易习惯。

（五）要式行为与不要式行为

要式行为是指应当根据法律规定或当事人约定的方式而实施的法律行为；不要式行为是指当事人实施的法律行为依法并不需要采取特定的形式，当事人可以采取口头方式、书面形式或其他形式。合同除法律、法规有特别规定以外，均为不要式行为。

要式行为与不要式行为的区别在于是否应以一定的形式作为法律行为成立或生效的条件。对某些特殊法律行为而言，法律为避免纠纷的发生、维护交易的安全与秩序，特别规定书面形式是其成立或生效的要件。例如，融资租赁合同、保理合同、建设工程合同等应当采取书面形式。

第二节 意思表示

一、意思表示的概念和特征

意思表示是指向外部表明意欲发生一定私法上效果之意思的行为。意思表示是法律行为的核心。民事法律行为之所以能够产生当事人追求的私法效果，就是因为其作出的意思表示真实、合法，因此，国家赋予该意思表示法律上的拘束力。在意思表示中，“意思”是指设立、变更、终止民事法律关系的内心意图，“表示”是指将此种内心意图表示于外部的行为。

意思表示具有如下特征：一是意思表示的表意人具有旨在使法律关系发生变动的意图，该意图不违反法律的强制性规定和公序良俗，因而发生当事人预期的效力；二是意思表示是一个意思由内到外的表示过程，单纯的停留在内心的主观意思是没有法律意义的；三是依据意思表示是否符合相应的生效要件，法律赋予其不同的效力，即符合法定生效要件的意思表示可以发生当事人预期的法律效果，而不符合法定生效要件的意思表示发生的法律效果可能与当事人的内心意思不尽一致。

意思表示可以分为内在意思和外在表示两个方面，也可以称为主观要件和客观要件。主观要件主要包括行为意思、表示意思、目的意思和效果意思，民事法律行为必须同时具备上述要素，才能发生当事人所追求的法律效果。客观要件是指表示行为。如果仅有表意人的发出行为，但并没有到达相对人，或未能被相对人了解，则不构成完整的意思表示。

二、意思表示的类型

（一）明示意思表示与默示意思表示

依据《民法典》第 140 条第 1 款的规定，意思表示可以分为明示意思表示与默示意思表示。所谓明示意思表示，是指行为人将内在意思明确地表达于外部。明示形式是以作为的方式使相对人能够了解意思表示的内容，表意人可以通过口头或者书面表达的方式进行意思表示，尽管表达的方式存在差异，但表意人都明确向对方当事人作出了意思表示。所谓默示意思表示，是指行为人没有作出明确的表示，但是可以根据法律规定进行推知。一般而言，法律上对当事人以默示形式作出意思表示有较为严格的限制。

此外，依据《民法典》第 140 条第 2 款的规定，单纯的沉默原则上不得作为意思表示的方式，只有在有法律规定、当事人约定或者符合当事人之间的交易习惯时，沉默才可以视为意思表示。

（二）有相对人的意思表示与无相对人的意思表示

有相对人的意思表示又称为需要受领的意思表示，是指针对特定相对人发出、需要特定相对人接收的意思表示。例如，甲向乙发出要约，就甲所发出的意思表示而言，乙就是该意思表示特定的相对人。在实践中，有相对人的意思表示是最为普遍的形式。

无相对人的意思表示，是指不针对特定相对人发出、不需要特定相对人接收的意思表示。例如，设立遗嘱就属于无相对人的意思表示。依据《民法典》第 138 条的规定，无相对人的意思表示一般自意思表示完成时生效。此类意思表示不需要到达相对人，因此，其在发出时即已生效。

（三）对特定人的意思表示与对不特定人的意思表示

对特定人的意思表示，是指向特定的相对人发出的意思表示。从实践来看，大多数的意思表示都是对特定人的表示，其受领人也是特定的。对不特定人的意思表示，是指不向特定的相对人发出，而是以发布公告等方式对不特定人作出的意思表示。对不特定人的表示通常是以公告的方式作出的，公告的方式多种多样。与有特定相对人的意思表示不同，以公告方式作出的意思表示没有特定的相对人，难以判断何时到达相对人，《民法典》第 139 条规定：“以公告方式作出的意思表示，公告发布时生效。”因此，对于以公告的方式作出的意思表示而言，该意思表示自公告发布时生效。

（四）以对话方式作出的意思表示与非以对话方式作出的意思表示

根据意思表示作出的方式，又可以将有特定相对人的意思表示区分为以对话方式作出的意思表示（即对话表示）和非以对话方式作出的意思表示（即非对话表示）。《民法典》第 137 条对以对话方式作出的意思表示和以非对话方式作出的意思表示的生效规则分别作出了规定。

以对话方式作出的意思表示，是指当事人直接以对话的形式发出意思表示。例如，当事人面对面地订立口头买卖合同，或者通过电话交谈的方式订立合同。关于以对话方式作出的意思表示的生效，依据《民法典》第 137 条第 1 款的规定，以对话方式作出的意思表示，只有在表意人的意思表示被相对人知悉对话的内容时，意思表示才能够生效。可见，民法典对以对话方式作出的意思表示生效采取了了解主义。

非以对话方式作出的意思表示，是指当事人以对话以外的形式发出意思表示。例如，采用邮件、传真等方式订立合同。依据《民法典》第 137 条第 2 款的规定，以非对话方式作出的意思表示，到达相对人时生效。可见，民法典对非以对话方式作出的意思表示生效采取了到达主义。所谓到达，是指根据一般的交易观念，已经进入相对人可以了解的范围。到达并不意味着相对人必须亲自收到，只要表意人的意思表示已进入受领人的控制领域，并在通常情况下可以期待受领人能够知悉意思表示的内容，就视为已经到达。

（五）采取电子数据方式作出的意思表示

在互联网时代，采用数据电文形式作出意思表示也是从事民事法律行为的重要方式。依据《民法典》第 137 条第 2 款的规定，如果当事人对采用数据电文形式的意思表示的生效时间另有约定的，则按照合同自由原则，首先应当依据当事人的约定确定其生效时间。在当事人没有约定的情形下，其生效分为如下两种情形：一是相对人指定了特定系统接收数据电文的，该意思表示自该数据电文进入该特定系统时生效；二是相对人未指定特定系统接收数据电文的，则自相对人知道或者应当知道该数据电文进入其系统时生效。也就是说，相关数据电文到达相对人的任何一个系统，即推定相对人知道或应当知道，该数据电文进入其系统时生效，除非相对人举证证明其不应当知道。

三、意思表示的效果

（一）意思表示的拘束力

意思表示的拘束力，是指意思表示一旦发出，即具有一定的法律约束力。这种拘束力针对意思表示的发出者和受领人双方。一方面，对意思表示的发出者来说，其不得随意撤销已经发出的意思表示，否则，对因此造成的他人损害，要承担信赖利益的损害赔偿责任；另一方面，对于受领人而言，如果该意思表示规定了有效的存续期间，受领人通常要在该存续期间作出是否接受的意思表示。

（二）意思表示的撤回和撤销

意思表示的撤回，就是指意思表示在发出以后、到达意思表示的受领人之前，表意人将其意思表示撤回。《民法典》第141条规定："行为人可以撤回意思表示。撤回意思表示的通知应当在意思表示到达相对人前或者与意思表示同时到达相对人。"依据该规定，行为人要撤回意思表示，其撤回意思表示的通知必须先于意思表示到达相对人，或者与意思表示同时到达相对人，否则不产生撤回意思表示的效力。由此可见，意思表示的撤回主要适用于非以数据电文方式作出的意思表示，因为对于以数据电文形式作出的意思表示而言，其瞬间到达相对人，行为人撤回意思表示的通知很难先于意思表示到达相对人或者与意思表示同时到达相对人。

意思表示的撤销，是指意思表示在发出并生效以后，表意人又撤销其意思表示。意思表示的撤销不同于意思表示的撤回，两者的作用不同：意思表示的撤回使意思表示不发生效力，而意思表示的撤销则使已经生效的意思表示失去效力。

四、意思表示的解释

（一）意思表示解释的概念

意思表示解释是指在意思表示不清楚、不明确而发生争议的情况下，法院或仲裁机构对意思表示进行的解释。这里所说的意思表示解释是从广义上理解的意思表示解释，包括对民事法律行为的解释和对意思表示的解释。

意思表示解释的主体是法院和仲裁机构，并非任何机构都可以对意思表示进行解释。并且，必须是在当事人对意思表示发生争议时，才有必要进行解释。

（二）有相对人的意思表示解释和无相对人的意思表示解释

意思表示解释通常分为有相对人的意思表示解释和无相对人的意思表示解释。区别这两种意思表示解释的意义在于：（1）是否需要有意思表示的受领人不同。有相对人的意思表示解释需要有意思表示的受领人，而无相对人的意思表示解释不需要意思表示的受领人。（2）是否需要考虑受领人的理解水平不同。对有相对人的意思表示进行解释，法院或仲裁机构应当考虑一般受领人的理解水平。但是对无相对人的意思表示进行解释，则一般不需要考虑受领人的理解水平。（3）意思表示所使用词句在意思表示解释中的作用不同。对有相对人的意思表示而言，意思表示需要受领，因此存在相对人信赖利益保护的问题，而在对无相对人的意思表示进行解释时，则无须考虑相对人信赖利益的保护问题。

（三）意思表示解释的规则

1. 对用语应当按照通常的理解进行解释

对用语应当按照通常的理解进行解释，是指在当事人就意思表示的用语发生争议以后，对于有关的用语本身，应按照一个合理人的标准进行解释。依据《民法典》第 142 条第 1 款的规定，对用语按照通常的理解进行解释，这是意思表示解释的首要方法。

2. 整体解释

整体解释又称为体系解释，是指将表达当事人意思的各项合同条款、信件、文件等作为一个完整的整体，根据各方面的相互关联性、争议的条款与当事人真实意思表示的关系、在意思表示中所处的位置等各方面因素，确定所争议的意思表示的含义。《民法典》第 142 条规定要求“结合相关条款”进行解释，可以认为确立了整体解释规则。

3. 目的解释

目的解释是指在对意思表示进行解释时，应当根据当事人从事该民事行为所追求的目的，对有争议的意思表示进行解释。《民法典》第 142 条要求从行为的性质和目的进行解释，这实际上也确立了目的解释规则。按照目的解释规则，如果有关的文本中使用的文字的含义与当事人所明确表达的目的相违背，而当事人双方对该条文又发生了争议，在此情况下，不必完全拘泥于文字，可以按照当事人行为的目的进行解释。

4. 习惯解释

习惯解释是指在对意思表示的含义发生争议以后，应当根据当事人所知悉或实践的生活和交易习惯来对意思表示进行解释。《民法典》第 142 条规定了意思表示的解释应当考虑习惯，这就确立了习惯解释的规则。

5. 依据诚信原则解释

依据诚信原则解释，是指在意思表示发生争议以后，应当根据诚信原则填补有关意思表示的漏洞，对有争议的意思表示进行解释。《民法典》第 142 条规定意思表示的解释应当按照诚信原则进行，因此，依据诚信原则解释也是意思表示解释的重要方法。

第三节 民事法律行为的成立和生效

一、民事法律行为的成立

民事法律行为的成立须具备一定的要件，有一般成立要件和特别成立要件之分。民事法律行为成立的一般要件，是指各类民事法律行为依法成立所应当共同具备的条件。民事法律行为的成立所需要的一般要件包括：一是当事人。民事法律行为的成立需要当事人，既包括表意人，也包括受意人。二是意思表示。对单方民事法律行为而言，仅需要一方当事人和单方意思表示即可成立；而对双方民事法律行为而言，则需要双方当事人形成合意；如果是多方法律行为，则需要多方主体的意思表示形成一致。三是具备民事法律行为成立的内容。例如，就合同而言，通常需要当事人就合同的主要条款形成合意，合同才能成立。

此外，民事法律行为的成立还需要法律规定的特别要件，即基于法律、行政法规的特别规定，需要经过审批才能成立的法律行为，自办理审批之日起才能成立。

民事法律行为一旦成立，即对当事人产生拘束力。一般而言，任何一方当事人都不得单方面否定该民事法律行为的效力。例如，在合同关系成立后，即便其尚未生效，当事人也不得随意否定其效力。

二、民事法律行为的生效

民事法律行为的生效，是指民事法律行为成立后，符合法律关于民事法律行为生效要件，能够产生法律上的效力。民事法律行为的生效应当具备如下条件：

第一，行为人具有相应的民事行为能力。任何民事法律行为都以当事人的意思表示为基础，并且以产生一定的法律效果为目的，所以，行为人必须具备正确理解自己的行为性质和后果、独立地表达自己的意思的能力。依据民法典的规定，限制民事行为能力人具有一定的判断和理解能力，因而，其可以独立实施一定的民事法律行为，如独立从事纯获利益的民事法律行为和与其年龄、智力、精神健康状况相适应的民事法律行为；无民事行为能力人不具有独立作出意思表示的能力，因此，其不能独立实施民事法律行为。

法人在实施民事法律行为时也需要具备相应的民事行为能力，但这并不意味着营利法人只要超越其经营范围而行为，该行为便应当被当然宣告无效。基于保护第三人利益以及鼓励交易的目的，不宜一概否定其效力。但对于违反国家限制经营、特许经营以及法律、行政法规禁止经营的规定而超越经营范围的，应当将这种超越经营范围的民事法律行为认定为无效。

第二，意思表示真实。所谓意思表示真实，是指表意人的表示行为应当真实地反映其内心的效果意思。也就是说，意思表示真实要求表示行为应当与效果意思相一致。行为人的意思表示瑕疵包括两个方面：一是行为人的意思表示不自由，即行为人因受到欺诈、胁迫等处于意志不自由的状态；二是行为人的意思表示不真实，即行为人外部表达的意思不符合其内心的真实意思。

第三，不违反法律、行政法规的强制性规定和公序良俗。一方面，民事法律行为不得违反法律、行政法规的强制性规定，否则可能导致民事法律行为被确认为无效。此处的法律是指全国人大及其常委会制定的法律，行政法规是指国务院制定的行政法规。违反其他规范性文件，并不当然导致民事法律行为无效。另一方面，民事法律行为不仅应符合法律规定，而且在内容上不得违背公序良俗。

民事法律行为生效后，将产生相应的法律拘束力。《民法典》第 136 条第 2 款规定："行为人非依法律规定或者未经对方同意，不得擅自变更或者解除民事法律行为。"例如，当事人在订立合同后，即应当受到合同的严格拘束，必须严格履行合同，否则将承担违约责任。

第四节 附条件和附期限的民事法律行为

一、附条件的民事法律行为

（一）附条件的民事法律行为的概念

附条件的民事法律行为，是指当事人在民事法律行为中特别规定一定的条件，以条件的成就与否来决定民事法律行为效力的发生或消灭的民事法律行为。《民法典》第 158 条规定："民事法律行为可以附条件，但是根据其性质不得附条件的除外。附生效条件的民事法律行为，自条件成就时生效。附解除条件的民事法律行为，自条件成就时失效。"附条件的民事法律行为能够将当事人的动机表现在民事法律行为中，从而充分尊重当事人的意志，满足当事人的各种不同需要。

依据《民法典》第 158 条的规定，民事法律行为依其性质不得附条件，主要包括两种情形：一是婚姻、收养、离婚、认领等身份行为；二是在性质上要求即时、确定地发生效力，不得处于效力不确定状态的民事法律行为，也不得附条件，如抵销、解除、追认、撤销等行为。

（二）民事法律行为所附条件的特征

"条件"是指决定民事法律行为的效力产生和消灭，未来不确定的事实。民事法律行为中所附的条件，必须具备如下要求：

（1）条件必须是将来发生的事实。能够作为附条件民事法律行为中的条件，必须是当事人从事民事法律行为时尚未发生的事实，过去的、已经发生的事实不能作为条件。

（2）条件必须是不确定的事实。条件在将来是否发生，当事人是不能肯定的。如果在民事法律行为成立时，当事人已经确定作为条件的事实必然发生，应当解释为当事人在民事法律行为中附期限，而不是在民事法律行为中附条件。

（3）条件成就必须可能。如果民事法律行为所附条件根本不可能发生，如甲向乙表示“如果地球停止转动，则借钱给你”，则视为当事人根本不希望实施该民事法律行为。在条件不可能成就的情况下，如果当事人将其约定为生效条件，则应当认定民事法律行为不发生效力；如果当事人将其约定为解除条件，则应当认定为未附条件。

（4）条件必须是由当事人意定的而不是法定的。附条件民事法律行为中的条件是当事人所附加的条件，也称为“附款”，这是当事人的意思表示的一部分。作为条件的事实必须是当事人自己选定的，是当事人意思表示一致的结果，而不是法律规定的条件（如法律规定的房屋所有权的转移以登记为条件），否则将视为未附条件。

（5）条件必须合法。附条件民事法律行为中的条件，必须符合法律的规定和公序良俗。以违法或违背公序良俗的事实作为民事法律行为的条件，称为不法条件。原则上说，条件必须合法，附违法条件的民事法律行为一般应当宣告无效。

（6）条件不得与民事法律行为的主要内容相矛盾。如果相互矛盾，应认为行为人的效果意思有矛盾，可以解释为该行为人不欲作出该民事法律行为，不具有真正的效果意思，因而该民事法律行为无效。

（三）民事法律行为所附条件的类型

在民法上，可以对民事法律行为所附的条件作出如下区分：

1. 生效条件和解除条件

根据条件对于民事法律行为本身所起的作用，条件可分为生效条件和解除条件。生效条件又称为停止条件或延缓条件，是指限制民事法律行为效力发生的条件。《民法典》第 158 规定：“附生效条件的民事法律行为，自条件成就时生效。”在附停止条件的民事法律行为中，民事法律行为虽然已经成立，但暂时停止发生效力。解除条件又称为消灭条件，是指限制民事法律行为效力消灭的条件。《民法典》第 158 条规定：“附解除条件的民事法律行为，自条件成就时失效。”在解除条件成就以后，民事法律行为所确定的权利义务消灭，回复到以前的法律状态；在条件成就以前，民事法律行为继续有效；如果条件确定不成就，则该民事法律行为一直有效。

2. 积极条件和消极条件

根据条件的成就是否会发生某种事实，条件可分为积极条件和消极条件。积极条件是指以某种事实的发生为内容的条件。在附积极条件的民事法律行为中，作为条件的事实未发生，视为条件未成就；作为条件的事实已经发生，则视为条件已成就。消极条件是指以某种事实的不发生为内容的条件。在附消极条件的民事法律行为中，作为条件的事实不发生，视为条件成就；作为条件的事实已发生，则视为条件未成就。

3. 偶成条件、随意条件和混合条件

根据条件成就的原因，条件可分为三类：一是偶成条件，是指条件的成就与当事人的意思无关，纯粹由偶然性的客观事实决定；二是随意条件，是指条件的成就由一方当事人的意思决定；三是混合条件，是指条件的成就与否依赖于当事人与第三人的意思。

（四）民事法律行为所附条件的成就

《民法典》第158条规定："附生效条件的民事法律行为，自条件成就时生效。附解除条件的民事法律行为，自条件成就时失效。"这里所说的"自条件成就时生效"以及"自条件成就时失效"，是指条件的成就与不成就，决定着民事法律行为的效力发生或消灭。对附生效条件的民事法律行为而言，当事人约定的条件成就后，该民事法律行为即生效；对附解除条件的民事法律行为而言，该条件成就后，该民事法律行为即失去效力。

（五）民事法律行为所附条件对当事人的拘束力

附条件的民事法律行为成立以后，就已经在当事人之间产生了法律拘束力。此种附条件的民事法律行为的拘束力表现在：

第一，民事法律行为已经产生形式上的拘束力。任何一方当事人都不得单方予以撤回或单方随意变更。在附条件的民事法律行为成立以后，即便当事人已经丧失行为能力、丧失对标的物的处分权等，该附条件民事法律行为的效力也不受影响，仍因条件的成就使民事法律行为的效力发生或消灭。

第二，在附条件的民事法律行为成立以后、条件成就以前，当事人均不得为了自己的利益，以不正当的行为促成或阻止条件的成就。依据《民法典》第159条的规定，如果当事人为自己的利益不正当地阻止条件成就的，视为条件已成就；如果当事人不正当地促成条件成就的，视为条件不成就。法律作出此种规定的目的在于制裁不法行为人，保护善意当事人的合法权益。

第三，期待权的保护。在条件成就或者不成就之前，附条件的民事法律行为处于效力不确定的状态。对期待权的侵害，可表现为如下情况：一是附条件民事法律行为的当事人一方对相对人期待权的侵害；二是第三人对当事人期待权的侵害。期待权属于侵权责任保护的客体，第三人侵害当事人的期待权，如符合侵权行为的构成要件，应负损害赔偿责任。

二、附期限的民事法律行为

（一）附期限的民事法律行为概述

附期限的民事法律行为，是指当事人在民事法律行为中设定一定的期限，并将期限的到来作为民事法律行为效力发生或消灭根据的民事法律行为。《民法典》第160条规定，“民事法律行为可以附期限”。该条对附期限的民事法律行为作出了规定。期限具有如下特点：第一，期限是民事法律行为的一种附款，与民事法律行为的其他内容共同构成了附期限的民事法律行为。第二，期限是限制民事法律行为效力的附款。如果民事法律行为约定了生效期限和终止期限，则民事法律行为的效力在时间上受到限制。第三，期限是以将来确定事实的到来为内容的附款。因为期限是必然到来的，所以期限到来时，民事法律行为必然生效或终止。

民事法律行为中所附的期限与民事法律行为中所附的条件一样，都是对民事法律行为效力的特别限制，都能够直接限制民事法律行为效力的发生或消失。但作为条件的事实是否发生是不确定的，而期限的到来却具有必然性。当事人在从事民事法律行为时，对于确定的事实只需在民事法律行为中附期限，而不必附条件。

（二）生效期限与终止期限

生效期限又称为延缓期限或始期，是指决定民事法律行为的效力发生的期限。附生效期限的民事法律行为，在期限到来以前，民事法律行为已经成立，但其效力仍然处于停止状态，待期限到来时，效力才发生。这就是《民法典》第160条所规定的“自期限届至时生效”。

终止期限也称为解除期限或终期，是指决定民事法律行为的效力终止的期限。附终止期限的民事法律行为，在期限到来以前，民事法律行为一直有效，一旦终止期限到来，则民事法律行为效力归于消灭。《民法典》第160条所称的“自期限届满时失效”，是指终止期限到来时，民事法律行为失效。

（三）期限的效力

期限约定的效力在于使民事法律行为的效力在时间上受到限制。所以，附生效期限的民事法律行为，当期限到来时，民事法律行为发生效力；附终止期限的民事法律行为，当期限到来时，民事法律行为丧失效力。在期限到来之前，当事人虽然未实际取得一定的权利或者使一定的权利恢复，但存在取得权利或恢复权利的可能性，因此与附条件的民事法律行为一样，当事人享有期待权，这种权利也应受到法律保护。如果期待权受到侵害，受害人享有请求损害赔偿的权利。

第五节　民事法律行为的效力瑕疵

一、无效民事法律行为

（一）无效民事法律行为的概念和特点

无效民事法律行为，是指虽然已经成立，但因其在内容上违反了法律、行政法规的强制性规定和公序良俗而应当被宣告无效的民事行为。例如，无效合同、无效遗嘱等都属于无效民事法律行为。无效民事法律行为具有如下几个特点：一是无效民事法律行为具有违法性，即无效民事法律行为违反了法律和行政法规的强制性规定或者违反了公序良俗。二是对无效民事法律行为实行国家干预。法院和仲裁机构不待当事人请求确认民事法律行为无效，便可以依据职权主动审查民事法律行为是否具有无效的因素。三是无效民事法律行为具有不得履行性。即当事人不得依据民事法律行为请求实际履行（如要求履行合同），也不承担不履行的法律责任。四是无效民事法律行为自始无效。民事法律行为一旦被确认无效，即产生溯及力，使民事法律行为自成立之时起就不具有法律效力。对已经履行的，应当通过返还财产、赔偿损失等方式使当事人的财产恢复到无效民事法律行为成立之前的状态。

（二）无效民事法律行为的类型

1. 无民事行为能力人实施的民事法律行为

《民法典》第 144 条规定："无民事行为能力人实施的民事法律行为无效。"依据该条规定，凡是无民事行为能力人实施的民事法律行为均无效。法律作出这种规定，主要是为了保护无民事行为能力人的利益，防止其受到欺诈等，因为无民事行为能力人不能够判断自己行为的性质，无法理解自己行为的后果，很容易遭受他人的欺骗。当然，无民事行为能力人可由其法定代理人代为实施民事法律行为。

2. 虚假的民事法律行为和隐藏的民事法律行为

《民法典》第 146 条第 1 款规定："行为人与相对人以虚假的意思表示实施的民事法律行为无效。"该条对虚假的民事法律行为作出了规定。所谓虚假的民事法律行为，是指行为人与相对人共同实施了虚假的民事法律行为，也称为通谋虚伪表示。之所以在法律上要宣告此类行为无效，一方面是因为此类行为并非当事人的真实意思表示，违反了诚信原则；另一方面是因为此类行为可能规避了法律的规定，从而违反了某种法律秩序。

《民法典》第 146 条第 2 款规定："以虚假的意思表示隐藏的民事法律行为的效力，依照有关法律规定处理。"这是对隐藏的民事法律行为作出的规定。所谓隐藏的民事法律行为，是指被虚假的意思表示所掩盖的民事法律行为。隐藏的民事法律行为可能是合法的，也可能是非法的，不能一概地认定为无效，必须依据相关法律规定来认定。如果被隐藏的民事法律行为是合法的，则该隐藏行为是有效的；如果被隐藏的民事法律行为是非法的，则该民事法律行为是无效的。

3. 恶意串通的民事法律行为

恶意串通的民事法律行为是指双方当事人非法串通，实施的损害国家、集体或第三人利益的民事法律行为。《民法典》第154条规定："行为人与相对人恶意串通，损害他人合法权益的民事法律行为无效。"该条对恶意串通的民事法律行为作出了规定，此类民事法律行为具有如下特点：一是当事人出于恶意。恶意是指当事人明知其所实施的民事法律行为将造成对国家、集体或者第三人的损害而故意为之。二是当事人之间互相串通。所谓互相串通，首先是指当事人之间存在意思联络或沟通，都希望通过实施某种行为而损害他人的合法权益。其次，当事人在客观上互相配合或者共同实施了该非法的民事法律行为。例如，为了逃避侵权责任的承担，侵权责任人与其近亲属签订合同，以极低的价格出售其不动产。三是损害他人合法权益。此处所说的他人合法权益，包括国家、集体或第三人的合法权益。

4. 违反强制性规范及违背公序良俗的民事法律行为

（1）违反强制性规范的民事法律行为。《民法典》第153条规定："违反法律、行政法规的强制性规定的民事法律行为无效。但是，该强制性规定不导致该民事法律行为无效的除外。"依据该规定，因违法而无效的民事法律行为，必须具备如下条件：一是必须违反了法律或行政法规。前者是指全国人大及其常委会制定的法律，后者是指国务院制定的行政法规。只有违反了法律、行政法规的规定，才有可能导致合同的无效。二是必须违反了法律和行政法规的强制性规定。法律规范大体可分为两种，即任意性规范和强行性规范。如果民事法律行为违反了法律和行政法规的强制性规定，则民事法律行为无效。这里所说的"强制性规定"可以理解为强行性规范。强制性规定可以分为管理性强制性规定和效力性强制性规定，一般只有在违反了效力性强制性规定时，才导致民事法律行为无效。

（2）违背公序良俗的民事法律行为。《民法典》第153条第2款规定："违背公序良俗的民事法律行为无效。"违背公序良俗的民事法律行为包括两类行为：一是违背公共秩序的民事法律行为。对公共秩序的维护，在法律上大都有明确的规定，危害公共秩序的行为通常也就是违反法律、行政法规的强制性规定的行为。只要民事法律行为危害了公共秩序，即使没有现行的法律规定，也应当被宣告无效。二是违背善良风俗的民事法律行为。善良风俗也称为社会公共道德，是指由社会全体成员所普遍认许、遵循的道德准则。违背善良风俗的民事法律行为也属于无效民事法律行为。

（三）民事法律行为的部分无效

无效的民事行为可以分为全部无效的民事法律行为和部分无效的民事法律行为。《民法典》第156条规定："民事法律行为部分无效，不影响其他部分效力的，其他部分仍然有效。"依据这一规定，要考虑无效的原因是否及于民事法律行为的全部：如果无效的原因及于全部，则全部无效；如果无效的原因只是及于民事法律行为的部分，且不影响其他部分效力的，则该部分民事法律行为无效后，其他部分仍然有效。当然，如果部分无效的民事法律行为会影响其他部分效力的，则其他部分也归于无效。

（四）民事法律行为自始没有法律拘束力

《民法典》第 155 条规定："无效的或者被撤销的民事法律行为自始没有法律约束力。"据此，被确认无效的民事法律行为自始无效，而不是从确认无效之时起无效。对无效民事法律行为来说，因其在内容上具有不法性，当事人即使在事后追认，也不能使其生效。一旦民事法律行为被确认无效，原民事法律行为对当事人不再具有任何拘束力，当事人也不得基于原民事法律行为主张任何权利或享有任何利益。

二、可撤销的民事法律行为

（一）可撤销的民事法律行为的概念和特征

可撤销的民事法律行为，是指当事人在从事民事法律行为时，因意思表示不真实，法律允许撤销权人通过行使撤销权而使该已经生效的民事法律行为归于无效。可撤销的民事法律行为具有以下特征：一是可撤销的民事法律行为主要是意思表示不真实的民事法律行为。二是可撤销的民事法律行为须由撤销权人主动行使撤销权。法律要将是否主张撤销的权利留给撤销权人，由其决定是否撤销民事法律行为。三是可撤销的民事法律行为在撤销以前仍然是有效的。可撤销的民事法律行为在撤销前，既非效力待定，亦非当然无效，可被认为自成立之时起已经生效。

（二）可撤销的民事法律行为的类型

1. 重大误解的民事法律行为

《民法典》第 147 条规定："基于重大误解实施的民事法律行为，行为人有权请求人民法院或者仲裁机构予以撤销。"重大误解的民事法律行为，是指一方因自己的过错而对民事法律行为的内容等发生误解而从事的某种民事法律行为，或者在作出意思表示时出现了错误。

重大误解的民事法律行为的成立需要具备如下条件：一是表意人对民事法律行为的内容等发生了重大误解，或者出现表达错误。首先，表意人对民事法律行为的内容等必须发生了误解，或者表意人作出意思表示的行为出现了错误。此处"对民事法律行为的内容等发生了误解"主要是指，行为人对行为的性质、对方当事人或者标的物的品种、质量、规格、价格、数量等产生错误认识。其次，误解必须是重大的，即该误解在客观上实质性地影响了当事人的权利义务关系。二是表意人因为误解作出了意思表示。构成因重大误解而实施的民事法律行为，不仅要求表意人内心出现了重大误解，而且要求表意人因为该误解作出了意思表示。也就是说，表意人的错误认识与其作出意思表示之间具有因果关系。三是行为人实施民事法律行为时存在重大误解。行为人只有在实施民事法律行为时存在重大误解，才能依法主张撤销该民事法律行为。行为人在实施民事法律行为之前存在重大误解，但在实施民事法律行为时重大误解已经消除的，则不得主张撤销该民事法律行为。需要指出的是，民法典并没有对重大误解的主观要件作出规定，即行为人只要能够证明实施民事法律行为时存在重大误解，原则上就可以依法主张撤销该民事法律行为，而不考虑其可归责性。

2. 欺诈

欺诈是指行为人故意告知虚假情况或者隐瞒真实情况，诱使他人作出错误的意思表示。

（1）因当事人一方的欺诈而实施的民事法律行为。《民法典》第 148 条规定："一方以欺诈手段，使对方在违背真实意思的情况下实施的民事法律行为，受欺诈方有权请求人民法院或者仲裁机构予以撤销。"因当事人一方的欺诈而实施的民事法律行为须具备以下条件：

第一，欺诈方具有欺诈的故意。所谓欺诈的故意，是指欺诈的一方明知自己告知虚假情况或隐瞒真实情况会使被欺诈人陷入错误认识，而希望或放任这种结果的发生。

第二，欺诈方实施欺诈行为。所谓欺诈行为，是指欺诈方将其欺诈故意表示于外部的行为，大多表现为故意陈述虚假事实或故意隐瞒真实情况使他人陷入错误。欺诈行为包括两类：一是积极欺诈，即一方故意告知虚假情况，诱使另一方当事人作出错误意思表示；二是消极欺诈，又称为不作为欺诈、沉默欺诈，是指负有告知义务的人故意隐瞒真实情况，即行为人有义务向他方如实告知某种真实的情况而故意不告知。这就是说，行为人如果依照法律规定、诚信原则、交易习惯等负有告知义务而不告知，也构成欺诈。

第三，被欺诈的一方因欺诈而陷入错误。一方面，欺诈人告知虚假情况或隐瞒真实情况与民事法律行为的内容有密切关系；另一方面，受害人基于虚假的信息而对合同内容发生了错误认识，此种错误认识并不是被欺诈人自己的过错造成的，而是因受欺诈的结果。

第四，被欺诈人因错误而作出了意思表示。即被欺诈人作出意思表示与欺诈行为之间具有因果关系。具体包括两个方面：一方面，被欺诈的一方因欺诈而陷入错误；另一方面，被欺诈人因错误而作出了意思表示。如果被欺诈人虽因欺诈行为陷入错误，但并未作出意思表示，则不能认为构成欺诈。

（2）因第三人欺诈而实施的民事法律行为。所谓因第三人欺诈而实施的民事法律行为，是指因第三人实施欺诈行为而使当事人一方在违背真实意思的情况下实施的民事法律行为。例如，生产者从事虚假广告宣传，导致消费者上当受骗，由于合同关系是在消费者和销售者之间订立的，而生产者是第三人，因而，此类情形构成第三人欺诈。《民法典》第 149 条规定："第三人实施欺诈行为，使一方在违背真实意思的情况下实施的民事法律行为，对方知道或者应当知道该欺诈行为的，受欺诈方有权请求人民法院或者仲裁机构予以撤销。"依据该条规定，对因第三人欺诈而实施的民事法律行为而言，只有对方知道或者应当知道该欺诈行为的，受欺诈方才有权主张撤销该民事法律行为。

3. 因胁迫而实施的民事法律行为

《民法典》第 150 条规定："一方或者第三人以胁迫手段，使对方在违背真实意思的情况下实施的民事法律行为，受胁迫方有权请求人民法院或者仲裁机构予以撤销。"胁迫是以将来要发生的损害或以直接施加损害相威胁，使对方产生恐惧并因此而作出的行为。依据这一规定，因受胁迫而作出的民事法律行为包括一方或者第三人实施胁迫，受胁迫方因此所实施的民事法律行为属于可撤销的民事法律行为。所谓第三人胁迫，是指当事人以外的人实施了胁迫行为。

因胁迫而实施的民事法律行为构成可撤销的民事法律行为应当符合如下条件：一是一方或者第三人实施了胁迫行为，即胁迫者以将要发生的损害相威胁，或者胁迫者以直接面临的损害相威胁。二是胁迫人具有胁迫的故意。"胁迫的故意"包括两个方面：其一，胁迫者意识到自己的行为将造成受胁迫者心理上的恐惧而故意进行威胁；其二，胁迫者希望通过胁迫行为使受胁迫者作出某种意思表示。三是受胁迫方因胁迫而实施了民事法律行为。也就是说，表意人因为受到胁迫而产生恐惧心理，并在此种心理状态的支配下实施了民事法律行为。四是胁迫行为是非法的。胁迫行为必须是非法的、没有法律依据的。如果一方有合法的根据对另一方施加某种压力，则不构成胁迫。

4. 显失公平的民事法律行为

所谓显失公平的民事法律行为，是指一方在从事某种民事法律行为时因情况紧迫或缺乏经验作出了明显对自己有重大不利的行为。依据《民法典》第 151 条的规定，显失公平的民事法律行为的构成要件包括客观和主观两个方面：

第一，客观要件。客观要件是指当事人的给付与对待给付之间失衡或造成利益不平衡。依据《民法典》第 151 条的规定，只有民事法律行为成立时显失公平，表意人才能依据本条主张撤销该民事法律行为。具体来说，包括两个方面：一是双方当事人的利益明显失衡。也就是说，交易的结果对双方的利益是明显不平衡的，即一方得到的给付明显多于另一方得到的给付。二是必须是民事法律行为成立时显失公平。

第二，主观要件。主观要件是指在订立合同时一方具有利用优势地位或利用对方轻率、无经验等而与对方订立显失公平合同的故意。此种主观状态已表明行为人背离了诚信原则的要求。法律上要求考虑主观条件，目的在于保障交易的公平和公正，维护商业道德，保护处于弱势地位的消费者的利益。

（三）可撤销的民事法律行为中的撤销权

对于可撤销的民事法律行为，一方当事人有权依法行使撤销权而撤销该行为。所谓撤销权，是指对可撤销的民事法律行为而言，因意思表示不真实而受损害的一方当事人所享有的请求人民法院或者仲裁机构撤销该民事法律行为的权利。撤销权具有如下特点：一是撤销权应当由因意思表示不真实而受损害的一方当事人享有，如重大误解中的误解人、显失公平中遭受重大不利的一方当事人。二是撤销权是一种专属的权利，不得与民事法律行为相分离而单独转让。三是撤销权的行使必须采取诉讼或仲裁的方式。

撤销权应当在法定期间内行使，该期限在性质上属于除斥期间，属于法定的不变期间，不存在中止、中断、延长的情形。该期限从当事人知道或应当知道撤销事由（如知道或应当知道其受到欺诈）之日起开始计算。依据《民法典》第152条，撤销权的行使期限包括如下几种情形：一是当事人自知道或者应当知道撤销事由之日起1年内，重大误解的当事人自知道或者应当知道撤销事由之日起90日内行使撤销权。二是当事人受胁迫，自胁迫行为终止之日起1年内行使撤销权。与欺诈、重大误解等行为不同，胁迫行为具有特殊性，胁迫不终止，被胁迫人不可能自由提起撤销诉讼。因此，受胁迫人只能在胁迫终止后的一定期限内行使撤销权。三是当事人知道撤销事由后明确表示或者以自己的行为表明放弃撤销权。如果撤销权人知道撤销事由存在，但放弃了其权利，法律自然不必干涉。

（四）可撤销的民事法律行为被撤销的效果

可撤销的民事法律行为被撤销后，该行为自始没有法律约束力（《民法典》第155条）。依据《民法典》第157条的规定，可撤销的民事法律行为被撤销后，发生如同民事法律行为被确认无效时相同的法律效果，如返还财产、赔偿损失等。

三、效力待定的民事法律行为

（一）效力待定的民事法律行为的概念和类型

效力待定的民事法律行为，是指法律行为成立之后，是否能发生效力尚不能确定，有待其他行为或事实使之确定的民事法律行为。从我国民法典规定来看，效力待定的民事法律行为包括如下两种类型：一是限制民事行为能力人实施的行为。《民法典》第 145 条第 1 款规定，限制民事行为能力人“实施的其他民事法律行为经法定代理人同意或者追认后有效”。二是欠缺代理权的代理行为。对此，《民法典》第 171 条第 1 款规定：“行为人没有代理权、超越代理权或者代理权终止后，仍然实施代理行为，未经被代理人追认的，对被代理人不发生效力。”虽然该条款规定的主要是效果归属的问题，但仍然没有改变无权代理人实施的法律行为对于被代理人而言是效力待定的性质。

（二）效力待定的民事法律行为的效果

效力待定的民事法律行为将产生如下法律效果：

一是追认权。所谓追认权，是指权利人对无缔约能力人、无代理权人与他人从事的有关民事法律行为依法享有的、是否在事后予以承认的权利。《民法典》第 145 条第 1 款和第 171 条第 1 款规定，效力待定的民事法律行为必须经过追认才能生效。

二是催告权。所谓催告权，是指相对人对法定代理人等提出催告，要求其作出是否承认相关效力待定行为的权利。依据《民法典》第 145 条第 2 款和第 171 条第 2 款规定，相对人享有催告权，即相对人可以催告法定代理人或者被代理人自收到催告通知之日起 30 日内予以追认。如果法定代理人或者被代理人未作表示时，视为拒绝追认。

三是撤销权。所谓撤销权，是指善意相对人享有的、对效力待定的民事法律行为予以撤销的权利。依据《民法典》第 145 条、第 171 条规定，如果相对人从事民事法律行为时出于善意，即对对方无相应民事行为能力、代理权的事实处于不知或不应知的状态，那么其在民事法律行为成立以后，依法享有撤销该民事法律行为的权利。善意相对人行使撤销权时，撤销应当以通知的方式作出。

四、民事法律行为无效、被撤销或者确定不发生效力后的法律后果

《民法典》第 155 条规定：“无效的或者被撤销的民事法律行为自始没有法律约束力。”据此可见，被确认无效和被撤销的民事法律行为自始无效，而不是从确认无效或者被撤销之时起无效。尤其对无效民事法律行为来说，因其在内容上具有不法性，当事人即使在事后追认，也不能使这些民事法律行为生效。一旦民事法律行为被确认无效和被撤销，原民事法律行为对当事人不再具有任何拘束力，当事人也不得基于原民事法律行为主张任何权利或享有任何利益。例如，合同被撤销后，当事人不得请求实际履行或要求另一方承担违约责任。

《民法典》第 157 条规定了民事法律行为无效、被撤销或者确定不发生效力

后的法律后果。所谓确定不发生效力，主要是指效力待定的法律行为因追认权人拒绝追认或者善意相对人行使撤销权而不发生效力。

民事法律行为无效、被撤销或者确定不发生效力后，虽不能产生当事人所预期的法律后果，但并不是不产生任何法律后果。无效民事法律行为的违法性，决定了法律既要使这些行为无效，也要当事人负返还财产、赔偿损失的民事责任。《总则编解释》第 23 条规定了法律行为不成立参照适用民法典关于法律行为无效或被撤销后的财产返还等规则。此处所说的法律行为不成立，是指当事人之间并不存在意思的合致，或者法律行为不符合法律所规定的成立要件。依据《民法典》第 157 条的规定，民事法律行为被确认无效后，将产生如下法律后果：

一是返还财产。所谓返还财产，是指一方当事人在民事法律行为被确认无效以后，对其已交付给对方的财产享有返还请求权，而已经接受对方交付的财产的一方当事人则负有返还对方财产的义务。返还财产旨在使财产关系恢复到民事法律行为成立以前的状态。

二是赔偿损失。民事法律行为被确认无效后，也将产生损害赔偿的责任。民事法律行为被确认无效后的损害赔偿责任的成立需要具备以下要件：（1）有损害事实的存在；（2）赔偿义务人具有过错；（3）赔偿义务人的过错与对方的损失之间存在因果关系。

《民法典》第 157 条规定，“法律另有规定的，依照其规定”。因此，如果法律有特别规定，则不一定产生上述法律后果。例如，对于故意违法的民事法律行为，法律明确规定采取没收财产、罚款等方式予以处罚的，应适用法律的规定。

▶即测即评　　▶案例资源

第五章 代　　理

第一节 代理概述

一、代理的概念和特征

代理是指代理人以被代理人名义实施的、其法律效果直接归属于被代理人的民事法律行为。《民法典》第161条第1款规定："民事主体可以通过代理人实施民事法律行为。"在代理关系中，被代理人又称为本人，代理他人从事民事法律行为的人称为代理人，与代理人实施民事法律行为的人称为相对人。代理的主要法律特征在于：

第一，代理涉及三种法律关系：一是被代理人和代理人之间的授权关系；二是代理人和相对人之间的关系；三是效果承担关系，即代理人在代理权限内，以被代理人的名义同第三人所实施的行为，其法律效果由被代理人完全承担。

第二，代理人必须以被代理人的名义行为。《民法典》第162条规定："代理人在代理权限内，以被代理人名义实施的民事法律行为，对被代理人发生效力。"可见，我国民法典规定的直接代理仅指显名代理，即代理人在对外从事民事活动时必须表明是以被代理人的名义从事一定行为。

第三，代理人在代理权限范围内需要独立作出意思表示。代理的事项包括法律行为和准法律行为，代理人不同于传达本人意思的使者，其需要独立作出意思表示。当然，代理人独立进行意思表示并不是为了自身的利益，而是为了被代理人的利益。

第四，代理的法律效果由被代理人承担。代理人以被代理人的名义与第三人从事民事法律行为，由此产生的法律效果完全归属于被代理人。当然，如果代理人从事无权代理而又不构成表见代理，或者代理行为违法的，所产生的法律后果不应当完全由被代理人承担。

代理的适用范围虽然极为宽泛，但依据《民法典》第161条第2款的规定，以下情形不得代理：一是依照法律规定不得代理的情形。例如，《民法典》第1049条规定，"要求结婚的男女双方应当亲自到婚姻登记机关申请结婚登记"。二是依照当事人约定不得代理的情形。如果当事人明确约定必须由本人亲自实施某种行为，则该行为也不得代理。三是依照民事法律行为的性质不得代理的情形。此类行为主要是指一些具有人身性质的法律行为，如收养行为。

二、代理的分类

（一）委托代理与法定代理

委托代理是指基于被代理人的委托授权而产生代理权的代理。在委托代理中，代理人所享有的代理权是由被代理人授予的，因此，此种代理又称为授权代理。由于委托授权行为是基于被代理人的意志进行的，被代理人的意思是发生委托代理的前提条件，所以，委托代理又称为意定代理。依据《民法典》第163条第2款的规定，在委托代理中，代理人按照被代理人的委托行使代理权，委托合同关系是代理权赖以产生的基础关系。除委托合同之外，基于职务关系、劳动合同、劳务合同等也可能产生委托代理关系。

法定代理是指依据法律规定而产生代理权的代理。法定代理权的产生不需要依赖于任何授权行为，而直接源于法律的规定。取得法定代理的资格不需要当事人作出意思表示，一般也不需要取得被代理人的同意。同时，由于法定代理人是基于法律的规定享有代理权，而不是根据代理权授予行为享有代理权，因此，代理人只能在法律规定的权限范围内行使代理权。

（二）直接代理与间接代理

直接代理是指代理人以被代理人的名义在授权范围内从事代理行为，代理的效果直接由被代理人承担。间接代理是指代理人以自己的名义从事民事法律行为，并符合合同编关于间接代理构成要件的代理。

直接代理和间接代理存在一定的区别：一是从事民事法律行为的名义不同。直接代理是指代理人以被代理人的名义并为了被代理人的利益同第三人为民事法律行为，故直接代理也可以称为显名代理。间接代理是代理人以自己的名义从事民事法律行为。二是代理的效果是否能直接对被代理人产生效力不同。在直接代理的情况下，代理人从事代理行为的法律效果直接归属于被代理人。而在间接代理的情况下，只有在符合合同编规定的间接代理的条件时，因本人行使介入权和第三人行使选择权，才可能使被代理人承受代理行为的效果。三是法律依据不同。民法典对直接代理的一般规则作出了规定，而间接代理是指符合《民法典》第925条和第926条规定的要件的代理。

（三）本代理和复代理

复代理是相对于本代理而言的。本代理是指由被代理人选任代理人或者直接依据法律规定产生代理人的代理，一般的代理都是本代理。复代理又称再代理，是指代理人为了实施其代理权限内的行为，以自己的名义选定他人担任被代理人的代理人的代理。

本代理和复代理的区别主要表现在由谁来选定代理人。在本代理中，代理人由本人选定，而在复代理中，复代理人由代理人选定。同时，两者的代理人人数不同。在本代理中，代理人只有一人；而在复代理中，存在代理人和复代理人两个代理人。

（四）单独代理与共同代理

单独代理是指代理权属于一人的代理；共同代理是指代理权由数人共同行使的代理。在法定代理中，父母的代理权原则上应由父母共同行使。《民法典》第166条规定："数人为同一代理事项的代理人的，应当共同行使代理权，但是当事人另有约定的除外"。这就在法律上承认了共同代理。

共同代理和单独代理的区别主要表现在：一是在共同代理的情况下，代理权作为一个整体由数人共同享有；而在单独代理的情况下，只存在一个代理人，代理权仅由一人享有。二是在共同代理的情形下，必须由数个代理人共同行使代理权；在单独代理的情形下，只能由一人行使代理权，也不涉及与其他代理人的权利冲突问题。三是在共同代理的情况下，其中一个代理人知道代理事项违法，其他人知道或应当知道这一情形时，应当停止代理行为，如果其继续实施代理行为，则应当对造成的损害后果承担连带责任；而在单独代理的情况下，则不涉及这一问题。

第二节 代 理 权

一、代理权的性质

代理权本质上是一种法律地位，即一种从事代理行为的资格和地位。这种资格和地位是指代理人可以以被代理人的名义，向第三人为意思表示或接受意思表示。《民法典》第163条第2款规定："委托代理人按照被代理人的委托行使代理权。法定代理人依照法律的规定行使代理权。"该条对代理权作出了规定。

由于被代理人授予代理人代理权是对其能力、资格等的信任，因此，代理人不得擅自转让其代理权，代理权也不能继承。

二、代理权的产生

（一）法定代理权的产生

由于法定代理权是直接基于法律规定而产生的，因此其并不需要当事人的授权。例如，父母对未成年子女依法享有法定代理权。

（二）委托代理权的产生

在委托代理中，代理权主要是根据被代理人的授权行为产生的。授权行为具有单方性，即代理权授予行为是一种单方行为，只要被代理人作出单方意思表示即可产生效力。授权行为不同于基础行为。实践中可能存在有基础关系但没有授权行为的情形，如双方订有委托、雇佣合同，但一方并没有向另一方作出明确的授权；也存在没有基础关系而有授权行为的情形。可见，授权行为可以独立于基础关系。

在委托代理中，还存在职务代理这一特殊的代理情形。所谓职务代理，是指根据代理人所担任的职务而产生的代理，即法人或其他组织的成员以及主要工作人员在其职权范围内所从事的民事法律行为，无须法人或其他组织的特别授权，其法律效果应当由法人或其他组织承担。《民法典》第 170 条第 1 款规定承认了职务代理。对职务代理行为而言，代理人的代理权产生于其职务关系，相对人一般只需要审核该工作人员的身份即可，并不需要对其享有的具体代理权限进行审核。依据《民法典》第 170 条第 2 款的规定，法人或者非法人组织对执行其工作任务的人员职权范围的限制，不得对抗善意相对人。

三、复代理

代理在符合法律规定的情形下，可以委托他人代为实施。复代理的特征主要表现在：一是代理人以自己的名义为被代理人选定代理人。也就是说，复代理人是直接由代理人选定的，而不是由被代理人选定的。在复代理关系形成以后，代理人并没有完全退出代理关系，但是其代理的主要权限已经转移给复代理人，由复代理人行使，其产生的代理后果直接归属于被代理人。二是复代理人是被代理人的代理人，而不是代理人的代理人。尽管复代理人是代理人选定的，但其仍然要以被代理人的名义行为。三是复代理人是代理人基于复任权而选任的。复任权是指选择他人作为复代理人的权利。复代理人因为代理人行使复任权而成为复代理人，其代理权限直接源于代理人所享有的代理权，因此，复代理人的权利不能超过代理人的权限。

在委托代理中，复代理的产生必须符合如下条件：一是委托代理人为被代理人的利益需要转托他人代理。只有在代理人因为种种原因，不能够亲自执行代理事务、完成代理任务的情况下，为了被代理人的利益，才有必要实行转委托。二是如果为了被代理人的利益确实需要转委托，要取得被代理人的同意。三是在紧急情况下不需要征得被代理人的同意。所谓紧急情况，主要是指由于急病、通信联络中断、疫情防控等特殊原因，委托代理人自己不能办理代理事项，又不能与被代理人及时取得联系，如不及时转委托第三人代理，会给被代理人的利益造成损失或者扩大损失的情况。依据《民法典》第 169 条第 3 款的规定，如果转委托不符合上述条件，则构成擅自转委托，该转委托行为对被代理人不发生效力，代理人应当对转委托的第三人的行为承担责任。

复代理成立后，复代理人成为被代理人的代理人。复代理人可以以被代理人的名义实施代理行为，由此产生的一切法律后果都应当由被代理人承担。

四、代理权的行使

（一）代理权行使的一般原则

代理权的行使，是指代理人在代理权限内，以被代理人的名义实施的代理行为。因代理人在代理权限内所从事的代理行为而产生的法律效果，都应当由被代理人承担。但代理人在行使代理权的过程中，应当遵守如下原则：

第一，代理人必须在代理权限内从事代理行为。代理人只能在代理权规定的代理事由、代理范围内行使代理权。代理人未经被代理人同意，不得擅自扩大和变更代理权限。如果是共同代理，则各个代理人应当共同行使代理权，任何一方不得擅自单独行使代理权。如果代理人在从事代理活动过程中，发现代理的事务因客观原因的变化应当加以改变，应当及时与被代理人联系，征求被代理人的意见。此外，代理期限一旦届满，就应当及时告知被代理人，如果被代理人不延长期限，代理人应当停止代理活动。

第二，代理人必须亲自从事代理行为。代理关系具有浓厚的人身信赖色彩，被代理人常常是基于对代理人的知识、技能、信用等的信赖而委托代理人的。既然代理基于高度信任关系而产生，代理人必须亲自从事代理行为，才符合被代理人的意志和利益。基于代理关系的人身信赖性质，代理权一般不得转让。

第三，代理人必须依据诚信原则从事代理行为。代理人必须努力尽到勤勉和谨慎的义务，充分维护被代理人的利益。如果客观情况发生变化需要改变委托事务，代理人应当及时向被代理人报告。除当事人另有特别约定外，代理人应当对被代理人的财产和各种代理事务尽到善良管理人的注意义务，代理人应当从维护被代理人的利益出发，争取获得对被代理人最有利的结果。在代理关系终止以后，代理人必须要按照诚信原则履行报告、保密、结算等义务，并应当及时交还代理证书及有关资料。

第四，代理人必须正当行使代理权。代理人在从事代理行为时，应当依据法律规定和诚信原则正当行使其代理权，不得滥用代理权，从事自己代理、双方代理等损害被代理人利益的行为。

（二）代理权滥用的禁止

1. 自己代理

自己代理是指代理人以被代理人的名义与自己从事法律行为。此类行为违反了代理人应当负有的忠实义务，属于滥用代理权的行为，在法律上应当予以禁止。《民法典》第168条第1款规定：“代理人不得以被代理人的名义与自己实施民事法律行为，但是被代理人同意或者追认的除外。”这就明确了代理人不得从事自己代理行为。

《民法典》第 168 条第 1 款实际上是将自己代理作为无权代理对待。也就是说，在代理人实施自己代理行为时，只有在两种情况下才能发生效力：第一，被代理人事先同意。自己代理经过被代理人的同意也可以有效。如果自己代理对被代理人并无不利，并不发生利益的冲突，被代理人也会事先同意代理人的行为。第二，被代理人事后追认。也就是说，在代理人实施了自己代理行为之后，被代理人也可以自愿追认这一行为，从而使这一无权代理转化为有权代理。

2. 双方代理

双方代理是指同时代理被代理人和相对人为同一法律行为。其特点是：第一，代理人获得了被代理人和相对人的授权，如果仅有一方的授权，不构成双方代理。第二，双方授权的内容是相同的，如果双方都对同一个代理人作出了授权，但授权的内容、代理事项不同，也不构成双方代理。第三，代理人同时代理双方为同一法律行为。

依据民法典的上述规定，双方代理属于效力待定的行为，只有在如下情形下才能生效：第一，双方代理经过被代理人的同意可以生效。两个被代理人都通过默示的方式同意双方代理行为，或一方被代理人通过授权代理人从事某种代理行为，另一方被代理人知道该行为的内容而仍然授权该代理人从事该代理行为。第二，双方被代理人的事后追认。在代理人实施双方代理行为的情形下，如果双方被代理人均事后追认该行为，则该行为仍然有效。

3. 代理人与相对人恶意串通，损害被代理人的利益

依据《民法典》第 164 条第 2 款的规定，代理人和相对人恶意串通损害被代理人合法权益，应当满足以下两项条件：一是代理人和相对人恶意串通。例如，代理人和相对人串通，约定为被代理人高价购买一台设备，相对人给付代理人一定的回扣。二是损害被代理人的合法权益。《民法典》第 164 条第 2 款的适用，应当以被代理人遭受了实际的损害为前提。依据《民法典》第 164 条第 2 款的规定，代理人和相对人还应当对被代理人承担连带责任。

（三）代理权的终止

代理权的终止又称代理权的消灭，是指代理人与被代理人之间的代理关系消灭。我国民法典对委托代理和法定代理终止的原因都有明确规定。

1. 代理权终止的原因

（1）委托代理的终止原因。依据《民法典》第 173 条的规定，委托代理因下列原因而终止：一是代理期限届满或者代理事务完成。二是被代理人取消委托

或者代理人辞去委托。在代理关系存续期间内，被代理人取消委托的，代理关系随之终止。同时，代理人也可在完成某项代理事务后，随时提出终止代理关系。三是代理人丧失民事行为能力。当然，如果代理人并非完全丧失民事行为能力，实际成为限制民事行为能力人，而且不因此影响其实施代理行为的，代理关系并不当然因此终止。四是代理人或者被代理人死亡。代理人死亡以后，代理关系自然终止，代理权不能发生继承。同样，被代理人死亡的，通常也会导致代理行为的意义不复存在，代理关系也应当随之终止。五是作为代理人或者被代理人的法人、非法人组织终止。作为被代理人或代理人的法人、非法人组织终止的，其民事主体资格不复存在，代理关系因为缺乏一方主体，也不应当继续存在。

（2）法定代理的终止原因。依据《民法典》第 175 条的规定，法定代理因下列原因而终止：一是被代理人取得或者恢复完全民事行为能力。法定代理产生的原因是被代理人不具有或不完全具有民事行为能力，但被代理人取得或恢复民事行为能力的（例如未成年人年满 18 周岁，或者精神病人恢复精神健康等），法定代理和指定代理的原因不复存在，应导致代理权终止。二是代理人丧失民事行为能力。在法定代理中，如果代理人丧失民事行为能力，其将难以履行代理职责，法定代理关系应该终止。三是代理人或者被代理人死亡。在法定代理中，如果代理人或者被代理人死亡，法定代理关系存在的意义也将不复存在。此处所说的“死亡”不限于自然死亡，还包括宣告死亡。四是法律规定的其他情形。例如，收养关系解除的，收养人和被收养人之间的监护关系消灭，收养人的代理资格丧失。

2. 代理关系终止的效力

在代理关系终止以后，代理权归于消灭，代理人不得再以被代理人的身份从事代理活动，否则构成无权代理。代理关系一旦终止，代理人应当依据法律规定和诚信原则履行如下义务：一是及时报告代理事宜和移交财产的义务。代理人应当及时向被代理人以及其继承人、清算人等就有关代理的事务和财产事宜及时报告和移交，妥善处理善后事宜。二是及时交回代理证书的义务。在代理关系终止后，被代理人有权要求代理人交还证书。如果代理人在代理权终止以后，仍然保留代理证书，以被代理人的名义继续行为，将构成无权代理。三是履行忠实、保护等附随义务。代理人应当按照诚信原则履行后契约义务，即忠实、保密等义务。代理人不得向他人泄露有关被代理人的秘密，不得利用被代理人的有关文件从事不正当行为等。

代理关系终止以后，第三人可能并不知道代理终止事由的发生，如果代理人继续从事代理行为，善意第三人仍与代理人从事民事行为，且符合表见代理的构成要件，此种代理行为依然有效。

第三节 无权代理

一、无权代理概述

代理权是代理行为发生的基础和前提，在没有代理权的情况下所实施的任何行为，都构成无权代理。无权代理就是代理人无代理权、超越代理权或在代理权终止以后所从事的代理行为，其从形态上包括以下四种类型：一是代理人根本无代理权的代理，即代理人在未得到任何授权情况下，便以被代理人的名义从事代理行为，或者根本不是法定代理人而以法定代理人名义从事代理活动。二是超越代理权的无权代理，即代理人虽享有一定的代理权，但其实施代理行为超越了代理权的范围或对代理权的限制。三是代理权终止以后的无权代理。在代理权终止以后，代理人继续进行代理活动的，将构成无权代理。四是在授权的意思表示未到达代理人时，代理人以被代理人的名义从事了代理行为，也构成无权代理。无权代理可以分为两类，即狭义无权代理和表见代理。

二、狭义无权代理

（一）狭义无权代理的概念与特征

狭义无权代理，是指行为人既没有被代理人的实际授权，也没有足以使第三人善意误信其有代理权外观的代理。简单地讲，狭义无权代理是指表见代理以外的欠缺代理权的代理。

狭义无权代理具有如下特征：（1）它是指不构成表见代理的无权代理。在狭义无权代理情况下，在代理人实施代理行为时，第三人又不可能相信其具有代理权，因此，狭义无权代理不同于表见代理。（2）它是指代理人未获得相应代理权、超越代理权代理以及代理权终止后而实施的代理行为。（3）它在效果上是一种效力待定的行为。其效力能否发生尚未确定，一般须经有权人表示承认才能生效。

（二）狭义无权代理的效力

1\. 被代理人的追认权和否认权

（1）被代理人的追认权。所谓追认，是指被代理人对无权代理行为在事后予以承认的一种单方意思表示。其特点在于：第一，追认的意思表示应当以明示或者默示的方式向相对人作出。如果仅向无权代理人作出此种表示，则必须使相对人知晓才能产生承认的效果。第二，追认是一种单方意思表示，无须相对人的同意即可发生法律效力。第三，一旦作出追认，在性质上视为补授代理权，因此，追认具有溯及既往的效力。

（2）被代理人的否认权。在无权代理的情况下，被代理人享有否认权。所谓否认权，是指拒绝承认无权代理行为的效力的权利。否认的意思必须要向相对人明确表示或者在相对人催告以后未作表示。也就是说，被代理人可以以两种方式行使否认权：一是被代理人发现无权代理人以被代理人名义从事无权代理行为的，在相对人催告之前，便可以直接向相对人表示否认该无权代理行为；二是被代理人在相对人作出催告以后，可以向相对人明确表示拒绝承认无权代理的效果。

2. 相对人的催告权和撤销权

依据《民法典》第 171 条第 2 款的规定，在狭义无权代理的情形下，相对人依法享有催告权和撤销权。

（1）催告权。所谓催告，是指相对人催促被代理人自收到通知之日起 30 日内明确答复是否追认无权代理行为。此处所说的通知，是指催告通知。被代理人是否收到通知以及收到通知的时间，应当由相对人举证。通常情况下，追认权的行使必须以催告权的行使为前提。一般认为，催告权应当在合理期限内行使，如果超出合理期限，也不应当产生催告的效力，而且催告的意思必须明确地向被代理人作出。

（2）善意相对人的撤销权。所谓撤销权，是指善意的相对人在被代理人未承认无权代理行为之前，可撤销其与无权代理人实施的法律行为。撤销权只能由善意的相对人行使。如果相对人在订约时主观上是恶意的，即明知其无代理权，而仍与其订立合同，则表明相对人具有恶意，法律自无必要对其进行保护而允许其享有撤销权，但仍可以行使催告权。

3. 善意相对人对代理人的请求权

为了强化对善意相对人的保护，民法典新增了善意相对人对代理人的请求权。依据《民法典》第 171 条第 3 款的规定，代理人实施了无权代理行为之后，如果该行为未被追认的，善意相对人对代理人享有如下两项请求权：

（1）请求行为人履行债务的权利。无权代理不能拘束被代理人，但其并非不能拘束代理人，相对人有权请求代理人履行债务。这就意味着，在此种情况下，当事人就发生了变化，即由原来被代理人和相对人实施的民事法律行为，转化为代理人和相对人实施的民事法律行为。也就是说，法律从保护善意第三人出发，使第三人可以根据自己的实际情况，确定采取请求代理人履行债务的方式保护自己的利益。①

---

① 参加石宏主编：《中华人民共和国民法总则条文说明、立法理由及相关规定》，北京大学出版社 2017 年版，第 403 页。

（2）损害赔偿请求权。依据《民法典》第171条第3款的规定，在无权代理的情况下，因无权代理造成的损害，善意相对人可以请求无权代理人赔偿。这就是说，在善意相对人请求赔偿时，若合同对被代理人发生效力，以相对人所能获得的利益为赔偿的上限。

4. 恶意相对人的责任

依据《民法典》第171条第4款的规定，相对人知道或者应当知道行为人无权代理，仍然与代理人实施民事法律行为，此时，如果代理行为没有被追认，相对人不能请求代理人履行债务，也不能依据《民法典》第171条第3款的规定请求代理人赔偿。但是，相对人和无权代理人可能都遭受一定的损害，在此情形下，由于代理人和相对人对损害的发生都有一定的过错，因而应当按照各自的过错承担责任。

5. 狭义无权代理人的责任

在狭义无权代理人实施狭义无权代理行为后，如果该行为未获得被代理人的追认，则该行为对被代理人不产生法律效力。当然，被代理人可以基于当事人之间的委托合同等基础关系请求代理人承担责任。如果无权代理行为未获得被代理人追认，依据《民法典》第171条第3款的规定，无权代理人应对其无权代理行为向善意相对人承担履行债务或赔偿责任。当然，在无权代理行为未获得被代理人追认时，如果相对人是恶意的，依据《民法典》第171条第4款的规定，相对人与无权代理人根据其各自的过错承担责任。此外，如果无权代理人与相对人恶意串通，损害被代理人的利益，则应承担恶意串通情况下的责任。

三、表见代理

（一）表见代理的概念

表见代理，是指行为人没有代理权、超越代理权或者代理权终止后仍然实施代理行为，相对人有理由相信行为人有代理权的代理。我国民法采纳表见代理制度，主要是为了保护交易安全，即只要第三人对表面上的权利状态形成了合理信赖，即使实际情况相反，也应保护这种信赖利益，从而维护交易安全。

从广义上说，表见代理属于无权代理的一种。代理权是代理行为发生的基础和前提，代理人只有基于代理权才能从事有效的代理行为。而在没有代理权、超越代理权限的情况下所实施的任何行为，都构成无权代理。从狭义上说，无权代理则仅指除表见代理以外的无权代理，两者的区别主要表现在：

一是构成要件不同。狭义无权代理是指代理人根本无代理权而从事代理行为，且其无权代理行为也不可能使相对人信赖其有代理权。而在表见代理的情况下，无权代理人所从事的无权代理行为，使善意相对人有正当理由相信其有代理权。

二是法律效果不同。在狭义无权代理的情况下，被代理人享有追认权。无权代理行为能否发生效力根本上取决于被代理人是否追认。而在表见代理的情况下，无权代理行为无须经过被代理人的追认就可以直接对被代理人发生效力，即便该无权代理行为违反了被代理人的意志或利益，被代理人也不能否认该行为对其产生的拘束力，必须承担该行为的后果。

三是被代理人是否有权否认无权代理的效果方面不同。也就是说，相对人提出表见代理的要件具备、主张表见代理的效力的，根本无须考虑被代理人是否追认的问题。即使被代理人不追认，也不影响表见代理的构成。

（二）表见代理的构成要件

第一，无权代理人并没有获得被代理人的授权。表见代理属于广义的无权代理，因此，只能在代理人无代理权而从事代理行为的情形下发生。

第二，相对人有合理的理由相信无权代理人有代理权。“相对人有合理的理由相信”包括两方面内容：一是存在代理权的外观。即被代理人的授权行为已经在外部形成了一种表象，能够使第三人基于合理的理由相信无权代理人已经获得了授权。二是相对人不知道行为人行为时没有代理权，且无过失。一方面，相对人主观上是善意的。即相对人不知道或不应当知道无权代理人实际上没有代理权。例如，在代理权终止之后被代理人已经发出了公告或者在公章被盗之后已经公告了该公章作废，相对人并没有阅读有关的报刊，则可以推定相对人主观上应当知道代理人不具有代理权。另一方面，相对人必须是无过失的。如果要将相对人的善意作为表见代理的构成要件，还应当强调相对人的无过失。所谓无过失，是指相对人不知道行为人没有代理权并非因疏忽大意或懈怠造成的。如果相对人明知行为人无代理权，或者应当知道行为人无代理权，却因过失而不知，则其对无权代理行为亦负有责任，在法律上没有必要对其进行保护。

第三，无权代理行为的发生与被代理人有关。在确定是否存在权利外观的情况下，应当考虑该权利外观是否基于被代理人的意志而形成。反之，如果无权代理的发生与被代理人无关，则不构成表见代理。例如，无权代理人假冒他人的名义与第三人订约，尤其是私刻被代理人的公章、伪造被代理人的营业执照或合同书等，被代理人对此毫不知情也无法加以防范。

（三）表见代理的法律效果

在符合表见代理的情形下，代理行为有效。这就是说，表见代理人所从事的代理行为应直接归属于被代理人，即被代理人应受到表见代理人与相对人实施的民事法律行为的约束，直接享有或承担法律行为的权利、义务。在这一点上，表见代理与一般的有权代理是完全相同的。被代理人不得以其未授予代理人代理权、代理行为违背自己的意志和利益等为由，要求确认表见代理行为无效或拒绝接受代理行为的拘束。

但是，就被代理人与无权代理人的关系而言，并不因为表见代理产生有权代理的后果而使无权代理人免除其应当向被代理人承担的责任。在被代理人向相对人承担责任以后，代理人应依其过错向被代理人承担损害赔偿责任。

▶即测即评

▶案例资源

第六章　民 事 责 任

第一节　民事责任概述

一、民事责任的概念和特征

《民法典》第 176 条规定："民事主体依照法律规定或者按照当事人约定，履行民事义务，承担民事责任。"可见，民事责任是指民事主体违反民事义务依法应承担的民事法律后果。

作为一种法律责任，民事责任除具有法律责任的一般特征外，还有以下特征：

第一，民事责任是违反民事义务的法律后果。民事义务具有法律上的约束力，这种约束力体现为义务人不履行义务而承担民事责任的法律现象。因此，只有当民事义务主体违反民事义务致使他人的合法民事权益受到侵害时，才能产生民事责任。可以说，违反民事义务是承担民事责任的前提，承担民事责任是违反民事义务的结果。在民事审判实践中，界定民事义务和认定违反义务的事实，通常是确定民事责任的前提。

第二，民事责任具有补偿性。在民事法律关系中，民事主体相互间的地位是平等的，但是义务的违反破坏了民事主体之间的平衡关系。民事责任的主要功能就是通过强制义务主体履行义务，使权利主体的权利恢复到被侵害前的状态，补偿受害人所受到的损失，使失衡的关系得以恢复到应有的平等状态。因此，民事责任一般不具有惩罚性，其范围与违反义务造成的损害后果相适应。不过，在某些因故意或重大过失致人损害的情况下，依照法律的规定，受害人可以请求惩罚性赔偿。

第三，民事责任具有强制性。与刑事责任和行政责任由国家机关主动追究不同，在当事人违反民事义务时，是否追究民事责任一般取决于权利人的意愿，即所谓的"不告不理"；违反民事义务的当事人也可以主动承担民事责任。当权利人主张权利，而违反义务的当事人不能自觉承担民事责任时，国家机关可以通过法定程序强制义务人承担责任。在这种情况下，公权力干预通常表现为对义务人人身自由或财产权利的限制或剥夺。

第四，责任承担方式以财产责任为主。所谓承担方式，是指法律强制民事主体承担民事责任的具体措施。实践中，赔偿损失是《民法典》第 179 条规定的 11 种责任方式中最常用的一种。

二、民事责任的分类

（一）侵权责任与违约责任

这是依民事责任的产生原因进行的划分。侵权责任是指义务主体违反法定义务损害他人权利所应承担的民事责任；违约责任是指义务主体不履行合同约定的义务所应承担的民事责任。违约责任的发生以合同关系的存在为前提，侵权责任则不以合同关系的存在为必要条件。这一区分的意义在于，两者的责任构成要件、免责事由、责任形式和责任范围均有所不同。在民事责任竞合即同一行为既构成违约责任、又构成侵权责任的情况下，受害人有权选择请求对方承担其中一种责任。

（二）过错责任、无过错责任与公平责任

这是依民事责任的归责方法进行的划分。过错责任是以过错为责任要件的民事责任。近代以来的民法，摈弃“有损害即有责任”结果归责原则，实行“无过错即无责任”的归责原则，即根据行为人致人损害时是否有过错来决定其是否承担责任，由此建立以行为评价为归责依据的民事归责制度。早期的过错责任采用主观标准，即注重考量行为人致人损害时故意或过失的主观心理状态。当代民法采用以“注意义务”为核心概念的过错判断方法和过错推定方法，形成了过错标准客观化现象。这种现象在合同法领域表现为将“违反合同义务”的客观过错作为违约责任的归责依据。在侵权法领域，则出现了过错样态类型化的特殊侵权责任。这种情形在民法典关于医疗损害、高度危险损害、建筑物和物件损害等侵权责任的规定中不乏其例。

无过错责任是指不以过错为要件的民事责任，即在法律有特别规定的情况下，只要给他人造成损失，行为人或者对致害原因负有责任的人不论有无过错均应承担的特殊侵权责任。无过错责任是 20 世纪工业社会的产物，本质上是一种风险分配方法，其理论依据是一种基于矫正正义的法律政策，即让事故风险的导入者、受益者和控制者承担责任，从而使不幸而弱势的事故受害者得到救济。但是，为了公平分担风险，法律有时规定无过错责任可以因受害人或第三人的重大过错而免除或减轻。这样规定有助于促使事件的参与各方在有机会和能力避免事故发生或损失扩大的情况下尽到自己的注意义务。民法典规定的产品责任和饲养动物致损责任是典型的无过错责任。

公平责任是指在侵权损害赔偿中，当受害人和行为人对损害的发生均无过错时，依法律规定由双方分担损失的情形。公平责任是特殊情况下法律规定的损失分配方法，而不是一种归责原则。例如，《民法典》第 182、183、1188、1190 条都是关于公平责任的规定。

（三）财产责任与非财产责任

这是依民事责任的承担方式进行的划分。财产责任是指以一定的财产给付为内容，由责任人承担财产上的不利后果，补偿受害方所受损失的民事责任，如返还财产、恢复原状、赔偿损失、支付违约金等；非财产责任是指责任人为补偿受害方的非财产利益损失而承担的不以财产给付为内容的民事责任，如停止侵害、排除妨碍、消除危险、消除影响、赔礼道歉、恢复名誉等。民法上有同质补偿原则，因此应根据损害的不同性质适用适当的民事责任形式。

（四）单独责任与共同责任

这是以承担民事责任主体的多寡为标准进行的划分。单独责任是由一个民事主体独立承担的民事责任；共同责任是两个以上民事主体共同实施违法行为，从而共同对所致损害承担的民事责任。

（五）按份责任与连带责任

这是依承担民事责任的共同责任人之间的关系进行的划分。按份责任是指共同责任人各自按自己的份额承担的责任，各共同责任人之间无连带关系；连带责任是指共同责任人中的任何一人均有义务就共同责任向权利主体全部承担，即权利人有权请求部分连带责任人承担责任。至于连带责任人之间的责任分配，根据各自责任大小确定；难以确定责任大小的，平均承担责任。实际承担责任超过自己责任份额的连带责任人，有权向其他连带责任人追偿。只有在法律有特别规定或当事人有特别约定时，共同责任人才承担连带责任。

三、民事责任承担方式

（一）民事责任承担方式概述

民事责任的承担方式，是指行为人承担民事责任的具体方法。换言之，它是指行为人具体承担法律上不利后果的方式，或者说是民事责任的具体体现。责任方式不确定，责任将无法最终实现，受害人也将无法获得救济，故责任方式是落实民事责任的必要前提。《民法典》第 179 条第 1 款规定了 11 种民事责任承担方式，同时，该条第 2 款规定了惩罚性赔偿。

（二）民事责任的具体承担方式

1. 停止侵害

如果行为人实施的侵害他人财产和人身的行为仍在继续进行中，受害人可依法请求法院责令侵害人停止其侵害行为。任何正在实施侵权行为的不法行为人都应立即停止其侵害行为，所以，停止侵害的责任方式可适用于各种侵权行为。此种责任方式的主要作用在于：能够及时制止侵害行为，防止侵害后果扩大。当然，停止侵害这一责任方式应当以侵权行为正在进行或仍在延续为适用条件，对尚未发生的或业已终止的侵权行为则不能适用。

2. 排除妨碍

不法行为人实施的侵害行为使受害人无法行使或不能正常行使自己的财产权利、人身权利的，受害人有权请求排除妨碍。受害人在请求排除妨碍时，要求妨碍行为必须是不正当的，妨害人主观上是否预见到妨害后果，均不影响受害人提出请求。妨碍既可以是实际存在的，也可以是将来可能出现的。只要不法行为妨碍他人行使物权、人身权和知识产权，受害人就可请求排除妨碍。

3. 消除危险

如果行为人的行为对他人人身和财产安全造成威胁，或存在着侵害他人人身或财产的可能，他人有权要求行为人采取有效措施消除危险。消除危险的责任方式必须在损害尚未实际发生，也没有妨碍他人行使民事权利，但行为人的行为又确有可能造成损害后果，对他人造成了威胁的情况下适用。适用此种责任方式，能有效防止损害的发生，充分保护民事主体的民事权利。

4. 返还财产

从我国民法典规定来看，返还财产主要包括三种情况：一是返还不当得利。《民法典》第122条规定："因他人没有法律根据，取得不当利益，受损失的人有权请求其返还不当利益。"二是在民事行为被确认无效或撤销后返还财产。也就是说，在民事法律行为被撤销后，当事人基于民事法律行为取得的财产也应当返还给对方当事人。三是不法侵占他人财产的，权利人可基于物权请求权，请求占有人返还原物。

5. 恢复原状

广义的恢复原状是指恢复权利被侵犯前的原有的状态。狭义的恢复原状是指将损害的财产修复，即所有人的财产在被他人非法侵害而遭到损坏时，如果能够修理，则所有人有权要求加害人通过修理恢复财产原有的状态。民事责任中的恢复原状，主要是指狭义的恢复原状。适用此种责任方式，须有修复的可能，且有修复的必要。

6. 修理、重作、更换

修理，是指行为人造成他人财产毁损或交付的标的物不合格的，权利人有权要求行为人对财产进行修缮，以恢复原状或符合合同的要求。重作，是指行为人造成他人损害或者违反合同约定的，权利人有权要求行为人按照原物予以重新制作。更换，是指行为人造成他人财产毁损或交付的标的物不合格的，权利人有权要求行为人另行交付同等质量、同等数量的标的物。

7. 继续履行

继续履行又称实际履行，是指在一方违反合同时，另一方有权要求其依据合同的规定继续履行。我国《民法典》第577条对继续履行这一责任承担方式作出了规定。同时,《民法典》第579条与第580条分别对金钱债务的继续履行与非金钱债务的继续履行作出了规定。

8. 赔偿损失

赔偿损失是指行为人因违反合同或实施侵权行为而给他人造成损害的,以其财产赔偿受害人所受损害的一种责任方式。赔偿损失是适用最为广泛的一种责任方式,它既可以适用于违约责任,也可以适用于侵权责任。赔偿损失以损害的发生为前提,其主要具有补偿性,一般不具有惩罚性。同时,赔偿损失以赔偿权利人实际遭受的全部损害为原则,从而使权利人处于如同损害没有发生时的状态,并使行为人承担全部的不利后果。

9. 支付违约金

违约金,是指由当事人通过协商预先确定的、在违约发生后作出的独立于履行行为以外的给付。《民法典》第585条第1款规定:"当事人可以约定一方违约时应当根据违约情况向对方支付一定数额的违约金,也可以约定因违约产生的损失赔偿额的计算方法。"该条对支付违约金责任作出了一般规定,支付违约金在性质上属于违约责任的承担方式,它是当事人通过协商预先确定的责任。一旦发生争议,可以免除受害人证明损害的负担,迅速地解决违约纠纷。

10. 消除影响、恢复名誉

消除影响,是指行为人因侵害了民事主体的人格权而应承担的在影响所及的范围内消除不良后果的一种责任方式;恢复名誉是指行为人因侵害了民事主体的名誉而在影响所及的范围内将受害人的名誉恢复至未受侵害时的状态的一种责任方式。消除影响、恢复名誉是侵害民事主体的人身权所承担的责任方式。

11. 赔礼道歉

赔礼道歉是指责令违法行为人向受害人公开认错、表示歉意,主要适用于侵害人身权的情况。赔礼道歉既可由加害人向受害人口头表示承认错误,也可以由加害人以写道歉书的书面形式进行。当事人在诉讼中以赔礼道歉的方式承担了民事责任的,应当在判决书中叙明。

12. 惩罚性赔偿

《民法典》第179条第2款规定:"法律规定惩罚性赔偿的,依照其规定。"该规定将惩罚性赔偿规定为民事责任的承担方式。惩罚性赔偿也称惩戒性赔偿或报复性赔偿,是指法院作出决定的赔偿数额超出实际损害数额的赔偿。我国《民法典》第179条第2款对惩罚性赔偿作出了规定,并实现了民法典与其他单行法规则之间的有效衔接。该制度对于弥补损害赔偿的不足、预防损害的发生,具有重要的意义。

（三）民事责任承担方式的适用

《民法典》第179条第3款规定："本条规定的承担民事责任的方式，可以单独适用，也可以合并适用。"上述各种民事责任承担方式可以单独适用，也可以合并适用。法律上确立的各种责任承担方式都是对受害人进行全面救济和保护的措施，侵权或违约行为发生后，按照私法自治原则，只要受害人作出的选择不违背民法的诚信原则和公序良俗原则，就可以选择向行为人提出请求其承担何种民事责任，而且，行为人责任的承担方式只能限定于受害人提出的请求范围内。即如果受害人提出了多种请求，法官可以在其中选择或采用多种责任方式，但不能在此之外选择。法官应当尊重当事人的处分权，受害人放弃某种请求时，法院也应当予以尊重。

第二节 民事责任的免责事由

《民法典》第一编第八章"民事责任"有四个条文是关于免责事由的规定。免责事由是民事责任制度的重要组成部分，其意义在于保护社会成员的自由空间，实现致损风险的合理分配，避免因无限度归责造成人们在社会生活中祸福无定、无所适从。也就是说，一个人在给他人造成损害的情况下，如果该损害的发生是外来原因所致，或者其行为具有正当理由，他就可以不承担或者少承担民事责任。在现代民法中，常见的外来原因有不可抗力、意外事件、受害人过错和第三人行为，常见的正当理由有依法执行职务、正当防卫、紧急避险等。除此之外，民法典还规定了自愿救助行为的免责效力。具备法律规定的免责事由的行为人不承担民事责任或者按照法律的规定进行适当的补偿。

一、不可抗力

《民法典》第180条第2款规定："不可抗力是不能预见、不能避免且不能克服的客观情况。"这里所说的"客观情况"，可以是自然事件，如地震、台风；也可以是社会事件，如战争、政府禁令。因不可抗力不能履行民事义务的，不承担民事责任。

一般说来，一种客观情况要被确认为不可抗力，必须具备三个基本条件：（1）客观性。它必须独立存在于人的行为之外，既非当事人的行为所派生，亦不为当事人的意志所左右。（2）因果性。它必须构成损害结果发生的事实上原因，即如果没有它的存在，损害结果就不会发生。（3）相对性。当事人按其现有的能力和应有的谨慎与勤勉不能对这种客观情况及其后果加以控制。按照相对性要求，如果在行为因素介入的情况下，行为人有机会防止不可抗力所致损害的发生或者扩大，但由于过错而未能防止，则不得依不可抗力免除责任。例如，船舶在获得飓风消息后冒险出航，码头管理人在获悉洪水预报后未及时将堆放在低处的货物转移。在此类行为与外来因素共同造成损害发生的情况下，行为人必须证明自己没有过错才能免除责任。

不可抗力作为免责事由，既可以适用于侵权责任，也可以适用于违约责任。

二、正当防卫

正当防卫是指为了保护本人或他人的人身或财产免受正在进行的不法侵害，针对不法侵害人实施的自卫行为。依据《民法典》第181条的规定，因正当防卫造成损害的，不承担民事责任。正当防卫超过必要的限度，造成不应有的损害的，正当防卫人应当承担适当的民事责任。

在民事案件中，成立正当防卫须符合以下两方面的条件：

第一，存在侵害行为。一个侵害行为，无论是加害于防卫人本人还是他人，无论是侵害人身还是侵害财产，均必须符合以下三个条件，方可构成正当防卫的前提：（1）侵害行为是实施防卫时现实存在和正在发生的。对于尚未发生、已经中止或者已经终了的侵害行为，不得成立正当防卫。（2）侵害行为是非法的。对于依法执行职务、正当防卫、紧急避险等合法行为，不得成立正当防卫。（3）侵害行为是非实施防卫而不足排除的。在有条件、有能力通过非防卫的合法方式制止侵害行为或避免损害发生的情况下，一般不得成立正当防卫，但是，对于对抗犯罪或者紧急情况下实施的防卫行为不宜苛求。

第二，防卫行为应适法和适度。针对上述侵害行为实施防卫的行为，只有在符合以下三个条件时才能构成免责事由：（1）防卫以保卫受侵害的人身或财产为目的；（2）防卫所必然造成的直接损害必须加于不法侵害人；（3）防卫行为的强度与侵害行为的强度相当。这里所说的行为强度，是指行为可能造成损害的程度。所谓相当，并不要求防卫行为的形式、手段与侵害行为相同，也不要求二者的损害程度相等，其基本精神是要求防卫者尽其所能地将其防卫行为的强度保持在排除侵害所必要的范围内。

违反以上条件，构成“防卫超过必要限度”者，应对由此造成的不应有损害承担适当的民事责任。对于正当防卫是否超过必要的限度，应当综合不法侵害的性质、手段、强度、危害程度和防卫的时机、手段、强度、损害后果等因素判断。实践中，在确定“适当的民事责任”时，应当充分考虑防卫人在行为时的处境、意志状态、行为的合理性以及当时避免不应有损害的实际可能性等因素。

三、紧急避险

紧急避险是指为了保护本人或他人的人身或财产免受正在发生的危险，不得已采取的致人损害的行为。与正当防卫不同，紧急避险的受害人一般是无辜的第三人，而不是非法侵害人。如果说在正当防卫的场合可以把“咎由自取”作为让非法侵害人承担损害后果的理由，那么在紧急避险的场合，人们就很难对受害人承受的不幸熟视无睹。所以，紧急避险并不是各国法律制度普遍承认的免责事由。我国《民法典》第 182 条规定：“因紧急避险造成损害的，由引起险情发生的人承担民事责任。危险由自然原因引起的，紧急避险人不承担民事责任，可以给予适当补偿。紧急避险采取措施不当或者超过必要的限度，造成不应有的损害的，紧急避险人应当承担适当的民事责任。”

根据这些规定，在确定紧急避险致人损害的民事责任时，首先必须查明造成险情发生的原因，然后区别以下情况进行处理：(1) 如果险情的发生归因于人的行为或者管理下的物或活动，则应由该行为人或者管理人承担民事责任。“引起险情发生的人”可以是避险人、受害人、受益人或者其他人。(2) 如果险情的发生归因于自然力，例如雷电引起火灾，避险人原则上不承担民事责任，可以给予适当补偿。实践中，如果避险人是受益人，可以由避险人承担适当的民事责任。如果受益人是第三人，可以参照《民法典》第 183 条的规定，由受益人给予受害人适当补偿；避险人是受害人的，可依据该条规定向受益人请求补偿。(3) 如果紧急避险采取措施不当或者超过必要限度而造成不应有的损害，避险人应承担适当的民事责任。这里所说的“适当”，实践中应综合考虑险情的紧迫和严重程度、当时可采用的替代措施、所致损失与所保全利益的比较、避险人的过错等因素，本着公平合理的原则加以确定。对于紧急避险是否采取措施不当或者超过必要的限度，应当综合危险的性质、急迫程度、避险行为所保护的权益以及造成的损害后果等因素判断。

四、自愿救助行为

对身处紧迫危难或遭受不法侵害的他人施以援救的见义勇为行为，如制止街头施暴、抢救落水儿童，为道德所提倡，也为法律所保护。《民法典》第 183 条规定了见义勇为的公平补偿责任，该条规定：“因保护他人民事权益使自己受到损害的，由侵权人承担民事责任，受益人可以给予适当补偿。没有侵权人、侵权人逃逸或者无力承担民事责任，受害人请求补偿的，受益人应当给予适当补偿。”该条确认了侵权责任中的公平责任，通过规定补偿义务，鼓励人们实施见义勇为的行为。第 184 条进一步就见义勇为者因施救而致人损害的民事责任问题作出规定："因自愿实施紧急救助行为造成受助人损害的，救助人不承担民事责任。"该规定的基本精神是，自愿实施紧急救助行为构成免责事由。

（一）自愿救助行为的构成条件

自愿救助行为发生免责的效力，须具备以下条件：(1) 自愿救助行为适用于非专业人员在紧急情况下救助他人的自愿行为，例如路人救助交通事故受伤者、行人救护路旁突发急病人员等；(2) 自愿救助行为须在紧急情况下实施；(3) 自愿救助行为须以救助他人为目的；(4) 自愿救助行为须在自己能力范围内以有利于受助人的方式实施；(5) 行为人须尽到一般理性之人在当时情况下应有和可有的谨慎和勤勉。

符合这些条件的，即使因能力或条件所限不能有效实现救助目的，或者因缺乏专业知识而未能采用有效的救助方法，仍可依据上述规定，就其救助行为给受助人造成的损害主张免责。

（二）自愿救助行为与紧急避险、无因管理的异同

首先，自愿救助行为与紧急避险制度有相似之处，即鼓励和保护见义勇为或善意相助的行为。但自愿救助行为针对的是受助人（受益人）所受损害，而紧急避险针对的是第三人所受损害。

其次，自愿救助行为与无因管理制度也有相似之处，即承认一定情况下主动管理他人事务的合法性。但自愿救助行为的法律效果是免除救助人对受助人的致损责任；而无因管理的法律效果是无因管理人的费用请求权，而且无因管理人在管理过程中给受益人造成损害的，应按过错原则确定责任。

五、其他免责事由

（一）依法执行职务

依法执行职务是指依据法律的授权及有关规定行使合法权力和履行法定义务的行为。这通常是指执行公务的行为，但也包括公民自动依法维护公共利益的行为，例如《刑事诉讼法》第 84 条规定的公民扭送罪犯的行为。依法执行职务，对民事主体的人身自由、财产自由或营业自由采取必要限制措施，使之受到人身或财产上的不利益的，行为人不承担民事责任。依法执行职务作为民事责任的免责事由，其成立须具备以下两个条件：

其一，须有合法的授权。确定构成依法执行职务，重点看实施行为是否有法律上的授权以及是否符合法律授权的目的，而不能仅看行为人是否拥有相应职务。

其二，行为的客体、方式和程度须与职务授权相适应。实施依法执行职务的行为，不得超出授权范围和执行职务所必要的限度。例如，依法强制执行被执行

人的财产，不得伤害其人身；又如，对于依法扣押的财产应予妥善保管，不得随意毁损或擅自处分。行为人超出必要限度造成损害的，成立侵权责任。

（二）受害人同意

受害人同意是指受害人事前作出的甘愿承担某种损害后果或者致损风险的明示或默示的意思表示。但是，对于不法侵害行为的同意不能构成免责事由。受害人同意在一定场合可以成为一种抗辩。例如，为了公众或他人的利益而自愿捐献自己的血液或器官，患者在得到关于手术风险的充分告知后同意接受手术治疗等。受害人同意构成主张免责的正当理由，须符合以下条件：（1）被同意的行为得到了法律和道德的认可；（2）这种行为从本质上讲有益于社会以及同意者本人；（3）这种行为的实施遵循着一定的理性规则。如果受害人所同意的是不合法或者不合理的行为，则意味着他对自己遭受不法的危险与损害有过错。在这种情况下，可成立"受害人过错"的免责事由。

（三）受害人过错

受害人过错是指受害人对损害的发生或者扩大具有的过错，即受害人过错是其所受损害的原因之一。与此相并存的，是加害人过错（如果加害人没有过错，则可依意外事件免责）。对于这种情况，我国民法学称为"混合过错"，外国法上称为"与有过失"或"比较过失"。关于混合过错情况下的责任分配，《民法典》第1173条规定："被侵权人对同一损害的发生或者扩大有过错的，可以减轻侵权人的责任。"第1174条规定："损害是因受害人故意造成的，行为人不承担责任。"这一规定不仅与世界上多数国家的立法相一致，而且符合我国民事审判实践的一贯做法。

第三节　侵害英雄烈士等人格利益的民事责任

一、侵害英雄烈士等人格利益的民事责任概述

在我国司法实践中，类似"邱少云案""狼牙山五壮士案"等侵害英雄烈士人格利益的纠纷时有发生，因此，《民法典》在"民事责任"一章中单设第185条，对侵害英雄烈士等人格利益的民事责任作出了规定："侵害英雄烈士等的姓名、肖像、名誉、荣誉，损害社会公共利益的，应当承担民事责任。"本条规定对于维护民族精神、弘扬社会公共道德、有效保护英雄烈士人格利益具有重要意义。

二、侵害英雄烈士等人格利益民事责任的成立条件

依据《民法典》第185条的规定，构成侵害英雄烈士等人格利益的民事责任

需要符合如下条件：

第一，侵害对象是“英雄烈士等”。从《民法典》第185条规定来看，其所规定的民事责任的成立要件必须是侵害了“英雄烈士等”的人格利益。《烈士褒扬条例》和《军人抚恤优待条例》分别对公民被评定为烈士的条件和现役军人被批准为烈士的条件作出了规定，如在依法查处违法犯罪行为、执行国家安全工作任务、执行反恐怖任务和处置突发事件中牺牲的公民，以及在执行外交任务或者国家派遣的对外援助、维持国际和平任务中牺牲的公民等。《民法典》第185条规定的“英雄”不限于已经去世的英雄人物。此外，除英雄烈士外，该条还使用了“等”这一兜底表述，在解释其含义时，需要结合该条保护社会公共利益的规范目的，即对某人而言，凡是侵害其人格权益能够产生同侵害英雄烈士人格利益相似的结果（即损害社会公共利益），则应当将其纳入《民法典》第185条的保护范围，反之，则不应当纳入该条的保护范围。

第二，侵害了英雄烈士等的姓名、肖像、名誉、荣誉。从《民法典》第185条规定来看，其在规定所保护的人格利益范围时采用了具体列举的方式，即仅列举了姓名、肖像、名誉、荣誉这四项人格利益，而且没有采用兜底性的规定。也就是说，行为人只有侵害了英雄烈士等的姓名、肖像、名誉、荣誉时，才需要依据该条规定承担民事责任。如果行为人侵害了英雄烈士等的其他人格权益，同时损害了社会公共利益，可以类推适用《民法典》第185条的规定追究行为人的民事责任。

第三，损害社会公共利益。从《民法典》第185条规定来看，行为人侵害英雄烈士等的人格利益必须同时损害社会公共利益，才需要依据该条规定承担民事责任。公共利益是由法律和行政法规规定的，有关国家安全、促进国民经济和社会发展等方面的利益。公共利益应当与国家、社会的整体利益保持一致，应当是社会成员多数人的利益，而不应当是某一个小团体、极少数人甚至个别人的利益。该条将损害公共利益作为此种民事责任的构成要件，有利于凸显该条的规范目的，并可以为该规则的解释提供价值指引。为保障《民法典》第185条的准确适用，需要准确界定该条中公共利益的范围。从《民法典》第185条的立法背景来看，制定该规则的主要目的是促进社会尊崇英烈，扬善抑恶，弘扬社会主义核心价值观。据此，应当将该条中的“社会公共利益”界定为维护社会风气与社会公共道德。也就是说，即便行为人的行为侵害了英雄烈士等的人格利益，但如果其没有损害社会风气以及社会公共道德，也不应当依据该条承担民事责任。

此外，《民法典》第185条在规定侵害英雄烈士等人格利益的民事责任时，将损害社会公共利益作为责任构成要件。但这并不意味着，行为人侵害英雄烈士等人格利益，并未损害社会公共利益的，就无须承担民事责任。在行为人侵害英雄烈士等人格利益符合侵权责任的构成要件时，其仍然需要承担侵权责任。

三、侵害英雄烈士等人格利益请求权的行使

对侵害英雄烈士等的姓名、肖像、名誉、荣誉的行为，英雄烈士等的近亲属可以依法向人民法院提起诉讼。英雄烈士等没有近亲属或者近亲属不提起诉讼的，检察机关有权依法对侵害英雄烈士等的姓名、肖像、名誉、荣誉，损害社会公共利益的行为向人民法院提起诉讼。当然，检察机关向行为人提出请求的前提是社会公共利益遭受损害，这也意味着，检察机关所提起的是公益诉讼，如果行为人侵害英雄烈士等的人格利益，但并未损害社会公共利益，则检察机关无权向行为人提出请求。

▶即测即评

▶案例资源

第七章　诉讼时效与期间

第一节　诉讼时效概述

一、时效的概念和类型

时效是指一定的事实状态在一定期间内持续存在，从而产生与该事实状态相适应的法律后果的法律制度。可见，时效是一定的事实状态在经过一定期限之后，赋予其特定法律效力的法律制度。时效具有如下特征：第一，必须有一定事实状态的存在。这种事实状态，主要是指权利人不行使权利的状态，或者持续占有某物的状态。第二，该事实状态必须持续存在一定的期限。所谓持续存在，是指事实状态没有发生中断、中止等情况。第三，一定的时间经过能够产生特定的法律效力。法律之所以赋予时效一定的法律效果，是因为一定的事实状态持续不断，不论其与真实权利关系是否一致，民事主体都已经在这种社会状态下正常生活，并且具有一定的社会稳定性，这就需要在法律上对这种事实状态予以一定的规制，因此产生了时效制度。

一般而言，时效制度分为取得时效和消灭时效。取得时效又称占有时效，是指占有他人的动产、不动产或者其他财产权的事实状态经过一定期限以后，将取得该动产和不动产的所有权和其他财产权的时效；消灭时效是指权利人不行使权利的事实状态经过一定期限以后，将丧失该权利的时效。我国民法典并没有规定取得时效，仅规定了属于消灭时效的诉讼时效，涉及诉讼时效的适用范围、诉讼时效届满的法律后果、法院应否主动援引诉讼时效的规定以及诉讼时效的中止、中断、延长等问题。

二、诉讼时效的概念和特征

诉讼时效是指权利人在法定期间内不行使请求法院保护其权利的请求权，义务人即有权提出拒绝履行抗辩的时效。这里的法定期间，即为诉讼时效期间。

诉讼时效具有如下特征：

（一）法定性

在诉讼时效中，诉讼时效期间不是当事人约定的期限，而是由法律直接规定的期限，权利人只能于法定期间内请求法院保护其民事权利；超过该期限的，当事人民事权利的效力就会受到一定的影响。①

---

① 当然，各国对于超过诉讼时效期间的法律效果有不同的规定，有抗辩权发生说、实体权消灭说、胜诉权消灭说等各种立法例。

（二）强制性

诉讼时效的强制性包含四个方面的内容：一是禁止当事人通过约定排斥时效规范的适用。法律关于诉讼时效的规定，是不能由当事人通过约定予以排斥适用的。二是禁止当事人违反时效的规定，约定延长或缩短诉讼时效期间。《民法典》第197条明确禁止当事人通过约定延长或缩短诉讼时效期间。三是禁止当事人就诉讼时效的计算方法作出约定。四是禁止当事人就诉讼时效中止、中断的事由作出约定。诉讼时效中止或中断的事由必须由法律规定，因为它们对于时效期间的确定具有重要意义，如果允许当事人任意约定，时效的强制性就会受到很大的影响。

（三）体现了义务人的时效利益

所谓时效利益，是指诉讼时效期间届满以后，义务人有权主张时效届满的抗辩，并有权拒绝履行义务。在诉讼时效期间届满以后，义务人所享有的时效利益受法律保护。

三、诉讼时效的类型

（一）普通诉讼时效

普通诉讼时效，是指由民事基本法规定的普遍适用于应当适用时效的各种法律关系的时效。《民法典》第188条第1款规定，普通诉讼时效期间为3年。普通诉讼时效可以适用民法典有关诉讼时效中止、中断的规定，但不适用有关延长的规定。

（二）特别诉讼时效

特别诉讼时效，是指由民事基本法或特别法针对某些民事法律关系规定的时效。在我国现行民事立法中，有关特别诉讼时效的规定散见于一些民事单行法中。例如，依据《海商法》第257条第1款规定，就海上货物运输向承运人要求赔偿的请求权，时效期间为1年，自承运人交付或者应当交付货物之日起计算。依据《民法典》第11条的规定，特别法的规定应当优先适用，因而特别法上的特殊时效规则仍然应当予以优先适用。

（三）最长诉讼时效

最长诉讼时效，是指法律规定有最长保护期限的时效。《民法典》第188条第2款规定最长诉讼时效期间为20年。从该条规定来看，最长诉讼时效具有如下特点：一是具有固定性。最长诉讼时效设立的宗旨就是要对民事权利的保护设立一个最长的固定期限，一般超过这个最长的期限，则对该民事权利不予保护。最长诉讼时效不适用中断、中止的规定。二是在起算上，从权利受损害之日起计算，而不采用主观主义的计算方法，即不是从权利人知道或者应当知道权利遭受侵害之日起计算。三是适用诉讼时效延长的规定。最长诉讼时效不适用有关诉讼时效中止、中断的规定，但适用有关诉讼时效延长的规定。依据《民法典》第188条第2款的规定，有特殊情况的，人民法院可以根据权利人的申请决定延长。

第二节 诉讼时效的适用范围

一、诉讼时效主要适用于债权请求权

诉讼时效的适用范围也称诉讼时效的客体。《民法典》第188条第1款规定："向人民法院请求保护民事权利的诉讼时效期间为三年。法律另有规定的，依照其规定。"该条对诉讼时效作出了规定，但其只是使用了"民事权利"这一表述，而没有对诉讼时效的适用范围作出明确界定。而《民法典》第196条关于不适用诉讼时效的请求权的情形，主要针对的是物权请求权和人格权请求权，由此可见，诉讼时效应当主要适用于债权请求权。

债权请求权是特定的债权人请求债务人为一定的行为或不为一定行为的权利。从原则上说，债权的请求权都可以适用诉讼时效，如合同之债、侵权之债、无因管理之债、不当得利之债等。

二、不适用诉讼时效的请求权

依据《民法典》第196条规定，以下几种请求权不适用诉讼时效：

（一）请求停止侵害、排除妨碍、消除危险

这三种情形都是绝对权受侵害或有侵害之虞的情形，上述三种请求都涉及绝对权的保护问题，不应当适用诉讼时效。例如，某人在他人的房屋旁边挖洞，影响他人房屋安全，行为人一直未将该危险消除，此时，受害人请求消除危险不能认为诉讼时效已经届满。此外，在请求停止侵害、排除妨碍、消除危险的情形下，由于行为人的侵权行为一直处于持续状态，诉讼时效无法确定起算点，因而不应当适用诉讼时效。

（二）不动产物权和登记的动产物权的权利人请求返还财产

我国对不动产物权变动采用登记要件主义，不动产物权的设立、变更、消灭都要办理登记，登记簿本身能够产生一定的公信力。因此，就已经登记的不动产物权而言，单纯占有不动产本身并不能使第三人产生信赖，也不必通过时效制度来保护此种信赖。同时，第三人在进行不动产交易时，也负有查询登记簿的义务。因此，不动产物权的保护不应当受到诉讼时效的限制，侵占他人不动产，权利人可以随时请求返还财产。

登记的动产物权是指依据我国法律规定进行登记的动产。例如，对船舶、航空器和机动车等特殊动产而言，登记也是其物权公示方法，对已经登记的动产物权而言，第三人非法侵占或侵害，物权人要求停止侵害、返还财产、排除妨害的，第三人不享有时效届满的抗辩。

（三）请求支付抚养费、赡养费或者扶养费

抚养费是指义务人因抚养义务而应当支付的费用；赡养费是指义务人因赡养义务而应当支付的费用；扶养费是指义务人因扶养义务而应当支付的费用。[①] 因为支付抚养费、赡养费或者扶养费的权利关系到权利人的基本生活保障，如果受到诉讼时效的限制，则可能影响权利人的基本生活。因此，上述请求权不应当受到诉讼时效的限制。

（四）依法不适用诉讼时效的其他请求权

依据《民法典》第 196 条的规定，如果法律规定某种请求权不适用诉讼时效，则适用该规定。例如，依据《诉讼时效司法解释》第 1 条的规定，支付存款本金及利息请求权不适用诉讼时效。

第三节　诉讼时效期间的计算

一、诉讼时效期间的起算

（一）诉讼时效期间起算的一般规则

诉讼时效期间的起算，是指诉讼时效期间开始计算的时点，换言之，是指从何时开始计算诉讼时效期间。《民法典》第 188 条对诉讼时效期间起算的一般规则作出了规定，即诉讼时效期间自权利人知道或者应当知道权利受到损害以及义务人之日起计算，具体而言：

第一，必须是权利在客观上遭受侵害。在确定起算点时，法官应当确认权利是否遭受侵害的事实，权利遭受侵害是诉讼时效适用的前提。权利遭受侵害的时间应当区分不同情形分别予以认定。以合同为例，在当事人明确约定了合同履行期限时，该期限届满，债务人未履行债务，即可认定债权人的债权遭受了侵害；但在未定履行期限的合同中，需要债权人请求后一定时间经过，债务人才应履行义务，因此，只有在该期限经过后，才可认定债权人的权利遭受了侵害。

第二，从权利人知道或应当知道其权利遭受侵害之时起算。这是一种主观主义的计算方法。所谓知道，是指权利人已经事实上了解其权利遭受侵害的事实；

① 参见黄薇主编：《中华人民共和国民法典总则编解读》，中国法制出版社 2020 年版，第 660 页。

所谓应当知道，是指按照一个合理的人的标准来判断，权利人作为一个合理的人在当时的情况下应当知道其权利受到侵害的事实。

第三，权利人知道或应当知道其权利遭受侵害还应当包括知道具体的义务人。也就是说，权利人不仅知道权利被侵害的事实存在，而且知道何人侵害其权利。如果权利人知道权利被侵害，但不知明确的侵害人，则因为权利人不能提出请求，时效也不能开始计算。

（二）诉讼时效期间起算的特殊情形

1. 分期履行债务

《民法典》第189条规定："当事人约定同一债务分期履行的，诉讼时效期间自最后一期履行期限届满之日起计算。"例如，双方签订了分期付款买卖合同，购买一台冰箱，价值3 000元，分三期支付，在订立合同时交付一次，每月交付一次，则该债务的诉讼时效应当自最后一期债务履行期限届满时起算。

2. 无民事行为能力人或者限制民事行为能力人对其法定代理人的请求权

《民法典》第190条规定："无民事行为能力人或者限制民事行为能力人对其法定代理人的请求权的诉讼时效期间，自该法定代理终止之日起计算。"该条适用应当具备如下条件：（1）适用对象是无民事行为能力人或限制民事行为能力人。（2）针对法定代理人提出请求。该规则适用于无民事行为能力人或者限制民事行为能力人针对法定代理人依法享有请求权的情形，例如，法定代理人不履行代理职责甚至滥用代理权导致被代理人利益受损的，被代理人有权请求代理人承担赔偿责任。

3. 未成年人遭受性侵害的损害赔偿请求权

《民法典》第191条规定："未成年人遭受性侵害的损害赔偿请求权的诉讼时效期间，自受害人年满十八周岁之日起计算。"依据该条规定，在未成年人遭受性侵害的情形下，其损害赔偿请求权的诉讼时效自其年满18周岁时起算。该条主要是为了保护受害人的利益，因为在受害人成年前，一方面，难以判断其损害的具体程度，甚至不知道自己遭受了侵害；另一方面，在受害人成年前，应当由其法定代理人代为行使请求权，如果受害人在年满18周岁以后，对法定代理人的处理不满意，可以再次主张其请求权。

二、诉讼时效的中止、中断和延长

（一）诉讼时效的中止

1. 诉讼时效中止的概念

诉讼时效的中止，是指在诉讼时效期间进行中，因发生一定的法定事由使权利人不能行使请求权，从而暂时停止计算诉讼时效期间的制度。《民法典》第

194 条对诉讼时效的中止作出了规定，依据该条规定，诉讼时效中止的事由应当发生在诉讼时效期间的最后 6 个月。

2. 诉讼时效中止的事由

依据《民法典》第 194 条的规定，诉讼时效中止的事由有如下几种：一是不可抗力。不可抗力是指不能预见、不能避免并不能克服的客观情况，如战争、地震等。二是无民事行为能力人或者限制民事行为能力人没有法定代理人，或者法定代理人死亡、丧失民事行为能力、丧失代理权。在上述情形下，客观上将导致权利人无法主张权利，从而发生诉讼时效的中止。三是继承开始后未确定继承人或者遗产管理人。四是权利人被义务人或者其他人控制。如果权利人被义务人或者其他人控制，也将导致权利人客观上无法行使权利。例如，权利人因被义务人扣押、拘禁而丧失行为自由，客观上无法主张权利。此时，可以导致诉讼时效的中止。五是其他导致权利人不能行使请求权的障碍。依据《民法典》第 194 条的规定，如果出现了其他导致权利人不能行使请求权的障碍，也将产生诉讼时效中止的效力。

3. 诉讼时效中止的效果

（1）诉讼时效期间停止计算。依据《民法典》第 194 条第 1 款的规定，一旦出现诉讼时效中止的事由，诉讼时效期间即停止计算，中止事由消除之前的期间将不计入诉讼时效期间。

（2）中止事由发生前的时效期间仍然有效。在诉讼时效中止的情形下，已经经过的时效期间仍然有效，而非归于无效。

（3）中止事由消除后诉讼时效期间再计算 6 个月。中止的事由一旦消除，诉讼时效期间将再计算 6 个月。依据《民法典》第 194 条第 2 款，“自中止时效的原因消除之日起满六个月，诉讼时效期间届满”。这就是说，不论诉讼时效中止前诉讼时效期间还剩余多少，在中止事由消灭后，剩余的诉讼时效期间统一为 6 个月。例如，在甲的请求权的诉讼时效期间还剩余 2 个月的情形下发生了诉讼时效中止的事由，则在中止事由消除之日起满 6 个月，其请求权的诉讼时效期间才届满。法律作出此种规定，有利于在诉讼时效中止的情形下简化诉讼时效期间的计算方法，从而减少相关的纠纷。

（二）诉讼时效的中断

1. 诉讼时效中断的概念

诉讼时效的中断，是指诉讼时效进行中因法定事由的发生，推翻了诉讼时效存在的基础，导致已进行的期间全部归于无效，诉讼时效重新起算的制度。《民法典》第 195 条对诉讼时效的中断作出了规定。依据这一规定，诉讼时效的中断具有如下特点：一是时效的中断发生在时效的进行之中，如果时效尚未开始计算，或时效已经届满，则不适用诉讼时效中断。二是发生了一定的法定事由导致时效存在的基础被推翻。三是诉讼时效的中断在效力上使已经进行的时效归于无效，从中断或有关程序终结时，诉讼时效重新计算。

诉讼时效中断不同于诉讼时效中止，二者的区别主要表现在：一是发生的时间不同。诉讼时效中断可以发生在时效进行中的任何一个阶段，而诉讼时效中止发生在时效期间届满前 6 个月。二是发生的事由不同。诉讼时效中断的法定事由一般都是当事人主观意志所能够左右的，而诉讼时效中止的法定事由通常是当事人主观意志所不能控制的事由。三是法律效果不同。诉讼时效中断的法律效果是在中断事由发生以后，已经经过的时效期间全部归于无效，重新开始计算时效期间；而诉讼时效中止的法律效果在于中止事由发生前经过的时效期间仍然有效，中止事由消除后，诉讼时效期间仍有 6 个月才届满。

2. 诉讼时效中断的事由

（1）权利人向义务人提出履行请求。权利人向义务人提出履行请求属于民事主体的权利行使。权利人既可以向义务人主张权利，也可以向其代理人主张权利。一旦提出履行请求，就表明权利人积极行使了权利，将导致时效的中断。《民法典》第 195 条所说的“提出履行请求”必须满足两个条件：一是权利人必须向义务人提出请求；二是权利人请求的意思表示必须到达义务人。

（2）义务人同意履行义务。同意履行简称“认诺”。依据《民法典》第 195 条规定，义务人同意履行义务将导致时效中断。义务人同意履行义务，既可以是明示的，也可以是默示的。义务人对权利人同意履行义务可以采取各种方式，按照《诉讼时效司法解释》第 14 条的规定，“义务人作出分期履行、部分履行、提供担保、请求延期履行、制定清偿债务计划等承诺或者行为的”，都可以认定为义务人同意履行义务。因为这些行为都表明义务人对权利人的权利存在予以认可，从而使双方的法律关系重新趋于稳定，时效适用的理由不复存在，因此导致时效的中断。

（3）权利人提起诉讼或者申请仲裁。权利人提起诉讼是指权利人在法院提起诉讼，请求法院强制义务人履行义务。此处所说的诉讼，是指民事诉讼，无论是本诉、反诉还是刑事附带民事诉讼，均为行使权利的行为。权利人一旦提起诉讼，即导致时效中断。申请仲裁是指权利人向仲裁机构申请就争议进行仲裁。只要权利人的仲裁申请符合法律规定，就可以发生时效中断的效力。因为仲裁与诉讼类似，都是权利人行使其权利的重要途径，权利人提起仲裁也表明其积极地行使了权利。

（4）与提起诉讼或者申请仲裁具有同等效力的其他情形。如果出现了与提起诉讼或者申请仲裁具有同等效力的其他情形，如权利人从事申请支付令等主张权利的行为，权利人向人民调解委员会以及其他依法有权解决相关民事纠纷的机构提出请求，权利人向公安机关、检察院、法院报案或者控告等，足以表明权利人已经积极行使了权利的，理应导致诉讼时效的中断。实际上，任何启动司法程序的行为都可导致诉讼时效的中断，因而，除了起诉之外，申请调解、仲裁及其他司法程序也同样应引起诉讼时效的中断。

3. 诉讼时效中断的效果

诉讼时效一旦中断，将发生如下效果：

第一，已经经过的时效统归无效。已经计算的时效只要尚未届满都可以因为中断事由的出现而失去效力。原来的时效经过不会产生任何的法律效力。

第二，中断事由消除以后，时效期间重新计算。诉讼时效中断后，已经经过的诉讼时效将归于无效，诉讼时效将重新计算。

第三，在时效中断以后，可能会发生时效再次中断的效果。诉讼时效因权利人主张权利或者义务人同意履行义务而中断后，权利人在新的诉讼时效期间内，再次主张权利或者义务人再次同意履行义务的，可以认定为诉讼时效再次中断。

（三）诉讼时效的延长

诉讼时效的延长，是指在诉讼时效期间届满以后，权利人基于某种正当理由，要求法院根据具体情况依职权决定是否予以延长的制度。《民法典》第188条第2款规定，“有特殊情况的，人民法院可以根据权利人的申请决定延长”，该规定仅适用于最长诉讼时效。依据这一规定，最长诉讼时效的延长应当具备如下条件：一是出现法律规定的特殊情况。二是当事人提出延长诉讼时效的申请，也就是说，即便出现了法律规定的特殊情况，法院也不能主动依据职权决定延长诉讼时效，而必须由权利人提供申请。三是由法院决定，即诉讼时效是否延长、延长多长期间等，均应当由法院决定。

第四节　诉讼时效的效力

一、诉讼时效效力的主要内容

诉讼时效的效力即诉讼时效期间届满的后果，是指在诉讼时效期间经过以后，在法律上发生何种后果。关于诉讼时效的效力，《民法典》第192条第1款采抗辩权发生主义，即时效完成后，只是发生抗辩权产生的效果，即义务人仅取得拒绝履行的抗辩权，权利人的实体权利与诉权均不消灭，具体而言：

（一）义务人享有抗辩权

《民法典》第 192 条第 1 款规定：“诉讼时效期间届满的，义务人可以提出不履行义务的抗辩。”也就是说，时效届满的主要后果是使得义务人享有拒绝履行的抗辩权。具体来说，包括以下两个方面：一是从义务人的角度来说，在时效届满之后，其享有拒绝履行的抗辩权；二是对于权利人来说，时效届满以后，权利人的实体权利和诉权均不消灭，权利人仍然可以基于其程序意义上的诉权向法院提起诉讼，只要符合起诉的条件，法院应当受理，而不得直接以时效期间届满为由驳回起诉或不予受理。

（二）义务人已自愿履行的不得请求返还

《民法典》第 192 条第 2 款规定：“诉讼时效期间届满后，义务人同意履行的，不得以诉讼时效期间届满为由抗辩；义务人已经自愿履行的，不得请求返还。”本条的规定包含两方面的内容：一是诉讼时效期间届满后，义务人已经同意履行的，不得再提出抗辩。这实际上意味着，义务人同意履行，就等同于默示地放弃了其抗辩权，因此，义务人不得再提出抗辩，否则，也违背了诚信原则。二是诉讼时效期间届满后，义务人已经自愿履行的，不得请求返还。从某种意义上说，义务人的自愿履行也可以认定为默示地抛弃了其时效利益。

（三）法院不得主动适用诉讼时效的规定

依据《民法典》第 193 条的规定，诉讼时效期间届满以后，法院不应当依据职权主动审查诉讼时效期间是否已经届满，无论是在起诉阶段，还是在诉讼过程中，法院都不能主动援引诉讼时效的规定。但一旦义务人提出诉讼时效的抗辩，无论是在正式答辩中提出，还是在法庭辩论中提出，法院都有义务审查诉讼时效期间届满的情况。如果当事人没有提出诉讼时效的抗辩，应当认为其抛弃了时效利益。

二、诉讼时效利益的抛弃

（一）诉讼时效利益不得预先抛弃

诉讼时效利益的预先抛弃，是指在诉讼时效期间届满之前，权利人抛弃其时效利益。《民法典》第 197 条第 2 款规定：“当事人对诉讼时效利益的预先放弃无效。”可见，我国法律不允许当事人预先放弃诉讼时效利益。这是因为，允许当事人预先抛弃时效利益，权利人就可能利用其优势地位，强迫义务人抛弃其时效利益，[①] 从而会损害实质公平。同时，当事人预先抛弃时效利益不利于社会公共秩序和交易安全的维护，也涉及社会公共利益，如果允许当事人预先放弃诉讼时

① 参见黄薇主编：《中华人民共和国民法典总则编解读》，中国法制出版社 2020 年版，第 662 页。

效利益，就可能使得法律上的时效规则形同虚设。

（二）诉讼时效期间届满后时效利益的抛弃

诉讼时效期间届满后时效利益的抛弃，是指义务人在诉讼时效期间届满以后，以明示或默示的方式，放弃其时效利益。从民法上看，法律关于时效的规定属于强制性规范，当事人不能通过约定变更法定的时效期限，也不得预先抛弃未来所享有的时效利益。但是在时效届满后，债务人可以时效届满为由对抗债权人的请求权，此时，债务人的时效利益主要体现为债务人个人的财产利益，按照民法的自愿原则，由于债务人享有的时效利益是一种财产利益，且已经为债务人所取得，因此也可以抛弃。

诉讼时效期间届满后时效利益抛弃的方式，可以是义务人实际履行债务。诉讼时效期间届满以后，虽然债务转化为自然债务，债权人无法请求法院保护，但债权人仍然享有受领并保有权利，依据《民法典》第 192 条第 2 款规定，一旦受领履行，债务人不能请求对方返还不当得利。抛弃的方式也可以采取债务人同意履行债务的方式，依据《民法典》第 192 条第 2 款规定，义务人一旦同意履行，就不能再主张时效利益。

（三）义务人抛弃诉讼时效利益的法律效果

义务人抛弃其诉讼时效利益以后，其负有的义务又恢复了原有的效力，尤其是恢复了可以申请法院强制执行的效力。此时，义务人并没有负担新的义务，而只是使原有义务的效力恢复原有状态。因此，一旦义务人抛弃诉讼时效利益，则民事义务的诉讼时效期间应当重新计算。确切地说，从抛弃之日起，诉讼时效期间重新计算。

第五节　除斥期间

一、除斥期间的概念和特征

除斥期间也称不变期间，是指法律规定或者当事人约定的某种权利的预定存续期间。《民法典》第 199 条规定："法律规定或者当事人约定的撤销权、解除权等权利的存续期间，除法律另有规定外，自权利人知道或者应当知道权利产生之日起计算，不适用有关诉讼时效中止、中断和延长的规定。存续期间届满，撤销权、解除权等权利消灭。"该条规定确立了除斥期间的基本规则，对除斥期间的起算规则、除斥期间届满后的法律效果作出了规定，确立了撤销权、解除权等形成权的行使规则。除斥期间的主要特征在于：

第一，除斥期间是撤销权、解除权等权利的存续期间。除斥期间是权利的存续期间，在该期限内权利才能存在。除斥期间的适用对象主要为形成权，因为形成权将会根据一方的意志产生法律关系发生、变更和消灭的效果，期限的限制与他人的权利和社会公共利益都有一定的关联。为了避免法律关系的长期不稳定性，需要通过除斥期间制度尽快将法律关系确定下来。

第二，除斥期间可以由法律规定或者当事人约定。一方面，除斥期间可以由法律规定。例如，在重大误解的情形下，依据《民法典》第152条的规定，当事人自知道或者应当知道撤销事由之日起1年内，重大误解的当事人自知道或者应当知道撤销事由之日起90日内没有行使撤销权的，该撤销权消灭。另一方面，与诉讼时效不同，除斥期间还可以由当事人约定。例如，当事人可以在合同中约定合同解除权的期限，该期限经过的，约定解除权消灭。

第三，除斥期间一般自权利人知道或者应当知道权利产生之日起计算。知道，是指有明确的证据表明当事人知晓了权利产生；应当知道，是指虽然没有明确证据证明，但是根据社会的一般常识，可以推定当事人知悉，或者当事人有义务知悉。例如，在重大误解的情形下，依据《民法典》第152条的规定，撤销权期限为当事人知道或应当知道撤销事由之日起90日。

第四，除斥期间不发生诉讼时效中止、中断和延长的规定。形成权的行使仅依一方当事人的意思就可以使法律关系产生、变更、消灭，如果允许除斥期间中断、中止、延长，可能会使法律关系长期处于不确定状态，难以实现除斥期间法律制度的目的。因此，一旦除斥期间届满，撤销权、解除权等形成权即消灭。①

由于除斥期间作为形成权的存续期间，其完成的法律后果就是使形成权绝对、当然、确定地消灭，所以在一方主张形成权以后，不论另一方是否就此种权利的存在提出抗辩，法院都应当依职权对该权利存在与否加以审查，这就必然涉及该权利是否因除斥期间届满而消灭的问题。从这个意义上说，除斥期间法律效果的产生不需要当事人主张。

二、除斥期间与诉讼时效的区别

除斥期间与诉讼时效都是对权利行使的一种时间限制，都具有督促权利人及时行使权利、保持社会关系稳定的作用，并且两者都是民事法律事实中的状态，并因一定时间的经过而使法律关系发生变动，但二者具有显著区别，主要体现为：

第一，适用对象不同。除斥期间主要适用于撤销权、解除权等形成权，而诉讼时效主要适用于债权的请求权。适用对象的差别决定了二者的具体规则与法律

① 参见黄薇主编：《中华人民共和国民法典总则编解读》，中国法制出版社2020年版，第668页。

效果存在一定的差别。除斥期间适用于形成权，由于形成权种类繁杂、发生原因多样，彼此间差异较大，因此很难进行统一规范，而应当根据形成权的具体内容分别进行具体规定；而诉讼时效适用于债权请求权，可以在民法典中对其进行抽象规定。

第二，能否由当事人约定不同。除斥期间既可以由法律规定，也可以由当事人约定；而法律关于诉讼时效期间的规定属于强制性规范，不得由当事人通过约定加以改变。

第三，能否中止、中断、延长不同。除斥期间旨在排除形成权行使所导致的法律关系的不稳定性，因此，除斥期间不得中断、中止、延长；而诉讼时效在性质上是可变期间，可基于法定事由中止、中断，例外情形下还可以延长。

第四，届满后的法律效果不同。除斥期间在性质上属于形成权的存续期间，一旦除斥期间届满，则产生权利消灭的后果；而诉讼时效期间届满，相关的请求权并不因此消灭，只是使义务人享有相关的抗辩权。

第五，是否允许法院主动援引不同。除斥期间届满将使权利人的权利消灭，权利人不得再行使该权利，因此，法院有权依职权进行审查；而诉讼时效期间届满只是使义务人产生一定的抗辩权，是否主张该抗辩权，应当由义务人自主选择，法院不得依职权进行审查。

第六节　期间及其计算

一、期间的概念

期间是民法上的一个特定概念，是指具有一定法律意义的一段时间。在民法上，时间的经过是一种法律事实，而某个具体的时间段可以表现为一个期间。期间的运用十分广泛，并可能产生多种法律效果。由于期间是指一段时间，它应当有起始和终了。所谓起始，就是开始的时间；终了就是结束的时间。一定时间的经过依法会产生一定的法律后果。也就是说，将导致某种民事法律关系的产生、变更和消灭，所以，期间经过也可以成为民法上的法律事实。期间在民法上的意义表现为如下方面：

第一，期间首先对主体权利能力的存续产生一定的影响。例如，失踪人下落不明满 4 年的，利害关系人可以申请宣告其死亡。在宣告死亡的期间内，被宣告死亡的人既有的人身、财产关系将归于消灭。

第二，期间可以引起民事法律关系的产生、变更或消灭。一是导致民事法律关系的产生，如附生效期限的合同在期间届满以后产生效力；二是导致民事法律关系的变更，如诉讼时效期间届满，导致抗辩权发生，使债权转化为自然债务；三是导致民事法律关系的消灭，如附终止期限的合同，期限届满，则合同消灭。

第三，期间可以作为民事权利的存续期限。在民法上，有一些权利是不受期间限制的，如所有权是长期存在的。但绝大多数民事权利都有一定的权利存续期限，权利人必须在该期限内行使权利，经过一定的期限，权利将不存在，或失去效力，或效力减弱。这是法定的期限对权利的影响。

第四，期间可以作为一定的权利、义务实际行使或履行的期限。以合同为例，即使合同已经成立并生效，但在履行期限到来之前，当事人仍然不能实际地行使权利和履行义务。

关于期间的法律效果除了法律规定以外，也可以由当事人自己约定，所以确定期间的效果时，还应当考虑到当事人的约定。

二、期间的分类

（一）可变期间和不变期间

民法上的期间种类繁多，但可以依据期间是否发生变化分为可变期间和不变期间。可变期间是指期间的长短可以发生变化，如诉讼时效期间；不变期间是指通过法定或约定的方式确定的一个不可变更的期间，如除斥期间。

（二）法定期间、意定期间和指定期间

期间可以分为法定期间、意定期间和指定期间三种类型。一是法定期间，是指由法律直接规定的期间，例如《民法典》第 692 条所规定的 6 个月的保证期间。法定期间大多为强制性规定。二是意定期间，是指当事人通过一定的意思表示设定的期间，如合同中规定的质量保证期。三是指定期间，是指由法院或其他机关在法律允许的范围内指定的期间。在许多情况下，权利的行使并没有固定的期间，如果确有必要，法院也可以指定期间。例如，在发生违约责任和侵权责任的情况下，受害人选择请求权的期间可以由法院予以指定。

三、期间的计算

（一）期间的计算方法概述

期间的计算方法对于准确界定当事人之间的权利义务关系具有重要意义。关于期间的计算方法，《民法典》第 204 条规定："期间的计算方法依照本法的规定，但是法律另有规定或者当事人另有约定的除外。"依据该条规定，期间的计算方法具有法定性，也就是说，期间的开始时间、截止时间等，都是由法律规定的，这既有利于简化当事人之间的交易过程，也有利于减少当事人因期间计算而引发的纠纷。但需要指出的是，尽管期间的计算是法定的，但法律关于期间的规

定属于任意性规定，允许当事人通过约定加以改变。如果当事人就期间的计算能够达成一致约定的，则可以依照当事人约定来计算期间。例如，当事人可以约定采用“周”作为计算期间的方法。[①]

一般而言，民法上期间的确定方法主要如下：第一，规定日历上的一定时间，如 2022 年 4 月 6 日。第二，规定一定的期间，如 6 个月、1 年等。第三，规定某一法律事实出现的特定时刻，如某人结婚之时。这种规定常常与附期限的民事法律行为相联系。第四，规定以某人提出请求的时间为准。这种期间并没有具体确定一定的期间或期日，而是由一方当事人来决定。例如，债务履行期限以一方当事人的请求为准。

（二）期间的具体计算方法

期间的具体计算方法主要有两种：第一，历法计算法，即以日历所定的日、星期、月、年为依据。第二，自然计算法，是以实际时间精确地进行计算的方法，即以时、分、秒开始起算的方法。例如，从 2022 年 3 月 1 日 5 时至 12 时。《民法典》第 200 条规定：“民法所称的期间按照公历年、月、日、小时计算。”从该规定来看，我国民法典兼采上述两种计算方法。

（三）期间的开始和截止

关于期间的开始，《民法典》第 201 条规定：“按照年、月、日计算期间的，开始的当日不计入，自下一日开始计算。按照小时计算期间的，自法律规定或者当事人约定的时间开始计算。”该条确立了两项规则：第一，历法计算法中期间开始的规则。即在历法计算法中，开始的当日不计入期间，而是从下一日开始起算期间。[②] 第二，自然计算法中期间的开始规则，即自法律规定或者当事人约定的时间开始计算。例如，当事人约定 48 小时内还款，那么就应当从当事人约定的时间开始计算 48 小时。

关于历法计算法中期间的截止，依据《民法典》第 202 条的规定，到期月的对应日为期间的最后一日，如果没有对应日，则以月末日为期间的最后一日。《民法典》第 203 条第 1 款规定，“期间的最后一日是法定休假日的，以法定休假日结束的次日为期间的最后一日”。此处所说的“法定休假日”，包括法定的节假日和双休日。例如，双方约定 3 月底还款，如果 3 月的最后一天是星期六、星期日或者其他法定休假日的，则以休假日的次日为期间的最后一日。

关于自然计算法中期间的截止，《民法典》第 203 条第 2 款规定：“期间的最

---

① 参见石宏主编：《中华人民共和国民法总则条文说明、立法理由及相关规定》，北京大学出版社 2017 年版，第 485 页。

② 参见石宏主编：《中华人民共和国民法总则条文说明、立法理由及相关规定》，北京大学出版社 2017 年版，第 481 页。

后一日的截止时间为二十四时；有业务时间的，停止业务活动的时间为截止时间。”例如，双方当事人约定的还款期限为本月的最后一天，则最终的还款时间应当是本月最后一天的 24 时。但对一些有确定营业时间的主体，如某银行的业务时间为上午 9 点至下午 5 点，则应当将截止时间定为当天的下午 5 点。

▶即测即评

▶案例资源

第二编 物　权

第一章　物权与物权法概述

第一节　物 权 概 述

一、物权的概念和特征

物权是指权利人对特定物所享有的直接支配和排他的权利。《民法典》第114条规定："民事主体依法享有物权。物权是权利人依法对特定的物享有直接支配和排他的权利，包括所有权、用益物权和担保物权。"依据这一规定，物权具有如下特征：

第一，物权就其本质而言，仍然是一种人与人之间的财产关系，而不纯粹是人与物之间的关系。从民法上看，物权关系作为一种法律关系，乃一种人与人之间的社会关系，并且是以一定的权利义务为内容的社会关系。虽然物权是权利人直接支配特定物的排他的权利，但物权本质上不是人对物的关系，而是人与人之间的法律关系。

第二，物权的主体是特定的权利人。在物权关系中，权利人是特定的，而义务人是不特定的第三人。在具体的物权法律关系中，权利人都是指特定的权利人。例如，所有权人、宅基地使用权人、土地承包权人、建设用地使用权人、抵押权人、留置权人等，上述物权主体都可以通过"权利人"这一概念加以概括。

第三，物权的客体主要是有体物。物权与债权、知识产权等相区别的重要标志在于，物权的客体主要是有体物。依据《民法典》第115条的规定，物权的客体主要是动产和不动产，即物权的客体主要是有体物。所谓有体物，是指具有一定的物质形体，能够为人们所感知的物。当然，法律规定权利可以作为物权客体的，应当依照其规定。

第四，物权主要是一种对有体物的直接支配权。所谓支配，是指法律上或事实上的管理或控制。所谓直接支配，强调主体基于自己的意愿对物进行控制和支配，而不需要借助他人行为的辅助。物权人可以依自己的意志对物进行占有、使用或其他方式的支配，无须取得他人同意。权利人对物的控制既包括事实上的控制，也包括法律上的控制。

第五，物权是排他的权利。一方面，物权的排他性要求在一物上不得同时成立多个内容矛盾的物权；另一方面，物权的排他性是指物权具有对抗第三人的效力，权利人之外的任何人都负有不得侵害和妨碍物权的义务。物权的排他性与支配性存在区别，民法典之所以区分物权的排他性与支配性，主要原因在于二者的侧重点不同：物权的支配性强调的是权利人对物的直接支配，虽然这种支配最终仍然体现为人与人之间的关系，即权利人无须借助他人的协助即可实现对物的支配，但是支配性主要强调的还是对物的直接管领和利用；而物权的排他性强调的则是人与人之间的关系，即任何人不得非法干预他人行使物权。

第六，物权是依法享有的权利。即物权取得必须合法，物权的内容、种类、公示方法等必须要由法律进行规定，物权的行使也必须合法。例如，所有权是所有人依法享有的对物的占有、使用、收益、处分的权利，所有权的行使必须依法，表明所有权并非一项绝对的、不受限制的权利，所有权上也负有一定的社会义务。

总之，物权是指权利人对特定物所享有的直接支配和排他的权利，是一项重要的财产权，在我国民事权利体系中居于重要地位。

二、物权的效力

物权的效力是指物权所特有的功能和作用。由于物权的类型不同，其效力也存在一定的区别，但各类物权都具有某些共同的效力，从而使物权表现出与其他权利（如债权）不同的特点。一般认为，物权的效力主要是由如下三方面的效力构成。

（一）物权具有排他性

物权是排他的权利。物权的排他性主要包括以下四个方面的含义：一是所有权的排他性，即同一物之上不得存在两个所有权，亦即一物不容二主。二是他物权的排他性，即同一物之上不得成立两个在内容上相互矛盾的他物权。物权的排他性不仅强调在同一物上不能设定两个所有权，还要求在同一物上不得设定相冲突的他物权，这就确定了设定物权的规则。三是物权的对世效力，即任何人都负有不得侵害物权的义务。物权的效力可以对抗权利人之外一切不特定的人，任何人都负有不得妨碍权利人行使权利的义务。四是物权的不可侵害性。物权人行使权利，有权排除他人的侵害和妨害，在物受到他人侵夺时，权利人还可以对行为人主张物权请求权。当然，物权的排他性是有限度的，而不是绝对的、无限的。

（二）物权具有优先性

物权的优先性，包括两个方面：

一是对外的优先性，是指在同一标的物之上同时存在物权和债权时，物权优先。例如，享有担保物权的人与普通债权人相比具有在标的物变价后优先受偿的权利。由于担保物权具有优先受偿的效力，因而在破产程序进行中，其可以产生别除权的效力。

二是对内的优先性。对内的优先性，又称物权的对内效力，是指物权相互之间的效力。同一物上有多项其他物权并存时，应当根据法律规定和物权设立的时间先后确立优先的效力。《民法典》第 414 条第 1 款确立了同一物上各个抵押权的优先顺位规则，也是物权对内优先性的具体体现。

需要指出的是，在某些情况下，法律基于社会公共利益等因素的考虑，可以规定某些发生在后的物权有优先于发生在先的某些物权的效力，《民法典》第 456 条规定："同一动产上已经设立抵押权或者质权，该动产又被留置的，留置权人优先受偿。"此种规定可以说是"先来后到"规则的例外。

（三）物权具有追及效力

所谓追及效力，是指物权的标的物不管辗转流通到什么人手中，所有人均可依法向物的占有人索取，请求其返还原物。物权的追及效力是由物权的对世性和绝对性决定的，其义务主体是除权利人以外的所有人。物权追及效力不仅适用于所有权，也可以适用于用益物权和担保物权。例如，《民法典》第 406 条允许抵押人转让抵押财产，并规定抵押权不因抵押财产转让而受到影响，这实际上认可了抵押权的追及效力。

物权的追及效力强调物权人对标的物的追及效力，是物权请求权所不能完全概括的。物权请求权是物权追及效力在制度层面的具体化，追及效力是物权请求权中返还原物请求权产生的基础，但并不是说它应当包括在返还原物请求权之中。所以，不应将追及效力概括在物权请求权之中。但物权的追及效力并不是绝对的，要受到法律上的限制，如受到善意取得的限制。

三、物权的分类

（一）所有权和他物权

依据《民法典》第 114 条的规定，物权可以分为所有权和他物权，后者包括用益物权和担保物权。所有权是指所有人依法享有的对其财产进行占有、使用、收益和处分的权利，是所有人在法律规定的范围内独占性地支配其财产的权利。所有权制度是物权制度中的核心内容。从形态上说，所有权又可分为国家所有权、集体所有权、私人所有权。

他物权又称定限物权，是指根据法律规定和当事人的约定，由非所有人在所有人的财产上享有的占有、使用和收益权以及在特殊情况下依法享有一定处分权的物权。他物权是由所有权派生出来的权利，以所有权的存在为前提。他物权与所有权一样，都具有直接支配并排除他人干涉的性质，同样能够产生优先和追及的效力。他物权与所有权的区别主要体现为：

第一，权利主体不同。所有权的权利主体是所有人，义务主体是非所有人，即除所有人以外的自然人、法人和其他主体。而他物权的权利主体只能是所有人以外的其他权利人。他物权因一定的法律事实产生而由所有人享有时，将因所有权与他物权的混同导致他物权的消灭，此时，所有权即恢复其完整状态。不过，在他物权设定以后，尽管所有人不能实际占有、使用其财产，但仍然享有对其财产的最终处分权，也可以享有对财产的收益权。

第二，权利内容不同。所有权人对其物享有占有权、使用权、收益权和处分权，因而称为“完全物权”，而他物权的内容则是受限制的、不完全的。非所有人享有他物权以后，一般只能对标的物享有占有、使用和收益的权利；没有法律依据或所有人授权，不能行使处分权。非所有人行使财产的处分权，既受到法律的限制，也受到所有权人意志的限制。非所有人必须依据法律规定行使其权利。

第三，权利的存续期限不同。所有权原则上是无期限的权利，只要作为权利客体的物存在，所有权就可存续。而他物权一般有一定的存续期限，如果他物权是通过合同的方式取得的，则其只能在合同约定的期限内存在，合同终止，这种物权随之消灭。许多他物权在期限上相对于所有权而言是短暂的，因而这些物权都是有期物权。

（二）用益物权和担保物权

依据对物的利用内容的不同，可以将他物权区分为用益物权和担保物权，这是对他物权所作出的进一步划分。所谓用益物权，依据《民法典》第 323 条，是指非所有人对他人之物所享有的占有、使用、收益的排他性权利。《民法典》物权编在第三分编中规定了用益物权。所谓担保物权，依据《民法典》第 386 条，是指为了确保债务的履行而对他人提供担保的物或权利的价值所享有的权利。《民法典》物权编在第四分编中规定了担保物权。

用益物权与担保物权主要具有如下区别：一是用益物权是以对标的物使用、收益为目的的权利，权利人设立该权利的目的是获取使用价值，因而用益物权又可称为“使用价值权”；而担保物权则侧重于对标的物交换价值的支配，它不以对物的实体进行利用为目的，而是通过支配物的交换价值保障其所担保的债权获得圆满实现。二是用益物权除地役权以外，都是主权利；而担保物权因其主要是为担保主债权的实现而设定的，因此都是从权利。三是二者的存续期限是否具有确定性不同。为了保障权利人对物持续地利用，用益物权的期限具有确定性，而且期限通常较长；而担保物权以担保债权的实现为目的，债权一旦获得清偿，担保物权即消灭。

（三）动产物权、不动产物权和以权利为客体的物权

依据物的客体的不同，可以将物权区分为动产物权、不动产物权和以权利为客体的物权。所谓动产物权，是指以动产为客体的物权，如车辆、船舶、机器的

所有权等；所谓不动产物权，是指以不动产为客体的物权，如土地所有权、土地使用权等；所谓以权利为客体的物权，主要是指在权利之上设立的物权，如权利质权、建设用地使用权抵押权等。这种分类的主要意义在于：一方面，在动产之上通常只能设立所有权和担保物权，甚至在传统的物权法中，动产只能出质而不能设定抵押，动产之上一般不能设立用益物权，而不动产之上则可以设立用益物权。另一方面，物权变动的公示方法不同，动产物权变动的公示方法通常为交付，而不动产物权变动则主要采取登记的公示方式。

（四）主物权和从物权

主物权是指本身独立存在的物权，如所有权、建设用地使用权、承包经营权、宅基地使用权等；从物权是指从属于主权利的物权，如地役权、抵押权、质权等。主物权与从物权的区别主要表现在：主物权独立存在，其变更、转让不受其他物权的影响；而从物权只能依附于主权利而存在，具有从属性，包括成立的从属性、处分的从属性以及消灭的从属性等。

四、物权法的概念和体系

（一）物权法的概念

物权法是指确认物的归属、促进物尽其用和保护物权的法律。物权法对物的归属和利用关系的调整及其功能的发挥，主要是通过确认和保护物权的方式实现的。物权法有广义和狭义两种含义。从广义上看，物权法是指所有调整因物的归属和利用而产生的民事关系的法律规范的总称；从狭义上看，物权法仅指《民法典》物权编。《民法典》物权编是物权法律制度的核心，也是解释、适用物权法律规范的基础。因此，物权法的研究应当重点围绕《民法典》物权编展开。

从功能来看，我国物权法是维护社会主义基本经济制度的法律规范，通过对物的归属和利用关系的调整，确认和保护物权。物权法主要解决三个方面的问题，即物是谁的、如何利用物、如何保护物。因此，物权法也是确认产权、促进物尽其用和保护物权的法律。

（二）《民法典》物权编的体系

《民法典》物权编的体系主要由通则、所有权制度、用益物权、担保物权、占有制度构成。通则是指物权的一般规则和共同规则；所有权制度具体包括一般规定，国家所有权、集体所有权、私人所有权，业主的建筑物区分所有权，相邻关系，共有，所有权取得的特别规定等内容；用益物权主要包括土地承包经营权、建设用地使用权、宅基地使用权、居住权、地役权，也包括海域使用权、探矿权、采矿权、取水权和养殖捕捞权等准用益物权；担保物权包括一般规定、抵押权、质权、留置权；占有制度包括一般规定，占有的取得、变更与消灭，占有的效力，占有的保护等。

第二节 物权法的基本原则

一、平等保护原则

《民法典》第207条规定：“国家、集体、私人的物权和其他权利人的物权受法律平等保护，任何组织或者个人不得侵犯。”该条即物权法平等保护原则。该原则的内涵是：无论何种主体，只要其享有物权，其物权在法律上地位平等，依法享有相同权利；物权受到侵害后，应当受到物权法平等保护。党的二十大报告强调，“坚持和完善社会主义基本经济制度，毫不动摇巩固和发展公有制经济，毫不动摇鼓励、支持、引导非公有制经济发展”。平等保护原则就是“两个毫不动摇”原则的法律表现。只有坚持平等保护原则，才能让亿万人民群众专心创新，放心置产，大胆投资，安心经营；才能对各类市场主体一视同仁，营造公平竞争的市场环境、政策环境、法治环境。

物权的平等保护原则包括如下三方面内容：一是法律地位平等，即民事主体在物权法中具有平等地位，这是我国宪法所确认的法律面前人人平等原则的具体体现；二是适用规则的平等性，即除了法律有特别规定外，任何主体在取得、设定和移转物权时，都应当遵循共同的规则；三是保护的平等性，即在物权归属发生争议后，针对各个主体都应当适用平等的规则解决纠纷。在物权受到侵害后，各个物权主体都受到法律平等保护。

平等保护原则是我国民法基本原则在物权法中的具体体现，是物权法的鲜明特色，对维护社会主义基本经济制度、激励社会财富的创造与利用具有重要意义。具体来说，按照《宪法》第6条的规定，我国目前处于社会主义初级阶段，实行以公有制为主体、多种所有制经济共同发展的基本经济制度，平等保护原则使各类市场主体的物权能够获得平等保护，从而使得每个主体都能进行平等交易和公平竞争，这亦是平等保护原则最核心的意义。平等保护原则彰显了我国对市场经济和改革开放的确认与维护，从而充分鼓励民事主体参与市场活动。

在具体案件中，物权受到侵害的情况千差万别，对物权的保护也必然会有所差异，这并不违背物权法上的平等保护原则，因为平等保护原则强调无区分、无差别和无歧视的保护理念，并非对所有的物权都给予整齐划一的保护。

二、物权法定原则

物权法定原则，是指物权的种类、内容应由法律明确规定，而不能由法律之外的其他规范性文件确定，也不能由当事人通过合同任意设定。这里的“法”乃狭义的法律，即全国人民代表大会及其常务委员会颁布的法律，而不包括其他位阶的法律（如国务院制定的行政法规以及地方人民代表大会及其常务委员会制定的地方性法规）。物权法定原则虽然并未规定在《民法典》物权编之中，而规定在总则编第 116 条，但其同样是物权法的基本原则。法律之所以规定物权法定原则，主要是因为物权具有对世性，这决定了应当对物权的种类进行必要的限定，如果允许当事人任意创设物权，有可能影响物尽其用。物权法定原则对于准确地界定物权、定分止争和维护社会秩序，都具有十分重要的意义。

物权法定原则主要包括两方面内容：一是物权种类法定。所谓物权种类法定，是指哪些权利属于物权，哪些权利不属于物权，要由法律规定。物权必须由法律设定，而不得由当事人随意创设。二是物权内容法定。所谓物权内容法定，是指物权的内容由法律规定，当事人不得创设与法定物权内容不符的物权，也不得自由约定物权的内容。这里强调的是当事人不得作出与法律关于物权内容的强行性规定不符的约定。

物权法定原则具有强制性，违反物权法定原则的法律后果应当区分以下情形分别确定：一是违反物权种类法定的法律后果。如果当事人的约定违反物权种类法定，则不产生创设物权的效力，但当事人之间的约定仍然可能具有其他效力（如合同法上的效力）。二是违反物权内容法定的法律后果。当事人是否违反物权内容法定要依据具体情况来确定：如果该内容属于该物权的基本内容，则不能由当事人随意创设；如果当事人在合同中对所有权或其他物权的行使进行了某些限制，尽管这些限制没有明确的法律依据，但这些限制没有改变物权的基本内容，则不能认为当事人的这些约定都是无效的。

三、公示、公信原则

《民法典》第 208 条规定：“不动产物权的设立、变更、转让和消灭，应当依照法律规定登记。动产物权的设立和转让，应当依照法律规定交付。”该条对公示、公信原则作出了规定。

（一）公示原则

公示原则，是指物权的设立、变动必须依据法定的公示方法予以公开，使第三人能够及时了解物权的变动情况。法律之所以规定公示原则，主要基于两方面原因：一方面，物权的设立、变更可能涉及第三人的利益和交易安全，需要将物权设立、移转的事实通过一定的公示方法向社会公开，从而使第三人知道物权变动的情况；另一方面，物权（特别是不动产物权）的设立与变更涉及公共利益，包括税收以及国家经济运行的数据统计，公示原则无疑有助于国家更好地了解经济运行状况。

物权的公示方法必须由法律明确规定，而不能由当事人随意创设，不动产物权一般以登记为公示方式，动产则以交付（占有）为物权变动公示方式。当然，某些物权也不需要公示：首先，某些特定的物权不需要公示，例如，《民法典》第 209 条第 2 款规定："依法属于国家所有的自然资源，所有权可以不登记。"其次，某些民事法律行为之外的法律事实引发的不动产物权，也不以登记作为取得物权的唯一方式。例如，《民法典》第 230 条规定："因继承取得物权的，自继承开始时发生效力。"再如，《民法典》第 231 条规定："因合法建造、拆除房屋等事实行为设立或者消灭物权的，自事实行为成就时发生效力。"在上述情形下，不动产物权的变动并不需要采用登记的公示方式。最后，某些动产物权的设立并不需要进行公示。例如，依据《民法典》第 403 条的规定，动产抵押权自抵押合同生效时设立，其并不需要采用特定的公示方法。

（二）公信原则

公信原则，是指基于法定的公示方法公示的权利状态，相对人有合理的理由相信其为真实，并与登记权利人进行了交易的，对这种信赖法律应当予以保护。例如，在借名买房的情形下，甲借助乙的名义购买房屋，并将房屋登记在乙的名下，后乙擅自将该房屋卖给了丙，而丙并不知道甲乙之间借名买房的事实，查阅登记簿发现该房屋登记在乙的名下，于是双方成交并过户。在这种情况下，丙的合理信赖应当受到保护。这是因为，如果此时登记公示不能产生公信力，不仅将使登记制度形同虚设，也不利于交易安全的维护。严格地讲，占有与登记都具有公信力，不过登记的公示方式借助公权力的可靠性与登记簿的稳固性，其公信力要明显强于占有，但并不能据此否定占有的公信力。

公信原则包括两方面内容：一是公示所显示的权利人，在法律上推定为真正的权利人。不动产登记簿是不动产归属的依据，在某些情况下，可能会发生登记簿记载内容与产权证书不一致或者登记记载的内容与真实的权利状况不一致的情形，此时，首先应当以登记簿作为产权确认的依据，如果有人主张登记簿记载错误，应当由其承担相应的举证责任。这就是所谓权利的正确性推定规则。也就是说，凡是记载于登记簿的权利人，法律上就推定其为权利人。二是凡是基于信赖公示所记载的权利而与权利人进行的交易，在法律上就应当受到保护；即便权利的外观与真实的情形不符，第三人信赖也应受到法律的保护。例如，在办理抵押登记之后，抵押登记记载的主债权范围为 300 万元，而抵押合同约定的主债权范围为 500 万元。在此情况下，如果存在后顺位的抵押权人，该抵押权担保的主债权范围应当以登记簿记载的 300 万元为准，而不能以抵押合同的约定为准。当然，如果当事人有充足的证据证明登记簿所记载的权利有误，并主张其是真实的权利人，则其有权请求法院重新确权。公信力仅在涉及第三人时发挥权利外观的作用，并不能据此认定当事人确实享有权利。

第三节　物权的保护

一、物权确认请求权

物权确认请求权，是指利害关系人在对物权归属和内容发生争议时，请求确认物权归属、明确权利内容的权利。《民法典》第 234 条对物权确认请求权作出了规定。物权的确认包括两方面的内容：一是对物权归属的确认。如果物权的归属不清，则无法适用物权的保护方法，因此，确权是保护的前提。二是对物权内容的确认。所谓对物权内容的确认，是指当事人对物权的内容发生争议以后，请求法院对物权的内容加以确认。

物权确认请求权的行使主体应当限于利害关系人，包括真正权利人、对物主张权利的人以及与他们具有债权债务关系的人。行使物权确认请求权必须向有关机关或法院提出，并最终由法院确权。在就物权的归属发生争议的情况下，可以向登记机构要求办理更正登记；也可以直接向法院提出确权之诉，请求确认物权的归属和内容，这是解决争议的最终途径。

二、物权请求权

1. 物权请求权的概念和特点

物权请求权是指权利人为恢复物权的圆满状态或者为防止侵害发生，请求义务人返还原物、排除妨害、消除危险、恢复原状的权利。物权请求权是依附于物权的请求权，其只有在物权受到侵害或因他人行为导致物权人不能圆满支配其物权的情形下才能成立。

物权请求权具有如下特点：第一，物权请求权是物权法保护物权的特有方法。物权请求权是一种基于物权产生的、保护物权的请求权，也是物权法为保护物权特别设定的一种方法。第二，物权请求权与物权是不可分离的。物权请求权与物权具有共同的命运，随着物权的产生而产生，随着物权的转移而转移，物权消灭时物权请求权亦不复存在，物权请求权不能单独转让。第三，物权请求权主要是为了恢复对物的圆满支配状态。物权请求权之所以不同于侵权请求权，是因为其主要目的是恢复对物的圆满支配。物权请求权通常是与有体物的保护联系在一起的，其行使旨在恢复对有体物的支配。第四，物权请求权行使的方式主要包括四种，即返还原物、排除妨害、消除危险和恢复原状。

2. 物权请求权与侵权损害赔偿请求权

在物权受到侵害的情况下，权利人既可以依据物权请求权提出请求，也可以依据侵权损害赔偿请求权提出请求。但两种请求权存在一定的区别，具体表现在：

第一，功能不同。物权请求权和侵权损害赔偿请求权对物权保护的侧重点不同。物权请求权行使的方式主要是请求返还原物、请求侵害排除和请求侵害防止，其目的在于排除物权受侵害的事实或者可能，恢复或者保障物权的圆满状态；侵权损害赔偿的目的是填补物权人无法通过行使物权请求权而遭受的损失。一般而言，当物权受到侵害或者有遭受侵害的可能时，权利人既可以依据物权请求权提出请求，恢复其物权的完满状态，也可以依据侵权损害赔偿请求权提出请求。由此可见，物权请求权和侵权损害赔偿请求权是两种不同的对物权的保护方法，从不同的角度对物权损害予以不同的救济，两者可以独立适用，也可以结合适用。

第二，责任的构成要件不同。一般侵权行为的受害人要行使基于侵权行为的请求权必须适用过错责任原则。如果适用物权请求权，权利人要求侵害人返还财产、停止侵害、排除妨害，都不需要证明相对人具有过错。从危害后果上看，在物权的保护中，行使侵权损害赔偿请求权的前提是存在损害赔偿之债，损害赔偿之债要求加害人造成了受害人的财产损失，没有损失就没有赔偿。但是，物权人行使物权请求权的前提是物权受到侵害或者有遭受侵害的可能，而不以造成财产损失为前提。

第三，是否适用诉讼时效不同。物权请求权一般不适用 3 年的普通诉讼时效的规定，因为物权请求权通常适用于各种继续性的侵害行为，侵害和妨害行为通常是持续不断的，例如，非法占有他人的财产，只要没有返还，物权就仍然处于遭受侵害的状态。但侵权损害赔偿请求权要适用 3 年的普通诉讼时效的规定。

第四，对物权保护的效力不同。物权请求权来源于物权，是物权效力的内容；侵权损害赔偿请求权在性质上为债权，属于债权的内容。在某些情形下，物权请求权的效力优先于债权请求权。例如，在破产程序中，所有人基于返还原物请求权对其物享有取回权，这种取回权优先于一般债权受到保护。如果只允许所有人采用侵权损害赔偿请求权的方法保护自己的物权，就只能以一般破产债权人的身份按比例受偿，其效力显然不及物权请求权。

3. 物权请求权的类型

《民法典》物权编所规定的物权请求权主要包括以下四种：

（1）返还原物请求权。返还原物请求权，是指权利人对无权占有或侵夺其物的人，有权请求其返还占有物。返还原物请求权具有如下特征：一是返还原物请求权的主体应为失去对物的占有的物权人。二是物权人请求返还原物应以原物的存在为前提。物权人请求返还原物的前提是原物依然存在。如果原物已经灭失，返还原物客观上已经不可能，物权人就只能要求赔偿损失，而不能要求返还原物。三是返还原物请求权行使的直接法律效力是标的物占有的移转，而且占有一旦发生移转，则物权人行使返还原物请求权的目的即已达到。四是返还原物不仅包括返还原标的物，还包括返还孳息。

（2）排除妨害请求权。排除妨害请求权是指当物权的享有和行使受到占有以外的方式妨害时，物权人对妨害人享有请求其排除妨害、使自己的权利恢复圆满状态的权利。排除妨害的请求权行使必须符合如下构成要件：一是被妨害的标的物仍然存在且由物权人占有。二是妨害人以占有以外的方法妨害物权人行使所有权。所谓“妨害”，是指以占有以外的方法，侵害物权或妨碍物权人行使其所有权。例如在他人的房屋边挖洞危及房屋的安全。三是妨害是不合法的，或者超越了正常的容忍限度。如果行为人实施某种行为具有法律上或合同上的依据，即便对物权人构成妨害，物权人也不得请求行为人排除妨害。

（3）消除危险请求权。消除危险请求权，是指行为人的行为可能造成对他人的妨害，并且构成一定的危险，权利人有权请求消除已经存在的危险。例如，某人的房屋即将倒塌，对周围邻居的房屋形成了危险。《民法典》第 236 条规定：“妨害物权或者可能妨害物权的，权利人可以请求排除妨害或者消除危险。”可能妨害物权或者已经妨害物权的，权利人可以请求消除危险。此处的危险必须是可以合理预见的，而不是主观臆测的。同时，危险必须确实存在且有对他人财产造成损害的可能。危险的发生既可能构成未来的危险，也可能构成现实的妨害。

（4）修理、重作、更换等恢复原状请求权。恢复原状是指行为人导致他人财产损害后，应当采取各种措施，使财产恢复原有的状态。它主要是指在物遭受侵害之后，如果能够通过修理、重作等方式恢复原状，应该采用各种方法使得这些物恢复到原有的状态，从而使得权利人恢复对物的圆满权利状态。

恢复原状请求权的特点表现为：一是此种请求权通常在权利人的动产或者不动产造成毁损的情况下被采用。如果财产造成毁损之后，在经济上可以利用，并且权利人可以继续利用，则行为人应当采取措施以恢复财产的原状，但如果财产已经造成了灭失或者无法恢复原状，或者恢复原状费用过高，则不能采取恢复原状的方法。二是恢复原状的方式因动产和不动产遭受侵害而有区别。对于造成动产毁损的，主要采取三种方式，即修理、重作、更换。三是恢复原状的目的是要恢复物权人对物权的圆满支配状态。在所有人的物受到他人侵害的情况下要充分保障所有人的利益，仅仅通过损害赔偿的方法并不能满足受害人的利益要求。尤其是被毁损的物并不是替代物，而是特定的、在市场上难以购买到的，采用损害赔偿的方法并不一定对受害人有利，此时，允许受害人请求恢复原状，受害人便可以基于自身利益的考虑，在请求赔偿损害与请求恢复原状之间作出选择。四是恢复原状应当考虑到在经济上是否合理。动产在发生毁损的情况下，虽然可以修理或者重作，但如果在经济上极不合理，修理和重作的费用远远超过了更换新的替代物的经济价值，则应当考虑加害人的赔偿成本，允许其以同等质量的替代物履行恢复原状的义务。

此外，在物权受到侵害的情形下，依据《民法典》第238条规定，权利人也可依法请求侵权损害赔偿。此处所说的“依法”是指依据《民法典》侵权责任编的规定，即依据该编可以请求行为人承担侵权损害赔偿责任。

▶即测即评

▶案例资源

第二章　物权变动

第一节　物权变动概述

一、物权变动的概念

物权变动是指物权的设立、变更、转让和消灭。在市场经济社会，最为常见的就是基于双方法律行为即合同发生的物权变动。物权变动是对现实交易的反映，绝大多数交易都以物权的归属为交易的前提，并以物权的变动为交易的后果。可以说，物权变动是市场交易的基本表现形式，许多交易过程就是物权变动过程。物权变动包括物权的设立、物权的变更、物权的转让和物权的消灭四种类型。

二、物权变动的模式

从比较法上看，物权变动的模式主要有如下两种：其一，意思主义。它是指仅凭当事人的债权意思（如当事人达成合意）就发生物权变动的效力，而不以登记或交付为其成立或生效要件。其二，形式主义。它是指除了债权意思以外，当事人还必须采用登记或交付的法定方式，才能产生物权变动效力，又分为物权形式主义和债权形式主义。物权形式主义又称物权行为，是指物权变动法律效果的发生，除了有债权意思以外，还必须有物权变动的意思表示（物权契约），并采用登记或交付的法定方式。债权形式主义，是指物权变动法律效果的发生，除了债权意思以外，还必须采用登记或交付的法定方式，但是并不需要作出物权变动的意思表示。这种模式又称意思主义与登记或交付相结合的物权变动模式。

依据《民法典》第 209 条第 1 款和第 224 条的规定，我国物权变动采“合意加公示”的模式，实际上确立了一种以债权形式主义为原则，以公示对抗主义为例外的多元物权变动模式。采取“合意加公示”模式的主要理由在于：一方面，为了保护交易安全和秩序，物权变动原则上不能仅依据当事人的合意产生，还必须依法公示；另一方面，从我国的实际情况来看，采取此种模式更符合我国的民事立法传统，符合我国现实生活常情。此种立法模式能够有效地、平等地保护交易当事人的利益，兼顾出卖人和买受人的利益，并平等地保护其权益。

第二节 基于法律行为的物权变动

一、基于法律行为的物权变动概述

基于法律行为的物权变动，是指当事人基于合意或者其他法律行为，依据一定的公示方法实施的物权变动。物权的变动可以分为基于法律行为的物权变动和非基于法律行为的物权变动。前者除了要依据法律规定之外，还应当充分尊重当事人之间的私法自治，采取一定的公示方法；后者一般直接依据法律的规定或者事实行为发生物权变动，通常不要求公示。按照物权法定原则，创设物权必须符合法律规定的物权类型和内容，当事人不能在法律规定之外随意创设物权，在法律规定的物权体系内，当事人可以通过合意并完成一定的公示的方法设定物权，具体来说，这一过程可以分为如下两个阶段：

（一）合意

合意，是指当事人就是否设定物权以及物权的内容等方面达成一致的意思表示。由于当事人双方就物权的变动达成合意是物权移转的基础，因而在学理上也常常将物权变动的合意称为基础关系。在市场经济条件下，一般交易都是通过双方的协议来进行的，物权变动也要以合同为基础。当然，在特殊情况下，也可能以单方法律行为作为物权变动的基础。例如，某人将其房产捐助设立基金会，捐助行为性质上为单方法律行为。

（二）公示

物权的变动，依法要通过办理登记或完成交付等公示方法将物权变动的状态对外公开。公示就是要将物权的变动公之于世，或者说将物权变动的合意向社会公众公示。依据《民法典》第208条的规定，物权的公示方法包括不动产的登记和动产的交付。在以法律行为发生的物权变动中，当事人的相关合意不能直接产生物权变动的后果，如果当事人之间仅就物权的变动达成合意，而没有完成公示要件，在当事人之间仅存在债的关系，并没有发生物权变动的效果。当然，《民法典》物权编也规定在例外情况下，某些物权（如土地承包经营权）的设定和移转应采用登记对抗的方式，且规定对自然资源的所有权即使不办理登记，国家也可以享有所有权。

二、基于法律行为的不动产物权变动模式

不动产物权变动模式是指不动产物权产生、变更、消灭的法定方式。由于不动产物权的公示方法是登记，不动产的物权变动主要可以分为两种模式，即登记要件主义和登记对抗主义。

所谓登记要件主义，是指登记是不动产物权变动的生效要件，未经登记，不动产物权不发生变动。《民法典》第 209 条第 1 款规定：“不动产物权的设立、变更、转让和消灭，经依法登记，发生效力；未经登记，不发生效力，但是法律另有规定的除外。”可见，《民法典》明确了登记要件主义应当成为不动产物权变动的基本原则。例如，在房屋买卖合同中，房屋所有权的移转应当自办理变更登记时发生，如果出卖人只是将房屋交付买受人，房屋所有权并没有发生变动。

所谓登记对抗主义，是指未经登记，物权的变动在法律上也可有效成立，但不能对抗善意第三人。我国民法典在例外情况下采登记对抗主义，例如，《民法典》第 335 条规定：“土地承包经营权互换、转让的，当事人可以向登记机构申请登记；未经登记，不得对抗善意第三人。”

两种不动产物权变动模式的主要区别在于：一是登记是否为物权变动的生效要件不同。根据登记要件主义，只有依法办理登记，物权才能够有效地发生变动；而按照登记对抗主义，即使没有办理登记，当事人之间仍然可以发生物权的变动，只不过该物权只在当事人之间发生效力，而不能对抗善意第三人。二是登记是否为强制性的要件不同。在登记要件主义模式下，登记是一种强制性的规范，实际上属于物权法定内容的一部分；而在登记对抗主义模式下，当事人即便没有办理登记，也可以发生物权的变动，是否登记可以由当事人自愿选择。三是是否要考虑善意第三人不同。在登记要件主义模式下，以登记作为物权变动的要件，一旦发生登记，则登记记载的权利人就是法律上的权利人，可以对抗任何第三人；而在登记对抗主义模式下，其适用要求考虑第三人主观上是否善意，如果第三人是善意的，则受让人享有的物权不能对抗该第三人。四是适用范围不同。依据《民法典》第 209 条第 1 款的规定，我国的不动产物权变动实际上采取了以登记要件主义为一般原则、登记对抗主义为例外的做法，登记对抗主义模式只能适用于法律特别规定的情形。

第三节 不动产登记

一、不动产登记概述

不动产登记是指国家登记机构将不动产物权变动的事项记载于不动产登记簿并供公众查阅的行为。换言之，不动产登记是指专门的登记机构根据登记申请人的申请，依照法定的程序，对其不动产物权的设立、变更、转让和消灭的情况在不动产登记簿上进行记载并供不特定的第三人查阅的行为。

不动产登记主要适用于不动产物权的变动。登记是一种公示方式，即将不动产物权变动的事实向社会公开，以便于他人查阅；登记也有利于界定产权、解决纷争，维护交易安全和秩序，提高物的利用效率。

二、不动产登记簿与权属证书

所谓登记簿，是指由登记机构依据当事人的申请或者依职权将物权变动以及相关事项记载于其上并予以保管、公示的特定簿册。《民法典》第216条规定："不动产登记簿是物权归属和内容的根据。不动产登记簿由登记机构管理。"如果是不动产权属登记，一旦将登记的事实记录在登记簿中，登记机构应该向登记权利人发放权属证书。不动产登记簿是权利人就不动产所享有的权利及其内容的根据。登记簿应当具有统一性、权威性，详细记载与不动产物权变动相关的事项。登记簿应当对外公开，权利人和利害关系人有权查阅。不动产登记机构应当依法将各类登记事项准确、完整、清晰地记载于不动产登记簿。

所谓权属证书，是指证明物权的凭证。权属证书也可以作为权利存在的证据，但它不是确权的主要依据。即使将权属证书移转给他人占有，如果登记簿的内容中没有记载物权变动，物权本身也不发生变动。证书的占有人不能以其占有了权属证书来主张某项物权。权属证书必须根据登记簿内容来制作，其必须与登记内容完全一致。在权属证书与登记簿不一致的情况下，依据《民法典》第217条的规定，在权属证书所记载的信息与不动产登记簿所登记的信息不一致的情形下，由于不动产权属证书是依据不动产登记簿制作的，因此，除非当事人有证据证明不动产登记簿确有错误，应当按照不动产登记簿所登记的信息确定不动产的归属。

依据《民法典》第211条的规定，当事人在提出登记申请时，应当提供不动产的权属证明和不动产界址、面积等必要的材料。同时，登记机关必须按照当事人的申请来办理登记，不得超出当事人提出的申请范围来办理有关登记手续。依据《不动产登记暂行条例》第20条的规定，不动产登记机构应当自受理登记申请之日起30个工作日内办结不动产登记手续。

三、不动产登记的效力

（一）不动产登记的效力概述

所谓登记的效力，是指在登记之后产生何种法律上的效果。《民法典》第209条第1款明确规定："不动产物权的设立、变更、转让和消灭，经依法登记，发生效力；未经登记，不发生效力，但是法律另有规定的除外。"这一条款正式采纳了登记要件作为一般原则，而以登记对抗作为例外。从总体上看，不动产登记主要具有如下三个方面的效力：

一是物权变动的效力。一般来说，以法律行为发生的不动产物权变动，都是从登记之日起发生物权变动的效果。凡是依法需要办理登记的，其不动产物权的变动，都需要依法办理登记，只有从办理登记时起才发生物权的变动。依据《民法典》第 214 条的规定，不动产物权的变动需要办理登记，登记的生效时间应当以记载于不动产登记簿的时间为准。

二是权利推定效力。它是指登记记载的权利人应当被推定为法律上的权利人。在登记没有更正也不存在异议登记的情况下，应推定登记记载的权利人就是物权人。《民法典》第 216 条确认了此种登记的效力。当然，登记可能发生错误，但在未更正错误之前，只能依据登记作出权利人推定。当然，这一权利推定规则只是减轻了登记簿上权利人的证明责任，即登记权利人无须证明登记内容为真，但如果事实上的权利状况与登记内容不一致，则主张重新确权的当事人应当对此不一致情况负担举证责任。

三是善意保护的效力。所谓善意保护的效力，也就是传统民法所谓的“公信力”，是指登记记载的权利人在法律上被推定为真正的权利人，即便以后事实证明登记记载的物权不存在或存有瑕疵，对于信赖该物权的存在并已从事了物权交易的人，法律仍然承认其行为具有与真实的物权相同的法律效果。在登记申请人办理了登记之后，任何人因为信赖登记，而与登记权利人就登记的财产从事了交易行为，符合善意取得的构成要件的，应当受到善意取得制度的保护，取得该不动产的所有权。即便登记记载的内容发生错误，因为信赖公示内容而发生交易的当事人，其信赖也应当受到保护，这有利于维护交易安全。

（二）区分登记的效力与合同的效力

《民法典》第 215 条规定：“当事人之间订立有关设立、变更、转让和消灭不动产物权的合同，除法律另有规定或者当事人另有约定外，自合同成立时生效；未办理物权登记的，不影响合同效力。”该条在民法上称为“区分原则”，即区分合同效力和物权变动的效力。具体而言：一是必须区分合同的效力与登记的效力。根据《民法典》第 215 条的规定，除非法律有特别规定或者合同另有约定，合同一经成立，只要在内容上不违反法律的强行性规定和公序良俗，就可发生效力。合同只是当事人之间的一种合意，并不必然与登记联系在一起，因为登记与不动产物权的变动是联系在一起的，它是不动产物权变动的公示方法。二是未办理物权登记的，不影响合同效力，任何一方违反合同都应当承担违约责任。三是当事人负有依据有效的合同继续办理登记的义务。四是在办理登记之前，不动产物权不会发生变动。

四、登记机构的审查义务

所谓审查义务，是指登记机构在审查有关的登记申请中承担的审查职责。《民法典》第212条规定，“登记机构应当履行下列职责：（一）查验申请人提供的权属证明和其他必要材料；（二）就有关登记事项询问申请人；（三）如实、及时登记有关事项；（四）法律、行政法规规定的其他职责”。依据这一规定，不动产登记机构负有如下职责：一是查验职责。所谓查验，主要是指对申请人提交的材料进行审核，确定其材料的真实性。二是就有关登记事项询问申请人。如果登记机构就登记事项有疑问，应当询问申请人，了解实情。三是实地查看职责。所谓实地查看，是指登记机构对不动产进行实地查验，以确定其权利状况是否与当事人所提交的申请材料相符合。四是如实、及时登记有关事项。所谓如实登记，是指依法将登记事项记载在登记簿或登记系统中，将登记信息真实地予以记载。所谓及时登记，是指在登记机构受理登记申请以后，应当及时办理登记，不得无故拖延。否则，会给登记申请人造成损害。五是法律、行政法规规定的其他职责。

五、登记的查询

登记作为一种公示方法，应当将不动产登记簿记载的事项对外公开，使第三人能够查阅。《民法典》第218条规定：“权利人、利害关系人可以申请查询、复制不动产登记资料，登记机构应当提供。”该条规定明确了权利人和利害关系人查阅不动产登记簿的权利。具体来说，查询主体包括两种类型：一是权利人，即对登记的财产享有财产权的主体。例如，某人将共有的财产登记在其个人名义下，则其他共有人应当属于权利人，有权进行查询。二是利害关系人，即对登记财产享有利益的人。通常情况下，利害关系人在查询不动产登记信息时需要提供证据证明其与相关的不动产具有利害关系。如查询人欲购买或承租登记的房屋，需要了解房屋之上的权属状况，则其应当享有查询的权限。对于毫无交易意愿的人，登记机构没有向其提供查阅登记资料的义务，因为不动产登记信息可能涉及登记权利人的隐私或者商业秘密，一旦泄露可能对登记权利人产生重大不利。因此，《不动产登记暂行条例》第28条规定，“查询不动产登记资料的单位、个人应当向不动产登记机构说明查询目的，不得将查询获得的不动产登记资料用于其他目的”。

需要指出的是，利害关系人在查询相关的登记资料后，对登记资料也负有保密义务，对此，《民法典》第219条明确规定：“利害关系人不得公开、非法使用权利人的不动产登记资料。”

六、几种特殊的登记制度

（一）更正登记

更正登记，是指权利人、利害关系人认为不动产登记簿记载的事项有错误，经其申请，由权利人书面同意更正，或者有证据证明登记确有错误的，登记机构对错误事项进行更正的登记。例如，房屋登记的面积、界址发生错误，经权利人申请，登记机构对相关记载加以更正。

《民法典》第220条第1款规定：“权利人、利害关系人认为不动产登记簿记载的事项错误的，可以申请更正登记。不动产登记簿记载的权利人书面同意更正或者有证据证明登记确有错误的，登记机构应当予以更正。”该规定主要包含两层含义：一是如果权利人以书面形式同意申请人的更正申请，即便申请人尚未提出足够的证据证明登记确有错误，登记机构也应当办理更正登记。二是有证据证明登记确有错误。此处所说的错误既包括登记簿的记载事项与登记的原始文件所记载的事项不一致，也包括登记簿所记载的物权状况与真实的物权状况不一致，在这两种情况下，权利人都有权请求登记机构进行更正登记。在出现登记错误的情况下，当事人既可以向登记机构申请更正登记，也可以通过诉讼的方式由法院判决，依该判决办理更正登记。

（二）异议登记

异议登记，是指利害关系人对不动产登记簿记载的物权归属等事项提出异议而进行的登记。例如，甲认为登记记载在乙名下的房屋其实是甲自己的，并要求将该所有权登记到自己名下。但是乙并不同意，而且甲也暂时无法举出充分的证据，从而导致登记机构拒绝了甲办理更正登记的请求。为了防止在收集证据期间，乙擅自将该房屋处分，甲可以先申请异议登记，以阻止乙将该房屋出卖并为第三人善意取得。

异议登记的主要功能在于：一是保护真实权利人的功能。在对物权归属等产生异议的情况下，允许对不动产享有物权的人向登记机构申请异议登记，在不动产登记簿上注明该物权存在异议，可防止登记簿上记载的权利人实施出卖财产或者将财产设置抵押等妨害真正权利人利益的行为。二是警示功能。如果登记记载的权利人继续处分财产或者将财产设定抵押等，第三人基于对登记簿的信赖，可能就不动产发生转让、抵押等交易。但如果权利人已经申请异议登记，第三人在进行交易时，即可发现该财产的权属可能存在争议，就应知悉与登记记载的权利人从事交易的风险，这对相对人来说也是一种保护。

依据《民法典》第220条规定，异议登记的条件是：一是利害关系人认为不动产登记簿的记载存在错误。一般来说，异议登记的申请人都是利害关系人。二是异议登记以不能办理更正登记为前提。在办理异议登记之前，利害关系人应当首先申请更正登记，只有在权利人不同意或者登记机构拒绝更正的情况下，更正登记申请人才可以提出异议登记。三是在提出异议登记之后，即使登记申请人没有提出足够的证据，登记机构也应当为其办理异议登记。在办理异议登记的情况下，只要申请人能够提供初步的证据证明登记存在错误即可，登记机构即使认为更正登记证据不足，也应当为申请人办理异议登记。

在办理异议登记之后，申请人应当在 15 天内向法院起诉。否则，异议登记即失效。此时，即便异议登记尚未从登记簿上涂销，也应当自动失效，不能发生阻却登记公信力的效力。提起确权之诉后，申请人胜诉的，可以依照《民法典》第 220 条规定，请求登记机关办理更正登记；申请人败诉的，造成权利人损害的，权利人可以向申请人请求损害赔偿。

（三）预告登记

预告登记是与本登记相对应的概念，是指当事人为确保债权的实现、保障将来实现物权等，按照约定向登记机构申请办理的预先登记。依据《民法典》第 221 条的规定，预告登记主要适用于两种情况：一是房屋买卖协议。依据上述规定，当事人签订买卖房屋的合同，可以进行预告登记。此处所说的买卖房屋，包括普通的房屋所有权转让和预售商品房的买卖，商品房预售登记是最典型的预告登记形式。二是其他不动产物权变动协议，如当事人为保障将来设定抵押权而办理的抵押权预告登记。

预告登记本身并不是直接表彰物权变动结果的公示方法，而仅仅是在物权变动过程中为了保障权利人取得物权的一种公示方式。预告登记的效力体现在以下方面：一是保障债权实现的效力。所谓保障债权的实现，是指保障预告登记的债权能够在未来顺利转化为物权，并使未来的物权变动顺利、有序进行。二是对抗第三人的效力。这就是说，经过预告登记的权利可以对抗第三人，阻止其取得与预告登记的权利相冲突的物权。预告登记能够使普通债权产生一种对抗第三人的效力。三是限制物权处分的效力。所谓限制物权处分的效力，是指预告登记之后，原物权人的处分行为受到法律限制。此处所说的“限制物权处分”仅限于法律上的处分。四是确定权利顺位的效力。即预告登记具有确定权利实现顺位的效力。换言之，经过预告登记的权利可以优先于其他权利而实现。

根据《民法典》第 221 条第 2 款的规定，在出现如下两种情况时，预告登记将自动失效：一是债权消灭。由于在预告登记情况下，房屋尚未建成，权利人享有的只是一种债权，如果债权因为某种原因消灭，则预告登记自动失效。二是自能够进行不动产登记之日起 90 日内未申请登记。预告登记设立的目的是保护权利人将来取得物权，在可以办理现房登记的情况下，买受人应当及时办理现房登记，如果其在法定期限内不办理，就表明预告登记的权利应当不再受到保护。

七、登记机构的责任

依据《民法典》第 222 条的规定，登记机构的责任包括如下两种情形：一是当事人提供虚假的权属证书等证明材料申请登记，给他人造成损害，登记机构没有尽到审查职责，从而导致损害的发生。对此，登记机构应当承担赔偿责任。二是因登记机构自身的过错造成登记错误，并致真正权利人损害的，登记机构应当承担责任。例如，登记机构应当实地查看而未查看造成登记错误的，或无正当理由拖延登记时间造成权利人损害的，登记机构应当对其登记错误承担赔偿责任。

如果因登记错误造成真正权利人损害，真正权利人有权请求登记机构承担赔偿责任，此种责任在性质上属于民事责任，而非行政责任。当然，依据《民法典》第 222 条第 2 款的规定，登记机构在赔偿之后，有权向造成登记错误的人进行追偿。

第四节　动产交付

一、动产物权变动概述

《民法典》第 224 条规定："动产物权的设立和转让，自交付时发生效力，但是法律另有规定的除外。"由此可见，在一般情形下，动产物权的变动以交付为生效要件。因此，当事人要完成物权变动，必须依法履行交付的义务，否则，即使合同有效，动产物权也不能设立或发生变动。交付不是一种约定的义务，而是一种法定的义务。在发生物权变动时，当事人不能通过合同随意免除交付的义务，也不能擅自约定交付的方式和交付的效力。

交付分为现实交付和观念交付两种情况。所谓现实交付，是指动产物权的出让人将动产的占有实际地移转给受让人，由受让人直接占有该动产。完成现实交付必须具备两个要件：一是对标的物的实际控制发生移转；二是受让人接受占有。所谓观念交付，是指在特殊情况下，法律允许当事人通过特别的约定，并不现实地交付动产，而采用一种变通的交付办法来代替实际交付。允许观念交付系充分尊重当事人的意志，同时可以减少因实际交付所付出的交易费用，使交易更为便捷。我国《民法典》第 226 条至第 228 条规定了三种观念交付的形式，即简易交付、指示交付和占有改定。

二、交付的特殊方式

（一）简易交付

简易交付，是指动产物权设立和转让前，如果权利人已经依法占有了该动产，就无须再行实际交付，从法律行为发生效力时起直接发生物权变动的效力。依据《民法典》第 226 条的规定，构成简易交付的要件是：第一，动产物权设立和转让前，权利人已经依法占有了该动产；第二，双方实施了某种法律行为，且已经生效；第三，物权自法律行为生效时发生变动的效力。

（二）指示交付

指示交付是指当事人在动产物权设立和转让时，如果该动产已经由第三人占有，则负有交付义务的人可以将其对第三人的返还请求权转让给新的权利人，以代替物的实际交付。依据《民法典》第 227 条的规定，构成指示交付的要件是：一是物权设立和转让前第三人依法占有该动产。例如，在买卖合同订立时，出卖人已将标的物转借给第三人，出卖人指示借用人将标的物交付买受人时，发生交付的效力。二是转让人应对第三人享有返还原物请求权。在指示交付中，转让人转让的返还请求权应当是对特定的第三人的返还请求权。三是双方当事人达成了转让返还原物请求权的协议。如果双方当事人没有达成转让返还原物请求权的协议，无法发生指示交付的效力。四是从双方约定生效时起，请求权发生转让并代替交付。

（三）占有改定

占有改定也称继续占有，是指在动产物权转让时，如果转让人希望继续占有该动产，双方当事人可以订立合同，特别约定由转让人继续占有该动产，而受让人因此取得对标的物的间接占有以代替标的物的实际交付。依据《民法典》第 228 条的规定，构成占有改定的要件是：一是在占有改定之前，转让人已经占有并且希望继续占有标的物；二是双方达成物权变动的合意；三是通过约定由转让人继续占有标的物；四是占有改定自转让合同生效时就发生效力。由于占有改定不发生标的物的实际交付，所以关于占有改定的约定，自合同生效时就发生效力，占有改定生效之后，物权变动即发生效力。

三、船舶、航空器等特殊动产物权的变动

特殊动产，是指船舶、航空器和机动车等动产。因为此类动产不完全适用交付移转所有权的规则，法律上要求其登记，所以，可以将其归入特殊动产的范畴。《民法典》第 225 条规定：“船舶、航空器和机动车等的物权的设立、变

更、转让和消灭，未经登记，不得对抗善意第三人。”这就是说，有关船舶、航空器和机动车等物权的设立、变更、转让和消灭，适用登记对抗主义，可以不经登记而发生物权的变动。其包含如下内容：一是必须实际发生了交付行为。尽管在登记对抗主义模式中不需要办理登记，但仍然需要交付，否则，双方只是形成了债的关系，不能认为双方之间形成了物权关系。二是在登记对抗主义的情况下，并非完全不考虑登记的效力。如果已经办理了登记，登记也可以成为确权的重要依据。三是未经登记不得对抗善意第三人。在通常情况下，善意第三人是指对船舶、航空器和机动车等物权变动不知道或不应当知道的第三人。对特殊动产物权的设立和变动采取登记对抗主义，意味着已经交付但没有办理登记的权利人可以对抗恶意的第三人。所谓恶意第三人，主要是指知道或者应当知道特殊动产物权的变动的第三人。所谓不得对抗，是指物权变动对善意第三人不发生效力。如果符合善意取得的要件，则第三人可以依法善意取得该特殊动产的所有权。

第五节 非基于法律行为的物权变动

非基于法律行为的物权变动，是指因为法律规定的原因，如继承、法院生效判决、征收等事实，导致物权发生变动。

一、非基于法律行为发生物权变动的类型

（一）法院、仲裁机构的生效法律文书对物权变动的影响

依据《民法典》第229条的规定，法院、仲裁机构的生效法律文书可以导致物权变动。此种物权变动应当符合如下条件：第一，必须是法院的生效裁判或仲裁机构的生效裁决。所谓仲裁机构的生效裁决，应当是没有被法院认定为不予执行的仲裁裁决。第二，必须是在实体法上具有在当事人之间形成或创设某种物权变动效果的法律文书，具体包括法院、仲裁机构在分割共有不动产或者动产等案件中作出的改变原有物权关系的判决书、裁定书、调解书，以及法院在执行程序中作出的拍卖成交裁定书、以物抵债裁定书。第三，必须是针对特定的动产和不动产作出的决定。

新的权利人凭借生效法律文书在没有办理登记的情况下也享有物权，可以基于该物权对抗原权利人和原权利人的债权人，也可以基于其享有物权的事实要求登记机关变更登记。而原权利人虽然是登记记载的权利人，但实际上不再享有任何权利。

（二）征收决定

依据《民法典》第229条的规定，征收决定可以发生物权变动，自征收决定生效时发生效力。这里的“生效”具有特定含义，即只有在征收补偿完成之后，被征收人对征收决定未提起行政复议或诉讼，或者提起了行政复议或诉讼后原征收决定被维持的，才能认为征收令已经发生了效力。如果政府一旦作出了征收决定，征收令就生效，物权就要发生变动，将不利于保护被征收人的利益。

（三）继承取得物权

《民法典》第230条规定：“因继承取得物权的，自继承开始时发生效力。”此处所说的继承，包括法定继承、遗嘱继承。依据《民法典》第230条的规定，自继承开始时，就会发生物权变动的效力，即继承人取得继承财产的所有权和其他物权，成为新的物权人。

（四）合法建造房屋、拆除住房、添附等事实行为

《民法典》第231条规定：“因合法建造、拆除房屋等事实行为设立或者消灭物权的，自事实行为成就时发生效力。”该条实际上是对于因事实行为而发生的物权变动所作的规定。事实行为是指不以行为人的意思表示为要素，基于法律的规定而产生一定民事法律后果的行为。合法建造房屋、拆除住房等行为都是事实行为，只要建造房屋的行为完成，或者住房已经被拆除，即使没有办理登记，也可以事实上发生物权的变动。不过，此处所说的合法建造房屋不包括建造违章建筑。依据《民法典》第322条的规定，在发生添附的情况下会发生物权的变动，基于添附这一事实行为所发生的物权变动也属于非基于法律行为发生的物权变动。

二、非基于法律行为的不动产物权变动的登记

非基于法律行为发生的物权变动也应当进行登记，但是在未获得登记时，也应当受到物权法的保护。非基于法律行为发生的物权变动不以动产交付或不动产登记为必要，物权人当然可以行使物权请求权。非基于法律行为而发生的物权变动，新的权利人已取得了物权，此种权利应当受到保护，如果该项物权受到他人侵害，新的权利人也可以行使物权请求权，但为了保障交易安全，新权利人处分不动产物权时应当先办理登记，否则该处分行为不发生物权变动效力。具体而言：一方面，新的权利人依据《民法典》第232条享有不动产物权，依照法律规定需要办理登记的，应当及时办理登记，否则会影响其处分权的实现，使其享有的权利成为一种不完全的所有权。当然，对动产物权而言，并不存在这样的问题。另一方面，依照法律规定需要办理登记，未经登记而处分物权的，不发生物

权变动效力。毕竟按照公示原则，需要登记的物权在发生变动时，必须办理登记，只有在登记的情况下才能够产生公信力，从而保障交易安全。因此，依法应当办理登记的，在办理登记之前，不能实际取得处分权，从这一意义上说，权利人的处分权在此时是受限制的。当然，未经登记并不影响合同的效力，合同仍然有效。

▶即测即评

▶案例资源

第三章　所有权的一般原理

第一节　所有权概述

一、所有权的概念和特征

所有权，是指所有权人依法对自己的财产享有的占有、使用、收益和处分的权利。《民法典》第240条规定："所有权人对自己的不动产或者动产，依法享有占有、使用、收益和处分的权利。"其特征表现在：

第一，所有权的主体为所有权人及除所有权人以外的义务人。其中，所有权人是所有权的权利主体。对某些财产，法律规定只能由特定的主体所有。例如，在我国，土地只能由国家和农村集体组织所有，其他任何组织和个人都不能成为土地的所有权人。所有权的义务主体是除所有权人以外的一切不特定的人，他们都负有不得侵犯所有权人的所有权的义务。

《民法典》物权编从所有制性质出发，规定了国家、集体、私人三种所有权类型。除此之外，《民法典》第270条也规定了社会团体法人、捐助法人的所有权。同时，依据《民法典》第207条的规定，其他权利人的物权受法律保护，这就使得物权主体的范围保持了一定程度的开放性。

第二，所有权的客体仅限于有体物、特定物。一方面，所有权的客体具有有体性，包括动产和不动产，权利本身一般不能成为客体，否则，就会形成所有权之上的所有权，导致所有权本身无法确定。至于智力成果，则属于知识产权的客体。另一方面，所有权的客体必须是有体物，如某辆汽车、某栋房屋，而且该物必须是特定的、独立的。如果所有权的客体不能特定，则权利人根本不可能对物形成特定的支配权。除了法律有特别规定之外，集合物不能作为物权的客体。

第三，所有权是独占的支配权。所有权是一种独占的支配权，即法律赋予所有权人排他的支配力，因而产生了所有权的排他性原则，即一物不容二主，同一物之上只能有一个所有权，而不可能出现两个或多个所有权。一物一权乃所有权人对其物享有完全的、独占的支配权的必然引申，这也是所有权与他物权的区别。

第四，所有权是无期限限制的权利。这就是说，所有权在存续的期限上是不受限制的。首先，当事人不得创设有期限的所有权，如果物权存有明确的期限，则该物权只能是他物权；其次，法律不能为所有权设定存续期限，不存在"暂时性"的所有权；最后，只要标的物持续存在，所有权就一直存在。

第五，所有权是完全物权。根据《民法典》第 240 条的规定，所有权人对自己的不动产或者动产，依法享有占有、使用、收益和处分的权利。可见，所有权人享有的四项权能组成了法定的所有权的内在结构。由于所有权包含了四项权能，因此，所有权权能是完整的。相对于其他物权来说，所有权是“完全物权”。当然，应当看到，随着社会经济生活的发展，所有权的权能也在不断变化，该四项权能也不一定能够完全概括所有权的各项权能。

二、所有权的限制

所有权的限制是指法律对所有权作出的必要限制。在我国，作为一项民事权利，所有权不是不受限制的权利，法律基于公共利益以及他人合法权益、提高物的效益，有必要对所有权进行一定的限制。当然，对所有权的限制，只能基于法律作出，不得由其他规范性文件任意进行限制。

对所有权的限制，主要包括如下几种：

（一）征用

所谓征用，是指国家因抢险、救灾等紧急需要而通过行使征用权，临时使用组织或者个人的财产。依据《民法典》第 245 条的规定，征用应当符合以下条件：

第一，必须出于抢险救灾、疫情防控等紧急需要。在抢险救灾、疫情防控等紧迫的情况下，必须要紧急使用组织和个人的财产。这些紧急需要属于公共利益的范畴，因而国家可以依法征用有关组织和个人的财产。例如，疫情防控期间征用医疗防控物资、设备。正是基于公共利益的需要，征用制度才具有正当性和合法性。同时，征用必须在紧急情况下采用，即政府无法通过正常的市场购买行为来完成，此时只能通过征用的方式。

第二，必须依据法定的权限和程序。根据民法典的规定，即使在紧急情况下也要依照法律规定的权限和程序来行使征用权。因为一方面，这对于规范政府的权力是十分必要的；另一方面，即使在紧急情况下，也需要按照一定的程序进行征用。

第三，征用的对象既包括动产，也包括不动产。例如，因为疫情防控的需要依法征用有关企业生产的口罩等防护物资，或者征用有关场馆、酒店用于安置隔离人员。

第四，征用完毕应当返还，并给予适当补偿。《民法典》第 245 条规定，“被征用的不动产或者动产使用后，应当返还被征用人。组织、个人的不动产或者动产被征用或者征用后毁损、灭失的，应当给予补偿”。具体包括两个方面：一方面，在征用以后，由于被征用的财产并没有移转所有权，如果被征用的财产没有灭失，应当向权利人返还该被征用的财产，或者在紧急状态结束后，应当将被征用之物返还给其权利人。例如，征用了他人房屋的，应当尽快腾空房屋，返还给被征用人。另一方面，应当对被征用人给予补偿。根据《民法典》第 245 条的规定，在征用以后无论是否造成了被征用财产的毁损灭失，都应当给予补偿。如果双方未能达成补偿协议，一般应当考虑财产的价值、被利用的情况、是否造成被征用财产毁损灭失等因素来决定补偿的费用。

（二）征收

1. 征收的概念和特征

征收，是指国家基于公共利益通过行使征收权，在依法给予补偿的前提下，将组织或者个人的财产移转给国家所有。《民法典》第 243 条第 1 款规定："为了公共利益的需要，依照法律规定的权限和程序可以征收集体所有的土地和组织、个人的房屋以及其他不动产。"征收制度是规范公权力、保护民事主体的合法权益的重要制度。依据《民法典》第 243 条，征收具有如下主要特征：

第一，征收必须是为了公共利益。所谓公共利益，是指有关国防、教育、科技、文化、卫生等关系国计民生的利益。为了防止政府行使行政权侵害公民和集体的财产权，法律要求政府行使征收权必须符合公共利益的需要。事实上，政府之所以可以不通过磋商谈判的方式征收个人或集体的财产，根本原因在于征收是为了公共利益的需要。公共利益是行使征收权的正当性和合法性的前提。

第二，征收的主体是国家。征收是一种国家的强制行为，是政府行使征收权的行政行为。只有国家才能利用公共权力对集体或私人的财产进行干预，甚至将其强制性地移转给国家。除国家之外，任何组织和个人都不享有公共权力，因而也不享有征收权。尽管《民法典》第 243 条没有规定征收行为的主体，但物权编有关征收的规定构成对政府行使行政权的规范，表明征收是政府依法实施的行为。

第三，征收是移转所有权的行为。《民法典》第 243 条和第 245 条分别规定了有关征收和征用的内容。征收将导致集体或者个人的所有权移转。从实践来看，只要不发生所有权移转，就不会发生征收问题。例如，严格限制公民砍伐自己栽种的树木，就属于所有权的限制，而不属于征收。又如，如果属于个人所有的住宅受到《文物保护法》的保护，所有权人不得自行拆除，也属于对所有权的限制。

第四，征收必须依法作出补偿。征收虽然在性质上不是交易，作出征收的决定也不遵循自愿的原则，但它必须以补偿为前提，而不能在未支付任何补偿的情况下强制性地移转民事主体的所有权。法律作出此种规定的主要目的是充分保护民事主体的合法权益。

第五，征收的对象主要是不动产。因为动产通常是可以替代的物，如果国家基于公共利益要获得个人的动产，可以从市场购买或者与个人协商购买，而不必通过征收的方式直接发生所有权的变动。依据《民法典》第 243 条的规定，征收的对象主要包括两类：一是集体所有的土地以及集体所有土地之上的土地承包经营权和宅基地使用权等；二是组织和个人的房屋以及其他不动产。根据《民法典》第 338 条的规定，用益物权也可以成为征收的对象。

2. 征收与征用的区别

征收与征用都是国家通过行使行政权，对组织和个人财产所有权进行限制的一种方式，二者具有一定的相似之处：征收、征用都是为了公共利益的需要，且都给予补偿。但两者存在一定的区别，表现在：一是是否移转所有权不同。征收都要移转所有权，而征用属于政府强制使用组织或公民个人的财产，不发生所有权移转的后果。二是是否基于抢险、救灾、疫情防控等紧急需要不同。征用只有在紧急需要的情况下才能适用，而征收则是基于公共利益的需要采取的措施，不以紧急需要的存在为其适用的前提。三是适用对象不同。征收的对象主要为农村土地和城市房屋等不动产权利，一般不包括动产；征用的对象既包括不动产，也包括动产。四是补偿标准不同。由于征收要移转所有权，所以对被征收人造成的损害更大，对被征收人作出的补偿也相应更高一些；而征用只是临时使用，如果没有造成物的毁损、灭失，可以返还被征用物并作出适当的补偿，其一般也不需要考虑被征用财产的市场价格而予以补偿。

3. 征收的条件

（1）基于公共利益的需要。依据《民法典》第 243 条的规定，政府从事征收行为，必须是为了公共利益的需要，而且要以实现公共利益最大化为目的，只有公共利益才是限制私有财产权的重要理由。公共利益是由法律和行政法规规定的，有关国家安全、促进国民经济和社会发展等方面的利益。为了保障公民的财产权，公共利益必须法定化，不能由法官随意解释，也不能由当事人进行约定，同时，公共利益在内涵上应当与国家和社会的整体利益保持一致，它是社会成员多数人的利益，而不是某一个小团体、极少数人甚至个别人的利益。当然，公共利益本身是一个开放的概念，具有不可穷尽性，其类型繁多，且随着社会的发展而不断发展。

（2）符合法律规定的权限和程序。依据《民法典》第 243 条的规定，征收必须依照法律规定的权限和程序进行。这就是说，政府必须在法定的权限范围内实施征收行为，且征收必须按照法定的程序进行。之所以特别强调征收补偿必须依据法定的权限和程序，主要原因在于：一方面，出于充分保护公民财产权的需要。征收是永久性地剥夺公民的财产权利，为了防止一些地方政府及其工作人员以公共利益为名，滥用征收权力，损害被征收人的利益和农民的权益，必须强调遵循法定的程序。另一方面，在征收中严格强调依据法定的权限和程序进行，有利于政府机关依法行政，程序是看得见的正义，只有保障程序公开、公正，才能保证征收行为的合法性。

《民法典》第 244 条规定："国家对耕地实行特殊保护，严格限制农用地转为建设用地，控制建设用地总量。不得违反法律规定的权限和程序征收集体所有的土地。"我国人口众多，可耕地面积少，耕地后备资源不足，因此，国家对基本农田保护实行全面规划、合理利用、用养结合、严格保护的方针，以满足我国未来人口和国民经济发展对农产品的需求，促进农业生产和社会经济的可持续发展。全国耕地的红线保持在 18 亿亩。基本农田保护区经依法划定后，任何单位和个人不得改变土地用途。政府征收集体土地时，必须严格依照法定的权限和程序，不得非法批地、非法占用土地。

（3）依法作出补偿。为了防止行政权对公民财产权的侵害，法律要求征收以补偿为前提，而不能在不支付任何补偿的情况下强制性地移转公民财产的所有权。依法作出补偿对于保护公民的财产权、规范政府征收权的行使具有重要意义。为了充分保障自然人、法人和非法人组织的合法权益，我国民法典就农村土地的征收和城市房屋的拆迁，分别规定了不同的补偿标准。

第一，征收集体所有的土地的补偿。依据《民法典》第 243 条第 2 款的规定，征收集体所有的土地的，一方面，除了足额支付征地补偿费、补偿承包经营权以外，还应当及时足额支付被征收土地的村民补偿费用，不得拖延支付；另一方面，要安排被征地农民的社会保障费用，保障被征地农民的生活，维护被征地农民的合法权益。

第二，征收组织、个人的住宅及其他不动产的补偿。依据《民法典》第 243 条第 3 款的规定，征收组织、个人的住宅及其他不动产的补偿包括两个方面：一是依法给予拆迁补偿。只要对不动产进行征收，无论其所有权人是组织还是个人，都应当予以拆迁补偿。二是保障居住条件。在被征收的房屋为个人的住宅时，在拆迁补偿之外，还应当保障被征收人的居住条件。在征收以后，应确保被征收人的居住条件有改善、生活水平不下降。

为了保障征收补偿费用落实到位，防止征收补偿费用被有关人员私分、侵吞，《民法典》第 243 条第 4 款规定："任何组织或者个人不得贪污、挪用、私分、截留、拖欠征收补偿费等费用。"从实践来看，相关主体在政府作出征收、补偿之后，可能贪污、挪用、私分、截留、拖欠征收补偿费等费用，侵害被征收人的利益，因此，本条款规定对于保障被征收人的利益具有重要意义。

第二节 所有权的权能

一、所有权的具体权能

所有权包括占有权能、使用权能、收益权能、处分权能这四项权能。

(一) 占有权能

占有是指民事主体对财产的实际控制的权能。所有权的占有权能，是指所有权人或者其他合法占有人对所有物进行控制和管领的事实。占有并不是独立于所有权之外的法定权利，所有人只有享有占有权能，才能对其所有的物实际控制、实际支配并排除他人侵害。当然，在占有与所有发生分离的情况下（如所有人遗失了其财产），所有权并不因此消灭。当占有回到所有人手中，所有权将恢复其圆满状态。

(二) 使用权能

使用是指依照物的性质或者用途，在不毁损物的本体或变更其性质的情形下对物加以利用的权能。在任何社会经济形态中，人们占有生产资料和劳动产品都不是目的，占有的目的是获取物的使用价值或增值价值。现代民法物权制度出现从重所有向重使用的转化，物尽其用的功能日益突出，这也表明使用权的地位逐渐凸显。在各种物权中，用益物权的重要权能就是使用权能，权利人设立这种权利就是为了对物进行使用。物的使用在本质上是由物的使用价值决定的。获取物的使用价值以满足所有人的需要，是所有人的意志和利益的体现，而所有人以外的其他人则负有不妨碍所有人获取其物的使用价值的义务。因此，使用能够成为所有人的一项独立权能。

(三) 收益权能

收益是指利用财产并获取一定经济利益的权能。收益与使用是所有权的不同权能，二者具有不同的经济目的。收益的内容不仅包括获得天然孳息，还包括获得法定孳息；不仅指利用物本身取得利益，还包括投资及其收益。收益也可以基于所有权人的意志和利益而与所有权发生分离。例如，所有人为他人设立用益物权以后，用益物权人就享有收益权能。收益权能可以基于法律规定来确定，例如，《民法典》第256条规定，国家举办的事业单位依照法律和国务院的有关规定享有收益权。收益权能也可以基于合同来确定，例如，当事人双方可以在设定用益物权的合同中明确赋予一方收益的权利。

（四）处分权能

处分是指所有人对其动产或不动产进行处置从而决定其权利归属的权能，包括事实上的处分和法律上的处分。例如，对财产的消费（包括生产和生活的消费）属于事实上的处分，对财产的转让属于法律上的处分，两者都会引发所有权的绝对消灭或相对消灭。所以，处分决定了财产的归属，是所有权的核心权能。在市场经济社会中，所有权是生产和交换的前提与结果，所有权人只有行使处分权才能完成交易行为，引发物的流转。因此，处分权能是交易的前提，而行使处分权能通常将引发物权的变动。

二、所有权权能的分离

所有权的每一项权能都可以与所有权发生分离，并在此基础上形成由非所有权人享有的各种权利，而各项权能也可以作为交易的对象由非所有权人享有。所有权人在实际行使所有权的过程中，常常将其所有权的权能依据法律规定或当事人之间的约定分离出去，这也是所有权人行使所有权的具体形式。例如，所有权人享有处分权能，意味着所有权人可以对其财产进行消费、清偿、赠与、交换、出租、寄托、加工等，也可以设立用益物权和担保物权。所有权权能的分离是所有权人利用其物权的重要方式，但所有权权能的分离并不导致所有权的消灭。在所有权之上设立他物权之后，他物权的行使不得损害所有权人的利益。

第三节 所有权的分类

所有权可基于不同标准划分为不同类型。例如，基于客体物理标准，可分为动产所有权与不动产所有权；基于所有权人单一或多数，可以分为单独所有权与共有。但重要的所有权分类为民法典基于主体特质作出国家所有权、集体所有权、私人所有权和其他（社会团体）所有权之区分。

一、国家所有权

国家所有权指国家对国有财产的占有、使用、收益和处分的权利。社会主义国家所有权是全民所有制在法律上的表现，得到了包括宪法在内的法律认可。《民法典》第246条第1款规定：“法律规定属于国家所有的财产，属于国家所有即全民所有。”国家所有权具有如下特征：

第一，主体的特殊性和行使方式的特定性。国家是国有财产的归属者，代表人民行使所有权，实现全体社会成员利益。《民法典》第246条第2款规定，国务院代表国家行使所有权。法律法规授权的国家机关、企业事业单位以及国家投资的企业，在法律规定范围内行使权利。国家可以特殊民事主体身份，发行国债、国库券，也可设立专门机构对国家外汇储备进行管理和投资。

第二，客体的特殊性与广泛性。国家所有权客体范围既包括土地及其他自然资源所有权，也包括各类动产和不动产。《民法典》第247—254条具体规范的有：矿藏、水流、海域；无居民海岛；城市的土地和法律规定属于国家所有的农村和城市郊区的土地；除去法律规定属于集体所有的森林、山岭、草原、荒地、滩涂等自然资源；法律规定属于国家所有的野生动植物资源；无线电频谱资源；法律规定属于国家所有的文物；国防资产以及归国家所有的铁路、公路、电力设施、电信设施和油气管道等基础设施。

第三，某些客体的专属性。《民法典》第242条规定："法律规定专属于国家所有的不动产和动产，任何组织或者个人不能取得所有权。"因此，首先，国家垄断了所有权一级市场。《民法典》第209条第2款规定："依法属于国家所有的自然资源，所有权可以不登记。"概因国有资产之所有权无须进行市场流转。当然，对于国有财产，并不妨碍通过设定他物权或者签订合同授予其他组织或个人使用。其次，国有财产因其公共属性，应遵循公共利益原理予以使用并受到保护（《民法典》第259条）。

第四，取得方式的特殊性。国家本身是主权享有者和政权承担者，在符合法定程序和条件的前提下，可以凭借其公共权力，通过征收、国有化、没收等方式，强制性地将自然人或集体财产收归国有；还会因法律特别规定而取得所有权，如《民法典》第318条规定："遗失物自发布招领公告之日起一年内无人认领的，归国家所有。"

总之，国家所有权是维护国家基本经济制度的要求，关系到国家经济安全和经济命脉，决定了国家宏观调控基础和能力，对于保证国有财产保值增值，防止国有财产流失，保障社会主义市场经济健康有序发展意义重大。

二、集体所有权

集体所有权是指集体组织及其全体成员对集体财产享有占有、使用、收益和处分的权利，是劳动群众集体所有制在法律上的表现，是社会主义公有制的组成部分。集体所有权具有如下特征：

第一，集体所有权没有全国性统一主体，各个劳动群众集体组织都是独立的集体所有权主体。依据《民法典》第261条第1款和第263条的规定，该主体包括农村和城镇各类集体组织。

第二，集体所有权的客体是指属于该集体所有的不动产和动产。《民法典》

第260条规定："集体所有的不动产和动产包括：（一）法律规定属于集体所有的土地和森林、山岭、草原、荒地、滩涂；（二）集体所有的建筑物、生产设施、农田水利设施；（三）集体所有的教育、科学、文化、卫生、体育等设施；（四）集体所有的其他不动产和动产。"

第三，集体所有权的内容是指集体所有权的各项权能。为了国家利益，集体某些权能受到限制。例如，《民法典》第244条规定："国家对耕地实行特殊保护，严格限制农用地转为建设用地，控制建设用地总量。不得违反法律规定的权限和程序征收集体所有的土地。"

第四，集体所有权的行使依法实行民主管理。《民法典》第262条规定："对于集体所有的土地和森林、山岭、草原、荒地、滩涂等，依照下列规定行使所有权：（一）属于村农民集体所有的，由村集体经济组织或者村民委员会依法代表集体行使所有权；（二）分别属于村内两个以上农民集体所有的，由村内各该集体经济组织或者村民小组依法代表集体行使所有权；（三）属于乡镇农民集体所有的，由乡镇集体经济组织代表集体行使所有权。"《民法典》第261条第2款规定了农村集体组织的各项成员权，集体成员对集体财产享有共同的支配权、平等的民主管理权和共同的收益权，涉及成员重大利益的事项必须经过成员集体决定。

根据《民法典》第264、265条规定，集体所有的财产是社会主义公共财产的重要组成部分，受国家法律的保护，禁止任何单位和个人侵占、哄抢、私分、破坏；农村集体经济组织、村民委员会或者其负责人作出的决定侵害集体成员合法权益的，受侵害的集体成员可以请求人民法院予以撤销。

三、私人所有权

私人所有权，是指自然人依法对其所有的动产或者不动产享有的权利，以及自然人投资者投资到各类企业中所依法享有的出资人的权益。私人所有权具有如下特征：

第一，主体多层面。私人与国家和集体相对，不限于自然人，还包括公司、合伙、个体工商户、个人独资企业等非公有制企业；不限于我国国籍，也包括在我国合法取得财产的外国人和无国籍人。①

第二，客体范围广泛。《民法典》第266条采取了具体列举和抽象概括相结合的方式，规定了私人所有权客体："私人对其合法的收入、房屋、生活用品、生产工具、原材料等不动产和动产享有所有权。"这里的收入，包括工资、红利、

---

① 参见黄薇主编：《中华人民共和国民法典物权编解读》，中国法制出版社2020年版，第156页。

稿费、奖金等收益。

第三，取得方式多样。取得方式既可以是合法劳动，也可以是投资以及接受继承、赠与等。法律对此并无类型限制，但要求取得方式与客体合法。《民法典》第 267 条规定："私人的合法财产受法律保护，禁止任何组织或者个人侵占、哄抢、破坏。"

第四，私人所有权内容丰富。私人所有权包括私人对其动产与不动产享有的各项权能。但行使所有权应当遵守法律规定和社会公德，不得滥用权利，不得违反公序良俗。私人财产在特定情况下可以被公权力征收或者征用。《民法典》第 117 条规定："为了公共利益的需要，依照法律规定的权限和程序征收、征用不动产或者动产的，应当给予公平、合理的补偿。"

四、其他所有权

其他所有权，是指（非公权力的）社会团体依法对其所有的不动产和动产享有的权利。投资创设企业或其他形式的组织体，是合理、合法且有益于国家与社会之举，《民法典》第 268 条对此有明确规定。

在我国，团体既包括企业法人，也包括大量社会团体，即人民群众团体、社会公益团体、文艺团体、学术研究团体、宗教团体等。关于其他（社会团体）所有权，主要由特别法（公司法、合伙企业法等）加以规定，民法典只对此加以概括，是特别法的规范基础。

《民法典》总则编对法人进行了营利法人、非营利法人与特别法人的分类，因此，在规范其他（社会团体）所有权时，《民法典》第 270 条规定："社会团体法人、捐助法人依法所有的不动产和动产，受法律保护。"本条规定尤其针对诸如基金会、慈善法中的社会服务机构以及宗教活动场所。

第四节 所有权的取得

一、所有权取得的原因

所有权的取得，是指民事主体获得所有权的合法方式和根据。所有权的取得必须是合法的，否则，不受法律的承认与保护。所有权的合法取得方式可分为原始取得与继受取得两种。原始取得是指根据法律规定最初取得财产的所有权或不依赖于原所有权人的意志而取得财产的所有权。原始取得包括劳动生产和收益、征收、善意取得、添附、返还遗失物等。继受取得，又称传来取得，是指通过某种法律行为从原所有权人那里取得对某项财产的所有权。这种方式以原所有权人对该项财产的所有权为取得的前提条件。继受取得的根据主要包括买卖合同、赠与、互易、继承、受遗赠和其他合法原因。

原始取得和传来取得的区别在于：第一，是否基于原权利人的意愿不同。对原始取得而言，权利人的物权并不是基于原权利人的意愿而取得，可能是基于自己的劳动，或者从非权利人处取得相关物权；而传来取得则是权利人从原权利人处取得相关物权，并基于原权利人的意志而取得。第二，权利人取得物权的原因不同。对原始取得而言，权利人取得物权是基于法律规定，属于非基于法律行为而发生的物权变动；而对传来取得而言，权利人主要是基于法律行为，通常是基于权利人与原权利人之间的法律行为（如买卖合同、赠与合同等）而取得物权。第三，权利人取得相关财产是否需要承受该财产之上的权利负担不同。对原始取得而言，权利人在取得相关财产权利之后，通常并不需要承受该财产之上既有的财产负担；而对传来取得而言，权利人取得该财产时对该财产之上的权利负担是知悉的，其应当承受该财产之上的权利负担。

二、所有权的原始取得

所有权原始取得的根据主要包括以下六种：

（一）劳动生产、收益

劳动生产是指民事主体通过自己的劳动生产活动获取劳动产品，以及通过扩大再生产取得其所创造的劳动产品。

收益主要是指收取的孳息。孳息是指由原物所生的物或收益，包括天然孳息和法定孳息。

天然孳息，是指原物因自然规律而产生的，或者按物的用法而收获的物，如母鸡生的蛋、树上结的果。依据《民法典》第321条第1款的规定，如果法律或合同没有特别规定，天然孳息应由原物所有人所有；既有所有权人又有用益物权人的，天然孳息由用益物权人取得。

法定孳息是指根据法律的规定所产生的收益，如出租房屋的租金、借贷的利息。依据《民法典》第321条第2款的规定，关于法定孳息的归属，当事人有约定的，按照约定取得；没有约定或者约定不明确的，按照交易习惯取得。例如，金融机构之间的借款合同没有约定利息的，按照一般的交易习惯应当推定有利息，但应当按照有关法定的利率规定进行计算。当然，关于交易习惯的存在，应当由主张其存在的一方予以证明。

（二）征收

在征收的情形下，国家基于公共利益将单位和个人的财产移转给国家所有。由于征收会引起物权的变动，所以征收也是所有权取得的一种方式。

（三）善意取得

1. 善意取得的概念

善意取得又称即时取得，是指无处分权人将动产或不动产转让给受让人，如果受让人取得该动产或不动产时出于善意，则受让人将依法取得对该动产或不动产的所有权或其他物权。可见，善意取得包括所有权的取得与其他物权的取得两方面。《民法典》第 311 条规定了善意取得制度，该制度有利于维护交易安全，促进市场经济的有序发展；也有利于鼓励交易，促进财产的流转。善意取得制度保护了善意的买受人，只要其有合理的理由信赖登记，或者信赖动产的占有人有处分权，就不必支付大量的调查成本来审查转让人是否享有处分权，这就极大地降低了交易费用。

2. 善意取得构成要件

依据《民法典》第 311 条第 1 款的规定，善意取得的构成要件包括以下四项：

（1）无处分权人处分他人财产。所谓无权处分，是指没有处分权而处分他人的财产。无权处分中的“处分”是指法律上的处分，即通过买卖、赠与、抵押等使所有权发生转让或权能发生分离的情形。在不动产交易中，如果出现登记错误（导致登记权利人与真实权利人不一致），则登记的权利人并非该不动产真正的权利人，其对该不动产的处分也将构成无权处分，至于该登记权利人在实施相关行为时是否明知其为无权处分，并不影响无权处分的认定。

（2）受让人取得财产时出于善意。善意取得制度的核心在于保护受让人的合理信赖，因而其核心要件就是受让人在取得财产时必须是善意的。关于受让人是否为善意，应当从如下两方面判断：一是受让人不知道转让人无处分权。善意是指不知情，即受让人受让该不动产或者动产时不知道或者不应当知道让与人转让财产时没有处分该项财产的权限。依据《民法典》第 311 条的规定，判断受让人善意的时间点为“受让人受让该不动产或者动产时”，即必须依受让财产的时间确定，亦即取得人必须在最后取得行为那一刻是善意的。二是受让人对其不知情无重大过失。在判断受让人的善意时，不仅要求受让人不知情，还需要其对不知情不具有重大过失。如果其因自身的重大过失而不知道转让人无处分权，则其不构成善意，也不能善意取得。

（3）以合理的价格有偿转让。构成善意取得要求“以合理的价格转让”财产。由此可见，善意取得只能适用于有偿的交易。所谓合理，应当根据市场价格来判断价格的合理性，通常不能与市场价格相差过多。在具体判断时，应当结合转让标的物的性质、数量以及付款方式等具体情况，参考交易习惯等因素综合认定。

（4）完成了法定的公示方法。《民法典》第 311 条规定完成公示是善意取得的要件之一，即“转让的不动产或者动产依照法律规定应当登记的已经登记，不需要登记的已经交付给受让人”。这就意味着善意取得以公示方法的完成为构成要件。

第一，需要登记的必须已经办理登记。在我国，房屋依法应当办理登记。因此，房屋的买卖只有在受让人与转让人办理登记之日起才能适用善意取得，仅仅发生交付，并不能够产生善意取得的效果。如果以办理登记为不动产物权善意取得的时间点，则在转让人办理登记将不动产记载于自己的名下之后，真正权利人完全可以通过异议登记来及时阻碍转让人的无权处分行为。因为受让人必须办理登记才能受到善意取得制度的保护，而在存在异议登记的情况下，受让人就很难被认为是善意的，并据此取得不动产所有权。

第二，不需要登记的已经交付。动产原则上不需要登记，但适用动产善意取得制度，必须发生占有的移转，亦即转让人向受让人实际交付了财产，受让人实际占有了该财产。只有通过交付，才能发生所有权的移转。如果双方仅仅只是达成了合意，而并没有发生标的物占有的移转，则不能发生善意取得的效果，双方当事人仍然只是一种债的关系。

（5）转让合同有效。善意取得必须以转让人与受让人之间的转让合同合法有效为基本前提。如果转让人与受让人之间所从事的买卖、互易、赠与等行为是无效的或可以撤销的行为，则不能产生善意取得的效果。对此，如果该合同因为违反法律或行政法规的强制性规定，或违反公序良俗而被宣告无效或者被依法撤销，则无法发生善意取得的法律效果。因为善意取得制度本身就是为了维护交易安全而设计的一种法律制度，其所维护的“交易”自然只能是合法的交易，违法的交易不可能受到法律的特别保护。如果合同无效，则表明该交易本身具有不法性，不应受到法律的保护。

3. 善意取得的效果

第一，物权的变动。善意取得是原始取得，这就是说，只要符合善意取得的构成要件，原权利人与受让人之间将发生一种物权的变动，即受让人出于善意将即时取得标的物的所有权，而原权利人的所有权将因此消灭。原权利人不得向善意的受让人主张返还原物，而只能要求转让人赔偿损失或者承担其他法律责任。

第二，动产上的原有权利原则上消灭。《民法典》第 313 条规定：“善意受让人取得动产后，该动产上的原有权利消灭。但是，善意受让人在受让时知道或者应当知道该权利的除外。”据此，只有具备以下两个条件，善意取得才能导致动产上原有权利的消灭：一是其适用范围限于动产。因为不动产上的权利都要经过登记，对外予以公示，所以，受让人在受让不动产时就知道或者应当知道不动产上的物权负担，如果不动产上的物权负担已经登记，而受让人仍然受让该不动产，其应当承受此种物权负担。二是善意受让人在受让时不知道或者不应当知道动产上存在该权利。这就是说，即使因为善意取得而导致动产上其他权利消灭，也必须要求受让人是不知情的。如果受让人知道或者应当知道该权利的存在，就表明其不是善意的，因此，即便受让人善意取得了所有权，其也应当承受动产上的其他权利负担。

第三，无权转让人的法律责任。由于在善意取得下，原权利人的所有权消灭，但又不能请求受让人返还财产，为保护原权利人的合法权益，法律给原权利人提供了一种债权上的救济，即权利人可以基于债权上的请求权要求转让人承担合同责任、侵权责任或不当得利的返还责任，但不能向受让人和其他权利人追及。

（四）添附

添附是指民事主体把不同所有权人的财产或劳动成果合并在一起，形成另一种新形态的财产。在此情况下，如果要恢复原状在事实上不可能或者在经济上不合理，因此需要确认该新财产的归属问题。《民法典》第 322 条规定了添附的规则。

添附具有以下三种形态：一是加工。它是指一方将他人的财产加工改造为具有更高价值的财产。二是附合。它是指不同所有人的财产密切结合在一起而形成新的财产，虽未达到混合程度，但非经拆毁不能达到原来的状态。例如，砖瓦、木板附合于房屋之中。在附合的情况下，原财产分别属于不同的所有人，这就需要对附合物的所有权归属在法律上予以确定。三是混合。它是指不同所有人的动产互相结合在一起，难以分开，或分开在经济上不合理，并且形成新的财产。例如，米与米混合（固体的混合）、酒与酒混合（液体的混合）、氧与氢混合（气体的混合）。混合的特点在于动产与动产之间相互结合为一个物，对原物已经不能加以识别，或者加以识别在经济上不合理，因而需要确认财产归属。

添附作为一种所有权的原始取得方式，添附物的形成即意味着新物的产生和旧物的消灭。针对添附物的所有权归属，民法典确认了如下规则：一是约定优先原则。《民法典》第 322 条规定，在确定添附物的归属时，“有约定的，按照约定；没有约定或者约定不明确的，依照法律规定”。这就是说，在确定添附物的归属时，首先要尊重当事人的约定。二是充分发挥物的效用。在当事人没有约定，且法律没有明确规定的情形下，在确定添附物的归属时，应当考虑物尽其用，充分发挥物的价值。三是保护无过错当事人。在根据添附规则确定财产归属时，应当区分善意和恶意，保护无过错当事人一方。在依据上述规则确定添附物的归属后，如果因一方当事人的过错或者物的归属的确定造成另一方当事人损害的，应当予以赔偿或者补偿。

（五）遗失物的拾得

1. 遗失物的认定

遗失物，是指他人丢失的动产。遗失物并不是无主物，也不是所有权人抛弃的或因他人的侵害而丢失的物，而是所有权人、占有人不慎丢失的动产。遗失物的认定，必须满足以下三个条件：一是必须是所有权人或占有人不慎丧失占有的动产；二是必须是无人占有的动产；三是必须是拾得人拾得的动产。

2. 拾得人的义务

遗失物并非无主财产，它在法律上具有明确的归属。依据《民法典》第314条的规定，拾得人在拾得遗失物以后，负有返还遗失物的义务。该义务包括如下内容：一是及时通知义务。《民法典》第315条规定："有关部门收到遗失物，知道权利人的，应当及时通知其领取；不知道的，应当及时发布招领公告。"因此，拾得人知道权利人的，应当及时通知权利人，或者将遗失物交还给权利人。二是妥善保管遗失物的义务。拾得人在拾得遗失物后，应当妥善保管遗失物。在保管期间，拾得人对遗失物的占有是有权占有。同样，依据《民法典》第316条的规定，拾得人在将拾得遗失物交给有关部门以后，有关部门也负有妥善保管遗失物的义务。三是返还遗失物的义务。拾得人负有的返还义务是一种法定义务，拾得人的返还义务并不是道德上的义务，也不是任意性的义务，而是法律规定的必须履行的强制性义务。

3. 拾得人的权利

拾得人虽然负有返还和保管遗失物的义务，但并非不享有任何权利。拾得人的权利主要包括如下两个方面：一是请求支付保管费用。依据《民法典》第317条第1款的规定，所有权人、占有权人等权利人领取遗失物时，应当向拾得人或者有关部门支付保管遗失物等支出的必要费用。二是请求失主按照承诺履行义务。依据《民法典》第317条第2款的规定，如果权利人通过发布悬赏广告的方式寻找遗失物，并且在悬赏广告中承诺支付报酬，则拾得人有权请求失主按照承诺履行支付报酬的义务。

4. 拾得人侵占遗失物的责任

侵占遗失物是指拾得人以占有遗失物为目的，拒绝返还遗失物。例如，失主请求拾得人返还而拒不返还，拾得人明知失主却隐匿遗失物拒不返还等。所谓据为己有，是指通过一定的意思表示及实施一定行为，公开宣称遗失物属于自己所有。例如，拾得人明确表示遗失物是自己的财产，或在失主发现遗失物以后要求返还时拾得人拒不返还。

拾得人侵占遗失物的后果包括如下两种：一是丧失费用返还请求权和报酬请

求权。依据《民法典》第 317 条第 3 款的规定，拾得人侵占遗失物的，无权请求保管遗失物等支出的费用，也无权请求权利人按照承诺履行义务。此规定也体现了法律对非法侵占遗失物的行为的制裁。二是依法承担法律责任。拾得人侵占遗失物的，权利人还可以基于返还原物请求权请求拾得人返还遗失物，此时，可能构成物权请求权、不当得利与侵权行为的竞合。

（六）漂流物的拾得、埋藏物和隐藏物的发现

漂流物，是指在水上漂流的动产；埋藏物，通常是指埋藏于地下，而所有权人不明的动产；隐藏物，是指隐匿于他物之中的物。只要是从表面上不能发现且归属不明的物，都应当纳入隐藏物的范畴。严格地说，埋藏和隐藏是有区别的：通常埋藏是指将物埋藏于他人的土地之中，而隐藏是指将物藏于他物之中。如果某物不是埋藏于他物之中，具有显而易见性，则属于遗失物或抛弃物，拾得人拾得该物后，应当按照遗失物的归属或先占规则处理。在发现埋藏物和隐藏物以后，就需要确定所有权的归属。

《民法典》第 319 条规定："拾得漂流物、发现埋藏物或者隐藏物的，参照适用拾得遗失物的有关规定。法律另有规定的，依照其规定。"据此，漂流物、埋藏物和隐藏物的权属按照如下规则确定：一是返还失主。漂流物、埋藏物和隐藏物在被拾得或发现以后，应当作为遗失物，及时返还失主，或者交给有关部门，有关部门应当及时交还失主或者发出招领公告。二是妥善保管漂流物、埋藏物和隐藏物。三是支付费用。参照适用《民法典》第 317 条的规定，权利人领取这些物时应当支付保管费用、公告费用、寻找失主的费用等必要费用。

▶即测即评　　▶案例资源

第四章　业主的建筑物区分所有权

第一节　业主的建筑物区分所有权的概念和特征

一、建筑物区分所有权的概念

建筑物区分所有权是随着现代社会住宅商品化的发展而形成的一种特殊物权，依据《民法典》第271条的规定，所谓建筑物区分所有权，是指业主对建筑物内的住宅、经营性用房等专有部分享有所有权，对专有部分以外的共有部分享有共有和共同管理的权利。具体而言，建筑物区分所有权的主体是业主。建筑物区分所有权是在对建筑物进行纵向和横向区分的基础上，由业主享有的由专有部分的所有权、共有权和共同管理权三项权利组成的一种复合的权利。这也表明，建筑物区分所有权是特殊的物权，需要物权法专门对其作出规定。民法典设立专章具体规定了业主的建筑物区分所有权，对于保护民事主体的基本财产权、保障民生、满足人民群众美好幸福生活需要具有重要意义。

二、建筑物区分所有权的特征

第一，建筑物区分所有权是在对建筑物进行区分的基础上产生的。建筑物区分所有权不同于传统的独门独院、一家一户的传统所有权之处，就在于它是在对建筑物进行区分的基础上形成的产权。对建筑物进行纵向和横向的区分，形成了一层或者一套房屋的产权，在此基础上产生了专有部分的所有权、共有权以及业主的管理权，这些权利的集合就是建筑物区分所有权。一般来说，对建筑物内部的分割可采取三种不同方式：（1）纵的分割，即将一栋建筑物从纵的角度划分为数户，从而产生纵的区分所有权。（2）横的分割，即将一栋建筑物以横的角度分割，而将各层分属于区分所有权人，从而产生横的区分所有权。例如，一栋二层建筑物，一层为甲所有，二层为乙所有。（3）纵横的分割，即将建筑物纵横分割成独立成套的建筑物，从而产生纵横混合的区分所有权。正是因为建筑物区分所有权具有复杂性，所以民法典对其专门作出了规定。

第二，建筑物区分所有权的权利主体是业主。业主通常是指买房置业的人或者说不动产的所有人，依据《建筑物区分所有权司法解释》第1条规定，业主主要包括两类，一是依法取得专有部分所有权的人，其主要包括基于法律行为发生物权变动并依法办理登记手续的业主以及非基于法律行为发生物权变动而取得专有部分所有权的人；二是基于买卖合同，已经合法占有建筑物专有部分的人，即使尚未依法办理所有权登记，也可以被认定为业主。在建筑物区分所有的情况下，业主即建筑物区分所有权人。因为业主取得了对专有部分的所有权，才能享有对建筑物及其小区附属共有财产的共有权以及管理权。业主既可以是自然人，也可以是法人或其他组织。只要是获得专有部分所有权并因此取得共有部分的人，都能成为业主。

第三，建筑物区分所有权由三项权利构成。建筑物区分所有权不同于传统独门独院的房屋所有权，后者产权是单一的，即只存在专有部分的使用权和所有权，而不存在共有权和管理权的问题，但区分所有权是由专有权、共有权和管理权构成的。根据《民法典》第 271 条的规定，建筑物区分所有权的内容包括三个方面，即专有部分的所有权、共有权和共同管理权。可见，《民法典》第 271 条采纳的是三要素说。

第四，建筑物区分所有权的客体主要是建筑物。建筑物区分所有的客体首先是建筑物，包括所有可能发生建筑物区分所有的类型，如公寓、普通住宅以及连体别墅。在我国民法中，建筑物区分所有权的客体不限于建筑物，因为尽管《民法典》物权编使用的是建筑物区分所有权的概念，但是业主区分所有的范围已经扩大，其范围已经从建筑物拓展到整个小区。例如，小区规划范围内的绿地、道路，按照法律规定属于全体业主共同所有；小区中的其他公共场所和公共设施也属于业主共有。《民法典》物权编之所以采用建筑物区分所有权的概念，主要是因为建筑物区分所有权的主要客体仍然是建筑物，即业主对建筑物专有部分享有的财产权。

第二节　专　有　权

一、专有权的概念

专有权是专有部分所有权的简称，是指区分所有人对其建筑物内的住宅、经营性用房等专有部分所享有的单独所有权。所谓专有部分，是指具有构造上及使用上的独立性，并能够成为分别所有权客体的部分。《民法典》第 272 条规定："业主对其建筑物专有部分享有占有、使用、收益和处分的权利。业主行使权利不得危及建筑物的安全，不得损害其他业主的合法权益。"该条对建筑物区分所有权的专有部分的所有权作出了规定，专有权的特点在于：

第一，专有权具有所有权的效力。《民法典》第 272 条规定，业主对其建筑物专有部分享有占有、使用、收益和处分的权利。这就表明，专有权人对其专有部分的所有权享有如同一般所有权一样的权能，包括占有、使用、收益和处分。从这个意义上说，专有权本质上仍然属于所有权。同时，专有权人也享有基于所有权产生的物权请求权。

第二，专有权的客体具有特殊性。一般所有权的客体是特定的动产或不动产，而区分所有权中专有权的客体不可能是独立的不动产，而只能是建筑物经分割后形成的具有一定独立性和可公示性的“专有部分”，具有空间上的统一性和封闭性。通常，专有权的客体都位于建筑物之内。在特殊情况下，规划确定属于特定业主所有的某块绿地，也可以作为专有权的客体。

第三，专有权在行使上具有特殊性。在区分所有的情况下，某一业主是和其他众多业主一起共同生活，形成一种住宅所有人共同体，因此，其行使专有权直接关系到其他业主的利益。所以，在法律上有必要对专有权的行使作出更多的限制。这也是专有权不同于一般所有权的重要特点。

第四，专有权居于主导地位。尽管业主享有的建筑物区分所有权，是由多种权利构成的，但在各项权利中，专有权居于主导地位，其他权利都是由专有权决定的。专有权决定了共有部分的持有份比例，决定了共有权中的使用和收益范围，决定了在行使共同管理权时管理权的大小。所以，专有权在各项区分所有权中居于核心地位。

二、专有部分的范围

专有部分的范围，是指专有部分所涉及的部分，是界定业主专有部分所有权的基础。依据《建筑物区分所有权司法解释》第 2 条规定，专有部分要成为区分所有权的客体，必须具备如下三个条件：

第一，必须具有构造上的独立性。构造上的独立性是指各个部分在建筑物的构造上可以被区分开，并可与建筑物其他部分在物理上隔离开来。由于区分所有要将建筑物分割为不同部分而为不同所有者单独所有，而单独所有权的支配权效力所及的客体范围必须明确，要明确划分范围就必须以墙壁、地板、大门等作为间隔和区分标志。

第二，必须具有利用上的独立性。所谓利用上的独立性，是指业主能够针对专有部分所有权的各个部分，独立地利用并可以排他使用。即建筑物被区分为各个部分以后，每一部分都可以被独立地使用或具有独立的经济效用。此处所说的“独立地利用”，一方面是指不需借助其他部分辅助即可利用，如区分的部分可以用来住人，用作店铺、办公室、仓库、停车场等，以居住为目的的专有部分，其内部应有居住空间、厨房等，应当具有独立的经济效用；另一方面，是指权利人可以直接占有该专有部分并排他地予以利用。通常，判断区分部分能否单独使用，要以该区分部分有无独立的出入门户为标准。

第三，能够登记为特定业主所有权的客体。构造上和利用上的独立性是其能够进行登记的前提，只有通过登记成为特定业主所有权的客体，才能表现为法律上的独立性。也就是说，通过登记使被分割的各个部分在法律上成为各个所有权的客体。如果被分割的各个部分登记为各个主体所有，建筑物整体便不能作为一个独立物存在。当然，如果各个区分所有权已经归属于一个人，而该所有人愿意将各部分登记为一个建筑物所有权的，基于物权的排他性原则可以导致其他区分所有权消灭。

专有部分具体包括：一是房屋。房屋包括住宅用房和商业用房等。房屋最符合上述构造上、利用上、法律上的独立性要求。二是特定的空间，如车位、摊位等。三是露台等物业。在确定专有部分的范围时，还应当看到，专有部分除建筑物的结构部分以外，还可能包括建筑物的某些附属物（如专用设备）或附属建筑物（如车库、仓库等）。

三、住改商应当符合一定的条件

住改商，是指业主将住宅改变用途，变更为经营性用房的行为。住改商的行为可能影响到其他业主的生活安宁、安全，也可能产生污染（如油烟、废水、噪声）。同时，由于住改商之后，往来人员众多，也会给小区的管理带来很大的不便。

依据《民法典》第 279 条的规定，住改商应当符合以下条件：一是必须符合法律、法规以及管理规约的规定。法律、法规（如《物业管理条例》等）对住宅改为经营性用房有明确规定，业主必须遵守这些规定。二是必须经过有利害关系的业主一致同意。有利害关系的业主既包括本栋建筑物内的其他所有业主，也包括该建筑区划内的本栋建筑物之外的、有利害关系的业主。所谓经过有利害关系的业主的一致同意，是指所有有利害关系的业主都应当同意。由于民宅商用直接影响到有利害关系的其他业主的生活质量、房屋价值等，每一个利害关系业主的居住利益都应得到尊重和保障，因此，要求所有有利害关系的业主同意是必要的。

第三节　共　有　权

一、共有权的概念和特征

建筑物区分所有人对共有部分的共有权，是指区分所有人依据法律、合同以及区分所有人之间的规约，对建筑物的共用部分、基地使用权、小区的公共场所和公共设施等所共同享有的财产权利。例如，区分所有人对于小区的绿地、道路所享有的共有权。建筑物区分所有人的共有权具有如下特点：

第一，权利主体的特殊性。建筑物区分所有权中共有权的权利主体是业主大会或者全体业主。与一般财产共有相比，在建筑物区分所有中，共有人是众多的，随着现代建筑物向高层、高空发展，一栋建筑物的住户越来越多，一个小区内可能有成千上万的业主，他们都构成了小区内共有财产的主体。正是因为人数众多，所以不可能每一个人都参与共有财产的管理，通常需要由业主通过业主委员会或其委托的物业服务企业来实际行使管理权。

第二，共有部分附随于专有部分。在建筑物区分所有的状态下，区分所有人所享有的共有权与其对专有部分所享有的专有权是密切联系在一起的，共有权是由专有部分所决定的，并从属于专有权。一般来说，专有部分的面积越大，共有部分的份额就越大。转让专有部分所有权，共有部分也应相应转让。在建筑物区分所有权的成立登记上，一般只登记专有部分所有权，而对共有部分所有权并不单独登记。正是由于共有部分附随于专有部分，因而建筑物区分所有权中的共有，既不同于按份共有，也不同于共同共有，可以将其视为一种特殊的共有形态。

第三，客体范围较为广泛。一般来说，专有权限于建筑物内。但对于共有权而言，则不限于建筑物内，还可能延伸到小区其他设施。共有部分的范围主要包括如下方面：（1）建筑物的基本构造部分，如支柱、屋顶、外墙或地下室等；（2）建筑物的共有部分及附属物，如楼梯、消防设备、走廊、水塔、自来水管道等，以及仅为部分区分所有人所共有的部分；（3）建筑物所占有的地基的使用权，在法律上归属于全体建筑物区分所有人共同所有；（4）住宅小区的绿地、道路、物业管理用房；（5）公共场所和公共设施，如小区大门建筑、艺术装饰物等地上或地下共有物和水电、照明、消防、保安等公用配套设施，除依法归属于国家或有关法人所有外，应当归全体住宅小区的业主共有；（6）小区内的空地；（7）其他共有财产，如小区内种植的树木等。

第四，共有权的内容包括权利与义务。《民法典》第273条第1款规定："业主对建筑物专有部分以外的共有部分，享有权利，承担义务；不得以放弃权利为由不履行义务。"业主对建筑物专有部分以外的共有部分在享有共有权和共同管理权的同时，也要承担对建筑物共有部分的维护、维修以及分担有关物业管理、维护维修的义务。如果小区的共有部分受有损失，也应当分担损失。《民法典》物权编之所以强调业主对共有部分既享有权利，又要承担义务，原因在于业主往往注重对自己专有部分权利的行使和义务的履行，但易于忽视对共有部分的义务承担。例如，在实践中，有的业主因拖欠共同维修费用，使建筑物共有部分长期得不到维护。依据《民法典》第273条的规定，业主在享有共有权的同时，应当履行共有人的义务，而不得以放弃权利为由而不履行义务。

二、共有部分的范围

（一）共有部分的确定标准

共有部分的确定分为如下情形：一是法定共有，即依据法律法规和相关司法解释的规定所确定的共有。例如，依据《民法典》第274条的规定，规划范围内道路、绿地等归业主共有。法定共有的规定属于强行法，一旦法律规定之后，当事人不得在购房合同中通过约定变更归属。建设单位也不能通过合同来处分这些法定共有的财产。法定共有也是附随于专有权的，一旦业主取得了房屋的专有权，同时也取得共有权。二是约定共有。约定共有是指业主通过管理规约等确定的共有，例如，小区内的会所等可以通过约定确定其归属。

（二）共有部分范围的类型

依据民法典及相关规定，建筑物区分所有权中共有部分在范围上包括以下内容：一是房屋基本结构部分、公共通行部分和附属设施等。二是绿地。《民法典》第274条规定，“建筑区划内的绿地，属于业主共有，但是属于城镇公共绿地或者明示属于个人的除外”。根据该条规定，除属于城镇公共绿地或者明示属于个人的以外，业主对小区内的绿地享有共有权。三是道路。道路是指小区内没有经过市政规划的用于通行的道路。《民法典》第274条规定，“建筑区划内的道路，属于业主共有，但是属于城镇公共道路的除外”。四是物业服务用房。物业服务用房是指物业管理公司为管理整个小区内的物业而使用的房屋。《民法典》第274条规定，物业服务用房应当规定为全体业主共有。五是维修资金。所谓维修资金，是指由业主支付的专门用于住宅共用部分、共用设施和设备维修的资金。由于维修资金是向业主筹集的资金，业主按照缴纳比例对维修资金享有权利，维修资金归全体业主共有。依据《民法典》第281条第2款的规定，业主在紧急情况下可使用维修资金，维修资金的紧急使用不需要召开业主大会，业主大会或者业主委员会可以直接申请动用维修资金维护。六是建筑区划内的其他公共场所和公用设施。《民法典》第274条规定，“建筑区划内的其他公共场所、公用设施和物业服务用房，属于业主共有”。所谓其他公共场所和公用设施，是指除绿地、道路之外的公共场所和公用设施。七是小区内未纳入建筑区划的其他场地。《民法典》第275条规定，“占用业主共有的道路或者其他场地用于停放汽车的车位，属于业主共有”。此处实际上规定了占用业主共有的道路或者其他场地应当归业主共有。八是共有财产产生的收益。《民法典》第282条规定：“建设单位、物业服务企业或者其他管理人等利用业主的共有部分产生的收入，在扣除合理成本之后，属于业主共有。”九是其他场所、设施和物业。除上述公共部分外，建筑物的公共通行部分、建筑物的附属设施部分、建筑物的结构空间部分等，都属于共有部分的范围。

三、车位、车库的归属

（一）根据约定确定车位、车库的归属

所谓车位，是指车库中的停车位，以及规划用于停车的具体地点；所谓车库，是指隶属于整个小区，具有独立的空间、以存放车辆为目的的附属建筑物。车库四周是封闭的，可以通过登记表彰权利的范围。但车位很难通过登记表彰其四至范围，所以其无法成为单独的所有权的客体。车库大都是利用地下空间建造的，又常常被称为地下车库，而地上车位大都是利用地表划定的。车位、车库与建筑物区分所有权不可分割。

《民法典》第275条规定，“建筑区划内，规划用于停放汽车的车位、车库的归属，由当事人通过出售、附赠或者出租等方式约定”。依据这一规定，关于车位、车库的归属，应当由当事人在购房合同中加以确定，如果建设单位在合同中保留了车位、车库的所有权，那么，车位、车库就归建设单位所有；如果其将车位、车库赠与业主，就由业主享有所有权；如果建设单位将其转让给业主，业主在支付了价款之后取得所有权；如果建设单位将车位、车库出租给业主，建设单位仍然享有所有权，但业主享有使用权。实践中，当事人一般都会对车位、车库的法律归属作出约定，但如果当事人没有对车位、车库的归属作出约定，从民法典鼓励建造车位、车库的立法目的出发，应当推定车位、车库归建设单位所有。

（二）车位、车库首先应当满足业主的需要

《民法典》第276条规定：“建筑区划内，规划用于停放汽车的车位、车库应当首先满足业主的需要。”依据这一规定，建设单位在修建了车位、车库之后，首先应当满足业主的需要。因为车位、车库本身是业主实现其区分所有权的重要辅助设施，性质上属于小区的配套设施。因此，其功能应当首先满足小区居民的生活需要。而且在建筑物规划中，一般要对车位、车库作出规定，甚至一些地方已经强制性要求配套车位、车库的比例。而这些配套车位、车库，显然主要是为了满足业主的需要。此外，强调满足业主的需要也有利于充分发挥物的效益，因为如果不能满足业主的需要，业主要到小区之外寻找车位、车库，从而可能支付高昂的对价以及花费大量的时间成本。

《民法典》第276条所规定的首先满足业主的需要，是指建设单位在修建了车位、车库之后应当首先将其出租、出售给业主，而不能高价卖给第三人。如果业主有能力购买，则应当出售给业主；如果业主没有能力购买，则应当出租给业主。

第四节 共同管理权

一、共同管理权的概念和特征

共同管理权，是指业主基于专有权而依法享有的对业主的共同财产和共同事务进行管理的权利。根据《民法典》第 271 条的规定，区分所有权包括业主的“共同管理”权，这就确认了业主对其共有财产和公共事务的管理权。在形成区分所有权以后，仅仅根据法律关于单独所有权、共有、相邻关系的规定，可能难以解决各区分所有人有效管理其财产，尤其是对共有财产管理的问题。所以，有必要在民法中就区分所有人的共同管理权作出规定。《民法典》物权编所规定的共同管理权具有如下特点：

第一，它是专属于业主的权利。共同管理权在性质上是由业主享有的专有权决定的，或者说是以各个业主享有的单独的所有权为基础的，也是确保专有权和共有权实现的手段。所以，共同管理权不能与建筑物区分所有权相分离而单独转让，也不得保留共同管理权而转让专有权与共有权。

第二，它是一种私法上的权利。共同管理权是所有权的延伸，是区分所有权的一部分，其内容主要是针对业主的共有财产和共同事务进行管理。这些事务本质上还是业主的事务，所以，不宜由政府行使管理权。正是因为共同管理权体现的是业主的私人利益，所以，共同管理权的行使要尊重业主的意愿。

第三，它是管理共有财产和共同事务的权利。建筑物区分所有权中的共同管理权是法律赋予业主专门管理业主的共有财产和共同事务的权利，这是建筑物区分所有权中的一项重要内容。一方面，共同管理权针对共有财产进行管理。小区的共有财产只能通过业主大会或业主委员会等实际管理，或者委托有关的物业服务企业或其他管理人对共有财产进行管理。另一方面，共同管理权针对共同事务进行管理，这些共同事务包括公共场所的使用、有关物业费的交纳、禁止滥用专有部分所有权、禁止滥搭滥建等。

第四，它既是权利又是义务。业主参与对共同事务和共同财产的管理，是业主作为专有权人和共有权人所享有的基本权利，也是业主的一项义务，因而业主不得抛弃其管理权。业主在参与管理的同时，其作为共同生活关系的一员，也负有参与共同生活、维护共同秩序的义务。

二、共同管理权的行使方式

业主必须依据法律、法规和管理规约的规定具体行使共同管理权。管理权主要针对的是业主们的共有财产和共同事务，但是业主无法单独、亲自、实际地管理每一项共同财产和共同事务，所以只能通过法律、法规和管理规约规定的方式行使管理权。一般来说，共同管理权的行使方式主要包括参与业主大会并行使表决权，参与业主委员会并行使管理权、共同制定管理规约、请求就重要事项召开会议讨论、请求公开与共同事务相关的信息资料等。业主享有的共同管理权还应当包括管理其物业的权利，因为业主基于其专有权享有管理共有财产和共同事务的权利，而对物业的管理本身既涉及对共有财产的管理，也涉及对共同事务的管理。对于小区的物业，业主可以自行管理，也可以委托他人管理。自行管理的，业主有权直接管理物业和小区其他事务。因为共同管理权是全体业主都享有的权利，而且管理权的行使关系到全体业主的利益，所以，业主自行管理小区事务应当由全体业主共同进行。

三、业主负有遵守管理规约等义务

依据《民法典》第 286 条第 1 款的规定，业主负有遵守管理规约的义务。管理规约又称规约、业主公约、住户规约，是由全体业主通过业主大会就物业的管理、使用、维护与所有关系等各方面所制定的规则，也是由业主制定的有关如何管理、使用和维护共有财产以及规范其相互之间的关系的协议。不论业主是否参与了制定，也不问其入住的先后，或其是否同意该管理规约，同一小区内的所有业主都应该受管理规约的拘束。

业主的相关行为应当符合节约资源、保护生态环境的要求。依据《民法典》第 286 条的规定，业主负有保护环境、爱护生态的义务，这也是为了实现业主的共同利益。每个业主都应按照管理规约的规定履行保护生态环境的义务，即业主应当有效利用公共资源，不得随意侵占、浪费公共资源。此外，业主还负有配合应急处置措施或者其他管理措施的义务。在发生公共事件等情形下，物业服务企业或者其他物业管理人为依法执行政府的应急处置措施或者其他管理措施的义务人，一旦政府依法采取应急措施或者其他管理措施，物业服务企业或者其他管理人应当依法执行，在执行过程中，小区业主也负有配合义务，不得以相关措施损害其利益为由拒不配合。

第五节　业主大会和业主委员会

一、业主大会

（一）业主大会的性质

业主大会，是指全体业主成立的、管理其共有财产和共同生活事务的自治组织。《民法典》第 277 条规定，“业主可以设立业主大会，选举业主委员会”。

业主大会的性质表现在：一是业主大会是业主的意思形成机构。它是有权决定业主共同事务的唯一合法机构。业主的共同意志通过业主大会的决议表现出来，业主大会的决议是法律赋予业主的权利的具体实现形式。二是业主大会是业主依据法定的程序行使共同管理权的组织。业主大会需要通过会议将业主的个别意志上升为全体业主的共同意志。法律赋予全体业主所享有的共同管理权，需要通过业主大会才能得以行使。三是业主大会是一个自治组织，即全体业主组成的自我管理共同财产和共同事务的组织。业主一旦设立业主大会，就可以通过该组织实际行使权利。四是业主大会的职权是由法律、法规以及管理规约的规定决定的。如果法律、法规直接规定了业主大会的职权，应当依据法律法规的规定。

（二）业主大会的职权

关于业主大会的职权，《民法典》第 278 条规定了由业主共同决定的事项，该事项实际上也属于业主大会的职权范围。除此之外，法律法规及管理规约授与业主大会的职权，也属于业主大会的职权。

根据《民法典》第 278 条的规定，下列事项由业主共同决定：一是制定和修改业主大会议事规则，如明确如何召集大会，大会按照何种程序进行，如何确定会议议程以及表决方式等。二是制定和修改管理规约。如果管理整个建筑物以及各项共有财产，应当由业主在管理规约中加以规定。三是选举业主委员会或者更换业主委员会成员。业主委员会的成立必须由全体业主召开业主大会，经过民主程序选举产生，以使其能够真正代表业主的利益，表达业主的意志。四是选聘和解聘物业服务企业或者其他管理人。对建设单位聘请的物业服务企业或者其他管理人，业主有权依法更换。五是使用建筑物及其附属设施的维修资金。维修资金属于全体业主共有，经业主决定，可以用于电梯、屋顶、外墙等，关于维修资金的筹集，以及如何使用于建筑物及其附属设施，必须由业主决定。六是筹集建筑物及其附属设施的维修资金。如果因为修缮、改建、重建建筑物及其附属设施，需要补充维修资金，就需要由业主依据一定的程序共同决定。七是改建、重建建筑物及其附属设施。修缮、改建、重建都构成对建筑物的重大变化，必须要业主依据法定的程序加以决定。八是改变共有部分的用途或者利用共有部分从事经营活动。例如，通过租赁的方式，将外墙面交给他人设置广告，或者允许广告公司在电梯内设置广告屏、广告牌等。九是有关共有和共同管理权利的其他重大事项。例如，公共财产的修缮、维护、处分、公共停车场的使用等。

（三）业主大会的表决程序

业主大会的决定是否具有合法性，并能够对全体业主产生拘束力，很大程度上取决于业主大会作出的决定是否符合法定的程序。

1. 参与表决人数必须达到 2/3

依据《民法典》第 278 条第 2 款的规定，对于应当由业主共同决定的事项，并不要求必须由全体业主参与，只要有专有部分面积占比 2/3 以上且人数占比 2/3以上的业主参与表决即可，此种规定有利于解决实践中普遍存在的业主大会开会难的问题。

2. 协调专有部分面积和业主人数之间的关系

在业主就共同决定事项进行表决时，既要考虑专有部门的面积，也要考虑业主的人数，《民法典》物权编在规定业主表决条件时，同时要求具备专有部分面积条件和业主人数条件，目的就是更好地协调专有部分面积与业主人数之间的关系。

3. 区分不同的表决事项设置不同的表决条件

（1）《民法典》第 278 条第 6 项至第 8 项所规定的事项。具体包括：一是筹集建筑物及其附属设施的维修资金；二是改建、重建建筑物及其附属设施；三是改变共有部分的用途或者利用共有部分从事经营活动。对于以上事项，应当经参与表决专有部分面积占比 3/4 以上的业主且参与表决人数 3/4 以上的业主同意。

（2）《民法典》第 278 条第 1 项至第 5 项所规定的事项，以及其他重大事项。具体包括：一是制定和修改业主大会议事规则；二是制定和修改管理规约；三是选举业主委员会或者更换业主委员会成员；四是选聘和解聘物业服务企业或者其他管理人；五是使用建筑物及其附属设施的维修资金；六是有关共有和共同管理权利的其他重大事项。对于上述事项，应当经参与表决专有部分面积过半数的业主且参与表决人数过半数的业主同意。

依据《民法典》第 278 条的规定，对于上述两类事项的表决，仅需要经参与表决的业主达到法定比例要求即可，而不需要经全体业主表决。一旦表决程序和表决条件符合法律要求，即对全体业主产生拘束力，其他业主即便没有参与表决，也应当受到该决议的拘束。

二、业主委员会

（一）业主委员会的性质

业主委员会是业主大会的执行机构，受业主大会委托管理全体业主的共有财产或者共同生活事务。业主委员会是业主管理其物业的自治机构，在法律上准确界定业主委员会的性质，对于有效管理物业、维护业主合法权益具有重要意义。依据民法典的规定，业主委员会具有如下特征：

第一，它是业主大会的执行机构。在一个小区内可能业主人数众多，平时很难召集各种业主大会，因此有必要通过业主委员会来具体执行管理规约和业主大会的决议。业主委员会本身不能独立于业主大会而存在，它是业主大会的常设机构。在业主大会闭会期间，业主委员会要依据业主大会的授权而具体执行业主大会的各项决定。《民法典》物权编虽然对此没有明确规定，但《物业管理条例》第 15 条已经界定了业主委员会的性质，其主要是业主大会的执行机构。

第二，它是由业主依据法定的程序所组成的。一方面，只有业主才有资格被选举为业主委员会成员。因为毕竟业主委员会是业主进行自主管理的一种形式，它不需要也不可能由非业主参与其事务的管理。另一方面，业主委员会必须由业主大会经一定的民主程序选举产生。依据《民法典》第 278 条的规定，选举业主委员会或者更换业主委员会成员，应当由专有部分面积占比 2/3 以上的业主且人数占比 2/3 以上的业主参与表决，并经参与表决专有部分面积过半数的业主且参与表决人数过半数的业主同意。

第三，它的主要职责是维护全体业主的权益。业主委员会是由业主选举产生的。《民法典》物权编并没有对业主委员会的职权作出规定，主要是考虑到业主委员会并不是行政机构，也不是有偿的代理机构，它是由全体业主通过法定的程序选举出来的代表业主管理事务的机构。作为共同行使共有财产共有权和共同事务管理权的自治组织，其主要职责是基于法律法规和业主的委托，维护全体业主的共同利益。业主委员会也要维护全体业主的共同利益，如对共有部分的养护、管理和使用；在必要时，可以对个别业主违反管理规约处置其专有部分的行为进行制止。业主委员会活动的费用应当由全体业主承担。

业主可以设立业主委员会，也可不设立业主委员会。针对实践中选举业主委员会较为困难的问题，《民法典》第 277 条第 2 款规定："地方人民政府有关部门、居民委员会应当对设立业主大会和选举业主委员会给予指导和协助。"

（二）业主委员会的职权

由于业主委员会本质上只是业主大会的执行机构，因而，其职权应当由法律、行政法规、管理规约和业主大会来决定。业主委员会的设立宗旨在于维护业主基本权利，管理好业主的共同财产和共同事务。

业主委员会主要享有以下职权：一是受全体业主的委托，与物业服务企业订立物业服务合同。当然，业主委员会只是代表全体业主订立合同，其本身并不是合同主体。二是受全体业主的委托，请求确认物业服务合同无效或者部分无效的权利。如果物业服务合同中有免除物业服务企业责任、加重业主委员会或者业主责任、排除业主委员会或者业主主要权利的条款，业主委员会也有权依据《民法典》第 497 条关于格式条款的规定请求确认该合同条款无效。三是受全体业主的委托，请求解除物业服务合同的权利。依据《民法典》第 946 条第 1 款的规定，只要业主大会依据法定程序作出解聘物业服务企业的决定，业主委员会就应当执行该决定。如果物业服务企业拒绝接受解聘，则业主委员会有权请求解除物业服务合同。四是受全体业主的委托，在合同终止后，请求物业服务企业退出和移交的权利。依据《民法典》第949条的规定，在物业服务合同权利义务终止后，物业服务企业应及时退出物业服务区域等，其属于后合同义务的范畴，如果其拒绝履行该义务，实际上已经构成侵权，业主委员会可以请求其未履行该义务所造成的业主的损失，物业服务企业应当赔偿损失。

三、业主大会和业主委员会决定的效力

业主大会和业主委员会的决定，在性质上属于共同行为，只要作出决定的程序是合法的，即使某个或某几个业主不同意该决定，也必须受该决定的约束。《民法典》第280条第1款规定，“业主大会或者业主委员会的决定，对业主具有法律约束力”。依据这一规定，业主大会或者业主委员会的决定，对业主具有约束力。因为业主大会是依据法定程序召开并进行表决的，从法律上说属于团体决议行为，它的效力正当性来源于程序上的合法性。因为决议行为采取多数决原则，故对于所有参与者都发生法律上的拘束力。

为了防止业主大会或者业主委员会违反法律或规约的规定作出决定，避免少数业主委员会成员受利益驱使作出危害大多数业主的行为，《民法典》第280条第2款规定：“业主大会或者业主委员会作出的决定侵害业主合法权益的，受侵害的业主可以请求人民法院予以撤销。”这就赋予了受侵害的业主撤销权。该撤销权的行使必须符合如下条件：

第一，撤销的对象是业主大会或者业主委员会作出的违法决定。也就是说，撤销权不是针对某人的行为，而是针对决议行为。此类决定之所以违法，一是因为其损害了业主的合法程序；二是因为其违反了法律规定的程序，应被撤销。

第二，该决定侵害了业主的利益。例如，业主委员会作出决定，将明示归个人的某块绿地申请改变规划用途作为车位，这就损害了业主的专有权。

第三，主张撤销权的业主应当是权益受到侵害的业主，也就是受害人，非受害人不能请求法院撤销。

第四，撤销权的行使必须在法定期限内作出。撤销权只能通过诉讼方式行使，撤销权行使的除斥期间为1年①，超过该期限，则撤销权消灭。

---

① 《建筑物区分所有权司法解释》第12条规定：“业主以业主大会或者业主委员会作出的决定侵害其合法权益或者违反了法律规定的程序为由，依据民法典第二百八十条第二款的规定请求人民法院撤销该决定的，应当在知道或者应当知道业主大会或者业主委员会作出决定之日起一年内行使。”

▶即测即评

▶案例资源

第五章　相邻关系

第一节　相邻关系的概念和特征

一、相邻关系的概念

相邻关系，是指依据法律规定，两个以上相互毗邻的不动产的所有人或使用人，在行使不动产的所有权或使用权时，因相邻各方应当给予便利和接受限制而发生的权利义务关系。简单地讲，相邻关系就是不动产的相邻各方因行使所有权或使用权而发生的权利义务关系。例如，甲有一块承包地处于乙的地块中间，甲要行使自己的土地使用权必须经过乙使用的土地，这样甲、乙之间就产生了相邻关系。《民法典》物权编第七章专门规定了相邻关系。

相邻关系，从权利角度来讲又称相邻权，它是调节不动产所有权行使时发生的权益冲突而产生的一种权利。根据法律的规定，不动产所有人和使用人行使权利，应给予相邻的不动产所有人和使用人行使权利的必要便利。这样，对于一方来说，提供给对方必要的便利，就使自己的权利受到了限制；对于另一方来说，依法取得必要的便利，使自己的权利得到了延伸。正确处理相邻关系，也就是要解决相邻的不动产所有人或使用人因行使权利所发生的冲突，维护相邻各方利益的相对平衡。

二、相邻关系的特征

第一，相邻关系基于法律的规定而产生。这就是说，法律为了维护相邻不动产权利人之间的和睦关系，防止行使权利中的各种冲突，保障一方最基本的生产和生活需要，规定了相邻的一方应当给另一方提供通风、采光、排水、取水、通行、排污等各方面的便利。相邻关系是基于法律规定而产生的，可以说，其本质上体现了法律对不动产权利的干预。正是因为相邻关系是依法产生的，所以，对提供便利的一方来说，其负有法定的义务为另一方提供便利，而另一方也依法享有相应的权益。《民法典》物权编关于相邻关系的规定，确定了一方依法应当有义务为他方提供便利，而另一方享受这种便利是合法获得的，通常不需要支付相应的对价，双方也无须就权利的取得本身进行协商，确定对价。

第二，相邻关系的主体必须是两个以上的人，因为一人不可能构成相邻。相邻关系是因为主体所有或使用的不动产相邻而发生的，例如，因为房屋相邻产生了通风、采光的相邻关系。在许多情况下，相邻关系的发生也与自然环境有关。例如，甲、乙两个村处于一条河流的上下两个相连的地段，就自然产生了甲、乙村互相利用水流灌溉和水力资源的相邻关系问题。

第三，相邻关系因主体所有或使用的不动产相邻而发生。不动产相邻不一定要求两个不动产必须邻接。例如，上游的人排水必须经过下游的人所使用的土地，尽管当事人之间的不动产并不是相互毗邻的，但其行使权利的范围是相互邻接的。再如，在不可量物侵害的情况下，即使不构成不动产的相邻，也会发生相邻关系。同时，相邻关系中所说的相邻"不动产"，不仅包括土地，还包括房屋。

第四，相邻权的内容十分复杂。相邻权因种类不同而具有不同的内容，但是基本上都包括两个方面：一是相邻一方有权要求他方提供必要的便利，他方应给予必要的方便；二是相邻各方行使权利，不得损害他方的合法权益。当事人在行使相邻权时，应尽量避免和减少给对方造成损失，不得滥用其权利。

第五，相邻关系的客体是行使不动产权利所体现的利益。但相邻权的种类十分复杂，不同的相邻权因其内容不同，权利和义务所指向的对象也不同。但总体而言，相邻权的客体是行使不动产的所有权或使用权所体现的财产权益和其他权益。

相邻权从性质上说并不是一种独立的物权，而仍然属于所有权的范畴，因为相邻权从内容上来说是指相邻不动产的所有人或使用人行使权利的限制或延伸，在内容上都包括一方要求另一方提供必要的便利。相邻的一方获得此种便利以后使其权利得到延伸，而相邻的另一方因提供此种便利使其权利受到限制。在我国，相邻关系常常具有普遍性和复杂多样性。相邻关系处理得不好，容易发生纠纷，影响人们的生产和生活，甚至会造成人身伤亡和财产的重大损害，影响社会秩序的稳定，所以，民法典规定相邻关系，对于构建和谐社会、保护相邻人的合法权益、减少不必要的损失和浪费、保护环境、稳定社会经济秩序，都具有重要的意义。

第二节　处理相邻关系的原则

《民法典》第288条规定："不动产的相邻权利人应当按照有利生产、方便生活、团结互助、公平合理的原则，正确处理相邻关系。"根据这一规定，在处理相邻关系时，应适用如下原则。

一、依据法律、法规和习惯处理相邻关系

《民法典》第289条规定："法律、法规对处理相邻关系有规定的，依照其规定；法律、法规没有规定的，可以按照当地习惯。"依据这一规定，如果法律法规对相邻关系作出了明确规定，则必须依据法律法规的规定处理相邻关系。法律

法规没有明确规定的，可以依据习惯进行处理。习惯包括习俗和惯例，它们都是人们长期生活中形成并遵守的生活准则，可以调节人们之间的生产生活，因而可以用作处理相邻关系的规则。同时，在发生相邻关系纠纷之后，如果找不到法律法规的相关规定，可以适用习惯。

二、团结互助、兼顾各方的利益

相邻各方在行使所有权或使用权时，要团结互助、兼顾各方的利益，最大限度地减少对方的损失。相邻各方在因为不动产权利的行使发生争议的情况下，必须本着互谅互让、有利团结的精神协商解决；协商不成的，由有关国家机关和法院解决。同时，为了维持人与人之间的和睦关系，需要确立当事人之间适当的容忍义务。所谓容忍义务，是指相邻的一方应当容忍相邻的另一方所造成的最低限度的轻微妨害。只要邻人的行为不具有不法性，并且没有给其他不动产人造成明显损害，相邻另外一方应当予以容忍。如果一方拒绝承担容忍义务，则可能构成权利滥用。

三、有利生产、方便生活

法律之所以要设置处理相邻关系的规则，就是要保证人们最基本的生活条件，保障人们的生产生活能够顺利进行。因此，在处理因相邻关系产生的纠纷时，应从有利于有效合理地使用财产、有利于生产和生活出发。例如，在一方通行有困难的情况下，另一方是否有必要提供通行的便利，就要本着有利生产、方便生活的原则来确定，尽可能促进物尽其用。

四、公平合理

相邻关系涉及各方不动产权利方面的争议甚至冲突，在发生纠纷以后，如果处理不当，就容易酿成比较严重的社会矛盾，危害社会的稳定和团结，所以，相邻各方在发生相邻纠纷以后，应当本着公平的原则予以处理。相邻关系的种类很多，法律很难对各种相邻关系都作出具体规定，这就需要法院在处理相邻关系纠纷时，从实际情况出发，进行深入的调查研究，兼顾各方面的利益，适当考虑当地的习惯，公平合理地解决纠纷。

五、依法给予补偿

相邻关系是法律对于不动产权利行使的一种干预，在许多情况下，相邻一方为另一方提供通行、通风、采光等便利，是义务人的法定义务，不能要求对方给予补偿。但是，相邻一方为了满足最低限度的需要，造成相邻他方损失的，可能需要给予适当补偿。在相邻关系遭受侵害的情况下，构成物权请求权和侵权请求权的竞合，应当允许不动产物权人依法行使各类物权请求权或侵权请求权来保护自己的合法权益。

第三节 相邻关系的种类

相邻关系产生的原因很多，种类复杂。主要的相邻关系有以下几方面。

一、因用水、排水产生的相邻关系

依据《民法典》第 290 条的规定，因水资源的利用所形成的相邻关系，包括两个方面：

一是因用水产生的相邻关系。由于我国水资源相对缺乏，尤其是在许多地方水资源较为短缺，生产生活对自然水资源依赖较大，而水资源的合理分配直接关系到正常的生产生活，如果处理不当就会产生各种矛盾。按照民法典的上述规定，不动产权利人应当为相邻权利人用水提供必要的便利，应当合理分配水资源。对相邻各方都有权利用的自然流水，还应当尊重自然形成的流向，禁止过度占用水资源。一方擅自堵截或独占自然流水影响他方正常生产、生活的，他方有权请求排除妨碍；造成他方损失的，应负赔偿责任。

二是因排水产生的相邻关系。相邻一方必须利用另一方的土地排水时，他方应当允许。在民法上，对因排水而发生的相邻关系，通常分为自然排水和人工排水。在自然排水时，对自然流水的方向，应当尊重自然流水的排放。在人工排水时，也应尊重水流的流向，因人工排水而构造各种设施或工作物，改变了水流的方向，给他人造成损害的，受害人可以请求排除妨害、赔偿损失。在排水时，不能排放违反国家法律明确禁止的污水以及其他污染物。在利用他人的土地排水时，使用的一方应采取必要的保护措施；造成损失的，应由受益人合理补偿。

二、因通行产生的相邻关系

因通行产生的相邻关系是一种传统的相邻关系，主要包括如下情况：一是因袋地产生的通行问题。不动产被相邻不动产围绕，无其他出路，权利人只能从相邻他方的土地上通行，此种现象被形象地称为“袋地”。如果相邻的另一方拒绝为袋地权利人提供便利，袋地权利人有权请求实现其通行权。但是，袋地权利人只能要求他方提供必要的通行便利。二是通行困难。此种情况被称为“准袋地”。此种情况下，虽然不动产权利人有路通行，但如果不经另一方的土地通行，非常不便利，并且会发生较高的费用。尽管《民法典》第 291 条规定的是土地上的通行问题，但也包括利用他人建筑物内的空间通行的问题。三是其他通行问题。《民法典》第 291 条规定：“不动产权利人对相邻权利人因通行等必须利用其土地的，应当提供必要的便利。”此处使用了一个“等”字，即在上述两种通行的情况之外，还存在着其他通行的问题。例如，他人的物品坠落，掉到某人的土地之上，土地权利人应当允许失主进入其土地取走。

三、因建造、修缮建筑物以及铺设管线产生的相邻关系

依据《民法典》第 292 条规定，因建造、修缮建筑物以及铺设管线形成的相邻关系，主要存在着两种情况：一是一方因为建造、修缮建筑物需要利用相邻不动产的。例如，建造房屋时，需要临时在相邻的不动产上搭建脚手架或堆放必要的建筑材料。相邻一方因修建施工、架设电线、埋设管道等，需要临时占用他人土地的，他人应当允许，但是施工应选择对他人损失最小的方案。二是铺设电线、电缆、水管、暖气和燃气、管线等必须利用相邻土地、建筑物的，相邻的另一方应当提供必要的便利。

在上述两种情况下，对他人不动产的利用，有可能是长期的，也有可能是临时性的。因建造、修缮建筑物以及铺设管线，需要利用邻人的土地或者建筑物的，这种利用的要求必须是合理的。如果因为利用他人的不动产给他人造成损害，则可能需要双方进行协商，由一方给予另一方适当的补偿。

四、因通风、采光产生的相邻关系

依据《民法典》第 293 条的规定，因通风、采光、日照产生的相邻关系的内容包括：一是必须是在建造建筑物的过程中，有必要为他人提供通风、采光和日照等便利。虽然不动产权利人有权在自己的土地上建造建筑物，但此种权利的行使必须要考虑到他人的利益；不能滥用自己的所有权，在自己的土地上建造房屋阻挡他人的光线、日照、通风等。二是不得违反国家有关工程建设标准，妨碍相邻建筑物的通风、采光和日照。国家工程建设标准是指由国家有关机关颁布的建筑标准（如《建筑采光设计标准》）。违反国家有关工程建设标准，妨碍相邻建筑物的通风、采光和日照的，相邻一方应当承担相应的责任。三是相邻一方违反有关规定修建建筑物，影响他人通风、采光或日照的，受害人有权要求停止侵害、恢复原状或赔偿损失。从我国司法实践来看，应当根据具体情况确定相应的责任形式。

五、因保护环境产生的相邻关系

《民法典》第 294 条规定：“不动产权利人不得违反国家规定弃置固体废物，排放大气污染物、水污染物、土壤污染物、噪声、光辐射、电磁辐射等有害物

质。”该条实际上是关于所谓不可量物的侵害引发的相邻关系的规定。不可量物的侵害，是指按照通常的计量手段无法加以精确测量的某些物质因排放、扩散等致他人损害。不可量物的侵害属于相邻关系的范畴，应适用相邻关系的规定，但不可量物的侵害必须具备如下条件：

第一，违反了国家有关环境保护方面的法律法规的规定。这就是说，在确定不可量物是否构成侵害时，首先要考虑是否违反了国家有关规定。如果违反了国家有关规定，行为人不仅要停止侵害，还要承担相应的责任。如果国家还没有制定相关的规定，则应当根据具体情况确定是否过度或过量。

第二，不可量物侵害只有发生在相邻的不动产权利人之间，才受到民法相邻关系的调整。例如，因采矿导致沙石飞扬，因盖房导致尘土四散。如果行为人与受害人相距较远，即便存在不可量物散发而影响受害人居住的情形，一般也不宜作为相邻关系纠纷，而应当按照环境侵权来处理。

第三，造成了一定的妨害或损害后果。不可量物必须直接侵入邻人的不动产范围内，导致邻人受到损害或妨害；如果不可量物侵入邻人不动产范围以后，其侵入或妨害仍然在正常合理范围内，则邻人必须加以忍受。所以，对于不可量物是否构成违法侵害，关键要看是否超出了合理限度。

六、因挖掘土地、建造建筑物等产生的相邻关系

依据《民法典》第 295 条的规定，因挖掘土地、建造建筑物等发生的相邻关系的构成要件如下：一是一方在自己的不动产之上行使权利。例如，相邻一方在自己的土地上挖水沟、水池、地窖、水井和地基等时，危及对方房屋、地基以及其他建筑物的安全。二是一方在自己土地上从事挖掘作业等，给另一方造成妨害或者可能造成妨害。一方在自己的不动产上进行作业，虽然属于所有权行使的范围，但是，任何人在自己的不动产之上行使权利，不得损害他人的利益。三是一方的行为危及相邻不动产的安全。这就是说，相邻人从事挖掘等作业必须危及他人的不动产，如果是威胁到他人的人身或者动产，通常应当按照侵权来处理，也可以适用物权请求权，但不应当适用相邻关系的规定。

▶即测即评

▶案例资源

第六章　共　　有

第一节　共有概述

一、共有的概念和特征

财产的所有形式可分为单独所有和共有两种。《民法典》第297条规定："不动产或者动产可以由两个以上组织、个人共有。共有包括按份共有和共同共有。"所谓共有，是指某项财产由两个以上的权利主体共同享有同一所有权，换言之，是指多个权利主体对一物共同享有所有权。例如，两人共同所有一间房屋，三人共同所有一台机器。共有的主体称为共有人，客体称为共有财产或共有物。各共有人之间因财产共有形成的权利义务关系，称为共有关系。

共有只是数人对于同一物享有同一所有权，而非数人对同一物分别享有所有权。因此，共有关系有其特殊性，具体体现如下：

第一，主体具有特殊性。共有与单独所有的最大区别在于，共有的主体不是一个而是两个以上的自然人、法人或非法人组织，但是多数人共同所有一物，并不是说共有是多个所有权，而只是指数人对同一物享有一个完整的所有权。由于主体是多数人，所以共有制度应对各个主体之间在管理、使用、收益及处分共有财产的权利义务关系方面作出规定。

第二，客体具有特殊性。共有的客体即共有物是特定的财产，它既可以是独立物，也可以是集合物（如共同继承的遗产）；既可以是物的集合，也可以是权利的集合。其中，各种权利的共有称为准共有。由于每个共有人的权利及于整个共有财产，共有物在共有关系存续期间，根据约定不能分割共有物的，只能由各共有人对共有物共同享有所有权。由此可见，共有不同于分别所有。

第三，内容具有特殊性。共有人对共有物按照各自的份额享有权利并承担义务，或者平等地享有权利、承担义务。一方面，共有人对共有物所享有的权利及承担的义务，因按份共有和共同共有而各不相同。另一方面，各共有人所享有的权利及于整个共有财产。在行使共有财产的权利、特别是处分共有财产时，必须由全体共有人协商，按共有人共同的意志行事。此外，依据《民法典》第307条的规定，因共有财产而产生的债权由共有人共同享有，共同债务由各共有人负担。

共有是多个权利主体基于共同的生活、生产和经营目的，将其财产联合在一起而产生的财产形式。《民法典》第297条规定，"共有包括按份共有和共同共有"。按份共有和共同共有基本上概括了共有的形态。当然，随着经济社会的发展，共有关系也在不断发展，因此，这两种形态还不能完全概括共有的各种类型，除了这两种形态之外，还有合有、总有等其他一些特殊的共有形态。

二、准共有

所谓准共有，是指两个以上组织、个人共同享有用益物权、担保物权等权利。《民法典》第310条规定："两个以上组织、个人共同享有用益物权、担保物权的，参照适用本章的有关规定。"准共有的特点在于：一是准共有是所有权之外的共有。此种共有的客体并不是物的所有权，而是各种用益物权和担保物权。二是准共有的客体主要包括各种他物权。《民法典》第310条所承认的准共有只限于对他物权的共有。它既可以适用于用益物权，也可以适用于担保物权。三是准共有的有关规则，应当参照法律关于共有的规定。但参照只是说可以准用，并不是说所有的共有条款都适用于准共有。例如，关于共有的实物分割并不适用于准共有，因为准共有不是对所有权的共有。

第二节 按份共有

一、按份共有的含义

（一）按份共有的概念和特征

按份共有又称分别共有，是指两个以上的共有人按照各自的份额分别对共有财产享有权利和承担义务的一种共有关系。《民法典》第298条规定："按份共有人对共有的不动产或者动产按照其份额享有所有权。"例如，甲、乙合购一幢房屋，甲出资100万元，乙出资50万元，甲、乙各按出资的份额对房屋享有权利。按份共有具有如下特征：

第一，各个共有人对共有物按份额享有权利。各个共有人的份额又称应有份，其数额一般由共有人事先约定，或按照出资比例决定。在按份共有关系产生时，法律要求共有人应明确其应有的份额，按份共有人对共有的不动产或者动产享有的份额，没有约定或者约定不明确的，按照出资额确定；不能确定出资额的，视为等额享有。

第二，各个共有人对共有财产享有权利和承担义务依据其不同的份额确定。换言之，各个共有人对共有物持有多大的份额，就要对其共有物享有多大权利和承担多大义务。份额不同，各个共有人对共有财产的权利和义务是不相同的。

第三，尽管在按份共有的情况下，各个共有人要依据其份额享受权利并承担义务，但按份共有并不是分别所有，各个共有人的权利并不局限于共有财产的某一具体部分上，或就某一具体部分单独享有所有权，而是及于该财产的全部，例如，在上述购房例子中，甲占有2/3的份额，乙占有1/3的份额，但两人是对全部房屋依据份额行使权利，而不是把房屋划分成三部分，分别行使权利。

按份共有因共有人之间的协议解除、共有财产归于一人所有、共有财产丧失和被转让等原因而发生消灭。

（二）按份共有中的应有部分

按份共有中的应有部分，是指共有人对共有物所有权所享有的比例，或者说应有部分乃各个共有人行使权利和承担义务的范围。按份共有中的应有部分主要具有如下特征：一是应有部分只是行使权利的范围，是对权利的分割，而不是根据应有部分对共有物的量的分割，也不是对所有权权能的分割。二是按份共有人对其应有部分所享有的权利具有所有权的效力，可以自由处分，从而在没有特殊约定的情况下，每个共有人都能依据自己的份额行使权利。当然，每个共有人都只能在预先确定的份额范围内享有并行使占有、使用和收益权，不得超出该范围行使权利。三是按份共有人有权自由转让其应有部分，除法律和合同另有规定之外，按份共有人转让其份额不需要征得其他共有人的同意。按份共有人的应有部分（份额）具有所有权的效力，在按份共有人死亡时，其份额可以作为遗产由继承人继承。

二、按份共有人的权利和义务

（一）按份共有人的权利

第一，按份共有人有权依其份额对共有财产享有占有、使用和收益权。《民法典》第298条规定："按份共有人对共有的不动产或者动产按照其份额享有所有权。"依据该规定，共有人对于全部的共有财产，依据其份额享有并行使权利，享有收益。份额越大，则使用共有财产并获取收益的权利就越大；份额越小，则使用共有财产并获取收益的权利就越小。通常情况下，共有财产的使用和收益方法，应由全体共有人协商决定，不能由每个共有人仅根据自己的意志自由行使对共有财产的权利，也不得未经其他共有人的同意，擅自占有和使用共有财产。

第二，按份共有人有权按照约定管理其共有财产。依据《民法典》第300条的规定，如何管理共有财产，须由共有人达成协议；同样，如何利用共有财产，也必须由全体共有人通过约定来确定。当然，共有人可以通过订立分管协议的方式，约定由部分共有人管理共有物。

第三，按份共有人享有物权请求权。按份共有人作为物权人的一种，在共有财产遭受侵害或妨害的情况下，也享有物权请求权，包括返还原物请求权、排除妨害请求权和消除危险请求权。各共有人对于第三人可以就共有物的全部享有物权请求权，这是各共有人的权利，均可以单独行使此项权利，而不必征得其他共有人的同意。

第四，按份共有人有权转让其应有部分。由于按份共有人的应有部分具有所有权的效力，可以由按份共有人自由处分。这种处分包括：一是分出，即按份共有人退出共有，将自己在共有财产中的份额分割出去。二是转让，即共有人依法将自己在共有财产中的份额转让给他人。为了保护共有人的权益，应允许共有人自己转让其共有份额。但共有人转让其份额，不得损害其他共有人的利益。当然，如果各共有人事先约定在共有关系存续期间，不得转让和分出份额，则视为各共有人自愿放弃转让或分出其份额的权利。

第五，按份共有人享有优先购买权。为防止某一按份共有人转让其份额造成对其他共有人的损害，《民法典》第 305 条规定了按份共有人的优先购买权。共有人行使优先购买权，必须在同等条件下行使。同等条件应当主要指的是价格条件，也就是说，先买权人支付的价格应当与其他买受人支付的价格条件相同。同等条件并不要求先买人和出卖人订立的合同与出卖人和他人订立的合同的条款完全相同。共有人在出卖其共有份额时，应当提前通知其他先买权人，两个以上其他共有人主张行使优先购买权的，协商确定各自的购买比例；协商不成的，按照转让时各自的共有份额比例行使优先购买权。

（二）按份共有人的义务

共有人在依据份额行使权利的同时，必须要承担相应的义务。该义务主要是承担对共有物的管理费用以及其他负担。

1. 共有人对共有物的管理费用的承担

共有财产既然由每个共有人共有，则每个共有人都负有修缮、维修共有财产的义务，以维持其良好的状态。共有人可以自己管理，也可以委托他人管理，在委托他人管理的情形下，可能产生相应的管理费用，此时，各个共有人有分担该管理费用的义务。

2. 共有人对共有物的其他负担的承担

除共有物的管理负担外，共有人还应当负担因共有物所产生的其他负担。例如，分担因共有房屋倒塌造成他人伤害而承担的损害赔偿责任。按份共有人按照各自的份额，对共有财产分享权利，同时也要按各自的份额分担义务，按份共有人持有的份额越大，其承担的因经营共有财产所产生的义务和责任也就越大，反之则越少。依据《民法典》第 302 条的规定，关于共有人费用的承担，如果有约定，首先应当按照约定来支付；如果没有约定或者约定不明，按份共有人应当依据其份额来承担。上述费用由某个共有人支付的，超出其份额所应分担的部分，该共有人有权请求其他共有人偿还。

（三）处分共有财产或对共有财产作出重大修缮

处分共有财产，是指共有人依据法定的程序实施的转让共有财产或在共有财产上设置抵押等处分行为。依据《民法典》第301条的规定，处分共有的不动产或者动产以及对共有的不动产或者动产作重大修缮的，无须经过全体按份共有人同意，经占份额2/3以上的按份共有人同意即可。如果某个或某几个共有人未经全体共有人依法定程序同意，擅自对共有财产进行法律上的处分，对于其他共有人不产生法律效力。如果转让的共有财产为动产，受让人取得该动产时系出于善意，则可以按照善意取得的规则处理。此时，其他共有人不得主张转让行为无效，仅能对该进行无权处分行为的共有人，依侵权行为或不当得利的规定而主张其权利。

（四）约定不明视为按份共有

《民法典》第308条规定："共有人对共有的不动产或者动产没有约定为按份共有或者共同共有，或者约定不明确的，除共有人具有家庭关系等外，视为按份共有。"因为按份共有较之于共同共有，对物的利用更加有效，对物的分割更加方便，对共有物的管理比较灵活，对共有物的处分也比较便利，所以，推定为按份共有有利于有效率地管理和利用共有财产。同时，依据《民法典》第309条的规定，按份共有人对共有的不动产或者动产享有的份额，没有约定或者约定不明确的，按照出资额确定；不能确定出资额的，视为等额享有。

第三节 共同共有

一、共同共有概述

（一）共同共有的概念和特征

共同共有亦称公同共有，是指两个以上的民事主体，根据某种共同关系而对某项财产不分份额地共同享有权利并承担义务。《民法典》第299条规定："共同共有人对共有的不动产或者动产共同享有所有权。"一般认为，共同共有实质上是两个以上的人基于某种共同关系而共有一物，共同共有的特征体现在以下方面：

第一，共同共有根据共同关系而产生，必须以共同关系的存在为前提。例如，男女双方结婚后形成夫妻关系，依照法律规定，夫妻关系存续期间所得的财产为共有财产，因此，因夫妻关系的产生而形成夫妻财产共有关系。共同共有是以当事人之间存在着某种共同关系为前提的，它一般发生在互有特殊身份关系的当事人之间。

第二，在共同共有中，财产不分份额。只要共同共有存在，共有人对共有的财产就无法划分各人的份额或哪个部分属于哪个共有人所有，只有在共同共有关系终止、共有财产分割以后，才能确定各共有人的份额。

第三，在共同共有中，各共有人平等地享受权利和承担义务。依据《民法典》第299条的规定，各共有人对整个共有财产享有平等的占有、使用、收益和处分的权利，同时对整个共有财产平等地承担义务。由于共同共有人的权利和义务都是平等的，因而较之于按份共有，共同共有人之间具有更密切的利害关系。

共同共有关系主要因共同关系的终止而解除，如婚姻关系解除等；同时也可以由于其他原因而消失，如共有物丧失、共有财产被转让等。共同共有终止时，对共有财产的分割，有协议的，按协议处理；没有协议的，一般可根据均等原则，并考虑共有人对共有财产的贡献大小以及共有人生产、生活的实际情况等处理。

（二）共同共有与按份共有的区别

第一，在按份共有关系中，各共有人依其份额享有权利并承担义务；在共同共有关系中，各共有人则不分份额，共同地享有权利、承担义务。

第二，关于共有物的处分，在按份共有关系中，原则上只需要2/3多数同意；而在共同共有关系中，需要全体共有人的一致同意才能处分共有物。《民法典》第301条规定，处分共有的不动产或者动产以及对共有的不动产或者动产作重大修缮、变更性质或者用途的，应当经占份额2/3以上的按份共有人或者全体共同共有人同意，但是共有人之间另有约定的除外。

第三，按份共有人可以转让其享有的共有的不动产或者动产份额，其他共有人在同等条件下享有优先购买的权利；而在共同共有的情况下，不存在优先购买的问题。

第四，关于共有财产的分割，在没有约定或者约定不明确的情况下，按份共有人可以随时请求分割；而共同共有人只有在共有的基础丧失或者基于重大理由需要分割时才可以请求分割。例如，夫妻双方在婚姻关系存续期间购买了一幢房产，对其归属未加以特别约定，则在婚姻关系存续期内应当认为是共同共有，不得请求分割；但如果婚姻关系解除，则一方可以请求进行分割。

二、共同共有人的权利和义务

共同共有关系主要依照法律的规定或合同的约定而产生，共同共有人相互间的权利义务也应依法律或合同的规定而确定。其具体内容如下：

1. 共同共有人的权利

共同共有人对共有财产享有平等的占有、使用权，对共有财产的收益，不是按比例分配，而是共同享有；对共有财产的处分，必须征得全体共有人的同意，未经全体共有人的同意而处分共有财产，不发生物权变动的效力。但是如果根据法律规定或依据共有人之间的协议，某个共有人有权代表或代理全体共有人处分共有财产，则该共有人依法或依协议作出的处分财产的行为是有效的。无权代表或代理的共有人擅自处分共有财产时，其他共有人明知而不提出异议的，视为同意。

2. 共同共有人的义务

共同共有人对共有财产共同承担义务。《民法典》第302条规定："共有人对共有物的管理费用以及其他负担，有约定的，按照其约定；没有约定或者约定不明确的，按份共有人按照其份额负担，共同共有人共同负担。"可见，在共同共有的情况下，因对共有财产进行维护、保管、改良等所支付的费用由各共有人共同分担。各共有人因经营共同事业对外发生债务或对第三人造成损害的，由全体共有人承担连带责任。

在共同共有关系存续期间，各共有人一般不得请求分割共有财产，但共同共有人在共有的基础丧失或者有重大理由需要分割时可以请求分割。

三、共同共有的形式

在我国，共同共有的基本形式有两种，即夫妻共有财产和家庭共有财产。

（一）夫妻共有财产

无论是夫妻法定共有财产还是约定共有财产，都属于夫妻对其共同财产共同所有，并享有平等的处理权。但两者存在区别：一是适用顺位不同。约定财产制即法律允许夫妻对夫妻双方之间的财产关系进行意思自治，其具有优先于法定财产制的效力，只有在没有约定或者约定无效时，才适用法定财产制。二是客体范围不同。就婚前个人财产而言，如果没有特别约定，通常并不适用法定财产制，不会当然成为夫妻共同财产。而在约定财产制情形下，可以约定婚前个人财产成为夫妻共同财产。① 三是效力不同。在法定财产制情形下，就婚姻存续期间的夫妻共同债务，应由夫妻共同财产偿还。而在约定财产单独所有的情形下，该约定通常不具有对抗第三人的效力，但夫妻一方能够证明第三人知道该约定的，可以对第三人产生效力。

（二）家庭共有财产

家庭共有财产，是指在家庭中全部或部分家庭成员共同所有的财产。换言

① 参见夏吟兰、龙翼飞等：《中国民法典释评·婚姻家庭编》，中国人民大学出版社2020年版，第135页。

之，其是指家庭成员在家庭共同生活关系存续期间共同创造、共同所得的共同财产。其特征如下：

第一，家庭共有财产的主体是对家庭共有财产的形成作出过贡献的家庭成员。在家庭中，父母有劳动收入，而未成年子女没有经济收入，也没有通过接受遗赠或赠与等方法对家庭财产作出贡献的，不能和父母一起作为家庭财产的共有人。

第二，家庭共有财产的形式主要是家庭成员在共同生活期间的共同劳动收入，包括家庭成员交给家庭的财产、家庭成员共同受赠的财产以及在此基础上购置和积累起来的财产等。

第三，家庭共有财产是以维持家庭成员共同生活或生产为目的的财产。如果某个家庭成员以其劳动收入购买个人所需而不是家庭所需的物品，则一般不应视为家庭共有财产。

第四，家庭共有财产以家庭共同生活关系的存在为前提，家庭共同生活关系终止，如因成年子女分家、父母离婚、父母一方或双方死亡等原因导致家庭共同生活关系终止，就可能引起家庭共有财产的分割，使原有的家庭共有财产权归于消灭。

对于家庭共有财产，每个家庭成员都享有平等的权利。除法律另有规定或家庭成员间另有约定的以外，对于家庭共有财产的使用、处分或分割，应取得全体家庭成员的同意，任何家庭成员都不得随意处分属于家庭共有财产。

第四节　共有财产的分割

一、共有财产分割的概念

共有财产的分割，是指在共有关系存续期间，共有人请求按照一定的份额或者均等地分割共有财产。共有关系因共有物的灭失、某一共有人取得所有其他共有人的应有部分而终止，其中最主要的原因是共有财产的分割。

共有财产的分割，必须由共有人主张。按照私法自治原则，法院不能在共有人没有提出分割的情况下，就直接通过裁判分割共有财产。无论是按份共有，还是共同共有，共有人依据法律或合同的规定均享有分割请求权。不过，分割是共有人针对共有物，请求分割自己应得的部分，即请求分割应有份。

此外，共有人在分割共有财产时，特别是在分割家庭共有财产和夫妻共有财产时，应当体现男女平等、保护妇女和未成年子女利益的精神。在确定各共有人应分得的份额时，对于负担抚养、赡养、扶养其他家庭成员义务的共有人应当适当考虑多分。

二、共有财产分割的方式

依据《民法典》第 304 条第 1 款的规定，共有人分割共有财产首先应当通过协议来确定。如果不能达成协议，就应当充分考虑对物的利用效率，发挥物的价值，以确定对共有物的分割方式。具体来说，对共有财产的分割可以采取三种方式：

一是实物分割。它是指在不影响共有财产的使用价值和特定用途的情况下，将原物分配给各共有人，如分割蛋糕、布匹、土地等。《民法典》第 304 条规定，对于共有财产的分割，如果达不成协议，共有的不动产或者动产可以分割并且不会因分割减损价值的，应当对实物予以分割。

二是变价分割。它是指在共有财产不宜分割的情况下，采用变卖共有物的方法，将价金分配给各共有人。根据《民法典》第 304 条的规定，所谓“难以分割”，是指对共有财产事实上不能分割，如耕牛、拖拉机等共有财产不能进行实物分割。

三是作价补偿。它是指部分共有人获得共有财产，并根据共有财产的市场价值对其他共有人给予补偿。该种分割方式通常适用于共有物性质上不能以原物分配或者原物分配有困难的情形。

三、协议分割和裁判分割

（一）协议分割

协议分割，是指共有人就共有财产的分割事由、分割请求权、分割方式等达成协议，从而依据协议进行的分割。协议分割就是指将分割的事务交给当事人自己协商决定，当事人既可以决定是否分割，也可以决定分割的方法。协议可以通过书面合同的方式，也可以采取口头的方式。分割协议不仅在共有人之间发生效力，而且分割协议订立之后在尚未分割之前，如果某共有人将其应有份让与第三人，该协议对第三人也有拘束力。

（二）裁判分割

裁判分割，就是指在共有人不能就共有物分割的方法达成协议的情况下，共有人可以诉请法院分割。如果共有人不能就共有财产是否可以分割、分割事由或采用何种分割方式达成协议，应允许共有人请求法院作出裁判，以决定是否可以分割或如何进行分割。

四、共有财产分割的效力

根据我国司法实践，当全部共有财产分割以后，共有关系即归于消灭，就原物进行分配时，各共有人即就其分得部分取得单独的所有权。所以，分割的效力可以使各共有人取得单独的所有权，各共有人因分割取得的所有权的范围原则上应与其应有部分相等。

关于财产分割后的瑕疵担保责任问题，《民法典》第 304 条第 2 款规定：“共有人分割所得的不动产或者动产有瑕疵的，其他共有人应当分担损失。”据此，我国民法典已承认共有人的瑕疵担保责任。该条规定包含两方面的内容：一是共有人负有瑕疵担保责任。瑕疵担保包括物的瑕疵担保和权利瑕疵担保。如果不承认共有人的瑕疵担保责任，而由分得财产的人自己承受不利后果，有违公平原则。权利瑕疵是指共有人分得的共有物属于第三人所有，或者存在产权争议以及各种负担。如果分割以后属于某个共有人所有的财产，由于分割以前的原因而为第三人追索或发现有隐蔽瑕疵，为保护分割财产后的所得人的利益，其他共有人都有义务分担损失。二是受害人有权请求其他共有人分担损失。其他共有人都应当对标的物的瑕疵负担保义务。如果分割以后属于某个共有人所有的财产，由于分割以前的原因而为第三人追索，或者发现有隐蔽瑕疵，使取得财产的共有人因此遭受损失，则该共有人分得的部分与其应有的份额并不相符，从而必然使该共有人遭受损失。为保护分割财产后的所得人的利益，其他共有人都有义务分担损失。

▶即测即评　　▶案例资源

第七章　用益物权概述

第一节　用益物权的概念与功能

一、用益物权的概念

用益物权是权利人对他人所有的不动产或者动产在一定范围内进行占有、使用和收益的权利（《民法典》第323条）。用益物权是一项重要的物权制度，其与担保物权一起，构成了物权中的他物权制度。在用益物权法律关系中，使用他人之物的人，是用益物权人；将自己之物提供给他人使用的人，是该物的所有权人，也是用益物权制度中的义务人。

二、用益物权的功能

《民法典》物权编的第三分编即“用益物权”，作为我国一项基本物权制度，用益物权在国家资源配置和促进社会经济发展方面发挥着重要的作用，这具体体现在如下方面：

（一）维护国家基本经济制度，保障交易安全

我国实行土地公有制，土地归国家或集体所有，其他民事主体不能享有土地所有权。但同时我国又实行社会主义市场经济体制，这就必然要求土地作为重要的生产资料进入市场领域、发挥经济价值。在不影响所有权归属的情形下，土地作为一种生产资料进入市场，就需要借助用益物权制度来实现。在土地所有权归属不变的前提下，通过用益物权的设立和流转等方式，就可以实现社会主义公有制与社会主义市场经济的有机结合，在维护国家基本经济制度的同时，有效进行资源配置，充分发挥土地资源的价值。

此外，民法典还规定了用益物权的公示等制度。由于用益物权涉及不动产的利用，在用益物权设立和变更时，财产之上的权利状况需要对社会进行公示，这既可以保障权利人的权利、不为他人侵害，同时也有利于第三人了解权利状况、妥善安排交易。例如，根据民法典的规定，对于土地承包经营权，自土地承包经营权合同生效时即可设立，但如果对土地承包经营权进行互换、转让的，则未经登记不得对抗善意第三人；对于建设用地使用权，则自登记时才能设立，且在转让、互换、出资或者赠与时，还须办理变更登记。通过不同的公示方式，就能够平衡用益物权制度中当事人与外部第三人的利益，并且更好地保护权利人的权利、维护市场交易安全。

（二）优化资源配置，满足民事主体的需求

使用不动产或动产以满足自己的生活和生产所需，行为人既可以选择取得标的物的所有权、成为所有权人的方式来进行利用，也可以选择租赁他人之物、成为承租人的方式进行利用，但前者耗费甚巨且受到诸多限制，而后者则具有短期性和相对不稳定性。用益物权制度较好地平衡了这两种方式，其作为物权制度，具有长期性和稳定性，同时又通过与所有权人签订用益物权合同来利用他人之物，具有灵活性和低成本性，同时也可以避免取得所有权的诸多限制。

例如，我国土地的所有权仅限于国家和集体取得，因此，其他民事主体要在土地上从事建造活动，便只能利用国家或者集体所有的土地。通过建设用地使用权、宅基地使用权等用益物权制度，其他民事主体便可以通过签订用益物权合同的方式使用国家或集体所有的土地，这不仅满足了权利人使用他人之物的需求，也为所有权人带来了一定的经济收益，实现了资源的优化配置。

（三）促进物尽其用，增进人民福祉

我国坚持和完善以公有制为主体、多种所有制经济共同发展的社会主义基本经济制度，将所有权分为国家所有权、集体所有权和私人所有权三类，具有重要经济社会价值和战略意义的城市土地、矿藏、水流、海域等自然资源专属国家所有，其他土地和森林、山岭、草原、荒地、滩涂等自然资源归集体所有。法律明确土地等不动产自然资源归国家或集体所有，是为了避免因土地的私有化而必然造成的多寡不均、集中垄断等现象，避免造成“富者有弥望之田，贫者无立锥之地，有力者无田可种，有田者无力可耕”的不公平现象。

在明确产权归属之后，通过用益物权制度可以鼓励民事主体对他人所有之物进行占有、使用和收益，有利于实现物权法物尽其用的目标。一方面，用益物权制度能够充分实现物的使用价值，例如，通过设立建设用地使用权、土地承包经营权等用益物权，实现对国家或集体所有的土地的充分利用。另一方面，用益物权本身也具有财产价值，通过将用益物权作为担保物权的标的，例如将建设用地使用权作为抵押权的标的，能够实现对物的交换价值的充分利用。可见，种类丰富的用益物权制度能够充分体现我国民法典“从所有到利用，释放土地权能”的立法宗旨，让民事主体能够通过丰富多样的用益物权类型，对国家所有、集体所有和私人所有的不动产、动产展开充分的利用，从而满足人们的多元化、差异化财产需求，增进人民的福祉。

第二节 用益物权的特征

作为对他人所有的不动产或者动产进行占有、使用和收益的物权，用益物权除了具备物权的一般特征外，还具有如下特征：

一、用益物权是他物权

他物权是由所有权派生出来的物权，是基于他人之物而产生的权利。用益物权是基于他人所有的不动产或动产而产生的权利，是在他人所有权之上设定的限制和负担，在性质上属于他物权、定限物权。作为一项他物权，用益物权只能在他人之物上设立，因此，用益物权的主体是所有权人之外的其他民事主体，所有权人不得在自己所有的物之上为自己设立用益物权，而只能为他人设立用益物权。在用益物权设定之后，所有权人也要受到用益物权设立合同的约束，在用益物权所及范围内，所有权人不得再对标的物进行占有和支配，否则会影响和妨碍用益物权人行使权利。

二、用益物权的客体以不动产为主

传统大陆法系民法认为，用益物权的客体仅限于不动产，因为不动产具有稀缺性、非消耗性的特点，适合交由他人使用而不宜贬损其价值；而动产容易消耗受损，且多为种类物，可以购买替代，因此，动产不是用益物权的客体。但随着时代的发展，人们对财产的利用方式也越来越多元化，没有必要继续将用益物权的客体范围限定在不动产之上，而应当赋予人们在动产之上设立用益物权的自由，从而实现物尽其用的目的。虽然当前人们仍然主要在不动产尤其是土地之上设立用益物权，但立法应当具有适度的前瞻性和超前性，因此，《民法典》第323条对用益物权的客体作出了较为宽泛的规定，不动产或者动产均可以作为用益物权的客体。

三、用益物权的内容是占有、使用和收益

用益物权是权利人对他人之物进行占有、使用和收益的权利。“用益”本身就强调了使用和收益。其中，占有是指对他人之物实际的控制，因为要对他人之物进行利用等支配行为，就必须以取得对标的物的实际控制为前提，因此，占有是用益物权的基本内容。使用，是指权利人依照他人之物的自然属性，按照标的物法定或者约定的用途，对之进行利用。例如，在他人的土地之上建造住宅、种植庄稼，在他人的房屋内居住，等等。收益，是指从他人之物上获取经济利益。

对他人所有的不动产或动产进行占有和使用，其目的就是获取收益，这种收益体现为用益物权人获得的经济利益。例如，在集体所有的土地上从事种植而收获庄稼、果实，在他人房屋内居住而获得生活上的便利，在国家所有的土地上建造房屋并出售获利，等等。由于同一个标的物不能被数人同时占有和使用，这就决定了同一标的物之上不能同时存在两个以上内容相冲突的用益物权。

四、用益物权具有存续期限

用益物权作为他人之物上的权利负担，自然不能永久存续，否则就会给所有权人造成永久的权利负担，甚至会架空所有权。因此，各种类型的用益物权一般均具有明确的存续期限。同时，相较于担保物权，用益物权的存续期限相对较长，因为用益物权的目的是对他人之物进行实际利用，而此种利用则包括了建造、耕种等行为，要取得收益需要一定的时间周期，因此，需要较长的时间来稳定权利人的预期。例如，土地承包经营权的存续期限根据土地的用途不同，分为30年（耕地）、30年至50年（草地）和30年至70年（林地）三种（《农村土地承包法》第21条）；同样，建设用地使用权也根据土地用途的不同，而分为40年（商业、旅游、娱乐用地）、50年（工业、教育、科技、文化、卫生、体育、综合或者其他用地）、70年（居住用地）三种（《城镇国有土地使用权出让和转让暂行条例》第12条）。居住权则较为特殊，当事人既可以在居住权合同中约定居住权的期限，也可以约定以居住权人生前为限，允许居住权人享有居住权直至死亡，确保其住有所居。

第三节　用益物权的行使与保护

一、用益物权的行使

用益物权的行使应当遵循如下规则：

第一，用益物权人能够自主行使其权利。作为一种独立的物权类型，用益物权一旦设立，便具有独立存在的价值，其作为对所有权的一种限制，是所有权人基于用益物权合同而自愿负担的合同义务。因此，用益物权一旦设立，用益物权人有权依法依约自主决定权利的行使，有权自主安排对标的物的占有、使用和收益事项，所有权人不得干涉用益物权人行使权利。

第二，用益物权在行使中应当遵循权利行使的一般原则。权利人应当遵循公平和诚信的原则，在履行用益物权合同时秉持诚实，恪守承诺，在行使用益物权时不得违反法律和公序良俗的要求。

第三，由于用益物权在行使中涉及土地、森林、滩涂、矿藏、水流、海域等自然资源的开发利用与保护问题，也涉及之后周边居民的生活工作的居住环境维持问题，还涉及生态环境保护的社会公共利益问题，因此，用益物权人在行使用益物权时，还应当严格遵守法律有关保护和合理开发利用资源、保护生态环境的规定，依法履行水土保持、水源涵养、风沙防治、节约资源等义务，不得侵犯他人的合法权益。

二、用益物权的保护

作为物权的一种，用益物权的保护也适用《民法典》物权编第三章关于物权保护的规定。因用益物权而发生争议时，用益物权人有权请求法院确认其用益物权的归属和内容。用益物权受到他人侵害时，用益物权人有权请求行为人承担排除妨害或者消除危险、恢复原状、损害赔偿等责任。用益物权的标的物被他人无权占有的，用益物权人可以请求占有人返还原物。这些物权的保护方式，可以单独适用，也可以根据用益物权被侵害的具体情形合并适用。

此外，权利人在他人之物上设立用益物权，往往需要支付相应的对价，在权利设立之后，用益物权人需要从事相应的占有、开发、利用等活动，因而需要进行相应的投入。在用益物权的标的物被征收或征用时，用益物权人必将因权利灭失或暂时不能行使而遭受损失，因此，用益物权人的合法权益在征收征用程序中还受到法律的特别保护。因设立用益物权的不动产或者动产被征收、征用致使用益物权消灭或者影响用益物权行使时，除了所有权人有权主张依法获得补偿外，用益物权人也有权主张获得相应的补偿，例如，承包的集体土地被依法征收、征用的，土地承包经营权人也有权依法获得相应的补偿；设立了用益物权的不动产或者动产被征用或者征用后毁损、灭失的，也应当对用益物权人给予相应的补偿。

第四节 准用益物权

一、准用益物权概述

《民法典》在用益物权的“一般规定”中，对准用益物权作出了规定。准用益物权，是指自然人、法人或者非法人组织依法享有的对特定空间内的自然资源进行开发和利用的权利。自然资源，是指自然界中可以由人类直接获取和使用的一切天然存在的物质，包括国土资源、矿产资源、水资源、森林资源、海洋资源、生物资源、农业资源、气候气象等。根据民法典的规定，国家所有或者国家所有由集体使用以及法律规定属于集体所有的自然资源，任何组织或个人依法均可以进行占有、使用和收益。同时，根据宪法和法律的规定，矿藏、水流、海域等重要自然资源均属于国家所有，对于专属于国家所有财产，其他民事主体不能取得所有权，而只能通过他物权等方式进行利用。国家实行自然资源有偿使用制度，但是法律另有规定的除外。因此，自然人或者法人、非法人组织既可以对在国家或集体所有的土地之上设立的建设用地使用权、土地承包经营权等用益物权进行利用，也可以对在矿产资源、水资源、海洋资源之上设立的探矿权、采矿权、取水权、海域使用权等权利进行利用。

那么当民事主体对这些特定空间内的自然资源进行使用收益时，其所享有权利在性质和内容上均与用益物权高度相似，但又有所不同，因此，这些权利被称为准用益物权，也被称为自然资源之上的用益物权或准物权、特许物权等。同时，由于这些权利的设定、流转、内容和效力等大多通过《海域使用管理法》《矿产资源法》《水法》《渔业法》等特别法加以规定，因而也被称为特别法上的物权。根据《民法典》和相关法律的规定，我国的准用益物权主要包括海域使用权、矿业权、取水权、渔业权等类型。

准用益物权与用益物权的相似之处在于：两者都是民事主体对他人之物进行占有、使用和收益的权利，都需要取得对标的物的实际占有控制，因而都不是所有权和担保物权；同时，两者在权利的设立、期限限制等方面，存在着较多的相似之处，在大陆法系传统的民事权利体系中，两者在性质上具有较高的相似性，可以归为一类，这也是将基于特定空间内自然资源利用的权利称为准用益物权的原因。但使用准用益物权概念本身就表明这些权利具有一些特殊之处，与典型的用益物权相比，二者仍然存在一些不同之处，这主要体现在如下三个方面：

第一，权利的标的物不同。用益物权的标的物包括不动产和动产，这里的不动产主要是指土地、房屋等不可移动、不可消耗的财产；而准用益物权的标的物，则是特定空间范围内的自然资源，如矿产、水、海域等，往往具有可消耗性、变动性等特点。

第二，权利的取得方式不同。用益物权的设立是普通的民事法律行为，当事人之间协商一致、签订合同即可，无须获得行政许可，完全由当事人自主决定。而准用益物权往往涉及国家所有的重要自然资源，且与社会公共安全、生态环境保护等具有密切联系，需要强化监管、维护秩序，因此，准用益物权需要经过相关自然资源主管部门颁发行政许可才能设立和取得。

第三，权利受到的限制程度不同。用益物权具有明显的私权特征，是用益物权人与所有权人围绕一般的不动产或动产的利用而进行意思自治的产物，法律介入较少，允许当事人依照合意来设定。此外，法律对用益物权的行使作出的限制也较少。而准用益物权往往涉及特定自然资源的开采、开发和利用，关乎生态环境保护等社会公共利益，因此，立法机关通过制定特别法的形式，对准用益物权的取得和行使作出了较多的限制性规定。

二、海域使用权

海域使用权是指权利人经批准获得的对特定海域在一定期限内享有的排他性使用收益的权利。《民法典》第328条规定："依法取得的海域使用权受法律保护。"根据我国宪法和法律的规定，海域属于国家所有，由国务院代表国家行使海域所有权，任何单位和个人使用海域，必须依法取得海域使用权。

根据《海域使用管理法》第2条的规定，海域是指我国的内水、领海的水面、水体、海床和底土。其中，内水是指我国领海基线向陆地一侧至海岸线的海域。

（一）海域使用权的取得

海域使用权的取得可以分为初始取得和继受取得两种取得方式。

第一，海域使用权的初始取得。初始取得主要包括使用人申请、招标取得和拍卖取得三种。就使用人申请的方式而言，单位和个人均可向县级以上人民政府海洋行政主管部门申请使用海域，海域使用申请经依法批准后，申请人与海洋行政主管部门签订《海域使用权出让合同》，合同中应当明确出让海域的位置和范围、出让期限、海域用途、海域使用金应缴总额和缴纳办法等重要事项。①

海域使用权除通过申请取得以外，也可以通过招标或者拍卖的方式取得。招标或者拍卖方案由海洋行政主管部门制定，报有审批权的人民政府批准后组织实施，其招标或拍卖应符合相应的法定程序。以招标、拍卖方式确定中标人、买受人后，海洋行政主管部门和中标人、买受人签署成交确认书，并按规定签订海域使用权出让合同。中标人、买受人应当持价款缴纳凭证和海域使用权出让合同，办理海域使用权登记，领取海域使用权证书。中标人或者买受人自领取海域使用权证书之日起，取得海域使用权。

第二，海域使用权的继受取得。它是指他人基于海域使用权人的权利和意志，通过法律行为或法律事件而取得海域使用权。海域使用权的继受取得方式包括转让等。

由于海域使用权的继受取得会导致海域使用权人发生变更，因此，当事人均

---

① 《海域使用管理法》第25条规定："海域使用权最高期限，按照下列用途确定：（一）养殖用海十五年；（二）拆船用海二十年；（三）旅游、娱乐用海二十五年；（四）盐业、矿业用海三十年；（五）公益事业用海四十年；（六）港口、修造船厂等建设工程用海五十年。"

应当申请办理海域使用权变更登记。办理变更登记时，申请人应当向登记机关提交变更登记材料，包括海域使用权登记申请表、权利人身份证明、海域使用权证书、海域使用金缴纳凭证、有关证明文件（如转让协议、继承证明、调解书、更址更名证明等），须经依法批准的变更，还应当提交变更批准文件。

（二）海域使用权的效力

海域使用权设立后，海域使用权人可以对特定海域在批准期限内进行占有、使用和收益，还可以对海域使用权依法进行出租和转让等处分。海域使用权人依法使用海域并获得收益的权利受法律保护，任何单位和个人不得侵犯。

当然，海域使用权人在享有权利的同时，还应当履行法定和约定的义务，例如海域使用权人应当依约缴纳海域使用金，按规定的用途合理使用海域，发现所使用海域的自然资源和自然条件发生重大变化时，及时向海洋行政主管部门报告。同时，海域使用权人对他人非排他性用海负有容忍义务，对不妨害其依法使用海域的非排他性用海活动，不得阻挠。此外，海域使用权人在使用海域期间，未经依法批准，不得从事海洋基础测绘。

（三）海域使用权的消灭

海域使用权期满，未申请续期或者申请续期未获批准的，海域使用权终止。此外，海域使用权还可能因为政府的征用行为以及依法填海等原因而终止。

海域使用权终止后，原海域使用权人还负有恢复原状的义务，其应当拆除可能造成海洋环境污染或者影响其他用海项目的用海设施和构筑物。不履行拆除义务的，原海域使用权人须承担罚款等行政责任，海洋行政主管部门有权委托有关单位代为拆除，所需费用由原海域使用权人承担（《海域使用管理法》第47条）。

三、矿业权

矿业权是探矿权和采矿权的合称，是指依法在已经登记的特定矿区或者工作区内勘探和开采矿产资源、取得矿产品并排除他人干涉的权利。矿产资源是指由地质作用形成的，具有利用价值的，呈固态、液态、气态的自然资源。根据宪法和法律的规定，在我国，矿产资源属于国家所有，由国务院行使国家对矿产资源的所有权，地表或者地下的矿产资源的国家所有权，不因其所依附的土地的所有权或者使用权的不同而改变。因此，如果要勘查、开采矿产资源，对矿产资源进行开发利用，就需要通过设定矿业权的方式来实现，即分别申请、经批准取得探矿权、采矿权，并办理登记，从而依法对国家所有的矿产资源进行勘查、开采和利用（《矿产资源法》第3条）。

依法取得矿业权的自然人、法人或其他经济组织称为矿业权人，矿业权人依法对其矿业权享有占有、使用、收益和处分权。具体而言，探矿权是指民事主体在依法取得的勘查许可证规定的范围内勘查矿产资源的权利。取得勘查许可证的单位或者个人称为探矿权人。采矿权是指民事主体在依法取得的采矿许可证规定的范围内，开采矿产资源和获得所开采的矿产品的权利。取得采矿许可证的单位或者个人称为采矿权人。

（一）矿业权的取得

矿业权的取得，是指矿山企业等民事主体依法取得勘查开采矿产资源的权利。根据民事主体矿业权的取得来源不同，可以分为从政府地质矿产主管部门取得矿业权和从矿业权人处取得矿业权两种，前者称为矿业权的出让，后者称为矿业权的转让。

1. 矿业权的出让

政府地质矿产主管部门同意民事主体取得矿业权的过程即为矿业权的出让。矿业权的出让由县级以上人民政府地质矿产主管部门根据法定程序和权限，采取批准申请、招标、拍卖等方式进行。因此，矿业权的出让可以通过申请取得、招标和拍卖的方式取得。

2. 矿业权的转让

矿业权的转让，是指矿业权人将矿业权转移给他人的行为，包括出售、作价出资、合作、重组改制等方式。矿业权的出售，是指矿业权人依法将矿业权出卖给他人进行勘查、开采矿产资源的行为。矿业权的作价出资，是指矿业权人依法将矿业权作价后，作为资本投入企业，并按出资数额行使相应权利，履行相应义务的行为。矿业权法合作勘查或合作开采经营，是指矿业权人引进他人资金、技术、管理等，通过签订合作合同约定权利义务，共同勘查、开采矿产资源的行为。

矿业权转让的当事人须依法签订矿业权转让合同。依转让方式的不同，转让合同可以是出售转让合同、合资转让合同或合作转让合同。自转让申请被批准之日起，转让合同生效。出售矿业权或者通过设立合作、合资法人勘查、开采矿产资源的，转让人和受让人收到转让批准通知书后，应当在规定时间内办理变更登记手续；逾期未办理的，视为自动放弃转让行为，已批准的转让申请失效。

（二）矿业权的效力

1. 探矿权人的权利和义务

探矿权人享有的权利主要有：第一，按照勘查许可证规定的区域、期限、工作对象进行勘查。第二，在勘查作业区及相邻区域架设供电、供水、通讯管线，但是不得影响或者损害原有的供电、供水设施和通讯管线。第三，在勘查作业区及相邻区域通行。第四，根据工程需要临时使用土地。探矿权人取得临时使用土地权后，在勘查过程中给他人造成财产损害的，应当依法给以补偿；探矿权人在没有农作物和其他附着物的荒岭、荒坡、荒地、荒漠、沙滩、河滩、湖滩、海滩上进行勘查的，无须补偿。第五，优先取得勘查作业区内新发现矿种的探矿权。第六，优先取得勘查作业区内矿产资源的采矿权。在探矿权有效期和保留期内，探矿权人有优先取得勘查作业区内矿产资源采矿权的权利，未经探矿权人的同意，登记管理机关不得在该勘查作业区内受理他人的矿业权申请。第七，自行销售勘查中按照批准的工程设计施工回收的矿产品，但是国务院规定由指定单位统一收购的矿产品除外。第八，探矿权人在完成规定的最低勘查投入后，经依法批准，可以将探矿权转让他人（《矿产资源法实施细则》第16条）。

探矿权人应当履行的义务主要有：第一，在规定的期限内开始施工，并在勘查许可证规定的期限内完成勘查工作；第二，向勘查登记管理机关报告开工等情况，以便有关部门进行监督管理；第三，按照探矿工程设计施工，不得擅自进行采矿活动；第四，在查明主要矿种的同时，对共生、伴生矿产资源进行综合勘查、综合评价；第五，编写矿产资源勘查报告，提交有关部门审批；第六，按照国务院有关规定汇交矿产资源勘查成果档案资料；第七，遵守有关法律、法规关于劳动安全、土地复垦和环境保护的规定；第八，勘查作业完毕，及时封、填探矿作业遗留的井、硐或者采取其他措施，消除安全隐患。第九，勘查作业不得阻碍或者损害航运、灌溉、防洪等活动或者设施，勘查作业结束后应当采取措施，防止水土流失，保护生态环境（《矿产资源法实施细则》第17、22条）。

2. 采矿权人的权利和义务

采矿权人享有的权利主要有：第一，按照采矿许可证规定的开采范围和期限从事开采活动；第二，自行销售矿产品，但是国务院规定由指定的单位统一收购的矿产品除外；第三，在矿区范围内建设采矿所需的生产和生活设施；第四，根据生产建设的需要依法取得土地使用权；第五，依法转让采矿权。已经取得采矿权的矿山企业，因企业合并、分立，与他人合资、合作经营，或者因企业资产出售以及有其他变更企业资产产权的情形，需要变更采矿权主体的，经依法批准，可以将采矿权转让给他人，由他人进行采矿（《矿产资源法实施细则》第30条）。

采矿权人的义务主要有：第一，在批准的期限内进行矿山建设或者开采。第二，有效保护、合理开采、综合利用矿产资源。开采矿产资源，必须采取合理的开采顺序、开采方法和选矿工艺。矿山企业的开采回采率、采矿贫化率和选矿回收率应当达到设计要求。在开采主要矿产的同时，对具有工业价值的共生和伴生矿产应当统一规划，综合开采，综合利用，防止浪费；对暂时不能综合开采或者必须同时采出而暂时还不能综合利用的矿产以及含有有用组分的尾矿，应当采取有效的保护措施，防止损失破坏。第三，依法缴纳资源税和矿产资源补偿费。第四，遵守国家有关劳动安全、水土保持、土地复垦和环境保护的法律法规。开采矿产资源，必须遵守国家劳动安全卫生规定，具备保障安全生产的必要条件。开采矿产资源，必须遵守有关环境保护的法律规定，防止污染环境。开采矿产资源，应当节约用地。耕地、草原、林地因采矿受到破坏的，矿山企业应当因地制宜地采取复垦利用、植树种草或者其他利用措施。开采矿产资源给他人生产、生活造成损失的，应当负责赔偿，并采取必要的补救措施。第五，接受地质矿产主管部门和有关主管部门的监督管理，按照规定填报矿产储量表和矿产资源开发利用情况统计报告（《矿产资源法实施细则》第 31 条、《矿产资源法》第 6 条）。

四、取水权

水资源包括地表水和地下水，我国的水资源归国家所有，水资源的所有权由国务院代表国家行使。农村集体经济组织的水塘和由农村集体经济组织修建管理的水库中的水，归各该农村集体经济组织使用，农村集体经济组织及其成员有权使用本集体经济组织的水塘、水库中的水（《水法》第 3 条）。

同时，我国对水资源依法实行取水许可制度和有偿使用制度。取水权便是对国家水资源进行使用的一种准用益物权。取水权，是指民事主体利用取水工程或者设施直接从江河、湖泊或者地下取用水资源的权利。取水工程或者设施、包括闸、坝、渠道、人工河道、虹吸管、水泵、水井以及水电站等（《取水许可和水资源费征收管理条例》第 2 条）。

（一）取水权的取得

第一，依申请取得。依申请取得取水权，是指需要用水的单位或者个人，依法向具有审批权限的审批机关提出申请，经批准而获得取水权。直接从江河、湖泊或者地下取用水资源的单位和个人，应当按照国家取水许可制度和水资源有偿使用制度的规定，向水行政主管部门或者流域管理机构申请领取取水许可证，并缴纳水资源费，取得取水权。

第二，直接取得。直接取得取水权，是指需要用水的单位或者个人，在法定情形下无须申请取水许可证而可以直接取得取水权。下列情形依法可以直接取得取水权：（1）农村集体经济组织及其成员使用本集体经济组织的水塘、水库中的水的；（2）家庭生活和零星散养、圈养畜禽饮用等少量取水的；（3）为保障矿井等地下工程施工安全和生产安全必须进行临时应急取（排）水的；（4）为消除对公共安全或者公共利益的危害临时应急取水的；（5）为农业抗旱和维护生态与环境必须临时应急取水的。

第三，转让取得。取水权可以进行转让，依法获得取水权的单位或者个人，在取水许可有效期和取水限额内，有权依法对其通过采取措施节约的水资源进行有偿转让，受让人继受取得取水权。取水权转让完成后，取水单位或者个人依法享有的相应权利和义务，从转让方转移到受让方。

（二）取水权的效力

1. 取水权人的权利

取水权人有权按有关主管机关核定的取水量、在确定的取水地点以及取水期限等范围内，直接从江河、湖泊或者地下取用水资源，并加以使用。此外，经审批机关批准，取水权人有权建造取水工程或者设施。

2. 取水权人的义务

取水权人的义务主要是：及时缴纳水资源费；按照经批准的年度取水计划取水，超计划或者超定额取水的，对超计划或者超定额部分累进收取水资源费；保护水资源不受污染，维护水源附近的生态平衡和自然环境。

五、渔业权

我国人口众多而渔业资源有限，因此，国家对渔业生产实行以养殖为主，养殖、捕捞、加工并举，因地制宜，各有侧重的方针（《渔业法》第3条）。渔业权包括养殖权和捕捞权，是指自然人、法人或其他组织依法在一定水域从事养殖或者捕捞水生动植物的权利。

（一）渔业权的取得

渔业权的取得方式有以下两种：一是依申请取得。使用全民所有的水面、滩涂，从事养殖生产的全民所有制单位和集体所有制单位，应当向县级以上地方人民政府申请养殖使用证。我国对捕捞业实行捕捞许可证制度，从事捕捞作业的，经营者必须向有关部门提出申请，经批准后才能取得捕捞权许可证。二是直接取得。娱乐性游钓和在尚未养殖、管理的滩涂手工采集零星水产品的，不必申请捕捞许可证，而可以直接进行捕捞，但应当遵守地方政府的管理规定，不得破坏渔业资源（《渔业法实施细则》第18条）。

（二）渔业权的效力

1. 养殖权的效力

我国水产品主要来自水产养殖，养殖权人的权利主要表现在：第一，使用特定水域从事养殖业；第二，捕捞权，该项捕捞权能随养殖权的产生而自然具备，不是一项独立的权利，其捕捞方式可由养殖权人自行决定，并且该项权能不得单独转让；第三，对养殖的水产品和合法捕捞的水产品享有所有权。

养殖权人的义务主要有：第一，养殖权人应当依法缴纳养殖水域、滩涂的使用费。第二，养殖权人应当按照养殖证载明的养殖范围、品种、规模、方式和期限进行养殖生产。第三，养殖权人无正当理由不得使养殖水域、滩涂荒芜。领取养殖使用证的单位无正当理由未从事养殖生产，或者放养量低于当地同类养殖水域平均放养量60%的，应当视为荒芜（《渔业法实施细则》第11条）。第四，养殖权人从事养殖生产，不得使用含有毒有害物质的饵料、饲料。第五，养殖权人从事养殖生产，应当保护水域生态环境，科学确定养殖密度，合理投饵、施肥、使用药物，不得造成水域的环境污染。

2. 捕捞权的效力

捕捞权人的权利主要表现为，可以在特定渔场从事捕捞作业。捕捞权人有在捕捞许可证规定范围内进行捕捞作业的权利，并对捕捞的水产品享有所有权。

捕捞权人的义务主要有：第一，捕捞权人应当依法缴纳渔业资源税。第二，捕捞权人必须按照捕捞许可证关于作业类型、场所、时限、渔具数量和捕捞限额的规定进行作业，并遵守国家有关保护渔业资源的规定，大中型渔船应当填写渔捞日志（《渔业法》第25条）。第三，禁止使用炸鱼、毒鱼、电鱼等破坏渔业资源的方法进行捕捞，禁止使用禁用的渔具进行捕捞，禁止在禁渔区、禁渔期进行捕捞，禁止使用小于最小网目尺寸的网具进行捕捞，捕捞的渔获物中幼鱼不得超过规定的比例，禁止捕捞有重要经济价值的水生动物苗种（《渔业法》第30条）。第四，不得买卖、出租和以其他形式转让捕捞许可证，不得涂改、伪造、变造捕捞许可证（《渔业法》第23条）。

▶即测即评

▶案例资源

第八章　土地承包经营权

第一节　土地承包经营权的概念和特征

一、土地承包经营权的概念

土地承包经营权是指农业生产经营者以从事农业生产为目的，对集体所有或国家所有的由农民集体使用的土地进行占有、使用和收益的权利。《民法典》第331条规定："土地承包经营权人依法对其承包经营的耕地、林地、草地等享有占有、使用和收益的权利，有权从事种植业、林业、畜牧业等农业生产。"

根据我国宪法和民法典的规定，我国农村集体经济组织实行家庭承包经营为基础、统分结合的双层经营体制，农民集体所有和国家所有由农民集体使用的耕地、林地、草地以及其他用于农业的土地，依法实行土地承包经营制度。土地承包经营制度既是我国宪法所确立的农村集体经济组织经营体制在民法上的具体体现，也是改革开放以来我国农村改革的成功经验总结，能够让农户获得充分的自主经营权，从而调动了农民的农业生产积极性，解放了农村生产力，为农村经济和社会发展带来了巨大变化，对于保障粮食安全、繁荣农村经济、维护社会稳定具有重要的作用。

改革开放之初，在农村实行家庭联产承包责任制，将土地所有权和承包经营权分设，所有权归集体，承包经营权归农户，极大地调动了亿万农民积极性，有效解决了温饱问题，农村改革取得重大成果。现阶段，中央继续深化农村土地制度改革，顺应农民保留土地承包权、流转土地经营权的意愿，将土地承包经营权分为承包权和经营权，实行所有权、承包权、经营权分置并行，着力推进农业现代化，是继家庭联产承包责任制后农村改革又一重大制度创新。

在实行农村土地"三权分置"之后，土地承包经营权的概念得到了进一步的丰富和发展，进一步衍生出了土地承包权和土地经营权的概念。对于农村集体经济组织成员而言，其有权对本集体土地实行家庭承包而取得土地承包经营权，在承包土地后，其享有土地承包经营权，可以自己经营，也可以保留土地承包权，流转其承包地的土地经营权，由他人取得土地经营权。此外，本集体经济组织以外的单位或者个人也可以通过招标、拍卖、公开协商等方式取得集体"四荒"土地的土地经营权。

二、土地承包经营权的特征

作为用益物权的一种，土地承包经营权具有如下特征：

第一，土地承包经营权的主体是农户。土地承包经营权的主体是农村土地所属村集体经济组织的成员，并且一般以户为单位，因此被称为农户。非本集体组织成员的单位或个人在履行一定的程序之后也可以承包集体所有的土地，取得土地经营权。因此，土地经营权的主体范围更为广泛，包括了从事农业生产的自然人、法人及其他组织，而土地承包经营权的主体仅限于农户。

根据《农村土地承包法》的规定，农村土地的承包主要有农村集体经济组织内部的家庭承包方式和其他方式承包两种承包方式。家庭承包的承包方是本集体经济组织的农户，农户内家庭成员依法平等享有承包土地的各项权益；而其他方式承包是指不宜采取家庭承包方式的荒山、荒沟、荒丘、荒滩等农村土地，可以允许他人通过招标、拍卖、公开协商等方式而取得土地经营权。此类承包的主体就不限于农村集体经济组织内部的农户，既可以是集体经济组织的部分成员，也可以是集体经济组织成员之外的其他民事主体，只要具有农业开发经营能力，均可以通过招标、拍卖、公开协商等方式取得土地经营权。

第二，土地承包经营权的客体是集体所有或国家所有的由农民集体使用的农用地。土地承包经营权作为一项他物权，是在他人土地之上建立的用益物权。因此，土地承包经营权的客体是农村土地，但都必须是农用地。具体而言，土地承包经营权的客体包括两类土地：

一是农民集体所有的农用地。根据宪法和法律的规定，法律规定属于集体所有的土地和森林、山岭、草原、荒地、滩涂，其所有权归集体所有。农民集体所有的土地并非都是土地承包经营权的客体，因为农村集体所有的土地根据用途的不同可分为农用地、建设用地和未利用地，只有在农民集体所有的农用地之上，才能设立土地承包经营权，这主要是耕地、林地、草地，也包括养殖水面、滩涂、菜地，还包括经改造能够从事农业生产的荒山、荒丘、荒沟、荒滩等“四荒”土地。

二是国家所有依法由农民集体使用的农用地。根据宪法和法律的规定，城市的土地以及法律规定属于国家所有的农村和城市郊区的土地，属于国家所有；森林、山岭、草原、荒地、滩涂等自然资源，除法律规定属于集体所有的之外，也属于国家所有。因此，对于所有权归属于国家，但依法交由农民集体使用的农用地，也可以用于设立土地承包经营权，这同样包括耕地、林地、草地等土地。

第三，土地承包经营权的性质具有复合性。土地承包经营权在属性上具有一定的复合性，兼具人身权和财产权的性质。一方面，土地承包经营权作为一种用益物权，属于财产权的一种，能够为权利人带来经济上的收益。承包方能够对承包地进行占有、使用和收益，取得承包地上的出产物、获得经济收益，并有权依法采取出租、入股或者其他方式向他人流转土地经营权、获取对价。因此，土地承包经营权具有明显的财产权属性。

另一方面，土地承包经营权基于特定的身份才能取得，在移转时也受到身份的限制，因而也具有较为明显的人身性。土地承包经营权采取农村集体经济组织内部的家庭承包方式取得，因此，承包方是农户内的全体家庭成员，都必须具有农村集体经济组织成员的身份。只有不宜采取家庭承包方式的“四荒”土地才可以由农村集体经济组织成员以外的主体取得土地经营权。家庭成员失去农村集体经济组织成员身份的，不能基于继承取得除林地以外的土地承包经营权。此外，土地承包经营权也只能在同一农村集体经济组织成员之间以互换、转让的方式移转，承包方只能向非本集体经济组织成员的主体流转土地经营权。土地承包经营权的这种复合性决定了权利的取得和转让必将受到一定的限制。

第四，土地承包经营权可以保留土地承包权而流转土地经营权。农村土地实行“三权分置”改革之后，其权利内涵更为丰富，农户可以直接享有和行使土地承包经营权，也可以保留土地承包权而流转土地经营权。具体而言，农村集体经济组织的成员有权作为承包方，依法承包由本集体经济组织发包的农村土地，取得土地承包经营权。承包方承包土地后，享有土地承包经营权，既可以自己经营、亲自行使土地承包经营权，也可以只保留土地承包权而向他人流转其承包地的土地经营权、由他人经营土地（《民法典》第 339 条）。此外，不宜采取家庭承包方式的荒山、荒沟、荒丘、荒滩等农村土地，可以通过招标、拍卖、公开协商等方式公开发包，由承包方取得土地经营权（《民法典》第 342 条、《农村土地承包法》第 48—49 条）。

第五，土地承包经营权的目的是从事农业生产。发包人为承包人设立土地承包经营权的目的，是使承包人能够在集体所有或者国家所有的土地上从事农业生产活动。农业生产活动是指从事种植业、林业、畜牧业、渔业等生产活动。其中，耕地应当优先用于粮食和棉、油、糖、蔬菜等农产品生产，按照国家有关规定需要将耕地转为林地、草地、园地等其他农用地的，应当优先使用难以长期稳定利用的耕地。

因此，土地承包经营权人必须基于农业生产的目的而展开对承包地的利用，不得改变土地的农业用途，不得将土地用于建造房屋等非农用途。当然，承包人对农用地进行耕种、养殖或畜牧，也需要修建一些必要的附属设施，对于直接用于或者服务于农业生产的生产设施、附属设施和配套设施，也属于农业生产的目的范围，承包人有权建造相关设施。例如，修建进排水渠道、搭建育种育苗场所、建造简易的生产看护房，等等。

第二节 土地承包经营权的取得

一、土地承包经营权的设定取得

土地承包经营权的设定取得，是指承包方通过与发包方订立土地承包经营合同而取得土地承包经营权。这是取得土地承包经营权最主要的方式。

（一）土地承包经营权合同

土地承包经营权合同的主体是发包方和承包方。根据《农村土地承包法》第 13 条的规定，农民集体所有的土地依法属于村农民集体所有的，村集体经济组织或者村民委员会为发包方；已经分别属于村内两个以上农村集体经济组织的农民集体所有的，村内各该农村集体经济组织或者村民小组为发包方；国家所有依法由农民集体使用的农村土地，使用该土地的农村集体经济组织、村民委员会或者村民小组为发包方。土地承包经营权合同的承包方，是本集体经济组织的农户。

以当事人之间订立土地承包经营权合同而创设土地承包经营权的，土地承包经营权自承包合同成立之日起生效，承包方自承包合同生效时取得土地承包经营权。

土地承包经营合同由发包方和承包方平等协商订立。土地承包经营权合同应当采用书面形式，一般包括以下条款：（1）发包方、承包方的名称，发包方负责人和承包方代表的姓名、住所；（2）承包土地的名称、坐落、面积、质量等级；（3）承包期限和起止日期；（4）承包土地的用途；（5）发包方和承包方的权利和义务；（6）违约责任（《农村土地承包法》第 22 条）。

我国法律对土地承包经营权规定了明确的承包期限，因此，土地承包经营合同中约定的承包期限，不得违反法律的规定。例如，根据《民法典》第 332 条的规定，耕地的承包期为 30 年，草地的承包期为 30 年至 50 年，林地的承包期为 30 年至 70 年。此外，承包期届满后，土地承包经营权依法还可以延长，土地承包经营权人有权按照国家有关规定继续承包，例如耕地承包期届满后再延长 30 年，草地、林地承包期届满后也在法定期限内相应延长（《农村土地承包法》第 21 条）。

（二）土地承包经营权的生效

土地承包经营权的设立，不以登记为生效要件，而以土地承包经营合同生效为准，即土地承包合同自成立之日起生效，承包方自承包合同生效时取得土地承包经营权。土地承包经营合同的生效时间遵循民法典关于合同生效时间的规定，即依法成立的合同，自成立时生效，但是法律另有规定或者当事人另有约定的除外。土地承包经营权一般在当事人双方签名、捺印或者盖章等承诺生效时即告成立并生效。

《民法典》第 333 条规定："土地承包经营权自土地承包经营权合同生效时设立。登记机构应当向土地承包经营权人发放土地承包经营权证、林权证等证书，并登记造册，确认土地承包经营权。"建立土地承包经营权登记制度有利于加强土地管理、明确权利归属、稳定土地承包关系、便于土地承包经营权移转，因此，我国实行土地承包经营权的统一登记制度，由统一的登记机构对耕地、林地和草地等进行登记，并向承包方颁发土地承包经营权证或者林权证等证书、登记造册，确认土地承包经营权。

由于土地承包经营权的取得不以登记为要件，因此，土地承包经营权的登记造册仅仅是一种行政确权行为，是对土地承包经营权的一种确认，不具有一般的物权登记的性质。土地承包经营权证书、林权证等证书，是承包方享有土地承包经营权的法律凭证，有助于维护农民土地权益、稳定土地承包关系。土地承包经营权证或者林权证等证书应当将具有土地承包经营权的全部家庭成员列入。

二、土地承包经营权的移转取得

土地承包经营权的移转取得，是指受让人通过互换或转让而依法从承包人手中取得土地承包经营权。土地承包经营权人依照法律规定，有权将土地承包经营权互换、转让。移转取得土地承包经营权的受让人，必须保持土地的农业用途，未经依法批准，不得将承包地用于非农建设。

（一）土地承包经营权移转的主体

土地承包经营权移转的主体，转让方为土地承包经营权人，受让方为本集体经济组织的其他农户。因此，土地承包经营权移转的转让方和受让方均应属于同一集体经济组织的成员。土地承包经营权的移转方式，仅限于互换和转让承包地，并且不得向承包土地所在的集体经济组织成员以外的主体移转土地承包经营权。

（二）土地承包经营权移转的方式

由于土地承包经营权仅限于本集体经济组织的农户享有，因此，土地承包经营权也只能在同一集体经济组织成员之间移转，这就决定了土地承包经营权移转的方式仅限于互换和转让两种。《民法典》第 334 条规定："土地承包经营权人依照法律规定，有权将土地承包经营权互换、转让。未经依法批准，不得将承包地用于非农建设。"

土地承包经营权的互换，是指同一集体经济组织内部的承包方之间，为方便耕种或者各自需要，将属于同一集体经济组织的土地承包经营权互相交换的行为

（《农村土地承包法》第 33 条）。互换的结果，是当事人各自丧失原有的土地承包经营权而取得对方的土地承包经营权。互换需要向发包方进行备案。

土地承包经营权的转让，是指土地承包经营权人将其土地承包经营权让渡给本集体经济组织的其他农户，由其他农户成为土地承包关系的主体，原承包人退出土地承包关系的行为。承包方既可以将自己全部的土地承包经营权转让给他人，也可以仅转让部分土地的承包经营权而保留部分土地的承包经营权。土地承包经营权的转让必须经发包方同意才可进行，转让后由受让土地承包经营权的农户与发包方确立新的承包关系，此时，原承包方与发包方在该土地上的承包关系即行终止（《农村土地承包法》第 34 条）。

（三）土地承包经营权移转的公示

《民法典》第 335 条规定："土地承包经营权互换、转让的，当事人可以向登记机构申请登记；未经登记，不得对抗善意第三人。"可见，我国立法对于土地承包经营权流转的公示采取登记对抗主义，即土地承包经营权的移转不以登记为要件，但未经登记的，不得对抗善意第三人。因此，土地承包经营权互换、转让的，自移转合同生效时起，受让人取得土地承包经营权，当事人也可以向登记机构申请登记，而土地承包经营权的移转未经登记的，不得对抗善意第三人。

第三节 土地承包经营权的效力

土地承包经营权取得后即发生一定的法律效力，其作为一项他物权，具有对世的效力，能够排除他人的非法侵害。同时，土地承包经营权基于承包合同而设立，权利设立后，承包方与发包方都要受到法律和承包合同的约束，都应当依法依约行使权利、履行义务。一般而言，土地承包经营权的效力主要是指承包方与发包方之间的权利义务关系，即承包土地的农户与发包土地的农村集体经济组织、村民委员会或者村民小组之间的权利义务。

一、土地承包经营权人的权利

（一）对承包地的占有、使用及收益权

土地承包经营权作为一种用益物权，主要价值在于土地承包经营权人对承包地进行占有、使用、收益，这是土地承包经营权对承包方最主要的效力，也是土地承包经营权人最基本、最重要的权利。土地承包经营权人依法对其承包经营的耕地、林地、草地等享有占有、使用和收益的权利，有权从事种植业、林业、畜牧业等农业生产。

占有，是指承包方对承包地进行事实上的控制和支配，这是承包方在承包地从事农业生产的前提；使用，是指承包方按照承包地的自然属性和承包合同约定的用途，对承包地进行使用，例如种植粮食或经济作物、养殖水产品等；收益，是指承包方有权获得并自主处置承包地的出产物，其他任何组织或者个人包括发包方均无权侵占、哄抢、破坏。

（二）自主经营权

自主经营权是指承包方有权自主组织承包地上的生产经营。《农村土地承包法》第 37 条规定："土地经营权人有权在合同约定的期限内占有农村土地，自主开展农业生产经营并取得收益。"因此，土地承包经营权人享有自主经营权，有权在法律规定和合同约定的范围内，自行决定如何在土地上进行生产经营。例如，种植什么作物，种植多少面积，或者安排什么种植、养殖项目。只要承包方的行为不改变土地的农业用途，不从事非农建设，没有对土地造成永久性损害，也不影响相邻土地的生产经营和集体经济组织其他成员的种植生产活动，任何个人和组织都不得加以干涉。

某些地方曾存在强令农户大面积种植单一作物，推出"一乡一品""一村一品"等计划的现象，构成了对承包方自主经营权的侵害。发包方和相关行政管理部门可以对农户的生产提供指导性的建议或者提供各种生产、技术、信息等方面的服务，但应当尊重承包方的生产经营自主权，不得干涉承包方依法进行正常的生产经营活动，不得违背农户意愿强制其种植某种作物。

（三）依法移转权

土地承包经营权属于用益物权，具备移转的法律基础。土地承包经营权的移转，从广义上讲既包括土地承包经营权自身的移转，也包括土地经营权的流转；从狭义上讲，土地承包经营权的移转仅为该权利自身的移转。土地承包经营权自身的移转仅限于在同一集体经济组织内部的成员之间进行，包括互换和转让两种方式。承包方之间为方便耕种或者各自需要，可以对属于同一集体经济组织土地的土地承包经营权进行互换，并向发包方备案；经发包方同意，承包方可以将全部或者部分土地承包经营权转让给本集体经济组织的其他农户，由该农户同发包方确立新的承包关系，原承包方与发包方在该土地上的承包关系即行终止。

就土地经营权的流转而言，通过招标、拍卖、公开协商等方式承包"四荒"土地而取得土地经营权的，权利人经依法登记取得权属证书的，可以依法采取出租、入股、抵押或者其他方式流转土地经营权。此外，土地承包经营权人也可以自主决定依法采取出租、入股或者其他方式向他人流转土地经营权（《民法典》第 342 条、《农村土地承包法》第 53 条）。

（四）获得补偿权

承包地被依法征收、征用、占用时，土地承包经营权人有权根据民法典关于征收征用的相关规定获得补偿。根据我国宪法和法律的规定，国家基于公共利益的需要，依照法律规定的权限和程序可以征收集体所有的土地。因此，基于公共利益的需要，农户承包的集体所有的土地可以被国家依法征收，主要包括如下几种情形：军事和外交需要用地的；由政府组织实施的能源、交通、水利、通信、邮政等基础设施建设需要用地的；由政府组织实施的科技、教育、文化、卫生、体育、生态环境和资源保护、防灾减灾、文物保护、社区综合服务、社会福利、市政公用、优抚安置、英烈保护等公共事业需要用地的；由政府组织实施的扶贫搬迁、保障性安居工程建设需要用地的；在土地利用总体规划确定的城镇建设用地范围内，经省级以上人民政府批准由县级以上地方人民政府组织实施的成片开发建设需要用地的；法律规定的其他情形（《土地管理法》第 45 条）。

承包地被征收的，土地承包经营权人有权依照《民法典》第 243 条的规定获得相应补偿，原来的土地是耕地的，按耕地的标准补偿；原来是林地的，按林地的标准补偿；原来是草地的，按草地的标准补偿。关于补偿范围，征收集体所有的土地，应当依法足额支付土地补偿费、安置补助费、地上附着物和青苗的补偿费等费用，安排被征地农民的社会保障费用，保障被征地农民的生活，维护被征地农民的合法权益。

国家基于公共利益的需要，还可以依法对土地实行征用，征用只是临时占有和使用，并非改变土地的权属，但由于征用行为会导致土地承包经营权人无法行使对土地的占有耕种等权利，而且会对农作物等造成损害，因此，土地承包经营权人同样有权要求获得补偿。

占用是指国家建设重点项目，乡（镇）村从事公共设施、公益事业建设，或者兴办乡镇企业、村民建设住宅等，而需要使用农村集体土地的，经依法审核批准后使用农民集体所有土地的行为。土地承包经营权人在其承包地被占用后，无法继续从事农业活动，因此有权主张获得补偿。此外，占用农村集体土地从事非农业建设必须节约使用土地，可以利用荒地的，不得占用耕地；可以利用劣地的，不得占用好地；任何单位和个人不得擅自占用或者改变永久基本农田的用途，国家能源、交通、水利、军事设施等重点建设项目选址确实难以避让永久基本农田，涉及农用地转用或者土地征收的，必须经国务院批准；禁止占用耕地建窑、建坟或者擅自在耕地上建房、挖砂、采石、采矿、取土等；禁止占用永久基本农田发展林果业和挖塘养鱼（《土地管理法》第 37 条）。

（五）法律、行政法规规定的其他权利

该项权利属于兜底性权利，土地承包经营权人的其他权利同样受到法律保护。例如，土地承包经营权人应得的承包收益可以依法进行继承，同等条件下本集体经济组织成员对他人流转的土地经营权享有优先权；此外，土地承包经营权人对于发包方或者其他组织和个人针对承包地收取法律、法规规定以外的费用，或者违法进行集资、摊派、罚款的行为，有权予以拒绝。

二、土地承包经营权人的义务

（一）维持土地的农业用途，未经依法批准不得用于非农建设

我国实行土地用途管制制度，严格限制农用地转为建设用地。“农业用途”是指将土地直接用于农业生产，从事种植业、林业、畜牧业、渔业生产；“非农建设”是指将土地用于农业生产目的以外的建设活动，如在土地上建造房屋、建造工厂等。土地承包经营权人应当遵守法律、法规，保护土地资源的合理开发和可持续利用，维持土地的农业用途，未经依法批准，不得将承包地用于非农建设。同时，国家也鼓励承包方增加对土地的投入，培肥地力，提高农业生产能力。

（二）依法保护和合理利用土地，不得给土地造成永久性损害

该项义务要求土地承包经营权人科学、合理、妥善地使用农用地，并对农用地进行保护，维持土地的地力和必要的农业生态环境。土地的“永久性损害”是指因不当使用或破坏行为而导致土地不再具有农业生产能力、不能再被耕作利用的损害。例如，在土地上过度使用化肥或向土地长期排污，致使土地不能再被利用。因此，这就要求承包方不得擅自在承包地上建房、建窑、采矿、采石、挖沙、取土、造砖和建坟等，不得在承包的基本农田上种植林木和挖塘养鱼，不得毁坏森林、草原开垦耕地，不得围湖造田、侵占江河滩地。如果土地承包经营权人违反了这一义务，对承包地造成永久性损害的，发包方有权制止，并有权要求承包方赔偿由此造成的损失（《农村土地承包法》第63条）。

（三）法律、行政法规规定的其他义务

其他义务同样是一种兜底性的规定，土地承包经营权人必须遵守法律法规规定的各项义务。例如，为了充分发挥耕地的效用、避免耕地的闲置和浪费并确保国家的粮食安全，我国法律禁止耕地承包方的抛荒行为。土地经营权人弃耕抛荒连续两年以上的，承包方有权单方解除土地经营权流转合同。

三、发包方的权利

（一）发包权

农村集体经济组织、村民委员会或者村民小组作为发包方的，依法享有发包权，有权发包本集体所有的或者国家所有依法由本集体使用的农村土地。发包权

是发包方享有其他权利的前提。发包方可以发包的土地有两类：一类是本集体所有的农村土地；另一类是国家所有依法由本集体使用的农村土地。对于前者，集体土地由集体经济组织享有所有权，因此可以发包；对于后者，国家所有依法由集体经济组织使用的农业土地，其使用、收益权归集体经济组织享有，集体经济组织虽然不是所有人，也享有法律赋予的发包权，同样有权对这些农业用地进行发包。

（二）监督权

发包方的监督权体现在发包方有权监督承包方依照承包合同约定的用途合理利用和保护土地。承包方负有依照土地承包合同约定的用途合理利用和保护土地的义务，发包方对此享有监督权。

（三）损害制止权

发包方有权制止承包方从事损害承包地和农业资源的行为。土地尤其是农用地，是珍贵稀缺的资源，应当受到良好的保护和妥善的利用。如果承包方从事损害承包土地的行为，浪费农业资源、破坏生态环境、改变农用地的用途，影响承包土地的有效利用，将会给承包地带来严重损害，发包方有权对此予以制止。

（四）特殊情形下对承包地的调整权

为了保持土地承包经营权的稳定，《民法典》第336条规定："承包期内发包人不得调整承包地。因自然灾害严重毁损承包地等特殊情形，需要适当调整承包的耕地和草地的，应当依照农村土地承包的法律规定办理。"因此，在承包期内，发包方一般不得调整承包地；但如果在承包期内，发生自然灾害严重毁损承包地等特殊情形而需要对个别农户承包的耕地和草地进行适当调整的，发包方有权进行调整。根据《农村土地承包法》第28条的规定，此种调整必须经本集体经济组织成员的村民会议2/3以上成员或者2/3以上村民代表的同意，并报乡（镇）人民政府和县级人民政府农业农村、林业和草原等主管部门批准。承包合同中约定不得调整的，按照其约定。

（五）法律、行政法规规定的其他权利

该项权利为兜底的权利，农村集体经济组织、村民委员会以及村民小组作为发包方，享有其他法律法规对于土地以及其他相关方面规定的权利。例如，承包期内，承包农户进城落户，自愿将其承包地交回发包方的，发包方有权收回土地，并对承包方在提高承包土地生产能力方面的投入进行相应的补偿。

四、发包方的义务

（一）维护承包方的土地承包经营权

任何组织和个人包括发包方都不得剥夺和非法限制农村集体经济组织成员承

包土地的权利，发包方应当维护承包方的土地承包经营权。同时，农村集体组织成员依法享有的土地承包经营权是通过签订土地承包合同体现的，因此，发包方作为合同一方当事人，应当遵守合同的约定、履行合同义务，而不得非法变更、解除承包合同。

（二）尊重承包方的生产经营自主权

生产经营自主权是承包方自主安排生产、自主经营决策的权利，是承包权最重要的内容。发包方应当尊重承包方的生产经营自主权，不得干涉承包方依法进行正常的生产经营活动。

（三）为承包方提供必要的服务

我国农村集体经济组织实行家庭承包经营为基础、统分结合的双层经营体制。统分结合的双层经营就是指农民家庭分散经营和集体统一经营相结合。分散经营，就是以农民家庭为单位，承包集体的土地或其他生产任务，进行自主生产，自负盈亏；而统一经营，就是由集体经济组织管理土地，规划农田水利建设和农作物布局，为农户提供机耕、机播、排灌、防治病虫害、加工农产品等服务。因此，发包方就有义务依照承包合同的约定，为承包方提供生产、技术、信息等服务。例如，发包方有义务在水利排灌、农机推广、机械作业、化肥种子等生产资料、道路设施、农业技术等方面为单独的农户提供帮助，如此才能促进农业生产的现代化，提高农业生产力水平，促进农村经济发展。

（四）执行土地规划、组织基础设施建设

发包方作为农村集体经济组织，还有义务执行县、乡（镇）土地利用总体规划，并组织本集体经济组织内的农业基础设施建设。土地利用总体规划是指在一定区域内，根据国家社会经济可持续发展的要求和当地自然、经济、社会条件，对土地的开发、利用、治理、保护在空间、时间上所作的总体安排。农业基础设施建设一般包括农田水利建设，如防洪、防涝、引水、灌溉等设施建设，也包括农产品流通重点设施建设，商品粮棉生产基地，用材林生产基地和防护林建设，还包括农业教育、科研、技术推广和气象基础设施等。土地利用总体规划的执行和农业基础设施的建设，与承包方的利益具有密切的联系，不仅关系到承包地效用的更好发挥，更关系到我国农村和农业的长远健康发展。

（五）法律、行政法规规定的其他义务

发包方还应当遵守和履行法律法规规定的其他义务，例如对于集体经济组织预留机动地的限制，等等。

第四节 土地承包经营权的消灭

一、土地承包经营权的消灭原因

（一）承包地灭失或严重毁损

承包方签订承包合同，是为了在承包地上进行耕种、收益，如果因为自然原因，如地震等导致承包地灭失或者严重毁损，使该承包地的使用价值丧失，土地承包经营权人无法继续从事农业生产，土地承包经营权也应随之消灭，承包方应当持不动产权属证书、证实土地灭失的材料等，申请办理土地承包经营权的注销登记。

（二）承包地被征收

国家基于社会公共利益的需要可以征收集体所有的土地，将承包经营的土地依法转为建设用地，此时在该土地上设立的土地承包经营权归于消灭。

（三）土地承包经营权的提前交回

承包期内，承包方在特定情况下自愿将承包地提前交回发包方，其土地承包经营权归于消灭。土地承包经营权的提前交回主要基于两种情况：第一，承包经营权人丧失承包经营资格而自愿交回。国家保护进城农户的土地承包经营权，不得以退出土地承包经营权作为农户进城落户的条件。在承包期内，承包农户进城落户的，其可以按照自愿有偿的原则在本集体经济组织内转让土地承包经营权，或者流转土地经营权，也可以选择将承包地交回发包方，从而使土地承包经营权归于消灭。第二，承包经营权人放弃承包经营权。根据《农村土地承包法》第30条的规定，承包期内，承包方可以自愿将承包地交回发包方。承包方自愿交回承包地的，可以获得合理补偿，但是应当提前半年以书面形式通知发包方。承包方在承包期内交回承包地的，在承包期内不得再要求承包土地。

（四）土地承包经营权的提前收回

一般情况下，承包期内，发包方不得收回承包地，并且承包合同中违背承包方意愿或者违反法律、行政法规有关不得收回、调整承包地等强制性规定的约定无效。但农村集体经济组织有权对承包农户和经营主体使用承包地进行监督，并采取措施防止和纠正长期抛荒、毁损土地、非法改变土地用途等行为。因此，如果在土地承包经营合同约定的承包期限届满之前发生特定事由的，发包方有权将承包地提前收回，使土地承包经营权归于消灭。

（五）承包方死亡后无继承人或继承人放弃继承

由于土地承包经营权是以农户家庭作为承包人，因此，个别成员的去世并不会导致土地承包经营权的消灭。但如果承包方死亡后无继承人，即承包方家庭成员全部去世，或者继承人放弃继承土地承包经营权的，例如林地承包的承包人死亡后其继承人可以在承包期内继续承包却放弃的，则土地承包经营权归于消灭。

二、土地承包经营权消灭的法律后果

（一）承包方返还土地的义务

土地承包经营权消灭后，承包方须将承包的土地交还发包方。在返还土地时，承包方应当恢复土地的原貌，保持水土，维持必要的生态环境，使土地处于适宜从事农业用途的状态。

（二）承包方的取回权

在土地承包经营权消灭后，承包方有权取回其在土地上的青苗、竹木以及相关附属设施，并负有恢复土地原状的义务。如果上述工作物不能取回，或者取回有损其使用价值，并且继续留存对土地利用有利的，承包方可不予取回，而要求发包人按价补偿。如果发包人希望获得这些工作物，应当以市场价格购买，发包人提出购买要求时承包人不得拒绝。

（三）特别改良费用或有益费用的补偿

承包方为增加地力、提高土地生产能力或为促进土地利用的便利，而支出的特别改良费用或其他有益费用，在承包方交回承包地或者发包方依法收回承包地时，承包方有权获得相应的补偿。

（四）办理注销登记的义务

承包农民集体所有的耕地、林地、草地、水域、滩涂以及荒山、荒沟、荒丘、荒滩等农用地，或者国家所有依法由农民集体使用的农用地从事种植业、林业、畜牧业、渔业等农业生产的，承包方可以申请土地承包经营权登记。已经登记的土地承包经营权消灭时，承包方应当持不动产权属证书和相关证明材料，申请办理注销登记。

第五节 土地经营权

一、土地经营权的概念和特征

土地经营权是指民事主体在合同约定的期限内依法对农户家庭承包经营的农村土地或集体经济组织未予发包的农村土地所享有的从事种植业、林业、畜牧业等农业生产活动并取得收益的权利。《民法典》第340条规定：“土地经营权人有权在合同约定的期限内占有农村土地，自主开展农业生产经营并取得收益。”土地经营权是我国对农村土地承包经营权进行改革的产物，是从农村土地的集体所

有权和农户承包经营权的“两权”中分置出农村土地所有权、承包权和经营权“三权”的体现。实行农村土地的“三权分置”，要求现有的农村土地承包关系保持稳定并长久不变，落实集体所有权，稳定农户承包权，放活土地经营权，坚持家庭经营在农业中的基础性地位，创新农业经营组织方式，推进家庭经营、集体经营、合作经营、企业经营等共同发展。

与具有集体经济组织成员身份属性的土地承包经营权相比，土地经营权已经淡化了人身属性，而是采取市场化方式针对不特定主体设立，这些市场化的经营主体取得土地经营权，以从事农业生产为目的利用土地，并不需要具备农村集体经济组织成员的身份。

土地经营权作为一种用益物权，既可以从土地承包经营权之中分离出来，也可以在农村集体土地所有权之上直接设立。也就是说，土地经营权包括享有土地承包经营权的农户向他人流转的土地经营权，以及以家庭承包以外的方式承包农村土地而取得的土地经营权两种情形。总体而言，土地经营权具有如下特征：

第一，土地经营权的主体范围具有广泛性。土地承包经营权的主体具有身份性，仅限于本集体经济组织的农户，而土地经营权的主体则不受此限制，其可以是一般的民事主体，法律并不从资格或身份的角度对土地经营权的取得作出限制。因此，土地经营权人既可以是集体经济组织的成员，也可以是本集体经济组织以外的单位或者个人。

第二，土地经营权的客体是农村土地。农村土地，是指农民集体所有和国家所有的依法由农民集体使用的耕地、林地、草地，以及其他依法用于农业的土地。具体而言，设立土地经营权的农村土地又可以分为两类，即本集体经济组织的农户以家庭承包方式承包经营的农村土地，以及不宜采取家庭承包方式的荒山、荒沟、荒丘、荒滩等农村土地。

第三，土地经营权的内容是对农村土地自主开展农业生产经营。发展多种形式的农业适度规模经营是农业现代化的必由之路，这就要求以提高土地产出率、资源利用率、劳动生产率为核心，并提高农业经营集约化、规模化、组织化、社会化、产业化水平。土地经营权就是为了实现农村土地的专业化、集约化和适度规模经营而设置，因此，土地经营权人的权利内容主要体现为占有农村土地，自主开展农业生产经营并取得收益。土地经营权人除了有权占有土地并从事传统的耕种、养殖、种植作业及获取收益之外，还可以发展适合企业化经营的现代种养业，例如，发展良种种苗繁育、高标准设施农业、规模化养殖等适合企业化经营的现代种养业，以及开发农村“四荒”资源发展多种经营。土地经营权人还有权依法依规改良土壤、提升地力，建设农业生产、附属、配套设施。

第四，土地经营权具有明确的期限性。作为用益物权，土地承包经营权也具有期限性，但由于农户享有土地承包权是农村基本经营制度的基础，应稳定现有土地承包关系并保持长久不变，因此，土地承包经营权受到的期限限制较为弱化。相比之下，土地经营权则具有明确的期限性，其仅在合同约定的期限内有效。由于土地承包经营权人向他人流转土地经营权的期限不得超过承包期的剩余期限，因此，土地经营权一般相对较短。当然，为鼓励土地经营权人对农村土地进行持续性的投入和改良，在流转期限届满后，土地经营权人作为受让方，享有以同等条件优先续约的权利。

二、土地经营权的取得

根据设立土地经营权的主体不同，土地经营权的取得可以分为通过农村集体经济组织取得和通过家庭承包经营的农户取得两种。前者为他人设立土地经营权是基于集体土地所有权，而后者向他人流转土地经营权则是基于土地承包经营权。

（一）通过农村集体经济组织取得

通过农村集体经济组织取得土地经营权，是指对于不宜采取家庭承包方式的荒山、荒沟、荒丘、荒滩等农村土地，本集体经济组织成员或者本集体经济组织以外的单位或者个人可以通过招标、拍卖、公开协商等方式，与农村集体经济组织签订承包合同而取得土地经营权。

通过农村集体经济组织取得土地经营权，是农村集体经济组织在自己的土地所有权之上为他人设立用益物权，只限于不宜采取家庭承包方式的荒山、荒沟、荒丘、荒滩等农村土地，即俗称的“四荒”土地。因为我国土地资源稀缺，适宜耕种的农村土地，需为农村集体经济组织的农户设立土地承包经营权以满足农民的生产和生活需要。而“四荒”属于未利用地，往往较为贫瘠偏僻，本集体经济组织的农户进行承包经营的动力不足。但“四荒”土地在我国农村非常丰富，开发潜力巨大，同时，治理开发农村集体所有的“四荒”土地，也是我国提高植被覆盖率、防治水土流失和土地荒漠化、改善生态环境和农业生产条件、促进农民脱贫致富和农业可持续发展的一项重大战略措施。因此，若采取一定的市场化途径，对外扩大权利人范围，则有可能吸引具有开发能力和开发意愿的主体来从事开发经营，如此则有利于土地的积极利用，增加农业产出，并有利于治理水土、改善生态环境。

“四荒”土地经营权的承包，主要是通过招标、拍卖、公开协商等市场化方式进行的承包，通过农村集体经济组织取得“四荒”土地经营权的主体不限于农村集体经济组织内部的成员，非本集体经济组织成员的外村农户、单位或者个人等从事农业生产经营者，均可依法签订承包合同而取得这些土地的经营权，从事种植业、林业、畜牧业、渔业等农业目的的生产经营。当然，根据《农村土地承包法》第 50 条的规定，农村集体经济组织也可以将“四荒”土地经营权折股分给本集体经济组织成员后，再实行承包经营或者股份合作经营，这也是集体经济组织股份权能改革的重要内容。在将土地经营权折股量化后，集体经济组织仍然可以将“四荒”土地承包出去由本集体经济组织成员或其他组织和个人经营，或者将“四荒”土地的土地经营权入股到合作社实行股份合作经营。

以招标、拍卖、公开协商等方式通过农村集体经济组织取得土地经营权时，在同等条件下，本集体经济组织成员享有优先权，有权以同等条件优先进行承包、取得土地经营权。此外，根据《农村土地承包法》第 52 条的规定，将“四荒”土地发包给本集体经济组织以外的单位或者个人承包时，应当事先经本集体经济组织成员的村民会议 2/3 以上成员或者 2/3 以上村民代表的同意，并报乡（镇）人民政府批准。获得批准后，集体经济组织还应当对承包方的资信情况和经营能力进行审查，之后再签订承包合同。承包合同应当对当事人的权利和义务、承包期限等进行约定，其中，以招标、拍卖方式承包的，承包费通过公开竞标、竞价来确定；以公开协商等方式承包的，承包费由双方议定。

土地经营权自承包合同生效时设立。当事人也可以向登记机构申请登记，未经登记，不得对抗善意第三人。经依法登记取得权属证书的土地经营权人，可以依法采取出租、入股、抵押或者其他方式流转土地经营权。

（二）通过家庭承包经营的农户取得

通过家庭承包经营的农户取得土地经营权，是指本集体经济组织的农户在取得土地承包经营权之后，依法采取出租、入股或者其他方式向他人流转土地经营权，从而使他人取得土地经营权（《民法典》第 339 条、《农村土地承包法》第 36 条）。享有土地承包经营权的农户向他人流转土地经营权，是我国农村土地所有权、承包权和经营权“三权分置”改革的重点内容。在“三权分置”体系中，农村土地集体所有权是土地承包权的前提，农户享有承包经营权是农村土地集体所有权的具体实现形式，在土地流转中，农户承包经营权派生出土地经营权。

通过家庭承包经营的农户取得土地经营权，应当通过出租、入股或者其他符合有关法律和国家政策规定的方式来进行。出租是指承包方将部分或者全部土地经营权，租赁给他人从事农业生产经营；入股是指承包方将部分或者全部土地经营权作价出资，成为公司、合作经济组织等股东或者成员，并用于农业生产经营；其他合法方式包括采用土地股份合作、土地托管、代耕代种等设立土地经营权的方式。

家庭承包经营的农户向他人流转土地经营权，应当与受让方在协商一致的基础上签订书面流转合同，并向发包方备案。合同一方当事人是享有土地承包经营权的农户，即农村土地的承包方，其在承包期限内有权依法自主决定土地经营权是否流转，以及流转对象、方式、期限等；另一方当事人是土地经营权流转的受让方，其应当为具有农业经营能力或者资质的组织和个人。

土地经营权流转合同应当采用书面形式签订，土地经营权流转的方式、期限、价款和具体条件，由流转双方平等协商确定。土地经营权流转合同一般应当约定如下内容：双方当事人的姓名或者名称、住所、联系方式等；流转土地的名称、四至、面积、质量等级、土地类型、地块代码等；流转的期限和起止日期；流转方式；流转土地的用途；双方当事人的权利和义务；流转价款或者股份分红，以及支付方式和支付时间；合同到期后地上附着物及相关设施的处理；土地被依法征收、征用、占用时有关补偿费的归属；违约责任（《农村土地承包法》第40条）。此外，根据《农村土地经营权流转管理办法》第10条的规定，流转期限届满后，受让方依法还享有以同等条件优先续约的权利。

通过家庭承包经营的农户取得土地经营权，自土地经营权流转合同生效时，受让方取得土地经营权、成为土地经营权人。土地经营权流转的期限为5年以上的，当事人可以向登记机构申请土地经营权登记，未经登记，不得对抗善意第三人。

三、土地经营权的再流转

土地经营权作为一种财产权，权利人依法可以进行转让和流转。其中，通过农村集体经济组织采取招标、拍卖、公开协商等方式承包农村土地、取得土地经营权的，土地经营权人经依法登记取得权属证书之后，就可以依法采取出租、入股、抵押或者其他方式流转土地经营权（《农村土地承包法》第53条）。不同于从农户的土地承包经营权中流转出土地经营权，此处的土地经营权流转特指土地经营权人对外再流转土地经营权。

通过家庭承包经营的农户取得土地经营权的受让方，同样有权将土地经营权再次进行流转，或者以土地经营权作为担保财产向金融机构进行融资。但土地经营权人在进行再流转或者担保时，应当事先取得承包方农户的书面同意，并向发包方集体经济组织进行备案（《农村土地承包法》第46条）。

土地经营权流转后，受让方均只能基于从事农业生产的目的使用土地，不得改变土地所有权的性质和土地的农业用途，不得从事非农建设，不得弃耕抛荒，不得破坏农业综合生产能力和农业生态环境。

四、土地经营权的消灭

除了承包地灭失、严重毁损或被征收等导致土地经营权消灭之外，作为发包方的农村集体经济组织和作为承包方的农户，在一定条件下还享有对受让方的单方解除权，使土地经营权发生消灭。

农村集体经济组织和家庭承包经营的农户，对土地经营权人的这种单方解除权为法定解除权，《农村土地承包法》规定了解除权行使的具体条件。在一般情况下，承包方不得单方解除土地经营权流转合同，但土地经营权人存在擅自改变土地的农业用途、弃耕抛荒连续两年以上、给土地造成严重损害或者严重破坏土地生态环境及其他严重违约行为的，承包方有权解除土地经营权流转合同。

承包方在合理期限内不解除土地经营权流转合同的，发包方农村集体经济组织有权要求终止土地经营权流转合同。合同解除后，土地经营权人对土地和土地生态环境造成的损害还应当承担损害赔偿责任。

▶即测即评　　▶案例资源

第九章　建设用地使用权

第一节　建设用地使用权概述

一、建设用地使用权的概念

建设用地使用权是指自然人、法人或非法人组织依法对国家所有的土地享有的利用该土地建造建筑物、构筑物及其附属设施的权利。《民法典》第 344 条规定：“建设用地使用权人依法对国家所有的土地享有占有、使用和收益的权利，有权利用该土地建造建筑物、构筑物及其附属设施。”我国对土地实行用途管制制度，将土地分为农用地、建设用地和未利用地三类。其中，建设用地是指建造建筑物、构筑物的土地，包括城乡住宅和公共设施用地、工矿用地、交通水利设施用地、旅游用地、军事设施用地等。

在我国，城市的土地属于国家所有，但国家并不直接利用土地从事开发建设等活动，因此要想在城市从事房屋建造等活动，行为人必须使用国家所有的土地；同时，将适宜进行开发建设的城市土地通过市场化的方式交给他人进行建造使用，也有利于最大限度地发挥土地的效益、实现土地资源的优化配置，保障人们的居住需求，促进市场经济的繁荣和发展。因此，通过建设用地使用权的法律制度，就可以充分发挥国有土地的价值，促进城市的发展。

建设用地使用权并不等于土地使用权，因为土地使用权是一个广义的概念，无论土地的性质如何，只要是对土地的占有使用权利都属于土地使用权，在范围上包括了土地承包经营权、建设用地使用权、宅基地使用权等权利。因此，只有在城市土地上的土地使用权才属于建设用地使用权。

此外，传统上对于土地的建筑利用主要限于在地表之上进行，但随着科学技术的发展，对于土地的分层开发建设成了城市建设中的普遍现象，类似于地下车库、地下隧道、地下商场等地表之下的建筑物越来越多，而类似于空中走廊、天桥等空间中建筑物也层出不穷。《民法典》第 345 条规定：“建设用地使用权可以在土地的地表、地上或者地下分别设立。”因此，我国民法上的建设用地使用权并不只限于在地表上设立，也可以在土地的地表、地上或者地下分别设立。这是对土地利用的发展和进步，强化了对于空间效用的利用，权利人可以根据需要对国家所有的土地及其上下空间进行有效利用，分层设立建设用地使用权。

二、建设用地使用权的特征

建设用地使用权是土地所有权人之外的其他民事主体对国家所有的土地进行

占有、使用和收益的权利，是一种用益物权。建设用地使用权具有如下特征：

第一，客体为国有土地。建设用地使用权的客体为国家所有的土地，不包括集体所有的农村土地。根据宪法和法律的规定，我国城市市区的土地属于国家所有，农村和城市郊区的土地，除由法律规定属于国家所有的以外，属于农民集体所有。建设用地使用权的客体为国家所有的土地，主要是城镇国有土地，即市、县城、建制镇、工矿区范围内属于全民所有的土地。根据土地用途的不同，包括住宅用地、工业用地、基础设施用地、商业用地等类型。

在农村集体所有的土地上也可以从事建设活动，但不属于建设用地使用权的权利范围。农村集体所有的土地，在农用地之上可以设立土地承包经营权进行耕种作业，在其他的土地之上可以从事建筑活动。其中，在宅基地上可以设立宅基地使用权，让村民从事住宅建造活动；其他非农用地也可以规划为集体建设用地，既可以从事乡（镇）村公共设施和公益事业建设，也可以规划为集体经营性建设用地，从事兴办集体企业、乡镇企业的厂房建造、办公用地等建设活动。集体所有的土地作为建设用地的，应当依照有关土地管理的法律规定办理相关手续。

第二，目的限于从事建设活动。建设用地使用权的目的是建造并保有建筑物、构筑物及其附属设施。我国对土地实行用途管制，建设用地使用权人虽然能够对土地进行占有、使用和收益的全面支配，但是仅限于建设活动的目的范围，不得从事农业等非建设用途。建设用地使用权人对土地的支配，并非是对土地使用价值的全面概括支配，而是在建设用地特定用途内的支配，即建设用地使用权人只能利用该土地建造建筑物、构筑物及其附属设施，而不能从事其他活动。

第三，具有期限性。建设用地使用权作为一种用益物权，其对标的土地的支配具有明显的期限性。作为取得建设用地使用权的主要方式，出让的建设用地使用权最高年限在出让之时就需要根据土地的不同用途确定。建设用地使用权的期限在建设用地使用权出让合同中作为必备条款必须予以明确，具体为：居住用地70年；工业用地50年；教育、科技、文化、卫生、体育用地50年；商业、旅游、娱乐用地40年；综合或者其他用地50年。其中，只有住宅建设用地使用权期限届满时，可以自动续期，其他类型的建设用地使用权在期限届满后，只能申请续期，并且需要重新签订合同、支付土地使用权出让金，并办理登记。

第二节 建设用地使用权的取得

我国按照所有权与使用权分离的原则，实行城镇国有土地使用权出让、转让制度，但地下资源、埋藏物和市政公用设施除外。民事主体对国有土地进行开发建设，应当首先取得建设用地使用权，而出让与划拨是民事主体取得建设用地使用权的两种基本方式，其中，出让是有偿获得建设用地使用权，划拨是无偿取得建设用地使用权。我国依法实行国有土地有偿使用制度，但是，国家在法律规定的范围内划拨国有土地使用权的除外。

一、以出让方式设立建设用地使用权

（一）建设用地使用权出让的概念和特征

建设用地使用权的出让，是指国家以土地所有人的身份将建设用地使用权在一定期限内让与土地使用人，并由土地使用人向国家支付土地使用权出让金的行为。我国境内外的公司、企业、其他组织和个人，除法律另有规定者外，均可依法取得建设用地使用权，进行土地开发、利用、经营。建设用地使用权的出让具有以下三个特点：

第一，交易性。与划拨带有行政性不同，出让是国家作为土地所有权人与土地使用人之间的交易行为，出让人与受让人必须就建设用地使用权的设立达成合意，而且必须采书面合同形式。

第二，有偿性。建设用地使用权出让的交易性就决定了其具有有偿性。作为一项交易，双方必须支付合同对价，国家作为土地所有权人所提供的合同对价就是特定期限内对特定土地的使用权，而受让人为了取得建设用地使用权，则须支付土地出让金作为对价。建设用地使用权人应当在签订土地使用权出让合同后60日内支付全部土地使用权出让金；逾期未全部支付的，出让方有权解除合同，并可请求违约赔偿。

第三，期限性。以出让的方式取得建设用地使用权，均具有明确的期限限制。建设用地使用权出让的最高年限，根据土地用途的不同，分为40年、50年和70年三种最高年限。

（二）建设用地使用权出让的方式

根据我国法律的规定，建设用地使用权出让的方式分为协议出让、招标出让、拍卖出让和挂牌出让四种。

第一，协议出让。协议出让即国家以协议方式将国有土地的建设用地使用权在一定年限内出让给土地使用者，由土地使用者向国家支付土地出让金的行为。出让建设用地使用权，除依照法律、法规和规章的规定应当采用招标、拍卖或者挂牌方式外，也可以采取协议方式进行出让。但由于协议出让的磋商对象范围较小，为最大限度发挥国有土地的效用、防止相关部门滥用职权造成国有资产损失等，我国法律严格限制了以协议方式出让的适用范围，根据《民法典》第347条的规定，工业、商业、旅游、娱乐和商品住宅等经营性用地以及同一土地有两个以上意向用地者的，应当采取拍卖、招标等公开竞价的方式出让。没有条件，不能采取拍卖、招标方式的，才可以采取双方协议的方式出让。此外，采取双方协议的方式出让建设用地使用权时，出让金不得低于按国家规定所确定的最低价（《城市房地产管理法》第13条）。

第二，招标出让。招标出让即出让人发布招标公告，邀请特定或者不特定的自然人、法人和其他组织参加建设用地使用权投标，根据投标结果确定建设用地使用权人的行为。如果在获取较高的土地出让金外，还有其他综合性的目标或某些特殊要求，那么采取招标的方式比较合适。

第三，拍卖出让。拍卖出让即出让人发布拍卖公告，由竞买人在指定时间、地点以公开竞价的形式将建设用地使用权出让给最高应价者的行为。如果对于土地使用者、土地的用途等无特殊要求，单纯以最大限度获取土地出让金为目的，那么采取拍卖的方式是一种理想的选择。

第四，挂牌出让。挂牌出让是指出让人发布挂牌公告，按公告规定的期限将拟出让土地的交易条件在指定的土地交易场所挂牌公布，接受竞买人的报价申请并更新挂牌价格，根据挂牌期限截止时的出价结果确定建设用地使用权人的行为。

上述四种方式中，协议出让属于非公开竞价的方式，其他三种属于公开竞价的方式。考虑到公开竞价更能保证建设用地使用权出让的公开、公平、公正，因此，建设用地使用权的出让应当依照国家有关规定通过公开的交易平台进行交易，并纳入统一的公共资源交易平台体系，除依法可以采取协议方式外，应当采取招标、拍卖、挂牌等竞争性方式确定土地使用者。出让人在招标、拍卖、挂牌出让公告中不得设定影响公平、公正竞争的限制条件。

（三）建设用地使用权出让合同

通过招标、拍卖、协议等出让方式设立建设用地使用权的，当事人应当采用书面形式订立建设用地使用权出让合同。建设用地使用权出让合同应当按照平等、自愿、有偿的原则，由市、县人民政府土地管理部门作为出让方与土地使用者即受让方签订。

公开竞价方式中的中标人、竞得人，应当按照中标通知书或者成交确认书约定的时间，与出让人签订国有建设用地使用权出让合同。根据《民法典》第348条的规定，建设用地使用权出让合同一般包括下列条款：（1）当事人的名称和住所；（2）土地界址、面积等；（3）建筑物、构筑物及其附属设施占用的空间；（4）土地用途、规划条件；（5）建设用地使用权期限；（6）出让金等费用及其支付方式；（7）解决争议的方法。

二、以划拨方式设立建设用地使用权

（一）建设用地使用权划拨的概念和特征

建设用地使用权的划拨，是指县级以上人民政府依法批准，在土地使用者缴纳补偿、安置等费用后将该幅土地交付其使用，或者将土地使用权无偿交付给土地使用者使用的行为（《城市房地产管理法》第23条）。划拨取得建设用地使用权，土地使用人只需要按照一定程序提出申请，经政府主管机关依法审批即可取得建设用地使用权，不需要通过公开竞价或协议磋商的方式。

建设用地使用权的划拨取得具有以下特点：一是公益性。以划拨方式设立建设用地使用权的，土地使用人无须支付对价，这是因为此种设立建设用地使用权的方式是以公益为目的。依法可以划拨取得建设用地使用权的，仅限于法律规定的公益用地需求，如国家机关用地和军事用地等。二是无偿性。相对于市场化方式有偿取得建设用地使用权的出让而言，划拨取得建设用地使用权具有无偿性。国家将土地划拨给土地使用人，土地使用人无须向国家支付土地出让金。当然，“无偿性”是相对国家而言的，并不意味着建设用地使用人不支付任何费用。在有些情况下，权利人仍需支付补偿费、安置费，但此种费用的性质在法律上并非合同对价，也远远低于土地出让金，不能以此否定划拨的无偿性。三是无期限性。划拨取得的建设用地使用权没有最高年限的限制，这是由以划拨方式设立建设用地使用权的公益性决定的。因为基于政府行政管理、军事、基础设施等目的的公益事业，往往具有存续的长期性，不宜设置期限限制。因此，依法以划拨方式取得建设用地使用权的，除法律、行政法规另有规定外，没有使用期限的限制。当然，没有期限限制并不意味着建设用地使用权一旦经过划拨设立就永久存续，当土地使用人不需要继续使用土地时，政府有权收回建设用地使用权。四是限制流通性。以划拨方式设立的建设用地使用权，原则上不得进入市场进行交易。以划拨方式取得建设用地使用权的，转让房地产时，应当按照国务院规定，报有批准权的人民政府审批，有批准权的人民政府准予转让的，应当由受让方办理建设用地使用权出让手续，并依照国家有关规定缴纳土地出让金。

（二）建设用地使用权划拨的适用范围

我国法律严格限制以划拨方式设立建设用地使用权，采取划拨方式的，应当遵守法律、行政法规关于土地用途的规定。根据相关法律法规和规章的规定，确属必需时，可以由县级以上人民政府依法批准划拨设立建设用地使用权的范围，包括如下四类：一是国家机关用地和军事用地，二是城市基础设施用地和公益事业用地，三是国家重点扶持的能源、交通、水利等项目用地，四是法律、行政法规规定的其他用地。

三、建设用地使用权的公示

《民法典》第349条规定："设立建设用地使用权的，应当向登记机构申请建设用地使用权登记。建设用地使用权自登记时设立。登记机构应当向建设用地使用权人发放权属证书。"可见，我国对建设用地使用权的设定采取了严格的登记生效要件主义，即建设用地使用权出让合同的生效，并不直接发生建设用地使用权这一用益物权设定的效力，而仅发生合同之债的效力，即出让方有权请求受让人依照合同约定交付土地出让金，受让人则有权请求出让方交付土地并办理建设用地使用权登记。

无论通过出让取得还是划拨取得建设用地使用权，均须办理登记，只有完成建设用地使用权登记，才发生建设用地使用权设定的效果。

第三节 建设用地使用权的效力

一、建设用地使用权人的权利

建设用地使用权人对作为权利客体的土地享有占有、使用、收益的权利，有权利用该土地建造并保有和经营建筑物、构筑物及其附属设施。此外，根据《民法典》第353条的规定，建设用地使用权人还有权将建设用地使用权转让、互换、出资、赠与或者抵押，但必须符合法律规定的条件和程序。确认建设用地使用权人有权对其权利进行依法处分，既是肯定和保护权利人合法权益的需要，也有助于促进土地权利的市场流动和提高土地利用效率。

（一）建设用地使用权的转让

建设用地使用权的转让，是指建设用地使用人不改变权利的客体和内容，将其权利以合同方式再行转移的行为，包括互换、出资、赠与等形式。

1. 建设用地使用权转让合同

建设用地使用权转让合同必须以书面形式订立，一般包括下列条款：（1）当事人的名称和住所；（2）土地界址、面积等；（3）建筑物、构筑物及其附属设施占用的空间；（4）土地用途；（5）使用期限；（6）转让价款的数额及其支付方式；（7）解决争议的方法。

2. 以出让方式设立的建设用地使用权转让的条件

根据《城市房地产管理法》第39条的规定，以出让方式设立的建设用地使用权的转让依法应具备以下条件：（1）按照出让合同约定已经支付全部土地使用权出让金，并取得土地使用权证书；（2）按照出让合同约定进行投资开发，属于房屋建设工程的，完成开发投资总额的25%以上，属于成片开发土地的，形成工业用地或者其他建设用地条件。

3. 以划拨方式设立的建设用地使用权转让的条件

以划拨方式设立的建设用地使用权的转让须经有批准权的人民政府审批，并办理建设用地使用权出让手续。

4. 建设用地使用权转让的变更登记

变更登记是建设用地使用权发生变动的要件，亦即，未经变更登记，建设用地使用权转让不生效力，受让人并未取得建设用地使用权。但是，是否办理变更登记手续对建设用地使用权转让合同的效力没有影响。建设用地使用权人作为转让方与受让方订立土地使用权转让合同后，当事人一方以双方之间未办理土地使用权变更登记手续为由，请求确认合同无效的，法院不予支持。

（二）建设用地使用权的抵押

建设用地使用权的抵押，是指抵押人以其建设用地使用权向抵押权人提供债务履行担保的行为，债务人不履行到期债务或出现当事人约定的实现抵押权的条件时，抵押权人有权依法从抵押的建设用地使用权的变价款中优先受偿。设立建设用地使用权的抵押权应当订立书面合同，并应办理抵押登记，抵押权自登记时设立。建设用地使用权抵押时，其地上建筑物、其他附着物也随之抵押。根据“房随地走”和“地随房走”的规则，以建筑物抵押的，该建筑物占用范围内的建设用地使用权一并抵押。以建设用地使用权抵押的，该土地上的建筑物一并抵押。抵押人未依照前款规定一并抵押的，未抵押的财产视为一并抵押。（《民法典》第387条）

（三）建设用地使用权的出租

建设用地使用权的出租，是指建设用地使用人作为出租人，将建设用地使用权随同地上建筑物、其他附着物租赁给承租人使用，由承租人向出租人交付租金的行为。

建设用地使用权出租的客体应当是已经完成了合同约定的开发任务的土地，未按土地使用权出让合同规定的期限和条件投资开发、利用土地的，建设用地使用权不得出租。这是为了防止建设用地使用权人取得土地使用权之后，不对土地实际作任何投资、不作任何开发建设，即进行出租，从而变相将建设用地使用权转手，哄抬地价，或者在层层转租中造成土地的闲置和浪费。

建设用地使用权出租时，出租人与承租人应当签订书面租赁合同。租赁期限应由当事人协商确定，但不得超过建设用地使用权的剩余期限。

（四）房地一并处分原则

房屋必须建造于土地之上，因此，建设用地使用权和建筑物的所有权之间存在紧密的联系，如果两者的权利主体不同，则无法行使权利，容易产生纠纷。因此，按照建设用地使用权和建筑物所有权的主体保持一致的原则，我国法律要求建设用地使用权与建筑物所有权一并处分，即房地一并处分原则。例如，《城市房地产管理法》第 32 条明确规定："房地产转让、抵押时，房屋的所有权和该房屋占有范围内的土地使用权同时转让、抵押。"《民法典》第 356、357 条也规定：建设用地使用权转让、互换、出资或者赠与的，附着于该土地上的建筑物、构筑物及其附属设施一并处分；建筑物、构筑物及其附属设施转让、互换、出资或者赠与的，该建筑物、构筑物及其附属设施占用范围内的建设用地使用权一并处分。

因此，在交易中，房产和地产必须共同作为交易标的，不能分别对待。建设用地使用权及其地上建筑物所有权均不能单独转移、抵押和出租，必须同时转移、抵押和出租。

二、建设用地使用权人的义务

（一）支付出让金等费用

建设用地使用权人应当依照法律规定以及合同约定支付出让金等费用。这是建设用地使用权人的主要义务，若违反这一义务，出让方有权解除合同、主张违约责任。

受让人依照建设用地使用权出让合同的约定付清全部土地出让价款后，方可申请办理土地登记，领取建设用地使用权证书。未按出让合同约定缴清全部土地出让价款的，不得发放建设用地使用权证书，也不得按出让价款缴纳比例分割发放建设用地使用权证书。

（二）合理利用土地

建设用地使用权人应当按照土地的自然属性和法律属性合理地使用土地，维护土地的价值和使用价值。对于该项义务，当事人不得以约定排除或改变，即使出让合同对此未作规定，此义务亦约束建设用地使用权人。

（三）按土地用途使用土地

土地用途关系到城市的规划，关系到建设用地使用权的期限和出让金的多少，建设用地使用权人应严格按照约定或规定的用途使用土地。需要改变土地用途的，应当依法经有关行政主管部门批准，且应变更建设用地使用权出让合同，并相应调整出让金的数额。

（四）恢复土地原状

在建设用地使用权期限届满，建设用地使用权人取回地上建筑物或者其他附着物时，负有恢复土地原状的义务。

第四节　建设用地使用权的消灭

一、建设用地使用权消灭的事由

建设用地使用权作为物权的一种，有关物权消灭的一般原因也同样适用于建设用地使用权。此外，建设用地使用权自身还具有一些特殊的消灭事由，主要包括如下几种：

（一）期限届满而未续期

建设用地使用权作为一种他物权，自然有其存续期限，这种期限一般在权利设立之时便通过合同明确进行了约定。因此，建设用地使用权存续期限届满而未续期的，建设用地使用权消灭。对于非住宅建设用地使用权，在土地出让等有偿使用合同约定的使用期限届满时，建设用地使用权人未申请续期或者申请续期未获批准的，建设用地使用权消灭。即非住宅建设用地使用权的续期采取的是“申请续期”而非“自动续期”制度，建设用地使用权期满，建设用地使用权人可以申请续期，如果权利人未按时提出续期申请并办理相关手续，则其建设用地使用权即于期满之日消灭。

在此需要注意的是，根据《民法典》第 359 条的规定，我国立法对住宅建设用地使用权则采取了自动续期的规则，因此，住宅建设用地使用权期限届满的，自动续期并不发生消灭。至于续期费用的缴纳或者减免等事项，则依照法律、行政法规的特别规定来处理。

（二）土地灭失

在建设用地全部灭失的情况下，如因发生地震等灾害，建设用地使用权的标的已经不复存在，建设用地使用权也随之消灭。在建设用地发生部分灭失的情况下，建设用地使用权在剩余的土地上仍然继续存续。

（三）因公共利益需要而被提前收回

国家对建设用地使用权人依法取得的建设用地使用权，在出让合同约定的使用年限届满前不收回；在特殊情况下，根据社会公共利益的需要，可以依照法律程序提前收回，并根据建设用地使用权人使用土地的实际年限和开发土地的实际情况给予相应的补偿。在建设用地使用权期间届满之前，国家因公共利益需要提前收回该土地的，应当依照民法典的规定，对该土地上的房屋及其他不动产给予补偿，并退还相应的建设用地使用权出让金。

例如，为实施城市规划进行旧城区改建以及其他公共利益需要，确需使用土地的，有关人民政府自然资源主管部门报经原批准用地的人民政府或者有批准权的人民政府批准，可以提前收回国有土地使用权，并应当对建设用地使用权人给予适当补偿。

（四）因土地闲置而被收回

建设用地使用权的设立目的是从事建造活动，如果权利人取得权利之后不按照合同约定的期限进行开发建设，就会造成土地的闲置浪费，此时就可能导致建设用地使用权被提前收回。根据《城市房地产管理法》第 26 条的规定，以出让的方式取得建设用地使用权进行房地产开发的，权利人必须按照出让合同约定的土地用途、动工开发期限开发土地；超过出让合同约定的动工开发日期满 1 年未动工开发的，国家可以征收相当于土地使用权出让金 20%以下的土地闲置费；满 2 年未动工开发的，国家可以无偿收回建设用地使用权；但是，因不可抗力或者政府、政府有关部门的行为或者动工开发必需的前期工作造成动工开发迟延的除外。

（五）因建设用地使用权人停止使用等原因而收回

当建设用地使用权人不再需要使用土地时，国家也可以提前收回建设用地使用权，这一般发生在划拨取得建设用地使用权的情形下。根据《土地管理法》第 58 条的规定，因单位撤销、迁移等原因而停止使用原划拨的国有土地的，或者公路、铁路、机场、矿场等经核准报废的，由有关人民政府自然资源主管部门报经原批准用地的人民政府或者有批准权的人民政府批准，可以收回建设用地使用权。

（六）因其他事由而消灭

除上述原因外，建设用地使用权还可能因权利人的抛弃、国家受让建设用地使用权发生混同等原因而消灭。

二、建设用地使用权消灭的法律后果

根据房地一并处分原则，在建设用地使用权消灭时，应当同时对土地之上的房屋等不动产进行处理。对此，首先应当根据当事人之间的约定来进行处理。例如，非住宅建设用地使用权期限届满后未能续期的，该土地上的房屋以及其他不动产的归属，有约定的按照约定来处理，这也是当事人意思自治的体现。其次，如果当事人之间没有约定，或者约定不明确的，则依照法律、行政法规的规定来处理。根据《城镇国有土地使用权出让和转让暂行条例》第 40 条的规定，土地使用权期满，土地使用权及其地上建筑物、其他附着物所有权由国家无偿取得。

此外，在建设用地使用权消灭时，出让人应当返还土地并负责恢复原状，同时应当及时办理注销登记，登记机构应当收回建设用地使用权证书，土地使用者应当交还土地使用证。否则就会出现真实权利状况与登记状况不相符的情形，有可能损害第三人利益、引起交易秩序混乱。

第五节　集体建设用地使用权

集体建设用地使用权不同于一般意义上的建设用地使用权，是指在集体所有的土地上设立的建设用地使用权。一般意义上的建设用地使用权，是指在国家所有的土地上设立的、以建造建筑物、构筑物及其附属设施的用益物权。集体建设用地使用权虽然也是为了从事建筑物、构筑物及其附属设施的建造，但并不是在国家所有的土地之上设立，而是在集体所有的土地之上设立，因此，其具有不同于一般意义上的建设用地使用权的特征。

农村集体所有的土地，根据土地用途的不同，可以分为农用地和建设用地。在农用地之上设立的用益物权为土地承包经营权，而在建设用地之上，根据所从事建设活动的性质不同，又可以分为宅基地使用权和集体建设用地使用权，前者是为满足集体成员建造住宅的目的而设立，后者则是为了满足集体经济组织设立乡镇企业、建造乡（镇）村公共设施、从事公益事业等目的而设立。

根据《民法典》第 361 条的规定，集体所有的土地作为建设用地的，应当依照土地管理的法律规定办理。在集体所有的土地上设立的建设用地使用权，主要包括如下几类：

一、农村集体公益用地使用权

农村集体公益用地使用权，是指农村集体经济组织或者由农村集体经济组织依法设立的公益组织，为从事乡（镇）村公共设施或公益事业建设，在经过依法审批后，对用于本集体经济组织内部公益事业的非农用地所享有的土地使用权。根据《土地管理法》第 59 条的规定，乡（镇）村公共设施、公益事业建设需要使用土地的，经乡（镇）人民政府审核，向县级以上地方人民政府自然资源主管部门提出申请，按照省、自治区、直辖市规定的批准权限，由县级以上地方人民政府批准；其中，涉及占用农用地的，还应当依照《土地管理法》的有关规定办理审批手续。

基于乡村公共设施、公益事业从事的乡村建设，也应当符合乡镇土地利用总体规划和土地利用年度计划，并应当按照村庄和集镇规划，合理布局，综合开发，配套建设，并依法办理审批手续。

二、乡镇企业建设用地使用权

农村集体经济组织使用乡镇土地利用总体规划确定的建设用地兴办企业，或者与其他单位、个人以土地使用权入股、联营等形式共同举办企业的，可以申请设立集体建设用地使用权。乡镇企业建设用地的使用主体是本集体所属乡镇企业，属于农村集体经济组织自行使用本集体所有的土地。

乡镇企业建设用地的申请人应当持有关批准文件，向县级以上地方人民政府自然资源主管部门提出申请，按照省、自治区、直辖市规定的批准权限，由县级以上地方人民政府批准；其中，涉及占用农用地的，依照《土地管理法》的有关规定办理审批手续。

发展乡镇企业要尽量不占或少占耕地，节约使用土地。为了防止乡镇企业过度和无序设立而侵占农用地，《土地管理法》第60条对兴办企业的建设用地采取了严格控制的管理措施，并授权省、自治区、直辖市可以按照乡镇企业的不同行业和经营规模，分别规定用地标准。因此，申请乡镇企业建设用地使用权，要按照经批准的村镇建设规划的要求，合理布局，适当集中，依法办理用地审批手续。

三、集体经营性建设用地使用权

集体经营性建设用地使用权，是指根据土地利用总体规划、城乡规划确定为工业、商业等经营性用途，并经依法登记的集体经营性建设用地，土地所有权人通过出让、出租等方式为单位或者个人设立的集体土地使用权。集体经营性建设用地使用权是一类较为特殊的集体建设用地使用权，因为其使用主体不再限于本集体所属乡镇企业或村民个人等，还包括本集体组织之外的所有自然人和法人。此外，在用途上，集体经营性建设用地使用权并不局限于兴办乡镇企业等用途，还可用于工业、商业等经营性用途。

根据《土地管理法》第63条的规定，通过出让、出租等方式设立集体经营性建设用地使用权的，应当经本集体经济组织成员的村民会议2/3以上成员或者2/3以上村民代表的同意。设立时集体经济组织应当与集体经营性建设用地使用者签订书面合同，载明土地界址、面积、动工期限、使用期限、土地用途、规划条件和双方其他权利义务。集体经营性建设用地使用者应当按照约定及时支付集体经营性建设用地价款，并依法缴纳相关税费，对集体经营性建设用地使用权以及依法利用集体经营性建设用地建造的建筑物、构筑物及其附属设施的所有权，依法申请办理不动产登记。

通过出让等方式取得的集体经营性建设用地使用权可以依法进行转让、互换、出资、赠与或者抵押，但法律、行政法规另有规定或者土地所有权人、土地使用权人签订的书面合同另有约定的除外。集体经营性建设用地的出租，集体建设用地使用权的出让及其最高年限、转让、互换、出资、赠与、抵押等，参照同类用途的国有建设用地执行，但法律、行政法规另有规定的除外（《土地管理法》第63条）。

▶即测即评

▶案例资源

第十章 宅基地使用权

第一节 宅基地使用权概述

一、宅基地使用权的概念与特征

宅基地使用权，是指以建造农村住宅及附属设施为目的，农民对集体所有的土地进行占有和使用的权利。宅基地使用权和土地承包经营权一样，都是作为农村集体经济组织成员的农民无偿取得和享有的权利，是对农民的农业生产和居住生活的基本保障制度，是维护农业发展、农村稳定的重要制度。因此，宅基地使用权制度是保障农民安居乐业和农村社会稳定的重要法律制度。

《民法典》第362条规定："宅基地使用权人依法对集体所有的土地享有占有和使用的权利，有权依法利用该土地建造住宅及其附属设施。"作为一项用益物权制度，宅基地使用权具有较为明显的本土特色，是我国所特有的用益物权形式，其具有如下特征：

第一，宅基地使用权的客体限于集体所有的土地。根据我国宪法和法律的规定，宅基地属于集体所有。因此，同样是基于建造住宅的目的，在不同主体的土地所有权之上设立的用益物权种类也不相同，在国有土地上建造住宅，只能设立建设用地使用权；而在集体所有的土地之上建造住宅，设立的用益物权则为宅基地使用权。宅基地和自留地、自留山一样，属于农民集体所有，因此，宅基地使用权的客体仅限于集体所有的土地。

第二，宅基地使用权的主体仅限于农村集体经济组织的成员。宅基地使用权的主体，是符合申请宅基地条件的农村集体经济组织成员。宅基地使用权主体上的特殊性，是农村集体经济组织成员权的一种体现，也是宅基地使用权与建设用地使用权等用益物权的重要区别。宅基地是农村村民的基本居住保障，宅基地使用权的权利人仅限于农村居民，城镇居民不能取得宅基地使用权，严禁城镇居民到农村购买宅基地，严禁下乡利用农村宅基地建设别墅大院和私人会馆。

第三，宅基地使用权的用途仅限于农村村民建造住宅及其附属设施。宅基地使用权的用途仅限于农村村民依法建造个人住宅及其附属设施，包括农村村民所建造的住房，以及与居住生活有关的其他建筑物和设施，如住房、车库、沼气池等。农村村民建造住宅应当符合乡（镇）土地利用总体规划、村庄规划，应当合理安排宅基地用地，尽量使用原有的宅基地和村内空闲地。

第四，宅基地使用权的取得具有无偿性。宅基地使用权是一种带有社会福利性质的权利，由农村集体经济组织的成员以户为单位向农村集体经济组织提出申请，便可以无偿或仅需支付较低的代价，取得宅基地使用权，而无须按照类似地段建设用地的市场价格来购买。无偿取得、无偿使用，是宅基地使用权社会福利性质的集中体现。

第五，宅基地使用权没有期限限制。我国现行法律没有对宅基地使用权的期限作出限制性规定，如此能够最大限度地保障农村居民的基本生存条件。

二、宅基地使用权与相关权利的区别

（一）宅基地使用权与土地承包经营权的区别

两者虽同属在集体所有的土地之上设定的用益物权，都是对农村集体土地进行利用而产生的他物权，但两者间仍有如下不同之处：

第一，权利内容不同。宅基地使用权的内容，是在集体所有的土地之上建造住宅及其附属设施；而土地承包经营权的内容，是在集体所有的土地上从事农业生产经营活动。因此，宅基地使用权建立在农村建设用地之上，而土地承包经营权则建立在农村的农用地之上。

第二，是否存在期限限制不同。宅基地使用权没有明确的期限限制，而土地承包经营权则有明确的期限限制，例如，耕地的承包期为 30 年、草地的承包期为 30 年至 50 年、林地的承包期为 30 年至 70 年。但为了维持农业的稳定发展，我国法律规定土地承包经营权期限届满后可以延长，土地承包经营权人可以依法继续承包，例如，耕地承包期届满后再延长 30 年，草地、林地承包期届满后根据其承包期而相应延长。

（二）宅基地使用权与建设用地使用权的区别

宅基地使用权与建设用地使用权都是利用他人土地从事建造活动，但两者仍然属于不同性质的用益物权，具有如下区别：

第一，使用的他人土地权属不同。宅基地使用权建立在农民集体所有的土地之上，是建立在集体土地所有权之上的他物权；建设用地使用权建立在国家所有的土地之上，是建立在国家土地所有权之上的他物权。

第二，对权利主体的身份限制不同。宅基地使用权的主体只能是自然人，且限于本集体经济组织的成员；而建设用地使用权的主体则没有限制，自然人、法人和其他组织均无不可。

第三，权利的内容不同。宅基地使用权具有身份性质，为集体经济组织成员所享有，且具有社会福利性质，因此在权利的内容上受到较多限制，不能对宅基地进行转让、抵押或投资入股等利用；而建设用地使用权则可以转让、抵押及出资。

第四，取得方式不同。宅基地使用权的取得采取审核批准的方式，而建设用地使用权的取得则通过出让或划拨等方式，并且严格限制以划拨方式设立建设用地使用权。

第五，设立要件不同。宅基地使用权自乡（镇）人民政府审核批准时即告设立，不以登记为设立要件。当然，权利人依法取得宅基地使用权的，可以单独申请宅基地使用权登记，依法利用宅基地建造住房及其附属设施的，还可以申请宅基地使用权及房屋所有权登记。而建设用地使用权则以登记作为设立要件，设立建设用地使用权的，应当向登记机构申请建设用地使用权登记，建设用地使用权自登记时设立。

第六，是否有偿不同。宅基地使用权具有社会福利性质，由本集体经济组织成员无偿取得；建设用地使用权以出让作为主要的设立方式，建设用地使用权人应当依照法律规定以及合同约定支付出让金等费用。

第七，存续期限不同。宅基地使用权没有期限限制，而建设用地使用权则具有明确的期限，且不得超过法定的最高期限，例如居住用地使用权期限为 70 年、工业用地使用权期限为 50 年，等等。其中，住宅建设用地使用权期限届满的，依法自动续期，而非住宅建设用地使用权期限届满后，则需要由土地使用者依法申请续期、重新签订合同、支付土地使用权出让金，并办理登记。

第二节 宅基地使用权的取得

一、宅基地使用权的设立

农村村民可以通过申请取得宅基地使用权。宅基地使用权的设立不是市场化的交易行为，村民取得宅基地无须支付对价，是农民作为农村集体经济组织成员所享有的成员权的体现。农民作为集体经济组织的一员，有权使用本集体所有的土地建造住宅及附属设施，以满足家庭居住生活的需要。依我国现行法律的规定，宅基地使用权依有权机关的审核批准设立。

（一）设立宅基地使用权的条件

设立宅基地使用权的前提条件是申请人具有本集体经济组织的成员身份，即属于当地农村的村民。此外，农村村民申请设立宅基地使用权还应当具备正当事由，常见的申请事由包括：（1）农村村民因子女结婚等原因确需分户，缺少宅基地的；（2）外来人口落户而成为本集体经济组织成员，没有宅基地的；（3）因发生或者防御自然灾害、实施村庄和集镇规划、进行乡村公共设施和公益事业建设，而需要搬迁的。

农村村民有下列情形之一的，通常不予批准使用宅基地：（1）非本集体的农村村民；（2）属于本集体的村民但年龄未满 18 周岁的；（3）已拥有一处达到规定标准面积的宅基地；（4）原有宅基地能够解决分户需要的；（5）农村村民出卖或者出租住房后再申请宅基地的。

（二）设立宅基地使用权的程序

根据《土地管理法实施条例》第 34 条及其他相关规定，宅基地使用权的设立按照下列程序进行：

（1）农户申请。农村村民申请宅基地的，应当以户为单位向农村集体经济组织提出宅基地和建房（规划许可）的书面申请；没有设立农村集体经济组织的，应当向所在的村民小组或者村民委员会提出申请。

（2）农村村民集体讨论。收到申请后，农村集体经济组织应当对农户的申请进行讨论，如果讨论通过，则将申请理由、拟用地位置和面积、拟建房层高和面积等情况在本集体范围内进行公示，公示无异议或异议不成立的，报乡（镇）人民政府审核。

（3）乡（镇）人民政府审核批准。乡（镇）人民政府对农户的申请进行审核，经审核符合条件的，予以批准。农村村民住宅用地涉及占用农用地的，属于农用地转为建设用地，应当依法办理农用地转用审批手续。

（4）乡（镇）人民政府批准后，由农村集体经济组织向宅基地申请者无偿提供宅基地、设立宅基地使用权。

（三）设立宅基地使用权的限制

土地资源具有稀缺性，且宅基地使用权具有保障农村居民生活居住需求的社会福利性质，以满足农村村民的基本家庭居住生活需求为原则，受到“一户一宅”的限制，以确保每户农民都能够分配到一定面积的居住用地，并不实行“价高者得”的市场竞价规则。

《土地管理法》第 62 条规定，“农村村民一户只能拥有一处宅基地，其宅基地的面积不得超过省、自治区、直辖市规定的标准。人均土地少、不能保障一户拥有一处宅基地的地区，县级人民政府在充分尊重农村村民意愿的基础上，可以采取措施，按照省、自治区、直辖市规定的标准保障农村村民实现户有所居”。在人均地少、农村居住用地土地紧张的区域，可以通过诸如建设新型农村社区、农民公寓和新型住宅小区，实行集中居住或建造高层建筑的方式，来保障农民“一户一宅”，实现村民“住有所居”的目标。

“一户一宅”的限制性规定，是基于宅基地的福利性及其所承载的社会保障功能而对宅基地使用权初始取得的限制，但不是对宅基地使用权继受取得的限制。由于继承关系的存在，客观上也有可能存在“一户多宅”的现象。例如，继承人与被继承人均为同一集体经济组织的村民，继承人就可能通过继承农村房屋产权而取得两处以上的宅基地使用权。因房产继承等合法原因形成的多处住宅及宅基地，原则上不作处理，农村村民可以通过出卖等方式处理，也可以维护原状，但房屋不得翻建，房屋损坏后，多余的宅基地应当退出。此外，农村村民拥有两处以上的宅基地可能会造成土地的浪费，法律鼓励农村村民自愿有偿退出多余的宅基地，鼓励农村集体经济组织及其成员盘活利用闲置宅基地和闲置住宅。

此外，为了实现土地的分类利用、高效使用，农村村民建住宅的，应当符合乡（镇）土地利用总体规划、村庄规划，不得占用永久基本农田，并且应当尽量使用原有的宅基地和村内空闲地建设住宅。

二、宅基地使用权的登记

宅基地使用权属于不动产物权，民法典规定不动产权利以登记为其公示方法，因此从理论上讲，宅基地使用权也应当进行登记。但是，我国目前农村地区对宅基地使用权的登记制度尚不够完善，而且宅基地使用权主体在现行法下仅限于本集体经济组织成员，加之法律严格限制宅基地使用权的流转，本村村民占有宅基地之上的房屋即足以公示其对相应范围内的宅基地享有使用权，因此可以以占有为其公示方法。

此外，为了维持登记状况与真实权利状况的一致性，已经登记的宅基地使用权转让或者消灭的，权利人应当及时办理变更登记或者注销登记（《民法典》第365条）。

第三节 宅基地使用权的效力

一、宅基地使用权人的权利

（一）占有宅基地

经法定审批程序取得宅基地后，宅基地使用权人有权占有宅基地，并在宅基地上建造个人住宅以及与居住生活相关的附属设施。占有宅基地并从事住宅建设，是宅基地使用权设立的主要目的。此外，在宅基地周边的空地上，权利人还有权种植树木以充分利用土地、优化环境。

（二）使用宅基地

宅基地使用权人有权对宅基地进行使用，此种使用既包括在宅基地上建造房屋进行居住，也包括对宅基地的其他利用，例如将宅基地上的住宅进行出租以收取租金，或者在宅基地空闲处种植果树等经济作物而获取收益。此外，为盘活利用闲置宅基地和闲置住宅，宅基地使用权人也可以通过自主经营、合作经营、委托经营等方式，依法依规发展农家乐、民宿、乡村旅游等，尽可能地发挥宅基地的效益。

（三）基于房地一体原则对宅基地进行处分

农民集体所有的土地的使用权不得出让、转让或者出租用于非农业建设，《民法典》第399条对于宅基地使用权的抵押也明确加以禁止，这实际上也禁止了宅基地使用权的单独处分。但是，农村居民对宅基地上的房屋享有所有权并有权进行处分，因此，我国法律允许宅基地使用权连同房屋一并处分，买受人在符合法律规定的条件时可以一并取得宅基地使用权。

应当指出，农村村民出卖、出租、赠与住宅后，其再申请宅基地的，不予批准（《土地管理法》第62条）。因为农村村民对住宅进行处分，表明其不再需要利用宅基地来满足其基本的生活居住需求。

（四）请求重新分配宅基地的权利

宅基地因自然灾害等原因灭失的，宅基地使用权消灭。没有宅基地的村民，有权请求重新分配宅基地，农村集体经济组织应当依法对其重新分配宅基地。

（五）征收补偿权

国家基于公共利益征收集体土地的，对其中的农村村民住宅，应当按照先补偿后搬迁、居住条件有改善的原则，尊重农村村民意愿，采取重新安排宅基地建房、提供安置房或者货币补偿等方式给予公平、合理的补偿，并对因征收造成的搬迁、临时安置等费用予以补偿，保障农村村民居住的权利和合法的住房财产权益。

（六）有偿退出权

根据《土地管理法》第62条的规定，国家允许进城落户的农村村民依法自愿有偿退出宅基地。对进城落户的农村村民，集体经济组织可以通过多种方式鼓励农户自愿有偿退出宅基地，但不得强迫农民退出、流转宅基地。

宅基地的退出，必须基于村民的自愿。各级政府和农村集体经济组织不得以各种名义违背农民意愿强制流转宅基地和强迫农民“上楼”，不得违法收回农户合法取得的宅基地，不得以退出宅基地作为农民进城落户的条件，不得强迫农村村民搬迁退出宅基地。对此，《土地管理法实施条例》第36条规定：“依法取得的宅基地和宅基地上的农村村民住宅及其附属设施受法律保护。禁止违背农村村民意愿强制流转宅基地，禁止违法收回农村村民依法取得的宅基地，禁止以退出宅基地作为农村村民进城落户的条件，禁止强迫农村村民搬迁退出宅基地。”

二、宅基地使用权人的义务

由于宅基地使用权系无偿取得，因此，宅基地使用权人无须缴纳土地使用金，其主要义务是按照规定的用途使用宅基地。宅基地以建造村民住宅及其附属设施为目的，因此，宅基地使用权人不得擅自将宅基地用于其他目的，例如在宅基地建设厂房或商品房等。

第四节 宅基地使用权的消灭

宅基地使用权作为一种用益物权，基于以下事由而消灭：

一、因宅基地灭失而消灭

因地震、山洪等严重自然灾害导致宅基地灭失的，宅基地使用权也随之消灭。当出现此种情况时，为保障农村村民的居住生活需求，应当为原宅基地使用权人重新分配宅基地。但如果自然灾害只造成了宅基地上房屋的灭失，宅基地仍然完好存续，不影响宅基地使用权的继续存在，权利人只需在旧址上依法重新建造房屋即可，无须申请重新分配宅基地。

二、因宅基地的收回和调整而灭失

土地所有权人根据城镇或者乡村的发展规划，必要时可以收回宅基地使用权，或者对宅基地使用权进行调整，调整后，权利人原来的宅基地使用权消灭。土地所有权人收回或调整宅基地使用权的，应当及时另行批准相应的宅基地使用权，以保证农村村民的生活需要。

三、因宅基地被征收而灭失

国家基于社会公共利益的需要，可以征收集体所有的土地，包括征收农村村民的宅基地。国家征收宅基地时，必将造成宅基地上的房屋及其他建筑物的灭失，因此应当在尊重农村村民意愿的基础上，采取重新安排宅基地建房、提供安置房或者货币补偿等方式给予公平、合理的补偿，并对因征收造成的搬迁、临时安置等费用予以补偿，保障农村村民居住的权利和合法的住房财产权益。

四、因其他原因而灭失

其他原因如宅基地使用权人因进城落户而依法自愿有偿退出宅基地、放弃宅基地使用权等，都会导致宅基地使用权消灭。

▶即测即评　　▶案例资源

第十一章　居　住　权

第一节　居住权概述

一、居住权的概念

居住权，是指自然人依据合同约定或者遗嘱指定，对他人的住宅所享有的通过占有、使用以满足自己生活居住需要的物权。《民法典》第366条规定，居住权人有权按照合同约定，对他人的住宅享有占有、使用的用益物权，以满足生活居住的需要。

在学理上，居住权的起源可以追溯至罗马法上的人役权制度，该制度包括用益权、使用权和居住权三项内容，其中居住权就是为了保障特定人群，如无继承权的妻子的居住需要而设立的一种人役权。为了实现对特定弱势人群生活条件的保障，罗马法上的居住权不能转让、继承或者出租，因此具有较强的人身专属性。而大陆法系不少国家的民法都继受了居住权制度，并与用益权、使用权共同构成了人役权制度，其中的居住权制度主要是为了保障离婚妇女、老人这样的特定群体的居住需求得到满足。

在民法典颁布之前，我国虽然没有在民事法律中规定一般性的居住权，但在单行法律中对离婚妇女、老人等特定群体的居住权益作出了一些规定。① 为贯彻党的十九大提出的加快建立多主体供给、多渠道保障住房制度的要求，《民法典》物权编以专章的形式规定了居住权，使之成为我国的一项用益物权法律制度。民法典对居住权的规定仅有6个条文，规定得比较简单，居住权作为一项用益物权，其在民法典没有具体规定的情况下，可以适用民法典关于用益物权的一般规定和其他相关规定。例如，以遗嘱形式设立居住权的，有关遗嘱的效力等问题应当适用民法典继承编有关遗嘱的规定。

二、居住权的特征

对他人的房屋进行居住，既可以基于债权性的权利，如租赁权，也可以基于

---

① 例如，《婚姻法》第42条规定："离婚时，如一方生活困难，另一方应从其住房等个人财产中给予适当帮助。具体办法由双方协议；协议不成时，由人民法院判决。"对此，《婚姻法解释（一）》第27条具体解释为："婚姻法第四十二条所称'一方生活困难'，是指依靠个人财产和离婚时分得的财产无法维持当地基本生活水平。一方离婚后没有住处的，属于生活困难。离婚时，一方以个人财产中的住房对生活困难者进行帮助的形式，可以是房屋的居住权或者房屋的所有权。"

物权性的权利，如居住权。居住权是权利人对他人房屋所享有的物权，属于他物权中的用益物权，具有下列特征：

（一）居住权是在他人的房屋所有权上设立的物权

居住权是所有权人为他人设定的用益物权，居住权人必须是房屋所有权人之外的人，房屋所有权人在自己的房屋上不能为自己设立居住权，因为所有权是权能最为完整的权利，所有权人完全可以对自己的房屋进行占有、使用、收益和处分，无须设立居住权就可以居住使用自己的房屋。居住权是一种他物权，建立在他人房屋所有权之上，并且只能在他人所有的住宅之上设立，其他类型的房屋如商铺等，就不能设立居住权。

（二）居住权是为满足权利人生活居住的需要而设定的权利

居住权的设立，是为了满足权利人生活居住的需要，因此，居住权人只能把所取得的房屋用于生活居住的用途，而不能用于其他用途，例如不能将取得的他人住宅开设旅馆、餐厅、酒吧、商店、工厂等。同时，居住权为满足生活居住需要的性质也决定了居住权人只能是自然人，因为法人、非法人组织不存在生活居住的需要，而只有营业和开展活动的需要，此种需要也不属于必须保障的基本生存利益。因此，居住权人仅限于自然人，而为他人设定居住权的主体，则只需要具有住宅所有权即可，可以是自然人、法人或非法人组织。

（三）居住权是为特定的自然人而设定的用益物权

居住权作为一种用益物权，具有特定的权利主体，是基于特定人的生活居住需要而设定的权利，往往与特定个人相关联，因此具有较强的人身属性，其权利的主体范围具有有限性，因此居住权以外的人一般不能享有居住权。此外，只有自然人才存在生活居住用房的需求，法人或非法人组织基于营业等从事民事活动而产生的场地需求，不属于生活居住的需求，因此，法人、非法人组织等非自然人的民事主体均不能享有居住权。

（四）居住权一般具有无偿性

居住权原本是为解决特定群体的居住问题，房屋所有权人和居住权人往往具有亲属、朋友等血缘或亲密、熟悉的关系，因此，居住权人一般无须向房屋的所有人支付对价，所以住宅所有权人为他人设立居住权也被称为“恩惠行为”。如果需要居住权人向房屋的所有人支付对价，则就相当于租赁关系了。此外，居住权从其人役权的历史源流、性质、本质等方面看，应当是一种无须支付对价的无偿行为。当然，居住权人应当承担居住房屋的日常维护费用。

为了更好地尊重当事人的意思自治，并赋予居住权更为广泛的运用空间，避免因为无偿性而限制这一制度的适用范围，民法典也允许当事人经协商一致收取费用。也就是说，一般情形下居住权均无偿设立，但是当事人另有约定的除外。

因此，房屋所有权人与居住权人作出了有偿取得居住权的约定的，这一约定同样合法有效。

（五）居住权的期限一般具有长期性甚至终身性

一般而言，为了维护相对人的人格尊严、保护其合法权益，民法上的身份行为如婚姻、收养、离婚、认领等，均不允许附条件或附期限。然而，居住权虽然为特定群体而设，却并非一种身份权，而是一种用益物权，因此，居住权可以附条件或附期限。

同时，长期性是居住权的一项重要特征，因为居住权是为了解决没有房屋的人的生活居住问题，而居住问题的解决往往需要较长的时间，因为只有当这些人具备了其他的居住条件，例如自行购买房屋或者获得其他可靠的生活居住来源，才不需要通过居住权来解决生活居住的问题，而这对于一些特定群体而言，短期内是较难解决的。根据《民法典》第370条的规定，居住权期限届满或者居住权人死亡的，居住权消灭。因此，居住权可以约定期限，如果未约定，则居住权人可以终身使用房屋，即当所有权人与居住权人对于居住权的期限没有作出约定，则居住权的期限可以理解为终身期限，居住权人有权终身享有居住权。

（六）居住权不得转让或继承

《民法典》第369条规定，“居住权不得转让、继承”。居住权是一种特殊的用益物权，仅能用于居住权人自己基本居住权利的保障，因此，权利人所享有的居住权不能让与他人，也不得由他人继承。因此，居住权人不得对住宅进行转让营利或另行为他人设定居住权，或者将居住权作为自己的财产而由继承人进行继承。

（七）设立居住权的住宅一般不得出租

居住权的目的是满足权利人生活居住的需要，是对于居住权人基本生存利益的保障，因此，居住权人对于他人的住宅仅享有占有和使用的权利，而不享有收益的权利，设立了居住权的房屋一般不得出租，只能由居住权人自己居住，这也是为了确保居住权得以有效实现。因此，《民法典》第369条规定，“设立居住权的住宅不得出租，但是当事人另有约定的除外”。

当然，在特殊情况下，如果居住权人确实需要将房屋对外出租以获取生活所需费用，而且经过与房屋所有权人协商，双方均同意设立了居住权的住宅对外出租，那么居住权人也可以根据协商的条件将住宅进行出租。

第二节 居住权的设立

居住权由房屋所有权人在自己的住宅之上为他人设立，居住权人取得居住权的方式，包括合同设立和遗嘱设立两种形式。

一、合同设立

住宅所有权人与居住权人通过合同的方式设立居住权时，应遵循如下要求：

（一）必须以书面合同的形式设立

所有权人为他人设立居住权，涉及对自己住宅权利的处分，利益重大，为明晰各方权利义务关系、避免纠纷，民法典对居住权的设立形式作出了明确要求，即设立居住权，当事人应当订立居住权合同。根据《民法典》第469条的规定，书面形式是合同书、信件、电报、电传、传真等可以有形地表现所载内容的形式，此外，以电子数据交换、电子邮件等方式能够有形地表现所载内容，并可以随时调取查用的数据电文，也视为书面形式。

居住权合同一般应包括如下条款：当事人的姓名或者名称和住所；住宅的位置；居住的条件和要求；居住权期限；解决争议的方法（《民法典》第367条）。

（二）以无偿为原则、有偿为例外

居住权本身就具有为特定群体提供福利的性质，因此居住权的设立一般都是无偿的，但为了为居住权制度预留未来更多的发展空间，民法典也允许当事人作出有偿的约定。《民法典》第368条规定，“居住权无偿设立，但是当事人另有约定的除外”。这也就是说，一般情况下，居住权都是无偿设立的，但也允许当事人对于是否有偿进行意思自治、作出有偿设立的约定。

在设立居住权时，房屋所有权人与居住权人可以对居住权是否具有对价进行协商，如果双方约定为有偿，则房屋所有权人有权根据约定来收取对价；如果双方约定为无偿，或者对于有偿无偿并未作出明确约定，则居住权视为无偿。

（三）居住权的设立采取登记生效主义

我国对于不动产物权的变动原则上采取登记生效主义，居住权亦不例外。《民法典》第368条规定，设立居住权的，应当向登记机构申请居住权登记，居住权自登记时设立。因此，在设立居住权时，如果仅有当事人之间的合同约定，居住权尚不能有效设立，相对人也无法取得居住权；只有在办理了居住权登记之后，居住权才有效设立，相对人才能取得居住权，成为居住权人。

二、遗嘱设立

《民法典》第371条规定：“以遗嘱方式设立居住权的，参照适用本章的有关规定。”因此，居住权也可以以遗嘱的形式设立。由于该条并未对遗嘱设立居住权的具体规则作出规定，因此应当作如下理解：

第一，以遗嘱形式设立居住权的，则设立居住权的遗嘱必须是有效的遗嘱，应当符合《民法典》继承编关于不同形式遗嘱的有效设立要件，如自书遗嘱、代书遗嘱、打印遗嘱等，民法典均规定了不同的生效要件，那么以遗嘱形式设立居住权的，该遗嘱必须符合相应形式遗嘱的生效要件；如果遗嘱无效，则不能依据该无效的遗嘱设立居住权。

第二，以遗嘱的形式设立居住权，应当参照适用民法典关于居住权的相关规定，例如，民法典关于居住权一般应无偿设立，但允许另行作出约定的规定，关于居住权不得转让、不得继承的规定，关于居住权消灭原因的规定等，都同样适用于遗嘱形式设立的居住权法律关系。

第三，以遗嘱的形式设立居住权，在权利取得方面不同于以合同形式设立的居住权。虽然以遗嘱方式设立居住权应当参照适用其他居住权的规范，但基于遗嘱自身的特性，以遗嘱的形式设立居住权就不能简单参照适用以合同形式设立居住权的规范。其中最为典型的，就是居住权设立的时间。以合同形式设立居住权的，当事人应当向登记机构申请居住权登记，居住权自登记时设立；而以遗嘱形式设立居住权的，根据《民法典》第230条的规定，因继承取得物权的，自继承开始时发生效力，那么遗嘱人死亡时，其为他人所设立的居住权便开始发生效力。此时，居住权的设立并不以登记为要件，而是以遗嘱生效为设立要件，即当遗嘱生效时，居住权人便取得居住权，无须办理登记。当然，为了避免涉及第三人的权利纠纷，若具备登记条件，居住权人可以办理居住权登记。

第四，遗嘱人将自己的住宅通过遗嘱为他人设立居住权的，由于该居住权系针对特定人而设立，故居住权虽然具有经济价值，但不得作为遗产进行继承或遗赠，而只能由居住权人自己享有和行使。当然，设立居住权的住宅，其所有权仍然属于遗产的范围，因此可以继承或遗赠，但无论作为居住权客体的住宅最终由谁取得所有权，均不影响居住权的有效设立和行使，住宅所有权人有义务尊重和保障居住权的正常行使。

第三节 居住权的效力

所有权人将自己的住宅为他人设立居住权之后，所有权人与居住权人之间就形成居住权的法律关系，这是所有权人与用益物权人之间的法律关系。从居住权的效力来看，所有权人与居住权人互相负有一定的义务、彼此享有一定的权利，其主要效力体现为所有权人应当提供住宅给居住权人生活居住使用，而居住权人则应当在使用住宅进行居住的同时，履行法定或者约定的各项义务。

由于居住权一般为免费设立，因此所有权人并无收取对价的权利，其权利便主要体现为有权要求居住权人依照合同的约定对住宅进行居住使用。从居住权人的权利义务角度来看，居住权具有如下效力：

一、居住权人的权利

（一）对住宅进行占有和使用

居住权人有权按照合同的约定或遗嘱的指定，对他人的住宅进行占有和使用，以满足生活居住的需要。居住权是为了满足权利人生活居住的需要而设立的用益物权，因此，权利人对住宅进行占有和使用，是满足其生活居住需要的具体体现。

居住权人占有和使用他人住宅的面积、范围等具体事项，应当根据居住权合同或设立居住权的遗嘱来确定。此外，设立居住权并不以一套完整的住宅为必要条件，如果能够进行居住权登记，那么住宅中的部分房间也可以设立居住权。因此，根据当事人的约定，居住权人既可以使用他人住宅的全部，也可以仅使用住宅的某一部分。当然，居住权应当在能够满足基本生活居住需求的不动产登记单元上设立，应当能够保证居住权人正常生活、居住的要求，因此，不能在住宅中不具备居住条件的部分设立居住权。在住宅的部分空间上设立的居住权，居住权人为实现生活居住的目的，有权使用住宅的公共空间和公共设施。

此外，基于对自然人的社会属性和伦理道德的考虑，居住权人有配偶或父母子女等家庭成员的，除非所有权人与居住权人有特别约定，否则居住权人及其家庭成员均有权使用设立居住权的住宅。当然，居住权人的家庭成员对住宅的占有使用基于其和居住权人家庭成员的身份关系，并不意味着居住权人的家庭成员均享有居住权。如果某家庭成员与居住权人不再具有共同生活的家庭关系，例如居住权人的配偶与其离婚，则该成员就不能再对住宅进行占有和使用。此外，为了更好地实现居住权人的生活居住目的，如果居住权人确需他人共同居住以进行照料陪伴，在没有相反约定时，也应当允许相关人员对住宅共同占有使用。例如，居住权人生病或年迈体弱，需要聘请护工、保姆等人员进行居家看护照料的，应当允许相关人员在设立居住权的住宅内居住。

（二）排除所有权人及其他人的干涉

用益物权是所有权之上的负担，作为一项独立的物权，其一旦设立，便能够独立存续，任何人包括所有权人均不得干涉用益物权人行使权利。因此，居住权作为一种用益物权，其一旦有效设立，即可排除所有权人的干涉，居住权人可自主行使权利。具体而言，在居住权设立之后，居住权人即可依照居住权合同或者遗嘱，对所有权人的住宅进行占有、使用，此时所有权人便不得再对该住宅实施占有、使用等行为，否则将对居住权的行使构成妨害。在以遗嘱形式设立居住权的情形下，居住权有效设立后，住宅所有权人的继承人也必须遵守遗嘱的指定，不得干扰居住权人占有、使用设定居住权的住宅。

住宅所有权人在住宅之上为他人设定居住权之后，并不丧失对住宅的所有权，仍有权对住宅进行法律上的处分，例如将住宅转让给第三人，此时居住权不受住宅所有权变动的影响，受让人在取得房屋所有权之后，同样要尊重居住权人对其权利的行使，不得干涉、阻碍居住权人对住宅的占有、使用。

（三）有约定时可以对住宅进行收益

居住权是为了保障特定自然人生活居住权益而设立的用益物权，具有一定的人身属性，因此，居住权人一般只能亲自占有使用住宅，而不能对住宅进行收益，例如将住宅出租给他人使用而获取租金收益。但在特殊情形下，如果住宅所有权人与居住权人在设立居住权时就作出了特别约定，允许居住权人将住宅进行出租，居住权人就可以根据约定对住宅进行收益。对此，《民法典》第369条规定，“设立居住权的住宅不得出租，但是当事人另有约定的除外”。

（四）抛弃居住权的权利

居住权作为一种民法上的权利，可以由权利人行使，也可以由权利人抛弃。当居住权人不再需要通过居住权来解决其生活居住的需求时，其有权抛弃居住权。例如，居住权人在居住权期限内自行获得了其他稳定住处，也不愿继续保留居住权时，便可以抛弃居住权。此外，居住权作为住宅所有权的一种负担，在权利存续期间将会持续对所有权形成一种限制，一旦居住权人抛弃居住权，则住宅所有权即可恢复至圆满无负担的状态，所有权人即可恢复对住宅的完整所有权，可以对住宅进行占有、使用、收益和处分，从而最大限度发挥不动产的经济效益。居住权人抛弃居住权之后，居住权归于消灭，所有权人应当及时办理注销登记。

二、居住权人的义务

（一）正常合理地占有、使用住宅的义务

居住权人基于居住权而取得对住宅占有和使用的权利，居住权人应当根据居住权合同约定或遗嘱指定的关于居住的条件及居住权的期限等要求，对设立居住权的住宅进行合理的占有和使用，以满足自己的生活居住需要。在居住权合同或遗嘱没有对居住的条件和要求等作出约定或指定时，居住权人应当根据住宅的性质和所在小区的要求正常合理地占有和使用住宅。

居住权人对于住宅的占有、使用，应当尽到必要的注意义务和谨慎义务，不得破坏住宅内的物品、装修装饰、家具家电等设施设备，更不能造成住宅的毁损灭失。此外，居住权人不得超出约定的范围和目的使用住宅，不得将住宅用于商业用途或擅自出租出借。

（二）对住宅进行保管和维护的义务

在居住权存续期间，居住权人得以排除所有权人对住宅的占有和使用，而住宅在生活居住期间需要进行必要的保管和维护，因此，居住权人应当对住宅进行妥善保管和维护，以保持住宅处于良好安全的状态，适宜居住。例如，居住权人应当保持住宅的干净整洁和室内物品设施的良好状态，定期进行外墙面、空调挂机、阳台栏杆、水电线路等方面的安全检查，消除安全隐患，并阻止他人对住宅的侵入和破坏行为。

在住宅需要维修时，居住权人应当根据约定自行维修或者报告住宅所有权人进行维修，没有约定时，日常修缮费用由居住权人自行负担为宜，耗费较大或者较为复杂的维修则应当由住宅所有权人负责完成。在取得住宅所有权人同意的情况下，居住权人还可以对住宅租赁物进行改善，或者增设他物以提升居住的便利程度或生活品质。

（三）支付约定对价的义务

居住权具有保障特定自然人基本生存利益的福利属性，是住宅所有权人对居住权人的一种帮助和扶助，因此在一般情形下，居住权系无偿设立，居住权人无须支付任何对价即可对所有权人的住宅进行占有和使用。但为了扩大居住权的适用范围和运用场景，民法典也允许所有权人和居住权人就设立居住权是否需要支付对价进行约定。因此，如果根据居住权合同或者设立居住权的遗嘱，居住权人取得居住权需要支付对价，或者在居住期间需要支付一定的费用，那么支付对价就构成居住权人的一项合同义务，居住权人就有义务按照约定的支付时间、支付期限、支付方式等支付约定的对价。

（四）不得将居住权进行转让的义务

居住权是住宅所有权人为了解决特定自然人的生活居住问题而设立的用益物权，具有一定的人身属性，居住权法律关系一般产生于具有特定的亲属身份关系或友情关系的双方主体之间，因此，居住权人只能由其本人享有和行使，而不得将此种对所有权人的住宅占有和使用的权利转让他人，否则将会使居住权的目的落空。如果居住权人将设立居住权的住宅转让给他人居住甚至以此进行牟利，则表明其已经不需要通过居住权来保障自身居住需求，因此，居住权人只能亲自行使居住权、对设立居住权的住宅进行居住使用，而不能将该项权利让与他人。

此外，居住权的人身属性也决定了此种权利仅能伴随居住权人的一生而存续，不得通过继承的方式由居住权人的继承人继续享有。居住权人死亡时，居住权消灭，居住权人不得将居住权作为自己的遗产交由他人继承，居住权人的继承人也不得主张继承居住权。如果居住权人的近亲属或继承人同样缺乏必要的生活居住条件，那么除非住宅所有权人同意为居住权人的近亲属或继承人设立一项新的居住权，否则居住权人的近亲属或继承人等均不能对住宅主张居住的权利。

（五）未经约定不得出租、出借住宅的义务

居住权是为了确保居住权人的居住需求能够得到满足而设立，因此设立居住权的住宅一般仅限于居住权人自己居住使用，不得对外出租获利。如果居住权人将住宅出租，则意味着其自身不能再在住宅内居住，或者说明其已经不需要通过居住权来解决居住问题。因此，设立居住权的住宅不得出租，除非住宅所有权人与居住权人另有约定。

但如果设立居住权的住宅在满足居住权人的居住需求之余，尚有对外出租的空间，且不至于影响居住权的实现，在此情形下，为了促进物尽其用，并尊重当事人的意思自治，民法典也允许设立居住权的住宅进行出租，但必须经过居住权人与住宅所有权人的协商一致。在经过双方约定可以出租住宅的前提下，居住权人可以根据约定将住宅全部或者部分出租，并获取租金收益。

与出租相类似，居住权人未经约定也不得将住宅出借给他人居住，因为出借同样会与居住权的行使形成冲突，有损居住权目的的实现，除非住宅所有权人与居住权人另有约定，否则居住权人也不得将住宅出借给他人占有使用。

（六）期限届满之后向所有权人交还住宅的义务

住宅所有权人可以与居住权人约定居住权的期限，或者约定允许居住权人终身使用住宅居住。如果居住权约定了期限，在期限届满时，居住权人应当向所有权人交还其所占有、使用的住宅，使所有权人对于住宅的所有权恢复至圆满状态。如果未约定期限，或者约定的期限为居住权人终身，那么在居住权人死亡时，其继承人或遗产管理人也应当及时向所有权人交还住宅。

第四节 居住权的消灭

一、居住权消灭的事由

（一）居住权因期限届满而消灭

当事人采用合同形式设立居住权的，应当采取书面形式订立居住权合同，并明确约定居住权的期限。住宅所有权人通过遗嘱的形式为他人设定居住权的，也可以对居住权的期限作出限定。当居住权期限届满时，居住权消灭，居住权人便无权继续占有、使用住宅。

（二）居住权因居住权人死亡而消灭

居住权未约定明确的期限，或者约定的期限为居住权人终身，或者居住权人在居住权存续期间死亡的，居住权在居住权人死亡时即告消灭，居住权人的继承人也不能对房屋继续主张占有、使用的权利。因为居住权是为保障特定人的居住需求而设置的权利，当居住权人死亡时，该权利就失去了继续存续的基础。

（三）居住权因居住的住宅毁损灭失而消灭

居住权是权利人对房屋所有权人特定房屋所享有的他物权，当权利人居住的住宅因火灾、地震或拆迁等原因而毁损灭失、无法继续居住时，就意味着居住权失去了所依附的标的物，该项权利也随之消灭。不同于担保物权，居住权作为用益物权并不享有物上代位性，即便住宅所有权人因住宅的灭失而获得了新的住宅作为补偿，居住权依旧归于消灭，其并不能自动在新的房屋之上设立，除非所有权人愿意在新的住宅之上为原居住权人设立一项新的居住权。

（四）居住权消灭的其他事由

除上述常见事由外，居住权还可能因居住权人抛弃居住权、居住权合同被依法解除、居住权人与所有权人发生混同等原因而消灭。

二、居住权消灭的法律效果

首先，居住权消灭之后，居住权人便无权继续对住宅进行占有使用，因此应当及时将住宅交还给所有权人。

其次，在居住权消灭之后，所有权人应当及时办理注销登记，在登记簿上消除住宅的这一权利负担，使之恢复到设立之前的圆满状态。（《民法典》第 370 条）

再次，在居住权存续期间，如果居住权人对住宅进行了装修装饰、改良或修缮等行为，双方还应明确装修装饰和改良设施的归属。双方有约定的，应当根据约定来确定这些设施设备的归属。没有约定或者约定不明的，对于没有形成添附的装饰装修物，所有权人有权要求居住权人拆除这些设施设备、恢复住宅的原状；如果已经形成了添附，则按照充分发挥物的效用以及保护无过错当事人的原则确定其归属，因一方当事人的过错或者确定物的归属造成另一方当事人损害的，应当给予赔偿或者补偿。

最后，如果居住权人未对住宅进行合理使用和妥善保管维修而造成住宅的破坏、毁损或灭失，则构成对住宅所有权的侵害，居住权人应当承担损害赔偿的责任。

▶即测即评　　▶案例资源

第十二章　地　役　权

第一节　地役权概述

一、地役权的概念和特征

地役权是指不动产权利人为自己不动产使用的便利，经他人的同意而使用他人不动产的用益物权。《民法典》第 372 条规定："地役权人有权按照合同约定，利用他人的不动产，以提高自己的不动产的效益。"

地役权产生于两个不动产之间，并且主要是土地，因此，接受使用便利的不动产称为需役地，提供便利的不动产则称为供役地。相应地，享有地役权的人称为地役权人，供役地的权利人则称为供役地人。与其他用益物权相比，地役权具有如下特征：

（一）地役权的权利人和义务人均是不动产的权利人

地役权是为了提升一方不动产的效益而在另一方不动产之上设立的用益物权，因此，地役权的双方主体均是不动产的权利人，即地役权人是需役地的权利人，而供役地人则是供役地的权利人。所谓不动产的权利人，既包括不动产的所有权人，也包括不动产的用益物权人，如建设用地使用权人、宅基地使用权人等。

（二）地役权的内容是对他人不动产进行利用

设立地役权，是为了对他人的不动产进行利用以增进自己不动产的效益。此种利用具有多种形式，并不一定要对他人的不动产占有和使用。例如，可以在他人的不动产之上进行排水、通行，甚至只需要他人不在不动产上从事特定的建造行为即可。

（三）地役权的目的是提高自己不动产的效益

地役权人通过合同的方式在他人不动产之上设立地役权，是为了提高自己不动产的利用价值，更好地发挥自己不动产的效益。此种效益既包括地役权人对自己不动产经营的收益，也包括地役权人在自己不动产之上的生活便利，因此并不以经济利益为限。例如，地役权人可以为了观赏远处的景色而在临近土地上设立眺望地役权，避免临近土地建造高层建筑而遮挡视线。

（四）地役权以合同的形式设立

设立地役权，属于地役权人与供役地人之间的意思自治事项，因此双方当事人通过订立地役权合同的形式来设立地役权。同时，地役权涉及对不动产的利用，而且可能具有较长的期限，对当事人的利益影响较大，为明晰双方权利义务关系、避免日后产生纠纷，《民法典》第373条规定：“设立地役权，当事人应当采用书面形式订立地役权合同。”

（五）地役权具有从属性

地役权设立的目的就是便于需役地所有人或者使用人利用需役地，因此地役权依附于需役地所有权或者使用权而存在，与需役地不可分离，具有从属性。地役权的从属性具体表现在：第一，地役权的设定，以需役地的存在为前提；第二，地役权不得与需役地相分离而单独转让；第三，需役地所有人设立用益物权时，原地役权当然转归用益物权人享有；第四，地役权随需役地所有权或使用权的消灭而消灭。此外，地役权不得单独抵押。土地经营权、建设用地使用权等抵押的，在实现抵押权时，地役权一并转让。

（六）地役权具有不可分性

地役权的不可分性，是指地役权存在于需役地和供役地的全部，不能被分割为各个部分或仅仅以一部分单独存在。地役权的不可分性具体表现在：第一，地役权设定时的不可分性。在地役权设定时，需役地为数人共有的，各共有人不仅得就自己的应有部分取得地役权，对整体也取得地役权；供役地为共有的，各共有人也不能仅就自己的应有部分为他人设定地役权，一旦设定，效力及于供役地整体。第二，地役权享有或负担上的不可分性。需役地分割或部分转让时，地役权就各个部分而存在；供役地分割或部分转让时，地役权就各个部分而存在。第三，地役权消灭时的不可分性。当需役地的所有权或者使用权为两人以上共有时，任何共有人不能仅为自己的份额而消灭地役权；对于供役地而言，如果其所有权和使用权为两人以上共有，共有人之一不得仅为自己的份额而消灭地役权。

二、地役权与相邻关系的比较

地役权是为自己不动产的便利而利用他人不动产的权利；相邻关系是指相邻不动产的所有人或使用人之间在对不动产进行使用时，彼此给予便利或者接受限制而产生的权利义务关系。地役权和相邻关系均因对不动产的利用而产生，两者之间具有较多的相似之处，例如二者都是基于调和不动产利用过程中的冲突产生的；在权利内容方面，二者都涉及通行、排水、通风、采光等问题；在法律救济途径上，二者的权利人都可以请求适用物权的保护措施或者债权的保护措施。

尽管地役权与相邻关系之间存在上述诸多相同之处，但两者作为不同性质的权利，彼此也存在许多差异：

第一，权利的产生方式不同。相邻关系依法自动产生，是基于法律规定而设定；而地役权依合同产生，是基于当事人的合意而产生，系意定物权。相邻关系不是一种独立的物权类型，在性质上属于不动产所有权的当然内容，是不动产所有权内容的当然扩张或限制，基于法律的直接规定而产生。而地役权则是一种独立的权利，是用益物权的一种类型，是为了增加需役地的利用价值而支配供役地的权利，其产生是基于双方当事人之间的合意。

第二，是否需要登记不同。作为所有权效力的一部分，相邻关系并不需要登记，只要有不动产所有权存在，就可以产生相邻关系，并且可以对抗第三人。地役权作为一种用益物权，虽然自地役权合同生效时即可设立，不以登记为生效要件，但是其以登记为对抗要件，未经登记，不得对抗善意第三人。

第三，调整不动产的范围不同。相邻关系发生在相邻的不动产所有人或使用人之间，因此主要调整相邻的不动产权利人之间的权利义务关系。而地役权所涉及的需役地与供役地可以是相邻的，也可以是不相邻的，只要基于需役地的需要去寻找能够实现其价值的供役地即可。

第四，调整方法不同。在调整方法上，相邻关系的处理注重习惯的运用，法律、法规对处理相邻关系有规定的，依照其规定，法律、法规没有规定的，可以按照当地习惯。而地役权则侧重于通过当事人签订的地役权合同来实现意思自治，双方完全可以限制或排除当地习惯而另外约定相互间的权利义务。

第五，对不动产调节的限度不同。相邻关系作为不动产所有权或使用权的法定扩张，是法律基于自身的强制性对邻近不动产使用给予的最低限度调节，避免当事人因细微小节进行协商，从而大大节约社会成本。而地役权作为当事人意定产生的他物权，其私法色彩更为浓厚，法律规定的目的是赋予当事人在不动产所有和利用关系中的自治权，允许他们自由约定权利义务，更加充分地实现不动产的利用价值。较之相邻关系，地役权制度赋予了当事人在相邻权之外的自治空间，其调节的限度更大。

第六，是否有偿不同。相邻关系是对不动产利用的最低限度的调节，被视为所有权内容的当然扩张，所以当事人在行使相邻关系时只要不给相邻人造成损失，通常是无偿的。地役权是为了自己土地的便利而利用他人土地的物权，其目的是在他人土地上设置负担，以提高自己的土地利用价值。因此，地役权人在不妨碍供役地人权利行使的条件下，可以对供役地使用收益，并享有排除妨害请求权以及妨害预防请求权。其设立既可以是有偿的，又可以是无偿的，取决于双方当事人的合意。

第七，存续期间不同。相邻关系具有永久性和一时性相结合的特性，永久性表现在有不动产相邻近的事实就有相邻关系的存在；而一时性表现在个别具体相邻关系经一次行使就能实现，如相邻危墙的拆除。而地役权的存续期间可由当事人约定，并可设定永久地役权。

第二节 地役权的取得

一、地役权的设立

（一）地役权合同

地役权的设立属于要式法律行为，由需役地权利人与供役地权利人之间通过书面合同的方式设定。

根据《民法典》第373条的规定，地役权合同一般包括如下条款：第一，当事人的姓名或者名称和住所；第二，供役地和需役地的位置；第三，利用目的和方法；第四，地役权期限；第五，费用及其支付方式；第六，解决争议的方法。

（二）地役权的登记

《民法典》第374条规定："地役权自地役权合同生效时设立。当事人要求登记的，可以向登记机构申请地役权登记；未经登记，不得对抗善意第三人。"因此，地役权并不以登记为生效要件，地役权登记具有对抗效力，不进行登记，地役权在需役地权利人和供役地权利人之间也可生效，但不得对抗善意第三人。

此处善意第三人的善意标准与民法上通常的善意标准一致，即第三人对于地役权的设立情况并不知情，其无过失地相信供役地上没有地役权时，需役地权利人不能向其主张地役权。如果当事人在登记机构申请办理了地役权登记，则无论第三人是否知情，均必须承认和尊重地役权的设立状况。

二、地役权的转让

地役权也可以通过转让而继受取得，但地役权是一种从属性的权利，一般不能够被单独地转让，只能伴随着不动产权利一并转让。《民法典》第380条规定："地役权不得单独转让。土地承包经营权、建设用地使用权等转让的，地役权一并转让，但是合同另有约定的除外。"合同约定地役权单独转让，是指当事人约定地役权脱离供役地和需役地的关系而成为单独的转让标的。如果当事人约定用益物权等权利移转而地役权不随之移转的，此约定有效，移转的用益物权便不再具备地役权的效力；但是，如果当事人约定单独将地役权作为转让的标的，此种约定无效，因为地役权无法脱离不动产权利而存在。

地役权的设立目的是方便需役地的利用，提高需役地的价值，故地役权应为需役地全部而存在。设立地役权后，需役地被分割的，如果分割后的两块或多块不动产都有需要的，那么这些不同的不动产所有权人共同享有地役权；如果分割后只有部分不动产有需要，则只有该部分不动产权利人享有地役权，没有需要的不动产权利人则不享有地役权。在供役地被分割的情况下，如果分割后的不动产都需要满足需役地的需要，那么这些分割后的供役地须共同承担地役权的义务；如果只有分割后的部分不动产需要满足需役地的需要，则由这些部分的供役地承担地役权的义务，其他部分的不动产则不承担地役权的义务。

因此，虽然地役权随着供役地和需役地的变动而变动，但地役权并不随着供役地或需役地的分割而分割。根据《民法典》第 382 条和第 383 条的规定，需役地以及需役地上的土地承包经营权、建设用地使用权等部分转让时，转让部分涉及地役权的，受让人同时享有地役权；供役地以及供役地上的土地承包经营权、建设用地使用权等部分转让时，转让部分涉及地役权的，地役权对受让人具有法律约束力。

第三节　地役权的效力

一、地役权人的权利和义务

（一）地役权人的权利

1. 使用供役地的权利

地役权是权利人为其土地的方便和利益而利用他人土地的权利，地役权人可以按照地役权设定合同约定的使用目的、范围和方法，行使其使用供役地的权利。供役地权利人应当按照合同约定，允许地役权人利用其土地，不得妨害地役权人行使权利。地役权人既可以与供役地权利人共同利用供役地，也可与其他地役权人同时或依次利用供役地。

2. 从事附属行为的权利

地役权人为实现其权利，可以在供役地上为必要的附属行为，如地役权人为实现其取水权，需要从供役地上通行，对于此种通行，供役地人也应当允许。

3. 设置附属设施的权利

地役权人为了实现其权利，可以在供役地上修建一些必要的附属设施。例如，为了取水可以在供役地上修建水泵等设施，为了通行可以在供役地上修建道路等。这些附属设施可以由地役权人自行修建，也可以由地役权人与供役地人共同修建，双方协商确定出资比例和管理方式。

（二）地役权人的义务

1. 合理使用供役地的义务

地役权人必须按照地役权的内容使用供役地，不得随意扩大其使用范围。地役权是供役地为需役地所承受的负担，因此，地役权人应当按照合同约定的使用目的、范围和方法合理利用供役地，并且尽量减少对供役地权利人物权的限制。地役权人使用供役地时，不能超出需役地的需要和合同约定的范围，地役权人应当采取对供役地损害最小的使用方法合理使用供役地。

2. 支付费用的义务

地役权可以有偿设立，也可以无偿设立，当事人可以自行商定。如果地役权的设立是有偿的，则地役权人应当按照合同约定的金额、期限和支付方式等，向供役地人支付费用。

3. 维持工作物或设置物正常状态的义务

地役权人在他人不动产之上修建、设置了工作物或其他设施的，应当妥善保管、维修，以维持工作物或设置物处于正常工作状态，防止出现因工作物或设置物的失灵而对供役地造成损害。例如，地役权人从供役地铺设水管排水的，应当注意保持水管的畅通，避免出现水管堵塞、破漏而淹没供役地的现象。地役权人对于在供役地上修建的工作物或设置物进行保管、检查和维修，应当自行负担相关费用，因为这是为了实现地役权的目的而由其自行设置的装备设施。

4. 对供役地人使用工作物的容忍义务

对于地役权人为了实现其利用供役地的目的而在供役地上设置的工作物，在不妨碍地役权人正常使用的前提下，地役权人应当允许和容忍供役地人合理使用工作物，这是为了更大限度地利用工作物、提升各自不动产的便利。当然，如果当事人之间有另行约定，则依约定。例如，地役权人在供役地和需役地之间架设一座小桥以通过小河，那么在不影响地役权人通行的前提下，供役地人也有权使用该小桥通行。

5. 恢复原状的义务

地役权是供役地权利上的负担，因此，在地役权消灭之后，地役权人应当尽快恢复供役地的原状，使供役地的权利恢复圆满状态。因此，在地役权消灭之后，地役权人应当及时拆除所修建的工作物、设置物，恢复不动产的原状。当然，如果修建的工作物、设置物对供役地人还具有一定的利用价值，那么供役地人可以和地役权人进行协商，确定相关工作物、设置物的归属等事项。

二、供役地权利人的权利和义务

（一）供役地权利人的权利

1. 费用请求权

如果地役权系有偿设立，在设立时双方当事人约定了金额、期限和支付方式的，则供役地权利人有权按照地役权合同的约定，请求地役权人按照合同约定支付价金。地役权人拒不支付价金，构成根本违约的，供役地权利人有权依法解除地役权合同，终止地役权。

2. 对附属设施的共同使用权

供役地权利人对于地役权人修建和设置的工作物、设置物、附属设施等，如道路、桥梁、取水设备、排水设施等，在不妨碍地役权人权利行使和实现的前提下，享有共同使用的权利，地役权人对此应当容忍和同意。

3. 地役权合同解除权

地役权是供役地权利上的负担，在地役权人行使地役权、使用供役地权利人不动产的过程中，如果地役权人存在权利滥用或严重违约的情形，则供役地权利人享有地役权合同解除权。

（二）供役地权利人的义务

1. 允许地役权人利用其不动产

供役地权利人应当按照地役权合同约定的使用目的、范围和方法，允许地役权人利用其不动产，不得妨害地役权人行使权利。

2. 分担共用设施的维持费用

如果供役地权利人也需要使用地役权人修建的工作物、设置物或附属设施，则其有权在不影响地役权人正常行使权利的前提下使用这些工作物，但此时供役地权利人应当在其受益的范围内负担该设施的保养和维护费用。如果地役权合同对共用设施的维护费用另有约定，则可以根据该约定执行。

第四节 地役权的消灭

一、地役权消灭的事由

地役权是一种不动产物权，不动产物权的一般消灭事由如期限届满、抛弃、混同、约定的消灭事由发生等，当然也可以适用于地役权。地役权还具有如下消灭的特殊事由：

（一）供役地或需役地的灭失

地役权的存在，以存在需役地与供役地两处分属不同主体的不动产为前提，因此，不仅在需役地和供役地两处不动产全部灭失时会导致地役权的消灭，而且任何一处不动产的灭失均会导致地役权的消灭。当然，如果供役地或需役地仅有一部分灭失，且该部分灭失不影响地役权行使的，则地役权依然存续。

（二）地役权的目的事实上已不能实现

由于客观情况的变化，导致设定地役权的目的已不能实现，地役权的继续存在对地役权人已经没有价值的，地役权应归于消灭。

（三）供役地权利人依法解除合同

在发生法定事由的情况下，供役地权利人有权解除地役权合同。根据《民法典》第384条的规定，地役权人有下列情形之一的，供役地权利人有权解除地役权合同，地役权消灭：其一，违反法律规定或者合同约定，滥用地役权；其二，有偿利用供役地，约定的付款期限届满后在合理期限内经两次催告未支付费用。

地役权合同解除权属于形成权的一种，供役地权利人依其单方意思即可解除地役权合同。地役权合同解除后，地役权归于消灭。

二、地役权消灭的法律效果

（一）办理注销登记

地役权的设立并不以登记为生效要件，未登记的地役权在当事人之间仍然能够生效，只不过不能对抗善意第三人，故未经登记的地役权在消灭时无须办理注销登记。但是当事人已经在登记机构办理地役权登记的，当已经登记的地役权消灭时，当事人应当及时办理注销登记。对此，《民法典》第385条规定："已经登记的地役权变更、转让或者消灭的，应当及时办理变更登记或者注销登记。"

（二）恢复原状

地役权是供役地权利上的负担，因此，在地役权消灭之后，地役权人应当尽快恢复供役地的原状，使供役地的权利恢复圆满状态。因此，在地役权消灭之后，地役权人应当及时拆除并取回所修建的工作物、设置物，恢复不动产的原状。当然，如果修建的工作物、设置物对供役地权利人还具有一定的利用价值，那么供役地权利人可以和地役权人进行协商，确定相关工作物、设置物的归属等事项。

▶即测即评

▶案例资源

第十三章　担保物权概述

第一节　担保物权的概念特征与体系

一、担保物权的概念

担保物权是指权利人在债务人不履行到期债务或者发生当事人约定的其他实现条件时，依法享有的就担保财产优先受偿的权利。在担保物权法律关系中，权利人称为担保物权人，一般与主债权债务关系中的债权人具有同一性；提供财产作为担保的债务人或者第三人，称为担保人，其中，第三人又称为物上保证人；供作担保的财产，称为担保财产。

第一，担保物权以确保债务清偿为目的。设立或者规定担保物权的直接目的在于保障债务的清偿，加强和补充债权的效力。担保物权为价值权或变价权，并以此与同属他物权的用益物权相区分。

第二，担保物权是在他人的财产上成立的权利。担保物权的标的财产应当为债权人以外的他人所有的动产、不动产或者权利。担保物权为物权之一种，其标的财产原则上应当特定化。也就是说，担保财产应为“特定的物”。不过，基于交易的需要，也例外地承认在设立时不特定但在实现时特定的财产之上亦可成立担保物权。浮动抵押权、将有应收账款的保理或者质权即其著例。

第三，担保物权是一种定限物权。担保物权对标的财产的支配并不是一种全面的支配，仅仅是对标的财产的交换价值的支配。债的担保有人的担保和物的担保之分。前者是以人的信用为基础，保证人以其所有的责任财产就主债务之不履行负无限责任；后者是以特定物的信用为基础，物上担保人担保主债务的履行是以担保物的价值为限承担有限责任。因此，债权人之所以接受保证人的担保，是基于对保证人资信能力的信任，而债权人之所以接受物上担保人的物的担保，是基于对担保物价值的肯定。

二、担保物权的特征

担保物权系具有债权担保功能的他物权，除具有物权的一般特征之外，担保物权还具有如下特征：

（一）从属性

担保物权以确保债务清偿为目的，在性质上是从属于主权利（即主债权）的从权利。因此，担保物权的设立、效力、移转及消灭，均应从属于主债权。

第一，担保物权在设立上的从属性，表现为担保物权的设立原则上应以主债权的存在为前提。不过，担保物权设立上的从属性，不能仅从其与主债权成立的时序上来观察，而主要应从其与主债权的主从关系上来判断。留置权因保护特定债权而生，因此，只能对既存债权成立担保物权；作为融资媒介的抵押权、质权等，可就将来的债权或者附条件的债权而设立，但在担保物权实现之际，须有确定债权的存在。

第二，担保物权在效力上的从属性，表现为主合同无效，担保合同原则上无效。主合同无效，自不发生约定的主债权债务关系，担保物权从属于债权即无成立余地。但在最高额担保法律关系中，最高额担保物权与连续发生的具体债权之间并无一一对应关系，其中某一主合同被认定无效或者被撤销，并不影响担保合同的效力。在最高额担保物权确定之时，可将该主合同被认定无效或者被撤销之后债务人所应承担的损害赔偿责任一并计入，由最高额担保物权所担保。

第三，担保物权在移转上的从属性，表现为担保物权原则上因所担保的主债权的移转而移转。担保物权不得与主债权相分离而单独转让或者作为其他债权的担保。主债权转让的，担保该债权的担保物权一并转让，但是法律另有规定或者当事人另有约定的除外。最高额担保物权确定之前，部分债权转让时，最高额担保物权并不随同转让。担保物权可以因约定而脱离所担保的债权单独归于消灭。

第四，担保物权在消灭上的从属性，表现为担保物权因所担保的主债权的消灭而消灭。只有在借新还旧等特殊情况下，法律才承认担保物权可以为担保人的利益而存在，不附随主债权的消灭而消灭。

（二）不可分性

担保物权人在其债权完全清偿之前，可就担保财产的全部行使其权利，担保财产的价值变化及主债权的变化并不影响担保物权的整体性。

第一，担保财产的各个部分担保主债权的全部，担保物权人有权就担保财产的全部行使优先受偿权，但留置权人占有的财产为可分物的，债权人留置占有的财产的价值应当相当于债务的金额。

第二，担保财产被分割或者部分转让，担保物权人可就分割或者转让后的担保财产行使担保物权，但以下情形除外：一是第三人善意取得被分割或者部分转让的担保财产，从而使得担保物权在该部分担保财产上消灭；二是被分割或者部分转让的担保财产作为添附物，依其具体情形原担保人丧失所有权；三是担保物权的追及效力在担保财产被分割或者部分转让时被切断，如未经登记的动产抵押权不得对抗善意受让人、动产抵押权不得对抗正常经营活动中已经支付合理价款并取得抵押财产的买受人。

第三，主债权被分割或者部分转让，各债权人可以主张就其享有的债权份额行使担保物权，但在最高额担保物权的情形下，除非当事人另有约定，部分债权的转让并不导致最高额担保物权随同转让，受让人并未取得（部分）最高额担保物权。

第四，主债务被分割或者部分转移，债务人自己提供物的担保的，债权人可以请求以该担保财产担保全部债务履行；第三人提供物的担保的，第三人对未经其书面同意转移的债务不再承担担保责任。

（三）物上代位性

根据《民法典》第 390 条的规定，当担保人的担保财产毁损、灭失或者被征收而获得赔偿或者补偿时，担保物权的效力及于该赔偿或者补偿（担保财产的代位物），担保物权人可就该代位物行使其权利。由于担保物权是对物的权利，当担保财产毁损、灭失或者被征收时，该担保物权即因其所附着的财产不复存在而随同消灭。若此际担保人受有赔偿或者补偿，或者担保财产转变为其他价值形态，因担保物权不是以利用标的财产本身为目的的权利，而是专以取得标的财产的交换价值为目的的权利，担保物权的效力可及于担保财产的代位物。

第一，物上代位物并不仅限于金钱。在赔偿义务人或其他给付义务人实施给付行为之前，担保物权人对该义务人仅有给付请求权，给付物并未特定，金钱、动产、不动产或其他财产权利均有可能为最终给付物。担保物权人已经获得的或者可以获得的保险金、赔偿金、补偿金或者其他利益，均在物上代位的范畴之内。

第二，除了法律明确列举的保险金、赔偿金或者补偿金以外，还有其他类型的代位物。例如，设有抵押权的房屋拆迁之时，被征收人既可以选择货币补偿，也可以选择房屋产权调换。如被征收人选择后者，代位物即为调换的房屋。

第三，担保物权对于代位物的效力系嗣后发生，难免和代位物之上的其他权利发生竞存。担保物权基于物上代位性的受偿顺位不受影响，各担保物权人依照其对原担保财产的受偿顺位对代位物行使权利。

第四，担保财产毁损、灭失或者被征收的，负赔偿、补偿或者其他给付义务的给付义务人应向担保物权人给付。但是，给付义务人向担保物权人给付，以担保物权人向其发出给付通知为前提。因此，给付义务人在收到担保物权人的给付通知之前，已经向担保人履行了给付义务的，物上代位权消灭；给付义务人在收到担保物权人的给付通知之后仍向担保人给付的，对担保物权人不生效力，担保物权人如向给付义务人请求给付，给付义务人仍负给付义务。

值得注意的是，担保财产毁损时，发生请求权竞合，担保物权人同时享有物上代位权和增担保请求权，担保物权人可择一行使。

三、担保物权的体系

（一）典型担保物权和非典型担保物权

《民法典》物权编担保物权分编所确立的担保物权体系由典型担保物权和非典型担保物权构成。其中，典型担保物权包括抵押权、质权和留置权，抵押权和质权原则上基于当事人之间的合意而生，又称意定担保物权，而留置权基于法律的直接规定而产生，是法定担保物权的一种。

《民法典》第388条第1款中规定："担保合同包括抵押合同、质押合同和其他具有担保功能的合同。"这一规定旨在扩大担保合同的外延，明确融资租赁、保理、所有权保留等非典型担保合同的担保功能，同时为金融创新实践中出现的非典型担保交易的发展提供了相应的技术路径。民法典将所有权保留交易、融资租赁交易等具有担保功能的非典型动产担保交易与动产抵押交易在规则上作了类似的设计，统一适用登记对抗规则、"先公示者优先"的顺位规则，为动产担保交易其他规则的一体化提供了解释前提。

（二）非典型担保的司法态度

非典型担保合同不因违反物权法定原则而无效，但在物权公示原则之下，如未采取适当的公示手段使不特定的第三人周知标的财产之上的担保负担，债权人无法就标的财产取得物权。

非典型担保取得物权效力的前提条件是满足物权公示的要件，这与民法典消灭隐形担保的立法态度是一致的。就非典型担保中涉及不动产（权利）的部分，除不动产让与担保之外，担保登记的展开较受限制。就非典型担保中涉及动产和权利的部分，在统一的动产和权利担保公示系统中登记，即可达到公示目的，例如动产让与担保借由该公示系统即可满足公示要件。让与担保是指债务人或第三人与债权人达成协议，将担保财产所有权移转给债权人作为担保的方式。让与担保如果满足物权变动的公示要件，则具有担保物权的效力。

第二节 担保合同

一、担保合同的形式与内容

担保合同是担保物权设立合同的简称，应当采用书面形式。抵押合同一般包括下列条款：被担保债权的种类和数额；债务人履行债务的期限；抵押财产的名称、数量等情况；担保的范围（《民法典》第400条）；质押合同一般包括下列条款：被担保债权的种类和数额；债务人履行债务的期限；质押财产的名称、数量等情况；担保的范围；质押财产交付的时间、方式（《民法典》第427条）。上述关于担保合同内容的规定具有倡导性，但其中部分条款应为担保合同的必备条款，如被担保债权、担保财产，缺之将导致担保合同的不成立。

（一）被担保债权的特定化

担保物权以保障债权的实现为目的，其所欲确保实现的债权必须特定。担保物权的行使，必须以被担保的特定债权未受清偿为前提，此即所谓被担保债权的特定原则。据此，担保合同必须约定被担保债权的种类、数额。不过，作为被担保债权范围的主债务无须于担保物权成立时即已现实存在，只要客观上已有发生的基础且于将来有发生的可能性即可。最高额担保物权的承认，表明我国法律允许为将来之债设立担保物权。

（二）担保财产的特定化

担保物权的效力体现为，在担保物权可得实现之时，担保物权人可就“特定的物”进行变价并优先受偿。如此，担保合同必须约定担保财产。不过，物权客体特定原则在担保物权制度中有其特殊性。在担保物权设立之时，标的物只要可得特定即可，但在担保物权实现之时，标的物必须是特定的，从而为未来财产进入融资担保领域提供了理论前提。为适应未来财产担保化的制度需求，赋予当事人更大的自主权，民法典允许担保合同对担保财产只作概括性的描述，但该描述必须达到能够合理识别担保财产的程度。

二、担保物权的担保范围

担保物权的担保范围，是指担保物权可得实现之时，担保物权人就担保财产优先受偿的债权范围。当事人在担保合同中未就担保范围作出特别约定时，适用法定的担保范围。在当事人之间就担保范围已作约定的情况下，排除法定担保范围的适用。

（一）担保物权的法定担保范围

根据《民法典》第389条的规定，担保物权的法定担保范围包括：

第一，主债权。主债权又称原债权、原本债权，是指债权人和主债务人之间因一定法律关系而产生的，在担保物权设立之初经特定化而成为担保物权所担保实现的债权。被担保的主债权既包括现存债权，也包括将来的特定债权以及将来可能发生的债权；既包括以金钱为给付标的的债权，也包括可以估算为金钱的以行为为给付标的的债权。

第二，利息。利息是指原本债权的法定孳息，受国家财政、金融宏观政策的调控。

第三，违约金。违约金的具体数额依主合同当事人的约定而确定，但当约定的违约金过分高于损失而需要适当减少或者过分低于损失而需要适当增加时，计入担保范围的违约金应以法院或者仲裁机构最终确定的数额为准。

第四，损害赔偿金。损害赔偿金是一种法定性债务，是因原本债权未受清偿而发生的债权，与原本债权具有同一性。

第五，保管担保财产的费用。质权人和留置权人负有妥善保管担保财产的义务，同时有权向担保人请求支付保管费用。保管费用的开支应以必要为原则，为担保财产保存完好、功能无损所必要的保管费用支出才属合理。

第六，实现担保物权的费用。担保物权人因行使担保物权所支付的费用，主要包括担保财产的估价费用，担保财产拍卖、变卖所需的费用，交通费用和诉讼费用等。

（二）担保物权的约定担保范围

上述关于法定担保范围的规定，属于任意性规定，当事人可就担保范围作出约定，明确排除或者确认相关费用是否属于担保范围。但这并不意味着当事人可以脱逸出法定担保范围而自由约定担保范围，如债权人和担保人就不能在担保合同中约定大于主债务的担保范围。当事人在担保合同中就担保范围的例外约定，应仅限于担保范围或者数额小于主债务，或者担保责任之强度低于主债务的情形。

（三）担保范围的物权效力

担保合同中就担保物权担保范围的约定，以及法律上就当事人未约定担保范围时的推定，仅具债权法上的效力，在物权变动的原因与结果相区分原则之下，仅有担保合同的约定并不当然产生物权效力。虽然法律上规定了当事人之间就担保范围未作约定时的缺省规则，但并不表明这些债权无须登记即可为担保物权效力所及。我国民法典坚持了不动产登记的公示公信力，不动产登记的公示公信最终通过不动产登记簿予以彰显。不动产登记簿就担保范围等所作的记载与抵押合同约定不一致的，应当根据登记簿的记载确定被担保的债权范围。

三、流抵（质）契约的效力

流抵（质）契约是当事人在担保物权得以实现之前，约定的由担保物权人不经公力救济程序而直接取得担保财产的所有权的条款。由于其极易成为债权人借债务人的窘迫需要而压榨债务人的工具，我国原《物权法》禁止当事人订立流抵（质）契约。但《民法典》修改了这一规定，一方面，《民法典》并不禁止当事人订立流抵（质）契约，毕竟此类合同也是当事人真实意思的表现，且从鼓励担保的角度考虑，不宜简单认定此类约定无效；另一方面，为了防止当事人利用此类约定使债务人处于不利地位，并保障交易公平，即便当事人约定了流抵（质）契约，在实现担保物权时，也只能采用拍卖、变卖、折价的法定实现方式。

基于此，《民法典》第 401 条、第 428 条允许担保物权人“依法就抵（质）押财产优先受偿”，在一定程度上完备了担保物权的实现方式，能有效疏解法院执行程序的负担，缩短担保物权的实现时间，进而促成担保交易当事人的双赢局面。

第一，担保物权人可以以归属清算的方法实现担保物权。以流抵（质）契约实现担保物权时，担保物权人直接取得担保财产的所有权，如担保财产的价值超过其担保债权额，担保物权人应返还担保人，此即担保物权人的“清算义务”。借由对担保物权人课以强制性的清算义务，在一定程度上可以避免流抵（质）契约的流弊。

第二，担保物权人可以以处分清算的方法实现担保物权。担保物权人可以通过拍卖、变卖等方式处分担保财产并使其债权优先受偿。流抵（质）契约仅为一种担保物权实现方式，但担保物权人仍然可以不依流抵（质）契约请求移转担保财产的所有权，而径行申请法院拍卖、变卖担保财产并就变价款优先受偿。

四、担保合同被认定无效的法律后果

担保合同除因自身原因可能被认定无效之外，还基于其从属性因主合同无效而无效。担保合同被确认无效后自始没有法律约束力，但并不等于没有任何法律后果。基于无效合同的违法性或者当事人的过错，当事人也要承担一定的法律后果。根据《民法典》第 388 条第 2 款的规定，担保合同被确认无效后，债务人、担保人、债权人有过错的，应当根据其过错各自承担相应的民事责任。

（一）主合同有效，担保合同因自身原因而无效时担保人的责任

主合同有效而担保合同因自身原因无效时，担保人的责任因债权人有无过错而有所分别。债权人与担保人均有过错的，担保人承担的赔偿责任不应超过债务人不能清偿部分的 1/2；担保人有过错而债权人无过错的，担保人对债务人不能清偿的部分承担全部赔偿责任；债权人有过错而担保人无过错的，担保人不承担赔偿责任。

（二）主合同无效导致担保合同无效时担保人的责任

主合同无效而导致担保合同无效时，担保人的责任依其是否有过错而定。担保人无过错的，不承担赔偿责任；担保人有过错的，其承担的赔偿责任不应超过债务人不能清偿部分的 1/3。担保人的过错不是指担保人在主合同无效上的过错，主要体现为明知主合同无效仍然提供担保，或者通过提供担保诱使无效的主合同成立，进而使债权人蒙受损失。

（三）主合同无效，担保合同也无效时担保人的责任

主合同和担保合同均有无效原因，导致各自无效的，应当依据担保人、债权人各自的过错情况确定担保人的责任范围。其一，通常债权人、债务人、担保人均有过错，担保人的赔偿责任应当是债务人不能清偿部分的某一份额，至于是1/2还是1/3，应当由法官自由裁量，只要遵循担保人承担部分责任的原则即可，即担保人的赔偿责任介于全部和免责之间。其二，担保人没有过错的，不应当承担赔偿责任。其三，债权人没有过错的，债务人和担保人按照各自的过错分别对债权人的损失承担相应的赔偿责任。

第三节　担保物权的竞存

一、担保物权的竞存

（一）竞存担保物权之间优先顺位的一般规则

1. 抵押权竞存时的优先顺位

就竞存抵押权之间的优先顺位，《民法典》第414条确立了“先登记者优先”规则。同一财产向两个以上债权人抵押的，拍卖、变卖抵押财产所得的价款依照下列规定清偿：抵押权已登记的，按照登记的时间先后确定清偿顺序；抵押权已经登记的先于未登记的受偿；抵押权未登记的，按照债权比例清偿。值得注意的是，未经登记的动产抵押权，不得对抗善意第三人，但“先登记者优先”规则的判断标准仅有一项，即登记的时间，这里并未考虑后设立抵押权的权利人的主观态度。

2. 其他可以登记的担保物权竞存时的优先顺位

《民法典》第414条第2款规定，“其他可以登记的担保物权”参照适用上述优先顺位规则，也实行“先登记者优先”。“其他可以登记的担保物权”包括：权利质权中的没有权利凭证的有价证券质权；基金份额、股权质权；知识产权质权；应收账款质权。在民法典将所有权保留交易中出卖人对标的物的所有权、融资租赁交易中出租人对租赁物的所有权功能化为担保物权之后，所有权在功能上起担保作用，与担保物权处于大致相同的地位。这些权利之间及其与其他担保物权之间发生竞存时，准用上述优先顺位规则。

3. 动产抵押权与浮动抵押权竞存时的优先顺位

尽管我国单独就浮动抵押权作了专门规定，即浮动抵押权的效力在确定之前不及于具体的抵押财产，但是，各权利人之间的顺位也依登记时间加以确定。仅依登记时间的先后，而不以浮动抵押权的确定时间与动产抵押权的登记时间之间

的先后，来决定优先顺位，有利于增加优先顺位规则的统一化和确定性，也有利于提高浮动抵押制度的应用价值，推动这一交易模式被广泛采用。

（二）动产抵押权和动产质权竞存时的优先顺位

根据《民法典》第 415 条的规定，同一动产上竞存的动产抵押权和动产质权之间，以相关权利取得对抗第三人效力的先后顺序作为判断竞存权利之间优先顺位的标准。在登记和交付两种公示方法之间，应维持价值中立。动产抵押权自登记之时产生对抗第三人的效力；动产质权自出质人交付质押财产时设立，未交付则动产质权不设立，在解释上，动产质权自交付时才取得对抗第三人的效力。如此，确定动产抵押权和动产质权之间的顺位关系，须对比两者取得对抗第三人效力的时间，亦即对动产抵押权登记的时间和动产质物交付的时间进行比较。此时，也无须考虑担保权人在设定担保物权时的善意或者恶意。

（三）动产抵押权或者质权与留置权竞存时的优先顺位

根据《民法典》第 456 条的规定，同一动产上已经设立抵押权或者质权，该动产又被留置的，留置权人优先受偿。适用这一规则须注意以下两个问题。其一，不考虑留置权人是否善意的问题。留置权系因法律的直接规定而发生，并非基于当事人的自主意思而成立，属于法定担保物权，留置权人无法事先查询动产和权利担保登记系统以查明标的物上是否存在担保负担。其二，这一规则可以类推适用于融资租赁交易中出租人的所有权或者所有权保留交易中出卖人的所有权与留置权相竞存的情形。

（四）购买价金担保权的超优先顺位规则

购买价金担保权又称购置款担保权、购买价金担保权益，是指债权人在动产之上取得的担保因购买该动产所生的价金给付义务的担保权。例如，债权人在债务人的所有未来财产上已设定浮动抵押权并进行了登记，该浮动抵押权即具有优先于后设立的动产担保权的效力。此时，该浮动抵押权已经事实上形成了对其后信用提供者的垄断性权利，甚至构成对债务人经营活动的过度控制。当债务人就这些未来财产的购置寻求新的融资时，信用提供者即使在这些财产上设立动产抵押权或者保留所有权，这些权利也因登记劣后于在先浮动抵押权而只能屈居第二顺位。显然，完全以登记先后确定浮动抵押权和购买价金担保权的优先顺位，将大大降低新信用提供者提供购买价金融资的积极性。为此，有必要确立购买价金担保权的超优先顺位。

根据《民法典》第 416 条的规定，购买价金担保权超优先顺位规则奉行“后登记者优先”，属于一般优先顺位规则的例外，其适用应满足以下条件：

第一，新担保权是为了担保人购置标的物，且在该标的物上设立，旨在担保该标的物全部或者部分价款的清偿。在解释上，出卖人在赊销交易形式下保留标的物的所有权，亦是担保该标的物价款的清偿，应符合本要件。融资租赁交易中出租人的所有权亦如此，但排除售后回租的情形，因为这种交易形式并未带来债务人责任财产的增加。

第二，新担保权人应在标的物交付后10日内办理动产担保登记。此种立法安排，可使出卖人不必等到自己或者其他购买价金融资提供者登记，即可向买受人交付标的物，从而促进动产的有效流动。如担保权人在标的物交付10日后才登记，并不否定动产担保权登记的对抗效力，只是不能取得超优先顺位而已。即使没有登记，也不意味着动产担保权的丧失，动产担保权仍在当事人之间有效，并具有对抗无担保债权人的效力。

第三，同一债务人为他人设立了购买价金担保权和其他竞存的动产担保权。

二、担保物权与保证担保的竞存

担保实践中，债权人为充分保障其债权的实现而设定多重担保的情形较为常见。其中，在同一债权上并存人的担保和物的担保（混合共同担保）时，当事人之间的法律关系更为复杂。

（一）混合共同担保时债权人实现其债权的选择权

根据《民法典》第392条的规定，同一债权既有人的担保又有物的担保时，依以下规则决定两者之间的先后顺序：

第一，当事人对人的担保和物的担保之间的责任顺序和责任分担范围有约定的，依其约定。在同一债权既有人的担保又有物的担保时，债权人究竟按照何种顺序实现其债权，因无关公益，宜彰显私法自治精神，由债权人与保证人、物上保证人自由约定。

第二，当事人对人的担保和物的担保之间的责任顺序和责任分担范围没有约定或者约定不明确的，债权人应当先就债务人自己提供的物的担保实现债权，保证人或者物上保证人享有类似先诉抗辩权的权利（即顺序利益）。在债务人自己提供物的担保的情况下，先以担保物清偿债务，可以避免日后出现追偿问题。

第三，当事人对人的担保和物的担保之间的责任顺序和责任分担范围没有约定或者约定不明确的，保证人和物上保证人处于平等地位，债权人既可以要求物上保证人承担担保责任，也可以请求保证人承担保证责任。此时，物上保证人与保证人都不是最终的债务承担者，债权人无论是先实现物的担保还是先实现人的担保，物上保证人或者保证人都享有向债务人求偿的权利，无须就此作出顺序先后的政策选择。

（二）混合共同担保中担保人之间的分担关系

在债权人行使实现债权的选择权，保证人或者物上保证人应债权人的请求承担担保责任之后，只能向债务人追偿，不能请求其他担保人分担其损失，但以下三种情形除外：其一，担保人之间约定相互追偿及分担份额的，承担了担保责任的担保人可以请求其他担保人按照约定分担份额承担责任；其二，担保人之间约定承担连带共同担保，或者约定相互追偿但是未约定分担份额的，各担保人按照比例分担向主债务人不能追偿的部分；其三，担保人之间未对相互追偿作出约定且未约定承担连带共同担保，但是各担保人在同一份合同书上签字、盖章或者按指印，承担了担保责任的担保人可以请求其他担保人按照比例分担向主债务人不能追偿的部分。

（三）混合共同担保中担保人的免责

担保人的责任顺序是否相同，会影响其他担保人在债权人放弃某一担保时的免责范围。第一，担保人的责任顺序相同且彼此之间存在分担请求权时，如其中一人或数人承担担保责任，致其他人的担保责任亦因此而消灭时，承担担保责任的担保人可以向其他担保人请求偿还其应分担的部分；如债权人放弃其中某一担保，其他担保人则在“债权人放弃的担保权利所应分担的数额”范围内免责。第二，担保人的责任顺序不同时，责任顺序在后的担保人可以主张类似先诉抗辩权的权利，仅得在责任顺序在先的担保人承担担保责任之后才承担补充的担保责任。如此，责任顺序在先的担保人承担担保责任之后，对责任顺序在后者并不享有求偿权。如债权人放弃责任顺序在先的担保，责任顺序在后的担保人则在“债权人放弃的担保权利的限度”范围内免责。

第四节 担保物权的消灭

担保物权的消灭，是指担保物权成立后因一定的法律事实而不再存在。引起担保物权消灭的法律事实，即担保物权的消灭原因。

一、《民法典》第393条直接规定的消灭事由

担保物权的消灭事由有以下几种：主债权消灭；担保物权实现；债权人放弃担保物权；法律规定担保物权消灭的其他情形。其中，法律规定的担保物权消灭的其他情形涉及多种。例如，留置权人对留置财产丧失占有或者留置权人接受债务人另行提供担保的，留置权消灭；质押财产的返还和质押财产占有的丧失为质权消灭的特殊原因，原因在于，质权人占有质押财产是质权成立与存续的必要条

件，且质权人不得以占有改定方式设定质权，如质权人基于自己的意思返还质押财产于出质人或者丧失对质押财产的占有的，质权即告消灭。

二、主债权诉讼时效期间的经过对担保物权的影响

抵押权属于物权，原则上不适用诉讼时效。但抵押权人应当在主债权诉讼时效期间行使抵押权；未行使的，人民法院不予保护（《民法典》第419条）。这一规定仅表明主债权诉讼时效对于抵押权行使的影响，是抵押权从属性的体现。主债权诉讼时效期间经过后，主债权并不消灭，只是使主债务人取得时效经过抗辩权，相应地，抵押权也不消灭，仅是效力减弱，抵押人可以行使本属于主债务人的时效经过抗辩权，抵押人尚不得以主债权诉讼时效届满为由请求注销抵押权登记。

质权和留置权并不受主债权诉讼时效的影响；在主债权的诉讼时效完成后，质权人和留置权人原则上仍然有权行使质权和留置权，担保人不得行使本属于主债务人的时效经过抗辩权。

三、担保物权的消灭与担保物权登记的注销

担保物权消灭，使担保物权对担保财产所具有的支配力终止。已登记担保物权消灭时，担保物权人负有注销担保物权登记的义务。担保物权人不办理担保物权注销登记的，担保人或者担保财产的取得人可以诉请法院强制担保物权人办理担保物权注销登记。

▶即测即评　　▶案例资源

第十四章 抵 押 权

第一节 抵押权概述

一、抵押权的概念

抵押权，是指债权人对于债务人或第三人提供的、不移转占有而作为债务履行担保的财产，在债务人不履行到期债务或发生当事人约定的其他实现情形时，可就该财产折价或者就拍卖、变卖该财产的价款优先受偿的权利。在抵押权法律关系中，权利人、债权人称为抵押权人；提供财产作为担保的债务人或者第三人，称为抵押人；供作担保的财产，称为抵押财产。

抵押权是物的担保的一种形态，就特定财产的优先受偿性使之比人的担保具有更为确定的担保功能，对抵押权人颇为有利。同时，抵押权的设立无须移转抵押财产的占有，无碍于抵押人对抵押财产的使用，抵押人可以充分利用该财产的使用价值，创造物质财富，强化其履约能力，对抵押人的利益损伤较小。抵押制度能够同时实现交易安全与效益最大化，因而获得了担保各方的共同推崇，成为民法典中最重要的担保制度，被誉为“担保之王”。

二、抵押权的体系

我国民法典将抵押权分为一般抵押权和最高额抵押权，这是以抵押权所担保的债权在抵押权设立时是否特定为标准所作的分类。其中，一般抵押权所担保的是特定债权，从属性较为明显；最高额抵押权所担保的是一定期间内将要连续发生的债权，其与主债权并不具有一一对应关系，满足了当事人之间为担保长期继续交易或融资所生债权的担保需求，节约了交易成本。

以抵押财产的类别为标准，还可以将抵押权区分为不动产抵押权、权利抵押权和动产抵押权。其中权利抵押权的客体以不动产权利为限，其交易规则同于不动产抵押权。我国民法典将以不动产抵押权为经典的交易原型作为规则设计的基础，其他抵押权为特殊抵押权。为实现动产的担保及用益权能，满足中小微企业的融资需求，我国民法典承认了动产抵押权这一具有体系异质性的制度，还规定了以浮动性动产（存货）为客体的浮动抵押权。

第二节 抵押权的设立与登记

一、抵押财产的条件和范围

可以设立抵押权的财产应当满足以下三个条件：须是具有独立交换价值且法律允许转让的财产；须是权属明晰且抵押人有权处分的财产；须是宜于抵押人占有、使用且符合社会公共利益的财产。民法典就抵押财产的范围采取了正面列举加反面排除相结合的立法方法。正面列举抵押财产的范围，对于明晰法律关系、维护安全，颇为有益；反面排除的规定则可避免挂一漏万。

根据《民法典》第 395 条的规定，可以设立抵押权的财产包括：建筑物和其他土地附着物；建设用地使用权；海域使用权；生产设备、原材料、半成品、产品；正在建造的建筑物、船舶、航空器；交通运输工具；法律、行政法规未禁止抵押的其他财产。在解释上，"其他财产"（包括财产权利）只有符合上述抵押财产的条件，才能充任抵押财产。此外，《农村土地承包法》第 47 条还明确土地经营权可以作为抵押财产。

根据《民法典》第 399 条的规定，下列财产不能抵押：土地所有权；宅基地、自留地、自留山等集体所有土地的使用权，但是法律规定可以抵押的除外；学校、幼儿园、医疗机构等为公益目的成立的非营利法人的教育设施、医疗卫生设施和其他公益设施；所有权、使用权不明或者有争议的财产；依法被查封、扣押、监管的财产；法律、行政法规规定不得抵押的其他财产。

二、抵押权的登记公示

（一）抵押权登记的法律意义

抵押权登记，是指登记机构根据当事人的申请，依照法定程序，将抵押财产上设立的抵押权及抵押权变更、消灭等情形记载于不动产登记簿的行为。抵押权为物权之一种，而物权的变动须有从外部足以辨认的表征，才能明确其法律关系，避免第三人遭受损害，保护交易安全。就抵押权而言，由于其设立无须转移抵押财产的占有，交付无法作为公示方法，只能采取登记的方法予以公示。抵押权登记对于充分发挥抵押的担保功能、维护交易安全、保护第三人的利益，都具有非常重要的意义。

我国对于不动产抵押权和权利抵押权原则上采取登记生效主义，对于土地经营权抵押权、动产抵押权采取登记对抗主义。

登记生效主义，是指抵押权的设立以登记为发生效力的要件。换言之，未经登记，抵押权不仅不能对抗第三人，在抵押当事人之间也无约束力。在登记生效主义之下，当事人办理抵押财产登记手续时，如因登记机构的过错致使其不能办理抵押登记，当事人可以请求登记机构承担赔偿责任。登记生效主义的最大优点在于抵押权的设立时间较易确定，其内容易为外界所知，第三人查询抵押财产上的权利状况的成本较低。同时，第三人可以信赖登记簿，不必担心登记不实而遭受损害。

登记对抗主义，是指抵押权依当事人之间的合意即可设立，但未经登记，不得对抗善意第三人。也就是说，当事人间依合意成立抵押权后，对于第三人而言，未经登记者并非无效，只是当事人不能主张其有效。登记对抗主义的基础是私法自治理念，一方面使抵押关系容易设定，方便资金融通和商品流通，维持了交易的便捷；另一方面，当事人可根据具体情况，决定是否申请登记，以维持抵押权的对抗力。同时，对于已登记的，第三人可通过查阅登记簿而明了抵押财产的实际权利状况，这也有利于维护交易安全。

（二）不动产抵押权未登记的法律后果

在物权变动的原因和结果相区分的原则之下，不动产抵押合同不因未办理抵押登记而无效。办理不动产抵押权设立登记，是当事人之间实现不动产抵押合同目的的主要方法。抵押合同的生效在债权人与抵押人之间产生了约束力——抵押人负有办理登记并最终使抵押权得以设立的义务。由此可见，办理不动产抵押权设立登记属于合同义务，且不以当事人之间有明确约定为前提。在不动产抵押合同关系中，办理不动产抵押权设立登记是抵押人的主义务。未办理不动产抵押权设立登记，抵押人构成违约。

抵押人承担违约责任的方式之一是“继续履行”，即“办理抵押登记手续”。债权人提出的“办理抵押登记手续”的诉讼请求要得到支持，还必须不存在“继续履行”的“但书”情形。“抵押物转让他人”属于法律上不能履行的情形，“抵押物灭失”属于事实上不能履行的情形。此时，债权人无法依“继续履行”请求抵押人承担违约责任。

抵押人承担违约责任的方式之二是“赔偿损失”。抵押人违反合同义务，不办理抵押登记手续的，债权人就抵押财产丧失优先受偿权，债权人的损失体现为“债务人不能清偿”的部分。就此部分损失，应由抵押人承担赔偿责任。在可预见规则的限制之下，抵押人的赔偿责任应以抵押财产的价值为限。因转让抵押财产或者其他可归责于抵押人自身的原因导致不能办理抵押登记的，抵押人的赔偿责任以“抵押合同成立时”抵押财产的价值为限。抵押财产因不可归责于抵押人自身的原因灭失或者因被征收等导致不能办理抵押登记的，债权人不得请求抵押人在约定的担保范围内承担责任，但是抵押人已经获得保险金、赔偿金或者补偿金等的，债权人可以请求抵押人在其所获金额范围内承担赔偿责任。

抵押人的损害赔偿责任对于主债务人而言具有补充性，抵押人仅在债务人不能清偿的范围内承担补充责任。不过，这一推定允许当事人依约排除适用。如当事人在抵押合同中明确约定，“非因抵押权人的原因导致未办理抵押登记的，抵押人就主债务承担连带清偿责任”，此时，抵押人与债务人之间的连带责任基于当事人的约定而产生，应予尊重。

（三）登记对抗规则

1. 未经登记不得对抗第三人的范围

根据《民法典》第 403 条、第 641 条第 2 款和第 745 条的规定，动产抵押权、所有权保留买卖交易中出卖人的所有权、融资租赁交易中出租人的所有权等动产担保权，未经登记不得对抗善意第三人。这里的第三人包括：

第一，善意受让人。在担保人转让担保财产的情形下，善意受让人属于动产担保权未登记而不得对抗的“第三人”之列。这里的受让人，应以已依物权变动规则取得所有权者为限；已经签订买卖合同但未受领交付的受让人，在法律地位上仍属债权人，不属于不得对抗的“第三人”。

第二，善意承租人。承租人的租赁权被置于类似于他物权的地位而受到强势的保护，承租人对于标的物（担保财产）的支配关系至为明显。为充分保护承租人的利益，保护对标的物的利用关系，未经登记的动产担保权不能对抗善意承租人。

第三，查封、扣押债权人。在无担保债权人已经通过财产保全程序、强制执行程序查封、扣押担保财产的情形下，其对该担保财产已经取得了支配权，与抵押权人形成了对物的争夺关系。同时可以认为，无担保债权人此时已取得对该财产的（间接）占有，债权人凭借胜诉债权也就取得了就该财产的法定担保权（动产质权）。此际，未登记的动产担保权不得对抗查封、扣押债权人。上述查封、扣押债权人包括在强制执行程序中申请参与分配的无担保债权人。

第四，破产债权人、破产管理人。破产清算程序在性质上属于对破产债务人的概括执行程序，破产债权人、破产管理人的法律地位亦应与查封、扣押债权人作相同理解。准此，未经登记的动产担保权，不得对抗破产债权人、破产管理人。

2. 正常经营活动中的买受人规则

动产种类众多、交易频繁，且大多属于日常生活必需品，如强制性地要求交易相对人在每一笔交易中都查询担保登记簿，耗时费力，不仅增加交易成本，而且影响交易便捷，害及交易安全。为维护基本的交易秩序，应对正常经营活动中的买受人提供更好的保护。基于此，《民法典》第 404 条规定：“以动产抵押的，不得对抗正常经营活动中已支付合理价款并取得抵押财产的买受人。”所有权保留交易和融资租赁交易类推适用该条规定，该条中的抵押人（正常经营活动中的出卖人），包括所有权保留交易中的买受人、融资租赁交易中的承租人。

第一，“正常经营活动”是指出卖人（担保人）的经营活动属于其营业执照明确记载的经营范围，且出卖人持续销售同类商品。基于正常经营活动中的买受人规则的规范目的，交易标的物应属具有市场流通性的种类物（原材料、半成品、产品）。

第二，规定“已支付合理价款”要件在一定程度上是“为了防止抵押人与他人合谋欺诈抵押权人”。不过，对“已支付合理价款”这一要件应作出契合商业实践的灵活解释，不能等同于善意取得构成要件中的“已支付合理价款”。同时，“价款”不以支付金钱为限，各种替代金钱的方式均在其列。

第三，正常经营活动中的买受人规则的适用不以买受人的善意为前提，而以“已支付合理价款”作为平衡正常经营活动中的买受人与其他债权人之间利益的工具。

第四，在适用关系上，《民法典》第404条构成第403条的特别规定，且其适用并不以动产抵押权未登记为前提。无论抵押权是否登记，买受人均可取得标的物上无负担的所有权。因此，第403条中的“第三人”涉及受让人之时，也就局限在了“非正常经营活动中的买受人”。

在解释上，以下情形不适用正常经营活动中的买受人规则：购买商品的数量明显超过一般买受人；购买出卖人的生产设备、订立买卖合同的目的在于担保出卖人或者第三人履行债务；买受人与出卖人存在直接或者间接的控制关系；买受人应当查询抵押登记而未查询等。

第三节 抵押权的效力与实现

一、抵押权效力所及的标的物的范围

抵押权效力所及的标的物范围的确定不仅关系到抵押权的实现程序，而且影响后顺位抵押权人和一般债权人的利益。关于抵押权效力所及的标的物的范围，应当注意以下几点：

第一，抵押权设立前为抵押财产的从物的，抵押权的效力及于抵押财产的从物，但是当事人另有约定的除外。抵押权设立后为抵押财产的从物的，抵押权的效力不及于从物，但是在抵押权实现时可以一并处分。抵押权的效力是否及于从权利，判定规则亦同。

第二，债务人不履行到期债务致使抵押财产被法院依法查封、扣押的，自查

封、扣押之日起抵押权人收取由抵押财产中分离的天然孳息和法定孳息，但是抵押权人未通知应当清偿法定孳息义务人的除外。抵押权人所收取的孳息按照下列顺序清偿：收取孳息的费用，主债权的利息，主债权。

第三，抵押权设立后，抵押财产毁损、灭失或者被征收等的，抵押权人可以请求按照原抵押权的顺位就保险金、赔偿金或者补偿金等优先受偿。

第四，抵押权设立后，抵押财产被添附，添附物归第三人所有的，抵押权的效力及于补偿金。抵押权设立后，抵押财产被添附，抵押人对添附物享有所有权，抵押权的效力及于添附物，但是添附导致抵押财产价值增加的，抵押权的效力不及于增加的价值部分。抵押权设立后，抵押人与第三人因添附成为添附物的共有人，抵押权的效力及于抵押人对共有物享有的份额。

第五，在我国法律中，建筑物及其占用范围内的建设用地使用权各为独立的不动产（权利），但基于房地之间的天然联系，为使建筑物取得使用土地的正当权源，并合于建设用地使用权的设立目的，我国法律明确规定，处分建筑物时，占用范围内的建设用地使用权一并处分；处分建设用地使用权时，其地上建筑物亦一并处分。

因此，建筑物抵押权的效力及于未设定抵押的建设用地使用权，不以抵押合同中明确约定以建筑物及建设用地使用权一并抵押为前提，也不以建设用地使用权抵押权登记为前提。“占用范围内”主要用来界定建筑物与建设用地使用权之间的所属关系，即建设用地使用权仅指与设押建筑物相应的建设用地使用权，而非其他建设用地使用权。

同样地，建设用地使用权抵押权的效力及于未设定抵押的建筑物，不以抵押合同中明确约定以建筑物及建设用地使用权一并抵押为前提，也不以建筑物抵押权登记为前提。“土地上的建筑物”，是指以该建设用地使用权为基础而建造的建筑物，在解释上仅限于已经建成的建筑物以及在建建筑物的已完成部分。建设用地使用权抵押权的效力并不及于新增建筑物及在建建筑物的未完工部分。

即使在“房地一致原则”之下，抵押人以建筑物或其占用范围内的建设用地使用权单独设定抵押的，并不因违反“一并抵押”的规定而无效。在践行相关抵押权设立登记手续之后，抵押权人就相应的建筑物或建设用地使用权取得抵押权，就未抵押财产取得法定抵押权，建筑物抵押权和建设用地使用权抵押权构成共同抵押。抵押权实现时，抵押权人可就建筑物及其占地范围内的建设用地使用权的变价款优先受偿。

在“房地一致原则”之下，抵押人分别就建筑物及其占用范围内的建设用地使用权为不同的抵押权人设定抵押，并分别践行各自的抵押权设立登记，由此形成了房地分别抵押的态势。此际，虽违反“一并抵押”的规定，但并不能仅依分别抵押而认为抵押合同无效。两个抵押权之间根据抵押登记的时间先后确定清偿顺序。

二、抵押权对抵押权人的效力

第一，抵押权人的优先受偿权。抵押权人的优先受偿权是抵押权对抵押权人的最基本的效力，是抵押权之所以能发挥担保功能的关键所在。抵押权人的优先受偿权受到“法律另有规定的除外”的限制。所谓“法律另有规定的除外”，除了优先顺位规则之外，涉及具有优先性的特定债权，主要包括以下情形：（1）民法典关于标的财产承租人的优先购买权的特别规定；（2）《民法典》合同编关于建设工程价款优先权的特别规定；（3）《企业破产法》上关于破产财产分配的特别规定；（4）《海商法》和《民用航空法》上关于船舶优先权和民用航空器优先权的特别规定；（5）《税收征收管理法》上关于税收优先权的特别规定，即担保物权人不得就担保物权设立之前发生的税收债权主张优先受偿。

第二，抵押权人的顺位权。同一抵押财产上存在数个抵押权时，按抵押权设定顺位受偿，先顺位的抵押权人有较后顺位的抵押权人优先受偿的权利，这就是抵押权人的顺位权。抵押权的顺位直接决定着抵押权人的受偿机会、受偿数额，蕴含了一种利益，因此，抵押权人可对其顺位进行处分。抵押权人可以放弃抵押权或者抵押权的顺位，抵押权人与抵押人也可以协议变更抵押权顺位以及被担保的债权数额等内容。但是，抵押权的变更未经其他抵押权人书面同意的，不得对其他抵押权人产生不利影响（《民法典》第409条第1款）。

第三，抵押权人的保全权。抵押权人的保全权，是指抵押权人为保全其抵押权而享有的权利。根据《民法典》第408条的规定，其内容包括以下几个方面：（1）抵押财产价值减少防止权。在抵押权存续期间，抵押人的行为使抵押财产的价值减少，或者使抵押财产的价值处于一种继续减少的状态，使抵押权人的抵押权受到侵害的，抵押权人有要求抵押人停止侵害或排除妨害的权利。（2）恢复价值和增担保请求权。在抵押权存续期间，抵押人的行为已经使抵押财产的价值减少或者使其继续减少，使抵押权人的抵押权受到侵害，导致债务可能到期不能实现或不能充分实现的，抵押权人有请求恢复价值、增加担保的权利。（3）损害赔偿请求权。因第三人的侵害行为致使抵押财产毁损、灭失的，抵押财产将获同质救济。此时，抵押财产的物质形态发生变化，但价值形态则附于赔偿物之上。

第四，抵押权人的处分权。抵押权的处分，是指抵押权人对抵押权支配力的维持、消灭或者减弱所为的具有法律效力的行为，包括抵押权本身的处分和抵押权顺位的处分。抵押权的设立宗旨在于担保主债权的实现，因而，其相对于主债权而言具有从属性。抵押权的处分，原则上也以主债权的处分为前提。抵押权和主债权不能分离，抵押权可以随主债权的转让而一同转让，也可附随债权作为其他债权的担保而一同作为担保。

三、抵押权对抵押人的效力

第一，抵押人对抵押财产的处分权。所有权人不因抵押权的设立而丧失其所有权，因此，所有权人就其所有物仍然享有法律上的处分权能。因此，《民法典》第 406 条规定："抵押期间，抵押人可以转让抵押财产。当事人另有约定的，按照其约定。抵押财产转让的，抵押权不受影响。"

当事人在合同中约定禁止或者限制转让抵押财产，其效力应区分该约定是否已登记。其一，该约定未登记的，则仅在抵押人与抵押权人之间发生效力。抵押人违反约定转让抵押财产的，抵押财产转让合同的效力并不因此受到影响，抵押权人无权请求确认转让合同无效，仅得请求抵押人承担违约责任。基于有效的抵押财产转让合同，完成了抵押财产的公示手续的，发生物权变动的效力，受让人取得抵押财产的所有权。但是，如抵押权人有证据证明受让人知道禁止或者限制转让抵押财产的约定，即使抵押财产已经交付或者登记，受让人也不能取得抵押财产的所有权。此际，抵押权人自可申请注销转移登记或者请求取回标的物，并就抵押财产行使抵押权，受让人可依有效的转让合同请求抵押人承担违约责任。其二，该约定已登记的，不仅在抵押人与抵押权人之间发生效力，还可以对抗第三人。抵押人与受让人共同申请抵押财产的转移登记的，不动产登记机构应当不予办理；即便已经办理了登记，因该约定具有对抗第三人的效力，抵押权人有权主张抵押财产的转让不发生物权变动效力，受让人不能取得抵押财产的所有权，只能请求抵押人承担违约责任。但是，如受让人代替债务人清偿债务导致抵押权消灭的，受让人亦可取得抵押财产的所有权。

根据《民法典》第 406 条第 2 款的规定，抵押人转让抵押财产的，应当及时通知抵押权人。抵押权人能够证明抵押财产转让可能损害抵押权的，可以请求抵押人将转让所得的价款向抵押权人提前清偿债务或者提存。转让的价款超过债权数额的部分归抵押人所有，不足部分由债务人清偿。通知抵押权人的作用在于：（1）保障抵押权人在抵押财产的转让可能损及抵押权之时据以判断主张价金物上代位的必要性；（2）使抵押权人知晓抵押财产的归属，以便其行使追及权。

第二，抵押人的出抵权。由于抵押权为价值权，且其设定不转移抵押财产的占有，因此，在抵押财产上设定数个抵押权，不仅不妨碍抵押财产使用价值的利用，还可以最大限度地利用抵押财产的交换价值，以促进资金和物质的流通。

第三，抵押人的出租权。抵押关系成立以后，抵押财产的所有权并不发生移转，抵押人对抵押财产仍可行使利用抵押财产的权利，这一权利可以由抵押人自行行使，亦可以委由他人行使。因此，抵押人可以出租抵押财产。由于在抵押权实现时，租赁物的所有权自会因拍卖、变卖、折价等实现行为而发生变动，故而抵押权与租赁权的关系也应当遵循“买卖不破租赁”规则。为避免在不动产执行的过程中，债务人利用“买卖不破租赁”规则逃避执行，抵押权设立前，抵押财产已经出租并转移占有的，原租赁关系不受该抵押权的影响。因此，抵押权与租赁权等利用权的顺位先后就依据登记与占有的先后确定，抵押权登记在承租人占有租赁物之后的，抵押权不得对抗租赁权，反之则抵押权优先于租赁权。

第四，抵押人的收益权。抵押人的收益权是指在抵押合同存续期间，抵押人以抵押财产获取利益的权利。抵押人就抵押财产有收取天然孳息和法定孳息的权利。在抵押财产被查封、扣押的情况下，例如抵押权人未将查封、扣押抵押财产的事实通知应当清偿法定孳息的义务人，抵押人则可收取该法定孳息，但是无权收取抵押财产分离出的天然孳息。

第五，抵押人的求偿权和清偿承受权。第三人以自己的财产为债务人设定抵押担保，抵押权实现后，除当事人另有约定外，有权在其承担担保责任的范围内向债务人求偿，并承受债权人对债务人的权利，但是不得损害债权人的利益。

四、抵押权的实现

抵押权的实现，是指债务人不履行到期债务或者发生当事人约定的实现抵押权的情形时，抵押权人以抵押财产折价或者拍卖、变卖抵押物并以其变价款优先受偿的行为。

（一）抵押权实现的条件

抵押权的实现须具备以下条件：

第一，抵押权须有效存在。抵押权的实现以抵押权的有效存在为前提。抵押合同被认定无效或者已被撤销，或者因主合同的无效而被认定无效时，抵押权则自始不存在，更不得实现。

第二，债务人不履行到期债务或发生当事人约定的实现抵押权的情形。主债务履行期限未届满的，主债务人享有期限利益，对于债权人的履行请求，主债务人自可拒绝。此时，不能确定主债务人是否履行债务，抵押权人当然不能实现抵押权。发生当事人约定的实现抵押权的情形，作为抵押权实现的选择性条件，体现了对当事人意思的尊重。

（二）抵押权实现的途径

第一，协议实现途径。在抵押权的实现条件成就时，抵押权人可以与抵押人协议以抵押财产折价或者以拍卖、变卖该抵押财产所得的价款优先受偿。协议损害其他债权人利益的，其他债权人可以在知道或者应当知道撤销事由之日起 1 年内请求人民法院撤销该协议。

第二，公力救济途径。公力救济是通过国家专门的司法程序保护民事权利的手段，其主要程序是民事诉讼和强制执行。公力救济途径所独具的权利推定力和确定力，使其在抵押权实现中占据重要地位。抵押权人可以请求人民法院拍卖、变卖抵押财产。在程序上的制度供给就是民事诉讼法上的“实现担保物权案件”特别程序。“实现担保物权案件”特别程序的规定并不排斥抵押权人就抵押权相关争议向人民法院提起普通民事诉讼，经普通民事诉讼程序，抵押权人取得胜诉裁判的，亦可申请人民法院强制执行。

第三，庭外实现途径。当事人约定当债务人不履行到期债务或者发生当事人约定的实现抵押权的情形时，抵押权人有权将抵押财产自行拍卖、变卖并就所得的价款优先受偿的，该约定有效。因抵押人的原因导致抵押权人无法自行对抵押财产进行拍卖、变卖的，抵押权人有权请求抵押人承担因此增加的费用。庭外实现途径与协议实现途径存在差异：后者仅能在抵押权实现条件成就之后才能达成；而前者中有关实现抵押权途径的约定，是在抵押权实现条件成就之前所作出的，既可以约定于抵押合同之中，也可以约定于抵押合同之外的单独合同之中。

（三）抵押权实现的方式

根据《民法典》第410条的规定，抵押权的实现方式主要包括折价、拍卖、变卖三种。

第一，抵押财产的折价。抵押财产折价又称协议取得抵押财产、以物抵债，是指抵押权人以确定的价格取得抵押财产所有权以实现其债权。以抵押财产折价方式实现抵押权的主要优点在于简化手续、节约成本，有利于物尽其用。双方同意以折价方式实现抵押权，但对抵押物的价格达不成协议的，应当参照市场价格，或由资产评估机构估定价格。当事人双方协议价格的，不得损害其他抵押权人和债权人的利益。

第二，抵押财产的拍卖。拍卖是指以公开竞价的形式，将特定物品或者财产权利转让给最高应价者的买卖方式。拍卖方式的成交价格能够最大限度地体现拍卖物的价值，既有利于维护抵押人的利益，也能充分发挥抵押财产对债权的担保效能，从而维护抵押权人的利益。抵押财产一经拍定，其所有权即发生转移，同时对抵押权人、买受人、抵押人产生不同的法律后果：（1）抵押财产的拍卖所得价款为抵押财产的变价款，抵押权人可主张优先受偿权；（2）抵押财产被拍卖后，抵押人即丧失了抵押财产的所有权，如果抵押人是物上保证人，其即取得对债务人的求偿权和清偿承受权；（3）拍定买受人取得了对抵押财产的所有权，相应地承担给付价金的义务。

第三，抵押财产的变卖。抵押财产的变卖是以一般买卖形式出售抵押财产，以所得价款优先偿还抵押债权的一种方式。变卖不能像拍卖那样充分地实现抵押财产的价值，一般参考现实经济交往中的市场价格来出售抵押财产。

第四节 特殊抵押权

一、浮动抵押权

（一）浮动抵押权的概念和特征

浮动抵押权是指企业、个体工商户、农业生产经营者以现有及将有的生产设备、原材料、半成品、产品抵押，债务人不履行到期债务或者发生当事人约定的实现抵押权的情形时，债权人就抵押财产确定时的动产优先受偿的权利。浮动抵押制度满足了商事实践的需要，使债务人可利用嗣后取得的财产作为融资工具，因而为各国纷纷采纳。我国在引入该制度时作了相应改造，并在解释论发展的基础上，形成了颇具中国特色的浮动抵押制度。可以说，随着功能主义担保观的推行，浮动抵押权成为动产抵押权的亚类型，其特殊性体现在担保财产的浮动性上，而其效力上的特殊性已经被降至最低。

（二）浮动抵押权的效力

浮动抵押权的效力与动产抵押权的效力大体相同，最大的差别在于浮动抵押权有一个效力休眠期。浮动抵押权的休眠，是指在抵押财产确定之前，抵押权人没有支配具体抵押财产的权利，或不产生禁止抵押人在正常经营活动中处分抵押财产的权利，除非在抵押合同中对某些财产或处分行为作相反的约定。

（三）浮动抵押财产的确定

浮动抵押最大的制度价值在于，赋予抵押人对抵押财产的自由处分权，既能使抵押人获得来自债权人的资金支持，又能使抵押人的正常经营免受不利影响。这样就有可能实现这一制度设计的理想效果：债务人在债权人的资金支持下，经营效益良好，收益大增，债务偿还能力大大增加，按时清偿了债务，债务人获得了发展，债权人也获得了预期的债权收益，双方各得其益。但如果债务人没有履行到期债务，或某些事件的发生表明债务人不能履行债务，债权人就要及时实现抵押权，以保障自己的债权。

浮动抵押权设立后，因抵押人仍有权对抵押物自由处分，抵押物具有不特定性，其形态变动不居，价值飘浮不定。抵押权人要实现抵押权，首先要使浮动抵押停止浮动，让其固定下来。此即浮动抵押的结晶，民法典称其为浮动抵押财产的确定。浮动抵押财产的确定是因法定或约定事件的发生，抵押人丧失对抵押财产的自由处分权，抵押权人获得其对抵押财产的控制权，抵押财产形态及价值特定，浮动抵押转为固定抵押，抵押权人可就抵押财产主张优先受偿权。浮动抵押财产的确定是抵押权人实现抵押权的前提。

根据《民法典》第 411 条的规定，浮动抵押财产自下列情形之一发生时确定：债务履行期届满，债权未实现；抵押人被宣告破产或者解散；发生当事人约定的实现抵押权的情形；严重影响债权实现的其他情形。浮动抵押财产确定后，浮动抵押即转化为固定抵押，抵押财产特定化，抵押人不得再处分抵押财产，抵押权人可实现抵押权，就抵押财产确定时的动产优先受偿。

二、最高额抵押权

（一）最高额抵押权的概念

最高额抵押权是指为担保债务的履行，债务人或者第三人为一定期间内将要连续发生的债权提供担保财产，债务人不履行到期债务或者发生当事人约定的实现抵押权的情形时，债权人在最高债权额限度内就该担保财产优先受偿的权利。由此可见，最高额抵押是为一定范围内的债权所提供的担保，该“一定范围”受到“最高债权额”“一定期间”“连续发生”三方面的限制。“最高债权额”是抵押权人基于最高额抵押权所能优先受偿的最高债权金额，它表明抵押权人对抵押财产交换价值的支配范围；“一定期间”是指最高额抵押权的债权确定期间或决算期；“连续发生”是指最高额抵押权所担保的债权是债权人和债务人之间因一定法律关系所连续产生的债权。

“连续发生”的债权并非仅限于将来发生的债权。最高额抵押权的本质特征不在于其所担保的债权为将来的债权，而在于所担保的债权为不特定债权，且具有最高债权额限制。最高额抵押权具有相对独立性，设立时不以债权之存在和特定为必要，但并不意味着最高额抵押权设立时不能将已存在和特定的债权纳入担保范围。最高额抵押权设立前已经存在的债权，经当事人同意，可以转入最高额抵押担保的债权范围（《民法典》第 420 条第 2 款）。

（二）最高额抵押权的效力

1. 最高额抵押权担保债权的范围

若当事人无特别约定，最高额抵押权所担保的债权范围，可以包括原本债权及利息、违约金、损害赔偿金、保管担保财产的费用、实现债权的费用等从债权，但总计不得超过约定的最高债权额。由于最高额抵押权尚须登记，而不动产登记簿之中“抵押权登记信息”仅设计了“最高债权额”，使人无法得知是“债权最高额”还是“本金最高额”，此时应依“债权最高额”加以认定。若最高额抵押合同中约定该具体数额仅为“本金最高额”，出现抵押合同约定内容与登记内容不一致情形，此时应当依据登记的最高债权额确定债权人优先受偿的范围。

2. 最高额抵押合同条款的变更

最高额抵押合同为当事人双方意思表示一致的结果，当然也可以按照双方当事人的意志对合同条款进行变更。但是，最高额抵押合同也涉及物权变动，其条款的变更除涉及双方当事人的利益外，往往还涉及第三人的利益，因此，最高额抵押权所担保的债权确定前，抵押权人与抵押人可以通过协议变更债权确定的期间、债权范围以及最高债权额，但变更的内容不得对其他抵押权人产生不利影响（《民法典》第 422 条）。

3. 最高额抵押权的处分

第一，在最高额抵押权确定前已发生的各种担保债权，可以一般债权转让的方法进行转让。转让后的债权脱离该抵押法律关系，抵押权不随同移转于受让人。

第二，最高额抵押权确定后，即转变为一般抵押权，可以与主债权一起转让。此时，受让人对债务人原有的债权，不在原来约定的债权范围内，应当被排除在抵押担保的范围之外。

第三，当事人可以约定在最高额抵押担保的债权确定前，最高额抵押权随部分债权的转让而转让。当事人的约定主要有以下两种情形：（1）部分债权转让的，抵押权也部分转让，原最高额抵押所担保的债权额随之相应减少。在这种情况下，转让的抵押权需要重新作抵押登记，原最高额抵押权需要作变更登记。（2）部分债权转让的，全部抵押权随之转让，未转让的部分债权成为无担保债权。

（三）最高额抵押权的确定

最高额抵押权的确定，也称最高额抵押权的担保债权的确定，是指最高额抵押权所担保的一定范围内的不特定债权，因一定事由的发生而变为具体、特定的债权。最高额抵押权的确定有利于确定最高额抵押权的优先受偿范围，保护利害关系人的利益。

根据《民法典》第 423 条的规定，最高额抵押权的确定事由主要有以下几类：

第一，约定的债权确定期间届满。如当事人约定了债权确定期间，则约定的债权确定期间届满时，最高额抵押权所担保的债权数额即可以确定。如当事人没有约定债权确定期间或者约定不明确，抵押权人或者抵押人自最高额抵押权设立之日起满 2 年后请求确定债权。

第二，新的债权不可能发生。最高额抵押权担保一定范围内不断发生的不特定债权，如这些债权不再发生，则担保债权的流动性停止，最高额抵押权所担保的债权即得以确定。实践中主要有两种情况：（1）担保债权范围变更，致使新的债权没有再发生的可能性；(2) 基础合同（连续性交易合同）消灭，使担保债权丧失了再次发生的可能性。

第三，抵押权人知道或者应当知道抵押财产被查封、扣押。抵押财产被查封、扣押的，直接危及最高额抵押权的实现。只有在抵押权人收到法院查封、扣押抵押财产的通知时或者知悉抵押财产被查封、扣押的事实时，最高额抵押权所担保的债权才归于确定，担保范围不再增加。

第四，债务人、抵押人被宣告破产或者解散。债务人、抵押人被宣告破产的，未到期的债权在破产申请受理时到期，附利息的债权自破产申请受理时起停止计息。抵押人被宣告破产也使最高额抵押权所担保的债权确定成为必要。同理，在债务人、抵押人解散的情况下，债务人或者抵押人进入清算程序时也需要确定担保债权额。

第五，法律规定债权确定的其他情形。例如，根据《民法典》第 420 条的规定，出现了当事人约定的实现抵押权的情形，抵押权人可以实现抵押权。可见，当事人约定的实现抵押权的情形，可视为法律规定的债权确定的其他情形之一。

最高额抵押权确定后，一般认为发生下列效力：

第一，最高额抵押权转变为一般抵押权。最高额抵押权确定后，被担保债权从此丧失其不特定性和流动性，最高额抵押权转变为一般抵押权，不再具有相对独立性，而具有了严格的从属性。

第二，被担保债权的原本债权确定。仅在确定时存在的原本债权，才属于最高额抵押权担保债权的范围。最高额抵押权确定后所发生的任何债权不在担保范围之内。最高额抵押权确定时存在的原本债权不限于已届清偿期的债权，其他未届清偿期的债权或者附条件的将来债权，只要确定时存在，也包括在内。

第三，利息等从债权的处理。最高额抵押权确定时存在的被担保债权的利息、违约金、赔偿金、实现抵押权的费用，不论确定时是否已经发生，均属于被担保债权的范围。但是，可以优先受偿的原本债权、利息、违约金、赔偿金的合计总额不得超过预定的最高额；但实现抵押权的费用不计入最高额，不受最高额的限制。

▶即测即评

▶案例资源

第十五章　质　　权

第一节　质权概述

一、质权的概念与特征

质权，是指债务人或第三人将标的动产或者权利移转于债权人占有或者控制，在债务人不履行到期债务或者发生当事人约定的实现权利的情形时，债权人以该动产或者权利折价或拍卖、变卖所得价款优先受偿的权利。在质押法律关系中，享有质权的人称为质权人；将标的财产移转于质权人占有或者控制而供债权担保的债务人或第三人，称为出质人；出质人移转给债权人占有以供债权担保的财产，称为质物或者质押财产。

质权作为担保物权之一种，除具有担保物权的共有属性之外，还有其自身的特点。

第一，质权原则上以交付为公示方法。质权的标的为动产或者财产权利，其流动性较大，权利变动频繁。与不动产相比，动产不具有区别于其他财产的显著特征，若出质人不将质押财产交付于质权人占有即可以成立质权，质权人对标的财产的支配将无从实现。因此，质权的成立应以交付为要件。由于以事实管领力为内容的占有，只能在有体物上成立，而在权利质权领域，权利之上至多只有所谓“准占有”，质权的成立要件也就成了交付权利凭证，更多地体现为一种观念上的占有，也就是权利质权人对入质权利的“准占有”。当然，权利从一方转至另一方控制力之下，与事实上“管领之力”并无硬性区分的必要，比较法上，对权利的准占有亦被称为“控制”。由于交付权利凭证这一公示方法的公示力明显不足，因此，民法典就其中部分权利质权改采登记公示的方法。

第二，质权的标的为动产或者财产权利，但不包括不动产权利。权利可为抵押权的标的财产，也可为质权的标的财产。一般认为，不动产用益物权或其他不动产利用权，属于与质权性质相抵触的财产权利，因而被纳入抵押财产的范畴。其他类型的财产权利，如知识产权中的财产权、可转让的证券权利、应收账款等，由于其具有交换价值，同时在可移动性上又与动产相似，因而被归入质押财产的范畴，可在其上设立权利质权。

第三，质权具有留置效力，并可就标的财产直接支配以实现质权。债务人不履行到期债务或者发生当事人约定的实现质权的情形，质权人可以继续留置质押财产，并对质押财产的全部行使权利。质权具有留置效力，即质权人留置质押财产，造成出质人的心理压力，以间接促使其清偿债务。值得注意的是，就以登记为公示方法的权利质权而言，其原有的留置功能几乎完全丧失。此时，其担保的作用更近于抵押权，实际上处于动产质权与不动产抵押权的中间区域。

二、质权的体系

民法典以标的财产的不同为标准，将质权区分为两种：动产质权与权利质权。这一区分源于《民法典》总则编关于物权客体的区别规定。《民法典》第115条规定："物包括不动产和动产。法律规定权利作为物权客体的，依照其规定。"由此可见，权利作为质权的客体，尚须法律明确作出规定。但就动产质权的客体而言，并无此种限制，仅有法律、行政法规禁止转让的动产才不得出质。

第二节 动产质权

动产质权，是指债权人对于债务人或者第三人移转占有而供作担保的动产，在债务人不履行到期债务或者发生当事人约定的实现质权的情形时，依法以该动产折价或者以拍卖、变卖该动产的价款优先受偿的权利。

一、动产质权的设立

（一）动产质押合同

设立质权，当事人应当采取书面形式订立质押合同。质押合同是质权产生的前提，也是将来处理当事人之间纠纷的重要根据。

动产充作质押财产须具备以下条件：其一，须是特定化的动产。充作质押财产的动产须是特定化的物，包括特定物和特定化的种类物。如质押财产尚未特定，质权将无从依附，质押财产也无从移转占有。其二，须是有交换价值的动产，否则，质权设定的目的将无从实现。其三，须有可让与性。质权人的权利重在对动产的交换价值的支配权，亦即，质权为变价权，如以不可让与或不能让与的财产充当质押财产，质押财产无法变价，质权也就无法实现。因此，不可让与的财产或者法律禁止流通的财产，如禁止流通物（伪造的文书、淫秽书画等）、不能独立存在的物，都不能成为质押财产。法律限制流通的物可以作为质押财产，只是实现质权时，质权人不能协议以质押财产折价或以拍卖、变卖的方式实现质押财产的变价，而只能由有权收购的部门收购质押财产，质权人以质押财产的收购款优先受偿。

（二）标的财产的交付

根据《民法典》第429条的规定，动产质权自出质人向质权人交付质押财产时设立。当事人设立动产质权的行为，应当公示，公示是动产质权设立的生效要件。当事人对质权设立没有公示的，不发生质权设立的效力。动产质权的公示方法为交付。交付有多种形式，如现实交付、简易交付、占有改定、指示交付等。出质人移转质押财产的占有，并不以现实交付为必要，以其他方式交付亦可。如质押财产已由质权人占有的，则出质人无须现实交付，质权自质押合同生效之时即设立。出质人并不直接占有质押财产，而仅间接占有质押财产时，也可以将质押财产返还请求权让与质权人，以代替现实交付。但出质人不得以占有改定代替质权人对质押财产的占有，因为，如出质人以占有改定的方式代替交付，则出质人直接占有质押财产，而质权人只能为间接占有，如此，一则无法公示质权的存在，害及交易的安全；二则出质人仍直接占有质押财产，质权人无法行使对质押财产的留置权利，使质权实际上丧失留置的效力。

二、动产质权的效力

（一）动产质权对于质权人的效力

第一，占有和留置质押财产的权利。动产质权以移转标的物的占有为成立要件，质权人对质押财产当然取得占有权。质权人对质押财产的占有是合法的他主占有，质权人在其占有权受到侵害时，可以依法提起占有恢复之诉。质权人在债权受清偿之前，对其占有的质押财产有留置的权利。只要质权人未受完全清偿，质权人就有权拒绝出质人返还质押财产的请求。

第二，质押财产的孳息收取权。质押财产的孳息为质权效力所及。质权人有权收取质押财产的孳息，但是合同另有约定的除外。这里的孳息，不限于天然孳息，法定孳息也包含在内。孳息可以是金钱，也可以是金钱以外的物。质权人收取质押财产孳息的权利并不是因为其已占有质押财产，而是因为质权的存在。质权人收取由质押财产所生的孳息，并非取得孳息的所有权，而只是取得对孳息的质权。收取的孳息按照下列顺序清偿：收取孳息的费用；主债权的利息；主债权。

第三，费用返还请求权。质押财产出质后仍由出质人享有所有权，质权人只是占有质押财产并负有妥善保管质押财产的义务。因此，质权人对于因保管质押财产所支出的必要费用有请求出质人予以偿还的权利，这一权利可基于当事人的约定由质押财产优先受偿。

第四，物上代位权和增担保请求权。质押财产毁损、灭失或被征收，因此所得的保险金、赔偿金或者补偿金，应作为代位物，为主债权继续提供担保。质押财产虽未灭失，但其价值有明显减少的可能，足以危害到质权人的权利的，质权人可以要求出质人提供相应的担保。在出质人拒绝提供增担保的情况下，质权人可以将质押财产变价，将所得价金提存后，继续为主债权提供担保（《民法典》第433条）。

第五，转质权。质权人为了担保自己或者他人的债务，以质押财产设立新的质权的权利，称为转质权。质权为财产权，质权人对质押财产的占有和收益享有利益，在合理的限度内，法律没有限制当事人利用和处分质权的必要。转质在性质上属于质权的再设立，只不过新设立的质权的标的仍为原质权的标的，转质权就质押财产取得更优先的支配力而已。为了保护出质人的利益，《民法典》第434条采取的态度是，未经出质人同意转质，造成质押财产毁损、灭失的，应当承担赔偿责任。可见，民法典承认了承诺转质。所谓承诺转质，是指质权人征得出质人的同意而将质押财产转质于第三人的行为。在承诺转质的情形下，质权人仅对因转质权人的过错而造成的损失承担责任，对于质押财产转质后非因转质权人的过错而发生的损失不承担责任。承诺转质实际上是以出质人让与质押财产的部分处分权为基础而发生的意思自治行为。

第六，优先受偿权。优先受偿权是质权的基本内容，也是实现质权担保作用的方式。质权人的优先受偿权主要表现在质权人较债务人的无担保债权人优先受偿，以及在出质人破产时质权人享有别除权。

第七，保管质押财产的义务。质权人在享有占有质押财产的权利的同时，也负有妥善保管质押财产的义务。因质权人的过错即保管不善致使质押财产毁损、灭失的，质权人应当承担赔偿责任。质权人的行为可能使质押财产毁损、灭失的，出质人可以请求质权人将质押财产提存，或者请求提前清偿债务并返还质押财产（《民法典》第432条）。

第八，返还质押财产的义务。债务人履行债务或者出质人提前清偿所担保的债权的，质权人应当返还质押财产。

（二）动产质权对于出质人的效力

第一，质押财产的处分权。出质人虽将质押财产出质于质权人，并且移转占有于质权人，但并不丧失所有权，因此，出质人在法律上仍有权处分质押财产。但是，当出质人不能于质权实现前就质押财产进行现实交付，而只能进行指示交付时，出质人对质押财产的处分权受到一定的限制。

第二，质押财产受侵害时的救济权。在质权人不履行妥善保管质押财产的义务而侵害质押财产时，出质人有权请求除去侵害。在质权人不能妥善保管，可能使质押财产灭失或者毁损的情形下，出质人可请求质权人将质押财产提存以排除侵害，质押财产的提存费用应由质权人承担；出质人也可以通过向债权人提前清偿债务而请求返还质押财产，以代替将质押财产提存。

第三，请求及时行使质权的权利。在债务履行期限届满后，质押财产仍然处于质权人占有之下，并且由质权人继续收取孳息。如质权人不及时行使质权，有可能使质物的价值降低，造成出质人的损失。此际，出质人可以请求质权人及时行使质权。根据《民法典》第 437 条的规定，如质权人不行使质权，出质人可以享有如下权利：（1）请求法院拍卖、变卖质押财产。之所以必须请求法院拍卖、变卖，主要是因为质押财产处于质权人占有之下，如允许出质人直接拍卖、变卖，则难免导致纠纷，也难以保障质权人的利益。（2）请求损害赔偿。因质权人怠于行使权利造成损害的，应由质权人承担赔偿责任。此处所说的损害，是指在债务履行期届满后，质权人怠于行使质权给出质人造成的损害，而不包括债务履行期限届满以前的损害。

第四，物上保证人的求偿权与清偿承受权。为债务人提供质押担保的第三人在其代债务人清偿债务，或者因质权人行使质权致使其丧失质押财产的所有权时，有权向债务人求偿，同时有权在其承担责任的范围内承受债权人对债务人的权利，但是不得损害债权人的利益。

三、动产质权的实现

动产质权的实现，是指质权人于主债务人不履行到期债务或者发生当事人约定的实现质权的情形时，以质押财产的价值优先受偿。

动产质权的实现须具备以下条件：其一，须债务人不履行到期债务或者发生当事人约定的实现质权的情形。其二，须质权人占有质押财产。质权人保有质权以其持续占有质押财产为前提，质权人丧失对质押财产的占有即意味着质权的消灭。

动产质权的实现有三种方式，即折价、拍卖、变卖。出质人是第三人的，在质押财产折价或者拍卖、变卖后，其价款超出所担保的债权的部分应当返还出质人，不足的部分出质人不再承担责任，而由债务人清偿。此时，未受清偿的债权成为普通债权。出质人是债务人的，质押财产变价款不足以清偿的债权，同样沦为普通债权。

第三节　权利质权

权利质权，是指以所有权以外的可转让财产权为标的而设定的质权。在社会财富的类型逐渐由以有体财产为主转向以权利为主的情况下，权利质权制度尤为重要。基于权利质权的物权性、担保物权性、质权性，可以出质的权利应当具备以下条件：须为财产权；须有可让与性；须为适于设质的权利。根据《民法典》

第 440 条的规定，可以作为权利质权的标的权利具体有以下几种：汇票、本票、支票；债券、存款单；仓单、提单；可以转让的基金份额、股权；可以转让的注册商标专用权、专利权、著作权等知识产权中的财产权；现有的以及将有的应收账款；法律、行政法规规定可以出质的其他财产权利。

一、有价证券质权

（一）票据质权

票据质权是指以票据法上所称票据（汇票、本票、支票）为标的的质权，在性质上属于债权质权。

1. 票据质权的设立

以汇票、本票、支票出质，当事人以背书记载“质押”字样并在票据上签章，票据已经交付质权人的，质权自票据交付质权人时设立。没有权利凭证的，质权自办理出质登记时设立（《民法典》第 441 条）。出票人在票据上记载“不得转让”字样，其后手以此票据进行质押的，通过质押取得票据的持票人不得主张票据权利；背书人在票据上记载“不得转让”字样，其后手以此票据进行质押的，原背书人对后手的被背书人不承担票据责任，但不影响出票人、承兑人以及原背书人之前手的票据责任。

2. 票据质权的实现

票据质权设立后，质权人作为被背书人、持票人，已经取得完整的票据权利，但质权人尚不得真正行使票据权利，只有在主债务人不履行到期债务或者发生当事人约定的实现质权的其他情形时，质权人才能行使票据权利。具体有以下两种实现形式：

第一，质权人行使付款请求权，并就所得款项优先受偿。付款请求权行使的对象包括汇票中的付款人、承兑人及其保证人，本票中的出票人及其保证人，支票中的付款人。如果票据主债务人将票款支付给质权人，票据质权即已消灭，但如票款超过了权利质押合同所约定的被担保债权的数额，超过部分应返还给出质人。当票据已经到期而其所担保的主债务尚未到期时，质权人也应有权兑付票款，并将票款提存，或与出质人协商以票款提前偿还主债务。

第二，质权人行使追索权，并就所得款项优先受偿。在质权人行使付款请求权而不能实现时，质权人在实施了行使或保全票据权利的行为后，即可向其前手追索，如经追索而获票款，则可优先满足自己的债权。

（二）存单质权

存单，亦称存款单，是表明存款人与金融机构之间存在存款合同关系的凭证。存单在性质上属于有价证券，即证明存款人作为存款合同债权人的证书。该债权证书仅有证明效力，并不能用以表示某种权利的必然存在，债务人可以提供反证证明债权证书虽为债权人所持有，但该债权原本不存在或已经不存在。以存单出质，在性质上属于债权出质。

1. 存单质权的设立

以存单出质的，应当在合同约定的期限内将权利凭证交付质权人，存单质权自权利凭证交付质权人时设立。

第一，以伪造、变造的虚假存单出质的，质押合同因标的虚假而无效，依质押合同设立的质权自始不能成立。对于质押合同的无效，出质人有过错的，质权人有权请求出质人承担缔约过失责任，金融机构不承担民事责任。

第二，以虚开的存单设立质权的，虚开的存单是金融机构出具但无实际存款内容或与实际存款不符的真实存单，以之为标的的质押合同当然无效，存单质权亦自始不存在。对于质押合同的无效，应依各方当事人的过错定其责任。

第三，存单核押。存单核押是指质权人将存单质权的情况告知金融机构，并就存单的真实性向金融机构咨询，金融机构对存单的真实性予以确认并在存单上或以其他方式签章的行为。首先，存单核押具有存单出质通知的效力，表明该金融机构对该存单出质的事实已经知悉，该存单已不能挂失，存单所载款项的支付即受限制。其次，金融机构核押存单是其对存单的真实性的确认，因此，无论实际存款情形如何，均应推定该存单为具有完全权利内容的权利证书。以金融机构核押的存单出质的，即使存单系伪造、变造、虚开的，质押合同亦有效，金融机构应当依法向质权人兑付存单所载的款项。

2. 存单质权的实现

质权人的债权到期未受清偿或出现当事人约定的实现质权的情形的，质权人（债权人）可持质押担保合同，或者出质人自愿出质的证明文件，或者出质人申请的金融机构核押文书，或者人民法院确认债权人依法享有质权且已生效的判决书，凭质押存单，以质权人的身份，到存款行验质提款，实现质权。存款行出于保护储户利益的考虑，应对质权人提交的质押文书及存单进行审查，对于依法不具有质押合同成立或生效条件的，存款行有权拒绝质权人（债权人）交单提款的要求，但不能以质权人不是存款权利人、不能单独取款为由拒绝兑付，否则，质权人可以对存款行提起给付之诉。质押存单的期限先于主债务履行期限届满的，质权人可以提前兑现存单，并与出质人协议将兑现的价款用以提前清偿所担保的债权或向与出质人有约定的第三人提存；质押合同另有约定的，从其约定。提存的具体办法由各当事人自行协商确定。

（三）仓单质权

仓单是提取仓储物的凭证，也是存货人对仓储物享有所有权的凭证。仓单是一种有价证券，行使仓单上记载的权利或对权利进行处分，必须对仓单进行占有，请求保管人交付寄托物，并向保管人交还仓单。

1. 仓单质权的设立

以有权利凭证的仓单出质的，仓单质权的设立应满足背书“质押”字样、保管人签名或签章、交付仓单等三个要件。一般认为，针对电子仓单的特性，自仓单进入债权人指定的特定系统时设立。《国务院关于实施动产和权利担保统一登记的决定》将“存款单、仓单、提单质押”纳入统一登记范围，在解释上，统一的动产和权利担保登记系统所登记的仅为“没有权利凭证的”仓单出质的情形。因此，没有权利凭证的仓单，依法可以办理出质登记的，仓单质权自办理出质登记时设立。

2. 仓单出质与仓储物担保的效力与清偿顺位

尽管仓单质权针对的保管物是动产，但仓单质权不同于动产质权：仓单质权的标的物是仓单这一物权凭证，而动产质权的标的物是动产。即在仓单质权中，质权人只占有仓单，并不直接占有仓单项下的动产，该动产由保管人负责保管。基于仓单的以上特性，存在着仓单质押与仓储物担保同时设立的可能。出质人既以仓单出质，又以仓储物设立担保的，按照公示时间先后确定清偿顺序；难以确定先后顺序的，按照债权比例清偿。

3. 同一仓储物的多份仓单上仓单质权的清偿顺位

存货人交付仓储物后，保管人应当出具仓单。仓单是提取仓储物的凭证，仓单持有人可凭借仓单提取仓储物。若保管人就同一仓储物签发多份仓单，将使多人持有对于同一仓储物的仓单，造成权利冲突的局面。若仓单持有人以其持有的仓单出质，设定了多个仓单质权，首先应判断取得仓单的先后顺序，由最先取得仓单的债权人优先受偿；在无法确定取得仓单的先后顺序时，各债权人按照债权比例受偿。

（四）提单质权

提单是指用以证明海上货物运输合同和货物已经由承运人接收或者装船，以及承运人保证据以交付货物的凭证。提单中载明的向记名人交付货物，或者按照指示人的指示交付货物，或者向提单持有人交付货物的条款，构成承运人据以交付货物的凭证。以提单为标的的质权即提单质权，在性质上亦属债权质权。

1. 提单质权的设立

提单分为记名提单、指示提单和不记名提单。其中，记名提单不得转让；指示提单经过记名背书或空白背书后可转让；不记名提单无须背书即可转让。因此，记名提单不能成为权利质权的标的，仅指示提单和不记名提单才能作为权利质权的标的。

在有权利凭证的情形下，以指示提单出质的，除交付提单之外，尚须作成质押背书；以不记名提单出质的，仅须交付提单即可设立提单质权。在无权利凭证的情形下，提单质权自办理出质登记时设立。

2. 提单质权的实现

在跟单信用证交易模式下，开证行在履行完开证与付款义务后，自受益人手中取得相应的提单，作为其对开证申请人债权的担保。开证行占有提单，是开证申请人的质权人；提单是表彰一定物品的交付请求权的证券，提单持有人在满足特定条件下有权提取提单项下的货物。因此，提单兼具债权凭证与物权凭证的双重性质。

在提单质押的情形中，确认跟单信用证交易中开证行得依约定持有提单，并享有提单质权。提单持有人作为质权人，对于所持提单项下的货物不享有所有权。因提单系物权凭证，提单项下货物对于提单持有人而言属于质押物，提单持有人对之享有优先受偿权。一般而言，承运人放货的依据是提单。开证行作为提单持有者，可以依据其与开证申请人之间的约定或者跟单信用证的惯例，通过转让提单或者提单项下货物取得价款并优先受偿。

二、股权质权

股权质权，是指出质人以其所拥有的股权作为质押财产而设立的质权。股权为股东享有的权利，具有财产价值，可以让与，因此，股权可以设质，作为权利质权的标的。作为质权标的的股权必须具备两个条件：其一，具有可让与性；其二，不为法律所禁止。

（一）股权质权的设立

根据《民法典》第 443 条第 1 款的规定，以股权出质的，质权自办理出质登记时设立。值得注意的是，公司不得接受以本公司的股票出质的质权，否则，一旦债务人到期不能清偿债务，公司作为债权人可以将入质股权折价抵债。这样相当于公司回购了本公司的股票，变相使公司股东抽回出资，从而减少公司资本，损害公司债权人的利益。

上市公司的股权、在全国中小企业股份转让系统转让股权的股份公司以及退市公司的股权的质押登记，在证券登记结算机构办理；有限责任公司的股权和未在证券登记结算机构登记的股份有限公司的股权的质押登记，在市场监管机构办理。

（二）股权质权的效力

根据《民法典》第 443 条第 2 款的规定，股权出质后，不得转让，但是出质人与质权人协商同意的除外。只有经过出质人和质权人的协商同意，出质人才可转让股权，但出质人转让股权所得的价款，应当向质权人提前清偿债务或者提存。

股权质权人有权收取入质股权的孳息，但是合同另有约定的除外。股权的孳息主要是指股息与配送股，至于股票在股市上价格上涨的溢价，由于这种增值不属于股票的孳息收入，故不能归质权人享有。值得注意的是，股权既包括经济性的权利也包括非经济性的权利，前者如股息分配权、公司剩余财产分配权等；后者如出席股东大会的权利、投票权、选举权、被选举权、查阅公司账簿等权利。以股权出质，仅仅是指以其中的经济性权利出质，而不包括非经济性权利，因此股东在将股权质押之后，依然享有出席股东大会、投票等参与公司经营管理的权利，而股权质权人并非股东，不能出席股东会议行使表决权。

（三）股权质权的实现

股权质权的实现，其结果是发生股权的转让，因此，出质股权的处分必须符合公司法关于股权转让的规定。对于以股份有限公司的股权出质的，必须在依法设立的证券交易场所进行转让。对于以有限责任公司的股权出质的，可以将股权折价归质权人所有，也可以变卖或拍卖的方式将股权转让给其他人，但公司其他股东在同等条件下有优先购买权。因股权质权的实现而使股权发生转让后，应进行股东名册的变更登记，否则，该转让不发生对抗公司的效力。

三、知识产权质权

知识产权质权是指以注册商标专用权、专利权、著作权等知识产权中的财产权利为标的而设定的质权。

（一）知识产权质权的设立

根据《民法典》第 444 条第 1 款的规定，以注册商标专用权、专利权、著作权等知识产权中的财产权出质的，质权自办理出质登记时设立。目前，著作权质权登记在国家版权局委托的中国版权保护中心办理，专利权和注册商标专用权的质权登记在国家知识产权局办理。

（二）知识产权质权的效力

根据《民法典》第 444 条第 2 款的规定，知识产权中的财产权出质后，出质人不得转让或者许可他人使用，但经出质人与质权人协商同意的除外。出质人转让或者许可他人使用出质的知识产权中的财产权所得的价款，应当向质权人提前清偿债务或者提存。出质人未经质权人同意而转让或者许可他人使用已出质权利的，应当认定为无效，因此给质权人或者第三人造成损失的，由出质人承担民事责任。

四、应收账款质权

应收账款质权是以应收账款为标的而设定的质权。所谓应收账款，是指权利人因提供一定的货物、服务或设施而获得的要求义务人付款的权利以及依法享有的其他付款请求权，包括现有的和将有的金钱债权，但不包括因票据或其他有价证券而产生的付款请求权，以及法律、行政法规禁止转让的付款请求权。应收账款包括下列权利：销售、出租产生的债权，包括销售货物，供应水、电、气、暖，知识产权的许可使用，出租动产或不动产等；提供医疗、教育、旅游等服务或劳务产生的债权；能源、交通运输、水利、环境保护、市政工程等基础设施和公用事业项目收益权；提供贷款或其他信用活动产生的债权；其他以合同为基础的具有金钱给付内容的债权。

（一）应收账款质权的设立

根据《民法典》第 445 条第 1 款的规定，以应收账款出质的，质权自办理出质登记时设立。目前，登记机构是中国人民银行征信中心，该中心已经建成了统一的动产和权利担保登记公示系统。

虚构应收账款包括质权人与出质人虚构应收账款、应收账款债权人与债务人虚构应收账款以及出质人虚构应收账款三种类型。质权人与出质人虚构应收账款的，质权人当然不可就此虚构应收账款享有质权；应收账款债权人与债务人虚构应收账款的，只有当质权人明知应收账款为虚构时，债务人才无须承担责任；在出质人虚构应收账款的情形下，应收账款债务人与质权人难以知晓，二者处于相同地位，质权人应就应收账款的真实性承担举证责任，应收账款债务人确认应收账款真实性的，事后不得以应收账款不存在或者已经消灭为由主张不承担责任。

（二）应收账款质权的效力

根据《民法典》第 445 条第 2 款的规定，应收账款出质后，不得转让，但是出质人与质权人协商同意的除外。出质人转让应收账款所得的价款，应当向质权人提前清偿债务或者提存。这主要是为了保护质权人的利益，防止出质人随意处置应收账款，保证所担保的债权的实现。

（三）应收账款质权的实现

应收账款在性质上属于一般债权，应收账款出质与应收账款转让在性质上均属权利人处分其应收账款的行为。债权的转让需要通知债务人，否则对债务人不生效力；同理，应收账款出质也需要通知债务人。质权人在应收账款债务人接到应收账款质权设立通知后，有权请求应收账款债务人履行，应收账款债务人在接到应收账款质权设立通知前向应收账款债权人的履行得对抗质权人。

在应收账款和质权所担保债权同时到期的情况下，质权人可以直接向应收账款债务人请求给付。此时质权人并非以出质人名义而是以自己的名义行使直接收取权。在应收账款先于质权所担保债权到期的情况下，质权人的债权仅为一种期待权，主债务人是否履行债务不得而知。因此，质权人既不能要求应收账款债务人提前履行其债务，又不得直接实现质权。此时，质权人和出质人可以协商以出质人所收取的款项提前清偿被担保的主债权。如果出质人不同意提前清偿，质权人有权请求将收取的款项提存。在应收账款晚于质权所担保的债权到期的情况下，如应收账款债务人主动履行债务，则应收账款质权消灭；如应收账款债务人不主动履行债务，则应收账款质权仍然存在，但因应收账款未届清偿期，应收账款债务人享有期限利益，质权人不得强迫其放弃期限利益而提前清偿债务。

以基础设施和公用事业项目收益权、提供服务或者劳务产生的债权以及其他将有的应收账款出质，当事人为应收账款设立特定账户的，发生法定或者约定的质权实现事由时，质权人可以请求就该特定账户内的款项优先受偿；特定账户内的款项不足以清偿债务或者未设立特定账户的，质权人可以请求折价或者拍卖、变卖项目收益权等将有的应收账款，并以所得的价款优先受偿。

▶即测即评　　▶案例资源

第十六章　留　置　权

第一节　留置权概述

一、留置权的概念和特征

留置权，是指债务人不履行到期债务时，债权人所享有的留置其已经合法占有的债务人的动产，并就该动产优先受偿的权利。其中，债权人为留置权人，占有的动产为留置财产。留置权具有以下特征：

第一，留置权是法定的担保物权。留置权是依法律规定直接产生的担保物权。不论债权人和债务人是否有约定，只要具备法律规定的条件，留置权当然产生。

第二，留置权与原始债权具有牵连性。留置权作为担保物权，必然是从属于主债权的从权利，债权人留置的财产与债权属于同一法律关系。应当注意的是，民法典对上述牵连关系作了例外规定，即“企业之间留置的除外”，承认了商事留置权的特殊性。

第三，留置权以合法占有债务人的动产为要件。留置是指占有、扣留债务人的动产而拒绝返还，因此，留置权以债权人对动产的合法占有为要件。如债权人丧失对债务人动产的占有，留置权即告消灭。留置权与质权一样，是以占有债务人的财产为成立和存续条件的，但留置权与质权又有所不同：就质权而言，出质人在设立质权时将财产移交债权人占有；而就留置权而言，债权人先占有财产而后才成立留置权。同时，对质押财产的占有源于当事人的约定，且质押财产不是债的标的物；而在留置权中，债权人对债务人财产的占有可能是依据当事人的约定，但在债务人不履行到期债务时，债权人对留置财产的占有是基于法律的直接规定而非当事人的约定，且一般情况下，留置财产即债的标的物。

第四，留置权的效力具有双重性。留置权人在其债权受清偿以前可以留置债务人的财产，剥夺其使用权，以造成债务人的心理压力，从而促使债务人履行债务。这是留置权的留置效力，又称留置权的第一次效力，是留置权的主要效力。在债务人超过一定的期限仍不履行债务时，债权人可以依法以留置财产折价或以变卖、拍卖留置财产所得的价款优先受偿，这是留置权的变价与优先受偿效力，又称留置权的第二次效力。

二、留置权的制度功能

相较抵押权和质权，留置权没有融通资金的功能，仅有担保债权实现的功能，属于保全型担保物权，因此，留置权的地位相对较弱。但在我国目前的信用环境下，具有私力救济性质的留置权仍然是民事生活中一种重要的债的担保方式，在我国保全型担保物权仍居主流地位的背景下，尤为如此。如在承揽合同关系中，经双方约定，定作人不按期或者不如数给付加工费的，承揽人即可对定作人的财产行使留置权；又如，在货物运输合同中，托运人或收货人不按规定交付运费或其他费用时，承运人即可对承运货物行使留置权。

留置权大多基于债权人在留置财产上附加了一定的劳动而产生，属于“费用性担保物权”。债权人对标的财产施以劳务、技术或者供给材料，为保全或者增加标的财产的价值作出了贡献。法律直接规定债权人享有留置权，可给予债权人确定的行为预期，避免其“劳而无获”，有效地抑制债务人的道德风险，从而达到鼓励价值创造的目的。

第二节　留置权的成立

留置权为法定担保物权，其成立基于法律的直接规定，当事人不得以约定创设留置权，但当事人可以约定排除留置权的适用。

一、留置财产的范围

留置财产仅限于动产，但并不仅限于债务人所有的动产。法律规定不得留置或当事人明确不得留置的动产不能作为留置财产。如果法律针对某一特定情形明确规定“不得留置”，有其政策考量，在此情形下也不得留置。

所留置的债务人的动产，是指债务人交付债权人占有的动产，并非专指债务人所有的动产。属于第三人所有的动产，只要经由合法的占有人交付债权人，且债权人合法占有该动产，亦可成立留置权。债权人对第三人的动产享有留置权并不以其善意为必要，只要债权人基于同一法律关系合法占有第三人之动产即可就此享有优先受偿权，并排除第三人所有权之返还效力。

二、留置权的成立条件

根据《民法典》第 447 条、第 448 条的规定，留置权的成立条件包括：

第一，债权人已经合法占有债务人的动产。对债务人的动产，只有债权人取得事实上的管领、控制或支配力时，才能成立留置权。占有的方式，可以是直接占有，也可以是辅助占有和间接占有，但单纯的持有不是占有，不能成立留置权。

第二，债权人留置的动产与债权属于同一法律关系，但是企业之间留置的除外（《民法典》第 448 条）。“同一法律关系”应指同一个法律关系，而非同一种法律关系。同一法律关系最为常见的就是因合同产生的债权债务关系。例如，保管合同中寄存人不按期交付保管费，保管人可以留置保管物，此时留置权成立。如果保管人对寄存人享有的是保管合同之外的其他债权，或者保管人留置的是债务人的其他财产，则该留置权不能成立。在商业实践中，企业之间追求交易效率，讲求商业信用，若严格要求留置财产必须与债权的发生具有同一法律关系，则有悖交易迅捷和交易安全原则。因此，民法典同时规定，企业之间留置的财产，可以不与债权属于同一法律关系，从而承认了商事留置权。但这一规定并不代表着企业间的留置不需要留置动产与债权之间存在任何牵连关系，债务人仍可以以该债权不属于企业持续经营中发生的债权为由请求债权人返还留置财产，例如，债权人不能基于其受让取得的债权行使商事留置权。

第三，债务人不履行到期债务。留置权因债务人不履行债务而发生，若债务履行期尚未届满，债务人仍处于自觉履行合同的状态中，债务人到期能否履行债务还无法判断，因而留置权不能成立。而且，债权人占有债务人的财产，若其债权未届清偿期而允许发生留置权，势必等于强制债务人提前清偿债务。这不仅不能实现留置权担保债权受偿的目的，还易诱发债权人滥用权利。只有在债务履行期已届满，债务人仍不履行其债务时，债权人才可以将其合法占有的属于债务人的动产留置，即债权已届清偿期是留置权产生的条件。

第三节 留置权的效力

一、留置权对于留置权人的效力

第一，留置权人对留置财产的占有权。留置权人对留置财产有占有的权利，在其债权受清偿前可以持续地占有留置财产，拒绝一切返还留置财产的请求。这是留置权的基本效力。留置权人在其债权受清偿前，可以就留置财产之全部行使留置权，此即留置权的不可分性。留置财产为可分物的，留置财产的价值应当相当于债务的金额（《民法典》第 450 条）；留置财产为不可分物的，留置财产的价值无须与债务金额相当。

第二，留置权人对留置财产孳息的收取权（《民法典》第 452 条）。留置权人占有留置财产期间，留置权人可以收取留置财产所生的孳息（包括天然孳息和法定孳息），以抵偿其债权。收取的孳息为金钱的，可以直接充抵债务；如果是其他财产，留置权人则享有变价权，可以将其折价并优先受偿。留置财产孳息充抵债权清偿的顺序是：收取孳息的费用、主债权利息、主债权。

第三，留置权人对标的物的保管使用权。留置权为担保物权而非用益物权，留置权人原则上无权使用留置财产。然而，出于保管和维持留置财产安全的需要，在必要时留置权人享有一定的使用权。

第四，留置权人对留置财产的保管义务。具体内容包括：保障留置财产的安全，保障留置财产利益的收取，不为自己的利益利用留置财产。因保管不善致使留置财产毁损、灭失的，应当承担赔偿责任（《民法典》第451条）。

第五，留置权人收取必要保管费用的权利。留置权人在留置期间对留置财产应妥善保管，由此支出的保管费、保养费以及其他必要的费用，留置权人有权请求债务人偿还，也可以作为债权从留置财产的变价款项中优先受偿。

第六，留置权人的优先受偿权。这是留置权效力的集中表现，是留置权人的最基本的权利，也是保障其债权的根本手段。留置权人的优先受偿权并不是债务履行期满即可行使，债务履行期满后，一定宽限期的经过才是留置权人行使优先受偿权的条件，这是留置权人的优先受偿权与抵押权人、质权人优先受偿权的区别之所在。

第七，留置权人返还留置财产的义务。在留置权人对留置财产实行折价或变卖前，债务人履行了对留置权人的义务，或留置权因其他原因而消灭时，留置权人应将留置财产返还给债务人。如拒不返还，则为非法占有，留置权人应承担民事责任。留置权人对留置财产实行折价或变卖，以变价款抵偿债权后如有剩余，剩余部分也应返还给留置财产所有人。

二、留置权对于债务人的效力

第一，债务人保有留置财产的所有权。留置权人留置财产，债务人并不因留置权的成立而丧失留置财产的所有权。债务人有权处分其所有物，或出卖，或赠与，均无不可，但留置权并不因此而受影响。

第二，债务人行使所有权受到限制。一般而言，债务人不仅自己不能对留置财产占有、使用和收益，也不能将留置财产用于设定质权和出租。

第三，债务人负有偿付必要费用的义务。留置财产被留置后，由于其所有权等权属并未发生变更，因而对于留置权人保管、维护留置财产的一切必要费用，自然应由债务人承担。

第四节 留置权的实现

留置权的实现，是指留置权人将留置财产变价并使被担保债权优先受偿。留置权的成立并不等于留置权的实现。留置权人实现留置权，除了必须具备留置权的成立要件之外，还必须依法定的条件、程序及方法进行。

一、实现留置权的条件

第一，债权人持续地占有债务人的动产。留置权的发生和存续以留置权人占有留置财产为条件。留置权成立后，留置权人丧失对留置财产的持续占有，留置权归于消灭。这里所说的持续占有是指对留置财产的不间断占有，不仅包括直接占有，也包括间接占有。但因侵权行为致使留置权人暂时丧失留置财产，当债权人恢复占有而重新取得占有权的，不构成丧失占有，仍可实现留置权。

第二，债务人在宽限期内仍未履行债务。债权人在行使留置权前，应当在宽限期内通知债务人履行债务。留置权人与债务人应当约定留置财产后的债务履行期间；没有约定或者约定不明确的，留置权人应当给债务人 60 日以上履行债务的期间，但留置鲜活易腐等不易保管的动产除外（《民法典》第 453 条）。

第三，不存在妨碍留置权实现的法定或约定情形。留置权人行使留置债务人财产的权利应当符合法律规定及合同约定。留置权人留置债务人的财产如果违反了公共秩序或善良风俗，或者与债务人交付动产前或交付动产时所为的指示相抵触，或者违反债权人应承担的义务，即使债务人迟延履行债务，债权人也不得行使留置权。

二、实现留置权的程序

第一，留置权人应对债务人发出履行债务的通知。在当事人已约定有宽限期的情况下，留置权人无须通知债务人履行债务。在当事人没有约定宽限期的情况下，债权人应向债务人发出通知，通知其在宽限期（不少于 60 日）内履行债务。此通知具有催告的性质。通知的内容，一是已将合同标的物留置；二是告知债务人宽限期；三是催告债务人在宽限期内履行债务。债权人未通知债务人上述内容，不得实现留置权。债务人在宽限期内仍不履行债务的，留置权人即可实现留置权。

第二，折价或变卖、拍卖留置财产必须经过一定期间。与抵押权、质权不同，留置权人并不能在债务人于债务履行期限届满未履行债务时即实现留置权。留置权人在留置财产后须再经过一定期间，才可实现留置权。这里所说的一定期间，也就是给予债务人履行债务的宽限期。债务人履行债务的宽限期，由当事人事先约定，如果未事先约定宽限期，则由债权人留置财产后自行确定，但留置权人确定的债务宽限期最短不得少于 60 日。

三、实现留置权的方法

留置权人实现留置权，主要有三种方法：其一，以留置财产折价；其二，拍卖留置财产；其三，变卖留置财产。

▶即测即评

▶案例资源

第十七章　占　　有

第一节　占有概述

一、占有的概念和特征

占有在物权法上有两种含义：一是指作为所有权四项权能之一的占有权能；二是指民事主体对物进行控制的一种事实，也就是我国《民法典》物权编第五分编专编规定的占有制度。此处所说的占有，是指占有人对物的事实上的控制和支配状态。占有具有如下特征：

第一，占有的主体是实施占有的人。自然人、法人、非法人组织均可实施占有，且占有人并不限于物的所有权人。由于占有是一种事实状态，因此，占有人也不限于完全民事行为能力人，无民事行为能力人、限制民事行为能力人也可以成为占有人。

第二，占有的客体是物。占有反映的是人对物的事实上的支配关系，因此，占有的客体仅限于物，包括动产和不动产。

第三，占有的内容是对物在事实上的控制和支配。占有是民事主体对物在事实上的控制和支配。控制，是指物处于占有人的管理或影响之下；支配，是指占有人能够对物进行一定的利用。占有人对物的控制和支配必须是现实的、确定的，并且能够以一定的形式呈现出来，为外界所知。例如，占有人将捡到的帽子戴于自己头上。至于占有是否存在权利基础、是否具有正当性，均不影响占有的成立，对于盗赃物、遗失物也不妨碍占有的成立。

对于物取得事实上的控制和支配，被称为占有的体素；而占有人对该物还需要具有占有的意思，此种主观心态被称为占有的心素。所谓占有的意思，是指占有人意识到自己正在占有某物。如果对自己占有某物毫无意识，或者认为自己是在为他人占有某物，则均不具有占有意思。占有必须同时具备体素和心素，因此，无意识地占有物、占有辅助人的占有都不构成占有。

二、占有与相关概念的比较

（一）占有与持有

持有是人对物的单纯的实际接触。大陆法系国家的民法大多认为，占有只需要具备占有的意思即可，并不需要有据为己有的意思。若不具备占有的意思，仅是纯粹的对物的事实控制，只能称为持有。

虽然我国刑法中存在“持有”的概念，例如非法持有毒品罪，但民事立法并未采纳“持有”的概念。持有与占有的不同主要表现在以下几个方面：第一，占有是民法上的一项重要制度；而持有仅是对事实状态的简单描述，不发生法律效力。第二，占有依抽象状态可以形成双重占有，即直接占有和间接占有；而持有只是一种实际控制状态，不存在双重状态。第三，占有的客体为流通物，不包括限制流通物和禁止流通物；而持有的客体可以为限制流通物和禁止流通物。第四，占有具有权利推定的效力，占有人在占有物上行使权利，推定其适法有此权利；而持有则不发生此类效力。第五，占有依法定事实可以移转和继承；而持有则不能。

（二）占有与占有权

占有是一种事实状态，但占有构成所有权或其他物权的外观，所以占有具有一定的效力，受到法律的保护。因此，当民事主体对特定的物存在占有的事实状态时，此种占有既是一种事实状态，也受到民法的承认和保护，构成占有权。因此，占有事实的存在与否，决定着占有权的取得与丧失。占有人的占有可能基于其所享有的本权如物权或债权等，但也可能并无本权支撑，属于无权占有，但法律均赋予各种占有一定的法律效力，只不过是其效力强弱程度不同而已。即便是无本权的占有，也受到一定程度的保护，可以对抗他人的侵夺，但如果占有人没有占有的本权作为支撑，则其占有不能对抗本权。

三、占有的分类

（一）有权占有与无权占有

根据占有人是否具有本权，可将占有分为有权占有与无权占有。区分有权占有与无权占有的意义在于：

第一，有权占有除受占有制度的保护外，还受其他法律制度如所有权制度、他物权制度及合同制度的保护；无权占有则只能根据其占有事实及状态受到占有制度的保护。《民法典》第458条规定：“基于合同关系等产生的占有，有关不动产或者动产的使用、收益、违约责任等，按照合同约定；合同没有约定或者约定不明确的，依照有关法律规定。”

第二，有权占有人可以拒绝他人行使本权。例如，房屋的承租人在租赁期限内有权拒绝房屋所有权人对出租房屋的占有使用。但无权占有人遇到本权人请求返还占有物的，则负有返还的义务。

第三，留置权的成立要求债权人事先已经取得对债务人动产的占有，此时的占有必须是有权占有，因侵权行为而占有他人之物的，占有人不得因此而取得留置权。

（二）善意占有与恶意占有

依照无权占有人主观心理状态上是否误信自己具有占有的权源，可以将占有分为善意占有与恶意占有。善意占有，是指占有人误以为自己具有占有的权源而进行的占有；恶意占有，是指明知自己无占有的权源，或对有无占有的权源有所怀疑而仍然进行的占有。区分善意占有与恶意占有的意义在于两者受法律保护的程度不同：

第一，能否适用善意取得制度不同。善意占有能够依据善意取得制度而取得所有权或者他物权；恶意占有不能适用善意取得制度。

第二，对物的损害的赔偿责任不同。占有人因使用其所占有的不动产或者动产，致使该不动产或者动产受到损害的，善意占有人无须承担赔偿责任，而恶意占有人则应承担赔偿责任。

第三，必要费用的返还不同。必要费用是为了维护占有财产的状态和价值所支付的有益费用。不动产或者动产被占有人占有的，权利人可以请求返还原物及其孳息，但是应当支付善意占有人因维护该不动产或者动产支出的必要费用，而恶意占有人则只能依据不当得利来请求必要费用的返还。

第四，占有物毁损灭失的赔偿责任不同。占有的不动产或者动产毁损、灭失，该不动产或者动产的权利人请求赔偿的，无论是善意占有还是恶意占有，占有人均应当将因毁损、灭失取得的保险金、赔偿金或者补偿金等返还给权利人。但是，权利人的损害未得到足够弥补的，恶意占有人还应当赔偿损失，而善意占有人无须赔偿损失。

（三）直接占有与间接占有

根据占有人是否直接占有其物，可以将占有分为直接占有与间接占有。直接占有，是指在事实上对物进行管领和控制；间接占有，是指对直接占有人享有返还请求权。间接占有中，间接占有人并不直接占有某物，但可以依据一定的法律关系对直接占有人享有返还占有请求权，进而对该物形成间接的控制和管理。由于间接占有是不对物进行实际控制的占有，所以属于观念上的占有。间接占有人也可以获得占有的保护，如质权人、承租人、保管人、借用人等为直接占有人；相应地，出质人、出租人、寄存人、出借人等则为间接占有人。

区分直接占有与间接占有的意义在于，直接占有可以独立存在；而间接占有不能独立存在，间接占有人与直接占有人之间必须存在一定的法律关系。间接占有人对直接占有人在该种法律关系终止后享有返还原物的请求权；而在此关系存续期间，间接占有人并不能享有此种请求权。

（四）自主占有与他主占有

根据占有人是否以所有的意思对占有物加以占有，可以将占有分为自主占有与他主占有。自主占有，是指占有人基于将占有物据为己有的意思而对该物进行占有；他主占有，是指占有人非以所有人的意思而进行占有，如承租人对标的物的占有。

区分自主占有与他主占有的意义在于是否可依取得时效而取得所有权。占有人只有具有将财产据为己有的意思，才可依占有时效而取得所有权。由于我国民法典没有规定取得时效，所以在立法上也就没有区分自主占有与他主占有。

（五）自己占有与占有辅助

根据占有人是否亲自进行占有，可以将占有分为自己占有与占有辅助。自己占有，是指占有人自己对物进行事实上的控制和支配；占有辅助，是指受占有人的指示而对物进行事实上的控制和支配。占有人与占有辅助人之间通常存在着某种关系，占有人有权指示占有辅助人从事某种占有物的行为，辅助人并不具有独立的占有意志。

区分自己占有与占有辅助的意义在于确定真正的占有人。占有辅助人虽然事实上控制某物，但并不因此取得占有，而是以他人为占有人。占有辅助人不是占有人，所以不享有或承担基于占有而产生的权利和义务。

第二节 占有的取得、变更与消灭

一、占有的取得

（一）占有的原始取得

占有的原始取得，是指不以他人的占有为根据而取得对物的占有，如遗失物的拾得、无主物的先占。占有的原始取得具有以下特点：一是占有的原始取得并非基于法律行为，而是基于法律行为以外的法律事实，如事实行为、违法行为等。因此，不要求占有人在取得占有时有民事行为能力。二是占有的原始取得，主要是指直接占有。三是占有的原始取得并不以取得人亲自进行为限，也可以指示占有辅助人代为进行。四是原始取得占有的标的物既可以是无主物，也可以是有主物；既可以是动产，也可以是不动产。

（二）占有的继受取得

占有的继受取得，是指基于他人既存的占有而取得对物的占有。占有的继受取得可分为占有的创设取得和占有的移转取得。

1. 占有的创设取得

占有的创设取得基于他人既存的占有再创设占有而取得，主要针对间接占有。占有的创设取得主要包括以下三种情形：（1）直接占有人为自己创设间接占有；（2）直接占有人为他人创设间接占有；（3）直接占有人将直接占有移转给一人，同时为另一人创设间接占有。

2. 占有的移转取得

占有的移转取得是指就他人既存的占有，不变更其原状而受让。占有的移转取得主要包括让与和继承两种情况：（1）让与。占有的让与即占有人以法律行为将其占有物交付他人，该他人因而取得占有。（2）继承。我国民法典并未明文规定占有也属于遗产，但占有对于占有人而言在法律上具有一定的利益，而且不具有专属性，因而可以成为继承的标的，继承人可以继续对被继承人生前占有的物进行占有。

二、占有的变更

占有的变更，是指占有从一种形态转向另一种形态。占有变更的情形主要有以下几种：

（一）有权占有变为无权占有

当占有人丧失其本权后仍进行占有的，则其有权占有变为无权占有。例如，承租人在租赁期限届满仍不向出租人返还租赁物时，其有权占有变为无权占有。当占有人的有权占有变更为无权占有时，物的所有权人有权行使返还请求权要求无权占有人返还原物。

（二）善意占有变为恶意占有

当无权占有人知道或者应当知道其占有没有合法根据时，善意占有变为恶意占有。此外，善意占有人在本权诉讼败诉时，自判决或仲裁裁决生效之日起，被视为恶意占有人。例如，甲认为其是某物的所有权人而对该物进行占有，当真正的所有权人乙提起诉讼要求返还原物而获得生效的胜诉判决时，甲从此时起被视为恶意占有人。

（三）他主占有变为自主占有

当他主占有人向使自己成为占有人的人表示了所有的意思时，他主占有变为自主占有。例如，承租人向出租人表示自己是租赁物的所有权人时，承租人所进行的他主占有就变为了自主占有。之所以要求他主占有人必须将其所有的意思加以表示，主要是为了使他主占有人取得占有的人的利益，以使其能够及时行使权利，防止占有人对标的物进行时效取得。

三、占有的消灭

（一）直接占有的消灭

直接占有因占有人取得对占有物事实上的控制和支配而发生，也因占有人丧失对占有物事实上的控制和支配而消灭。对于占有物控制和支配的丧失的认定尚须结合具体事实，依法律规定及一般社会观念予以确认。

直接占有既可基于占有人的意思而消灭，也可能因占有人意志以外的原因而消灭，如占有物被盗、遗失、意外灭失等。

（二）间接占有的消灭

间接占有的消灭有如下原因：

第一，直接占有人丧失占有。直接占有是间接占有的基础，间接占有不能独立存在，如果直接占有人丧失占有，间接占有也随之消灭。

第二，直接占有人拒绝承认间接占有。直接占有人对间接占有人表示不承认其间接占有的地位的，间接占有归于消灭。

第三，返还请求权消灭。占有人在占有遭受侵夺以后，只要占有物本身没有丧失，占有人仍然享有占有返还请求权，仍然有权请求返还占有。但是，占有人返还原物的请求权，自侵占发生之日起一年内未行使的，该请求权消灭。

第三节 占有的效力

一、占有人的权利和义务

占有人的权利与义务包括有权占有人的权利义务和无权占有人的权利义务。有权占有人通常可依其权利而不必借助占有进行自我保护，并且在有权占有的情况下，占有人往往是基于租赁、保管、借用等法律关系而占有他人的不动产或动产，此时双方存在合同关系，对于各自的权利义务及损害赔偿责任均存在相关约定。因此，占有的效力主要涉及无权占有人的权利义务关系。

（一）占有人的权利

1. 对占有物的使用权和收益权

不动产或者动产被占有人占有的，权利人可以请求返还原物及其孳息，但是应当支付善意占有人因维护该不动产或者动产支出的必要费用。无论是善意占有人还是恶意占有人，都应当返还占有物及其孳息。

由于善意占有人在主观上没有过错，为保护善意占有人的利益，一般认为善意占有人对占有物享有使用权、收益权。如果善意占有人因使用占有物，致使占有物受到损害，该善意占有人无须承担损害赔偿责任。而恶意占有人在主观上没有保护的必要，对占有物并不享有使用权、收益权。如果恶意占有人因使用占有物，致使占有物受到损害，该恶意占有人应承担赔偿责任。

2. 费用偿还请求权

善意占有人对占有物所支出的必要费用，在返还原物时，有请求权利人偿还的权利。《民法典》第460条规定："不动产或者动产被占有人占有的，权利人可以请求返还原物及其孳息；但是，应当支付善意占有人因维护该不动产或者动产支出的必要费用。"而恶意占有人对占有物所支付的必要费用，只有在构成权利人的不当得利时，才能够依据不当得利的规定请求返还。

（二）占有人的义务

1. 返还占有物的义务

无论是善意占有人还是恶意占有人，对于真正的权利人皆有返还占有物的义务，这就是《民法典》第460条所规定的"不动产或者动产被占有人占有的，权利人可以请求返还原物及其孳息"。对此，应当从如下几方面理解：第一，只有无权占有人才负返还义务，有权占有人不负此义务。第二，无权占有人若属于善意占有人，同时又符合善意取得的构成要件，也不负返还义务。换言之，只有恶意占有人和不符合善意取得要件的善意占有人才负返还义务。第三，善意占有人和恶意占有人返还占有物时须返还孳息。

2. 赔偿损失的义务

赔偿损失的义务是指无权占有人对于返还请求权人因占有物毁损灭失所遭受损失的赔偿义务。《民法典》第461条规定："占有的不动产或者动产毁损、灭失，该不动产或者动产的权利人请求赔偿的，占有人应当将因毁损、灭失取得的保险金、赔偿金或者补偿金等返还给权利人；权利人的损害未得到足够弥补的，恶意占有人还应当赔偿损失。"可见，占有人的赔偿损失的义务因占有人的善意或恶意而有所不同：

第一，善意占有人因为对于占有物行使的权利被推定为合法，当然不能预见到自己应负何种责任，这时如使善意占有人对占有物的全部损失负赔偿责任，未免失之过苛。因此，善意占有人仅在其因占有物的毁损、灭失所得到的利益（保险金、赔偿金或者补偿金）范围内负赔偿义务。

第二，恶意占有人的占有既无法律上的根据，又缺乏道德上的正当性，在法律上没有保护的必要，因此，民法典对于恶意占有人规定了较重的义务。对此，《民法典》第459条规定："占有人因使用占有的不动产或者动产，致使该不动产或者动产受到损害的，恶意占有人应当承担赔偿责任。"

二、占有的推定效力

占有的推定效力，是指法律赋予占有的一定法律效力。物权法之所以专门规定占有，是因为占有往往是所有权或他物权的外观表现。如果在任何交易中，交易双方都必须证明自己对财产的权利，则交易的成本必将过高。而且任何人都表现证明自己对财产的权利之后，才能免受他人的侵害，在现实中也是不可能的。所以法律赋予占有一定的效力，通过保护占有事实的方式，提前保护占有背后可能存在的正当权利。一般地，占有的推定效力主要包括权利推定效力、状态推定效力。

（一）占有的权利推定效力

占有的权利推定效力，是指法律基于占有人对物的占有事实，而推定其具有占有本权的效力。占有的权利推定效力是占有的最主要的效力，体现在如下方面：

第一，受权利推定的占有人免负举证责任，对其有无实质权利发生争议时，占有人可直接援用这一推定予以对抗。但若对方提出反证，占有人应承担推翻反证的举证责任。

第二，对于权利的推定效力，不仅占有人自己可以援用，第三人也可以援用。

第三，权利的推定效力，一般是为占有人的利益而设，但是对其产生不利益时，占有人也可以援用。

第四，占有的权利推定效力是消极性的，占有人不得利用这种推定效力作为其行使权利的积极证明。换言之，占有的权利推定效力在于表彰权利的存在，而不是使占有人确实地取得某项权利。

民法典之所以承认恶意占有并且赋予其一定程度的保护而禁止他人的随意剥夺，是因为就动产而言，行为人对该动产的占有就构成了其对该动产享有正当权利的外观证据；就不动产而言，行为人对不动产的居住、使用等行为，在他人查阅登记之前，同样是其享有正当权利有力的表面证据。至于占有人知道自己没有占有的正当权源则是一种主观心理状态，外人难以知晓，因此，对于占有人，民法首先推定其是有权占有，其次推定其为善意占有，只有在他人提出相反证据的情况下，才可以推翻这种推定。这也体现了占有制度维护社会秩序平和的重要功能。否则，如果任何人在提出确切证据之前，仅凭自己的感觉或单方面的主张，就可以随意认定他人的占有是无权占有、恶意占有，从而剥夺他人的占有，将会导致社会秩序的混乱，人们的财产权益也不能得到有效保障。

（二）占有的状态推定效力

占有的状态推定效力，是指法律为了更好地保护占有人的利益，在无相反证据证明的情况下，推定占有人的占有是无瑕疵占有。换言之，在没有他人举出有力的反证证明时，法律推定占有人的占有为自主、善意、和平、公开占有；占有人主张继续占有的，只需证明前后两端存在占有，即可推定其间为无间断的继续占有。

占有的状态不同，其效力也往往不一样。如果要求占有人对其占有属于何种状态一一予以证明，操作起来必将十分困难，不利于保护占有人的利益，为此法律承认占有的状态推定效力。占有状态的推定既然为推定，当然可以反证推翻，并且只有在有反证时才能被推翻。至于举证责任，则应由意图推翻无瑕疵占有之人承担。

第四节 占有的保护

虽然占有只是一种事实状态，而不是一项民事权利，但是，为维护社会财产秩序和生活秩序的稳定，法律对占有也同样给予保护。占有人的占有受到侵害的，占有人可以依据法律规定，通过自力救助、行使占有保护请求权和损害赔偿请求权寻求救济。其中，民法对于占有的保护方法，主要有占有人的自力救济、占有人所享有的占有保护请求权和损害赔偿请求权。

一、占有人的自力救济

占有人在其占有受到侵害时，如果侵害人没有比占有人更强的权利，则占有人有权依其占有进行自力救济。对于占有人的自力救济，民法典虽未作出明文规定，但依据民法基本原理，应认为占有人可以依法进行自力救济。

占有人的自力救济包括自力防御和自力取回。占有人的自力防御，是指占有人对于侵夺或妨害其占有的行为，有权以自己的力量进行防御，以排除侵害。例如，房屋占有人在他人非法侵入其房屋时，有权将其驱逐。占有人的自力取回，是指占有人于占有物被侵夺时，有自行取回其物的权利。被侵夺之物如果是不动产，占有人有权即时排除侵害而取回；如果是动产，则可以就地或追踪向侵害人取回。

二、占有保护请求权

占有保护请求权，是指占有的不动产或者动产被侵占的，占有人得以请求返还原物的权利，以及对妨害占有的行为，占有人得以请求排除妨害或者消除危险的权利。可见，占有保护请求权包括占有物返还请求权、排除妨害请求权、消除危险请求权三种。

（一）占有物返还请求权

占有物返还请求权，是指占有人在其占有物被他人侵夺以后，依法请求侵占人返还占有物的权利。《民法典》第462条规定："占有的不动产或者动产被侵占的，占有人有权请求返还原物。"占有物返还请求权的构成要件包括：第一，必须存在侵夺占有物的事实。所谓侵夺，是指占有人对占有物的控制被他人非法夺取，占有人丧失对物的控制和支配。第二，请求权人必须为占有人，包括直接占有人和间接占有人，但占有辅助人一般不得行使该请求权。第三，必须针对侵占占有物的行为人提出该项请求。占有物返还请求权的实现将使占有人恢复对占有物的占有。

占有物返还请求权自侵占发生之日起 1 年内未行使的，该请求权消灭（《民法典》第 462 条）。该期间在性质上属于除斥期间，不得中止、中断、延长。

（二）排除妨害请求权

排除妨害请求权，是指占有人在其占有受到他人妨害时，请求他人除去妨害的权利。《民法典》第 462 条规定，“对妨害占有的行为，占有人有权请求排除妨害或者消除危险”。排除妨害请求权的构成要件包括：第一，必须存在妨害行为。妨害是指采用侵占以外的方法妨碍占有人对占有物的控制和支配。第二，请求权人必须是占有人。第三，必须向妨害人提出请求。不管对直接实施妨害行为的人，还是对间接造成占有人占有妨害的人，占有人均可以提出请求。占有人请求妨害人排除妨害时，也有权请求侵害人负担排除妨害的费用。

（三）消除危险请求权

消除危险请求权，是指在占有可能遭受他人妨害时，占有人享有的请求他人采取一定的措施以防止发生妨害占有后果的权利。占有人可否行使该项请求权，必须根据一般社会观念和当时周围环境加以判断，而不能根据占有人的主观臆断决定。例如，在他人房屋边挖洞确有可能危及他人房屋的，房屋占有人便可行使该项请求权。

三、损害赔偿请求权

占有的不动产或者动产被人侵占，并因此种侵占或者妨害而造成占有人损害的，占有人有权依法请求损害赔偿。《民法典》第 462 条规定，“因侵占或者妨害造成损害的，占有人有权依法请求损害赔偿”。如果占有人基于物权而占有某物，他人对该物加以侵占或妨害并造成损失的，该占有人不仅可以基于物权行使物权请求权，还可以基于占有保护请求权，就所遭受的损害行使侵权损害赔偿请求权或违约损害赔偿请求权。但是，如果占有人基于债权而占有某物，在他人对其占有物加以侵占或妨害时，该占有人则只能行使占有保护请求权。

▶即测即评　　▶案例资源

第三编　合　同

第一章　债与合同概述

第一节　债的概述

一、债的概念与特征

债是特定人之间请求为一定行为或不为一定行为的关系。债的概念起源于罗马法，在我国古代，“债”最早有“赊欠”的意思。《民法典》第118条规定：“民事主体依法享有债权。债权是因合同、侵权行为、无因管理、不当得利以及法律的其他规定，权利人请求特定义务人为或者不为一定行为的权利。”依据这一规定，债本质上是发生在特定当事人之间的关系，债权人有权基于债向债务人提出请求，债务人也应当按照债的要求履行其债务。从该条的规定来看，我国民法典所采用的债的概念与大陆法系中债的概念基本一致。债具有如下特征：

第一，债是一种民事法律关系。债不同于一般的生活关系，在债的关系中，因为当事人的约定或者法律规定而在当事人之间产生了一定的法律关系，债的关系当事人都应当受债的关系的约束。债作为一种法律关系，是以民事权利、民事义务为其内容的，其不同于日常生活中人们所说的感情之债等非法律意义上的关系。

第二，债是一种财产法律关系。债的关系在本质上属于交易的形式，反映了一种财产交换关系，债应当以财产性给付为内容。因此，凡是不具有财产给付的内容，原则上都应当从债法中剥离出来。例如，赔礼道歉并非要交付一定的财产，而只是一种道歉行为，因此它不属于债的范畴。在民事权利体系中，债权属于财产权的范畴。债不具有人身性，它在本质上反映交换关系，因此，债主要以财产性给付为内容。

第三，债是发生在特定主体之间的法律关系，这也称为债的相对性。不同于物权关系，债的关系的主体具有相对性，即只有特定人对于特定人有请求给付的权利，或者负担给付的义务。在债的关系中，无论是债权人还是债务人，都必须是特定的。

第四，债是一方向另一方进行给付的法律关系。发生在特定人之间的给付是债的核心要素。例如，为他人处理事务、为他人提供劳务，甚至是单纯的不作为等。给付是债的概念中最为核心的内容，要理解债的概念，就必须理解给付的概念。

第五，债权在效力上具有平等性。与物权是绝对权不同，债权在效力上具有平等性，在同一债务人负担多项债务的情形下，不论各项债权成立时间的先后，或者债权数额的大小，其在效力上都是平等的，即当债务人的财产不足以实现全部债权时，享有担保物权的债权可以得到优先受偿，而其他普通债权原则上应当按照债权比例平等受偿。

第六，债的产生原因具有多样性。传统上，债的类型主要有合同之债、侵权之债、不当得利之债、无因管理之债、缔约过失之债等类型。但随着社会生活的发展，又出现了因法定补偿义务而产生的债、因单方行为产生的债等债的类型，其发生原因是多种多样的。

债包括债权和债务。所谓债权，是指债权人有权请求债务人为一定行为或者不为一定行为的权利，因此债权也称为请求权；所谓债务，是指债务人对债权人所负有的为一定行为或不为一定行为的义务。债权是主张给付的权利，进行给付的义务就是债务。

二、债的法律适用

（一）因合同产生的债的法律适用

因合同产生的债，适用《民法典》合同编的规则。依据《民法典》第 463 条的规定，因合同产生的民事关系，应当适用合同编的规定。当然，《民法典》第 11 条也规定："其他法律对民事关系有特别规定的，依照其规定。"只有在特别法没有对相关的合同关系作出规定时，才适用《民法典》合同编的一般规定。

（二）非因合同产生的债的法律适用

非因合同产生的债又称非合同之债、法定之债，是指因法律规定而在当事人之间产生的债权债务关系，主要包括不当得利之债、无因管理之债、侵权损害赔偿之债等。依据《民法典》第 468 条规定，此类债的适用应遵循两项规则：第一，非因合同产生的债权债务关系，适用有关该债权债务关系的法律规定。例如，侵权责任编对侵权损害赔偿之债的规则作出了规定，侵权损害赔偿之债首先应当适用侵权责任编的规则。第二，没有规定的，适用《民法典》合同编通则的有关规定，但是根据其性质不能适用的除外。因为非合同之债中的一些类型与合同关系十分密切，类似于合同关系，而且非合同之债也涉及债的履行、保全等债的共通性规则的适用；而从《民法典》合同编的规定来看，这些债的一般性规则是规定在合同编之中的。因此，非合同之债也有适用合同编通则规定的可能。

关于合同编通则中可以适用于非法定之债的规则，如果相关条文中使用的是"债""债权"或者"债务"，这意味着该条文能够适用于合同之外的其他债。但如果条文中适用的是"合同""合同的权利"或者"合同的义务"，这意味着该条文仅能够适用于合同之债。

三、债权与物权的区分

债权与物权是民法中最基本的财产权形式，二者主要具有如下区别：

第一，债权是请求权，而物权是支配权。债权是债权人请求债务人依照债的规定为一定行为或不为一定行为的权利，而物权是权利人支配特定物的权利。请求权必须以相对人的意志作为中介，该权利的实现需要他人的积极协助行为。如果相对人未按照请求权人的意志积极实施某种行为，请求权人的利益就无法实现。

第二，债权是对人权和相对权，而物权是对世权和绝对权。债权受到侵害以后，债权人只能针对债务人主张权利，而不能针对其他第三人主张权利。而物权是对世权，权利人可以对抗一切人，任何人都负有不得妨害或侵害的义务。只要物权受到侵害，不论行为人与物权人之间是否存在一定的法律关系，物权人都可以对行为人主张物权请求权。

第三，债权具有平等性，而物权具有优先性。所谓债权的平等性，是指不论债权成立时间的先后，各个债权在效力上都是平等的。在债务人不能清偿各个债权的情况下，各个债权无论成立时间的先后，都按照其债权比例清偿。所谓物权的优先性，主要表现在同一标的物之上同时存在物权和债权时，物权的效力优先于债权。

第四，债权具有非公开性，而物权是公开化的权利。债权只是在特定的当事人之间存在的，并不具有公开性，设立和转移债权也不需要公示。如果债务人不履行债务，则债权人只能请求其承担违约责任。而物权作为一种绝对权，具有强烈的排他性，直接关系到第三人的利益，因而物权必须对外公开，使第三人知道，由此决定了物权在设定、变动时必须公示。

第五，债权的设立可以由当事人自由约定，而物权的设立采法定主义。债权的设立由当事人自由约定，只要不违反法律的禁止性规定和公序良俗，当事人可以根据自己的意思设定债权，并自由约定债的内容和具体形式。而物权具有法定性，物权的种类和基本内容由法律规定，不允许当事人自由创设物权种类或随意确定物权的内容，这有利于保护他人利益、维护交易安全。

第六，债权主要以行为为客体，而物权的客体主要是有体物。债权主要以行为为客体，如交付货物、支付货款、提供劳务等。而物权作为支配权，必须以特定的物作为其支配的客体。按照《民法典》第 114 条的规定，物权以“特定的物”为客体。当然，对担保物权而言，即使是未来财产，只要达到合理识别的程度，也可以成为担保物权的客体。

第七，债权具有一定的存续期限，而物权具有永久性或长期性。债权的存续期限一般较短，一旦债务人履行债务，当事人之间债的关系即终止。而物权的存续期限较长，他物权虽然有一定的存续期限，但其存续期限一般也较长。

四、债的要素

（一）债的主体

债的主体包括双方当事人，即债权人和债务人。在债的关系中，债权人和债务人都必须是特定的。债权人是指有权请求对方当事人为或不为一定行为的人，而债务人是指有义务向对方当事人为或不为一定行为的人。

债权人或债务人既可以是一人，也可以是多人。当债务人或债权人为多人时，即形成了多数人之债，包括多数人债务与多数人债权。对多数人之债而言，如果以作为债的标的的给付是否可分为标准，可以将其分为可分之债与不可分之债；如果以当事人享有债权或者承担债务的形式为标准，又可以将其分为按份之债与连带之债。与简单之债相比，多数人之债的权利义务关系以及债的履行等问题较为复杂，因此，《民法典》合同编在第四章“合同的履行”中专门对多数人之债的规则作出了规定。

（二）债的内容

1. 债权

债权的内容主要包括如下权利：一是请求权。请求权是债权的基本权能，因为债权本质上就是债权人请求债务人为一定行为或者不为一定行为的权利。从效力上看，债权人只能依据其债权向债务人提出请求，而不能直接依据债权取得相关的给付利益。二是给付保有权。它是指债权人有权保有债务人所作的给付。因此，在债务人向债权人作出履行后，并不能基于不当得利向债权人请求返还，债权人所享有的债权即为其保有债务人给付的法律上的原因。三是抵销权。它是指二人互负债务，各使双方债务在对等额内依法消灭的法律制度。四是保全权。它是指在债务人的行为可能影响债权人的债权实现时，债权人有权采取一定的行为，以保障其债权的实现。五是受领权。它是指债权人受领债务人给付的权利。债权的本质在于，债权人有权请求债务人给付，而且在债务人作出给付之后，债权人有权受领，从而接受债务人的给付。

2. 债务

债的概念，从权利的方面来看，是指特定人对于特定人可以请求为特定给付的权利，即债权；从义务的方面来看，是指特定人对于特定人负担为特定给付的义务，即债务。债务是一种义务，与权利不同。对权利而言，权利人既可以行使，也可以不行使，还可以将其权利抛弃，而义务则是“应当”“必须”履行的。债务属于义务的一种，所以债务人必须按照债的要求履行债务，在债务人未按照债的要求履行债务的情形下，债权人有权请求债务人承担债务不履行或履行不符合约定的责任。债务是向特定人负担的义务，其在内容上是为一定行为或不为一定行为的义务。

依据不同标准，可以对债务进行不同的分类，一般而言，可以将债务分为以下几种：

一是以债务人所为的给付的内容不同为标准，可以将债务区分为作为债务和不作为债务。所谓作为债务，是指债务人应当向债权人交付一定的财产或者提供一定的劳务；所谓不作为债务，主要是指债务人应当消极地不为一定的行为。

二是以债务的效力不同为标准，可以将债务区分为完全债务和不完全债务。所谓完全债务，是指在法律上具有完全效力的债务；所谓不完全债务，是指效力不齐备的债务。

三是以产生的依据不同，可以将债务区分为主给付义务、从给付义务和附随义务。主给付义务是指债所固有的和必备的并可以用以决定债的基本类型的义务。例如，买卖合同中，一方所负担的交付标的物的义务，另一方所负担的支付价款的义务，即为主给付义务。从给付义务是指不具有独立意义，仅具有辅助主给付义务的义务，如出卖人交付有关标的物的单证的义务。附随义务是指合同当事人依据诚信原则所产生的，根据合同的性质、目的和交易习惯所应当承担的通知、协助、保密等义务。附随义务不是由当事人在合同中明确约定的义务，而是依据诚信原则产生的。附随义务具有强行性，当事人不得通过约定排除诚实信用义务的承担。同时，附随义务的内容是任何合同都应当具备的，但在不同的合同中，义务内容也不完全相同。

（三）债的客体

债的客体就是债的标的。在法律上，债的客体就是给付。给付包括了作为和不作为。如果给付的内容是债务人的作为，就是积极给付；如果给付的内容是债务人的不作为，就是消极给付。以给付的性质是积极的作为还是消极的不作为为标准，可以将给付义务区分为作为义务与不作为义务，前者如买卖合同中交付标的物的义务，后者如合伙协议中禁止同业竞争的义务等。依据给付的财产性的内容不同，又可以将作为义务分为以下两大类：一是交付财产，如根据买卖合同，出卖人负有交付财产的义务；二是提供劳务，如提供技术、文化、生活服务等。

第二节 债的分类

一、单一之债与多数人之债

根据债的主体特征，可以将债分为单一之债与多数人之债。单一之债是指债权人、债务人仅为一人的债。多数人之债又称多数当事人的债或复数主体的债，是指债权人或者债务人一方为二人以上的债。如果各个主体之间发生了多个给付关系，则不属于多数人之债，而是数个独立的债的关系。

单一之债和多数人之债主要具有如下区别：一是当事人的人数不同。在单一之债中，债的双方主体均为一人；在多数人之债中，既可能存在多个债权人，也可能存在多个债务人。二是法律关系的复杂性不同。单一之债中，当事人之间权利义务关系单纯、明确、相对简单明了，容易把握；而多数人之债有多种类型，按照当事人之间的内部关系，可以将多数人之债分为连带之债、按份之债和不真正连带之债，当事人之间的法律关系较为复杂。

二、按份之债与连带之债

根据债的当事人之间的权利义务内容和性质的不同，可以将多数人之债分为按份之债与连带之债。

（一）按份之债

按份之债，是指数个债权人或数个债务人按照一定的份额享有债权或负担债务。依据《民法典》第517条的规定，按份之债包括两种：

第一，按份债权，即债权人为二人以上，标的可分，各个债权人按照份额各自享有债权。按份债权的主体必须是二人以上。而且，债的标的必须可分。此处所说的标的可分，是指同一债权的标的可分，如在金钱债权中，各个债权人借款的数额是可分的。对按份债权而言，各个债权人所享有的债权份额是由法律规定或者当事人约定的，各个债权人按照特定的份额享有债权。如果按份债权人的份额难以确定，视为份额相同。

第二，按份债务，即债务人为二人以上，标的可分，各个债务人按照份额各自负担债务。在按份债务中，按份债务人只就其自己所负担的债务负担清偿义务，对超出自己份额的部分，不负担履行义务。对按份债务而言，各个按份债务人的债务份额可以由法律规定或者当事人约定。通常情形下，如果按份债务人的份额难以确定，视为份额相同。

（二）连带之债

连带之债，是指两个以上的债权人或者债务人，依照法律或者当事人的约定形成连带关系，享有连带权利的每个债权人，都有权要求债务人履行义务；负有连带义务的每个债务人，都负有清偿全部债务的义务。在连带债务中，债权人有权要求任何一个债务人作出全部或者部分的履行。连带之债的成立原则上应当以当事人明确约定或者法律明确规定为限。

连带之债分为两种：一是连带债权，它是指具有连带关系的多个债权人之间所享有的债权。在连带债权中，各个债权人之间具有连带关系，这种连带关系可以由法律规定，也可以由当事人约定。在连带债权中，各个连带债权人都可以请求债务人履行全部债务，任何一个债权人也都可以接受债务人的履行，连带债权人中的任一债权人如果接受了债务人的全部清偿，连带债权也将因此消灭。二是连带债务，它是指具有连带关系的多个债务人之间所承担的债务。在连带债务中，各个债务人之间具有连带关系，连带关系是连带之债产生的基础。在连带债务中，各个债务人都有义务向债权人作出全部履行，而且任何一个债务人作出全部履行后，都可以导致连带债务的消灭。只要债务没有完全清偿，任何一个债务人都负有相应的清偿义务。

在连带债务中，如果部分连带债务人承担债务超出了其按照内部关系应分担的部分，则享有向其他债务人求偿的权利。民法典规定了两次追偿的规则：第一次追偿规则是由《民法典》第 519 条第 2 款规定的。依据该款规定，实际承担债务超过自己份额的连带债务人，有权就超出部分在其他连带债务人未履行的份额范围内向其追偿，并相应地享有债权人的权利，但是不得损害债权人的利益。其他连带债务人对债权人的抗辩，可以向该债务人主张。第二次追偿规则是由《民法典》第 519 条第 3 款规定的。依据该款规定，被追偿的连带债务人因为破产、资不抵债等各种原因不能履行其应分担份额的，则其他连带债务人应当在相应范围内按照比例分担。

（三）连带之债与按份之债的区分

连带之债与按份之债都属于多数人之债的范畴，二者之间存在密切关联，但也存在如下区别：一是适用范围不同。由于连带之债对债务人或债权人的利益影响重大，因此，连带之债是多数人债务的特殊形态，仅在法律有规定或当事人有约定的情形下才成立。而从原则上讲，按份之债是多数人之债的常态。二是给付是否可分不同。对连带之债而言，作为其标的的给付在性质上可以是可分的，也可以是不可分的。而对按份之债而言，作为其标的的给付必须是可分的。三是债的效力不同。依据《民法典》第 518、519 条的规定，对连带之债而言，享有连带权利的每个债权人都有权要求债务人履行义务；负有连带义务的每个债务人都负有清偿全部债务的义务。实际承担债务超过自己份额的连带债务人，有权就超出部分在其他连带债务人未履行的份额范围内向其追偿。而对按份之债而言，各个债权人或者债务人按照确定的份额分享债权或者分担债务。四是各个债务人或者债权人之间是否存在内部追偿关系不同。对连带之债而言，不论是连带债权人之间还是连带债务人之间，都可以依法产生追偿关系。而在按份之债中一般不发生各个债务人或者债权人的内部追偿问题。

三、简单之债与选择之债

根据债的标的是否具有可选择性，可以将债分为简单之债与选择之债。简单之债，是指在债的关系成立后，债的关系当事人无法在数种给付中作出选择的债。选择之债，是指在债成立时就有两种以上的给付可供选择的债。与简单之债相比，选择之债的特殊性主要体现在其履行方面，即在选择之债履行之前，一方对债的履行享有选择权。所谓选择权，是指在选择之债履行之前，一方当事人对债的履行内容所享有的选择的权利。

依据《民法典》第 515 条的规定，选择之债与简单之债的区别主要表现在：第一，是否具有数个履行标的不同。对选择之债而言，债的履行标的有数个；而对简单之债而言，债的履行标的是单一的。第二，债的内容不同。对选择之债而言，由于其有数项给付可供选择，在选择权人作出选择之前，债的内容或者履行方式可能是不确定的。而对简单之债而言，由于其给付是单一的，当事人无法对债的内容或者履行方式作出选择。第三，债在履行前是否需要当事人作出选择不同。对选择之债而言，在履行前，当事人必须在数个履行中作出选择。而对简单之债而言，不需要债的当事人就债的履行作出选择。

四、金钱之债与非金钱之债

根据债的标的是否为一定数额的货币，可以将债分为金钱之债与非金钱之债。金钱之债又称货币之债，是指债务人必须以给付一定货币履行债务的债。非金钱之债，是指其给付是以货币之外的其他物为标的的债。

金钱之债与非金钱之债的区别主要有以下几点：一是标的物不同。非金钱之债以货币之外的其他物作为标的物，或者以债务人向债权人提供一定的服务为标的；而金钱之债以一定的货币为标的物。二是能否发生履行不能不同。由于货币在性质上属于种类物，具有较强的流通性和可替代性，因此，金钱之债一般不发生履行不能的问题；而如果非金钱之债的标的物毁损、灭失，则可能发生履行不能。三是债务的履行不同。对金钱之债而言，债务人原则上不需要交付特定的货币，仅需要向债权人交付等值的货币；而对非金钱之债而言，当事人应当严格按照债的要求履行，不得主张以交付其他标的物代替当事人约定的标的物来履行债务。四是是否约定利息不同。金钱之债的标的为货币，故其履行通常会伴随利息的支付；而非金钱之债一般不会产生利息之债。五是对债的转让限制不同。金钱作为一般等价物不同于其他的物，其目的就在于流通，因此其转让应当受到较小的限制，对于金钱债权的转让有利于鼓励融资；而对于非金钱债权的转让则受到更多的限制。

五、种类之债与特定之债

（一）种类之债与特定之债概述

依据债的标的物的不同属性，可以将债分为种类之债与特定之债。种类之债，是指以种类物的给付为标的的债。特定之债，是指以特定物的给付为标的的债。特定物是指具有特定的特征，不能以其他物代替的物，如某幅图画、某个建筑物等。

种类之债的履行以标的物的特定化为条件，种类之债的标的物一旦特定化，则种类之债即转化为特定之债，当事人应当按照债的要求履行债务。种类之债主要基于如下原因而发生特定化：一是依当事人的约定和债权人的同意而特定。二是依债务人的行为而特定。债务人在履行时将种类物的一部分分离出来，并予以交付。在债务人交付标的物的行为完成后，标的物也已特定化，此时种类之债就转化为特定之债。

（二）种类之债与特定之债的区别

种类之债与特定之债主要具有如下区别：一是标的物不同。种类之债以交付种类物为客体，其标的物一般是可替代物；而特定之债的标的物既可以是特定物，也可以是种类物。二是成立条件不同。在种类之债中，其标的物的性质虽然确定，但标的物的数量在债的关系成立时尚未确定。如果无法确定标的物的数量，则应当认定该合同因标的不确定而无法成立；而在特定之债中，由于标的物是特定物，因此，债的关系成立时无须就标的物的数量、质量等作出特别约定，债务人只需要按照债的要求向债权人交付该特定物即可。三是是否发生履行不能不同。对种类之债而言，由于种类物具有可替代性，通常不发生履行不能；而对特定之债而言，由于标的物是特定的，则可能发生履行不能的问题。

第三节 合同概述

一、合同的概念和特征

合同也称契约，是反映交易的法律形式。依据《民法典》第464条第1款的规定，合同是民事主体之间设立、变更、终止民事法律关系的协议。合同具有以下特点：

第一，合同是平等主体的自然人、法人和非法人组织所实施的一种民事法律行为。民事法律行为作为一种最重要的法律事实，是民事主体实施的、能够引起民事权利和民事义务的产生、变更或终止的行为。合同是当事人之间设立、变更、终止民事权利义务关系的协议，是当事人意思表示一致的结果，因此，合同是一种民事法律行为。由于合同是一种民事法律行为，因而民法关于民事法律行为的一般规定，如民事法律行为的生效要件、民事法律行为的无效和撤销等，均可适用于合同。

第二，合同以设立、变更或终止民事权利义务关系为目的和宗旨。所谓设立民事权利义务关系，是指当事人订立合同旨在形成某种法律关系（如买卖关系、租赁关系），从而具体地享受民事权利、承担民事义务。所谓变更民事权利义务关系，是指当事人通过订立合同使原有的合同关系在内容上发生变化，它通常是在继续保持原合同关系效力的前提下变更合同内容。所谓终止民事权利义务关系，是指当事人订立合同旨在消灭原合同关系。无论当事人订立合同旨在达到何种目的，只要当事人达成的协议依法成立并生效，就会对当事人产生法律效力，当事人可以基于合同约定享有权利，但也应当按照合同约定履行义务。

第三，合同的成立需要当事人意思表示达成一致。任何合同都必须是订约当事人意思表示一致的产物。由于合同是合意的结果，因而它必须包括以下要素：一是合同的成立必须有两个以上的当事人；二是各方当事人须作出意思表示；三是双方的意思表示达成一致，也就是说当事人达成了一致的协议；四是当事人必须在平等、自愿基础上进行协商，形成合意，如果不存在平等、自愿，也就没有真正的合意。合同是反映交易的法律形式，而任何交易都要通过交易当事人的合意才能完成，所以合同必须是当事人协商一致的产物或意思表示一致的协议。

合同关系具有相对性，它是指合同主要在特定的合同当事人之间发生，合同当事人一方只能基于合同向与其有合同关系的另一方提出请求，而通常不能向与其无合同关系的第三人提出合同上的请求，也不能擅自为第三人设定合同上的义务。这种相对性表现在：一是合同主体的相对性，即合同关系只能发生在特定的主体之间，只有合同当事人一方能够向合同的另一方当事人基于合同提出请求或提起诉讼；二是内容的相对性，即除法律另有规定或者合同另有约定外，只有合同当事人才能享有合同债权，并承担合同义务，合同当事人以外的任何第三人都不能主张合同上的权利；三是违约责任的相对性，即指违约责任只能在特定的当事人之间即有合同关系的当事人之间发生，合同关系以外的人不负违约责任，合同当事人也不对其承担违约责任。即使是第三人的行为导致债务不能履行，债务人仍应向债权人承担违约责任，债务人在承担违约责任以后，有权向第三人追偿。

《民法典》第 464 条第 2 款规定："婚姻、收养、监护等有关身份关系的协议，适用有关该身份关系的法律规定；没有规定的，可以根据其性质参照适用本编规定。"依据这一规定，对于婚姻、收养、监护等有关身份关系的协议，可以根据其性质参照适用合同编的规定。所谓身份关系的协议，是指基于身份关系而订立的、不以交易为主要内容的协议。关于有关身份关系的协议的法律适用，具体而言：第一，婚姻、收养、监护等有关身份关系的协议首先应当适用身份关系的法律规定，这是特别法优先于一般法这一原则的必然要求。第二，没有有关该身份关系的法律规定时，应当依据该协议的性质，参照适用合同编的规定。这一规定意味着有关身份关系的协议可以参照适用合同编的规定。同时，还需要依据该协议的性质判断能否参照适用合同编的规则，对于性质上不能适用的不能参照合同编的规则。

二、合同的分类

（一）典型合同与非典型合同

根据法律上是否规定了一定合同的名称，可以将合同分为典型合同与非典型合同。

典型合同又称有名合同，是指法律上已经确定了一定的名称及规则的合同。《民法典》合同编第二分编规定了19种典型合同，具体包括买卖合同，供用电、水、气、热力合同，赠与合同，借款合同，保证合同，租赁合同，融资租赁合同，保理合同，承揽合同，建设工程合同，运输合同，技术合同，保管合同，仓储合同，委托合同，物业服务合同，行纪合同，中介合同，合伙合同。除合同编之外，《民法典》的其他编也规定了一些典型合同，如物权编规定的建设用地使用权出让合同、土地承包经营合同、抵押合同、质押合同等。此外，特别法也规定了一些合同类型，如《保险法》规定的保险合同，《旅游法》规定的旅游合同等。这些法律所规定的合同都是典型合同。法律上规定典型合同的主要意义在于，规范合同关系的内容，帮助当事人正确订约。对于典型合同的内容，法律通常设有一些规定，但这些规定大多为任意性规范，当事人可以通过其约定改变法律的规定。

非典型合同又称无名合同，依据《民法典》第467条的规定，是指“本法或者其他法律没有明文规定的合同”。非典型合同依其内容构成可分为三类：一是纯粹的无名合同，是指以法律完全无规定的事项为内容的合同；二是合同联立，是指数个合同相互结合，即同一合同中同时包含多个合同的内容，从而使其难以归入某个典型合同之中；三是混合合同，是指在一个有名合同中涉及一些法律没有规定的非典型合同的内容。依据《民法典》第467条的规定，非典型合同可以适用或参照适用三种规则：一是合同编通则的规定；二是合同编关于典型合同的规定，即适用合同编分则的规定；三是其他法律最相类似合同的规定。例如，货物的互易合同可以参照买卖合同的规定，以提供劳务换取旅游服务的合同则可以参照适用《旅游法》中关于旅游合同的规定。

（二）双务合同与单务合同

依据合同双方当事人是否负有对待给付义务，可以将合同分为双务合同与单务合同。双务合同，是指当事人双方互负对待给付义务的合同，即一方当事人愿意负担履行义务，旨在使他方当事人因此负有对待给付的义务。如买卖、互易、租赁合同等均为双务合同。双务合同是典型的交易形式。单务合同，是指合同当事人仅有一方负担给付义务的合同。

在法律上区分单务合同与双务合同的意义包括：第一，双务合同可以适用同时履行抗辩权制度，而单务合同不适用同时履行抗辩权制度。第二，在双务合同中，如果非一方当事人的原因（如不可抗力的发生）导致其不能履行合同义务，其合同债务应被免除，其享有的合同权利也应归于消灭；而在单务合同中，一方因不可抗力不能履行义务时，不会发生双务合同中的风险负担问题。

（三）有偿合同与无偿合同

依据合同关系中是否存在对价关系，可以将合同分为有偿合同与无偿合同。有偿合同，是指一方通过履行合同规定的义务而给对方某种利益，对方要得到该利益必须为此支付相应代价的合同。在实践中，绝大多数反映交易关系的合同都是有偿的。无偿合同，是指一方给付对方某种利益，对方取得该利益时并不支付任何报酬的合同。无偿合同是等价有偿原则在民法适用中的例外现象。有偿合同与无偿合同的区分意义主要在于，确定某些合同的性质和当事人的注意义务。

（四）诺成合同与实践合同

依据合同成立条件的不同，可以将合同分为诺成合同与实践合同。诺成合同，是指当事人意思表示一致即告成立的合同，即“一诺即成”的合同。实践合同又称要物合同，是指除当事人双方意思表示一致以外尚需交付标的物才能成立的合同。合同仅在法律有特别规定时，才为实践合同，绝大多数合同为诺成合同。诺成合同与实践合同的主要区别在于，二者成立的时间是不同的。诺成合同自双方当事人意思表示一致（达成合意）时起合同即告成立；而实践合同则在当事人达成合意之后，还必须由当事人交付标的物以后，合同才能成立。

（五）要式合同与不要式合同

依据合同是否需要按照一定的形式订立，可以将合同分为要式合同与不要式合同。要式合同，是指根据法律规定应当或者必须采用特定方式的合同。对于一些重要的交易，法律常常要求当事人必须采取特定的方式订立合同。不要式合同，是指当事人订立的合同依法并不需要采取特定的形式，当事人可以采取口头方式，也可以采取书面形式。除法律有特别规定以外，合同通常为不要式合同。要式合同与不要式合同的区别在于，是否应以一定的形式作为合同成立或生效的条件。

（六）主合同与从合同

根据合同相互间的主从关系，可以将合同分为主合同与从合同。主合同，是指不需要其他合同的存在即可独立存在的合同。例如，对于保证合同来说，设立主债务的合同就是主合同。从合同，是以其他合同的存在为前提的合同。例如，保证合同相对于主债务合同而言即为从合同。由于从合同要依赖主合同的存在而存在，所以从合同又被称为“附属合同”。从合同的主要特点在于其附属性，即它不能独立存在，必须以主合同的存在及生效为前提。

（七）预约合同与本约合同

依据当事人是否为将来订立合同为条件，可以将合同分为预约合同与本约合同。预约合同也称为预备性合同，是指当事人所达成的、约定在将来一定期限内订立合同的允诺或协议。《民法典》第 495 条第 1 款规定：“当事人约定在将来一定期限内订立合同的认购书、订购书、预订书等，构成预约合同。”当事人在将来所订立的合同称为本约合同，而当事人约定在将来订立本约的合同即属于预约合同。

预约合同和本约合同的区别在于：一是缔约意图不同。预约合同以订立本约合同为目的，当事人订立预约合同的目的主要是有足够的时间磋商，或者避免对方当事人反悔，从而选择以该方式为本约合同作准备。而本约合同的订立直接以设定相关的民事权利义务为目的。二是当事人约定的内容不同。预约合同的内容是将来订立本约合同，而本约合同则直接约定当事人之间的权利义务关系。三是违反合同的责任后果不同。在预约合同中，当事人一般不会约定违反本约的责任。而对本约合同而言，当事人通常都会约定违约责任条款，如违约金等。

（八）束己合同与涉他合同

根据订约人订立合同的目的是否为自己谋取利益，可以将合同分为束己合同与涉他合同。束己合同，也称为订约人自己订立的合同，是指订约当事人订立合同是为自己设定权利，使自己直接取得和享有某种利益的合同。由于当事人订立合同都是为了追求一定的利益，所以在绝大多数情况下，合同当事人订立合同都是为了给自己设定权利和义务，因此可以说，合同大多是订约人为自己订立的合同。涉他合同，是指合同当事人在合同中为第三人设定权利或义务的合同。其中，为第三人设定权利的合同是利益第三人合同，为第三人设定义务的合同是由第三人履行的合同。

束己合同与涉他合同的主要区别在于：第一，合同是否对第三人发生效力不同。在束己合同之中，合同只在当事人之间发生效力；而在涉他合同中，第三人虽然并非合同当事人，但合同可能对其发生效力。第二，合同在一般情况下，仅对当事人发生效力，因此束己合同是合同的一般原则；而涉他合同则是合同中的例外。第三，是否涉及第三人对债权人的责任不同。束己合同并不涉及第三人的权利或义务，因此其不会对第三人发生效力。而在涉他合同中，真正利益第三人合同可能就会产生第三人对于债务人的请求权，在债务人不履行时，债务人产生违约责任。

第四节 合同法概述

一、合同法的概念

合同法是调整平等主体之间的交易关系的法律，主要规范合同的订立、合同的效力及合同的履行、变更、解除、保全、违反合同的责任等问题。合同法并不是一个独立的法律部门，只是我国民法的重要组成部分。合同法有形式意义的合同法与实质意义的合同法之分。形式意义的合同法是指《民法典》合同编；实质意义的合同法是所有调整合同关系的法律规范的总称，如《民法典》合同编之外的有关民事法律以及相关司法解释对合同的规定。

《民法典》合同编是合同法最基本的组成部分，是最为基础的合同法规范，也是解释合同法的重要依据。也就是说，由于民法典是基础性规范，因此，在解释民法典以外的有关合同的单行法律规定时，应当以民法典为依据。由于合同本身是债的发生原因之一，性质上是一种债的关系。因此，合同编本身也是债法的组成部分。但合同编具有相对独立性。在我国《民法典》中，合同编发挥了债法总则的功能。我国《民法典》没有规定债法总则，只规定了合同编通则，并在合同编中规定许多债法规则。此外，合同编中规定了准合同制度，对不当得利和无因管理这两种法定之债作出规定，可见，《民法典》合同编实际上发挥了债法总则的功能。以合同编发挥债法总则的功能，是我国民法典的重要特色。

二、合同法的调整对象

《民法典》第 463 条规定："本编调整因合同产生的民事关系。"依据本条规定，合同编调整"因合同产生的民事关系"，这就意味着合同法调整平等主体之间因合同产生的民事法律关系。合同法是调整平等主体之间的交易关系的法律，它主要规范合同的订立、合同的效力及合同的履行、变更、解除、保全、违反合同的责任等问题。

第一，合同法调整平等主体之间的协议。合同法所调整的合同关系是发生在平等主体之间的合同关系，合同是反映交易关系的法律形式。一方面，这些交易关系的主体都是平等的。另一方面，合同法所调整的合同关系具有等价有偿性以及合同订立的自愿性。凡不具有上述特点的合同，一般不能作为合同法调整的对象。在确定某一类合同是否属于合同法的调整对象时，首先要考虑其主体是否具有平等性。例如，企业内部实行生产责任制，由企业及企业的车间与工人之间订立的责任制合同，只是企业内部的管理措施，是一种生产管理手段，当事人之间仍然是一种管理和被管理的关系，双方地位不平等，应由劳动法等法律调整，不应当由合同法调整。

第二，合同法调整以确立民事权利义务为内容的协议。合同法只适用于私法领域而非公法领域，只调整民事合同而非其他类型的合同。民事合同的重要特点在于它是以确定民事权利义务为内容的，实际上就是以平等自愿为基础的交易关系。合同法的调整对象主要是以财产给付为内容的交易关系，也就是动态的财产关系。合同法属于财产流转法，合同主要规范财产流转关系。与人身有关的一些财产交易，如肖像的许可使用等，可以适用合同法的规则。

第三，合同法调整设立、变更、终止民事权利义务关系的协议。所谓设立，是指当事人通过合同确定当事人之间具体的权利义务；所谓变更，是指当事人通过订立合同修改原有合同关系的内容；所谓终止，是指当事人通过订立合同消灭原来存在的合同关系。

第四，合同法调整各类合同关系。合同法首先调整《民法典》合同编分则所规定的各类典型合同。

此外，合同法还调整其他类型的合同：一是合同编以外的其他编规定的合同。这些合同首先要适用其他编的规定，但在其他编没有规定时，也要适用合同编通则的规定。二是特别法规定的合同，如知识产权法所确认的专利权或商标权转让合同、许可合同、著作权使用合同、出版合同等。这些合同首先要适用特别法的规定，但在这些法律没有规定时，仍要适用合同编通则的相关规定。三是非典型合同，即《民法典》合同编和其他法律没有明文规定的合同，如借用合同等。四是非因合同产生的债权债务关系。对于此种债权债务关系，也可以适用合同法的规则。

三、合同法的体系

合同法由通则和分则两部分构成。所谓通则，是关于各类合同基本规则的规定，依据《民法典》合同编第一分编的规定，主要包括一般规定、合同的订立、合同的效力、合同的履行、合同的保全、合同的变更和转让、合同的权利义务终止以及违约责任等内容。

所谓分则，是相对应于合同总则的合同法组成部分。实质意义上的合同分则，是指规范有名合同的法律规范的总称；形式意义上的合同分则，是指《民法典》合同编的第二分编“典型合同”部分。合同法分则体系是以典型合同为基础，按照一定的逻辑关系形成的科学、合理的逻辑结构和制度体系，是合同法的重要组成部分。

需要指出的是，《民法典》合同编第三分编规定了“准合同”。所谓准合同，是指类似于合同的债的关系。准合同与合同关联最为密切，产生类似的法律效力，但准合同本身不是合同，无论是不当得利，还是无因管理，都是独立的债的发生原因。由于我国《民法典》没有规定独立的债法总则编，而以合同编发挥债法总则的功能，考虑到准合同与合同之间存在密切联系，《民法典》将其置于合同编中予以规定。但我们在考虑合同法分则体系时，不应当将准合同纳入其中，因为其本质上不是合同，而只是债的发生原因（《民法典》第118条第2款）。

▶即测即评　　▶案例资源

第二章　合同的订立

第一节　合同的成立

一、合同成立的概念和要件

合同的成立，是指合同各方当事人的意思表示一致。换言之，当事人对合同的主要条款达成合意。如果合同是在双方当事人之间订立的，就应当在双方之间达成合意；如果是在多方当事人之间订立的，则应当由所有当事人达成合意。合同订立是一个动态的过程，而合同的成立是合同订立的结果。合同成立制度旨在解决合同是否存在的问题，合同的成立是合同履行、变更、终止、解释等的前提，也是认定合同效力的基础，如果合同根本没有成立，那么确认合同的有效和无效问题也就无从谈起。此外，合同的成立也是区分违约责任与缔约过失责任的重要标志。在合同成立以前，因合同关系不存在，则因一方的过失而造成另一方信赖利益的损失属于缔约过失责任而不属于违约责任范畴。只有在合同成立以后，一方违反义务才构成对合同义务的违反并应负违约责任。

根据《民法典》第 502 条的规定，依法成立的合同，自成立时生效。可见，在一般情况下，合法的合同一经成立便生效，合同成立的时间也就是合同生效的时间，因此，合同成立的时间可以成为判断合同生效时间的标准。但也有一些合同的成立和生效时间是不同的。例如，附生效条件的合同，合同虽已成立，但尚未发生效力。当然，此类情况毕竟是例外现象。合同的成立应当具备以下要件：

（一）存在双方或多方当事人

合同是双方或多方当事人意思表示一致的产物，所以，合同的成立必须存在双方或者多方当事人。如果仅有一方当事人，则无法形成意思表示一致，无法成立合同。例如，甲以某公司的名义订立合同，如果并不存在该公司，则可以认为不存在一方当事人，合同不能成立。合同当事人又称合同主体，他们是实际享受合同权利并承担合同义务的人。有些合同当事人并未亲自参与合同的订立，但可以成为合同主体（如通过代理人订约），而另一些人可能参与合同的订立而不能成为合同主体（如代理人）。

（二）当事人就合同主要条款达成合意

合同成立的根本标志在于，合同当事人就合同的主要条款达成合意。所谓主要条款又称必要条款，是指根据特定合同性质所应具备的条款，如果缺少这些条款合同是不能成立的。《民法典》第 470 条规定：“合同的内容由当事人约定，一般包括以下条款：（一）当事人的姓名或者名称和住所；（二）标的；（三）数量；（四）质量；（五）价款或者报酬；（六）履行期限、地点和方式；（七）违约责任；（八）解决争议的方法。”该条规定为当事人的正确订约提供了重要的指引和参考。但该条使用了“一般包括”而未使用“必须包括”的用语，表明上述条款只是为当事人订约提供指引，为主要条款的判断提供参考，但并不是每一个合同所必须包括的主要条款。合同应当具备什么条款，需要根据不同合同的性质予以确定，例如，数量条款在买卖合同中就属于主要条款，但在提供劳务的合同中则并不一定是主要条款。为了准确认定合同的主要条款，法院需要在实践中根据特定合同的性质来具体认定。欠缺主要条款将导致合同并不成立，但欠缺非必要条款，并不意味着合同无法有效成立。从鼓励交易的原则出发，《民法典》第 510 条、第 511 条也允许根据当事人事后达成的补充协议或者交易习惯，明确上述非必要条款的内容。

二、合同的形式

合同的形式又称合同的方式，是当事人的合意所采取的方式。依据《民法典》第 469 条第 1 款的规定，合同的形式主要可以分为书面形式、口头形式和其他形式。

（一）书面形式

书面形式，是指以文字等有形的表现形式订立合同的形式。依据《民法典》第 469 条第 2 款规定，书面形式包括如下几种：一是合同书。合同书是指载有合同条款且有当事人双方签字或盖章的文书。合同书是最典型的、也是最重要的书面形式。《民法典》第 490 条第 1 款中规定：“当事人采用合同书形式订立合同的，自当事人均签名、盖章或者按指印时合同成立。”该条强调必须是双方均签名、盖章或者按指印时合同才能成立。二是信件。它是当事人双方书信交往的、载有合同条款的文书。合同法中所称的信件不同于一般的书信，其必须载有合同的条款，能够用来作为证明合同关系和合同内容的凭据。三是电报、电传、传真等能够有形地表现所载内容的形式。四是电子数据交换、电子邮件。以电子数据交换、电子邮件等方式能够有形地表现所载内容，并可以随时调取查用的数据电文，视为书面形式。

（二）口头形式

口头形式，是指当事人通过口头对话的方式订立合同。口头形式在日常生活实践中也运用得比较广泛，即时结清的买卖服务和消费合同大都采取口头形式订立。其主要优点在于简便易行、快捷迅速，但其固有的缺点是缺乏文字凭据，一旦发生纠纷，可能使当事人面临不能就合同关系的存在以及合同的内容进行举证的危险。

（三）其他形式

其他形式，是指当事人未用语言、文字表达其意思表示，而是仅用行为向对方发出要约，对方通过一定的行为作出承诺，从而使合同成立。在实践中，当事人在交易过程中通过协商谈判，可能并没有就合同主要条款达成书面合同或者口头协议，但事后一方当事人向对方作出了实际履行（如交付了一定数量的货物），而对方又接受该履行的，可以通过当事人实际履行的行为认定合同已经成立。

三、合同成立的法律拘束力

《民法典》第 465 条第 1 款规定，依法成立的合同，受法律保护。所谓受法律保护，是指依法成立的合同对当事人具有法律拘束力。当事人应当按照约定履行自己的义务，不得擅自变更或者解除合同，任何一方违反合同，都应当依法承担违约责任。

合同的拘束力主要体现在对当事人的拘束力上，包括权利、义务和责任三个方面。

第一，从权利方面来说，合同当事人依据法律和合同的约定所产生的权利依法受到法律保护。合同的权利包括请求和接受债务人履行债务的权利，以及在一方不履行合同时获得补救的权利、诉请强制执行的权利等。当事人因正当行使这些权利而获得的利益，也受到法律的保障。

第二，从义务方面来说，合同当事人根据合同所产生的义务具有强制性，当事人应当按照法定和约定的义务履行合同。《民法典》第 509 条规定："当事人应当按照约定全面履行自己的义务。"当事人拒绝履行和不适当履行义务，或随意变更和解除合同，都是对合同法的违反，因此本质上属于违约行为。

第三，从责任方面来说，如果当事人违反合同义务，则应当承担违约责任。也就是说，如果当事人不履行其应负的义务，就需要借助国家的强制力强制义务人履行义务。因此，法律责任乃是合同义务的保障，失去了法律责任，合同将很难产生真正的拘束力。

合同不仅对当事人具有拘束力，而且在特殊情形下，还对合同当事人之外的第三人具有拘束力。例如，由第三人履行的合同，第三人接受合同约定的履行义务以后，就应当依据合同履行义务。

依法成立的合同，自成立时生效。但是在法律另有规定或者当事人另有约定的情形下，合同虽然已经成立，并不当然生效。例如，依法需要办理批准等手续生效的合同。法律、行政法规规定应当办理批准等手续生效的，依照其规定。未办理批准等手续的，该合同不生效。但是，合同不生效并不影响合同中履行报批等义务条款以及相关条款的效力，应当办理申请批准等手续的当事人未履行义务的，对方可以请求其承担违反该义务的责任（《民法典》第502条）。

第二节 要 约

一、要约的概念和特征

要约又称发盘、出盘、发价、出价或报价等，是订立合同所必须经过的程序。《民法典》第472条规定："要约是希望与他人订立合同的意思表示。"依据这一规定，要约是一方当事人以缔结合同为目的、向对方当事人所作的意思表示。发出要约的人称为要约人，接受要约的人则称为受要约人、相对人或者承诺人。

要约主要具有如下法律特征：第一，要约是一种意思表示。要约本质上是一种意思表示，意思表示是实现意思自治的工具，行为人可以依据自己的主观意志与外界发生法律关系，并能够依法产生、变更、终止民事法律关系，从而形成了民法特殊的调整方法。第二，要约是希望和他人订立合同的意思表示。要约作为一种订约的意思表示，能够对要约人和受要约人产生一种拘束力。要约在到达受要约人后，非依法律规定或受要约人的同意，不得变更、撤销要约的内容。第三，要约不是民事法律行为。尽管要约是一种意思表示，但其并不是民事法律行为。因为要约必须经过受要约人的承诺，才能产生要约人预期的法律效果（成立合同），而民事法律行为生效都可以产生行为人所预期的法律效果。

二、要约的生效条件

要约要发生法律效力，必须满足特定的生效条件，否则要约不能成立，也不能产生法律效力。依据《民法典》第472条的规定，要约的生效条件包括：

第一，要约是由特定主体作出的意思表示。要约人发出要约旨在与他人订立合同，唤起相对人的承诺，并据此订立合同。因此，要约人应当是特定的主体。例如，对订立买卖合同来说，要约人既可以是买受人，也可以是出卖人，但必须是准备订立买卖合同的当事人。

第二，要约必须表明经受要约人承诺，要约人即受该意思表示约束的意图。根据《民法典》第472条的规定，要约是希望与他人订立合同的意思表示，要约中必须表明要约经受要约人承诺，要约人即受该意思表示拘束。在判断要约人是否具有订约意图时，应当结合要约所使用的语言、文字及其他情况来确定。

第三，要约必须向要约人希望与之缔结合同的受要约人发出。要约只有向要约人希望与之缔结合同的受要约人发出，才能够唤起受要约人的承诺。要约原则上应向特定的人发出，特定人既可以是一个人，也可以是数个人。当然，在特定情形下，要约也可以向不特定人发出。例如，在校园内设置自动售货机的行为即构成要约，此种情形即属于向不特定的受要约人发出的要约。

第四，要约的内容必须具体确定。依据《民法典》第 472 条第 1 项的规定，要约的内容必须具体确定。一方面，要约的内容必须具体。所谓“具体”，是指要约的内容必须具有足以使合同成立的主要条款。要约是受要约人一旦承诺就使合同成立的意思表示，所以，如果要约不包含合同的主要条款，受要约人即难以作出承诺。另一方面，要约的内容必须确定。所谓“确定”，是指要约的内容必须明确，从而使受要约人能够理解要约的真实含义，而不能含混不清，否则受要约人将无法作出承诺。

三、要约与要约邀请

（一）要约邀请的概念和特征

要约邀请又称引诱要约，是指希望他人向自己发出要约的表示。《民法典》第 473 条第 1 款规定：“要约邀请是希望他人向自己发出要约的表示。”依据这一规定，要约邀请具有如下特征：第一，要约邀请是一方邀请对方向自己发出要约，而不是像要约那样是由一方向他人发出订立合同的意思表示。第二，要约邀请不是一种意思表示，而是一种事实行为，也就是说，要约邀请是当事人订立合同的预备行为，在发出要约邀请时，当事人仍处于订约的准备阶段。第三，要约邀请只是引诱他人发出要约，它既不能因相对人的承诺而成立合同，也不能因自己作出某种承诺而约束要约人。在发出要约邀请以后，要约邀请人撤回其邀请，只要没有给善意相对人造成信赖利益的损失，要约邀请人一般不承担法律责任。

依据《民法典》第 473 条第 1 款的规定，要约邀请包括如下形态：一是拍卖公告。在整个拍卖流程中，拍卖公告通常发生在拍卖的发起阶段，属于典型的要约邀请。二是招标公告。它是指招标人邀请相对人投标的公告。三是招股说明书。招股说明书通过向投资者提供股票发行人各方面的信息来吸引投资者向发行人发出购买股票的要约，但其本身只是一种要约邀请。四是债券募集办法。债券募集办法又称发行章程或募债说明书，是指申请发行债券的企业，在有关债券募集的公告中，告知相关的公司债券募集办法。五是基金招募说明书。基金招募说明书又称公开说明书，是指基金管理人向投资者提供的经国家有关部门认可的介绍基金各项详细内容的法律文件。六是商业广告和宣传。商业广告和宣传原则上属于要约邀请，但是商业广告和宣传的内容符合要约条件的，构成要约（《民法典》第 473 条第 2 款）。七是寄送的价目表。寄送价目表是希望要约人向寄送价目表人发出买卖要约的行为，属于要约邀请，而非要约。

（二）要约与要约邀请的区分

第一，根据法律规定作出区分。如果法律明确规定了某种行为为要约或要约邀请，即应按照法律规定作出区分。例如，依据《民法典》第 473 条的规定，拍卖公告、招标公告、招股说明书、债券募集办法、基金招募说明书、商业广告和宣传、寄送的价目表等为要约邀请，据此，对这些行为应认定为要约邀请。

第二，根据当事人的意愿作出区分。此处所说的根据当事人的意愿，是指根据当事人已经表达出来的意思来确定当事人对其实施的行为主观上认为是要约还是要约邀请。例如，某时装店在其橱窗内展示的衣服上标明“正在出售”且标示了价格，或者标示为“样品”，则“正在出售”且标明价格的标示可视为要约，而“样品”的标示可认为是要约邀请。

第三，根据提议的内容是否包含合同的主要条款作出区分。要约的内容中应当包含合同的主要条款，如此才能因受要约人的承诺而成立合同。而要约邀请只是希望对方当事人提出要约，因此不必要包含合同的主要条款。当然，仅以是否包含合同的主要条款来作出区分是不够的，即使要约人提出了未来合同的主要条款，但如果其在提议中声明不受要约的拘束，或提出需要进一步协商，或提出需要最后确认等，都将难以确定其具有明确的订约意图，因此不能认为是要约。

第四，根据交易习惯作出区分。例如，询问商品的价格，根据交易习惯，一般被认为是要约邀请而不是要约。又如，出租车司机将出租车停在路边招揽顾客，根据当地的规定和习惯，如果出租车司机可以拒载，则此种招揽是要约邀请；如果不能拒载，则认定司机负有强制缔约的义务。

四、要约的法律效力

（一）要约生效的时间

要约生效的时间既关系到要约从什么时间起对要约人产生拘束力，也涉及承诺期限的问题。《民法典》第 474 条规定：“要约生效的时间，适用本法第一百三十七条的规定。”根据《民法典》第 137 条的规定，具体而言：

第一，以对话方式作出的要约，相对人知道其内容时生效。所谓以对话方式作出的要约，是指当事人直接以对话的形式发出要约。《民法典》第 137 条第 1 款规定：“以对话方式作出的意思表示，相对人知道其内容时生效”。对以对话方式作出的要约而言，只有在相对人知悉对话的内容时，该要约才能够生效。如果相对人并不知道要约的内容，也无法作出相应的承诺，此时，应当认定要约未生效。

第二，以非对话方式作出的要约，到达相对人时生效。所谓以非对话方式作出的要约，是指当事人以对话以外的形式发出要约。《民法典》第 137 条第 2 款规定："以非对话方式作出的意思表示，到达相对人时生效"。依据这一规定，以非对话方式作出的要约，到达相对人时生效。所谓到达，是指根据一般的交易观念，已经进入相对人可以了解的范围。到达并不意味着相对人必须亲自收到，只要意思表示已进入受领人的控制领域，并在通常情况下可以期待受领人能够知悉意思表示的内容，就视为已经到达。

第三，以非对话方式作出的采用数据电文形式的要约，依据《民法典》第137条第2款的规定，其生效分为两种情形：（1）相对人指定特定系统接收数据电文的，自该数据电文进入该特定系统时生效；（2）相对人未指定特定系统接收数据电文的，则自相对人知道或者应当知道该数据电文进入其系统时生效。

（二）要约的存续期间

要约的存续期间，是指要约可在多长时间内发生法律效力。要约的存续期间完全应由要约人决定。如果要约人在要约中具体规定了存续期限（如规定本要约有效期限为10日，或规定本要约于某年某月某日前答复有效），则该期限为要约的有效存续期限。如果要约人没有规定，则只能以要约的具体情况来确定合理期限。

（三）要约法律效力的内容

第一，要约对要约人的拘束力。此种拘束力又称要约的形式拘束力。法律允许要约人在要约到达之前撤回要约。但是，在要约生效以后，要约人不得随意撤销或对要约内容随意加以限制、变更和扩张。

第二，要约对受要约人的拘束力。此种拘束力又称承诺适格。要约生效以后，只有受要约人才享有对要约人作出承诺的权利，受要约人必须根据要约规定的期限、方式等作出承诺，否则，不构成有效的承诺。

五、要约的撤回和撤销

（一）要约的撤回

要约的撤回，是指要约人在要约发出以后，未到达受要约人之前，有权宣告取消要约，从而阻止要约生效。如甲于某日给乙去函要求购买某种机器，但甲事后与丙达成了购买该机器的协议，即立即给乙发去传真要求撤回要约，在发出的要约信函到达乙之前或与其同时到达，这种撤回应是有效的。《民法典》第475条规定"要约可以撤回"，这就承认要约可以撤回。

根据要约的形式拘束力，任何一项要约都是可以撤回的，只要撤回的通知先于或同时与要约到达受要约人，便能产生撤回的效力。《民法典》第475条规定，"要约可以撤回。要约的撤回适用本法第一百四十一条的规定"。而依据《民法典》第141条的规定，撤回意思表示的通知应当在意思表示到达相对人前或者与意思表示同时到达相对人，否则不产生撤回意思表示的效力。由于要约属于意思表示，因此要约的撤回需要遵循总则编中意思表示撤回的一般规则。

（二）要约的撤销

要约的撤销，是指要约人在要约到达受要约人并生效以后，受要约人作出承诺前，将该项要约取消，从而使要约的效力归于消灭。撤销要约与撤回要约都旨在使要约作废，并且都只能在承诺作出之前实施，但两者存在一定的区别，表现在：撤回发生在要约并未到达受要约人并生效之前，而撤销则发生在要约已经到达受要约人并生效，但受要约人尚未作出承诺的期限内。由于撤销要约时要约已经生效，因而对要约的撤销必须有严格的限定，因撤销要约而给受要约人造成损害的，要约人应负赔偿责任。

依据《民法典》第 476 条规定，在法律规定的例外情形下，要约是不得撤销的，具体而言：（1）要约人以确定承诺期限或者其他形式明示要约不可撤销。如果要约中规定了承诺期限或者要约人以其他形式明示要约是不可撤销的，则该期限的确定不仅对要约人产生拘束，而且也能够使受要约人产生合理的信赖，此时，要约人不得撤销要约。（2）受要约人有理由认为要约是不可撤销的，并已经为履行合同做了合理准备工作。受要约人有理由认为要约是不可撤销的主要是指受要约人对要约行为已经产生了合理的信赖，因此要约不可撤销。

六、要约失效

要约失效，是指要约丧失了法律拘束力，即不再对要约人和受要约人产生拘束。依据《民法典》第 478 条的规定，要约失效的情形主要有如下几种：（1）要约被拒绝。拒绝要约是指受要约人没有接受要约所规定的条件。受要约人一旦拒绝要约，要约即失效。（2）要约被依法撤销。要约在受要约人发出承诺通知之前，可以由要约人撤销要约，一旦撤销，要约即失效。（3）承诺期限届满，受要约人未作出承诺。凡是在要约中明确规定了承诺期限的，则承诺必须在该期限内作出，超过了该期限，则要约自动失效。（4）受要约人对要约的内容作出实质性变更。受要约人对要约的内容作出实质性限制、更改或扩张的，表明受要约人已拒绝了要约，但从鼓励交易原则出发，可以将其视为向要约人发出了新的要约，原要约失效。

第三节 承 诺

一、承诺的概念和要件

承诺，是指受要约人同意接受要约的条件以订立合同的意思表示。《民法典》第479条规定："承诺是受要约人同意要约的意思表示。"承诺的法律效力在于，受要约人所作出的承诺一旦到达要约人，合同便告成立。如果受要约人对要约人提出的条件并没有表示接受，而附加了条件、作出了新的提议，则意味着拒绝了要约人的要约，并形成了一项反要约或新的要约。

根据《民法典》第483条的规定，承诺一旦生效就会导致合同的成立。因而，承诺必须符合一定的条件。具体来说，承诺必须具备如下条件，才能产生法律效力。

（一）承诺必须由受要约人向要约人作出

一方面，承诺必须由受要约人作出。这是因为，只有受要约人是要约人选定的，故只有受要约人才能作出承诺，第三人不是受要约人，不具有承诺资格。第三人向要约人作出承诺，视为发出要约。另一方面，承诺必须向要约人作出。既然承诺是对要约人发出的要约所作的答复，那么只有向要约人作出承诺，才能导致合同成立。如果向要约人以外的其他人作出承诺，则只能视为对他人发出要约，不能产生承诺的效力。

（二）承诺是受要约人决定与要约人订立合同的意思表示

根据《民法典》第479条规定，"承诺是受要约人同意要约的意思表示"。承诺在性质上属于意思表示，其必须符合意思表示的要件，即承诺人应当有受承诺拘束的意思。承诺在性质上是需要受领的意思表示。也就是说，承诺人作出承诺的意思表示后，必须到达要约人才能使合同成立。正如要约人必须具有与受要约人订立合同的目的一样，承诺中必须明确表明同意与要约人订立合同，才能因承诺而使合同成立。

（三）承诺的内容必须与要约的内容一致

《民法典》第488条规定："承诺的内容应当与要约的内容一致。"在承诺中，受要约人必须表明其愿意按照要约的全部内容与要约人订立合同。也就是说，承诺是对要约的同意，其同意内容须与要约的内容一致，才构成意思表示的一致（即形成合意），从而使合同成立。承诺的内容与要约的内容一致，具体表现在：承诺必须是无条件的承诺，不得限制、扩张或者变更要约的内容；否则，不构成承诺，应视为对原要约的拒绝并作出一项新的要约。

依据《民法典》第488条的规定，受要约人对要约中有关合同标的、数量、质量、价款或者报酬、履行期限、履行地点和方式、违约责任和解决争议方法等的变更，构成对要约内容的实质性变更。实质性变更，其实就是对要约的实质性内容所作出的变更。所谓实质性内容，是指对当事人利益有重大影响的合同内容，这些内容虽然不是合同的必要条款，但其一般构成未来合同的重要条款。对这些内容作出变更，从根本上违背了要约人的意思，因此，实质性变更不能产生承诺的效力。

根据《民法典》第489条的规定，承诺对要约的内容作出非实质性变更的，除以下两种情况外，承诺生效：第一，要约人及时表示反对，即要约人在收到承诺通知后，立即表示不同意受要约人对非实质性内容所作的变更。如果经过一段时间后仍不表示反对，则承诺有效。第二，要约表明承诺不得对要约的内容作出任何变更，即要约人在要约中明确表示，承诺不得对要约的内容作出任何变更，否则无效，此时受要约人作出非实质性变更也不能使承诺生效。

（四）承诺必须在要约规定的期限内到达要约人

第一，承诺只有到达要约人时才能生效。《民法典》合同编在承诺方面采纳到达主义的原则。具体而言，承诺若以对话的方式作出，因可以立即到达要约人，承诺可立即生效；承诺若以非对话的方式作出，相关的承诺文件到达要约人控制范围的时间为承诺的到达时间。例如，相关的承诺文件到达要约人的信箱或者放置于要约人的办公室，至于到达以后要约人是否实际阅读，则不影响承诺的效力。

第二，承诺必须在规定的期限内到达。承诺的到达必须受一定的期限限制。依据《民法典》第481条的规定，如果要约确定了承诺的期限，则承诺应当在要约确定的期限内到达要约人。要约没有确定承诺期限的，则要区分两种情形：（1）要约以对话方式作出的，应当即时作出承诺；（2）要约以非对话方式作出的，承诺应当在合理期限内到达。因此，只有在规定的期限内到达的承诺才是有效的。未能在合理期限内作出承诺并到达要约人，则视为承诺的通常迟延，或称为逾期承诺。此种逾期的承诺在民法上被视为一项新要约，而不是承诺。由于要约已经失效，受要约人不能作出承诺。对失效的要约作出承诺，视为向要约人发出要约，不能产生承诺效力。

（五）承诺的方式必须符合要约的要求

依据《民法典》第480条的规定，有关承诺的方式应符合如下规则：一是承诺原则上应当以通知的方式作出。所谓通知，是指受要约人向要约人作出的、接受要约的意思表示。二是根据交易习惯或者要约表明可以通过行为作出承诺的除外。

《民法典》第484条第2款规定："承诺不需要通知的，根据交易习惯或者要约的要求作出承诺的行为时生效。"依据该条规定，如果承诺不需要通知，则在受要约人一方按照交易习惯或者要约的要求完成特定行为时，承诺即生效。例如，在试用买卖中，在试用期满后，如果买受人没有拒绝购买，则应当认定已经同意购买，而不需要买受人对出卖人作出购买的通知。需要指出的是，以行为方式承诺仅限于有交易习惯或要约有明确规定的情形，在没有交易习惯或要约没有明确规定的场合，当事人应当以通知的方式作出承诺的意思表示。

《民法典》第483条规定，“承诺生效时合同成立。但是法律另有规定或当事人另有约定的除外。”据此，在通常情形下，只要当事人双方经过要约、承诺阶段，就合同主要条款达成合意，合同即可成立。但在特殊情形下，法律另有规定或者当事人另有约定的除外。例如，依据法律规定需要办理审批的合同，只有在完成审批程序后，合同才能生效。

二、承诺的撤回和迟延

（一）承诺的撤回

承诺的撤回，是指受要约人在发出承诺通知以后，在承诺正式生效之前撤回其承诺。承诺作为一种意思表示在作出之后，应当允许当事人在其生效前撤回。承诺的撤回对要约人也并不会产生不利的影响，因为该撤回的表示需要先于承诺或与承诺同时到达要约人。撤回承诺的意思表示只能在如下两种情况下生效：一是撤回的通知应当在承诺到达相对人之前生效；二是撤回的通知与承诺同时到达相对人。承诺一旦先于撤回的通知到达，则意味着承诺已经生效，合同宣告成立，因此双方当事人就必须受到合同的拘束，不履行合同将导致违约责任的产生。

（二）承诺的迟延

承诺的迟延，是指受要约人未在承诺期限内作出承诺。《民法典》第481条第1款规定，“承诺应当在要约确定的期限内到达要约人”。也就是说，只有在规定的期限内到达的承诺才是有效的。

承诺的迟延可以分为两种：一是通常的迟延，也称逾期承诺。此种迟延是指承诺人没有在承诺的期限内发出承诺。依据《民法典》合同编的相关规定，承诺的期限通常是由要约规定的，如果要约中未规定承诺时间，则受要约人应在合理期限内作出承诺。超过承诺期限作出承诺，该承诺不产生效力。二是特殊的迟延。此种迟延是指受要约人没有迟发承诺的通知，但因为送达等原因而导致迟延。

《民法典》第486条规定：“受要约人超过承诺期限发出承诺，或者在承诺期限内发出承诺，按照通常情形不能及时到达要约人的，为新要约。”可见，延迟的承诺通常不能发生承诺的效力，而应当被视为新要约。在此情形下，要约人将处于承诺人的地位，其可以接受或者拒绝该新要约。当然，对延迟的承诺，如果要约人及时通知受要约人该承诺有效，也可以使其发生效力。《民法典》第486条规定，“但是，要约人及时通知受要约人该承诺有效的除外”。也就是说，在承诺迟延的情况下，该延迟的承诺在性质上转化为新要约，此时要约人也应该及时承诺，以防止要约人在承诺延迟以后利用其选择权来从事投机行为。

第四节 特殊的订约方式

一、签订确认书方式

《民法典》第 491 条第 1 款规定：“当事人采用信件、数据电文等形式订立合同要求签订确认书的，签订确认书时合同成立。”这就确认了签订确认书的订约方式。所谓签订确认书，是指合同正式成立前，一方就合同的成立要求最终确认。确认书通常采用书面的形式，自签订确认书之日起，合同正式宣告成立。依据《民法典》第 491 条第 1 款的规定，确认书主要适用于当事人采用信件、数据电文等形式订立合同的情况。如果一方在通过信件、数据电文等方式订约时，提出要以最后的确认为准，那么，在其未发出确认书以前，双方达成的协议不过是一个初步协议，当事人之间的合同关系并未成立。

二、网络交易方式

《民法典》第 491 条第 2 款规定：“当事人一方通过互联网等信息网络发布的商品或者服务信息符合要约条件的，对方选择该商品或者服务并提交订单成功时合同成立，但是当事人另有约定的除外。”依据该规定，如果一方通过互联网等信息网络发布的商品或服务信息符合要约条件，即由特定人作出、具有受拘束的意思、有相对人且内容确定，那么，相对方只要选择了该商品或服务，且提交订单成功，合同就宣告成立。当然，当事人可以对该规则作出特别约定。例如，当事人约定需要卖方确定有货并且实际发货，合同才能成立，这种情况下，买受人提交订单在性质上应当属于要约。又如，网上买机票，提交订单不一定合同成立，需要付款时合同才成立。

三、悬赏广告

（一）悬赏广告的概念和特征

悬赏广告，是指悬赏人以广告的形式声明对完成悬赏广告中规定的特定行为的人，给付广告中约定报酬的行为。例如，悬赏人在其刊登的各种寻人、寻物启事中提出，如帮助寻找到某人或完成了某事，将支付若干报酬。依据《民法典》第 499 条的规定，悬赏广告具有如下特征：

第一，悬赏广告是以公开的方式作出的意思表示。所谓广告，即广而告之。悬赏广告既可以以招贴画张贴，也可在橱窗、路牌、霓虹灯等处刊登，还可以通过报纸、网络等媒体刊载，甚至通过电台、广播等发布，总之都是以公开的方式发出意思表示。悬赏广告作为意思表示的一种，是悬赏人向不特定的多数人作出的意思表示。但悬赏广告与一般的意思表示不同，它是采取“广而告之”的方式。也就是说，悬赏广告是面向不特定的相对人作出的意思表示。

第二，悬赏广告是以对完成特定行为的人给予报酬为内容的意思表示。悬赏是悬赏人以公开方式声明对完成特定行为的人给付报酬的行为。一方面，给付报酬乃悬赏广告的题中之义，悬赏人可以在悬赏广告中声明报酬的种类、数额以及支付方式等。金钱、名誉、财物等，只要不违反法律规定，均可作为悬赏报酬。另一方面，悬赏广告是针对完成特定的行为作出的，其在内容上并没有限制，凡是合法的行为，无论是事实行为，还是法律行为，都可以作为悬赏广告的对象。当然，该行为的内容和类型不得违反法律规定和社会公共利益。

第三，悬赏广告是独立的债的发生原因。悬赏人一般会在悬赏广告中对实施一定行为的人允诺支付一定的报酬，这也使其负担了一定的债务。《民法典》第499条确认了悬赏广告可以作为独立的债的发生原因，因而悬赏广告也应当适用债的相关规则。

（二）悬赏广告的效力

悬赏广告一旦生效，悬赏人就负有对任何完成悬赏广告所声明的行为的人给付约定报酬的义务。与此相应，完成特定行为的相对人即享有报酬请求权。此处所说的特定行为，是指广告所指定的行为。如果广告中确定了完成特定行为的时间，则这一时间要求也构成对相对人完成特定行为的限制。由于悬赏广告在性质上是单方法律行为，因此，即便完成悬赏广告指定行为的人在行为时不知道广告的存在，其也仍应有权请求悬赏人支付报酬。

四、强制缔约

强制缔约，是指只要一方当事人提出缔结合同的请求，另一方当事人就依法负有法定的、与之缔结合同的义务。强制缔约制度是对意思自治原则下当事人缔约自由的限制。当代合同法在保障自由价值的同时，也注重伸张社会正义和公平，以实现当事人之间及当事人与社会利益之间的平衡。强制缔约即为对合同自由的限制，通过此种限制可以有效地保护特定群体的利益，实现合同的实质正义。《民法典》第494条规定了强制缔约制度。与一般的合同缔结相比，强制缔约具有如下特征：

第一，强制缔约属于法定义务。也就是说，在法律规定强制缔约的情形下，一方当事人依据法律规定而负有义务与对方订约，义务人违反该义务则应当承担相应的民事责任，甚至是行政责任。因此，无论当事人是否将强制缔约义务纳入合同，当事人均负有此种义务，且当事人不能在合同中规避这一法定要求。

第二，强制缔约是对合同自由的限制。在强制缔约中，缔约当事人负有发出订立合同之意思表示的法定义务，缔约的内容也受到限制，当事人应当按照法律规定的内容来缔约。需要指出的是，在强制缔约关系中，由于合同的缔结原则上仍然需要经过要约和承诺环节，其在形式上仍然是当事人双方磋商、意思表达一致的产物。因此，强制缔约并没有从根本上否定合同意思自治的基本规则。

第三，强制缔约的功能在于维护公共利益。强制缔约往往与特定企业具有相当市场支配力或者垄断地位有关。在特定情况下（如一方当事人处于垄断地位），缔约自由这一工具也可能失去其实现双方当事人利益的功能，从而损害一方当事人利益，影响社会公共利益的实现。强制缔约制度的主要功能在于防止部分公共服务的提供者选择性地提供公共服务，损害广大消费者利益，进而损害社会公共利益。

第四，强制缔约原则上仍然要经过要约和承诺的程序，只不过一方当事人必须发出要约或者必须作出承诺而已。强制缔约并非意味着合同的成立不需经过要约和承诺两个阶段，而仅是指当事人负有强制要约或强制承诺的义务。在法律规定了强制缔约义务的情况下，如果当事人没有作出承诺，法院可以依当事人一方的请求，依法根据具体情形要求一方当事人依据法律规定作出承诺。

在强制缔约的情形下，负有缔约义务的一方当事人必须受到约束，不能够拒绝社会上不特定相对人的缔约请求。从原则上说，即使是在强制缔约的情况下，合同的成立也需要经过要约、承诺的阶段，在相对人发出要约后，负有强制缔约义务的一方应当及时作出承诺的意思表示。否则，合同不能成立。

强制缔约包括两种形式：一是强制要约。它是指依据法律或行政法规的规定，一方当事人必须向他方当事人作出要约的意思表示。通常情形下，强制缔约主要体现为强制承诺，但在法律规定的特殊情形下，其才体现为强制要约。《民法典》第494条第2款规定："依照法律、行政法规的规定负有发出要约义务的当事人，应当及时发出合理的要约。"二是强制承诺。它是指依据法律或行政法规的规定，一方当事人必须针对他人的要约作出承诺的意思表示，即对接受要约义务的强制。《民法典》第494条第3款规定："依照法律、行政法规的规定负有作出承诺义务的当事人，不得拒绝对方合理的订立合同要求。"在强制承诺的情形下，如果一方当事人依照法律、行政法规的规定负有作出承诺的义务，则在一方作出要约的情形下，其必须依法承诺。

第五节 合同成立的时间和地点

一、合同成立的时间

《民法典》第483条规定："承诺生效时合同成立，但是法律另有规定或者当事人另有约定的除外。"依据本条规定，承诺的效果在于使合同成立，即一旦承诺生效，合同便宣告成立。承诺生效的时间，是指承诺什么时候产生法律效力。双方当事人就合同的主要条款完成要约和承诺的过程，就意味着双方当事人达成了合意，合同也就应当随即宣告成立，因此，承诺生效的时间就应当是合同成立的时间。

依据《民法典》第483条的规定，在法律另有规定或者当事人另有约定时，承诺生效也不一定导致合同成立。具体而言，有两种情况：一是法律另有规定。例如，法律明确规定合同应当采用特定的形式（如书面形式）订立才能成立的，只有采用该特定的形式，合同才能成立。又如，法律明确规定必须实际交付标的物才能使合同成立的，则只有实际交付该标的物，合同才能成立。二是当事人另有约定。按照合同自由原则，当事人另有约定的，也应当遵循当事人的约定。

二、合同成立的地点

在合同法上，合同成立地点具有如下意义：第一，选择适用的法律。我国《涉外民事关系法律适用法》第6条规定："涉外民事关系适用外国法律，该国不同区域实施不同法律的，适用与该涉外民事关系有最密切联系区域的法律。"合同签订地也可能被解释为与合同关系有最密切联系区域，所以，可能会对涉外合同关系中法律的选择产生影响。第二，确定诉讼管辖。合同的成立地有可能成为确定法院管辖权及选择法律的适用等问题的重要因素，因此明确合同成立的地点也十分重要。

（一）承诺生效的地点为合同成立的地点

《民法典》第483条规定，承诺生效时合同成立。依据这一规定，关于合同成立地点的确定，可以区分以下几种情形：一是以对话方式作出承诺的通知。依据《民法典》第137条的规定，在以对话方式作出承诺时，承诺生效的时间为要约人知道承诺的内容时。以对话方式作出承诺的，承诺生效的地点为合同成立的地点。二是以对话以外的方式作出承诺的通知。依据《民法典》第484条的规定，在有交易习惯或要约要求的情况下，可以不以通知的方式作出承诺，而是以一定行为的方式作出承诺。此时，承诺行为作出的地点为合同成立的地点。三是以实际履行的方式作出承诺的通知。如果当事人通过实际履行来订立合同，则默示承诺到达相对人时发生效力。此时，默示承诺到达的要约人所在地为合同的成立地点。

需要指出的是，合同成立的地点也可以由当事人另行约定。承诺生效的地点只是一个事实，真正有法律意义的是合同成立的地点。按照合同自由原则，当事人可以约定承诺生效的地点，也就是可以约定合同成立的地点。

（二）采用数据电文形式订立合同时合同成立的地点

《民法典》第492条规定："承诺生效的地点为合同成立的地点。采用数据电文形式订立合同的，收件人的主营业地为合同成立的地点；没有主营业地的，其住所地为合同成立的地点。当事人另有约定的，按照其约定。"该条是对以数据电文形式订立合同的合同成立地点的规定。

从原则上说，承诺生效的地点就是合同成立的地点，但由于数据电文形式的存储系统所在地往往与当事人订立合同没有紧密关系（如提供电子邮件等服务的企业的数据存储地和邮件收发地也并非准确对应）。因此，《民法典》第492条第2款吸收了联合国贸易法委员会《电子商业示范法》第5条第4款的规则，具体而言：一是有主营业地的，收件人的主营业地为合同成立的地点；二是没有主营业地的，收件人住所地为合同成立的地点；三是当事人另有约定的，按照其约定。如果当事人约定以收件人主营业地和住所地以外的地点作为合同成立的地点，则按照当事人的约定确定合同成立地点。

（三）以合同书形式订约的合同成立的地点

依据《民法典》第493条的规定，当事人采用合同书形式订立合同的，如果当事人没有就合同成立地点作出约定，则最后签名、盖章或者按指印的地点为合同成立的地点。

第六节 格式条款和免责条款

一、格式条款

（一）格式条款的概念与特征

《民法典》第496条第1款规定："格式条款是当事人为了重复使用而预先拟定，并在订立合同时未与对方协商的条款。"依据这一规定，所谓格式条款，是指由一方当事人为了反复使用而预先制定的并由不特定的第三人所接受的，在订立合同时不与对方协商的条款。格式条款的产生和发展是20世纪合同法发展的重要标志之一。格式条款的出现，不仅改变了传统的订约方式，而且对合同自由原则形成了挑战。因此，各国都纷纷通过修改和制定单行法律等方式对格式条款进行规范。格式条款具有如下特征：

第一，格式条款是由一方为了反复使用而预先制定的。格式条款必须是在订约以前就已经预先制定出来，而不是在双方当事人反复协商的基础上制定出来的。制定格式条款的一方多为固定提供某种商品和服务的公用事业部门、企业和有关的社会团体等，当然也有些格式条款文件是由有关政府部门为企业制定的，如常见的电报稿上的发报须知、飞机票上的说明等。格式条款一般都是为了重复使用而不是为一次性使用制定的，因此从经济上看有助于降低交易费用，尤其是许多交易活动是不断重复进行的，许多公用事业服务具有既定的要求，通过格式条款的方式可以使订约基础明确、节省费用、节约时间，这也符合现代市场经济高度发展的要求。

第二，格式条款相对方通常是不特定的。格式条款是为与不特定的人订约而制定的，因而，合同在订立以前，使用格式条款的一方总是特定的，而相对方都是不特定的，这就与一般合同当事人双方都是特定主体有所不同。如果一方根据另一方的要求而起草供对方承诺的合同文件，则仍然是一般合同文件而不是格式条款文件。当然，在不特定的相对人实际进入订约过程以后，其事实上已由不特定人变成了特定的承诺人。

第三，格式条款的内容具有定型化的特点。所谓定型化，是指格式条款具有稳定性和不变性，它普遍适用于一切要与制定者订立合同的不特定的相对人，而不因相对人的不同有所区别。一方面，格式条款文件，普遍适用于一切要与条款的制定者订立合同的相对人，相对人对合同的内容只能表示完全的同意或拒绝，而不能修改或变更。因此，格式条款也就是指在订立合同时不能协商的条款。另一方面，在格式条款的适用过程中，要约人和承诺人双方的地位也是固定的，而不像一般合同在订立过程中，要约方和承诺方的地位可以随时改变。

第四，相对人在订约中居于附从地位。相对人并不参与协商过程，只能对一方制定的格式条款概括地予以接受，而不能就合同条款讨价还价，因而在合同关系中处于附从地位。格式条款的这一特点使它与某些双方共同协商参与制定的格式条款不同，后一种合同虽然外观形式上属于格式条款，但其内容是由双方协商确定的，所以，仍然是一般合同而不是格式条款。正是因为相对人不能与条款的制定者就格式条款的具体内容进行协商，所以格式条款的适用将限制合同自由，而且极易造成对消费者的损害。因为消费者通常都是弱者，条款的制定者通常都是大公司、大企业，它们有可能垄断一些经营与服务事业，消费者在与其进行交易时通常别无选择，只能接受其提出的不合理的格式条款。当然，对于相对人来说，虽然其不具有充分表达自己意志的自由，但从法律上看，其仍然应当享有选择是否接受格式条款的权利，因此仍享有一定程度的合同自由。所以，格式条款的适用，并没有完全否定合同自由原则。

格式条款常常与示范合同相混淆。所谓示范合同，是指根据法规和惯例而确定的具有示范使用作用的文件。在我国，房屋的买卖、租赁、建筑等许多行业正在逐渐推行各类示范合同。示范合同的推广对于完善合同条款、明确当事人的权利义务、减少因当事人欠缺合同法律知识而产生的各类纠纷具有一定的作用。但由于示范合同只是当事人双方签约时的参考文件，对当事人无强制约束力，双方可以修改其条款形式和格式，也可以增减条款，因而其不是格式条款。格式条款是固定的、不能修改的；而示范合同只是订约的参考，因此是可以协商修改的。

（二）提供格式条款一方的义务

依据《民法典》第 496 条第 2 款的规定，提供格式条款的一方应负有如下义务：

第一，应当遵循公平原则确定当事人之间的权利和义务。所谓公平原则，是指民事主体应本着公平的观念实施民事行为，司法机关应根据公平的观念处理民事纠纷，民事立法也应该充分体现公平的理念。由于提供格式条款的一方常常居于优势地位，而相对人在订约中居于附从地位，为了保障交易的公平，法律要求提供格式条款的一方应当遵循公平原则确定当事人之间的权利和义务，在格式条款的制定中，不得利用其优势地位损害另一方的权益，更不得利用对方的无经验导致民事主体之间利益关系失衡。

第二，应当采取合理的方式提示对方注意免除或者减轻其责任等与对方有重大利害关系的条款。提供格式条款的一方应当采取合理的方式提示对方注意一些重要条款，也就是说，提供格式条款的一方应当在合同订立过程中告知对方注意一些重要条款，并理解这些条款的内容。依据《民法典》第 496 条第 2 款，此类条款主要包括免除或者减轻责任条款，以及其他与对方有重大利害关系的条款（如仲裁条款、选择鉴定单位的条款等）。同时，依据此条款，提请注意的方式应该合理。判断其是否达到合理的程度，应当综合考虑文件的外形、提请注意的方法、清晰明白的程度以及提请注意的程度等。

第三，应当按照对方的要求对与对方有重大利害关系的条款予以说明。依据《民法典》第 496 条第 2 款的规定，此种说明义务并非主动的作为义务，而是按照对方的要求所应当履行的义务。对方要求说明的，提供格式条款的一方有义务按照对方的要求说明；对方没有要求的，则提供格式条款的一方没有义务说明。

第四，未履行提示或者说明义务应承担相应的法律后果。《民法典》第 496 条明确了未尽提示或说明义务的法律后果，采用了“对方可以主张该条款不成为合同的内容”的表述。依据这一规定，必须由相对方主张该条款不成为合同的内容，而不是由该条款制定者提出此种请求。所谓“不成为合同的内容”，是指这些条款根本没有成立，即因为条款制定一方没有履行以合理方式提示或者说明义务，从而使对方可以主张这些条款不能成为合同的内容。同时，相对人可以作出选择，如果其认可这些条款，选择将其纳入合同内容时，应当认定该条款的效力。

（三）格式条款的无效

所谓格式条款的无效，是指格式条款因为违反了法律、行政法规的强制性规定以及公序良俗，应当被宣告无效。尽管格式条款与一般合同条款一样，都应当按照民事法律行为的一般生效标准来判断，但格式条款本身具有其特殊性，对于格式条款的生效，在法律上应当有更为严格的限制。《民法典》第 497 条规定：“有下列情形之一的，该格式条款无效：（一）具有本法第一编第六章第三节和本法第五百零六条规定的无效情形；（二）提供格式条款一方不合理地免除或者减轻其责任、加重对方责任、限制对方主要权利；（三）提供格式条款一方排除对方主要权利。”可见，格式条款的无效情形，较之于一般合同条款更多，对格式条款的生效限制更为严格。具体而言，格式条款的无效包括如下情形：

第一，具有《民法典》第一编第六章第三节和第 506 条规定的无效情形。具体包括：一是具有《民法典》第一编第六章第三节规定的无效情形。该节规定对民事法律行为无效的规则作出了规定，也适用于格式条款效力的认定。二是具有《民法典》第 506 条规定的无效情形。该条对免责条款无效的规则作出了规定，也适用于对格式条款效力的认定。也就是说，如果格式条款在性质上属于免责条款，而其又属于《民法典》第一编第六章第三节和第 506 条规定的无效情形，则应当被认定为无效。

第二，提供格式条款一方不合理地免除或者减轻其责任、加重对方责任、限制对方主要权利。这意味着条款制定者违反公平原则，不合理地安排当事人之间的权利和义务，导致格式条款显失公平。具体而言，其包括如下三种情形：一是不合理地免除或者减轻责任。免除或者减轻责任条款本身是合法的，但格式条款的制定者不得不合理地免除或者减轻其责任。例如，商店中标示的“本店商品一经售出概不退换”的告示，都属于不合理地免除或者减轻责任的条款。二是不合理地加重对方责任。例如，合同中约定消费者对于不可抗力发生的后果也应承担责任，有的规定了异常高的违约金。三是限制对方主要权利。例如，条款制定者为了达到长期占有客户或者垄断市场的目的，在格式条款中约定对方不得与任何第三方交易，只能与条款制定者交易，从而限制对方自由交易的权利。

第三，提供格式条款一方排除对方主要权利。所谓排除主要权利，是指格式条款中含有排除对方当事人依据合同的性质和内容应当享有的主要权利，所对应的义务往往是主给付义务。依据《民法典》第 497 条第 3 项的规定，只要是排除对方主要权利，就可以宣告该格式条款无效。

（四）格式条款的解释

所谓格式条款的解释，是指根据一定的事实，遵循有关的原则，对格式条款的含义作出的说明。依据《民法典》第 498 条的规定，格式条款的解释应当采取以下三项解释规则：

第一，按照通常理解予以解释。按照通常理解予以解释，是指对于格式条款，应当以可能订约者平均、合理的理解为标准进行解释。既然格式条款是为不特定人制定的，那么就应考虑到多数人而不是个别消费者的意志和利益。因此，在就格式条款发生争议时，应以可能订约者平均的、合理的理解为标准进行解释。例如，对某些特殊的术语应作出平常的、通常的、通俗的、日常的、一般意义上的解释。如果格式条款经过长期使用以后，消费者对其中某些用语的理解与条款制定方的理解有所不同，则应以交易时消费者的一般理解为标准进行解释。

第二，作出不利于提供格式条款一方的解释。在格式条款的解释中，之所以应当作出不利于格式条款提供者一方的解释，主要是因为，既然格式条款是由一方制定的而不是由双方商订的，那么各项条款可能是制定者基于自己的意志所作的有利于自己的条款，尤其是条款制定者可能会故意使用或插入意义不明确的文字以损害消费者的利益，或者从维持甚至强化其经济上的优势地位出发，将不合理的解释强加于消费者。所以，为维护消费者的利益，在条款含义不清楚时，就应对条款制定者作不利的解释。

第三，格式条款和非格式条款不一致的，应当采用非格式条款。在一般的合同解释中，如果个别商议的条款与一般条款不一致，那么个别商议条款应当优先于一般条款。对格式条款而言，其是由一方预先制定的，当格式条款与非格式条款的含义不一致时，应当认定非格式条款优先于格式条款。这既尊重了双方当事人的真实意思，也有利于保护广大消费者的利益。

二、免责条款

免责条款是当事人双方在合同中事先约定的，旨在限制或免除其未来的责任的条款。按照合同自由原则，当事人可以在法律规定的范围内，自由约定合同条款。因此，当事人既可以在合同中约定合同义务和违约责任，也可以在合同中约定免责条款。依法成立的免责条款是有效的。

在合同编中，免责条款具有如下特点：一是免责条款是一种合同条款，是合同的组成部分。采用格式条款订立合同的，提供格式条款的一方应当按照对方的要求，对该条款予以说明。二是免责条款是当事人事先约定的。当事人约定免责条款是为了减轻或免除其未来发生的责任，因此只有在责任发生以前由当事人约定且生效的免责条款，才能导致当事人责任的减轻或免除。三是免责条款旨在免除或限制当事人未来所应负的责任。根据免责条款所免除或限制责任的性质不同，可将免责条款分为完全免责的条款和限制责任的条款。

按照私法自治原则，既然民事主体可以在不损害国家、社会公共利益和第三人利益的情况下自由处分其财产权益，那么，当然可以通过达成协议设定免责条款，以免除其未来的责任。只要免责条款不损害国家、社会公共利益和第三人利益，则国家不应当对其进行干预。在市场交易活动中，由于交易充满了风险，因此当事人需要通过免责条款合理分配双方的利益和风险，事先规避风险。免责条款的设定有助于控制未来风险、合理规避风险、降低交易成本，从而有利于鼓励各类交易、促进交易的发展，也有利于及时解决纠纷。

第七节 缔约过失责任

一、缔约过失责任的概念

缔约过失责任，是指在合同订立过程中，一方因违背其依据诚信原则和法律规定的义务致另一方信赖利益遭受损失，应承担损害赔偿责任。根据《民法典》第500条的规定，当事人在订立合同过程中，实施了假借订立合同、恶意进行磋商等违背诚信原则的行为，造成对方损失的，应当承担赔偿责任。这就确立了缔约过失责任制度，该条不仅完善了我国债和合同制度体系，完善了交易的规则，而且有助于维护诚信原则。

民法典之所以将缔约过失责任规定在合同订立阶段，是因为缔约过失责任制度是规范合同订立过程的重要制度。在缔约阶段，当事人因社会接触而进入可以彼此影响的范围，依诚信原则，应尽交易上的必要注意，以维护他人的财产和人身利益，因此，缔约阶段也应受到法律的调整。当事人应当遵循诚信原则，认真履行其所负的义务，不得因无合同约束，滥用订约自由或实施其他致人损害的不正当行为。否则，不仅将严重妨碍合同的依法成立和生效，影响交易安全，也影响人与人之间正常关系的建立。一般地说，缔约过失责任的成立须具备如下条件：

第一，缔约过失发生在合同订立过程中。缔约过失责任与违约责任的基本区别在于，此种责任发生在缔约过程中而不是发生在合同成立以后。只有在合同尚未成立，或者虽然成立，但因为不符合法定的生效要件而被确认为无效或被撤销时，缔约人才承担缔约过失责任。若合同已经成立，因一方当事人的过失而致他方损害，就不应适用缔约过失责任。即使是在附条件的合同中，在条件尚未成就以前，一方因恶意阻碍或延续条件的成就，视为条件已经成就，也因为合同已经成立且生效，则应按违约责任而不应按缔约过失责任处理。所以，确定合同成立的时间，是衡量是否应承担缔约过失责任的关键。

第二，一方违背其依诚信原则所应负的义务。缔约过失中所说的过失是一种客观过失，是指一方在缔约阶段依诚信原则所产生的义务。诚信原则是合同法的一项基本原则。民事主体在从事民事活动时，应讲诚实、守信用，以善意的方式行使权利并履行义务。根据诚信原则的要求，在合同订立时或成立后，当事人负有一定的附随义务。相对于给付义务而言，依诚信原则而产生的忠实、协助、保密等义务虽只是附随义务，但它们也是依法产生的法定义务，随着双方当事人联系的密切而不断变化。当事人一方如不履行这种义务，不仅会给他方造成损害，而且会妨害社会经济秩序。因此，法律要求当事人必须履行上述依诚信原则产生的义务，否则将要负缔约过失责任。

应当指出，在缔约阶段，一方当事人负缔约过失责任的原因可能并不仅限于其违反了与合同义务相伴的附随义务，还在于要约人违反了其发出的有效要约。所以，缔约过失责任可能因当事人对缔约关系的破坏而产生。由于在缔约阶段，当事人均负有某种法定义务（附随义务和其他义务），从而表明缔约关系并不是事实关系，也不是法律作用不到的领域。事实上，当事人为缔结合同而接触与协商之际，已由原来的普通关系进入特殊的联系阶段，双方均应依诚信原则负互相协助、照顾、保护等义务。违反了该义务而致他人损害，将构成缔约过失。

第三，造成他人信赖利益的损失。缔约过失责任的承担必须以造成对方损失为前提。缔约过失行为直接破坏了缔约关系，所引起的损害是指他人因信赖合同的成立和有效，但由于合同不成立和无效的结果所蒙受的不利益，此种不利益即为信赖利益或消极利益的损失。例如，信赖表意人的意思表示有效的相对人，因表意人滥用订约自由、随意撤销意思表示所受的损害。信赖利益与因合同履行获得的履行利益或积极利益是不同的。信赖利益赔偿的结果，是使当事人达到合同未曾发生时的状态；而履行利益赔偿的结果，是使当事人达到合同完全履行时的状态。信赖利益的损失主要是指因他方的缔约过失行为而致信赖人的直接财产的减少，如支付各种费用等。当然，当事人的信赖必须是合理的，即一方的行为已使另一方足以相信合同能够成立或生效，由于另一方的缔约过失破坏了缔约关系，使信赖人的利益丧失，而且此种损失与缔约过失行为有因果关系。如果按照交易习惯，当事人不应对合同的成立或者生效产生合理信赖，则即便其为合同的订立支付一定的费用，也不应当属于信赖利益的损失。

缔约过失责任虽然规定在合同编中，但其仍然是一种独立的责任形式，而与违约责任相区别。违约责任是基于违反合同义务而产生的责任，而缔约过失责任则是在合同订立阶段因为一方违反诚信原则而造成另一方的损害所产生的责任。缔约过失责任是在当事人的合同关系还没有成立时所产生的责任。

二、缔约过失的类型

（一）假借订立合同，恶意进行磋商

假借订立合同，恶意进行磋商，将构成缔约过失。所谓“假借”，是指根本没有与对方订立合同的目的，与对方进行谈判只是个借口，目的是损害对方或者他人利益。换句话说，一方本不想和对方谈判，而是为了拖延时间或为了使对方丧失商业机会而与对方谈判。如甲就某项合同的订立与乙进行谈判，目的在于阻止乙与丙订立合同，或者使乙丧失其他商业机会。所谓“恶意”，是指假借磋商、谈判，而故意给对方造成损害。恶意包括两方面内容：一是行为人主观上并没有谈判意图；二是行为人主观上具有给对方造成损害的目的和动机。恶意是构成恶意谈判的最核心的要件，受害一方必须证明另一方具有假借磋商、谈判而使其遭受损害的恶意，才能使另一方承担缔约过失责任。

应当指出的是，在谈判过程中根据合同自由原则，双方都享有订立和不订立合同的自由。从这个意义上说，双方都有权在达成协议以前中断谈判，一方中断谈判也不需要给另一方合理的理由。除非其进行谈判和中断谈判都出于恶意，且另一方有足够的证据证明其假借订立合同，恶意进行磋商，才可能构成缔约过失。

（二）故意隐瞒与订立合同有关的重要事实或者提供虚假情况

故意隐瞒与订立合同有关的重要事实或者提供虚假情况，属于缔约过程中的欺诈行为。所谓欺诈，是指一方当事人故意实施某种欺骗他人的行为，并使他人陷入错误而订立合同。构成欺诈，必须符合如下要件：

第一，欺诈方具有故意。也就是说，欺诈方明知自己告知对方的情况是虚假的且会使被欺诈人陷入错误认识，而希望或放任这种结果的发生。故欺诈方告知虚假情况，无论是否使自己或第三人牟利，均不妨碍故意的构成。

第二，欺诈方客观上实施了陈述虚假事实或隐瞒真实情况的欺诈行为。所谓欺诈行为，是指欺诈方将其欺诈故意表示于外部的行为，在实践中大多表现为故意告知虚假情况或故意隐瞒真实情况使他人陷入错误的行为。例如，当事人在订立合同过程中，故意隐瞒其财产状况、履约能力，或者没有告知对方当事人标的物属于易燃、易爆或有毒物品等重要情况。在订约过程中，一方当事人故意隐瞒与订立合同有关的重要情况或提供虚假情况，实际上已构成欺诈。因此给对方造成财产损失的，应负赔偿责任。

第三，相对人的认识错误与行为人的欺诈行为之间有因果联系，即相对人因行为人告知虚假情况或隐瞒真实情况的行为而陷入认识错误。在欺诈的情况下，

受欺诈方须因欺诈陷入了错误的认识，受害人基于虚假的情况而对合同内容发生了错误认识，如因误信对方的假药宣传而将假药当成了真药。受欺诈方未陷入错误或者所发生的错误内容并不是欺诈造成的，则不构成欺诈。

（三）泄露或者不正当地使用商业秘密或者其他应当保密的信息

《民法典》第 501 条规定："当事人在订立合同过程中知悉的商业秘密或者其他应当保密的信息，无论合同是否成立，不得泄露或者不正当地使用；泄露、不正当地使用该商业秘密或者信息，造成对方损失的，应当承担赔偿责任。"该条规定了当事人在订立合同过程中，对于其知悉的商业秘密或者其他应当保密的信息的保密义务。

依据《民法典》第 501 条的规定，当事人违反其对于所知悉的商业秘密或者其他应当保密的信息的保密义务的，应当承担损害赔偿责任。此种责任的成立应当具备如下条件：

第一，当事人在订立合同过程中已知悉商业秘密或者其他应当保密的信息。应当保密的信息包括：（1）商业秘密。根据《反不正当竞争法》第 9 条规定，商业秘密是指不为公众所知悉、具有商业价值并经权利人采取相应保密措施的技术信息、经营信息等商业信息。商业秘密是否为一种权利，以及属于何种性质的权利，仍然存在争议。但毫无疑问，商业秘密作为一种民事主体享有的合法利益，应当由法律予以保护。当事人在谈判过程中，可能会涉及商业秘密问题。在许多情况下，谈判的一方向另一方透露了某些商业秘密以后，另一方就应依据诚信原则负保密义务，不得向外泄露或作不正当使用。（2）其他应当保密的信息。这主要是指除商业秘密外的在订立过程中知悉的一经泄露可能带来损失的秘密信息。增加此种信息的主要原因在于，合同编所规定的合同，不仅包括商事主体所订立的合同，还包括同其他民事主体如非法人组织、自然人等订立的合同。诸如机关、学校甚至自然人等主体在缔约中也存在需要保密的信息，这些信息显然不属于商业秘密的范畴，但仍然值得保护。例如，在与学校订立合同中了解的学生数据信息，在与自然人订立合同中了解的其疾病状况等，对于这些信息的保密也应当构成一种义务。

第二，泄露、不正当地使用该商业秘密或者信息。具体而言，（1）泄露商业秘密或者其他信息。所谓泄露，是指将商业秘密或者其他信息透露给他人，如在要求对方保密的条件下向其他人透露商业秘密或者其他信息。（2）不正当使用商业秘密或者其他信息。所谓不正当使用，是指未经授权而使用该秘密或将该秘密转让给他人。如将商业秘密用于自己的生产经营，由自己直接利用商业秘密的行为或状态，或非法允许他人使用，都构成侵权。无论行为人是否因此而获取一定的利益，都有可能构成缔约过失责任。

第三，泄露、不正当地使用该商业秘密或者信息造成对方损失。因泄露、不正当使用商业秘密或者信息而给对方造成了损失，至于行为人主观上出于故意或过失则不必考虑。

（四）其他违背诚信原则的行为

其他违背诚信原则的行为较多。例如，在合同无效和被撤销、违反强制缔约义务、无权代理等情况下，也能产生缔约过失责任。

三、缔约过失责任的赔偿范围

依据《民法典》第500条、第501条的规定，当事人在订立合同过程中，实施了假借订立合同、恶意进行磋商等违背诚信原则的行为，造成对方损失的，应当承担赔偿责任。此处所说的赔偿责任并非违约责任，因为在缔约阶段，合同还没有成立，即使实施了假借订立合同、恶意进行磋商等违背诚信原则的行为，另一方也不得请求其承担违约责任。

在缔约过失责任中，应当以信赖利益作为赔偿的基本范围，这与违约责任应救济非违约方的履行利益是不同的。信赖利益的损失限于直接损失，这里的直接损失是指因为信赖合同的成立和生效所支出的各种费用，具体包括：第一，因信赖对方要约邀请和要约有效而与对方联系、实地考察以及检查标的物等所支出的各种合理费用。第二，因信赖对方将要缔约，为缔约做各种准备工作并为此所支出的各种合理费用。例如，因信赖对方将要出售家具，而四处筹款所支出的各种费用。第三，为支出上述各种费用所失去的利息。应当指出，各种费用的支出必须是合理的，而不是受害人所任意支出的。只有合理的费用才和缔约过失行为有因果联系，并且应当由行为人承担赔偿责任。

一般认为，信赖利益赔偿以不超过履行利益为限，即在合同不成立、无效或者被撤销的情况下，有过错的一方所赔偿的信赖利益不应该超过合同有效或者成立时的履行利益。例如，因一方的过错导致合同不能有效成立，另一方可以要求赔偿因信赖合同成立而支付的各种费用，而不能要求赔偿合同成立本应获得的利润。确立这一原则对实践中认定信赖利益的赔偿范围是十分必要的。

▶即测即评　　▶案例资源

第三章　合同的效力

第一节　合同效力概述

一、合同效力的概念

合同的效力，是指依法成立的合同在当事人之间产生的法律拘束力。合同的效力反映了法律对当事人之间合意的评价，因此，已经成立的合同只有具备了法定的生效要件（或称有效要件），才能有效。合同生效意味着合同产生拘束力，当事人应当依据合同约定行使权利和履行义务，违反合同义务应当承担相应的责任。合同一旦生效，当事人的约定就具有优先于法律规定的效力。

合同的效力可以分为对内效力和对外效力。所谓对内效力，是指合同对当事人产生的法律拘束力；所谓对外效力，是指合同对当事人以外的人产生的法律拘束力。例如，合同一旦生效，也可能会对合同当事人以外的第三人产生效力，其主要表现在为第三人利益的合同、债权保全制度、租赁权物权化、债权不可侵害性等方面。

《民法典》第136条第2款规定："行为人非依法律规定或者未经对方同意，不得擅自变更或者解除民事法律行为。"该条对民事法律行为的效力作出了规定，就合同的效力而言，尤其体现在如下方面：一是任何一方当事人不得擅自变更合同。从原则上说，合同的变更必须经当事人双方协商一致，并在原合同的基础上达成新的协议。合同的任何内容都是经过双方协商达成的，因此，变更合同的内容须经过双方协商同意。任何一方未经过对方同意，无正当理由擅自变更合同内容，不仅不能对合同的另一方产生约束力，反而将构成违约行为。由于合同变更必须经过双方协商，所以，在协议未达成以前，原合同关系仍然有效。特殊情况下，法律规定一方当事人享有法定变更合同的权利，如在重大误解、显失公平的情况下，受害人享有请求法院或仲裁机构变更合同内容的权利。但享有变更请求权的人必须实际请求法院或仲裁机构变更合同，且法院或仲裁机构经过审理，确认了变更的请求，合同才能发生变更。二是任何一方当事人不得擅自解除合同。也就是说，合同一旦成立，任何一方当事人都不得随意解除合同。从《民法典》合同编的规定来看，合同的解除要么是基于当事人行使法律解除权实现，要么是基于当事人的协议解除或者当事人约定的解除权的行使实现。除上述原因外，任何一方当事人都不得主张解除合同，否则将构成违约。此外，即便当事人享有解除权，其解除合同的程序也应当符合法律规定，否则无法产生合同解除的效力。

二、合同生效与合同成立的区别

合同的生效，是指已经成立的合同在当事人之间产生了一定的法律约束力，也就是通常所说的法律效力。合同的成立只是解决了当事人之间是否存在合意的问题，并不意味着已经成立的合同都能产生法律拘束力。换言之，即使合同已经成立，如果不符合法律规定的生效要件，仍然不能产生法律效力。合同本身并不是法律，而只是当事人之间的合意，因此不可能具有法律效力。合同的法律效力，只是强调合同对当事人的约束性。合同的法律约束力并非来自当事人的意志，而来源于法律的赋予。也就是说，因为当事人的意志符合国家的意志和社会利益，因此国家赋予当事人的意志法律约束力，要求合同当事人严格履行合同。《民法典》第136条第1款规定："民事法律行为自成立时生效，但是法律另有规定或者当事人另有约定的除外。"《民法典》第119条规定："依法成立的合同，对当事人具有法律约束力。"可见，合同的约束力主要体现在对当事人的约束力上，具体体现为权利和义务两方面。从权利方面来说，合同当事人依据法律和合同的规定所产生的权利依法受到法律保护。从义务方面来说，当事人根据合同所产生的义务具有法律的强制性。

应当看到，合同的成立与合同的生效常常是密切联系在一起的。因为当事人订立合同旨在实现合同所产生的权利和利益，也就是使合同对当事人产生拘束力（当事人一方或双方故意订立无效合同的情况除外）。尽管如此，但合同的成立与合同的生效是两个不同的概念，两者的区别主要表现在：

第一，两者可能处于不同的阶段。合同的成立是指当事人就合同的主要条款达成合意，在一般情况下，合同成立以后，只要内容和形式合法，合同成立同时即为有效。但在特殊情况下，合同成立以后可能因为内容不合法而导致合同无效，因此，已经成立的合同并不产生效力。从法律评价标准来看，合同的生效实际上是在合同已经成立的基础上所作的价值判断。因此，合同生效的时间可能要晚于合同成立的时间，典型的情形如需要政府部门审批的合同等。

第二，两者的构成要件不同。合同的成立需要当事人就合同主要条款达成合意，而合同的生效要件至少应当包括合同成立的全部要件，除此之外，还可能因为法律的规定或者当事人的特别约定而需要其他要件。例如，当事人在合同中约定合同必须经过公证才能生效的，则"合同公证"成为合同的生效要件；非经公证，已经成立的合同也不发生法律效力。

第三，两者体现的国家干预程度不同。合同的成立是当事人意思表示一致的结果，因此，它主要表现了当事人的意思，而且强调合同成立过程中的合意。而合同的生效是指国家对已经成立的合同予以认可，如果当事人的合意符合国家的意志，将被赋予法律拘束力；如果当事人的合意违背了国家意志，不仅不能产生法律约束力，而且将要承担合同被宣告无效以后的责任。

三、法律行为效力规则对合同效力的适用

合同效力制度是合同法的重要内容，如果合同因违反法律、行政法规而不能生效，则该合同不仅不能履行，当事人还应当依法承担责任。由于合同本身是民事法律行为的一种类型，有关民事法律行为效力的基本规则在《民法典》总则编中已经作出了规定，因此，为了避免与总则编的重复，合同编中有关合同效力的规则十分简略。《民法典》第 508 条规定："本编对合同的效力没有规定的，适用本法第一编第六章的有关规定。"例如，有关合同无效的强制性规范的认定标准，由于《民法典》总则编已经进行了规定，就应当直接适用总则编的规定。本书在合同编中不再详细讨论合同的生效要件，以及无效、可撤销的具体类型和附条件、附期限的合同问题。涉及这些合同的效力规则，应当适用《民法典》总则编的规定。

四、合同效力的特殊规则

依据《民法典》第 508 条的规定，合同编对合同效力有规定的，则应当适用合同编的规定。在合同编第三章有关合同效力的规定中，总则编没有规定的条款适用如下特殊规则：

（一）无权代理合同中的默示追认规则

在狭义无权代理的情形下，无权代理人以被代理人的名义订立合同，此种合同属于效力待定的合同，被代理人享有追认权。被代理人的追认，可以以明示和默示两种方式作出。所谓明示的追认，是指明确向相对人表示承认代理人所实施的行为并愿意承担该行为的后果；所谓默示的追认，是指以一定行为的方式承认了该行为的后果。

依据《民法典》第 503 条的规定，默示的追认体现为两种方式：一是被代理人已经开始履行合同义务。虽然被代理人没有明确地追认，但是如果被代理人已经开始履行合同，自然表明被代理人已经实际接受了合同约束并承担了该合同的效果。二是被代理人接受相对人的履行。如果被代理人已经接受了相对人的履行行为，也同样表明被代理人已实际承认了代理人的行为。

（二）法定代表人超越权限订立合同的效力规则

《民法典》第 504 条规定："法人的法定代表人或者非法人组织的负责人超越权限订立的合同，除相对人知道或者应当知道其超越权限外，该代表行为有

效，订立的合同对法人或者非法人组织发生效力。”相对人知道或者应当知道其超越权限包括两种情况：一是在订立合同时相对人对法定代表人、负责人超越权限的情况是明知的。例如，甲代表法人对外订立担保合同时，未获得董事会的授权，债权人明知这一情况，多次要求甲利用职权私盖公章，后甲按照乙的要求在担保合同上加盖法人印章。二是在订立合同时相对人应当知道法定代表人、负责人超越权限的情况。例如，法律明确规定企业的分离、合并必须经过董事会的同意，仅由法定代表人一人同意不能决定企业的分离、合并问题。而相对人在法定代表人未取得董事会同意的情况下，就与法定代表人订立合同，相对人知道或者应当知道法定代表人、负责人超越权限对外订立合同，该法定代表人超越职权的行为不构成表见代表。

（三）超越经营范围订立合同的效力规则

《民法典》第 143 条要求行为人从事民事法律行为应当具有相应的民事行为能力，其中也包括法人实施民事行为应当具有相应的民事行为能力，应当在登记的经营范围内从事经营活动。但这并不意味着营利法人超越其经营范围而行为，该行为便应当被当然宣告无效。依据《民法典》第 505 条的规定，如果合同仅仅只是涉及超越经营范围的问题，不能因此而认定合同无效。这是因为：一方面，为适应市场经济的内在需要，应当赋予营利法人广泛的从事投资和交易的自由。另一方面，营利法人在从事经营活动时，将与第三人进行民事交往，如果以营利法人的经营范围作为对法人权利能力的限制，从而导致民事行为无效，将不利于保护第三人的信赖利益和维护交易安全。

依据《民法典》第 505 条的规定，在判断超越经营范围的合同是否有效时，“应当依照本法第一编第六章第三节和本编的有关规定确定”。《民法典》总则编第六章第三节是关于法律行为效力的一般规则，超越经营范围订立的合同作为民事法律行为，也应当依据总则编第六章第三节来确定效力。其中一些法律中关于特定行业经营范围限制的规则可能属于《民法典》第 153 条中的“法律、行政法规的强制性规定”。对于违反国家限制经营、特许经营以及法律、行政法规禁止经营的规定而超越经营范围的，因为不仅仅是保护第三人利益和维护交易安全的问题，还涉及国家对经济的法律规制和社会公共秩序。因此，作为例外，这种超越经营范围的合同应当认定为无效。

（四）免责条款的无效规则

免责条款一旦订入合同，就意味着当事人已经就免责条款达成了合意，但当事人已经达成的免责条款并不是当然有效的。我国法律从合同自由原则及经济效率考虑，允许当事人达成免责条款，但这并不意味着当事人可以对免责条款任意作出约定。虽然违约责任具有一定程度的任意性，但又具有一定的强制性。当事人在不违反法律和公共道德的情况下，可以自由设定免责条款，但免责条款只有符合法律规定，才能合法有效。依据《民法典》第 506 条的规定，合同中的免责条款在以下两种情形下是无效的：

第一，造成对方人身损害的。免责条款不得免除人身损害的责任。公民的生命健康权是人权的最核心的内容，保护公民的人身安全是法律的最重要的任务。如果允许当事人通过免责条款免除造成对方人身损害的责任，不仅将使侵权法关于不得侵害他人财产和人身权利的强制性义务形同虚设，使法律对人身权利的保护难以实现，而且将会严重危及法律秩序和社会公共道德。因此，各国合同法大都规定禁止当事人通过免责条款免除故意和重大过失造成的人身伤亡的责任。我国法律明确规定免除造成对方人身损害责任的免责条款无效，体现了我国法律充分以人为终极目的和终极关怀这一价值取向，表明法律将对人的保护置于了最优先保护的地位。

第二，因故意或者重大过失造成对方财产损失的。故意或重大过失责任不得免除的规则来自罗马法，并为大陆法系国家的民法典所广泛接受。我国《民法典》合同编采纳这一规则的依据在于，因故意或者重大过失造成对方财产损失的，不仅表明行为人的过错程度是重大的，而且表明行为人的行为具有不法性，此种行为应受法律的谴责。例如，双方当事人在合同中特别约定，“卖方交付的货物所造成的全部损失一概由买方负责”，该免责条款显然违反了上述规定。在免责条款设立以后，若一方可以随意毁损他人的财物，砸坏他人的物件，这显然是危害法律秩序的。还要看到，允许当事人通过免责条款免除因故意或者重大过失造成对方财产损失的责任，也可能违反公序良俗。

第二节 合同效力瑕疵的类型

一、未生效合同

（一）未生效合同的概念和特征

未生效合同，是指法律规定的合同生效应当满足特别的批准要件未被满足时合同的状态。未生效合同的典型形态是，依据法律、行政法规的规定应当办理批准才能生效，而当事人并未办理批准手续的合同。可见，未生效合同是与法律法规明确规定的审批义务联系在一起的。在实践中，有一些合同依据法律法规必须经过有关部门的批准方能生效。在当事人并未办理批准手续时，合同并未生效。依据《民法典》第 502 条第 2 款，对于办理批准等手续的合同，应当从如下方面理解：

第一，法律、行政法规规定应当办理批准等手续合同才生效的，依照其规定。法律、行政法规规定应当办理批准等手续生效的合同，主要包括：探矿权、采矿权转让合同，上市公司国有股转让合同，中外合资经营的合营协议，国有土地使用权转让、抵押合同，国有企业的合并合同等。法律、行政法规规定应当办理批准等手续生效的，可以补办，补办的时间可以延长至一审法庭辩论终结前，在此期间当事人仍未办理批准手续的，则合同未生效。

第二，未办理批准等手续的，该合同未生效。对于法律、行政法规规定应当办理批准等手续合同才生效的，如果当事人没有办理批准手续，该合同虽然已经成立，但并不产生效力。也就是说，在此情形下，合同的成立和生效是相互分离的。

需要指出的是，未生效合同不同于无效合同。一方面，无效合同主要是因为合同内容违反了法律、行政法规的强制性规定或违背了公序良俗，而未生效合同的内容并不具有违法性，而只是未经过审批，程序上存在瑕疵而已。另一方面，无效是指自始无效、确定无效、当然无效，但是对于未生效合同而言并非如此，即使在发生争议后，如果当事人补办报批手续，则该合同也可能被确认为生效，而并非确定无效、当然无效。对未生效合同而言，在未报审批的情况下，尽管合同存在形式上的缺陷，但这种缺陷并非不能弥补。法院可以责令负有报批义务的一方履行该义务，从而使合同满足生效要件。一旦弥补了程序上的瑕疵，则可以认定该合同生效。因此，采纳未生效合同的概念，有利于尽量促成合同的生效，符合合同法鼓励交易的精神。

第三，合同未生效不影响履行报批等义务条款的效力。《民法典》第 502 条第 2 款规定："未办理批准等手续影响合同生效的，不影响合同中履行报批等义务条款以及相关条款的效力。应当办理申请批准等手续的当事人未履行义务的，对方可以请求其承担违反该义务的责任。"该款具有两层含义：一是报批义务条款具有独立性，即报批条款在性质上类似于合同中的清算条款和仲裁条款。也就是说，尽管合同因未报批而未生效，但是该条款仍应被认定为有效。如果认定合同中的报批义务在合同未经批准前未生效，则无异于否认报批义务的存在。还应当看到，当事人订立合同的目的是使该合同有效并得以履行。只有使报批义务条款生效，法院才可以要求负有报批义务的当事人继续履行合同义务，以实现合同订立的目的。二是违反报批义务条款，应当承担违约责任。在未报审批的情况下，尽管该合同整体上未生效，但由于报批义务条款具有独立性，该条款仍然有效。如果负有履行报批义务的人不履行义务，则应当承担违反该义务的责任。

（二）违反未生效合同的责任

第一，违反整个未生效合同的责任与违反报批义务条款，存在一定的区别。

如前所述，报批义务条款本身具有一定的独立性，因此，当事人违反报批义务条款，应当与违反整个未生效合同的责任存在一定的区别。《民法典》第 502 条第 2 款规定了“应当办理申请批准等手续的当事人未履行义务的，对方可以请求其承担违反该义务的责任”。此处所说的责任在性质上应当是违约责任。此种违约责任的责任形式最主要的就是继续履行，即当事人可以请求负有报批义务的一方继续履行报批义务。负有报批义务的一方拒绝报批的，则可能产生赔偿对方所遭受的损失的责任或违约金责任。

第二，违反未生效合同的责任应属于缔约过失责任。对于未生效合同而言，由于合同未经报批并未生效，不履行合同内容无法要求当事人承担违约责任。当事人违反未生效合同的，仅在违反先合同义务的情况下承担缔约过失责任，即使合同中约定有违约金条款，也不应适用。

（三）合同的变更、转让、解除等情形依法应当办理批准等手续生效的情形

《民法典》第 502 条第 3 款规定：“依照法律、行政法规的规定，合同的变更、转让、解除等情形应当办理批准等手续的，适用前款规定。”本款所规定的合同变更、转让和解除的批准与本条第 1 款性质相同，对于法律、行政法规规定需要办理批准等手续才能生效的，不办理批准就不具有合法性，在未办理批准手续前就不应发生效力。例如，《矿产资源法》第 6 条第 1 款第 2 项规定：“已取得采矿权的矿山企业，因企业合并、分立，与他人合资、合作经营，或者因企业资产出售以及有其他变更企业资产产权的情形而需要变更采矿权主体的，经依法批准可以将采矿权转让他人采矿”。依此规定，采矿权的转让在批准前并不发生转让的效力。

二、效力待定的合同

效力待定的合同，是指合同成立之后，是否已经发生效力尚不能确定，有待于其他行为或事实使之确定的合同。效力待定的合同主要有以下两类：一是限制民事行为能力人依法不能独立订立的合同；二是基于狭义无权代理而订立的合同。依据《民法典》第 171 条第 1 款的规定，行为人没有代理权、超越代理权或者代理权终止后，仍然实施代理行为，未经被代理人追认的，对被代理人不发生效力。

三、无效合同

无效合同是相对于有效合同而言的，是指合同虽然已经成立，但因其在内容上违反了法律、行政法规的强制性规定和公序良俗而无法律效力的合同。无效合同本身具有违法性，因而对此类合同应实行国家干预，即法院和仲裁机构不待当

事人请求，便可以主动审查合同是否具有无效的因素，如发现合同属于无效合同，便应主动地确认合同无效。无效合同也具有不得履行性，即当事人在订立无效合同以后，不得依据合同实际履行，也不承担不履行合同的违约责任。此外，合同一旦被确认无效，将产生溯及力，使合同自订立之时起就不具有法律效力，以后也不能转化为有效合同。

《民法典》第 508 条规定："本编对合同的效力没有规定的，适用本法第一编第六章的有关规定。"据此，无效合同的认定在合同编没有特别规定的情形下，应当适用总则编有关民事法律行为无效的规定，无效合同的分类也详见总则编有关民事法律行为无效的规定。

四、可撤销合同

可撤销合同主要是意思表示不真实的合同。对可撤销合同而言，撤销权人有权决定是否提出撤销，法院应采取不告不理的态度。如果撤销权人未在规定的期限内行使撤销权，或者撤销权人仅仅要求变更合同的条款，并不要求撤销合同，则可撤销合同仍然有效，当事人仍应依合同规定履行义务。任何一方不得以合同具有可撤销的因素为由拒不履行其合同义务。

依据《民法典》第 508 条的规定，可撤销合同的规则在合同编没有特别规定的情形下，适用总则编有关可撤销民事法律行为的规定。

第三节　合同被确认无效或被撤销的后果

根据《民法典》第 155 条的规定，无效的或者被撤销的民事法律行为自始没有法律约束力。因此，合同被确认无效和被撤销以后，将溯及既往，自合同成立之日起就是无效的，而不是从确认合同无效之时起无效。尤其是对无效合同来说，因其在内容上具有不法性，当事人即使在事后追认，也不能使这些合同生效。一旦合同被确认无效和被撤销，合同关系将不再存在，原合同对当事人不再具有任何约束力，当事人也不得基于原合同而主张任何权利或享受任何利益。合同被确认无效或被撤销之后，一般认为，将产生返还财产和赔偿损失的后果。

一、返还财产

《民法典》第 157 条规定："民事法律行为无效、被撤销或者确定不发生效力后，行为人因该行为取得的财产，应当予以返还；不能返还或者没有必要返还的，应当折价补偿。有过错的一方应当赔偿对方由此所受到的损失；各方都有过错的，应当各自承担相应的责任。法律另有规定的，依照其规定。”因此，合同无效或者被撤销后，因该合同取得的财产，应当予以返还；不能返还或者没有必要返还的，应当折价补偿。所谓返还财产，是指一方当事人在合同被确认无效或被撤销以后，对其已交付给对方的财产享有返还请求权，而已经接受对方交付的财产的，则负有返还对方的义务。

二、赔偿损失

依据我国《民法典》第157条的规定，合同被确认无效或被撤销以后，也将产生损害赔偿的责任。合同无效后的损害赔偿包括两方面：一是在合同订立过程中，因一方恶意谈判、欺诈、泄露商业秘密等给另一方所造成的损失；二是在合同履行过程中非过错的一方因对方的过错（如欺诈、以合法形式掩盖非法目的）所遭受的损失。损害赔偿的直接目的应当是使受害人达到从未订立合同的效果，使合同关系恢复原状，当事人处于合同未订立的状态。权利人请求的根据在于其因对方的过错而遭受了信赖利益的损失，即因信赖合同将有效而支付了各种订约和履行费用，而合同无效使这些费用未能补偿，因此，有权要求过错方予以赔偿。过错方赔偿的范围主要限于因信赖合同将有效而支付的各种订约和履行费用，不应当包括合同在有效的情况下获得的期待利益的损失（如未能获得标的物及利润的损失等）。

在确定损害赔偿的范围时，要考虑赔偿义务人的过错。根据《民法典》第157条的规定，“有过错的一方应当赔偿对方由此所受到的损失；各方都有过错的，应当各自承担相应的责任。法律另有规定的，依照其规定”。可见，过错是合同无效的赔偿责任的重要构成要件。如果是单方过错，则由有过错的一方向无过错的一方承担因其过错而给对方造成的损失；如果是双方过错，则应适用双方过错原则，即根据双方的过错程度来确定相应的赔偿责任。如果过错相当，可以由双方各自承担责任。

在合同被确认无效或被撤销以后，当事人除应承担民事责任以外，还可能因其具有违法行为而承担行政的甚至刑事的责任，如追缴当事人的非法所得、收归国库，吊销营业执照等。

三、有关解决争议方法的条款的效力

《民法典》第507条规定：“合同不生效、无效、被撤销或者终止的，不影响合同中有关解决争议方法的条款的效力。”这就确立了合同中有关解决争议方法的条款的独立性规则。所谓解决争议的方法，是指将来一旦发生合同纠纷，应当通过何种方式来解决纠纷。按照合同自由原则，选择解决争议的方法也是当事人所应当享有的合同自由的内容。具体来说，当事人可以在合同中约定一旦发生争议以后，是采取诉讼还是仲裁的方式，如何选择适用的法律，如何选择管辖的法院等。当然，解决争议的方法并不是合同的必要条款。如果当事人没有约定解决争议的方法，则在发生争议以后，可以通过诉讼解决。

按照有关解决争议方法的条款的独立性规则，应当把合同中的解决争议条款与合同中的其他条款看作两个不同的单独的协议，有关解决争议方法的条款可独立于合同的其他条款而存在。尽管该条款依附于主合同，但其仍然可以与主合同的其他条款分离，独立于它所依附的主合同而存在。因此，有关解决争议方法的条款不因主合同的不生效、无效、被撤销或者终止而失效。当主合同发生不生效、无效、被撤销或者终止等情形时，合同的当事人依然可以依据合同中的有关解决争议方法的条款解决其争议。例如，依据仲裁协议向仲裁机构申请仲裁，由仲裁机构对他们之间的争议作出裁决。

▶即测即评　　▶案例资源

第四章　合同的履行

第一节　合同履行概述

一、合同履行的概念和特征

合同的履行是指债务人依据法律规定和合同约定作出给付的行为。因为合同当事人订立合同的目的在于履行合同，使债权债务得到实现。如果合同不能得到履行，则合同成为一纸空文，合同的订立将毫无意义。合同的履行是债权得以实现的前提，也是建立信用经济的基础。只有合同得到履行，才能形成良好的市场经济秩序，并保证市场经济正常有序地运行。

在合同法中，合同的履行具有如下特征：一是合同的履行是当事人依据法律规定和合同约定作出给付、实现合同债权的行为。合同履行的形态是多样的，如交付约定的标的物、完成约定的工作并交付工作成果、提供约定的服务等。二是合同的履行是债务人自觉实现给付义务的行为。合同的履行是债务人自觉依据法律规定和合同约定实施的行为，而不是在债务人不履行的情况下，由法院强制其履行的行为。虽然履行是债务人实现给付义务的行为，但依据法律和合同的规定，债权人也负有合作、协力等义务，此种义务在性质上属于不真正义务。三是合同的履行必须是依据法律规定和合同的约定而作出的行为。履行是达到清偿结果的一种手段，这就决定了履行必须符合法律和合同的规定，任何不符合法定和约定的履行，都要承担违约责任。在履行开始以后，当事人可以在原来债的关系并未改变的情况下，通过各种方式使债发生消灭。例如，双方可以约定以代物清偿的方式消灭债，或者通过单方抵销、提存的方式消灭债。而履行是合同债务消灭的重要原因。

二、合同履行的原则

（一）全面履行原则

《民法典》第 509 条第 1 款规定：“当事人应当按照约定全面履行自己的义务。”该条对合同的全面履行原则作出了规定。合同的全面履行，是指合同当事人应当依据合同和法律的规定全面履行其合同项下的义务。换言之，债务人应当全面地、适当地完成其合同义务，从而使债权人的合同债权得到完全实现。具体来说，合同全面履行的原则包括以下几方面内容：

第一，依约履行。全面履行的原则首先强调当事人必须依据合同约定全面履行义务，即要求合同当事人必须按照合同规定的履行主体、标的、时间、地点以及方式等履行其义务。按照全面履行的原则，债务人的履行在质量、数量、方法、地点等方面都必须符合合同的约定，否则均可构成违约。全面履行原则是合同必须严守规则的具体要求，也是合同拘束力的直接表现。从维护交易秩序，保障市场经济秩序正常发展的需要出发，必须强化人们诚实守信的道德观念，从法律上鼓励和督促当事人严格履行合同。

第二，依法履行。依法履行包括如下几方面内涵：（1）除当事人特别约定之外，法律还例外规定了强制性义务，即无论当事人是否有约定，该法定义务都应当纳入合同关系而成为合同义务；（2）如果合同约定不明确或没有约定，则可以依据《民法典》合同编的相关规定，通过任意性规则完善合同，以填补合同漏洞；（3）依法履行还包括应当依照法律的规定或合同的约定全面履行合同义务。履行的义务内容包括主给付义务、从给付义务和附随义务。合同的义务是一个“义务群”，除了当事人约定的主给付义务之外，还有从给付义务和附随义务。

第三，适当履行。所谓适当履行，是指债务人应当按照法律规定和合同约定的适当的方式作出履行。当事人在合同履行中依据合同的约定和法律规定作出了履行，但是其履行方式不恰当，也并非适当履行。例如，半夜交货导致债权人难以接受履行。适当履行主要包括履行方式适当、履行时间适当。

第四，无正当理由不得变更和解除。全面履行原则意味着合同当事人中的任何一方在未经对方同意的情况下不得随意变更合同，否则构成违约并应当承担违约责任。合同在有效成立之后，未经对方同意，当事人一方不享有法定的解除权，不得单方面解除合同。

（二）诚信履行原则

《民法典》第509条第2款规定：“当事人应当遵循诚信原则，根据合同的性质、目的和交易习惯履行通知、协助、保密等义务。”在合同履行中，当事人不仅应当按照法律规定和合同约定履行义务，而且还要按照诚信原则履行。诚信原则作为直接规范交易关系的法律原则，与债权债务关系尤其是合同关系的联系最为密切。在合同订立、履行、变更、解除的各个阶段，甚至在合同关系终止以后，当事人都应当严格依据诚信原则行使权利和履行义务。诚信原则首先针对附随义务的履行而适用。所谓附随义务，是指合同当事人依据诚信原则所产生的，根据合同的性质、目的和交易习惯所应当承担的通知、协助、保密等义务，由于此种义务是附随于主给付义务的，因此，其被称为附随义务。附随义务的产生实际上是在合同法领域中进一步强化了商业道德，并使这种道德以法定的合同义务的形式表现出来。这对于维护合同的实质正义起到了十分有益的作用。

（三）节约资源、保护生态原则

《民法典》第509条第3款规定：“当事人在履行合同过程中，应当避免浪费资源、污染环境和破坏生态。”这一原则顺应了节约资源和保护环境的现实需要，符合现代立法的发展趋势。本款首次以立法的方式，对合同当事人的环境保护义务进行规定。第一，应当节约资源，避免资源浪费；第二，不得污染环境和破坏生态。例如，在买卖合同中，当事人在履行交付标的物的合同义务时，除了对于标的物包装有特别要求的情形以外，标的物的包装应当以保护标的物在运送中不致损害为必要。当事人不得对标的物进行过度包装，也不得以有毒有害物质对标的物进行包装。

三、合同漏洞的填补

（一）合同漏洞的概念

所谓合同漏洞，是指当事人在合同中对于合同条款没有约定或者约定不明确的现象。具体包括：第一，合同的内容存在遗漏，即对一些合同的条款，在合同中并没有作出规定，如合同中缺少对质量条款的约定；第二，合同中的约定不明确或者约定前后矛盾。例如，当事人订立的两份合同中，有关购买黄沙的质量标准不一致，两份合同之间是属于合同的变更，还是属于表述错误，需要进行解释，此种情况即属于合同漏洞。

一般来说，合同漏洞是当事人在订立合同时所不知道的，且在合同中也没有约定如何填补。如果在缔约时已经知道而故意不予约定，尤其是已经在合同中约定了填补漏洞的方法，则不能视为合同漏洞。严格地说，合同漏洞的存在一般不应影响合同的成立。在当事人对合同的非必要条款未作出约定或约定不明确的情况下，可以认定合同已经成立，法院可以依据合同的性质、交易习惯以及法律的任意性规范作出解释，从而填补合同的漏洞。

（二）合同漏洞填补的方法

依据《民法典》第 510 条、第 511 条的规定，填补合同漏洞应当按照以下程序进行：

一是由当事人达成补充协议。填补合同漏洞的第一步，是由当事人达成补充协议。按照合同自由原则，合同的内容应当由当事人自由约定，在当事人就合同的条款约定不明确的情况下，由当事人继续通过达成补充协议，来填补合同的漏洞，这就充分体现了合同自由原则，这也是最有效的填补漏洞的方式。

二是按照交易习惯来确定。填补合同漏洞的第二步是在当事人不能达成补充协议的情况下，由法官按照合同相关条款或者交易习惯来确定。

三是根据《民法典》第 511 条的规定作出解释。《民法典》第 511 条规定：“当事人就有关合同内容约定不明确，依据前条规定仍不能确定的，适用下列规定：（一）质量要求不明确的，按照强制性国家标准履行；没有强制性国家标准的，按照推荐性国家标准履行；没有推荐性国家标准的，按照行业标准履行；没有国家标准、行业标准的，按照通常标准或者符合合同目的的特定标准履行。（二）价款或者报酬不明确的，按照订立合同时履行地的市场价格履行；依法应当执行政府定价或者政府指导价的，依照规定履行。（三）履行地点不明确，给付货币的，在接受货币一方所在地履行；交付不动产的，在不动产所在地履行；其他标的，在履行义务一方所在地履行。（四）履行期限不明确的，债务人可以随时履行，债权人也可以随时请求履行，但是应当给对方必要的准备时间。（五）履行方式不明确的，按照有利于实现合同目的的方式履行。（六）履行费用的负担不明确的，由履行义务一方负担；因债权人原因增加的履行费用，由债权人负担。”这实际上解决了合同对履行义务约定不明确的情况下，应当如何履行义务的问题，明确了填补合同漏洞的规则。

第二节　合同履行的基本规则

一、履行主体

履行主体，是指履行合同债务和接受债务履行的人。债权人、债务人是履行合同义务的主体。债权人、债务人以外的第三人也可以替代债务人向债权人作出履行或者替代债权人接受债务人的履行。

（一）由第三人接受债务人履行

1. 不真正利益第三人合同

所谓不真正利益第三人合同，是指债务人应当向合同关系之外的第三人履行，但是第三人并未取得履行请求权的合同类型。在这种类型的合同中，第三人对债务人不享有债权，债务人向第三人履行债务，实际上是在履行自己对债权人的债务。《民法典》第522条第1款规定：“当事人约定由债务人向第三人履行债务，债务人未向第三人履行债务或者履行债务不符合约定的，应当向债权人承担违约责任。”该条款是关于不真正利益第三人合同的规定。

不真正利益第三人合同中的第三人具有以下几个特征：一是不真正利益第三人合同中的第三人并非由合同当事人一方进行指定，而是由双方当事人在合同中进行约定；二是不真正利益第三人合同中的第三人不享有合同中的请求权；三是如果债务人不履行，或不按照合同约定履行，不真正利益第三人合同中的第三人不能向债务人主张承担违约责任。此时，能够主张违约责任的仍然是合同债权人。

2. 真正利益第三人合同

所谓真正利益第三人合同，是指合同关系之外的第三人依据利益第三人合同的规定，对债务人享有请求权的合同。《民法典》第 522 条第 2 款规定：“法律规定或者当事人约定第三人可以直接请求债务人向其履行债务，第三人未在合理期限内明确拒绝，债务人未向第三人履行债务或者履行债务不符合约定的，第三人可以请求债务人承担违约责任；债务人对债权人的抗辩，可以向第三人主张。”该条款对真正利益第三人合同作出了规定。

在真正利益第三人合同中，第三人享有如下权利：一是拒绝权。在真正利益第三人合同中，法律推定合同当事人为第三人设定权利是符合第三人利益的，或至少不会侵害其权利，但这毕竟只是法律上的推定，当事人在合同中为第三人设定权利是否真正符合其利益，第三人是否接受该利益，应当由第三人自己决定。因此，《民法典》第 522 条赋予了第三人拒绝权。二是履行请求权。在为第三人利益订立的合同中，第三人并非订约当事人，但其可以请求债务人向其履行债务，并接受债务人的给付。三是请求债务人承担违约责任。依据《民法典》第 522 条的规定，如果债务人没有依约向第三人作出给付，则第三人有权请求债务人承担违约责任，如要求债务人继续履行、赔偿损失等。

（二）由第三人向债权人履行

所谓由第三人向债权人履行，是指当事人约定在不变更合同当事人的情况下合同中的债务由第三人履行。《民法典》第 523 条规定：“当事人约定由第三人向债权人履行债务，第三人不履行债务或者履行债务不符合约定的，债务人应当向债权人承担违约责任。”该条规定了由第三人履行的合同。

依据合同相对性原理，合同当事人不得为第三人设定义务和负担，除非得到第三人同意，否则，该约定不能对第三人产生效力。由于在由第三人向债权人履行的合同中，只存在债权人与债务人之间的约定，第三人没有与债权人达成合意。因此，双方当事人的合意并不能约束第三人，债权人不能直接向第三人提出请求，第三人并非当事人或合同债务人。在第三人不履行或履行不符合合同的约定时，债权人只能向债务人请求履行债务，而不能向第三人请求履行债务或主张违约责任。

（三）第三人代为履行

《民法典》第 524 条规定：“债务人不履行债务，第三人对履行该债务具有合法利益的，第三人有权向债权人代为履行；但是，根据债务性质、按照当事人约定或者依照法律规定只能由债务人履行的除外。”该条规定了第三人代为履行的规则。第三人代为履行或基于债务人的委托，或基于其本身的赠与意思，或基于第三人对债务人的无因管理。由于债务在绝大多数情况下并不具有专属性，可以由第三人代为清偿，因此，为了促进债权的实现，同时有效保护债务人的利益，只要第三人对债的履行具有合法利益，且不违反法律规定和当事人的约定，可以由第三人代为清偿。

第三人代为履行应当具备如下条件：一是第三人是指债务人及债务履行辅助人以外的人。二是第三人对履行该债务具有合法利益。第三人对债务履行具有合法利益主要包括第三人与债务人之间具有一定的人身关系，或者在债务履行后，第三人可以获得一定的财产利益。例如，转租中次承租人代承租人支付租金，以避免因承租人不交租金导致租赁合同被解除，从而使自身承租的权利遭受损害。此种利益的享有应当是合法的、正当的、合理的，而且是否有合法利益应当由第三人举证证明。三是除合同有特别约定、法律有特别规定或债务在性质上必须由债务人履行外，债权人不能拒绝第三人的代为履行。

在如下情况下，债务只应当由债务人本人履行，而不得由债务人之外的第三人代为履行：第一，依据债务性质不能由第三人清偿。例如，表演应当由债务人亲自履行，而不能由第三人代为清偿。第二，按照当事人约定不得由第三人代为履行。除法律规定的情形外，当事人还可以约定债务必须由债务人本人履行，而不得由第三人代为履行，按照私法自治原则，此种约定具有法律效力。第三，依照法律规定不得由第三人清偿。例如，《民法典》第 791 条规定："建设工程主体结构的施工必须由承包人自行完成。"

（四）不得以姓名、名称等变更而拒绝履行合同义务

《民法典》第 532 条规定："合同生效后，当事人不得因姓名、名称的变更或者法定代表人、负责人、承办人的变动而不履行合同义务。"按照合同严守的原则，合同生效以后，当事人必须严格依据合同履行，不得在如下情形下不履行合同义务：一是不得因姓名、名称的变更而不履行合同义务。当事人在姓名、名称变更以前所签订的合同，以及其他法律文件，不得因为自然人姓名、法人名称的变更而失效。二是不得因法定代表人、负责人、承办人的变动而不履行合同义务。在法人或者非法人组织内部，法定代表人、负责人、承办人时常发生变动，这些变动并不是合同主体的变更，不影响合同的效力。因此，当事人不得以这些变动为由而不履行合同义务。

二、履行标的

履行标的，是指债务人应当给付的内容，包括交付实物、支付货币、提供劳务等。按照合同的全面履行原则，债务人必须按照法律和合同规定的质量、数量等履行其义务。

（一）质量要求不明确的履行

依据《民法典》第 511 条的规定，合同中质量要求不明确的，按照如下标准履行：一是按照强制性国家标准履行。对保障人身健康和生命财产安全、国家安全、生态环境安全以及满足经济社会管理基本需要的技术要求，应当制定强制性国家标准。二是没有强制性国家标准的，按照推荐性国家标准履行。三是没有推荐性国家标准的，按照行业标准履行。四是没有国家标准、行业标准的，按照通常标准或者符合合同目的的特定标准履行。如果合同中没有特殊的要求，则要交付的标的物的质量能够达到产品的一般质量要求，即符合质量要求。

（二）价款或者报酬不明确的履行

依据《民法典》第511条的规定，价款或者报酬约定不明确的，按照如下方法履行：一是应当判断该合同的标的是否有政府定价或政府指导价。如果有政府定价或政府指导价，则应当通过其相关规定确定价款或报酬。二是如果没有政府定价或政府指导价，则按照订立合同时履行地的市场价格履行。即市场价格的确定地点必须是履行地而非合同的订立地点；市场价格确定的时间是订立时而非履行合同时。因为通常合同订立后至合同履行之间，标的物价格不断波动，以合同订立时确定价格，更符合当事人订立合同的意愿。

三、履行地点

对履行地点当事人有约定的，应当依当事人约定；当事人没有约定的，则应当依照法律的规定。《民法典》第511条规定："履行地点不明确，给付货币的，在接受货币一方所在地履行；交付不动产的，在不动产所在地履行；其他标的，在履行义务一方所在地履行。"依据这一规定，要区分如下情况：第一，给付货币的，在接受货币一方所在地履行。货币结算主要通过银行转账来完成，通常交付货币的一方需要通过银行将需要支付的货款打入接受货币一方的开户行，而其开户行一般都在接受货币一方所在地。第二，交付不动产的，在不动产所在地履行。不动产是特定物，当事人在订约时就必须要确定具体的不动产所在地。因此，涉及不动产的交付，应当在不动产所在地履行。第三，其他标的（包括动产、票据、有价证券等），在交付这种标的物的合同中，如果履行地点不明确，则应当在履行义务一方所在地履行。

四、履行期限

履行期限，是指债务人应当履行债务的期限。在履行期限确定以后，债务人在履行期尚未到来之前不必要作出履行，债权人也不得要求债务人作出履行。从这个意义上说，履行期的确定体现了债务人的利益，但如果履行期限是直接为债务人的利益而确定的（如不付利息的借贷），债务人也可抛弃其期限利益提前履行。在履行期到来后，债权人也可以延缓履行期限使债务人缓期履行。

合同履行期限通常是由当事人约定的，但在特殊情形下，法律也会对合同的履行期限作出规定。根据《民法典》第 511 条的规定，当合同对履行期限的约定不明确时，债务人可以随时履行，债权人也可以随时请求履行。当然，无论是债权人还是债务人，在作出履行或者请求履行时，都必须给对方必要的准备时间，从而使对方有合理的时间作出履约的准备。如果合同规定了履行期限，债务人在选择具体的履行时间时也必须遵循诚信原则。例如，深夜敲门还钱、趁关店时交货等，都违背了诚信原则。一般来说，依诚信原则，应当在工作日内的适当时间履行债务，而不应当在休息日或节假日作出履行。

依据《民法典》第 530 条的规定，合同生效以后，当事人应当按照合同规定的履行期限履行，债务人一般不得提前履行，但是如果提前履行不损害债权人利益，债权人不得拒绝。虽然提前履行是债务人对期限利益的抛弃，但毕竟不符合合同的约定，而且也可能会增加债权人的费用。例如，因为债权人尚未建好仓库，而委托他人保管货物，可能使债权人负担过高的保管费用；又如，债务人履行提前使债权人的人力物力增加，由此导致费用增加。对于该增加的费用，依据《民法典》第 530 条的规定，应由债务人负担。

五、履行方式

履行方式是债务人履行义务的方法。依据《民法典》第 511 条的规定，履行方式不明确的，应当按照有利于实现合同目的的方式履行。例如，合同目的确定的是买受人要接受出卖人交付的机器设备，用于投入实际生产，因此，出卖人不能将机器设备分成若干部件进行交付，而应当一次性交付完整的设备。

在某些情形下，债务人可以依法中止履行或者将标的物提存。依据《民法典》第 529 条的规定，这主要针对如下两种情形：一是债权人分立、合并，在此情形下债权人的主体发生变动，致使债务人履行债务发生困难；二是债权人变更住所，致使债务人履行债务发生困难。在出现上述两种情况后，债权人本来应当及时通知债务人而没有通知的，债务人可以选择两种方式寻求救济：一是中止履行，即暂停向债权人完成给付，此时债务人的不履行不构成履行迟延；二是将标的物提存，即依据合同编有关提存的规定，消灭债的关系。

六、履行费用

履行费用是指债务人履行合同所支付的费用。履行费用包括运输费、包装费、邮寄费、装卸费、登记费、关税等。为了保证清偿的顺利进行，即使应由债权人负担履行费用，债务人也只能从清偿总额中扣除该项费用的数额，或在进行清偿后请求债权人返还费用，而不能在清偿同时请求债权人支付费用。依据《民法典》第 511 条的规定，履行费用的负担不明确的，由履行义务一方负担；因债权人原因增加的履行费用，由债权人负担。同时，《民法典》第 531 条第 2 款规定："债务人部分履行债务给债权人增加的费用，由债务人负担。"

第三节 合同履行中的抗辩权

一、同时履行抗辩权

（一）同时履行抗辩权的概念和特征

同时履行抗辩权也称履行合同的抗辩权，是指双务合同的当事人一方在他方未为对待履行以前，有权拒绝自己的履行。《民法典》第 525 条规定："当事人互负债务，没有先后履行顺序的，应当同时履行。一方在对方履行之前有权拒绝其履行请求。一方在对方履行债务不符合约定时，有权拒绝其相应的履行请求。"该条是对同时履行抗辩权概念和行使条件的规定。

同时履行抗辩权具有如下特征：一是同时履行抗辩权仅适用于双务合同。同时履行抗辩权是在双务合同中产生的，并且仅适用于双务合同，而不适用于单务合同。二是同时履行抗辩权适用于双务合同中没有规定履行先后顺序的情况。双务合同中，当事人可能约定了履行先后顺序，即所谓异时履行的合同，针对异时履行和同时履行的情况，我国法律设定了不同的抗辩权。异时履行应适用后履行抗辩权和不安抗辩权，而同时履行则应适用同时履行抗辩权。三是同时履行抗辩权的法律根据在于双务合同的牵连性。所谓双务合同的牵连性，是指在双务合同中，一方的权利与另一方的义务之间具有相互依存、互为因果的关系。四是同时履行抗辩权主要是一种拒绝权。《民法典》第 525 条强调，同时履行抗辩权是指"一方在对方履行之前有权拒绝其履行要求。一方在对方履行债务不符合约定时，有权拒绝其相应的履行要求"。这就表明，同时履行抗辩权是指一方在符合法律规定的条件下享有的拒绝对方请求的权利。

（二）同时履行抗辩权的适用条件

第一，须在同一双务合同中双方互负债务。同时履行抗辩权乃是由于双务合同履行上的牵连性，根据诚信原则所产生的制度。同时，履行抗辩权发生的前提条件是在同一双务合同中双方互负债务。具体来说，首先，须由同一双务合同产生债务，即双方当事人之间的债务是根据一个合同产生的。其次，需双方当事人互负相互牵连的债务。所谓互负债务，是指双方根据同一双务合同互相承担债务。最后，双方所负的债务之间具有相应性。《民法典》第 525 条所说的相应性实际上是指双方的债务之间具有对价关系，但这并不意味着价值与价格完全相等。

第二，须双方互负的债务均已届清偿期。同时履行抗辩权的适用，是双方对待给付的交换关系的反映，旨在使双方所负的债务同时履行，双方享有的债权同时实现。所以，只有在双方的债务同时到期时，才能行使同时履行抗辩权。这就要求双方当事人互负的债务必须是有效的。

第三，须对方不履行或履行债务不符合约定。原告向被告请求履行债务时，原告自己已负有的与对方债务有牵连关系的债务未履行，被告可以因此主张同时履行抗辩权，拒绝履行债务。如果原告已履行债务，则不发生同时履行抗辩权的问题。

第四，须对方的对待履行是可能履行的。同时履行抗辩权的机能在于一方拒绝履行可迫使他方履行合同，这样可促使双方同时履行其债务。但是，同时履行是以能够履行为前提的。如果一方已经履行，而另一方因过错而不能履行其所负的债务（如标的物已遭到毁损灭失等），则只能适用债务不履行的规定请求补救，而不发生同时履行抗辩权问题。

（三）同时履行抗辩权的效力

同时履行抗辩权属于延期的抗辩权，不具有消灭对方请求权的效力。依据《民法典》第525条的规定，其效力仅表现为当事人一方在对方提出给付以前，可以暂时拒绝履行自己的义务，而并不是使自己的义务归于消灭。正当行使同时履行抗辩权不构成违约，因为行使抗辩权是合法行为，它和违约行为在性质上根本有别，不能将两者混淆。例如，一方交付的货物有严重瑕疵时，另一方拒付货款，乃是正当行使抗辩权的行为，不应作为违约行为对待。

（四）同时履行抗辩权适用的排除

如出现以下情形，不得适用同时履行抗辩权：

第一，法律或合同规定一方负有先行履行的义务。此种情形意味着法律、合同确定了履行顺序，当事人必须按此顺序履行其义务，负有先为履行义务的一方当事人不得要求对方同时履行。这属于依合同履行义务的问题，不适用同时履行抗辩权。

第二，双方所负的义务无相应性或无牵连性。如果根据合同的性质或规定，合同双方所负有的义务是彼此独立、无牵连关系的，则一方违反了某项义务，不能成为另一方拒绝履行其义务的理由。例如，在混合合同中，合同规定了数项债务，各个债务的性质是不同的，如某个合同将买卖、租赁有关条款规定在一起，各个条款之间在性质上不同，此时，当事人就无法主张同时履行抗辩权。

第三，按照诚信原则不适用同时履行抗辩权。诚信原则是债务履行中的一项重要原则。根据这一原则，双方应负有相互协力、保护、保密、忠实等义务。按照诚信原则，如果一方交付货物的数量不足，但不足的数量甚少，或交付的标的物的瑕疵极为轻微，对对方无明显损害，或一方违反义务并不影响另一方的履行等，对方不得以此为依据拒绝接受履行并拒绝履行自己的义务。

二、后履行抗辩权

（一）后履行抗辩权的概念

《民法典》第526条规定："当事人互负债务，有先后履行顺序，应当先履行债务一方未履行的，后履行一方有权拒绝其履行请求。先履行一方履行债务不符合约定的，后履行一方有权拒绝其相应的履行请求。"该条是关于后履行抗辩权的规定。此种抗辩权是我国法律在同时履行抗辩权和不安抗辩权之外所新增加的一种抗辩权，也是我国法律所独创的一项抗辩制度。

抗辩权不仅适用于对抗对方的履行请求方面，其还可以对抗对方所提出的履行或承担违约责任的请求。一方面，如果一方未履行，而要求另一方履行，另一方有权拒绝其履行请求；另一方面，如果一方不适当履行其债务，另一方亦有权拒绝其相应的履行请求。而在后一种情况下，必然是一方已经先作出了履行，因其履行不符合约定，而使后履行一方享有的抗辩权。在此情况下，同时履行抗辩与后履行抗辩将会发生竞合现象。

（二）后履行抗辩权的适用条件

依据《民法典》第526条的规定，后履行抗辩权的行使必须符合如下条件：

第一，在同一双务合同中双方互负债务。与同时履行抗辩权适用的条件一样，后履行抗辩权也是因双务合同履行机能上的牵连性而发生的，其适用的前提是在同一双务合同中双方互负债务。

第二，须由一方当事人先为履行。原则上，履行的先后顺序，应当由双方当事人特别约定，如双方在合同中约定，先交货后付款，或先住店后结账，或先吃饭后付款。如果当事人在合同中未约定履行顺序，可以依交易习惯来确定。如根据当地的习惯，通常是先付款后吃饭，或先结账后住店，则应以此确定履行顺序。如果依据交易习惯不能确定履行顺序，应当按照等价交换的原则，推定当事人双方负有同时履行的义务。

第三，先履行的一方不履行或履行债务不符合约定。后履行抗辩权是针对先履行一方的履行不符合合同约定而设定的。先履行一方未履行的，后履行一方有权拒绝其履行请求。先履行一方履行债务不符合约定的，后履行一方有权拒绝其相应的履行请求。《民法典》第526条所提及的"不符合约定"包括不履行或履行债务不符合约定（迟延履行、不适当履行、部分履行）。

（三）后履行抗辩权的效力

后履行抗辩权既然为一种独立的抗辩权，那么其应当具有独立的适用范围。

后履行抗辩权的行使将随时阻止对方当事人请求权的行使，而不是导致对方请求权的消灭，从这个意义上说，后履行抗辩权属于延期的抗辩权。由于正当行使抗辩权乃是合法行使权利的表现，因而后履行一方因先履行一方履行不适当，可以通过行使后履行抗辩权而拒绝履行自己相应的义务。因后履行抗辩权的行使致使合同迟延履行的，迟延履行责任应由对方当事人承担。当然，在行使抗辩权过程中，必须符合法律规定的条件，且必须遵循诚信原则，而不得滥用抗辩权。由于后履行抗辩权的行使只是阻碍对方请求权的行使，因而在对方当事人完全履行了合同义务以后，该抗辩权行使条件已不存在，后履行的一方应当履行自己的义务。

三、不安抗辩权

（一）不安抗辩权的概念和适用条件

所谓不安抗辩权，是指在异时履行的合同中，应当先履行的一方有确切证据证明对方在履行期限到来后，将不能或不会履行债务，则在对方没有履行或提供担保以前，有权暂时中止债务的履行。《民法典》第 527 条规定："应当先履行债务的当事人，有确切证据证明对方有下列情形之一的，可以中止履行：（一）经营状况严重恶化；（二）转移财产、抽逃资金，以逃避债务；（三）丧失商业信誉；（四）有丧失或者可能丧失履行债务能力的其他情形。当事人没有确切证据中止履行的，应当承担违约责任。"该条对不安抗辩权作出了规定。依据该条规定，不安抗辩权的适用应具备如下条件：

第一，须因同一双务合同互负债务。《民法典》第 527 条虽然没有将"当事人互负债务"作为不安抗辩权适用的条件之一，但从不安抗辩权的内容来看，它只能适用于双务合同。在双务合同中，一方当事人承担合同债务通常是为了取得对方当事人的对待履行，这就使双务合同当事人之间的债务具有对等性，即一方的权利是另一方的义务，反之亦然。

第二，需当事人约定一方应先履行债务，即当事人一方有义务向他方先作出履行。在双务合同中，如果履行在同一时间内发生，则只发生同时履行抗辩权。而不安抗辩权则是因异时履行发生的，这种异时履行必须由当事人特别约定。正是因为履行是在不同时间作出的，所以，一方在对方难以作出对待履行时，有权拒绝先作出履行。如果先履行的一方已有确切的证据证明另一方信用很差，若己方先作出履行，对方极有可能不会作出对待履行，在此情况下行使不安抗辩权，便能预防损害的发生。

第三，先履行的一方有确切证据证明对方不能或不会作出对待履行。依据《民法典》第 527 条的规定，这些事由主要包括以下几项：一是经营状况严重恶化，如企业债务增加、资产减少、盈利能力急剧下降等；二是转移财产、抽逃资金，以逃避债务；三是丧失商业信誉，即与缔约前的状况相比，其在业界或同行中，商业信用处于不佳状态；四是有丧失或者可能丧失履行债务能力的其他情形，如某项特定物已遭到毁损而不可能交付该特定物。

（二）不安抗辩权行使的效力

依据《民法典》第528条的规定，不安抗辩权行使的效力为：

第一，暂时中止合同的履行。根据《民法典》第527条的规定，先履行一方有确切证据证明对方具有法律规定的不能或不会对待履行的事由以后，可以行使不安抗辩权，暂时中止合同的履行。可见，暂时中止合同的履行乃是不安辩权行使的主要效果。所谓暂时中止合同的履行，是指暂停履行合同。即使先履行一方有确切证据证明对方具有法律规定的不能或不会对待履行的事由，也只能暂时中止合同的履行，而不能直接解除合同。依据《民法典》第528条的规定，“当事人依据前条规定中止履行的，应当及时通知对方”，从而使对方及时了解合同中止履行的原因和具体情况，并采取必要的措施。

第二，请求提供适当担保。《民法典》第528条规定，“当事人依据前条规定中止履行的，应当及时通知对方。对方提供适当担保的，应当恢复履行”。也就是说，一方在暂时中止合同履行之后，有权要求对方在合理期限内提供担保。担保的方式包括多种，如抵押、保证等。此处所说的“适当”，是指能够消除对方当事人不安的各种担保方式。无论采取何种方式，只要其足以消除“不安”，都可以构成有效的担保。

第三，在构成预期违约的情况下，请求承担违约责任或解除合同。《民法典》第528条规定：“中止履行后，对方在合理期限内未恢复履行能力且未提供适当担保的，视为以自己的行为表明不履行主要债务，中止履行的一方可以解除合同并可以请求对方承担违约责任。”依据这一规定，在下列条件下，对方将构成预期违约：一是在合理期限内未恢复履行能力；二是未提供适当担保。

第四节 情势变更

一、情势变更的概念和构成要件

（一）情势变更的概念

情势变更，是指在合同有效成立后，在合同履行期间，因为合同的基础条件发生了当事人订约时难以预见的重大变化，致使合同不能履行或者履行结果显失公平，根据诚信原则，当事人可以请求变更或解除合同的制度。《民法典》第533条规定："合同成立后，合同的基础条件发生了当事人在订立合同时无法预见的、不属于商业风险的重大变化，继续履行合同对于当事人一方明显不公平的，受不利影响的当事人可以与对方重新协商；在合理期限内协商不成的，当事人可以请求人民法院或者仲裁机构变更或者解除合同。人民法院或者仲裁机构应当结合案件的实际情况，根据公平原则变更或者解除合同。"该条对情势变更制度作出了规定。

合同一旦有效成立，当事人就必须按照"契约必须严守"的原则来履行合同。但在合同订立后，有可能因当事人在订约时无法预见的客观情况的变化导致合同不能履行或履行过于艰难，如果合同履行的结果对于当事人一方明显不公平，但又难以适用不可抗力时，就应当根据情势变更制度予以调整。[①] 在此情况下，强迫当事人继续履行合同或承担违约责任，确实有悖诚信原则。尤其是在当事人缔约时不可预测的风险也相伴而生，也可能导致许多合同难以履行。因此，民法典规定情势变更十分必要。

（二）情势变更的构成要件

第一，情势变更发生在合同履行阶段。从《民法典》第533条的规定来看，情势变更的事由发生在合同履行阶段，而不是发生在合同订立过程中。在合同订立阶段，如果客观情况发生了变化，则根据合同自由原则，当事人可以选择不订立合同，从而规避相关的风险。情势变更的事由也不是合同履行完毕后的事由，在合同履行完毕后，合同关系已经消灭，此时，即便客观情况发生变化，也不存在变更、解除合同的问题。

第二，合同的基础条件发生了当事人订立合同时无法预见的变化。一方面，情势变更是当事人订立合同时无法预见的。如果当事人能够预见到相关的情形，则当事人可以选择不订立合同，或者在合同中对相关风险进行安排。另一方面，情势变更是合同的基础条件发生了变化。"合同的基础条件"是关系到当事人订约目的和基本权利义务的条件，它将直接影响当事人的主要权利义务。例如，当事人在订立房屋买卖合同后，政府为了调控房价，将房屋首付比例大幅度提高，对买受人的履约产生重要影响，此种情形即属于合同的基础条件发生了重要变化。

第三，情势变更在性质上不属于商业风险。市场交易千变万化，包含多种交易风险，当事人参与市场交易，理应负担相关的商业风险。所谓商业风险，

---

① 参见朱广新、谢鸿飞主编：《民法典评注·合同编通则1》，中国法制出版社2020年版，第525页。

是指市场主体作为一个理性的商人，在从事商业活动时应当意识到并自愿承担的固有风险。合同本身是一种交易，任何当事人都希望从该交易中获利，同时也就应当承担相应的商业风险。如果出现任何正常的商业风险，当事人都可以以情势变更为由变更或者解除合同，则合同毫无拘束力可言，正常的交易秩序也难以维系。因此，《民法典》第 533 条明确将商业风险排除在情势变更的事由之外。

第四，继续履行对当事人一方明显不公平。发生情势变更后，有可能导致合同无法继续履行，但在有些情形下，合同虽然可以继续履行，但继续履行合同可能对当事人一方明显不公平。例如，在当事人订立采购消毒液的合同之后，发生了重大疫情，导致消毒液的生产成本和售价大幅度提升，此种情形下，如果继续按照原合同履行，将对出卖人一方显失公平。

二、情势变更的法律后果

（一）当事人的继续谈判义务

当事人的继续谈判义务，也称“再磋商义务”。依据《民法典》第 533 条的规定，在发生情势变更后，当事人负有继续谈判义务。即在发生情势变更后，受到不利影响的一方有权要求对方继续谈判。规定当事人负有继续谈判的义务有利于尽量维持合同的效力，也符合民法典鼓励交易的立法目的。

从《民法典》第 533 条的规定来看，在发生情势变更后，“受不利影响的当事人可以与对方重新协商”。该条虽然使用了“可以”这一表述，但本书认为，这实际上赋予了受不利影响的当事人请求对方当事人继续谈判的权利，而对方当事人则负有继续谈判的义务，该义务既是一项法定义务，也是依据诚信原则产生的义务。当然，此种义务也是一项不真正义务，即当事人违反该义务后，并不会产生违约责任，但在法院或者仲裁机构变更或者解除合同后，该方当事人可能承担一定的不利后果。

（二）通过诉讼或者仲裁变更或者解除合同

依据《民法典》第 533 条的规定，发生情势变更后，当事人可以重新协商，但如果当事人在合理期限内协商不成，则可以请求法院或者仲裁机构变更或者解除合同。从该条规定来看，其并没有对请求法院或者仲裁机构变更或者解除合同的当事人进行限定，这就意味着，在当事人无法通过重新协商变更合同的情形下，双方当事人均可请求法院或者仲裁机构变更或者解除合同。同时，依据《民法典》第 533 条的规定，法院或者仲裁机构在裁判时，应当根据公平原则确定变更或者解除合同。所谓根据公平原则，就是要综合考虑客观情况的变化对当事人权利义务产生的影响，并结合当事人是否违反继续谈判的义务等多种因素加以判断。

▶即测即评

▶案例资源

第五章　合同的保全

第一节　合同保全概述

合同保全制度，是为了防止因债务人财产不当减少致使债权人债权实现受到危害而设置的保护债务人责任财产安全的法律制度，根据《民法典》第535—542条的规定，具体包括债权人代位权和债权人撤销权两项制度。其中，债权人代位权着眼于债务人消极行为，当债务人有权利行使而不行使，以致阻碍债权人权利实现时，法律允许债权人代债务人之位，以自己的名义向第三人行使债务人的权利；而债权人撤销权则着眼于债务人积极行为，在债务人不履行其债务，且实施减少其财产而损害债权人债权实现的行为时，法律赋予债权人诉请法院撤销债务人行为的权利。

合同保全与民事诉讼中的财产保全有区别。民事诉讼中的财产保全，是指人民法院在案件受理前或诉讼过程中，为了保证判决执行或避免财产遭受损失，而对当事人财产和争议标的物采取的查封、扣押、冻结等措施。民事诉讼中的财产保全属于程序法制度，一般需由当事人提出申请；而合同保全是实体法制度，通过债权人行使代位权、撤销权而实现。

一、合同保全的概念和特征

合同保全，是指为了防止因债务人的不当行为导致其责任财产减少，危害到债权人债权实现，债权人出于保全自己债权而干预债务人自由处分财产所采取的法律措施。其主要特征为：

（一）合同保全是合同对外效力的体现

基于合同债权的请求权属性，合同债权人只能请求债务人依约履行债务以实现自己债权。债务人全部财产是其债务履行的最后保障，属于债务人的“责任财产”。债务人与第三人之间的不当行为致使债务人责任财产减少，影响到债权人实现债权的，法律有必要设计一定措施对债务人的不当行为进行干预，从而保证债权人利益得到实现。这种干预措施便是债权人对合同债权的保全。由于合同的保全使债权人的债权效力对第三人的行为或财产产生了影响，故构成合同相对性的例外。

（二）合同保全的目的在于实现债权价值

债权人的债权实现，以债务人全面、适当履行债务为条件，而债务人能否全面、适当履行债务取决于债务人拥有的责任财产是否充足。债务人的责任财产不充足，而其又作出使自己责任财产减少的不当行为的，债权人债权的实现风险将增加。为此，法律特别允许债权人通过合同的保全措施对债务人处分自身财产行为进行干涉，以促使债务人的责任财产增多或避免债务人的责任财产减少，从而增加债权人实现债权的可能性。

（三）合同保全发生于合同有效成立后至合同履行完毕前

合同保全只能由有效成立合同中的债权人实施，如果当事人之间签订的合同根本没有成立、无效或者被撤销、被解除，则不能适用合同保全。在合同关系存续期间，债务人怠于行使其债权或者与该债权有关的从权利，或者不正当地处分其财产权益，影响到债权人的债权实现的，债权人可通过保全制度保障自己的债权。

二、合同保全的性质和功能

（一）合同保全的性质

在合同关系中，债务人的责任财产是其履行债务的一般担保，债务人不当行为导致责任财产减少的，将危及债权人债权的实现。经过利益衡量，法律专门设立了允许合同效力及于第三人的保全制度，以积极保障债权人债权实现。根据《民法典》第468条的规定，适用保全制度并不以合同债权为限，基于无因管理、不当得利、侵权行为等原因产生的债权，债权人亦可以适用保全制度保护自己合法权益。

如前所述，创设合同保全制度，有助于防止因债务人责任财产不当减少危及债权人的债权实现。债权人可以行使代位权和撤销权，能够使当事人之间的权利义务发生改变，使债权人的债权得到债务人更多责任财产的保障。合同保全制度不同于程序法上的财产保全，后者不会改变当事人之间的权利和义务关系，只是为了保证判决执行或避免财产遭受损失而对当事人财产和争议标的物采取的查封、扣押、冻结等措施。可见，合同保全中的债权人代位权和债权人撤销权都是实体法上的权利，而非程序法上的利益。

（二）合同保全的功能

合同保全是合同的对外效力，是合同效力对外扩张的结果。合同保全制度为合同责任的履行提供了物质基础，保全了作为承担合同责任基础的责任财产，为将来强制执行做好了准备。如果对债务人任意处分自己财产的行为不加必要限制，合同责任将形同虚设。

在保障债权实现方面，合同担保与合同保全具有本质区别：（1）合同担保以特定财产或特定人的信用确保债权人的债权得以实现；而合同保全通过促使债务人的责任财产增加或避免不当减少来提高债权人债权实现的可能性。（2）合同担保能够达到保障债权人债权实现之目的，但也有缺陷，如抵押权的设立通常需要当事人办理登记手续，交易成本较高；质权的设立需要移转质押物占有，影响质押物被充分利用；留置权仅限于担保特定的债权情形；设立保证既需要选择愿意承担保证责任的保证人，又难以避免保证人责任财产减少而危及债权人的债权实现。而且，合同担保不能或很难有效回应基于各种原因出现的债务人财产应增加而未增加或者财产不当减少的情况。合同保全则能为债权人提供更为简便的实现债权的方式，在债务人为不当行为导致责任财产减少或怠于主张债权时，能为债权人提供救济通道。

可见，合同保全制度是对合同相对性之不足的有益补充，该制度使债权人在实现债权时能够对第三人的行为或财产发生效力，从而丰富了合同债权的实现方式。

第二节 债权人代位权

一、债权人代位权的概念

债权人代位权，是指在债务人怠于行使其对第三人（也称次债务人）的权利而危及债权人的债权实现时，债权人为保全其债权而以自己的名义代位行使债务人对第三人的权利之权利。

债权人代位权由法律直接作出规定，该权利随着债权的产生而产生，也随着债权的转移、消灭而转移、消灭。一般来说，当债务人对第三人享有财产权利时，债务人权利的实现将增加其责任财产。如果债务人不积极行使其对第三人享有的财产权利，那么其应增加且能增加的责任财产就不会增加，从而可能危及债权人债权之实现。法律赋予债权人代位行使债务人享有的财产权利，能够及时增加债务人的责任财产，增强债务人承担财产责任能力，从而拓展了债权人实现其债权的法律渠道。

债权人行使代位权不是为了扣押债务人财产，也不是为了让债权人就收取的债务人财产直接优先受偿，而是希望以此使债务人履行债务的能力得到增强，从而确保债权得以圆满实现。而且，债权人代位债务人向次债务人主张权利，尽管表现为请求次债务人向债务人履行债务，但目的却是保全债权人自己的债权。

债权人代位权具有债权对外效力，是债权法定权能的表现，无论合同当事人双方是否对此作出约定，债权人都当然享有代位权。债权人行使代位权会使债务人与次债务人之间的法律关系发生变化，但这种变化源于债务人对次债务人享有的权利，而不是依债权人单方意思表示所形成的法律效力。所以，债权人代位权在法律性质上不属于形成权。

二、债权人代位权行使条件

债权人代位权是债权人享有的一项特别权利，任何债权的产生都会使债权人享有债权人代位权，但债权人普遍享有债权人代位权并不意味着行使该权利是没有条件制约的。《民法典》第535条第1款规定："因债务人怠于行使其债权或者与该债权有关的从权利，影响债权人的到期债权实现的，债权人可以向人民法院请求以自己的名义代位行使债务人对相对人的权利，但是该权利专属于债务人自身的除外。"一般情形下，债权人代位权行使条件如下：

（一）债权人对债务人的债权合法

债权人行使代位权必须以其债权合法为前提。如果合同双方当事人之间不存在合法的债权债务关系，作为当事人一方的债权人将缺乏代位行使其债务人对第三人享有的债权之基础，也就不存在债权人代位权。

（二）债务人须对第三人享有权利

债权人代位权具有债权的对外效力，该权利以债务人对第三人的债权为标的。如果债务人对第三人不享有权利，则债权人行使代位权将缺少对象。可见，债权人与债务人之间、债务人与第三人（即次债务人）之间必须同时存在合法债权债务关系。根据《民法典》第535条第1款的规定，债权人能够代位行使的权利范围是债务人对第三人享有的债权或者与该债权有关的从权利。但是，从法律创设债权人代位权的目的和该制度的功能来看，对债权人代位权的对象在范围上应当作出宽泛的解释。具体而言，可代位行使的债务人对于第三人的权利应当包括：（1）债权，包括合同债权以及基于不当得利、无因管理等所生的债权；（2）物权及物上请求权；（3）以财产利益为目的的形成权，如合同的解除权、撤销权、抵销权等；（4）以财产利益为目的的让与权、清偿受领权等；（5）诉讼上的公权利，如代位提起诉讼的权利、申请强制执行的权利、申请注销登记的权利。由于债权人行使代位权是为了增加债务人的责任财产总额，故代位行使后不能增加债务人责任财产的权利不是代位权行使的对象。

（三）债务人怠于行使权利

债务人怠于行使权利是指债务人应行使并且能行使而未行使其权利的客观状态。其中，"应行使"是指如果债务人不及时行使其对第三人的权利，该权利有可能消灭或减值；"能行使"是指债务人在客观上有行使其对第三人的权利的能力而且不存在行使权利的障碍。可见，债务人怠于行使权利实质上为债务人消极地不行使其对第三人的权利，至于债务人怠于行使权利是否存在主观过错，则非所问。根据合同的相对性，让债权人证明债务人怠于行使权利的事实较为困难，因此，为达到保全债权的目的，在认定债务人是否“怠于行使”时应尽量作出对债权人有利的解释。只有债务已到期，且在合理期限内仍未履行时，才可认定债务人怠于行使权利。通常认为，如果债务人已经行使其对第三人的权利，即使其行使权利的方法有所不当或者结果不佳，也应当认定债务人未怠于行使权利，此时债权人不得行使代位权，否则将构成对债务人行使权利的不当干涉。

（四）危及债权人的债权实现

法律赋予债权人代位权是为了增加债务人的责任财产，从而增强债务人履行债务的能力。如果债务人拥有充足的责任财产，完全有能力清偿其应当承担的所有债务，那么，即使债务人怠于行使自己对第三人的权利，也不会危及债权人的债权实现。此时，债权人可请求债务人履行债务以满足债权，如果债务人不履行债务，债权人可申请法院强制执行，无须通过行使代位权来实现债权。

在一般情况下，只有在债务人怠于行使权利影响到债权人到期债权的实现时，方产生债权人代位权。但是，《民法典》第536条规定：“债权人的债权到期前，债务人的债权或者与该债权有关的从权利存在诉讼时效期间即将届满或者未及时申报破产债权等情形，影响债权人的债权实现的，债权人可以代位向债务人的相对人请求其向债务人履行、向破产管理人申报或者作出其他必要的行为。”可见，债权人享有的债权的履行期届满之前，并不是一律不得行使债权人代位权，只是在上述情形下行使代位权应当遵循更为严格的条件。

（五）债务人对第三人的权利不具有专属性

专属于债务人自身的权利就是与债务人身份和特定生活需要密切相关的权利，这些权利受到法律的特殊保护，被排除在债权人代位权的客体范围之外。对于债务人享有的具有专属性的权利的范围和具体类型，民法典未作出明确规定，一般认为，专属于债务人自身的债权主要包括基于扶养关系、抚养关系、赡养关系、继承关系产生的给付请求权和劳动报酬、退休金、养老金、抚恤金、安置费、人寿保险、人身伤害赔偿请求权等权利。

三、债权人代位权行使范围与方式

（一）债权人代位权行使范围

债权人代位权属于债权固有权能。债权人代位权行使主体是债权人，债务人有多个债权人时，其各个债权人均可依法行使代位权。与代理权不同，在代位权诉讼中，债权人享有原告资格，而且须以自己的名义行使权利。债务人对第三人所享有的同一债权，在一个债权人行使代位权后，其他债权人不得再就债务人的该债权行使代位权。债务人的多个债权人可以独立行使代位权，也可以共同行使代位权。《民法典》第 535 条第 2 款规定："代位权的行使范围以债权人的到期债权为限……"可见，债权人只能在自己到期债权范围内行使代位权，不能代位行使全体债权人的债权。

债权人行使代位权的范围极为重要，一般应当以保全债权人的债权为必要，而且代位权的客体以债务人现有财产权利范围为限。《民法典》第 535 条明确规定债务人的"债权或者与该债权有关的从权利"为债权人代位权客体，这为我国实践中确定债权人代位行使债务人的权利范围提供了指引。

（二）债权人行使代位权的方式

在理论上，债权人代位权之行使方式有两种，即直接行使方式和诉讼行使方式。直接行使方式就是由债权人代位债务人直接向第三人主张权利的方式；诉讼行使方式则是债权人通过向法院起诉的方式代位行使债务人的权利。

《民法典》对于债权人行使代位权的方式分两种情形作出规定：其一，根据《民法典》第 535 条第 1 款的规定，在债权人到期债权的实现受到影响时，债权人须以诉讼方式行使代位权；其二，根据《民法典》第 536 条的规定，在债权人的债权到期前，债务人的债权或者与该债权有关的从权利存在诉讼时效期间即将届满或者未及时申请破产债权等情形，影响债权人债权实现的，债权人可以代位向债务人的相对人请求其向债务人履行、向破产管理人申报或者作出其他必要的行为。此种行使方式须在特定条件下才能采用。

四、债权人代位权行使效力

债权人代位权行使的效力，涉及债务人、第三人（次债务人）和债权人。

（一）对债务人的效力

在代位权诉讼中，债权人代位行使债务人对第三人的权利，故债权人与第三人之间不存在法律上的联系，这就决定了债权人行使代位权的效果直接归属于债务人。也就是说，债权人行使代位权所得利益表现为债务人的责任财产。而且，因为债权人与第三人之间没有直接的法律联系，由其独自对第三人承担代位权诉讼中各种义务极为艰难，故债权人主张代位权时，债务人应当依据诚信原则承担相应的协助义务。由于债权人行使代位权不需要取得债务人的同意，因而原则上债权人无权处分债务人的权利，但债权人处分债务人的权利能够增加债务人的责任财产的，应予允许。同时，债权人行使代位权的客体范围受到法律的限制，故对于代位权行使客体范围外或超过债权人代位请求数额的债权部分，债务人仍然享有处分的权利。此外，根据《民法典》第 535 条第 2 款规定："……债权人行使代位权的必要费用，由债务人负担。"该费用应当从债权人行使代位权的所得利益中现行扣除。

（二）对第三人的效力

债权人行使代位权后，发生第三人向债务人履行债务的效果。对于第三人来说，无论由债务人亲自向其主张权利，还是由债权人代位债务人行使权利，均不影响其法律地位和应有利益。在债权人依法代位请求第三人履行债务时，第三人不得以自己与债权人之间无合同关系为由提出抗辩或者拒绝参与代位权诉讼。在第三人履行债务时，债权人获得债务人的同意或者债务人怠于受领的，债权人可代为受领。为了确保第三人在法律上的地位不因债权人行使代位权而受到不利影响，《民法典》第535条第3款规定："相对人对债务人的抗辩，可以向债权人主张。"可见，在代位权诉讼中，由于债权人行使的是债务人对第三人的权利，因此，第三人可以向债权人主张其对债务人的抗辩。

（三）对债权人的效力

对于债权人来说，债权人行使代位权后所得利益应当归属于何人，即债权人可否就行使代位权后因第三人履行获得的利益优先受偿，这是最为关键的问题。传统民法理论认为，创设债权人代位权制度的目的在于保全债务人的责任财产，债权人不能直接将行使代位权获得的利益归于自己，或以之直接满足自己的债权，而应当根据债权平等原则，与其他债权人共同参与并平等分配债务人的财产。然而，我国司法实践未接受传统理论，而是在《民法典》第537条规定："人民法院认定代位权成立的，由债务人的相对人向债权人履行义务，债权人接受履行后，债权人与债务人、债务人与相对人之间相应的权利义务终止。债务人对相对人的债权或者与该债权有关的从权利被采取保全、执行措施，或者债务人破产的，依照相关法律的规定处理。"由此可知，在我国，行使代位权的债权人就所得利益原则上具有优先受偿的权利。

第三节 债权人撤销权

一、债权人撤销权的概念

债权人撤销权，是指债权人为保全其债权，对于债务人与第三人实施的危及其债权的行为，请求法院予以撤销的权利。一般情形下，债务人有权自由支配与处分自己的财产，即使其行为导致责任财产减少而不能履行债务，也不能被认定为侵害了债权人的债权。但是，债务人在其与债权人之间发生债的关系后，实施不当行为致使责任财产减少或者妨害到责任财产的增加，而危及债权人的债权实现的，为维持债务人的责任财产状况，以确保债权人的债权获得清偿，法律赋予债权人在一定条件下撤销债务人不当行为的权利。债权人行使撤销权可以防止债务人责任财产不当减少，确保债务人的清偿能力不降低。

债权人撤销权的行使，不是基于双方当事人在合同中的权利义务，而是债权人为了保全自己的债权而请求撤销债务人与第三人之间形成的一种法律关系。债权人行使撤销权的依据不是合同，而是法律的直接规定。

关于债权人撤销权之法律性质，有形成权说、请求权说、责任说、折中说等学说。形成权说认为，撤销权是依债权人的意思表示而使债务人与第三人之间的民事法律行为溯及地消灭；请求权说认为，撤销权的实质是请求因债务人的行为而受有利益的第三人返还财产的权利；责任说认为，债权人无须请求受益人即第三人返还利益，即得将其视为债务人的责任财产，申请法院径行对其强制执行；折中说认为，债权人撤销权不仅以撤销债务人与第三人之间的行为为内容，且含有请求恢复原状以取得债务人财产的作用，因而兼具请求权与形成权的性质。相比较而言，形成权说更为妥当。

《民法典》第 541 条规定："撤销权自债权人知道或者应当知道撤销事由之日起一年内行使。自债务人的行为发生之日起五年内没有行使撤销权的，该撤销权消灭。"因此，债权人享有的撤销权必须在一定期限内行使。

二、撤销权的成立要件

《民法典》第 538 条规定："债务人以放弃其债权、放弃债权担保、无偿转让财产等方式无偿处分财产权益，或者恶意延长其到期债权的履行期限，影响债权人的债权实现的，债权人可以请求人民法院撤销债务人的行为。"第 539 条规定："债务人以明显不合理的低价转让财产、以明显不合理的高价受让他人财产或者为他人的债务提供担保，影响债权人的债权实现，债务人的相对人知道或者应当知道该情形的，债权人可以请求人民法院撤销债务人的行为。"这两个条文是对债权人撤销权成立要件的规定。根据上述规定，债权人撤销权的成立要件可以分为客观要件和主观要件。

（一）客观要件

债权人撤销权成立的客观要件为债务人在客观上实施了一定的危害债权人债权之行为，理论上称之为诈害行为。一般来说，债权人撤销权需要具备的客观条件包括以下内容：

第一，在债权债务关系成立后债务人实施了一定的处分财产行为。此处的"处分财产行为"仅指债务人所为的法律上的处分行为，至于该行为是双方行为还是单方行为，是有偿行为还是无偿行为，则非所问。根据《民法典》第 538、539 条的规定，债权人有权撤销的债务人对其财产实施的法律上的处分行为包括债务人放弃债权的行为、债务人放弃债权担保的行为、债务人无偿转让财产的行为、债务人恶意延长到期债权的履行期限的行为、债务人以明显不合理的低价转让财产或者以明显不合理的高价受让他人财产的行为、债务人为他人的债务提供担保的行为。

第二，债务人处分财产的行为导致责任财产减少。即债务人实施的处分财产的行为产生债务人的责任财产减少的效果，从而导致债务人履行债务的能力减弱。法律创设债权人撤销权，是为了恢复债务人的责任财产，避免债务人的责任财产减少，从而使债权人的债权得到保全。因此，只有在债务人实施的处分行为以财产为标的，且该行为导致自己的责任财产减少，对债权人的利益产生不利影响时，债权人才有撤销债务人的处分财产行为的权利。

第三，债务人实施的处分财产的行为影响到债权人的债权实现。影响到债权人的债权实现即危及债权，是指债务人处分财产的行为导致其责任财产减少，使其没有充足的责任财产向债权人履行债务，从而无法满足债权人的债权。

（二）主观要件

债权人撤销权成立的主观要件为债务人和第三人在主观上具有恶意，即明知该行为影响到债权人的债权实现而仍为之。根据《民法典》第 538 条的规定，在债务人实施的处分财产的行为系放弃债权、放弃债权担保、恶意延长到期债权的履行期限等行为时，只要具备客观条件，债权人即可以行使撤销权。然而，根据《民法典》第 539 条的规定，在债务人实施的处分财产的行为系以明显不合理的低价转让财产、以明显不合理的高价受让他人财产或者为他人的债务提供担保等行为时，须在具备上述客观要件的同时具备相应的主观要件，债权人才能够行使撤销权。

债权人撤销权成立的主观要件中的恶意包括两个方面：

一是债务人恶意。对债务人恶意的认定，存在观念主义与意思主义的分歧。按照观念主义，债务人在实施处分财产的行为时，对该行为可能影响到债权人的债权实现的后果具有一定的认识，但不必有诈害的意思；按照意思主义，债务人在实施处分财产的行为时，主观上存在诈害债权的意思，即有危及债权人债权实现的故意。按照《民法典》第 539 条规定，在债务人恶意的认定上采观念主义标准。债务人的恶意以其实施处分财产行为时为判断标准，其行为时不知而后为恶意的，不成立诈害行为。债务人的代理人实施处分财产行为时是否为诈害行为，以代理人的主观状态为标准予以判断。

二是第三人恶意。此处的第三人就是基于债务人实施处分财产的行为而获得利益的人，通常指与债务人发生法律行为的相对人。在债务人以明显不合理的低价转让财产、以明显不合理的高价受让他人财产或为他人债务提供担保时，若第三人知道债务人的这些行为将影响债权人的债权实现，无须其与债务人有危及债权的串通，即可以认定该第三人具有恶意。第三人恶意的判断以其受益时的主观状况为依据，第三人受益后才知情的，不能认定受益人为恶意，此时债权人不得行使撤销权。

三、债权人撤销权行使范围与方式

（一）债权人撤销权行使范围

一般认为，在符合行使条件时，债务人的任一债权人都能够以自己的名义单独或共同行使撤销权。由于债权人撤销权行使的目的在于保障全体债权人的共同利益，故每个债权人行使债权人撤销权都将对全体债权人利益产生效力。

《民法典》第 540 条规定："撤销权的行使范围以债权人的债权为限。……"既然债权人行使撤销权的后果在于保全全体债权人的债权，此处所谓"债权人的债权"就不应当限于行使撤销权之债权人的债权，而应当依债务人之全体债权人的债权来确定。

（二）债权人撤销权行使方式

在行使撤销权时，债权人应当以自己的名义进行，并应当通过诉讼方式为之。如果债权人以债务人的名义行使撤销权，这与债务人自己行使无区别，并且容易和代理行为产生混淆，不符合撤销权的保全债权之目的。同时，债权人依法行使撤销权对第三人利益影响最大，因而能否撤销债务人实施处分财产的行为由人民法院审查后加以确定为妥。

四、撤销权的行使效力

关于债权人撤销权行使的效力，我国现行法没有明确规定。实践中的通常做法是遵循"入库原则"，即在债权人行使撤销权之后，相关的财产归入债务人的责任财产，这种后果对债务人、第三人（即受益人）和债权人分别产生不同的法律效力，具体体现为：

（一）对债务人的效力

《民法典》第 542 条规定："债务人影响债权人的债权实现的行为被撤销的，自始没有法律约束力。"根据该条规定，债务人实施的处分财产的行为被债权人撤销后，该处分行为自始无效。

（二）对第三人的效力

在债务人实施的不当处分财产的行为被撤销后，第三人已经受领债务人的财产的，其负有返还该财产的义务；不能返还财产或者没有必要返还的，应折价返还其利益。当然，第三人因此向债务人所支付的代价，亦得请求债务人返还。

（三）对债权人的效力

债权人行使撤销权后自第三人取回的财产或代替原来利益的损害赔偿，均为债务人的责任财产，应当直接归属于债务人，并作为全体债权人的共同担保。债权人按照各自享有的债权数额在总额中的比例获得清偿，行使撤销权的债权人不享有优先受偿的权利。但是，根据《民法典》第540条规定："……债权人行使撤销权的必要费用，由债务人负担。"因此，债权人行使撤销权的必要费用应当从撤销所得利益中扣除，剩余部分充作债务人的责任财产。

▶即测即评

▶案例资源

第六章　合同的变更和转让

第一节　合同的变更

一、合同变更的概念和特征

合同变更，有广义和狭义之分。广义的合同变更，是指合同的内容和主体发生变化。所谓主体的变更，是指以新的主体取代原合同关系的主体，即新的债权人、债务人代替原来的债权人、债务人，但合同的内容并没有发生变化。在这种变更方式中，债权人变更的，称为债权转让或债权移转；债务人变更的，称为债务转移。对主体的变更，下文将专门加以探讨。

合同内容的变更乃狭义的合同变更，是指在合同成立以后，尚未履行或完全履行以前，当事人就合同的内容达成修改或补充的协议。《民法典》第 543 条规定："当事人协商一致，可以变更合同。"该规定实际上即合同内容的变更。这种变更具有如下特征：

首先，从原则上说，合同的变更必须经当事人双方协商一致，并在原合同的基础上达成新的协议。任何一方未经对方同意，无正当理由擅自变更合同内容的，不仅不能对合同的另一方产生约束力，反而将构成违约行为。由于合同变更必须经过双方协商，所以，在变更合同的协议生效以前，原合同关系仍然有效。

其次，合同内容的变更，是指合同关系的局部变化。也就是说，合同变更只是对原合同关系的内容作某些修改和补充，而不是对全部合同内容予以变更。如标的数量的增减，交货地点、时间、价款或结算方式的改变等，均属于合同内容的变更。如果合同内容已全部发生变化，则实际上导致了原合同关系的消灭，产生了一个新的合同。当然，如果仅仅是标的数量、质量、价款发生变化，一般不会影响到合同的实质内容，而只影响局部内容，所以不会导致合同关系的消灭。

最后，合同的变更也会产生新的债权债务内容。当事人在变更合同时，可能会增加新的内容或改变某些内容。合同变更以后，不能完全依原合同内容来履行，而应按变更后的权利义务关系来履行。当然，这并不是说在变更时必须首先消灭原合同的权利义务关系。事实上，合同的变更是指在保留原合同的实质内容的基础上产生一个新的合同关系，它仅在变更的范围内使原债权债务关系消灭，而变更之外的债权债务关系仍继续生效。从这个意义上讲，合同变更使原合同关系相对消灭。

二、合同变更的要件

合同的变更也必须具备一定的要件，只有在满足如下要件时才能变更合同：

第一，原已存在有效的合同关系。合同的变更是在原合同的基础上，通过当事人双方的协商，改变原合同关系的内容。因此，不存在原合同关系，就不可能发生变更问题。如果合同被确认无效或被撤销，则不能变更原合同。

第二，合同的变更在原则上必须经过当事人协商一致。《民法典》第 543 条规定："当事人协商一致，可以变更合同。"合同是当事人双方协商一致的产物，因而合同的变更也必须经过双方的协商，任何一方未经协商不得单方变更合同内容，否则将构成违约。变更合同时必须订立变更合同的合同。此种合同也必须经过要约和承诺阶段，符合民事法律行为的生效要件，任何一方不得采取欺诈、胁迫的方式来欺骗或强制他方当事人变更合同。如果当事人没有形成一致的意思表示，则不能变更合同。《民法典》第 544 条规定："当事人对合同变更的内容约定不明确的，推定为未变更。"据此可见，如果当事人对合同变更的内容规定不明确，则推定当事人并没有达成变更合同的协议，合同视为未变更，当事人仍应当按原合同履行。法律作出此种规定是为了减少当事人可能就合同的变更产生的纠纷，维护合同关系的稳定性。

第三，合同变更必须使合同内容发生变化。合同的变更是指非实质性条款的变更。合同变更不同于合同的更新，如果是实质性条款的变更，就可能导致合同丧失同一性，构成合同的更新。换言之，这些条款的变更并不导致原合同关系的消灭和新合同关系的产生。至于何种条款为实质性条款或非实质性条款，只能根据具体合同进行分析。

第四，合同变更必须遵循法定的程序和方式。《民法典》第 502 条第 3 款规定："依照法律、行政法规的规定，合同的变更、转让、解除等情形应当办理批准等手续的，适用前款规定。"这就要求合同的变更必须遵循法定的程序和方式。在某些情况下，法律为维护国家利益、社会公共利益和当事人利益，维护社会经济秩序，预防和减少不必要的纠纷，对一些合同规定了一定的成立方式，如抵押合同、保证合同的成立应当采用书面形式。在这些情况下，当事人仅仅达成变更合同的协议是不够的，还必须依照法律、行政法规规定采用书面形式或办理批准、登记等手续。否则，合同不能发生变更。

三、合同变更的效力

合同变更后产生如下效力：

第一，合同变更后，如果当事人在合同变更前已经履行了部分义务，则合同变更原则上不具有溯及力，即当事人的履行行为仍然有效。因为在合同变更前，当事人按照合同约定履行的，该履行仍应有效，如果当事人在变更合同时特别约定合同变更前的履行无效，这一约定也不发生效力。因此，合同的变更只能对未来产生效力，对于已按原合同所作的履行无溯及力，任何一方都不能因为合同的变更而单方面要求另一方返还已经履行的部分。

第二，合同变更后，当事人应当按照变更后的合同内容作出履行。按照私法自治原则，当事人对合同内容的变更也具有法律拘束力，合同变更的内容属于当事人对其利益所作出的新的安排，任何一方违反变更后的合同内容都构成违约。合同没有变更的部分对当事人仍具有拘束力。

第三，合同变更原则上不影响违约责任的承担。即使在依据法律规定变更内容的情形下，在法院或仲裁机构变更了合同内容以后，因为合同继续有效，所以对先前的违约行为仍然应当承担违约责任。就约定变更而言，情况就比较复杂，关键要看双方达成协议时是否有免除对方违约责任的意图：如果已经通过协议免除了违约方的责任，则不得再对此行为追究责任；如果并没有单方面免责的表示或双方未达成免责的协议，则可以对先前的违约行为追究违约责任。

第四，合同变更以后对保证人产生一定的效力。依据《民法典》第 695 条，债权人和债务人未经保证人书面同意，协议变更主债权债务合同内容，减轻债务的，保证人仍对变更后的债务承担保证责任；加重债务的，保证人对加重的部分不承担保证责任。

第二节　合同债权的转让

一、合同债权转让的概念和特征

合同债权转让也称债权让与，是指合同债权人通过协议将其债权全部或部分地转让给第三人的行为。合同债权在性质上是财产权，具有可转让性。在现代社会，合同权利的转让实际上是金融发展、资金融通的重要手段，鼓励债权转让并维护转让正常有序进行，对市场经济发展具有重要作用。合同债权的转让主要具有如下特征。

（一）合同债权转让的主体是债权人和第三人

债务人不是也不可能是合同债权转让的当事人。尽管权利转让时债权人应当及时通知债务人，但这并不意味着债务人成为合同债权转让的当事人。不过，转让的合同债权必须是有效的权利，无效的权利是不能转让的。

（二）合同债权转让的对象是合同债权

债权是一种财产权，因此可作为转让的标的。合同规则调整交易关系，物权的流转关系和债权的流转关系都应当受其调整。但是，由于物权具有特殊性，整个物权的处分行为还要受到物权法律的调整。合同债权转让也不同于有价证券转让：一方面，合同债权转让的对象是合同权利；而有价证券转让的对象是一种证券化的权利。另一方面，合同债权的转让通常没有形式上的要求，一般情况下，债权人与受让人所订立的债权让与协议生效时，即可产生债权转让的效果；而有价证券的转让通常还需要交付或者办理变更登记。①

（三）合同债权的转让既可以是全部转让，也可以是部分转让

在合同债权全部转让时，受让人将完全取代转让人的地位而成为合同当事人，原合同关系消灭，新的合同关系产生。在合同债权部分转让时，受让人作为第三人将加入原合同关系之中，与原债权人共同享有债权。

不管采取何种方式转让，都不得因权利的转让而增加债务人的负担，否则应由转让人或者受让人承担费用或损失。需要指出的是，《民法典》合同编在债权转让方面使用了“债权人转让债权”的表述，这就意味着债权转让不仅适用于合同债权的转让，也适用于合同之外的其他债权的转让。

二、合同债权转让的条件

（一）须有有效的合同债权存在

这是合同债权转让的根本前提。如果合同根本不存在，或者已经被宣告无效或被撤销、被解除，所发生的转让行为便是无效的，转让人应对善意的受让人所遭受的损失承担损害赔偿责任。对于诉讼时效已经完成的合同债权可否成为让与的标的，理论上有不同的看法，但通说认为，诉讼时效完成后的合同债权也可以转让。

（二）转让双方之间须达成合同

此种合同的当事人是转让人和受让人，当事人订立债权转让合同应具备合同的有效条件。如有使合同无效的情形时，转让合同不能生效。在转让合同有可撤销或可变更的事由时，当事人可以请求撤销或变更。如果转让合同被撤销，但受让人已经接受债务人的履行的，应作为不当得利返还给原债权人。

（三）转让的合同债权须具有可让与性

所谓不具有可让与性，是指依据债权的性质以及法律规定或者当事人约定，某项特定的债权只能由债权人享有，不得转让给他人。对不具有可让与性的合同债权，权利人不得转让。依据《民法典》第 545 条第 1 款的规定，下列合同债权不得转让：一是根据债权的性质不得转让的权利。例如，根据个人信任关系而发生的债权，或者以选定债权人为基础发生的合同债权，如某个特定演员的演出合同等。二是按照当事人的约定不得转让的债权。根据债权自由原则，当事人可以

① 参见《国际商事合同通则》第 9. 1. 2 条、《欧洲民法典草案》第 3—5：101 条。

在订立债权时或订立债权后特别约定，禁止任何一方转让债权，只要此约定不违反法律的禁止性规定和社会公共道德，就应当产生法律效力。三是依照法律规定不得转让的债权。如果法律规定某种债权不得转让，则该债权不具有可让与性。依照法律有关规定应由国家批准的合同，当事人在转让权利义务时，必须经过原批准机关的批准。

（四）必须通知债务人

《民法典》第 546 条第 1 款规定："债权人转让债权，未通知债务人的，该转让对债务人不发生效力。"可见，我国法律采取了通知主义。这就是说，债权人转让权利时，只需将其转让权利的情况及时通知债务人，而不必征得债务人的同意。在债权转让中，通知的效力主要体现在：第一，对债务人而言，债务人应当向新的债权人进行清偿。未经通知的债权转让对债务人不发生效力。第二，一旦通知，债务人只有向受让人履行才构成清偿，如果债务人继续向原债权人进行清偿，将不会产生债的清偿的效果。这种清偿构成非债清偿，适用不当得利的相关规定。第三，通知不决定债权转让生效的时间，也不确定债权的归属。如果没有进行通知，受让人要求债务人履行的，债务人可以此为由进行抗辩，拒绝履行。依据《民法典》第 546 条第 2 款的规定，债权转让通知一旦到达债务人，就直接发生上述法律效力，债权人不得撤销已经到达的通知，一旦撤销该通知，由此给债权受让人造成的损害，债权人应当承担赔偿责任。但是如果受让人同意撤销，表明其自愿接受该撤销的不利后果，法律应当允许。

（五）须依法办理有关手续

如果法律、行政法规规定，转让合同债权应当办理批准、登记等手续的，则债权人在转让债权时应当办理这些手续。

三、合同债权转让的法律效力

合同债权转让的生效，首先应取决于两个条件：一是合同债权转让合同的成立；二是债权人将权利转让的事实通知债务人以后，债务人未表示异议。在符合这两个条件的情况下，合同债权转让将会产生一定的法律效力。这种效力包括对内效力和对外效力。

（一）对内效力

对内效力，是指合同债权转让在转让双方即转让人（原债权人）和受让人（第三人）之间发生的法律效力。这种效力具体表现在：

第一，合同债权由转让人转让给受让人。如果合同债权转让是全部权利转让，则受让人将作为新债权人成为合同债权的主体，转让人将脱离原合同关系，由受让人取代其地位；如果是部分权利转让，则受让人将加入合同关系，成为共同债权人。

第二，从属于主债权的从权利，如抵押权、利息债权、定金债权、违约金债权及损害赔偿请求权等也将随主权利的移转而发生移转，但专属于债权人的从权利不能随主权利的移转而移转。例如，合同中有些特别条款，要求债务人亲自实施的，则该权利不得转让。《民法典》第547条第2款规定："受让人取得从权利不因该从权利未办理转移登记手续或者未转移占有而受到影响。"这就是说，在合同债权转让的情形下，合同债权的从权利将随之移转，而不需要办理相关的权利转移登记或转移占有手续。

第三，转让人应保证其转让的权利有效存在且不存在权利瑕疵。如果在权利转让以后，因权利存在瑕疵而给受让人造成损失的，转让人应当向受让人承担损害赔偿责任。当然，转让人在转让权利时，若明确告知受让人权利有瑕疵，则受让人无权要求赔偿。

第四，转让人将某项权利转让给他人以后，不得就该项权利再作出转让。如果转让人重复转让债权，则涉及应由哪一个受让人取得受让的权利的问题。一般认为应当按照"先来后到"的规则，先前的受让人应当优先于在后的受让人取得权利。

第五，因债权转让而增加的履行费用，应当由转让人负担。《民法典》第550条规定："因债权转让增加的履行费用，由让与人负担。"尽管合同债权的转让一般不会增加债务人的履行费用，但在特殊情形下，债权转让也可能增加债务人的履行费用。例如，债权转让导致合同履行地发生变动的，即可能增加债务人履行债务的负担。债权转让增加的履行费用是因债权转让而产生的，且债权转让人从中获得了利益，因此，其应当负担因此给债务人增加的履行费用。

（二）对外效力

对外效力，是指合同债权转让对债务人产生的法律效力。合同债权转让生效且通知债务人后，针对债务人产生如下效力：

第一，债务人不得再向转让人即原债权人履行债务。如果债务人仍然向原债权人履行债务，则不构成债权的履行，不导致债权终止。如果债务人向原债权人履行，造成受让人损害，债务人应负损害赔偿的责任。原债权人接受此种履行后，构成不当得利，受让人和债务人均可请求其返还。

第二，债务人负有向受让人即新债权人履行的义务，同时免除其对原债权人所负的债务。如果债务人向受让人履行以后转让合同被宣告无效或被撤销，但债务人出于善意，则债务人向受让人作出的履行仍然有效。

第三，债务人在合同债权转让时所享有的对抗原债权人的抗辩，并不因合同债权的转让而消灭。《民法典》第548条规定："债务人接到债权转让通知后，债务人对让与人的抗辩，可以向受让人主张。”依据该条规定，在债权转让后，债务人对原债权人所享有的抗辩，仍然可以对受让人主张。这些抗辩不仅包括债务人可以对原债权人主张的抗辩权，如同时履行抗辩权、不安抗辩权、后履行抗辩权等，也包括抗辩权之外的一些抗辩，如债权不成立的抗辩、产生债权的合同被撤销或者被宣告无效的抗辩、合同债权已经因履行或者清偿等而消灭的抗辩等。当然，只有在债务人接到债权让与的通知后，才可以主张上述抗辩。在通知债务人前，债务人仅能向原债权人主张上述抗辩权，即便债务人已经知道债权让与的事实，在其收到债权让与的通知前，也不能向受让人主张。

第四，债务人接到债权转让通知时，债务人对让与人享有债权，并且债务人的债权先于转让的债权到期或者同时到期的，债务人可以向受让人主张抵销。依据《民法典》第 549 条的规定，在如下情形下，债务人可以向受让人主张抵销。

一是债务人接到债权转让通知时，债务人对让与人享有债权，并且债务人的债权先于转让的债权到期或者同时到期。此种情形下，债务人主张抵销，实际上满足了抵销的一般条件。如果债务人对让与人所享有的债权后于转让的债权到期，则债务人不得主张抵销，否则会损害让与人的期限利益。

二是债务人的债权与转让的债权基于同一合同产生，即债务人与原债权人基于同一合同而互负债务。此为债权转让中债务人可以行使抵销权的一种特殊情形。民法典之所以增设这一规定，主要原因在于，《民法典》第 549 条第 1 项实际上是法定抵销权在债权转让中的特殊规则，要求债务人的债权必须先于转让债权到期或同时到期。而在债务人的债权与转让的债权基于同一合同产生时，受让人完全可以通过调查的方式判断该合同中是否可能产生可供债务人抵销的权利，此时就不宜过度保护其权利，可以不再对抵销进行时间上的限制。

当然，从《民法典》第 549 条的规定来看，其在规定债务人的抵销权时，并没有对抵销的其他条件作出规定。本书认为，此种情形下的抵销属于法定抵销，债务人在行使抵销权时，也应当符合法定抵销的一般条件。

四、禁止转让特约的效力

禁止转让特约，是指双方当事人在合同中关于禁止转让合同权利的约定。《民法典》第 545 条第 2 款规定：“当事人约定非金钱债权不得转让的，不得对抗善意第三人。当事人约定金钱债权不得转让的，不得对抗第三人。”所谓金钱债权，是指以给付金钱为内容的债权。在现代社会中，保理、资产证券化和不良资产处置等，都是通过金钱债权转让的方式实现的，金钱债权让与是企业融资的重要方式，也是实现资产有效利用的重要途径，对于促进资本回收和资本流动具有重要的意义，因此法律应当支持和鼓励金钱债权的转让。上述规定区分了金钱债权转让和非金钱债权转让，两者的区别主要表现在：

首先，对于金钱债权而言，因其并不具有人身属性，所以法律往往鼓励金钱债权的转让；而对非金钱债权而言，尤其在涉及提供服务或者劳务等时，因其具有一定的人身属性，法律对其转让是有一定的限制的，当事人可以在合同中约定禁止转让的条款。

其次，就当事人的特别约定而言，当事人约定非金钱债权不得转让的，不得对抗善意第三人，即如果第三人知道或者应当知道当事人存在此种约定的，则该约定可以对抗第三人；如果第三人不知道，则不得对抗第三人。鉴于金钱债权转让对于满足企业融资和实现资产证券化具有重要意义，因此，不仅应当允许金钱债权的转让，而且应当鼓励转让，但是这并不意味着要禁止当事人约定不得转让金钱债权。在当事人之间达成此种约定后，即便受让人为恶意，也不影响债权让与的效果，当事人之间不得转让的特约仅在当事人之间发生效力。对于非金钱债权而言，其转让并不像金钱债权一样自由，需要受到一定限制，法律规定受让人只有在善意的情况下，才能够主张该债权转让有效。而对金钱债权而言，不论第三人是否知道当事人之间存在此种禁止转让的约定，该约定都不得对抗第三人。

第三节 合同债务的转移

一、合同债务转移的概念和特征

合同债务转移又称债务承担，是指基于债权人、债务人与第三人之间达成的协议将债务转移给第三人承担。合同债务转移可因法律的直接规定而发生，也可因法律行为而发生，但前者最为常见。因此，一般情况下，合同债务转移仅指依当事人之间的合同将债务人的债务转移于第三人承担。合同债务转移具有如下特征：

第一，合同债务转移包括了免责的债务承担和债务加入，这些转移方式都表明，一方面，在合同债务转移的情况下，合同的内容并没有发生变化，尤其是合同债务的内容并没有发生变化；另一方面，在合同债务转移时，债务人发生了变化。债务人的变化又包括两种情况，即原债务人退出而由第三人替代，或原债务人不退出而由新债务人加入。

第二，合同债务转移的对象是债务而不是债权。如果包括债权，就成了概括移转，而不是单纯的合同债务转移。由于债务不是一种可以由债务人处分的财产，而是一种负担的转让，所以债务的移转必须取得债权人的同意。一般来说，转移的债务必须在转移时已经有效成立，对于已不存在的债务或已履行的债务，即使当事人之间已订立转移协议，也不应发生移转的效果。

第三，合同债务转移可以是全部转移，也可以是部分转移；可以是在原债务人退出债的关系的情形下，新的债务人替代原债务人的位置，成为新的债务人；也可以是原债务人不退出债的关系，与新债务人共同负担债务。无论是何种移转，合同债务转移都要求债务是确定的且具有可移转性。必须由债务人亲自履行的债务不得转移，否则不发生转移的效力。

第四，合同债务转移必须符合法定的形式要件。法律、行政法规规定应当办理批准、登记等手续的，应依法办理这些手续。

二、合同债务转移的类型

（一）免责的债务承担

免责的债务承担，是指债权人或债务人与第三人之间达成转移债务的协议，将债务全部或部分移转给第三人，由第三人全部或部分取代原债务人的地位而负担债务。《民法典》第551条第1款规定："债务人将债务的全部或者部分转移给第三人的，应当经债权人同意"。该条款对免责的债务承担作出了规定。例如，债务人与第三人约定，将买卖合同中支付价款的债务全部由第三人承担，经债权人同意后，债务人不再承担该债务。此类债务承担的主要特点在于：

第一，第三人在债务转移的范围内取代债务人的地位。在债务全部移转的情形下，第三人将完全取代债务人的地位，成为新的债务人；在债务部分移转的情形下，第三人仅在债务转移的范围内取代债务人的地位，与债务人一起对债权人负担债务。

第二，第三人在债务承担的范围内对债权人负担债务。在免责的债务承担的情形下，如果是债务的部分移转，则第三人与债务人均属于债权人的债务人，二者共同对债权人负担债务，但与并存的债务承担不同，第三人仅在债务承担的范围内对债权人负担债务，其承担的是一种按份责任。

第三，免责的债务承担应当经债权人同意。由于免责的债务承担将导致原债务人免责，而新的债务人能否履行债务，债权人往往并不了解。因此，此种债务承担应当经债权人同意。债权人同意既可以体现为债权人与第三人订立协议，也可以是债务人与第三人订立协议并经债权人同意。《民法典》第551条第2款规定："债务人或者第三人可以催告债权人在合理期限内予以同意，债权人未作表示的，视为不同意。"从该条款规定来看，在免责的债务承担的情形下，债权人应当通过明示的意思表示或者通过行为明确表示同意，债权人未作表示的，视为其不同意债务承担。

（二）并存的债务承担

并存的债务承担又称债务加入，是指第三人与债务人约定，加入债务，或者第三人向债权人表示愿意加入债务，原债务人并没有脱离债的关系，其将与第三人共同向债权人承担债务。《民法典》第552条规定："第三人与债务人约定加入债务并通知债权人，或者第三人向债权人表示愿意加入债务，债权人未在合理期限内明确拒绝的，债权人可以请求第三人在其愿意承担的债务范围内和债务人承担连带债务。"该条对并存的债务承担作出了规定。例如，第三人向债权人表示，其愿意与债务人共同负担债务，债权人未予拒绝的，则成立并存的债务承担。并存的债务承担的特点主要在于：

第一，第三人加入债的关系，成为债务人，但原债务人并没有退出债务关系，而是与第三人共同对债权人负担债务。正是因为第三人与债务人均对债权人负担债务，因此，此种债务承担成为并存的债务承担。

第二，并存的债务承担包括两种情形：

（1）第三人与债务人约定加入债务并通知债权人。此种情形下的债务承担应当具备如下条件：一是第三人与债务人约定债务承担。第三人与债务人约定债务承担的，该约定在性质上属于利益第三人合同，可以适用《民法典》合同编关于利益第三人合同的规定。二是通知债权人。这就是说，在第三人约定承担债务的情形下，虽然不需要取得债权人的同意，但应当通知债权人，使债权人了解有新的债务人加入。三是债权人没有在合理期间内拒绝。如果债权人认为新的债务人的加入有损其利益，其有权予以拒绝。

（2）第三人向债权人表示愿意加入债务，第三人与债务人对债权人负担连带债务。此时，判断第三人是否加入债务，可以不考虑债务人的意志，只要债权人在合理期限内不拒绝即可。

第三，第三人明确表示愿意加入债务，债权人没有明确表示拒绝的，将成立并存的债务承担。此种情形下，债务人并没有退出债务关系，第三人作为债务人实际上增加了债权人债权实现的机会，如债权人没有明确拒绝，则可以成立此种形式的债务承担。

第四，债权人未在合理期限内明确拒绝。《民法典》第552条规定："……债权人未在合理期限内明确拒绝的，债权人可以请求第三人在其愿意承担的债务范围内和债务人承担连带债务。"这就是说，在并存的债务承担中，第三人因为加入债的关系，成为债务人，但原债务人并没有退出债务关系，而是与第三人共同作为债务人，对债权人负担债务。因此，无论并存的债务承担采取何种形式，并不需要经过债权人同意，只要债权人未在合理期限内明确拒绝即可。若债权人明确表示不同意第三人加入，则并存的债务承担不能成立。

在并存的债务承担的情形下，如果第三人只是承担部分债务，则第三人仅在债务承担的范围内与债务人负担连带债务。如果没有明确表示仅承担部分债务，则应当就全部债务与债务人一起向债权人承担连带责任。有关并存债务承担的规则要适用《民法典》合同编关于连带债务的规定。

免责的债务承担和并存的债务承担都是债务转移的形式，但事实上，二者存在一定的区别：第一，原债务人是否退出债务关系不同。在免责的债务承担中，原债务人将退出债的关系；而在并存的债务承担中，原债务人并未退出债的关系。第二，是否需要债权人表示同意不同。在免责的债务承担中，债务的移转需要经债权人同意；而并存的债务承担并不需要经过债权人同意，只要债权人没有在合理期限内表示拒绝，并存的债务承担就能够发生效力。

三、合同债务转移的条件

合同债务转移只有符合一定条件，才能产生效力。根据我国法律的规定，合同债务转移须具备如下条件：

（一）必须有有效的合同债务存在

当事人移转的合同债务只能是有效存在的债务。如果债务本身不存在，或者合同订立后被宣告无效或被撤销，自然不能发生债务转移的后果。将来可发生的债务虽然理论上也可由第三人承担，但仅在该债务有效成立后，债务承担合同才能发生效力。例如，附生效条件的合同债务，自合同债务有效发生时，转移协议才能生效。

（二）转让的合同债务必须具有可让与性

因为合同债务转移后，合同债务主体发生变更，所以，所移转的合同债务必须具有可让与性。依据法律的规定或合同的约定不得移转的债务，不得移转。例如，因扶养请求权而发生的债务，不得移转。

（三）必须存在合同债务转移的协议

合同债务的转移，须由当事人达成移转的协议。合同债务转移协议的订立有两种形式：一是债务人与第三人订立协议。债务人与第三人之间可以订立承担债务的协议，该协议一旦成立便生效。第三人作为债务承担人将取代原债务人，原债务人被免除债务。二是在免责的债务承担的情形下，可以由债权人与第三人订立协议。在债权人与第三人之间订立合同债务转移协议时，可以认为债权人已经同意由该第三人履行债务，故债权人与第三人之间订立的合同债务转移的协议，一旦成立便生效。

（四）必须经过债权人的同意或债权人未明确拒绝

一般来说，债权转让不会给债务人造成损害，但债务的转移则有可能损害债权人的利益。因为债务人在移转其债务以后，新的债务人是否具有履行债务的能力，或者是否为诚实守信的人等情况都是债权人所无法预知的。如果允许债务人随意转让债务，一旦受让人没有能力履行债务，或者有能力履行而不愿意履行债务，将直接导致债权人的债权不能实现。传统大陆法系一般认为，并存的债务承担并不需要经过债权人的同意。但从比较法的发展趋势来看，无论是免责的债务承担还是并存的债务承担，均需要经债权人同意。从我国民法典的规定来看，其区分了免责的债务承担与并存的债务承担。依据《民法典》第 551 条的规定，免责的债务承担应当经债权人同意；对并存的债务承担而言，依据《民法典》第 552 条的规定，无论是债务人与第三人订立债务转移协议，还是第三人向债权人表示愿意承担债务，只要债权人未在合理期限内明确拒绝，均可成立并存的债务承担。

（五）必须依法办理有关手续

如果法律、行政法规规定，移转合同债务应当办理批准、登记等手续的，则在移转合同债务时应当办理这些手续。

四、合同债务转移的效力

（一）新债务人负有清偿债务的义务

对于免责的债务承担而言，合同债务全部移转的，新债务人将取代原债务人的地位而成为当事人，原债务人将不再作为债的一方当事人。如果新债务人不履行或不适当履行债务，债权人只能向新债务人而不能向原债务人请求履行债务或要求其承担违约责任。

对于并存的债务承担而言，无论多少新的债务人加入，原债务人和新加入的债务人都要共同对债权人承担连带责任。原债务人与新债务人之间应承担的债务份额应依移转协议确定。

（二）新债务人可以主张原债务人对债权人的抗辩

合同债务转移后，新债务人可以主张原债务人对债权人的抗辩。《民法典》第 553 条规定，“债务人转移债务的，新债务人可以主张原债务人对债权人的抗辩”。新债务人享有的抗辩既包括合同履行中的抗辩权，如同时履行抗辩权、不安抗辩权、先履行抗辩权等，也包括其他抗辩，如合同撤销和无效的抗辩、合同不成立的抗辩、诉讼时效已过的抗辩等。当然，这些抗辩事由必须是在合同债务转移时就已经存在的。不过，专属于合同当事人的合同解除权和撤销权非经原合同当事人的同意，不能移转给新的债务人享有。

（三）新债务人不得主张原债务人对债权人的抵销权

《民法典》第 553 条规定：“……原债务人对债权人享有债权的，新债务人不得向债权人主张抵销。”这实际上就确认了，在债务承担中，原债务人对债权享有债权的，新债务人不得向债权人主张抵销的规则。例如，甲对乙享有债权，同时，还负有对乙的债务，丙承担乙对甲的债务后，不得以乙对甲的债权进行抵销。法律作出此种规定的原因在于：一方面，原债务人只是与新债务人之间达成了债务承担的协议，如果允许新债务人就原债务人对债权人所享有的债权对债权人主张抵销，实际上是允许新债务人行使原债务人对债权人的债权，这显然已经超出了债务承担的范畴。另一方面，债务承担只是使新的债务人承担了原债务人的债务，与原债务人对债权人所享有的债权并非同一债的关系，二者属于两个不同的法律关系，新的债务人不得主张抵销。因此，即便原债务人可以对债权人主张抵销，新的债务人也不得主张抵销。从这个法条所处的位置来看，其不仅适用于免责的债务承担，也适用于并存的债务承担。

（四）从债务的移转

合同债务转移后，从债务也相应地发生移转，新债务人应当承担与主债务有关的从债务。例如，买卖合同的主要义务移转以后，有关交付单证、办理相关手续等从义务也相应移转。《民法典》第554条规定：“债务人转移债务的，新债务人应当承担与主债务有关的从债务，但是该从债务专属于原债务人自身的除外。”从债务与主债务是密切联系在一起的，不能与主债务相互分离而单独存在。所以，当主债务发生移转以后，从债务也要发生转移，新债务人应当承担与主债务有关的从债务。值得注意的是，主债务转移后，专属于原债务人的从债务（如特许经营资格的延续）不得移转。

第四节　合同权利和义务的概括转让

一、合同权利和义务概括转让的概念和特征

合同权利和义务概括转让，是指由原合同当事人一方将其债权债务一并移转给第三人，由第三人概括地继受这些债权债务。《民法典》第555条规定：“当事人一方经对方同意，可以将自己在合同中的权利和义务一并转让给第三人。”这就是对合同权利和义务概括转让的规定。合同权利和义务概括转让与一般债的转让不同，它不是单纯地转让债权或移转债务，而是概括地移转债权债务。由于移转的是全部债权债务，与原债务人利益不可分离的解除权和撤销权也将因概括的权利和义务的移转而移转给第三人。

合同权利和义务的概括转让具有如下特征：

第一，合同权利和义务的概括转让包括合同债务承担和合同债权转让。合同

权利和义务的概括转让不同于前述合同权利的转让和合同义务的承担，而是概括地移转合同债权债务。合同当事人一方与第三人达成概括转让权利义务的协议后，必须经另一方当事人同意后方可生效，因为概括转让权利义务，包括了义务的移转。在取得另一方同意之后，承担人将完全代替原合同当事人一方的地位，原合同当事人的一方将完全退出合同关系。如在转让之后不履行或不适当履行合同义务，概括承担人应承担责任。

第二，合同权利和义务的概括转让主要适用于双务合同。由于合同权利和义务的概括转让，将要出让整个权利和义务，因而只有双务合同中的当事人一方才可以概括转让。在单务合同中，由于一方当事人可能仅享有权利或仅承担义务，因而不能出让全部的权利和义务，故单务合同一般不发生合同权利义务概括转让的问题。

第三，合同权利义务的概括转让，既可以依据当事人的合意而发生，也可以因为法律的规定而产生（如因企业合并、分立而发生的合同权利和义务的概括转让）。

二、合同权利和义务概括转让的类型

合同权利和义务概括转让，可以依据当事人之间订立的合同而发生，也可以因法律的规定而发生。在法律规定的转让中，主要包括如下类型：

第一，合同概括转让，也称为合同承担，是指一方当事人与第三人之间订立合同，并经原合同的另一方当事人同意，由第三人承担合同一方当事人在合同中的全部权利和义务。例如，在房屋租赁合同签订之后，承租人经出租人同意，将承租人的地位全部转让给第三人，承租人不再成为合同当事人，而由第三人取代其在合同中的地位。第三人不仅要承担承租人所负的债务（如交付租金），也享有承租人所享有的权利（如使用房屋）。在合同当事人一方与第三人达成概括转让权利义务的协议后，必须经另一方当事人同意后方可生效。

第二，企业合并和分立。所谓企业合并，是指两个以上的企业合并在一起成立一个新的企业，由新的企业承担原先的两个企业的债权债务，或者一个企业被撤销之后，将其债权债务一并移转给另一个企业。在企业合并的情况下，因为由多个企业合并成一个企业，因此由合并后的企业行使合同权利，履行合同义务。所谓企业分立，是指依照法定程序，将原企业分离为两个或两个以上的新企业。企业的分立引起的债权债务转移，是指在撤销一个企业的基础上，成立一个或数个新的企业，被撤销企业的债权债务转移给新的企业承担。

三、合同权利和义务概括转让的效力

《民法典》第 556 条规定："合同的权利和义务一并转让的，适用债权转让、债务转移的有关规定。”依据这一规定，合同权利和义务概括转让要适用《民法典》合同编关于合同债权让与和合同债务承担的规则，这些法律规定的内容具体包括：第一，根据合同性质、当事人约定和法律规定不得转让的权利，不得因债权债务的概括转让而转让；第二，如果某些从权利专属于债权人，则受让人无法因合同权利义务的概括转让而享有该从权利；第三，债务人对原债权人所享有的抗辩权，仍可以对抗受让人；第四，如果债务人对让与人享有债权且符合抵销的条件，则债务人可以向受让人主张抵销；第五，新债务人可以主张原债务人对债权人的抗辩；第六，新债务人应当承担与主债务有关的从债务，但该从债务专属于原债务人的除外；第七，法律、行政法规规定转让权利或者转让义务应当办理批准、登记手续的，应依照其规定。

▶即测即评　　▶案例资源

第七章　合同的权利义务终止

第一节　合同的权利义务终止概述

一、合同权利义务终止的概念和特征

合同权利义务终止，简称合同终止。依据《民法典》第 557 条，合同终止具有如下特征：一是合同终止既包括合同关系向未来消灭，也包括合同关系溯及既往消灭，合同终止使当事人不再负履行义务。二是合同终止的对象是已经发生效力的合同。合同债权都具有期限性，不能永久存在，期限届满，债权即归于消灭。三是合同的终止使合同关系在客观上不复存在，合同一旦终止，当事人不再受合同关系的约束，合同权利和义务归于消灭。因此，合同终止不同于合同履行的暂时中止。

从广义上说，合同解除也属于合同终止的一种原因。因为合同一旦被解除，将导致合同当事人的权利义务关系终止，将在事实上消灭合同关系。正是基于这一原因，《民法典》第 557 条将解除作为合同终止的一种原因。但是，合同解除与合同终止的其他原因又存在区别，主要表现在：一方面，解除不仅仅是合同终止的原因，也是非违约方所享有的一种违约救济手段，在违约解除的情形下，其也是非违约方所享有的一项权利。另一方面，在解除的情形下，合同权利义务关系并未完全终止，因为当事人之间还要依据合同进行清算，非违约方有权依据合同约定向违约方主张损害赔偿。此外，解除仅仅适用于合同权利义务关系，所以，解除只导致合同权利义务关系终止，而其他终止原因将导致债权债务关系终止。据此，作为合同终止的原因，《民法典》第 557 条第 2 款并未将解除与债权债务终止的其他原因一并规定，而单独予以规定：“合同解除的，该合同的权利义务关系终止。”

二、合同终止的效力

（一）合同权利义务关系归于消灭

合同终止的事由发生以后，无论是主义务还是从义务，均自合同终止的事由发生之时起消灭。合同的终止解除了双方当事人履行或接受履行的全部义务。合同关系消灭后，依附于主权利义务关系的从权利和从义务，如担保物权、保证债权、违约金债权、利息债权等于合同关系终止时均归于消灭。

（二）合同终止不影响非违约方对违约方所享有的损害赔偿请求权

尽管合同终止使合同的权利义务关系消灭，但一方因对原合同的违反而给另

一方造成的损害赔偿责任不因合同终止而免除。据此，《民法典》第567条规定："合同的权利义务关系终止，不影响合同中结算和清理条款的效力。"

（三）债权人负有返还负债字据或涂销该字据的义务

此种义务属于后合同义务的范畴。负债字据是合同权利义务的证明，合同权利义务关系终止后，债权人应将负债字据返还给债务人或者予以涂销。负债字据灭失不能返还的，债权人应向债务人出具债务消灭的字据。债权部分消灭的，债务人有权请求将消灭事由记入字据或者出具其他证明。

（四）合同当事人之间发生后合同义务

后合同义务是指合同关系消灭以后，当事人依诚信原则和交易习惯所负的某种作为或不作为的义务。《民法典》第558条规定："债权债务终止后，当事人应当遵循诚信等原则，根据交易习惯履行通知、协助、保密、旧物回收等义务。"该条确定了后合同义务，其本质上也是一种法定义务。法律规定此种义务，有利于合同目的的实现。

需要指出的是，在合同关系终止以后，并不是所有的合同条款都失去效力。依据法律的规定，合同某些条款的效力具有相对独立性，应当继续有效，这些条款主要包括两种情形：一是合同中的争议解决方法的条款；二是合同的结算、清理条款。依据《民法典》第567条的规定，如果当事人事先约定了有关合同终止后的结算和清理条款，那么在合同关系终止后，此类条款仍然有效。

第二节　清　　偿

一、清偿的概念和构成要件

清偿就是指当事人按照合同的约定正确地、适当地履行了其合同义务，并使当事人订约目的得以实现。《民法典》第557条规定的"债务已经履行"就是指清偿。

构成清偿应当具备以下条件：一是清偿必须是双方当事人依据合同的规定作出了履行。由于合同大多为一种双务合同，双方当事人都互负权利义务，所以合同应当由双方作出履行才能因清偿而发生合同关系的消灭。如果仅仅是一方作出了履行，而另一方没有作出履行，不构成合同的清偿，合同关系未终止。二是清偿必须是当事人正确地、适当地履行合同义务。所谓正确地、适当地履行合同义务，是指当事人依据法律的规定和合同的约定，以及根据诚信原则正确地、适当地履行其义务。在这一点上，清偿不同于履行。履行还应当包括不适当履行、迟延履行、部分履行等形态。尽管这些履行不符合合同的约定，不能发生合同关系消灭的效果，但在法律上其仍然属于履行行为。三是清偿必须使当事人订立合同的目的得以实现。按照债务的目的向债权人或者其他有受领权人进行清偿，经其受领的，债权债务关系消灭。

二、清偿的主体、标的和期限

（一）清偿的主体

清偿的主体包括清偿人和清偿受领人。清偿人是清偿债务的人，不仅包括债务人，还包括被授予清偿权限的人和第三人。债务人负有清偿的义务，必须向债权人作出清偿，债务人包括连带债务人、不可分债务人、保证债务人。当债务的履行不仅需要债务人的行为，而且需要其他人协助时，债务人可以使用履行辅助人。清偿受领人即接受清偿的人。依据法律规定，债务人应当向债权人作出清偿，债务人向债权人及其代理人以外的第三人作出的清偿，不发生债务消灭的效力。

（二）清偿的标的

清偿的标的，即履行的标的、给付的内容。清偿人应当依照全面履行和诚信原则全面、准确、适当地履行债务，否则即构成违约行为，应承担违约责任。当事人在合同中约定必须交付特定物的，须按照合同约定交付特定物，不得以其他标的物替代。如果确实因为标的物发生意外毁损灭失的情况，则合同因为履行标的物的不存在而不能实际履行，但债务人仍然应当承担违约责任。原则上，债务人必须按照合同约定的数量全部履行债务，但部分履行不损害债权人利益的除外。

（三）清偿的期限

在合同履行期确定以后，债务人原则上应当按期限履行，但债务人抛弃自己的期限利益，在一般情况下，对债权人都是有利的，因此债务人可以提前清偿，但提前清偿给债权人造成损害的，债务人应当承担赔偿责任。在履行期确定以后，如果合同没有规定分期履行，债务人不得分期清偿，但分期履行不损害债权人利益，而债务人确有正当理由需分期履行的，债权人依据诚信原则应当同意债务人分期履行。债权人拒绝的，法院可以在不损害债权人利益的前提下，根据债务人的请求允许债务人分期清偿。

三、清偿抵充

（一）清偿抵充的概念和条件

所谓清偿抵充，是指一人负担数宗债务，而给付的种类相同的，如清偿人提出的给付不足以清偿全部债务额，由清偿人在清偿时指定其抵充的债务。《民法典》第560条规定："债务人对同一债权人负担的数项债务种类相同，债务人的给付不足以清偿全部债务的，除当事人另有约定外，由债务人在清偿时指定其履行的债务。债务人未作指定的，应当优先履行已经到期的债务；数项债务均到期的，优先履行对债权人缺乏担保或者担保最少的债务；均无担保或者担保相等的，优先履行债务人负担较重的债务；负担相同的，按照债务到期的先后顺序履行；到期时间相同的，按照债务比例履行。"本条对清偿抵充规则作出了规定。依据该条规定，清偿抵充必须具备如下几个条件：一是一个债务人对同一债权人负担数项债务。只有在同一债务人负担数项债务时，才有可能发生清偿抵充的问题，如果是多个债务人对同一债务人负担数项债务，则各个债务人应当分别清偿其债务，从而不发生抵充问题。同时，清偿抵充的债权人应当是同一债权人，否则不发生清偿抵充的问题。二是债务人负担的债务给付的种类相同。如果债务人所负担的债务种类不同，则债务人应当严格按照债的要求履行债务，而不存在清偿抵充的问题。三是清偿人提出的给付不足以清偿全部债务。也就是说，只有在债务人所提供的给付无法清偿全部债务时，才有必要由债务人确定其所作出的给付用于清偿哪一债务。

（二）清偿抵充的形式

1. 约定抵充

约定抵充，是指当事人就抵充的方法达成合意，有约定时从约定，这是合同自由的表现。约定抵充应当优先于指定抵充和法定抵充。约定抵充既可以在清偿前约定，也可以在清偿时进行。《民法典》第560条承认了约定抵充优先的规则。

2. 指定抵充

指定抵充，是指当事人一方以其单方意思确定债务人的清偿应抵充的债务。依据《民法典》第560条的规定，在当事人没有规定抵充顺序的情形下，则"由债务人在清偿时指定其履行的债务"，这实际上赋予了债务人指定抵充顺序的权利。但按照私法自治原则，当事人也可以约定由债权人享有指定权，即由债权人来指定清偿何种债务。

3. 法定抵充

法定抵充，是指在当事人未约定抵充或未作出指定抵充时，依据法律规定的顺序和方法对债务进行的抵充。依据《民法典》第560条第2款的规定，法定抵充顺序如下：一是如果到期的债务和未到期的债务并存，应当先抵充已经到期的债务。法律作出此种规定，主要是为了保护债务人的期限利益，而且优先抵充到期债务也更符合当事人的本意。二是数项债务均已到期的，先抵充无担保或担保最少的债务。因为已经有担保的债权或者担保较多的债权，其不能清偿的风险要小于没有担保或者担保较少的债权，因此，优先抵充没有担保或者担保较少的债务，更有利于保障债权人的利益。三是均无担保或者担保相等的，优先履行债务人负担较重的债务，这有利于减轻债务人的负担。四是负担相同的，按照债务到期的先后顺序履行。五是到期时间相同的，按照债务比例履行。在债务同时到期的情况下，基于公平原则的考虑，应当按照债务比例抵充。

（三）利息债务的清偿抵充规则

所谓利息债务，是指以利息为标的的债。在债务人作出的给付不足以支付本金和利息时，就涉及应当优先清偿哪一部分债务的问题。依据《民法典》第561条的规定，在涉及支付利息和费用的情况下，首先抵充实现债权的有关费用，如保管费用、诉讼费用、执行费用等；其次抵充利息；最后抵充主债务。法律作出此种规定主要是为了保障债权的实现，因为本金是最能够得到保障的，而实现债权的费用最难得到保障。

第三节 合同的解除

一、合同解除的概念和特征

合同解除，是指合同有效成立以后，具备合同解除条件时，因当事人一方或双方的意思表示而使合同关系自始消灭或向将来消灭的一种行为。《民法典》第557条第2款规定："合同解除的，该合同的权利义务关系终止。"合同解除将导致合同权利义务终止，但由于解除作为一种救济方式，还要与损害赔偿并存，合同解除后，当事人之间的权利义务关系并非完全消灭。因此，《民法典》在合同终止中单独对其作出了规定。

合同解除具有以下特征：

第一，合同解除适用于有效成立的合同。合同解除的对象是有效成立的合同。合同只有在成立以后，履行完毕以前，才能发生解除的效力。如果合同被确认无效或被撤销，则不发生合同的解除。尽管合同无效和可撤销在效力上溯及既往，但确认合同无效和可撤销与合同的解除在性质上是完全不同的。

第二，合同解除必须具备一定的条件。合同解除的条件可以是法定的，也可以是约定的。法定解除条件就是由法律规定在何种情况下合同当事人享有解除合同的权利；约定解除条件是指当事人在合同中约定，如果出现了某种约定的情况，当事人一方或双方享有解除权。

第三，合同的解除必须有解除行为。即使符合解除的条件，合同也不能自动解除，必须由当事人行使约定或法定的解除权，才可以解除合同。一方行使解除权，作出解除合同的意思表示的，这种意思表示不需要征得对方同意。但当事人根据约定解除权或法定解除权主张解除合同的，必须通知对方，合同自通知到达对方时解除。如果超过规定的期限不行使解除权，则该解除权消灭。享有解除权的一方事后不得再主张解除。

第四，合同解除的效力是使合同关系自始消灭或向将来消灭。在当事人有约定的情况下，只要这种约定没有损害国家利益和社会公共利益，就应尊重当事人的这种约定；当事人若没有特别约定，合同解除的效力应依据合同的相关规定具体确定。有些解除将发生溯及既往的效力，有些解除不产生溯及既往的效力。

二、合同解除的种类

（一）协议解除

《民法典》第 562 条第 1 款规定："当事人协商一致，可以解除合同。" 这是对协议解除的立法规定。协议解除，是指合同成立以后，在履行或完全履行之前，当事人双方通过协商解除合同，使合同效力消灭的行为。由于此种方式是在合同成立以后，由双方协商解除合同，而不是在合同订立时约定解除权，因此又称为事后协商解除。

协议解除的法律特征包括：第一，协议解除本身是通过订立一个新的合同而解除原来的合同，当事人协商的目的是达成一个解除合同的协议。对这种合同有学者称为反对合同，其主要内容是解除原合同关系。第二，协议解除不得违背国家利益和社会公共利益，即协商解除合同的内容由当事人双方自己决定，但该内容违反了法律、损害了国家利益和社会公共利益的，协议解除无效，当事人仍要按原合同履行义务。第三，在协议解除的情况下，合同解除后是否恢复原状、如何恢复原状，也由当事人协商确定。这也是协议解除的方法与其他解除方法的不同之处。

（二）基于约定解除权的解除

约定解除权，是指当事人双方在合同中约定，在合同成立以后，履行或完全履行之前，当事人一方在某种解除合同的条件成就时享有解除权，并可以通过行使合同解除权，使合同关系消灭。《民法典》第 562 条第 2 款规定："当事人可以约定一方解除合同的事由。解除合同的事由发生时，解除权人可以解除合同。" 该条是关于约定解除权的规定。基于约定解除权的解除具有如下特征：

第一，双方在合同中约定一方享有解除合同的权利。基于约定解除权的解除属于事前的协商解除，它规定在将来发生一定情况时，一方享有解除权。但即使解除条件成就，也只是导致解除权产生，其本身并不导致合同的解除，只有在当事人实际行使解除权后方可导致合同的解除。

第二，双方约定解除合同的条件。基于约定解除权的解除由双方当事人在合同中约定未来可能出现的解除合同的条件。条件是可能发生也可能不发生的事实，一旦产生解除合同的条件，一方将享有解除权。

第三，享有解除权的一方实际行使解除权。解除合同的条件成就以后，只是使一方享有解除权，但合同本身并不能自动发生解除。合同的解除，必须由享有解除权的一方实际行使解除权，如不行使该权利，合同将继续有效。

（三）法定解除

法定解除，是指在合同成立以后，履行或完全履行以前，当事人一方通过行使法定的解除权而使合同效力消灭的行为。在法定解除的条件方面，我国民法典采纳了根本违约的概念。根本违约也称重大违约，是指一方使另一方的订约目的不能达到，或者使其遭受重大损害的违约行为。是否构成根本违约，主要从如下几方面判断：一是一方是否实质上剥夺了另一方依据合同有权期待的利益；二是是否违反了主给付义务；三是违反义务是否导致另一方不能相信违约方将来所作出的履行；四是合同解除是否导致另一方造成重大损害。

依据《民法典》第563条第1款的规定，在如下情况下，当事人享有法定的解除权，并可通过行使解除权解除合同：

（1）因不可抗力致使不能实现合同目的。不可抗力发生以后，对合同的影响程度是不一样的。有些只是暂时阻碍合同的履行，有些只影响到合同部分内容的履行，只有在不可抗力致使不能实现合同目的时，才能解除合同。所谓“不能实现合同目的”，是指当事人订立合同所追求的目标和基本利益不能实现。如出卖货物是为了获得价金，支付价金是为了获得货物，如果上述目的因不可抗力的发生而不可能实现，就可以解除合同。

（2）在履行期限届满之前，当事人一方明确表示或者以自己的行为表明不履行主要债务。此种情况属于预期违约的两种类型：一是一方明确表示将不履行主要债务，即履行期限届满前的明示毁约；二是一方以自己的行为表明不履行主要债务，即履行期限届满前的默示毁约。预期违约表明当事人具有了完全不愿受合同约束的故意，合同对于该当事人已形同虚设。在此情况下，另一方当事人应有权在要求其继续履行和解除合同之间作出选择。非违约方选择解除合同的，合同对双方不再有约束力。只有允许非违约方在违约方已构成预期违约的情况下解除合同，才能使其尽快地从合同关系中解脱出来，避免遭受不必要的损失。

（3）当事人一方迟延履行主要债务，经催告后在合理期限内仍未履行。具体而言，包括以下具体要求：第一，必须是债务人在履行期限到来后未履行主要债务，而不是未履行次要债务。主要债务和次要债务应根据合同的内容来确定。第二，必须经过债权人的催告履行，如未催告则不能随意解除。第三，在催告后，债权人要给予债务人一段合理的宽限期，使债务人继续准备履行。在合理的宽限期到来后，如果债务人仍不履行，则债权人有权解除合同。至于宽限期多长才算合理，本书认为，要根据每一个合同具体的情况来判断，不能由债权人或非违约方自行确定。第四，债务人经催告后在合理期限内仍未履行。

（4）当事人一方迟延履行债务或者有其他违约行为致使不能实现合同目的。

第一，迟延履行影响到合同目的实现的，不需要经过催告程序，便可以解除合同。迟延履约是否导致合同目的不能实现，应考虑时间对合同的重要性。时间因素对当事人缔约目的的实现至关重要，迟延履行将导致合同目的不能实现的，应允许非违约方解除合同；时间因素对合同并不重要，迟延履行造成的后果也不严重的，不能认为迟延履行造成了合同目的落空进而解除合同。

第二，有其他违约行为致使不能实现合同目的的，允许非违约方解除合同，这实际上赋予了非违约方在违约方的违约已构成根本违约的情况下解除合同的权利。我国合同法律制度借鉴了比较法上的经验，确立了根本违约制度，该制度严格限制了合同解除的条件，为合同严守确立了重要的法律保障，也为合同解除后的救济提供了合理的标准。

（5）法律规定的其他情形。除了上述法定解除权以外，《民法典》合同编分则以及民事特别法也规定了不少法定解除的情形。例如，在融资租赁合同中，《民法典》第752条规定："承租人应当按照约定支付租金。承租人经催告后在合理期限内仍不支付租金的，出租人可以请求支付全部租金；也可以解除合同，收回租赁物。"依据该条规定，如果承租人未按照合同约定支付租金，经出租人催告后仍不支付的，出租人即有权解除合同，收回租赁物。该条即规定了出租人的法定解除权。

（四）不定期合同的解除

所谓不定期合同，是指当事人未约定期限，或者期限约定不明确的合同。对于不定期合同，依据《民法典》第563条第2款的规定，当事人可以随时解除。此种任意解除权的行使包括如下要件：一是该权利主要适用于继续性合同。由于继续性合同的履行具有特殊性，即当事人需要在一定时间内不间断地履行，因此，法律允许当事人在一定条件下解除合同。二是该继续性合同必须是不定期的，即当事人没有明确约定期限或约定期限不明，或者期限届满以后一方继续履行义务，另一方没有提出异议。三是依据《民法典》第563条第2款，行使解除权的，解除权人必须提前通知对方，使对方作出合理准备。

三、合同解除的程序

合同解除的程序，是指合同解除所要经过的必要步骤。协议解除需要经过双方的要约、承诺程序。在约定解除的情形下，当事人应当按照合同约定的条件来解除。除协议解除之外，合同解除一般应当遵循如下程序。

（一）法定解除权的行使

1. 单方行使解除权

在单方享有解除权的情况下，当事人的解除权在性质上属于形成权，解除权人无须合同另一方同意就可以解除合同。依据《民法典》第565条第1款的规定，单方行使解除权应当符合如下条件：

第一，解除权是一种形成权，解除权人无须合同另一方同意就可以行使解除合同的权利。当事人在行使解除权时，必须将解除的意思明确地通知非解除权人，否则不产生解除合同的效力。虽然解除权的行使依单方的意思即可发生效力，无须征得对方的同意，但解除合同的意思必须实际到达对方，否则不能产生解除的效果。

第二，当事人行使解除权应当采取通知的方式，自通知到达对方时解除。《民法典》第565条规定："……合同自通知到达对方时解除；……"在行使解除权时，必须明确地向非解除权人通知解除合同的意思。享有解除权的一方表达的解除合同的意思到达对方后，对方没有提出异议的，自通知到达之时发生合同解除的效果。

第三，解除权必须在规定的期限内行使。《民法典》第564条第1款规定："法律规定或者当事人约定解除权行使期限，期限届满当事人不行使的，该权利消灭。"据此，合同解除权必须在规定的期限内行使，超过该期限则发生解除权丧失的后果，以确保法律关系尽早确定。

第四，无论是何种形式的解除，都必须遵守法定的形式要件。法律、行政法规规定解除合同应当办理批准、登记等手续的，应依照其规定。

2. 通过诉讼或者仲裁方式解除合同

《民法典》第565条第2款规定："当事人一方未通知对方，直接以提起诉讼或者申请仲裁的方式依法主张解除合同，人民法院或者仲裁机构确认该主张的，合同自起诉状副本或者仲裁申请书副本送达对方时解除。"该款适用于有解除权的一方没有通过行使解除权的方式解除合同，而是以诉讼或仲裁的方式向人民法院或仲裁机构主张解除。在此种情况下，如果法院确认合同解除，那么合同解除的时点为起诉状副本或者仲裁申请书副本送达对方时。

（二）解除权的行使期限

1. 有法律规定或当事人约定

在法律规定或者当事人约定解除权行使期限时，解除权必须在法律规定或者当事人约定的期限内行使。当事人未在约定的期限内行使解除权的，解除权消灭。

2. 没有法律规定或当事人没有约定

在法律没有规定解除权的行使期限，当事人也没有约定解除权的行使期限时，应依据以下规则确定：一是解除权人应自知道或者应当知道解除事由之日起1年内行使解除权。所谓解除权人知道或者应当知道解除事由，是指解除权人明知存在解除事由，或者根据合同履行的情况应当知道存在解除合同的事由。此时，解除权的行使期限为1年。二是依据《民法典》第564条第2款的规定，如果法律没有规定或当事人没有约定解除权的行使期限，对方当事人需要确定是否履行以及何时履行，此时可以催告享有解除权的当事人行使解除权。[①] 严格地说，催告并不是确定解除权行使的条件，其只是赋予了非解除权人确定对方是否解除合同的权利，但非解除权人是否催告不应当影响解除权因逾期行使而丧失的效力。

（三）相对人提出异议的权利

《民法典》第565条规定："……对方对解除合同有异议的，任何一方当事人均可以请求人民法院或者仲裁机构确认解除行为的效力。当事人一方未通知对方，直接以提起诉讼或者申请仲裁的方式依法主张解除合同，人民法院或者仲裁机构确认该主张的，合同自起诉状副本或者仲裁申请书副本送达对方时解除。"依据这一规定，首先，一方依法主张解除，对方没有提出异议的，合同自解除通知到达对方时起解除。《民法典》第565条规定："……通知载明债务人在一定期限内不履行债务则合同自动解除，债务人在该期限内未履行债务的，合同自通知载明的期限届满时解除。……"其次，对方提出异议的，合同不能当然解除。一旦一方当事人提出异议，即使解除的通知到达对方，也不能发生合同解除的效力。是否解除合同，由法院或仲裁机构确定。最后，一旦对方提出解除异议，任何一方都可以通过诉讼和仲裁方式解除合同。在任何一方提起合同解除诉讼时，法院都应当就合同解除是否符合法定条件、当事人是否享有解除权进行审查。一旦确定当事人享有解除权，则应当宣告合同解除；如果当事人不享有合同解除权，应当继续维持合同的效力，并就当事人的相关争议进行审查。

四、合同解除的法律后果

（一）合同解除的溯及力

《民法典》第566条第1款规定："合同解除后，尚未履行的，终止履行；已经履行的，根据履行情况和合同性质，当事人可以请求恢复原状或者采取其他补救措施，并有权请求赔偿损失。"依据这一规定，合同解除的溯及力包括如下内容。

---

① 参见黄薇主编：《中华人民共和国民法典合同编解读》（上册），中国法制出版社2020年版，第356页。

1. 尚未履行的终止履行

民法典承认合同解除应向将来发生效力，即尚未履行的应终止履行。既然合同已经解除，当事人的合同权利义务将消灭，任何一方都不得继续履行合同。

2. 已经履行的可产生溯及既往的效果

对于已经履行的合同，可以根据履行情况和合同性质，要求恢复原状或采取其他补救措施。具体而言：（1）根据合同具体的实际履行情况进行判断。例如，违约方已经履行，但履行不适当的，就应当将已经作出的履行返还给另一方，如此才能有利于保护非违约方的利益。（2）根据合同性质判断。对于一些继续性合同（如租赁合同），已经发生的给付根本不可能返还或恢复原状，此时不能发生溯及既往的效力。

所谓溯及既往，是指可以要求恢复原状或采取其他补救措施。一是恢复原状。在合同解除之后，当事人所负有的恢复原状的义务应当根据合同现有的状态与合同订立前的状态的不同，通过返还财产等方式，使当事人之间的关系恢复到订约前的状态。二是依据合同的性质或当事人的实际状况，无法使合同履行恢复原状的，当事人可以采取修理、重作、减价等措施代替返还财产、恢复原状。即便在合同解除后，也可以采取修理、重作等方式。例如，因一方交付的产品质量不合格，导致非违约方解除合同的，非违约方不一定要返还财产，也可以通过减价的方式，以质论价，处理当事人之间的权利义务关系。

（二）返还请求权

所谓返还请求权，是指合同解除之后，当事人请求返还其已经作出的给付。在合同解除以后，当事人要达到订约前的状态，即要恢复原状，而返还请求权是实现恢复原状效果最直接、最典型的方式。基于恢复原状而请求返还应当包括如下几方面内容：首先，已经作出履行的，除返还财产以外，还应补偿因返还所支付的费用。其次，在返还原物时，如果该物已经产生孳息，也应当返还孳息，且一方在占有标的物时为维护标的物而支付的必要费用也应返还。但是，由于解除合同本身是对受害人的一种补救方式，体现了对违约方的制裁，因此，返还作出的履行，应充分考虑保护非违约方的利益以及对违约行为的制裁，如果非违约方已经得到了孳息，其有权依法抵销。最后，采取其他补救措施，即如果无法恢复原状，或者不宜恢复原状，当事人应当采取其他补救措施。

（三）合同的解除与损害赔偿的关系

《民法典》第566条第2款规定：“合同因违约解除的，解除权人可以请求违约方承担违约责任，但是当事人另有约定的除外。”所谓“当事人另有约定”，是指当事人在合同中约定，或者在解除合同时明确免除对方的违约责任。因此，我国法律承认合同解除与损害赔偿是可以并存的。因为合同解除作为一种补救手段，只是使受害人摆脱了合同关系的束缚，从而使其可以选择新的订约伙伴，但其因对方的违约而遭受的损失并没有得到补救。即使是在解除后采取恢复原状的方法，也不能使受害人遭受的损失得到补偿，因为恢复原状是指恢复到双方订约前的状态。在某些情况下，要使当事人完全达到订约前的状态，仅仅通过返还履行的方法是不够的，还必须采用损害赔偿方法。例如，一方交付的财产发生了毁损灭失而不能返还，只能采用损害赔偿的方法。当然，如果赔偿损失已足以保护受害人权益（例如，非违约方希望保留合同标的物，而对方交付的标的物不合格），可以通过损害赔偿方法保护其利益，而不必解除合同。

（四）合同解除后的担保责任

依据《民法典》第566条第3款的规定，主合同解除后，担保人对债务人应当承担的民事责任仍应当承担担保责任。因为在主合同被解除后，债务人所应当承担的责任是其合同债务的一种延续，担保人应当承担主合同被解除后的责任。当然，如果当事人在担保合同中明确约定，主合同解除后，担保人不再承担担保责任的，该约定也有效。

第四节 合同的司法终止

一、司法终止的概念和特征

所谓司法终止又称打破合同僵局，是指合同当事人请求法院或者仲裁机构决定是否解除合同。比较法上普遍认为，只有非违约方才享有解除合同的权利，违约方无权主张解除合同，但这在交易实践中可能会导致合同僵局的产生。所谓合同僵局，是指在长期合同中，一方因为经济形势的变化、履约能力等原因，导致其不可能履行长期合同，需要提前解约，而另一方拒绝解除合同。《民法典》第580条第2款规定：“有前款规定的除外情形之一，致使不能实现合同目的的，人民法院或者仲裁机构可以根据当事人的请求终止合同权利义务关系，但是不影响违约责任的承担。”该条规定借鉴了比较法的经验，也吸纳了我国司法实践的经验，有助于解决此种合同僵局的情况。

司法终止不同于违约解除，其有如下特征：一是必须出现合同僵局。出现合同僵局意味着一方因履行不能而无法实现合同目的，其又不享有单方解除合同的权利，但另一方拒绝解除合同，双方当事人无法达成解除合同的协议。在此情形下，履行不能的一方便无法从合同中摆脱出来，另行签订合同。二是必须由法院或者仲裁机构决定是否终止合同。在出现合同僵局的情形下，当事人不享有解除权，其仅享有申请司法终止合同的权利，最终由法院或者仲裁机构审查判断是否需要终止合同。《民法典》第580条第2款并没有规定当事人享有单方解除合同的权利，只是确定了当事人请求司法终止的权利,[①] 法院或仲裁机构可以依据案件具体情形终止合同。

合同的司法终止也不属于情势变更的情形，不能将构成情势变更作为认定合同僵局的前提。一方面，二者产生的原因不同。情势变更的发生基于当事人在订立合同时无法预见的客观原因。而合同僵局大多不是基于当事人在订立合同时无法预见的客观原因，而可能是由当事人一方主观原因造成的。另一方面，二者对当事人利益的影响不同。在情势变更情形下，一定客观原因的发生导致继续履行合同将对一方当事人明显不公平，或者不能实现合同目的；而在合同僵局情形下，合同僵局的出现通常只导致一方当事人的合同履行成本过高，并不当然导致当事人的合同目的无法实现，因此，无法完全依据情势变更规则打破合同僵局。当然，在履行不能的情形下，如果符合情势变更的适用条件，直接适用情势变更规则即可解决相关问题，而不需要适用《民法典》第580条第2款的规定。

二、司法终止的条件

依据《民法典》第580条第2款的规定，如果符合如下情形，可以请求法院或仲裁机构解除合同。

第一，因履行不能致使不能实现合同目的。在出现合同僵局的情形下，合同本身并非完全不能履行。相反，在许多情形下，合同是可以履行的，但由于一方的原因，导致合同履行艰难，或者履行在经济上不合理。

一方面，在司法终止的情形下，必须发生履行不能。履行不能既包括不能履行，也包括履行费用过高，具体包括三种情形：一是法律上不能履行。例如，当事人签订合同，但由于政府征收征用政策而导致合同不能履行，即构成法律上不能履行。二是事实上不能履行，指履行不能的事件导致合同在事实上不能履行。例如，在合同订立后债务人履行前，作为特定物的标的物发生毁损灭失，且无法从市场上获得替代品，此时就发生事实上的履行不能。三是履行费用过高。

另一方面，此种履行不能导致合同目的不能实现。例如，违约方订立为期5年的房屋租赁合同用于居住，但一年后因为其赴外地工作，继续租赁该房屋已经无法实现其缔约目的，因此，必须解除合同。如果不能请求继续履行的仅仅是从给付义务，并不会必然导致合同目的不能实现，此时当事人不能申请终止合同。

第二，非违约方拒绝违约方解除合同的请求。之所以会形成合同僵局，是因

---

① 参见黄薇主编:《中华人民共和国民法典合同编解读》（上册），中国法制出版社2020年版，第419页。

为一方继续履行无法实现合同目的，因此其要求解除合同，而非违约方拒绝解除合同。在许多情形下，非违约方拒绝解除合同是为了“敲竹杠”、借机发难、索要更高的赔偿等。这些行为本质上都违反了诚信原则，造成当事人之间利益失衡，所以有必要允许当事人请求司法机关决定是否解除合同①。

第三，必须由当事人提出请求，法院或仲裁机构不能依职权解除合同。同时，也不能将司法终止理解为违约方解除权，即只允许违约方请求法院或仲裁机构通过裁判解除合同，而不是赋予其解除合同的权利。

三、司法终止的效果

《民法典》第 580 条第 2 款规定的最主要的法律后果，是当事人有权申请终止合同权利义务关系。这里的当事人是指双方当事人，包括守约方和违约方，司法终止具有与合同解除同样的效果，依据《民法典》第 580 条第 2 款的规定，在合同终止后，违约方本应当承担的违约责任不能因解除合同而减少或者免除。这就是说，合同在终止以后，违约方因为违反合同应当承担的责任，不能因为合同终止而免除，其应当继续依据法律或合同承担相应的违约责任。

第五节　抵　　销

一、抵销的概念

抵销，是指二人互负相同种类债务，使双方债务在对等额内相互消灭的法律制度。在抵销中，提出抵销的一方所享有的债权，称为主动债权；被抵销的债权，称为被动债权。

依产生的依据不同，抵销可分为法定抵销和合意抵销。所谓法定抵销，是指在符合法律明确规定的构成要件的情况下，依当事人一方的意思表示发生的抵销；所谓合意抵销，是指根据合同当事人双方的约定发生的抵销。它是当事人意思自由的体现，只要双方的合意不违背法律的禁止性规定，都应予准许。抵销不仅可消灭债权债务，而且有利于简化法律关系。

二、法定抵销

（一）法定抵销的特征和构成要件

法定抵销是抵销的典型形式，也可以说是抵销的一般形式。《民法典》第

① 参见黄薇主编：《中华人民共和国民法典合同编解读》（上册），中国法制出版社 2020 年版，第 419 页。

568 条对法定抵销作出了规定。法定抵销的主要特征在于，一旦具备法律规定的抵销条件，抵销权人就可以通过单方面行使抵销权，使双方的债权债务关系消灭。因此，法定抵销需要具备法律规定的条件。在符合法定的抵销条件的情况下，当事人可以通过行使抵销权使债权债务消灭。

根据《民法典》第 568 条的规定，法定抵销的构成要件主要包括如下方面：

1. 当事人互负债务

双方当事人彼此相互负担对应的合法债务，也相互享有对应债权，此为抵销成立的前提。“当事人互负债务”包含两方面的含义：第一，只有在双方互负债务的情况下，才能抵销；第二，双方的债权必须有效存在，才能够抵销。这就意味着双方的债权债务关系必须合法，因为非法的债权债务不能抵销。

2. 抵销标的物的种类、品质相同

《民法典》第 568 条规定：“当事人互负债务，该债务的标的物种类、品质相同的，任何一方可以将自己的债务与对方的到期债务抵销。”给付标的物种类、品质相同的，才能主张抵销。抵销的标的物原则上是动产。所谓种类相同，是指动产的类型是同一的，如同为某型号的钢材；所谓品质相同，是指标的物的质量是相同的，如同为某等级的大米。但是，如果主动债权的品质优于被动债权的，则应当允许抵销。由于货币是特殊的种类物，它们在种类、品质上都是相同的，因此，货币之间可以进行抵销。

3. 被动债务已届清偿期

《民法典》第 568 条第 1 款规定，“任何一方可以将自己的债务与对方的到期债务抵销”，从该条规定来看，在法定抵销情形下，并不需要双方债务均届清偿期，而只需要被动债务已届清偿期。如果被动债务尚未届清偿期，其主张抵销将损害对方当事人的期限利益。

4. 双方的债务都不属于不能抵销的债务

抵销的债务应当具有合法性。应当说，能够作为抵销标的的债权是十分广泛的，除了依据法律法规的规定以及债务的性质等不得抵销的债权（如提供劳务的债权、不作为的债权等）以外，原则上一般债权都能够抵销。此外，如果当事人约定某些债务不得抵销，则应当尊重当事人的约定，此类债务不得抵销。

（二）法定抵销的方法

《民法典》第 568 条第 2 款规定：“当事人主张抵销的，应当通知对方。通知自到达对方时生效。抵销不得附条件或者附期限。”据此，主张抵销时应当注意如下几点：第一，抵销权人必须通知对方。也就是说，享有主动债权的一方应当向享有被动债权的一方作出表示。这种表示既可以向被动债权人自身作出，也可以向其代理人作出，但不得向代理人之外的第三人作出。第二，抵销的意思表示须于对方了解（通过对话方式表示时）或到达相对人时，才能发生效力。第三，抵销的意思表示是一种单方行为。只要符合抵销的法定条件，抵销权人就可以通知对方进而发生抵销的效果。第四，抵销的意思表示不得附条件或者附期限。因为抵销权在性质上是形成权，基于抵销权人的单方意思便可以发生效力，允许其附条件或者附期限，将违背抵销权作为形成权的性质。

（三）抵销权行使的效力

抵销权行使的效力，是指在具备法定抵销权构成要件的情况下，当事人通过行使抵销权产生的效果。抵销权行使的效力与抵销适状的效力是不同的。抵销适状，是指因具备法定的抵销要件，将产生抵销权。而抵销权行使的效力是指在抵销适状的情况下，由当事人实际行使抵销权所发生的后果。具体来说，抵销权行使的效力表现在以下方面：

第一，抵销权的行使，使债权人和债务人之间的债权债务关系在双方能够相互抵销的数额内消灭。在被抵销的债权范围内，债权人不能再向债务人主张权利；如果在抵销以后，就原债务进行清偿，清偿人可以不当得利为由请求返还。抵销的意思表示作出以后，双方债权债务将消灭，不发生恢复原状的后果，当事人之间已作出抵销的意思表示的，不得撤销。

第二，抵销的发生，只是使双方在同等数额内互负的债权消灭。对于未被抵销的部分，债权人仍然有权向债务人请求清偿，因此，在双方互负的债权债务并不完全相等的情况下，债权债务并不发生完全消灭，只发生部分消灭。连带债务人中的一人或数人对于债权人有债权的，该债务人主张抵销时，债权为全体债务人的利益而消灭。

第三，一旦行使抵销权，抵销权自发生之时起产生溯及既往的效力。抵销权行使后，双方的债权债务关系溯及最初适合于抵销时，按照双方的债权能抵销的数额而消灭。一旦抵销，从抵销权产生之时起，有关利息支付的义务应当消灭。即使一方已经构成迟延履行或因违约应当承担赔偿责任，在抵销后，也应当消灭。如果在抵销以后还应当追究利息之债以及损害赔偿责任，则债权债务关系并没有因抵销而消灭。这样不仅使当事人之间的法律关系更加复杂，也不符合法律设立抵销权制度的目的。

三、合意抵销

《民法典》第 569 条规定：“当事人互负债务，标的物种类、品质不相同的，经协商一致，也可以抵销。”可见，民法典允许当事人采取约定的方式抵销双方的债务。约定抵销有两种情况：一是双方在合同中约定行使抵销权的条件，待条件成就时一方可以行使抵销权；二是当事人双方直接通过协议将双方的债务相互抵销。在此情况下，抵销合同是一种独立的合同，并不是原合同的组成部分，而是在原合同成立后，当事人已经实际承担债务的情况下，通过订立抵销合同使双方的债务消灭。

当事人通过合同使债务相互抵销，将会改变法定抵销的条件或弥补法定抵销的不足。因为在不具备法定抵销条件的情况下，当事人从各自利益出发考虑，需要及时将双方互负的债务抵销，从而充分实现其利益。合意抵销既然是基于当事人协议而产生的抵销，故应适用合同自由原则，抵销的内容、期限、后果等方面均由当事人协商确定。

第六节 提 存

一、提存的概念和特征

提存，是指由于债权人的原因，债务人无法向债权人清偿其到期债务，债务人将合同标的物交付给特定的提存部门，从而完成债务的清偿，使合同债务消灭。广义而言，提存包括担保提存和清偿提存，此处所说的提存限于清偿提存。由于债权人的原因导致债务人不能履行债务的，债务人可以通过提存消灭债务。在债务履行期限到来后，债务人一直处于应向债权人履行债务的履行准备状态，附随于债务的担保或者违约金条款也不能消灭，这对债务人是极为不利的。法律需要寻求一种能够使债务人从原合同关系中解脱出来的方法，提存制度便产生了。

提存的主要特征包括：

第一，由于债权人的原因导致债务人不能履行债务。债务人履行其债务往往需要债权人协助。当债务人为履行其债务而向债权人交付标的物时，如果债权人不予协助，债务人将无法履行其债务，此时，债务人有权通过提存的方式消灭其债务。

第二，债务人将合同标的物交付给特定的提存部门。债务人因债权人的原因不能交付标的物的，其交付标的物的义务不能因此而免除，因为交付标的物属于债务人依据合同所负的主要义务，此时，债务人可以将标的物交付给特定提存部门代替履行。

第三，在债务人提存后，债务人的债务消灭。提存行为尽管不是向债权人交付标的物，但在功能上也是债的履行的一种特殊方式。提存作为清偿的替代方法存在，债务人履行债务无须得到债权人的协助即可完成，债务人得以免除给付义务。提存将产生与完成履约义务、清偿到期债务完全相同的结果。

二、提存的条件

提存应当具备如下条件：

第一，具有法律规定的提存原因。主要包括如下情形：一是债权人无正当理由拒绝受领。债权人无正当理由拒绝受领是指债权人应当并且能够受领，却无正当理由不予受领。二是债权人下落不明。债务人履行其债务，需要债权人在合同履行地接受其履行，如果债权人下落不明，债务人可以将标的物提存以消灭其债务。所谓下落不明，是指债权人离开自己的住所、不知去向，或因为债权人地址不清而无法查找。三是债权人死亡时未确定继承人或者其丧失民事行为能力未确定监护人。债权人死亡或者丧失民事行为能力，并不必然导致债务人债务的消灭，债务人可以将标的物提存。四是法律规定的其他情形。例如，因债权人分立、合并或者变更住所没有通知债务人，导致债务人无法履行债务的，债务人可以将标的物提存。

第二，标的物适于提存。提存的标的物，是指债务人依合同的约定应当交付的适于提存机关保管的标的物。一般来说，提存的标的物以适于提存者为限。债务人提存的标的物，原则上应当是清偿的标的物，并且在标的物是特定物时，应当是该特定物原物。标的物不适于提存或者提存费用过高的，债务人依法可以拍卖或者变卖标的物，提存所得的价款。《民法典》第570条第2款规定："标的物不适于提存或者提存费用过高的，债务人依法可以拍卖或者变卖标的物，提存所得的价款。"

第三，提存主体合法。提存涉及三方当事人，即提存人、提存机关和提存受领人。一般来说，提存人主要是指债务人。债务人在提存时应当具有完全民事行为能力，无行为能力人和限制行为能力人提存应当取得法定代理人的同意。第三人尽管自愿表示承担债务，但毕竟第三人与债权人之间没有形成合同关系，故不得成为提存的主体。提存机关，是指依法负责接受，并保管提存物等的机构。提存应当在清偿地的提存机关进行。无提存机关的，应向清偿地的基层人民法院提存。提存受领人即债权人，其出于无正当理由拒绝受领、下落不明或其他原因而成为提存受领人。广义上讲，提存受领人包括债权人、债权人的继承人、遗产管理人、监护人、财产代管人。

三、提存的效力

由于提存涉及三方当事人，即债务人、债权人与提存机关，因而提存的效力可以通过区分三方的关系来确定。

（一）对债务人的效力

1. 债务人债务的免除

由于提存是清偿的代替方法，因而债务人将标的物提存可以使债务人与债权人之间的债权债务关系归于消灭。依据《民法典》第571条的规定，提存成立的，视为债务人已经交付标的物，在其交付标的物的范围内消灭其债务。

2. 支付利息以及收取孳息权利的消灭

在债务人将标的物提存后，债务人的债务消灭，债务人也不再负担支付利息的义务。同时，《民法典》第573条规定，提存期间，标的物的孳息归债权人所有。据此，债务人在将标的物提存后，其也不再享有收取标的物孳息的权利。

3. 特殊情形下取回提存物的权利

依据《民法典》第574条第2款的规定，债权人未履行对债务人的到期债务，或者债权人书面放弃权利的，允许债务人负担提存费用后取回提存物。

4. 标的物风险移转

债务人将标的物提存后，标的物毁损灭失的风险负担由债务人移转至债权人。既然提存等同于清偿，应当视为标的物已经交付，因而标的物的风险也就当然移转。

5. 债务人的通知义务

《民法典》第572条规定："标的物提存后，债务人应当及时通知债权人或者债权人的继承人、遗产管理人、监护人、财产代管人。"债务人及时通知债权人，可以使债权人了解债务已经履行的情形，而且债务人在作出通知后，也可以使债权人及时提取提存物，避免因提存物的长期保存而增加其提存费用负担。

（二）对债权人的效力

1. 标的物所有权移转于债权人

由于提存行为本身是一种替代履行的行为，一旦提存，视为标的物已经交付，因而其所有权也就自然从债务人转移到债权人。因此，在债务人将标的物交付给提存机关之时，提存物的所有权即移转于债权人。

2. 提存物领取请求权

依据《民法典》第574条第2款的规定，关于债权人领取提存物的权利，包含如下几方面的内容：一是债权人享有领取提存物的权利。债务人将标的物提存以后，由于标的物所有权已经发生移转，债权人自然应对提存物享有领取的权利，该权利人在性质上属于物权请求权。二是债权人可以随时领取提存物，在行使提存物领取请求权时，债权人不仅可以请求交付提存的原物，也可以请求交付由提存物所产生的孳息。三是债权人必须及时行使领取提存物的权利。如果债权人长期不提取提存物，则依据《民法典》第574条的规定，自提存之日起5年内，债权人提取提存物的权利消灭，提存物扣除提存费用后归国家所有。

3. 支付提存费用的义务

提存费用，是指提存机关的保管费用。由于提存主要是债权人的原因造成的，并且提存机关保管提存物是为了债权人的利益，因而，因提存而支付的费用理所当然应该由债权人承担。《民法典》第573条对此作出了明确规定，即“提存费用由债权人负担”。当债权人领取提存物时，提存机关有权要求债权人支付此项费用，否则，提存机关有权留置提存物。

（三）对提存机关的效力

提存后，提存机关负有保管义务。基于债权人的请求，提存机关应当及时向债权人交付提存物，无法定理由不得拒绝。债权人对债务人负有到期债务的，提存机关有权依法拒绝债权人领取提存物。《民法典》第574条第1款规定：“债权人可以随时领取提存物。但是，债权人对债务人负有到期债务的，在债权人未履行债务或者提供担保之前，提存部门根据债务人的要求应当拒绝其领取提存物。”在债务人将标的物提存后，债权人虽然可以随时领取提存物，但这以债权人履行了自己的合同义务或提供了担保为必要。在债权人并未履行自己合同义务或提供担保的情形下，其并不当然直接享有与提存物相关的权利。

第七节　免　　除

一、免除的概念和特征

免除，是指债权人基于其单方行为，免除债务人全部或部分的债务，导致合同权利义务关系全部或部分地消灭。在免除债务的情况下，债权人也应当作出意思表示。当这种包含免除债务的意思表示的通知送达债务人时，发生债的消灭。《民法典》第575条规定：“债权人免除债务人部分或者全部债务的，债权债务部分或者全部终止，但是债务人在合理期限内拒绝的除外。”该条对债务的免除作出了规定。

债务免除具有如下特征：

第一，债务免除是一种单方行为。尽管关于债务免除的性质在法律上仍然存在不同的看法，但我国法律实质上采纳了单方行为说。由于债务免除是一种单方行为，因此，一方面，一旦债权人向债务人作出免除债务的意思表示，即可以发生免除的效力。债权人实施免除的行为不需要征得债务人的同意；另一方面，在债权人作出了免除的意思表示以后，该行为便产生效力，债权人不得再撤销该意思表示。

第二，债务免除是一种无因行为。这就是说，债权人作出免除的行为时，无论其实施免除行为的原因和动机如何，都会导致免除的效果。债权人免除债务人的债务可能基于赠与的动机，也可能基于与债务人的和解等。无论基于何种原因，只要债务的免除不损害国家利益、社会公共利益或他人的利益，不违反社会公共道德，该免除的表示都是有效的。必须指出的是，债权人免除债务以后，如果该合同本身具有无效的因素，该合同应被宣告无效，而不应适用免除的规定。

第三，债务免除是一种无偿行为。债务免除是债权人消灭债务人债务负担的行为，并不以债权人取得相应对价为条件，免除本身为无偿行为。一般来说，免除不应当附条件，或以债务人负担某种义务为前提，否则就不是真正意义上的免除。

第四，债务免除是一种不要式行为。免除的意思表示无须特定的方式，书面、口头及其他形式均可。

二、免除的要件

债务免除作为一种单方行为，应当符合法律行为的构成要件：

（一）债务免除人应当享有合法的债权，或对债权享有处分权

一方面，债权人对于被免除的债务，必须享有合法的债权或处分权。也就是说，债权人即使对债务人享有诸多的债权，但对于特定的被免除的债务不享有债权或处分权的，亦不能作出免除的意思表示，否则将构成无权处分。另一方面，债务免除必须处分自己的债权，而不能处分他人的债权。如果是代理他人作出免除债务的意思表示，必须获得债权人的明确授权，并有权对债权作出处分。如系共同债权，则一个债权人免除债务人的债务时应当取得其他债权人的同意。

（二）债务免除人应当具有行为能力

由于免除行为解除了债务负担，使债权人遭受了一定程度的不利益，因此，只有具有完全行为能力，能够独立认识、理解、判断自己行为性质和后果的人，才能实施免除行为。无行为能力人或者限制行为能力人未征得其法定代理人的同意，不得为免除行为。债务免除的意思表示必须向债务人作出。

（三）免除的对象必须是债务人的债务

债权人如果放弃债的担保，不能认为其当然地免除了债务人的债务。在按份之债中，债权人免除了某一债务人的债务，只是使该债务人的债务被免除，其他债务人的债务并没有当然地被免除。而在连带责任中，如果债权人免除了连带债务人中部分人的债务，一般应当视为免除了全部债务人的债务，即免除对于其他债务人同样发生效力。当然，如果债权人明确表示只免除部分债务人应负担的债务部分，那么其他债务人的债务就仍然存在。还需要指出的是，免

除应当是无偿的，在免除债务时不能要求债务人支付一定的对价或给债务人附加新的义务。

（四）免除的意思表示应当向债务人明确作出

免除既然是一种单方行为，则该意思必须要向债务人或其代理人明确作出，并且该意思表示应当直接通知债务人或其代理人。向任何第三人作出免除的意思表示都不能产生免除的效果。

（五）免除不得损害第三人的利益

债权人虽然有权免除债务人的债务，但是该权利的行使以不损害第三人的利益为限。例如，如果债权人的债权上已经设定了质权，债权人免除债务人的债务，将损害质权人的利益，债权人就不得免除债务人的债务。

（六）债务人未在合理期限内拒绝

在通常情形下，债权人免除债务对债务人都是有利的，但在特殊情形下，债务免除对债务人而言未必都是有利的。例如，债务人十分重视自己的个人声誉，认为债权人免除自己的债务会影响自己的声誉，或者认为债权人免除自己的债务会对自己产生其他不利影响，此时，其应当有权拒绝债权人免除债务的行为。

三、免除的效力

债务免除的直接效果是消灭合同关系。但合同关系是否完全消灭还要根据免除的内容决定：免除全部债务的，则从免除生效之日起合同关系完全消灭；免除部分债务的，则在免除的范围内发生合同关系的消灭。在免除债务的同时，因主债务被免除，附属于主债权的保证债权、利息债权等从权利也消灭。在债务全部免除以后，债权人应当向债务人返还有关债权的凭证。

第八节　混　　同

一、混同的概念

混同有广义与狭义之分，广义的混同包括权利与权利的混同（如所有权与他物权的混同）、义务与义务的混同（如主债务与保证债务的混同）以及权利与义务的混同（如债权与债务的混同）三种形态。狭义的混同仅指权利与义务的混同。此处所探讨的混同是指狭义的混同，即债权与债务同归于一人，从而使合同关系消灭的事实。《民法典》第576条规定：“债权和债务同归于一人的，债权债务终止，但是损害第三人利益的除外。”这就在法律上确认了此种混同可以作为合同终止的原因。

二、混同的效力

混同的效力表现为合同关系归于消灭。并且，主债消灭，附随于主债的从债，如利息债权、违约金债权、担保物权等均归于消灭，为债务人提供担保的第三人亦被解除责任。但在下列情况下，合同并不因混同而消灭：第一，在涉及第三人利益的情况下，虽然债权人与债务人发生混同，但合同关系并不消灭。第二，在连带债务中，如果连带债务人中的一人与债权人混同，不能导致整个债权的消灭，只能导致该债务人份额内的债务消灭。

我国《民法典》第576条规定："债权和债务同归于一人的，债权债务终止，但是损害第三人利益的除外。"《民法典》第576条关于混同的规则中新增了"损害第三人利益的除外"的但书条款。原则上讲，在债权与债务同时归属于一人的情形下，债权债务便丧失继续存在的基础。但是，在一些情形下，混同导致债权消灭可能损害第三人利益。例如，债权人将应收账款出质于第三人，债权人与债务人通谋由债务人收购债权人，此时如果基于混同消灭债权，将导致第三人遭受损害。此时，应当例外规定债权在债权人和债务人之间消灭，而对第三人不发生消灭的效力。

▶即测即评　　▶案例资源

第八章　违约责任

第一节　违约责任概述

一、违约责任的概念和特征

违约责任也称违反合同的民事责任，是指合同当事人因违反合同义务所承担的责任。违约责任的产生是以合同的有效存在为前提的。合同一旦生效以后，将在当事人之间产生法律约束力，当事人应按照合同的约定全面、严格地履行合同义务，任何一方当事人违反有效合同所规定的义务均应承担违约责任，所以违约责任是违反有效合同所约定的义务的后果。《民法典》第577条规定："当事人一方不履行合同义务或者履行合同义务不符合约定的，应当承担继续履行、采取补救措施或者赔偿损失等违约责任。"该条是对违约责任的一般规定，确定了违约责任的归责原则和责任形式。

违约责任主要具有如下特征：

第一，违约责任的产生是以合同当事人不履行合同义务为条件的。违约责任是合同当事人不履行合同义务所产生的责任。如果当事人违反的不是合同义务，而是法律规定的其他义务，则应负其他责任。例如，行为人违反了侵权法规定的不得侵害他人财产和人身的义务，对他人造成损害的，行为人应负侵权责任。

第二，违约责任具有相对性。合同关系具有相对性，而合同关系的相对性决定了违约责任的相对性，因为违约责任本身是合同当事人违反合同约定所产生的后果。违约责任具有相对性，意味着非违约方只能请求违约方承担违约责任，而不能请求违约方之外的第三人承担违约责任；同样，违约方也只需要对非违约方承担违约责任，合同关系外的第三人原则上无权请求违约方承担违约责任。

第三，违约责任具有补偿性。违约责任的补偿性，是指违约责任旨在弥补或补偿因违约行为造成的损害后果。因为作为违约责任主要形式的损害赔偿，应当主要用于补偿受害人因违约所遭受的损失，而不能将损害赔偿变为一种惩罚。受害人也不能因违约方承担责任而获得额外的不应获得的补偿。当然，强调违约责任的补偿性不能完全否认违约责任所具有的制裁性。因为违约责任和其他法律责任一样都具有一定的强制性，此种强制性也体现了一定程度的制裁性。

第四，违约责任可以由当事人约定。违约责任尽管具有明显的强制性特点，但仍有一定的任意性，即当事人可以在法律规定的范围内，对一方的违约责任作出事先安排。《民法典》第585条第1款规定："当事人可以约定一方违约时应当根据违约情况向对方支付一定数额的违约金，也可以约定因违约产生的损失赔偿额的计算方法。”当事人约定的违约金优先于法定的损害赔偿适用。此外，当事人还可以通过设定免责条款限制和免除其在将来可能承担的责任。

二、违约责任的一般归责原则

所谓归责原则，是指确定当事人民事责任的法律原则，它是确定行为人承担民事责任的根据和标准。《民法典》第577条规定：“当事人一方不履行合同义务或者履行合同义务不符合约定的，应当承担继续履行、采取补救措施或者赔偿损失等违约责任。”据此，只要当事人不履行合同义务或者不适当履行合同义务，就要承担违约责任，而不考虑其是否具有过错。在严格责任原则之下，原告只需向法院证明被告未履行合同义务的事实，即证明被告未履行合同义务或者履行不符合合同约定或法律规定，违约方就应当承担责任。严格责任既不要求原告证明被告对于违约具有过错，也不要求被告证明自己对于违约无过错。

违约责任虽然原则上采用严格责任原则，但违约责任的承担并非完全不考虑过错。对此，《民法典》第592条第1款规定：“当事人都违反合同的，应当各自承担相应的责任。”《民法典》第592条第2款规定：“当事人一方违约造成对方损失，对方对损失的发生有过错的，可以减少相应的损失赔偿额。”这实际上是对过错相抵的明确规定，意味着在违约责任中并非完全不考虑过错。

三、违约责任的构成要件

（一）存在违约行为

违约行为，是指合同当事人违反合同义务的行为。《民法典》采用了“当事人一方不履行合同义务或者履行合同义务不符合约定”的表述来阐述违约行为的概念。违约行为具有以下特征：一是违约行为的主体是合同关系的当事人。也就是说，违约行为的主体具有特定性。这一特征从根本上说，是由合同的相对性原则决定的。二是违约行为是以有效的合同关系的存在为前提的。如果合同关系并不存在（如尚未成立、已被解除、被宣告无效或被撤销），则不可能发生违约行为。三是违约行为在性质上都违反了合同义务。此处的合同义务不限于当事人约定的义务，还包括法定的和附随的义务，违反这些义务都可能构成违约行为。四是违约行为在后果上都导致了对合同债权的侵害。违约行为包括各种不同的类型，如不履行、迟延履行、不适当履行等。上述违约行为发生后，行为人如不存在法定或约定的免责事由，都应当承担违约责任。

（二）不存在法定或约定的免责事由

免责是指在合同履行的过程中，因出现了法定的或合同约定的免责条件而导致合同不履行的，债务人将被免除履行义务。这些法定的或约定的免责条件被统称为免责事由，包括法定的免责事由和约定的免责事由。前者如不可抗力，后者如合同中的免责条款。

上述两个要件是违约责任的一般构成要件。不过，当事人要请求违约方承担违反某个具体合同义务的责任，还需要根据该合同特定的性质和内容负有不同的举证责任。如在有偿保管合同中，寄存人请求保管人承担违约责任的，还需要证明保管人存在过错。

四、双方违约和第三人的行为造成违约

（一）双方违约

双方违约，是指合同的双方当事人都违反了其依据合同所应尽的义务。《民法典》第 592 条第 1 款规定："当事人都违反合同的，应当各自承担相应的责任。"双方违约的构成要件包括：一是双方违约主要适用于双务合同。对于单务合同来说，因只有一方负有义务，故不产生双方违约问题。二是双方当事人都违背了其应负的合同义务。三是双方的违约都无正当理由。如果一方行使同时履行抗辩权或不安抗辩权，则不能认为是双方违约。在双方违约的情况下，应当根据双方的过错程度及因过错而给对方当事人造成的损害程度确定各自的责任：如果双方过错程度相当，且因其过错而给对方当事人造成的损害程度大体相同，则双方应当各自承担损失；如果一方的过错程度明显大于另一方，且给对方造成的损失也较重，则应当承担更重的责任。

（二）第三人的行为造成违约

在合同订立以后，当事人一方可能因为第三人的行为而违约。《民法典》第 593 条规定："当事人一方因第三人的原因造成违约的，应当依法向对方承担违约责任。当事人一方和第三人之间的纠纷，依照法律规定或者按照约定处理。"该规定实际上进一步确认了合同责任的相对性规则。根据该规则，在第三人的行为造成债务不能履行的情况下，债务人仍然应当向债权人承担违约责任，债权人也只能要求债务人承担违约责任。债务人在承担违约责任以后，有权向第三人追偿，这就是所谓的"债务人为第三人的行为向债权人负责的规则"。债务人在为第三人的行为向债权人负责后，可以依据法律规定向第三人追偿。

第二节　违约行为形态

一、预期违约

（一）预期违约的概念和特征

预期违约也称先期违约，是指在履行期限到来之前，一方无正当理由明确表

示其在履行期限到来后将不履行合同，或者其行为表明其在履行期限到来以后将不可能履行合同。预期违约包括明示毁约和默示毁约两种情形。

《民法典》第 578 条对预期违约规则作出了规定。依据该条规定，预期违约具有如下特点：一是预期违约是在履行期限到来之前的违约。由于履行期限尚未到来，当事人还不必实际履行其义务，此时一方的违约只是表现为未来将不履行义务，不像实际违约那样表现为现实的违反义务。履行期限到来前发生的毁约是“可能的违约”，但这并不意味着此种毁约就不属于违约。二是预期违约侵害的是期待的债权而不是现实的债权。三是预期违约在责任后果上与实际的违约责任是不同的。就预期违约来说，一般造成的是信赖利益的损害，如因信赖对方履行而支付一定的准备履行的费用等，因此在损害赔偿的范围上不相同于实际违约。

（二）明示毁约

所谓明示毁约，是指一方当事人无正当理由，明确肯定地向另一方当事人表示其将在履行期限到来时不履行合同。《民法典》第 578 条对明示毁约作出了规定，依据该条规定，明示毁约的成立须具备如下条件：一是一方明确肯定地向对方作出毁约的表示。二是不履行合同的主要义务。正是由于一方表示其在履行期限到来之后，将不履行合同的主要义务（如不履行买卖合同中的付款或交货义务），从而会使另一方的订约目的不能实现，或严重损害另一方的期待利益，因此，明示毁约人应负违约责任。三是不履行合同义务无正当理由。尽管民法典允许另一方可以在履行期限到来前采取各种违约补救方式，如要求毁约方在履行期到来时履行合同、赔偿损失、支付违约金以及解除合同等，但应当看到，履行期限到来前的责任和履行期限到来后的责任仍然是有区别的。在确定预期违约的责任时，不能以履行期限到来后的标准予以确定，否则将会使毁约方承担过重的责任。

（三）默示毁约

所谓默示毁约，是指在履行期限到来之前，一方以自己的行为表明其将在履行期限到来之后不履行合同，且另一方有足够的证据证明一方将不履行合同，也不愿意提供必要的履行担保。《民法典》第 578、528 条对默示毁约作出了规定。默示毁约须具备如下构成要件：一是一方当事人具有《民法典》第 527 条所规定的情况，包括：经营状况严重恶化；转移财产、抽逃资金，以逃避债务；丧失商业信誉；有丧失或者可能丧失履行债务能力的其他情形。二是另一方具有确凿的证据证明对方具有上述情形。如果另一方只是预见到或推测一方在履行期限到来以后将不履行合同，不能构成默示毁约。三是一方不愿提供适当的履约担保。另一方虽有确切的证据证明一方将不履行合同，但还不能立即确定对方已构成违约。根据《民法典》第 528 条的规定，另一方要确定对方违约，必须首先要求对方提供履约担保。只有在对方不提供履约担保的情况下，才能确定其构成违约并可以要求其承担预期违约的责任。在默示毁约的情况下，非违约人可以暂时中止履行合同。采取此种措施，有利于减轻预见方的损失，避免一旦实际发生违约事实而遭受重大损失。但暂时中止合同的履行不同于解除合同。在暂时中止合同的情况下，合同并没有解除，它对当事人仍然有效，只是合同债务暂时得不到履行。

二、实际违约

在履行期限到来以后，当事人不履行或不完全履行合同义务的，都将构成实际违约。实际违约行为具体包括拒绝履行、迟延履行、不适当履行、债权人无正当理由拒绝受领以及其他不完全履行的行为。

（一）拒绝履行

拒绝履行是指在合同期限到来以后，一方当事人无正当理由拒绝履行合同规定的全部义务。《民法典》第 577 条所提及的“一方不履行合同义务”就是指拒绝履行的行为。拒绝履行的特点在于：一是一方当事人明确表示拒绝履行合同规定的主要义务。如果仅仅表示不履行部分义务，则属于部分不履行的行为。二是一方当事人拒绝履行合同义务无任何正当理由。三是经催告在合理期限内仍不履行，构成了根本违约。在一方拒绝履行的情况下，另一方有权要求其继续履行合同，也有权要求其承担违约责任和损害赔偿责任。

（二）迟延履行

迟延履行是指合同当事人的履行违反了履行期限的规定。在迟延履行情况下，非违约方有权要求违约方支付迟延履行的违约金，如果违约金不足以弥补非违约方所遭受的损失，非违约方还有权要求赔偿损失。迟延履行包括如下两种形式：

1. 债务人迟延

所谓债务人迟延，是指债务人在履行期限到来时，能够履行而没有按期履行债务。构成债务人迟延，必须满足如下要件：一是违反了履行期限的规定。判断债务人是否迟延履行，通常以债务是否到了履行期限及债务人是否履行债务为标准。二是在迟延履行的情况下，履行是可能的。如果因为债务人的过错使债务根本不能履行，此时已构成不履行。三是在履行期限到来以后，债务人没有履行债务。四是迟延履行无正当理由。按照诚信原则的要求，如果在特殊情况下，债务人确有正当理由而暂时不能履行合同，可以被免除实际履行的责任，或者债务人通过依法行使同时履行抗辩权而暂不履行债务，不构成迟延履行。

2. 受领迟延

受领迟延又称债权人迟延，是债权人实施的过错行为。受领迟延在性质上属于违约行为，理由主要在于：一方面，在债务人提出给付时，债权人负有受领的义务，违反此种义务，不仅会造成债权人自身的损失，也会造成债务人的损失。另一方面，从我国司法实践来看，并没有因为债权人迟延的特点而排除债权人所应承担的责任。此外，将受领给付作为债权人的义务，也有利于督促双方当事人全面履行债务，保障合同目的圆满实现。

（三）不适当履行

不适当履行是指当事人交付的标的物不符合合同规定的质量要求，即履行具有瑕疵。不适当履行可分为两种类型：一是瑕疵给付，即履行不符合法律规定或当事人约定的质量标准，造成对方当事人履行利益的损失。二是加害给付，即债务人的不适当履行行为造成债权人履行利益以外的其他财产损失和人身损害。例如，交付不合格的汽化炉造成火灾，致使债务人受伤等。

《民法典》合同编规定了瑕疵担保义务，但没有采用大陆法系的瑕疵担保责任，而认为不适当履行是一种独立的违约行为，违约当事人应当承担违约责任，在不适当履行的情形下，非违约方则可以选择各种违约的补救方式维护其权利。依据《民法典》第 582 条规定，不适当履行的补救措施主要包括修理、重作、更换、退货、减价等。

（四）债权人无正当理由拒绝受领

合同的履行需要双方当事人的协力，在债务人履行债务之后，债权人无正当理由拒绝受领的，也会影响债务人履行债务。对此，《民法典》第 589 条规定："债务人按照约定履行债务，债权人无正当理由拒绝受领的，债务人可以请求债权人赔偿增加的费用。在债权人受领迟延期间，债务人无须支付利息。"该条还专门规定了债权人受领迟延以及受领迟延的法律后果。依据本条规定，债权人无正当理由拒绝受领应当符合如下条件：一是债务人按照约定履行债务；二是债权人无正当理由拒绝受领。

在债权人无正当理由拒绝受领的情形下，将产生如下法律效果：一是债务人不构成履行迟延；二是债务人可以请求债权人赔偿增加的费用；三是依据《民法典》第 589 条第 2 款规定，对金钱债务，债权人不及时受领金钱给付的，对于迟延期间内的利息不得请求支付。

（五）其他不完全履行的行为

按照《民法典》合同编的规定，债务人应当按照法律和合同的规定，全面、适当地履行合同。因此，当事人在履行合同时，除在标的、质量、数量、期限上符合法律和合同规定外，履行的地点、方式等也应符合法律和合同的规定。因此，履行地点、方式等不适当，也属于违约行为。

第三节 实际履行责任

一、实际履行的概念和特征

作为一种违约后的补救方式，实际履行也称为继续履行、强制实际履行，是指在一方违反合同时，另一方有权要求其依据合同的规定继续履行。依据《民法典》第577条的规定，实际履行的特征包括：（1）实际履行是一种违约后的补救方式；（2）实际履行的基本内容是要求违约方继续依据合同规定履行；（3）实际履行可以与违约金、损害赔偿和定金责任并用，但不能与解除合同的方式并用。

二、实际履行的适用

（一）金钱债务的实际履行

关于金钱债务的实际履行，《民法典》第579条规定："当事人一方未支付价款、报酬、租金、利息，或者不履行其他金钱债务的，对方可以请求其支付。"依据该条规定，在债务人不履行金钱债务的情形下，债权人有权请求其实际履行。也就是说，对金钱债务而言，无论出现何种情形，债权人都可以请求债务人实际履行。

（二）非金钱债务的实际履行

关于非金钱债务的实际履行，《民法典》第580条第1款规定："当事人一方不履行非金钱债务或者履行非金钱债务不符合约定的，对方可以请求履行，但是有下列情形之一的除外：（一）法律上或者事实上不能履行；（二）债务的标的不适于强制履行或者履行费用过高；（三）债权人在合理期限内未请求履行。"从该条规定来看，对于非金钱债务，非违约方原则上也可以要求实际履行。但在如下情形下，违约方可以针对对方的履行请求提出抗辩：

1. 法律上或者事实上不能履行

法律上不能履行是指实际履行不得违反法律的规定。例如，在债务人破产时，如果强制其履行与某个债权人所订立的合同，这实际上赋予了该债权人某种优先权，使其优先于违约方的其他债权人受偿，这与破产法的有关规定相违背。事实上不能履行是指履行的标的客观不能或永久不能。如果债务人采取一定的行为或作出一定的努力仍可以履行合同，或者合同只是部分不能履行或暂时不能履行，表明合同仍可以实际履行。

2. 债务的标的不适于强制履行或者履行费用过高

这具体表现在：（1）债务的标的不适于强制履行；（2）履行费用过高。所谓“履行费用过高”，可以从两个方面考虑：一是继续履行在经济上不具有合理性，会造成一定的损失和浪费；二是如果履行时间过长，也不适合实际履行。可见，实际履行也必须符合效率的要求。

3. 非违约方在合理期限内未提出继续履行的请求

如果非违约方决定采取实际履行的补救措施，则必须在合理的期限内向违约方提出继续履行的要求。如果在违约方违约后，未在合理期限内提出实际履行的要求，不得再提出此种要求。

第四节 损害赔偿责任

一、损害赔偿责任的概念和特征

损害赔偿责任又称违约损害赔偿责任，是指违约方因不履行或不完全履行合同义务而给对方造成损失，依据法律和合同的规定应承担的损害赔偿责任。违约损害赔偿责任具有以下特征：（1）损害赔偿是债务人不履行合同债务所产生的责任；（2）损害赔偿原则上仅具有补偿性而不具有惩罚性；（3）损害赔偿具有一定程度的任意性，即当事人在订立合同时，可以预先约定一方当事人在违约时应向对方当事人支付一定数额的金钱；（4）损害赔偿以赔偿当事人实际遭受的全部损害为原则。

二、损害赔偿的确定方式

（一）约定损害赔偿

约定损害赔偿是指当事人在订立合同时预先约定，一方违约的，应向对方支付一定的金钱。《民法典》第585条第1款规定：“当事人可以约定一方违约时应当根据违约情况向对方支付一定数额的违约金，也可以约定因违约产生的损失赔偿额的计算方法。”该条允许当事人约定损害赔偿。此处的“约定损害赔偿”是指当事人在合同中约定的违约后损失赔偿数额的计算方法，即在一方违约后，通过何种方法计算非违约方的损失数额，其不同于违约金规则。一般来说，损害赔偿的主要形式是法定损害赔偿，而约定损害赔偿是为了弥补法定损害赔偿的不足而产生的，该不足源于法定损害赔偿常常要求考虑与实际损害完全一致，而原告时常难以证明其损害，法院在计算损害范围时也常遇到困难。约定损害赔偿解决了这一难题。约定损害赔偿一般要优先于法定损害赔偿生效，这一规则正是合同自由下合同优先规则的具体反映。

（二）法定损害赔偿

法定损害赔偿是指由法律规定的损害赔偿。依据《民法典》第 584 条规定，法定损害赔偿必须遵循完全赔偿原则。所谓完全赔偿，是指违约方的违约使受害人遭受的全部损失都应当由违约方负赔偿责任，包括受害人的实际损失和可得利益损失。

1. 实际损失的赔偿

实际损失是指非违约方因违约行为而遭受的现实损害。例如，在一方不交货的情况下，非违约方因未收到货物所遭受的损害、因停工或窝工而遭受的损失以及第三人请求非违约方承担的赔偿责任等。但是，损害赔偿旨在弥补受害人遭受的全部实际损失，并不赔偿其因从事一笔不成功的交易所蒙受的损失。如果不成功的交易带来的损失也由违约方承担，实际上是将全部风险转给违约方，使违约方充当了非违约方的保险人。

2. 可得利益损失的赔偿

所谓可得利益，是指合同在履行以后可以实现和取得的利益。例如，在生产、销售或提供服务的合同中，生产者、销售者或服务提供者可能取得的预期纯利润，就属于可得利益。可得利益损失具有如下特点：一是它是未来的利益损失。也就是说，在违约行为发生时，该利益尚未取得，必须通过合同的实际履行才能实现。二是它必须具有一定的确定性。任何可以补救的损害都必须具有一定的确定性，否则是不能要求赔偿的。因为可得利益损失具有一定的不确定性，所以，非违约方要获得此种损失的赔偿必须证明违约行为与非违约方可得利益损失之间具有一定的因果联系。三是必须具有可预见性。在确定可得利益损失的赔偿时，受害人要证明这些损失是违约方在签订合同时能够合理预见的。可预见的损失不是准确的数额，只要能够预见大致的损失范围即可。

（三）损害赔偿的限制

1. 可预见性规则

根据《民法典》第 584 条的规定，损害赔偿不得超过违反合同一方订立合同时可预见到或者应当预见到的因违反合同可能造成的损失。根据这一规定，只有在违约所造成的损害是违约方在订约时可以预见到的情况下，才能认为损害结果与违约行为之间具有因果关系，违约方才应当对这些损害负赔偿责任。如果损害不可预见，则违约方不应赔偿。可预见性规则将违约当事人的责任限制在可预见的范围之内，对于促进交易活动的发展，保障交易活动的正常进行，具有重要意义。可预见性规则的内容具体表现在：第一，预见的主体为违约方，非违约方预见的内容不能作为确定因果关系的标准。第二，预见的时间为订立合同之时，即在订立合同时违约方所能预见到的损害。在合同履行过程中违约方所能预见到的损害，不能作为确定赔偿范围的依据。第三，预见的内容是损害的类型，并不需要违约方证明其所预见到的损害的程度。

2. 损害赔偿的减轻

损害赔偿的减轻，是指在一方违约并造成损失后，另一方应及时采取合理的措施以防止损失的扩大，否则，应对扩大部分的损失负责。《民法典》第 591 条第 1 款规定："当事人一方违约后，对方应当采取适当措施防止损失的扩大；没有采取适当措施致使损失扩大的，不得就扩大的损失请求赔偿。"该款确立了减轻损失的义务。损害赔偿的减轻具有以下几个特点：一是一方的违约导致了损害的发生；二是受害人未采取合理措施；三是造成了损失的扩大。这就是说，违约已经发生并造成了损害，而受害人未能防止损害进一步扩大。

3. 过失相抵

过失相抵是指根据受害人的过错程度依法减轻或免除加害人赔偿责任的制度。《民法典》第 592 条第 2 款规定："当事人一方违约造成对方损失，对方对损失的发生有过错的，可以减少相应的损失赔偿额。"虽然《民法典》合同编采严格责任原则，但应当看到，严格责任主要是就责任的成立而言的，在责任承担方面，仍然需要考虑双方当事人的过错及其对损害产生的影响，从而准确认定当事人的责任。据此，在一方违约的情形下，如果另一方对损失的发生也有过错的，应当适用过失相抵规则，减轻违约方的责任。

第五节 违约金和定金

一、违约金

（一）违约金的概念和特征

违约金是指由当事人通过协商预先确定的、在违约发生后作出的独立于履行行为的给付。《民法典》第 585 条第 1 款规定，"当事人可以约定一方违约时应当根据违约情况向对方支付一定数额的违约金"。可见，违约金具有以下特征：

第一，违约金的数额主要是由当事人双方通过事先约定确定的。原则上说，违约金必须是当事人事先约定的。《民法典》第 585 条第 1 款只是规定"当事人可以约定一方违约时应当根据违约情况向对方支付一定数额的违约金"，因此，关于违约金的约定只要在合同履行之前作出即可，而无须与主合同同时成立。

第二，违约金是由当事人双方约定的，在违约后由一方向另一方支付的一笔金钱。违约金在违约金条款订立时并不能立即生效，只有在一方违约以后才能产生效力。同时，违约金必须是一方向另一方支付的一笔金钱，当事人不能约定以实物的交付代替违约金的支付。

第三，违约金的支付是独立于履行行为之外的给付。尽管当事人在合同中规定了违约金条款，但这不妨碍主债务的履行。我国法律也不允许以支付违约金的方式替代实际履行。同时，依据《民法典》第585条第3款规定，当事人就迟延履行约定违约金的，违约方支付违约金后，还应当履行债务。

第四，违约金的支付是一种违约责任形式。违约金作为一种责任形式，实际上是当事人约定的内容。按照合同自由原则，当事人的约定应当优先于法律的任意性规定适用，因此，违约金责任应当优先于法定的损害赔偿责任适用。

（二）违约金责任的适用条件

虽然违约金条款在当事人约定以后就能够成立并生效，但此种责任并不是立即发生效力的，必须在一定条件下，一方才有义务向另一方支付违约金。违约金支付须具备以下两个条件：

第一，合同是有效的。违约金的支付以整个合同有效为前提，一方面，违约金作为合同条款的一部分，其效力取决于合同整体的效力，只有在整个合同有效的情况下，违约金条款才能发生效力。另一方面，违约金条款的效力依附于合同的效力，如果整个合同是无效或可撤销的，在整个合同被宣告无效或被撤销后，违约金条款也应相应无效。需要注意的是，合同因违约被解除的，不影响非违约方要求违约方支付违约金的权利。

第二，存在违约行为。只有在一方当事人违反合同的情况下，另一方当事人才有权要求其支付违约金。一般来说，各种违约的形态，如不履行、不适当履行、迟延履行等，都可以适用违约金，但是如果当事人在合同中仅就某种具体的特定违约行为约定了违约金（如仅就退货或延期付款的违约行为约定了违约金），则应以合同约定的特定的违约行为作为支付违约金的条件。

违约金作为一种违约的补救方式，具有损害赔偿所不具有的特点。由于违约金数额可由当事人在订立合同时约定，当事人对违约后承担责任的范围可以预先确定，一旦发生违约，不必具体计算损害范围，受害人就可以要求支付违约金。因此，与损害赔偿相比，违约金避免了损害赔偿方式在适用中常常遇到的计算损失范围和举证的困难，从而节省了计算上的花费，甚至可避免诉讼程序、节省诉讼费用。一般而言，在确定违约责任时，如果当事人约定了违约金条款，则应当优先适用违约金责任。

（三）对违约金数额的调整

当事人约定的违约金可能过高或者过低，为了保证违约金规则的准确适用，发挥违约金制度的应有作用，《民法典》第585条第2款规定，“约定的违约金低于造成的损失的，人民法院或者仲裁机构可以根据当事人的请求予以增加；约定的违约金过分高于造成的损失的，人民法院或者仲裁机构可以根据当事人的请求予以适当减少”。因此，违约金数额的调整应当具备如下条件：

第一，违约金的调整必须依据当事人的请求，不能由法院直接依据职权进行。《民法典》第 585 条第 2 款明确了调整违约金的动议应当由当事人提出，而不能由法院依据职权主动进行。因此，调整违约金是当事人请求法院调整的权利。

第二，在对违约金的调整中必须综合进行考量。在调整违约金数额时，需要综合考量当事人的主体性质、违约方的过错程度、违约金数额的确定是否基于高风险、高回报的原因以及违约后果的严重程度。

第三，必须根据损失来进行调整。依据《民法典》第 585 条第 2 款的规定，违约金数额调整的判断标准是当事人的损失。在违约金条款规定的数额过高或低于损失的情况下，当事人要求对违约金数额进行调整，只需要证明违约金数额过高或低于损失，而不必证明违约金数额的约定违背公平原则而成为显失公平条款。当然，此处所说的损失，不仅包括非违约方的实际损失，还应包括其遭受的可得利益损失。

二、定金

（一）定金的概念和特征

定金，是指合同双方当事人约定为担保合同的履行，由一方预先向对方给付的一定数量的货币或其他替代物。在理论上，定金的形式包含立约定金、证约定金、成约定金、解约定金以及违约定金等。《民法典》合同编主要对违约定金作出了规定。《民法典》第 586 条第 1 款规定：“当事人可以约定一方向对方给付定金作为债权的担保。定金合同自实际交付定金时成立。”可见，定金合同也是一种合同。定金的交付将在当事人之间产生定金合同关系，该合同是当事人设立定金时所达成的协议。定金合同具有如下特点：

第一，定金合同的标的物为金钱或其他可替代物。定金合同的标的物通常是金钱，但当事人也可以其他可替代物作为其标的，如粮食、食油等。因为不可替代物是独特的，不能在一方违约以后双倍返还，所以，不能以不可替代物作为定金合同的标的物。

第二，定金是当事人预先交付的。就违约定金而言，定金是当事人在合同履行前交付的，其目的在于担保合同的履行。正是因为它是预先交付的，所以才能对合同的履行产生担保作用。如果合同已经履行完毕或者在履行期限到来后一方已出现违约，则不宜再适用定金形式。

第三，定金合同是实践合同。依据《民法典》第 586 条第 1 款的规定，定金合同是实践合同，应以定金的实际交付为合同成立条件。也就是说，即使当事人就定金的设立已经达成了协议，如果没有实际交付定金，也不会发生定金合同成立的效力。

第四，定金合同是从合同。定金合同是为了担保主合同的履行而产生的从合同，必须以主合同的成立和生效为前提条件。主合同无效或被撤销，将影响定金合同的效力。

第五，定金具有担保合同债务的履行和制裁违约的双重功能。就违约定金而言，一方面，当事人预先设立定金，可以督促双方自觉履行合同，通过定金罚则的运用可以起到担保合同履行的作用。另一方面，定金既可以作为担保方式，也可以作为违约责任形式。我国现行法律所规定的定金主要是违约定金，法律关于定金的规定原则上包含了对不履行合同的制裁。

（二）定金的数额

当事人可以在法律允许的范围内自由约定定金的数额，但当事人在约定定金数额时，应受到一定的限制，因为过高的定金数额可能使合同的履行变相成为一种赌博行为。因此，《民法典》第 586 条规定，当事人所约定的定金数额不得超过主合同标的额的 20%，否则超过的部分不发生定金的效力。同时，如果当事人实际交付的定金数额多于或者少于约定数额，则视为变更约定的定金数额。

（三）定金罚则

定金罚则的内容体现为两个方面：对给付定金的一方适用定金罚则的后果是，其无权请求返还定金；对收受定金一方适用定金罚则的后果是，其应当双倍返还定金。定金本身是合同履行的担保，在当事人不按照约定履行合同构成根本违约时，应当适用定金罚则，同时，对当事人适用上述定金罚则既符合当事人的真实意愿，也符合权利义务相一致的原则。依据《民法典》第 587 条的规定，定金罚则主要适用于如下两种情形：

第一，给付定金的一方不履行债务或者履行债务不符合约定，从而致使对方当事人不能实现合同目的。即并非所有的违约都适用定金责任，只有在如下情形下，才应适用定金责任：一是给付定金的一方不履行合同，如明确拒绝履行；二是履行债务不符合约定致使不能实现合同目的，即债务人不适当履行债务的行为已经构成根本违约。

第二，收受定金的一方不履行债务或者履行债务不符合约定，致使不能实现合同目的。依据《民法典》第 587 条的规定，收受定金一方的违约行为也包括两种：一是不履行债务致使相对人不能实现合同目的；二是履行债务不符合约定，致使相对人不能实现合同目的，即收受定金的一方构成根本违约。

（四）定金与违约金

定金，特别是违约定金与违约金的关系十分密切：一方面，两者都针对违约行为，在一方违反合同的情况下，违约金和定金责任都是对违约的补救方式，作为责任形式，两者都以违约行为作为责任构成要件。另一方面，两者都具有担保作用，在适用对象、目的、功能等方面具有相似性。依据《民法典》第 588 条的规定，在当事人同时约定违约金与定金的情形下，在一方违约时，另一方只能选择主张违约金责任或者定金责任，而不能同时主张两种责任。这是因为：一方面，当事人约定定金与违约金的目的均在于确定违约的法律后果，二者在功能上具有重合性；另一方面，违约金和定金都具有惩罚的功能，如果叠加适用，可能使一方承担过重的责任，导致债权人取得过高的赔偿甚至违反诚信原则。

▶即测即评　　▶案例资源

郑重声明

读者意见反馈

为收集对教材的意见建议，进一步完善教材编写并做好服务工作，读者可将对本教材的意见建议通过如下渠道反馈至我社。

咨询电话　400-810-0598

反馈邮箱　gjdzfwb@pub.hep.cn

通信地址　北京市朝阳区惠新东街 4 号富盛大厦 1 座

　　　　　高等教育出版社总编辑办公室

邮政编码　100029

防伪查询说明

用户购书后刮开封底防伪涂层，使用手机微信等软件扫描二维码，会跳转至防伪查询网页，获得所购图书详细信息。

防伪客服电话　(010)58582300

马克思主义理论研究
和建设工程重点教材

民法学

（第二版）

下册

《民法学》编写组
主　编　王利明
副主编　王卫国　陈小君
主要成员
（以姓氏笔画为序）
王　轶　王歌雅　许德峰
周友军　房绍坤　孟　强
姚　辉　高圣平　程　啸

高等教育出版社·北京

二维码资源访问

使用微信扫描本书内的二维码，输入下册封底防伪二维码下的20位数字，进行微信绑定，即可免费访问相关资源。注意：上、下册不分开销售，微信绑定只可操作一次，为避免不必要的损失，请您刮开防伪码后立即进行绑定操作！

教学课件下载

本书有配套教学课件，供教师免费下载使用，请访问 xuanshu.hep.com.cn，经注册认证后，搜索书名进入具体图书页面，即可下载。

图书在版编目（CIP）数据

民法学：上、下册 /《民法学》编写组编. -- 2版. -- 北京：高等教育出版社，2022.8（2024.9重印）
马克思主义理论研究和建设工程重点教材
ISBN 978-7-04-058271-0

Ⅰ.①民… Ⅱ.①民… Ⅲ.①民法-法的理论-中国-高等学校-教材 Ⅳ.①D923.01

中国版本图书馆CIP数据核字（2022）第032008号

民法学
MINFAXUE

责任编辑 姜 洁 肖 文　　封面设计 王 鹏　　版式设计 童 丹　　责任校对 高 歌
责任印制 耿 轩

出版发行 高等教育出版社
社　　址 北京市西城区德外大街4号
邮政编码 100120
印　　刷 山东临沂新华印刷物流集团有限责任公司
开　　本 787mm×1092mm 1/16
本册印张 27.75
本册字数 520千字
购书热线 010-58581118
咨询电话 400-810-0598
网　　址 http://www.hep.edu.cn
　　　　 http://www.hep.com.cn
网上订购 http://www.hepmall.com.cn
　　　　 http://www.hepmall.com
　　　　 http://www.hepmall.cn
版　　次 2019年1月第1版
　　　　 2022年8月第2版
印　　次 2024年9月第11次印刷
总 定 价 115.00元

物 料 号 58271-001

目　　录

第三编　合　　同

第九章　典型合同（一） …… 3

第一节　买卖合同概述 …… 3

一、买卖合同的概念和特征 …… 3

二、买卖合同的当事人及标的物 …… 4

三、买卖合同的内容 …… 5

第二节　买卖合同的效力 …… 6

一、出卖人的义务 …… 6

二、买受人的义务 …… 10

第三节　标的物的风险负担与利益承受 …… 12

一、标的物的风险负担 …… 12

二、标的物的利益承受 …… 14

第四节　特种买卖合同 …… 14

一、分期付款买卖合同 …… 14

二、样品买卖合同 …… 15

三、试用买卖合同 …… 16

四、招标投标买卖合同 …… 16

五、拍卖合同 …… 17

第十章　典型合同（二） …… 19

第一节　供用电、水、气、热力合同 …… 19

一、供用电、水、气、热力合同概述 …… 19

二、供用电合同 …… 19

第二节　赠与合同 …… 21

一、赠与合同概述 …… 21

二、赠与合同的效力 …… 21

三、附义务赠与合同 …… 23

第三节　借款合同 …… 23

一、借款合同概述 …… 23

二、借款合同的效力 …… 24
三、民间借贷合同 …… 26
第四节 保证合同 …… 27
一、保证合同概述 …… 27
二、保证的方式和范围 …… 28
三、债权人与保证人之间的权利和义务 …… 29
四、保证人与债务人之间的权利和义务 …… 31
五、特殊保证 …… 33
第五节 租赁合同 …… 35
一、租赁合同概述 …… 35
二、租赁合同的效力 …… 37
三、租赁合同的特别效力与风险负担 …… 39
四、租赁合同的解除 …… 40
第六节 融资租赁合同 …… 41
一、融资租赁合同概述 …… 41
二、融资租赁合同与买卖合同的关系 …… 42
三、融资租赁合同的效力 …… 44
四、融资租赁合同的解除与终止 …… 46
第七节 保理合同 …… 48
一、保理合同概述 …… 48
二、保理合同的效力 …… 50

第十一章 典型合同（三） …… 52
第一节 承揽合同 …… 52
一、承揽合同概述 …… 52
二、承揽合同的效力 …… 53
三、承揽合同的风险负担 …… 56
第二节 建设工程合同 …… 57
一、建设工程合同概述 …… 57
二、勘察、设计合同 …… 58
三、施工合同 …… 59
第三节 运输合同 …… 61
一、运输合同概述 …… 61
二、客运合同 …… 62

三、货运合同 …… 63
四、多式联运合同 …… 65
第四节　技术合同 …… 66
一、技术合同概述 …… 66
二、技术开发合同 …… 68
三、技术转让合同和技术许可合同 …… 70
四、技术咨询合同和技术服务合同 …… 72
第五节　保管合同 …… 74
一、保管合同概述 …… 74
二、保管合同的效力 …… 75
三、消费保管合同 …… 76
第六节　仓储合同 …… 77
一、仓储合同概述 …… 77
二、仓储合同的效力 …… 78

第十二章　典型合同（四） …… 81
第一节　委托合同 …… 81
一、委托合同概述 …… 81
二、委托合同的效力 …… 82
三、委托合同的终止 …… 84
第二节　物业服务合同 …… 85
一、物业服务合同概述 …… 85
二、前期物业服务合同 …… 86
三、物业服务合同的效力 …… 87
第三节　行纪合同 …… 88
一、行纪合同概述 …… 88
二、行纪人的效力 …… 89
第四节　中介合同 …… 91
一、中介合同概述 …… 91
二、中介合同的效力 …… 92
第五节　合伙合同 …… 93
一、合伙合同概述 …… 93
二、合伙的效力 …… 94
三、合伙合同的终止 …… 95

第十三章 准合同 …… 97
第一节 无因管理 …… 97
一、无因管理的概念和性质 …… 97
二、无因管理的构成要件 …… 97
三、无因管理的效力 …… 98
第二节 不当得利 …… 99
一、不当得利的概念和性质 …… 99
二、不当得利的构成要件 …… 100
三、不当得利的基本类型 …… 101
四、不当得利的效力 …… 102

第四编 人 格 权

第一章 人格权概述 …… 105
第一节 人格权的概念和特征 …… 105
一、人格权的概念 …… 105
二、人格权的特征 …… 106
三、人格权的属性 …… 106
第二节 人格权与其他权利 …… 107
一、人格权与人权 …… 107
二、人格权与身份权 …… 109
三、人格权与财产权 …… 110
第三节 一般人格权 …… 111
一、一般人格权的概念和特征 …… 111
二、一般人格权的内容 …… 112
三、一般人格权的功能 …… 113
四、一般人格权的司法适用 …… 113
第四节 死者人格利益的保护 …… 114
一、死者人格利益保护的必要性 …… 114
二、死者人格利益保护的规范 …… 115
第五节 人格权的限制 …… 115
一、人格权的限制概述 …… 115
二、人格利益的合理使用 …… 116
第六节 人格利益的许可使用 …… 117

一、人格利益的许可使用概述 …… 117
二、人格利益许可使用的类型 …… 118

第二章　生命权、身体权和健康权 …… 120
第一节　生命权 …… 120
一、生命权的概念和内容 …… 120
二、生命权的主要特征 …… 121
第二节　身体权 …… 121
一、身体权的概念和内容 …… 121
二、身体权的主要特征 …… 122
三、关于身体权的法律规范 …… 123
第三节　健康权 …… 124
一、健康权的概念和内容 …… 124
二、健康权的主要特征 …… 125
第四节　性骚扰的法律规制 …… 126
一、性骚扰的概念 …… 126
二、性骚扰的构成要件 …… 126

第三章　姓名权和名称权 …… 127
第一节　姓名权 …… 127
一、姓名及姓名权的概念 …… 127
二、姓名权的内容 …… 128
三、侵害姓名权的行为 …… 129
第二节　名称权 …… 130
一、名称权的概念 …… 130
二、名称权与近似概念的辨析 …… 131
三、名称权的内容 …… 132
四、侵害名称权的行为 …… 134

第四章　肖像权 …… 136
第一节　肖像权的概念和特征 …… 136
一、肖像 …… 136
二、肖像权 …… 137
第二节　肖像权的权能 …… 138

一、消极防御权能 …… 138
二、积极利用权能 …… 138
第三节 肖像权侵权责任的构成要件 …… 140
第四节 对自然人声音保护的参照适用 …… 141

第五章 名誉权和荣誉权 …… 143
第一节 名誉权概述 …… 143
一、名誉的概念 …… 143
二、名誉权的概念和特征 …… 143
三、名誉权的内容 …… 144
第二节 名誉权侵权行为的认定 …… 145
一、名誉权侵权行为的构成 …… 145
二、名誉权侵权行为的抗辩 …… 145
第三节 特殊的名誉权侵权行为 …… 147
一、文艺作品的名誉权侵权 …… 147
二、侵害信用的名誉权侵权 …… 148
第四节 荣誉权概述 …… 149
一、荣誉的概念 …… 149
二、荣誉权的概念 …… 149
三、荣誉权和名誉权的区别 …… 150
四、荣誉权侵权行为的认定 …… 150

第六章 隐私权和个人信息保护 …… 152
第一节 隐私权 …… 152
一、隐私权的概念和特征 …… 152
二、隐私权的内容 …… 152
三、侵害隐私权的行为 …… 154
四、隐私权的限制 …… 155
第二节 个人信息 …… 156
一、个人信息的概念 …… 156
二、个人信息的类型与相关权利 …… 157
三、个人信息与隐私的区分 …… 159
四、个人信息的保护 …… 160

第七章 人格权的保护 …… 163
第一节 侵害人格权的民事责任 …… 163
一、侵害人格权的民事责任概述 …… 163
二、人格权请求权 …… 164
三、动态系统论在人格权侵权中的运用 …… 165
第二节 人格权侵害禁令制度 …… 167
一、人格权侵害禁令的概念 …… 167
二、人格权侵害禁令的适用条件 …… 168
第三节 因违约损害人格权的精神损害赔偿 …… 169
一、因违约损害人格权的精神损害赔偿的适用条件 …… 169
二、因违约损害人格权的精神损害赔偿的法律后果 …… 169

第五编 婚姻家庭

第一章 婚姻家庭法概述 …… 173
第一节 婚姻家庭的概念 …… 173
一、婚姻和家庭 …… 173
二、婚姻家庭关系 …… 174
三、亲属关系 …… 175
第二节 婚姻家庭法的基本原则 …… 179
一、婚姻家庭法的概念和特征 …… 179
二、我国婚姻家庭法的基本原则 …… 180

第二章 结婚制度 …… 186
第一节 结婚制度概述 …… 186
一、结婚的概念和特征 …… 186
二、我国的结婚制度 …… 186
第二节 结婚的条件 …… 187
一、结婚行为的成立条件 …… 187
二、结婚行为的有效要件 …… 188
三、事实婚姻 …… 189
第三节 婚姻无效和可撤销 …… 189
一、婚姻无效和可撤销的事由 …… 189
二、确认婚姻无效或撤销婚姻 …… 191

三、婚姻无效和被撤销的法律后果 …… 192

第三章 家庭关系 …… 195
第一节 夫妻关系 …… 195
一、夫妻关系的概念和特征 …… 195
二、夫妻人身关系 …… 195
三、夫妻财产关系 …… 198
第二节 父母子女关系 …… 201
一、父母子女关系的概念和种类 …… 201
二、父母子女关系的内容 …… 201
三、父母子女关系的确认 …… 203
第三节 其他近亲属关系 …… 206
一、祖孙关系 …… 206
二、兄弟姐妹关系 …… 207

第四章 离婚制度 …… 209
第一节 离婚制度概述 …… 209
一、婚姻终止的原因 …… 209
二、离婚的概念 …… 209
第二节 登记离婚 …… 210
一、登记离婚的概念和条件 …… 210
二、登记离婚的程序 …… 210
三、登记离婚的法律后果 …… 211
第三节 诉讼离婚 …… 212
一、诉讼离婚概述 …… 212
二、诉讼离婚的程序 …… 213
三、判决离婚的法定理由 …… 213
四、诉讼离婚的特别规定 …… 214
第四节 离婚的效力 …… 215
一、离婚效力的概念 …… 215
二、离婚的身份效力 …… 215
三、离婚的财产效力 …… 215
四、离婚后的子女抚养教育 …… 220
五、离婚时的权利救济 …… 224

第五章 收养制度 …… 228
第一节 收养制度概述 …… 228
一、收养的概念和特征 …… 228
二、收养与相关概念的区别 …… 228
三、收养的分类 …… 229
四、收养的原则 …… 229
第二节 收养关系的成立 …… 230
一、收养关系成立的条件 …… 230
二、收养关系成立的程序 …… 232
第三节 收养的效力 …… 233
一、收养的拟制效力 …… 233
二、收养的解销效力 …… 234
三、收养行为的无效 …… 234
第四节 收养关系的解除 …… 235
一、解除收养的法定情形 …… 235
二、解除收养的法定程序 …… 236
三、解除收养的法律后果 …… 237

第六编 继 承

第一章 继承与继承法概述 …… 241
第一节 继承的概念和类型 …… 241
一、继承的概念和特征 …… 241
二、继承的类型 …… 241
第二节 继承法概述 …… 243
一、继承法的概念和性质 …… 243
二、我国继承法的基本原则 …… 244
第三节 继承权 …… 248
一、继承权的概念和特征 …… 248
二、继承权的接受和放弃 …… 248
三、继承权的丧失 …… 250
四、继承权的保护 …… 254
第四节 继承的开始 …… 254
一、继承开始的时间 …… 254

二、继承开始的通知 …… 256
三、继承开始的地点 …… 256
第五节 遗产 …… 257
一、遗产的概念和特征 …… 257
二、遗产的范围 …… 257

第二章 法定继承 …… 259
第一节 法定继承概述 …… 259
一、法定继承的概念和特征 …… 259
二、法定继承的适用范围 …… 259
第二节 法定继承人的范围与继承顺序 …… 260
一、法定继承人的范围 …… 260
二、法定继承顺序 …… 263
第三节 代位继承 …… 264
一、代位继承的概念和特征 …… 264
二、代位继承的性质 …… 265
三、代位继承的条件 …… 265
四、代位继承的应继份额 …… 266
第四节 法定继承的遗产分配 …… 266
一、法定继承的遗产分配原则 …… 266
二、非继承人对遗产的取得 …… 267

第三章 遗嘱继承 …… 269
第一节 遗嘱继承概述 …… 269
一、遗嘱继承的概念和特征 …… 269
二、遗嘱继承的适用条件 …… 269
第二节 遗嘱与遗嘱能力 …… 270
一、遗嘱的概念和特征 …… 270
二、遗嘱能力 …… 271
第三节 遗嘱的内容与形式 …… 271
一、遗嘱的内容 …… 271
二、遗嘱的形式 …… 272
第四节 遗嘱的效力 …… 274
一、遗嘱的有效条件 …… 274

二、遗嘱的无效 …… 275
第五节　遗嘱的撤回与变更 …… 276
一、遗嘱的撤回与变更的概念 …… 276
二、遗嘱的撤回与变更的条件 …… 276
三、遗嘱的撤回与变更的方式 …… 276
四、遗嘱撤回与变更的效力 …… 277
第六节　遗嘱的执行 …… 277
一、遗嘱执行的概念 …… 277
二、遗嘱执行人的确定 …… 278
三、遗嘱执行人的职责 …… 278
第七节　附义务遗嘱 …… 279
一、附义务遗嘱的概念和特征 …… 279
二、遗嘱中所附义务的限制 …… 279
三、附义务遗嘱的法律后果 …… 280

第四章　遗赠与遗赠扶养协议 …… 281
第一节　遗赠 …… 281
一、遗赠的概念和特征 …… 281
二、遗赠与遗嘱继承的区别 …… 281
三、遗赠的接受与放弃 …… 282
四、受遗赠权的丧失 …… 282
五、遗赠的执行 …… 283
六、转遗赠 …… 283
第二节　遗赠扶养协议 …… 284
一、遗赠扶养协议的概念和特征 …… 284
二、遗赠扶养协议的效力 …… 285
三、遗赠扶养协议的解除 …… 285

第五章　遗产的处理 …… 286
第一节　遗产的保管与管理 …… 286
一、遗产的保管 …… 286
二、遗产的管理 …… 286
第二节　转继承 …… 288
一、转继承的概念 …… 288

二、转继承的适用条件 …… 289
三、转继承与代位继承的区别 …… 289
第三节 遗产的分割 …… 290
一、遗产分割的概念 …… 290
二、遗产分割的原则 …… 290
三、遗产分割的方式 …… 291
四、遗产分割的效力 …… 292
第四节 被继承人债务的清偿 …… 293
一、被继承人债务的概念和范围 …… 293
二、被继承人债务的清偿原则 …… 293
三、被继承人债务的清偿时间和方式 …… 294
第五节 无人承受遗产的处理 …… 295
一、无人承受遗产的概念和范围 …… 295
二、无人承受遗产的归属 …… 295

第七编 侵权责任

第一章 侵权责任法概述 …… 299
第一节 侵权责任与侵权责任法概述 …… 299
一、侵权责任 …… 299
二、侵权责任法 …… 300
第二节 侵权责任的归责原则 …… 302
一、过错责任原则 …… 302
二、过错推定责任原则 …… 302
三、严格责任原则 …… 303
第三节 多元化的损失补救制度 …… 303
一、多元化的损失补救制度的概念 …… 303
二、多元化的损失补救制度的内容 …… 304

第二章 损害赔偿 …… 305
第一节 损害赔偿概述 …… 305
一、损害赔偿的概念和类型 …… 305
二、损害赔偿的原则 …… 305
三、损害赔偿的方法 …… 306

第二节 人身损害赔偿 …… 307
一、人身损害赔偿的概念和特征 …… 307
二、人身损害赔偿的范围 …… 307
三、多人死亡时的死亡赔偿金的确定 …… 308
四、人身损害赔偿请求权的主体 …… 308
五、赔偿费用的支付方式 …… 308
第三节 财产损害赔偿 …… 308
一、财产损害赔偿的概念和类型 …… 308
二、侵害其他人身权益的财产损害赔偿 …… 309
三、侵害财产权益的损害赔偿 …… 310
第四节 精神损害赔偿 …… 311
一、精神损害赔偿的概念和特征 …… 311
二、精神损害赔偿的构成要件 …… 312
三、精神损害赔偿的权利人 …… 313
四、精神损害赔偿数额的确定 …… 313
第五节 惩罚性赔偿 …… 314
一、惩罚性赔偿的含义 …… 314
二、惩罚性赔偿的功能 …… 314
三、惩罚性赔偿适用的情形 …… 314

第三章 一般侵权责任 …… 316
第一节 一般侵权责任概述 …… 316
一、一般侵权责任的概念 …… 316
二、一般侵权责任的构成要件 …… 316
第二节 民事权益被侵害与损害 …… 317
一、加害行为 …… 317
二、民事权益被侵害 …… 317
三、损害 …… 318
第三节 因果关系 …… 319
一、因果关系的概念与意义 …… 319
二、两个层次的因果关系 …… 319
三、因果关系的判断标准 …… 320
四、第三人行为中断因果关系 …… 320
五、特殊因果关系 …… 321

第四节 过错 …… 322
一、过错的概念与本质 …… 322
二、过错的类型 …… 322
三、过失的判断标准 …… 323
第五节 侵权责任的免责与减责事由 …… 324
一、侵权责任的免责与减责事由概述 …… 324
二、侵权责任免责事由的类型 …… 325
三、侵权责任减责事由的类型 …… 328

第四章 数人侵权责任 …… 329
第一节 数人侵权责任概述 …… 329
一、数人侵权责任的含义 …… 329
二、数人侵权责任的类型 …… 329
第二节 共同加害行为 …… 329
一、共同加害行为的概念 …… 329
二、共同加害行为的构成要件 …… 330
三、共同加害行为的法律后果 …… 330
第三节 教唆帮助行为 …… 330
一、教唆帮助行为的概念 …… 330
二、教唆帮助行为的类型 …… 331
三、教唆行为的构成要件 …… 331
四、帮助行为的构成要件 …… 332
第四节 共同危险行为 …… 332
一、共同危险行为的概念和特征 …… 332
二、共同危险行为的构成要件 …… 332
三、共同危险行为的法律后果 …… 333
四、共同危险行为的免责事由 …… 333
第五节 无意思联络的数人侵权 …… 334
一、无意思联络的数人侵权的概念和类型 …… 334
二、无意思联络的数人侵权的构成要件 …… 334
三、无意思联络的数人侵权的法律后果 …… 335

第五章 侵权责任主体的特殊规定 …… 336
第一节 监护人责任 …… 336

一、监护人责任的概念和特征 …… 336
二、监护人责任的构成要件 …… 336
三、责任主体与监护职责 …… 336
四、监护人责任的法律后果 …… 337
第二节 暂时没有意识或失去控制造成他人损害时的侵权责任 …… 337
一、暂时没有意识或失去控制造成他人损害时的侵权责任的概念 …… 337
二、暂时没有意识或失去控制造成他人损害时的侵权责任的责任承担 …… 337
第三节 用人者责任 …… 338
一、用人者责任的概念和特征 …… 338
二、单位用工责任 …… 339
三、个人用工责任 …… 341
第四节 定作人侵权责任 …… 343
一、定作人侵权责任的概念和特征 …… 343
二、定作人侵权责任的构成要件 …… 343
三、定作人责任的承担 …… 344
第五节 网络侵权责任 …… 344
一、网络侵权责任的概念和特征 …… 344
二、网络服务提供者侵权责任的构成要件 …… 345
三、通知规则与反通知规则 …… 346
四、知道规则 …… 347
五、网络服务提供者侵权责任的法律后果 …… 347
第六节 违反安全保障义务的侵权责任 …… 348
一、安全保障义务的概念、特征和功能 …… 348
二、违反安全保障义务的侵权责任的类型 …… 348
三、违反安全保障义务的侵权责任的构成要件 …… 349
四、违反安全保障义务的侵权责任的法律后果 …… 350
第七节 教育机构的侵权责任 …… 350
一、教育机构侵权责任的概念和特征 …… 350
二、教育机构侵权责任的类型与归责原则 …… 351
三、教育机构侵权责任的构成要件 …… 351
四、教育机构侵权责任的法律后果 …… 352

第六章 产品责任 …… 354
第一节 产品责任概述 …… 354
一、产品责任的概念和特征 …… 354
二、产品责任的归责原则 …… 354
第二节 产品责任的构成要件 …… 354
一、产品 …… 354
二、缺陷 …… 357
三、因果关系 …… 359
第三节 产品责任的法律后果 …… 359
一、产品的生产者与销售者 …… 359
二、产品的运输者、仓储者等第三人 …… 360
三、产品责任的免责事由 …… 361
四、侵权责任承担方式 …… 361

第七章 机动车交通事故责任 …… 363
第一节 机动车交通事故责任概述 …… 363
一、机动车交通事故责任的概念 …… 363
二、机动车交通事故责任的归责原则 …… 363
第二节 机动车交通事故责任的构成要件 …… 364
一、造成了他人损害 …… 364
二、机动车处于运行中 …… 364
三、损害是由机动车的运行所致 …… 365
四、机动车之间发生交通事故时，行为人应具有过错 …… 365
第三节 机动车交通事故责任的主体 …… 365
一、机动车一方的概念 …… 365
二、机动车一方的具体认定 …… 366
第四节 机动车交通事故责任的减责与免责事由 …… 369
一、机动车交通事故责任的减责事由 …… 369
二、机动车交通事故责任的免责事由 …… 370
第五节 交通事故的责任强制保险与社会救助基金 …… 371
一、交通事故责任强制保险 …… 371
二、交通事故社会救助基金 …… 371

第八章 医疗损害责任 …… 373

第一节　医疗损害责任概述 …… 373
一、医疗损害责任的概念和特征 …… 373
二、医疗损害责任的归责原则 …… 373
第二节　医疗损害责任的构成要件 …… 373
一、加害人为医疗机构或者医务人员 …… 373
二、患者在诊疗活动中受到损害 …… 374
三、医疗机构或者其医务人员具有过错 …… 375
第三节　医疗损害责任的法律后果 …… 376
一、医疗损害责任的责任主体 …… 376
二、医疗损害责任的免责事由 …… 376

第九章　环境污染和生态破坏责任 …… 378
第一节　环境污染和生态破坏责任概述 …… 378
一、环境、环境污染与生态破坏 …… 378
二、环境污染和生态破坏责任的概念与特征 …… 378
第二节　环境污染和生态破坏责任的构成要件 …… 379
一、存在污染环境、破坏生态的行为 …… 379
二、造成他人损害 …… 379
三、存在因果关系 …… 380
第三节　环境污染和生态破坏责任的法律后果 …… 380
一、多人侵权责任 …… 380
二、免责与减责事由 …… 381
三、惩罚性赔偿 …… 381
第四节　生态环境损害责任 …… 382
一、生态环境损害的概念 …… 382
二、生态环境损害的修复责任 …… 383
三、生态环境损害修复责任的请求权人 …… 383
四、生态环境损害的赔偿范围 …… 383

第十章　高度危险责任 …… 385
第一节　高度危险责任概述 …… 385
一、高度危险责任的概念和类型 …… 385
二、高度危险责任的构成要件 …… 386
三、高度危险责任的责任主体 …… 386

四、高度危险责任的免责事由 …… 386
第二节 核事故损害责任 …… 387
一、核事故损害责任的概念与归责原则 …… 387
二、核事故损害责任的构成要件 …… 387
三、核事故损害责任的责任主体 …… 388
四、核事故损害责任的最高赔偿限额 …… 388
第三节 民用航空器致害责任 …… 388
一、民用航空器致害责任的概念和类型 …… 388
二、民用航空器致害责任的构成要件 …… 389
三、民用航空器致害责任的责任主体 …… 390
四、民用航空器致害责任的减责与免责事由 …… 391
五、民用航空器致害责任的最高赔偿限额 …… 391
第四节 高度危险物致害责任 …… 392
一、高度危险物致害责任的概念 …… 392
二、高度危险物致害责任的构成要件 …… 392
三、高度危险物致害责任的减责与免责事由 …… 393
四、高度危险物致害责任的责任主体 …… 393
第五节 高度危险活动致害责任 …… 394
一、高度危险活动致害责任的概念和类型 …… 394
二、高压电致害责任 …… 394
三、铁路运营致害责任 …… 395
第六节 高度危险区域致害责任 …… 398
一、高度危险区域致害责任的概念与归责原则 …… 398
二、高度危险区域致害责任的构成要件 …… 398
三、高度危险区域致害责任的减免责事由 …… 399

第十一章 饲养动物损害责任 …… 400
第一节 饲养动物损害责任概述 …… 400
一、饲养动物损害责任的概念 …… 400
二、饲养动物损害责任的归责原则 …… 400
第二节 饲养动物损害责任的构成要件 …… 401
一、无过错责任的构成要件 …… 401
二、更严格的无过错责任的构成要件 …… 402
三、过错推定责任的构成要件 …… 402

第三节　饲养动物损害责任的法律后果 …… 403
一、饲养动物损害责任的责任主体 …… 403
二、饲养动物损害责任的免责事由 …… 403

第十二章　建筑物和物件损害责任 …… 405
第一节　建筑物和物件损害责任概述 …… 405
一、建筑物和物件损害责任的概念和类型 …… 405
二、建筑物和物件损害责任的归责原则 …… 405
第二节　建筑物、构筑物及其他设施致害责任 …… 406
一、建筑物、构筑物及其他设施致害责任的概念与归责原则 …… 406
二、建筑物、构筑物及其他设施致害责任的构成要件 …… 407
三、建筑物、构筑物及其他设施致害责任的免责事由 …… 407
四、建筑物、构筑物及其他设施致害责任的责任主体 …… 408
第三节　林木致害责任 …… 409
一、林木致害责任概述 …… 409
二、林木致害责任的归责原则 …… 410
三、林木致害责任的责任主体 …… 410
第四节　地面施工致害责任 …… 410
一、地面施工致害责任的归责原则 …… 410
二、地面施工致害责任的构成要件 …… 411
三、地面施工致害责任的责任主体 …… 411
第五节　地下设施致害责任 …… 411
一、地下设施致害责任概述 …… 411
二、地下设施致害责任的归责原则 …… 412
三、地下设施致害责任的责任主体 …… 412
第六节　搁置物与悬挂物致害责任 …… 412
一、搁置物与悬挂物致害责任概述 …… 412
二、搁置物与悬挂物致害责任的归责原则 …… 412
第七节　抛掷物与坠落物致害责任 …… 413
一、抛掷物与坠落物致害责任概述 …… 413
二、抛掷物与坠落物致害责任的归责原则 …… 413
三、可能加害的建筑物使用人的补偿责任 …… 414
第八节　堆放物致害责任 …… 415
一、堆放物致害责任概述 …… 415

二、堆放物致害责任的责任主体 …… 416
第九节　妨碍通行的物品致害责任 …… 416
一、妨碍通行的物品致害责任概述 …… 416
二、妨碍通行的物品致害责任的归责原则与构成要件 …… 416

阅读文献 …… 418

后　记 …… 420

第二版后记 …… 421

第三编 合　同

第九章　典型合同（一）

第一节　买卖合同概述

一、买卖合同的概念和特征

买卖合同是出卖人转移标的物的所有权于买受人，买受人支付价款的合同（《民法典》第 595 条）。依约定应交付标的物并转移标的物所有权的一方称为出卖人，应支付价款的一方称为买受人。

买卖合同具有以下特征：

第一，买卖合同是一方当事人转移标的物的所有权，另一方当事人支付价款的合同。买卖合同的出卖人负有交付标的物并转移其所有权于买受人的义务，买受人负有向出卖人支付价款的义务，两项义务同属买卖合同当事人负担的主合同义务。这两项主合同义务使买卖合同区别于其他转移财产所有权的合同，如赠与合同、互易合同，以及转移财产使用权的合同，如租赁合同。

第二，买卖合同是双务合同。买卖合同的双方当事人在享有合同权利的同时，都负担相应的合同义务。因此，买卖合同是典型的双务合同。

第三，买卖合同是有偿合同。买卖合同中，出卖人所负担的交付标的物并转移其所有权于买受人的义务，与买受人所负担的支付价款的义务互为对价。因此，买卖合同是典型的有偿合同。作为商品交换发展到一定阶段的产物，买卖合同是商品交换的基本法律形式。作为典型的有偿合同，民法典就买卖合同的有偿性所确立的原则，在其他类型的有偿合同未作特别规定且没有特别交易惯例的情况下，适用于其他有偿合同（《民法典》第 646 条）。

第四，买卖合同是诺成合同。除法律另有规定或当事人另有约定外，买卖合同自双方当事人意思表示一致时成立，并不以一方当事人标的物的交付或一定行为的进行作为合同的成立要件。因此，买卖合同为诺成合同。

第五，买卖合同是不要式合同。法律和行政法规并未要求当事人之间的买卖合同须采用书面形式。因此，买卖合同为不要式合同。

买卖合同是商品交换的基本法律形式，在所有的双务有偿合同中，它是最基本的合同类型。《民法典》合同编通则分编的规则大多围绕着买卖合同展开，合同法的理论也大多由买卖合同发展而来。因此，买卖合同可谓是最为重要的合同类型。由于在典型合同中，买卖合同具有典型性和基础性的特点。因此，《民法典》第 646 条规定：“法律对其他有偿合同有规定的，依照其规定；没有规定的，参照适用买卖合同的有关规定。”所谓“参照适用”，就是可以准用买卖合同的相关规则调整其他有偿合同（如承揽合同、租赁合同、仓储合同等），从而可以起到拾遗补缺的作用。

买卖合同不同于互易合同，后者是指当事人约定易货交易，转移标的物的所有权的合同。依据《民法典》第647条的规定，互易合同参照适用买卖合同的有关规定。由此可见，互易合同的当事人主要应相互负担以下义务：第一，相互交付标的物并且移转标的物的所有权于对方的义务；第二，就交付的标的物相互负担瑕疵担保义务；第三，如果互易附补足价金条款的，负担补足价金义务的一方应当按照约定履行补足价金的义务。

二、买卖合同的当事人及标的物

（一）买卖合同的当事人

买卖合同的当事人包括买受人和出卖人。

对于买受人，依据民法典的规定，除须具备相应的民事行为能力外，并无特别要求。但实际上，依据民法的基本原则、其他法律的规定以及特定买卖合同的性质，某些具有特别身份的人不得成为特定买卖合同中的买受人。如监护人负有保护被监护人、维护被监护人合法利益的责任。如果监护人购买被监护人的财产，就很难确保被监护人的利益。因此，监护人不得成为被监护人财产的买受人。

对于出卖人，除须具备相应的民事行为能力之外，还应当是买卖合同标的物的所有权人或其他有处分权人，否则根据《民法典》第597条第1款的规定，因出卖人未取得处分权致使标的物所有权不能转移的，买受人可以解除合同并请求出卖人承担违约责任。所有权人，依据《民法典》第240条的规定，是指对自己的不动产或者动产依法享有占有、使用、收益和处分权利的人；有处分权人，是指经过所有权人授权或基于法律的规定，可以对他人的财产为出卖行为的人。

如果订立买卖合同的出卖人既非标的物的所有权人，又非标的物的有处分权人，出卖人与买受人之间的合同即为出卖他人之物的买卖合同。我国民法以债权形式主义的物权变动模式为原则，买受人取得标的物的所有权属于出卖人履行合同义务的法律效果，而非买卖合同生效的法律效果。买受人不能取得标的物的所有权，属于出卖人未能履行自己的合同义务，并不影响买卖合同的效力。因此，出卖他人之物的买卖合同同样属于可以生效的合同。出卖人未取得处分权致使标的物所有权不能转移的，买受人可以解除合同并请求出卖人承担违约责任。

出卖人就同一标的物订立数个买卖合同的，数个买卖合同都可以成为生效的合同。数个买受人中，只能由一个买受人取得标的物的所有权。未最终取得标的物所有权的买受人，得对出卖人主张违约责任或者侵权责任。

（二）买卖合同的标的物

在我国合同法上，买卖合同的标的物，依据《民法典》第 595 条的规定，应认定为实物。财产权利的转让则规定在诸如技术转让合同以及建设用地使用权出让、转让合同等其他合同类型中。

买卖合同的标的物可以是现实存在的物，也可以是将来产生的物；可以是特定物，也可以是不特定物。

如果买卖合同的标的物是禁止流通物，该买卖合同应认定为无效合同（《民法典》第 153 条第 1 款）；如果买卖合同的标的物是限制流通物，该买卖合同属于办理批准等手续才能生效的合同，未办理批准等手续影响合同生效的，不影响合同中履行报批等义务条款以及相关条款的效力。合同当事人有义务办理批准等手续，促成买卖合同的完全生效。当事人不履行报批等义务，致使买卖合同未能完全生效的，应承担违反该义务的责任（《民法典》第 502 条第 2 款）。

三、买卖合同的内容

买卖合同的内容主要由当事人约定，一般而言，买卖合同包括如下内容：

（1）标的物名称。标的是买卖合同双方当事人权利义务指向的对象，是买卖合同的必要条款。标的条款必须清楚地写明标的物的名称。

（2）数量。标的物的数量是确定买卖合同标的物的具体条件之一。标的物的数量属于买卖合同的必要条款。

（3）质量。标的物的质量是确定买卖合同标的物的具体条件之一。在一般情形下，欠缺质量条款，并不影响买卖合同的成立，当事人没有约定质量条款或者约定不明确的，可以依照《民法典》第 510 条以及第 511 条第 1 项补充确定。

（4）履行期限、地点和方式。履行期限直接关系买卖合同义务完成的时间，涉及当事人的期限利益，也是确定违约与否的因素之一。履行地点是确定验收地点的依据，是确定运输费用由谁负担、风险由谁承担的依据。履行方式同样事关当事人的物质利益，因此，应在合同中写明。

（5）价款。价款是买受人取得标的物所应支付的代价，买卖合同应当对价款的数额、币种以及不同币种之间的汇率作出约定。

（6）违约责任。违约责任是促使当事人履行债务，使非违约方免受或少受损失的法律措施，对当事人的利益关系影响重大，合同对此应予明确规定。

（7）包装方式。包装的费用通常由出卖人负担，出卖人不得向买受人另外收取。

（8）检验标准、期限和方法。合同应对检验标准、检验期限、凭封单检验还是凭现状检验以及对标的物质量和数量提出异议和答复的期限作出明确规定。

(9) 结算方式。结算方式是指出卖人向买受人交付标的物后，买受人向出卖人支付标的物价款、运杂费和其他费用的方式。

(10) 合同使用的文字及其效力。合同使用的文字及其效力主要是涉外买卖合同及跨民族买卖合同的重要条款。在此类合同中，双方当事人应就合同使用的文字作出明确约定，并使用约定的文字订立合同。

第二节 买卖合同的效力

买卖合同的效力是指生效买卖合同所具有的法律效力，主要表现为出卖人和买受人双方所享有的权利和所负担的义务。由于买卖合同是典型的双务有偿合同，一方当事人所负担的合同义务是对方当事人所享有的合同权利，所以买卖合同的效力可以通过双方当事人所负担的合同义务来体现。

一、出卖人的义务

(一) 交付标的物并转移标的物的所有权于买受人

该项义务是出卖人的主合同义务，它由两个方面的内容组成：其一为交付标的物；其二为转移标的物的所有权于买受人。

1. 交付标的物

买卖合同中，出卖人应将买卖合同的标的物交付给买受人。交付标的物是出卖人的主给付义务，出卖人交付标的物的义务包括如下内容：

一是依据法律规定或合同约定履行交付义务。对该义务的履行，可依据约定采用现实交付、拟制交付或观念交付的方式。例如，出卖人交付提取标的物的单证，如交付仓单、提单以及可转让的多式联运单据等，从而以拟制交付的方式代替现实交付履行义务。出卖人交付标的物的义务可亲自履行，也可由第三人履行。在第三人代为交付时，对交付中出现的违约情形，第三人不负违约责任，仍由出卖人承担违约责任（《民法典》第 523 条）。

二是出卖人交付标的物。在标的物有从物时，若当事人无另外的约定，应当随同交付从物（《民法典》第 320 条）。

三是出卖人必须按照约定的时间交付标的物。约定交付期限的，出卖人可以在该交付期限内的任何时间交付。出卖人提前交付标的物的，应取得买受人的同意，否则买受人有权拒收，但出卖人的提前交付不损害买受人利益的除外。出卖人提前交付给买受人增加的费用，由出卖人负担。当事人未约定标的物的交付期限或者约定不明确的，可以协议补充；不能达成补充协议的，按照合同有关条款或交易习惯确定；仍不能确定的，可以随时交付，但应当给买受人必要的准备时间。

四是出卖人应当按照约定的地点交付标的物。当事人未约定交付地点或者约定不明确的，可以协议补充；不能达成补充协议的，按照合同有关条款或者交易习惯确定；仍不能确定的，适用下列规定：第一，标的物需要运输的，出卖人应当将标的物交付给第一承运人以运交给买受人；第二，标的物不需要运输的，出卖人和买受人订立合同时知道标的物在某一地点的，出卖人应当在该地点交付标的物；不知道标的物在某一地点的，应当在出卖人订立合同时的营业地交付标的物（《民法典》第603条）。

五是出卖人应当按照约定的数量交付标的物。出卖人多交标的物的，买受人可以接收或者拒绝接收多交的部分；买受人拒绝接收多交部分的，应当及时通知出卖人（《民法典》第629条）。买受人接收多交部分的，按照约定的价格支付价款；出卖人少交标的物的，除不损害买受人利益的以外，买受人可以拒绝接收。买受人拒绝接收标的物的，应当及时通知出卖人。买受人怠于通知的，应当承担因此产生的损害赔偿责任。但出卖人交付的标的物数量在合理的磅差或尾差之内的，应视为交付的数量符合约定的标准。合同中约定分批交付的，出卖人应按照约定的批量分批交付。出卖人未按照约定的时间和数量交付的，应就每一次的不适当交付负违约责任。

如果出卖人分批交付标的物，出卖人对其中一批标的物不交付或交付不符合约定，致使不能实现合同目的的，买受人可以就该批标的物解除。出卖人不交付其中一批标的物或交付不符合约定，致使今后其他各批标的物的交付不能实现合同目的的，买受人可以就该批以及其他各批标的物解除。出卖人已经就其中一批标的物解除，该批标的物与其他各批标的物相互依存的，买受人可以就已经交付和未交付的各批标的物解除（《民法典》第633条）。

六是出卖人应当按照约定的包装方式交付标的物。对包装方式没有约定或者约定不明确的，可以协议补充；不能达成补充协议的，按照合同有关条款或者交易习惯确定；仍不能确定的，应当按照通用的方式包装；没有通用方式的，应当采取足以保护标的物且有利于节约资源、保护生态环境的包装方式。

2. 转移标的物的所有权于买受人

取得标的物的所有权是买受人的主要交易目的，因此，将标的物的所有权转移给买受人是出卖人的一项主要义务。移转标的物的所有权，是在交付标的物基础上实现标的物所有权的转移，使买受人获得标的物所有权。依《民法典》第224条的规定，动产物权的设立和转让，自交付时发生效力，但是法律另有规定的除外。可见，就动产而言，除法律有特别规定的以外，所有权因交付而移转。

依据《民法典》第209条第1款以及第214条的规定，不动产所有权的转移须依法办理所有权的转移登记。未办理登记的，尽管买卖合同已经生效，但标的物的所有权不发生转移（《民法典》第215条）。

依据《民法典》第600条的规定，出卖具有知识产权的计算机软件等标的物的，除法律另有规定或当事人另有约定的以外，该标的物的知识产权并不随同标的物的所有权一并移转于买受人。知识产权虽然必须通过一定的物质载体才能表现出来，但知识产权的客体并非它的物质载体。知识产权与标的物的所有权是可以分离的，两者是并行于标的物上的独立权利。在买卖合同中，出卖人转让的仅仅是标的物的所有权，而不包括知识产权，因为知识产权有独立的财产价值。

（二）物的瑕疵担保义务

依据《民法典》第615条的规定，出卖人应当按照约定的质量要求交付标的物。出卖人提供有关标的物质量说明的，交付的标的物应当符合该说明的质量要求。这一义务被称为物的瑕疵担保义务。

出卖人负担物的瑕疵担保义务，是由买卖合同的有偿性决定的。在民法典中，物的瑕疵担保义务被表述为质量担保义务，即出卖人应当担保其交付给买受人的标的物符合合同约定的或者法律确定的质量标准。因此，确定标的物的质量标准，是判断出卖人是否全面履行该项义务的前提。买卖合同中，当事人对标的物的质量标准没有约定或约定不明确的，可以协议补充；不能达成补充协议的，按照合同有关条款或者交易习惯确定；仍不能确定的，出卖人交付的标的物，应当符合同种物的通常标准或者为了实现合同目的该物应当具有的特定标准。

出卖人交付的标的物不符合质量标准的，属于对物的瑕疵担保义务的违反，在传统民法上，发生物的瑕疵担保责任的承担。但我国民法典一般（尤其是商事合同）就违约责任采严格责任原则，使得传统民法上违约责任与物的瑕疵担保责任的区别丧失了依据。因此，出卖人应当按照当事人的约定承担违约责任。对违约责任没有约定或者约定不明确，也不能达成补充协议或者按照合同有关条款以及交易习惯仍不能确定的，受损害方可以根据标的物的性质以及损失的大小，合理选择请求对方承担修理、更换、退货或者减少价款（《民法典》第582条）。其中，作为救济手段的退货，在通常情形下就是行使解除合同的权利。因标的物的主物不符合约定而解除合同的，解除合同的效力及于从物。因标的物的从物不符合约定而被解除的，解除的效力不及于主物（《民法典》第631条）。标的物为数物，其中一物不符合约定的，买受人可以就该物解除合同。但是，该物与他物分离使标的物的价值明显受损害的，当事人可以就数物解除合同（《民法典》第632条）。此项解除权不得与减少价款同时主张，也不得与修理、更换同时并举。质量不符合约定，造成其他损失的，受损方可以请求赔偿损失（《民法典》

第583条）。

买受人要求出卖人承担违反物的瑕疵担保义务的违约责任，除非法律另有规定，以买受人及时向出卖人通知标的物质量不合格为条件（《民法典》第621条第1款）。买受人在订立买卖合同时知道或者应当知道标的物质量不合格的，不得向出卖人主张违反物的瑕疵担保义务的违约责任。商事买卖合同的当事人也可以通过免责条款的方式，预先免除出卖人违反物的瑕疵担保义务的违约责任。当事人约定减轻或者免除出卖人对标的物瑕疵承担的责任，因出卖人故意或者重大过失不告知买受人标的物瑕疵的，出卖人无权主张减轻或者免除责任（《民法典》第618条）。

（三）权利的瑕疵担保义务

依据《民法典》第612条的规定，出卖人就交付的标的物，除非法律另有规定，负有保证第三人不得向买受人主张任何权利的义务。这一义务称为出卖人的权利瑕疵担保义务。违反权利的瑕疵担保义务，在传统民法上发生权利瑕疵担保责任的承担。我国民法典上，由于违约责任和权利瑕疵担保责任的区分丧失了依据，因此，出卖人应对买受人承担违约责任。

在我国民法上，出卖人因违反权利瑕疵担保义务而承担违约责任的情形还包括：共有人出卖全部共有财产或者出卖共有财产中的他人份额；出卖人向买受人出售第三人享有优先购买权或法定优先权的财产；出卖人出售给买受人的财产上存在第三人的居住权或者租赁权；对于出卖人出售给买受人的财产，第三人得根据专利权或其他知识产权主张权利或要求。

依据《民法典》第613条的规定，在买卖合同订立时，买受人知道或者应当知道第三人对买卖的标的物享有权利的，出卖人不负担该项义务。另外，买受人能够依据保护交易安全的规定，善意取得标的物所有权的，出卖人也无须承担违反权利瑕疵担保义务的违约责任。

买受人有确切证据证明第三人对标的物享有权利的，可以在出卖人未提供适当担保时，行使合同履行的抗辩权，中止支付相应的价款，但是出卖人提供适当担保的除外（《民法典》第614条）。

（四）交付有关单证和资料

出卖人还应当按照约定或者交易习惯向买受人交付提取标的物单证以外的有关单证和资料（《民法典》第599条）。该项义务系出卖人在买卖合同中所负担的从合同义务，该项义务辅助主合同义务实现买受人的交易目的。交易实践中，与买卖合同标的物相关的其他单证和资料主要包括保险单、保修单、普通发票、增值税专用发票、产品合格证、质量保证书、质量鉴定书、品质检验证书、产品进出口检疫书、原产地证明书、使用说明书、装箱单等。

在国际贸易中，出卖人交付有关单证和资料的义务因合同具体条件的差异也有所不同。例如，普通货物买卖无须提供进出口许可证；在 FOB 或 CFR 条件下，由买方自己办理保险，出卖人自然无须提供保险单或者保险凭证；在 DDP 条件下，出卖人就必须提供证明已经完成进口完税手续的单证。

除负担前述主合同义务和从合同义务外，出卖人还应遵循诚信原则，根据合同的性质、目的和交易习惯负担通知、协助、保密等附随义务（《民法典》第 509 条第 2 款）以及相应的不真正义务等法定义务（如《民法典》第 591 条），在履行合同过程中，应当避免浪费资源、污染环境和破坏生态（《民法典》第 509 条第 3 款）。

依照法律、行政法规的规定或者按照当事人的约定，标的物在有效使用年限届满后应予回收的，出卖人负有自行或者委托第三人对标的物予以回收的义务（《民法典》第 625 条），这也属于出卖人负担的附随义务。

二、买受人的义务

（一）支付价款

支付价款是买受人的主要义务。买受人支付价款应按照合同约定的数额、地点、时间为之。

1. 价款数额的确定

价款数额一般由单价与总价构成，总价为单价乘以标的物的数量。当事人在合同中约定的单价与总价不一致，而当事人又不能证明总价为折扣价的，原则上应按单价计算总价。当事人对价款的约定，须遵守国家的物价法规，否则其约定无效。

买受人应当按照约定的数额支付价款。对价款没有约定或约定不明确的，可以协议补充；不能达成补充协议的，按照合同有关条款或者交易习惯确定。如仍不能确定，按照订立合同时履行地的市场价格履行，依法应当执行政府定价或者政府指导价的，按照规定履行（《民法典》第 626 条）。详言之，当事人在合同中约定执行政府定价的，在合同约定的交付期限内政府价格调整时，按照交付时的价格计价。逾期交付标的物的，遇价格上涨时，按照原价格执行；价格下降时，按照新价格执行。逾期提取标的物或者逾期付款的，遇价格上涨时，按照新价格执行；价格下降时，按照原价格执行。

2. 价款的支付地点

价款的支付地点可由双方当事人约定。买受人应当按照约定的地点支付价款。对支付地点没有约定或者约定不明确的，可以协议补充；不能达成补充协议的，按照合同有关条款或者交易习惯确定；仍不能确定的，买受人应当在出卖人的营业地支付，但是，约定支付价款以交付标的物或者交付提取标的物的单证为条件的，则在交付标的物或者提取标的物单证的所在地支付（《民法典》第627条）。

3. 价款的支付时间

价款的支付时间，可以由双方当事人约定。买受人应当按照约定的时间支付价款。对支付时间没有约定或者约定不明确的，可以协议补充；不能达成补充协议的，按照合同有关条款或者交易习惯确定。仍不能确定的，按照同时履行的原则，买受人应当在收到标的物或者提取标的物单证的同时支付（《民法典》第628条）。价款支付迟延时，买受人不但有义务继续支付价款，还有责任支付迟延利息。

买受人在出卖人违约的情况下，有拒绝支付价款、请求减少价款、请求返还价款的权利。出卖人交付的标的物有重大瑕疵以致难以使用的，买受人有权拒绝接受交付，并有权拒绝支付价款。如出卖人交付的标的物虽有瑕疵但买受人同意接受，买受人可以请求减少价款。标的物在交付后部分或全部被第三人追索的，买受人不但有权解除合同、请求损害赔偿，也有权要求返还全部或部分价款。

4. 价款的支付方式

价款的支付方式，也可由当事人约定，但当事人关于支付方式的约定，不得违反国家关于现金管理的规定。

（二）受领标的物

买受人有依照合同约定或者交易惯例受领标的物的义务。若出卖人不按合同约定的条件交付标的物，如多交付、提前交付、交付的标的物有瑕疵等，买受人有权拒绝接受。

（三）及时检验出卖人交付的标的物

买受人收到标的物时，有及时检验义务。当事人约定检验期限的，买受人应当在约定期限内进行检验。没有约定检验期限的，买受人应当在收到标的物之后的合理期限内及时检验（《民法典》第620、621条）。

在约定的检验期限，或者在买受人发现或者应当发现标的物数量或者质量不符合约定的合理期限内，或者自买受人接收标的物的交付之日起2年内，买受人没有通知标的物的数量和质量不符合约定的；或者在标的物的质量保证期内，买受人没有通知标的物的质量不符合约定的，通知期限过后，依据事实确定规则，标的物的数量和质量视为符合约定。该通知期限与保证期间类似，既非诉讼时效期限，也非除斥期间，而是民法上一种独立的期间类型，属于或有期间。在通知期限内，买受人通知出卖人的，即可取得寻求违约救济的请求权和形成权，该请求权随即开始诉讼时效期间的计算，该形成权随即开始除斥期间的计算。

买卖合同当事人约定的检验期限过短，根据标的物的性质和交易习惯，买受人在检验期限内难以完成全面检验的，该期限仅视为买受人对标的物的外观瑕疵提出异议的期限。约定的检验期限或者质量保证期短于法律、行政法规规定期限的，应当以法律、行政法规规定的期限为准（《民法典》第 622 条）。当事人对检验期限未作约定，买受人签收的送货单、确认单等载明标的物数量、型号、规格的，推定买受人已经对数量和外观瑕疵进行检验，但是有相关证据足以推翻的除外（《民法典》第 623 条）。出卖人依照买受人的指示向第三人交付标的物，出卖人和买受人约定的检验标准与买受人和第三人约定的检验标准不一致的，以出卖人和买受人约定的检验标准为准（《民法典》第 624 条）。

但出卖人知道或应当知道提供的标的物不符合约定的，买受人得随时通知出卖人标的物的数量或质量不符合约定（《民法典》第 621 条第 3 款）。

该项义务属买受人所负担的不真正义务，其违反不发生违约责任的承担，但由此造成的损失由买受人自己负担。

（四）暂时保管及应急处置拒绝受领的标的物

在特定情况下，买受人对于出卖人所交付的标的物，虽可作出拒绝接受的意思表示，但负有暂时保管并应急处置标的物的义务。该项义务属买受人所应负担的附随义务。

买受人拒绝接受时的保管义务是有条件的：第一，必须是异地交付，货物到达交付地点时，买受人发现标的物的品质瑕疵而作出拒绝接受的意思表示；第二，出卖人在标的物交付地点没有代理人，即标的物在法律上已处于无人管理的状态；第三，一般物品由买受人暂时保管，但出卖人接到买受人的拒绝接受通知时应立即以自己的费用将标的物提回或作其他处置，并支付买受人的保管费用；第四，对于不易保管的易变质物品，如水果、蔬菜等，买受人可以紧急变卖，但变卖所得在扣除变卖费用后须退回出卖人。买受人在拒绝接受交付时为出卖人保管及紧急变卖标的物的行为必须基于善良的动机，不得扩大出卖人的损失。

第三节　标的物的风险负担与利益承受

一、标的物的风险负担

买卖合同中标的物的风险是指买卖合同的标的物由于不可归责于买卖合同双方当事人的事由毁损、灭失所造成的损失。风险负担是指该损失应由谁来承担。

《民法典》第 604 条规定：“标的物毁损、灭失的风险，在标的物交付之前由出卖人承担，交付之后由买受人承担，但是法律另有规定或者当事人另有约定的除外。”所谓“法律另有规定或者当事人另有约定”，主要包括两种情况：一是在交付前标的物风险即由买受人负担；二是交付后的一段时间内标的物的风险仍由出卖人负担。如果当事人双方约定动产标的物的所有权非自交付时起转移，如买卖合同的双方当事人采所有权保留制度作为合同履行的担保，风险负担仍应采交付主义。

风险负担的交付主义规则在具体适用时，应注意以下问题：

第一，依据《民法典》第 606 条的规定，出卖人出卖交由承运人运输的在途标的物，除当事人另有约定的以外，毁损、灭失的风险自合同成立时起由买受人承担。这就是关于所谓路货买卖中标的物风险负担的规定。路货买卖是指标的物已在运输途中，出卖人寻找买主，出卖在途的标的物。它包括两种情况：一是出卖人先把标的物装上开往某个目的地的运输工具，再寻找适当的买主订立买卖合同；二是在买卖合同的买受人实际收取标的物前，把运输途中的标的物转卖给另一方。

第二，当事人没有约定交付地点或者约定不明确，标的物需要运输的，出卖人将标的物交付给第一承运人后，标的物毁损、灭失的风险由买受人承担（《民法典》第 607 条第 2 款）。

第三，出卖人按照约定未交付有关标的物的单证和资料的，不影响标的物毁损、灭失风险的转移（《民法典》第 609 条）。

第四，《民法典》第 605 条规定，因买受人的原因致使标的物未按照约定的期限交付的，买受人应当自违反约定之日起承担标的物毁损、灭失的风险。所谓因买受人的原因，主要包括两种情形：一为买受人违约，如买受人由于可归责于自身的原因陷于不履行或不完全履行，出卖人由于合同履行抗辩权的行使，在合同约定的履行期中止义务履行的；或者是买受人迟延受领或无正当理由拒绝受领的。二为买受人对出卖人准备交付的标的物实施侵权行为，致使出卖人无法按照约定的期限交付标的物，双方又未补充约定变更合同履行期限的。在这两种情况下，即使出卖人没有完成标的物的交付，买受人仍应自约定的交付期限起，承担标的物毁损、灭失的损失。

第五，出卖人按照约定或者法律的规定将标的物置于交付地点，买受人违反约定没有收取的，标的物毁损、灭失的风险自违反约定之日起由买受人承担（《民法典》第 608 条）。

第六，因标的物质量不符合要求，致使不能实现合同目的的，买受人可以拒绝接受标的物或者解除合同。买受人拒绝接受标的物或者解除合同的，标的物毁损、灭失的风险由出卖人承担（《民法典》第 610 条）。

第七，《民法典》第 611 条规定，标的物毁损、灭失的风险由买受人承担的，不影响因出卖人履行债务不符合约定，买受人要求其承担违约责任的权利。之所以如此，主要是考虑到违约责任的承担与风险负担同属合同法上对损失进行分配的途径，前者解决对于因可归责于一方或双方的事由所带来的损失的分配；后者解决对于因不可归责于双方当事人的事由所带来的损失的分配。在交易实践中，两种类型的损失有可能同时发生，此时既不能用违约责任的承担代替风险负担，也不能用风险负担代替违约责任的承担。而应当让两个制度同时发挥作用，分别进行损失的分配。

二、标的物的利益承受

利益承受是指标的物于买卖合同订立后所生孳息的归属。标的物于合同订立后所生孳息的归属与风险的负担是密切相连的，二者遵循同一原则。因此在利益承受上，标的物在交付之前产生的孳息，归出卖人所有；标的物交付之后产生的孳息，归买受人所有。合同另有约定的，依其约定（《民法典》第 630 条）。

第四节 特种买卖合同

一、分期付款买卖合同

分期付款买卖是一种特殊的买卖形式，是买受人将其应付的总价款按照一定期限分批向出卖人支付的买卖。在分期付款买卖中，为保护买受人的利益，只有当买受人未支付到期价款的金额达到全部价款 1/5 时，经催告后在合理期限内仍未支付到期价款的，出卖人方可请求买受人支付全部价款或者解除合同。出卖人解除合同的，可以向买受人请求支付该标的物的使用费（《民法典》第 634 条）。

同时，因为分期付款买卖中，出卖人须先交付标的物，买受人于受领标的物后分若干次付款，出卖人有收不到价款的风险。因此在交易实践中，当事人双方就分期付款买卖常有以下特别约定：

1. 所有权保留的特约

所有权保留的特约，即在分期付款买卖合同中，买受人虽先占有、使用标的物，但在双方当事人约定的特定条件（通常是价款的一部或全部清偿）成就之前，出卖人仍保留标的物的所有权，待条件成就后，再将所有权转移给买受人。这种特约一般仅适用于动产的买卖。

在保留所有权的分期付款买卖中，买受人在条件成就前，享有所有权的期待权，该项权利为物权化的债权或效力扩张的债权；出卖人基于其所保留的所有权享有取回权。出卖人对标的物保留的所有权，未经登记，不得对抗善意第三人（《民法典》第 641 条第 2 款）。在标的物所有权转移前，买受人有下列情形之一，造成出卖人损害的，除当事人另有约定外，出卖人有权取回标的物：（1）未按照约定支付价款，经催告后在合理期限内仍未支付；（2）未按照约定完成特定条件；（3）将标的物出卖、出质或者作出其他不当处分。出卖人可以与买受人协商取回标的物；协商不成的，可以参照适用担保物权的实现程序（《民法典》第642条）。出卖人依据《民法典》第642条第1款的规定取回标的物后，买受人在双方约定或者出卖人指定的合理回赎期限内，消除出卖人取回标的物的事由的，可以请求回赎标的物。买受人在回赎期限内没有回赎标的物的，出卖人可以以合理的价格将标的物出卖给第三人，出卖所得价款扣除买受人未支付的价款以及必要费用后仍有剩余的，应当返还买受人；不足部分由买受人清偿（《民法典》第643条）。

2. 解除合同的损害赔偿金额的特约

解除合同的损害赔偿金额的特约，即当事人双方关于解除合同时一方应向另一方支付的赔偿金额的约定。解除合同时，当事人双方应将其从对方取得的财产返还给对方，有过错的一方还应赔偿对方的损失。分期付款买卖中，出卖人因买受人一方的原因而解除合同时，由于标的物已经交付买受人，因此，买受人在占有标的物期间的利益也是出卖人的一种损失。为保护出卖人的利益，在分期付款买卖中，当事人经常有关于出卖人于解除合同时得扣留其已受领的价款或请求买受人支付一定金额的约定。这种约定如过苛，则对买受人不利。为了维系公平和保护买受人的利益，各个国家和地区的法律通常会对出卖人解除合同时，出卖人得扣留价款或请求支付价款的约定作一定限制。

二、样品买卖合同

样品买卖又称货样买卖，是指当事人双方约定一定的样品，出卖人交付的标的物应与样品具有相同品质的买卖。样品又称货样，是指当事人选定的用以决定标的物品质的货物。它通常是从一批货物中抽取出来的或由生产、使用部门加工、设计出来的，用以反映和代表整批商品品质的少量实物。

由于样品买卖是在普通买卖关系中附加了出卖人的一项“须按样品的品质标准交付标的物”的担保，因此，样品买卖除适用普通买卖的规定外，还产生下列效力：第一，当事人应当封存样品，并且可以对样品质量予以说明。出卖人交付的标的物应当与样品及其说明的质量相同（《民法典》第635条）。在判断交付的标的物是否与样品及其说明的质量相同时，应当依据合同的性质以及交易习惯确定。第二，凭样品买卖的买受人不知道样品有隐蔽瑕疵的，即使交付的标的物与样品相同，出卖人交付的标的物的质量仍然应当符合同种物的通常标准（《民法典》第636条）。其中所谓隐蔽瑕疵，是指经过一般、通常的检查不易发现的样品的品质瑕疵。

三、试用买卖合同

试用买卖，是指当事人双方约定，于合同成立时，出卖人将标的物交付买受人试验或检验，并以买受人在约定期限内对标的物的认可为生效要件的买卖。这种买卖常见于某些新产品的销售。试用买卖作为一种特种买卖，与普通买卖相比，具有以下特征：第一，试用买卖约定由买受人试验或检验标的物；第二，试用买卖以买受人对标的物的认可为生效条件。

试用买卖的当事人可以约定标的物的试用期限。对试用期限没有约定或约定不明确的，可以协议补充；不能达成补充协议的，按照合同有关条款或者交易习惯确定；如仍不能确定，由出卖人确定（《民法典》第637条）。试用人在试用期内可以购买标的物，也可以拒绝购买。试用期限届满，试用人对是否购买标的物未作表示的，视为同意购买。试用人全部或部分支付价款，或就标的物为试验、检验以外的行为（如将该物转卖、转租或设定担保物权）时，虽未明确作出认可的意思表示，也应视为认可（《民法典》第638条）。

在试用期限内，试用人作出不认可的意思表示，或未作出认可的意思表示，也没有前述情形的，为试用人不认可，该买卖合同不生效力，试用人负返还标的物的义务。因可归责于试用人的事由，造成标的物毁损、灭失的，试用人负赔偿责任；由于不可归责于出卖人和试用人的原因导致标的物毁损、灭失的，当事人之间如没有特别约定，也没有特殊的交易习惯，由标的物的所有权人负担损失。

试用买卖的当事人对标的物使用费没有约定或者约定不明确的，出卖人无权请求买受人支付（《民法典》第639条）。

四、招标投标买卖合同

招标投标买卖，是指由招标人向数人或公众发出招标通知或招标公告，在诸多投标人中选择自己最满意的投标人并与之订立买卖合同的买卖。

招标投标买卖一般分为以下阶段：

1. 招标阶段

招标是指招标人采取招标通知或招标公告的形式，向不特定的数人或公众发出的投标邀请。招标的法律性质为要约邀请，邀请投标人投标即发出要约。但是，如果招标人在招标公告中已明确表示将与报价最优者订立合同，这一招标行为便具有要约的性质。

2. 投标阶段

投标是指投标人（出标人）按照招标文件的要求，在规定的期间内向招标人提出报价的行为。拟投标人必须在招标通知或招标公告规定的期限内，到指定地点索取招标文件，按该文件的规定和要求编制好有关文件、资料，做好参加投标的各项工作。投标书制好并密封后按规定的方法、地点、期限投入标箱。投标的法律性质为要约，在投标人投标以后必须有招标人的承诺，合同才能成立。

3. 开标、验标阶段

开标是指招标人在召开的投标人会议上，当众启封标书，公开标书内容的行为。验标是指验证标书的效力。对不具备投标资格的标书、不符合招标文件规定的标书以及超过截止日期送达的标书，招标人可宣布其无效。

4. 评标、定标阶段

招标人对有效标书进行评审，选择自己满意的投标人，决定其中标。定标若是对投标的完全接受，就是承诺。

5. 签订合同

中标人在接到中标通知后，应在指定的期间、地点同招标人签订合同书。

五、拍卖合同

拍卖，是指对物品的拍卖，即以公开竞价的方法，将标的物的所有权转移给最高应价者的买卖方式。

拍卖一般须经如下程序：

1. 拍卖的表示

拍卖的表示是指拍卖人发出的对标的物进行拍卖的意思表示，包括拍卖公告和拍卖师在拍卖开始时所作的拍卖表示。

2. 应买的表示

应买的表示是指参加竞买的竞买人发出的购买的意思表示。拍卖时，由参加购买的应买人竞争，由出价最高者购买。参加竞争的应买人为竞买人，其提出的价格为应价。一般情况下，拍卖的表示属于要约邀请，竞买人的应价为要约，一经应价便不得撤回，竞买人应受其约束，但在其他人有更高应价时，其应价即丧失效力。而在拍卖人说明拍卖标的无保留价时，拍卖的表示即属于要约，竞买人的应价为承诺，竞买人一经应价买卖合同即告成立，但以无其他竞买人的更高应价为生效条件，即无其他竞买人的更高应价时条件成就，合同生效；有其他竞买人的更高应价时，条件不成就，合同失去效力。

3. 卖定的表示

拍卖以拍卖人拍板或依其他惯用的方法为卖定的表示。拍卖人作出卖定的表示，则买卖成交，竞争买卖结束。《拍卖法》第 51 条规定：“竞买人的最高应价经拍卖师落槌或者以其他公开表示买定的方式确认后，拍卖成交。”因此，拍卖人关于卖定的表示应属于承诺，但须以规定的方式公开表示。经拍卖人确认的出最高应价的竞买人即为买受人。拍卖经拍板成交后，买受人和拍卖人应当签署成交确认书。签署成交确认书并不是订立合同，而是对经拍卖成立的买卖合同的一种确认。

▶即测即评

▶案例资源

第十章　典型合同（二）

第一节　供用电、水、气、热力合同

一、供用电、水、气、热力合同概述

（一）供用电、水、气、热力合同的概念和特征

供用电、水、气、热力合同是指当事人一方提供电、水、气、热力给另一方利用，另一方支付相应价款的合同。供用电、水、气、热力合同在性质上属于双务合同、有偿合同、诺成合同。除此之外，其还具有如下特征：

第一，合同履行的继续性。供用电、水、气、热力合同并非一次性履行完毕的合同，须通过供应人持续不断地履行供应义务才能得到实现。因此，供用电、水、气、热力合同是继续性合同。

第二，合同目的的公益性。供用电、水、气、热力合同不仅关系到利用人的利益，还涉及基本民生问题，更多的是为了满足人民生活的需要，实现公共利益。因此，供用电、水、气、热力合同的目的具有公益性。

第三，合同形式的格式性。供用电、水、气、热力合同是具有公益性的合同，供应人需要面对社会不特定公众，其所签订合同的数量极为庞大，显然不可能与每个利用人都分别协商，因此，供用电、水、气、热力合同一般为格式合同。

第四，合同终止的非溯及性。供用电、水、气、热力合同无效、被撤销或者确定不发生效力的，当事人不能根据《民法典》第157条主张返还标的物，因为此类合同的标的物是可消耗物，终止的效力仅能向将来发生而不能溯及既往。

（二）供用电、水、气、热力合同的法律适用

供用电、水、气、热力合同作为转移财产所有权的合同，属于特殊的买卖合同。因此，如果民法典对供用电、水、气、热力合同没有特别规定，原则上可以参照适用关于买卖合同的规定。同时，民法典对供用电、水、气、热力合同集中规定了供用电合同，供用水、供用气、供用热力合同参照供用电合同的规定（《民法典》第656条）。

二、供用电合同

（一）供用电合同的概念和内容

供用电合同是供电人向用电人供电，用电人支付电费的合同。

供用电合同的内容一般包括供电的方式、质量、时间，用电容量、地址、性质，计量方式，电价、电费的结算方式，供用电设施的维护责任等条款（《民法

典》第649条)。

(二)供用电合同的效力

1. 供电人的义务

(1)安全供电的义务。供电人应当按照国家规定的供电质量标准和约定安全供电;供电人未按照国家规定的供电质量标准和约定安全供电,造成用电人损失的,应当承担赔偿责任(《民法典》第651条)。在供用电合同中,合同的履行地点应按照当事人约定;当事人没有约定的,供电设施的产权分界处为合同的履行地点(《民法典》第650条)。

(2)中断供电时的通知义务。供电人因供电设施计划检修、临时检修、依法限电或者用电人违法用电等,需要中断供电时,应当按照国家有关规定事先通知用电人;供电人未事先通知用电人中断供电,造成用电人损失的,应当承担赔偿责任(《民法典》第652条)。

(3)事故断电时的及时抢修义务。因自然灾害等原因断电,供电人应当按照国家有关规定及时抢修;供电人未及时抢修,造成用电人损失的,应当承担赔偿责任(《民法典》第653条)。

2. 用电人的义务

(1)支付电费的义务。用电人应当按照国家有关规定和当事人的约定及时支付电费。用电人逾期不支付电费的,应当按照约定支付违约金。经催告用电人在合理期限内仍不支付电费和违约金的,供电人可以按照国家规定的程序中止供电,并事先通知用电人(《民法典》第654条)。

(2)容忍依法断电的义务。供电人因供电设施计划检修、临时检修、依法限电或者用电人违法用电等需要中断供电的,只要其已经按照国家有关规定事先通知用电人,就不属于违约行为,用电人具有基本的容忍义务。

(3)安全、节约和计划用电的义务。用电人应当按照国家有关规定和当事人的约定安全、节约和计划用电。用电人未按照国家有关规定和当事人的约定用电,造成供电人损失的,用电人应当承担赔偿责任(《民法典》第655条)。

(4)不得私自更改供电设备的义务。用电人不得私自拆换用电线路和保险装置,也不得私自修理。

▶即测即评

▶案例资源

第二节　赠与合同

一、赠与合同概述

（一）赠与合同的概念和特征

赠与合同是赠与人将财产无偿给予受赠人，受赠人表示接受赠与的合同。在赠与合同中，转移财产的一方为赠与人，接受财产的一方为受赠人。在现代社会中，赠与是民事主体之间实施扶贫救危、尊老爱幼的道义行为的法律形式，对于规范赠与关系、鼓励人们从事捐赠和慈善活动等行为也具有重要意义。

赠与合同具有如下特征：

第一，赠与合同是双方法律行为。赠与合同虽然是一方将自己的财产给予另一方，但仍需要双方当事人的参与，即需要赠与人表示赠与、受赠人表示接受，合同才能成立。因此，赠与合同是双方法律行为。

第二，赠与合同是转移财产权的合同。在赠与合同中，赠与的财产无论是动产或不动产等特定物，还是股权、知识产权乃至债权等，都需要转移所有权等财产权。

第三，赠与合同是单务、无偿合同。在赠与合同中，赠与人承担赠与义务，受赠人无须为对待给付，双方之间不存在对价关系。因此，赠与合同是单务、无偿合同。

第四，赠与合同是诺成合同，只要双方意思表示达成一致，赠与合同就成立。

（二）赠与合同的成立

根据《民法典》第657条的规定，赠与合同于“受赠人表示接受赠与”时成立，除此以外，并无额外的条件。当然，这并不意味着赠与财产的变动不需要任何法律形式，尤其是赠与的财产（如不动产、股权、商标权等知识产权）依法需要办理登记或者其他手续的，应当办理有关手续（《民法典》第659条）。另外，在赠与合同采取了特定形式时，其效力会受到该形式的影响，如在公证赠与的情况下，赠与人将不再享有履行前的任意撤销权（《民法典》第658条第2款）。

二、赠与合同的效力

赠与合同一经订立，即对赠与人与受赠人产生拘束力。由于赠与合同是单务合同，其效力具有一定的特殊性，主要体现在以下方面：

（一）赠与合同的任意撤销

赠与合同的任意撤销是指在赠与合同履行前，赠与人基于自己的单方意思而撤销赠与合同。《民法典》第 658 条第 1 款规定，赠与人在赠与财产的权利转移之前可以撤销赠与。

应当指出，赠与合同的任意撤销仅适用于一般的赠与合同。对于经过公证的赠与合同或者依法不得撤销的具有救灾、扶贫、助残等公益、道德义务性质的赠与合同，赠与人不得任意撤销（《民法典》第 658 条第 2 款）。这类赠与合同不得任意撤销，因此，赠与人不交付赠与财产的，受赠人可以请求交付。同时，应当交付的赠与财产因赠与人故意或者重大过失致使毁损、灭失的，赠与人应当承担赔偿责任（《民法典》第 660 条）。

（二）赠与合同的法定撤销

赠与合同的法定撤销是指赠与人、赠与人的继承人或者法定代理人基于法定事由而撤销赠与合同。

1. 赠与人的法定撤销

受赠人有下列情形之一的，赠与人可以撤销赠与：(1) 严重侵害赠与人或者赠与人近亲属的合法权益；(2) 对赠与人有扶养义务而不履行；(3) 不履行赠与合同约定的义务（《民法典》第 663 条第 1 款）。

2. 赠与人的继承人或者法定代理人的法定撤销

因受赠人的违法行为致使赠与人死亡或者丧失民事行为能力的，赠与人的继承人或者法定代理人可以撤销赠与（《民法典》第 664 条第 1 款）。

3. 赠与合同法定撤销权的行使期间及效力

赠与合同的法定撤销权属于形成权，因此，其行使期间受除斥期间的限制。就赠与人的法定撤销权而言，其应当自知道或者应当知道撤销事由之日起 1 年内行使；就赠与人的继承人或者法定代理人的法定撤销权而言，其应当自知道或者应当知道撤销事由之日起 6 个月内行使。

赠与合同的法定撤销权行使后，赠与合同归于消灭。赠与财产未交付的，无须再交付；赠与财产已经交付的，可以向受赠人请求返还赠与的财产（《民法典》第 665 条）。

（三）赠与合同的法定解除

赠与合同的法定解除是指赠与人在具备法定条件下，可以不再履行赠与义务，从而解除赠与合同。例如，赠与人的经济状况显著恶化，严重影响其生产经营或者家庭生活的，赠与可以解除赠与合同，不再履行赠与义务（《民法典》第 666 条）。

这里法定解除的赠与合同，不限于一般赠与合同，也包括公益性赠与合同。同时，法定解除不发生溯及既往的效力，即赠与人就已交付的赠与财产，无权要求受赠人返还。

（四）赠与财产的瑕疵担保责任

赠与合同为无偿合同，因此，赠与人对赠与财产原则上不承担瑕疵担保责任。但是，依据《民法典》第662条的规定，在下列两种情形下，赠与人对赠与财产的瑕疵承担担保责任。

其一，在附义务赠与中，赠与财产有瑕疵的，赠与人在附义务的限度内承担与出卖人相同的责任。

其二，赠与人故意不告知瑕疵或者保证无瑕疵，造成受赠人损失的，应当承担赔偿责任。

三、附义务赠与合同

附义务赠与合同又称附负担赠与合同，是指赠与人与受赠人约定受赠人对赠与人或第三人负担一定义务的赠与合同。附义务赠与合同具有两个特征：其一，这种赠与合同仍具有一方无偿地向另一方转移财产的属性；其二，这种赠与合同附有负担，与没有任何对价的财产移转又有所差别。基于后一特征，附负担赠与合同通常可以准用双务合同的规则。若受赠人不履行或不完全履行相应义务或负担，赠与人有权寻求救济，包括撤销有关的赠与合同（第663条第1款第3项），或请求受赠人履行相应义务。

▶即测即评　　▶案例资源

第三节　借款合同

一、借款合同概述

（一）借款合同的概念和特征

借款合同是借款人向贷款人借款，到期返还借款并支付利息的合同。从民法典关于借款合同的规定来看，实际上包含了两大类：一是一般借款合同，此类合同中，贷款人包括经金融监管部门批准设立的从事贷款业务的金融机构及其分支机构,以及以自由资金出借但并非以借款为业的自然人、法人和非法人组织。二是自然人之间的借款合同，即典型的民间借贷合同。所以，从广义上理解，借款合同应当包括民间借贷合同；而从狭义上理解，借款合同仅指一般借款合同。

借款合同具有以下特征：

第一，借款合同的主体是贷款人和借款人。贷款人既可以是在中国境内设立的经营贷款业务的金融机构，也可以是以自有资金出借但并非以贷款为业的自然人、法人或者非法人组织；借款人可以是自然人、法人或者非法人组织，并无特殊的要求，但金融借款合同中，借款人尚须达到借款条件。

第二，借款合同是以金钱为标的物的消费借贷合同。金钱属于种类物，一经借出，金钱的所有权即移转于借款人，借款人在合同到期后也只需返还相同数额的金钱。

第三，借款合同原则上具有要式性、诺成性。借款合同应当采用书面形式，但是对自然人之间的借款合同，法律并没有强制性的要求。借款合同原则上具有诺成性，只要当事人就借款合同的主要内容达成一致即发生效力，但是自然人之间的借款合同在性质上属于实践合同。

第四，借款合同原则上具有双务性、有偿性。金融借款合同是双务、有偿合同，借款人应于借款到期时返还借款并支付利息。但是，自然人之间的借款合同原则上具有单务性、无偿性。

（二）订立借款合同的特别规则

1. 当事人须具有借款意图

就借款合同的订立，当事人均应具备借款的真实意思。借款合同之“借款”，应以融通资金支持生产生活为目的，而不得以借款为名，从事高利转贷、规避管制、违法犯罪等行为。

2. 借款人应当如实告知借款用途等真实情况

订立借款合同，借款人应当按照贷款人的要求提供与借款有关的业务活动和财务状况的真实情况（《民法典》第669条）。这实际上确立了借款合同中的先合同义务，便于贷款人对借款人的偿还能力进行判断，从而决定是否对其进行放贷。

（三）借款合同的内容

依据《民法典》第668条第2款的规定，借款合同的内容一般包括借款种类、币种、用途、数额、利率、期限和还款方式等条款。

二、借款合同的效力

（一）贷款人的义务

贷款人按照约定提供借款，是借款合同中贷款人的主要义务。具体来说，贷款人须按照约定的日期、数额、方式向借款人提供借款。根据《民法典》第670条的规定，贷款人须足额提供借款，不得将利息预先扣除。利息预先在本金中扣除的，应当按照实际借款数额返还借款并计算利息。贷款人未按照约定提供借款，因此造成借款人损失的，借款人有权请求贷款人赔偿损失（《民法典》第671条第1款）。

（二）借款人的义务

1. 及时收取借款的义务

借款人应按照约定的日期和数额收取借款。借款人未按约定的日期、数额收取借款的，应当按照约定的日期、数额支付利息（《民法典》第671条第2款）。

2. 按照约定用途使用借款的义务

借款人应当按照约定的用途使用借款。借款人未按照合同约定的用途使用借款的，贷款人可以停止发放借款、提前收回借款或者解除合同（《民法典》第673条）。

3. 接受贷款人检查、监督的义务

根据《民法典》第672条的规定，贷款人按照约定可以检查、监督借款的使用情况。借款人应当按照约定向贷款人定期提供有关财务会计报表或者其他资料。

4. 支付利息的义务

借款人应当按照约定的数额、期限向贷款人支付利息。贷款人与借款人对支付利息的期限有约定的，借款人应当按照当事人之间约定的期限支付利息。根据《民法典》第674条的规定，贷款人与借款人对支付利息的期限没有约定或者约定不明确，依据《民法典》第510条的规定仍不能确定的，借款期间不满1年的，应当在返还借款时一并支付；借款期间1年以上的，应当在每届满1年时支付，剩余期间不满1年的，应当在返还借款时一并支付。

5. 按期还款的义务

贷款人与借款人对借款期限有约定的，借款人按照当事人之间约定的期限返还借款。借款人提前返还借款的，除当事人另有约定外，应当按照实际借款的期间计算利息（《民法典》第677条）。根据《民法典》第675条的规定，贷款人与借款人对借款期限没有约定或者约定不明确的，依据《民法典》第510条的规定仍不能确定的，借款人可以随时返还；贷款人可以催告借款人在合理期限内返还。借款人未按照约定的期限返还借款的，应当按照约定或者国家有关规定支付逾期利息（《民法典》第676条）。

应当指出，借款人可以在还款期限届满前向贷款人申请展期；贷款人同意的，可以展期（《民法典》第678条）。

三、民间借贷合同

（一）民间借贷合同的概念和成立

民间借贷合同是指自然人、法人和非法人组织之间进行资金融通所订立的合同。

自然人之间的民间借贷合同为不要式合同，其成立并不要求双方签订书面借款协议；其他民间借贷合同应当采用书面形式，且不以贷款人提供借款为成立要件。根据《民法典》第679条的规定，自然人之间的借款合同，自贷款人提供借款时成立。自然人之间的借款合同具有下列情形之一的，可以视为合同成立：（1）以现金支付的，自借款人收到借款时；（2）以银行转账、网上电子汇款等形式支付的，自资金到达借款人账户时；（3）以票据交付的，自借款人依法取得票据权利时；（4）出借人将特定资金账户支配权授权给借款人的，自借款人取得对该账户实际支配权时；（5）出借人以与借款人约定的其他方式提供借款并实际履行完成时。

（二）民间借贷合同的利息

在民间借贷合同中，当事人没有约定利息的，视为没有利息。自然人之间借贷对利息约定不明的，视为没有利息；除自然人之间借贷外，借贷双方对借贷利息约定不明的，应当结合民间借贷合同的内容，并根据当地或者当事人的交易方式、交易习惯、市场报价利率等因素确定利息。当事人约定的利率不得超过合同成立时1年期贷款市场报价利率的4倍，超过部分不予支持。

在民间贷款合同中，当事人对逾期利率有约定的，从其约定，但是以不超过合同成立时1年期贷款市场报价利率的4倍为限。当事人既未约定借期内利率，也未约定逾期利率的，借款人自逾期还款之日起参照当时1年期贷款市场报价利率标准计算的利息承担逾期还款违约责任；约定了借期内利率但是未约定逾期利率的，借款人自逾期还款之日起按照借期内利率支付资金占用期间的利息。出借人与借款人既约定了逾期利率，又约定了违约金或者其他费用的，出借人可以选择主张逾期利息、违约金或者其他费用，也可以一并主张，但是总计不得超过合同成立时1年期贷款市场报价利率的4倍。

▶即测即评　　▶案例资源

第四节　保证合同

一、保证合同概述

（一）保证合同的概念和特征

保证合同是指保证人和债权人约定，当债务人不履行到期债务或发生当事人约定的情形时，由保证人履行债务或者承担责任的合同。在我国，保证合同也是民法典明确认可的典型合同。保证与抵押、质押等物上担保相并列，是一种重要的债权担保类型。

保证合同具有如下特征：

第一，保证合同具有从属性。保证合同是主债权债务合同的从合同，以担保债务之履行为目的，具有从属性，具体表现为发生（成立）的从属性、范围及强度的从属性、处分（移转）的从属性、消灭的从属性。基于保证合同的从属性，主债权债务合同无效的，保证合同无效，但是法律另有约定的除外。保证合同被确认无效后，债务人、保证人、债权人有过错的，应当根据其过错各自承担相应的民事责任（《民法典》第682条）。

第二，保证合同具有单务、无偿性。保证合同具有单务性，保证人只是单方向债权人负担一定的保证债务，债权人无须负担对待给付义务；保证合同具有无偿性，保证人向债权人负担保证债务时，债权人无须支付相应的对价。

第三，保证合同具有要式性。保证合同应当采取书面形式，其既可以是单独订立的书面合同，也可以是主债权债务合同中的保证条款，还可以是第三人单方以书面形式向债权人作出的保证。当然，第三人单方向债权人作出的保证，须债权人接受且未提出异议，保证合同才能成立（《民法典》第685条）。

（二）反担保

反担保又称求偿担保，是指为确保担保人承担担保责任后实现对债务人的求偿权而设定的担保。

反担保的成立应当具备如下条件：

第一，反担保以本担保的存在为前提。反担保是为保障保证人的求偿权而设立的，因此，只有在保证人为他人提供了保证，即存在本担保时，反担保才能成立。

第二，提供反担保的主体不限于债务人，还包括债务人以外的其他人。具体而言，反担保可以是债务人所提供的求偿抵押或者求偿质押，也可以是第三人所提供的求偿保证、求偿抵押或者求偿质押。

第三，反担保依其具体形式尚须满足特定的成立要件。例如，以建筑物及其占用范围内的建设用地使用权设立求偿抵押，除了书面形式的抵押合同之外，还须办理抵押权设立登记。

（三）保证合同的当事人和内容

1. 保证合同的当事人

保证合同的当事人是保证法律关系的主体，即保证法律关系中享有权利和承担义务的债权人和保证人。这里的“债权人”与主债权债务关系中的债权人为同一人，这里的“保证人”是主债权债务关系当事人之外的第三人。

在保证合同中，并非任何人都能担任保证人，法律对相关主体担任保证人的资格进行了一定的限制。例如，依据《民法典》第683条的规定，机关法人不得为保证人，但是经国务院批准为使用外国政府或者国际经济组织贷款进行转贷的除外。同时，以公益为目的的非营利法人、非法人组织亦不得为保证人。

2. 保证合同的内容

根据《民法典》第684条的规定，保证合同的内容一般包括被保证的主债权的种类、数额，债务人履行债务的期限，保证的方式、范围和期间等条款。

二、保证的方式和范围

（一）保证的方式

保证的方式有一般保证和连带责任保证两种。当事人在保证合同中对保证方式没有约定或者约定不明确的，按照一般保证承担保证责任（《民法典》第686条）。

依据《民法典》第687条的规定，一般保证是指当事人在保证合同中约定，只有在债务人不能履行债务时，保证人才承担保证责任的保证。在一般保证中，保证人在主合同纠纷经审判或仲裁，并就债务人财产强制执行后仍不能履行债务时，才依法承担保证责任。

依据《民法典》第688条的规定，连带责任保证是当事人在保证合同中约定保证人和债务人对债务承担连带责任的保证。在连带责任保证中，债务人不履行到期债务或者发生当事人约定的情形的，债权人可以请求债务人履行债务，也可以请求保证人在其保证范围内承担保证责任。

（二）保证的范围

保证的范围是指保证担保的债权范围。依据《民法典》第691条的规定，保证的范围包括主债权及其利息、违约金、损害赔偿金和实现债权的费用。当事人另有约定的，按照其约定。

在保证范围的确定上，如果保证人对债务人的全部债务承担保证责任的，为全额保证或者无限保证；保证人对债务人的部分债务承担保证责任的，为部分保证或者有限保证。当事人对保证范围没有约定或者约定不明确的，保证人应当按照法定的担保范围承担保证责任。

三、债权人与保证人之间的权利和义务

（一）债权人对于保证人的权利

保证合同成立之后，保证债务即随之产生，债权人与保证人之间成立债权债务关系，但在债务人不履行到期债务或者保证合同约定的其他情形出现后，债权人才能依法行使保证债权。

1. 债权人应在保证期间内主张权利

保证期间是确定保证人承担保证责任的期间。依据《民法典》第 693 条的规定，一般保证中，债权人须在保证期间内对债务人提起诉讼或者申请仲裁；连带责任保证中，债权人须在保证期间内主张保证人承担保证责任。如债权人未在保证期间内主张权利，则发生保证人不再承担保证责任的法律后果。

根据《民法典》第 692 条的规定，债权人与保证人可以约定保证期间，但是约定的保证期间早于主债务履行期限或者与主债务履行期限同时届满的，视为没有约定；没有约定或者约定不明确的，保证期间为主债务履行期限届满之日起 6 个月。如果保证合同约定保证人承担保证责任直至主债务本息还清时为止等类似内容的，视为约定不明。保证期间应自“债务人不履行到期债务或者发生当事人约定的情形”之日计算；债权人与债务人对主债务履行期限没有约定或者约定不明确的，保证期间自债权人请求债务人履行债务的宽限期届满之日起计算。

从性质上说，保证期间属于不变期间，不发生中止、中断和延长（《民法典》第 692 条）。因此，保证期间经过，保证人的保证责任免除。但是，若保证人不履行保证债务的，保证债务应适用诉讼时效的规定。依据《民法典》第 694 条的规定，一般保证的债权人在保证期间届满前对债务人提起诉讼或者申请仲裁的，从保证人拒绝承担保证责任的权利消灭之日起，开始计算保证债务的诉讼时效；连带责任保证的债权人在保证期间届满前请求保证人承担保证责任的，从债权人请求保证人承担保证责任之日起，开始计算保证债务的诉讼时效。

2. 主合同变更对保证责任的影响

主合同的变更改变了债权人和债务人之间的权利义务内容，保证合同必将受到影响。依据《民法典》第 695 条的规定，主合同变更对保证责任的影响，主要有两个方面：

第一，主合同履行期限的变更对保证责任的影响。主合同当事人协商变更主合同履行期限，未经保证人书面同意，保证期间不受影响，即保证期间的计算仍然以原合同约定或者法律规定的期间为准。

第二，主合同履行期限之外的变更对保证责任的影响。债权人与债务人协议变更合同，应当取得保证人的书面同意。未经保证人书面同意而减轻债务的，保证人仍对变更后的债务承担保证责任；加重债务的，保证人对加重的部分不承担责任。

3. 债权转让对保证责任的影响

债权人转让债权的，应通知保证人。债权人转让全部或部分债权，未通知保证人的，该转让对保证人不发生效力。保证人与债权人约定禁止债权转让，债权人未经保证人书面同意转让债权的，保证人对受让人不再承担保证责任（《民法典》第696条）。

4. 债务转移对保证责任的影响

债务的转移关涉保证人利益，因此，债务转移应当经保证人同意。债权人未经保证人书面同意，允许债务人转移全部或部分债务的，保证人对未经其同意转移的债务不再承担保证责任，但是债权人和保证人另有约定的除外（《民法典》第697条第1款）。

在第三人加入债务时，债务人的整体偿债能力只会增加而不会减损，对保证人的权益不会产生不利影响。因此，第三人加入债务的，保证人的保证责任不受影响（《民法典》第697条第2款）。也就是说，第三人加入债务的，即使未经保证人书面同意，保证人仍应按照原来约定继续承担保证责任。

5. 一般保证中保证人的特定免责事由

根据《民法典》第698条的规定，一般保证的保证人在主债务履行期限届满后，向债权人提供债务人可供执行财产的真实情况，债权人放弃或者怠于行使权利致使该财产不能被执行的，保证人在其提供的债务人可供执行财产的价值范围内不再承担保证责任。

（二）保证人对债权人的权利

1. 保证人基于保证合同本身的抗辩

保证合同的单务性和无偿性，决定了保证人对债权人并无任何请求权。然而，在债权人向保证人主张保证债务履行请求权时，保证人可以依照保证合同约定或者法律规定的事由，对抗债权人的请求。此时，保证人是基于一般债务人的地位而主张相应的抗辩，如保证合同未成立的抗辩、保证债务已消灭的抗辩、保证债务未届清偿期的抗辩、保证期间已经过的抗辩、保证债务罹于时效的抗辩等。

2. 一般保证人的先诉抗辩权

先诉抗辩权又称检索抗辩权，是指一般保证的保证人在债权人向保证人请求承担保证责任时，保证人有权要求债权人先就债务人财产诉请强制执行；在主合同纠纷未经审判或仲裁，并就债务人财产依法强制执行仍不能履行债务前，保证人可以拒绝承担保证责任。

根据《民法典》第 687 条第 2 款的规定，在以下情形之下，保证人不得行使先诉抗辩权：（1）债务人下落不明，且无财产可供执行；（2）人民法院已经受理债务人破产案件；（3）债权人有证据证明债务人的财产不足以履行全部债务或者丧失履行债务能力；（4）保证人书面表示放弃先诉抗辩权。

3. 保证人援引债务人的抗辩

保证债务属于从属性债务，债务人对债权人所享有的任何抗辩，保证人均可以主张以对抗债权人的履行请求。所谓“债务人对债权人的抗辩”，是指债务人得对抗债权人的事由，既包括权利否认抗辩，也包括权利阻止抗辩，主要有主债权未发生的抗辩、主债权已消灭的抗辩、拒绝给付的抗辩等。应当指出，尽管保证人主张的是债务人的抗辩，但保证人是以自己的名义而非以债务人或债务人的代理人的名义主张该项抗辩。因此，保证人的抗辩属于其依法享有的抗辩，独立于债务人的抗辩而发生效力。即使债务人抛弃其抗辩，保证人仍得主张（《民法典》第 701 条）。

4. 保证人的拒绝履行权

《民法典》第 702 条规定：“债务人对债权人享有抵销权或者撤销权的，保证人可以在相应范围内拒绝承担保证责任。”在债务人对债权人享有抵销权的情形下，若债务人自己未主张抵销，保证人即可依债务人的抵销权在相应范围内拒绝承担保证责任；在债务人基于法定事由对债权人享有撤销权的情形下，若债务人自己并未行使撤销权，保证人即可依债务人的撤销权在相应范围内拒绝承担保证责任。

四、保证人与债务人之间的权利和义务

（一）保证人与债务人之间的基础关系

保证人与债务人之间的基础关系包括以下三种类型：一是委托关系，即债务人委托保证人提供保证，保证人基于债务人的委托而与债权人订立保证合同；二是无因管理关系，即保证人未经债务人同意而自愿与债权人订立保证合同；三是赠与关系，如保证人为债务人提供保证，但其明确向主债务人表示，其承担保证责任后将不再向债务人追偿。

保证人与债务人之间基础关系不同，保证人对债务人的权利亦不同。保证人与债务人之间系委托关系或无因管理关系时，保证人对债务人享有求偿权、清偿承受权；保证人与债务人之间系赠与关系时，保证人对债务人则无上述权利。

（二）保证人的求偿权

保证人的求偿权又称保证人的追偿权，是指保证人履行保证债务后，向债务人请求返还的权利。保证人履行保证债务实质上是为债务人履行债务，而非履行自身债务，自得向因其清偿而得利的债务人追偿。对此，《民法典》第 700 条规定，保证人承担保证责任后，除当事人另有约定外，有权在其承担保证责任的范围内向债务人追偿。

1. 保证人行使求偿权的条件

保证人行使求偿权应具备如下条件：（1）保证人已经向债权人履行保证债务，这是保证人行使求偿权的前提条件。（2）因保证人履行保证债务而使债务全部或部分地相对消灭。若债务的消灭并非保证人履行保证债务的结果，则保证人不享有求偿权。（3）保证人履行保证债务须没有过错。例如，若保证人怠于行使债务人的抗辩而为大于债务人应承担债务范围的清偿，或者保证人支出非必要的花费使得债务范围扩大，就扩大部分的清偿，保证人丧失求偿权。（4）保证人没有赠与的意思。保证人没有赠与的意思，是保证人求偿权的消极要件，保证人在行使求偿权时不必就此举证。

2. 保证人求偿权行使的范围

求偿权是对保证人履行保证债务的一种补偿，补偿的范围包括保证人因履行保证债务所受到的一切损失，具体包括以下几个方面：其一，保证人实际承担的保证责任范围。若保证人承担保证责任而给付的金额大于债务金额，保证人就超出部分向债务人追偿的，债务人可以抗辩，保证人可依不当得利请求债权人返还。其二，自承担保证责任之日起，保证人为债务人免除债务而给付的金额的法定利息。其三，保证人为承担保证责任而支付的必要费用，如履行保证责任的费用、诉讼费用等。其四，保证人在承担保证责任过程中因不可归责于自己的事由而受到的其他损失。

（三）保证人的清偿承受权

保证人的清偿承受权又称保证人的代位权，是指保证人承担保证责任之后，在其承担保证责任的范围内承受债权人对主债务人的债权，而对主债务人行使原债权人之权利的权利。依据《民法典》第 700 条的规定，保证人承担保证责任后，除当事人另有约定外，有权在其承担保证责任的范围内享有债权人对债务人的权利，但是不得损害债权人的利益。

1. 保证人清偿承受权的成立与效力

保证人清偿承受权的成立仅以“保证人承担保证责任”为要件。“保证人承担保证责任”包括保证人自行清偿保证债务、经强制执行或破产清算而清偿保证债务。此外，保证人以代物清偿、提存、抵销等其他方式足以消灭主债务的，亦发生保证人的清偿承受权。

保证人承担保证责任后，在其承担保证责任的范围内“享有债权人对债务人的权利”，即债权人对债务人的债权在保证人的清偿限度内移转于保证人。此种移转属于债权的法定移转，无须当事人的意思表示。保证人承担保证责任使债务全部消灭的，债权人的债权由保证人全部承受；保证人承担保证责任仅使债务部分消灭的，债权人的该部分债权由保证人承受。

应当指出，保证人清偿承受权的行使“不得损害债权人的利益”。这主要是指保证人承担保证责任仅使债务部分消灭的情形，既包括保证人本就提供有限保证，未担保主债权的全部的情形；也包括保证人虽提供无限保证（就债权之全部提供保证），但保证人仅清偿部分保证债务的情形。此时，保证人承受的部分债权与原债权人的剩余债权并存。原债权人的利益不应因保证人履行保证债务而受影响，因此，保证人清偿承受权的行使“不得损害债权人的利益”。如保证人承担保证责任仅使债务部分消灭，虽也承受部分债权，但在原债权人全部债权受偿之前，尚无法主张与原债权人的剩余债权平等受偿，以免害及原债权人的利益。

2. 保证人的求偿权与清偿承受权之间的关系

保证人为履行保证债务而对债权人为清偿或其他消灭债务的行为，导致债务人对债权人免责的，保证人同时享有求偿权与清偿承受权。在权利关系上，求偿权系保证人自己对债务人的权利，属于新成立的权利；清偿承受权系保证人承受债权人对债务人的债权，保证人承受取得的实为债权人原有的权利，并非新成立的权利。求偿权与清偿承受权同时并存，且清偿承受权因为法定当然移转于保证人，但保证人仍得选择行使求偿权，亦得于承受债权之后，行使原债权人的权利。两者为请求权竞合，其中一种权利因行使而达目的时，另一种权利于所达目的之范围内归于消灭。

五、特殊保证

（一）共同保证

1. 共同保证的概念和类型

共同保证是数个保证人就同一债务人的同一债务所为的保证。共同保证的保证合同，既可由数个保证人一同与债权人订立，也可由各个保证人与债权人分别订立；各个保证合同既可以同时订立，也可以先后订立。

根据各保证人之间对所担保的债务有无份额约定以及是否可以相互追偿，共同保证可以再分为按份共同保证与连带共同保证。其中，按份共同保证是保证人与债权人约定按照份额对债务承担保证责任的共同保证；连带共同保证是各保证人约定均对债务承担连带保证责任，且彼此之间存在相互追偿关系的共同保证。

连带共同保证中的连带，是指各保证人之间有连带关系，而非保证人与债务人之间有连带关系。

2. 按份共同保证中保证责任的承担

在按份共同保证中，保证人应当按照保证合同约定的保证份额承担保证责任。此时，应尊重各共同保证人的利益，债权人只能请求每一个保证人就其保证份额承担保证责任，无权请求其中某个保证人就全部保证债务承担保证责任。债权人未在约定的保证期间内向部分保证人主张权利的，该保证人的保证债务消灭。各保证人向债权人承担了保证责任后，可分别向主债务人追偿，各按份保证人之间不发生求偿关系。

3. 连带共同保证中保证责任的承担

在连带共同保证中，共同保证人之间的关系相对于债权人而言是一种连带债务关系，债权人可以请求任一保证人在其保证范围内承担保证责任，该保证人即应依债权人的请求在约定的保证范围内承担保证责任。如果债权人未在保证期间内依法向其他保证人主张保证债权，导致该其他保证人不承担保证责任的，承担了保证责任的保证人可以主张在其不能行使求偿权的范围内免除保证责任。所谓“其不能行使求偿权的范围”，是指因债权人未在保证期间内依法主张保证债权，被免责的保证人本应分担的份额范围。

（二）最高额保证

1. 最高额保证的概念

最高额保证是指保证人与债权人约定，就债权人与主债务人之间在一定期间内连续发生的债权，预定最高债权额限度，由保证人承担保证责任的保证。“一定期间”即债权发生期间，又称“债权确定期间”，该期间届满之日又称决算期；“连续发生的债权”是指一定期间内，陆续不断或随时增减变动的债权；“最高债权额”是指最高额保证中的债权发生期间终止时，通过决算确定的债权人实际享有的债权余额的最高限额，而非债权累计发生额。最高债权额不仅指原本债权，除当事人另有约定外，还应包括原本债权的从债权。

最高额保证除适用保证合同的相关规定之外，参照适用最高额抵押权的有关规定（《民法典》第690条第2款）。

2. 最高额保证的保证期间

最高额保证合同对保证期间的计算方式、起算时间等有约定的，按照其约定；如果没有约定或者约定不明的，应区分如下两种情况处理：

（1）被担保债权的履行期限均已届满的，保证期间自债权确定之日起开始计算。在债权确定期间届满之前，被担保的债权不断经由清偿而发生变化，保证人尚不能承担保证责任。只有经过决算，保证人所担保的债权才得以确定，才有承担保证责任的可能。

（2）被担保债权的履行期限尚未届满的，保证期间自最后到期债权的履行期限届满之日起开始计算。若其中部分债权在债权确定期间届满之前发生，亦未超过最高债权额限度，即属最高额保证所担保的债权范围。在各该债务履行期限届满之前，保证人自可拒绝债权人的履行请求，保证期间自最后到期债权的履行期限届满之日起开始计算。

▶即测即评 ▶案例资源

第五节 租赁合同

一、租赁合同概述

（一）租赁合同的概念和特征

租赁合同是出租人将租赁物交付承租人使用、收益，承租人支付租金的合同。其中，交付租赁物供对方使用、收益的一方，称为出租人；使用他人租赁物并支付租金的一方，称为承租人。租赁合同是出租人暂时让渡财产的使用、收益权能给他人以获取租金的合同。

租赁合同具有如下特征：

第一，租赁合同是转移财产使用权、收益权的合同。承租人根据租赁合同享有对租赁物的使用权和收益权，但租赁物所有权仍由出租人享有。因为承租人不享有处分租赁物的权利，所以，承租人破产时不得将租赁物列为破产财产。

第二，租赁合同是诺成、双务合同。在出租人和承租人意思表示一致时，租赁合同即可成立；出租人承担交付租赁物的义务，承租人负有支付租金的义务，双方权利义务互为对价。可见，租赁合同是诺成合同、双务合同。

第三，租赁合同是有偿合同。在租赁合同中，承租人支付的租金是其取得租赁物的使用权和收益权的对价，故租赁合同是有偿合同。

第四，租赁合同是具有临时性和继续性的合同。出租人将一定期限内的租赁物使用权、收益权转让给承租人，承租人于租赁期间内有权对租赁物为继续性使用，故租赁合同具有临时性和继续性，并非一次结付即可完结。

（二）租赁合同的分类

1. 使用租赁合同和用益租赁合同

这是依据订立租赁合同的目的所作的分类。使用租赁合同是指单纯以使用租赁物为目的的租赁合同；用益租赁合同是指使用租赁物并因此获取租赁物收益的租赁合同。若当事人未约定租赁合同的目的，除依据租赁合同的性质可推定为使用租赁合同外，一般应视为用益租赁合同。

2. 一般租赁合同和特殊租赁合同

这是依据现行法对租赁合同是否作出特殊规定所作的分类。一般租赁合同是指法律没有作出特殊规定的租赁合同，这是常态的、典型的租赁合同；特殊租赁合同是指法律作出特殊规定的租赁合同，如房屋租赁合同、船舶租用合同等。

3. 动产租赁合同和不动产租赁合同

这是依据租赁标的物的不同类别所作的分类。动产租赁合同是指以动产为合同租赁物的租赁合同。该合同中的标的物可以是一般动产，也可以是车辆、船舶、航空器等特殊动产。不动产租赁合同是指以土地、房屋等不动产为合同租赁物的租赁合同。

4. 定期租赁合同和不定期租赁合同

这是依据合同是否有固定租赁期限所作的分类。定期租赁合同是指当事人明确约定了租赁期限的租赁合同；不定期租赁合同是指当事人未约定租赁期限或租赁期限约定不明确的租赁合同。

（三）租赁合同的内容和形式

1. 租赁合同的内容

根据《民法典》第704条的规定，租赁合同的内容一般包括租赁物的名称、数量、用途、租赁期限、租金及其支付期限和方式、租赁物维修等条款。

2. 租赁合同的形式

根据《民法典》第707条的规定，租赁合同期限为6个月以上的，应当采用书面形式。当事人未采用书面形式，无法确定租赁期限的，视为不定期租赁。可见，租赁合同未采用书面形式并不影响该合同的成立与生效。

法律、行政法规要求办理租赁合同登记备案手续，而当事人未依照法律、行政法规规定办理租赁合同登记备案手续的，不影响合同的效力（《民法典》第706条）。

（四）租赁合同的期限

租赁合同期限又称租期，即租赁合同的存续期间。根据《民法典》第705条的规定，租赁合同最长期限为20年，当事人约定的租期超过20年的，租期应当缩减为 20 年，否则，超过部分无效。租期届满后，当事人双方可以续订租赁合同，但是，租赁期限自续订之日起不得超过 20 年。

二、租赁合同的效力

（一）出租人的义务

1. 交付租赁物和适租的义务

《民法典》第 708 条对出租人交付租赁物并在租赁期限内保持租赁物符合约定用途的义务作出了规定，具体包括：（1）依照约定交付租赁物的义务。出租人应按照租赁合同约定的交付时间交付租赁物。交付租赁物时，租赁物的从物应同时交付给承租人。（2）出租人交付的租赁物应当符合租赁合同约定的用途，否则，承租人可以请求出租人承担违约责任。

2. 维修租赁物的义务

出租人有义务在租赁期限内使租赁物符合约定用途。租赁物不符合约定用途或者妨碍承租人正常使用的，出租人负有维修租赁物的义务，除非当事人另有约定（《民法典》第 712 条）。依据《民法典》第 713 条的规定，在租赁期限内需要维修租赁物的，除出租人已知外，承租人可以请求出租人维修。在承租人请求通知后，出租人未履行租赁物维修义务的，承租人有权自行维修，维修费用由出租人负担。因维修租赁物影响承租人使用的，应当相应减少租金或者延长租期。当然，因承租人的过错致使租赁物需要维修的，出租人不承担租赁物的维修义务。

3. 物和权利的瑕疵担保义务

租赁合同是有偿合同，在一般情况下可准用买卖合同有关瑕疵担保义务的规定。租赁物具有瑕疵致使承租人不能正常使用、收益的，出租人应承担瑕疵担保责任，承租人可以请求解除合同或者减少租金。在租赁合同中，出租人应当担保不因第三人对租赁物主张权利而使承租人不能依照合同对租赁物进行使用、收益。否则，承租人可以请求减少租金或者不支付租金；第三人主张权利的，承租人应当及时通知出租人（《民法典》第 723 条）。

（二）承租人的义务

1. 按约定使用租赁物的义务

按约定使用租赁物是承租人的首要和基本义务，主要指应当按照约定的方法使用租赁物。对租赁物使用方法没有约定或者约定不明确，依据《民法典》第 510 条的规定仍不能确定的，应根据租赁物的性质使用。承租人按照约定的方法或者租赁物的性质使用租赁物，致使租赁物受到损耗的，不承担赔偿责任（《民法典》第 710 条）；反之，出租人可以解除合同并请求赔偿损失（《民法典》第 711 条）。

2. 支付租金的义务

租金是承租人使用租赁物的对价，支付租金是承租人的主要义务。依据《民法典》第721条的规定，承租人应当按照约定的期限支付租金。对支付租金的期限没有约定或者约定不明确，依据《民法典》第510条的规定仍不能确定，租赁期限不满1年的，应当在租赁期限届满时支付；租赁期限1年以上的，应当在每届满1年时支付，剩余期限不满1年的，应当在租赁期限届满时支付。

3. 不得随意转租的义务

转租是指承租人不退出租赁关系，将租赁物出租给第三人（次承租人）使用、收益。转租后，承租人与第三人签订的是新租赁合同，但双方签订的原租赁合同继续有效。转租可分为合法转租和违法转租两种情形。合法转租是指承租人经出租人同意后将租赁物转租给次承租人。如果出租人知道或者应当知道承租人转租，但是在6个月内未提出异议的，视为出租人同意转租（《民法典》第718条）。承租人合法转租的，承租人与出租人之间的租赁合同继续有效；第三人造成租赁物损失的，承租人应当赔偿损失（《民法典》第716条第1款）。在合法转租的情况下，转租期限超过承租人剩余租赁期限的，超过部分的约定对出租人不具有法律约束力，但是出租人与承租人另有约定的除外（《民法典》第717条）。违法转租指承租人未经出租人同意将租赁物转租给次承租人。承租人违法转租的，出租人有权解除合同（《民法典》第716条第2款），且有权直接请求次承租人返还租赁物。

依据《民法典》第719条的规定，承租人拖欠租金的，次承租人可以代承租人支付其欠付的租金和违约金，但是转租合同对出租人不具有法律约束力的除外。次承租人代为支付的租金和违约金，可以充抵次承租人应当向承租人支付的租金；超出其应付的租金数额的，可以向承租人追偿。

4. 妥善保管租赁物的义务

承租人在租赁期限内有占有租赁物的权利，但须按照合同约定的方法或通常规则妥善保管租赁物。承租人未履行保管义务造成租赁物毁损、灭失，影响到租赁物正常使用、收益或返还的，应当承担赔偿责任（《民法典》第714条）。在租赁期间，承租人未经出租人同意，不得对租赁物进行改善或者增设他物，否则，出租人可以请求承租人恢复原状或者赔偿损失（《民法典》第715条）。

5. 返还租赁物的义务

租赁期限届满后，承租人应当向出租人返还租赁物。定期租赁应当在租赁期限届满时返还，不定期租赁应当在通知租赁关系届满时返还。承租人返还租赁物应当符合按照约定或者租赁物性质使用后的状态（《民法典》第733条）。依照《民法典》第720条的规定，在租赁期限内的租赁物收益，除另有约定外，归承租人所有。

三、租赁合同的特别效力与风险负担

（一）租赁合同的特别效力

租赁合同的特别效力是指租赁合同对第三人产生的法律拘束力。其主要表现为：

1. 租赁权物权化

《民法典》第 725 条规定：“租赁物在承租人按照租赁合同占有期限内发生所有权变动的，不影响租赁合同的效力。”这就是所谓的“买卖不破租赁”规则，亦即租赁权物权化。但是，租赁房屋具有下列情形或者当事人另有约定的，不适用“买卖不破租赁”规则：（1）房屋在出租前已设立抵押权，因抵押权人实现抵押权发生所有权变动的；（2）房屋在出租前已被人民法院依法查封的。

2. 房屋承租人的优先购买权

房屋承租人优先购买权是指出租人出卖租赁房屋时，房屋承租人在同等条件下依法享有优先于其他人购买该房屋的权利。承租人行使优先购买权须具备以下条件：（1）须存在合法有效的租赁合同。（2）须在出租人出卖其房屋的同等条件下行使。这里的“同等条件”，主要包括价格、交付期限和方式等条件。（3）承租人须在一定期限内行使。为了保障承租人的优先购买权得以实现，出租人应当履行通知义务和止卖义务。《民法典》第 726 条第 2 款规定，承租人在出租人履行通知义务后，15 日内未明确表示购买的，视为放弃优先购买权。出租人委托拍卖人拍卖租赁房屋的，应当在拍卖 5 日前通知承租人。承租人未参加拍卖的，视为放弃优先购买权（《民法典》第 727 条）。应当指出，虽然具备了优先购买权的行使条件，但是，房屋按份共有人行使优先购买权或者出租人将房屋出卖给近亲属的，承租人不得享有优先购买权。

承租人的优先购买权受到侵害的，有权请求出租人承担责任。依据《民法典》第 728 条规定，出租人未通知承租人或者有其他妨害承租人行使优先购买权情形的，承租人可以请求出租人承担赔偿责任。但是，出租人与第三人订立的房屋买卖合同的效力不受影响。

3. 房屋承租人的优先承租权

《民法典》第 734 条第 2 款确认了一项新规则——房屋承租人的优先承租权。所谓房屋承租人的优先承租权，是指租赁合同期限届满，如果出租人再次出租该房屋，但明示不再按原条件续租时，原承租人享有在同等条件下优先于其他人承租的权利。

4. 共同居住人或者共同经营人的继续承租权

依据《民法典》第 732 条规定，承租人在房屋租赁期限内死亡的，与其生前共同居住的人或者共同经营人可以按照原租赁合同租赁该房屋。

（二）租赁合同的风险负担

在租赁合同存续期间，因不可归责于双方当事人的事由导致租赁物毁损、灭失的，发生租赁合同风险负担问题。租赁合同的风险负担主要包括两个方面。

1. 租赁物的风险负担

租赁物的风险负担采用与买卖合同中“交付主义”（或称“交付转移风险原则”）不同的规则，即“所有人主义”（或称“物主承担风险原则”）。确定这一风险负担规则的依据是“利益之所在，即风险之所在”的公认的市场交易中风险与利益一致规则。

2. 租金的风险负担

依据《民法典》第 729 条的规定，因不可归责于承租人的事由，致使租赁物部分或者全部毁损、灭失的，承租人可以请求减少租金或者不支付租金。可见，租金的风险由出租人承担。相应地，租赁物不能使用、收益的风险，也应由出租人承担。

四、租赁合同的解除

（一）租赁合同的默示更新与出租人解除权

租赁期限届满，租赁合同依法终止，双方当事人可以依照《民法典》第 705 条的规定续订合同。当事人续订合同可以采取明示方式或默示方式。双方未就租赁合同的续订作出明确意思表示，但承租人继续使用租赁物，出租人对此亦未提出异议的，应认为出租人同意承租人使用租赁物，双方便以默示方式续订了租赁合同。在此种情形下，因当事人双方没有明确约定租赁期限，故该租赁合同为不定期租赁合同。从实质上来看，续订的租赁合同是对原租赁合同的更新。

由于更新后的租赁合同是不定期租赁合同，故当事人双方都可以随时解除合同，但出租人解除合同应当在合理期限内通知承租人。同时，根据《民法典》第 711 条、第 716 条和第 722 条的规定，承租人未按约定的方法或者根据租赁物性质使用租赁物致使租赁物受到损失、承租人未经出租人同意转租以及承租人无正当理由未支付或迟延支付租金且在出租人规定的合理期限届满后仍逾期不支付的，出租人均可依法行使解除权以终止租赁合同。

（二）承租人在特定情形下的解除权

《民法典》第 731 条规定：“租赁物危及承租人的安全或者健康的，即使承租人订立合同时明知该租赁物质量不合格，承租人仍然可以随时解除合同。”一般来说，承租人在订立合同时明知租赁物有瑕疵或者承租人因重大过失而不知租赁物有瑕疵的，出租人不承担瑕疵担保责任，承租人也不得因此解除合同。但是，基于保障承租人的安全或者健康重于交易安全的理念，在上述情形中承租人依然享有合同解除权。

此外，《民法典》第 724 条规定，租赁物被司法机关或者行政机关依法查封、扣押，租赁物权属有争议，或者租赁物具有违反法律、行政法规关于使用条件强制性规定情形，非因承租人原因致使租赁物无法使用的，承租人可以解除合同。

▶即测即评　　▶案例资源

第六节　融资租赁合同

一、融资租赁合同概述

（一）融资租赁合同的概念和特征

融资租赁合同是出租人根据承租人对出卖人、租赁物的选择，向出卖人购买租赁物，提供给承租人使用，承租人支付租金的合同。典型的融资租赁合同结构是：一方（出租人）根据另一方（承租人）提供的规格，与第三方（供货方）订立一项合同（买卖合同）。根据此合同，出租人按照承租人在与其利益有关范围内同意的条款取得工厂、资本、货物或其他设备（设备），并与承租人订立一项合同（租赁合同），以承租人支付租金为条件授予承租人使用设备的权利。

融资租赁合同具有如下特征：

第一，合同内容具有复合性。融资租赁交易关系是买卖合同和租赁合同的结合，包括三方当事人，即出卖人、出租人（买受人）、承租人。

第二，合同目的具有融资和融物双重性。出租人支付了标的物的全额价款，为满足承租人的需求购买了标的物，这实际上相当于出租人贷款给承租人，用以购买后者所需要的租赁物。承租人从出租人那里获得的并非现金，而是实物，同时承租人须向出租人支付租金，具有融物性。

第三，出租人具有特殊性。在融资租赁合同中，出租人应当具有从事融资租赁业务的资质。考虑到融资租赁交易具有融资性，只有经有关部门批准的公司，才有从事融资租赁交易、订立融资租赁合同的资格。

第四，合同具有双务、诺成、要式性。融资租赁合同是双方互负对待给付义务的合同。其中，出租人要履行按照承租人的要求购买标的物并交付承租人使用的义务，承租人要履行支付租金等义务，合同的成立和生效并不以标的物的实际交付为要件，属于双务、诺成合同。融资租赁合同应当采用书面形式，属于要式合同。

（二）融资租赁合同的内容

根据《民法典》第736条的规定，融资租赁合同的内容一般包括租赁物的名称、数量、规格、技术性能、检验方法，租赁期限，租金构成及其支付期限和方式、币种，租赁期限届满租赁物的归属等条款。除上述条款外，融资租赁合同还应包括租赁物的交付、使用、保养、维修和保险、担保、违约责任、合同发生争议时的解决方法、合同签订日期和地点等条款。

（三）出租人对租赁物所有权的登记

《民法典》第745条规定："出租人对租赁物享有的所有权，未经登记，不得对抗善意第三人。"在融资租赁交易中，基于由"融物"达致"融资"的目的，出租人关注的是承租人能否及时清偿租金，以收回投放的资金。在法律结构设计上，出租人保有租赁物的所有权，目的在于确保租金的清偿。虽然租赁物的所有权由出租人享有，但由于租赁物由承租人占有，出租人无法依传统动产物权的公示方法——占有公示自己的权利，在出租人的权利处于秘密状态时，就产生了所谓"表面所有权"的问题，而融资租赁登记制度则解决了"表面所有权"的困境。

登记制度的确立实现了从所有权向担保物权的转化，有利于强化所有权的担保功能。民法典将融资租赁交易中出租人保有所有权视为一种担保方式，并通过登记的方式确定其在各种担保方式中的效力顺位，有利于消除隐形担保。当然，在融资租赁合同中，出租人的所有权未经登记的，不得对抗善意受让人、善意承租人、查封扣押债权人和破产债权人、破产管理人。

二、融资租赁合同与买卖合同的关系

（一）与标的物交付、受领有关的权利和义务

融资租赁合同兼具融资性和融物性。基于融资性，出租人根据承租人对出卖人、租赁物的选择订立买卖合同，并无意受领标的物之后再将标的物交付承租人，而由出卖人直接向承租人交付租赁物。承租人并不是买卖合同中的买受人，但享有买受人的受领权利，与受领租赁物相关的权利自然也随之转让给承租人。"与受领租赁物相关的权利"通常包含两方面内容：一是对租赁物检验的权利；

二是拒绝接受不符合要求的租赁物的权利。此种权利依据法律的规定由承租人享有。

根据《民法典》第 740 条的规定，出卖人违反向承租人交付标的物的义务，有下列情形之一的，承租人可以拒绝受领出卖人向其交付的标的物：（1）标的物严重不符合约定；（2）未按照约定交付标的物，经承租人或者出租人催告后在合理期限内仍未交付。承租人拒绝受领标的物的，应当及时通知出租人。未及时通知出租人，或者无正当理由拒绝受领租赁物，造成出租人损失的，出租人可以向承租人主张损害赔偿。

《民法典》第 747 条规定："租赁物不符合约定或者不符合使用目的的，出租人不承担责任。但是，承租人依赖出租人的技能确定租赁物或者出租人干预选择租赁物的除外。"由于融资租赁交易中租赁物是由承租人选择的，出租人在融资租赁交易中仅承担融资的义务，因此，出租人对租赁物的瑕疵担保免责是融资租赁合同的一个重要特征。但也有例外，如承租人依赖出租人的技能确定租赁物或者出租人干预选择租赁物的，出租人应当对租赁物的瑕疵承担担保责任。这具体包括以下情形：（1）出租人在承租人选择出卖人、租赁物时，对租赁物的选定起决定作用；（2）出租人干预或者要求承租人按照出租人意愿选择出卖人或者租赁物；（3）出租人擅自变更承租人已经选定的出卖人或者租赁物。承租人主张其系依赖出租人的技能确定租赁物或者出租人干预选择租赁物的，对上述事实承担举证责任。

（二）出卖人违约时的索赔权

在出卖人不履行买卖合同义务时，如交付的标的物不合格或交付迟延，承租人有权直接请求其承担责任，出卖人也负有修理、替换以及损害赔偿的义务。在融资租赁交易中，承租人受领标的物，并对标的物进行验收且实际使用标的物，因此，承租人对于买卖合同的履行情况最为了解，应当由承租人行使索赔的权利。承租人直接向出卖人行使索赔权的情况包括：出卖人交付的租赁物本身不符合合同约定；出卖人未交付或者迟延交付租赁物。

《民法典》第 741 条规定："出租人、出卖人、承租人可以约定，出卖人不履行买卖合同义务的，由承租人行使索赔的权利。承租人行使索赔权利的，出租人应当协助。"出租人作为租赁物买卖合同的当事人，虽然可以将对出卖人的索赔权让与承租人，但这并不能改变其在租赁物买卖合同中的法律地位。承租人在行使索赔权时，仍需要得到出租人的协助，如为承租人提供一些相关的单据票证等，以便承租人与出卖人进行协商。承租人对出卖人行使索赔权利，不影响其履行支付租金的义务。但是，承租人依赖出租人的技能确定租赁物或者出租人干预选择租赁物的，承租人可以请求减免相应租金。

根据《民法典》第 743 条的规定，出租人有下列情形之一，致使承租人对出卖人行使索赔权利失败的，承租人有权请求出租人承担相应的责任：（1）明知租赁物有质量瑕疵而不告知承租人；（2）承租人行使索赔权利时，未及时提供必要协助。所谓“行使索赔权利失败”，是指由于出租人的原因导致承租人无法行使索赔权利，或者由于出租人怠于通知承租人租赁物的瑕疵致使承租人所享有的索赔权已经超过诉讼时效，或者因出租人的不协助导致承租人举证不能而被驳回诉讼请求。出租人怠于行使只能由其对出卖人行使的索赔权利，造成承租人损失的，承租人有权请求出租人承担赔偿责任。此处的“只能由其对出卖人行使的索赔权利”包括两种情形：（1）融资租赁合同中约定只能由出租人行使对出卖人的索赔权；（2）买卖合同中约定只能由出租人行使对出卖人的索赔权。在上述两种情形下，承租人并不享有索赔权，出租人自无妨碍承租人索赔的可能。

（三）买卖合同变更的限制

《民法典》第 744 条规定：“出租人根据承租人对出卖人、租赁物的选择订立的买卖合同，未经承租人同意，出租人不得变更与承租人有关的合同内容。”在融资租赁交易中，承租人所承租的标的物虽由出租人出资购买，却是由承租人选择决定的。选择租赁物的出卖人及决定租赁物的规格和技术性能，是承租人的一项权利。为充分实现合同目的，通常情况下，由承租人根据自身对标的物的规格和技术性能等要求，凭借自身所掌握的信息、实践经验来确定买卖合同标的物及出卖人。只有在少数情况下，承租人才会依赖出租人的专业知识和市场信息确定标的物及出卖人。由此可见，虽然买卖合同是在出租人与出卖人之间签订的，承租人并不是买卖合同的当事人，但在租赁物是依据承租人对出卖人、租赁物的选择而购买的情况下，订立买卖合同最终是为了履行融资租赁合同。因此，未经承租人同意，出租人不得变更与承租人有关的合同内容。出租人虽然不能擅自变更与承租人相关的内容，但就买卖合同中与承租人不相关的内容，出租人仍有权变更。

三、融资租赁合同的效力

（一）出租人的义务

在融资租赁合同中，虽然承租人通过出租人进行资金融通，但承租人订立融资租赁合同的根本目的在于取得租赁物的使用权。因此，租赁期限内，出租人应保证承租人对租赁物的占有和使用。根据《民法典》第 748 条的规定，出租人有下列情形之一的，承租人有权请求其赔偿损失：（1）出租人无正当理由收回租赁物；（2）出租人无正当理由妨碍、干扰承租人对租赁物的占有和使用；（3）因出租人的原因致使第三人对租赁物主张权利；（4）出租人不当影响承租人对租赁物占有和使用的其他情形。

（二）承租人的义务

1. 支付租金

在融资租赁合同中，承租人应当按照合同约定向出租人支付租金。承租人支付的租金并非租赁物的对价，而是融资的对价。因此，除当事人另有约定外，租金的数额应当根据购买租赁物的大部分或者全部成本以及出租人的合理利润确定（《民法典》第746条）。基于此，融资租赁合同中承租人支付租金的义务具有如下特点：（1）如融资租赁合同对于承租人支付租金的起算日没有相反约定，承租人只要受领租赁物，即负有支付租金的义务。（2）在租赁期限内，即使租赁物存在瑕疵，承租人也不得以此为由拒付租金，但承租人依赖出租人的技能确定租赁物或者出租人干预选择租赁物的除外。（3）租赁期限内租赁物毁损、灭失的风险由承租人负担，即便租赁物因不可归责于双方当事人的事由而发生毁损、灭失，承租人仍然要履行支付租金的义务，但是法律另有规定或当事人另有约定的除外（《民法典》第751条）。（4）承租人因违约而被出租人收回租赁物的，承租人可以不继续支付租金，但对于其在租赁物收回前应付的租金，仍应继续履行支付义务。

根据《民法典》第752条的规定，承租人经催告后在合理期限内仍不支付租金的，出租人有权选择以下违约救济方式：（1）请求承租人立即支付全部租金。此处的全部租金，既包括融资租赁合同规定的全部已到期而承租人未支付的租金，也包括其他依约定尚未到期的租金，即包含了租赁期届满时的所有租金。（2）解除合同、收回租赁物。有下列情形之一的，出租人可以请求解除融资租赁合同，收回租赁物：承租人未按照合同约定的期限和数额支付租金，符合合同约定的解除条件，经出租人催告后在合理期限内仍不支付的；合同对于欠付租金解除合同的情形没有明确约定，但承租人欠付租金达到两期以上，或者数额达到全部租金15%以上，经出租人催告后在合理期限内仍不支付的。此时，即使出租人能够收回租赁物，仍然负担清算义务。

2. 妥善保管、使用和维修租赁物

租赁物在租赁期限内由承租人占有、使用，出租人须容忍承租人对租赁物的使用、收益。因此，《民法典》第750条第1款规定，承租人基于自己使用、收益租赁物及保护出租人利益的需要，应当妥善保管、使用租赁物。妥善保管，是指承租人应当根据善良管理人的标准保管租赁物，包括按照租赁物的性能要求保管租赁物以及对租赁物进行定期检查；妥善使用，是指承租人应当按照租赁物的使用性能利用租赁物。

根据《民法典》第750条第2款的规定，在融资租赁合同中，出租人并不负有维修义务，而由承租人承担该义务。一方面，融资租赁中承租人享有实质意义上的所有人权益，与此相适应，其也应当负有维修租赁物的义务。另一方面，承租人对标的物和出卖人进行了选择，而且具有专业技术，因此承租人最有能力对标的物进行维修。

3. 承担租赁物造成第三人损害的赔偿责任

《民法典》第749条规定："承租人占有租赁物期间，租赁物造成第三人人身损害或者财产损失的，出租人不承担责任。"据此，租赁物造成第三人损害，是指租赁物本身及其设置、使用、保管等造成第三人人身损害或者财产损失。对此，出租人不承担赔偿责任。

租赁物造成第三人损害，可分为两种情况：一是使用、保管租赁物不当造成第三人人身损害或者财产损失；二是租赁物自身固有的缺陷造成第三人人身损害或者财产损失。在第一种情况下，第三人损害的发生原因在于承租人对租赁物保管、使用不当，对此，出租人不承担责任，而由承租人向第三人承担损害赔偿责任。在第二种情况下，第三人损害的发生原因在于租赁物不符合约定或者不符合使用目的，对此，出租人不承担责任，但是承租人依赖出租人的技能确定租赁物或者出租人干预选择租赁物的除外。

四、融资租赁合同的解除与终止

（一）融资租赁合同的解除

融资租赁合同是为了使承租人能够长期使用租赁物而订立的合同，为了实现融资租赁合同的缔约目的，就应当保持租赁物利用关系的稳定性。但是，这并非意味着禁止当事人解除合同，在特定情形之下，也允许解除融资租赁合同。

1. 出租人和承租人均可解除融资租赁合同的情形

第一，融资租赁合同因履行不能而不能实现合同目的的，出租人或者承租人可以解除融资租赁合同。这些情形包括：（1）出租人与出卖人之间所订立的买卖合同被解除、被确认无效或者被撤销，又未能重新订立买卖合同；（2）租赁物因不可归责于当事人的原因毁损、灭失，且不能修复或者确定替代物；（3）因出卖人的原因致使融资租赁合同的目的不能实现（《民法典》第754条）。

第二，融资租赁合同因买卖合同解除、被确认无效或者被撤销而解除，出卖人、租赁物系由承租人选择的，出租人有权请求承租人赔偿相应损失；但是，因出租人原因致使买卖合同解除、被确认无效或者被撤销的除外。出租人的损失已经在买卖合同解除、被确认无效或者被撤销时获得赔偿的，承租人不再承担相应的赔偿责任（《民法典》第755条）。

第三，融资租赁合同因租赁物交付承租人后意外毁损、灭失等不可归责于当事人的原因解除的，出租人可以请求承租人按照租赁物折旧情况给予补偿（《民法典》第756条）。

2. 出租人解除融资租赁合同的情形

第一，承租人欠付租金，有下列情形之一的，出租人可以解除融资租赁合同：（1）承租人未按照合同约定的期限和数额支付租金，符合合同约定的解除条件，经出租人催告后在合理期限内仍不支付的；（2）合同对于欠付租金解除合同的情形没有明确约定，但承租人欠付租金达到两期以上，或者数额达到全部租金15%以上，经出租人催告后在合理期限内仍不支付的。

第二，承租人未经出租人同意，将租赁物转让、抵押、质押、投资入股或者以其他方式处分的，出租人可以解除合同（《民法典》第753条）。

出租人选择解除融资租赁合同的，可以收回租赁物并请求赔偿损失。出租人可主张赔偿的损失范围是承租人全部未付租金及其他费用与收回租赁物价值的差额。合同约定租赁期限届满后租赁物归出租人所有的，损失赔偿范围还应包括融资租赁合同到期后租赁物的残值。

3. 承租人解除融资租赁合同的情形

因出租人的原因致使承租人无法占有、使用租赁物的，承租人可以解除融资租赁合同。这里主要包括以下情形：（1）因出租人的原因导致承租人不能及时受领标的物；（2）因出租人的原因导致出卖人没有履行供货义务；（3）因出租人的原因导致承租人不能行使对租赁物的占有、使用权利。例如，出租人没有正当理由收回租赁物；出租人妨碍承租人对租赁物的占有和使用；第三人对租赁物主张权利，影响承租人对租赁物的占有和使用，并导致承租人的合同目的无法实现。

（二）融资租赁合同的终止

融资租赁合同因租赁期限届满而终止，其中涉及的主要法律问题在于租赁物的归属。依据《民法典》第757—760条的规定，租赁物的归属，应区分如下不同情况：

（1）出租人和承租人可以约定租赁期限届满租赁物的归属；对租赁物的归属没有约定或者约定不明确，依据《民法典》第510条的规定仍不能确定的，租赁物的所有权归出租人。

（2）当事人约定租赁期限届满租赁物归承租人所有，承租人已经支付大部分租金，但是无力支付剩余租金，出租人因此解除合同收回租赁物，收回的租赁物的价值超过承租人欠付的租金以及其他费用的，承租人可以请求相应返还。当事人约定租赁期限届满租赁物归出租人所有，因租赁物毁损、灭失或者附合、混合于他物致使承租人不能返还的，出租人有权请求承租人给予合理补偿。

（3）当事人约定租赁期限届满，承租人仅需向出租人支付象征性价款的，视为约定的租金义务履行完毕后租赁物的所有权归承租人。

（4）融资租赁合同无效，当事人就该情形下租赁物的归属有约定的，按照其约定；没有约定或者约定不明确的，租赁物应当返还出租人。但是，因承租人原因致使合同无效，出租人不请求返还或者返还后会显著降低租赁物效用的，租赁物的所有权归承租人，由承租人给予出租人合理补偿。

▶即测即评　　▶案例资源

第七节 保理合同

一、保理合同概述

（一）保理合同的概念和特征

保理是指应收账款的债权人将应收账款转让给保理人，保理人提供资金支持以及对应收账款进行管理、催收等。保理合同是应收账款债权人将现有的或者将有的应收账款转让给保理人，保理人提供资金融通、应收账款管理或者催收、应收账款债务人付款担保等服务的合同。在实践中，保理对资金的融通、开通融资渠道以及缓解中小企业融资难等问题，都发挥了重要作用。

保理合同具有如下特征：

第一，保理合同的主体是应收账款债权人和保理人。保理人通常是商业银行或商业保理公司，无保理业务资质而以保理为常业的市场主体所订立的保理合同，可以认定为无效。在保理合同中，应收账款债务人虽然负有还款义务，与保理合同关系密切，但其并非保理合同的当事人。保理合同仅约束应收账款债权人与保理人，并不对应收账款债务人产生约束力。

第二，保理合同的客体为应收账款。应收账款是指权利人因提供一定的货物、服务或设施而获得的要求义务人付款的权利以及依法享有的其他付款请求权，包括现有的和未来的金钱债权，但不包括因票据或其他有价证券而产生的付款请求权，以及法律、行政法规禁止转让的付款请求权。

第三，以应收账款的转让为基础提供保理服务。保理合同除须具备转让应收账款这一要素之外，还须由保理人向应收账款债权人提供资金融通、应收账款管理或者催收、应收账款债务人付款担保等服务。

第四，保理合同具有要式性。保理合同应当采用书面形式，故为要式合同。由于保理合同通常较为复杂，书面合同能更为清晰地明确当事人之间的权利义务关系，提高当事人之间的交易效率，在发生纠纷时也便于当事人举证。

（二）保理合同的分类

1. 公开型保理和隐蔽型保理

这是依据保理业务是否向债务人公开所作的分类。公开型保理是在签订保理合同后，原债权人和保理人向债务人发出通知，告知其应收账款已用作保理的保理；隐蔽型保理是在签订保理合同后，原债权人和保理人并不立即向债务人发出通知，仍由原债权人向债务人收取应收账款的保理。

2. 有追索权保理和无追索权保理

这是依据保理人是否享有追索权所作的分类。在有追索权保理中，保理人不向原债权人提供坏账担保服务，一旦债务人无法偿还应收账款，保理人即可向原债权人主张回购应收账款或返还保理融资款本息。在无追索权保理中，保理人常会根据债务人的信用状况，核准其信用额度，并在该额度内对原债权人提供坏账担保服务，在债务人清偿能力不足时，保理人不能向原债权人追索已发放的保理融资款项。

3. 到期保理和融资保理

这是依据保理人提供的金融服务中是否包含融资服务所作的分类。到期保理是指保理合同签订后，保理人并不立即支付原债权人保理款项，而是在应收账款到期后债务人无法按时付款或出现债务人破产的情况下，由保理人向原债权人支付保理款项的保理。在该种保理中，原债权人主要寻求的是保理人对其提供的坏账担保服务，并不需要保理人向其提供融资服务，因而保理人仅有权收取保理费。在融资保理中，在保理合同签订后，保理人即须向原债权人发放保理融资款项。在该种保理中，保理人不仅可以收取保理费，还可向原债权人收取融资费利息。

4. 国内保理和国际保理

这是依据保理当事人是否处于同一个国家所作的分类。国内保理是指保理业务的三方当事人均处于我国境内的保理。国际保理是指出口保理商和进口保理商位于不同国家（地区）的保理。

（三）保理合同的内容

依据《民法典》第 762 条的规定，保理合同的内容一般包括业务类型、服务范围、服务期限、基础交易合同情况、应收账款信息、保理融资款或者服务报酬及其支付方式等条款。

（四）保理的登记

保理合同以应收账款的转让为表象，保理人受让的应收账款仅起到担保作用。民法典将保理人受让取得的应收账款功能化为担保物权，因此，该应收账款的转让就有了公示的必要。与应收账款质权不同，保理采取登记对抗主义。未经登记，不得对抗善意第三人。

二、保理合同的效力

（一）保理人的义务

保理人的主给付义务是提供资金融通、应收账款管理、应收账款催收、应收账款债务人付款担保四种主要的保理服务。其中，提供资金融通是最为重要的义务。

（二）应收账款债权人的义务

1. 按照约定转让应收账款债权的义务

应收账款债权人的首要义务是按照约定向作为受让人的保理人转让应收账款债权。如债权人违反该义务，导致保理合同目的无法实现，将构成根本违约，保理人有权依法解除合同，并请求债权人承担违约责任。

2. 权利瑕疵担保义务

应收账款债权人应当向保理人担保其转让的应收账款是真实合法的，不存在虚构行为，不存在权利负担与其他可能妨碍保理人实现债权的瑕疵。依据《民法典》第763条的规定，应收账款债权人与债务人虚构应收账款作为转让标的，与保理人订立保理合同的，应收账款债务人不得以应收账款不存在为由对抗保理人，但是保理人明知虚构的除外。

3. 不减损应收账款债权价值的义务

在保理合同订立后，债权人不得实施减损应收账款债权价值的行为。“减损应收账款债权价值的行为”，主要是指债权人和债务人通过协商变更或终止基础交易合同，使得应收账款债权的价值减损甚至丧失，从而对保理人产生不利影响。

（三）保理人的权利实现

1. 保理人权利实现的方式

依据《民法典》第766条的规定，当事人约定有追索权保理的，保理人可以向应收账款债权人主张返还保理融资款本息或者回购应收账款债权，也可以向应收账款债务人主张应收账款债权。保理人向应收账款债务人主张应收账款债权，在扣除保理融资款本息和相关费用后有剩余的，剩余部分应当返还给应收账款债权人。

在无追索权保理中，保理人应当向应收账款债务人主张应收账款债权，保理人取得超过保理融资款本息和相关费用的部分，无须向应收账款债权人返还（《民法典》第 767 条）。

2. 应收账款转让通知在保理人权利实现中的法律意义

在保理业务中，应收账款债务人收到应收账款转让通知的时间是确定应收账款债务人该向谁履行债务的时间节点。在收到应收账款转让通知前，应收账款债务人应当向应收账款债权人履行债务；在收到转让通知后，应收账款债务人必须向保理人履行债务才可免除还款责任。只有当应收账款债务人收到通知后，应收账款的转让才对其发生效力。保理人向应收账款债务人发出转让通知的，保理人须表明其保理人身份并附必要凭证（《民法典》第 764 条）。

依据《民法典》第 765 条的规定，应收账款债务人接到应收账款转让通知后，应收账款债权人与债务人无正当理由协商变更或者终止基础交易合同，对保理人产生不利影响的，对保理人不发生效力。此处的“正当理由”应当包括：（1）得到保理人的同意。基础交易合同的变动只要经过保理人的同意，就对保理人生效，而无论其结果是否会对保理人产生不利影响。（2）符合诚信原则且保理人无合理理由反对。

3. 保理人与竞存权利人之间的顺位关系

依据《民法典》第 768 条的规定，应收账款债权人就同一应收账款订立多个保理合同，致使多个保理人主张权利的，已经登记的先于未登记的取得应收账款；均已经登记的，按照登记时间的先后顺序取得应收账款；均未登记的，由最先到达应收账款债务人的转让通知中载明的保理人取得应收账款；既未登记也未通知的，各保理人按照保理融资款或者服务报酬的比例取得应收账款。

同一应收账款同时存在保理、应收账款质押和债权转让的，可以参照《民法典》第 768 条的规定确定优先顺序。值得注意的是，债权转让并未被要求予以登记。不过，就交易数额较大的债权让与而言，为保全其权利顺位，防止权利冲突，受让人亦可在统一的动产和权利担保登记系统中登记其对应收账款的权利。

▶即测即评　　▶案例资源

第十一章　典型合同（三）

第一节　承 揽 合 同

一、承揽合同概述

（一）承揽合同的概念和特征

承揽合同是指承揽人按照定作人的要求完成工作，交付工作成果，定作人支付报酬的合同。

承揽合同属于劳务供给合同，其在性质上属于诺成、双务、有偿、不要式合同。除此之外，承揽合同还具有如下特征：

第一，承揽合同以完成一定工作并交付特定工作成果为目的。承揽合同是典型的结果之债。所谓结果之债，是指依据法律规定、当事人约定以及交易惯例，只有因债务人的行为实现了特定后果时，债务人才履行了其义务。承揽人需要按照定作人的要求完成工作，交付特定工作成果。如果承揽人付出了劳务，但是并未形成特定工作结果，则定作人的目的就无法得到实现。

第二，承揽合同具有一定人身属性，承揽人原则上需独立完成主要工作。如果定作人和承揽人不存在特别约定，则承揽人应当以自己的设备、技术和劳力完成主要工作。因为定作人与承揽人签订承揽合同，一般都建立在对承揽人能力、条件等信任的基础上，所以承揽人将其承揽的主要工作交由第三人完成的，须经定作人同意。

第三，承揽合同当事人之间不存在控制、支配关系，承揽人独立完成工作任务、独立承担承揽活动中对他人造成损害的赔偿责任。承揽人原则上独立开展承揽活动，不受定作人指挥。因此，在定作人定作、指示或者选任行为没有过错的情况下，承揽人须对完成工作过程中造成的他人损害以及自身损害负责，而无权要求定作人承担责任。

（二）承揽合同的类型

依据《民法典》第770条第2款的规定，承揽包括加工、定作、修理、复制、测试、检验等工作。据此，承揽合同包括如下类型：

（1）加工合同。加工合同即委托加工合同，是指在定作人向承揽人提供原材料的基础上，承揽人以自己的技能、设备和工作，将原材料加工成符合要求的成品并且交付给定作人，并由定作人支付报酬的合同。在加工合同中，材料是由定作人提供的，而不由承揽人提供，这是区分“加工”和“定作”的关键。

（2）定作合同。定作合同是指承揽人将自己的材料加工成符合定作人特定要求的产品，交付给定作人，并由定作人支付报酬的合同。

（3）修理合同。修理合同是指定作人将损坏的东西交付给承揽人，承揽人通过自己的技术、劳务使该毁损物品恢复到其应有使用状态还给定作人，并由定作人支付报酬的合同。

（4）复制合同。复制合同是指承揽人按照定作人的要求，根据定作人所提供的样品制作复制品交付给定作人，并由定作人支付报酬的合同。

（5）测试合同。测试合同是指承揽人根据定作人的要求，对定作人指定的样品进行物理性测试，并将是否具备某种功能或性能的测试结果交付给定作人，由定作人支付报酬的合同。

（6）检验合同。检验合同是指承揽人根据定作人的要求，以自己的设备、仪器、技术等对定作人指定的样品进行化学性检验，并将检验结论交付给定作人，由定作人支付报酬的合同。

（三）承揽合同的内容

依据《民法典》第 771 条的规定，承揽合同的内容一般包括承揽的标的、数量、质量、报酬，承揽方式，材料的提供，履行期限，验收标准和方法等条款。

二、承揽合同的效力

（一）承揽人的义务

1. 自行完成主要工作的义务

承揽合同是定作人基于对承揽人能力、资历、技术等方面的信任而签订的，如果允许承揽人随意将主要工作交由第三人完成，则意味着对这种信任关系的破坏。因此，在没有得到定作人许可的情况下，承揽人必须以自己的设备、技术和劳力，完成主要工作。当然，在双方没有特别约定的情况下，承揽人可以将其承揽的辅助工作交由第三人完成。如果承揽人未经定作人同意，将其承揽的主要工作交由第三人完成，定作人可以解除合同（《民法典》第 772 条第 2 款）。

2. 对次承揽结果负责的义务

次承揽又称再承揽，是指承揽人以定作人的名义将其承揽的工作交给他人完成并支付报酬的合同。根据合同相对性原理，在定作人同意承揽人将其承揽的主要工作交由第三人完成，以及定作人与承揽人未明确禁止承揽人可以将其承揽的辅助工作交由第三人完成的情形下，完成相应工作的第三人并非合同当事人，所以，承揽人应就该第三人完成的工作成果向定作人负责（《民法典》第 773 条）。

3. 提供材料并接受定作人检验的义务

当承揽合同约定由承揽人提供材料时，承揽人应当按照约定选用材料，并接受定作人检验（《民法典》第774条）。可见，承揽人提供材料时，应对其材料承担瑕疵担保义务。

4. 及时检验定作人提供材料的义务

当承揽合同约定由定作人提供材料时，定作人应按照约定提供材料，此时承揽人负担及时检验的义务。承揽人如果发现定作人提供的材料不符合约定，则应当及时通知定作人，并要求其更换、补齐或者采取其他补救措施。除此之外，承揽人应当遵循诚信原则，不得擅自更换定作人提供的材料，不得更换不需要修理的零部件（《民法典》第775条）。

5. 定作人要求不合理时的及时通知义务

定作人要求不合理时，承揽人应当及时通知定作人。例如，承揽人发现定作人提供的图纸或者技术要求不合理时，应当及时通知定作人（《民法典》第776条）。

6. 接受定作人监督检验的义务

承揽人虽然独立完成承揽工作，但其工作本身决定了工作成果的完成质量。所以，承揽人在工作期间，应当接受定作人必要的监督检验（《民法典》第779条）。

7. 妥当保管材料及工作成果的义务

在定作人提供原材料的情况下，承揽人应当妥善保管材料以及完成的工作成果。因承揽人保管不善造成原材料或工作成果毁损、灭失的，承揽人应当承担赔偿责任（《民法典》第784条）。

8. 完成并交付工作成果及相关资料的义务

承揽人的根本合同义务是在约定的期限内完成定作人所要求的工作，所以承揽人在完成工作时，应当向定作人交付工作成果，并提交必要的技术资料和有关质量证明（《民法典》第780条）。在共同承揽中，共同承揽人应当对定作人承担连带责任，但是当事人另有约定的除外（《民法典》第786条）。

9. 对所完成工作成果承担瑕疵担保义务

如果承揽人交付的工作成果不符合质量要求，则定作人可以合理选择请求承揽人承担修理、重作、减少报酬、赔偿损失等违约责任（《民法典》第781条），即承揽人对所完成的工作成果应当承担瑕疵担保义务。

10. 承担保密等后合同义务

承揽人在完成承揽工作的过程中，可能会知晓定作人的商业秘密和技术秘密，这些秘密如果被泄露将会给定作人造成损失，所以，承揽人不仅在完成承揽工作的过程中应当妥善保管定作人的商业秘密和技术秘密，而且承揽工作完成后也不得泄露。同理，承揽人完成承揽工作后，应当将定作人的技术资料、信息和文件予以返还，未经定作人许可，不得留存复制品或者技术资料（《民法典》第785条）。

（二）定作人的义务

1. 依约提供材料时应接受承揽人检验的义务

如果承揽合同约定由定作人提供材料，定作人应当按照约定提供材料，并接受承揽人检验；如果所提供材料不符合约定，定作人应当根据承揽人的要求更换、补齐或者采取其他补救措施（《民法典》第775条第1款）。

2. 保障承揽人独立工作的义务

在承揽合同中，承揽人的工作具有相当的独立性，定作人与承揽人之间并不存在支配和控制关系，定作人虽然可以对承揽人的工作进行监督检验，但不得因监督检验妨碍承揽人的正常工作（《民法典》第779条）。

3. 协助承揽人完成承揽工作的义务

当承揽人完成承揽工作需要定作人协助时，定作人有协助的义务。定作人不履行协助义务致使承揽工作不能完成的，承揽人可以催告定作人在合理期限内履行义务，并可以顺延履行期限；定作人逾期不履行的，承揽人可以解除合同（《民法典》第778条）。

4. 接收并验收工作成果的义务

从承揽合同债务的性质来看，其属于结果性债务。在工作成果完成之后，承揽人应当及时通知定作人，并向定作人交付工作成果。在承揽人完成工作并向定作人交付工作成果时，定作人应当履行验收该工作成果的义务（《民法典》第780条）。

5. 依约支付报酬的义务

定作人应当按照约定的期限支付报酬。承揽合同对支付报酬的期限没有约定或者约定不明确，依据《民法典》第510条的规定仍不能确定的，定作人应当在承揽人交付工作成果时支付；工作成果部分交付的，定作人应当相应支付（《民法典》第782条）。定作人未向承揽人支付报酬或者材料费等价款的，承揽人对完成的工作成果享有留置权或者有权拒绝交付，但是当事人另有约定的除外（《民法典》第783条）。

6. 依法承担损害赔偿责任

定作人的损害赔偿责任主要包含两类：其一，违约损害赔偿责任。例如，当承揽人发现定作人提供的图纸或者技术要求不合理并已通知定作人时，如果因定作人怠于答复等原因造成承揽人损失，定作人应当赔偿损失（《民法典》第776条）。其二，行使解除权时的损害赔偿责任。例如，定作人中途变更承揽工作的要求，造成承揽人损失的，应当赔偿损失（《民法典》第777条）；定作人在承揽人完成工作前可以随时解除承揽合同，但是造成承揽人损失的，应当赔偿损失（《民法典》第787条）。

三、承揽合同的风险负担

（一）材料的风险负担

当定作人提供材料时，如果发生不可归责于双方的毁损、灭失，按照权利义务相一致的原则，因为承揽人本身并未从材料中获益，此时应当由定作人自行承担风险。同理，在由承揽人提供材料时，因为定作人尚未从承揽活动中受益，且其本身也不知晓承揽人提供材料的具体情况，所以仍应由承揽人自行承担风险。

综上所述，在承揽合同中，材料的风险由提供材料的一方负担。当然，因为工作成果尚未交付，定作人也就无须支付承揽人报酬。

（二）工作成果的风险负担

如果承揽合同双方当事人明确约定了工作成果的所有权归属，则应认定由所有权人承担风险，此时承揽人交付工作成果的行为本身并不产生所有权转移的物权变动，所有权人自担风险是受益与风险并存原则的体现。

如果承揽合同双方当事人没有明确约定工作成果的所有权归属，则应当根据材料的所有权来推定工作成果的所有权，并确立相应的风险负担规则：一方面，当由定作人提供材料时，定作人享有工作成果的所有权。在工作成果交付之前发生不可归责于双方的毁损、灭失，则应由定作人自行负担风险。在定作人承担风险的情形下，承揽人完成的工作成果中已然包含承揽人所提供劳务本身的价值，因此，承揽人仍享有报酬请求权。另一方面，当由承揽人提供材料时，承揽人对工作成果享有所有权，风险负担应当类推适用《民法典》第604条规定的买卖合同风险负担的一般规则，即在工作成果交付之前由承揽人负担风险。此外，如果工作成果客观上已经完成了交付，则即使承揽合同双方当事人对所有权归属予以保留，也应当认定由定作人承担风险。

▶即测即评

▶案例资源

第二节　建设工程合同

一、建设工程合同概述

（一）建设工程合同的概念和特征

建设工程合同是承包人进行工程建设，发包人支付价款的合同。建设工程合同有广义和狭义两种，广义上的建设工程合同包括建筑物的勘察、设计、建造、装修、改进、修缮等各种合同，而狭义上的建设工程合同仅包括建设工程的勘察、设计和施工合同。

建设工程合同本质上属于承揽合同的特殊形式，是双务、有偿合同。除此之外，其还具有如下特征：

第一，建设工程合同的主体具有特殊性。建设工程通常具有资金投入大、工程复杂、技术含量高、专业性强的特点，除合同当事人之外，其还关系不特定第三人的人身财产安全，关系国计民生和社会稳定。所以，承包人必须具备法定的建筑施工企业资质，而且不得承包超越自身资质等级的工程。

第二，建设工程合同的标的物具有特殊性。建设工程合同的标的物是建设工程，而不是一般的建筑。所谓建设工程，是指土木工程和建筑业范围内的线路、管道、设备安装工程的新建、扩建、改建及大型的建筑装修装饰活动。

第三，建设工程合同的管理具有特殊性。工程质量事关国计民生，国家对建设工程合同的订立和履行都进行了较为严格的管理，具有相当的强制性。例如，除不适于招标发包的建设工程外，其他建设工程都需要通过招标投标的方式来订立合同。此外，国家重大建设工程合同应当按照国家规定的程序和批准的投资计划、可行性研究报告等文件订立（《民法典》第 792 条）。

第四，建设工程合同的形式具有特殊性。建设工程合同一般具有标的额大、内容复杂、履行期长等特点，法律规定建设工程合同应当采用书面形式，这样既可以让当事人慎重，也有利于相关监督管理工作的开展。

（二）建设工程合同的订立

依据《民法典》第 791 条的规定，发包人可以与总承包人订立建设工程合同，也可以分别与勘察人、设计人、施工人订立勘察、设计、施工承包合同。但是，发包人不得将应当由一个承包人完成的建设工程支解成若干部分发包给数个承包人。总承包人或者勘察、设计、施工承包人经发包人同意，可以将自己承包的部分工作交由第三人完成，该第三人就其完成的工作成果与总承包人或者勘察、设计、施工承包人向发包人承担连带责任。为保证建设工程质量，承包人不得将其承包的全部建设工程转包给第三人或者将其承包的全部建设工程支解以后以分包的名义分别转包给第三人。禁止承包人将工程分包给不具备相应资质条件的单位，禁止分包单位将其承包的工程再分包，建设工程主体结构的施工必须由承包人自行完成。

此外，建设工程实行监理的，发包人应当与监理人采用书面形式订立委托监理合同（《民法典》第796条）。

（三）建设工程合同的法律适用

建设工程合同属于特殊的承揽合同，因此，按照特别规定与一般规定的关系，法律对建设工程合同没有规定的，适用承揽合同的有关规定（《民法典》第808条）。

二、勘察、设计合同

（一）勘察、设计合同的概念和内容

勘察、设计合同是指发包人或总承包人与勘察人、设计人为完成一定的勘察、设计工作，明确相互权利、义务的合同。

依据《民法典》第794条的规定，勘察、设计合同的内容一般包括提交有关基础资料和概预算等文件的期限、质量要求、费用以及其他协作条件等条款。

（二）勘察、设计合同的效力

1. 发包人的义务

（1）提供基础资料和文件的义务。勘察合同的发包人应当按照合同的约定提供勘察工作需要的勘察基础资料、勘察技术要求及附图；设计合同的发包人应当按照合同的约定提供设计的基础资料、设计的技术要求和相关批文。因发包人变更计划，提供的资料不准确，或者未按照期限提供必需的勘察、设计工作条件而造成勘察、设计的返工、停工或者修改设计，发包人应当按照勘察人、设计人实际消耗的工作量增付费用（《民法典》第805条）。

（2）按照约定提供必要协作条件的义务。在勘察人、设计人进场工作时，发包人应当为其提供必要的工作条件和生活条件，以保证其正常开展工作。

（3）按照约定接受勘察、设计成果并支付勘察、设计费用的义务。勘察人、设计人按照约定向发包人提交勘察、设计成果的，发包人应当接受，并按照约定支付勘察、设计费用。

（4）维护勘察、设计成果的义务。发包人对于勘察人、设计人交付的勘察设计成果不得擅自修改，也不得擅自转让。

2. 承包人的义务

（1）按期完成勘察、设计工作的义务。勘察人应当按照国家规定的或者合同约定的标准和技术条件进行工程测量、工程地质、水文地质等勘察工作；设计人应当按照合同的约定，根据发包人提供的文件和资料进行设计工作。勘察人、设计人应按照合同规定的进度完成勘察、设计任务。

（2）提交勘察、设计成果的义务。勘察人、设计人应在约定的期限内将完成的勘察成果、设计图纸及说明和材料设备清单、概预算等设计成果按约定的方式交付给发包人。

（3）对勘察、设计成果负瑕疵担保责任。勘察人、设计人完成和交付的工作成果应符合法律、行政法规的规定，符合建设工程质量、安全标准，符合建设工程勘察、设计的技术规范，符合合同的约定。勘察、设计的质量不符合要求或者未按照期限提交勘察、设计文件拖延工期，造成发包人损失的，勘察人、设计人应当继续完善勘察、设计，减收或者免收勘察、设计费并赔偿损失（《民法典》第800条）。

（4）完成协作事项的义务。设计人应当按照合同的约定对其承担设计任务的工程建设配合施工，进行设计交底，解决施工过程中有关设计的问题，负责设计变更和修改预算，参加试车考核、工程竣工和隐蔽工程等工作的验收。

三、施工合同

（一）施工合同的概念和内容

施工合同是指发包人与承包人订立的关于工程的建筑与安装的合同。此类合同是建设工程合同的主要类型和典型形态，也是工程建设质量控制、进度控制、投资控制的主要依据。依据《民法典》第795条的规定，施工合同的内容一般包括工程范围、建设工期、中间交工工程的开工和竣工时间、工程质量、工程造价、技术资料交付时间、材料和设备供应责任、拨款和结算、竣工验收、质量保修范围和质量保证期、相互协作等条款。

（二）施工合同的效力

1. 发包人的主要义务

（1）协助施工的义务。发包人应当按照约定的时间和要求提供原材料、设备、场地、资金、技术资料，否则承包人可以顺延工程日期，并有权请求发包人赔偿停工、窝工等损失（《民法典》第803条）。

（2）及时检查隐蔽工程的义务。承包人通知发包人检查隐蔽工程后，发包人应当及时检查，否则承包人可以顺延工程日期，并有权请求发包人赔偿停工、窝工等损失（《民法典》第798条）。

（3）及时验收并接收竣工工程的义务。建设工程竣工后，发包人应当根据施工图纸及说明书、国家颁发的施工验收规范和质量检验标准及时进行验收。验收合格的，发包人应当按照约定支付价款，并接收该建设工程。建设工程竣工经验收合格后，方可交付使用；未经验收或者验收不合格的，不得交付使用（《民法典》第 799 条）。

（4）支付工程价款的义务。支付工程价款是发包人的主要义务。只要建设工程竣工并且验收合格，发包人就应当按照约定支付价款。发包人未按照约定支付价款的，承包人可以催告发包人在合理期限内支付价款。发包人逾期不支付的，除根据建设工程的性质不宜折价、拍卖外，承包人可以与发包人协议将该工程折价，也可以请求人民法院将该工程依法拍卖。建设工程的价款就该工程折价或者拍卖的价款优先受偿（《民法典》第 807 条）。

此外，依据《民法典》第 793 条的规定，建设工程施工合同无效，但是建设工程经验收合格的，可以参照合同关于工程价款的约定折价补偿承包人。建设工程施工合同无效，且建设工程经验收不合格的，按照以下情形处理：修复后的建设工程经验收合格的，发包人可以请求承包人承担修复费用；修复后的建设工程经验收不合格的，承包人无权请求参照合同关于工程价款的约定折价补偿。发包人对因建设工程不合格造成的损失有过错的，应当承担相应的责任。

2. 承包人的义务

（1）按期完成工程的义务。承包人应当依约完成工程。因发包人的原因致使工程中途停建、缓建的，发包人应当采取措施弥补或者减少损失，赔偿承包人因此造成的停工、窝工、倒运、机械设备调迁、材料和构件积压等损失和实际费用（《民法典》第 804 条）。

（2）保证工程质量的义务。因承包人的原因致使建设工程质量不符合约定的，发包人有权请求承包人在合理期限内无偿修理或者返工、改建。经过修理或者返工、改建后，造成逾期交付的，承包人应当承担违约责任（《民法典》第 801 条）。因承包人的原因致使建设工程在合理使用期限内造成人身损害和财产损失的，承包人应当承担赔偿责任（《民法典》第 802 条）。此外，在保修期内，承包人还应当对存在质量问题的工程进行无偿修理。

（3）提交竣工验收的义务。在建设工程完成之后，承包人应当及时将工程提交发包人进行竣工验收。承包人应当遵守国家有关交付验收规则，做好交付准备工作，将建设工程交付发包人，并有权要求发包人签发交工验收证书。

（4）接受监督检查的义务。发包人在不妨碍承包人正常作业的情况下，可以对作业进度、质量进行监督检查，承包人不得拒绝（《民法典》第 797 条）。

（5）通知检查隐蔽工程的义务。隐蔽工程在隐蔽以前，承包人应当通知发包人检查（《民法典》第 798 条）。

（三）施工合同的解除

依据《民法典》第 806 条的规定，施工合同的解除主要有两种情形：（1）承包人将建设工程转包、违法分包的，发包人可以解除合同；（2）发包人提供的主要建筑材料、建筑构配件和设备不符合强制性标准或者不履行协助义务，致使承包人无法施工，经催告后在合理期限内仍未履行相应义务的，承包人可以解除合同。

施工合同解除后，已经完成的建设工程质量合格的，发包人应当按照约定支付相应的工程价款；已经完成的建设工程质量不合格的，参照《民法典》第 793 条的规定处理。

▶即测即评　　▶案例资源

第三节　运 输 合 同

一、运输合同概述

（一）运输合同的概念和特征

运输合同是承运人将旅客或者货物从起运地点运输到约定地点，旅客、托运人或者收货人支付票款或者运输费用的合同。运输合同主要包括客运合同和货运合同。

运输合同是双务、有偿合同。除此之外，运输合同还具有如下特征：

第一，运输合同的标的是运输行为。在运输合同中，承运人以将旅客或者货物运送到约定地点为履约目的。旅客或者货物是运输行为的对象，运输行为则是运输合同的标的。

第二，运输合同具有公益性。在运输合同中，从事公共运输的承运人通常是专门的社会公共企业，且具有一定垄断性，所以其承担强制缔约义务，不得拒绝旅客、托运人通常、合理的运输要求（《民法典》第 810 条）。

第三，运输合同多为格式合同。运输合同是一种公用性、公益性的合同，承运人需要面对不特定的旅客或托运人，其所签订合同的数量极为庞大，所以客票、货运单、提单等均依照专门法规统一印制，运费也多执行统一规定。

（二）运输合同的类型

运输合同种类繁多，其具体类型主要有以下三大类：（1）根据运输对象的不同，运输合同可分为客运合同和货运合同；（2）根据运输工具的不同，运输合同可分为铁路运输合同、公路运输合同、航空运输合同、水上运输合同、海上运输合同及管道运输合同等；（3）根据承运人的人数不同，运输合同可分为单一运输合同和联合运输合同。

二、客运合同

（一）客运合同的概念和成立

客运合同是指承运人将旅客及其所携带行李安全从起运地点运输到约定地点，并由旅客支付运费的合同。

根据《民法典》第814条的规定，客运合同自承运人向旅客出具客票时成立，除非当事人另有约定或者另有交易习惯。例如，承运人虽然没有向旅客出具客票，但是如果已经允许旅客上车，则自旅客乘上运输工具之时起，客运合同即宣告成立，即使后续存在补票行为，也与合同成立无关。

（二）客运合同的效力

1. 承运人的义务

（1）依约运输的义务。承运人应当按照约定期限或者合理期限，以及约定的或者通常的运输路线将旅客安全运输到约定地点（《民法典》第811、812条）。具体而言，承运人应当按照有效客票记载的时间、班次和座位号将旅客安全运输到目的地，且不得降低服务标准。如果因为承运人的原因导致客运合同无法正常履行，应视为违约行为，旅客有权变更或解除合同。

（2）重要事项的告知义务。承运人应当严格履行安全运输义务，及时告知旅客安全运输应当注意的事项（《民法典》第819条）。

（3）为实名制旅客挂失补办客票的义务。实名制客运合同的旅客丢失客票的，可以请求承运人挂失补办，承运人不得再次收取票款和其他不合理费用（《民法典》第815条第2款）。

（4）救助义务。承运人在运输过程中，应当尽力救助患有急病、分娩、遇险的旅客（《民法典》第822条）。

（5）依法承担违约责任。承运人需要承担违约责任的情形，主要有以下几类：第一，承运人迟延运输或者有其他不能正常运输情形的，应当及时告知和提醒旅客，采取必要的安置措施，并根据旅客的要求安排改乘其他班次或者退票；如果不能正常运输可归责于承运人，则承运人应当对旅客的损失承担赔偿责任（《民法典》第820条）。第二，承运人擅自降低服务标准的，应当根据旅客的请求退票或者减收票款（《民法典》第821条）。第三，承运人应当对运输过程中旅客的伤亡承担赔偿责任，且承运人对旅客伤亡是否有过错并不影响其责任的承担。只有在伤亡是由旅客自身健康原因造成的或者承运人证明伤亡是旅客故意、重大过失造成的情况下，承运人才能主张免责。需要注意的是，此处的旅客包含免票旅客、持优待票旅客以及经承运人许可搭乘的无票旅客（《民法典》第 823 条）。第四，在运输过程中，承运人如果对旅客随身携带物品毁损、灭失有过错，也应当承担赔偿责任（《民法典》第 824 条）。

2. 旅客的义务

（1）持有效客票乘坐的义务。旅客应当按照有效客票记载的时间、班次和座位号乘坐。旅客无票乘坐、超程乘坐、越级乘坐或者持不符合减价条件的优惠客票乘坐的，应当补交票款，承运人可以按照规定加收票款；旅客不支付票款的，承运人可以拒绝运输（《民法典》第 815 条第 1 款）。

（2）支付价款的义务。旅客应当支付票款。但是，承运人未按照约定路线或者通常路线运输增加票款的，旅客可以拒绝支付增加部分的票款（《民法典》第 813 条）。

（3）遵守安全运输规范的义务。旅客应当遵守安全运输规范，主要体现在如下三个方面：第一，旅客随身携带行李应当符合约定的限量和品类要求；超过限量或者违反品类要求携带行李的，应当办理托运手续（《民法典》第 817 条）。第二，旅客不得随身携带或者在行李中夹带易燃、易爆、有毒、有腐蚀性、有放射性以及可能危及运输工具上人身和财产安全的危险物品或者违禁物品。旅客坚持携带或者夹带上述物品的，承运人应当拒绝运输（《民法典》第 818 条）。第三，旅客对承运人为安全运输所作的合理安排应当积极协助和配合（《民法典》第 819 条）。

三、货运合同

（一）货运合同的概念和成立

货运合同是指承运人将托运人交付运输的货物运输到约定地点，托运人支付运费的合同。

一般认为，托运人提出运输货物的请求属于要约，承运人同意则为承诺，双方就运输的主要事项达成一致，即代表着运输合同正式成立。从实务来看，托运人需要填写托运单，承运人接受委托并在托运单上签字盖章则意味着书面合同的成立。依据《民法典》第 825 条第 1 款的规定，托运人办理货物运输，应当向承运人准确表明收货人的姓名、名称或者凭指示的收货人，货物的名称、性质、重量、数量，收货地点等有关货物运输的必要情况。

（二）货运合同的效力

1. 承运人的义务

（1）安全运输的义务。安全运输义务是指承运人有义务依约将承运的货物安全送到目的地。可以说，承运人的主要义务就是将货物及时送达指定地点。依据《民法典》第 829 条的规定，承运人不仅应将货物及时送达指定地点，还应依托运人的指示将货物交付给收货人。如果承运人在将货物及时送达指定地点之后，将货物交付给错误的收货人，则不构成有效的交付，承运人应承担违约责任。

（2）妥善保管的义务。承运人负有妥善保管义务，即承运人应根据承运货物的性质采取合理的运输方式，对承运的货物进行妥善保管，保证货物安全地送达目的地。因此，承运人对运输过程中货物的毁损、灭失应当承担赔偿责任。但是，承运人能证明货物的毁损、灭失是因不可抗力、货物本身的自然性质或者合理损耗以及托运人、收货人的过错造成的，则不承担赔偿责任（《民法典》第 832 条）。关于货物的毁损、灭失的赔偿额，当事人有约定的，按照其约定；没有约定或者约定不明确，依据《民法典》第 510 条的规定仍不能确定的，按照交付或者应当交付时货物到达地的市场价格计算。法律、行政法规对赔偿额的计算方法和赔偿限额另有规定的，依照其规定（《民法典》第 833 条）。

（3）通知义务。货物运输到达后，承运人知道收货人的，应当及时通知收货人，收货人应当及时提货（《民法典》第 830 条）。

2. 托运人的义务

（1）如实申报与说明的义务。托运人办理货物运输，应当向承运人准确表明收货人的姓名、名称或者凭指示的收货人，货物的名称、性质、重量、数量，收货地点等有关货物运输的必要情况。因托运人申报不实或者遗漏重要情况，造成承运人损失的，托运人应当承担赔偿责任（《民法典》第 825 条）。

（2）办理审批、检验手续的义务。货物运输需要办理审批、检验等手续的，托运人应当将办理完有关手续的文件提交承运人（《民法典》第 826 条）。

（3）依约包装的义务。托运人应当按照约定的方式包装货物。对包装方式没有约定或者约定不明确，依据《民法典》第 510 条的规定仍不能确定的，应当按照通用的方式包装；没有通用方式的，应当采取足以保护标的物且有利于节约资源、保护生态环境的包装方式。托运人违反该义务的，承运人可以拒绝运输（《民法典》第 827 条）。

（4）危险品的特别包装与标识的义务。托运人托运易燃、易爆、有毒、有腐蚀性、有放射性等危险物品的，应当按照国家有关危险物品运输的规定对危险物品妥善包装，做出危险物品标志和标签，并将有关危险物品的名称、性质和防范措施的书面材料提交承运人。托运人违反该义务的，承运人可以拒绝运输，也可以采取相应措施以避免损失的发生，因此产生的费用由托运人负担（《民法典》第 828 条）。

（5）支付运费及有关费用的义务。一般而言，支付运费是托运人的根本义务。除运费之外，托运人也有可能需要支付保管费等其他费用。在托运人或者收货人不支付运费、保管费或者其他费用的情况下，承运人对相应的运输货物享有留置权，除非当事人另有约定（《民法典》第836条）。

应当指出，货物在运输过程中因不可抗力灭失，未收取运费的，承运人不得请求支付运费；已经收取运费的，托运人可以请求返还。法律另有规定的，依照其规定（《民法典》第835条）。

（6）中止、变更运输的责任。在承运人将货物交付收货人之前，托运人可以要求承运人中止运输、返还货物、变更到达地或者将货物交给其他收货人，但是应当赔偿承运人因此受到的损失（《民法典》第829条）。

3. 收货人的义务

（1）依约验收货物的义务。收货人提货时应当按照约定的期限检验货物。对检验货物的期限没有约定或者约定不明，依据《民法典》第510条的规定仍不能确定的，应当在合理期限内检验货物。收货人在约定的期限或者合理期限内对货物的数量、毁损等未提出异议的，视为承运人已经按照运输单证的记载完成交付（《民法典》第831条）。

（2）支付相关费用的义务。收货人支付费用，主要有以下两种情形：第一，运输合同约定运输费用由收货人支付；第二，收货人逾期提货的，应当向承运人支付保管费等费用。

（3）及时收货的义务。在收货人不明或者收货人无正当理由拒绝受领货物时，承运人依法可以提存货物。

四、多式联运合同

多式联运合同是指多式联运经营人与托运人订立的，约定托运人以同一运输凭证要求承运人以两种以上不同运输方式，将货物运输至约定地点的货运合同。一般认为，多式联运采取“一次托运、一次收费、一票到底、一次保险、全程负责”的服务模式，这种综合性运输方式不仅简化运输手续、节约运输费用，更能加速承运货物的周转、充分发挥运输能力，在货运体系中具有相当重要的地位。

多式联运合同除具有货运合同的一般效力外，还具有如下特殊效力：

第一，多式联运经营人应签发多式联运票据。根据《民法典》第840条的规定，多式联运经营人收到托运人交付的货物时，应当签发多式联运单据。按照托运人的要求，多式联运单据可以是可转让单据，也可以是不可转让单据。多式联运单据是指由多式联运经营人签发的，用以证明联运合同所确定的运输方式、运达时间、货款等合同内容的权利凭证。之所以按照托运人的要求确定多式联运单据是否具有可转让性，是因为托运人有时有转让货物所有权的现实需求。

第二，多式联运经营人对全程运输负责。根据《民法典》第 838 条的规定，多式联运经营人负责履行或者组织履行多式联运合同，对全程运输享有承运人的权利，承担承运人的义务。多式联运经营人之外的各区段承运人本身并不与托运人签订合同，仅属于承运业务的履行辅助人，根据合同相对性原理，由作为合同相对人的多式联运经营人对托运人负责是合适的。当然，多式联运经营人可以与参加多式联运的各区段承运人就多式联运合同的各区段运输约定相互之间的责任；但是，该约定不影响多式联运经营人对全程运输承担的义务（《民法典》第 839 条）。

第三，多式联运经营人依法承担赔偿责任。多式联运经营人需要对多式联运的全程负责，这其中就包含了对货物在运输过程中发生的毁损、灭失承担损害赔偿责任。需要注意的是，货物的毁损、灭失发生于多式联运的某一运输区段的，多式联运经营人的赔偿责任和责任限额，适用调整该区段运输方式的有关法律规定；如果不能确定货物毁损、灭失发生的运输区段，则根据《民法典》“运输合同”章的相关规定承担赔偿责任（《民法典》第 842 条）。应当指出，多式联运经营人与单式联运经营人的责任是不同的。依据《民法典》第 834 条的规定，两个以上承运人以同一运输方式联运的，与托运人订立合同的承运人应当对全程运输承担责任；损失发生在某一运输区段的，与托运人订立合同的承运人和该区段的承运人承担连带责任。

第四，托运人的赔偿责任。在多式联运合同中，多式联运单据是否被转让并不影响托运人责任的承担。具体而言，因托运人托运货物时的过错造成多式联运经营人损失的，即使托运人已经转让多式联运单据，托运人仍应承担赔偿责任。

▶即测即评　　▶案例资源

第四节 技术合同

一、技术合同概述

（一）技术合同的概念和特征

技术合同是当事人就技术开发、转让、许可、咨询或者服务订立的确立相互之间权利和义务的合同。依据我国民法典的规定，技术合同可以具体分为技术开发合同、技术转让合同、技术许可合同、技术咨询合同以及技术服务合同。由此可以看出，技术合同是一个集合性的概念，包含着丰富的内容，是多种具体合同类型的集合体。

技术合同具有如下特征：

第一，技术合同的标的具有特殊性。技术合同的标的与技术成果直接相关，涉及技术成果的开发、转让、许可等。所谓技术成果，是指利用科学技术知识、信息和经验作出的，涉及产品、工艺、材料及其改进等的技术方案，包括专利、专利申请、技术秘密、计算机软件、集成电路布图设计、植物新品种等。

第二，技术合同的主体具有特殊性。技术合同的标的涉及技术成果，因此，技术合同的主体一方有特殊的要求，是能够利用自己的技术力量从事技术开发、技术转让、技术服务或技术咨询的主体。

第三，技术合同的目的具有特殊性。技术合同的订立目的，主要在于保护知识产权，促进科学技术的进步和科学技术成果的研发、转化、应用和推广（《民法典》第 844 条）。因此，非法垄断技术或者侵害他人技术成果的技术合同无效（《民法典》第 850 条）；合同约定的实施专利或者使用技术秘密的范围不得限制技术竞争和技术发展（《民法典》第 864 条）。

第四，技术合同具有诺成性、双务性、有偿性。技术合同因当事人双方意思表示一致而成立，不以交付标的物为成立条件；技术合同成立后，当事人双方都负有一定的义务，双方的权利与义务是相对应的，而且当事人取得权利要付出一定的对价。因此，技术合同是诺成合同、双务合同、有偿合同。

（二）技术合同的内容

依据《民法典》第 845 条的规定，技术合同的内容一般包括项目的名称，标的的内容、范围和要求，履行的计划、地点和方式，技术信息和资料的保密，技术成果的归属和收益的分配办法，验收标准和方法，名词和术语的解释等条款。

此外，与履行合同有关的技术背景资料、可行性论证和技术评价报告、项目任务书和计划书、技术标准、技术规范、原始设计和工艺文件，以及其他技术文档，按照当事人的约定可以作为合同的组成部分。

（三）技术合同价款、报酬或者使用费的支付方式

依据《民法典》第 846 条的规定，技术合同价款、报酬或者使用费的支付方式由当事人约定，可以采取一次总算、一次总付或者一次总算、分期支付，也可以采取提成支付或者提成支付附加预付入门费的方式。约定提成支付的，可以按照产品价格、实施专利和使用技术秘密后新增的产值、利润或者产品销售额的一定比例提成，也可以按照约定的其他方式计算。提成支付的比例可以采取固定比

例、逐年递增比例或者逐年递减比例。约定提成支付的，当事人可以在合同中约定查阅有关会计账目的办法

（四）技术成果相关权利的归属

1. 职务技术成果的权利归属

职务技术成果是指执行法人或者非法人组织的工作任务，或者主要是利用法人或者非法人组织的物质技术条件所完成的技术成果（《民法典》第 847 条第 2 款）。“执行法人或者非法人组织的工作任务”，主要是指履行法人或者非法人组织的岗位职责或者承担其交付的其他技术开发任务；“利用法人或者非法人组织的物质条件”，主要是指职工在技术成果的研究开发过程中，全部或者大部分利用了法人或者非法人组织的资金、设备、器材或者原材料等物质条件，并且这些物质条件对形成该技术成果具有实质性的影响。

依据《民法典》第 847 条第 1 款的规定，职务技术成果的使用权、转让权属于法人或者非法人组织的，法人或者非法人组织可以就该项职务技术成果订立技术合同。法人或者非法人组织订立技术合同转让职务技术成果时，职务技术成果的完成人享有以同等条件优先受让的权利。

2. 非职务技术成果的权利归属

非职务技术成果是指既不是执行法人或者非法人组织的工作任务，也不属于主要利用法人或者非法人组织的物质技术条件所完成的技术成果。依据《民法典》第 848 条的规定，非职务技术成果的使用权、转让权属于完成技术成果的个人，完成技术成果的个人可以就该项非职务技术成果订立技术合同。

3. 完成技术成果人的相关权利

依据《民法典》第 849 条的规定，完成技术成果的个人享有在有关技术成果文件上写明自己是技术成果完成者的权利和取得荣誉证书、奖励的权利。

二、技术开发合同

（一）技术开发合同的概念和特征

技术开发合同是当事人之间就新技术、新产品、新工艺、新品种或者新材料及其系统的研究开发所订立的合同，包括委托开发合同和合作开发合同。

技术开发合同除具有技术合同的一般特征外，还具有如下特征：

第一，技术开发合同的对象是具有创造性的技术成果。作为技术开发合同对象的技术成果，是指新技术、新产品、新工艺或者新材料及其系统，即当事人在订立技术开发合同时尚未掌握的产品、工艺、材料及其系统等技术方案，但对技术上没有创新的现有产品的改型、工艺变更、材料配方调整以及对技术成果的验证、测试和使用除外。由于技术开发合同的对象是具有创造性的技术成果，因

此，作为技术开发合同对象的技术已经由他人公开，致使技术开发合同的履行没有意义的，当事人可以解除合同（《民法典》第857条）。

第二，技术开发合同的当事人共同承担风险。在技术开发合同中，如果研究开发的课题在现有技术水平下具有足够的难度，即使研究开发人付出了最大的努力，也可能失败或部分失败。这种失败属于技术开发合同的风险，原则上应由研究开发双方共同承担。

第三，技术开发合同是要式合同。依据《民法典》第851条第3款的规定，技术开发合同应当采用书面形式，因此，技术开发合同属于要式合同。

（二）技术开发合同的效力

1. 委托开发合同的效力

委托开发合同是指委托人委托研究开发人进行技术研究开发所订立的合同。在委托开发合同中，双方均承担相应的义务。

委托人的义务主要包括：（1）按照约定支付研究开发经费和报酬；（2）按照约定提供技术资料，提出研究开发要求，完成协作事项；（3）接受研究开发成果（《民法典》第852条）。

研究开发人的义务主要包括：（1）按照约定制定和实施研究开发计划；（2）合理使用研究开发经费；（3）按期完成研究开发工作，交付研究开发成果；（4）提供有关的技术资料和必要的技术指导，帮助委托人掌握研究开发成果（《民法典》第853条）。

委托人和研究开发人违反约定造成研究开发工作停滞、延误或者失败的，应当承担违约责任（《民法典》第854条）。

2. 合作开发合同的效力

合作开发合同是指当事人各方就共同进行技术研究开发工作所订立的合同。在合作开发合同中，当事人须共同承担义务。依据《民法典》第855条的规定，合作开发合同当事人的主要义务包括：（1）按照约定进行投资，包括以技术进行投资；（2）分工参与研究开发工作；（3）协作配合研究开发工作。

合作开发合同的当事人违反约定造成研究开发工作停滞、延误或者失败的，应当承担违约责任（《民法典》第856条）。

（三）技术开发合同中的风险负担和技术成果归属

1. 技术开发合同中的风险负担

技术开发合同中的风险负担是指在研究开发过程中，虽经当事人一方或者双方主观努力，但受现有科技知识、认识水平和试验条件的限制，出现了无法预见、无法防止和无法克服的技术困难，导致研究开发失败或者部分失败所发生的损失分担。依据《民法典》第858条的规定，在技术开发合同履行过程中，因出现无法克服的技术困难，致使研究开发失败或者部分失败的，该风险由当事人约定；没有约定或者约定不明确，依据《民法典》第 510 条的规定仍不能确定的，风险由当事人合理分担。当事人一方发现可能致使研究开发失败或部分失败的情形时，应当及时通知另一方并采取适当措施减少损失；没有及时通知并采取适当措施，致使损失扩大的，应当就扩大的损失承担责任。

2. 技术开发合同中的技术成果归属

在技术开发合同中，有关技术成果的归属应按照以下规则确定：

（1）在委托开发合同中，委托开发完成的发明创造，除法律另有规定或者当事人另有约定外，申请专利的权利属于研究开发人。研究开发人取得专利权的，委托人可依法实施该项专利。研究开发人转让专利申请权的，委托人享有以同等条件优先受让的权利（《民法典》第 859 条）。

（2）在合作开发合同中，依据《民法典》第 860 条的规定，合作开发完成的发明创造按照下列规则确定归属：其一，申请专利的权利属于合作开发的当事人共有；当事人一方转让其共有的专利申请权的，其他各方享有以同等条件优先受让的权利。但是，当事人另有约定的除外。其二，合作开发的当事人一方声明放弃其共有的专利申请权的，除当事人另有约定外，可以由另一方单独申请或者由其他各方共同申请。申请人取得专利权的，放弃专利申请权的一方可以免费实施该专利。其三，合作开发的当事人一方不同意申请专利的，另一方或者其他各方不得申请专利。

（3）委托开发或者合作开发完成的技术秘密成果的使用权、转让权以及收益的分配办法，由当事人约定；没有约定或者约定不明确，依据《民法典》第 510 条的规定仍不能确定的，在没有相同技术方案被授予专利权前，当事人均有使用和转让的权利。但是，委托开发的研究开发人不得在向委托人交付研究开发成果之前，将研究开发成果转让给第三人（《民法典》第 861 条）。

三、技术转让合同和技术许可合同

（一）技术转让合同和技术许可合同的概念和特征

技术转让合同是合法拥有技术的权利人，将现有特定的专利、专利申请、技术秘密的相关权利让与他人所订立的合同。技术许可合同是合法拥有技术的权利人，将现有特定的专利、技术秘密的相关权利许可他人实施、使用所订立的合同。

技术转让合同和技术许可合同除具有技术合同的一般特征外，还具有以下特征：

第一，技术转让和技术许可的标的是现有技术成果。因此，尚待研究开发的技术成果或者不涉及专利、专利申请或者技术秘密的知识、技术、经验和信息等，不能成为技术转让、许可的标的。

第二，技术转让合同和技术许可合同的目的在于取得技术成果的相关权利，如技术转让合同的目的在于取得技术成果的专利权或专利申请权等，技术许可合同的目的在于对技术成果进行使用。

第三，技术转让合同和技术许可合同是要式合同。依据《民法典》第 863 条第 3 款的规定，技术转让合同和技术许可合同应当采用书面形式。

（二）技术转让合同和技术许可合同的效力

1. 技术转让合同的效力

技术转让合同主要包括专利权转让合同、专利申请权转让合同和技术秘密转让合同。

让与人的义务主要包括：(1) 按照约定提供技术资料，进行技术指导，保证技术的实用性、可靠性（《民法典》第 868 条第 1 款）；(2) 保证自己是所提供的技术的合法拥有者，并保证所提供的技术完整、无误、有效，能够达到约定的目标（《民法典》第 870 条）；(3) 承担约定的保密义务；(4) 受让人按照约定使用专利、技术秘密侵犯他人合法权益的，让与人应当承担责任，但是当事人另有约定的除外（《民法典》第 874 条）。让与人违反义务时，应当承担违约责任。

受让人的义务主要包括：(1) 按照约定的范围、期限、方式，使用技术；(2) 支付转让费；(3) 按照约定的范围和期限，对于让与人提供的技术中尚未公开的秘密部分，承担保密义务（《民法典》第 871 条）。受让人违反义务时，应当承担违约责任。

2. 技术许可合同的效力

技术许可合同主要包括专利权实施许可合同和技术秘密许可合同。

许可人的义务主要包括：(1) 按照约定许可被许可人实施专利、使用技术秘密，并按照约定提供技术资料，提供必要的技术指导（《民法典》第 866 条）；(2) 保证自己是相关技术成果的合法拥有者，并保证所提供技术的完整、无误、有效，能够达到约定的目标（《民法典》第 870 条）；(3) 承担约定的保密义务，但该保密义务不限制许可人申请专利，当事人另有约定的除外（《民法典》第 868 条第 2 款）；(4) 被许可人按照约定使用专利、技术秘密侵犯他人合法权益的，许可人应当承担责任，但是当事人另有约定的除外（《民法典》第 874 条）。许可人未按照约定许可技术的，应当返还部分或者全部使用费，并应当承担违约责任；实施专利或者使用技术秘密超越约定的范围的，违反约定擅自许可第三人实施该项专利或者使用该项技术秘密的，应当停止违约行为，承担违约责任；违反约定的保密义务的，应当承担违约责任（《民法典》第 872 条第 1 款）。

被许可人的义务主要包括：(1) 按照约定实施专利、使用技术秘密，如专利实施许可合同的被许可人不得许可约定以外的第三人实施该专利（《民法典》第867条）；(2) 按照约定支付使用费；(3) 按照约定的范围和期限，对许可人提供的技术中尚未公开的秘密部分，承担保密义务（《民法典》第871条）。被许可人未按照约定支付使用费的，应当补交使用费并按照约定支付违约金；不补交使用费或者支付违约金的，应当停止实施专利或者使用技术秘密，交还技术资料，承担违约责任；实施专利或者使用技术秘密超越约定的范围的，未经许可人同意擅自许可第三人实施该专利或者使用该技术秘密的，应当停止违约行为，承担违约责任；违反约定的保密义务的，应当承担违约责任（《民法典》第873条）。

（三）技术转让合同和技术许可合同中后续改进技术成果的归属

在技术转让合同和技术许可合同中，后续改进的技术成果是指在合同的有效期限内，一方或者双方对作为合同标的的专利技术或技术秘密进行革新和改良而取得的技术成果。当事人可以按照互利的原则，在合同中约定实施专利、使用技术秘密后续改进的技术成果的分享办法；没有约定或者约定不明确，依据《民法典》第510条的规定仍不能确定的，一方后续改进的技术成果，其他各方无权分享（《民法典》第875条）。

四、技术咨询合同和技术服务合同

（一）技术咨询合同

1. 技术咨询合同的概念和特征

技术咨询合同是指受托人接受委托人的委托，以其技术知识为委托人提供技术项目论证等咨询服务，委托人支付报酬的合同。

技术咨询合同除具有技术合同的一般特征外，还具有以下两个特征：其一，技术咨询合同的标的是技术性劳务成果。当事人订立技术咨询合同的目的，是就特定技术项目进行分析、论证、评价、预测和调查，即一方提供技术服务，该服务属于技术性劳务成果。其二，技术咨询合同是不要式合同。对于技术咨询合同，法律并没有要求采取书面形式，因此，技术咨询合同为不要式合同。

2. 技术咨询合同的效力

委托人负有如下主要义务：按照约定阐明咨询的问题，提供技术背景材料及有关技术资料，接受受托人的工作成果，支付报酬（《民法典》第879条）。委托人未按照约定提供必要的资料，影响工作进度和质量，不接受或者逾期接受工作成果的，支付的报酬不得追回，未支付的报酬应当支付（《民法典》第

881 条第 1 款）。除当事人另有约定外，委托人按照受托人的符合约定要求的咨询报告和意见作出决策所造成的损失，由委托人承担（《民法典》第 881 条第 3 款）。

受托人负有以下主要义务：按照合同约定的期限完成咨询报告或者解答问题，提出的咨询报告应当达到合同约定的要求（《民法典》第 880 条）。受托人提出的咨询报告不符合约定的，应当承担减收或者免收报酬等违约责任（《民法典》第 881 条第 2 款）。此外，在当事人对受托人提供服务所需费用的负担没有约定或者约定不明确时，受托人应负担相关费用（《民法典》第 886 条）。

（二）技术服务合同

1. 技术服务合同的概念和特征

技术服务合同是指一方当事人利用其技术知识为对方当事人解决特定技术问题，对方当事人支付报酬的合同。

技术服务合同除具有技术合同的一般特征外，还具有以下两个特征：其一，技术服务合同是为解决特定技术问题而订立的合同。所谓特定技术问题，包括需要运用专业技术知识、经验和信息解决的有关改进产品结构、改良工艺流程、提高产品质量、降低产品成本、节约资源能耗、保护资源环境、实现安全操作、提高经济效益和社会效益等专业技术问题。其二，技术服务合同是不要式合同。法律并没有规定技术服务合同应当采取书面形式，因此，技术服务合同为不要式合同。

2. 技术服务合同的效力

委托人负有以下主要义务：按照约定提供工作条件，完成配合事项，接受工作成果并支付报酬（《民法典》第 882 条）。委托人不履行合同义务或者履行合同义务不符合约定，影响工作进度和质量，不接受或者逾期接受工作成果的，支付的报酬不得追回，未支付的报酬应当支付（《民法典》第 884 条第 1 款）。

受托人负有以下主要义务：按照合同约定完成服务项目，解决技术问题，保证工作质量，并传授解决技术问题的知识（《民法典》第 883 条）。受托人未按照合同约定完成服务工作的，应当承担免收报酬等违约责任（《民法典》第 884 条第 2 款）。此外，在当事人对受托人提供服务所需费用的负担没有约定或者约定不明确时，受托人应负担相关费用（《民法典》第 886 条）。

（三）技术咨询合同和技术服务合同中的新技术成果归属

依据《民法典》第 885 条的规定，技术咨询合同、技术服务合同履行过程中，除当事人另有约定外，受托人利用委托人提供的技术资料和工作条件完成的新的技术成果，属于受托人；委托人利用受托人的工作成果完成的新的技术成果，属于委托人。

▶即测即评

▶案例资源

第五节 保管合同

一、保管合同概述

（一）保管合同的概念和特征

保管合同是指保管人保管寄存人交付的保管物，并按照约定返还保管物的合同。其中，保管物品的一方称为保管人，交付保管物品的一方称为寄存人或寄托人。保管合同是一种特殊的提供服务的合同。应当指出，寄存人到保管人处从事购物、就餐、住宿等活动，将物品存放在指定场所的，视为保管，但是当事人另有约定或者另有交易习惯的除外（《民法典》第 888 条第 2 款）。

保管合同具有如下特征：

第一，保管合同以物品的保管为目的。保管合同订立的直接目的是由保管人保管物品，并不涉及物品的所有权与使用权的转移。因此，保管合同的标的是保管人的保管行为。

第二，保管合同是双务合同、不要式合同。在有偿保管合同中，寄存人负有支付保管费的义务；在无偿保管合同中，寄存人虽然没有支付保管费的义务，但仍负有支付必要保管费用等义务。因此，保管合同属于双务合同。同时，法律上并未要求保管合同应当采取特定形式，故保管合同属于不要式合同。

第三，保管合同原则上属于无偿合同。保管合同是社会成员之间相互提供帮助的一种法律形式，因此，保管合同以无偿为原则。当然，当事人也可以约定为保管而支付报酬，此时，保管合同为有偿合同。

第四，保管合同原则上属于实践合同。《民法典》第 890 条规定："保管合同自保管物交付时成立，但是当事人另有约定的除外。"依据这一规定，除当事人另有约定外，保管合同自寄存人将保管物交付保管人时成立，因此，保管合同原则上属于实践合同。

（二）保管合同的分类

1. 无偿保管合同和有偿保管合同

这是依据保管人是否支付保管费所进行的分类。有偿保管合同是指寄存人应当按照约定向保管人支付保管费的保管合同；无偿保管合同是指寄存人无须向保管人支付保管费的保管合同。依据《民法典》第 889 条的规定，寄存人应当按照约定向保管人支付保管费；当事人对保管费没有约定或者约定不明确，依据《民法典》第 510 条的规定仍不能确定的，视为无偿保管。

2. 不可替代物保管合同和可替代物保管合同

这是依据保管物的性质所进行的分类。不可替代物保管合同是指以不可替代物为保管物的保管合同；可替代物保管合同又称消费保管合同，是指以可替代物为保管物的保管合同。这两种保管合同的区别在于，不可替代物保管合同中的保管物不转移所有权，而可替代物保管合同中的保管物转移所有权。

二、保管合同的效力

（一）保管人的义务

1. 给付保管凭证的义务

依据《民法典》第 891 条的规定，寄存人向保管人交付保管物的，保管人应当出具保管凭证，但另有交易习惯的除外。

2. 妥善保管的义务

在保管合同履行中，保管人负有妥善保管保管物的义务。因保管人保管不善造成保管物毁损、灭失的，保管人应当承担赔偿责任。但是，无偿保管人证明自己没有故意或重大过失的，不承担赔偿责任（《民法典》第 897 条）。

作为妥善保管义务的体现，保管人应当按照约定的保管场所或者方法进行保管，除紧急情况或者为维护寄存人利益外，不得擅自改变保管场所或者方法（《民法典》第 892 条第 2 款）。

3. 亲自保管的义务

基于保管合同的性质，保管人应当亲自保管保管物。除当事人另有约定外，保管人不得将保管物转交第三人保管。保管人违反约定将保管物转交第三人保管，造成保管物损失的，应当承担赔偿责任（《民法典》第 894 条）。

4. 不得擅自使用保管物的义务

《民法典》第 895 条规定："保管人不得使用或者许可第三人使用保管物，但是当事人另有约定的除外。"该条确立了保管人不得擅自使用保管物的义务，该义务包括两方面内容：一是保管人不得自己使用保管物；二是保管人不得许可第三人使用保管物。

5. 危险通知的义务

依据《民法典》第 896 条第 2 款的规定，在第三人对保管人提起诉讼或者对保管物申请扣押时，保管人有通知寄存人的义务。

6. 返还保管物的义务

在保管合同期限届满或者寄存人提前领取保管物时，保管人应当将原物及孳息返还给寄存人（《民法典》第 900 条）。期限届满时，保管合同消灭，保管人自应返还保管物。应当指出，即使在第三人对保管物主张权利时，除依法对保管物采取保全或者执行措施外，保管人亦应当将保管物返还给寄存人（《民法典》第 896 条第 1 款）。

（二）寄存人的义务

1. 支付保管费等费用的义务

在有偿保管合同中，寄存人应当按照约定的期限支付保管费。如果当事人对支付期限没有约定或者约定不明，依据《民法典》第 510 条的规定仍不能确定的，则应当在领取保管物的同时支付（《民法典》第 902 条）。寄存人未按照约定支付保管费或者其他费用的，保管人对保管物享有留置权，但当事人另有约定的除外（《民法典》第 903 条）。

2. 告知的义务

寄存人交付的保管物有瑕疵或者根据保管物的性质需要采取特殊保管措施的，寄存人应当将有关情况告知保管人。寄存人未告知，致使保管物受损失的，保管人不承担赔偿责任；保管人因此受损失的，除保管人知道或者应当知道且未采取补救措施外，寄存人应当承担赔偿责任（《民法典》第 893 条）。

3. 寄存贵重物品的声明义务

寄存人寄存货币、有价证券或者其他贵重物品的，应当向保管人声明，由保管人验收或者封存；寄存人未声明的，该物品毁损、灭失后，保管人可以按照一般物品予以赔偿（《民法典》第 898 条）。

4. 依保管人请求领取保管物的义务

依据《民法典》第 899 条的规定，寄存人可以随时领取保管物；当事人对保管期限没有约定或者约定不明确的，保管人可以随时请求寄存人领取保管物；约定保管期限的，保管人无特别事由，不得请求寄存人提前领取保管物。可见，保管人依法请求寄存人领取保管物时，寄存人负有领取保管物的义务。

三、消费保管合同

消费保管合同，是指在保管物为可替代物时，当事人约定寄存人将保管物的所有权移转于保管人，在保管期限届满或者保管合同因其他原因终止后，由保管人返还相同种类、品质、数量物品的保管合同。《民法典》第 901 条规定，保管人保管货币的，可以返还相同种类、数量的货币；保管其他可替代物的，可以按照约定返还相同种类、品质、数量的物品。据此，消费保管合同具有如下特征：

第一，保管物为货币或者其他可替代物。货币具有可替代性，在保管合同效力终止后，保管人仅需要返还相同种类、数量的货币即可；就其他可替代物而言，在消费保管中，保管合同终止后，保管人也仅需返还相同种类、品质、数量的物品即可。

第二，在寄存人将保管物交付保管人后，保管物的所有权将发生移转。从《民法典》第 901 条的规定来看，在成立消费保管的情形下，保管合同效力终止后，保管人并不需要将原保管物返还寄存人。这也意味着，在寄存人将保管物交付保管人后，该物的所有权将移转给保管人。

第三，保管人需要负担保管物的风险。从《民法典》第 901 条的规定来看，在消费保管中，保管合同效力终止后，保管人需要向寄存人返还相同种类、数量的货币或者相同种类、品质、数量的物品，即便保管物因不可归责于当事人的原因发生毁损、灭失，保管人仍负担该义务。

▶即测即评　　▶案例资源

第六节　仓储合同

一、仓储合同概述

（一）仓储合同的概念和特征

仓储合同是专门从事仓储保管业务的保管人储存存货人交付的仓储物，存货人支付仓储费的合同。此种合同是在保管合同的基础上发展起来的一种合同类型。但考虑到其特殊性，因而民法典将其作为一类独立的典型合同加以规定。

仓储合同具有如下特征：

第一，保管人需要具有仓储营业资质。在仓储合同中，保管人是专门从事仓储物保管营业的主体，其应当具有相应的仓储营业资质。同时，依据《民法典》第 906 条第 3 款的规定，保管人储存易燃、易爆、有毒、有腐蚀性、有放射性等危险物品的，应当具备相应的保管条件。

第二，仓储合同具有双务性、有偿性、诺成性和不要式性。仓储合同具有双务性，保管人的义务是储存存货人交付的仓储物，存货人的义务是支付仓储费，二者之间构成对待给付义务；仓储合同具有有偿性，保管人是专门从事仓储业务的主体，获得仓储费既是保管人从事仓储活动的主要目的，也是其持续经营的基础合同前提；仓储合同具有诺成性，自保管人和存货人意思表示一致时成立（《民法典》第 905 条）；仓储合同具有不要式性，当事人可以自由选择仓储合同订立的方式，即当事人既可以采用口头形式订约，也可以采用书面形式或者其他方式订约。

第三，仓储合同的标的物为动产。在仓储合同中，保管人通常是利用自己的储存空间、储存设备等为存货人储存商品。因此，仓储合同的标的物限于动产，不动产无法成为仓储合同的标的物。

（二）仓储合同的法律适用

仓储合同属于特殊的保管合同，因此，按照特殊规定与一般规定的关系，在法律对仓储合同未设特别规定时，应适用保管合同的有关规定（《民法典》第 918 条）。

二、仓储合同的效力

（一）保管人的义务

1. 入库验收的义务

依据《民法典》第 907 条的规定，保管人应当按照约定对入库仓储物进行验收。保管人验收时发现入库仓储物与约定不符合的，应当及时通知存货人。保管人验收后，发生仓储物的品种、数量、质量不符合约定的，保管人应当承担赔偿责任。

2. 出具仓单、入库单等凭证的义务

存货人交付仓储物的，保管人应当出具仓单、入库单等凭证（《民法典》第 908 条）。仓单是指保管人向存货人出具的、证明其收到仓储物的单据；入库单是指保管人向存货人出具的、证明其已将存货人交付的仓储物入库保管的单据。

仓单是一种要式证券，保管人应当在仓单上签名或者盖章。仓单包括下列事项：（1）存货人的姓名或者名称和住所；（2）仓储物的品种、数量、质量、包装及其件数和标记；（3）仓储物的损耗标准；（4）储存场所；（5）储存期限；

（6）仓储费；（7）仓储物已经办理保险的，其保险金额、期间以及保险人的名称；（8）填发人、填发地和填发日期（《民法典》第909条）。仓单是提取仓储物的凭证，因此，存货人或者仓单持有人在仓单上背书并经保管人签名或者盖章的，可以转让提取仓储物的权利（《民法典》第910条）。

3. 妥善保管仓储物的义务

在仓储合同中，保管人负有妥善保管仓储物的义务。依据《民法典》第917条的规定，储存期内，因保管不善造成仓储物毁损、灭失的，保管人应当承担赔偿责任；因仓储物本身的自然性质、包装不符合约定或者超过有效储存期造成仓储物变质、损坏的，保管人不承担赔偿责任。

4. 危险通知与催告的义务

保管人发现入库仓储物有变质或者其他损坏的，应当及时通知存货人或者仓单持有人（《民法典》第912条）。保管人发现入库仓储物有变质或者其他损坏，危及其他仓储物的安全和正常保管的，应当催告存货人或者仓单持有人作出必要的处置。因情况紧急，保管人可以作出必要的处置；但是，事后应当将该情况及时通知存货人或者仓单持有人（《民法典》第913条）。

5. 同意检查仓储物或者提取样品的义务

依据《民法典》第911条的规定，保管人根据存货人或者仓单持有人的要求，应当同意其检查仓储物或者提取样品。这种义务属于保管人的容忍义务，非有正当理由，保管人应当允许存货人检查仓储物或者提取样品。

（二）存货人的义务

1. 支付仓储费的义务

仓储合同是有偿合同，存货人应当按照约定支付仓储费。

2. 说明和提供有关资料的义务

存货人储存易燃、易爆、有毒、有腐蚀性、有放射性等危险物品或者易变质物品的，存货人应当说明该物品的性质，提供有关资料。存货人违反这一义务，保管人可以拒收仓储物，也可以采取相应措施以避免损失的发生，因此产生的费用由存货人负担（《民法典》第906条第1、2款）。

3. 按时提取仓储物的义务

依据《民法典》第915条的规定，储存期限届满，存货人或者仓单持有人应当凭仓单、入库单等提取仓储物。存货人或者仓单持有人逾期提取的，应当加收仓储费；提前提取的，不减收仓储费。存货人或者仓单持有人不提取仓储物的，保管人可以催告其在合理期限内提取；逾期不提取的，保管人可以提存仓储物（《民法典》第916条）。当事人对储存期限没有约定或者约定不明确的，存货人或者仓单持有人可以随时提取仓储物，保管人也可以随时请求存货人或者仓单持有人提取仓储物，但是应当给予必要的准备时间（《民法典》第914条）。

▶即测即评

▶案例资源

第十二章　典型合同（四）

第一节　委托合同

一、委托合同概述

（一）委托合同的概念和特征

委托合同是指一方委托他人为其处理事务，他人承诺为其处理事务的合同。委托合同是提供服务合同的一种典型形态，在此种合同中，委托他人为自己处理事务的当事人称为委托人，接受他人的委托而为对方处理事务的当事人，称为受托人。

委托合同主要具有如下特征：

第一，委托合同以处理事务为内容。委托人与受托人订立合同的目的是委托受托人为其处理事务。委托事务的范围十分广泛，既包括民事法律行为，也包括准法律行为与事实行为。除依法不得委托的事务外，其他事务委托人原则上都可以委托受托人为其处理。

第二，委托合同当事人之间通常具有一定的人身信赖关系。一方面，委托人之所以委托受托人为其处理事务，一般是基于对其能力、品行等方面的信赖；另一方面，受托人之所以愿意接受委托人的委托为其处理事务，通常也是基于当事人之间的人身信赖关系。

第三，委托合同具有诺成性、不要式性。一方面，委托合同具有诺成性，即当事人就委托合同的内容达成合意时，委托合同即成立，而不以交付标的物或者其他履行行为作为合同成立的条件；另一方面，委托合同具有不要式性，当事人可以自由选择合同订立的形式。

（二）委托合同的分类

1. 有偿委托合同和无偿委托合同

这是依据委托人是否支付报酬所作的分类。有偿委托合同是指委托人需要按照约定向受托人支付报酬的委托合同；无偿委托合同是指当事人未对委托人支付报酬的义务作出约定或者约定委托人无须向受托人支付报酬的委托合同。

2. 一般委托合同和特别委托合同

这是依据受托人处理事务的范围所作的分类。一般委托合同是指委托人以概括授权的方式委托受托人处理一切事务的委托合同；特别委托合同是指委托人以特别授权的方式委托受托人处理一项或者数项事务的委托合同。《民法典》第920条规定：“委托人可以特别委托受托人处理一项或者数项事务，也可以概括委托受托人处理一切事务。”

3. 单独委托合同和共同委托合同

这是依据受托人的人数所作的分类。单独委托合同是指受托人为一人的委托合同；共同委托合同是指委托人委托两个以上受托人共同处理委托事务的委托合同。《民法典》第932条规定：“两个以上的受托人共同处理委托事务的，对委托人承担连带责任。”

二、委托合同的效力

（一）委托人的义务

1. 支付费用的义务

《民法典》第921条规定：“委托人应当预付处理委托事务的费用。受托人为处理委托事务垫付的必要费用，委托人应当偿还该费用并支付利息。”依据该条规定，如果处理委托事务需要支出一定的费用，则委托人负有向受托人预付该费用的义务。同时，如果受托人为处理委托事务而垫付了必要的费用，如交通费、邮费等，则委托人负有向受托人偿还该费用的义务，并应当向受托人支付该费用的利息。

2. 支付报酬的义务

《民法典》第928条第1款规定：“受托人完成委托事务的，委托人应当按照约定向其支付报酬。”在当事人约定委托人负有支付报酬义务的情形下，委托人应当按照约定的时间、地点和支付方式向受托人支付报酬。同时，依据《民法典》第928条第2款的规定，除当事人另有约定外，因不可归责于受托人的事由导致委托合同解除或者委托事务不能完成的，委托人仍应当向受托人支付相应的报酬。

3. 赔偿受托人损失的义务

受托人处理委托事务时，因不可归责于自己的事由受到损失的，可以向委托人请求赔偿损失（《民法典》第930条）。此外，依据《民法典》第931条的规定，委托人经受托人的同意，可以在受托人之外委托第三人处理委托事务，因此造成受托人损失的，委托人应当赔偿损失。

4. 不得擅自重复委托的义务

《民法典》第931条规定：“委托人经受托人同意，可以在受托人之外委托第三人处理委托事务。因此造成受托人损失的，受托人可以向委托人请求赔偿损失。”依据该规定，只有在经受托人同意时，委托人才能在受托人之外委托第三人处理委托事务，这实际上确立了委托人不得擅自重复委托的义务。

（二）受托人的义务

1. 妥善处理委托事务的义务

受托人在处理委托事务时，应当尽到必要的注意义务。受托人未尽到必要的注意义务，造成委托人损失的，应当承担赔偿责任。《民法典》第 929 条第 1 款规定，有偿的委托合同，因受托人的过错造成委托人损失的，委托人可以请求赔偿损失；无偿的委托合同，因受托人的故意或者重大过失造成委托人损失的，委托人可以请求赔偿损失。

2. 亲自处理委托事务的义务

依据《民法典》第 923 条的规定，受托人负有亲自处理委托事务的义务，而不得擅自转委托，否则受托人应当就转委托第三人的行为对委托人承担责任。在经委托人同意的情形下，受托人可以转委托，委托人可以就委托事务直接指示转委托的第三人，受托人仅就第三人的选任及其对第三人的指示承担责任。当然，在紧急情况下，受托人为了维护委托人的利益可以转委托。

3. 按照指示处理委托事务的义务

依据《民法典》第 922 条的规定，受托人负有按照委托人的指示处理委托事务的义务。受托人根据委托事务处理情况，认为需要变更委托人指示的，应当取得委托人的同意。当然，如果情况紧急，难以和委托人取得联系的，受托人可以不按照委托人的指示处理委托事务，但其仍应当妥善处理委托事务，而且在事后应当及时将该情况报告委托人。如果受托人超越权限造成委托人损失的，应当赔偿损失（《民法典》第 929 条第 2 款）。

4. 报告的义务

依据《民法典》第 924 条的规定，受托人应当按照委托人的要求，报告委托事务的处理情况；委托合同终止时，受托人应当报告委托事务的结果。

5. 转交财产的义务

依据《民法典》第 927 条的规定，受托人处理委托事务取得的财产，应当转交给委托人。

（三）受托人以自己的名义与第三人订立合同的效力

1. 受托人公开代理关系订立合同的效力

依据《民法典》第 925 条的规定，受托人以自己的名义，在委托人的授权范围内与第三人订立的合同，第三人在订立合同时知道受托人与委托人之间的代理关系的，该合同直接约束委托人和第三人；但是，有确切证据证明该合同只约束受托人和第三人的除外。

2. 受托人不公开代理关系订立合同的效力

依据《民法典》第 926 条的规定，受托人不公开代理关系订立的合同发生如下效力：

第一，受托人以自己的名义与第三人订立合同时，第三人不知道受托人与委托人之间的代理关系的，受托人因第三人的原因对委托人不履行义务，受托人应当向委托人披露第三人，委托人因此可以行使受托人对第三人的权利。但是，第三人与受托人订立合同时如果知道该委托人就不会订立合同的除外。

第二，受托人因委托人的原因对第三人不履行义务，受托人应当向第三人披露委托人，第三人因此可以选择受托人或者委托人作为相对人主张其权利，但是第三人不得变更选定的相对人。

第三，委托人行使受托人对第三人的权利的，第三人可以向委托人主张其对受托人的抗辩；第三人选定委托人作为其相对人的，委托人可以向第三人主张其对受托人的抗辩以及受托人对第三人的抗辩。

三、委托合同的终止

委托合同除合同终止的一般事由外，还有如下两项特殊终止事由。

（一）因当事人行使任意解除权而终止

基于委托合同的人身信赖性，委托人或者受托人可以随时解除委托合同。在任何一方当事人行使任意解除权时，委托合同的效力即终止。在因当事人行使任意解除权造成对方损失的情形下，除不可归责于当事人的事由外，对无偿委托合同而言，解除方应当赔偿因解除时间不当而给对方当事人造成的直接损失；对有偿委托合同而言，解除方应当赔偿对方当事人的直接损失和履行利益损失（《民法典》第933条）。

（二）因当事人主体资格消灭或者丧失民事行为能力而终止

依据《民法典》第934条的规定，委托人死亡、终止或者受托人死亡、丧失民事行为能力、终止的，委托合同终止；但是，当事人另有约定或者根据委托事务的性质不宜终止的除外。这种终止发生如下两种特殊效力：

其一，因委托人死亡或者被宣告破产、解散，致使委托合同终止将损害委托人利益的，在委托人的继承人、遗产管理人或者清算人承受委托事务之前，受托人仍应当继续处理委托事务（《民法典》第935条）。

其二，因受托人死亡、丧失民事行为能力或者被宣告破产、解散导致委托合同终止的，受托人的继承人、遗产管理人、法定代理人或者清算人应当及时通知委托人。因委托合同的终止将损害委托人利益的，在委托人作出善后处理之前，受托人的继承人、遗产管理人、法定代理人或者清算人应当采取必要措施（《民法典》第936条）。

▶即测即评　▶案例资源

第二节　物业服务合同

一、物业服务合同概述

（一）物业服务合同的概念和特征

物业服务合同是指物业服务人在物业服务区域内，为业主提供建筑物及其附属设施的维修养护、环境卫生和相关秩序的管理维护等物业服务，业主支付物业费的合同。物业服务合同有广义与狭义之分，广义上的物业服务合同包括前期由建设单位与物业服务人订立的前期物业服务合同，以及后期业主通过业主委员会或业主大会与物业服务人订立的物业服务合同（狭义上的物业服务合同）。本书在阐述物业服务合同时，主要是指狭义上的物业服务合同。

物业服务合同具有以下特征：

第一，合同主体是物业服务人与业主。物业服务人包括物业服务企业和其他管理人，业主是物业服务区域内居住的人。

第二，合同客体是由物业服务人提供的物业管理与服务。物业服务合同的客体是物业服务人在物业服务区内提供的物业管理与服务，而不是具体的标的物。其特殊性表现为：（1）持续性和重复性；（2）非物质利益性；（3）不适用替代给付。

第三，合同内容具有复合性。物业服务合同内容的复合性包括如下方面：（1）经营管理物业服务区域内的业主共有部分；（2）维护物业服务区内的基本秩序；（3）采取合理措施保护业主的人身、财产安全。

第四，物业服务合同具有双务性、有偿性、诺成性、要式性、继续性。物业服务人和业主在物业服务合同中互相享有权利并互相负有义务，属于给付与对待给付的关系，故物业服务合同为双务合同；物业服务人提供物业服务属于经营活动，应当获得报酬，业主负有支付物业费等报酬的义务，故物业服务合同为有偿合同；双方一旦达成合意，物业服务合同即发生效力，并对双方当事人发生拘束力，故物业服务合同为诺成合同；物业服务合同应当采用书面形式（《民法典》

第938条第3款），故物业服务合同为要式合同；物业服务人须持续为业主提供物业服务，故物业服务合同是继续性合同。

（二）物业服务合同的订立与内容

1. 物业服务合同的订立

业主委员会应当与业主大会选聘的物业服务人采取书面形式订立物业服务合同。物业服务期限届满前，业主依法共同决定续聘的，应当与原物业服务人在合同期限届满前续订物业服务合同。物业服务期限届满前，物业服务人不同意续聘的，应当在合同期限届满前90日书面通知业主或者业主委员会，但是合同对通知期限另有约定的除外（《民法典》第947条）。物业服务期限届满后，业主没有依法作出续聘或者另聘物业服务人的决定，物业服务人继续提供物业服务的，原物业服务合同继续有效，但是服务期限为不定期。当事人可以随时解除不定期物业服务合同，但是应当提前60日书面通知对方（《民法典》第948条）。

2. 物业服务合同的内容

依据《民法典》第938条第1款的规定，物业服务合同的内容一般包括服务事项、服务质量、服务费用的标准和收取办法、维修资金的使用、服务用房的管理和使用、服务期限、服务交接等条款。

此外，物业服务人公开作出的有利于业主的服务承诺，为物业服务合同的组成部分（《民法典》第938条第2款）。

二、前期物业服务合同

前期物业服务合同是指在前期的物业服务阶段，即在物业区域内的业主、业主大会选聘物业服务人之前，由建设单位等主体与物业服务人之间订立的、双方约定由物业服务人提供前期物业服务的协议。

在前期物业服务阶段，尽管由建设单位选定物业服务人，且由建设单位与物业服务人订立前期物业服务合同，但该合同对业主也具有约束力（《民法典》第939条）。因此，业主不得以其未参加合同的订立或未认可为由而否定合同的效力。业主应当按照约定支付物业服务费，并按照约定接受物业服务人的管理与服务。前期物业服务合同对物业服务人也产生约束力，物业服务人应当根据前期物业服务合同履行义务。

依据《民法典》第940条的规定，前期物业服务合同期限届满前，业主委员会或者业主与新物业服务人订立的物业服务合同生效的，前期物业服务合同终止。

三、物业服务合同的效力

（一）物业服务人的义务

1. 妥善提供物业服务的义务

物业服务人应当按照约定和物业的使用性质，妥善维修、养护、清洁、绿化和经营管理物业服务区域内的业主共有部分，维护物业服务区域内的基本秩序，采取合理措施保护业主的人身、财产安全。对物业服务区域内违反有关治安、环保、消防等法律法规的行为，物业服务人应当及时采取合理措施制止、向有关行政主管部门报告并协助处理（《民法典》第942条）。

2. 亲自提供物业服务的义务

物业服务人应当亲自为业主提供物业服务，不得将其应当提供的全部物业服务转委托给第三人，或者将全部物业服务支解后分别转委托给第三人。物业服务人将物业服务区域内的部分专项服务事项委托给专业性服务组织或者其他第三人的，应当就该部分专项服务事项向业主负责（《民法典》第941条）。

3. 公开和报告有关事项的义务

物业服务人应当定期将服务的事项、负责人员、质量要求、收费项目、收费标准、履行情况，以及维修资金使用情况、业主共有部分的经营与收益情况等以合理方式向业主公开并向业主大会、业主委员会报告（《民法典》第943条）。

4. 返还物业及资料的义务

物业服务合同终止的，原物业服务人应当在约定期限或者合理期限内退出物业服务区域，将物业服务用房、相关设施、物业服务所必需的相关资料等交还给业主委员会、决定自行管理的业主或者其指定的人，配合新物业服务人做好交接工作，并如实告知物业的使用和管理状况。原物业服务人违反上述规定的，不得请求业主支付物业服务合同终止后的物业费；造成业主损失的，应当赔偿损失（《民法典》第949条）。

5. 合同终止的后续义务

物业服务合同终止后，在业主或者业主大会选聘的新物业服务人或者决定自行管理的业主接管之前，原物业服务人应当继续处理物业服务事项，并可以请求业主支付该期间的物业费（《民法典》第950条）。

（二）业主的义务

1. 支付物业费的义务

依据《民法典》第944条的规定，业主应当按照约定向物业服务人支付物业费。物业服务人已经按照约定和有关规定提供服务的，业主不得以未接受或者无须接受相关物业服务为由拒绝支付物业费。业主违反约定逾期不支付物业费的，物业服务人可以催告其在合理期限内支付；合理期限届满仍不支付的，物业服务人可以提起诉讼或者申请仲裁。但是，物业服务人不得采取停止供电、供水、供热、供燃气等方式催交物业费。

2. 相关事项的告知义务

业主装饰装修房屋的，应当事先告知物业服务人，遵守物业服务人提示的合理注意事项，并配合其进行必要的现场检查。业主转让、出租物业专有部分、设立居住权或者依法改变共有部分用途的，应当及时将相关情况告知物业服务人（《民法典》第 945 条）。

3. 解除合同的赔偿责任

业主依照法定程序共同决定解聘物业服务人的，可以解除物业服务合同。业主共同决定解聘物业服务人，应当提前 60 日书面通知物业服务人，但是合同对通知期限另有约定的除外。业主解除合同造成物业服务人损失的，除不可归责于业主的事由外，业主应当赔偿损失（《民法典》第 946 条）。

▶即测即评 ▶案例资源

第三节 行纪合同

一、行纪合同概述

（一）行纪合同的概念和特征

行纪合同是指行纪人以自己的名义为委托人从事贸易活动，委托人支付报酬的合同。

行纪合同具有如下特征：

第一，行纪人应具备相应资格。行纪因其专业性而独立于委托合同，为规范行纪人的行为和行纪业务的发展，保障委托人的合法权益，行纪人需要履行特定的商业登记程序或者审批程序，取得特定资格才能开展行纪人业务。

第二，行纪合同的标的是为委托人实施法律行为。行纪人所处理的委托事务限法律行为，而不包括事实行为。这里的法律行为体现为贸易活动，如动产买卖、期货交易等。

第三，行纪人以自己的名义和费用处理事务。行纪人虽然是为委托人的利益处理事务，但其是以自己的名义与费用为委托人处理委托事务。因此，行纪人在与第三人实施民事法律行为时，行纪人自己为权利、义务的主体。

第四，行纪合同具有双务性、有偿性、诺成性和不要式性。行纪人须以自己的名义为委托人从事贸易活动，委托人则须承担按照约定支付报酬的义务，两者形成对价关系，因而行纪合同具有双务性、有偿性。行纪合同的成立无须采取特别的方式，只要行纪人和委托人达成设立行纪合同的意思表示一致即可成立，因而行纪合同具有诺成性和不要式性。

（二）行纪合同的法律适用

行纪合同是在委托合同的基础上发展出来的一种典型合同，两者之间是特殊规定与一般规定的关系。因此，法律对行纪合同没有规定的，可以参照适用委托合同的有关规定（《民法典》第 960 条）。

二、行纪人的效力

（一）行纪人的义务

1. 负担费用的义务

行纪费用是行纪人在依照行纪合同为委托人从事贸易活动、处理委托事务时所支出的费用，包括寄存费、运费、税费等必要费用，以及保险费等有益费用。行纪费用原则上由行纪人负担，但是当事人另有约定的除外（《民法典》第 952 条）。

2. 妥善保管委托物的义务

行纪人占有委托物的，应当妥善保管委托物（《民法典》第 953 条）。此项保管义务是基于占有之事实而产生的，行纪人对委托物的保管应尽到善良保管人的注意义务。

3. 委托物合理处分的义务

行纪人从事贸易活动时，应在交付时对委托物进行必要的检查，若发现委托物出现瑕疵或者容易腐烂、变质，应当及时告知委托人，听取委托人的指示，只有委托人同意处分的，行纪人才能对委托物进行处分。在不能与委托人及时取得联系的紧急情况下，行纪人可以合理处分（《民法典》第 954 条）。

4. 遵从委托人指示的义务

为保障委托人的合法权益，行纪人在从事行纪事务时，应按照委托人指定的价格买卖委托物。依据《民法典》第 955 条的规定，行纪人不按照约定或者指定的价格进行贸易活动的情况主要有以下几种：

（1）行纪人以低于委托人指定的价格卖出或者高于委托人指定的价格买入委

托物。这种情况需要提前通知委托人并获得委托人同意，否则该买卖原则上不对委托人发生效力，若因此给委托人带来损失，委托人有权请求赔偿。但是，未经委托人同意，行纪人补足了买卖价格与指定价格差额的，该项买卖对委托人有效。

（2）行纪人以高于委托人指定的价格卖出或者低于委托人指定的价格买入委托物。在该种情形下，可以按照合同约定增加报酬；没有约定或者约定不明确，依据《民法典》第 510 条的规定仍不能确定的，该利益属于委托人。

（3）委托人对价格有特别指示。在这种情况下，委托人以特别价格进行交易往往出于特殊的目的，故对这种特别指示行纪人必须遵循，即使是以高于委托人指定的价格卖出或者低于委托人指定的价格买入委托物，从而使委托人获得更大利益的情况亦不例外。

5. 履行与第三人合同的义务

行纪合同涉及委托人与行纪人的行纪合同关系、行纪人与第三人之间的合同关系。基于合同的相对性，行纪人直接享有与第三人之间合同的权利并履行义务。第三人不履行义务致使委托人受到损害时，行纪人应当承担赔偿责任，但是当事人另有约定的除外（《民法典》第 958 条）。

6. 及时转交物品或收益的义务

在行纪合同关系中，无论是委托人交给行纪人出售的物品，还是行纪人为委托人购进的物品，在没有特别约定的情况下，行纪人在完成业务后，应当将物品或者收益转交给委托人。

（二）委托人的义务

1. 支付报酬的义务

依据《民法典》第 959 条的规定，行纪人完成或者部分完成委托事务的，委托人应当向其支付相应的报酬。委托人逾期不支付报酬的，行纪人对委托物享有留置权，但是当事人另有约定的除外。应当指出，在行纪人行使介入权的情况下，委托人仍负有支付报酬的义务。所谓行纪人的介入权，是指在行纪人接受委托卖出或买入具有市场定价的商品时，除委托人有相反的意思表示外，行纪人有权以自己的名义充当买受人或出卖人（《民法典》第 956 条第 1 款）。行纪人一旦行使介入权，即与委托人之间成立买卖关系。买卖合同履行后，行纪人的行纪业务即告完成，行纪人仍享有对委托人的报酬请求权。

2. 及时受领、取回或处分委托物的义务

委托物由行纪人占有期间，行纪人对委托物有保管的义务，但这种保管义务是暂时的，当行纪人按照约定为委托人买入委托物、委托物不能卖出或者委托人撤回出卖时，委托人有及时受领、取回或处分委托物的义务。经行纪人催告，委托人无正当理由拒绝受领、不取回或者不处分该物的，行纪人依法可以对其予以提存（《民法典》第957条）。

▶即测即评　　▶案例资源

第四节　中介合同

一、中介合同概述

（一）中介合同的概念和特征

中介也称为居间。中介合同是指中介人向委托人报告订立合同的机会或者提供订立合同的媒介服务，委托人支付报酬的合同。

中介合同具有以下特征：

第一，中介合同以促成委托人与第三人交易为目的。无论是报告中介还是媒介中介，其目的都是更好地促进委托人与第三人订立合同，只有最终促成了合同的成立，中介合同的目的才能达到。

第二，中介人需要有一定的资格与条件。在主体资格方面，委托人可以是自然人、法人、非法人组织等任何民事主体，而中介人的资格往往受到一定的限制，如金融、保险等领域要求中介人具有一定资质、能力、知识，并且通过审批或者登记。

第三，中介合同的内容为提供交易机会与交易媒介。中介活动主要包括两类：一是为他人提供订约机会，此为报告中介；二是提供订约的媒介服务，此为媒介中介。

第四，中介合同具有双务性、有偿性、诺成性和不要式性。中介人往往以获取报酬为目的，中介人向委托人报告订立合同的机会或者提供订立合同的媒介服务，与委托人支付的报酬构成对价关系，故中介合同具有双务性和有偿性。中介合同只需要委托人和中介人意思表示一致即可设立，可以采取书面、口头等形式订立，不以交付、登记等为合同成立要件，故中介合同具有诺成性和不要式性。

（二）中介合同的法律适用

中介合同是基于委托人的委托而产生的，具有委托合同的性质，两者之间是特殊规定与一般规定的关系，因此，法律对中介合同没有规定的，可以参照适用委托合同的有关规定（《民法典》第966条）。

二、中介合同的效力

（一）中介人的义务

1. 报告订约机会或者提供订约媒介服务的义务

中介人的主要义务就是向委托人提供服务，包括两个方面：一是报告订立合同的机会，寻找和发现愿意按照委托人提供的条件与委托人订约的人；二是提供订立合同的媒介服务，即中介人在订约当事人之间斡旋、协商、游说，促使双方达成交易。

2. 如实报告的义务

中介人应将搜集到与订约机会有关的事项，如第三人的信用状况、标的物的存续状况、第三人的支付能力、所购商品的瑕疵等如实向委托人报告，以更好促成合同的订立。中介人故意隐瞒与订立合同有关的重要事实或者提供虚假情况，损害委托人利益的，不得请求支付报酬并应当承担赔偿责任（《民法典》第962条）。

（二）委托人的义务

1. 支付报酬的义务

依据《民法典》第963条第1款的规定，中介人促成合同成立后，委托人应当按照约定支付报酬。对中介人的报酬没有约定或者约定不明确的，依据《民法典》第510条的规定仍不能确定的，根据中介人的劳务合理确定。因中介人提供订立合同的媒介服务而促成合同成立的，由该合同的当事人平均负担中介人的报酬。委托人在接受中介人的服务后，利用中介人提供的交易机会或者媒介服务，绕开中介人直接订立合同的，应当向中介人支付报酬（《民法典》第965条）。可见，即使委托人“跳单”，仍须支付报酬。

2. 支付必要费用的义务

中介费用是中介人进行中介活动所支出的必要费用，该费用一般包括在报酬之中。中介人未促成合同成立的，不得请求支付报酬；但是，可以按照约定请求委托人支付从事中介活动支出的必要费用（《民法典》第964条）。

▶即测即评

▶案例资源

第五节　合 伙 合 同

一、合伙合同概述

（一）合伙合同的概念和特征

合伙合同是指两个以上合伙人为了共同的事业目的，订立的共享利益、共担风险的协议。"合伙"这一概念包括两种含义：一是指合伙合同，它是确定合伙人之间权利义务关系的协议，是调整各合伙人内部关系的依据。二是指合伙组织关系，即合伙人的联合体作为一个组织体，可对外与第三人发生各种法律关系。此处所说的合伙，是从第一种含义上来理解的。

合伙合同具有如下特征：

第一，合伙合同的订立方式具有特殊性。各个合伙人订立合伙合同的目的在于共同经营合伙事业，这也是合伙人订立合伙合同所要追求的共同目标。与一般的合同关系不同，合伙人之间主要是合作的关系而非对立、竞争的关系，合伙合同当事人也并非债权人与债务人，它是一种共同行为，需要多方意思表示一致。

第二，合伙合同的内容具有特殊性。合伙合同"为了共同的事业目的"而订立，为了实现这一目的，各合伙人需要相互合作，并应当按照合伙合同的要求共同出资、共同经营、共享利益、共担风险。

第三，合伙合同具有继续性与不要式性。合伙合同的共同目的既可以是临时性的，也可以是持续性的，但无论时间长短、目的是否确定、单一，合伙人履行义务的行为都不可能是一次性的，而需要持续地履行义务，因此，合伙合同具有继续性。同时，合伙合同具有不要式性，其成立并不需要采用书面形式。

（二）合伙合同的分类

1. 持续合伙合同和偶然合伙合同

这是依据合伙合同的存续期限所作的分类。持续合伙合同是指合伙人之间订立的较长期限内持续存在的合伙合同；偶然合伙合同是指合伙人之间为了特定事项而临时签订的持续时间较短的合伙合同。

2. 定期合伙合同和不定期合伙合同

这是依据合伙合同是否具有固定期限所作的分类。定期合伙合同是指合伙合同存在明确固定期限的合伙；不定期合伙合同是指没有固定期限的合伙合同。依据《民法典》第976条的规定，不定期合伙合同主要有两种：一是合伙人对合伙期限没有约定或者约定不明确，依据《民法典》第510条的规定仍不能确定的，视为不定期合伙合同；二是合伙期限届满，合伙人继续执行合伙事务，其他合伙人没有提出异议的，原合伙合同继续有效，但是合同为不定期合伙合同。

二、合伙的效力

（一）合伙的内部关系

1. 出资义务

合伙人的出资义务是指合伙人基于合伙合同为经营共同的事业而对合伙作出的投资。根据《民法典》第968条的规定，合伙人应当按照约定的出资方式、数额和缴付期限，履行出资义务。

2. 依照法律规定和合同约定确定合伙财产的归属

根据《民法典》第969条的规定，合伙财产来源于合伙人的出资、因合伙事务依法取得的收益以及其他财产。合伙财产具有统一性，合伙财产作为共有财产，在法律没有特别规定或者合伙人特别约定的情况下，应当由全体合伙人公共管理和使用。合伙财产具有一定的独立性，一定程度上区别于个人财产，但又不同于法人的财产，而是归合伙人共同共有。

3. 合伙人不得擅自向合伙人以外的第三人转让合伙份额

《民法典》第974条规定："除合伙合同另有约定外，合伙人向合伙人以外的人转让其全部或者部分财产份额的，须经其他合伙人一致同意。"虽然各合伙人有各自的财产份额，但在共有关系中，分割共有财产也须经过其他共有人同意。若合伙人未经其他合伙人一致同意而擅自向合伙人以外的第三人转让其财产份额，则该转让行为对其他合伙人不具有效力。

4. 依照法律规定和合同约定执行合伙事务

合伙事务是指在合伙存续期间，所有与合伙事业相关的、涉及合伙利益的事务。依据《民法典》第970条的规定，合伙事务的执行通常有三种方式：一是全体合伙人共同执行合伙事务。这种情况下，合伙事务的执行应当经全体合伙人一致同意。二是委托一个或数个合伙人执行合伙事务。在这种情况下，非执行事务合伙人享有监督权，有权监督合伙事务的执行情况。三是分别执行合伙事务。在这种情况下，执行事务合伙人可以对其他合伙人执行的事务提出异议；提出异议后，其他合伙人应当暂停该项事务的执行。

应当指出，除合同另有约定外，合伙人不得因执行合伙事务请求支付报酬（《民法典》第971条）。

5. 依照法律规定和合伙合同的约定分配损益

分配损益是指依照法律规定或者合同约定，将合伙事业的利润分配给各合伙人，并由各合伙人分担亏损。根据《民法典》第972条的规定，合伙的利润分配和亏损分担，按照合伙合同的约定办理；合伙合同没有约定或者约定不明确的，由合伙人协商决定；协商不成的，由合伙人按照实缴出资比例分配、分担；无法确定出资比例的，由合伙人平均分配、分担。

6. 依照法律规定和合同约定承担合伙债务

合伙债务是指合伙事业经营过程中由合伙人承担的债务，合伙合同需要确定其合伙债务如何在合伙人之间分配。合伙债务原则上由全体合伙人承担，不足以清偿时依照合同约定的比例承担；无约定又协商不成的，由合伙人按照实缴出资比例分担；无法确定出资比例的，由合伙人平均分担。

（二）合伙的外部关系

1. 执行合伙事务与第三人发生法律关系时的效果归属

合伙事务执行人有权代表全体合伙人执行事务，其在事务执行过程中与第三人发生法律关系时，以全体合伙人的名义或以合伙的名义对外从事的行为，可以对合伙或全体合伙人产生效力。

2. 合伙人对合伙债务的责任

根据《民法典》第 973 条的规定，合伙人应对合伙债务承担连带责任。清偿合伙债务超过自己应当承担份额的合伙人，有权向其他合伙人追偿。

3. 合伙人的债权人不得代位行使合伙人的合伙权利

由于合伙事务的决定权、执行权、监督权、异议权等具有人身专属性，合伙人的债权人仅可以代位行使合伙人享有的利益分配请求权，而不能代位行使上述具有人身专属性的权利（《民法典》第 975 条）。

三、合伙合同的终止

（一）合伙合同终止的原因

1. 合伙人死亡、丧失民事行为能力或者终止

依据《民法典》第 977 条的规定，合伙人死亡、丧失民事行为能力或者终止的，合伙合同终止；但是，合伙合同另有约定或者根据合伙事务的性质不宜终止的除外。

2. 合伙期限届满，合伙人决定不再经营

合伙的存续期限通常是由合伙合同约定的，当合伙合同中约定的合伙期限届满，合伙人不愿意继续经营时，可以解散合伙。

3. 不定期合伙的任意解除

依据《民法典》第 976 条的规定，对于不定期合伙合同，合伙人可以随时解除，但是应当在合理期限之前通知其他合伙人。

4. 合伙人约定解散的事由出现

若合伙人在合伙合同中约定了法定事由以外的解散事由，当约定事由出现时，合伙合同应当按照约定解除。

5. 合伙的目的已经实现或者无法实现

合伙的目的已经实现，此时合伙合同失去了存在的意义；合伙的目的无法实现，合伙合同也无存在的必要。

6. 全体合伙人决定解散

在合伙关系存续期限内，只要全体合伙人决定终止合伙，就可以使其解散。

（二）合伙合同终止的例外情况

1. 合伙合同另有约定

合伙合同另有约定的情形，既包括合伙合同对合伙终止的情形进行了约定，如约定合伙人死亡时，由其配偶继承合伙份额，继续履行合伙合同；也包括合伙人死亡、终止或丧失民事行为能力后，其他全体合伙人以决议、协议作出不终止合伙的规定或约定的情形。

2. 根据合伙事务的性质不宜终止

这种情形主要包括：（1）合伙事务正在进行，因合伙人死亡等终止合伙，将严重影响其他合伙人的利益而不予终止的情形；（2）合伙事务涉及公共利益，如果停止将影响公共利益等不宜终止合伙的情形。

（三）合伙合同终止后的清算

依据《民法典》第 978 条的规定，合伙合同终止后，应当按照以下顺序处理：一是支付因终止产生的费用，包括合伙财产评估、保管、变卖等所需费用，以及有关的律师费、诉讼费、仲裁费等；二是清偿合伙债务，以保障合伙债权人的利益；三是在支付上述费用和债务后还有剩余财产的，按照《民法典》第 972 条的规定在合伙人之间进行分配。

▶即测即评

▶案例资源

第十三章　准　合　同

第一节　无因管理

一、无因管理的概念和性质

（一）无因管理的概念

无因管理是指没有法定的或约定的义务，为避免他人利益受损失，自愿管理他人事务的行为。在无因管理中，管理他人事务的人称为管理人，事务被管理的人称为受益人或本人。无因管理发生后，管理人与受益人之间便发生债权债务关系，这就是无因管理之债。在这种债的关系中，管理人享有请求受益人偿还因管理事务而支出的必要费用的债权，受益人负有偿还该项费用的债务（《民法典》第121条）。

（二）无因管理的性质

无因管理是一种法律事实，能够引起债的关系的发生。这种法律事实之所以能够引发债的关系，是基于法律的规定，而非当事人的约定，因此，无因管理不是民事法律行为。同时，无因管理之债的发生系基于管理人的管理行为，管理人须具有为他人谋利益的意思，但该意思并不是以设立民事法律关系为目的，因此，无因管理属于事实行为。

二、无因管理的构成要件

依据《民法典》第121条，无因管理的构成要件如下：

（一）为他人管理事务

管理他人事务，就是为他人进行管理或者服务，这是成立无因管理的客观条件。所谓事务，是指有关人们生活利益的一切事项。管理的事务既可以是有关财产的事项，也可以是非财产的事项；既可以是继续性的事项，也可以是一时性的事项；既可以是民事法律行为，也可以是事实行为。但是，下列事项不能成为无因管理的对象：（1）违法事项；（2）不能发生债的关系的事项；（3）依据法律规定须经本人授权才能办理的事项；（4）必须由本人亲自办理的事项；（5）不作为事项。

在无因管理中，管理的事务必须是他人的事务。如管理人将自己的事务误认为他人的事务而管理，即使具有为他人的目的，也不能构成无因管理。根据事务的自身性质，可将其分为三类，即客观的他人事务、客观的自己事务、客观上无法判断是自己的事务还是他人的事务的中性事务。管理客观的他人事务，得成立无因管理；管理客观的自己债务，不成立无因管理；管理中性事务，若为主观的他人事务，可以成立无因管理，但管理人应负举证责任。

（二）有为他人谋利益的意思

为他人谋利益的意思简称为管理意思，这是构成无因管理的主观要件。所谓管理意思，是指管理人在管理事务时所具有的为他人谋利益的意思。因此，当管理人误将他人事务作为自己事务而为管理，或者明知是他人事务而出于自己利益为管理，都因缺乏为他人管理的意思而不成立无因管理。当然。管理人在具有为他人管理事务的意思的同时，兼有为自己利益的，仍可成立无因管理。

管理人是否具有为他人管理事务的意思，一般应由管理人负举证责任。管理人可以从主观愿望、事务性质、管理必要性以及管理后果等方面证明自己的管理是为他人谋利益的。只要管理人的管理在客观上确实避免了他人利益的损失，即使其未有明确的为他人利益管理的目的，也可以构成无因管理。

（三）没有法定或约定义务

无因管理中的“无因”，是指没有法律上的原因，也就是“没有法定或约定义务”。因此，凡是负有法定义务或者约定义务的人所实施的管理行为，均不构成无因管理。

管理人有无管理他人事务的义务，应依管理的客观事实认定，而不能以管理人主观的判断为标准。例如，管理事务开始时原无管理的义务，而后发生管理义务的，在管理义务发生前可成立无因管理；管理事务开始时有管理义务，而后管理义务消灭的，自该管理义务消灭之时起其后的管理可成立无因管理；管理人事实上没有管理的义务而主观上认为有义务的，可以成立无因管理，管理人事实上有管理义务而主观上认为无义务的，则不能成立无因管理。

三、无因管理的效力

无因管理的效力表现在无因管理一经成立，管理人与受益人之间即产生债权债务关系，管理人有请求受益人偿还因管理事务而支付的必要费用和补偿因管理事务而受到的损失的权利（《民法典》第 979 条第 1 款）。

（一）管理人的义务

第一，适当管理义务。适当管理义务主要包括两个方面的内容：一方面，管理人不应违背受益人的意思。管理人在进行事务管理时，不得违背受益人明示的或可推知的意思。若管理事务不符合受益人真实意思的，不构成无因管理，但受益人的真实意思违反法律或者违背公序良俗的除外（《民法典》第 979 条第 2 款）。另一方面，管理人应采取有利于受益人的方法进行管理。管理方法是否有利于受益人，应从客观上判断，以能否避免受益人利益遭受损失为标准。若中断管理对受益人不利的，管理人无正当理由不得中断（《民法典》第 981 条）。

第二，通知义务。在管理开始后，管理能够通知受益人的，应当及时通知受益人。在通知后，管理的事务不需要紧急处理的，应当等待受益人的指示（《民法典》第 982 条）。

第三，报告和计算义务。报告和计算义务主要包括以下三项内容：(1) 管理人应将管理事务的进行状态及时报告给受益人。在管理关系终止时，管理人应向受益人明确报告其始末。(2) 管理人管理事务取得的财产应当及时转交给受益人（《民法典》第 983 条）。(3) 管理人为自己的利益而使用了应交付于受益人的钱款，或者使用了应为受益人利益而使用的钱款，应自使用之日起支付利息。

（二）管理人的权利

管理人管理事务对受益人有利并且不违反社会常识时，管理人对受益人享有如下权利：

第一，偿还管理人因管理事务所支出的必要费用及其利息，这是管理人的必要费用偿还请求权。支出的费用是否必要，应以费用支出时的客观情况加以判断。例如，管理人认为是必要的费用，但客观上属于非必要的费用，管理人无权请求偿还；受益人认为是非必要的费用，但客观上属于必要的费用，管理人有权请求偿还。

第二，管理人为受益人负担必要的债务时，受益人应清偿该债务，这是管理人的负债清偿请求权。管理人可以向受益人请求清偿的债务，应以管理事务所必要或对管理事务有益为限；对于非必要或非有益的债务，应由管理人自担，受益人不负清偿义务。

第三，管理人因管理事务而遭受损失时，受益人负责补偿，这是管理人的损失补偿请求权。管理人有权请求补偿的损失，以实际损失为限。

（三）委托合同的适用

依据《民法典》第 984 条的规定，管理人管理事务经受益人事后追认的，从管理事务开始时起，适用委托合同的有关规定，但是管理人另有意思表示的除外。

第二节 不当得利

一、不当得利的概念和性质

（一）不当得利的概念

不当得利是指没有法律根据，使他人受到损失而自己获得利益的一种法律事实（《民法典》第122条）。不当得利是债的关系的发生原因，该债即为不当得利之债。在这种债的关系中，取得不当利益的人为得利人，是不当得利之债的债务人，负有返还不当得利的债务；财产受损失的人为受损人，是不当得利之债的债权人，享有请求得利人返还不当利益的债权。

（二）不当得利的性质

不当得利能够引起不当得利之债的发生，因此，不当得利是一种法律事实。不当得利引起债的发生，完全是基于法律的规定，而不是基于当事人的意思，因此，不当得利不属于民事法律行为。同时，不当得利并非基于得利人和受损人的意思而产生，故应为法律事实中的事件。

二、不当得利的构成要件

依据《民法典》第122条的规定，不当得利的构成要件如下：

（一）一方获得利益

一方获得利益是指一方当事人因与他方当事人之间利益的不当变动而取得财产利益，即因为一定事实使财产总额增加。判断一方是否获得利益，应以其现在的财产或利益与利益不当变动前所应有的财产或利益的总额相比较而定。财产的增加有积极的增加和消极的增加之分。积极的增加是指权利的增强或义务的消灭，使财产范围扩大，如财产权利的取得、占有的取得、财产权的扩张及效力的增强、财产权限制的消灭等；消极的增加是指当事人的财产本应减少却因一定事实而没有减少，如本应支出的费用而没有支出、本应负担的债务而未负担或少负担、本应在自己的财产上设定负担而后来不再设定等。

（二）他方受到损失

他方受到损失是指因一方获得利益而造成的相对人财产利益的减少或应当增加而未增加。如果一方获得利益，他方并没有因此而受到任何损失，则不构成不当得利。他方受到的损失包括两种：一是现有财产利益的减少，即直接损失或者积极损失；二是财产利益应当增加而没有增加，即间接损失或者消极损失。至于受损人的利益“应当增加”的判定，不以其“必然增加”为必要。只要在通常情况下受损人的利益可能增加的，即为“应当增加”。例如，占用他人房屋时，虽然房屋的所有权人并无将该房屋出租于他人的意图，但其利用财产的可能性受到限制，即为受到损失。

（三）获得利益和受到损失之间有因果关系

获得利益和受到损失之间有因果关系，是指他方的损失是因一方获得利益造成的。这种因果关系的含义，民法理论上有直接因果关系说与非直接因果关系说之争。前者主张，获得利益和受到损失必须基于同一原因事实，两者之间才为有因果关系；后者认为，获得利益的原因事实不必与受到损失的原因事实相同，只要社会观念认为获得利益和受到损失有牵连关系，就可认定两者之间有因果关系。

《民法典》第122条关于不当得利的规定，采取了非直接因果关系说，即只要他方的损失是由取得不当利益造成的；或者如果没有其不当利益的取得，他方就不会造成财产的损失，均应认为获得利益和受到损失之间有因果关系。

（四）获得利益没有合法根据

在无因管理中，所谓“无因”，指的就是没有合法根据。造成他方损失而使自己获得利益，之所以构成不当得利，是因为该项利益的获得没有合法根据。如果一方获得利益和他方受到损失有法律上的根据，当事人之间的关系就受到法律的认可和保护，不构成不当得利。

三、不当得利的基本类型

根据不当得利之债的发生是否基于给付行为，可以将不当得利区分为给付型不当得利和非给付型不当得利。

（一）给付型不当得利

1. 给付型不当得利的类型

给付型不当得利是指基于给付行为而产生的不当得利，主要有两种类型。

（1）给付原因自始不存在的不当得利。这是指一方为履行债务向另一方为给付，但该义务自始不存在而产生的不当得利。例如，民事法律行为不成立、无效及被撤销所产生的不当得利；再如，履行不存在的债务所引起的不当得利，此即所谓的非债清偿。

（2）给付原因嗣后不存在的不当得利。这是指一方向他方为给付时存在给付原因，但履行给付行为后法律上的原因不存在或消灭而产生的不当得利。例如，因合同解除产生的不当得利、因给付目的嗣后不能实现产生的不当得利等。

2. 给付型不当得利的排除

在一般情况下，具有上述情形的，即可发生不当得利。但是在以下情况下，一方虽然没有给付义务，也不能构成不当得利：（1）为履行道德义务进行的给付；（2）债务到期之前的清偿；（3）明知无给付义务而进行的债务清偿（《民法典》第985条）。此外，不法原因的给付、放弃时效利益的给付也不构成不当得利。

（二）非给付型不当得利

非给付型不当得利是指基于给付原因以外的事实而发生的不当得利。这种类型的不当得利主要包括如下类型：

第一，基于得利人的行为而产生的不当得利，如得利人擅自出卖、消费他人之物而取得利益。

第二，基于受损人的行为而产生的不当得利，如受损人将他人的土地误以为是自己的土地而耕种。

第三，基于第三人的行为而产生的不当得利，如第三人擅自使用受损人的材料为得利人制作家具。

第四，基于自然事件而产生的不当得利，如洪水过后，受损人饲养的鱼被冲到得利人的鱼塘里。

四、不当得利的效力

不当得利一经成立，当事人之间即发生债权债务关系，受损人有权请求得利人返还不当利益，得利人负有返还不当利益的义务。关于不当得利的返还范围，应区别下列不同情况加以确定：

第一，得利人为善意，即在得利人取得利益时不知道且不应当知道没有法律根据，其返还利益的范围以利益存在的部分（现存利益）为限；如利益已不存在的，则不承担返还义务（《民法典》第 986 条）。这里所谓的现存利益，不限于原物的固有形态；如果形态改变，其财产价值仍然存在或者可以代偿，也属于现存利益。

第二，得利人为恶意，即在取得利益时知道或者应当知道没有法律根据，其返还利益的范围应是得利人取得利益时的数额，即使该利益在返还之时已经减少甚至不复存在，返还义务也不能免除，并应当依法赔偿损失（《民法典》第 987 条）。

第三，得利人在取得利益时为善意、嗣后为恶意的，其返还范围应以恶意开始之时存在的利益为准。

第四，得利人已经将取得的利益无偿转让给第三人的，受损人可以请求第三人在相应范围内承担返还义务（《民法典》第 988 条）。

▶即测即评

▶案例资源

第四编 人格权

第一章　人格权概述

第一节　人格权的概念和特征

一、人格权的概念

人格权是以民事主体固有的人格利益为客体，以维护和实现人身自由、人格尊严为目标的权利。民事权利可分为人身权和财产权两大类，人格权是人身权的主要内容之一。法律上的人格既可以指民事主体资格，也可以作为民事权利客体的人格利益。人格权的客体就是人格权所指向的具体人格利益或一般人格利益，前者构成民法上的各项具体人格权。按照《民法典》第990条第1款的规定，具体人格权包括生命权、身体权、健康权、姓名权、名称权、肖像权、名誉权、荣誉权、隐私权等。依据该条第2款的规定，除具体人格权外，自然人还享有基于人身自由、人格尊严产生的其他人格权益，即一般人格权益。

党的十九大报告提出，要"保护人民人身权、财产权、人格权"①，这充分彰显了我们党"坚持以人民为中心"的执政理念和"为人民谋幸福"的执政初心。当前，人民的基本物质生活日益充足，对保护人格权、维护人格尊严的需求也更加强烈，保护人格权的内容写入党的十九大报告，充分体现了党和国家对人民权利的高度重视，对实现人民当家作主具有重大现实意义。

将人格权独立成编，是我国民法典的一大特色和亮点，为民事立法科学化和体系化提供了中国方案。独立的人格权编能够体现立法对人格权制度的高度重视，彰显人格权制度的重要性，并以此回应社会对加强人格权保护的强烈呼声，有利于解决人格权保护中出现的各类纠纷。与此同时，人格权独立成编还有助于弥补传统大陆法系"重物轻人"的体系缺陷，为人格权法的未来发展提供空间。

保护人格权，维护个人人身自由和人格尊严，是我国法治建设的重要任务。人格权在民法典中独立成编，是贯彻党的十九大精神，落实宪法关于"公民的人格尊严不受侵犯"的要求，加强人格权保护的重要举措。习近平指出，我国社会主要矛盾已经转化为人民日益增长的美好生活需要和不平衡不充分的发展之间的矛盾。②《民法典》人格权编及其构建的人格权制度，适应社会主要矛盾的变化，

---

① 习近平：《决胜全面建成小康社会　夺取新时代中国特色社会主义伟大胜利——在中国共产党第十九次全国代表大会上的报告》（2017年10月18日），人民出版社2017年版，第49页。

② 参见习近平：《决胜全面建成小康社会　夺取新时代中国特色社会主义伟大胜利——在中国共产党第十九次全国代表大会上的报告》（2017年10月18日），人民出版社2017年版，第11页。

把对人民权利的保护放在至高地位，充分体现了党的现代法治理念。

二、人格权的特征

人格权是一项基本的民事权利，与其他民事权利相比，其主要具有以下特征：

（一）人格权是民事主体依法所固有的基本权利

固有，是指自然人从出生、非自然人自成立时起，就享有人格权，其取得无须民事主体积极作为，而是由法律直接赋予。《民法典》第 992 条规定，人格权不得放弃、转让、继承。作为一项固有权利，人格权与民事主体相伴始终。当然，肯定人格权为一种固有权利并非对所谓“天赋人权”理论的延续和扩展，也并不意味着可以将人格权视为一种超越法律而存在的自然权利。人格权在性质上仍是一种法定权利，人格利益的保护范围和方式等也皆因法律的肯定才得以为权利人所实际享有。

（二）人格权是民事主体专有的民事权利

一方面，人格权是民事主体资格得以维持的前提，人格权的缺位将导致民事主体资格的虚化；另一方面，从其权利要素来看，任何一项人格权皆须以具体的民事主体为依托，并以此表现其价值和个性，否则人格权就没有价值可言。在具体的法律效果上，人格权的专属性特征集中体现于对权利转让和继承的限制方面，即人格权只能由权利人专有，不得转让或继承。此外，人格权不得抛弃，也不得由他人代为行使。

（三）人格权以民事主体的人格利益为客体

人格权的客体为民事主体的人格利益，与有形的财产利益不同，人格利益是无形的，其体现的是行为与精神活动的自由和完整的利益，且以人的精神活动为核心。如果说法律对财产利益的保护旨在维持民事主体的生存发展以及为其提供从事各种活动的物质基础，那么，对无形的人格利益的保护则旨在维持民事主体作为人的存在，并且为民事主体从事财产活动提供前提条件。从这个意义上讲，人格利益是人的最高利益。作为一种受法律保护的利益，人格是以权利主体与他人建立起来的社会关系的存在为前提的。作为权利义务具体指向的人格利益，也就因此呈现出多样化的姿态。

三、人格权的属性

人格权的特征决定了其具有如下属性：

（一）支配性

依据权利行使效果的不同，民事权利可以分为支配权、请求权、形成权、抗辩权。支配权为支配一定利益的权利，即仅凭权利人的意志即能实现权利内容的权利。人格权为支配权的一种，人格权的支配性反映的是权利主体对权利客体的关系，是指人格权的权利人可以在法律规定的范围内按照自己的意志直接享有、管领和处理其人格要素而无须他人行为或意思的协助。人格权的支配性带来人格权的绝对性，也就是说，权利人以外的其他任何人均负有不得侵害他人人格权的义务。因此，在人格权遭受侵害的情形下，权利人不仅可以依据《民法典》人格权编的相关规定主张人格权请求权以获得保护，也可以依据侵权责任编的相关规定获得救济。应当注意的是，人格权的支配权能并非毫无限制。例如，《民法典》第 1007 条规定，禁止以任何形式买卖人体细胞、人体组织、人体器官、遗体。违反该规定的买卖行为无效。与物权等支配权相比，人格权的权利人对权利客体的支配更多地受到社会伦理道德、公序良俗等方面的限制，但这并不足以否定人格权的支配权性质。

（二）非财产性

根据民事权利是否直接包含财产内容，可以将其分为财产性权利和非财产性权利。人格权以民事主体的人格利益为客体，而人格利益本身并不具有直接的财产内容，其体现的是人的尊严、情感、社会评价以及法人或非法人组织的标表型利益等。正是在此种意义上，人格权属于非财产性权利。相对于财产性权利的损害而言，人格权损害具有不可复原、无法弥补的特点。但是，人格权与财产权又存在一定的联系（详见本章第二节）。应当指出的是，人格权乃民法领域方兴未艾的实定法权利，对于其基本属性的研究尚处于探索阶段，这也使得关于人格权性质的认识处于相对模糊的状态，体现出既有法定性又有开放性的特点，需要一种更为灵活的对待。

（三）法定性

法定性，是指人格权的具体种类由法律规定。人格权奉行法定主义，主要是因为人格权具有对世权、绝对权性质，可以对抗所有其他人，任何人都负有不得非法侵害或妨害他人人格权的义务。如果否定人格权的法定性，任由当事人自由创设，则有可能使个人动辄得咎。过度限制社会成员的行为自由，反不利于社会秩序的稳定和行为自由的保障。因此，人格权必须像物权一样奉行法定主义原则。

第二节　人格权与其他权利

一、人格权与人权

人权是指人在社会、国家中的地位，是人在一切社会关系和社会领域中的地位和权利的总和，既包括社会、经济、文化权利及政治权利，也包括人身权利。习近平指出："尊重和保障人权是中国共产党人的不懈追求。党的百年奋斗史，贯穿着党团结带领人民为争取人权、尊重人权、保障人权、发展人权而进行的不懈努力。"① "实现人民充分享有人权是人类社会的共同奋斗目标。人权保障没有最好，只有更好。"② 这些重要论述，对于准确理解人格权与人权的关系、促进中国人权事业的发展具有重要的指导作用。

人格权是人权的具体化和制度化的体现。习近平指出，要"保障公民人身权、财产权、人格权，保障公民参与民主选举、民主协商、民主决策、民主管理、民主监督等基本政治权利，保障公民经济、文化、社会、环境等各方面权利，不断提升人权法治化保障水平"③。这一论述清晰地阐明了人权的主要内容，即人权包括基本民事权利、基本政治权利和经济文化社会环境权利三部分内容。人格权作为基本民事权利，是人权的重要组成部分。人格权以人权为其价值基础，是人权理念和思想在民事法律领域的延伸和具体表现。人权的主要内容如人格尊严、人格平等和人身自由等，也借由人格权的规范形式获得制度化的表达，进而获得了更加充分的保护。当然，作为两个不同的概念，两者之间也存在明显的区别，具体而言：

一方面，人权是一个复杂和多元的概念，既包括基本民事权利，也包括基本政治权利和经济文化社会环境权利。即便在法律的语境内，人权的内容也并不以人格权所指向的生命、健康、人格尊严等人格利益为限，还包括言论自由、选举权与被选举权、监督权等公法权利，其概念所涵盖的范围十分广泛。人格权作为一项以维护民事主体人格利益为目的权利，虽然借助一般人格权之类的框架性权利而具有较大的开放性，但仍是一项具有明确范围限制的民事权利。

另一方面，人格权作为一项民事权利，其救济主要依靠法律手段，由各国法院通过行使司法权实现。也就是说，在人格权受到侵害的情形下，受害人可以向人民法院起诉，获得司法保护。而人权所包括的一些道德权利，很难获得司法的保护。虽然对于人权保护而言，法律的手段不可或缺，但因其内容十分复杂，权利的保护形式也是多种多样的。

---

① 《习近平在中共中央政治局第三十七次集体学习时强调 坚定不移走中国人权发展道路 更好推动我国人权事业发展》，《人民日报》2022 年 2 月 27 日，第 1 版。

② 《习近平致"2015·北京人权论坛"的贺信》，《人民日报》2015 年 9 月 17 日，第 1 版。

③ 《习近平在中共中央政治局第三十七次集体学习时强调 坚定不移走中国人权发展道路 更好推动我国人权事业发展》，《人民日报》2022 年 2 月 27 日，第 1 版。

二、人格权与身份权

身份权是民事主体基于其特定地位或资格而享有人身利益的权利，在外延上包括两大类，即基于亲属关系而产生的身份权和基于其他身份关系而产生的身份权，前者如亲权、亲属权、监护权等，后者如作者权、社员权等。

（一）人格权与身份权的联系

作为人身权概念下的两项基本的权利类型，人格权与身份权的联系无疑是最为密切的，二者之间的联系主要有：

第一，人格权与身份权都是专属性的民事权利。无论是生命、健康、姓名、名誉等人格利益，还是夫妻之间、父母与子女之间的身份利益，都只有与特定主体的人身紧密联系才有意义，否则就失去其存在价值。这决定了人格权与身份权都只能由权利人专属享有和行使，不得转让或由他人继承。

第二，二者都是非财产性权利。人格利益和身份利益都不是财产，不能用金钱来衡量其价值。尽管人身权的行使与财产权有相当的联系，并且会为权利人带来一定的经济利益，但是人身权的行使主要是为了实现主体的内在价值，满足其精神需要，而不是为了谋取经济利益。

第三，从法律保护的目的来看，二者表达了共同的价值关怀。作为人身权的人格权和身份权都体现了个人的价值和尊严，并都以人格的独立和平等为基础，所以对这两种权利的保护都旨在实现和维护人格的独立和平等，确认人的共同价值并鼓励个人以自己的意志支配自己的活动，自主地从事各项正当的社会交往。

（二）人格权与身份权的区别

第一，权利客体上存在差别。人格权以人格利益为客体，基于人格平等的思想，除自然人与法人因各自自然属性的不同而有所差别以外，各民事主体所享有的人格权内容是基本一致的，尤其是一般人格权，为一切自然人或法人所普遍享有。即使在具体人格权上，法人亦可享有其中的名称权、名誉权、荣誉权。而身份权的客体则具有多元性，不同的身份权所指向的身份利益具有明显差别，如夫妻间的身份利益是共同生活、相互扶助、体贴关爱的人类情感；父母子女之间的身份利益则体现为父母对未成年子女的抚育、教导的职责以及相互尊重、爱护的情感等。基于亲属身份而产生的身份利益，只有自然人可以享有。

第二，权利取得上存在差别。自然人因出生、团体因取得法律人格而获得人格权。换言之，人格权系基于出生的自然事件或成立的事实而由民事主体自然地取得。而身份权的取得既可基于身份事实，也可基于身份行为。在以身份行为创设身份权的情形下，行为人不仅要有行为能力，而且受一定的法律限制。仅以配偶权的取得为例，配偶权因结婚行为而获得，但结婚不仅要符合实质要件，具备法律规定的行为能力，还要符合形式要件。

第三，权利的存续期间不同。人格权以权利人的生存为基础，伴随权利人的存在而存在，没有期限限制。而身份权中的具体权利既可是无期限权利，如基于亲属身份而产生的身份权，在自然状态下，随身份关系的存续而存续，属无期限权利；也可由当事人设定权利存续期间或因当事人一定的身份行为而随时产生或终止，如夫妻离婚后，其配偶关系也随之消灭。

基于人格权与身份权的上述联系与区别，《民法典》第1001条规定："对自然人因婚姻家庭关系等产生的身份权利的保护，适用本法第一编、第五编和其他法律的相关规定；没有规定的，可以根据其性质参照适用本编人格权保护的有关规定。"

三、人格权与财产权

（一）人格权与财产权的联系

第一，人格权的享有和保障是民事主体取得和行使财产权的前提。一方面，人格权与民事权利能力密不可分，是成为民法中的"人"的基本条件，也是其取得和行使包括财产权利在内的诸多民事权利的基础和前提。另一方面，对民事主体人格权的侵害往往也将产生财产损害的后果，如健康权受到侵害时，受害人除身体及精神上的痛苦外，还会因治疗费和误工费等支出而承受财产损失。

第二，财产权的享有和行使可以为民事主体人格权的享有提供更为充分的保障。在制度体系构造上，财产权和生命权、自由权作为基本权利，一直是法律的基本价值之所在。在市场经济时代，财产构成社会主体参与社会关系、实现自身价值的物质基础，也为民事主体充分地享有其人格利益提供必要的现实条件。对法人而言，拥有自己独立的财产更是其作为独立民事主体、享有法人人格权的基本条件之一。

第三，人格权也部分包含财产利益的因素。传统民法理论认为，人格权、人格利益具有固有性、专属性、非财产性，本身并不具有直接的财产内容。然而，不承认财产为其主要内容，并非对人格权内涵中财产性因素的绝对否定。一方面，人格权的损害大多仍需以财产赔偿作为救济；另一方面，某些人格权的利用，如名称权或肖像权的许可使用，也确实可以为权利主体带来财产上的收益。

（二）人格权与财产权的区别

第一，权利客体不同。人格权以人格利益为其客体，而人格利益不论是具体的生命、健康、身体、肖像、姓名、名誉等人格利益，还是抽象的人身自由、人格尊严，皆主要表现为权利人精神层面的利益，不具直接的财产内容，无法以经济价值估量。而财产权的客体，无论是物、行为还是智力成果，都体现为一定财产利益，均可以金钱计量其价值。

第二，是否具有专属性不同。人格权与民事主体资格密不可分，只能由权利主体专属享有，不能转让且无法继承，即便部分人格权的权利客体（如肖像、名称）可以通过许可使用或者转让的方式流转，也仍须受到较为严格的限制。而对于财产权来讲，处分权是其基本权能，民事主体基于意思自治可以转让或者继承，也可以抛弃。只要不违背法律和社会公共利益，权利人得自由处分其财产权。

第三节 一般人格权

一、一般人格权的概念和特征

（一）一般人格权的概念

人格权制度所保护的人格利益具有多样性，为此民事立法通过列举人格权的类型和具体内容的方法，来实现法律适用的统一和便利。然而，随着时代的发展和社会的进步，人格权保护的需求必将更为多元化，新型人格权益的出现不可避免会对具体人格权的体系造成冲击。一般人格权是一种法律方法论意义上的构造，通过一般条款的方式对具体人格权进行补充，即法律采用高度概括的方式赋予民事主体关于人的存在价值及尊严的框架性权利。民法典规定的一般人格权包括人身自由和人格尊严两方面的内容，这是我国《宪法》第 37 条和第 38 条关于人身自由和人格尊严的规定在部门法上的具体化，也宣示了《民法典》人格权编的价值导向。一般人格权集中体现了人格权所彰显的价值，具有权利集合性和高度概括性的特点，与社会主义核心价值观一脉相承。社会主义核心价值观被誉为民法典的“灵魂”，为我国的民事权利体系注入了强大的精神力量，人格权制度亦不例外。社会主义核心价值观中的“自由”“平等”等价值理念，在人格权制度中被内化为一般人格权所蕴含的充分尊重人的自由和尊严的精神和价值判断。

（二）一般人格权的特征

相较于具体人格权，一般人格权体现出以下特征：

1. 概念内涵的抽象性

具体人格权借助已知的人格要素和人格利益种类，采取类型化的方法阐释人格权的内涵；一般人格权则以抽象演绎的方式，概括人格权的价值内核。由于并非以具体的人格要素为判断标准，因此，一般人格权在形式上体现出框架性权利的特点，权利的具体内容并不明确，需要借助法官的裁判，根据案件的具体情况，通过解释予以补充。

2. 权利内容的广泛性

借由抽象的概念内涵，一般人格权体现出较强的涵盖能力，其既可以包含法律已经明确规定的人格权内容，也可以吸收法定人格权以外的其他人格利益。依据《民法典》第 109 条和第 990 条第 2 款的规定，一般人格权包括人身自由和人格尊严两个方面，在解释论上具有较广的空间。

3. 权利地位的基础性

一方面，作为对人格权内涵的高度概括和抽象，一般人格权可以更加全面地展示人格权的基本内含和价值；另一方面，作为对人格权价值内核的集中反映，一般人格权还在一定程度上扮演着具体人格权的价值基础和源泉的角色，为后者的合理性论证提供理论和规范上的支持。

二、一般人格权的内容

《民法典》第 109 条规定："自然人的人身自由、人格尊严受法律保护。"第 990 条第 2 款规定："自然人享有基于人身自由、人格尊严产生的其他人格权益。"以上规定是对一般人格权的立法确认，人身自由和人格尊严被明文宣示为一般人格权的基本内容。

（一）人身自由

人身自由有广义与狭义的区分：从广义上理解，人身自由不仅包括身体自由，还包括精神自由，以及自主决定的权利；从狭义上理解，人身自由仅包括身体行动的自由。人身自由是自然人自主参加社会各项活动、参与各种社会关系、行使其他人身权和财产权的基本保障，是自然人行使其他一切权利的前提和基础。①

（二）人格尊严

人格权的价值基础是人格尊严。人格尊严是指人基于人的尊严在人格上所具有的不可冒犯、不可亵渎、不可侵害或不可剥夺的一种社会性的精神特质。人格尊严包括消极和积极两个层面的内容。消极意义上的人格尊严，是指人格尊严不受侵犯，这是人之为人的基本条件之一，也是社会文明进步的重要标志；积极意义上的人格尊严，则指人格的自由发展。在民法上，人格尊严居于优先保护的地位。

人格尊严作为抽象的概念，集中反映的是一种作为人的观念，并且以他人、社会对特定主体作为人的尊重为其客观因素。和人身自由一样，人格尊严也是自

---

① 参见黄薇主编：《中华人民共和国民法典人格权编解读》，中国法制出版社 2020 年版，第 16 页。

然人才享有的权益，法人和非法人组织均不具有人格尊严。人格尊严体现为对人之为人的资格的评价，评价的内容不关乎褒贬，而是对人的最起码的尊重，是把人真正视为一个人所应具有的态度。因而无论人的属性、状态有何不同，对其尊严的评价无任何不同之处。

三、一般人格权的功能

一般人格权为自然人人格利益的法律表现，其保护对象为自然人人格利益之抽象及总和，具有解释、创造和补充立法上明确规定的具体人格权的功能。

（一）解释功能

一般人格权凸显以人为本的理念，集中体现了人格权立法的目的与宗旨，对于进一步明确具体人格权的保护目的，保障各具体人格权制度的正确适用，具有积极的启发和指导作用。特别是在司法裁判中，就具体人格权的法律规定应如何适用而产生分歧或疑惑时，应依据一般人格权的基本原理进行解释，具体人格权的保护至少应符合一般人格权的内涵和价值。

（二）创造功能

一方面，一般人格权为生成新的具体人格权提供了基础和条件。立法者据此可以对尚未予以类型化整理的人格法益进行权衡救济，以适应社会经济文化的发展，充分实现现代法律以人为本的价值。在立法技术上，通过一般人格权的设计形成一般条款和框架性权利，为应当予以救济的新型人格利益上升为具体法益提供通道，从而形成开放的人格权体系。另一方面，一般人格权属不确定的法律概念，严格来说，是内涵和外延均不确定的类型式概念，其功能的一个重要方面，就是使法院能够根据社会经济发展及伦理道德价值观念的变迁而适用法律，以使法律能够与时俱进，实现其规范功能。

（三）补充功能

在社会实践中，存在着游离于既有的具体人格权以外的人格利益。当该人格利益受到侵害时，便需要发挥一般人格权的补充功能，弥补法律规定的不足。因为从其概念特点来看，作为一种“框架性权利”，一般人格权的高度抽象和概括性特点赋予了其较强的涵摄能力，可以将广泛的人格利益内容涵盖其中加以保护；从其内涵来看，一般人格权实际上是从整体上对基于人格而发生的全部利益进行保护，在遇有具体人格权保护不足时，自然可以通过借助作为总括性权利的一般人格权加以弥补。

四、一般人格权的司法适用

一般人格权是开放的框架性权利，发挥了法律中兜底条款的作用。法律承认一般人格权的重要原因之一就是适应社会中保护新型人格利益的需要。当新的人格利益产生之后，在确定此种利益是否构成应当保护的法益时，应当考虑这些利益是否体现了人身自由和人格尊严等基本价值，判断侵害这些人格利益的行为是否违反了一般人格权所包含的价值目标，从而决定是否以一般人格权作为请求权基础予以保护，这就是一般人格权司法适用的主要体现。

作为一种高度概括的权利，一般人格权给予法官很大的自由裁量空间，如果对其适用不加限制，可能会使得一些不应受到法律救济的利益受到法律保护，且有可能无限制地扩张法益的范围，造成法律的不确定性。所以，一般人格权的适用应当受到严格的限制，此种限制主要包括：（1）只有在不能适用具体人格权时才有一般人格权适用余地，因为一般人格权只是具体人格权的补充规定；（2）必须通过个案的价值裁量来确定在具体案件中是否存在人格利益被侵害的情形，进而判断此种人格利益是否应当受到一般人格权的保护；（3）应当限制一般人格权所保护的法益的内容；（4）在通过适用一般人格权对受害人提供精神损害补救时，应当考虑受害人是否实际遭受了严重精神损害，结合社会的一般观念和受害人个人的感受来确定具体损害以及受害程度。

第四节 死者人格利益的保护

一、死者人格利益保护的必要性

自然人的民事权利能力始于出生、终于死亡，自然人死亡后即丧失民事主体资格，也就不应再享有专属于民事主体的各项人格权。但从以下方面考量，强调对死者人格利益的保护，也确有其必要性。

一是维护良好风尚，促进社会进步。漠视对死者人格利益的保护，实际上就是放任了生者的不正当行为，极容易引发道德风险，不利于良好社会秩序的形成和维护。

二是维护社会公共利益。死者生前是社会一分子，其人格利益与社会利益有着或大或小的关联。对死者人格利益予以侵害的行为可能同时损及社会公共利益，此时，应出于维护社会公共利益的需要而提起权利请求和诉讼主张。《民法典》第185条规定："侵害英雄烈士等的姓名、肖像、名誉、荣誉，损害社会公共利益的，应当承担民事责任。"若侵害死者人格利益的行为同时损害公共利益，则有关机关有权依据上述规定提起公益诉讼。

三是抚慰死者近亲属，维护其正当权益。死者的人格利益与生者的情感、尊严、名誉等是不可分的，基于社会人伦，侵害死者人格利益也会侵害其近亲属的追思之情，理应依法予以救济。

理论上看，对死者人格利益的保护，仍主要是出于维护社会公共利益和抚慰近亲属的需要，死者的人格要素只是该种利益的载体或表现形式，而非其主要的价值根源。

二、死者人格利益保护的规范

《民法典》第994条首次在立法上明确了死者人格利益保护制度。死者的姓名、肖像、名誉、荣誉、隐私、遗体等受到侵害的，其配偶、子女、父母有权依法请求行为人承担民事责任；死者没有配偶、子女且父母已经死亡的，其他近亲属有权依法请求行为人承担民事责任。因此，死者人格利益保护具有以下几个特点：第一，对死者人格利益的侵害，实际上是对其活着的配偶、父母、子女和其他近亲属精神利益和人格尊严的直接侵害。而对逝去亲人的怀念和哀思，是生者精神利益的重要内容。保护自然人死后的人格利益，归根结底是为了保护生者的人格利益和尊严。第二，保护的范围，限于侵害死者姓名、肖像、名誉、荣誉等人格利益。《民法典》第994条在规定死者人格利益的保护范围时，除明确列举姓名、肖像、名誉、荣誉外，还采用了“等”这一兜底表述，保持了死者人格利益保护范围的开放性。第三，请求权人限于死者的“近亲属”。依据《民法典》第994条的规定，请求权人的范围为死者的近亲属，包括死者的配偶、子女和父母以及其他近亲属。死者近亲属在向行为人提出请求时，存在一定的顺序限制，即首先应当由死者的配偶、子女和父母提出，在死者没有配偶、子女且父母已经死亡的情况下，其他近亲属才有权向行为人提出请求。对于配偶、子女和父母以外其他近亲属的认定，可以参照《民法典》第1045条第2款的规定，其中，其他近亲属包括兄弟姐妹、祖父母、外祖父母、孙子女、外孙子女。

第五节 人格权的限制

一、人格权的限制概述

人格权的限制，一般是指基于对国家利益、社会公共利益等因素的考量，对人格权的内容和行使方式进行的限制。人格权的行使，不仅关系到权利人的利益，也关系到义务人以及国家和社会的利益。因此，权利主体在行使其人格权利时，应尊重他人的利益，不得滥用权利损害国家和社会公共利益。

法律对人格权进行限制主要有以下两个理由：第一，维护国家利益的需要。例如，国家基于公共安全的考虑，可以不经同意使用自然人的肖像，也可以合法限制个人的人身自由。第二，出于新闻报道、舆论监督等公共利益的需要。例如，基于公共利益的需要，可以合理使用自然人的姓名、名称、肖像、个人信息等，无须经过其本人的同意。又如，在新冠肺炎疫情防控中，为了保障公众身体生命健康，可以收集自然人的个人信息，这构成对自然人的隐私权和个人信息的必要限制。

二、人格利益的合理使用

（一）人格利益合理使用的一般规定

《民法典》第 999 条规定，为公共利益实施新闻报道、舆论监督等行为的，可以合理使用民事主体的姓名、名称、肖像、个人信息等；使用不合理侵害民事主体人格权的，应当依法承担民事责任。根据该条规定，在符合特定条件时，可以合理使用自然人的部分人格利益，这主要包括以下两个层面的内容：

第一，为公共利益而实施的新闻报道、舆论监督等行为，可以合理使用自然人的姓名、名称、肖像、个人信息等人格利益，而无须经过权利人的同意，也无须就因使用行为引起的损害对他人承担侵权责任。新闻工作者出于维护公共利益的需要，时常会对一些负面新闻进行报道，这就有可能触及相关民事主体的姓名权、肖像权和隐私权等。当两者之间发生冲突时，法律应优先保护新闻报道和舆论监督活动，以维护公共利益。此时，对自然人人格利益的使用构成合理使用。

第二，即使是出于新闻报道和舆论监督等需要而使用自然人人格利益，如果没有遵循合理限度，仍有可能构成侵权行为。由于人格利益的合理使用在性质上构成对人格权权利人的限制，因此该限制不应超过必要限度。关于“合理”的认定，既可以参照比例原则理论，以适当性原则、必要性原则和狭义比例原则进行综合判断，也可以结合使用目的、使用必要性和使用他人人格利益可能造成的影响等多方面因素进行综合判断。也就是说，尽管是基于新闻报道和舆论监督等需要对自然人的人格利益进行使用，但如果超过了必要的限度，仍会构成对人格权的侵害，此时人格利益合理使用的正当性就不复存在，行为人依法应当承担相应的侵权责任。

（二）人格利益合理使用的具体规则

在具体人格权中，肖像权合理使用应如何界定，实践中时常出现争议。《民法典》第 1020 条明确规定，符合以下五种情形的，属于肖像的合理使用。

第一，为个人学习、艺术欣赏、课堂教学或者科学研究，在必要范围内使用肖像权人已经公开的肖像。为了个人学习、艺术欣赏的目的使用肖像权人已经公开的肖像，属于个人正常社会活动范畴，不会对肖像权人的肖像权造成损害。为了课堂教学、科学研究的目的而在一定范围内使用他人已经公开的肖像，是基于国家利益、社会公共利益对肖像权所作的合理限制。例如，出于临床医学教学科研的目的而在特定场合或专业学术刊物上展示病人照片等。

第二，为实施新闻报道，不可避免地制作、使用、公开肖像权人的肖像。新闻报道涉及公众知情权的实现，也涉及舆论监督的发挥，事关社会公共利益及人民福祉，为社会文明发展和进步所必需。为实施新闻报道，不可避免地需要制作、使用、公开具有新闻价值的人物的肖像，如政治家、外交官、人大代表、知名学者、社会活动家、作家、艺术家、运动员等。这些社会知名人士的活动往往为社会公众所普遍关注，而其活动本身通常也同时体现国家的政治生活、国事活动、社会焦点或公众兴趣。为了报道这些人士的活动和事迹而使用其肖像，即使未征得本人同意，亦不构成侵权。

第三，为依法履行职责，国家机关在必要范围内制作、使用、公开肖像权人的肖像。国家机关依法履行职责是行使公权力的体现，是保护个人人身财产安全、维护社会秩序、维护国家利益或社会公共利益的需要。国家机关为依法履行职责而在必要范围内制作、使用、公开肖像权人的肖像，无须经肖像权人同意。例如，公安机关为通缉犯罪嫌疑人而使用其肖像；司法机关在诉讼活动中使用当事人的肖像作为证据等。

第四，为展示特定公共环境，不可避免地制作、使用、公开肖像权人的肖像。此合理使用情形主要是为了使民事主体能够正常参与、开展社会活动，否则会过度限制民事主体的行为自由。具体情形如，为了拍摄特定公共环境，不可避免地制作、使用、公开肖像权人的肖像等。

第五，为维护公共利益或者肖像权人合法权益，制作、使用、公开肖像权人的肖像的其他行为。这一规定旨在发挥兜底条款的作用。涉及肖像权合理使用的情形绝不限于前述四种，立法难以全面列举，因此需要留有兜底条款以弥补不足。

第六节 人格利益的许可使用

一、人格利益的许可使用概述

在传统的人格权理论中，人格权的非财产性是对人格权及其客体人格利益的一项基本判断。但随着经济的发展、科技的进步、传媒业的发展以及社会观念的更新，人格权与财产权不再泾渭分明，人格权并非只是单纯具有人格利益内涵而是还包括经济利益的观点逐渐被学界接受。与此同时，司法实践中人格利益许可使用的案件数量逐渐增多，多数商业实践也已经认可人格利益的许可使用，这不仅是人格权积极权能的体现，也符合社会发展的需要，在法秩序上应该得到肯定。民法典顺应这一社会变化和现实需求，及时明确了人格利益许可使用的相应规则。《民法典》第 993 条规定，民事主体可以将自己的姓名、名称、肖像等许可他人使用，但是依照法律规定或者根据其性质不得许可的除外。根据该条规定，对于自然人的姓名、肖像和法人、非法人组织的名称等的许可使用，主要是通过授权他人使用的方式，即签订许可合同的方式来进行的。

民法典规定人格利益许可使用制度具有重要意义。第一，有效回应社会发展的需要。随着各类人格利益利用现象频繁出现，尤其是对于自然人姓名和肖像的利用日益普遍。民法典确定人格利益许可使用规则，能够顺应人格权的发展趋势，促进商业活动的发展。第二，有利于进一步增强民法典的体系性。人格权在民法典中独立成编，一个很重要的原因就是人格权所具有的积极权能，不能完全在侵权责任编中得到体现。人格权法当前呈现出与侵权责任法分离的趋势，根本还是在于人格权所具有的积极权能，无法为侵权法所规范，只有独立成编的人格权规范方能实现人格利益许可使用的规则设计。第三，有助于总结司法实践经验，统一裁判尺度，实现司法公正。司法实践中人格利益许可使用纠纷日益增多，民法典在总结我国司法实践经验的基础上，对人格利益许可使用作出系统规定，为司法机关裁判案件提供了明确的法律依据。

二、人格利益许可使用的类型

依照民法典的规定，可由权利人许可他人使用的人格利益主要有以下几类：

（一）姓名

按照传统的人格权理论，姓名权在性质上属于精神性人格权，并不具备财产价值，主要功能亦是防止个人身份的混淆。但随着市场经济的发展，出现了名人代言等对于姓名的商业化利用行为，由此也为姓名权人带来了大量的财产价值。《民法典》第 1012 条规定，自然人享有姓名权，有权许可他人使用自己的姓名，但是不得违背公序良俗。从我国的司法实践来看，法院亦承认自然人有权许可他人对其姓名进行使用，并可从中获取商业利益。

（二）名称

名称权系法人和非法人组织所享有的人格权，不仅具有标识法人及非法人组织身份的功能，而且具有商业利用价值。根据《民法典》第 1013 条的规定，法人、非法人组织享有名称权，有权依法转让或者许可他人使用自己的名称。可以说，名称权的利用方式比姓名权更为广泛，权利人不仅可以许可他人使用其名称，而且可以依法对名称权进行转让。

（三）肖像

肖像权作为重要的标表型人格权，其经济利用价值一直以来都得到法律的肯定和保护。根据《民法典》第 1018 条的规定，自然人享有肖像权，有权依法许可他人使用自己的肖像。实践中，各类娱乐明星许可他人使用自身肖像并获取商业利益的情形广泛存在。针对当事人对肖像许可使用合同中关于肖像使用条款的理解的争议，《民法典》第 1021 条专门规定，对肖像许可使用合同的理解存在争议时，应作出有利于肖像权人的解释。

（四）个人信息

自然人的个人信息可以成为许可使用的对象。个人信息中包含一定的财产利益，因此可以成为经济利用的对象，如经过处理的个人信息可以成为供商业分析和商业决策的大数据。随着信息社会的发展，个人信息的利用价值愈发凸显。《民法典》人格权编和《个人信息保护法》均肯认对于个人信息的合理利用。例如，《个人信息保护法》第 1 条就明确规定，该法的立法目的是保护个人信息权益与促进个人信息的合理利用。

（五）其他人格利益

《民法典》第 993 条以“等”的方式，明确除姓名、名称和肖像外，其他人格利益也可以许可他人使用，除非依照法律规定或者根据其性质存在不得许可使用的情况。例如，在法律允许的范围内，隐私在一定程度上能够成为许可使用的对象。社会上风行的网络直播，就是经权利人许可而对其个人的起居生活、工作和娱乐活动予以公开和播放，这本质上是对隐私权的积极利用。

此外，根据民法典的规定，当人格利益依照法律规定或者根据其性质不得成为许可使用的对象时，应当被排除在人格利益许可使用的范围之外。也就是说，为了保护自然人的人身自由和人格尊严，维护公序良俗，部分人格利益不得被许可使用。例如，身体权一般被排除在许可使用的范围外，代孕等行为更是被法律所明文禁止。

▶即测即评　　▶案例资源

第二章　生命权、身体权和健康权

第一节　生　命　权

一、生命权的概念和内容

生命权是以自然人的生命安全和生命尊严为内容的权利。保护人民的生命安全和健康始终是党和国家的重要任务。习近平指出，人民至上、生命至上，保护人民生命安全和身体健康，应始终放在第一的位置。在人民生命安全和身体健康受到严重威胁的重大时刻，党和政府始终以对人民负责、对生命负责的鲜明态度，在人民生命和经济利益之间作出生命至上的果断抉择，不惜一切代价抢救生命，充分体现了国家对人民个体生命与尊严的尊重。

《民法典》第 1002 条规定："自然人享有生命权。自然人的生命安全和生命尊严受法律保护。任何组织或者个人不得侵害他人的生命权。"根据该规定可知，生命权的内容具体包括以下权能。

（一）生命安全受法律保护

生命安全受法律保护，是指生命权人对生命利益的享有受到法律的保护，而不受侵害的权利。当生命权人的生命安全面临危险时，权利人可以依法请求停止侵害、消除危险。与生命享有权不同，生命安全受到法律保护是一种防御性的权利，它存在的目的主要是保护生命的安全，而非赋予其积极使用的权能。

生命权主要体现为生命安全的维护。生命是基本的生活利益或安全活动的自由。

生命权人对生命利益享有的消极维护以及在遭受侵害时享有的积极防御的权利，都是基于生命权人对生命利益的有限支配性产生的。正是因为享有生命维护权，生命权人在权利遭受侵害或面临危险时，可以向负有法定救助义务的组织或者个人请求排除妨害、消除危险，在满足紧迫性要件的情况下甚至可以径行采取紧急避险、正当防卫等措施。

（二）生命尊严受法律保护

生命尊严受法律保护，是指民事主体在生命进程中的人格尊严应受到法律的保护。此处的生命进程往前可以延及体外受精胚胎，鉴于体外受精胚胎将来有可能发展成生命，即便其在性质上属于特殊的物，在处置上也必须遵从人格尊严的价值判断。在生命诞生后，则应当保护人活着的尊严，保证每个个体能够在具有人格尊严的环境下生存和发展。

生命是法律所保护的最高利益。为了保护自然人的生命权、身体权和健康权，弘扬社会主义核心价值观，《民法典》第1005条规定，自然人的生命权、身体权、健康权受到侵害或者处于其他危难情形的，负有法定救助义务的组织或者个人应当及时施救。该条规定适用的前提是，自然人的生命权、身体权、健康权受到侵害或者处于其他危难情形，不立即施救可能会导致自然人的生命、身体或者健康遭受重大损害。此外，根据该条规定，负有法定救助义务的主体是特定的组织和个人，既包括法律法规明确规定的负有救助义务的组织和个人，如《民法典》第822条规定的对患有急病、分娩、遇险乘客具有救助义务的承运人；也包括法律法规虽没有明确规定，但相应规范中暗含了救助义务的组织和个人，如负有安全保障义务的经营者、管理者和组织者等。

二、生命权的主要特征

第一，生命权的客体是生命、生命的安全利益及生命尊严，这与身体权和健康权明显不同。身体权、健康权遭受实际侵害后能够借助医疗等手段得以“恢复”；然而生命权的客体一经侵害便无法得以复原，作为客体的生命随即消逝，主体亦不复存在，任何法律救济对于丧失生命的权利主体都是毫无意义的，法律救济的唯一功能在于使权利主体的利害关系人得到财产上的补偿和精神上的抚慰。因为人的死亡意味着主体在法律上的灭失，也就不可能再以自己的名义向加害人提出任何赔偿请求。实际上，生命权是人格权中唯一一项对其侵害只能由第三人主张赔偿的权利。

第二，只有在生命安全受到威胁，或者处于危险状态时，才能够行使生命权，否则没有主张权利的必要。对于生命权的主体来说，该项权利的主要内容在于排除生命安全所受到的危险和威胁。例如，请求他人消除危险、排除妨害；对所受不法侵害进行正当防卫；对威胁生命安全的危险采取紧急避险措施等。

第三，当生命权和其他权利发生冲突时，应当优先保护生命权。财产利益的保护在任何情形下都应当排在生命权保护之后。

第二节　身　体　权

一、身体权的概念和内容

《民法典》第1003条规定：“自然人享有身体权。自然人的身体完整和行动自由受法律保护。任何组织或者个人不得侵害他人的身体权。”在民法典之前，原《民法通则》仅规定了生命权、健康权，而未提及“身体权”，是因为对身体权与健康权的关系存在模糊认识。不可否认，对健康权和身体权的侵害行为存在共性，对健康权和身体权侵害所造成的损害后果也均可大致归纳为精神损害、身体疼痛以及各种残疾。然而仔细辨析，健康权保护的是自然人保持正常健康水平的权利，而身体权保护的是人保持其身体完好性的权利。对健康权的侵害所导致的后果包括健康水平的下降、健康状况的恶化以及由此产生的精神痛苦。对身体权的侵害所导致的后果则主要是肢体、器官的丧失或部分丧失，对某些生理功能的破坏以及由此产生的精神痛苦。也就是说，两者终究还是存在实质上的差异，身体权不能为健康权所包含。因此，民法典编纂时，身体权作为一项独立的人格权正式地在人格权编（《民法典》第 1003 条）得到确认。

身体权的内容主要包括以下两个方面：

一是身体完整权。身体完整权是指权利人保全其身体组织的完整性、完满性的权利。例如，实施加害行为致人牙齿脱落、肢体残缺等，就会导致身体组织的完整性受到损害。我国禁止以任何形式买卖人体组成部分，如果以人体组成部分为对象进行交易，不仅交易合同无效，交易主体还可能承担刑事责任。人体细胞、人体组织、人体器官在尚未与人体分离时，为人体的组成部分，对此实施侵害行为，将构成对身体权的损害。但是在其与人体分离之后，指甲、头发等部分属于单纯的物；器官、精子等仍然承载着人格价值的组织体，则应当被认定为特殊的物。如果为了移植器官，先取出体内的组织体再使之结合于身体某特定部位，此时该组织体在与身体分离期间仍与身体具有功能上的一体性，因此对此种分离组织体的损害仍应被认定构成对身体权的侵害。

二是行动自由受法律保护。《民法典》第 1003 条明确规定了身体权的内容还包括行动自由受法律保护的权利。行动自由是指权利人有自主支配其行为活动的自由，有别于对身体组织完满性的保护。例如，将人监禁于屋内并未造成该自然人身体组织的缺损，然而其活动范围大大受限，此时受侵害的仅为行动自由。对行动自由的侵害主要体现为对他人身体活动自由的限制或者剥夺。例如，为了追讨债务而非法拘禁债务人的行为，就可能构成对于权利人行动自由的身体权的侵害。

二、身体权的主要特征

第一，身体权的客体是自然人的身体利益及行动自由。此点有别于健康权。具体而言，身体权以身体的完整性及行动自由为客体，其客体是二重的，而健康权的客体只是健康，是一元的；身体权体现的利益是自然人身体组织以及器官的整体性和完全性，而健康权体现的利益是自然人肌体功能的正常运作及其完善性。二者相比较，身体权有明显的支配性质。某一行为侵害身体权，不一定侵害健康权。

第二，身体权属于支配权，具有对世的绝对性，任何人都负有不侵害他人身体的消极义务。当身体权遭受侵害时，可以适用侵权责任编中关于停止侵害、排除妨害、消除危险的救济方式。民事主体对于身体的支配是随着现代医学技术的发展而发展的，器官移植、血液捐献已经成为现实，这意味着，自然人得以对身体的部分组成进行处分。但是，除了自然人在法律和公序良俗范围内能够处分的组织和器官外，身体的其他组成部分，包括不能自由拆卸的假牙、假肢、义眼等，仍然受到权利人的支配；对于此类身体组成部分的侵害同样构成对身体权的侵害。

三、关于身体权的法律规范

自然人行使身体权要受到一定的限制，即身体权人仅得在符合公序良俗的前提下自由支配身体权，如自然人对手术的知情同意、依法决定参加医学临床试验、献血、捐献骨髓等。根据《民法典》第 1006 条的规定，完全民事行为能力人有权依法自主决定无偿捐献其人体细胞、人体组织、人体器官、遗体。任何组织或者个人不得强迫、欺骗、利诱其捐献。完全民事行为能力人依据上述规定同意捐献的，应当采用书面形式，也可以订立遗嘱。同时，如果自然人生前未表示不同意捐献，则在该自然人死亡后，其配偶、成年子女、父母可以共同决定捐献，决定捐献应当采用书面形式。依据上述规定，具备完全民事行为能力的自然人享有捐献或者不捐献人体细胞、人体组织、人体器官和遗体的自主决定权，人体捐献必须基于真实合法的意愿。关于遗体捐献，如果自然人生前表达了不同意捐献的意愿，应当尊重自然人的自主决定权。

自然人的身体应当受到尊重并得到法律的保护。人体捐赠只能是无偿的，不能将人体组成部分当成交易的对象。《民法典》第 1007 条规定，禁止以任何形式买卖人体细胞、人体组织、人体器官、遗体。违反规定进行人体细胞、人体组织、人体器官和遗体买卖，无疑是违背人格尊严的行为，此类买卖合同应属无效。在解释上，本条规定应理解为效力性强制性规定，依据《民法典》第 153 条，违反该条将直接导致法律行为归于无效。

我国民法典对于实践中常见的人体临床试验活动和与人体基因、人体胚胎等有关的医学科研活动进行了相应规范。其中，针对人体临床试验，《民法典》第 1008 条规定，为研制新药、医疗器械或者发展新的预防和治疗方法，需要进行临床试验的，应当依法经相关主管部门批准并经伦理委员会审查同意，向受试者或者受试者的监护人告知试验目的、用途和可能产生的风险等详细情况，并经其书面同意。进行临床试验的，不得向受试者收取试验费用。针对与人体基因、人体胚胎等有关的医学科研活动，《民法典》第1009条规定，从事与人体基因、人体胚胎等有关的医学和科研活动，应当遵守法律、行政法规和国家有关规定，不得危害人体健康，不得违背伦理道德，不得损害公共利益。

《民法典》第1011条规定了侵害身体权的具体类型，包括两大类：一类是以非法拘禁等方式剥夺、限制他人的行动自由。例如，拐卖妇女和儿童并非法拘禁，非法逮捕、拘留，非法绑架，非法强制住院治疗或者隔离治疗等，剥夺、限制自然人行动自由的，构成对身体权的侵害。另一类是非法搜查他人身体。非法搜查，是指无搜查权或者有权搜查的机关或个人违反法律程序对自然人的身体进行搜查的行为。例如，某人在超市购物时遭遇超市工作人员的非法搜身，则超市工作人员的行为构成对他人身体权的侵害。

第三节　健　康　权

一、健康权的概念和内容

健康是指人体各器官系统良好发育及保持正常功能的状态，包括肉体组织、生理及心理机能三个方面。健康权就是自然人依法享有的以维护人的身体的上述状态和利益为内容的权利。

党的十八大以来，党中央把维护人民健康摆在更加突出的位置，确立了新时代卫生与健康工作方针，发出建设健康中国的号召，明确了建设健康中国的大政方针和行动纲领。习近平强调，没有全民健康，就没有全面小康。要把人民健康放在优先发展的战略地位，以普及健康生活、优化健康服务、完善健康保障、建设健康环境、发展健康产业为重点，加快推进健康中国建设，努力全方位、全周期保障人民健康，为实现“两个一百年”奋斗目标、实现中华民族伟大复兴的中国梦打下坚实健康基础。① 《民法典》第1004条明确规定：“自然人享有健康权。自然人的身心健康受法律保护。”这一规定意义重大，不仅为自然人有效保护自身健康利益提供了规范依据，而且响应了党中央“建设健康中国”的号召。民法典搭建出的框架性结构和上位法依据，有利于后续的特别法对健康权予以细化规定，如对劳动者工作环境的规制等。

---

① 参见习近平：《推进健康中国建设》（2016年8月19日），载《习近平谈治国理政》第二卷，外文出版社2017年版，第370页。

根据《民法典》第 1004 条的规定，健康权具体包括以下内容：

一是健康维护权。健康维护权的首要任务就是个人保持自己健康的权利。这不仅是个人维护自身生命、提高生活质量，追求体格、精神的完美状态的需要，同时也具有维护社会利益，提高人类生存质量的意义。健康维护权的另一项重要内容，是当自然人健康权受到不法侵害时，其享有法律保护的请求权。

二是健康利益支配权。自然人的健康利益由权利人本人支配。健康权属于绝对权，权利人在健康可能遭受危险时，有权请求侵权人停止侵害、排除妨碍、消除危险。由于健康权本身具有强烈的专属性，因此对健康权的行使无需借助他人意思的协助。但是对健康权的自主支配并非是绝对的，基于对社会公序良俗的维护，自然人原则上不能处分自己的健康利益。例如，《民法典》第 506 条规定："合同中的下列免责条款无效：（一）造成对方人身损害的；（二）因故意或者重大过失造成对方财产损失的。"此类债权人为免除己方责任而订立的格式条款无效，其原因在于，此种免责约定容易导致他人对权利人健康的无度侵害。此外，强制戒毒等强制性治疗措施的目的是改善自然人的健康状况，因此其不构成对健康利益支配权的侵害。

二、健康权的主要特征

健康权具有如下主要特征：

第一，健康权的主体仅限于自然人。健康权的主要目的在于保障生命体生理功能的正常运作，进而维持生命体的体征和身心健康。只有自然人才存在上述身体功能意义上的正常运作以及生命活动的正常维持利益，因而享有健康权。法人、非法人组织作为无生命体，不存在受健康权保护的物质性基础。

第二，健康权的客体是健康利益，包括肉体组织以及生理和心理的健康等各方面。在现代社会，人们对心理健康的关注日益增多，心理健康的损害甚至有可能危及生理健康。由此可见，健康包含身心两个方面的内容，如果对心理健康的侵害符合精神损害赔偿的构成要件，受害人也可以依法请求救济，但是需注意的是，对人造成的短暂的心理不适并不构成对健康权的侵害。

第三，健康权作为物质性人格权的一种，与生命权、身体权具有密切的联系。一般来说，侵害身体权、健康权达到一定程度会危及生命，而侵害健康权的行为也通常会同时侵害身体权。但是某些情况下，侵害健康权未必波及身体权。例如，恶劣环境所引发的疾病、长期的精神虐待所造成的心理疾病，侵害了他人的健康权，但此时自然人的身体组织依旧完整、身体机能依旧能正常运作，其身体权并未受到侵害。而侵害健康权的行为，如轻微的擦伤碰撞，也未必造成对生命权的侵害。

第四节 性骚扰的法律规制

一、性骚扰的概念

性骚扰是与身体权和健康权相关的一个法律问题。对于性骚扰的规制和防范，《民法典》第1010条规定，违背他人意愿，以言语、文字、图像、肢体行为等方式对他人实施性骚扰的，受害人有权依法请求行为人承担民事责任。机关、企业、学校等单位应当采取合理的预防、受理投诉、调查处置等措施，防止和制止利用职权、从属关系等实施性骚扰。许多国家或地区都以立法的形式对性骚扰行为予以规制，我国吸纳了其先进经验，对性骚扰兼采权利保护主义和职场保护主义两种模式，即在规定性骚扰行为一般构成要件的同时，规定了机关、企业、学校等单位防止和制止性骚扰的义务。

二、性骚扰的构成要件

根据《民法典》第1010条的规定，某项行为构成性骚扰需要满足三个要件：第一，骚扰行为本身和性相关联。通常而言，向他人发送具有性内容或者性暗示的文字、语音和视频，利用从属关系进行骚扰以及违背他人意愿实施的以性为目的的行为，都属于性骚扰行为。第二，性骚扰行为应当违背了受害人的意愿。在认定上，只要行为人的行为不符合受害人的利益，受害人主观上不接受，便可以构成性骚扰。也就是说，此时并不以受害人明确表示反对为必要。第三，性骚扰行为需针对特定的对象。如果某项行为没有明确的指向对象，即使该行为会使某个人或者某些人感到不悦，一般来说也不应被认定为性骚扰行为。

▶即测即评

▶案例资源

第三章 姓名权和名称权

第一节 姓 名 权

一、姓名及姓名权的概念

姓名，是自然人在社会中区别于他人的标志和符号，通常以文字符号的形式呈现。一般意义上的姓名，指的是向有关机关申请登记、载于户口登记簿上的文字符号。不过，判断一个符号或称呼能否成为姓名，关键并不在于该符号或称呼的表现形式，而在于其能否指向或标表某个特定的人。因为，姓名作为表示自己、辨别他人的符号，总是与某个特定的个人联系在一起。《民法典》第 1017 条规定的“参照适用”指的就是此类情形。权利人具有一定社会知名度的笔名、艺名、网名、译名、字号姓名和名称的简称等，虽然不同于户口登记的姓名，但此类文字符号往往经长期使用获得认可，同样具备与权利主体的同一性联系；即使非由行政机关登记确认，亦不妨其成为姓名权的客体。

姓名权，是指自然人依法享有的决定、使用、变更和许可他人使用自己的姓名，并得以排除他人干涉或非法使用的权利。每个自然人自出生之时就享有姓名权，任何组织和个人都无权剥夺自然人的此种权利，也不得以干涉、盗用、假冒等方式加以侵害。为了保护自然人对自己姓名所享有的利益，维护正常的社会秩序，各国法律都确认自然人依法享有姓名权，对自然人的姓名予以保护。我国《民法典》第 1012 条规定：“自然人享有姓名权，有权依法决定、使用、变更或者许可他人使用自己的姓名，但是不得违背公序良俗。”这一规定明确了权利主体依法享有的权利，具体包括姓名决定权、姓名使用权、姓名变更权及姓名许可使用权。

姓名权和著作权中的署名权有紧密的联系。署名权又称姓名表示权，是指作者在自己创作的作品及其复制件上标记姓名的权利。署名权既包括作者在作品上署真名、署艺名、笔名或假名的权利，也包括不署名的权利。署名反映了作者和作品之间的内在联系，其实质在于通过署名的表象，反映作者的身份，故只有真正的作者和被视为作者的法人和非法人组织才有资格享有。正是在这个意义上，署名权也被称为“作者人格权”。假冒他人姓名署名，或未经他人许可而在自己作品上署他人姓名，均妨碍了他人行使姓名权，构成对他人姓名权的侵害。但是，署名权和姓名权作为著作权制度和人格权制度所分别确立的权利，在性质上仍然是有区别的。自然人均享有姓名权，但只有创作作品的人才拥有署名权。作为姓名权客体的姓名是自然人人格的外在表现，与自然人的人格不可分离。署名权的客体是作者的作品，而作品是存在于作者人格之外的。此外，署名权可以被权利人抛弃、转让。侵害作者的署名权虽可能间接损害作者的名誉，却不一定直接损害作者的人格。在许多情况下，侵害作者的署名权，并不一定构成对作者的姓名权的侵害。

二、姓名权的内容

（一）姓名决定权

姓名决定权又称命名权，是指自然人决定其姓名的权利。为自己命名，是自然人享有的基本人格权利。姓名通常由姓氏和名字构成，一般情况下姓氏由家族传承而来，根据《民法典》第 1015 条第 1 款的规定，自然人应当随父姓或者母姓，但在某些特殊情况下，自然人也可以选取父姓或母姓之外的第三姓氏。《民法典》第 1015 条规定，“有下列情形之一的，可以在父姓和母姓之外选取姓氏：（一）选取其他直系长辈血亲的姓氏；（二）因由法定扶养人以外的人扶养而选取扶养人姓氏；（三）有不违背公序良俗的其他正当理由”。由此可见，第三姓氏的选取范围受到了法律的限制。其原因在于，姓氏作为家族身份、地域身份的象征，代表了民族特质和情感，具有浓厚的文化特色和伦理色彩，应当受到公序良俗的约束。

根据《民法典》第 1015 条第 2 款的规定，少数民族自然人的姓氏可以遵从本民族的文化传统和风俗习惯。我国是多民族国家，少数民族的姓名也呈现出多样化的特点。民法典的相应规定充分尊重了少数民族的文化传统和风俗习惯。

基于姓名决定权的专属性特征，其应由本人行使。但是自然人决定自己的姓名以其具有意思能力为前提。未成年时，自然人的姓名决定权实际上由其监护人代为行使或在征得监护人同意后由自己行使。一旦未成年人具有表达自己意愿的意思能力，其监护人即不能妨碍其本人行使姓名决定权。

名字可以承载个人的期望、祝福、志向、理念等主观意愿，民事主体欲彰显个性，可在名字的决定上体现自身意志，但是名字的选取不能违背社会公序良俗。例如，不宜取在内容上易引人误解的不雅名字等。

（二）姓名使用权

姓名使用权是指自然人依法使用自己姓名的权利。自然人设立姓名是为了表现其个人特征，并与社会其他成员相区别。因此，自然人使用自己的姓名，是其姓名权的基本内容。

姓名使用权包括积极的权能和消极的权能两个方面。在自己的物品上标示自己的姓名、向他人介绍自己的姓名，都属于姓名权的积极行使；不署名、不介绍自己的姓名等则是姓名权的消极行使。两种使用方式都受到法律的保护，但法律另有规定的除外。

依据法律的规定，在某些情况下，自然人必须使用其正式的姓名，如在有关法律文件上签名等。此时，使用自己的姓名既是姓名权人的权利，也是其依法应履行的义务。但在多数情况下，自然人可以自由决定使用或不使用自己的姓名。自然人的姓名具有专属性，但这并不妨碍自然人许可他人使用其姓名从事民事活动。此种许可行为亦属姓名权人对自己姓名的使用，同样受到法律的保护。

（三）姓名变更权

姓名变更权又称姓名改动权，是指自然人依法改变自己姓名的权利。姓名变更权是自然人命名权的自然延伸，自然人无论出于何种原因而改变姓名，只要是在法律允许的范围之内，都应当被允许。但是，由于姓名权人在未改名前已经以其原姓名参与各种法律关系，其姓名的改变会影响到他人和社会的利益，所以变更姓名必须按有关规定办理，而且需要在户籍登记机关办理更名手续。根据《民法典》第 1016 条的规定，自然人决定、变更姓名，或者法人、非法人组织决定、变更、转让名称的，应当依法向有关机关办理登记手续，但是法律另有规定的除外。民事主体变更姓名、名称的，变更前实施的民事法律行为对其具有法律约束力（《民法典》第 1016 条第 2 款）。《户口登记条例》第 18 条规定，未满 18 周岁的人需要变更姓名时，由其本人或父母、收养人向户口登记机关申请变更登记；18 周岁以上的人需要变更姓名时，由其本人向户口登记机关申请变更登记。

（四）姓名许可使用权

姓名权作为一项重要的人格权，与自然人的人身密不可分，其本身并不直接具有财产内容。但是随着社会的发展，姓名的商业化利用现象日益增多，部分自然人姓名中的财产价值日益凸显。根据民法典的规定，姓名权人可以在一定程度上对自己的姓名进行商业利用，允许他人使用自己的姓名并取得一定的经济收益。需要注意的是，姓名权人许可他人使用自己的姓名并非转让姓名权；其许可他人使用的是姓名中的非人格利益。

三、侵害姓名权的行为

根据《民法典》第 1014 条的规定，侵害姓名权的行为具体包括以下几种：

（一）干涉

干涉他人姓名，是指针对他人的姓名实施某种积极的侵害行为。例如，干涉养子女决定和使用其姓名、干涉被监护人决定和使用其姓名等。干涉他人姓名权的行为，仅以违背本人意思为构成要件，而不论是否有不正当目的。

（二）盗用

盗用他人姓名，是指未经他人同意或授权，擅自使用他人姓名实施有害于他人和社会的行为。例如，擅自将他人的姓名签于罚款通知书、签他人的姓名以领取不合法收入等。行为人盗用他人姓名通常出于某种不正当的目的，行为的结果则是直接损害他人或社会利益。另外，这种行为也常常构成对他人名誉权的侵害。

（三）假冒

假冒他人姓名，是指冒名顶替、冒充他人姓名进行活动。例如，未经他人同意，擅自在自己的作品中署上他人姓名等。假冒他人姓名通常是为了个人谋取非法所得，利用社会对知名人士的崇敬和信赖，冒用知名人士的姓名从事活动。假冒他人姓名与盗用他人姓名均属非法使用他人姓名，侵害了权利人的姓名权。盗用他人姓名的结果通常表现为直接损害被盗用者的利益，而假冒他人姓名的后果通常并不直接损害被假冒者的利益，这是二者的主要区别。

（四）其他侵害行为

《民法典》第1014条使用了“等方式”的兜底表述，即对姓名权的保护不限于以上三种侵害行为。例如，未经他人许可而擅自以商业化的方式利用演艺界名人的姓名，擅自将其姓名用在各类商业活动之中的行为，也属于对姓名权的侵害行为。

第二节 名 称 权

一、名称权的概念

名称是特定团体区别于其他团体的文字符号；名称权是指特定团体依法享有的决定、使用、变更及依照法律规定转让自己的名称，并得排除他人的非法干涉及不当使用的权利。《民法典》第1013条规定：“法人、非法人组织享有名称权，有权依法决定、使用、变更、转让或者许可他人使用自己的名称。”该条明确将法人、非法人组织享有的名称权确定为具体人格权进行保护。

从表面上看，名称权所保护的法人、非法人组织的名称是法人或非法人组织用来表征自己的符号，是其区别于其他法人、非法人组织的外在标志，但其实质上表征着法人、非法人组织的社会身份，承载着名称利益。法人、非法人组织虽然是法律技术构造的产物，但其作为法律世界中的权利实体，具有自己独立的人格，具备自身的独特标识，如果其他民事主体非法使用法人、非法人组织的名称，也会造成其人格利益的损害。因此，对法人、非法人组织的名称权进行保护，主要是为了保护其通过名称与其他法人、非法人组织相区别而产生的人格利益。除民法典之外，我国立法对名称权的规定还存在于《公司法》《合伙企业法》《个人独资企业法》《反不正当竞争法》等法律之中，这些法律中的相关规定不仅涉及对名称权的保护，还大量涉及对名称权的管理，而《民法典》人格权编中的相关规定则主要是从权利角度确认名称权为具体人格权类型之一，并对其进行法律保护。

前已述及，《民法典》第 1017 条通过参照适用的法律技术，将具有一定社会知名度，被他人使用足以造成公众混淆的笔名、艺名、网名、译名、字号、姓名和名称的简称等亦纳入姓名权、名称权的保护范围。需要注意的是，并非所有的笔名、艺名、网名、译名、字号、姓名和名称的简称都应当受到保护。根据《民法典》第 1017 条的规定，姓名权、名称权的扩张保护需要满足两个要件：其一，受保护的笔名、艺名、网名、译名、字号、姓名和名称的简称应具有一定的社会知名度，或者能够为相关公众所熟知；其二，笔名、艺名、网名、译名、字号、姓名和名称的简称如果被他人使用，将足以造成公众混淆。

二、名称权与近似概念的辨析

（一）名称权与姓名权

从《民法典》第 1012、1013 条的规定来看，在我国法律上，名称权与姓名权是两个概念，名称权专指除自然人以外的各类法人、非法人组织所享有的人格权利，不能为姓名权所包括。法人或者非法人组织的名称作为其在社会活动中用以代表自己并与其他法人或者非法人组织相区别的文字符号和标记，其所具有的功能与意义和自然人的姓名确实有相似之处，最主要的相似之处体现为姓名是自然人在社会中区别于他人的标志和符号，而名称是法人或者非法人组织区别于其他民事主体的重要标识，是法人或者非法人组织从事民事活动的前提和基础。但是，名称权与姓名权仍然存在诸多区别。

首先，两者的权利主体不同。名称是法人、非法人组织所必须具备的，用以标识自身而区别于他人的标识符号，法人、非法人组织通过拥有和使用专属名称参与到社会交往及交易活动当中，名称权的享有者自然也就是法人和非法人组织；而姓名是自然人的人格标识，承载着专属于自然人本人的人格利益，姓名权的享有者为自然人。

其次，在我国，取得名称权一般须经有关管理机关核准登记，变更、转让名称时也须按照法律规定申请登记程序，报法定管理机关进行审批或核准，这是出于规范对法人、非法人组织的管理，维护社会正常秩序的需要，而姓名权作为自然人的人格权，不需要通过上述或其他法定程序即可取得。

再次，两者在属性上存在差异。名称权虽在性质上属于人格权，但却同时具有某些无体财产权的性质，最明显的就是名称权具有可转让性，体现出更为浓厚的财产属性。当然，名称权虽具有一定的财产属性，但这只是名称权的派生性质，而非其本质属性。相较而言，虽然姓名权中也包含精神利益和经济价值，但是姓名权仍然主要是一种精神性人格权，具有极强的人身专属性，表现在自然人虽然可以许可他人使用自己的姓名，但不得将其享有的姓名权转让给他人。因此，就权利属性而言，名称权具有更为强烈和明显的财产属性，而其具备的人身专属性则相对较弱。

最后，名称权具有较为突出的财产属性，且法人、非法人组织毕竟是理念上的法律技术构造，无法产生如同自然人般真实的精神痛苦，因此，名称权受侵害时，主要是法人、非法人组织基于名称而享有的人格标识利益受到损失，通常是财产损失而不包括精神损害，法人、非法人组织只能请求行为人承担财产损害赔偿责任。但是，姓名权主要是一种精神性人格权，因此姓名权受侵害时，权利人不仅可以主张财产损害赔偿，还可以主张精神损害赔偿。

（二）名称与字号、商号

名称和字号、商号也有区别。字号在我国古代兼指编次符号和商店名称，而在现代语义学中则仅指商店的名称。日常用语中也扩张用于指个体工商户、个人合伙等不具备独立民事主体资格的社会组织的名称。《民法典》第 54 条规定："自然人从事工商业经营，经依法登记，为个体工商户。个体工商户可以起字号。"字号的确立，可以经登记也可不经登记。商号又称商业名称，广义上与企业名称同义。在商法上，商号是商人的特定名称，是商事主体依商法申请登记，用以表示其营业的名称。商号的主要特征在于：（1）商号是经营者的外部标识，只能由以营利为目的的商业组织享有，非商业组织不得享有；（2）商号是表现营业本身的标志；（3）商号须依法登记。

字号、商号与名称具有密切的联系，广义上的名称包含字号、商号。例如，《企业名称登记管理规定》（2020 年修订）第 6 条规定，"企业名称由行政区划名称、字号、行业或者经营特点、组织形式组成"；第 8 条规定："企业名称中的字号应当由两个以上汉字组成。"从这两条规定可以看出，商号或者字号通常是企业名称的核心组成部分。字号、商号也是区别不同商事主体的符号标识，但名称的范围比商号的范围要大，其不仅包括商事主体的商号，还包括非商事主体的名称，如非营利法人、特别法人或非营利性的非法人组织的名称。因此，不可将字号、商号与名称混为一谈。

三、名称权的内容

（一）决定名称

法人、非法人组织对名称的权利首先体现为名称的决定权，即法人、非法人组织有权决定使用何种名称来对外表征其主营业务、组织形式等相关信息。需要注意的是，根据我国现有法律法规的要求，法人选定的名称应当与其经营内容和业务范围相一致，否则可能无法得到登记机关的认可。例如，根据《基金会名称管理规定》第3条，基金会的名称应当反映公益活动的业务范围，基金会的名称应当依次包括字号、公益活动的业务范围并以“基金会”字样结束。

（二）使用名称

名称权主体对其名称享有独占使用的权利，他人不得干涉和非法使用。法人、非法人组织通过名称的使用来区别于其他民事主体，参与到社会交往交易活动当中。例如，法人、非法人组织使用其名称签署合同、开设银行账户、登记不动产等。名称权的使用与姓名权的使用并不相同。例如，法律通常不禁止自然人使用与他人相同的姓名，但是原则上，法律一般不允许在同一地区或同一行业的法人或者非法人组织使用相同的名称。此外，法人、非法人组织在行使其对名称的独占使用权时也要受到一定的限制。这些限制主要包括：禁止持不正当目的使用易使公众误认是他人营业的名称；禁止使用有可能对公众造成欺骗或使其产生误解的名称；禁止使用外国国家（地区）名称、国际组织名称；等等。

（三）变更名称

法人、非法人组织在使用登记的名称过程中，有权按照自己的意愿依法对其进行变更。名称变更可以是部分变更，也可以是全部变更。为了维护市场经济秩序，我国法律法规对法人、非法人组织的设立、变更和转让设定了登记程序。根据《民法典》第1016条的规定，变更名称原则上应当依法进行变更登记，其程序与设定名称相同。根据《公司登记管理条例》第26条的规定，公司变更登记事项，应当向原公司登记机关申请变更登记。公司名称属于公司登记事项，因此，公司变更名称的，应当办理变更登记，且应当自变更决议或者决定作出之日起30日内申请变更登记。需要指出的是，并非所有法人或非法人组织变更名称都需要登记。例如，根据《民法典》总则编的规定，机关法人的设立和变更均无须办理登记手续。名称一经变更登记后，登记的原名称便不得继续使用，名称权人应当使用新的名称从事各项民事活动。同时，为了保护原法律关系的相对方，《民法典》第1016条第2款特别规定，民事主体变更姓名、名称的，变更前实施的民事法律行为对其具有法律约束力。

（四）转让名称

法人、非法人组织有权转让其名称，这是名称权与姓名权的重要区别。《民法典》第1013条虽然对名称权的转让主体没有进行限制，但实际上并非所有法人或非法人组织的名称权都可以转让。例如，机关法人的名称权不能转让，原则上只有营利法人或营利性非法人组织的名称权才可以转让，这体现了名称权所具有的强烈的财产属性。

（五）许可使用名称

法人或者非法人组织享有在一定范围和期限内允许其他法人或者非法人组织使用自己名称的权利。法人或者非法人组织许可他人使用自己名称的同时，自己并不丧失名称权，其仍然可以继续使用该名称，而且在没有特别约定的情况下，还可以同时许可多个主体使用其名称，这是许可使用名称与转让名称最大的差别。许可使用名称主要是针对营利法人或者营利性的非法人组织，典型形态就是商业特许经营，也就是通常所说的“加盟”。根据《商业特许经营管理条例》第3条第1款规定，商业特许经营是指拥有注册商标、企业标志、专利、专有技术等经营资源的企业，以合同形式将其拥有的经营资源许可其他经营者（以下简称“被特许人”）使用，被特许人按照合同约定在统一的经营模式下开展经营，并向特许人支付特许经营费用的经营活动。名称的许可使用，可以更好地发挥名称的价值功用，使许可人及被许可人都从中获得利益。

四、侵害名称权的行为

《民法典》第1014条列举了侵害名称权的三种典型行为，即干涉、盗用、假冒，并作了兜底性规定，意味着侵害名称权的行为并不限于这三种，凡是对名称权造成侵害的行为，均会产生相应的不利法律后果，以此实现对名称权的周全保护。

从世界范围观察，各国对于侵害名称权的行为，并不局限于以一种法律予以规范，而往往是以民法、商事法、不正当竞争法以及企业名称专项立法等多种法律予以规范。我国目前对名称权的保护主要适用民法典及其他专门的法律，如《公司法》《商标法》《反不正当竞争法》等。侵害他人名称权，首先应承担停止侵害的民事责任，及时停止正在进行的侵权行为；同时应当消除侵权行为所造成的影响；权利人要求赔礼道歉的，还应当赔礼道歉。

侵害名称权行为所应承担的最主要的民事责任方式是赔偿损失。赔偿损失的数额确定，既可以受害人在名称权受到侵害期间的财产利益损失为标准，也可以侵权人在侵权期间所获得的财产利益为标准。在认定是否构成对名称权的侵害时，应当考虑加害人是否以营利为目的或者为了竞争上的利益侵害受害人的名称权；在确定赔偿数额时，加害人的获利情况（包括消极利益）也是一个重要的考虑因素。在受害人的财产利益损失或侵权人的侵权所获利益均无法计算或不易计算时，可以采取综合评估的方法确定赔偿数额。

▶即测即评

▶案例资源

第四章　肖　像　权

第一节　肖像权的概念和特征

一、肖像

肖像与姓名类似，都是民事主体的外在表征，能够彰显其社会存在。根据《民法典》第 1018 条第 2 款的规定，肖像是通过影像、雕塑、绘画等方式在一定载体上所反映的特定自然人可以被识别的外部形象。这是我国民事立法首次对肖像的概念和内涵作出明确规定。该规定认为，肖像的范围不应限于自然人的面部特征，其他任何足以反映或者可用以识别特定自然人的外部形象，也属于肖像的范围。显然民法典所采用的是“可被识别性说”，即某种载体只要能够客观真实地反映出自然人的外部形象，且这种外部形象具有清晰的指向性和可识别性，就应当被认定为法律上的肖像。民法典将面部特征之外的任何足以反映或者可用以识别特定自然人的外部形象都纳入肖像的定义范畴，实际上扩大了肖像权的保护范围，符合肖像权的制度目的，为面部以外的具有可识别性的身体特征提供了肖像权规则的保护途径。更为重要的是，民法典采纳“可被识别性学说”更加适应了社会的发展和科学技术的进步。随着智能手机等电子设备摄影技术、传播技术的发展，肖像越来越容易被他人获取。电脑合成技术的发展，更使得将特定人面部以外的身体部位与其他人的不同身体部位相结合组成全新形象的技术变得十分简单和普及，因此出现了花样繁多的以非法利用等手段对他人肖像进行侵害的情形。此外，造型艺术的发展，也催生了大量的展现人物肖像的手段和方式。这都要求对面部特征以外的身体部位所承载的人格利益提供法律上的保护。

肖像具有以下特征：

第一，肖像应具有可识别性，即通过某种技术手段再现的特定个人的外部形象必须具有较为清晰的指向性和识别性。这是肖像的核心特点，因为法律保护自然人肖像的目的是保护其外部形象不被他人混淆而受到贬损或者滥用。特定个人所展现的肖像受到法律的保护，相关主体就应该能通过载体呈现出的外部形象识别出特定个人的身份；反之，如果通过载体呈现出的外部形象无法指向或者识别出特定自然人，则该形象不属于肖像权意义上的“肖像”，自然也不应纳入肖像权的保护范围。

第二，肖像必须是可以通过一定载体客观真实地反映出的自然人的外部形象。肖像作为个人的外部形象，应当可以通过再现或再创造等方式在一定载体上呈现出来，典型表现是绘画、照相、雕刻、录像、电影等艺术形式。肖像脱离了肖像权人且固定在一定的物质载体上，才能够为人力所支配，才能使肖像权人制作、使用、公开或者许可他人使用，进而体现出肖像权的人格利益和财产价值。需要注意的是，肖像虽然需要以一定的物质载体呈现出来，但并不等同于该物质载体本身。

第三，在一定载体上再现或再创造的肖像必须是现实生活中实际存在的人的外在形象的反映。这种再现既可以是客观再现，也可以是通过绘画、雕塑等艺术加工方式或艺术手法的再现，但无论如何都是对实在的特定个人而非虚拟人物的再现。换言之，肖像权的保护范畴并不包括艺术作品中虚拟的人物形象或艺术表演所塑造的形象等。艺术作品中的虚拟人物虽然具有一定的形象，但并不具备真实客观性；而表演者所塑造的艺术形象是区别于其自身的“角色”，与肖像通过特定形式来表彰主体自身的功能并不相同。尤其是，艺术作品中虚拟的人物形象无法实现与现实中的特定个人相区别的功能，因此这些形象应通过著作权法等法律规则加以保护。

二、肖像权

肖像权是自然人对自己的肖像享有利益并排除他人侵害的权利。肖像权所保护的客体是肖像上所体现的人格利益，直接关系到自然人的人格尊严及其形象的社会评价，是自然人所享有的一项重要人格权。《民法典》第 1018 条第 1 款规定，自然人享有肖像权，有权依法制作、使用、公开或者许可他人使用自己的肖像。

肖像权作为人格权的一种，除了具备人格权共有的绝对性、专属性等特征外，还有以下两项重要特征：

第一，肖像权的主体只能是特定的自然人。肖像是自然人形象的外在表现，反映的是自然人的外部生理特征，是特定自然人与其他人相区别的重要标志。肖像所承载的人格利益是自然人与生俱来的，只能由自然人享有，因此肖像权也只能为自然人所享有。换言之，法人等团体或社会组织，因其不具备自然人属性，也就当然无法享有肖像权。

第二，与其他人格权种类相比，肖像权包含更多的财产利益。肖像中所蕴含的艺术价值在市场交易中可以直接体现为一定的财产价值。当然，肖像权所包含的这种财产利益，根本上是由肖像权的人格利益所派生和转化而来的，并不足以改变肖像权的人格权属性。肖像作为一种人格标识，不仅使肖像权人与其他人得以区别，更体现着肖像权人的人格尊严和人身利益。对自然人的肖像权进行保护，就是为了维护自然人的人格尊严和精神利益的完整。但财产利益也确实是肖像权不可或缺的内容，随着现代社会进入大众消费的时代，市场经济蓬勃发展、大众传媒广泛普及且商业推广模式不断创新，商业竞争更加集中于对消费者注意力的争夺，而自然人尤其是公众人物的姓名、肖像等人格标识具有广泛的影响力，使用这些人格标识要素有利于商业宣传与竞争，从而产生巨大的商业价值。因此，保护肖像权，就应当注意到其中所包含的物质利益和财产价值因素，从而实现全面适当的法律保护。

第二节 肖像权的权能

一、消极防御权能

肖像权作为具体人格权类型，具有积极利用和消极防御两种权能。其中，消极防御权能主要规定于《民法典》第 1019 条："任何组织或者个人不得以丑化、污损，或者利用信息技术手段伪造等方式侵害他人的肖像权。未经肖像权人同意，不得制作、使用、公开肖像权人的肖像，但是法律另有规定的除外。未经肖像权人同意，肖像作品权利人不得以发表、复制、发行、出租、展览等方式使用或者公开肖像权人的肖像。"

二、积极利用权能

积极利用权能主要规定于《民法典》第 1018 条第 1 款，即自然人享有肖像权，有权依法制作、使用、公开或者许可他人使用自己的肖像。根据该条规定，肖像权的积极利用权能主要包括制作、使用、公开及许可他人使用这四项权能。

第一，制作肖像。肖像作为个人形象的再现，是自然人与生俱来的人格利益。每个自然人当然有权根据自己的合法需要，由自己或许可他人通过造型艺术或其他形式再现自己的形象，自然人的外在形象只有通过制作转化为肖像，才能为人力所支配，才能脱离人体表征而客观现实化，并为人们传播和利用。因此，制作肖像的权能是肖像权的基本权能，也是其他权能的基础和前提。决定是否再现特定个人的形象以及如何再现或再创造特定个人的形象，是肖像权人自己享有的权利，其他人未经肖像权人同意，不得为权利人摄影、作画、写生以及从事其他肖像制作活动。换言之，制作肖像的权能专属于肖像权人；当然，肖像权人也可以将该权利许可他人行使。

第二，使用肖像。肖像权是具有标表性的精神性人格权，体现着自然人的人格尊严和精神利益。相比于其他具体人格权，肖像权具有更丰富的财产利益，因此，肖像权人有权出于任何合法的目的使用自己的肖像。其使用既包括肖像权人自己使用，也包括肖像权人许可他人使用。使用方式包括复制、展示、销售等，通过对肖像的使用，肖像权人能够获得精神上的愉悦，而且由于使用肖像的权能体现了一定的财产利益并可以与肖像权人相分离，因此肖像权人还能够借此获得一定的财产利益。必须注意的是，肖像权人使用其肖像，应当符合法律法规及社会公序良俗的要求。

第三，公开肖像。对于已经制作完成的肖像，肖像权人有权决定是否公开以及如何公开，既可以选择自己对外公开或者许可他人公开，也可以禁止他人擅自公开。行为人未经许可擅自公开他人肖像的，构成对肖像权的侵害。《民法典》第 1019 条第 2 款规定："未经肖像权人同意，肖像作品权利人不得以发表、复制、发行、出租、展览等方式使用或者公开肖像权人的肖像。"这是从行为类型上对肖像公开权能的保护作出反向规定，对肖像公开权能作了进一步展开。从广义上讲，依法使用肖像的权能可以涵盖公开肖像的权能内容，但是考虑到肖像公开权能对于肖像权的重要性，以及对于肖像权人的重大影响，民法典相关规则专门将肖像公开权能从广义上的肖像使用权能中分离出来进行单独规定。

第四，许可他人使用肖像。肖像权人有权决定是否使用以及如何使用其肖像，自然也可以通过授权等方式许可他人使用自己的肖像，这种许可使用既可以是有偿的也可以是无偿的，但都必须经肖像权人的许可同意，否则将构成对其肖像权的侵犯。许可他人使用肖像的权能是肖像权具有财产利益的突出体现。在现代商业社会，肖像权的利用方式丰富多样，肖像权的使用权能也在不断扩张，肖像权人对于肖像权的享有已不仅表现为消极地防御他人的不法侵害，也表现为积极地利用肖像权来获得相应的经济利益。肖像的许可使用，也使得肖像权权能体系中的使用权能日益凸显。

肖像的许可使用基本上以订立合同的方式进行。为此，民法典专门对肖像许可使用合同作出了明确规定，主要内容包括以下两个方面：

第一，根据《民法典》第 1021 条的规定，当事人对肖像许可使用合同中关于肖像使用条款的理解有争议的，应当作出有利于肖像权人的解释。该条规定借鉴了《著作权法》第 29 条，确认了肖像许可使用合同的解释规则，其价值理念是强化对权利人人格权益的保护。在作出有利于肖像权人的解释时，应当遵循合同解释的一般规则。例如，合同条款的约定是明确的，且不利于肖像权人，此时就不能曲解条款，一味作出有利于肖像权人的解释。

第二，根据《民法典》第 1022 条第 1 款的规定，当事人对肖像许可使用期限没有约定或者约定不明确的，任何一方当事人都享有随时解除肖像许可使用合同的权利，但是应当在合理期限之前通知对方。该规定主要是出于强化人格权保护的考虑，使个人的人格权益无须长期受到合同关系的约束。与此同时，在肖像许可使用合同未约定期限或者约定不明时，一方随时解除合同，也不会对另一方的合理信赖造成损害。根据《民法典》第1022条第2款的规定，当事人对肖像许可使用期限有明确约定的，肖像权人有正当理由时，也可以解除肖像许可使用合同，但是应当在合理期限之前通知对方。所谓正当理由，既包括被许可人存在对肖像不合理使用的行为，也包括《民法典》第563条规定的合同解除的各类具体情形。当然，如果因解除合同给对方造成损失，除不可归责于肖像权人的事由外，肖像权人应当予以赔偿。

第三节 肖像权侵权责任的构成要件

根据《民法典》第1019条的规定，承担肖像权侵权责任须具备以下两个构成要件：

第一，未经许可而制作或使用他人肖像。肖像权的内容，就其积极方面而言，主要体现为制作和使用上的专有权。未经许可擅自制作或使用肖像权人的肖像，是侵害肖像权民事责任构成中最主要的损害事实。未经许可使用的他人肖像，包括一切再现自然人形象的造型艺术形式。此处所谓使用，并不仅指商业上的利用，而且包括一切对权利人肖像的公布、陈列、复制、销售等使用行为。使用他人的肖像，只能在权利人许可的范围之内，如果行为人经肖像权人同意使用其肖像，但其后改变约定的使用范围和用途，则仍然构成对肖像权的侵害。《民法典》第1019条专门从三个方面对禁止任何组织或者个人侵犯他人肖像权的情形作了规定，即任何组织或者个人不得以丑化、污损，或者利用信息技术手段伪造等方式侵害他人的肖像权，未经肖像权人的同意，也不得制作、使用、公开肖像权人的肖像，肖像作品权利人未经肖像权人的同意也不得以发表、复制、发行、出租、展览等方式使用或者公开肖像权人的肖像，这些禁止侵犯他人肖像权的具体情形都是前述广义上制作或使用他人肖像的体现。尤其是，在丑化、污损，或者利用信息技术手段伪造等方式侵害他人肖像权的情形，由于肖像权涉及权利人的人格尊严，是具有极强精神属性的权利，前述行为有可能对肖像权人的精神造成严重损害，引发精神损害赔偿责任。

上述利用信息技术手段“伪造”他人肖像的行为，主要指利用信息技术手段将某人的肖像换成他人的肖像并在此基础上形成高度逼真的图像、声音、视频等，也就是俗称的“AI换脸”。此种行为不仅侵害自然人的人格权益，严重的还可能造成恶劣的社会影响。民法典新增此项规定，不仅考虑到科技发展的现实，更意在专门对利用信息技术手段伪造他人肖像的行为作出规制。需要注意的是，伪造他人肖像的行为往往需要借助互联网平台所提供的技术手段，如果提供图片、声音和视频播放技术的互联网平台明知行为人采取伪造技术侵害他人的肖像权，但仍然提供帮助或者未采取必要措施，则互联网平台亦需要承担相应的连带责任。

第二，无正当理由。如果未经许可而制作或使用他人肖像的行为有正当理由，则其正当理由可阻却行为的违法性，从而使该制作或使用行为合法。关于正当理由的内容，详见本编第一章第五节关于人格利益合理使用问题的阐述。

值得注意的是，根据《民法典》第 1019 条的规定，是否以营利为目的而制作、使用、公开肖像权人的肖像，并不作为是否需要权利人同意的标准，具备营利性也并不作为侵害肖像权行为的构成要件，这与此前的法律规定有所不同。原《民法通则》第 100 条规定："公民享有肖像权，未经本人同意，不得以营利为目的使用公民的肖像。"此项规定除明确未经许可的使用构成侵权外，还指出须具备"以营利为目的"的构成要件。对此，学术界一直存有不同看法。如前所述，在肖像权所包含的精神利益和物质利益中，精神利益是其基本和主要的方面。肖像不是纯粹的物，肖像权中的财产内容具有附属、派生的性质。所以，不能以财产利益是否受损作为判断肖像权是否受到侵害的标准。世界各国民事立法对于肖像使用权的保护一般规定两种制度：一是全面保护制度，即行为人未经许可不得以任何方式使用他人肖像；二是有限保护制度，即行为人未经许可不得以营利方式使用他人肖像。这两种制度的差异恰在于观念的不同。全面保护制度更注重肖像权所包含的人格利益，将肖像权作为一种独立的人格权加以保护；有限保护制度则偏重于肖像权的财产性，主要是为保护肖像权人对自己的肖像可能带来的财产价值享有的权利。我国民法将肖像权与名誉权、姓名权等同列为自然人的人格权，虽也承认肖像权与财产利益的关联性，但更是为了保护肖像权人的人格利益。民法典舍弃以营利目的作为肖像权侵权要件的立场，是肖像权规则设计的重大进步。

第四节 对自然人声音保护的参照适用

《民法典》第 1023 条第 2 款规定："对自然人声音的保护，参照适用肖像权保护的有关规定。"这一规定以参照适用的法律技术将肖像权的保护延伸到了自然人的声音。人的声音由声带震动发出，每个人的声音都具有独特性，因此可以成为标识个人身份的重要依据。声音可以表示人格的特征，具有人格上的重要利益，故应作为一种人格利益受到人格权法的保护。世界各国对个人声音的保护大致有四种做法：一是将声音作为一种人格利益来保护；二是通过公开权制度对声音予以保护；三是将声音作为其他具体人格权的内容加以保护；四是通过一般人格权对声音提供保护。

随着现代科学技术的发展，对声音的收集利用更加广泛，声音利益的重要性也更加显著。实践中已经出现了许多利用声音利益获取经济价值的情形，如利用明星的声音制作手机彩铃或导航设备的语音提示等，因此，法律上有必要加强对声音利益保护问题的重视。在民法典颁行前，已经有相关法律涉及声音管理的规定。例如，《商标法》第 8 条规定："任何能够将自然人、法人或者其他组织的商品与他人的商品区别开的标志，包括文字、图形、字母、数字、三维标志、颜色组合和声音等，以及上述要素的组合，均可以作为商标申请注册。"其中规定声音可以作为商标的要素进行申请注册，就是对声音利益的利用。《民法典》第 1023 条第 2 款并没有将声音确认为具体人格权类型，而是规定对自然人声音的保护参照适用肖像权保护的有关规定，实则强化了对个人声音利益的保护，适应了声音利益发展的需要。与肖像利用中的"伪造"相似，声音利用中也存在利用信息技术手段"伪造"的问题。此类行为不仅会侵害自然人的人格权益，严重的还可能造成恶劣的社会影响，危害国家安全和社会公共利益，因此，民法典将肖像权保护的有关规定类推适用于自然人声音的保护，也是对利用信息技术手段"伪造"他人声音问题的回应。

▶即测即评

▶案例资源

第五章　名誉权和荣誉权

第一节　名誉权概述

一、名誉的概念

根据《民法典》第1024条第2款的规定，名誉是对民事主体的品德、声望、才能、信用等的社会评价。该规定对名誉的定义采客观标准，即名誉权的客体不包括名誉感。通常，名誉感指的是民事主体自身内心的情感或自我评价；而侵害名誉权的行为后果通常为社会评价的降低，对名誉感的侵害往往只是损伤受害人的内心感受，并不导致社会评价的降低。法律对名誉感的保护可以通过对人格尊严的保护来加以实现。

二、名誉权的概念和特征

名誉权，是指自然人或法人依法享有的维护所获得的社会公正评价并排斥他人侵害的权利。名誉权关系到民事主体在社会活动和经济生活中所处的地位以及应受到的信赖和受尊重的程度。可以说，民事主体的名誉权直接关系到民事主体的社会地位和人格尊严，属于其不可或缺的人格利益。

名誉权具有如下特征：

第一，名誉权的客体是名誉。名誉权的客体是作为社会客观评价的名誉，判断名誉权是否受到侵害的重要指标之一，就是看受害人的社会评价是否因侵权行为而有所降低。然而，对受害人社会评价的降低是存在于第三人的思想和情感之中的，这种观念或思想可能外化为第三人的态度或者行为而影响第三人与受害人的关系，也可能不外化为任何直接或者间接的行为。因此，对其强度、范围等通常难以进行量化的分析。在这样的情况下，所谓“社会评价降低”这样一种似乎具有客观性的损害后果其实往往是不可捉摸的。这是名誉权损害案件后果的特殊性，也往往是有关民事案件审理中需要重点确定的事实。

第二，名誉权的内容是就名誉受有利益和排除他人的侵害。受有利益主要表现在：（1）民事主体就自己的客观公正之社会评价获得精神上的满足；（2）民事主体利用自己良好的名誉取得财产上的利益，特别是对以营利为目的的民事主体而言，此种权能尤为重要。排除他人的侵害表现在：（1）维护名誉，使自己的社会评价免于不正当的降低和贬损；（2）在名誉受到侵害时，有权获得法律救济，使其名誉能够恢复到受侵害之前的状态。

第三，名誉权的主体包括自然人、法人和非法人组织。与隐私权、肖像权等由自然人专有的人格权不同，名誉权的主体也可以是非自然人的法人和非法人组织。相较自然人名誉，非自然人名誉的最显著特点在于其与财产利益的联系更为密切。例如，侵害法人名誉权，可能会构成不正当竞争行为，相应地也就有可能要依照反不正当竞争法的有关规定承担法律责任。

三、名誉权的内容

《民法典》第 1024 条第 1 款规定，民事主体享有名誉权，任何组织或者个人不得以侮辱、诽谤等方式侵害他人的名誉权。据此，名誉权的内容主要包括名誉享有权、名誉保有权和名誉维护权。

（一）名誉享有权

名誉享有权，是指名誉权权利人享有并能够对名誉利益进行自主决定的权利。名誉权权利人通过自己在社会中的努力获取客观和正面的评价，这种利益应当归属于权利人。即使权利人本身并不能决定或支配他人对自己的社会评价，但权利人的努力所带来的人格利益理当被名誉权权利人所享有。

（二）名誉保有权

名誉保有权，是指名誉权权利人有权保有自己的名誉利益不受他人的非法干涉和侵害。这是名誉权的主要内容。名誉得之不易，权利人有权享有社会公众的正面评价，任何人不得侵害、降低此种评价并影响由此正面评价所产生的合法利益。

（三）名誉维护权

名誉维护权，是指名誉权权利人有权维护社会对自己的良好评价。因此，在行为人不当降低其社会评价时，权利人有权积极维护其名誉。

根据《民法典》第 1028 条的规定，民事主体有证据证明报刊、网络等媒体报道的内容失实，侵害其名誉权的，有权请求该媒体及时采取更正或者删除等必要措施。若名誉权主体没有证据证明媒体报道失实，则其无权请求媒体进行更正。这是因为，更正权的行使并不需要通过法院的诉讼程序，因而需要更加谨慎，否则可能对媒体的正常报道行为造成严重的干扰。

根据《民法典》第 1029 条的规定，民事主体可以依法查询自己的信用评价，发现信用评价不当的，有权提出异议并请求采取更正、删除等必要措施。信用评价人应当及时核查，经核查属实的，应当及时采取必要措施。由于信用是对民事主体履行义务能力，特别是经济能力的一种社会评价，其本身与民事主体的经济活动具有密切关联，因而信用评估机构对民事主体的信用评价至关重要。民事主体对信用评价享有查询、更正和删除的权利。

第二节　名誉权侵权行为的认定

一、名誉权侵权行为的构成

根据《民法典》第 1024 条第 1 款的规定，侵害名誉权的方式主要包括侮辱、诽谤以及其他方式。名誉权侵权行为的认定，应当符合下列构成要件。

（一）存在侮辱和诽谤行为

侮辱，是指故意以暴力或其他方式贬低他人人格，毁损他人名誉的行为。在侮辱他人的情况下，行为人主观上都具有毁损他人名誉的目的和故意。实践中，侮辱行为主要有如下几种表现形式：其一，暴力行为，指行为人对受害人施以暴力或者以暴力相威胁，如吐唾沫、泼洒秽物等；其二，语言侮辱，指行为人用语言对他人进行嘲笑或者辱骂；其三，文字侮辱，指行为人通过书写文字、图形的方式对他人进行侮辱，如张贴有关侮辱他人人格的标语和漫画等。

诽谤，是指因故意、过错捏造并散布某些虚假的事实，损害他人名誉的行为，通常表现为捏造事实和无中生有。诽谤行为的主要特点在于行为人陈述的事实为虚假。诽谤可以语言、文字等各种形式进行，在效果上必须导致受害人社会评价的降低。

（二）侮辱、诽谤等行为具有特定指向

侮辱和诽谤等行为要有特定的侵害对象，这是由名誉权的特点所确定的。名誉权具有强烈的人身专属性，只能为特定的人所享有，因而侵害名誉权只有针对特定的人实施，才能造成该人社会评价的降低。

名誉权侵权行为的专属指向性，是指行为人通过一定的动作和方式，使社会一般人能够认定为指向某人或者某些人。例如，描述某人的相貌特征、语言特征、行为特征以及生活和工作环境等。

（三）行为须为第三人所知悉

由于名誉是指社会客观评价，其判断标准就是侵权行为是否为第三人所知悉。若不为第三人所知悉，则不导致受害人名誉的毁损，只是导致受害人名誉感的缺失。在我国司法实践中，常常要求名誉权侵害必须造成一定的社会影响，造成一定社会影响显然是以第三人知悉为前提的。所谓第三人，不仅包括与受害人无亲属关系的社会大众，也包括与受害人紧密相关的家庭成员。

二、名誉权侵权行为的抗辩

在司法实践中，名誉权侵权行为的抗辩事由包括合理使用、依法行使权利以及公正评论。此外，受害人的同意和第三人的过错等也可成为名誉权侵权行为的抗辩事由。

（一）合理使用

合理使用的前提是消息来源具有权威性。当消息来源足够权威，则行为人对该信息有理由相信是真实的，其予以引用的行为构成合理使用。司法实践一般认为，新闻单位根据国家机关依职权制作的公开的文书和实施的公开的职权行为所作的报道，其报道客观准确的，不应当认定为侵害他人名誉权；其报道失实，或者前述文书和职权行为已公开纠正而行为人拒绝更正报道，致使他人名誉受到损害的，应当认定为侵害他人名誉权。

（二）依法行使权利

若行为人是根据法律的授权或者规定，在必要时因依法行使权利而造成侵害他人名誉权的后果，则该行为可以被免除责任。一般而言，依法行使权利必须符合如下条件：其一，有合法的授权或者法律依据；其二，依法行使权利的行为是必要的。在实践中，能够作为侵害名誉权抗辩事由的，主要有以下几种情况：(1) 自然人依据先前的规定，向国家机关工作人员提出批评和建议；(2) 各级人民代表在各种会议上的发言；(3) 党政部门依据职权对自己管理的干部、职工作出涉及个人品德的评价等。

（三）公正评论

公民依法享有对社会现象进行公正合法的评判并发表意见的权利。行为人就某个事件或者行为作出评论时，若依据基本事实，未侮辱、诽谤他人，即使评论中存在可能片面的观点或言语过激的情况，一般也不应被认定为侵害名誉权。例如，对市场上出售的产品和商家提供的服务质量所作的批评和评论，只要内容基本属实，没有侮辱内容的，就不应当动辄认定为侵害名誉权。

从司法实践来看，有相当数量的名誉权诉讼缘起于新闻报道、社会舆论以及公开发表的文学艺术作品。为此，《民法典》第 1025 条专门规定，行为人为公共利益实施新闻报道、舆论监督等行为，影响他人名誉的，一般不承担民事责任。这一规则采取了双重标准来确定行为人的免责事由：一方面，行为人的行为必须是实施新闻报道、舆论监督等行为；另一方面，行为人实施该行为还必须是为了公共利益。也就是说，如果新闻报道没有事实依据，那么即使其是新闻报道行为，也不能作为名誉权侵权行为的抗辩事由。例如，针对明星的八卦进行报道，并非是为了公共利益，而很可能仅是为了追求流量，这种行为不能作为名誉权侵权行为的抗辩事由。

另外，《民法典》第 1025 条同时规定了不免除民事责任的三种情形。其一，行为人捏造、歪曲事实。新闻报道和舆论监督必须以真实为前提，内容失实与新闻的本质要求相违背。在新闻报道中，除非为了保护隐私，有关时间、地点、人物、事件、原因和情节报道以及背景材料的介绍都必须真实，不得虚构和夸张。其二，对他人提供的严重失实内容未尽到合理核实义务。所谓严重失实内容，是指所报道的主要内容或者基本内容失实，而非细节部分或者非主要部分失实。新闻报道出现当事人的年龄错误，通常属于细枝末节的部分。尽到合理核实义务，一般是指考虑了内容来源的可信度，包括信息、资料发布的机构，消息内容来源的途径，发布信息的依据，发布的方式等；此外，对明显可能引发争议的内容、内容与公序良俗的关联性、受害人名誉受贬损的可能性以及核实能力和核实成本等也应进行权衡。其三，使用侮辱性言辞等贬损他人名誉。在认定是否构成侵害他人名誉权时，除了认定该言辞的内容是否基本属实外，还要考虑该言辞是否具有诽谤和侮辱性质。一般认为，言辞是否具有侮辱性，应当结合社会一般观念和当时的具体场景进行判断，同时必须造成他人名誉的贬损，且这种名誉贬损不以严重为必要。

需要指出的是，《民法典》第 1026 条进一步规定了“合理核实义务”的考量因素：（1）内容来源的可信度。这主要考察的是内容来源是否权威，是否是与信息内容有关的利害关系人所提供等，如来源于国家机关依照职权制作的公文，就具有较强的公信力，新闻媒体的核实义务就相对较低。（2）对明显可能引发争议的内容是否进行了必要的调查。该要素是指当新闻媒体明知报道的内容可能引起争议时，需要对此进行必要的调查，包括实地采访、多方核实等，以核实信息的真实性和可信度。（3）内容的时限性。新闻报道一般讲究时效性，一般而言时效性越强的新闻，核实义务更低，因为很可能来不及进行调查。（4）内容与公序良俗的关联性。例如，当新闻报道的内容涉及公众人物时，由于公众人物的言行往往涉及公众知情权，一般而言在保护程度上会有所减弱，因此，新闻媒体的核实义务就相对较低；如果新闻报道的内容涉及普通的自然人，则新闻媒体应进行更为细致的核实。（5）受害人名誉受贬损的可能性。若报道对他人的贬损可能性大，则具有较高的核实义务，反之，承担的核实义务就更轻。例如，当信息内容涉及自然人重大声誉、公司重要商誉时，新闻媒体对相应信息具有较高的核实义务。（6）核实能力和核实成本。新闻媒体的核实能力明显高于个体，对于信息内容的核实成本更低。以上具体考量要素，有助于对实践裁判进行有效指引。

第三节　特殊的名誉权侵权行为

一、文艺作品的名誉权侵权

《民法典》第 1027 条规定：“行为人发表的文学、艺术作品以真人真事或者特定人为描述对象，含有侮辱、诽谤内容，侵害他人名誉权的，受害人有权依法请求该行为人承担民事责任。行为人发表的文学、艺术作品不以特定人为描述对象，仅其中的情节与该特定人的情况相似的，不承担民事责任。”

进行文学创作是民事主体依法享有的表达自由，以文学、艺术作品进行记述、评论和批评乃民事主体当然享有的权利，但这并不意味着可以以作品的表达为借口对他人进行侮辱和诽谤。文学、艺术作品的创作和传播，往往会有多位主体参与，实践中一般根据原告的起诉确定被告。只诉作者的，列作者为被告；只诉新闻出版单位的，列新闻出版单位为被告；对作者和新闻出版单位都提起诉讼的，将作者和新闻出版单位均列为被告，但作者与新闻出版单位为隶属关系，作品系作者履行职务所形成的，只列单位为被告。

以真人真事或特定人为描述对象的文学、艺术作品侵害他人名誉权的行为，具体表现为：其一，描写真人真事，但虚构事实、随意侮辱和诽谤他人；其二，虽未写明真实姓名，但确以特定人或者其特定事实为描写对象，因而能够使社会一般人认为指向该特定人。在此情形下，含有侮辱、诽谤内容的，仍然可能被认定为构成对名誉权的侵害。

不以特定人为描述对象的文学、艺术作品通常不构成对他人名誉权的侵害。由于名誉权侵权必须指向特定对象，而当其不以特定人为描述对象时，社会公众往往无法在作品与当事人之间建立关联并予以评价，因而通常无法认定构成侵权。

二、侵害信用的名誉权侵权

信用是指民事主体享受并支配其信用及其利益的人格权，或者说是自然人、法人或者非法人组织对其所具有的经济活动及其能力的良好评价所享有的权利。根据《民法典》第1024条的规定，信用属于名誉的重要组成部分。

侵害信用的名誉权侵权与一般名誉权侵权有如下不同：其一，客体不同。名誉主要是社会公众对其人格的道德评价，而信用则是对权利人经济能力的评价。其二，侵权主体不同。侵害信用的主要是信用评价机构，而侵害名誉权的行为人并没有限制。其三，侵权方式不同。侵害信用的方式，主要体现为虚假陈述或者错误记载，此种错误可能给被记录者产生各种资格上的限制，同时与侵害名誉权不同的是，侵害信用可能并没有为第三人所知情。其四，救济方式不同。侵害自然人的名誉权往往导致精神损害，但侵害信用则主要产生经济损失。

《民法典》第1029条确定了民事主体依法享有对自己信用的查询权，并规定当其发现信用评价不当的，有权提出异议并请求采取更正、删除等必要措施。信用评价人应当及时核查，经核查属实的，应当及时采取必要措施。查询，是指信息主体有权查看其个人信用信息被收集后的状态以及被处理的情况，以了解信息控制者对信息的控制状态。信用评价不当，主要是指与事实不符合的情况，往往由收集信息未更新、信息遗漏、缺乏事实根据以及算法歧视等原因造成。

在信用受到侵害时，权利人可以行使如下救济方式：其一，提出异议，即向信用评价机构提出异议。根据《征信业管理条例》第 25 条第 2 款的规定，征信机构或者信息提供者收到异议，应当自收到异议之日起 20 日内进行核查和处理，并将结果书面答复异议人。其二，请求更正。即向信用评价机构提出更正请求。《征信业管理条例》第 25 条第 3 款规定，经核查，确认相关信息确有错误、遗漏的，信息提供者、征信机构应当予以更正；确认不存在错误、遗漏的，应当取消异议标注；经核查仍不能确认的，对核查情况和异议内容应当予以记载。其三，要求删除。对错误信用信息拒绝更正，以致对受害人产生不良影响的，可以要求删除该信用信息。《征信业管理条例》第 16 条规定，征信机构对个人不良信息的保存期限，自不良信息的行为或者事件终止之日起为 5 年，超过 5 年的，应当予以删除。

第四节　荣誉权概述

一、荣誉的概念

通常认为，荣誉是指对社会作出重大贡献并受到有关政府机关及社会组织表彰而授予的美名与称号。关于荣誉的概念，有评价说和奖励说两种观点：评价说认为荣誉是一种正面的、积极的社会评价，体现了荣誉的基本性质；而奖励说则将荣誉限定为获得的光荣称号和其他奖励，体现了荣誉的外部表现形式。荣誉权制度语境中的“荣誉”，是指自然人或法人享有因自己的突出贡献或特殊劳动成果而获得的光荣称号或其他类型的荣誉。① 这一理解不仅以特定的正面评价为内涵和本质，也体现了机关、团体等组织的奖励，已为司法实践所接受。

二、荣誉权的概念

荣誉权，是指自然人、法人和非法人组织对自己所获得的以及可能获得的荣誉称号依法享有的不受他人非法侵害的权利。《民法典》第 1031 条规定：“民事主体享有荣誉权。任何组织或者个人不得非法剥夺他人的荣誉称号，不得诋毁、贬损他人的荣誉。获得的荣誉称号应当记载而没有记载的，民事主体可以请求记

① 参见王利明主编：《中华人民共和国民法总则详解》，中国法制出版社 2017 年版，第 450 页。

载；获得的荣誉称号记载错误的，民事主体可以请求更正。”

荣誉权的内容主要包括如下方面：实体上，权利人享有保持自己的荣誉称号不受非法剥夺的权利以及保持自己的荣誉不受诋毁和贬损的权利；程序上，权利人享有要求记载和更正荣誉称号的权利。

三、荣誉权和名誉权的区别

荣誉权和名誉权十分相似，但也有不同。

第一，评价来源不同。荣誉与名誉一样，都是社会对特定民事主体行为的一种评价，但二者的评价来源不同。名誉来自社会公众，是一种广泛的、没有形态约束的评价。荣誉评价的来源则具有组织性或机构性，作出荣誉评价的，是社会中特定化的组织或机构，而不是任何个人或开放的公共舆论。所以，名誉是自然产生的，无须民事主体依一定的积极行为而获取，也无法通过特定的手段去剥夺或消除；而荣誉的产生则必须是主体的行为获得特定组织或机构的认可或褒扬，正因为这样，荣誉可以赋予，也可以剥夺。名誉只是确认评价，而荣誉却创造评价。

第二，评价内容不同。荣誉获得的前提必须是民事主体在社会生产或社会活动中作出突出贡献，或者有突出表现，确实与众不同，具有应受褒奖性，因而构成荣誉的评价必须是积极的、褒扬性的。社会公众对民事主体一般的正面评价构不成荣誉，只属于个人的名誉。

第三，评价形式不同。评价来源与内容的不同，必将直接导致形式上的差别。名誉是社会的自由和自然的评价，因而是不定型的存在。荣誉则具备专门性和定型性。构成荣誉的评价，必须是社会组织或机构的正式评价，而不能只是口头随意的赞颂表扬，而须具有专门性，其形式则须定型化。有关荣誉的授予、撤销、剥夺均为要式行为，须严格依照法定或约定的程序进行。尤其是荣誉的剥夺，应当依照法定程序进行，否则将构成侵权。

四、荣誉权侵权行为的认定

司法实践中，最为典型的荣誉权侵权行为是非法剥夺他人的荣誉称号或者诋毁、贬损他人的荣誉。荣誉是政府、单位或者社会组织依据一定程序授予民事主体的一种正式评价，因此对荣誉的剥夺需要有正当理由，同时经过严格的程序。任何组织或个人对民事主体所获荣誉存在异议，均应当通过向荣誉授予机关提出的方式，由授予机关决定是否撤销或剥夺相应荣誉。除有权机关外，其他组织或个人都不得剥夺他人的荣誉称号，也不得诋毁、贬损他人荣誉，否则构成荣誉权侵权行为，应当依法承担民事责任。

此外，根据《民法典》第 1031 条第 2 款的规定，侵害荣誉权的行为还包括以下两种：第一，应当记载而没有记载民事主体获得的荣誉称号。荣誉称号作为自然人荣誉权的体现，应当被有关机关记载于档案等正式材料中。但实践中，时常有民事主体的荣誉称号没有被记载的情形发生，这实质上损害了民事主体的荣誉权。民事主体有权请求有关机关予以记载。第二，错误记载民事主体获得的荣誉称号。荣誉称号若被错误记载，将对荣誉权人的荣誉造成实质贬损，同样会侵害民事主体的荣誉权。因此，荣誉权人发现自己的荣誉称号被错误记载的，也有权请求有关机关予以更正，要求其准确记载荣誉称号。由于荣誉颁发主体和荣誉内容多种多样，如广为人知的先进事迹与竞赛证书等形态，从实践来看，荣誉权的侵权行为样态表现远较荣誉权规范内容更为复杂多样。

▶即测即评

▶案例资源

第六章　隐私权和个人信息保护

第一节　隐　私　权

一、隐私权的概念和特征

《民法典》第 1032 条规定："自然人享有隐私权。任何组织或者个人不得以刺探、侵扰、泄露、公开等方式侵害他人的隐私权。隐私是自然人的私人生活安宁和不愿为他人知晓的私密空间、私密活动、私密信息。"据此，隐私权是指个人对其私生活安宁、不愿为他人知晓的私生活秘密等享有的权利，是自然人享有的对其个人的、与公共利益无关的个人信息、私人活动和私有领域进行支配的一种人格权。隐私权的特征体现为如下四个方面。

第一，主体的特定性。隐私权只能由自然人享有，而不能由法人、非法人组织享有。隐私本身源于自然人的精神活动，涉及一个人的私生活安宁和独处的利益，体现了对个人精神利益的尊重和人格尊严的维护。法人、非法人组织作为一个组织体，不存在此种需求，无须通过隐私权制度来保护其秘密，对其商业秘密可以通过反不正当竞争法、知识产权法等法律制度来加以保护。因此，隐私的主体仅限于自然人，法人、非法人组织等组织体不可能享有隐私权。

第二，内容的广泛性。从内容来说，隐私权包括个人对其私人生活的安宁以及不愿为他人知晓的私密空间、私密活动和私密信息等享有的权利，甚至扩及个人对私生活事务的自主决定权。可以说，凡是与公共利益无关的私人生活以及不愿为他人知晓的私人信息，都应当属于隐私权的保护范围。

第三，性质的绝对性。隐私权是一种绝对权，其义务主体是除权利人以外的一切人，任何组织或者个人不得以刺探、侵扰、泄露、公开等方式侵害他人的隐私权。

第四，客体的可利用性。隐私权虽然在性质上是一种精神性人格权，但也具有一定的财产属性。隐私本身作为一种个人控制的信息资源，可以进行商业化利用。在现代社会，这种商业化利用也是隐私权发展的重要趋势，典型者如将自身隐私写进自传予以出版发售，担任人体模特供人绘画写生等。但须注意的是，隐私权不完全等同于肖像权、姓名权等标表型人格权，而是具有相当的伦理性和情感性，故而不宜将其商业化利用过度扩大。

二、隐私权的内容

根据民法典的规定，隐私权主要包括以下内容：

（一）对私人生活安宁享有的权利

私人生活安宁主要包括日常生活安宁、住宅安宁、通信安宁等。私人生活的安定宁静是个人获得自尊心和安全感的前提和基础，将私人生活安宁纳入隐私的范围，对于保护自然人的人格尊严极为重要。自然人有权排除他人对其正常生活的骚扰。目前，侵犯私人生活安宁的行为可主要分为物理方式和信息方式两大类。物理方式包括非法跟踪、监视他人，半夜敲门等，信息方式则主要包括《民法典》第 1033 条规定的“以电话、短信、即时通讯工具、电子邮件、传单等方式侵扰他人的私人生活安宁”的行为，比如向他人拨打骚扰电话，向他人发送垃圾短信、邮件、微信等。

（二）对不愿为他人知晓的私密空间享有的权利

私密空间是指由私人所支配的，处于隐秘状态不为他人所知的空间和场所，既包括物理意义上的个人居所、私家车、日记、身体的隐私部位等，也包括虚拟意义上的电子邮箱、微信群、网络个人空间、手机存储等。自然人有权排除他人对自己私密空间的侵入。私人住宅是最为典型的私密空间，我国《宪法》第 39 条规定，中华人民共和国公民的住宅不受侵犯。禁止非法搜查或者非法侵入公民的住宅。民法典将宪法的规定以隐私权的方式予以落实，不仅强调了公民住宅作为一种物权应当受到保护，更强调了对公民住宅的保护是对自然人人格权的保护。根据《民法典》第 1033 条的规定，除经权利人同意外，任何组织或者个人不得进入、拍摄、窥视他人的住宅、宾馆房间等私密空间；不得拍摄、窥视他人身体的私密部位。

（三）对不愿为他人知晓的私密活动享有的权利

私密活动是指自然人所进行的与公共利益无关的个人活动，如日常生活、家庭起居、婚姻生活、性生活等。每个自然人都享有私密活动不受他人侵扰的权利。自然人的私密活动是一种动态隐私，有其产生、发展和变化的过程，有的私密活动随着时间的推移可能会变成非隐私活动，有的非隐私活动也有可能随着时间的推移变成私密活动。根据《民法典》第 1033 条的规定，除经权利人同意外，任何组织或者个人不得拍摄、窥视、窃听、公开他人的私密活动。例如，婚外恋和婚外性生活，从道德上应当受到谴责，也可能受到党纪政纪的处分，但也属于私密活动，除了法律另有规定或者当事人同意外，不得向社会公布。

（四）对不愿为他人知晓的私密信息享有的权利

私密信息是指处于隐秘状态下，自然人不愿为他人所知晓、不为他人所知的与社会公共利益和他人权益无关，通过特定形式体现出来的有关自然人的个人信息，如病历、财产状况、身体缺陷、遗传特征、档案材料、生理识别信息、行踪信息等。自然人的私密信息受法律保护，根据《民法典》第 1033 条的规定，除经权利人同意外，任何组织或者个人不得处理他人的私密信息。私密信息与私密活动的关系在于，私密活动是种动态的隐私，但若其以静态的形式体现出来，就变成了私密信息。例如，某一自然人的通信行为为私密活动，但通信记录则为私密信息。

值得注意的是，私密信息对特定自然人具有极强的识别性，故私密信息属于《民法典》第1034条规定的个人信息；但个人信息的外延更加大于私密信息，其既包括私密信息，也包括非私密信息。

三、侵害隐私权的行为

《民法典》第1033条列举了数类侵害隐私权的行为，除法律另有规定或权利人同意外，实施下列行为应认定为侵害隐私权：

（一）以电话、短信、即时通讯工具、电子邮件、传单等方式侵扰他人的私人生活安宁

随着信息技术的发展，许多商家开始利用新型的信息技术进行大规模营销，如通过群发短信、邮件的方式传播商业广告和“垃圾信息”或“骚扰信息”等。这种行为侵扰了私人生活安宁，构成了对他人隐私权的侵害。该项规定以“等方式”这一兜底规定的方式表明，只要行为人借助通信工具和相关技术手段，侵扰权利人私人生活安宁，性质与上述方式相当的，都构成侵害隐私权的行为。在具体判断上，一般要求此类侵扰在程度上超过必要的社会交往限度，足以严重影响权利人的正常生活，如在具体行为的频率和程度上达到对私人生活安宁构成侵扰或威胁的程度。商家偶尔的促销短信等，则不宜被认定为侵犯隐私权的行为。

（二）进入、拍摄、窥视他人的住宅、宾馆房间等私密空间

“进入”，是指未经权利人同意或者没有法律授权擅自闯入。即便是隐私权受到限制的公众人物，其对纯粹的私密空间也享有隐私权，任何人未经其许可，不得擅自闯入公众人物私人所有、合法占有的房屋以及其他空间。“拍摄”，是指非法通过手机、相机或者通过安装摄像头等设备将他人住宅或者他人所居住的宾馆内的人、物、布局、摆设等记录下来。“窥视”，是指非法暗中观察偷看他人的住宅或者宾馆房间。“拍摄”和“窥视”都无须以进入他人住宅为前提。所谓私密空间，不仅包括住宅和宾馆房间，亦包括诸如更衣室等其他私密场所等。在非私密空间的公共场合，如建筑物区分所有权的共有部分、公共办公室等进行的拍摄，通常不被认为是侵害隐私权的行为。

（三）拍摄、窥视、窃听、公开他人的私密活动

这里所说的拍摄、窥视、窃听的私密活动应当发生在私密空间内。从法律上

来讲，即使是在私密空间之外，权利人不愿为他人所知晓的私密活动亦应得到隐私权的保护。窃听区别于拍摄，仅是对权利人的言语或行为所发出的声响进行记录，而不包括录像。

（四）拍摄、窥视他人身体的私密部位

身体的隐私是私人生活中最私密、最敏感的领域，一旦被暴露于外，将是对自然人的极大羞辱。事实上，隐私的观念根源自人天生的羞耻本能，而这种羞耻本能又来自对身体私密部位的保护。随着信息网络的不断发展，偷拍裸照等行为的传播范围和影响也越来越大，立法明确禁止拍摄、窥探他人身体私密部位的行为，是对此类侵权行为作出的积极回应。

（五）处理他人的私密信息

处理，是收集、存储、加工、转让等所有处理行为的综合，私密信息是自然人不愿公开或者不愿为他人所知晓的信息。违背当事人意愿处理其私密信息，如擅自公开患者的病历、擅自收集他人的身份证号、联系电话、聊天记录等，都构成对他人隐私权的侵犯。

（六）以其他方式侵害他人的隐私权

以其他方式侵害他人的隐私权，不仅包括传统意义上的非法跟踪、半夜敲门等行为，亦包含随着科技的不断发展而踊跃出现的新型侵犯隐私权的行为。例如，利用定位 App 软件对他人的行踪进行跟踪，利用高精度、高分辨率的仪器对人体的私密部位进行扫描等。

隐私的维护权是一种消极性的权能，只有在受到外来侵害时才发挥作用。基于此种权能，权利人有权在自己隐私受到侵犯时，采取自力救济手段和公力救济手段，对加害人的行为予以制止，维护自己的利益。

四、隐私权的限制

隐私权人在法律和公序良俗的范围内有权公开自己的隐私，既可以选择自己亲自公开，也可以授权他人公开。值得注意的是，根据《民法典》第 1033 条的规定，他人公开自然人的隐私，必须为法律另有规定或者经权利人明确同意。

同时，隐私权的保护不是绝对的，自然人对于其个人信息、私人活动和私有领域进行控制和利用，也须以不违背公共利益为前提。当个人隐私权与公共利益相冲突时，如公众人物的隐私权与社会公众知情权冲突时，就需要对个人隐私权的行使和享有作出适当限制。特别是在隐私的公开和利用方面，权利人必须遵守社会公序良俗的要求。

经过法律的明确授权，也可以对自然人的隐私权作一定限制。例如，公安机关根据《刑法》《刑事诉讼法》等相关法律的规定，可以对犯罪嫌疑人进行跟踪，也可以对犯罪嫌疑人的住宅进行搜查等。再如，医院根据《传染病防治法》等相关法律的规定，可以处理相关患者的医疗信息。

第二节 个人信息

一、个人信息的概念

个人信息是在信息时代涌现出来的新型人格利益。根据《民法典》第 1034 条和《个人信息保护法》第 4 条第 1 款的规定，个人信息是指以电子或者其他方式记录的能够单独或者与其他信息结合识别特定自然人的各种信息，包括自然人的姓名、出生日期、身份证件号码、生物识别信息、住址、电话号码、电子邮箱、健康信息、行踪信息等，但不包括匿名化处理后的信息。据此可知，个人信息的主体只能是自然人，应能通过一定的载体呈现，并且必须具备可识别性。

个人信息保护的理念与制度于 20 世纪六七十年代在欧洲产生。随着政府开始大规模收集个人信息，民众的担心和质疑日益增多，要求通过法律制度对个人信息加以保护。这一制度的目的是，在方便国家利用个人信息的同时，保护民众的个人信息权益不为国家公权力所侵害。随后，个人信息保护的范围逐渐从公法领域向私法领域扩展，到现在已成为具有社会普遍适用性的制度。从时代需求来看，个人信息保护制度的产生主要是为了应对互联网的发展以及电子信息技术、数据技术、计算机技术、人工智能技术等尖端科技发展所带来的负面影响，解决大数据的发展对个人信息的收集与分析处理所引发的各种问题。因此，法律对个人信息权益的规范面临更为多元化的利益冲突和更多的挑战。

我国高度重视个人信息相关立法，从民事、行政、刑事等各方面加强个人信息保护，保障个人信息安全。2012 年通过的《全国人民代表大会常务委员会关于加强网络信息保护的决定》、2013 年修正的《消费者权益保护法》、2016 年通过的《网络安全法》和 2018 年通过的《电子商务法》等，确立了我国个人信息保护制度的规则及网络运营者保障个人信息安全的义务与责任，明确了个人对其信息收集、使用的知情权、删除权、更正权。《民法典》总则编“民事权利”一章第 111 条明确自然人的个人信息受法律保护；《民法典》人格权编更将“隐私权和个人信息保护”单独作为一章，对个人信息保护制定了更为细致的规范。2021 年颁行的《个人信息保护法》，以保护个人信息权益、规范个人信息处理活动、促进个人信息合理利用等立法目的为中心，对个人信息处理规则、个人信息跨境提供规则、个人信息处理者的权利义务以及个人在个人信息处理活动中的权利和义务、履行个人信息保护职责的部门以及法律责任等内容进行了系统完备、科学严谨的规定。

《个人信息保护法》既包含私法规范，又涉及公法规范，具有公法与私法的混合法属性。此种公私法混合的特征是当代法律的普遍趋势，我国民法典其实也并非单纯的私法文本，而是同时包含了若干公法规范。《个人信息保护法》所体现的公法与私法的协同，正是为了更加有效地保护个人信息权益、规范个人信息处理活动、促进个人信息合理利用和推进我国网络治理体系的现代化。进一步看，《个人信息保护法》仍是以私法规范为主，且该法中的私法规范大多为完全法条，具有较强的可操作性，能够在裁判中直接援引适用。就其与民法典的关系而言，《个人信息保护法》属于民法典的特别法，与民法典关于个人信息保护的规则相结合，共同构成了完整的个人信息保护规则体系。

二、个人信息的类型与相关权利

（一）个人信息的类型

个人信息通常可以分为敏感个人信息和一般个人信息。

敏感个人信息是与个人的人格尊严和人身财产安全有密切关联的个人信息。根据《个人信息保护法》第 28 条第 1 款的规定，敏感个人信息包括生物识别、宗教信仰、特定身份、医疗健康、金融账户、行踪轨迹等信息。《民法典》第 1034 条第 2 款虽然列举了健康信息等若干敏感个人信息，但并未对敏感个人信息的概念、处理等作出规定。《个人信息保护法》设专节规定了敏感个人信息的处理规则，依照该法第 28 条的规定，敏感个人信息的确定标准主要包括如下三个：一是人格尊严标准。敏感个人信息与人格尊严的保护具有密切联系，此类信息一旦被泄露或者非法使用，极易导致信息主体的人格尊严受到侵害。二是人身、财产安全标准。敏感个人信息的泄露或非法使用，不仅会损害个人的人格尊严，而且可能导致个人的人身、财产安全受到危害，故基于对人身、财产安全的保护目的，也应当严格保护敏感个人信息。三是未成年人标准。未成年人的信息一旦泄露，即可能被不法行为人利用来对未成年人实施侵害或对家长进行诈骗，将不满 14 周岁的未成年人的个人信息一概作为敏感个人信息，能够强化对未成年人个人信息的保护。

此外，《个人信息保护法》第 29—31 条规定，处理敏感个人信息应当取得个人的单独同意，法律、行政法规规定处理敏感个人信息应当取得书面同意的，还应取得个人的书面同意。处理不满 14 周岁未成年人个人信息的，应当取得未成年人的父母或者其他监护人的同意。与此同时，个人信息处理者还应当向个人告知处理敏感个人信息的必要性以及对个人权益的影响。以社会现实中较为普遍存在的人脸识别技术为例，人脸信息属于《民法典》第 1034 条规定的生物识别信息。人脸信息不仅是敏感个人信息，还是个人的核心隐私，涉及个人的肖像以及身体、健康、年龄等信息，行为人可以从中获取种族、遗传病、职业、地域来源等信息，甚至可能检测到个人的心理状态和精神状态。一旦人脸信息被泄露或被非法转让，被不法行为人用来从事欺诈、盗窃、敲诈勒索等违法犯罪行为，就会造成严重的危害后果。因此，除了基于公共安全或公共利益的需要在合理范围内处理人脸信息外，处理人脸信息均应征得自然人或者其监护人的单独同意。

（二）个人在个人信息处理活动中的权利

作为一项人格权益，民法典和《个人信息保护法》明确个人在个人信息处理活动中享有下列权利：

1. 知情权和信息决定权

根据《个人信息保护法》第 44 条的规定，个人对其个人信息的处理享有知情权、决定权，有权限制或者拒绝他人对其个人信息进行处理。根据《个人信息保护法》第 48 条的规定，个人有权要求个人信息处理者对其个人信息处理规则进行解释说明。

2. 查阅复制权

根据《民法典》第 1037 条第 1 款和《个人信息保护法》第 45 条第 1 款、第 2 款的规定，个人有权向个人信息处理者查阅、复制其个人信息，个人信息处理者应当及时提供。

3. 可携带权

根据《个人信息保护法》第 45 条第 3 款的规定，个人请求将个人信息转移至其指定的个人信息处理者，符合国家网信部门规定条件的，个人信息处理者应当提供转移的途径。这被称为个人信息可携带权，是《个人信息保护法》的新增制度，其类似于移动通信领域的携号转网，实质是要求平台不得限制干预，有利于防止互联网巨头的信息垄断，保障个人对其信息的决定权。

4. 更正、补充、删除权

根据《民法典》第 1037 条第 2 款和《个人信息保护法》第 46、47 条的规定，个人发现其个人信息不准确或者不完整的，有权请求个人信息处理者更正、补充。个人信息处理者应当对其个人信息予以核实，并及时更正、补充。当存在个人信息处理目的已实现、无法实现或者为实现处理目的不再必要；个人信息处理者停止提供产品或者服务，或者保存期限已届满；个人撤回同意；个人信息处理者违反法律、行政法规或者违反约定处理个人信息或者法律、行政法规规定的其他情形时，个人信息处理者应当主动删除个人信息。

三、个人信息与隐私的区分

个人信息与隐私主要具有如下区别：

第一，权利性质不同。隐私权主要是一种精神性的人格权，而个人信息权益在性质上属于一种综合性权益，同时包含财产利益和精神利益。在个人信息领域，对其所蕴含的财产利益和精神利益的利用及保护应是并重加以对待的。另外，就形态载体而言，个人信息通常是被记载或以数字化形式表现出来的信息；而隐私则不局限于以信息呈现的形态，还可以是私密的空间、活动或私人生活安宁。

第二，构成要件不同。隐私强调私密性，其客体主要是私密信息，如个人的财产状况、婚姻生活状况等。原则上，只要属于自然人不愿意公开的信息，都可以成为隐私。而个人信息则强调可识别性，也就是说，隐私如果具有可识别性，则同时构成个人信息。但部分自然人愿意为公众知晓的信息，如个人联系方式等，如果具有可识别性，则属于个人信息而非隐私。

第三，权利内容不同。个人信息不仅包括不愿为外人知晓的隐私信息，还包括可以公开的非隐私信息，如姓名、性别等。隐私则带有强烈的主观性，诸如身高、住址、电话号码之类的个人信息，有些人视为隐私，有些人则视为可公开信息。另外，我国现有法律制度中涉及的隐私权，是与生命权、健康权、姓名权、名誉权、荣誉权、肖像权等并列的概念，范围比较窄。一些侵犯个人信息的行为，未必构成侵犯隐私，如自然人的姓名，当然属于个人信息，但却不是隐私权的保护客体。当然，二者的范围也有重合。重合部分可以称为隐私信息，即权利主体不愿为他人知晓的个人信息，如病史、犯罪记录等。

第四，救济方式不同。隐私权作为一种私生活受尊重的权利，多表现出消极被动和防御性的特点，以侵害行为或侵害可能为前提，以维护人格尊严为目的。而从世界范围来看，个人信息则表现为一种积极主动的请求权，不仅包括个人信息不受非法处理，还包括权利主体对其个人信息的积极控制，如权利人有权决定其个人信息能否被他人收集、处理和利用以及如何利用，有权要求信息处理者修改不正确、不完整的个人信息以保证信息质量，有权针对商业目的的个人信息利用获取报酬等。

第五，法律保护位阶不同。民法典虽然将个人信息保护与隐私权放在同一章，但仍作为两种不同的制度加以规定。由于隐私权是一种具体人格权，而个人信息仅是人格利益，因此，如果某项信息既属于隐私信息，又属于个人信息，依据《民法典》第 1034 条第 3 款的规定，其首先应当受到隐私权制度的保护，对此类信息的收集、处理等行为，应当取得权利人的明示同意。也就是说，对隐私权的保护程度要高于对个人信息的保护程度。如果隐私权制度中没有规定，可以适用有关个人信息保护的规定。

四、个人信息的保护

（一）个人信息的处理原则

根据《民法典》第 1035 条和《个人信息保护法》第 5—8 条的规定，处理个人信息应当遵循合法、正当、必要和诚信原则，不得通过误导、欺诈、胁迫等方式处理个人信息。首先，处理个人信息应当遵循公开、透明原则，公开个人信息处理规则，明示处理的目的、方式和范围，保证个人信息的质量，避免因个人信息不准确、不完整对个人权益造成不利影响。其次，处理个人信息应当具有明确、合理的目的，并应当与处理目的直接相关，采取对个人权益影响最小的方式。最后，个人信息处理者应当对其个人信息处理活动负责，采取必要措施保障所处理的个人信息的安全。

（二）个人信息处理者的义务

根据《民法典》第 1038 条和《个人信息保护法》第 51—59 条的规定，个人信息处理者具有如下义务：

第一，采取措施确保个人信息处理活动合规，防止未经授权的访问以及个人信息泄露、篡改、丢失，并在发生或者可能发生个人信息泄露、篡改、丢失时立即采取补救措施，并通知履行个人信息保护职责的部门和个人。个人信息处理者需要采取的措施包括：制定内部管理制度和操作规程；对个人信息实行分类管理；采取相应的加密、去标识化等安全技术措施；合理确定个人信息处理的操作权限，并定期对从业人员进行安全教育和培训；制定并组织实施个人信息安全事件应急预案以及法律、行政法规规定的其他措施。

第二，指定个人信息保护负责人。处理个人信息达到国家网信部门规定数量的个人信息处理者应当指定个人信息保护负责人，负责对个人信息处理活动以及采取的保护措施等进行监督。个人信息处理者应当公开个人信息保护负责人的联系方式，并将个人信息保护负责人的姓名、联系方式等报送履行个人信息保护职责的部门。

第三，定期进行合规审计。个人信息处理者应当定期对其处理个人信息遵守法律、行政法规的情况进行合规审计。

第四，事先进行个人信息保护影响评估并予以记录。在如下情形下，个人信息处理者应当事前进行个人信息保护影响评估，并对处理情况进行记录：（1）处理敏感个人信息；（2）利用个人信息进行自动化决策；（3）委托处理个人信息、向其他个人信息处理者提供个人信息、公开个人信息；（4）向境外提供个人信息或者其他对个人权益有重大影响的个人信息处理活动。

此外，对于提供重要互联网平台服务、用户数量巨大、业务类型复杂的个人信息处理者来说，其还应当履行如下法定义务：（1）应按照国家规定建立健全个人信息保护合规制度体系，成立主要由外部成员组成的独立机构对个人信息保护情况进行监督；（2）遵循公开、公平、公正的原则，制定平台规则，明确平台内产品或者服务提供者处理个人信息的规范和保护个人信息的义务；（3）对严重违反法律、行政法规处理个人信息的平台内的产品或者服务提供者，停止提供服务；（4）定期发布个人信息保护社会责任报告，接受社会监督等。以上义务也被称为平台的“守门人”义务。

（三）侵害个人信息的责任

个人信息处理者未履行法律规定的义务，或者违法处理个人信息的，将承担行政责任和民事责任。

在行政责任方面，根据《个人信息保护法》第 66、67 条的规定，履行个人信息保护职责的部门可以对违反个人信息保护的违法行为责令改正，给予警告，没收违法所得，对违法处理个人信息的应用程序，责令暂停或者终止提供服务。对于拒不改正的，并处罚款。情节严重的，由省级以上履行个人信息保护职责的部门责令改正，没收违法所得，并处 5 000 万元以下或者上一年度营业额 5%以下罚款，并可以责令暂停相关业务或者停业整顿、通报有关主管部门吊销相关业务许可或者吊销营业执照，同时对直接负责的主管人员和其他直接责任人员处罚款，并可以决定禁止其在一定期限内担任相关企业的董事、监事、高级管理人员和个人信息保护负责人。

在民事责任方面，个人信息虽然是一种权益，但一旦受到侵害，也可以适用人格权请求权，具体来说，主要包括停止侵害、排除妨碍、消除影响、赔礼道歉等。

《个人信息保护法》为了强化对个人信息权利的保护，在民法典规定的基础上，新增了一些特殊的个人信息保护措施：

一是确立了侵害个人信息的过错推定责任。根据《个人信息保护法》第 69 条第 1 款的规定，处理个人信息侵害个人信息权益造成损害的，适用过错推定责任原则。个人信息处理者不能证明自己没有过错的，应当承担损害赔偿等侵权责任。之所以采取此种归责原则，是因为在个人信息侵权中，普遍存在受害人举证困难的问题。由于个人信息处理活动中受害人距离证据较远，加之受害人通常不具备专业能力证明数据处理中的过错，因此，采用过错推定责任原则有利于减轻受害人的举证负担，强化个人信息处理者的举证义务，从而为受害人提供更为有效的救济。

二是确立了侵害个人信息的损害赔偿责任规则。在损害赔偿的计算上，《个人信息保护法》第69条第2款规定，损害赔偿应按照个人因此受到的损失或者个人信息处理者因此获得的利益确定，个人因此受到的损失和个人信息处理者因此获得的利益难以确定的，根据实际情况确定赔偿数额。该条是对《民法典》第1182条的细化规定，即明确了获利返还规则可以适用于侵害个人信息的情形。

三是引入了侵害个人信息的公益诉讼制度。《个人信息保护法》引入了公益诉讼制度，对个人信息侵权救济进行了重大创新。在侵害个人信息的案件中，往往受害人众多，而单个受害人能力有限，可能面临举证困难等问题，甚至有的受害人并不知道其个人信息权利已经遭受侵害。公益诉讼可以调动诸多手段，协同多个部门，使对个人信息的保护更具专业性、权威性和便利性，具有更强纠纷解决能力的组织和机关介入，有助于克服实践中个人起诉存在的举证困难以及成本过高等问题，对于强化保护个人信息十分必要。

个人信息的保护也有其限度，根据《民法典》第1036条的规定，处理个人信息，有下列情形之一的，行为人不承担民事责任：第一，在该自然人或者其监护人同意的范围内合理实施的行为；第二，合理处理该自然人自行公开的或者其他已经合法公开的信息，但是该自然人明确拒绝或者处理该信息侵害其重大利益的除外；第三，为维护公共利益或者该自然人合法权益，合理实施的其他行为。

《民法典》第1039条还规定，行政机关对于隐私和个人信息有义务进行保密，不得泄露或者向他人非法提供。此外，个人信息处理者违反民法典规定处理个人信息，侵害众多个人的权益的，人民检察院、法律规定的消费者组织和由国家网信部门确定的组织可以依法向法院提起诉讼。

▶即测即评

▶案例资源

第七章 人格权的保护

第一节 侵害人格权的民事责任

一、侵害人格权的民事责任概述

《民法典》第991条规定，民事主体的人格权受法律保护，任何组织或者个人不得侵害。侵害人格权的民事责任主要涉及侵害人格权的责任构成、各种具体侵害形态、抗辩事由以及责任形式等内容。在行为人构成对他人人格权的侵害的情况下，应当承担何种责任，体现了大陆法系两种不同的观点：第一，以恢复原状为主的责任制度，即在侵害人格权的情况下，通过损害赔偿使受害人所遭受的损害恢复到损害发生前的利益状态。第二，以金钱赔偿为主的责任制度，即在人格权受到侵害时，以金钱赔偿作为主要责任形式。针对人格权侵害，我国法律通过各种责任形式对受害人予以补救，即一方面强调对受害人权益的全面保护，另一方面强调多种责任形式的综合运用。

依据民法典的规定，在侵害人格权的情况下，可以适用如下几种民事责任形式：

第一，停止侵害。即受害人正面临即将发生的损害的情况下，有权请求行为人停止侵害。

第二，消除危险、排除妨害。消除危险，是指行为人的行为对他人人身或财产安全造成威胁，或存在侵害他人人身或财产的可能时，受害人有权要求行为人采取有效措施消除已经形成的危险。排除妨害，既可能是对已经构成的妨害进行排除，也可能是在发生了妨害行为后，为防止妨害行为继续扩散而予以排除。

第三，消除影响、恢复名誉、赔礼道歉。消除影响，是指行为人因其行为侵害了自然人、法人或非法人组织的人格权，而应在影响所及范围内消除不良后果。恢复名誉，是指行为人因其行为侵害了自然人、法人或非法人组织的名誉，而应在影响所及的范围内将受害人的名誉恢复至未受侵害时的状态。赔礼道歉，是指行为人通过口头、书面或者其他方式向受害人进行道歉，以取得谅解。

第四，精神损害赔偿。这是对侵害人格权提供救济的特有方法。详见本书第七编“侵权责任”中的相关内容，此处不赘。

第五，财产损害赔偿。即侵害人格权而产生财产损害以后，行为人负有赔偿财产损害的义务。侵害人格权所产生的财产损害赔偿的特点在于：（1）它是针对侵害人格权的行为采取的一种补救方式，通常必须是因侵害人格权而导致了受害人财产遭受损害；（2）具有财产性，即在人格权遭受侵害的情况下，受害人所遭受的财产损失是可以用金钱衡量的；（3）在功能上主要具有补偿性，人格权侵害中的财产损害赔偿与单纯的财产权遭受损害的赔偿是有区别的；（4）具有非专属性，侵害人格权所产生的财产损害赔偿和一般的金钱债权在性质上是一样的，也是一种债的关系。

在人格权侵害的补救方式中，损害赔偿是重要的救济方式，但是侵害人格权中的损害赔偿与侵害财产权中的损害赔偿毕竟是有区别的，主要表现在：（1）侵害财产权行为所侵害的直接客体就是财产本身，而在侵害人格权中，直接受到侵害的是人格利益，受害人的财产损失系间接引发。（2）侵害财产权以后，损害赔偿几乎是唯一的补救措施，而侵害人格权后，损害赔偿只是辅助性的，是配合恢复名誉等其他补救方式共同发挥作用的。（3）侵害财产权的损害赔偿通常不伴随精神损害赔偿，但在侵害人格权特别是物质性人格权时，往往会伴随精神损害赔偿。

上述各种侵权民事责任方式都是为保护民事主体的人格权而采取的措施，既可以单独适用，也可以合并适用。同时，《民法典》第1000条规定："行为人因侵害人格权承担消除影响、恢复名誉、赔礼道歉等民事责任的，应当与行为的具体方式和造成的影响范围相当。行为人拒不承担前款规定的民事责任的，人民法院可以采取在报刊、网络等媒体上发布公告或者公布生效裁判文书等方式执行，产生的费用由行为人负担。"这一规定意味着，在是否适用这些民事责任时，应当考虑到侵害人格权行为的具体方式和造成的影响范围。同时，在考虑行为的具体方式和造成的影响范围时，还应当将被侵权人的心理感受及所受痛苦的程度纳入考虑范围。当行为人拒不承担规定的民事责任时，并非由受害人或者法院以被告名义拟定道歉启事并予以公布，而是采取在报刊、网络等媒体上发布公告或者公布生效裁判文书的替代方式。

二、人格权请求权

基于对人格权保护的重视，《民法典》人格权编创设了独立的人格权请求权，用以与侵权损害赔偿请求权进行区分。《民法典》第995条规定，人格权受到侵害的，受害人有权依照本法和其他法律的规定请求行为人承担民事责任。受害人的停止侵害、排除妨碍、消除危险、消除影响、恢复名誉、赔礼道歉请求权，不适用诉讼时效的规定。该条规定被称为人格权请求权。人格权请求权，是指民事主体在其人格权受到侵害、妨害或者有妨害之虞时，有权向加害人或者法院请求加害人承担停止侵害、排除妨害、消除危险、恢复名誉、赔礼道歉等责任，以恢复人格权的圆满状态的权利。具体而言，人格权作为一种绝对权，与物权、知识产权等相似，都具有支配性和排他性。只要权利人对其人格利益的圆满支配状态受到了不法侵害，即有权提出相关请求，以恢复此种圆满支配状态，且此种防御性的请求权不以行为人的行为具有过错或构成侵权为前提。

一言以蔽之，人格权请求权则是专门针对人格权的救济方法。在人格权遭受侵害后，人格权请求权的作用在于恢复人格权的圆满状态，而不是为了填补权利人的实际损害。而侵权损害赔偿请求权则是针对所有民事权益的救济方法，意在对被侵害的民事权益进行填补。人格权作为一种权利，因侵权行为而受损害时，权利人自然也可以请求侵权损害赔偿，但是此种损害赔偿请求权并非基于人格权作为绝对权的特性而产生。人格权请求权与侵权损害赔偿请求权存在以下区别：

第一，人格权请求权侧重于对损害的事先预防，在人格权益有遭受侵害之虞时，权利人即可要求行为人消除危险；当侵害行为正在进行时，虽然侵害结果尚未发生，权利人亦可要求行为人排除妨害。而侵权损害赔偿请求权则侧重于事后救济，是在各种民事权益遭受侵害的情况下对受害人的事后补救。

第二，在人格权受到妨碍的情形下，即使没有发生实际损害，或是存在举证上的困难，抑或难以确定损害的具体数额，权利人也可行使人格权请求权，以防患于未然。而侵权损害赔偿请求权则要求权利人证明有实际损害的存在，并对损害奉行填平规则。

第三，侵权损害赔偿请求权的成立需要行为人主观上存在过错，这是侵权法保障一般意义上的行为自由，实现行为可预期性的要求。而人格权请求权在性质上则属于绝对权请求权，意在恢复个人对其绝对权利和利益的圆满支配状态，权利的行使并不要求行为人具有过错。

第四，人格权请求权作为一种绝对权请求权，事关人身权益保障，即使权利人长期不行使权利，也不存在不特定第三人对义务人的资力产生错误认识的问题，故人格权请求权一般不适用诉讼时效制度。而侵权损害赔偿请求权作为一种债权请求权，应当适用诉讼时效制度。

三、动态系统论在人格权侵权中的运用

传统的侵权行为构成理论采纳的是“四要件说”，即判断侵权行为的发生应当要求具备行为的违法性、行为人的过错、因果关系以及损害后果。但在人格权领域，传统的构成要件理论往往遭遇困境。例如，在舆论监督与自然人名誉权保护发生冲突时，法律应偏重保护何者利益，更多需要作出综合的利益衡量，而不是非此即彼的判断。再如，在部分人格权侵权行为中，受害人可能无法证明损害的存在，此时如果认定不构成侵权，将造成不合理的结果。也就是说，人格权保

护的价值并非在所有情形中都一般性地、抽象地高于其他价值，而必须在个案和具体情形中对所有判断因素进行综合权衡。正是由于人格权侵权和财产权侵害在诸多方面的不同，法官需要针对具体的个案来考量不同的因素，《民法典》第998条为此引入了动态系统论的方法，以更加公正合理地确定人格权侵权的责任承担问题。

《民法典》第998条规定，认定行为人承担侵害除生命权、身体权和健康权外的人格权的民事责任，应当考虑行为人和受害人的职业、影响范围、过错程度，以及行为的目的、方式、后果等因素。根据该条规定，在非物质性人格权侵权行为的认定中，需要运用动态系统论的方法，综合考虑各类因素。

（一）适用范围

在适用动态系统论分析人格权侵权行为时，需要明确区分受保护的人格权是物质性人格权还是精神性人格权。根据《民法典》第998条的规定，仅有在非物质性人格权侵权的领域，才有动态系统论的适用空间。这是因为，物质性人格权中的生命权、身体权和健康权，都属于具有极强人身专属性的人格权，其在所有的民事权利中居于最高的位阶，所有权利的行使都离不开生命和身体这一载体。对于物质性人格权的侵权行为认定，无须适用动态系统论，即无须考量行为人和受害人的职业、影响范围、过错程度等要素，而应严格依据侵权行为构成要件进行判断。

（二）法定考量因素

依据《民法典》第998条的规定，在认定行为人承担侵害除生命权、身体权和健康权外的人格权的民事责任时，应当考虑行为人和受害人的职业、影响范围、过错程度，以及行为的目的、方式、后果等因素。

1. 行为人和受害人的职业

行为人的职业，主要指行为人是否从事新闻媒体职业，其行为是否承载舆论监督价值。受害人的职业，则主要考量受害人是否属于公众人物。此外，还需要考虑受害人是否为未成年人、残疾人等特殊主体，如果是未成年人、残疾人，则其人格权益应受到特别保护。

2. 影响范围

不同的人格权侵权行为所造成的影响并不相同，此种影响应纳入侵权行为构成的综合判断之中。例如，同样是侵犯名誉权或者隐私权的行为，当面实施的侵权行为和在网络上公开实施的侵权行为所造成的影响范围并不相同。影响范围的不同，将导致侵权责任承担方式存在差异。对于影响范围较大的侵权行为，应适用消除影响、恢复名誉、赔礼道歉等侵权责任承担方式。

3. 过错程度

过错程度，主要是指行为人的主观过错是故意、重大过失、一般过失还是轻微过失。一般而言，行为人的过错程度越轻，则越可能不构成侵权。此外，过错程度对于确定损害赔偿的范围，同样具有影响。

4. 行为的目的、方式、后果

行为的目的，是指某项行为本身是为了维护公共利益，还是为了个人的娱乐消遣，抑或是为了发泄私愤。如果行为本身是出于正当目的，则更可能被认定为不构成侵权。行为的方式，是指行为是采取口头、书面还是其他方式，采用不同方式的侵权行为，所造成的损害往往是不同的。行为的后果，主要是指造成的是轻微损害，还是严重损害，是仅有物质性的损害，还是同时有精神性的损害，这对于判断侵权行为构成同样具有重要影响。

需要注意的是，动态系统论的运用既是裁判者自由心证的过程，也是说理论证的过程。在认定侵害人格权的民事责任时，无论是关于责任构成的认定，还是关于责任范围以及责任承担方式的认定，都需要对上述因素进行综合考量，各个具体因素之间也会强度互补。唯有通过充分对比冲突价值在具体情境中的各自权重，方可使各类价值都能获得最妥善的平衡。在具体案件的裁判中，法官应当阐明各类考量因素是否成立，以及是以何种方式对各类因素进行了考量。在裁判文书中，此种说理论证越充分，所确定的责任构成、责任范围及责任承担方式就会越合理。

第二节　人格权侵害禁令制度

一、人格权侵害禁令的概念

侵害禁令，是指权利人在能够证明其合法权益受到不法侵害或可能受到不法侵害，不及时采取预防措施将导致难以弥补的损失时，向法院申请采取的责令停止有关行为的预防性措施。在民法典颁布之前，我国有关法律就规定了侵害知识产权的禁令制度。例如，《专利法》第 72 条、《商标法》第 65 条、《著作权法》第 56 条都规定，知识产权人符合法定条件的，可以在起诉前向法院申请采取责令停止有关行为的措施。此外，《民事诉讼法》也规定了伴随诉讼程序的行为保全制度。

一般侵权行为具有事后救济属性，而人格权侵权行为则不同，对于侵害人格权的行为，如果未能及时加以制止，其损害后果往往不可逆转，甚至可能难以弥补。因此，对于人格权侵权而言，防患于未然是更为有效的手段。《民法典》第 997 条充分考虑人格权保护的特殊性，增加了关于申请人民法院责令行为人停止有关行为的规定，明确民事主体有证据证明行为人正在实施，或者即将实施侵害其人格权的违法行为，不及时制止将使其合法权益受到难以弥补的损害的，有权依法向法院申请采取责令行为人停止有关行为的措施。

人格权侵害禁令制度与我国法律规定的行为保全制度并不相同。人格权侵害禁令制度在性质上属于实体性规范，而行为保全制度属于程序性规范。人格权侵害禁令制度的适用并不必然伴随普通诉讼程序，而在当事人申请行为保全的情形下，如果不在法定期间内提起诉讼或者申请仲裁，则该保全行为将失效。

人格权侵害禁令制度与人身安全保护令也存在差异。人身安全保护令的适用范围局限于家庭暴力领域，且仅涉及对家庭暴力所侵害的生命权、身体权、健康权等人格权的保护；人格权侵害禁令则对此予以扩展，不仅适用于家庭暴力领域，而且适用于其他领域的人格权侵权行为。

二、人格权侵害禁令的适用条件

当事人通过人格权侵害禁令制度实现其法律上的主张，必须依法满足以下构成条件：

第一，行为人必须正在实施或者即将实施侵害其人格权的违法行为，即行为具有紧迫性。其中，行为人正在实施侵害他人人格权的违法行为，如行为人已经在网上发布他人的不雅视频，如果不及时制止，就可能使受害人的名誉、隐私进一步遭受损害。行为人即将实施侵害他人人格权的违法行为，是指具有发生侵害他人人格权的现实危险。

第二，不及时制止将使权利人的合法权益受到难以弥补的损害。也就是说，要有后果的严重性，即损害事后难以弥补。如果损害不具有严重性，即使其发生也可以通过其他方式完全弥补，则行为人可通过普通诉讼程序寻求救济，无须援用此项制度。法院在对后果的严重性作出判断时，应当考量权利人的具体情况、侵害行为的性质、是否有其他充分的法律救济手段等因素，对权利人因侵害行为所可能遭受的不利后果以及行为人被责令停止有关行为所遭受的不利后果加以综合衡量。

第三，权利主体需提供相应的证据。由于侵害禁令涉及行为人的行为自由，因此权利人向法院申请人格权侵害禁令的，应提出相应的证据证明可能的损害已经具备了前述紧迫性和严重性的要求，即行为人正在实施或者即将实施侵害其人格权的违法行为，不及时制止将使其合法权益受到难以弥补的损害。法院应结合当事人的说明及相关证据，进行自由心证，认为有关事实具有高度盖然性的，才可下达禁令。

第四，权利人必须主动向法院提出申请。申请的内容必须明确具体，包括明确的对方当事人、申请采取的具体措施等。申请的程序也要依照法律的规定。

第三节　因违约损害人格权的精神损害赔偿

一、因违约损害人格权的精神损害赔偿的适用条件

在民法典颁布之前，理论和实践普遍认为，违约损害赔偿的范围不包括精神损害赔偿。因此，若受损害方选择主张违约责任，则其无法请求精神损害赔偿；相反，若受损害方选择主张侵权责任，则其虽然可以请求精神损害赔偿，却又必须放弃违约金、定金条款等违约责任的主张以及举证责任上的便利（无需证明过错）等。因此，针对同一损害，受损害方的不同选择将导致不同的赔偿结果，对于受损害方的救济将有所不同。在违约责任与侵权责任竞合的场合中，允许受损害方请求行为人承担违约责任时请求精神损害赔偿，无疑将更加有利于完善对受损害方的人格权保护。

有鉴于此，《民法典》第 996 条明确了在受害人主张违约时亦可主张精神损害赔偿。适用因违约损害人格权的精神损害赔偿，应当具备以下几个条件：

第一，必须存在违约责任和侵权责任的竞合。也就是说，行为人的违约行为必须同时构成对于另一方当事人的人格权的侵害，如果当事人一方的违约行为虽然造成了精神损害，但违约行为本身并不构成人格权侵权，则不涉及违约责任与侵权责任的竞合，自不产生因违约损害人格权的精神损害赔偿。

第二，所造成的精神损害必须达到严重程度。即只有当事人一方的违约行为侵害自然人人身权益并造成严重精神损害时，受损害方才有权请求精神损害赔偿。

第三，受损害方必须请求侵害人承担违约责任。依据《民法典》第 186 条的规定，在存在责任竞合时，受损害方有权选择请求对方承担违约责任或者侵权责任。只有在受损害方选择请求违约方承担违约责任时，才可请求因违约损害人格权的精神损害赔偿。如果受损害方选择请求违约方承担侵权责任，则可以径直依据《民法典》第 1183 条第 1 款的规定，请求精神损害赔偿。

二、因违约损害人格权的精神损害赔偿的法律后果

违约行为侵害自然人人身权益并造成严重精神损害的，受损害方在请求行为人承担违约责任时，可以请求违约方承担精神损害赔偿责任。此时，受损害方既应当证明行为人构成违约（不履行合同义务或者履行合同义务不符合约定），也应当证明行为人的违约行为损害了自己的人格权并造成了严重精神损害。此时精

神损害赔偿数额的计算方式应当与主张侵权责任时相同，应考虑行为人的主观过错程度，侵害的手段、场合、行为方式等具体情节，以及侵权行为所造成的后果等。

▶即测即评

▶案例资源

第五编 婚姻家庭

第一章　婚姻家庭法概述

第一节　婚姻家庭的概念

一、婚姻和家庭

（一）婚姻的概念

婚姻是为当时社会制度所确认的男女两性结合的社会关系。婚姻关系又称夫妻关系、配偶关系。婚姻的概念包含以下三层含义：

第一，婚姻是男女两性的结合。男女两性的结合是婚姻成立的基本条件，此乃婚姻关系与其他社会关系的重要区别之一，是婚姻的自然属性的要求。男女两性的性差别、性吸引和性本能是产生婚姻的原始动力，是婚姻成立的自然条件，无此便无人类的繁衍、社会的发展。

男女两性的结合须为当时社会制度所确认。婚姻关系作为特殊的社会关系必须符合当时社会制度所确认的婚姻规范。这是婚姻的社会属性的要求。两性结合是人与动物的共同自然属性，但用社会的手段对两性关系予以规范，形成统一的制度化的婚姻形态则是人类婚姻关系的特质。为社会制度所确认的男女两性结合，即为法律承认和规范的婚姻。

第二，婚姻是双方具有夫妻身份的结合。经由社会制度所确认的两性结合的当事人，具有夫妻身份，受到法律保护。这是婚姻的法律属性的要求。世界各国的婚姻法除明确规定婚姻成立的法定要件外，还明确规定夫妻间的权利和义务，不符合婚姻成立要件的两性结合不是婚姻，当事人之间不具有夫妻身份。只有符合结婚的法定条件，具有夫妻身份，才享有法定的夫妻权利与承担法定的夫妻义务。

第三，婚姻法律关系本质上是一种身份关系，婚姻双方在财产上的权利义务附随于身份上的权利义务。创设婚姻关系的行为是一种身份法上的行为；行为人须有结婚的合意，但是婚姻成立的条件和程序、婚姻的效力、婚姻解除的原因等，都是法律规定的，而不是当事人意定的。

（二）家庭的概念

家庭是由一定范围的亲属所构成的社会生活单位。它具有以下特征：

第一，家庭是一个生活单位。家庭是社会中以婚姻、血缘为纽带而构成的生活单位。这个生活单位的内容非常广泛，包括经济、道德、政治、宗教、教育等各方面的生活。在不同的社会条件下，其内容也不断地发生变化，但无论何种社会，家庭作为一个生活单位，家庭消费和家庭教育都是其基本的职能。

第二，家庭具有同财共居的特点。家庭成员共居相伴、彼此照料、同获资财、共同消费，由此构成社会中最密切的不可替代的人际关系，成为家庭与其他社会单位的重要区别。

第三，家庭由一定范围的亲属构成，相互间具有权利义务关系。生活在同一家庭的成员，一般以一定的亲属关系为条件，具有固定的身份和称谓。组成家庭的亲属包括因婚姻、血缘和法律拟制而产生的亲属。所谓一定范围的亲属，通常是指在法律上有权利义务关系的亲属，而非全部亲属。根据我国民法典的规定，在法律上具有权利义务关系的家庭成员包括：夫妻，父母子女，兄弟姐妹，祖父母、外祖父母与孙子女、外孙子女。

第四，家庭是社会共同体的基本单位。家庭是社会成员成长、教育和繁衍的最重要场所，也是社会经济、文化和法治的重要参与者。从家人、家园到家教、家风，无不与一个民族的文化传承和发展兴盛息息相关。习近平指出："家庭是社会的细胞。家庭和睦则社会安定，家庭幸福则社会祥和，家庭文明则社会文明。历史和现实告诉我们，家庭的前途命运同国家和民族的前途命运紧密相连。我们要认识到，千家万户都好，国家才能好，民族才能好。国家富强，民族复兴，人民幸福，不是抽象的，最终要体现在千千万万个家庭都幸福美满上，体现在亿万人民生活不断改善上。"① 所以，民法对家庭关系的调整承载了国家对家庭的重视与关怀。

二、婚姻家庭关系

婚姻家庭关系是以两性结合为前提，以血缘联系为纽带的社会关系。它的存在与发展既具有两性结合、血缘联系的特性，又具有一般社会关系的共性，即由社会的生产关系所决定，并受社会上层建筑的影响和制约。前者是其自然属性，后者则是其社会属性。社会属性是婚姻家庭关系的本质属性。

（一）婚姻家庭关系的自然属性

自然属性是婚姻家庭关系赖以形成的自然因素。这些因素是婚姻家庭关系内在的、固有的因素，是婚姻家庭关系形成的必要条件，也是婚姻家庭关系与其他社会关系相区别的重要标志之一。因自然属性而形成的自然选择规律对婚姻家庭的发展有着不容忽视的作用。任何时代、任何国家的立法者在进行婚姻家庭立法时都必须考虑其自然属性。例如，很多国家的婚姻家庭法都以达到法定年龄、无禁止结婚的血亲关系为结婚的法定条件，以出生的事实作为确定血亲关系的依据

① 习近平：《在会见第一届全国文明家庭代表时的讲话》（2016年12月12日），人民出版社2016年版，第3页。

等，这就反映了婚姻家庭关系所固有的自然属性。

（二）婚姻家庭关系的社会属性

社会属性是社会制度赋予婚姻家庭关系的本质属性。

第一，社会性决定了婚姻家庭关系的社会属性。人作为社会成员从事物质资料的生产和人口的再生产，并在这两种生产中形成了各种社会关系，其中包括婚姻家庭关系。因而，婚姻家庭关系是社会关系的特定形式，人的本质属性决定了婚姻家庭关系的本质属性。

第二，社会性是人类婚姻家庭从低级向高级发展的根本动因。两性结合与血缘联系的自然属性普遍存在于一切高等动物之中，但婚姻家庭却是人类专属的社会现象。婚姻家庭形态在历史上的发展变化，是人类社会不同时期的生产方式要求两性结合采取不同形式的结果。

第三，婚姻家庭是一定物质社会关系和思想社会关系的统一。婚姻家庭关系作为特殊的社会关系，其存在和发展决定于社会的生产关系，并受社会上层建筑的影响和制约，其发展演变是社会各种条件和各种因素综合影响的结果。这种社会关系的内容是复杂多样的，既有属于经济基础的因素，也有属于上层建筑的因素。

总之，自然属性是婚姻家庭关系形成的前提条件，舍此便无婚姻家庭。而社会属性是婚姻家庭关系的本质属性，决定着婚姻家庭的历史类型和制度演进。

三、亲属关系

（一）亲属的概念

亲属的概念有广义和狭义之分。广义的亲属是指一切具有婚姻、血缘或法律拟制血亲关系的人，范围很广，包括受法律调整或不受法律调整的所有具有婚姻、血缘或法律拟制关系的人。狭义的亲属是指具有婚姻、血缘或拟制血亲关系，同时具有法律上的权利义务关系的人。恩格斯指出："父亲、子女、兄弟、姐妹等称谓，并不是简单的荣誉称号，而是一种负有完全确定的、异常郑重的相互义务的称呼。这种义务的总和便构成这些民族的社会制度的实质部分。"① 在我国，民法调整的亲属关系包括夫妻关系、父母子女关系和其他近亲属关系。亲属关系是一种重要的身份关系。基于亲属关系，特定的主体之间将产生一定的身份权关系，此种身份权关系虽然也属于人身关系的范畴，但与人格权关系不同。身份权关系并非与生俱来，而且其存续以当事人之间具有一定的身份关系为基础；一旦此种身份关系消灭，当事人之间基于身份关系的权利义务也将随之消灭

① 《马克思恩格斯全集》第二十一卷，人民出版社 1965 年版，第 40 页。

（如夫妻继承权因离婚而消灭）。

（二）亲属的种类

亲属关系的划分标准分为亲系和亲等。亲系是指亲属间的血缘联系，从配偶关系出发，每一方依血缘关系形成的亲属为血亲，另一方的血亲即为本方的姻亲。血亲和姻亲按照血缘亲疏标准，分别又有直系亲和旁系亲的划分。直系亲和旁系亲按照代际远近标准，分别又有亲等的序分。《民法典》第 1045 条第 1 款规定，亲属包括配偶、血亲和姻亲；同时，该条第 2 款还规定，配偶、父母、子女、兄弟姐妹、祖父母、外祖父母、孙子女、外孙子女为近亲属。

1. 配偶

配偶即夫妻，是指男女双方因结婚而形成的亲属关系。在婚姻关系存续期间，夫妻互为配偶。婚姻和生育是人类家族繁衍的本源。在亲属关系的图谱中，配偶关系是血亲关系和姻亲关系产生的基础，也是亲系计算的节点。《民法典》第 1045 条将配偶规定为独立的亲属关系，而且配偶关系也是婚姻家庭编所调整的最为重要的亲属关系。

2. 血亲

血亲指相互之间具有血缘关系的亲属，包括自然血亲和拟制血亲。自然血亲，是指出于同一祖先、基于出生事实而产生的、以血缘关系为纽带的亲属关系。生父母与子女之间的亲属关系、祖父母与孙子女之间的亲属关系以及外祖父母与外孙子女之间的亲属关系等，均属于自然血亲。这些亲属无论是婚生还是非婚生，无论是全血缘（同父同母）还是半血缘（同父异母、同母异父），均是自然血亲。拟制血亲，是指相互之间本无该种血亲应具有的血缘关系，但法律确认其与该种血亲具有相同的权利义务关系的亲属关系。与自然血亲不同，拟制血亲并不是基于当事人出生的事实而产生的，而是基于当事人所实施的特定法律行为或者事实行为而产生的。从我国民法典的规定来看，拟制血亲包括如下两种：一是养父母与养子女间的关系以及养子女与养父母的近亲属间的关系，基于收养这一法律行为而产生；二是有抚养教育关系的继父母与继子女之间的关系，基于当事人之间事实上存在的抚养教育关系而产生。

血亲又分为直系血亲和旁系血亲。直系血亲是指与己身有直接血缘联系的血亲，包括己身所从出和己身所出两部分，前者包括父母、祖父母、外祖父母、曾祖父母、外曾祖父母等，后者包括子女、孙子女、外孙子女、曾孙子女、外曾孙子女等。旁系血亲是指彼此之间具有间接血缘联系的血亲，即除直系血亲以外的与自己同出一源的血亲，如兄弟姐妹，父亲的兄弟姐妹（伯、叔、姑）和他们的子女（堂兄弟姐妹），母亲的兄弟姐妹（舅、姨）和他们的子女（表兄弟姐妹）。

根据血缘关系远近不同，各类亲属之间的权利义务关系也存在差别，法律上用来计算亲属关系远近的单位是亲等。从比较法上看，主要有罗马法亲等计算法与寺院法亲等计算法。与此不同，我国采用的是简便的代际计算法。根据《民法典》第 1048 条等的规定，血亲关系的远近用“代”来表示。代即世辈，以一辈为一代。直系亲属的计算方法是，从自己算起，自己是第一代，往上算父母为第二代，祖父母为第三代，以此类推；往下算子女为第二代，孙子女为第三代，以此类推。旁系亲属的计算方法是，从所要计算的旁系血缘同源人往上数，直到与自己的直系亲属为同一人者，如果两边的代数相同，取同数；如果两边的代数不同，取多的一方的代数。按此计算，与自己的兄弟姐妹为两代旁系血亲，与自己的叔伯姑舅姨为三代旁系血亲，与自己的侄甥也是三代旁系血亲。

3. 姻亲

姻亲指因婚姻关系而发生的亲属。我国民法典并没有对姻亲的范围作出明确界定，但按照立法者的观点，姻亲包括如下两类：一是配偶的血亲，如岳父母、公婆等；二是血亲的配偶，如儿媳、女婿、弟媳、嫂子等。

姻亲可以分为直系姻亲和旁系姻亲。前者包括配偶的直系血亲、直系血亲的配偶和配偶的直系血亲的配偶。旁系姻亲包括旁系血亲的配偶、配偶的旁系血亲和配偶的旁系血亲的配偶。例如，儿媳与公婆、女婿与岳父母为直系姻亲；自己与兄弟之妻、姐妹之夫为旁系姻亲。直系姻亲和旁系姻亲准用其配偶与配偶的血亲的亲系。在我国，除法律有特别规定外，姻亲之间一般没有法定的权利义务关系。《民法典》第 1129 条规定：“丧偶儿媳对公婆，丧偶女婿对岳父母，尽了主要赡养义务的，作为第一顺序继承人。”这就在例外情况下认可了姻亲之间的法律关系。

需要指出的是，亲属关系的外延很广，受民法调整的只是其中一部分。很多亲属关系都不受民法调整，仅接受道德和习惯的调整。除了姻亲以外，俗称的“远房亲戚”，如一个人与其祖父母、外祖父母的兄弟姐妹以及这些人的晚辈血亲之间，没有法定权利义务关系。

（三）亲属关系的发生、终止和法律效力

1. 亲属关系的发生

配偶关系因婚姻的成立而发生。因此，结婚是配偶关系依法产生的原因。《民法典》第 1049 条规定，完成结婚登记，即确立婚姻关系。

自然血亲关系因出生而发生，拟制血亲关系因所拟制的亲属身份关系依法成立而发生。其中，养父母与养子女的拟制血亲关系因收养关系有效成立而发生，继父母与继子女的拟制血亲关系因抚养教育关系的形成而发生。

姻亲关系因婚姻的成立而发生。婚姻的成立是姻亲关系发生的基础，婚姻成立时间为姻亲关系发生时间。

2. 亲属关系的终止

配偶关系因婚姻的终止而消灭，而婚姻的终止原因包括配偶死亡和离婚。

自然血亲关系不能人为解除。家庭成员共同生活关系发生变动的，如父母离异、兄弟分家、子女被他人收养等，相互间的某些权利义务关系（如抚养关系、财产共有关系）终止，但自然血亲关系依然存在，且须遵守禁婚规定。自然血亲之间的身份关系不因死亡而终止，拟制血亲关系因死亡或所拟制的亲属身份关系依法解除而终止。

姻亲关系通常可以因离婚或配偶一方死亡而终止。民法典对姻亲关系的终止原因未作明确规定。依民俗习惯，离婚可终止姻亲关系；配偶一方死亡后是否终止姻亲关系，可由当事人自行决定。

3. 亲属关系的法律效力

亲属关系在社会生活中有着较广泛的保护需求。亲属关系一旦成为法律秩序的调整对象或规范要素，就会产生一定的法律效力。根据我国现行法律，亲属关系的法律效力主要表现在以下方面：

（1）在民法上的效力。首先表现在婚姻家庭领域，如一定范围亲属间的相互扶养义务、直系血亲和三代以内的旁系血亲禁止结婚规定、夫妻共有财产制度和家庭共有财产制度等。其次表现在涉及自然人保护和身份关系的其他领域，如监护、法定代理、宣告失踪和宣告死亡、继承、个体工商户和农村承包经营户的财产共有与债务承担、赠与合同的撤销、承租人优先购买权的例外、死者人格利益受侵害时的民事救济请求权、被侵权人死亡时的赔偿请求权、患者的知情同意权等。

（2）在刑法上的效力。主要表现为：犯罪主体为被害人近亲属的，如虐待罪、遗弃罪；犯罪客体为他人亲属关系的，如暴力干涉婚姻自由罪、破坏军婚罪、重婚罪；赋予被害人近亲属刑事告诉权的，如暴力干涉婚姻自由罪、虐待罪、侮辱罪、诽谤罪等。

（3）在诉讼法上的效力。主要表现为：监护人担任刑事辩护、民事代理的权利；近亲属代为上诉、申诉的权利；近亲属代为请求到期解除刑事强制措施的权利；近亲属免于强制出庭作证的权利；审判人员的近亲属回避义务等。

（4）在国籍法上的效力。父母双方或一方为中国公民，本人出生在中国的，具有中国国籍；父母双方或一方为中国公民，本人出生在外国的，除有法定除外情形者外，具有中国国籍；外国人或无国籍人为中国人的近亲属，愿意遵守中国宪法和法律的，可以经申请批准加入中国国籍。

此外，亲属关系在行政法、劳动法、社会保障法等领域，也有一定的法律效力。

第二节　婚姻家庭法的基本原则

一、婚姻家庭法的概念和特征

（一）婚姻家庭法的概念

婚姻家庭法是调整婚姻家庭关系的法律规范的总和。在我国，婚姻家庭法是一个多层级的规范体系。

《民法典》婚姻家庭编是调整婚姻家庭关系的主要法律，与《婚姻登记条例》等行政法规和相关部门规章以及最高人民法院的司法解释一起，构成了我国婚姻家庭制度的法律渊源。

（二）婚姻家庭法的特征

1. 制度规范的伦理性

婚姻家庭关系以身份关系为基础。这种身份关系是一种高度重视仁爱情感和强调道义担当的伦理关系。习近平指出："中华民族历来重视家庭。正所谓'天下之本在家'。尊老爱幼、妻贤夫安，母慈子孝、兄友弟恭，耕读传家、勤俭持家，知书达理、遵纪守法，家和万事兴等中华民族传统家庭美德，铭记在中国人的心灵中，融入中国人的血脉中，是支撑中华民族生生不息、薪火相传的重要精神力量，是家庭文明建设的宝贵精神财富。"①在我国民法中，道德规范在婚姻家庭领域的调整作用比在一般民事生活领域更广泛，婚姻家庭制度的法律规范往往来源于道德规范。所以，《民法典》婚姻家庭编的许多规定都包含伦理道德的要求。

2. 调整对象的身份性和团体性

婚姻家庭法律关系具有身份关系的性质，而身份关系存在于一定的团体之中。团体中的成员利益与团体利益具有高度的一致性。所以，规范身份关系的法律既要调整团体成员之间的关系，也要调整成员与团体之间的关系。家庭是由基于血缘、婚姻或收养而具有一定身份关系的人所组成的共同生活团体。家庭成员所享有的权利义务具有特殊的身份性，即血缘关系和婚姻关系所赋予的自然属性和伦理属性。所以，民法调整的家庭关系以人身关系为主，以财产关系为辅；家

---

① 习近平：《在会见第一届全国文明家庭代表时的讲话》（2016 年 12 月 12 日），人民出版社 2016 年版，第 2 页。

庭财产关系的调整，也要与人身关系的调整相协调。

3. 法律规范的强制性

婚姻家庭法中的规定多为强制性规范，主要包括：(1) 法定义务。家庭成员之间的义务多为强制性规范，如夫妻之间、父母子女之间的扶养义务，当事人不得抛弃。(2) 法定事由。在婚姻家庭法中，当法律规定的事实发生，就会产生相应的法律后果。例如，结婚或离婚会导致婚姻关系的成立或终止；具备法律规定的事由，应判决准予离婚。(3) 法定程序。对于身份关系的建立或解除，法律都明确规定了条件和程序。例如，缔结婚姻关系或成立收养关系，必须具备法定条件，依照法定程序，才能发生法律效力。

二、我国婚姻家庭法的基本原则

（一）婚姻家庭受国家保护原则

婚姻家庭受国家保护，是指国家要对婚姻和家庭提供制度性保障。《民法典》第 1041 条第 1 款规定："婚姻家庭受国家保护。"这就确立了婚姻家庭法的一项基本原则。这一规定是《宪法》第 49 条第 1 款规定的具体化。具体来说，该原则的内涵包括：

第一，婚姻家庭的综合性保护。婚姻家庭法要保护婚姻家庭。例如，离婚冷静期就是为了保护婚姻家庭而设立的制度。从民法的角度来看，这一原则还要求通过适用合同法（如《民法典》合同通则对身份协议的准用）、人格权法（如《民法典》第 1001 条关于身份权的保护准用人格权保护的规则）、侵权责任法（如对监护权的救济）等，全面保护婚姻家庭关系。

第二，婚姻家庭成员身份的确认和保护。这一原则要求，民法要明确亲属、近亲属、家庭成员的范围。此外，民法还要加强对身份权的保护，如对监护权、配偶权的保护等。

第三，婚姻安全的优先保护。在婚姻安全与其他利益发生冲突时，要优先保护婚姻安全。例如，《民法典》第 1064 条对夫妻共同债务的认定，就优先考虑了婚姻安全的保护问题。

（二）婚姻自由原则

1. 婚姻自由的概念和特征

婚姻自由，是指婚姻当事人在法律规定的范围内，享有依照自己的意志决定其婚姻问题的权利，任何人不得强制或干涉。《民法典》第 1041 条第 2 款规定，"实行婚姻自由"的婚姻制度。这就确立了婚姻自由原则。该原则有两个特征：

第一，婚姻自由是法律赋予公民的权利。《宪法》第 49 条规定："禁止破坏婚姻自由。"《民法典》第 110 条规定了自然人的婚姻自主权；第 1042 条进一步规定，禁止包办、买卖婚姻和其他干涉婚姻自由的行为；第 1046 条还规定，结婚应当男女双方完全自愿，禁止任何一方对另一方加以强迫，禁止任何组织或者个人加以干涉。

第二，婚姻自由的实现必须符合法律的规定。婚姻自由不是绝对自由，而是相对自由。行使婚姻自由权，必须在法律规定的范围内进行。例如，民法典有关结婚法定条件和离婚法定条件的规定，确立了婚姻自由的范围，划清了婚姻问题上合法与违法的界线。这些必要的约束，并不是对婚姻自由的限制，而是对当事人行使婚姻自由权的切实保证。

2. 婚姻自由的内容

婚姻自由包括结婚自由和离婚自由两个方面。

（1）结婚自由。它是指当事人有权依法决定是否结婚以及与谁结婚，不受他人的非法干涉和强制。未婚、丧偶和离异的自然人都享有自主决定是否结婚、与谁结婚的权利，任何人无权干涉。可以说，自愿是实现婚姻自由的前提，双方意思表示一致是婚姻以互爱为基础的必要条件。

（2）离婚自由。它是指夫妻双方有权自主处理离婚问题，双方可以自愿协商离婚，在一方提出离婚后，另一方也不得进行非法干涉。保障当事人的离婚自由，有利于使当事人从已经破裂的婚姻关系中解脱出来，免受婚姻关系名存实亡的痛苦。

结婚自由与离婚自由共同构成婚姻自由的完整内涵，二者是相辅相成，互为补充的。没有结婚自由，就没有离婚自由；而没有离婚自由，也不会有真正的结婚自由。保障结婚自由，是为了使当事人能够完全按照自己的意愿选择共同生活的伴侣；保障离婚自由，则是为了使感情确已完全破裂，无法共同生活的夫妻能够通过法定途径解除婚姻关系。在实践中，结婚是普遍行为，是婚姻自由的主要方面；离婚是非普遍行为，似乎处于对婚姻自由的补充地位。但没有离婚自由就没有真正的婚姻自由，无论数量多少，二者在婚姻自由制度中均处于同等重要的地位。

需要注意的是，婚姻自由与一般的合同自由有一定差别。《民法典》第 464 条规定，婚姻、收养、监护等有关身份关系的协议，优先适用有关该身份关系的法律规定。根据民法典关于婚姻家庭制度的规定，缔结婚姻关系须双方申请登记，解除婚姻关系须双方申请登记或者一方提起诉讼，仅凭当事人的意思表示尚不足以发生婚姻关系成立或终止的法律效果。

3. 保障婚姻自由原则的禁止性规定

为了保障婚姻自由原则的贯彻实施，《民法典》第 1042 条第 1 款设立了以下两项禁止性规定：

（1）禁止包办、买卖婚姻和其他干涉婚姻自由的行为。《民法典》婚姻家庭编贯彻婚姻自由原则，规定包办婚姻、买卖婚姻以及其他干涉婚姻自由的行为均属于违反婚姻自由原则的行为。包办婚姻，是指第三者（包括父母）违背婚姻自由原则，无视婚姻当事人的意志，强迫他人缔结婚姻。买卖婚姻，是指第三者（包括父母）以索取大量财物为目的，包办强迫他人缔结婚姻。其他干涉婚姻自由的行为，是指包办、买卖婚姻以外的违反婚姻自由原则的行为，包括父母干涉子女婚姻、子女干涉丧偶或离异的父母再婚、干涉离婚自由、干涉复婚自由、干涉男到女家落户等多种表现形式。

（2）禁止借婚姻索取财物。借婚姻索取财物，是指当事人自愿结婚但以索取一定财物作为结婚必要条件的行为。这种行为将缔结婚姻视为附条件的，一方包括一方的父母以索取财物作为结婚的先决条件，条件不成就不结婚，其性质虽不如买卖婚姻严重，但比买卖婚姻普遍，涉及面广，危害性不容忽视。

（三）一夫一妻制原则

1. 一夫一妻制的概念

一夫一妻制，是指一男一女结为夫妻，双方同时只有一名配偶的婚姻制度。《民法典》第 1041 条第 2 款规定，实行一夫一妻的婚姻制度。这就确立了一夫一妻制原则。按照这一原则，任何人不得同时有两个或两个以上的配偶；已婚者在配偶死亡（含宣告死亡）或离婚之前，不得再行结婚；未婚者不得同时与两个或两个以上的人结婚。所以，无论是公开还是隐蔽的一夫多妻或一妻多夫的两性关系，都是违法的。

2. 保障一夫一妻制原则的禁止性规定

为了保障一夫一妻制的贯彻实施，《民法典》第 1042 条第 2 款设立了以下禁止性规定：

（1）禁止重婚。重婚是指有配偶者又与他人结婚的行为，即已有了一个合法的婚姻关系后，又与他人缔结第二个婚姻关系。

（2）禁止有配偶者与他人同居。有配偶者与他人同居，指男女一方或双方有配偶，而又与婚外异性不以夫妻名义持续、稳定地共同生活。在我国，同居关系不受法律保护；当事人诉讼请求解除同居关系的，法院不予受理，但当事人因同居期间财产纠纷或者子女抚养纠纷提起诉讼的，法院应当受理。

根据《民法典》第 1079 条和第 1091 条的规定，重婚或者与他人同居，构成准予离婚和离婚损害赔偿的法定事由。

（四）男女平等原则

男女平等，是指男女双方在婚姻家庭关系中享有同等的权利，负担同等的义务。《民法典》第 1041 条第 2 款规定，实行男女平等的婚姻制度。这就确立了男女平等原则。这是民法平等原则在婚姻家庭领域的贯彻。该原则包括如下内容：

第一，在婚姻关系方面，夫妻双方的权利义务平等。其主要表现是：（1）男女双方有同等的缔结婚姻的权利，结婚条件的规定对男女双方是平等的；（2）结婚后，女方可以成为男方家庭的成员，男方可以成为女方家庭的成员；（3）婚姻存续期间，夫妻双方有平等的权利义务，同时也有平等的请求解除婚姻关系的权利；（4）离婚时，男女双方对夫妻共同财产均享有平等分割的权利，同时也享有平等的损害赔偿请求权、离婚经济补偿请求权、离婚经济帮助请求权。

第二，在家庭关系上地位平等。不同性别的家庭成员，无论是夫妻之间，父母子女之间，还是祖孙之间、兄弟姐妹之间，在家庭中都地位平等，人格独立，享有同等的权利，负担同等的义务，不允许任何性别上的歧视。

（五）保护妇女、未成年人、老年人、残疾人的合法权益原则

保护妇女、未成年人、老年人、残疾人合法权益，是指对于妇女、未成年人、老年人以及残疾人在婚姻家庭方面所享有的合法权益，婚姻家庭法予以特别的保护。《民法典》第 1041 条第 3 款规定："保护妇女、未成年人、老年人、残疾人的合法权益。"这就确立了这一婚姻家庭法的基本原则。

1. 保护妇女的合法权益

我国高度重视对妇女权益的保护，除了实行男女平等原则，还有以下特殊规定：（1）在离婚制度方面，在女方怀孕期间、分娩后 1 年内或者终止妊娠后 6 个月内，原则上男方不得提出离婚；离婚时分割夫妻共同财产经双方协议不成的，由法院根据财产的具体情况，按照照顾子女、女方和无过错方权益的原则判决。（2）在生育制度方面，禁止歧视、虐待生育女婴的妇女和不育的妇女。（3）在反家庭暴力方面，禁止对妇女实施家庭暴力；女方遭受家庭暴力的，可以向妇女联合会投诉；孕期和哺乳期的妇女遭受家庭暴力的，应当给予特殊保护。

2. 保护未成年人的合法权益

对于未成年人在家庭关系方面的合法权益，我国法律有以下保护措施：（1）禁止溺婴、弃婴和其他残害婴儿的行为。（2）非婚生子女、养子女和继子女与婚生子女享有同等权利，任何人不得歧视。（3）为保护未成年人的人身、财产等合法权益，设立监护制度。（4）为保护不能获得父母抚养的未成年人，设立收养制度。（5）父母对子女负有抚养教育义务；对于不履行义务的父母，子女有抚养费请求权。（6）父母离婚时，有关子女抚养、教育、财产等事宜的处理，应听取有表达能力的未成年人的意见。（7）未成年人遭受家暴或其他家内侵害的，公安、民政、教育等政府部门应给予保护和救助。

3. 保护老年人的合法权益

对于老年人在家庭关系方面的合法权益，我国法律有以下保护措施：（1）子女对父母有赡养义务。成年子女不履行赡养义务的，缺乏劳动能力或者生活困难的父母有要求成年子女给付赡养费的权利。此外，在一定条件下，孙子女或外孙子女有赡养祖父母或外祖父母的义务。（2）子女以及其他依法负有赡养义务的人应当履行对老年人经济上供养、生活上照料和精神上慰藉的义务。（3）子女应当尊重父母的婚姻权利，不得干涉父母离婚、再婚以及婚后的生活；子女对父母的赡养义务不因父母的婚姻关系变化而终止。

4. 保护残疾人的合法权益

对于残疾人在家庭关系方面的合法权益，我国法律有以下保护措施：（1）残疾人的扶养人必须对残疾人履行扶养义务；（2）残疾人的监护人必须履行监护职责，尊重被监护人的意愿，维护被监护人的合法权益；（3）残疾人的亲属、监护人应当鼓励和帮助残疾人增强自立能力。

5. 与保护妇女、未成年人、老年人和残疾人有关的禁止性规定

（1）禁止家庭成员间的虐待和遗弃。虐待，是指以作为或不作为的方式对家庭成员歧视、折磨、摧残，使其在精神、肉体上遭受痛苦的违法行为，如打骂、恐吓、冻饿、不治疗病患、限制人身自由等。遗弃，是指家庭成员中负有赡养、抚养、扶养义务的一方对需要赡养、抚养或扶养的另一方不履行义务的违法行为，如成年子女不赡养无劳动能力或生活困难的父母等。

（2）禁止家庭暴力。家庭暴力，是指家庭成员之间以殴打、捆绑、残害、限制人身自由以及经常性谩骂、恐吓等方式实施的身体、精神等侵害行为。家庭暴力与虐待在本质上相同，都是对其他家庭成员造成身体或心理伤害的行为。持续性、经常性的家庭暴力可能构成虐待。

（六）树立优良家风，弘扬家庭美德，重视家庭文明建设原则

民法典本着“弘扬社会主义核心价值观”的立法宗旨，增设了“家庭应当树立优良家风，弘扬家庭美德，重视家庭文明建设”的规定（《民法典》第1043条第1款）。作为家庭关系的引领性准则，《民法典》第1043条第2款规定，“夫妻应当互相忠实，互相尊重，互相关爱；家庭成员应当敬老爱幼，互相帮助，维护平等、和睦、文明的婚姻家庭关系”。该条规定是家庭文明建设中的基本行为规范，是我国民法在新时代推进“德法共治”思想的标志性立法成果，对于未来婚姻家庭治理有着重要的指导作用。它意味着，无论是家庭成员处理家庭关系，还是社会组织调解家庭矛盾，或是法院进行家事审判，道德规范都是重要的是非判断标准和效果评价依据。

树立优良家风，弘扬家庭美德，重视家庭文明建设原则，贯穿于《民法典》

婚姻家庭编，尤其在第三章“家庭关系”部分有全面的体现，在第四章“离婚”部分中也有鲜明的体现。例如，离婚冷静期制度、离婚的法定事由、离婚后子女抚养的规定、离婚经济补偿制度、离婚经济帮助制度、离婚损害赔偿制度等，都以家庭关系道德准则作为依据。在适用这些规定时，法律的规则判断应该与社会的道德评判保持一致；在法无明文规定时，社会公认的道德规范和符合社会主义核心价值观的乡规民约，可以援为裁判依据。

▶即测即评　　▶案例资源

第二章 结婚制度

第一节 结婚制度概述

一、结婚的概念和特征

结婚，即婚姻的成立或婚姻的缔结，是指男女双方依照法律规定的条件和程序建立夫妻关系的民事法律行为。结婚行为具有以下三个特征：

第一，结婚行为的主体是男女双方。结婚行为在性质上属于民事法律行为，而且是双方民事法律行为，其必须具备双方当事人，而且当事人必须就结婚事项达成合意，否则无法成立婚姻关系。同时，我国法律不承认同性婚姻，所以，结婚行为只能发生在男女两性之间。这是由婚姻关系的自然属性和社会属性所决定的，同时也是一夫一妻制的要求。

第二，依照法律规定的条件和程序进行。男女双方不按结婚条件和程序自行结合的，一般不发生婚姻的效力。例如，依据《民法典》第1049条的规定，当事人缔结婚姻关系的，应当依法办理登记，如果当事人未按照法律规定办理登记，则原则上仅成立同居关系，而无法成立婚姻关系。

第三，结婚的结果是确立夫妻关系。男女双方因结婚而建立了夫妻身份，互为配偶，相互享有和承担法律规定的权利义务。未经法定程序，双方不得任意解除已确立的夫妻关系。与其他民事法律行为不同，夫妻双方的权利义务基本上是法律规定的，当事人原则上无法自行约定。

二、我国的结婚制度

我国民法贯彻婚姻自由原则，但结婚作为缔结身份关系的民事法律行为，应遵守相关的法律规定。在结婚的实质方面，民法典规定了结婚的实质要件，要求结婚的男女双方必须完全自愿，并达到法定婚龄；还规定要保障结婚当事人的结婚自由，禁止包办、买卖婚姻和其他干涉婚姻自由的行为，禁止借婚姻索取财物；同时规定，直系血亲和三代以内的旁系血亲之间不得结婚。在结婚的形式方面，我国实行婚姻登记制度，以保障当事人建立自由合法的婚姻关系。为了维护结婚制度的法律秩序，保护婚姻当事人的合法权益，民法典还规定了婚姻无效和可撤销的规则。

很多国家的婚姻家庭法都规定了婚约制度。婚约是指一男一女以将来缔结婚姻为目的所订立的事先约定。我国目前对待婚约的态度是，订婚不是婚姻成立的必要条件和手续，而且婚约没有法律效力。

我国很多地方都存在给付彩礼的习俗。如果事后发生纠纷，法院一般认为，在如下三种情形下可以请求返还彩礼：一是双方未办理结婚登记手续；二是双方办理结婚登记手续但确未共同生活；三是婚前给付并导致给付人生活困难。在后两种情形下，要请求返还彩礼，还必须以当事人双方离婚为前提。

第二节　结婚的条件

结婚的实质要件，包括结婚行为的成立条件和结婚行为的有效要件。

一、结婚行为的成立条件

结婚的必备条件，又称结婚的积极要件，指当事人结婚时必须具备的法定条件。根据我国民法典的规定，结婚必须具备以下三个条件：

（一）具备男女双方当事人

结婚行为在性质上属于双方民事法律行为，其应当具备双方当事人。同时，从我国民法典规定来看，其在规定结婚的条件时，在多处强调了结婚必须是男女双方。例如，《民法典》第 1046 条规定："结婚应当男女双方完全自愿，禁止任何一方对另一方加以强迫，禁止任何组织或者个人加以干涉。"又如，《民法典》第 1049 条规定："要求结婚的男女双方应当亲自到婚姻登记机关申请结婚登记。符合本法规定的，予以登记，发给结婚证。完成结婚登记，即确立婚姻关系。未办理结婚登记的，应当补办登记。"可见，我国现行立法并未承认同性婚姻，结婚不仅需要具备双方当事人，而且结婚的当事人必须为异性，即男女双方，这也符合我国目前多数人的道德观念和法律理念。

（二）双方当事人就结婚达成合意

要成立婚姻关系，男女双方必须就结婚达成合意，而且需要依法将结婚合意明确表示出来。依据《民法典》第 1049 条的规定，结婚的男女双方必须亲自到婚姻登记机关申请结婚登记，这意味着，男女双方必须在婚姻登记机关处表达其结婚的合意，否则并不属于此处的结婚合意。同时，作出结婚的意思表示具有人身专属性，必须由当事人亲自作出，而不能由他人代为作出。当然，仅当事人就结婚达成合意，还不能当然成立婚姻关系，婚姻关系的成立还必须践行法定的登记程序。需要指出的是，婚姻关系的成立只需要双方当事人依法达成合意即可，即便当事人是因为受欺诈或者受胁迫而作出结婚的意思表示，也并不影响结婚行为的成立，不影响婚姻关系的成立，而只可能影响婚姻关系的效力。例如，即便一方是受到他方胁迫而作出结婚的意思表示，也不影响婚姻关系的成立，只是此种婚姻关系属于可撤销的婚姻。

（三）依法办理结婚登记

婚姻关系的成立必须依法办理结婚登记，对此，《民法典》第 1049 条规定：“要求结婚的男女双方应当亲自到婚姻登记机关申请结婚登记。符合本法规定的，予以登记，发给结婚证。完成结婚登记，即确立婚姻关系。未办理结婚登记的，应当补办登记。”依据该条规定，婚姻关系的成立以完成结婚登记为条件，如果当事人没有办理结婚登记，则无法成立法律婚姻。如果男女双方以夫妻名义共同生活，但尚未办理结婚登记的，则应当补办登记。根据《婚姻登记条例》第 2 条和第 3 条的规定，我国内地居民办理婚姻登记的机关是县级人民政府民政部门或者乡（镇）人民政府，省级人民政府可以按照便民原则确定农村居民办理婚姻登记的具体机关。婚姻登记机关的管辖范围，原则上与户籍管辖范围相适应。结婚当事人的户口在同一地区的，到共同的户口所在地婚姻登记机关办理登记。结婚当事人的户口不在同一地区的，可以到任何一方户口所在地的婚姻登记机关办理登记。

中国公民同外国人，内地居民同香港特别行政区居民、澳门特别行政区居民、台湾地区居民、华侨办理婚姻登记的机关是省、自治区、直辖市人民政府民政部门或者省、自治区、直辖市人民政府民政部门确定的机关。

结婚登记应当按照如下程序进行：

第一，申请。自愿结婚的男女必须亲自到婚姻登记机关申请结婚登记。我国内地居民办理结婚登记时应当出具下列证件和证明材料：（1）户口本、身份证；（2）本人无配偶以及与对方当事人没有直系血亲和三代以内旁系血亲关系的声明。我国香港、澳门和台湾地区的居民、华侨、外国人的证明文件略有不同，如华侨和外国人的证明文件为有效护照、经过公证的无配偶证明和无禁止结婚的血亲关系的证明。

第二，审查和登记发证。婚姻登记机关应当对结婚登记当事人出具的证件、证明材料进行审查并询问相关情况。当事人符合结婚条件的，应当当场予以登记，发给结婚证；对当事人不符合结婚条件不予登记的，应当向当事人说明理由。当事人完成结婚登记，即确立夫妻关系。

二、结婚行为的有效要件

结婚行为成立后，还必须符合结婚行为的有效要件，才能产生有效的婚姻关系。一般而言，结婚行为的有效要件包括如下几个：

一是当事人应当具有相应的民事行为能力。结婚行为的生效将在当事人之间成立婚姻关系，并产生复杂的权利义务关系，而且婚姻关系一旦成立，个人将负担大量的家庭和社会责任，而只有个人具有完全民事行为能力，才能对自己是否缔结婚姻关系作出准确判断，因此，婚姻关系有效的条件之一，是缔结婚姻关系的当事人必须具有完全民事行为能力。从我国司法实践来看，无民事行为能力人或者限制民事行为能力人申请登记结婚时，如果其无法准确表达是否结婚的意愿，则婚姻登记机关也会拒绝对其进行结婚登记。

二是当事人意思表示真实。《民法典》第 1046 条规定："结婚应当男女双方完全自愿，禁止任何一方对另一方加以强迫，禁止任何组织或者个人加以干涉。"依据该条规定，婚姻关系的成立必须出于男女双方完全自愿，即男女双方在结婚时必须意思表示真实。依据《民法典》第 1052 条的规定，如果当事人基于胁迫而同意结婚，则该婚姻关系属于可撤销婚姻。依据《民法典》第 1053 条的规定，如果一方患有重大疾病而没有在结婚登记前如实告知另一方的，则另一方也有权请求撤销该婚姻关系。

三是不具有导致婚姻关系无效的事由。《民法典》婚姻家庭编专门就婚姻无效的事由作出了规定，《民法典》第 1051 条规定："有下列情形之一的，婚姻无效：（一）重婚；（二）有禁止结婚的亲属关系；（三）未到法定婚龄。"在符合上述情形时，婚姻关系也将被宣告无效。

三、事实婚姻

虽符合结婚实质要件但不符合结婚程序要件的两性结合，称为事实婚姻。新中国成立以来，我国对于事实婚姻经历了完全承认、有限承认、完全不承认的过程。目前，对于未办理结婚登记而以夫妻名义共同生活的当事人提起的离婚诉讼，我国法院的处理方法是区别对待：（1）在 1994 年 2 月 1 日《婚姻登记管理条例》公布实施以前，男女双方已经符合结婚实质要件的，按事实婚姻处理。（2）在 1994 年 2 月 1 日《婚姻登记管理条例》公布实施以后，男女双方符合结婚实质要件的，法院应当告知其在案件受理前补办结婚登记。未补办结婚登记，当事人请求解除同居关系的，法院不予受理，但是，对于当事人因同居期间财产分割或者子女抚养纠纷提起的诉讼，则应予受理。

第三节 婚姻无效和可撤销

一、婚姻无效和可撤销的事由

（一）婚姻无效和可撤销的概念

婚姻因违法而不受法律保护的情形，根据违法事实的不同，可分为婚姻无效和婚姻可撤销两种。婚姻无效是指婚姻因欠缺有效成立的要件而当然不具有婚姻的法律效力；婚姻可撤销是指婚姻因一方当事人胁迫而成立，或者一方在婚姻成立时隐瞒重大疾病，经另一方当事人请求法院撤销而归于无效。

（二）婚姻无效的事由

根据《民法典》第1051条的规定，有如下三种情形之一的，婚姻无效：

1. 重婚

重婚在学理上分为法律重婚与事实重婚。法律重婚是指前婚未解除，又与他人办理结婚登记，即两个法律婚姻的重合。事实重婚是指办理结婚登记后，在婚姻存续期间与他人以夫妻名义共同生活但未办理结婚登记，即法律婚姻与事实婚姻的重合（不论事实婚姻发生先后）。我国实行单一登记婚制度，婚姻一经登记成立即受法律保护。不论与之重合的是法律婚姻还是事实婚姻，都是对合法婚姻的侵犯和对一夫一妻制的违反，违法的婚姻应归于无效。需要指出的是，重婚本身是婚姻关系无效的事由，但在认定重婚时，只需要认定婚姻一方或者双方当事人存在两个以上的婚姻关系即可，至于婚姻当事人所存在的婚姻关系是否为有效婚姻，在所不问。此外，事实重婚不同于婚内与他人同居，后者是指有配偶者与婚外异性不以夫妻名义持续、稳定地共同居住。《民法典》第1042条第2款规定禁止有配偶者与他人同居，故婚内与他人同居也属于违法行为，其法律后果是构成判决离婚和离婚损害赔偿的法定事由。

2. 有禁止结婚的亲属关系

这就是说，男女双方属于直系血亲或者三代以内的旁系血亲。《民法典》第1048条规定：“直系血亲或者三代以内的旁系血亲禁止结婚。”依据该条规定，禁止结婚的亲属关系包括如下两类：一是直系血亲，即具有直系血缘的亲属，如父母与子女之间、祖父母与孙子女之间、外祖父母与外孙子女之间等；二是三代以内旁系血亲，即直系血亲之外、在血缘上和自己同出于三代以内的亲属。

3. 未到法定婚龄

根据《民法典》第1047条的规定，结婚年龄，男不得早于22周岁，女不得早于20周岁。不过，在提起诉讼时，婚姻当事人已经达到法定婚龄的，法院就不再认定婚姻无效。

（三）婚姻可撤销的事由

有以下情形之一的，撤销权人可以在法定期限内向法院请求撤销婚姻。

1. 胁迫

胁迫是指婚姻关系中的一方当事人或者婚姻关系之外的第三人对婚姻关系中的另一方当事人进行威胁或者强迫，从而使其违背意愿而结婚。《民法典》第

1052 条规定，因胁迫结婚的，受胁迫的一方可以向人民法院请求撤销婚姻。这里所说的胁迫，与《民法典》第 150 条规定的民事法律行为因胁迫而可撤销的事由，构成要件基本相同。行为人以给另一方当事人或者其近亲属的生命、身体、健康、名誉、财产等方面造成损害为要挟，迫使另一方当事人违背真实意愿结婚的，可以认定为胁迫结婚。

2. 隐瞒重大疾病

根据《民法典》第 1053 条的规定，一方患有重大疾病的，应当在结婚登记前如实告知另一方；不如实告知的，另一方可以向人民法院请求撤销婚姻。本项事由的构成要件是：

（1）当事人一方患有重大疾病。属于非重大疾病的，不成立本要件。这里的“重大疾病”，主要是指医学上认为不应当结婚的疾病。根据《母婴保健法》和《母婴保健法实施办法》的规定，婚前医学检查包括对严重遗传性疾病、指定传染病、有关精神病和医学上认为不宜结婚的其他疾病的检查。其中，严重遗传性疾病是指遗传因素先天形成，患者全部或部分丧失自主生活能力，后代再现风险高，医学上认为不宜生育的遗传性疾病。指定传染病是指《传染病防治法》所列传染病中的艾滋病、淋病、梅毒、麻风病等医学上认为影响结婚和生育的传染病。有关精神病是指精神分裂症、躁狂抑郁型精神病以及其他重型精神病。所以，对“重大疾病”的认定应采用一般标准，即医学上认为对夫妻生活和生育具有长期影响或重大风险的疾病。至于对婚后生活产生重大不利影响的其他婚前病患，如果一方有婚前隐瞒行为且不能得到另一方谅解，导致夫妻感情破裂，则可通过离婚方式解除婚姻关系。

（2）当事人一方在结婚时患有重大疾病。罹患重大疾病确诊于婚姻登记以后的，不成立本要件。

（3）当事人一方未在婚姻登记前向另一方如实告知其患有重大疾病。不告知、告而不实或者在婚姻登记后才如实告知的，均成立本要件；反之，已经在婚姻登记前如实告知的，不成立本要件。

有权因对方患有重大疾病，未在结婚登记前如实告知而请求撤销婚姻的，只能是未被如实告知的一方。

二、确认婚姻无效或撤销婚姻

确认婚姻无效或撤销婚姻的机关都只能是法院。民法典生效之后，婚姻当事人不能再向民政部门申请撤销婚姻。这是民法典的重要制度发展，主要是考虑到撤销婚姻对当事人影响较大，不宜交由民政机关处理。确认婚姻无效或撤销婚姻的诉讼，应当由合格的请求主体依照法律规定的请求时限向法院提起。

（一）请求主体

婚姻无效诉讼与婚姻撤销诉讼的请求主体，范围有所不同。

1. 婚姻无效诉讼的请求主体

有权请求确认婚姻无效的主体，包括婚姻当事人及利害关系人。此处的利害关系人要考虑婚姻无效的事由分别确定：（1）以重婚为由的，为当事人的近亲属及基层组织；（2）以未到法定婚龄为由的，为未达法定婚龄者的近亲属；（3）以有禁止结婚的亲属关系为由的，为当事人的近亲属。利害关系人在诉请确认婚姻无效时应为原告，婚姻关系当事人双方为被告；夫妻一方死亡的，生存一方为被告。

2. 婚姻撤销诉讼的请求主体

有权请求撤销婚姻的主体，只能是婚姻当事人中有撤销权的一方。因受胁迫而请求撤销婚姻的，只能是受胁迫一方的婚姻关系当事人本人。

（二）请求时限

婚姻无效诉讼与婚姻撤销诉讼的请求时限，有所不同。

1. 婚姻无效诉讼的请求时限

具备婚姻无效事由的，请求确认婚姻无效的时间不受限制。但是，当事人向法院请求确认婚姻无效，法定无效事由在提起诉讼时已经消失的，法院不予支持。例如，当事人以结婚时未达法定婚龄为由要求确认婚姻无效，但起诉时该方已达法定婚龄的，法院就不再确认婚姻无效。

2. 婚姻撤销诉讼的请求时限

具备婚姻可撤销事由的，撤销权人应当在法定除斥期间内以诉讼方式行使撤销权。除斥期间届满的，撤销权消灭。婚姻撤销权人包括因胁迫结婚的受胁迫方和婚前未被如实告知重大疾病的配偶一方。婚姻撤销权除斥期间的计算方法如下：（1）以对方胁迫为由的，请求法院撤销婚姻的除斥期间为 1 年，自胁迫行为终止之日起计算；被非法限制人身自由的，自恢复人身自由之日起计算。（2）以对方隐瞒重大疾病为由的，请求法院撤销婚姻的除斥期间为 1 年，自知道或者应当知道撤销事由之日起计算。这里的 1 年是除斥期间，所以不适用诉讼时效中止、中断或者延长的规定。

三、婚姻无效和被撤销的法律后果

根据《民法典》第 1054 条的规定，无效或者被撤销的婚姻具有以下几方面的法律后果：

（一）婚姻效力方面

根据《民法典》第 1054 条的规定，无效或者被撤销的婚姻自始没有法律约束力，当事人不具有夫妻的权利和义务。所谓“自始没有法律约束力”，是指婚姻在依法被确认无效或者被撤销时，才确定该婚姻自始不受法律保护。

（二）身份关系方面

婚姻法对无效婚姻和可撤销婚姻均采取溯及既往的立法原则，凡是婚姻依法被宣告无效或者被撤销的，即确定该婚姻从一开始就不受法律保护，配偶之间基于身份关系的权利自始消灭。例如，一方在婚姻被依法确认无效前死亡的，另一方不得主张法定继承权。

（三）财产关系方面

婚姻被确认无效或者被撤销，当事人自始不具有夫妻的权利和义务。与婚姻撤销有关的财产和债务问题，按以下规则处理：

第一，个人财产。当事人双方共同生活前属于个人的财产，应归各自所有。共同生活前一方自愿赠给对方的财物，原则上按照赠与关系处理。但是，按照习俗给付的彩礼，可参照“双方未办理结婚登记手续”的情形请求返还。

第二，共有财产。被宣告无效或被撤销的婚姻，当事人双方共同生活期间所得的财产，按共同共有处理，但有证据证明为当事人一方所有的除外。当事人对共有财产应当协商分割；协议不成的，由法院根据照顾无过错方的原则判决。共同生活期间双方共同获取的财产和经营权，一方未经他方同意擅自处分，另一方提出异议的，该处分行为无效。法院在审理重婚导致的无效婚姻案件时，涉及财产处理的，应当准许合法婚姻当事人作为有独立请求权的第三人参加诉讼，以维护合法婚姻当事人的财产权益。

第三，共同债务。当事人双方为共同生活所负的债务，应当共同承担清偿责任，并适当照顾无过错方。

（四）损害赔偿

根据《民法典》第 1054 条第 2 款的规定，无效婚姻或可撤销婚姻中，一方对无效或可撤销事由的发生有过错的，无过错方有权请求损害赔偿，包括物质损害赔偿和精神损害赔偿。

对无效或可撤销事由的发生双方都有过错的，应分别承担相应的过错责任。其中，属于双方共同过错的（如串通瞒报年龄），应按过错大小分担或者平均分担其行为所致损失。

共同生活期间一方对另一方造成损害的，应当承担赔偿责任。

（五）子女抚养

婚姻被宣告无效或被撤销后，当事人所生的子女虽为非婚生子女，但享有法律规定的子女的各项权利。当事人双方均有保护、教育子女的义务和承担子女生活、教育费用的义务。子女抚养的确定，参照《民法典》第 1084 条的规定处理。

例如，不满两周岁的子女，以由母亲直接抚养为原则。对确定为一方直接抚养的子女，另一方有探望权。

▶即测即评

▶案例资源

第三章 家庭关系

第一节 夫妻关系

一、夫妻关系的概念和特征

夫妻关系也称配偶关系，是指男女双方以终身共同生活为目的依法形成的身份关系。夫妻关系是家庭关系的基础和核心，由此产生的夫妻之间权利义务可分为夫妻人身关系和夫妻财产关系。夫妻关系具有以下特征：

一是合法性。男女双方在符合法定的婚姻成立要件和程序时，才构成婚姻关系，并形成夫妻关系。如果男女双方是非法的两性结合，则不具有夫妻关系效力。

二是专属性。夫妻关系是基于配偶身份而产生的权利义务关系。夫妻关系具有人身专属性，即仅在具有配偶身份的男女双方之间产生。而且，夫妻的权利义务关系是对等的，一方享有的权利即是对方应尽的义务。

三是终身性。夫妻关系应当是男女双方以终身共同生活为目的而形成的关系。这是婚姻对双方当事人主观心理的要求，也是当代社会对婚姻的期望。

四是平等性。这是我国民法赋予夫妻关系的重要法律属性。早在 1950 年，我国第一部《婚姻法》第 7 条就明确规定："夫妻为共同生活的伴侣，在家庭中地位平等。"这一规定是中华人民共和国成立以后废除封建宗法制度、破除"男尊女卑"陈旧观念的结果。《民法典》第 1055 条规定，"夫妻在婚姻家庭中地位平等"，明确了处理夫妻关系的基本原则，筑牢了新时期我国家庭文明建设的基石。该规定是婚姻家庭编有关夫妻关系的各项具体规定的基本遵循。夫妻只有平等相处、互相尊重、互敬互爱、互谅互助，才能建立平等、和睦、文明的夫妻关系。

二、夫妻人身关系

夫妻人身关系，是指夫妻双方与人身不可分离且没有直接经济内容的权利义务关系。夫妻人身关系是婚姻效力之一，主要包括夫妻姓名权、夫妻人身自由权、夫妻忠实义务、夫妻抚育和保护未成年子女的平等权、夫妻扶养义务、夫妻家事代理权、夫妻继承权。

（一）夫妻姓名权

《民法典》第 112 条规定："自然人因婚姻家庭关系等产生的人身权利受法律保护。"夫妻姓名权是基于夫妻人身关系而产生的一项重要的民事权利，是人格权的重要组成部分。《民法典》第 1056 条规定："夫妻双方都有各自使用自己姓名的权利。"即男女双方结婚后，仍可继续保留婚前的姓氏和名字，任何一方及第三人均不得强迫他方违背其意愿更改姓名。姓名虽然只是用来区别个人的符号，但使用自己姓名的权利却是夫妻双方拥有独立人格的一种标志。此外，夫妻享有平等的姓名权还表现于子女姓氏的确定。《民法典》第 1015 条第 1 款规定，"自然人应当随父姓或者随母姓"。

（二）夫妻人身自由权

夫妻人身自由权，是指夫妻双方均有参加生产、工作、学习和社会活动的自由，此种自由不因结婚而受到限制，一方不得对另一方加以限制或者干涉。夫妻人身自由权，是公民基本自由权利在婚姻家庭领域的体现，是夫妻进行生活、学习、劳动和从事各种社会活动的先决条件。夫妻享有人身自由权是夫妻家庭地位平等的重要标志。

《民法典》第 1057 条规定："夫妻双方都有参加生产、工作、学习和社会活动的自由，一方不得对另一方加以限制或者干涉。"这就确立了夫妻人身自由权制度，对于保障妇女参与生产和工作、进行社会交往、从事社会活动等方面的权利具有重要意义。当然，夫妻的人身自由权必须依法行使，不得滥用。

（三）夫妻忠实义务

《民法典》第 1043 条第 2 款规定，夫妻应当互相忠实。夫妻互相忠实，既要求夫妻双方信守婚姻忠诚、互相尊重、互相关爱，也要求夫妻双方平等履行忠实义务，摒弃片面要求他方忠实的非平等的忠实观念。

《民法典》第 1042 条有关禁止重婚、禁止有配偶者与他人同居的规定，既体现了夫妻互相忠实的义务内涵，也体现了一夫一妻制的原则要求。依据《民法典》第 1079 条和第 1091 条的规定，夫妻违反相互忠实义务，实施重婚或者与他人同居的行为，构成诉讼离婚的法定情形，无过错一方享有离婚损害赔偿请求权。夫妻互相忠实，有助于创设平等、忠诚、尊重、关爱的夫妻关系。

（四）夫妻抚育和保护未成年子女的平等权

夫妻抚育和保护未成年子女的平等权，是指夫妻双方平等享有对未成年子女抚养、教育和保护的权利，共同承担对未成年子女抚养、教育和保护的义务。

夫妻抚育和保护未成年子女的平等权，既是夫妻在婚姻家庭中地位平等的体现，也是亲子关系的必然要求。《民法典》第 1058 条规定："夫妻双方平等享有对未成年子女抚养、教育和保护的权利，共同承担对未成年子女抚养、教育和保护的义务。"夫妻作为未成年子女的法定监护人，应共同履行抚育和保护未成年子女的职责，确保未成年子女身心健康成长。夫妻任何一方不得限制、干涉他方行使抚育和保护未成年子女的权利，也不得推诿、不履行抚育和保护未成年子女的义务。

（五）夫妻扶养义务

扶养有广义和狭义之分。广义的扶养，是指一定范围内的亲属相互供养和扶助的权利和义务，是赡养、扶养、抚养的统称，没有身份、辈分的区别；狭义的扶养，仅指夫妻、兄弟姐妹等平辈亲属之间相互供养和扶助的权利和义务。

《民法典》第 1059 条规定："夫妻有相互扶养的义务。需要扶养的一方，在另一方不履行扶养义务时，有要求其给付扶养费的权利。"夫妻互负扶养义务，对保障夫妻正常生活，加强夫妻之间的物质帮助、生活照料和心灵慰藉具有重要意义。

夫妻扶养义务具有以下特点：（1）夫妻的扶养义务基于婚姻的效力而产生。夫妻的扶养请求权具有人身专属性，不得转让和继承；夫妻的扶养义务彼此平等。（2）夫妻的扶养义务以夫妻身份关系存在为前提。夫妻扶养义务的履行，以一方有能力扶养且另一方需要扶养为条件。（3）夫妻的扶养义务也是扶养权利。扶养的内容包括夫妻之间的经济供养和生活扶助，以维持婚姻家庭生活的正常进行。（4）夫妻的扶养义务具有法律强制性。需要扶养的一方有权要求对方承担扶养责任。如发生扶养纠纷，可经有关部门调解或者直接向法院起诉。义务人拒不履行扶养义务，情节严重构成遗弃罪的，应追究刑事责任。

（六）夫妻家事代理权

夫妻家事代理权，也称日常家事代理权或夫妻婚后家务活动代理权，是指夫妻一方因家庭事务而与第三人为一定民事法律行为的代理权，被代理方须对代理方所从事的家事行为所产生的债务承担连带责任。《民法典》第 1060 条规定："夫妻一方因家庭日常生活需要而实施的民事法律行为，对夫妻双方发生效力，但是夫妻一方与相对人另有约定的除外。夫妻之间对一方可以实施的民事法律行为范围的限制，不得对抗善意相对人。"

夫妻家事代理权具有以下特征：（1）夫妻双方享有平等的家事代理权，即夫妻互为日常家事代理人。（2）家事代理权基于婚姻效力而产生。配偶身份的存在，是家事代理权发生的前提。夫妻一方在与第三人为民事法律行为时，无须授权。（3）家事代理责任具有连带性，即被代理一方对代理后果承担连带责任。（4）家事代理权的行使以家庭日常生活需要为限，通常包括基本生活需要、精神生活需要和家庭管理需要等。

（七）夫妻继承权

夫妻继承权，即夫妻之间享有互相继承遗产的权利。《民法典》第 1061 条规定："夫妻有相互继承遗产的权利。"夫妻继承权具有以下特征：（1）配偶身份是夫妻互享遗产继承权的前提。凡依法被认定为事实婚姻关系的男女双方，可以配偶身份继承遗产。(2) 夫妻相互继承遗产的权利平等。禁止因性别歧视干涉、阻挠女性继承其配偶遗产的行为。

夫妻继承权既是夫妻关系效力的主要体现，也是继承制度的重要内容。保护配偶尤其是女性配偶的继承权，是男女平等原则的基本内涵，也是“继承权男女平等”原则在夫妻关系中的具体体现。

三、夫妻财产关系

夫妻财产关系，是指夫妻双方基于财产所形成的权利义务关系，即财产权利和财产义务。规范夫妻财产关系的法律制度，称为夫妻财产制或婚姻财产制，内容包括各种夫妻财产制的设立、变更与废止，夫妻婚前财产和婚后所得财产的归属、管理、使用、收益、处分，家庭生活费用的负担、夫妻债务的清偿以及婚姻终止时夫妻财产的清算和分割等。夫妻财产制是婚姻家庭制度的重要组成部分，其性质和特点受一定的社会生产关系制约，又与夫妻人身关系密不可分。夫妻财产制的适用，有助于保障夫妻的财产权益。

根据民法典的规定，我国实行法定夫妻财产制与约定夫妻财产制相结合的夫妻财产制。如果没有财产约定，当然适用法定夫妻财产制，即除法定的个人特有财产外，其余属于夫妻共同财产。

(一) 法定夫妻财产制

法定夫妻财产制，是指夫妻在婚前或婚后未就夫妻财产关系作出约定或所作约定无效时，依法律规定而直接适用的夫妻财产制。根据民法典的规定，我国的法定夫妻财产制是夫妻共同财产制与夫妻个人特有财产制的结合。

1. 夫妻共同财产制

夫妻共同财产制也称婚后所得共同制，是指在婚姻关系存续期间，夫妻双方或一方所得的财产，除另有约定或法定夫妻个人特有财产外，均为夫妻共同所有的财产制度。夫妻对共同所有的财产，有平等的占有、使用、收益和处分的权利。关于夫妻共同财产，民法典有以下规定：

(1) 夫妻共同财产的范围。《民法典》第 1062 条第 1 款规定：“夫妻在婚姻关系存续期间所得的下列财产，为夫妻的共同财产，归夫妻共同所有：(一) 工资、奖金、劳务报酬；(二) 生产、经营、投资的收益；(三) 知识产权的收益；(四) 继承或者受赠的财产，但是本法第一千零六十三条第三项规定的除外；(五) 其他应当归共同所有的财产。”这一规定仅为原则性规定，在司法实践中还存在其他类型的夫妻共同财产。例如，夫妻一方个人财产在婚后产生的收益，除孳息和自然增值外，应认定为夫妻共同财产；由一方婚前承租、婚后用共同财产购买的房屋，登记在一方名下的，应当认定为夫妻共同财产。

（2）夫妻共同财产权的行使。夫妻共同财产的性质是共同共有，夫妻对共同财产平等地享有权利和承担义务。《民法典》第 1062 条第 2 款规定：“夫妻对共同财产，有平等的处理权。”该规定应作以下理解：一是夫或妻处理共同财产的权利平等。因日常家事需要而处理夫妻共同财产的，任何一方均有权决定。二是夫或妻处理夫妻共同财产应平等协商。非因日常家事需要而处理夫妻共同财产的，夫妻应当协商处理、达成合意。如一方未经另一方同意出售夫妻共同所有的房屋，第三人善意购买、支付合理对价并已办理不动产登记，另一方主张追回该房屋的，法院不予支持。夫妻一方擅自处分共同所有的房屋造成另一方损失，离婚时另一方请求赔偿损失的，法院应予支持。

（3）夫妻共同财产制的终止。夫妻共同财产制，始于婚姻的成立，终于婚姻的终止或夫妻双方的约定。夫妻共同财产制的终止，即夫妻共同财产关系的消灭，引发夫妻共同财产的分割。

（4）婚姻关系存续期间夫妻共同财产的分割请求权。在婚姻关系存续期间，除夫妻具有约定外，原则上不能分割夫妻共同财产。但为维护夫妻一方的财产权益不受侵犯，助其履行法定扶养义务，赋予其在婚姻关系存续期间请求分割夫妻共同财产的权利。《民法典》第 1066 条规定：“婚姻关系存续期间，有下列情形之一的，夫妻一方可以向人民法院请求分割共同财产：（一）一方有隐藏、转移、变卖、毁损、挥霍夫妻共同财产或者伪造夫妻共同债务等严重损害夫妻共同财产利益的行为；（二）一方负有法定扶养义务的人患重大疾病需要医治，另一方不同意支付相关医疗费用。”为确保夫妻共同财产制的法律效力，在婚姻关系存续期间，除《民法典》第 1066 条规定的情形外，夫妻一方请求分割共同财产的，法院不予支持。

2. 夫妻个人特有财产制

夫妻个人特有财产制也称夫妻特有财产制，是指夫妻在婚后实行共同财产制时，依据法律规定或夫妻双方约定，财产归夫妻个人所有的财产制度。

关于夫妻个人特有财产，应关注以下问题：

（1）夫妻个人特有财产的范围。《民法典》第 1063 条规定：“下列财产为夫妻一方的个人财产：（一）一方的婚前财产；（二）一方因受到人身损害获得的赔偿或者补偿；（三）遗嘱或者赠与合同中确定只归一方的财产；（四）一方专用的生活用品；（五）其他应当归一方的财产。”该规定表明，夫妻个人特有财产通常是指该财产的取得往往没有夫妻另一方的劳动参与，或者是与夫妻一方的人身不可分的财产。在司法实践中，有关特定财产性质的确定，应依据相关司法解释进行确认：一是军人的伤亡保险金、伤残补助金、医药生活补助费属于个人财产；二是《民法典》第 1063 条规定为夫妻一方的个人财产，除当事人另有约定外，不因婚姻关系的延续而转化为夫妻共同财产；三是当事人结婚前，父母为双方购置房屋出资的，除父母明确表示赠与双方外，该出资应当认定为对自己子女的赠与，即该出资属于自己子女的个人财产。

（2）夫妻对个人特有财产的权利和义务。对夫妻个人特有财产，夫妻一方有独立占有、使用、收益和处分的权利。在婚姻关系存续期间，夫妻一方所负个人债务及其个人特有财产所生债务，应由其个人特有财产承担清偿责任。

（二）约定夫妻财产制

约定夫妻财产制也称约定财产制，是指夫妻以协议的形式确定财产所有的夫妻财产制度。约定夫妻财产制优先于法定夫妻财产制；有约定的事项，排除法定夫妻财产制相关规则的适用。夫妻在进行财产约定时，应符合法定条件，如行为人具有相应的民事行为能力，意思表示真实，不违反法律、行政法规的强制性规定，不违背公序良俗。夫妻约定财产时，应当注意以下几点：

1. 夫妻约定财产的范围

夫妻约定财产以明确财产范围为前提。具体的财产约定范围，可以是夫妻双方在婚姻关系存续期间所得的财产或者是夫妻一方的婚前财产，也可以是二者兼有；可以是夫妻共同财产或者是夫妻一方婚前财产的全部，也可以是其中的一部分。夫妻约定的财产属于非货币财产的，应当在夫妻约定财产协议中明确指明。

2. 夫妻约定财产的归属方式

夫妻约定财产的归属方式是夫妻约定财产的必备内容。《民法典》第 1065 条规定："男女双方可以约定婚姻关系存续期间所得的财产以及婚前财产归各自所有、共同所有或者部分各自所有、部分共同所有。"

3. 夫妻约定财产的形式

《民法典》第 1065 条规定："约定应当采用书面形式。没有约定或者约定不明确的，适用本法第一千零六十二条、第一千零六十三条的规定。"

4. 夫妻约定财产时的其他任意性事项

夫妻约定财产时，可以就全部或部分财产的占有、使用、收益、处分以及债务清偿、婚姻解除时的财产清算等事项作出特别约定。对任意性事项没有约定的，按照所有权的不同归属，适用民法典的相关规定。

5. 夫妻约定财产的效力

《民法典》第 1065 条规定："夫妻对婚姻关系存续期间所得的财产以及婚前财产的约定，对双方具有法律约束力。夫妻对婚姻关系存续期间所得的财产约定归各自所有，夫或者妻一方对外所负的债务，相对人知道该约定的，以夫或者妻一方的个人财产清偿。"根据该规定，夫妻约定财产的效力包括两方面：一是对内效力，即夫妻财产约定对夫妻双方具有法律约束力；二是对外效力，即对夫妻之外的相对人产生的法律效力。

第二节 父母子女关系

一、父母子女关系的概念和种类

父母子女关系又称亲子关系（亲为父母、子为子女），是指父母子女间的权利义务关系。父母子女是最近的直系血亲，父母子女关系是家庭关系的核心。

父母子女关系主要分两类：一是自然血亲的父母子女关系，包括生父母与婚生子女关系、生父母与非婚生子女关系；二是拟制血亲的父母子女关系，包括养父母与养子女关系、有抚养教育关系的继父母与继子女关系。基于医学的发展，父母子女关系还包括父母与人工生育的子女关系。

父母子女关系，可因子女出生的事实而发生，也可因收养或继父母抚养教育继子女的事实而发生。自然血亲的父母子女关系只能因死亡而终止，拟制血亲的父母子女关系可依法定程序解除。

二、父母子女关系的内容

父母子女关系的内容，是指父母子女间的权利义务关系。民法典关于父母子女权利义务关系的规定，适用于生父母与婚生子女、生父母与非婚生子女、养父母与养子女、继父母与受其抚养教育的继子女之间。

（一）父母对子女的抚养义务

《民法典》第 1067 条第 1 款规定："父母不履行抚养义务的，未成年子女或者不能独立生活的成年子女，有要求父母给付抚养费的权利。"

1. 父母对子女有抚养义务

抚养，是指父母从物质上、精神上对子女的养育和照料，包括负担子女的生活费、教育费、医疗费及其他必要费用。抚养是父母对子女所负义务的主要内容，是子女健康成长的客观基础和物质保障。

父母对未成年子女的抚养义务是无条件的，从子女出生时起至子女能独立生活时止。父母对成年子女的抚养义务是有条件的，即其"不能独立生活"。不能独立生活的成年子女，是指尚在校接受高中及以下学历教育，或者基于丧失、部分丧失劳动能力等非因主观原因而无法维持正常生活的成年子女。

父母双方必须承担对子女的抚养义务，不得推诿。当父母不履行抚养义务时，未成年子女或者不能独立生活的成年子女有要求父母给付抚养费的权利。追索抚养费的请求，可向父母本人提出，也可向法院提出。法院审理抚养纠纷案件，应首先进行调解；调解不成的，依法判决。在调解书或判决书中，应确定抚养费给付的数额、期限和方法。必要时，法院可以裁定的方式，责令义务人先行给付，以保障被抚养人的正常生活。如义务人拒不执行裁定，法院可依法强制执行。对拒绝抚养且情节恶劣、构成犯罪的义务人，应依法追究刑事责任。

2. 父母有教育和保护未成年子女的权利和义务

《民法典》第1068条规定：“父母有教育、保护未成年子女的权利和义务。未成年子女造成他人损害的，父母应当依法承担民事责任。”

教育，是指父母在道德品质、身体素质、生活技能、文化修养、行为习惯等方面对子女进行培育、引导和影响；保护，是指父母应护佑未成年子女的人身权益、财产权益和其他权益，防止和排除来自自然界的损害及他人的非法侵害。

父母有教育、保护未成年子女的权利和义务，是父母双方共同的权利和义务；是对父母抚养子女义务的必要补充，也是有效保障子女身心健康和财产安全的法律依据；当未成年子女给他人造成损害时，父母应当依法承担民事责任。

在家庭教育中，应当“以立德树人为根本任务，培育和践行社会主义核心价值观，弘扬中华民族优秀传统文化、革命文化、社会主义先进文化，促进未成年人健康成长”（《家庭教育促进法》第3条）。

（二）成年子女对父母的赡养和扶助义务

《民法典》第1067条第2款规定：“成年子女不履行赡养义务的，缺乏劳动能力或者生活困难的父母，有要求成年子女给付赡养费的权利。”

赡养，是指子女对父母的供养，即在物质上和经济上为父母提供必要的生活条件；扶助，是指子女对父母在精神上和生活上的安慰、关心、帮助和照料。成年子女履行赡养和扶助父母的义务，应注意以下几点：

第一，成年子女是赡养扶助父母的义务主体。未成年子女并非是赡养扶助父母的义务主体，某些有赡养扶助能力的未成年子女自愿履行这一义务，应当予以肯定，但其与履行法定的赡养扶助义务有着严格区别。

第二，子女赡养扶助缺乏劳动能力或者生活困难的父母是法定义务。具体要求包括两方面：一是与父母共同生活的子女，应依法履行赡养扶助的义务；非与父母共同生活的子女，应根据父母的实际需要和自己的负担能力，给付适当的赡养费。二是在子女不止一人时，应根据“条件好的多负担，条件差的少负担”的原则，共同负担父母的赡养费。

第三，赡养费的给付标准，一般应不低于当地的生活水平。赡养费的给付方法，可根据权利人和义务人的具体情况确定。有工资收入的，可以按月或者定期给付现金；无工资收入的，可以按收益季节给付现金或者给付实物。

第四，当子女有条件履行赡养扶助父母的义务而不履行时，缺乏劳动能力或者生活困难的父母有要求子女给付赡养费的权利。因索要赡养费而发生纠纷的，可由有关部门进行调解或经法院依诉讼程序处理。如义务人拒不执行法院的判决或裁定，可依法强制执行。

第五，赡养和扶助相辅相成，各有侧重。在子女无力承担赡养义务或者父母不需要子女给付赡养费时，子女仍需履行扶助的义务。

第六，子女对父母的赡养义务，不因父母的婚姻关系变化而终止。《民法典》第1069条规定："子女应当尊重父母的婚姻权利，不得干涉父母离婚、再婚以及婚后的生活。子女对父母的赡养义务，不因父母的婚姻关系变化而终止。"

（三）父母和子女间的遗产继承权

《民法典》第1070条规定："父母和子女有相互继承遗产的权利。"父母与婚生子女、非婚生子女，养父母与养子女，继父母与和其有抚养教育关系的继子女间，均互享继承权。

父母和子女间的遗产继承权平等。子女对父母的遗产继承权，不受性别、年龄的限制和影响，即兄弟姐妹对其父母的遗产享有完全平等的继承权。父母有权继承子女的遗产，任何干涉、剥夺母亲或者出嫁女儿的继承权的行为都是违法的。

三、父母子女关系的确认

（一）父母与婚生子女

1. 婚生子女的推定和否认

婚生子女的推定，是指对子女的婚生性的法律强制规定。关于婚生子女的立法例主要有两种：一是宽容主义，即凡在婚姻关系存续期间受胎或出生的子女，皆为婚生子女；二是严格主义，即仅在婚姻关系存续期间受胎的子女为婚生子女，且法律对子女的受胎时间予以严格限制。根据传统亲子关系的认定规则，婚生子女应同时具备三个条件：一是该子女应为具有配偶身份的男女所生；二是该子女的血缘来自具有配偶身份的男女双方；三是该子女出生于婚姻关系存续期间。随着亲子关系认定规则的日渐宽松，有关婚生子女的推定也体现出保护未成年人利益的理念，即在父母婚姻关系存续期间受胎或出生的子女均为婚生子女。

婚生子女的否认也称对婚生子女推定的限制，是指当事人依法享有否认婚生子女为自己亲生子女的诉讼请求权的制度。婚生子女的否认，包括行使否认权的主体、情形、时效限制以及否认之诉的效力、否认权的消灭等内容。

婚生子女的推定和否认是确认亲子关系的法律制度之一，有些国家立法对此予以明确规定，以保护父母和子女尤其是未成年子女的利益。我国民法典未规定婚生子女的推定和否认制度，但规定了亲子关系的确认和否认制度。

2. 亲子关系的确认和否认

为解决亲子关系的确认和否认问题，民法典规定了亲子关系的异议制度。《民法典》第1073条规定："对亲子关系有异议且有正当理由的，父或者母可以向人民法院提起诉讼，请求确认或者否认亲子关系。对亲子关系有异议且有正当理由的，成年子女可以向人民法院提起诉讼，请求确认亲子关系。"根据该规定，请求确认或否认亲子关系的主体包括两类：一是父或者母；二是成年子女。

（1）亲子关系的确认。父或者母以及成年子女起诉请求确认亲子关系，并提供必要证据予以证明，另一方没有相反证据又拒绝做亲子鉴定的，法院可以认定确认亲子关系一方的主张成立。

（2）亲子关系的否认。父或者母向法院起诉请求否认亲子关系，并已提供必要证据予以证明，另一方没有相反证据又拒绝做亲子鉴定的，法院可以认定否认亲子关系一方的主张成立。

（二）父母与非婚生子女

非婚生子女是指没有婚姻关系的男女所生的子女，包括未婚男女所生的子女、已婚男女与他人所生的子女、无效婚姻和被撤销婚姻当事人所生的子女等。

近、现代社会对非婚生子女渐持宽容态度，一些国家设计了非婚生子女的认领和准正制度，以维护非婚生子女权益。非婚生子女的认领，是指通过法定程序确认非婚生子女出自何人的制度，即生父承认该非婚生子女为其所生。认领的方式包括自愿认领和强制认领。认领的效力，是使非婚生子女取得婚生子女资格，享有婚生子女的权利和义务。非婚生子女的准正，是指因生父母结婚或者司法宣告使非婚生子女取得婚生子女资格的制度。准正的形式有两种：一是因父母结婚而准正；二是因法官宣告而准正。准正的效力，是使非婚生子女取得婚生子女资格。近年来，为矫正歧视非婚生子女的传统观念，一些国家相继取消了非婚生子女的称谓，将婚生子女和非婚生子女统称为子女。

《民法典》第1071条规定："非婚生子女享有与婚生子女同等的权利，任何组织或者个人不得加以危害和歧视。不直接抚养非婚生子女的生父或者生母，应当负担未成年子女或者不能独立生活的成年子女的抚养费。"这表明，在我国非婚生子女与婚生子女的法律地位完全平等。有关非婚生子女的亲子关系的确认或否认，可适用《民法典》第1073条的有关规定。民法典有关父母子女关系的规定，均适用于父母与非婚生子女，具体包括：（1）非婚生子女的生父母负有抚养、教育和保护非婚生子女的权利和义务。对不履行抚育义务的生父或生母，未成年或者不能独立生活的成年非婚生子女有要求其给付抚养费的权利。（2）非婚生子女的生母与他人结婚，其夫自愿承担该子女抚养费的一部分或全部的，生父可酌情减少或者免除抚养费。（3）非婚生子女对生父母有赡养扶助的义务。（4）非婚生子女与生父母间有相互继承遗产的权利。

（三）继父母与继子女

夫对其妻与前夫所生的子女，或妻对其夫与前妻所生的子女，均称继子女；子女对母或父的后婚配偶，称继父或继母。继父母与继子女间的关系，因父母一方死亡、他方再婚，或因父母离婚、一方或双方再婚而形成，其性质一般属于姻亲。《民法典》第1072条规定："继父母与继子女间，不得虐待或者歧视。继父或者继母和受其抚养教育的继子女间的权利义务关系，适用本法关于父母子女关系的规定。"这表明，有抚养教育关系的继父母与继子女间的权利义务关系，与亲生父母子女间的权利义务关系相同。

继子女与继父或继母形成抚养教育关系后，与不和其共同生活的生父或生母之间，具有双重的权利义务关系。有关抚养、赡养、收养等问题的处理原则如下：

（1）继父或继母与生母或生父离婚后，要求继子女履行赡养扶助义务的，如继子女与继父或继母已形成了抚养教育关系，成年的继子女对缺乏劳动能力或者生活困难的继父或继母仍应履行赡养扶助的义务。（2）根据《民法典》第1103条的规定，继父或者继母经继子女的生父母同意，可以收养继子女。

（四）父母与人工生育子女

人工生育子女是自然生育子女的对称，是指利用人工生殖技术受胎而出生的子女。夫妻双方在不能通过自然生育过程生育子女时，可能会借助于医学技术的辅助，以人工方法获得子女。伴随人工生殖技术的发展，人工生育方法逐渐增多，包括人工体内授精、人工体外授精、胚胎移植、代理孕母等。

关于人工生育子女的法律地位，许多国家尚无明确规定。少数国家虽有规定，但根据利用的人工生殖技术的不同，对法律地位的规定也不同。具体表现在以下方面：（1）经同质人工授精所生育的子女，当然是婚生子女；（2）经夫妻双方同意实施异质人工授精所生育的子女，视为婚生子女；（3）实施人工体外授精、胚胎移植而生育的子女，有的将之视为婚生子女，但前提条件是夫妻双方须有合意，且与第三人达成了合法契约关系；（4）采用代理孕母的方法生育的子女，有的国家采取契约保护主义，即凡按照委托由代理孕母生育的子女，应归委托方夫妻抚养；有的国家采取有效主义，即采取借卵怀孕方法生育子女的，妻应按照收养法的规定，将该子女作为养子女。

早在1991年7月8日，最高人民法院在《关于夫妻关系存续期间以人工授精所生子女的法律地位的复函》中指出："在夫妻关系存续期间，双方一致同意进行人工授精，所生子女应视为夫妻双方的婚生子女，父母子女之间的权利义务关系适用《婚姻法》的有关规定。”民法典关于人工生育子女未作明确规定。根据司法解释，在婚姻关系存续期间，夫妻双方一致同意进行人工授精，所生子女应视为婚生子女，父母子女间的权利义务关系适用民法典有关父母子女关系的规定。

第三节 其他近亲属关系

一、祖孙关系

祖孙关系是隔代亲属关系，包括祖父母与孙子女、外祖父母与外孙子女间的关系。祖孙是三代的直系血亲，祖孙关系是重要的家庭关系之一。

（一）祖孙间的抚养赡养关系

1. 祖父母、外祖父母对孙子女、外孙子女的抚养义务

《民法典》第1074条第1款规定：“有负担能力的祖父母、外祖父母，对于父母已经死亡或者父母无力抚养的未成年孙子女、外孙子女，有抚养的义务。”祖父母、外祖父母对孙子女、外孙子女的抚养义务是有条件的。具体包括：

（1）祖父母、外祖父母有负担能力。有负担能力，是指祖父母、外祖父母以自己的劳动收入和其他收入，在履行了对配偶、子女、父母的扶养、抚养、赡养义务后，即给付了生活费、教育费、医疗费等费用后，仍具有抚养孙子女、外孙子女的能力，如给付全部或部分生活费、教育费、医疗费或提供生活照料、扶助等。如果祖父母或外祖父母均有负担能力，则应根据其具体情况共同承担抚养义务。

（2）孙子女和外孙子女的父母已经死亡或父母无力抚养。父母无力抚养，是指不能以自己的劳动收入和其他收入全部或部分满足子女合理的生活费、教育费、医疗费等给付需要。

（3）孙子女和外孙子女未成年。

2. 孙子女、外孙子女对祖父母、外祖父母的赡养义务

《民法典》第1074条第2款规定：“有负担能力的孙子女、外孙子女，对于子女已经死亡或者子女无力赡养的祖父母、外祖父母，有赡养的义务。”孙子女、外孙子女对祖父母、外祖父母的赡养义务也是有条件的。具体包括：

（1）孙子女和外孙子女有负担能力。有负担能力，是指孙子女和外孙子女以自己的劳动收入和其他收入，在履行了对配偶、子女、父母的扶养、抚养、赡养义务后，即给付了生活费、教育费、医疗费等费用后，仍具有赡养祖父母、外祖父母的能力，如给付全部或部分生活费、医疗费或提供生活照料、扶助等。如果

孙子女、外孙子女均有负担能力，则应根据其具体情况共同承担赡养义务。

（2）祖父母、外祖父母的子女已经死亡或子女无力赡养。子女无力赡养，是指不能以自己的劳动收入和其他收入全部或部分满足父母合理的生活费、教育费、医疗费等给付需要。

（二）祖孙间的遗产继承权

根据《民法典》第1127条的规定，祖父母、外祖父母是第二顺序法定继承人，在没有第一顺序法定继承人或第一顺序法定继承人均放弃或丧失继承权时，祖父母、外祖父母有权继承孙子女、外孙子女的遗产。孙子女、外孙子女在父母先于祖父母、外祖父母死亡时，可以代位继承祖父母、外祖父母的遗产。

二、兄弟姐妹关系

兄弟姐妹是二代的旁系血亲，兄弟姐妹关系是重要的亲属关系之一，包括同父母的兄弟姐妹、同母异父或同父异母的兄弟姐妹、养兄弟姐妹、有扶养关系的继兄弟姐妹。

（一）兄弟姐妹间的扶养关系

1. 兄、姐对弟、妹的扶养义务

《民法典》第1075条第1款规定："有负担能力的兄、姐，对于父母已经死亡或者父母无力抚养的未成年弟、妹，有扶养的义务。"如果兄、姐均有负担能力，则应根据他们的具体情况共同承担扶养义务。如果某一未成年人既有有负担能力的祖父母、外祖父母，又有有负担能力的兄、姐，则他们应处于同等的扶养地位，根据其具体情况共同承担扶养义务。

兄、姐对弟、妹的扶养义务是有条件的，具体包括：（1）兄、姐有负担能力。有负担能力，是指兄、姐以自己的劳动收入和其他收入，在履行了对配偶、子女、父母的扶养、抚养、赡养义务后，即给付了生活费、教育费、医疗费等费用后，仍具有扶养弟、妹的能力。（2）父母已经死亡或者无力抚养。父母无力抚养，是指父母不能以自己的劳动收入和其他收入全部或部分满足子女合理的生活费、教育费、医疗费等给付需要。（3）弟、妹未成年。

2. 弟、妹对兄、姐的扶养义务

《民法典》第1075条第2款规定："由兄、姐扶养长大的有负担能力的弟、妹，对于缺乏劳动能力又缺乏生活来源的兄、姐，有扶养的义务。"

弟、妹对兄、姐的扶养义务也是有条件的，具体包括：（1）弟、妹由兄、姐扶养长大。由兄、姐扶养长大的弟、妹，是指长期依靠兄、姐提供的全部或主要的扶养费生活，直到以自己的收入作为主要生活来源的弟、妹。（2）弟、妹有负担能力。有负担能力，是指弟、妹以自己的劳动收入和其他收入，在履行了对配偶、子女、父母的扶养、抚养、赡养义务后，即给付了生活费、教育费、医疗费等费用后，仍具有扶养兄、姐的能力。（3）兄、姐缺乏劳动能力又缺乏生活来源。缺乏劳动能力，是指劳动能力欠缺，包括丧失劳动能力。缺乏生活来源，是指维持生存所必需的生活费和生活用品不足，也包括丧失生活来源。

（二）兄弟姐妹间的遗产继承权

依据《民法典》第1127条的规定，兄弟姐妹是第二顺序法定继承人，在没有第一顺序法定继承人或第一顺序法定继承人均放弃或丧失继承权时，被继承人的兄弟姐妹享有遗产继承权。

▶即测即评

▶案例资源

第四章 离婚制度

第一节 离婚制度概述

一、婚姻终止的原因

婚姻终止，是指合法有效的婚姻关系因发生一定的法律事实而消灭。婚姻可因两种法律事实而终止：一是因配偶一方死亡而终止，包括自然死亡和宣告死亡；二是因离婚而终止，包括诉讼离婚和登记离婚。

二、离婚的概念

离婚，是婚姻关系当事人在婚姻关系存续期间依法解除婚姻关系的法律行为。离婚是终止婚姻关系的重要方式，不仅涉及当事人之间的人身关系和财产关系，而且涉及子女抚养、教育等问题。离婚有如下法律特征：

第一，离婚的前提是存在合法、有效的婚姻关系。一方面，当事人之间应当成立婚姻关系。如果当事人只是同居，而并不构成事实婚或者法律婚，则不存在离婚的问题。对于未办理结婚登记而以夫妻名义同居生活的男女，双方符合结婚实质要件的，法院必须在其依法补办结婚登记后，才能按照离婚案件受理。另一方面，当事人之间的婚姻关系应当是合法、有效的婚姻关系。如果当事人之间的婚姻关系属于无效婚姻或者可撤销婚姻，则可以通过宣告婚姻无效或者撤销婚姻来否定婚姻关系的效力，并不存在离婚的问题。

第二，离婚原则上只能由夫妻双方亲自进行。无论是离婚登记还是离婚诉讼，夫妻以外的任何人都没有以自己名义申请、起诉的资格。只有在很例外的情况下，夫妻一方是被监护人的，监护人可以代理其提起离婚诉讼。

第三，离婚必须遵守法定的条件和程序。为了维持婚姻关系的稳定性，《民法典》婚姻家庭编严格限制了离婚的条件。只有符合法律规定的离婚条件，当事人才能通过协议或者诉讼的方式离婚。同时，与结婚类似，离婚也应当按照法定的程序进行，否则也无法产生离婚的法律效果。

第四，离婚所产生的最重要的法律后果是使当事人之间的婚姻关系消灭，即离婚将产生终止婚姻关系的法律后果。当然，离婚也会在当事人之间产生一些与婚姻关系消灭相关的权利义务关系，这些权利义务关系既包括人身关系，如离婚后，父母对于子女仍有抚养、教育、保护的权利和义务；也包括财产关系，如离婚时，夫妻共同债务应当共同偿还。

第二节 登记离婚

一、登记离婚的概念和条件

（一）登记离婚的概念

登记离婚也称为行政离婚、非讼离婚，是指婚姻当事人自愿离婚，就离婚的有关事宜达成协议，并通过在婚姻登记机关办理登记而解除婚姻关系。

（二）登记离婚的条件

根据《民法典》第1076条以及《婚姻登记条例》的规定，登记离婚的法定条件是：

第一，当事人之间具有合法、有效的婚姻关系。当事人进行登记离婚的基本前提是当事人之间存在合法、有效的婚姻关系，如果当事人之间的婚姻关系不成立，或者被宣告无效、被撤销，则不存在离婚的问题。

第二，双方当事人自愿离婚。婚姻关系的双方当事人自愿要求离婚是登记离婚的首要条件。首先，双方当事人必须具有完全民事行为能力。无民事行为能力或限制民事行为能力的成年人不能通过登记离婚解除婚姻关系，只能通过诉讼程序离婚。其次，当事人离婚的合意应当是自愿达成的，而不能是受到他人欺诈或者胁迫而达成的。最后，离婚行为在性质上属于身份行为，当事人应当亲自就离婚事项达成合意，而不能由他人代理实施。从《民法典》第1076条的规定来看，在登记离婚的情形下，当事人应当“亲自到婚姻登记机关申请离婚登记”。登记离婚行为具有高度的人身专属性，必须由婚姻当事人亲自实施，而不能由他人代为实施。因此，法律要求当事人在进行登记离婚时必须亲自到婚姻登记机关申请离婚登记。

第三，双方就子女抚养、财产以及债务处理等事项达成协议。夫妻离婚，往往还涉及子女抚养、夫妻财产分割、债务清偿、对困难一方的经济帮助等问题。在登记离婚程序中，当事人的离婚协议要包括对这些问题的处理约定。双方当事人不能就上述内容达成协议的，婚姻登记机关不得受理离婚申请，当事人只能通过诉讼解除婚姻关系。

二、登记离婚的程序

根据民法典和《婚姻登记条例》的规定，婚姻登记机关办理离婚登记的程序分为申请、受理、冷静期、审查、发证五个环节。

（一）申请

内地居民自愿离婚的，男女双方应当共同到一方当事人常住户口所在地的婚姻登记机关办理离婚登记。中国公民同外国人在中国内地自愿离婚的，内地居民同香港居民、澳门居民、台湾居民、华侨在中国内地自愿离婚的，男女双方应当共同到中国内地居民常住户口所在地的婚姻登记机关办理离婚登记。

办理离婚登记的当事人应当按照规定，出具本人的身份证件、本人的结婚证以及双方当事人签订的离婚协议书等证件和证明材料。

（二）受理

婚姻登记员对当事人提交的上述材料进行初审。初审无误后，发给《离婚登记申请受理回执单》。不符合离婚登记申请条件的，不予受理。当事人要求出具《不予受理离婚登记申请告知书》的，应当出具。

（三）冷静期

离婚冷静期是指夫妻协议离婚时，在法律规定的期间内，任何一方可以撤回离婚申请，终结离婚登记程序的冷静思考期。冷静期制度是在尊重离婚自由的前提下，为减少冲动、轻率的离婚，促使当事人理性、慎重地处理婚姻解除问题而设立的程序性规定。《民法典》第 1077 条第 1 款规定：“自婚姻登记机关收到离婚登记申请之日起三十日内，任何一方不愿意离婚的，可以向婚姻登记机关撤回离婚登记申请。”实践中，自婚姻登记机关收到离婚申请并向当事人发放受理回执单之日起 30 日内，任何一方不愿意离婚的，可以持本人有效身份证件和受理回执单，向婚姻登记机关撤回离婚登记申请，并亲自填写《撤回离婚登记申请书》。婚姻登记机关核实无误后，发给《撤回离婚登记申请确认单》。在离婚冷静期间，当事人的婚姻关系在法律上保持原状。

离婚冷静期届满后 30 日内，双方应当亲自到婚姻登记机关申请发给离婚证；未申请的，视为撤回离婚登记申请。

（四）审查

离婚冷静期届满后 30 日内，双方亲自到婚姻登记机关申请发给离婚证的，婚姻登记机关受理后，应当对当事人的离婚申请进行审查。

（五）发证

根据《民法典》第 1078 条的规定，婚姻登记机关查明双方确实是自愿离婚，并已经对子女抚养、财产以及债务处理等事项协商一致的，予以登记，发给离婚证。

三、登记离婚的法律后果

当事人自领取离婚证时起解除婚姻关系。离婚协议中关于财产以及债务处理的条款，对男女双方具有法律约束力。离婚后当事人因履行上述协议发生纠纷提起诉讼的，可以诉至法院。

男女双方登记离婚后就财产分割问题反悔，请求撤销财产分割协议的，法院应当受理。但法院审理后，未发现订立财产分割协议时存在欺诈、胁迫等情形的，应当依法驳回当事人的诉讼请求。

第三节 诉讼离婚

一、诉讼离婚概述

（一）诉讼离婚的概念

诉讼离婚，是指婚姻的一方当事人向法院提起离婚诉讼，法院根据法律规定进行调解、判决的离婚制度。诉讼离婚是与登记离婚相并列的一种离婚方式，主要适用于当事人对离婚有争议的情形，即婚姻当事人无法就离婚达成协议，或者虽然能够就离婚达成协议，但无法就子女抚养、财产及债务的处理等离婚协议的必要内容达成合意，从而无法登记离婚，而只能通过诉讼离婚的方式解除婚姻关系。与登记离婚相比，诉讼离婚的结果并不取决于当事人的意志，而是取决于法院的判决。

（二）诉讼离婚的适用范围

《民法典》第 1079 条规定："夫妻一方要求离婚的，可以由有关组织进行调解或者直接向人民法院提起离婚诉讼。"由此可见，诉讼离婚适用范围是夫妻双方因不能达成离婚协议，不能通过登记离婚解除婚姻关系，而其中一方要求离婚的情形。

（三）诉讼外调解

在一方要求离婚的情况下，法律为当事人提供了一个可选择的解决途径，即由有关组织进行诉讼外调解。《民法典》第 1079 条所规定的"有关组织"，包括基层调解组织、当事人所在单位、妇女联合会等。双方当事人经调解和好的，继续婚姻生活；达成离婚协议的，可直接到婚姻登记机关办理离婚登记；调解无效的，可由一方提起离婚诉讼。需要指出的是，诉讼外调解不是诉讼离婚的必经程序。婚姻当事人可以自由决定是否选择诉讼外调解，以及经何种机构调解。诉讼外调解的进程和结果，均不影响婚姻当事人随时提起离婚诉讼。

（四）离婚诉讼的提起

离婚诉讼的当事人是配偶双方，原则上应由其中一方亲自或者委托代理人提起诉讼。在例外情况下，无民事行为能力人的配偶有《民法典》第 36 条第 1 款规定的严重侵害被监护人合法权益的行为的，其他有监护资格的人可以要求撤销其监护资格，并依法指定新的监护人；变更后的监护人代理无民事行为能力一方提起离婚诉讼的，法院应予受理。

二、诉讼离婚的程序

诉讼离婚的程序，分为调解和审理判决两个阶段。

（一）调解

调解是法院审理离婚案件的必经程序，因其发生在诉讼过程中，称为诉讼内调解。法院在调解时必须坚持自愿、合法的原则，在查清事实、分清是非的基础上进行。必要时可与当地基层组织、有关单位密切合作，通过说服教育，促进当事人和好或者达成离婚协议。

调解有三种结果：（1）调解后双方当事人和好的，原告撤诉，诉讼终结；（2）调解后双方当事人达成离婚协议的，人民法院制作离婚调解书，于送达后发生法律效力；（3）调解无效的，诉讼进入下一阶段。

（二）审理判决

法院审理离婚案件，当事人除不能表达意志的以外，都应出庭。确因特殊情况无法出庭的，必须向法院提交书面意见。由于离婚案件不同程度地涉及当事人的隐私，当事人可以申请不公开审理，但一律公开宣告判决。离婚案件一方当事人在诉讼过程中死亡的，婚姻关系自然消灭，离婚诉讼即告终结。

对于调解无效的离婚案件，法院应根据事实和法律，作出是否准予离婚以及有关财产分割、子女抚养等问题的判决。

凡判决不准离婚和调解和好的离婚案件，没有新情况、新理由，原告在6个月内不得重新起诉离婚，但被告不受此限。

三、判决离婚的法定理由

判决离婚的法定理由，也叫判决离婚的法定原因，是法院判决准予离婚的法律依据。根据《民法典》第1079条第3款的规定，是否“感情确已破裂、调解无效”，是人民法院审理离婚案件时是否判决准予离婚的原则界限。它有两层含义：（1）如果夫妻感情确已破裂，调解无效，应当准予离婚；（2）如果夫妻感情没有破裂或没有完全破裂，即使调解无效也不准予离婚。

（一）准予离婚的法定理由

考虑夫妻感情确已破裂标准有一定的模糊性，为了便利法院操作，《民法典》第1079条第3款规定了四种可以认定夫妻感情确已破裂的情形：（1）重婚或有配偶者与他人同居；（2）实施家庭暴力或虐待、遗弃家庭成员；（3）有赌博、吸毒等恶习屡教不改；（4）因感情不和分居满2年。所谓分居，是指夫妻人为中断相互之间的共同经济生活、性生活和互相扶助与抚慰。

除上述情形外，法院往往还要结合具体案件来认定夫妻感情是否确已破裂。例如，双方因是否生育发生纠纷、一方婚后罹患医学上认为不应当结婚的疾病、一方因犯罪入狱、双方性格不合等，都可被认定为夫妻感情破裂。根据我国长期的司法实践经验，对夫妻感情是否破裂可以从婚姻关系的四个方面来进行综合评判：（1）婚姻基础；（2）婚后感情；（3）离婚原因；（4）夫妻关系的现状及有无和好可能。

（二）其他法定事由

根据《民法典》第 1079 条第 4、5 款的规定，有以下两种情形之一的，应当准予离婚：（1）一方被宣告失踪，另一方提起离婚诉讼的；（2）经人民法院判决不准离婚后，双方又分居满 1 年，一方再次提起离婚诉讼的。这两种情形下的准予离婚，不以调解无效为条件。

四、诉讼离婚的特别规定

基于立法的政策性考量，民法典对离婚诉讼中的军人和有特殊情形的妇女提供了一定范围的特殊保护，相对方的离婚诉权由此受到一定限制。

（一）对军人的特殊保护

根据《民法典》第 1081 条的规定，现役军人的配偶要求离婚，应当征得军人同意，但是军人一方有重大过错的除外。这意味着，在军人无重大过错的情况下，没有军人的同意，法院不得判决解除军人婚姻。这里的“重大过错”可以依据《民法典》第 1079 第 3 款第 1、2、3、5 项规定的情形予以判断。

在离婚问题上，对军人进行特殊保护时应注意：（1）现役军人，是指在中国人民解放军、中国人民武装警察部队服现役、具有军籍的干部与战士，不包括退伍、转业军人和在军事单位工作但未取得军籍的职工和文职人员。（2）现役军人配偶，是指非军人配偶。夫妻双方均为现役军人的，或者现役军人向非军人配偶一方要求离婚的，不适用本条规定。（3）现役军人的配偶要求离婚，军人一方不同意的，可由当事人所在单位进行调解；调解无效的，判决不准离婚。

（二）对女方的特殊保护

《民法典》第 1082 条规定，女方在怀孕期间、分娩后 1 年内或者终止妊娠后 6 个月内，男方不得提出离婚；但是，女方提出离婚或者人民法院认为确有必要受理男方离婚请求的除外。

在离婚问题上，对女方进行特殊保护时应注意：（1）对女方的特殊保护只是剥夺男方在一段时期内提出离婚诉讼的权利，即仅限于女方怀孕期间、分娩后 1 年以内和终止妊娠后 6 个月内这三个期间；限制期间届满后，男方仍可依法提出离婚诉讼。（2）对女方的特殊保护仅适用于男方提出的离婚诉讼，男女双方自愿离婚或者女方提出离婚的，不受这一规定的限制。（3）确有必要时，法院有权决定受理男方的离婚请求。司法实践中，确有必要一般被理解为双方感情确已破裂，且有危及男方人身安全的重大的紧迫事由或者女方有重大过错的情形。例如，经查明属实，女方与他人同居。

第四节 离婚的效力

一、离婚效力的概念

离婚效力，是指离婚在法律上所发生的作用和产生的相应后果，包括夫妻间的人身关系和财产关系的终止，以及子女抚养形式的变化等。

离婚效力发生于离婚登记完成或者离婚判决书、调解书生效之时。离婚的效力是对将来的效力。所谓将来效力，是指离婚当事人之间产生的身份关系、财产关系和子女抚养教育等方面权利义务变动以及相关民事救济发生的法律效果。

二、离婚的身份效力

（一）夫妻身份和称谓终止

离婚后双方不再互为配偶，因结婚而建立的夫妻身份和称谓到此终止，双方之间以夫妻身份为基础的权利义务也都终止。

（二）当事人均享有再婚的权利

离婚后，夫妻身份关系终止，各方均成为无配偶者，拥有再婚的权利，包括原配偶在内的任何人不得加以干涉。

（三）夫妻间扶养义务终止

离婚后，夫妻间的相互扶养义务归于终止，任何一方都不能要求对方给付扶养费。

当婚姻关系因离婚终止时，双方当事人共同生活的基础已不复存在，同居义务也就自然终止。同时夫妻同居时之共同管理家务、生活上互相帮助之义务，也随着离婚而不复存在。

（四）夫妻间继承权消灭

我国法律规定，夫妻有相互继承遗产的权利。一方死亡后，另一方以第一顺序法定继承人的身份参加继承。但夫妻离婚后，无论双方曾经共同生活多久，相互间的继承权都归于消灭。

三、离婚的财产效力

离婚后，随着夫妻身份关系的终止，其基于婚姻的共同财产关系也归于消灭。实践中，离婚时的夫妻共同财产分割等财产问题的处理往往是双方争议的焦点，这种争议是导致离婚诉讼的重要原因。因此，明确离婚中财产问题的处理规则，对于保护当事人的合法权益、减少离婚自由的障碍和构建和谐的社会关系，具有重要意义。

（一）夫妻共同财产的处理方式

《民法典》第 1087 条第 1 款规定："离婚时，夫妻的共同财产由双方协议处理；协议不成的，由人民法院根据财产的具体情况，按照照顾子女、女方和无过错方权益的原则判决。"这里的双方协议，可以自行协商达成，也可以经调解而达成。协议生效时间原则上与完成离婚登记或者离婚判决生效的时间一致。协议达成后当事人反悔的，按以下办法处理：（1）完成离婚登记后，当事人一方反悔，起诉主张撤销财产分割协议的，如不能证明订立财产分割协议时存在欺诈、胁迫等情形，法院应驳回其诉讼请求；（2）在离婚诉讼中，双方达成财产分割协议，在调解书或者判决书送达前反悔的，视为协议不成，由法院径行判决。

（二）夫妻共同财产的分割范围

在离婚时，确认需要分割的夫妻共同财产，除依据《民法典》第 1062 条的规定外，还应注意如下情况：

1. 婚前财产

夫妻在结婚前各自拥有的财产，原则上归各自所有，不属于共同财产。但是，双方在婚前或者婚后自愿约定归双方共有的，属于共同财产。例如，一方自愿将其名下房产通过在不动产登记簿添加配偶名字的方式变更为双方共有房产的，该房产应列入分割范围。

2. 婚后房产

（1）夫妻双方用共同财产购买的房产，属于共同财产；登记在一方名下的，仍属于共同财产。登记在子女名下的，如不能证明是赠与行为，属于共同财产。（2）夫妻一方婚前承租、婚后以共同财产购买的房屋，登记在一方名下的，为夫妻共同财产。（3）夫妻婚后父母为双方购置房屋出资的，依照约定处理；没有约定或者约定不明确的，为夫妻共同财产。（4）夫妻一方在婚前以按揭方式购房，支付首付款并将房产登记于自己名下，婚后以夫妻共同财产还贷但没有变更产权登记的，离婚时由双方协商处理；协商不成的，可以判决由产权登记方保留产权并承担剩余还贷，同时向对方支付补偿，也可以按照《民法典》第 1087 条规定的"照顾子女、女方和无过错方权益的原则"，综合考虑婚后共同还贷占房贷比例、离婚后子女直接抚养方、双方另有住房情况、住房限购政策对婚后购房的影响等因素，判决有优势理由的一方取得产权，并向对方支付补偿。支付补偿的计算，可适当考虑房产市场价格变化的因素。

3. 投资权益

根据《民法典》第1062条的规定，夫妻在婚姻关系存续期间的投资收益属于夫妻共同财产。依此原则，投资权益也应按照“共同投资，共同所有”的原则处理。根据不同投资类型，具体处理方法如下：（1）对于共同财产中的股票、债券、投资基金份额等有价证券以及未上市股份有限公司的股份，协商不成或者按市价分配有困难的，可以根据数量按比例分配；（2）夫妻共同财产投资于有限责任公司，以一方名义持股的，该持股一方可以在满足《公司法》第71条规定的股权对外转让条件的情况下，将所持股份转让给夫妻另一方，也可以依据《公司法》第71条规定将所持股份转让给其他股东或者其他股东同意的第三方，以所得价款加入共同财产分割；（3）夫妻共同财产投资于合伙企业，以一方担任合伙人的，该合伙人可以在其他合伙人一致同意下将合伙份额转让给另一方，也可以出让合伙份额或者退伙后以所得财产加入共同财产分割；（4）夫妻以一方名义投资设立个人独资企业的，可以由一方或另一方继续经营企业，同时给予对方补偿，也可以转让企业或者进行解散清算，以转让所得或者清算剩余加入共同财产分割。

4. 军人复员费、自主择业费等

婚姻关系存续期间发放到军人名下的复员费、自主择业费等一次性费用，以夫妻婚姻关系存续年限乘以年平均值，所得数额为夫妻共同财产，离婚时应予分割。

5. 承包土地权益

《民法典》第1087条第2款规定，对夫或者妻在家庭土地承包经营中享有的权益等，应当依法予以保护。首先，发包人不得因承包人离婚而收回承包经营权。《民法典》第337条规定，承包期内发包人不得收回承包地。《农村土地承包法》第31条规定，妇女离婚后仍在原居住地生活或者不在原居住地生活但在新居住地未取得承包地的，发包方不得收回其原承包地。其次，离婚后夫妻可以继续享有承包土地经营、流转产生的收益。家庭土地承包经营以家庭为单位，夫妻在家庭中地位平等，对承包经营权产生的收益也享有同等权利。无论是自己经营产生的收益，还是通过转包、出租、入股或者以其他方式向他人流转经营权所得的收益，都可以通过协议或者法院判决，确定双方离婚后土地收益的分配安排。

6. 基本养老金

婚后以夫妻共同财产缴纳基本养老保险费的，养老金账户中的个人实际缴纳部分及利息应为共同财产。离婚时夫妻一方尚未退休、不符合领取基本养老金条件的，其基本养老金不加入离婚财产分割。

（三）夫妻共同财产的分割

1. 分割夫妻共同财产的原则

（1）男女平等。夫妻对共同财产有平等的所有权，因此，无论双方对共同财产的贡献大小，离婚时任何一方对共同财产都享有要求分割的平等权利。

（2）照顾子女和女方利益。这一原则是保护妇女、儿童合法权益原则的具体体现。照顾子女，是指在离婚情形下分割夫妻共同财产时，要体现对子女利益的照顾。在分割夫妻共同财产时坚持照顾子女原则，实际上是儿童利益最大化原则的一种具体体现。照顾女方，是指在离婚情形下分割夫妻共同财产时，要体现对女方利益的照顾。

（3）有利生产和生活需要。分割夫妻共同财产时，应当注意要有利于生产和生活需要，不损害财产的效用和经济价值。对生产资料或一方从事职业所必需的工具、图书资料等，应当分给需要的一方。

（4）照顾无过错一方。在因一方过错导致离婚的情形下，在分割夫妻共同财产时，应当体现对无过错方的照顾。因一方有过错而引起的离婚案件，在财产分割时，对无过错一方应适当多分。

（5）不损害国家、集体和他人利益。处理离婚财产时，不能把属于国家、集体和他人所有的财产当作夫妻共同财产分割。

2. 分割夫妻共同财产的方法

离婚时，夫妻共同财产原则上应均等分割，也可以按照双方商定或者法院判定的比例进行分割。分割夫妻共同财产的方式包括两种：（1）协议分割。所谓协议分割，是指夫妻双方在离婚时通过订立协议的方式分割夫妻共同财产。我国民法典允许当事人通过协议分割夫妻共同财产，体现了对当事人私法自治的尊重与保护。从《民法典》第1087条第1款规定来看，夫妻共同财产首先由当事人通过协议分割，只有当事人无法就夫妻共同财产的分割达成协议时，才由法院通过判决予以分割，这也进一步体现了对当事人意思自治的尊重。（2）判决分割。所谓判决分割，是指在夫妻双方无法就共同财产的分割达成协议时，由法院依据法定的原则和规则对夫妻共同财产的分割作出判决。判决分割是分割夫妻共同财产的重要方式，其适用于当事人无法就共同财产分割达成协议的情形。当然，即便当事人已经就夫妻共同财产的分割达成协议，但该协议如果无法发生效力，或者被宣告无效或者被撤销，则仍然需要由法院通过判决的方式分割夫妻共同财产。

分割夫妻共同财产的具体方法包括：（1）实物分割。对于不易变卖或者变卖价值损耗较大的共有物（通常为动产），可以对财产进行现物分配。（2）价金分割。将共有物变卖，双方对变卖所得价金进行分配。（3）价格补偿。即夫妻一方取得共有物（通常为不动产或高价值动产），另一方获得相当于其应得份额价值的金钱补偿。（4）权益分割。对于未来的收益权，如家庭承包土地的流转收益、金融投资产品的未来收益等，可以分割未来的收益权。对于共同财产中潜在价值较高的经营实体或者其他生息资产，可以用按份共有的方式分割所有权，也可以委托第三方经营或者设立信托，双方分获收益权。

在分割夫妻共同财产时，如果涉及其他法律领域，还应当遵守该领域的法律规定。例如，在分割公司股权时，应当遵守《公司法》等法律法规的规定。在实践中，涉及分割夫妻共同财产中以一方名义在有限责任公司的出资额，另一方不是该公司股东的，应按以下情形分别处理：（1）夫妻双方协商一致将出资额部分或者全部转让给该股东的配偶，其他股东过半数同意，并且其他股东均明确表示放弃优先购买权的，该股东的配偶可以成为该公司股东。（2）夫妻双方就出资额转让份额和转让价格等事项协商一致后，其他股东半数以上不同意转让，但愿意以同等条件购买该出资额的，法院可以对转让出资所得财产进行分割；其他股东半数以上不同意转让，也不愿意以同等条件购买该出资额的，视为其同意转让，该股东的配偶可以成为该公司股东。

（四）夫妻债务清偿

1. 夫妻共同债务的清偿

夫妻共同债务是指夫妻双方在婚姻存续期间为共同生活需要，以双方或一方名义所负的债务。依据《民法典》第1064条的规定，共同债务的认定以共同意思为基准，以负债目的为补充。实践中，夫妻共同债务的目的常见有：（1）抚养教育子女、赡养老人；（2）购置家庭财产、支付家庭生活开支；（3）为家庭成员治疗疾病；（4）共同从事生产经营；（5）经双方同意的其他活动；（6）依法承担民事责任。其中，非因日常生活需要的事项，须夫妻双方平等协商，取得一致意见。第三人能够证明夫妻一方的负债行为是夫妻双方一致同意的，可认定为共同负债。根据《民法典》第1062条第2款规定的家事代理权规则，夫妻一方为家庭日常生活需要对外承担的负债，应属于夫妻共同债务。

夫妻双方在与第三人的民事法律关系中，共同享有自己一方的民事权利，共同承担自己一方的民事义务。其中的民事权利归属于共同财产，民事义务归属于共同债务。当夫妻共同财产因离婚而解体时，双方对共同债务负有连带清偿责任。《民法典》第1089条规定："离婚时，夫妻共同债务应当共同偿还。共同财产不足清偿或者财产归各自所有的，由双方协议清偿；协议不成的，由人民法院判决。"这是关于夫妻共同债务偿还的原则规定。双方离婚时的清偿协议，可以是双方分担，也可以是一方承担，但是这种内部责任分配不能对抗债权人要求双方负连带责任的主张。实践中，法院在处理离婚案件中的财产分割时，有共同债务的，应先清偿债务，再分割财产。债务未到期的，可以提前清偿，也可以区分各自债务清偿责任并通知债权人，但未经债权人同意，责任分担不免除连带责任。共同财产不足清偿债务的，夫妻双方在离婚后继续承担连带清偿责任。一方履行连带清偿责任超出自己在离婚时的分担范围的，有权向另一方追偿。

2. 夫妻个人债务的清偿

夫妻个人债务是指夫妻一方为了个人需要单独负担的与共同生活无关的债务。对夫妻一方为个人需要单独所负的债务，应由其本人偿还，他方没有代为清偿的义务。

离婚时，以下债务不属于夫妻共同债务：（1）男女各自婚前所负的债务；（2）婚后一方以个人名义超出家庭日常生活需要所负的债务；（3）一方未经对方同意擅自以双方名义资助与其没有抚养义务的亲朋所负的债务；（4）一方未经对方同意独自筹资从事经营活动所负的，其收入未用于共同生活的债务；（5）一方与第三人串通虚构的债务。

就夫妻个人债务，债权人无权向债务人的配偶主张权利，但能够证明其负债所得用于婚后家庭共同生活的除外。需要指出的是，对于婚前个人负债，由于不能适用共同意思标准，法院在单纯适用负债目的标准时应高度慎重。因此，主张婚前个人负债为夫妻共同债务的当事人，应举证证明夫妻另一方知道或者应该知道该负债所得用于家庭共同生活的事实。

（五）夫妻共同财产的再次分割

根据《民法典》第1092条的规定，夫妻一方隐藏、转移、变卖、毁损、挥霍夫妻共同财产，或者伪造夫妻共同债务企图侵占另一方财产的，离婚后，另一方发现有上述行为的，可以向人民法院提起诉讼，请求再次分割夫妻共同财产。所谓“隐藏、转移、变卖、毁损夫妻共同财产”，是指一方故意藏匿财产、改变原物保存地点、擅自出售财产或损坏夫妻共同财产的行为；所谓“伪造债务”，是指一方虚构共同债务，或者恶意增加共同债务数额，意图通过债务清偿途径侵占夫妻共同财产的行为；所谓“离婚后另一方发现”，可以是离婚后获悉上述行为并取得证据，也可以是在离婚前获悉但缺乏证据，在离婚后取得了证据。

离婚时尚未处理的夫妻共同财产，离婚后任何一方均可以向人民法院提起诉讼，请求分割。实践中，夫妻共同财产在离婚后需要再次分割的，除了上述法定原因外，还有其他一些情况，如离婚时被遗忘的财产、离婚后收回的被盗或遗失财产、离婚前发生继承而离婚后获得分配的遗产等。离婚时双方虽未分割但已作出协议安排的财产，如尚未到期的理财产品、农村土地承包权等，不属于尚未处理的情形。

四、离婚后的子女抚养教育

（一）离婚后的亲子关系

《民法典》第1084条第1款规定：“父母与子女间的关系，不因父母离婚而消除。离婚后，子女无论由父或者母直接抚养，仍是父母双方的子女。”此规定适用于自然血亲的亲子关系，原则上也适用于拟制血亲的亲子关系。在拟制血亲情况下，生父与继母离婚或者生母与继父离婚时，对曾受其抚养教育的继子女，继父或继母不同意继续抚养的，仍应由生父或者生母抚养。

（二）离婚后的子女直接抚养方

《民法典》第1084条第2款规定：“离婚后，父母对于子女仍有抚养、教育、保护的权利和义务。”离婚后父母子女关系不变，但父母对子女的抚养形式变更，即子女只能随父母一方生活，他方通过给付抚养费和享有探望权来行使其抚养教育子女的权利义务。因此，离婚后子女随何方生活，直接关系到子女的权益，也是实践中双方争议较大的问题。我国民法实行子女最佳利益原则，把维护子女利益放在首位，以有利于子女健康成长为确定子女直接抚养方的首要标准。

对于离婚后子女由何方直接抚养的问题，首先可以由父母进行协商。父母已达成协议，但经查实直接抚养方的抚养能力明显不能支付子女所需费用，或影响子女健康成长的，应不予准许。双方协商不成的，应从有利于子女身心健康、保障子女的合法权益出发，由法院结合父母双方的抚养能力和抚养条件等具体情况判决。在离婚诉讼期间，双方均拒绝抚养子女的，法院可以先行裁定暂由一方抚养。

1. 不满两周岁子女的直接抚养方

离婚后，不满两周岁的子女，以母亲直接抚养为原则。但在下列情况下，不满两周岁的子女可以由父亲直接抚养，随父亲生活：（1）母亲患有久治不愈的传染性疾病或其他严重疾病，子女不宜与其共同生活的；（2）母亲有抚养条件却不尽抚养义务，父亲要求子女随其生活的；（3）父母双方协议，两周岁以下子女随父方生活，对子女健康成长并无不利影响的。

2. 已满两周岁子女的直接抚养方

已满两周岁子女的直接抚养方，首先应由父母双方协商确定。协商不成的，由法院判决。法院判决时，应按照最有利于子女的原则，综合考虑父母双方的经济条件、身体和精神健康状况、道德品质、与子女的感情等具体情况。子女已满8周岁的，应当尊重其真实意愿。

对于已满两周岁的未成年子女，父母均要求直接抚养，一方有下列情形之一的，可予优先考虑：（1）已做绝育手术或者因其他原因丧失生育能力的；（2）子女随其生活时间较长，改变生活环境对子女健康成长明显不利的；（3）无其他子女，而另一方有其他子女的；（4）子女随其生活，对子女成长有利，而另一方患有久治不愈的传染性疾病或者其他严重疾病，或者有其他不利于子女身心健康的情形，不宜与子女共同生活的。

父母抚养子女的条件基本相同，双方均要求直接抚养子女，但子女单独随祖父母或者外祖父母共同生活多年，且祖父母或者外祖父母要求并且有能力帮助子女照顾孙子女或者外孙子女的，可以作为父或者母直接抚养子女的优先条件予以考虑。

3. 子女直接抚养方的变更

离婚后，父母的抚养条件发生重大变化，或者依子女意愿，可以经父母双方协商或者经过诉讼，变更直接抚养关系。父母一方提起变更诉讼，有下列情形之一的，法院应予支持：（1）直接抚养方因患严重疾病或者因伤残无力继续抚养子女；（2）直接抚养方不尽抚养义务或有虐待子女行为，或者其与子女共同生活对子女身心健康确有不利影响；（3）已满8周岁的子女，愿随另一方生活，该方又有抚养能力；（4）有其他正当理由需要变更。

4. 轮流抚养

在有利于保护子女利益的前提下，父母双方经协议一致，可以轮流直接抚养子女。

（三）离婚后的子女抚养费

1. 离婚后子女抚养费的负担

《民法典》第1085条规定："离婚后，子女由一方直接抚养的，另一方应当负担部分或者全部抚养费。负担费用的多少和期限的长短，由双方协议；协议不成的，由人民法院判决。"司法实践中，适用本条规定应注意以下几点：

（1）义务平等。离婚后父母双方有平等的负担子女抚养费的义务。父母双方可以协议由直接抚养方负担子女全部抚养费，但是，为了避免父母一方为争取直接抚养子女而不惜在子女抚养费上作不切实际的让步，从而不利于子女养育成长，直接抚养方的抚养能力明显不能保障子女所需费用，而在协议中承诺负担子女全部抚养费，不利于子女健康成长的，不直接抚养子女的一方不能以该协议为由拒绝负担子女抚养费。

（2）数额确定。确定子女抚养费的数额，应根据子女的实际需要、父母双方的负担能力和当地的实际生活水平综合考虑。有固定收入的，抚养费一般可以按本人月总收入的20%—30%的比例给付。负担两个以上子女抚养费的，比例可以适当提高，但一般不得超过月总收入的50%。无固定收入的，抚养费的数额可以依据当年总收入或者同行业平均收入，参照上述比例确定。

（3）给付方式。子女抚养费应定期给付。定期给付可按月、季度、年给付或者按收获季节给付，有条件的也可一次性给付。父母一方无经济收入或者下落不明的，可以用其财物折抵抚养费。

（4）给付期限。子女抚养费的给付期限一般至子女18周岁为止。16周岁以上不满18周岁的子女，以其劳动收入为主要生活来源，并能维持当地一般生活水平的，父母可以停止给付抚养费。尚未独立生活的成年子女有下列情形之一的，父母仍应负担必要的抚养费：第一，尚在校接受高中及以下学历教育；第二，基于丧失、部分丧失劳动能力等非因主观原因而无法维持正常生活。

2. 离婚后子女抚养费的增加

父母离婚后，子女要求有负担能力的父或者母增加抚养费，有下列情形之一的，应予增加：（1）原定抚养费数额不足以维持当地实际生活水平；（2）因子女患病、上学，实际需要已超过原定数额；（3）有其他正当理由应当增加。

（四）离婚后父母对子女的探望权

1. 探望权的概念

《民法典》第1086条第1款规定："离婚后，不直接抚养子女的父或者母，有探望子女的权利，另一方有协助的义务。"探望权是离婚父母中不直接抚养子女的一方享有的在一定时间以一定方式与子女会面、交流的权利，以及与子女保持联系的权利。作为探望权的义务方，直接抚养方有义务为另一方行使探望权提供协助，包括提供探望所需的时间和探望见面的方便，不得阻挠、干扰探望权人的正常探望，不得对子女施加抗拒探望的心理影响。当然，探望权人不得滥用权利，不得未经另一方同意，超出双方协议约定或者法院判决确定的方式和时间实施探望，也不得在探望和联系子女的过程中有不利于子女身心健康的行为。

2. 探望权的行使

探望权的行使方式包括：（1）定期与子女见面、交流，如每周一次或者每月一次到双方商定的地点见面，也可以约定为不定期随时探望；（2）与子女联系、交谈，如可以通过电话、短信、手机视频、书信等形式与子女保持联络；（3）与子女短期共同生活，如在节假日或者直接抚养方离开抚养地期间，将子女接至自己家中共同生活；（4）在子女的特殊日子与其见面，如参加子女的生日聚会、毕业庆典；（5）特殊情形时的关心照顾，如在子女因病住院期间前往探视、陪护；（6）有利于增进亲情和子女成长的其他方式。

根据民法典的规定，行使探望权的方式、时间由当事人协议；协议不成的，由法院判决。法院在判决时应本着有利于未成年子女健康成长的原则，并根据未成年子女的年龄和认知能力，考虑其本人意见。

对于拒不协助另一方行使探望权的有关个人或者组织，可以由法院依法采取拘留、罚款等强制措施，但是不能对子女的人身、探望行为进行强制执行。

3. 探望权的中止

民法典规定，父或者母探望子女，不利于子女身心健康的，由法院依法中止探望；中止的事由消失后，应当恢复探望。中止探望是对探望权行使的限制，本质上是对未成年人的保护措施。所以，中止探望的认定和实施，要以保护未成年子女为目的。

实施中止探望的原因，是探望人有不利于子女身心健康的行为或状态。例如，暴力侵害，诱使子女参加吸毒、赌博或高度危险活动，强迫子女与直接抚养人脱离联系，以及本人患有传染性疾病等。一般来说，这些原因具有一定的持续性，并对子女身心健康具有一定的危害性。这种危害性的成立，不以实际产生危害结果为必要；只要有造成危害的显著可能，即可实施中止措施。

中止探望的实施，应以避免和消除对子女的不利影响为要求和限度。因此，中止探望并非剥夺探望权，也并非必须切断探望权人与子女的一切联系。至于探望权人因不利于子女身心健康而应受到何种程度的限制，应由法院根据具体案情裁量决定。直接抚养子女的一方，未经法院判决不得阻止他方行使探望权，也不能超出法院判决的范围限制他方的探望权。因探望而使未成年人身心健康受不利影响的原因消失的，如恶习改正、疾病治愈、保护措施有效实施等，法院应当根据当事人的请求，书面通知其恢复探望。

五、离婚时的权利救济

（一）离婚经济帮助

离婚经济帮助，是指离婚时一方出现生活困难的情形，有负担能力的另一方应当给予适当帮助。《民法典》第 1090 条规定："离婚时，如果一方生活困难，有负担能力的另一方应当给予适当帮助。具体办法由双方协议；协议不成的，由人民法院判决。"该条对离婚经济帮助的规则作出了规定。离婚经济帮助是基于婚姻关系的伦理性和民法的公平原则，在法律规定的特定情况下，通过双方协议或者司法裁判确定的一种道义援助义务。

根据《民法典》第 1090 条的规定，离婚经济帮助的适用应注意如下几点：

第一，须一方在离婚时生活困难。所谓生活困难，是指一方依靠离婚时分得的财产和其他个人财产无法维持当地基本生活水平。例如，一方离婚后没有住处。但超出基本生活需要的其他消费需求，如出国旅游，不属于生活困难。一方离婚时生活困难，以后因经济条件改善，无生活困难时，另一方的婚后帮助义务应当终止。

第二，须另一方有负担能力。在离婚时，虽然一方生活困难，但另一方的经济能力也仅能维持当地的一般生活水平，如果要其负担适当经济帮助义务，则可能使其生活陷于困难的状态，这显然会违背离婚经济帮助制度的功能。因此，离婚经济帮助制度的适用以另一方有负担能力为条件。所谓有负担能力，是指其能够在维持自己基本生活需要的基础上，对另一方提供适当经济帮助。另一方履行帮助义务后，经济条件恶化，无力继续帮助的，其帮助义务可以暂停或终止。

第三，须为适当帮助。经济帮助可以是金钱帮助，也可以是物质帮助，如提供住处。无论是哪一种，均以满足一方生活需要和不超过本人经济负担能力为限度。

第四，须经过双方协商或者司法裁判确定具体帮助办法。离婚经济帮助应当合情合理，不能听凭一方任意要求，也不能迁就另一方无理拒绝。实践中，要鼓励双方友好协商，必要时由法院秉公判决。

（二）离婚损害赔偿

离婚损害赔偿，是离婚时配偶一方因婚内过错给另一方造成损害，依法应承担的民事责任。《民法典》第1091条确立了离婚损害赔偿制度，它以权利救济为目的，具有填补损害、精神抚慰和制裁不法行为的功能。其特点是：（1）赔偿关系发生于特定当事人之间，即夫妻之间，但享有赔偿请求权的仅为无过错方；（2）赔偿责任基于特定的事由，即配偶一方的婚内重大过错；（3）赔偿请求权的行使以夫妻离婚为条件。

婚内重大过错是指配偶一方基于故意或重大过失，违反婚姻家庭义务，给另一方造成财产损害和精神损害，导致夫妻离婚的行为。其构成要件为：

第一，行为人是夫妻一方。夫妻以外的第三人与行为人实施共同加害行为的，可以依法成为连带责任人。例如，重婚和婚外同居关系中的第三人，就可以依法承担连带责任。

第二，行为人有违反婚姻家庭义务的重大过错行为。婚姻家庭义务包括夫妻关系中的忠实义务、尊重义务、关爱义务和其他依据法律和社会道德在家庭生活中应当承担的义务。重婚、婚外同居、虐待或遗弃家庭成员，是典型的婚内违法行为。其他违反婚姻家庭义务的行为情节严重的，如教唆、胁迫子女参与违法犯罪活动，放任事故发生造成家庭成员伤亡，擅自处分重要共同财产造成家庭生活严重困难，也可构成婚内违法行为。

第三，另一方无过错。从《民法典》第1091条的规定来看，在因一方的严重过错导致离婚的情形下，“无过错方”有权请求损害赔偿，这也意味着，离婚损害赔偿规则的适用以一方无过错为前提。此处的无过错是指有严重过错一方的配偶对导致离婚的事由没有过错。因为离婚损害赔偿规则既是对遭受损害一方的救济，也是对严重过错一方的惩罚，如果双方均有过错，则无法适用该规则。

第四，行为人的行为导致夫妻离婚，给他方造成损害。他方所受损害包括两类：一是行为直接所致的损害，如家庭暴力造成的身体和精神伤害；二是行为间接所致的损害，即行为导致的夫妻关系破裂和离婚，由此给他方造成的财产上和精神上的损害。

关于离婚损害赔偿诉讼，需注意以下几点：(1) 在婚姻关系存续期间，当事人不起诉离婚而单独提起离婚损害赔偿请求的，法院不予受理。在这种情况下，当事人可以依据《民法典》侵权责任编的相关规定请求对方承担损害赔偿等民事责任。(2) 无过错方作为原告向人民法院提出离婚损害赔偿请求的，必须在离婚诉讼的同时提出。(3) 在无过错方作为被告的离婚诉讼案件中，被告不同意离婚却提出离婚损害赔偿请求的，可以就此单独提起诉讼。(4) 无过错方作为被告的离婚诉讼案件，一审时被告未提出离婚损害赔偿请求，二审期间提出的，人民法院应当进行调解；调解不成的，告知当事人另行起诉。(5) 当事人在婚姻登记机关办理离婚登记手续后，仍然可以主张离婚损害赔偿，但当事人在协议离婚时已经明确表示放弃该项请求的除外。

(三) 离婚家务劳动补偿

离婚家务劳动补偿，是指夫妻一方在家庭事务方面负担较多义务，在离婚时有权请求另一方给予补偿的法定救济制度。《民法典》第1088条规定，夫妻一方因抚育子女、照料老人、协助另一方工作等负担较多义务的，离婚时有权向另一方请求补偿，另一方应当给予补偿。具体办法由双方协议；协议不成的，由人民法院判决。

1. 家务劳动补偿请求权

家务劳动补偿请求权是法律赋予离婚主体的一项权利。这一规定在主体上没有性别上的限制，无论男方女方在离婚时均可享有这一权利。负担较多义务，是指在家务劳动中付出了较多的时间和精力，如在抚育子女、照料老人及协助另一方工作方面负担较多义务。负担较多义务的一方是补偿请求权人，有权要求另一方对自己负担的义务予以补偿。

离婚家务劳动补偿制度的确立，是对一方从事家务劳动价值的承认。这一制度不仅使他们从事的家务劳动在离婚时能得到公平的回报，而且有利于消除他们在离婚时的顾虑，使他们离婚自由的权利得到保障。

2. 家务劳动补偿的条件

请求补偿的一方应为在家务劳动中负担义务较多的一方。所谓家务劳动，是指不直接产生经济收入、为满足家庭成员的生活需要而从事的劳作，包括抚育子女、照料老人、协助另一方工作、洗衣做饭、采购物品、打扫卫生等日常事务。

补偿请求权不考虑双方的过错情况。无论对方是否有过错，负担较多义务的一方均可要求补偿。负担较多义务的一方有过错的，也不因其过错被剥夺补偿请求权。

▶即测即评

▶案例资源

第五章　收养制度

第一节　收养制度概述

一、收养的概念和特征

收养，是指自然人依照法律规定的条件和程序，领养他人的子女为自己的子女，双方形成拟制亲子关系的民事法律行为。收养关系的当事人是收养人和被收养人，前者为养父母，后者为养子女。送养人是将被收养人送给他人收养的个人或组织。因收养而形成的亲属关系是拟制血亲。概括而言，收养的特征主要包括：

第一，收养是要式法律行为。收养行为不仅涉及收养人与被收养人的利益，而且涉及社会公共利益，因此，收养行为应当符合法律规定的条件和程序。依据《民法典》第1105条的规定，当事人必须办理收养登记，否则无法形成有效的收养关系。

第二，收养是创设和变更亲属身份的法律行为。收养关系的成立，一方面使被收养人与收养人及其近亲属形成拟制血亲，产生抚养、继承等权利义务关系；另一方面解除被收养人与其生父母及其近亲属的亲属关系和权利义务关系。

第三，收养是发生在非直系血亲间的民事法律行为。收养往往发生在没有亲属关系的人之间，旁系血亲间、姻亲间也可以进行收养，但直系血亲之间不得收养。

第四，收养关系可以依法解除。收养产生的拟制血亲可依法解除，这是因收养而形成的拟制血亲与自然血亲的区别。

二、收养与相关概念的区别

（一）收养与国家收留抚养

收养与国家收留抚养失去父母的孤儿和查找不到生父母的未成年人的区别主要表现在以下两个方面：一是性质不同。收养是民事法律行为，收养关系须当事人依照法律规定的条件和程序达成；国家收留抚养属社会救济措施，是行政法律行为，收留抚养关系的成立由儿童福利机构单方决定。二是效力不同。收养产生拟制的亲子关系；国家收留抚养不产生亲子关系。

（二）收养与寄养

寄养，是指父母出于特殊情形，不能与子女共同生活、直接履行抚养义务，因而委托他人代为抚养子女。收养与寄养的区别主要表现为：一是成立和解除方式不同。收养关系的成立和解除都必须依照法律规定的程序；而寄养无须经过法定程序。二是效力不同。收养产生拟制的亲子关系；而寄养只是抚养形式的变化，亲子间的权利义务并不发生转移或变更，代养人与被寄养的子女之间不发生拟制亲子关系，子女仍是其父母的子女。

三、收养的分类

根据养子女与生父母间的权利义务关系存续情况，可将收养分为完全收养与不完全收养。

（一）完全收养

完全收养，是指养子女与生父母间的权利义务关系因收养成立而完全消除，养父母取代生父母而与养子女发生与亲生父母子女完全相同的权利义务关系的收养。

（二）不完全收养

不完全收养，是指在收养关系成立后，养子女与生父母间未完全丧失权利义务关系的收养。

四、收养的原则

收养的原则体现了收养制度的本质，是收养制度各项具体规范的抽象与概括。根据《民法典》第 1044、1110 条的规定，收养的原则包括：

（一）最有利于被收养人原则

收养应最有利于被收养人。保障被收养人在收养人的抚育下健康成长，是当今各国收养立法的共识，也是联合国《儿童权利公约》的理念。将最有利于被收养人的原则贯穿于收养的条件、成立、效力和解除等环节，才能确保被收养人的利益，维护收养关系的和谐与稳定。

（二）保障被收养人和收养人的合法权益原则

收养是创设和变更亲属身份的法律行为，具有伦理性。保障被收养人和收养人的合法权益，有助于建立、维系平等和谐的收养关系。

（三）禁止借收养名义买卖未成年人原则

收养，既可为被收养人提供良好的生活环境和生活条件，确保其身心健康和人格完善；也可满足收养人抚育子女的愿望，维护其婚姻稳定和家庭和睦，并在其年老体弱时得到养子女的赡养和扶助。借收养名义买卖未成年人，是以合法形式掩盖非法目的的违法行为。严厉打击这一违法行为，有助于维护未成人的合法权益，促进收养关系的合法建立。

第二节 收养关系的成立

一、收养关系成立的条件

收养关系的成立，是指当事人依照法律规定的条件和程序建立收养关系。建立收养关系，应符合法定条件。

（一）被收养人的条件

根据《民法典》第 1093 条的规定，可以被收养的人原则上限于如下三类：一是丧失父母的孤儿；二是查找不到生父母的未成年人；三是生父母有特殊困难无力抚养的未成年子女。

（二）送养人的条件

与《民法典》第 1093 条规定的三类被收养人相对应，《民法典》第 1094 条规定了三类送养人：一是孤儿的监护人；二是儿童福利机构；三是有特殊困难无力抚养子女的生父母。

根据《民法典》第 1095—1097 条和第 1108 条的规定，送养人还应遵循如下规定：

第一，未成年人的父母均不具备完全民事行为能力且可能严重危害该未成年人的，该未成年人的监护人可以将其送养。

第二，监护人送养孤儿的，应当征得有抚养义务的人同意。有抚养义务的人不同意送养、监护人不愿意继续履行监护职责的，应当根据《民法典》总则编的规定另行确定监护人。

第三，生父母送养子女，应当双方共同送养。生父母一方不明或者查找不到的，可以单方送养。

第四，配偶一方死亡，另一方送养未成年子女的，死亡一方的父母有优先抚养的权利。

《民法典》第 1107 条规定：“孤儿或者生父母无力抚养的子女，可以由生父母的亲属、朋友抚养；抚养人与被抚养人的关系不适用本章规定。”据此，除收养外，还可以建立抚养或者寄养关系，但不产生收养的效力。

（三）收养人的条件

为了贯彻最有利于被收养人的原则，民法典对收养人的条件作出了比较严格的限制。根据《民法典》第 1098 条的规定，收养人应当同时具备如下条件：

第一，无子女或者只有一名子女。《民法典》第 1100 条规定：“无子女的收养人可以收养两名子女；有子女的收养人只能收养一名子女。”

第二，有抚养、教育和保护被收养人的能力。此处所说的“能力”既包括收养人有保证被收养人成长的物质条件，也包括收养人应具有良好的思想道德品质等素质。

第三，未患有在医学上认为不应当收养子女的疾病。此处所说的“疾病”主要是指足以危害养子女健康的传染病和足以危及养子女人身安全的精神病。这一条件是为了保障被收养人的身体健康。

第四，无不利于被收养人健康成长的违法犯罪记录。这一条件是为了保障被收养人的身心健康和成长环境。

第五，收养人需年满 30 周岁。对收养人年龄提出要求，主要是保证收养人具有养育被收养人的能力。

在有配偶者收养子女的情形，《民法典》第 1101 条要求夫妻共同收养，以保证家庭的和谐，也有利于被收养人的健康成长。此外，为了保护被收养人，避免其遭受收养人的侵害，《民法典》第 1102 条规定，无配偶者收养异性子女的，收养人与被收养人的年龄应当相差 40 周岁以上。

（四）当事人的收养合意

收养关系的成立，须具有当事人的收养合意。收养合意究竟应当是收养人和送养人的合意，还是收养人和被收养人的合意，理论上存在不同的看法。《民法典》第 1104 条规定“收养人收养与送养人送养，应当双方自愿”，这里似乎强调了收养合意是收养人和被收养人的合意。同时，考虑到收养对被收养人的利益影响较大，《民法典》第 1104 条还强调“收养八周岁以上未成年人的，应当征得被收养人的同意”。这里要求征得被收养人同意，而非仅仅征求其意见，以贯彻最有利于被收养人的原则。

《民法典》第 1110 条规定：“收养人、送养人要求保守收养秘密的，其他人应当尊重其意愿，不得泄露。”保守收养秘密，在于维护收养关系的稳定与和谐，保护收养当事人的隐私与个人信息。违背当事人意愿、泄露收养秘密的行为人，应当停止侵害，并视侵权行为及损害后果承担相应的民事责任。

（五）法定情形下放宽收养条件的规定

1. 收养三代以内同辈旁系血亲的子女

根据《民法典》第 1099 条的规定，收养三代以内同辈旁系血亲的子女，在如下方面放宽收养条件：（1）即使生父母无特殊困难、有抚养能力，其子女也可为被收养人；（2）无配偶者收养异性子女，不再受年龄应相差 40 周岁以上的限制；（3）如果是华侨收养三代以内同辈旁系血亲的子女，不再要求收养人无子女或者只有一名子女。

2. 收养孤儿或残疾儿童

根据《民法典》第 1100 条第 2 款的规定，收养孤儿、残疾未成年人或者儿童福利机构抚养的查找不到生父母的未成年人，可以不受收养人有无子女或者只能收养一名子女的限制。这是为了保障孤儿和残疾儿童的利益而作出的特别规定。

3. 继父母收养继子女

根据《民法典》第 1103 条的规定，继父或者继母经继子女的生父母同意，可以收养继子女。继父或者继母收养继子女，在如下方面放宽收养条件：（1）不受生父母有特殊困难无力抚养子女的限制；（2）不受继父或者继母无子女或者只有一名子女的限制；（3）不受继父或者继母有抚养、教育和保护被收养人能力的限制；（4）不受继父或者继母未患有在医学上认为不应当收养子女的疾病的限制；（5）不受继父或者继母无不利于被收养人健康成长的违法犯罪记录的限制；（6）不受继父或者继母年满 30 周岁的限制；（7）不受继父或者继母无子女的收养人可以收养两名子女、有子女的收养人只能收养一名子女的限制。

二、收养关系成立的程序

收养关涉当事人的利益，为要式法律行为。《民法典》第 1105 条规定，收养成立的程序是行政登记程序，同时以收养协议和公证程序为补充。

（一）收养登记

收养登记是收养成立的唯一必经程序。根据《民法典》第 1105 条第 1、2 款的规定，收养应当向县级以上人民政府民政部门登记。收养关系自登记之日起成立。收养登记分为申请、审查和登记三个程序。

1. 申请

为保证收养当事人意思表示的真实，在办理收养登记时，当事人必须亲自到场，具体要求包括：（1）夫妻共同收养子女的，一方如果不能亲自到收养登记机关的，须出具其作出并经过公证或者经过住所地居民委员会、村民委员会证明的书面委托书；一方是华侨的，委托收养书还须经其居住国外交机关或者外交机关授权的机构认证和我国驻该国使领馆认证。（2）送养人为自然人的，须送养人亲自到收养登记机关办理收养登记；送养人为儿童福利机构的，须由其负责人或委托代理人到收养登记机关办理收养登记。（3）被收养人是年满 8 周岁以上的未成年人的，须亲自到收养登记机关表示同意收养的意思。

2. 审查

收养登记机关在收到收养申请书及有关材料后，应当依法对收养申请进行审查，以查明当事人是否符合民法典规定的收养条件、有无不良收养动机、收养意思表示是否真实。收养登记机关审查的期限不得超过 30 日。收养查找不到生父母的未成年人的，办理登记的民政部门应当在登记前公告查找其生父母，公告期为60日，公告期届满无人认领的，视为查找不到父母的未成年人。县级以上人民政府民政部门应当依法进行收养评估。

收养评估，是指民政部门对收养申请人是否具备抚养、教育和保护被收养人的能力进行调查、评估，并出具评估报告的专业服务行为。收养评估应当遵循最有利于被收养人的原则，独立、客观、公正地对收养申请人进行评估，依法保护个人信息和隐私。收养评估报告应当作为民政部门办理收养登记的参考依据。

3. 登记

经过审查，对证件齐全有效、符合民法典规定条件的，准予办理收养登记，发给收养证，收养关系自登记之日起成立。对不符合收养规定条件的，不予登记，并对当事人说明理由。

收养关系成立后，需要为被收养人办理户口登记或者迁移手续的，由收养人持收养登记证到户口登记机关按照国家有关规定办理。

根据《民法典》第1109条的规定，外国人在我国收养子女，应当经其所在国主管机关依照该国法律审查同意。收养人应当提供由其所在国有权机关出具的有关其年龄、婚姻、职业、财产、健康、有无受过刑事处罚等状况的证明材料，并与送养人签订书面协议，亲自向省、自治区、直辖市人民政府民政部门登记。

（二）收养协议和公证

根据《民法典》第1105条第3款和第4款的规定，收养关系当事人愿意签订收养协议的，可以签订收养协议。收养关系当事人各方或者一方要求办理收养公证的，应当办理收养公证。但是，收养协议和收养公证均非收养成立的必经程序。当事人是否签订收养协议或办理收养公证，不影响收养的效力。

第三节 收养的效力

收养的效力，是指收养关系成立后导致的法律后果，即收养当事人之间的权利义务关系。收养的效力分为拟制效力与解销效力。

一、收养的拟制效力

收养的拟制效力，是指收养依法创设的亲属关系及权利义务关系。《民法典》第1111条第1款规定："自收养关系成立之日起，养父母与养子女间的权利义务关系，适用本法关于父母子女关系的规定；养子女与养父母的近亲属间的权利义务关系，适用本法关于子女与父母的近亲属关系的规定。"

（一）养父母与养子女间形成法律拟制的亲子关系

《民法典》第 1111 条第 1 款规定，“自收养关系成立之日起，养父母与养子女间的权利义务关系，适用本法关于父母子女关系的规定”。这就明确了被收养人和收养人之间形成拟制的直系血亲关系。

至于养子女的姓氏，民法典基本上留给当事人决定。根据《民法典》第 1112 条的规定，养子女可以随养父或者养母的姓氏，经当事人协商一致，也可以保留原姓氏。

（二）养子女与养父母的近亲属间形成法律拟制的血亲关系

根据《民法典》第 1111 条第 1 款的规定，“养子女与养父母的近亲属间的权利义务关系，适用本法关于子女与父母的近亲属关系的规定”。可见，养子女与养父母的近亲属间形成法律拟制的血亲关系。具体包括：（1）直系血亲关系。例如，养子女与养父母的父母、祖父母、外祖父母间，产生祖孙间的权利义务关系。（2）旁系血亲关系。例如，养子女与养父母的子女间，产生兄弟姐妹间的权利义务关系；养子女与养父母的兄弟姐妹间，产生伯叔姑舅姨与侄子女、甥子女间的三代以内旁系血亲间的权利义务关系。

二、收养的解销效力

收养的解销效力，是指收养依法终止原有的亲属关系及权利义务关系。《民法典》第 1111 条第 2 款就收养的解销效力作出了规定：“养子女与生父母以及其他近亲属间的权利义务关系，因收养关系的成立而消除。”

（一）养子女与生父母间的权利义务关系解除

《民法典》第 1111 条第 2 款明确规定，养子女与生父母间的权利义务关系，因收养关系的成立而消除。但是，养子女与其生父母之间的血缘关系依然存在，所以，禁婚亲的限制仍然适用。

（二）养子女与生父母的近亲属间的权利义务关系解除

根据《民法典》第 1111 条第 2 款的规定，养子女与生父母一方的其他近亲属间的权利义务关系，也因收养关系的成立而消除。不过，因为被收养人与其生父母一方的近亲属间的血缘关系依然存在，所以，禁婚亲的限制仍然适用。

三、收养行为的无效

收养行为的无效，是指收养行为因不符合法定的条件和程序而不具有收养的法律效力。收养行为的无效体现了法律对收养行为的否定性评价。

（一）收养行为无效的原因

《民法典》第 1113 条第 1 款规定：“有本法第一编关于民事法律行为无效规

定情形或者违反本编规定的收养行为无效。”据此，收养行为无效的原因主要包括：

第一，行为人不具有相应的民事行为能力。例如，收养人患有不能辨认自己行为后果的精神疾病。

第二，收养的意思表示不真实。例如，他人以欺诈、胁迫手段或乘人之危，使当事人在违背真实意愿的情况下所作出收养的意思表示。

第三，收养违反《民法典》婚姻家庭编“收养”一章中关于收养条件和程序的规定。

（二）确认收养无效的程序

确认收养无效，既可由法院依诉讼程序确认，也可由收养登记机关依行政程序确认。依诉讼程序确认收养无效的，由法院依法判决收养无效。法院在审理有关案件的过程中发现无效收养行为的，应在有关判决中确认收养无效。依行政程序确认收养无效的，由收养登记机关依法宣布收养无效，撤销收养登记，收缴收养登记证。即依行政程序确认收养无效，是指收养关系当事人弄虚作假骗取收养登记的，收养关系无效，由收养登记机关撤销收养登记，收缴收养登记证。

（三）收养无效的法律后果

《民法典》第 1113 条第 2 款规定：“无效的收养行为自始没有法律约束力。”可见，收养无效具有溯及既往的效力。这是收养无效与收养解除在法律后果上的主要区别。

第四节　收养关系的解除

收养关系的解除，是收养关系终止的原因或者方式之一。收养关系的终止，也称收养关系的消灭，是指合法有效的收养关系因发生一定的法律事实而归于消灭。收养关系终止的原因包括：一是收养人或者被收养人死亡，收养关系自然终止；二是收养关系依法解除。

一、解除收养的法定情形

根据民法典的规定，解除收养关系的法定情形有三种：

（一）当事人协议

协议解除收养，是指收养当事人在平等、自愿的基础上达成合意，解除收养关系。《民法典》第 1114 条第 1 款规定：“收养人在被收养人成年以前，不得解除收养关系，但是收养人、送养人双方协议解除的除外。”收养人在被收养人成年以前不得单方解除收养关系，是解除收养关系应遵循的原则，以贯彻最有利于被收养人利益的原则。不过，因各种原因确实无法继续维持收养关系时，应允许收养人和送养人协议解除收养关系，以兼顾当事人各方的利益。考虑到协议解除收养关系对养子女本身利益影响重大，因此，《民法典》第1114条第1款特别规定，“养子女八周岁以上的，应当征得本人同意”。

（二）收养人侵害未成年养子女的合法权益

根据《民法典》第1114条第2款的规定，收养人不履行抚养义务，有虐待、遗弃等侵害未成年养子女合法权益行为的，送养人有权要求解除养父母与养子女间的收养关系。本条赋予了送养人单方解除收养关系的权利，这是因为收养人不履行抚养义务，有违收养的目的与宗旨，也严重侵害了被收养人的合法权益。

（三）养父母与成年养子女关系恶化

如果成年养子女与养父母关系恶化，无法共同生活，就有违收养关系建立的初衷，有碍家庭和睦与幸福。因此，《民法典》第1115条规定，养父母可以与成年养子女协议解除收养关系；如果双方无法达成协议，则任何一方都可以通过诉讼的方式要求解除收养关系。

二、解除收养的法定程序

解除收养关系的程序包括登记解除和诉讼解除两种。

（一）登记解除收养关系

登记解除收养关系，是指收养当事人经协商达成终止收养的合意，由收养登记机关登记予以解除收养关系。根据《民法典》第1116条的规定，“当事人协议解除收养关系的，应当到民政部门办理解除收养关系登记”。登记解除收养关系，应履行申请、审查、登记三个程序。收养关系当事人协议解除收养关系的，应当持居民户口簿、居民身份证、收养登记证和解除收养关系的书面协议，共同到被收养人常住户口所在地的收养登记机关办理解除收养关系登记。

收养登记机关收到解除收养关系登记申请书及有关材料后，应当自次日起30日内进行审查；对符合收养制度规定的，为当事人办理解除收养关系的登记，收回收养登记证，发给解除收养关系证明。

（二）诉讼解除收养关系

诉讼解除收养关系，是指收养关系当事人不能就解除收养达成协议，而通过诉讼的方式，由法院解除其收养关系。通过诉讼解除收养关系的情形包括：（1）当事人就收养关系的解除不能自愿达成协议；（2）虽然双方同意解除收养关系，但对收养关系解除后的生活费的给付等尚存争议。

法院审理解除收养关系纠纷，应首先做好调解工作；如调解无效，应依法判决。解除收养关系的调解书或判决书，均是解除收养关系的法律文件。

三、解除收养的法律后果

解除收养的法律后果，是指解除收养关系在当事人之间产生的法律效力。

（一）拟制血亲关系消除

在收养关系解除后，不论是被收养人成年之前收养关系的解除，还是被收养人成年之后收养关系的解除；也不论是协议解除收养关系，还是诉讼解除收养关系，都将产生拟制血亲关系消除的后果。根据《民法典》第 1117 条的规定，拟制血亲关系的消除包括两方面：一是养父母与养子女的关系终止，双方不再具有父母子女间的权利义务关系；二是养子女与养父母的近亲属间的关系终止，双方不再具有子女与父母的近亲属间的权利义务关系。

（二）自然血亲关系恢复

根据《民法典》第 1117 条的规定，自然血亲关系的恢复包括两类：一是未成年的养子女与生父母以及其他近亲属间的权利义务关系自行恢复，即恢复父母子女关系及子女与生父母的其他近亲属间的权利义务关系；二是已成年的养子女与生父母以及其他近亲属间的权利义务关系是否恢复，可以协商确定。如果已成年的养子女与生父母协商确定恢复父母子女间的权利义务关系，该子女与生父母的其他近亲属间的权利义务关系随之恢复；反之，其与生父母的其他近亲属间的权利义务关系不恢复。

（三）成年养子女给付生活费的义务

按照权利义务对等的原则，《民法典》第 1118 条第 1 款规定：“收养关系解除后，经养父母抚养的成年养子女，对缺乏劳动能力又缺乏生活来源的养父母，应当给付生活费。”此处“给付生活费”的数额，应根据养父母的实际需要和成年养子女的负担能力确定，通常应不低于当地居民的基本生活费标准。另外，本条所规定的“收养关系解除后”，并不要求解除之时养父母就缺乏劳动能力又缺乏生活来源。即使养父母在收养关系解除若干年后出现了生活困难的情况，也可以要求原来的养子女给付生活费。

（四）养父母的补偿请求权

成年养子女虐待、遗弃养父母，违反了亲子间的权利义务规定，也有悖人伦风范。根据《民法典》第 1118 条第 1 款的规定，如果双方解除了收养关系，养父母可以要求养子女补偿收养期间支出的抚养费。这一规定有利于保障养父母的权益，也反映了法律对成年养子女违法行为的制裁。

另外，为了维护养父母的合法权益，《民法典》第 1118 条第 2 款规定：“生父母要求解除收养关系的，养父母可以要求生父母适当补偿收养期间支出的抚养费；但是，因养父母虐待、遗弃养子女而解除收养关系的除外。”可见，养父母要求生父母适当补偿收养期间支出的抚养费，以生父母请求解除收养关系为前提，但养父母虐待、遗弃养子女而解除收养关系的除外。

▶即测即评

▶案例资源

第六编　继　承

第一章　继承与继承法概述

第一节　继承的概念和类型

一、继承的概念和特征

继承是指在自然人死亡时，其法律规定范围内的近亲属，按照死者生前所立的有效遗嘱或者法律的规定，依法取得死者所遗留的个人合法财产的法律制度。在继承中，死亡的自然人称为被继承人，被继承人遗留的财产称为遗产，依法承接被继承人遗产的人称为继承人。

概括地说，继承具有如下特征：

第一，继承基于自然人的死亡而发生。在现代民法上，继承只能从自然人死亡（包括生理死亡和宣告死亡）时开始。自然人死亡时，就不再具有民事权利能力，不能再作为民事主体。只有因自然人死亡而发生的财产转移才能引发继承问题，非因自然人死亡而发生的财产转移不属于继承问题。因此，没有自然人死亡的法律事实，就不会发生继承。

第二，继承人是死者一定范围内的近亲属。关于继承人的范围，立法例上确定的范畴不一，但基本上都限定为死者的亲属。当然，也有立法例将国家列入继承人的范围。在我国，法律规定的继承人只能是自然人，且只能是死者的近亲属。国家、集体以及其他组织等都不能作为继承人，而只能作为受遗赠人。

第三，继承的客体是死者遗留的个人合法财产。遗产是自然人死亡时遗留的能够转移给他人所有的个人合法财产。因此，继承的客体只能是自然人死亡时所遗留的个人合法财产，死者的人身权利以及其他专属于死者的财产不能作为遗产由继承人继承。同时，他人的财产、国家或集体的财产都不能作为继承的客体。

二、继承的类型

继承可以从不同的角度进行分类，主要有如下几种：

（一）法定继承与遗嘱继承

根据继承人继承遗产的方式不同，继承可以分为法定继承和遗嘱继承。

法定继承是指继承人依据法律所规定的继承人范围、继承顺序、继承份额以及遗产分配原则等继承被继承人遗产的继承方式。在法定继承中，有关继承的事项都是由法律直接规定的，而且这些规定都是强制性的，除可以依照被继承人生前所立的有效遗嘱而改变外，任何人都不得改变。当然，被继承人通过遗嘱改变法律所规定的继承事项也不是没有任何限制，如遗嘱应当为缺乏劳动能力又没有生活来源的继承人保留必要的遗产份额。

遗嘱继承是指继承人依据被继承人的有效遗嘱所确定的继承人范围、继承份额、遗产分配原则等继承被继承人遗产的继承方式。在遗嘱继承中，有关继承的事项是依照被继承人的意思而确定的，不受法定继承顺序、继承份额等法定事项的限制，充分体现了遗嘱自由原则。在我国继承法中，遗嘱继承具有优先于法定继承的适用效力。因此，在继承开始后，有遗嘱的，应当先按照遗嘱继承办理。只有在不能按照遗嘱继承办理时，才能按照法定继承办理。

（二）单独继承与共同继承

根据继承人人数的不同，继承可以分为单独继承与共同继承。

单独继承是指法律规定继承人仅为一人的继承。因单独继承仅由一人继承被继承人的全部遗产，故又称独占继承。在现代继承法上，单独继承已经不复存在。应当指出，单独继承是法律规定的继承人仅为一人如长子继承、末子继承等，而非实际继承遗产的继承人为一人。因此，如果法律规定继承人为多人，而实际上仅有一个继承人继承遗产的，其不为单独继承，而为共同继承。

共同继承是指法律规定继承人为多人的继承。在现代继承法上，各国法所规定的继承均为共同继承，只是共同继承人的范围有所不同。因共同继承发生在多数继承人之间，因而各继承人均有其相应的应继份额。若应继份额相同，则为共同均等继承；若应继份额不同，则为共同非均等继承。

（三）本位继承与代位继承

根据继承人参与继承时的法律地位，继承可以分为本位继承与代位继承。

本位继承是指继承人基于自己的继承地位而发生的继承。例如，子女继承父母的遗产、妻子继承丈夫的遗产等。在法定继承中，继承人根据自己的继承顺序、应继份额所进行的继承，为本位继承；继承人依据有效遗嘱所进行的继承，亦为本位继承。

代位继承是指本位继承人不能直接继承遗产时，由法律规定范围的人代替其地位所进行的继承。例如，在被继承人的子女先于被继承人死亡时，被继承人的子女的直系晚辈血亲有权代替先死亡的人继承遗产；在被继承人的兄弟姐妹先于被继承人死亡时，被继承人的兄弟姐妹的子女有权代替先死亡的人继承遗产。代位继承的发生条件是由法律直接规定的，因此，代位继承只存在于法定继承之中，遗嘱继承不适用代位继承。

（四）限定继承与无限继承

根据继承人清偿被继承人的债务范围的不同，继承可分为限定继承与无限继承。

限定继承是指继承人仅于遗产的实际价值范围内清偿被继承人债务的继承。在限定继承中，继承人对于被继承人的债务，仅于其取得的遗产实际价值范围内承担清偿责任，超出遗产实际价值的债务，继承人不负清偿责任。在现代民法上，限定继承是一般规则。

无限继承是指继承人应当对被继承人的全部债务承担清偿责任的继承。在无限继承中，即使被继承人的债务超出了继承人取得遗产的实际价值，对于超出部分，继承人仍须承担清偿责任。在我国民法上，原则上适用限定继承，但也不禁止继承人自愿清偿超过遗产实际价值部分的被继承人的债务。

第二节　继承法概述

一、继承法的概念和性质

《民法典》第1119条规定："本编调整因继承而产生的继承关系。"据此，继承法是调整因自然人的死亡而发生的继承关系的法律规范的总称。

马克思指出："继承法最清楚地说明了法对于生产关系的依存性。"[①]"继承法不是现存社会经济组织的原因，而是这种经济组织的结果，是这种经济组织的法律结果，这种经济组织是以生产资料即土地、原料、机器等的私有制为基础的。"[②] 可见，继承法是私有制的产物，只要私有制及私有财产存在，继承法就必然存在。我国社会主义初级阶段实行以公有制为主体、多种所有制经济共同发展的基本经济制度，私有经济及私有财产必将在一个相当长的历史时期存在，这就决定了我国继承法具有现实存在的客观经济基础，其也必将长期存在。当然，尽管继承法存在的基础是私有制，但我国继承法与资本主义国家的继承法存在本质上的区别。马克思在揭示资本主义继承制度的本质时指出："继承权之所以具有社会意义，只是由于它给继承人以死者生前所拥有的权力，即借助自己的财产以攫取他人劳动果实的权力。"[③] 可见，资本主义国家的继承法建立在以剥削他人劳动为目的的经济基础之上，服务于资本主义私有制；我国继承法则建立在社会主义初级阶段的经济基础之上，服务于以公有制为主体、多种所有制经济共同发展的社会主义基本经济制度。

---

① 《马克思恩格斯全集》第三卷，人民出版社1960年版，第420页。

② 《马克思恩格斯文集》第三卷，人民出版社2009年版，第88页。

③ 《马克思恩格斯文集》第三卷，人民出版社2009年版，第88页。

作为调整继承关系的法律规范，继承法的性质可以从以下四方面理解：

第一，继承法为私法。在现代民法上，继承权是继承人因继承遗产而享有的权利。该权利仅涉及继承人之间、继承人与被继承人的债权人和债务人等第三人之间的关系，且这些人之间是一种平等主体之间的关系，因此，继承法属于私法，是民法的重要组成部分。

第二，继承法为普通法。在社会生活中，自然人死亡自然会产生遗产继承关系。这种继承关系是自然人之间普遍存在的社会关系，适用于所有的自然人，而非仅适用某一部分人。也就是说，凡我国公民，不论其性别、年龄、出身、职业、文化程度、社会地位如何，均适用继承法，依继承法的规定享有继承权，并受法律的平等保护。因此，继承法属于普通法。

第三，继承法为强行法。继承法是民法典的重要组成部分，因而从属性上说属于私法。但是，继承法的私法属性并不否定继承法规范的强行性。由于继承不仅涉及继承人之间的利益，还涉及被继承人的债权人和债务人等第三人的利益，也与家庭关系以及社会道德、风俗等密切相关，因此，继承法具有强行法的性质。如继承方式、继承人的范围和顺序、遗嘱人的遗嘱能力、遗嘱形式等，都是法律直接规定的，当事人不得变更。当然，继承法中也不乏任意性规范，如继承人可以协商遗产的分割事宜，可以协商遗产的分配份额等。

第四，继承法为财产法。继承是基于被继承人与继承人之间的身份关系而产生的，是以身份关系为基础的，因而继承法规范与身份法规范密切相关。但是，继承权尽管以一定的身份关系为前提，却并不调整身份关系，而是调整因继承而发生的财产关系。因此，继承法为财产法。

二、我国继承法的基本原则

民法典并没有直接规定继承法的基本原则，但根据相关规定，继承法的基本原则可以概括为如下几项。

（一）保护私有财产继承权原则

《宪法》第 13 条第 2 款规定：“国家依照法律规定保护公民的私有财产权和继承权。”《民法典》第 124 条规定：“自然人依法享有继承权。自然人合法的私有财产，可以依法继承。”第 1120 条规定：“国家保护自然人的继承权。”可见，保护私有财产继承权是继承法的首要原则，也是继承法的目的和任务。这一原则主要体现在以下方面：

第一，凡自然人死亡时遗留的合法财产，都可以依法由继承人继承。依据《民法典》第 1122 条的规定，除法律规定或者按照其性质不得继承的财产外，自然人死亡时遗留的个人合法财产都可以继承。

第二，被继承人的遗产一般不收归国家所有，而是尽可能由继承人或受遗赠人取得。在对遗产的处理上，法律所设计的规则是尽量使其归个人所有，以充分发挥遗产的效用。例如，即使是由国家或集体组织供给生活费用的烈属和享受社会救济的自然人，其遗产仍应准许合法继承人继承。对于无人继承又无人受遗赠的遗产，在以下两种情形下也先由个人或者集体取得而不是归国家所有：一是对继承人以外的依靠被继承人扶养的人，或者继承人以外的对被继承人扶养较多的人，可以分配给他们适当的遗产（《民法典》第1131条）；二是死者生前是集体所有制组织成员的，归所在集体所有制组织所有，而不收归国有（《民法典》第1160条）。

第三，继承人的继承权不得被非法剥夺。除符合《民法典》第1125条的规定可以剥夺继承权外，任何个人和单位都无权非法剥夺继承人的继承权。同时，尽管继承人具备了丧失继承权的事由，但在符合法律规定的条件时，其继承权可以恢复，这也充分体现了保护继承权原则。

第四，保障继承人、受遗赠人的继承权和受遗赠权能够得到充分行使。除具有完全民事行为能力的继承人、受遗赠人本人可以行使继承权和受遗赠权外，如果本人是无民事行为能力人或者限制民事行为能力人，其继承权可以由法定代理人代为行使或者征得法定代理人同意后行使。同时，法定代理人代为行使继承权时，亦不得损害继承人的利益。

第五，继承权、受遗赠权在受到侵害时，继承人、受遗赠人可以通过诉讼程序请求法院予以保护。

（二）继承权平等原则

继承权平等原则是社会主义平等观念在继承法中的反映，是民法的平等原则在继承法中的具体体现。这一原则主要体现在以下方面：

第一，继承权男女平等。依据《民法典》第1126条的规定，继承权男女平等。继承法贯彻继承权男女平等原则具有重要意义，有利于切实保护女性继承人的继承权得以实现。继承权男女平等主要表现在：女子与男子有平等的继承权；夫妻在继承上有平等的权利，有相互继承遗产的权利；在继承人范围的确定上，对于父系血亲与母系血亲同等对待；代位继承适用于父系血亲，也适用于母系血亲；在遗嘱继承中，无论男女都有权按照自己的意愿处分自己的财产。

第二，非婚生子女与婚生子女享有平等的继承权。在我国，非婚生子女与婚生子女具有同等法律地位，享有同等的权利，因此，非婚生子女与婚生子女享有平等的继承权。

第三，养子女、有扶养关系的继子女与生子女继承权平等。在收养关系形成后，养子女与亲生父母脱离父母子女关系，不再有任何法律上的权利和义务关系。养子女与养父母之间形成父母子女关系，产生与自然血亲的父母子女关系一样的法律效力，相互有抚养、赡养的义务，也相互有继承遗产的权利。在继子女与继父母之间形成扶养关系后，继子女与生子女的继承权也是平等的，不因继子女的身份而存在应继份额上的差别。

第四，同一顺序继承人继承遗产的权利平等。依据《民法典》第 1130 条的规定，凡为同一顺序的继承人，不分男女、长幼，也不论职业、政治状况，继承被继承人遗产的权利一律平等，其应继份额原则上应当均等。

（三）养老育幼原则

养老育幼既是保护老人和儿童的合法权益的需要，也是实现家庭职能的需要。这一原则主要体现在以下几个方面：

第一，依据《民法典》第 1125 条的规定，继承人故意杀害被继承人、为争夺遗产杀害其他继承人、遗弃被继承人或者虐待被继承人情节严重的，丧失继承权。这一规定对于保护老年人、未成年人以及缺乏劳动能力又没有生活来源者具有特别的重要意义，因为在家庭生活中，他们可能是被虐待或者被遗弃的主要对象。

第二，为有利于父母已经死亡的孙子女、外孙子女的生活和成长，《民法典》第 1128 条规定，被继承人的子女先于被继承人死亡的，由被继承人的子女的直系晚辈血亲代位继承。

第三，为有利于子女已经死亡的老年人的生活，法律鼓励丧偶儿媳和女婿赡养公婆和岳父母。丧偶儿媳对公婆，丧偶女婿对岳父母，尽了主要赡养义务的，作为第一顺序继承人。

第四，在继承遗产份额的确定上，依据《民法典》第 1130 条的规定，对生活有特殊困难的缺乏劳动能力的继承人，分配遗产时，应当予以照顾。同时，为奖励多尽义务的继承人，惩罚不尽义务的继承人，该条还规定：对被继承人尽了主要扶养义务或者与被继承人共同生活的继承人，分配遗产时，可以多分；有扶养能力和有扶养条件的继承人，不尽扶养义务的，分配遗产时，应当不分或者少分。

第五，为保护老年人、未成年人以及缺乏劳动能力又没有生活来源者，并对本着互助精神扶养上述老年人等特殊群体的高尚行为予以肯定和支持，《民法典》第 1131 条规定，对继承人以外的依靠被继承人扶养的人，或者继承人以外的对被继承人扶养较多的人，可以分给适当的遗产。

第六，为保护缺乏劳动能力又没有生活来源者以及胎儿的权益，《民法典》

第1141条和第1155条规定，遗嘱应当为缺乏劳动能力又没有生活来源的继承人保留必要的遗产份额；遗产分割时，应当保留胎儿的继承份额。

第七，为使老年人的生活能够有切实可靠的保障，《民法典》第1158条规定，自然人可以与继承人以外的组织或者个人签订遗赠扶养协议。按照协议，该组织或者个人承担该自然人生养死葬的义务，享有受遗赠的权利。

（四）权利义务相一致原则

在继承法上，继承人范围、继承顺序、继承份额的确定等，均以权利义务相一致为出发点。因此，权利义务相一致是继承法的一项基本原则。这一原则主要体现在以下方面：

第一，在继承人的范围以及继承顺序的确定上体现了权利义务相一致原则，主要表现在：（1）民法典规定的继承人包括配偶、父母、子女、祖父母、外祖父母、兄弟姐妹。这些人都是与被继承人有相互扶养义务的人。显然，民法典并非单纯依照婚姻和血缘关系来确定继承人，而是考虑了继承人与被继承人之间的权利和义务关系。（2）依据《民法典》第1127条的规定，第一顺序继承人是配偶、子女、父母，第二顺序继承人是兄弟姐妹、祖父母、外祖父母；而在相互扶养关系上，配偶、子女、父母为第一顺序的扶养义务人，兄弟姐妹、祖父母、外祖父母是第二顺序的扶养义务人。可见，继承顺序的确定体现了权利义务相一致原则。（3）民法典规定，丧偶儿媳对公婆，丧偶女婿对岳父母，尽了主要赡养义务的，作为第一顺序继承人。

第二，继承权的丧失体现了权利义务相一致原则。继承人遗弃被继承人，或者虐待被继承人情节严重的，丧失继承权。

第三，遗产数额的确定体现了权利义务相一致原则。原则上，同一顺序继承人继承遗产的份额一般应当均等，但是，对被继承人尽了主要扶养义务或者与被继承人共同生活的继承人，在分配遗产时，可以多分；有扶养能力和有扶养条件的继承人不尽扶养义务的，在分配遗产时，应当不分或者少分。

第四，无义务而对被继承人扶养较多的人可分得遗产以及遗赠扶养协议制度，都体现了权利义务相一致原则。对被继承人生前没有扶养义务而对被继承人扶养较多的人，有权取得适当遗产。在订有遗赠扶养协议时，扶养人按照扶养协议履行了扶养义务的，有受遗赠的权利；没有履行扶养义务的，不能享有接受遗赠的权利。

第五，接受遗产的继承人需要偿还被继承人的债务与履行遗嘱所附的义务，也体现了权利义务相一致原则。继承人继承被继承人的财产权利，应当在遗产的实际价值内偿还被继承人生前所欠的债务和应当缴纳的税款；在遗嘱继承或者遗赠附有义务时，继承人或者受遗赠人应当履行该义务，否则无权接受遗产。

第三节 继 承 权

一、继承权的概念和特征

（一）继承权的概念

继承权是指继承人依据法律的规定或者被继承人的有效遗嘱所享有的继承被继承人遗产的权利。在继承法上，继承权在不同的场合具有不同的含义。概括起来，继承权有客观意义上的继承权和主观意义上的继承权之分。

客观意义上的继承权是继承开始前继承人的法律地位，是自然人依据法律的规定或者遗嘱的指定继承被继承人遗产的资格。可见，客观意义上的继承权就是继承人所具有的继承遗产的一种权利能力，是法律直接赋予的。因此，客观意义上的继承权仅为继承人本人所专有，不得转让、放弃，非因法定的事由也不得剥夺。

主观意义上的继承权是继承人在继承法律关系中实际享有的继承被继承人遗产的具体权利。可见，主观意义上的继承权只有在继承人参与继承法律关系时才能享有。客观意义上的继承权转化为主观意义上的继承权须具备如下三个条件：一是被继承人死亡，二是被继承人留有遗产，三是继承人未丧失继承权。

（二）继承权的特征

概括地说，继承权具有如下特征：

第一，继承权是与一定身份相联系的民事权利。继承法律关系的产生基础在于，被继承人与继承人之间存在一定的身份关系，因此，继承权只发生在具有婚姻、家庭、血缘等特定亲属关系的自然人之间，继承人只能是自然人。

第二，继承权是一种财产权。尽管继承权与一定身份相联系，但继承权不是身份权，其内容是继承人于继承开始后取得被继承人的遗产。因此，继承权为财产权，其客体为遗产，而不包括其他身份权益。

第三，继承权具有专属性。无论是客观意义上的继承权，还是主观意义上的继承权，其都是专属于继承人的权利，不得转让。因此，继承权具有专属性。

二、继承权的接受和放弃

（一）继承权的接受

继承权的接受是指在继承开始后，继承人作出的同意继承被继承人遗产的意思表示。继承权的接受是继承人参与继承法律关系，行使继承权，取得被继承人遗产的条件。由于继承人自被继承人死亡时，即取得主观意义上的继承权，因此，继承权的接受仅是对既已取得的继承权予以维持，发生当然继承的后果。

关于继承权的接受，须明确以下几点：

第一，继承权的接受以继承开始后继承人享有继承权为前提。如果继承人不享有继承权，就不涉及继承权的接受问题。例如，继承人丧失继承权的，就不发生继承权的接受。即使丧失继承权的人表示接受继承权，也不产生法律效力。

第二，继承权的接受是继承人实施的单方民事法律行为。继承人是否接受继承权，完全是继承人单方意志的结果，无须征得其他人的同意。因此，只要继承人作出接受继承权的意思表示，即发生相应的法律效力。

第三，继承权的接受可以采取明示或默示的方式。继承人采取书面或者口头等明示方式表示接受继承权的，产生继承权接受的后果。但依据《民法典》第1124条的规定，如果继承人没有作出放弃继承权的明示意思表示，即视为接受继承权。

第四，继承权的接受不得附条件或者附期限。继承权的接受附条件或者附期限，将会使继承法律关系处于不确定的状态，从而影响其他继承人、受遗赠人以及相关利害关系人的利益。因此，从性质上说，继承权的接受属于不得附条件或者附期限的民事法律行为。

第五，继承权不得部分接受。继承权的客体是遗产，而遗产并非某项单一的财产，因此，继承人只能概括地接受继承权，不能为部分接受。否则，可能产生损害遗产债权人利益的后果。

（二）继承权的放弃

继承权的放弃是指继承人在继承开始后、遗产分割前作出的放弃继承被继承人遗产的权利之意思表示。关于继承权的放弃，须明确以下几点：

第一，继承权放弃的表示只能在继承开始后、遗产处理前作出。继承开始前，继承人只享有客观意义上的继承权，即继承权只是法律赋予的一种资格，而法律资格是不能放弃的。因此，即使继承人于继承开始前作出了放弃继承权的表示，其表示也是无效的。继承开始后，继承人享有主观意义上的继承权，这是继承人所享有的具体民事权利，权利人当然有权放弃。但是，继承人也只能在遗产处理前作出放弃继承权的表示。这里的遗产处理前，应理解为遗产分割前。若在遗产分割后，继承人表示放弃的不再是继承权，而是继承人已经取得的所有权等权利。

第二，继承权的放弃是继承人实施的单方民事法律行为。继承权的放弃是继承人拒绝取得利益的行为，仅需要继承人单方的意思表示即可以发生法律效力，无须征得其他人的同意。因此，继承权的放弃是单方民事法律行为。这种单方民事法律行为属于有相对人的单方行为，因此，继承人放弃继承权应当向遗产管理人或者其他继承人为意思表示。放弃继承权的行为原则上不得撤销。在司法实践中，继承人在遗产处理前或者在诉讼进行中对放弃继承反悔的，法院应当根据其提出的具体理由，决定是否承认。但遗产处理后，继承人对放弃继承反悔的，不予承认。

第三，继承权的放弃应当采取明示的方式。依据《民法典》第 1124 条第 1 款的规定，这种明示的方式应为书面形式。在司法实践中，继承人采取口头形式放弃继承权的，在特殊条件下也为有效。例如，在诉讼中，继承人向法院以口头方式表示放弃继承权的，法院要制作笔录，由放弃继承权的继承人签名后，发生放弃的效力。

第四，继承权的放弃不得附条件或者附期限，也不得为部分放弃。如同继承权的接受不得附条件或者附期限一样，若继承权的放弃附条件或者附期限，亦会使继承法律关系处于不确定的状态，从而影响其他继承人、受遗赠人以及相关利害关系人的利益。同时，继承权的放弃具有不可分性，因此，继承权的放弃应及于继承权的全部，而不能仅放弃部分继承权，这与继承人不得部分接受继承权是一个问题的两个方面。

第五，继承权的放弃不得损害法定义务的履行。继承人放弃继承权虽然是对自己权利的一种处分，但继承权的放弃也是有限制的。如果继承人因放弃继承权致其不能履行法定义务，则放弃继承权的行为无效。例如，继承人因放弃继承权致使不能履行赡养、抚养、扶养义务的，其放弃行为无效。

第六，继承权的放弃溯及继承开始发生效力。继承人只能在继承开始后，才能作出放弃继承权的意思表示，但该意思表示的效力应追溯到继承开始的时间。因此，放弃继承权的继承人，自继承开始就不为继承，退出继承法律关系。放弃继承权的继承人不享有取得被继承人遗产的权利，也不承担清偿被继承人生前债务的义务。

三、继承权的丧失

（一）继承权丧失的概念

继承权的丧失又称为继承权的剥夺，是指依据法律的规定在发生法定事由时取消继承人继承被继承人遗产的资格。

继承权的丧失与继承权的放弃都产生继承人不能取得遗产的后果，但两者在性质上是不同的。第一，继承权的丧失是客观意义上的继承权的丧失，即继承人的继承资格被依法取消，主观意义上的继承权不能丧失；而继承权的放弃是主观意义上的继承权的放弃，客观意义上的继承权不能放弃。因此，只有未丧失继承权的人才有权放弃继承权。第二，继承权的丧失是依照法律规定的事由取消继承人的继承资格，并不是由继承人主观意愿所决定的；而继承权的放弃是继承人基于自己的意愿作出的意思表示，且不需要任何事由。第三，继承权的丧失可以发生在继承开始前，也可以发生在继承开始后；而继承权的放弃只能发生在继承开始后，继承开始前的放弃是无效的。

（二）继承权丧失的事由

依据《民法典》第1125条的规定，继承人有下列行为之一的，丧失继承权：

1. 继承人故意杀害被继承人

继承人故意杀害被继承人，直接危害到被继承人的人身安全，是一种最严重的犯罪行为。因此，无论是出于何种动机故意杀害被继承人，也不论是既遂还是未遂，继承人都应当丧失继承权，不以谋夺遗产为必要。应当指出，这里的故意杀害，仅限于以剥夺生命为目的的违法行为。因此，非以剥夺生命为目的的故意伤害行为即使致人死亡，也不构成丧失继承权的事由。

2. 继承人为争夺遗产而杀害其他继承人

继承人杀害其他继承人而丧失继承权，必须具有争夺遗产的主观目的，非以争夺遗产为目的的杀害不包括在内。这里的杀害也应当是故意杀害。只要继承人以争夺遗产为目的而杀害其他继承人，无论是既遂还是未遂，均应丧失继承权。在这个事由中，被杀害的继承人既包括法定继承人，也包括遗嘱继承人；既包括第一顺序法定继承人，也包括第二顺序法定继承人。因此，只要是继承人出于争夺遗产的目的而杀害同顺序法定继承人、前顺序法定继承人、后顺序法定继承人，或者杀害遗嘱继承人，都将会丧失继承权。

3. 遗弃被继承人，或者虐待被继承人情节严重

遗弃被继承人是指继承人对没有劳动能力又没有生活来源和独立生活能力的被继承人拒不履行扶养义务。继承人对于有独立生活能力、独立劳动能力的被继承人未尽抚养、扶养、赡养义务的，或者继承人本人也没有独立的劳动能力或者生活能力，无法承担相应的法定义务的，则不能被认为是遗弃。遗弃本身就是性质恶劣的行为，不需要达到情节严重的程度才丧失继承权。

虐待被继承人是指继承人在被继承人生前经常对其进行肉体折磨或者精神摧残。虐待被继承人，只有达到情节严重的程度才丧失继承权。情节严重，可以从实施虐待行为的时间、手段、后果和社会影响等方面来认定。一旦虐待行为达到情节严重的程度，不论是否追究刑事责任，均应确认行为人丧失继承权。

4. 伪造、篡改、隐匿或者销毁遗嘱，情节严重

伪造遗嘱是指继承人以被继承人的名义制作假遗嘱；篡改遗嘱是指继承

人改变被继承人所立遗嘱的内容；隐匿遗嘱是指继承人持有被继承人的遗嘱，却不向其他继承人公布；销毁遗嘱是指继承人将被继承人所立的遗嘱完全破坏、毁灭。上述四种行为须是继承人的故意行为，若过失为之，不构成丧失继承权的事由。同时，继承人伪造、篡改、隐匿或者销毁遗嘱，只有达到情节严重的程度，才能丧失继承权。何谓情节严重，应根据实际情况判断。在司法实践中，继承人伪造、篡改、隐匿或者销毁遗嘱，侵害了缺乏劳动能力又没有生活来源的继承人的利益，并造成其生活困难的，就可以认定其行为情节严重。

5. 以欺诈、胁迫手段迫使或者妨碍被继承人设立、变更或者撤回遗嘱，情节严重

欺诈是指继承人故意隐瞒真实情况或者故意告知虚假情况，诱使或妨碍被继承人设立、变更或者撤回遗嘱；胁迫是指继承人通过威胁、恐吓等手段使被继承人产生恐惧从而迫使或妨碍被继承人设立、变更或者撤回遗嘱。以欺诈、胁迫手段迫使或者妨碍被继承人设立、变更或者撤回遗嘱，违背了被继承人的真实意思，情节严重的，应认定丧失继承权。至于情节是否严重，应当根据实际情况加以判断。

（三）继承权丧失的种类

根据继承权丧失后能否得以恢复，继承权丧失可以分为绝对丧失和相对丧失。

1. 继承权的绝对丧失

继承权的绝对丧失又称终局丧失，是指发生某种丧失继承权的法定事由时，该继承人的继承权终局丧失，任何情形下也不再恢复其对特定被继承人的继承权。依据《民法典》第 1125 条的规定，在以下两种情形下，继承人的继承权绝对丧失：一是故意杀害被继承人；二是为争夺遗产而杀害其他继承人。

继承人有绝对丧失继承的行为，而被继承人以遗嘱将遗产指定由该继承人继承的，可以确认遗嘱无效，并确认该继承人丧失继承权。

2. 继承权的相对丧失

继承权的相对丧失又称为非终局丧失，是指虽发生某种法定事由致继承人的继承权丧失，但在被继承人表示宽恕时，继承人的继承权也可不最终丧失。依据《民法典》第 1125 条的规定，以下三种事由为继承权相对丧失的法定事由：遗弃被继承人，或者虐待被继承人情节严重；伪造、篡改、隐匿或者销毁遗嘱，情节严重；以欺诈、胁迫手段迫使或者妨碍被继承人设立、变更或者撤回遗嘱，情节严重。继承人因上述三种情形而丧失继承权的，若同时具备如下两个条件，则继承权可以得到恢复：（1）继承人确有悔改表现。所谓继承人确有悔改表现，是指

继承人在实施上述三种行为后，从内心认识自己的错误并积极主动地改正自己的错误行为。例如，对遗弃的被继承人开始履行赡养、抚养、扶养义务，将隐匿的遗嘱主动交出等。(2) 被继承人有恢复继承权的表示。被继承人可以通过两种行为表示恢复继承人的继承权：其一，被继承人生前表示宽恕，即被继承人原谅了继承人所实施的错误行为。这种原谅可以通过书面方式作出，也可以通过口头方式作出。至于表示的对象，可以是其他继承人，也可以是其他人如遗产管理人等。其二，被继承人事后在遗嘱中将丧失继承权的继承人列为遗嘱继承人。在这种情况下，可以认定被继承人有恢复继承权的表示。

(四) 继承权丧失的效力

继承权丧失的效力，主要有时间效力和对人的效力两个方面。

1. 继承权丧失的时间效力

继承权的丧失只能是继承资格的丧失，因而不论继承权丧失的事由发生于继承开始前还是继承开始后，继承权丧失的效力都自继承开始时发生。我国法律没有明文规定继承权丧失自何时起发生法律效力，但司法实践认可继承权丧失自继承开始时发生法律效力。

2. 继承权丧失对人的效力

继承权丧失对人的效力，主要表现在如下三个方面：

(1) 对其他被继承人的效力。继承权的丧失只是继承人对特定被继承人的遗产的继承权的丧失，只对该特定被继承人发生法律效力，对继承人的其他被继承人并不发生效力，即继承人仍然有权继承其他被继承人的遗产。例如，甲的儿子乙故意杀害甲，乙应丧失对甲的遗产的继承权。但是，乙对母亲的继承权并不因此而丧失。

(2) 对代位继承的效力。在被继承人的子女先于被继承人死亡的情况下，若被继承人的子女丧失继承权的，被继承人的子女的直系晚辈血亲不得代位继承。同理，在被继承人的兄弟姐妹先于被继承人死亡的情况下，被继承人的兄弟姐妹的子女亦不得代位继承。

(3) 对取得遗产的第三人的效力。在继承权丧失后，继承人将取得的遗产转让给第三人的，第三人是否负有返还财产的责任，应视第三人是否为善意而定。如果第三人是善意有偿取得，则无须返还取得的财产；如果第三人为恶意，或者虽为善意但无偿取得，则应返还取得的财产。

(五) 继承权丧失的确认

关于继承权丧失的确认，有两种立法例：一是自然失权主义，即只要发生法律规定的继承权丧失事由，继承人的继承权就当然丧失，无须经过任何程序宣告；二是宣告失权主义，即继承权的丧失需要采用一定的形式或者须经过司法程序确认。在我国，民法典没有规定采取何种立法例，但司法实践认为应采自然失权主义，即不需要特别的法定程序，就当然地丧失继承权。只是在遗产继承中，继承人之间因是否丧失继承权发生纠纷，起诉到法院的，法院应当依据《民法典》第1125条的规定，判决确认其是否丧失继承权。

四、继承权的保护

继承权是自然人一项重要的财产权利，任何人不得侵犯。在继承权受到侵害时，继承人有权请求法律予以救济，以使被侵害的继承权得到恢复。可见，继承权的保护实际上是继承权恢复请求权问题。所谓继承权恢复请求权，是指在继承人的继承权受到侵害时，继承人得请求人民法院通过诉讼程序予以保护，以确认其继承人的地位并恢复继承遗产权利的权利。

继承权恢复请求权为继承权受到侵害时继承人享有的权利。继承开始后，继承人的继承权可能遭受的非法侵害主要有以下几种情形：第一，遗产分割前，继承人中的一人或数人不顾其他继承人的合法权益而侵占被继承人的全部遗产；第二，第二顺序的继承人非法排斥第一顺序继承人的继承权利；第三，继承人以外的其他人非法侵占被继承人的遗产；第四，未经特定继承人允许而处分该继承人应得的遗产；第五，已经取得遗产的继承人，后被依法确认其丧失继承权的，拒绝将其所得遗产返还给应得该遗产的继承人。

继承恢复请求权的主体为真正继承人，相对人是实施侵害继承权行为的人。继承权恢复请求权应当在诉讼时效期间内行使，即在继承人知道或者应当知道继承权受到侵害之日起3年内行使。但是，自继承权受到侵害之日超过20年的，法院不予保护。

第四节 继承的开始

一、继承开始的时间

（一）继承开始时间的法律意义

继承开始是指继承法律关系的发生。因此，继承开始的时间就是引起继承法律关系产生的法律事实出现的时间。能够引起继承法律关系产生的法律事实只能是自然人的死亡。因此，继承开始的时间就是自然人死亡的时间。

继承开始的时间在继承法上具有重要意义，主要体现在以下几个方面：

第一，它是确定继承人范围的时间界限。继承法实行“同时存在”原则，即只有在继承开始时生存的人才能成为继承人。由于继承人范围的确定依据是血缘、收养、婚姻和扶养关系，因此，只有在继承开始时与被继承人具有这种关系的人才能成为继承人。当然，为了保护胎儿的利益，在涉及继承问题时，胎儿被视为具有民事权利能力，可以作为继承人。

第二，它是确定遗产范围的时间界限。遗产是被继承人死亡时遗留的个人财产，被继承人死亡之前，其财产不构成遗产。因此，遗产的范围只能以被继承人死亡时所遗留的财产进行确定。例如，被继承人死亡后，其单位发放的抚恤金并不是继承开始时被继承人遗留的财产，故不属于遗产的范围。

第三，它是遗产权利转移的时间界限。继承开始时，继承人享有的客观意义上的继承权转化为主观意义上的继承权，这种主观意义上的继承权以取得财产权利为主要内容，如物权、债权等。就物权而言，因继承取得物权的，自继承开始时发生效力。可见，我国民法采用当然继承主义。继承人为一人的，遗产归继承人单独所有；继承人为多人的，遗产归继承人共同共有。

第四，它是放弃继承权、丧失继承权的效力起算点。继承开始后，继承人放弃继承权的，其效力溯及继承开始时；继承人丧失继承权的，其效力亦溯及继承开始时。

第五，它是遗嘱生效的时间界限。遗嘱是遗嘱人生前实施的单方民事法律行为，但该行为成立时并不能生效，只有在遗嘱人死亡时，遗嘱才能生效。

（二）继承开始时间的确定

《民法典》第1121条第1款规定："继承从被继承人死亡时开始。"这里的被继承人死亡，包括自然死亡和宣告死亡。

被继承人自然死亡的，应当将依据《民法典》第15条确定的死亡时间作为继承开始的时间。死亡时间以死亡证明记载的时间为准；没有死亡证明的，以户籍登记或者其他有效身份登记记载的时间为准。如果有其他证据足以推翻以上记载时间的，以该证据证明的时间为准。

被继承人被宣告死亡的，应当将依据《民法典》第48条确定的死亡日期作为继承开始的时间。人民法院宣告死亡的判决作出之日视为其死亡的日期；因意外事件下落不明宣告死亡的，意外事件发生之日视为其死亡的日期。

在难以确定被继承人死亡时间的情况下，应当适用死亡推定规则。依据《民法典》第1121条第2款的规定，相互有继承关系的数人在同一事件中死亡，难以确定死亡时间的，推定没有其他继承人的人先死亡。都有其他继承人，辈分不同的，推定长辈先死亡；辈分相同的，推定同时死亡，相互不发生继承。例如，甲、乙、丙三人具有近亲属关系，其中甲、乙是兄弟关系，而甲、丙是父子关系。三人在一次车祸中均死亡，但无法确定死亡时间。如果甲、乙、丙三人都有其他继承人，则因为甲、乙为长辈，故应当推定甲、乙先于丙死亡；甲、乙因为辈分相同，应推定两人同时死亡，彼此不能继承对方的遗产。

二、继承开始的通知

继承开始后，有的继承人可能不知道继承开始的事实。因此，应当将被继承人死亡的事实通知继承人和遗嘱执行人，以便及时处理有关继承问题。对此，《民法典》第1150条规定："继承开始后，知道被继承人死亡的继承人应当及时通知其他继承人和遗嘱执行人。继承人中无人知道被继承人死亡或者知道被继承人死亡而不能通知的，由被继承人生前所在单位或者住所地的居民委员会、村民委员会负责通知。"依照该规定，负有通知义务的第一义务人是知道被继承人死亡的继承人，第二义务人是被继承人生前所在单位或者住所地的居民委员会、村民委员会。被继承人生前所在单位或者住所地的居民委员会、村民委员会担任通知人的，只适用于继承人中无人知道被继承人死亡或者知道被继承人死亡而不能通知的情形。

关于继承开始通知的方式，民法典没有明确规定，具体可以采取口头形式、书面形式、公告形式等。通知义务人没有履行义务导致相关当事人损害的，应当依法承担赔偿责任。

三、继承开始的地点

继承开始的地点是指继承人参与继承法律关系、行使继承权、接受遗产的场所。继承开始的地点是决定诉讼管辖法院的准据点，是决定财产价值评估的标准地，因此，正确确定继承开始的地点具有重要意义。

民法典没有规定继承开始的地点。但是，《民事诉讼法》对继承遗产纠纷所引发的诉讼的管辖地作了专门规定，该法第34条第3项规定，"因继承遗产纠纷提起的诉讼，由被继承人死亡时住所地或者主要遗产所在地人民法院管辖"。这实质上确认了继承开始的地点为被继承人死亡时的住所地和主要遗产所在地。

以被继承人死亡时的住所地和主要遗产所在地为继承开始的地点，符合我国的国情。《民法典》第25条规定，自然人以户籍登记或者其他有效身份登记记载的居所为住所；经常居所与住所不一致的，经常居所视为住所。这一规定充分考虑到了我国人口众多、流动性较大的特点。另外，以被继承人死亡时的住所地和主要遗产所在地为继承开始的地点，更能充分保障继承纠纷在最有利于查清案情、保护各方当事人权益的地方得到解决。

关于主要遗产所在地，如果遗产中有动产和不动产，应以不动产所在地为主要遗产所在地；如果遗产属于同类动产，应以财产的多少为标准确定主要遗产所在地；如果不属于同类动产，应依各处遗产的价值确定主要遗产所在地。

第五节　遗　　产

一、遗产的概念和特征

遗产是继承法律关系的客体，是继承人享有的继承权的标的。依据《民法典》第 1122 条的规定，遗产是自然人死亡时遗留的个人合法财产。可见，遗产具有如下特征：

第一，时间上的特定性。被继承人死亡的时间是划定遗产的特定时间界限。被继承人生前所有的一切财产都属于其个人，不构成遗产，不发生继承；只有自然人死亡时，其所遗留的财产才能转变为遗产。例如，甲生前拥有一栋别墅，但在甲死亡前，甲将别墅出卖给乙，则该别墅就不再是甲的遗产。

第二，内容上的财产性。现代民法上的继承是财产继承，遗产只能是自然人死亡时遗留的财产，人身权益不能成为遗产。因此，遗产具有财产性。

第三，范围上的限定性。在继承开始时，被继承人遗留的哪些财产可以由遗产继承，是由法律直接规定的。根据民法典的规定，只有自然人死亡时遗留的个人财产，并且须为依据法律规定能够转移给他人所有的财产，才能由继承人继承。依照法律规定或者根据其性质不得继承的遗产，不得继承。所以，遗产在范围上具有限定性。

第四，性质上的合法性。在民法上，只有合法财产才具有可转让性，因此，遗产也须具有合法性。被继承人非法取得的财产，不能作为遗产由继承人继承。可见，自然人死亡时遗留下的财产可为遗产的，必须是依法可以由自然人拥有的，并且是被继承人有合法取得根据的财产。

二、遗产的范围

关于遗产的范围，《民法典》第 1122 条没有予以列举，仅作出概括规定。根据该条规定，遗产是自然人死亡时遗留的个人合法财产。但是，依照法律规定或者根据其性质不得继承的遗产，不得继承。一般而言，自然人的物权、债权、投资性财产权利、知识产权中的财产权利以及其他合法财产都属于遗产的范围。

依照我国法律规定或者性质不得继承的财产主要包括如下几类：

第一，法律规定不得继承的财产。例如，依据《民法典》第 369 条的规定，居住权不得继承。因此，居住权尽管是用益物权，但居住权人死亡时，其继承人不得继承。

第二，与被继承人的人身有关的具有专属性的财产权利。与被继承人的人身有关的具有专属性的财产权利不具有可让与性，因而不能由继承人继承。这类权利主要包括：以特定身份为基础的财产权利，如子女对父母的抚养费请求权、父母对子女的赡养费请求权、夫妻间的扶养费请求权等；以特别信任关系为前提的财产权利，如因雇佣或者委托合同发生的财产权利。

第三，自然资源利用权。自然资源利用权是指自然人、法人或者非法人组织占有、使用除土地与海域以外的国有自然资源的权利，如取水权、探矿权、采矿权、捕捞权、养殖权等。虽然自然资源利用权为财产权利，但这些权利不能作为继承的客体。因为自然资源利用权只能由特定人享有，不得随意转让。在享有自然资源利用权的自然人死亡后，继承人必须重新申请并经主管部门批准，才能取得自然资源利用权。

第四，宅基地、自留山、自留地的使用权。这些权利都具有一定的福利色彩，只能由特定的集体成员享有，具有一定的专属性质，所以，宅基地、自留山、自留地的使用权不可以转让，自然也不能被继承。

第五，土地承包经营权。土地承包经营权是一种用益物权，但这种用益物权以承包人的特定身份为存在前提。同时，土地承包经营权是以户的名义进行承包而取得的，因此，不论是户主死亡还是家庭成员死亡，只要户还存在，就不发生土地承包经营权的继承问题。虽然土地承包经营权不能继承，但承包收益是可以继承的。如果承包人死亡时尚未取得承包收益，可以将死者生前对承包所投入的资金和所付出的劳动及其增值和孳息，由发包单位或者接续承包合同的人合理折价、补偿，其价额作为遗产。

应当指出，在农地“三权分置”下，土地经营权已经不再以特定身份关系为产生前提，属于纯粹的财产权利，因此，其可以作为遗产，由继承人继承。这里的土地经营权，既包括家庭承包中土地承包经营权人通过出租、入股或者其他方式向他人流转的土地经营权，也包括通过招标、拍卖、公开协商等方式取得的农村土地（荒山、荒沟、荒丘、荒滩）的土地经营权。

▶即测即评

▶案例资源

第二章　法定继承

第一节　法定继承概述

一、法定继承的概念和特征

法定继承是指根据法律直接规定的继承人范围、继承顺序、继承份额以及遗产分配原则等继承被继承人遗产的法律制度。

法定继承具有以下特征：

第一，法定继承基于一定的身份关系产生。在法定继承中，法律规定法定继承人的依据一般是继承人与被继承人之间的亲属关系。也就是说，法定继承人一般都是与被继承人有亲属关系的人。亲属关系是一种身份关系，故法定继承具有以身份关系为基础的特征。当然，在我国民法上，法定继承也可以基于扶养关系而产生。例如，丧偶儿媳对公婆、丧偶女婿对岳父母尽了主要赡养义务的，有权以第一顺序法定继承人的身份继承公婆、岳父母的遗产。这种法定继承产生的依据，就是扶养关系。

第二，法定继承是遗嘱继承的补充。在继承法上，法定继承与遗嘱继承是并行的两种继承方式。但遗嘱继承是基于遗嘱而发生的，而遗嘱体现了被继承人的生前意愿，遗嘱继承因而取得优先于法定继承的效力。在继承开始后，被继承人立有合法有效遗嘱的，应首先适用遗嘱继承；在不能发生遗嘱继承时，才能适用法定继承。因此，法定继承具有补充遗嘱继承的特征。

第三，法定继承是对遗嘱继承的限制。遗嘱继承虽然直接体现了被继承人的意愿，但也不能违反法律的限制。例如，遗嘱继承人只能限于法定继承人范围以内的人，遗嘱人必须在遗嘱中为缺乏劳动能力又没有生活来源的法定继承人保留必要的遗产份额。从这个意义上说，法定继承也是对遗嘱继承的一种限制。

第四，法定继承中有关继承人范围、继承顺序以及遗产分配原则的规定具有强行性。在法定继承中，不仅继承人的范围是由法律直接规定的，而且继承人参加继承的顺序、继承人应当继承的遗产份额也是由法律直接规定的。从这个意义上说，法定继承具有强行性的特征。当然，这种强行性仅在法定继承中存在，遗嘱人是可以通过遗嘱加以改变的。

二、法定继承的适用范围

《民法典》第1123条规定："继承开始后，按照法定继承办理；有遗嘱的，按照遗嘱继承或者遗赠办理；有遗赠扶养协议的，按照协议办理。"可见，在被继承人生前未与他人订立遗赠扶养协议，又没有设立遗嘱时，被继承人的全部遗产只能适用法定继承；或者被继承人生前虽与他人订立遗赠扶养协议，但该协议无效，或者被继承人虽设立遗嘱但遗嘱又全部无效，被继承人的全部遗产也只能适用法定继承。

依据《民法典》第 1154 条的规定，有下列情形之一的，遗产中的有关部分按照法定继承办理：

第一，遗嘱继承人放弃继承或者受遗赠人放弃受遗赠。遗嘱人在遗嘱中指定由继承人或者受遗赠人取得遗产，该继承人放弃继承或者该受遗赠人放弃受遗赠的，则其放弃继承或者放弃受遗赠所涉及的遗产，应当按照法定继承办理。当然，对于其他未放弃继承的遗嘱继承人或者未放弃受遗赠的受遗赠人而言，其接受遗产仍应按照遗嘱处理，而不能按照法定继承办理。

第二，遗嘱继承人丧失继承权或受遗赠人丧失受遗赠权。在遗嘱继承人丧失继承权或者受遗赠人丧失受遗赠权的情况下，遗嘱中指定的由遗嘱继承人或者受遗赠人取得的遗产应当按照法定继承办理。应当指出，在遗嘱继承人丧失继承权的情况下，其不仅不能按照遗嘱继承取得遗产，也不能按照法定继承取得遗产。

第三，遗嘱继承人、受遗赠人先于遗嘱人死亡或者终止。在继承法上，只有在继承开始时生存之人才能成为继承人或者受遗赠人，这就是通常所称的“继续存在”或者“同时存在”原则。因此，若遗嘱继承人或者受遗赠人先于遗嘱人（被继承人）死亡的，则其因不再具有继承能力或者受遗赠能力而不能继承或者受遗赠，遗嘱中指定的由遗嘱继承人或者受遗赠人取得的遗产也就不再按照遗嘱继承办理，只能适用法定继承。

第四，遗嘱无效部分所涉及的遗产。遗嘱是一种民事法律行为，而只有有效的民事法律行为才能发生法律效力。因此，如果遗嘱无效，则不能产生遗嘱继承问题。遗嘱无效可以是全部无效，也可以是部分无效。如果是前者，则全部遗产应按照法定继承办理；如果是后者，则仅遗产无效部分所涉及的遗产适用法定继承，其他有效部分所涉及的遗产仍应按照遗嘱继承办理。

第五，遗嘱未处分的遗产。在遗嘱中，遗嘱人根据自己的意愿，可以处分全部遗产，也可以处分部分遗产。在遗嘱仅处分部分遗产的情况下，未处分的遗产就应当按照法定继承办理。应当指出，遗嘱继承与法定继承是两种不同的继承方式，因此，遗嘱继承人按照遗嘱继承取得遗产后，仍有权依据法定继承取得遗嘱未处分的遗产。

第二节 法定继承人的范围与继承顺序

一、法定继承人的范围

法定继承人是指由法律直接规定的可以依法继承被继承人遗产的人。可见，法定继承人的范围就是哪些人可以为法定继承人。依据民法典的规定，法定继承人包括：配偶、子女、父母、兄弟姐妹、祖父母、外祖父母，以及对公婆或岳父母尽了主要赡养义务的丧偶儿媳或丧偶女婿。

（一）配偶

配偶是处于合法婚姻关系中的夫妻间的称谓。丈夫以妻子为配偶，妻子以丈夫为配偶。如果夫妻一方死亡，则另一方配偶有权继承对方的遗产。

作为继承人的配偶须于被继承人死亡时与被继承人之间存在合法的婚姻关系。在被继承人死亡时已经解除婚姻关系的，不是被继承人的配偶，不能以配偶身份继承被继承人的遗产。婚姻关系的解除须经法定程序，未经法定程序办理离婚手续的，夫妻双方仍为配偶，有相互继承遗产的权利。因此，即使夫妻双方长期分居，或者经法院判决离婚但判决书尚未生效，夫妻双方仍有继承权。

应当指出，在1994年2月1日《婚姻登记管理条例》（已废止）公布实施之前，未经登记而以夫妻名义共同生活的男女，男女双方已经符合结婚实质要件的，可以按照事实婚姻处理，一方死亡时，另一方有权以配偶身份继承其遗产。但是，在《婚姻登记管理条例》公布实施之后，男女双方即使符合结婚实质要件，若未补办结婚登记，一方死亡时，另一方不能作为配偶继承其遗产。

（二）子女

子女是被继承人的直系晚辈血亲。依据《民法典》第1127条的规定，子女包括婚生子女、非婚生子女、养子女和有扶养关系的继子女。同时，依据《民法典》第16条的规定，在涉及遗产继承时，胎儿视为具有民事权利能力，即具有继承能力。因此，胎儿也属于子女的范围。

婚生子女是指有合法婚姻关系的男女所生育的子女。婚生子女，不论儿子还是女儿，不论子女随母姓还是随父姓，不论已婚或未婚，也不论结婚后女到男家落户还是男到女家落户，都有权继承父母的遗产。

非婚生子女是指没有合法婚姻关系的男女所生育的子女。依据《民法典》第1071条的规定，非婚生子女享有与婚生子女同等的权利，任何组织或者个人不得加以危害和歧视。据此，非婚生子女与婚生子女有平等的继承权。非婚生子女不仅有权继承其生母的遗产，也有权继承其生父的遗产，不论其生父是否认领该非婚生子女。

养子女是指因合法收养关系的成立而与养父母形成父母子女关系的子女。养子女于收养关系成立后，与生父母的父母子女关系解除。因此，养子女只有权继承养父母的遗产，而无权继承生父母的遗产。但是，如果被收养人对养父母尽了赡养义务，同时又对生父母扶养较多，除可依据《民法典》第1127条的规定继承养父母的遗产外，还可依据《民法典》第1131条的规定分得生父母适当的遗产。

继子女是指妻与前夫或者夫与前妻所生的子女。继子女与继父母之间的关系，是因其父母一方死亡而另一方再结婚或者双方离婚后再结婚而形成的。继子女有无继承权决定于其与继父母之间有无扶养关系：有扶养关系的继子女有权继承继父母的遗产，是继父母的法定继承人；没有扶养关系的继子女无权继承继父母的遗产，不是继父母的法定继承人。继子女继承继父母的遗产的，不影响其对生父母的遗产继承权。

（三）父母

父母是最近的直系长辈亲属。依据《民法典》第 1127 条的规定，父母是法定继承人，有权继承子女的遗产。继承法上的父母，包括生父母、养父母和有扶养关系的继父母。

生父母对亲生子女的遗产有继承权，不论该子女为婚生子女还是非婚生子女。但亲生子女已被他人收养的，父母对其遗产无继承权。收养关系解除后，被收养的子女与生父母恢复父母子女关系的，父母有权继承该子女的遗产；被收养的子女与生父母未恢复父母子女关系的，父母对该子女的遗产没有继承权。

养父母是相对于养子女而言的。因收养关系的成立，养子女有权继承养父母的遗产，养父母也有权继承养子女的遗产。在养子女死亡前已经解除收养关系的，不论解除收养关系的原因为何，也不论解除收养关系的被收养人是否与其生父母恢复权利义务关系，收养人均无权继承被收养人的遗产。

继父母是相对于继子女而言的。继父母与继子女之间在继承法上的关系依相互的扶养关系而定。继父母与继子女之间已经形成扶养关系的，继父母有权继承继子女的遗产。与继子女有扶养关系的继父母也有双重继承权，既可继承其亲生子女（也包括养子女）的遗产，也可继承其继子女的遗产。

（四）兄弟姐妹

兄弟姐妹是最近的旁系血亲。继承法上的兄弟姐妹包括同父母的兄弟姐妹、同父异母或者同母异父的兄弟姐妹、养兄弟姐妹、有扶养关系的继兄弟姐妹。

同父母的兄弟姐妹为全血缘的兄弟姐妹，相互有继承遗产的权利，互为法定继承人。

同父异母或者同母异父的兄弟姐妹为半血缘的兄弟姐妹。半血缘的兄弟姐妹与全血缘的同胞兄弟姐妹一样，相互有继承遗产的平等权利，互为法定继承人。

养兄弟姐妹是因收养关系的成立，被收养人与收养人的子女之间的兄弟姐妹关系。养子女与生子女之间、养子女与养子女之间，系养兄弟姐妹，可互为第二顺序继承人。若收养关系解除，被收养人与收养人的子女之间的养兄弟姐妹关系终止，相互不再有继承遗产的权利；被收养人与生父母恢复父母子女关系的，其与亲兄弟姐妹之间的权利义务关系也恢复，有相互继承遗产的权利。

继兄弟姐妹是异父异母的兄弟姐妹关系，相互无血缘关系。继兄弟姐妹之间的继承权，因继兄弟姐妹之间的扶养关系而发生。没有扶养关系的，不能互为第二顺序继承人。继兄弟姐妹相互继承了遗产的，不影响其继承亲兄弟姐妹的遗产。

（五）祖父母、外祖父母

祖父母是父亲的父母，外祖父母是母亲的父母。祖父母、外祖父母是除父母外最近的长辈亲属。祖父母、外祖父母为孙子女、外孙子女的法定继承人，有权继承孙子女、外孙子女的遗产。继承法上的祖父母、外祖父母，也包括亲祖父母、亲外祖父母、养祖父母、养外祖父母。

应当指出，民法典虽然没有明确将孙子女、外孙子女列为祖父母、外祖父母的法定继承人，但通过代位继承制度可以得出孙子女、外孙子女列为祖父母、外祖父母的法定继承人的结论。

（六）对公婆、岳父母尽了主要赡养义务的丧偶儿媳、丧偶女婿

《民法典》第 1129 条规定：“丧偶儿媳对公婆，丧偶女婿对岳父母，尽了主要赡养义务的，作为第一顺序继承人。”可见，丧偶儿媳或丧偶女婿作为法定继承人的条件是对公婆或者岳父母尽了主要赡养义务。至于丧偶儿媳或丧偶女婿是否再婚，是否有代位继承人代位继承，都不影响其为法定继承人。司法实务认为，对被继承人生活提供了主要经济来源，或在劳务方面给予了主要扶助的，应当认定其尽了主要赡养义务。

二、法定继承顺序

（一）法定继承顺序的概念和特征

法定继承顺序又称法定继承人的顺位，是指法律直接规定的法定继承人参加继承的先后次序。适用法定继承时，法定继承人并不是同时都参加继承，而是按照法律规定的先后顺序参加继承，即先由前一顺序的继承人继承，没有前一顺序的继承人继承时，才由后一顺序的继承人继承。

法定继承顺序具有以下特征：

第一，法定性。法定继承顺序是由法律根据继承人与被继承人之间关系的亲疏程度、密切程度直接规定的，而不是由当事人自行决定的。因此，法定继承顺序具有法定性。

第二，强行性。法律规定继承顺序的目的，是保护不同情况的继承人的继承利益。对于法律规定的继承顺序，任何人、任何组织都不得以任何理由改变。即使前一顺序的继承人也不得变更自己的顺序而作为后一顺序的继承人参加继承。

因此，法定继承顺序具有强行性。

第三，排他性。在法定继承中，继承人只能根据法定继承顺序依次参加继承。只要有前一顺序的继承人继承，后一顺序的继承人就不能继承。只有在没有前一顺序的继承人，或者前一顺序的继承人全部放弃继承或全部丧失继承权，或者前一顺序的继承人部分丧失继承权，其余的继承人全部放弃继承的情况下，后一顺序的继承人才有权参加继承。因此，法定继承顺序具有排他性。

第四，限定性。法定继承顺序只在法定继承中适用，遗嘱继承不适用法定继承顺序。遗嘱继承人不受法定继承人的继承顺序的限制，遗嘱人得于遗嘱中指定由后一顺序的继承人继承遗产，而不由前一顺序的继承人继承。因此，法定继承顺序具有限定性。

（二）法定继承顺序的确定

《民法典》第1127条依据继承人与被继承人之间婚姻关系、血缘关系和扶养关系的状态，将法定继承人的继承顺序规定如下。

第一顺序的法定继承人为：配偶、子女、父母以及对公婆、岳父母尽了主要赡养义务的丧偶儿媳、丧偶女婿。

第二顺序的法定继承人为：兄弟姐妹、祖父母、外祖父母。

第三节 代位继承

一、代位继承的概念和特征

依据《民法典》第1128条的规定，代位继承是指在法定继承中，被继承人的子女或者兄弟姐妹先于被继承人死亡时，由被继承人的子女的直系晚辈血亲或者兄弟姐妹的子女代替继承其应继份额的法律制度。其中，被继承人的子女或者兄弟姐妹为被代位继承人，被继承人的子女的直系晚辈血亲或者兄弟姐妹的子女是代位继承人。

代位继承具有如下特征：

第一，代位继承只能发生在法定继承中，遗嘱继承中无代位继承的适用。在遗嘱继承中，如果遗嘱继承人先于遗嘱人死亡，则遗嘱指定由该继承人的继承不能发生效力，应适用法定继承，因此，遗嘱继承中不发生代位继承问题。

第二，代位继承发生于被代位继承人先于被继承人死亡的情形。依据民法典的规定，发生代位继承的唯一原因是被代位继承人先于被继承人死亡。如果被继承人的子女或者兄弟姐妹在继承开始后死亡，则可能发生转继承，而不能发生代位继承。

第三，代位继承人是被继承人的子女的直系晚辈血亲或者兄弟姐妹的子女。被代位继承人是被继承人的子女的，则被继承人的孙子女、外孙子女、曾孙子女、外曾孙子女都可以代位继承；被代位继承人是被继承人的兄弟姐妹的，则代位继承人仅限于被代位继承人的子女，被代位继承人的孙子女等其他直系晚辈血亲不能作为代位继承人。

二、代位继承的性质

代位继承人代替被代位继承人继承被继承人的遗产，这种权利究竟是代位继承人自己固有的权利，还是代表被代位继承人行使的权利，学说上主要有固有权说和代表权说两种主张。固有权说认为，代位继承人参加继承是自己本身固有的权利，代位继承人基于自己的权利继承被继承人的遗产，代位继承人的继承权不以被代位继承人享有继承权为前提，只要被代位继承人不能继承，代位继承人就可以代位继承。代表权说认为，代位继承人继承被继承人的遗产不是基于自己本身固有的权利，而是代表被代位继承人参加继承，也就是说代位继承人只有在被代位继承人享有继承权的前提下才能取得被代位继承人的应继份额。在被代位继承人丧失继承权的情况下，不发生代位继承。

在我国，民法典对代位继承的性质并没有明确规定。司法实务采取代表权说，即被继承人的子女丧失继承权的，其直系晚辈血亲不得代位继承。同理，被继承人的兄弟姐妹丧失继承权的，其子女亦不得代位继承。当然，如果代位继承人缺乏劳动能力又没有生活来源，或者对被继承人尽赡养义务较多，可以适当分得遗产。

三、代位继承的条件

代位继承只有在具备法定的条件下才可以适用，这些条件包括以下几项。

（一）被代位继承人于继承开始前死亡

关于代位继承发生的原因，立法例上有三种：被代位继承人于继承开始前死亡、丧失继承权和放弃继承权。在我国，继承人只有在继承开始后才能放弃继承权，继承开始前不发生放弃继承权问题，因此，放弃继承权不能成为代位继承的发生原因。同时，在代位继承的性质上，我国司法实务持代表权说，因此，丧失继承权亦不能成为代位继承的发生原因。依据《民法典》第1128条的规定，只有被代位继承人于继承开始前死亡，才是代位继承的产生原因。所谓被代位继承人于继承开始前死亡，也即被代位继承人先于被继承人死亡。如果继承人于被继承人死亡后死亡，则因继承已经开始，遗产已经为被代位继承人所取得，则不发生代位继承；若遗产尚未分割，则发生转继承而无代位继承的适用。

（二）被代位继承人须为被继承人的子女或兄弟姐妹

关于被代位继承人的范围，各国法律的规定不一。在我国，依据民法典的规定，被代位继承人仅限于被继承人的子女或者兄弟姐妹，其他继承人不能作为被代位继承人。被继承人的子女包括亲生子女、养子女和形成扶养关系的继子女；兄弟姐妹包括同胞兄弟姐妹、同父异母兄弟姐妹、养兄弟姐妹和形成扶养关系的继兄弟姐妹。

（三）代位继承人为被代位继承人的直系晚辈血亲或子女

在代位继承中，如果被代位继承人是被继承人子女，则代位继承人为被代位继承人的直系晚辈血亲，而且只要是被代位继承人的直系晚辈血亲，都可以代位继承，没有辈数的限制。具体地说，被继承人的养子女、已形成扶养关系的继子女的亲生子女可以代位继承；被继承人亲生子女的养子女可以代位继承；被继承人养子女的养子女可以代位继承；与被继承人已形成扶养关系的继子女的养子女也可以代位继承。如果被代位继承人是被继承人的兄弟姐妹，则代位继承人仅限于被代位继承人的子女，不包括孙子女等其他直系晚辈血亲。

应当指出，丧偶儿媳对公婆、丧偶女婿对岳父母，无论其是否再婚，依据《民法典》第 1129 条的规定作为第一顺序继承人时，均不影响其子女代位继承。

四、代位继承的应继份额

依据《民法典》第 1128 条第 3 款的规定，代位继承人一般只能继承被代位继承人有权继承的遗产份额。也就是说，代位继承人享有的应继份额与被代位继承人在世时所应享有的应继份额是相同的。例如，被继承人甲有乙、丙、丁三个儿子，乙有 A、B 两个女儿。乙先于甲死亡，甲死亡后，乙的两个女儿 A、B 为代位继承人，甲的遗产应由丙、丁、A、B 共同继承，但上述四人并非均分甲的遗产，而是由丙、丁各分得甲遗产的 1/3，A、B 共同分得甲遗产的 1/3。当然，在特殊情况下，代位继承人也可以多分遗产，代位继承人缺乏劳动能力又没有生活来源，或者对被继承人尽了主要扶养义务的，分配遗产时，可以多分。

第四节 法定继承的遗产分配

一、法定继承的遗产分配原则

法定继承的遗产分配是指在法定继承人之间分配被继承人的遗产，即确定法定继承人的应继份额。因此，法定继承的遗产分配原则就是确定法定继承人的应继份额的原则。依据《民法典》第 1130 条的规定，同一顺序法定继承人的应继份额按照以下两条原则确定：

（一）一般情况下应当均等

在没有法律规定的特别情形下，同一顺序的法定继承人应按照人数平均分配遗产。例如，被继承人有 4 个第一顺序法定继承人，则每位继承人的继承份额应为被继承人遗产的 1/4。再如，被继承人死亡后没有第一顺序继承人，也没有代位继承人，仅有第二顺序法定继承人 3 人，则每位继承人的继承份额为被继承人遗产的 1/3。

（二）特殊情况下可以不均等

在下列情况下，同一顺序的法定继承人的应继份额可以不均等。

第一，对生活有特殊困难的缺乏劳动能力的继承人，分配遗产时，应当予以照顾。这是照顾型的不均等，体现了对弱者的关照。需要照顾的继承人应当同时具备“生活有特殊困难”和“缺乏劳动能力”两个条件。生活有特殊困难是指继承人没有独立、稳定的经济收入，或者经济收入不足以维持当地最低生活水平；缺乏劳动能力是指继承人因年龄、身体等原因没有劳动能力。如果继承人同时具备了上述两个条件，就应当根据其生活困难和缺乏劳动能力的状况，在遗产分配中确定具体的照顾限度。

第二，对被继承人尽了主要扶养义务或者与被继承人共同生活的继承人，分配遗产时，可以多分。这是鼓励型的不均等，体现了权利义务相一致的原则。所谓主要扶养义务，是指继承人对被继承人生活提供了主要经济来源或者在劳务等方面给予了主要扶助。应当指出，这种不均等并不是必须的，法律只是提倡可以多分遗产。至于是否多分，应根据具体情况确定。

第三，有扶养能力和有扶养条件的继承人，不尽扶养义务的，分配遗产时，应当不分或者少分。这是惩罚型的不均等，亦体现了权利义务相一致的原则。在司法实务中，如果继承人有扶养能力和扶养条件，愿意尽扶养义务，但被继承人因有固定收入和劳动能力，明确表示不要求其扶养的，分配遗产时，其继承份额一般不因此而受影响。同时，有扶养条件和扶养能力的继承人虽然与被继承人共同生活，但对需要扶养的被继承人不尽扶养义务的，分配遗产时，可以少分或者不分。

第四，继承人协商同意的，可以不均分遗产。这是协商型的不均等，体现了继承人的自由意志。继承人之间本着互谅互让、团结和睦的原则，可以自愿协商确定各继承人分得遗产的份额。当然，这种不均等应当由全体继承人协商一致，且意思表示真实。

二、非继承人对遗产的取得

在法定继承中，除依法参加继承的法定继承人外，具备法定条件的其他人也有权取得一定的遗产。《民法典》第 1131 条规定：“对继承人以外的依靠被继承人扶养的人，或者继承人以外的对被继承人扶养较多的人，可以分给适当的遗产。”依该条规定，可以分得适当遗产的人称可分得遗产的人。可分得遗产的人享有的要求取得遗产的权利，称遗产酌给请求权。

可分得遗产的人既可以是非法定继承人，也可以是不能参加继承的法定继承人范围以内的人。依据民法典规定，可分得遗产的人须为以下两种情况之一者：（1）继承人以外的依靠被继承人扶养的人。所谓依靠被继承人扶养，是指受扶养人与被继承人之间原无法定的扶养权利义务关系，但受扶养人在被继承人扶养下生活。（2）继承人以外的对被继承人扶养较多的人。如果继承人以外的人对被继承人扶养较多，基于权利义务相一致原则，可以享有遗产酌给请求权。

对于可分得遗产的人，可以酌情分给适当的遗产。至于适当的遗产份额，应当依可分得遗产的人的具体情况和遗产的情况确定，可以多于或少于继承人。一般而言，对于缺乏劳动能力又没有生活来源的人，应以被继承人扶养的情况确定应分给的遗产额，但以满足其生活基本需要为限；对于对被继承人扶养较多的人，应依其对被继承人扶养的情况而确定其应分得的遗产份额。

可分得遗产的人要求分得适当遗产的遗产酌给请求权，是一项独立的权利，受法律保护，在其受到侵害时，有权以独立的诉讼主体资格向法院提起诉讼。

▶即测即评　　▶案例资源

第三章 遗嘱继承

第一节 遗嘱继承概述

一、遗嘱继承的概念和特征

遗嘱继承是指按照被继承人生前设立的有效遗嘱继承被继承人遗产的法律制度。在遗嘱继承中，生前立有遗嘱的被继承人为遗嘱人或立遗嘱人，依据遗嘱的指定享有遗产继承权的人为遗嘱继承人。

遗嘱继承不同于法定继承，具有以下特征：

第一，遗嘱继承的发生以有效遗嘱的存在为前提。引起法定继承发生的法律事实只有一个，即被继承人的死亡。但是，仅有被继承人的死亡并不能引起遗嘱继承的发生，还须有被继承人所设立的有效遗嘱。正是从这个意义上讲，遗嘱继承以遗嘱为前提。应当指出，遗嘱不仅是遗嘱继承发生的前提，也是遗赠发生的前提。

第二，遗嘱继承直接体现着被继承人的遗愿。遗嘱继承是在继承开始后按照遗嘱进行的继承。遗嘱体现了被继承人的意愿，因此，继承人按照被继承人的遗嘱继承遗产，也就直接体现了被继承人的遗愿。在遗嘱继承中，继承人、继承份额等都是由被继承人在遗嘱中指定的。按照遗嘱进行继承，也就是充分尊重被继承人对自己财产处分的自由。

第三，遗嘱继承是对法定继承的一种排斥。遗嘱继承的效力优于法定继承，继承开始后，有遗嘱的，要先按照遗嘱进行继承。由于遗嘱中所指定的继承人对遗产的继承不受法定继承对继承顺序、继承人应继份额规定的限制，因此，遗嘱继承实际上是对法定继承的一种排斥。

遗嘱继承也不同于遗嘱信托。遗嘱信托是指委托人以立遗嘱的方式，将其财产交付信托。在遗嘱生效时，信托财产将被转移给受托人，由受托人依据信托的内容（即委托人遗嘱所交办的事项），管理处分信托财产。在遗嘱信托中，委托人死亡后信托合同才生效。通过遗嘱信托，可以使财产顺利地传给后代，同时，也可以借助受托人的理财能力弥补继承人无力理财的缺陷。

二、遗嘱继承的适用条件

遗嘱继承的适用条件是指具备何种条件，亦即在什么情形下才适用遗嘱继承。依据民法典的规定，在被继承人死亡后，只有具备以下条件时，才能按照遗嘱继承办理：

第一，没有遗赠扶养协议或者遗嘱与遗赠扶养协议不相抵触。遗嘱继承虽有优于法定继承的效力，但不能对抗遗赠扶养协议。因此，只有在没有遗赠扶养协议的情形下，被继承人的遗产才可按照遗嘱办理。被继承人生前既与扶养人订有遗赠扶养协议，又立有遗嘱的，如果二者不相抵触，遗产分别按照协议和遗嘱处理；如果有抵触，应当按照协议处理，与协议相抵触的遗嘱全部或者部分无效。

第二，被继承人立有遗嘱且遗嘱有效。遗嘱继承以遗嘱存在为前提，无遗嘱则无遗嘱继承。同时，遗嘱只有符合法律规定的有效条件，才能发生效力。无效的遗嘱不具有法律效力，继承人不得依无效遗嘱的指定继承。因此，被继承人立有遗嘱且遗嘱有效是遗嘱继承适用的一个必备条件。

第三，指定继承人未丧失继承权和未放弃继承权。在适用遗嘱继承时，继承人亦必须具有继承资格。遗嘱继承人因具有法律规定的事由而丧失继承权的，不享有继承权，即使遗嘱中指定其为继承人，也不得参加遗嘱继承。同时，遗嘱继承人可以接受继承，也可以放弃继承。在遗嘱继承人明确表示放弃继承时，对指定继承人放弃继承的遗产，不适用遗嘱继承，而应按法定继承办理。

第二节 遗嘱与遗嘱能力

一、遗嘱的概念和特征

遗嘱是指自然人生前按照法律的规定处分自己的财产及安排与此有关的事务并于死亡后发生效力的民事法律行为。

遗嘱具有以下特征：

第一，遗嘱是一种单方民事法律行为。遗嘱是遗嘱人自己一方的意思表示，无须有相对人的意思表示。只要有遗嘱人自己的意思表示，遗嘱即可成立，所以，遗嘱是一种单方民事法律行为。这种单方民事法律行为属于无相对人的行为，无须通知遗嘱继承人或者受遗赠人。

第二，遗嘱是遗嘱人独立的民事法律行为。遗嘱是遗嘱人生前对自己财产所作的处分行为，只能由遗嘱人独立自主地作出，而不能由他人意思辅助或者代理。因此，遗嘱须由遗嘱人亲自设立，不能由他人代为设立。

第三，遗嘱是于遗嘱人死亡后才发生法律效力的民事法律行为。遗嘱虽是遗嘱人生前因其单方的意思表示即可成立的民事法律行为，但于遗嘱人死亡时才能发生法律效力。因此，遗嘱是否合乎法律规定的条件、能否有效，均应以遗嘱人死亡时为准。

第四，遗嘱是一种要式民事法律行为。遗嘱虽然是遗嘱人单方的意思表示，但却在指定继承人、受遗赠人以及法定继承人等之间发生效力，也就是说涉及继承人、继承人以外的人以及国家和社会的利益。因此，遗嘱应当采取法律规定的形式，属于要式民事法律行为。

二、遗嘱能力

遗嘱能力又称遗嘱处分能力，是指自然人依法享有的设立遗嘱，自由处分自己财产的资格。民法典中并未明确规定自然人的遗嘱能力，但《民法典》第1143条第1款规定，“无民事行为能力人或者限制民事行为能力人所立的遗嘱无效”。按照法律的反面解释规则，只有具有完全民事行为能力的人，才具有遗嘱能力。据此，自然人可分为有遗嘱能力人和无遗嘱能力人两种。有遗嘱能力人为完全民事行为能力人，无遗嘱能力人为无民事行为能力人和限制民事行为能力人。

由于遗嘱于遗嘱人死亡时才发生效力，而从遗嘱的设立到遗嘱的生效之间有一段时间间隔，在这一期间内，遗嘱人的民事行为能力状态也会发生变化，因此，遗嘱人有无遗嘱能力应以立遗嘱时的情况认定。就是说，遗嘱人立遗嘱时必须具有完全民事行为能力。无民事行为能力人或者限制民事行为能力人所立的遗嘱，即使其本人后来具有完全民事行为能力，仍属无效遗嘱。遗嘱人立遗嘱时具有完全民事行为能力，即使后来成为无民事行为能力人或者限制民事行为能力人，也不影响遗嘱的效力。

第三节 遗嘱的内容与形式

一、遗嘱的内容

遗嘱的内容是指遗嘱人在遗嘱中表示出来的对自己财产处分及安排相关事项的意思。一般说来，遗嘱的内容包括以下几方面：

第一，指定继承人、受遗赠人。《民法典》第1133条第2、3款规定：“自然人可以立遗嘱将个人财产指定由法定继承人的一人或者数人继承。自然人可以立遗嘱将个人财产赠给国家、集体或者法定继承人以外的组织、个人。”遗嘱的主要目的是指定继承人、受遗赠人，因此，指定继承人、受遗赠人为遗嘱的主要内容。

第二，指定遗产的分配办法或份额。遗嘱人应当在遗嘱中列明自己留下的财产清单，说明财产的名称、数量以及存放的地方等。遗嘱中应当说明每个指定继承人可继承的具体财产；指定由数个继承人共同继承某项遗产的，应当说明指定继承人对遗产的分配办法或者每个人应继承的遗产份额。遗赠财产的，要具体说明将某一财产遗赠给何人、何单位。

第三，对遗嘱继承人、受遗赠人附加的义务。遗嘱中可以对遗嘱继承人或者受遗赠人规定附加义务，这就是附义务遗嘱或附负担遗嘱。《民法典》第1144条规定："遗嘱继承或者遗赠附有义务的，继承人或者受遗赠人应当履行义务。没有正当理由不履行义务的，经利害关系人或者有关组织请求，人民法院可以取消其接受附义务部分遗产的权利。"

第四，指定遗嘱执行人。《民法典》第1133条第1款规定，自然人可以依照本法规定立遗嘱处分个人财产，并可以指定遗嘱执行人。但遗嘱的主要内容并不是指定遗嘱执行人，因为遗嘱执行人并不是对遗产处分的关键内容，而只关涉遗嘱的执行。因此，遗嘱中未指定遗嘱执行人的，不影响遗嘱的成立和执行。

第五，指定候补继承人、候补受遗赠人。遗嘱中指定的继承人先于被继承人死亡、丧失继承权或者放弃继承权时，指定的继承人将不能参加继承。如果遗嘱人不希望其遗产在出现这种情况时按照法定继承办理，则可以指定其他人作为候补继承人来继承遗产。同理，遗嘱人也可以指定候补受遗赠人，在受遗赠人出现不能承受遗产的情况时，由候补受遗赠人取得遗产。

第六，其他事项。除上述内容外，遗嘱人还可以在遗嘱中说明其他事项，如关于丧事的安排和要求等。

二、遗嘱的形式

（一）遗嘱的法定形式

遗嘱的形式是指遗嘱人表达自己处分其财产的意思的方式。依据民法典的规定，遗嘱的法定形式有自书遗嘱、代书遗嘱、打印遗嘱、录音录像遗嘱、口头遗嘱、公证遗嘱六种。

1. 自书遗嘱

自书遗嘱是指由遗嘱人亲笔书写的遗嘱。《民法典》第1134条规定："自书遗嘱由遗嘱人亲笔书写，签名，注明年、月、日。"自书遗嘱应当满足如下三个条件：一是遗嘱人亲笔书写，即遗嘱人应当用笔亲自书写遗嘱的全部内容；二是遗嘱人应当签名，不能以盖章或按指印代替；三是遗嘱人应当在书写的遗嘱上注明年、月、日。自然人的遗书中涉及死后个人财产处分的内容，确为死者的真实意思表示，有本人签名并注明了年、月、日，又无相反证据的，可以按自书遗嘱对待。

2. 代书遗嘱

代书遗嘱是指由他人代为书写的遗嘱。《民法典》第1135条规定："代书遗嘱应当有两个以上见证人在场见证，由其中一人代书，并由遗嘱人、代书人和其他见证人签名，注明年、月、日。"代书遗嘱应当满足如下四个条件：一是遗嘱人要指定两个以上见证人；二是遗嘱人口述遗嘱内容，并由一个遗嘱见证人代书；三是遗嘱人、代书人和其他见证人应当在遗嘱上签名；四是应当注明立遗嘱的日期，即注明年、月、日。

3. 打印遗嘱

打印遗嘱是指由立遗嘱人用电子计算机打印的遗嘱。《民法典》第 1136 条规定："打印遗嘱应当有两个以上见证人在场见证。遗嘱人和见证人应当在遗嘱每一页签名，注明年、月、日。"打印遗嘱应当满足如下三个条件：一是遗嘱人要指定两个以上见证人；二是遗嘱人和见证人应当在遗嘱的每一页签名，这是打印遗嘱签名的特殊要求；三是应当注明立遗嘱的日期，即注明年、月、日。

4. 录音录像遗嘱

录音录像遗嘱是指以录音录像方式录制下来的遗嘱人的口述遗嘱。《民法典》第 1137 条规定："以录音录像形式立的遗嘱，应当有两个以上见证人在场见证。遗嘱人和见证人应当在录音录像中记录其姓名或者肖像，以及年、月、日。"录音录像遗嘱应当满足如下四个条件：一是遗嘱人口述遗嘱的全部内容；二是遗嘱人要指定两个以上见证人；三是遗嘱人和见证人应当在录音中记录其姓名或者在录像中摄制其肖像；四是遗嘱人和见证人应当在录音录像中录制立遗嘱的日期，即记录年、月、日。

5. 口头遗嘱

口头遗嘱是指由遗嘱人口头表述的而不以任何方式记载的遗嘱。《民法典》第 1138 条规定："遗嘱人在危急情况下，可以立口头遗嘱。口头遗嘱应当有两个以上见证人在场见证。危急情况解除后，遗嘱人能够用书面或者录音录像形式立遗嘱的，所立的口头遗嘱无效。"口头遗嘱应当满足如下三个条件：一是危急情况来不及通过其他方式立遗嘱；二是遗嘱人口述遗嘱的全部内容；三是遗嘱人要指定两个以上见证人。口头遗嘱的效力具有特殊性，并非一直有效。在危急情况解除后，如果遗嘱人能够用其他方式立遗嘱的，口头遗嘱归于无效。

6. 公证遗嘱

公证遗嘱是指经公证机关公证的遗嘱。《民法典》第 1139 条规定："公证遗嘱由遗嘱人经公证机关办理。"公证遗嘱的有效成立除需要符合民法典有关遗嘱效力的规定外，还须符合我国有关公证的法律规定。

（二）遗嘱见证人

遗嘱见证人是指由遗嘱人指定的见证遗嘱真实性的自然人。除自书遗嘱、公证遗嘱外，其他遗嘱形式都需要两个以上见证人在场。依据《民法典》第 1140 条的规定，以下三类人员不能作为遗嘱见证人。

1. 无民事行为能力人、限制民事行为能力人以及其他不具有见证能力的人遗嘱见证人需要在现场见证遗嘱人立遗嘱的过程，其见证对遗嘱的效力具有重要影响。这需要遗嘱见证人对遗嘱的内容、后果等具有完全的识别能力和判断能力，而只有完全民事行为能力人才能担当此任。因此，无民事行为能力人和限制民事行为能力人不能作为遗嘱见证人。遗嘱见证人是否具有完全民事行为能力，应当以现场见证签名之时为准。其他不具有见证能力的人，主要是指不具备遗嘱见证人需要具备的一些基本的能力（如听、说、写的能力等）的人。如果相应的能力不具备，则不能为遗嘱见证人。例如，代书遗嘱需要见证人诵读遗嘱，并且在遗嘱上签名，所以，聋哑人、文盲等就不具有代书遗嘱的见证能力；录音录像遗嘱需要将见证人的声音记录下来，所以，聋哑人不具有录音录像遗嘱的见证能力；遗嘱人使用方言或者外国语言立遗嘱时，不懂方言或者外国语言的人就不具有见证能力。

2. 继承人和受遗赠人

遗嘱对遗产的处理直接影响着继承人、受遗赠人对遗产的接受，因而继承人、受遗赠人与遗嘱有直接的利害关系，由他们作遗嘱见证人难以保证遗嘱的客观性、真实性。因此，继承人、受遗赠人不能作为遗嘱的见证人。这里的继承人既包括第一顺序继承人，也包括第二顺序继承人。

3. 与继承人、受遗赠人有利害关系的人

与继承人、受遗赠人有利害关系的人，是指遗嘱的效力对其经济利益有直接影响的人，如继承人或受遗赠人的债权人、债务人、共同经营的合伙人等。

第四节　遗嘱的效力

一、遗嘱的有效条件

依据民法典的规定，遗嘱有效须具备以下条件：

第一，遗嘱人具有遗嘱能力。只有具有完全民事行为能力的人才有遗嘱能力，无民事行为能力人和限制民事行为能力人不具有遗嘱能力。遗嘱人是否具有遗嘱能力，以遗嘱设立时为准，而不以继承开始时为准。

第二，遗嘱是遗嘱人的真实意思表示。遗嘱人的真实意思表示，是指遗嘱所体现的内容应与遗嘱人的真实意愿相一致。遗嘱不是遗嘱人真实意思表示的，遗嘱无效。

第三，遗嘱的内容合法。遗嘱的内容是否合法，应以被继承人死亡时为准。例如，遗嘱人在遗嘱中指定继承人继承某物，在立遗嘱时该物并不为遗嘱人所有，因遗嘱人处分了他人的财产，遗嘱的该部分内容当然是不合法的。但是，若被继承人其后于死亡前取得了该物的所有权，在继承开始时，遗嘱人所立的遗嘱就为合法的。

第四，遗嘱的形式符合法律规定。遗嘱应采用的法定形式，以遗嘱设立时法律规定的标准为准。

二、遗嘱的无效

依据民法典的规定，遗嘱的无效主要有以下几种情况：

（一）无完全民事行为能力人所立的遗嘱无效

无民事行为能力人、限制民事行为能力人无遗嘱能力，不具有以遗嘱处分其财产的资格。因此，《民法典》第 1143 条第 1 款规定：“无民事行为能力人或者限制民事行为能力人所立的遗嘱无效。”

（二）受胁迫、受欺诈所立的遗嘱无效

受胁迫所立的遗嘱是指遗嘱人受到他人非法的威胁、要挟，为避免自己或亲人的财产或生命健康遭受侵害而违心作出的与自己的真实意思相悖的遗嘱。受欺诈所立的遗嘱是指遗嘱人因受他人的歪曲的、虚假的行为或者言辞的错误导向而产生错误的认识，作出的与自己的真实意思不相符合的遗嘱。受胁迫、受欺诈所立的遗嘱不是遗嘱人的真实意思表示，因此，《民法典》第 1143 条第 2 款规定其为无效遗嘱。

（三）伪造的遗嘱无效

伪造的遗嘱是指以被继承人的名义设立但根本不是被继承人意思表示的遗嘱。伪造的遗嘱因根本就不是被继承人的意思表示，所以无论遗嘱的内容如何，也无论遗嘱是否损害了继承人的利益，均为无效。《民法典》第 1143 条第 3 款规定，伪造的遗嘱无效。

（四）被篡改的遗嘱内容无效

被篡改的遗嘱是指遗嘱的内容被遗嘱人以外的其他人作了更改的遗嘱。篡改只能是对遗嘱的部分内容的更改，如对遗嘱的全部内容更改，则为伪造遗嘱。被篡改的遗嘱，篡改的内容已经不是遗嘱人的意思表示，而是篡改人的意思表示，也就不能发生遗嘱的效力，因此，《民法典》第 1143 条第 4 款规定，遗嘱被篡改的，篡改的内容无效。

（五）遗嘱中处分不属于遗嘱人自己财产部分的内容无效

遗嘱是遗嘱人处分自己财产的意思表示，自然不能处分不属于遗嘱人自己的财产。因此，遗嘱人以遗嘱方式处分了属于国家、集体或他人所有财产的，应当认定该部分遗嘱无效。

（六）遗嘱没有保留必要份额的，对应当保留的必要份额的处分无效

《民法典》第 1141 条规定：“遗嘱应当对缺乏劳动能力又没有生活来源的继

承人保留必要的遗产份额。”未对缺乏劳动能力又没有生活来源的继承人保留必要的遗产份额的遗嘱并非全部无效，而仅是涉及处分应保留必要份额遗产的遗嘱内容无效，其余内容仍可有效。如果遗嘱人未保留缺乏劳动能力又没有生活来源的继承人的遗产份额，遗产处理时，应当为该继承人留下必要的遗产，所剩余的部分，才可参照遗嘱确定的分配原则处理。

第五节 遗嘱的撤回与变更

一、遗嘱的撤回与变更的概念

遗嘱人有立遗嘱的自由，也有撤回与变更遗嘱的自由。遗嘱的撤回，是指遗嘱人在立遗嘱后又取消原来所立的遗嘱；遗嘱的变更，是指遗嘱人在立遗嘱后对遗嘱内容的部分修改。遗嘱的撤回与变更都是对遗嘱内容所作的改变：遗嘱的撤回是遗嘱人改变原立遗嘱的全部内容，可以说是对遗嘱内容的全部变更；而遗嘱的变更仅是遗嘱人部分地改变了原立遗嘱的内容，可以说是对遗嘱部分内容的撤回。

二、遗嘱的撤回与变更的条件

遗嘱人虽可在遗嘱设立后的任一时间、以任一理由撤回与变更遗嘱，但撤回与变更遗嘱也须具备一定的条件，才能发生撤回与变更的效力。遗嘱的撤回与变更的条件有以下三个：

第一，遗嘱撤回、变更时，遗嘱人须具有遗嘱能力。遗嘱的撤回、变更与遗嘱的设立一样，遗嘱人也须具有遗嘱能力。遗嘱人立遗嘱后丧失遗嘱能力的，于丧失遗嘱能力后恢复遗嘱能力前对遗嘱的撤回、变更，不发生遗嘱撤回、变更的效力，原遗嘱仍有效。

第二，遗嘱的撤回、变更须为遗嘱人的真实意思表示。无论是遗嘱的撤回还是遗嘱的变更，均须为遗嘱人的真实意思表示。因此，伪造遗嘱的撤回、变更，不发生遗嘱撤回、变更的效力。遗嘱人因受胁迫、受欺诈而撤回、变更遗嘱的，亦不发生遗嘱撤回、变更的法律后果，原遗嘱仍有效。

第三，遗嘱的撤回、变更须由遗嘱人亲自依法定的方式为之。遗嘱的撤回、变更同样不适用代理，只能由遗嘱人亲自为之。

三、遗嘱的撤回与变更的方式

遗嘱的撤回、变更的方式有明示方式和推定方式两种。

遗嘱撤回、变更的明示方式，是指遗嘱人以明确的意思表示撤回、变更遗嘱。遗嘱人依明示方式撤回、变更遗嘱的，须依据法律规定的立遗嘱的方式作成。不具备遗嘱法定形式的撤回、变更遗嘱的意思表示，不能发生遗嘱撤回、变更的效力。

遗嘱撤回、变更的推定方式，是指遗嘱人虽未以明确的意思表示撤回、变更所立的遗嘱，但法律根据遗嘱人的行为推定遗嘱人撤回、变更了遗嘱。推定遗嘱人撤回、变更遗嘱的情形主要有以下几种：（1）遗嘱人立有数份遗嘱，且内容相抵触的，推定撤回、变更遗嘱。《民法典》第1142条第3款规定："立有数份遗嘱，内容相抵触的，以最后的遗嘱为准。"如果数份遗嘱的内容全部相抵触，则推定撤回前遗嘱；如果数份遗嘱的内容部分相抵触，则推定变更前遗嘱，相抵触部分按后遗嘱办理；如果数份遗嘱的内容不相抵触，则数份遗嘱可以并存，不发生撤回、变更遗嘱的效力。（2）遗嘱人生前的行为与遗嘱的内容相抵触的，推定遗嘱变更、撤回。例如，立遗嘱后，遗嘱人实施与遗嘱内容相反的民事法律行为的，视为对遗嘱相关内容的撤回；立遗嘱后，遗嘱人通过事实行为处分遗嘱指定继承人继承的财产，则视为对遗嘱内容的撤回、变更。（3）遗嘱人故意销毁、涂销遗嘱的，视为撤回、变更遗嘱。遗嘱只有具备形式要件才能有效，所以，如果遗嘱人故意销毁、涂销或者在遗嘱上有废弃的记载的，应当推定遗嘱人撤回、变更原遗嘱。但是，遗嘱是由第三人毁损的，或者遗嘱人并非故意销毁遗嘱的，不能视为遗嘱人撤回、变更遗嘱。如果遗嘱尚可恢复，则遗嘱有效；如果遗嘱无法恢复，则遗嘱因欠缺形式要件而无效。

四、遗嘱撤回与变更的效力

遗嘱撤回、变更的效力，在于使原遗嘱的内容不能发生效力。

遗嘱撤回的，自撤回生效时起，被撤回的遗嘱作废，以新立的遗嘱为遗嘱人处分自己财产的真实意思表示，应以新立的遗嘱来确定遗嘱的效力和执行。遗嘱撤回后遗嘱人未立新遗嘱的，视为被继承人未立遗嘱。

遗嘱变更的，自变更生效时起，以变更后的遗嘱内容为遗嘱人的真实意思表示，应以变更后的遗嘱来确定遗嘱的效力和执行。

第六节 遗嘱的执行

一、遗嘱执行的概念

遗嘱执行是指遗嘱人死亡后，由特定的人按照遗嘱人在有效遗嘱中所表示的愿望而为的必要行为及相关程序。在遗嘱中，有的事项于遗嘱生效后自然发生法律效力而无须执行，如对某一继承人的虐待行为表示宽恕、取消某一继承人继承遗产的权利等；而有些事项于遗嘱生效后必须通过执行行为来实现，如遗产的分配、遗产债权的收取、被继承人债务的清偿、遗赠的执行等。因此，只有通过遗嘱执行，才能完全实现遗嘱人的遗愿。

二、遗嘱执行人的确定

遗嘱在遗嘱人死亡时才能发生效力，因此遗嘱中的意思表示无法由遗嘱人自己实现，必须由他人代为执行，即遗嘱的执行须确定遗嘱执行人。由于遗嘱执行是一种民事法律行为，且涉及利害关系人的利益，因此，遗嘱执行人须具备相应的民事行为能力。无民事行为能力人、限制民事行为能力人及破产企业，不能成为遗嘱执行人。从法律地位上说，遗嘱执行人既不是遗嘱人或者继承人的代理人，也不是遗产的代理人。执行遗嘱是法律赋予其的一种职责。

依据民法典的规定和司法实践，遗嘱执行人的确定有以下三种情况：

其一，遗嘱人在遗嘱中指定遗嘱执行人。《民法典》第 1133 条第 1 款中规定，自然人可以立遗嘱处分个人财产，“并可以指定遗嘱执行人”。遗嘱人在遗嘱中指定的执行人，既可以是自然人，也可以是法人或者非法人组织；既可以是法定继承人，也可以是法定继承人以外的人。继承人以外的人被遗嘱人指定为遗嘱执行人的，有权决定是否担任遗嘱执行人。遗嘱人在遗嘱中并未直接指定遗嘱执行人，而是委托第三人指定遗嘱执行人的，应当有效。

其二，法定继承人为遗嘱执行人。遗嘱人未指定遗嘱执行人，或者指定的遗嘱执行人不能执行遗嘱或不愿意执行遗嘱的，遗嘱人的法定继承人为遗嘱执行人。法定继承人为数人的，全体继承人为遗嘱的共同执行人。继承人也可以共同推举一人或数人作为代表来执行遗嘱。

其三，遗嘱人生前所在单位或者继承开始地的基层组织为遗嘱执行人。遗嘱人没有指定遗嘱执行人，也没有法定继承人能执行遗嘱时，由遗嘱人生前所在单位或者继承开始地的基层组织为遗嘱执行人。

三、遗嘱执行人的职责

遗嘱执行人的职责，也就是遗嘱执行人的权利、义务，是其法律地位的具体体现。民法典同时规定了遗嘱执行人和遗产管理人，在继承开始后，遗嘱执行人即为遗产管理人；只有在没有遗嘱执行人的情况下，才能由其他人担任遗产管理人（《民法典》第 1145 条）。因此，遗嘱执行人的职责其实与遗产管理人的职责是重合的。当然，遗嘱执行人仅在遗嘱继承中存在，而遗产管理人则存在于遗嘱继承和法定继承之中。

第七节 附义务遗嘱

一、附义务遗嘱的概念和特征

依据《民法典》第 1144 条的规定，附义务遗嘱是指遗嘱人在遗嘱中指定继承人或者受遗赠人接受遗产时应当履行一定义务的遗嘱。附义务遗嘱是遗嘱人为遗嘱继承人或者受遗赠人所设定的负担，故附义务遗嘱又称附负担遗嘱。

概括地说，附义务遗嘱具有如下特征：

第一，附义务遗嘱是单方无偿民事法律行为。附义务遗嘱属于一种特殊的遗嘱形态，只需有遗嘱人单方的意思表示即可成立，无须遗产接受人的同意。在附义务遗嘱中，所附义务与接受遗产的权利并不构成对价关系，因而为无偿民事法律行为。

第二，附义务遗嘱的效力发生不以义务的履行为条件。在附义务遗嘱中，遗嘱与其所附义务具有牵连关系，但所附义务是否履行不影响遗嘱的效力。即使义务不履行，遗嘱仍发生效力，只是利害关系人或者有关组织可以请求法院取消遗嘱继承人或受遗赠人接受附义务部分遗产的权利。

第三，遗嘱所附义务具有附随性和不可免除性。在附义务遗嘱中，所附义务是遗嘱的附随义务。如果遗嘱继承人或受遗赠人不接受继承或者受遗赠，则不需要履行该义务。反之，遗嘱继承人或者受遗赠人接受了继承或者受遗赠，就应当履行所附义务。

二、遗嘱中所附义务的限制

在附义务遗嘱中，义务的内容表现为遗嘱继承人或者受遗赠人所应承担的负担。这种义务应受如下限制：

第一，遗嘱中指定的义务人只能是遗嘱继承人或者受遗赠人。遗嘱人在遗嘱中为遗嘱继承人或者受遗赠人之外的人设立了相应义务的，则不属于附义务遗嘱，不发生相应的法律效力。

第二，遗嘱中指定的义务应当是可能实现的义务。如果遗嘱中指定的义务是不能实现的义务，则所附义务无效。但是，附义务无效是否影响遗嘱的效力，应当根据具体情况进行判断。遗嘱人知道所附义务无效就不会立遗嘱的，则所附义务无效，遗嘱也无效；遗嘱人知道所附义务无效依然会立遗嘱的，则所附义务无效不影响遗嘱的效力。

第三，遗嘱中所指定的义务应为有法律意义的义务。只有是具有法律意义的义务，才能发生相应的法律效力，也才能要求遗嘱继承人或者受遗赠人履行。如果遗嘱所附义务为单纯的道德义务或者一些无任何意义的要求，则所附义务无效。遗嘱中所指定的义务可以是作为义务，也可以是不作为义务；可以是以经济利益为内容的义务，也可以是以非经济利益为内容的义务。

第四，遗嘱中所指定的义务不得超过遗嘱继承人或者受遗赠人所取得的遗产利益。基于遗嘱继承和遗赠的制度目的，遗嘱中所指定的义务应当以遗嘱继承人或者受遗赠人接受遗产的实际价值为限。因此，在遗产权利与所附义务不一致时，遗嘱继承人或者受遗赠人可以拒绝履行超过遗产权利部分的义务。

三、附义务遗嘱的法律后果

附义务遗嘱以遗嘱继承人或者受遗赠人接受继承或者受遗赠为前提。因此，遗嘱继承人或者受遗赠人放弃继承或受遗赠的，则无须履行遗嘱所附义务。在遗嘱继承人或者受遗赠人接受继承或者受遗赠后，即应履行遗嘱所附义务。根据《民法典》第 1144 条的规定，遗嘱继承人或者受遗赠人没有正当理由不履行义务的，经利害关系人或者有关组织的请求，法院可以取消其接受附义务部分遗产的权利。对此，应当注意以下三点：

第一，只有在遗嘱继承人或者受遗赠人没有正当理由不履行义务的情况下，才能取消其接受遗产的权利。如果遗嘱继承人或者受遗赠人不履行义务有正当理由的，则其仍有权接受遗产。

第二，法院并非取消遗嘱继承人或者受遗赠人接受全部遗产的权利，只是取消其接受附义务部分遗产的权利。

第三，法院取消遗嘱继承人或者受遗赠人接受附义务部分遗产的权利后，由提出请求的继承人或者受益人负责按照遗嘱人的意愿履行义务，接受遗产，而非按照法定继承办理。

▶即测即评

▶案例资源

第四章　遗赠与遗赠扶养协议

第一节　遗　　赠

一、遗赠的概念和特征

《民法典》第1133条第3款规定："自然人可以立遗嘱将个人财产赠与国家、集体或者法定继承人以外的组织、个人。"据此，遗赠是指自然人以遗嘱的方式将其个人财产赠与法定继承人以外的民事主体，而于其死亡后发生法律效力的民事法律行为。在遗赠中，立遗嘱的自然人为遗赠人，被指定接受赠与财产的民事主体为受遗赠人，遗嘱中指定赠与的财产为遗赠物。

遗赠与遗嘱继承一样，都是将死亡的自然人遗留的财产转移给他人所有的法律制度，因此，遗赠具有以下特征：

第一，遗赠是一种单方民事法律行为。遗赠是遗赠人通过遗嘱的方式将财产赠与他人的行为，而遗嘱是一种单方民事法律行为，故遗赠也是一种单方民事法律行为，只需有遗赠人一方的意思表示就可以成立，而且遗赠人的意思表示是无相对人的意思表示。因此，遗赠人只要在遗嘱中将自己赠与财产的意思表达出来，不需要意思表示到达受遗赠人，遗赠就成立。

第二，遗赠是给法定继承人以外的民事主体以财产利益的无偿民事法律行为。首先，受遗赠人只能是法定继承人以外的民事主体，具体包括国家、集体、自然人、法人、非法人组织，而不能是法定继承人。其次，遗赠的客体只能是特定的财产利益，即遗赠不能给受遗赠人带来不利益。最后，遗赠是无偿的民事法律行为，虽然民法典认可附义务遗赠，但遗赠人对受遗赠人附加的义务并不是遗赠的对价，而且该义务也不能超过被遗赠财产的价值。

第三，遗赠是一种于遗赠人死亡后发生效力的民事法律行为。遗赠虽是遗赠人生前作出的意思表示，但只有在遗赠人死亡后才能发生法律效力，属于死因行为。所以，遗赠具有可撤回性，遗赠人在其生存期间可以随时依法定程序变更、撤回遗赠。

第四，遗赠是只能由受遗赠人亲自接受的民事法律行为。遗赠是以特定的受遗赠人为受益主体的，受遗赠人具有不可替代性。此外，受遗赠权只能由受遗赠人自己亲自享有，而不得转让。当然，如果受遗赠人是无民事行为能力人或者限制民事行为能力人，则其法定代理人可以通过代理的方式来行使其受遗赠权。

二、遗赠与遗嘱继承的区别

遗赠与遗嘱继承虽然都是以遗嘱为基础而进行的遗产移转，但是二者存在较大的区别，主要有如下方面：

第一，主体范围不同。受遗赠人可以是法定继承人以外的任何自然人，也可以是国家、集体或者组织；而遗嘱继承人只能是法定继承人范围以内的人，国家、集体或者组织不能作为遗嘱继承人。

第二，主体承担的义务不同。受遗赠人仅取得财产利益，而不承担清偿被继承人债务的义务；而遗嘱继承人在继承遗产权利的同时，须清偿被继承人的债务。

第三，取得遗产的方式不同。受遗赠人并不直接参与遗产的分配，也不能直接取得遗产的所有权等权益，只能从继承人或遗产管理人处取得遗产；而遗嘱继承人可以依照遗嘱的内容直接取得遗产。

第四，接受的意思表示方式不同。在遗赠中，受遗赠人接受遗赠须采取明示或默示的方式，若没有作出接受遗赠的意思表示，则推定放弃受遗赠；而在遗嘱继承中，继承人接受继承可以采取明示或者默示的方式，没有表示的，则推定接受继承。同时，受遗赠人接受遗赠须在知道受遗赠后60日内作出表示，而遗嘱继承人接受继承仅在遗产处理前作出表示即可。

三、遗赠的接受与放弃

《民法典》第1124条第2款规定："受遗赠人应当在知道受遗赠后六十日内，作出接受或者放弃受遗赠的表示；到期没有表示的，视为放弃受遗赠。"根据这一规定，遗赠的接受应当以明示或默示的方式作出，受遗赠人的沉默视为放弃受遗赠。无论是遗赠的接受还是放弃，均具有溯及效力，即均溯及至继承开始时发生法律效力。

同时，遗赠的接受必须在受遗赠人知道受遗赠后的60日内作出。一般认为，受遗赠人知道受遗赠且继承已经开始，才能开始计算该60日的期间。如果继承还没有开始，即便受遗赠人知道遗赠的事实，该60日也不开始计算。例如，在受遗赠人知道受遗赠的事实后，又过了1年时间遗赠人才死亡，受遗赠人在继承开始后30日内作出了接受遗赠的表示，该表示发生法律效力。

从程序法的角度来看，在继承诉讼开始后，如果受遗赠人中有既不愿意参加诉讼，又不表示放弃实体权利的，应当追加为共同原告；受遗赠人在知道受遗赠后60日内表示放弃受遗赠或者到期没有表示的，不再列为当事人。

四、受遗赠权的丧失

依据《民法典》第1125条的规定，受遗赠人有继承人丧失继承权的法定事由的，丧失受遗赠权，具体包括：（1）故意杀害遗赠人。继承人故意杀害被继承人的，则丧失继承权。同理，受遗赠人故意杀害遗赠人的，亦应丧失受遗赠权。（2）为争夺遗产而杀害继承人和其他受遗赠人。如果受遗赠人以争夺遗产为目的，杀害了遗赠人的继承人和其他受遗赠人，应当丧失受遗赠权。（3）虐待遗赠人情节严重。应当指出，遗弃被继承人的，继承人丧失继承权。但是，对于受遗赠权而言，因遗赠人与受遗赠人之间不存在赡养、抚养、扶养的法定义务，故不存在受遗赠人遗弃遗赠人的情形，自不发生因遗弃而丧失受遗赠权的问题。（4）伪造、篡改、隐匿或者销毁遗嘱，情节严重。（5）以欺诈、胁迫手段迫使或者妨碍遗赠人设立、变更或者撤回遗嘱，情节严重。

应当指出，虽然受遗赠权丧失与继承权丧失的理由基本相同，但丧失权利的类型不同，即受遗赠权的丧失属于绝对丧失，只要受遗赠人具备了法定事由，即永久丧失受遗赠权，不存在恢复的可能。

五、遗赠的执行

受遗赠人在知道受遗赠后 60 日内，作出接受遗赠的意思表示的，即享有请求遗赠执行义务人（遗产管理人或者继承人）交付遗赠财产的请求权，遗赠执行义务人应依受遗赠人的请求交付遗赠财产。也就是说，即使遗赠生效，受遗赠人也并不能自动取得遗赠财产的物权或其他财产权利，而只享有请求权，即请求遗赠执行义务人交付遗赠财产的权利。而且，只有遗赠执行义务人依法定方式交付遗赠财产，受遗赠人才能取得该财产权利。例如，遗赠财产为不动产的，须进行不动产登记；遗赠财产为动产的，须进行动产交付。

《民法典》第 1162 条规定："执行遗赠不得妨碍清偿遗赠人依法应当缴纳的税款和债务。"可见，遗赠执行义务人应在清偿完被继承人生前所欠的税款及债务后，才能在遗产剩余的部分中执行遗赠。此外，遗赠执行义务人在执行遗赠之前，还应当按照必留份制度的要求，为缺乏劳动能力又没有生活来源的继承人保留必要的遗产份额。

六、转遗赠

转遗赠是指在继承开始后，受遗赠人接受遗赠，并于遗产分割前死亡的，其接受遗赠的权利转移给受遗赠人继承人的遗赠。民法典并没有规定转遗赠，但司法实务对此承认。例如，遗赠人甲在遗嘱中将 3 间房屋赠与给朋友乙，乙在知道受遗赠后第 10 天即表示接受遗赠，但乙在遗产分割前因车祸死亡。此时，乙接受遗赠的 3 间房屋即由乙的继承人继承。

第二节 遗赠扶养协议

一、遗赠扶养协议的概念和特征

《民法典》第 1158 条规定："自然人可以与继承人以外的组织或者个人签订遗赠扶养协议。按照协议，该组织或者个人承担该自然人生养死葬的义务，享有受遗赠的权利。"依此规定，遗赠扶养协议是指自然人（受扶养人）与其继承人以外的组织或者个人（扶养人）签订的以扶养和遗赠为内容的协议。

概括而言，遗赠扶养协议具有如下特征：

第一，遗赠扶养协议是双方民事法律行为。遗赠扶养协议以扶养和遗赠为内容，属于合同关系。在遗赠扶养协议中，遗赠人即受扶养人，只能是自然人；扶养人可以是自然人，也可以是法人和非法人组织。但是，继承人不能作为扶养人。

第二，遗赠扶养协议是诺成民事法律行为。遗赠扶养协议是诺成行为，双方意思表示达成一致时即可发生效力。遗赠扶养协议虽于受扶养人死亡后才发生遗赠的效力，但这属于遗赠扶养协议的履行，并不意味着遗赠扶养协议于受扶养人死亡时才生效。可见，遗赠扶养协议的履行有一个突出的特点，即异时性。扶养人在协议生效后就开始履行其扶养义务，而遗赠义务的履行则是在受扶养人死亡后才开始的。

第三，遗赠扶养协议是双务民事法律行为。在遗赠扶养协议中，双方当事人都负有一定的义务。扶养人负有负责受扶养人的生养死葬的义务，受扶养人负有将自己的财产遗赠给扶养人的义务。因此，遗赠扶养协议为双务民事法律行为。

第四，遗赠扶养协议是有偿民事法律行为。在遗赠扶养协议中，任何一方享受权利都是以履行一定的义务为对价的。扶养人不履行对受扶养人的生养死葬的义务，则不能享有受遗赠的权利；受扶养人不将自己的财产遗赠给扶养人，也不享有要求扶养人扶养的权利。所以，遗赠扶养协议中的"遗赠"并非真正意义上的遗赠。

第五，遗赠扶养协议具有优先效力。在处理遗产的方式上，遗赠扶养协议具有最优先的效力。依据《民法典》第 1123 条的规定，继承开始后，按照法定继承办理；有遗嘱的，按照遗嘱继承或者遗赠办理；有遗赠扶养协议的，按照协议办理。这就是说，如果被继承人生前与他人订有遗赠扶养协议，同时又立有遗嘱的，继承开始后，如果遗赠扶养协议与遗嘱没有抵触，遗产分别按协议和遗嘱处理；如果有抵触，按协议处理，与协议抵触的遗嘱全部或者部分无效。遗赠扶养协议之所以具有优先效力，主要是考虑到遗赠扶养协议实际上是双务有偿合同，而通过遗嘱获得利益的人（包括遗嘱继承人和受遗赠人）都是无偿取得遗产。因此，只要是遗赠扶养协议中约定遗赠的财产，就应依协议由扶养人取得。不论是受扶养人在遗嘱中指定的继承人、受遗赠人，还是受扶养人的法定继承人，均不得主张取得该财产。

二、遗赠扶养协议的效力

（一）扶养人的义务

按照遗赠扶养协议，扶养人对受扶养人承担生养死葬的义务。也就是说，扶养人在受扶养人生前负有扶养的义务，在其死亡后负有安葬的义务。扶养人对受扶养人的扶养义务自遗赠扶养协议生效时起发生效力，且具有继续性。因此，自遗赠扶养协议生效后，扶养人就应当履行自己的扶养义务，依协议约定在受扶养人生前不间断地对其给予生活上的照料和扶助；在受扶养人死亡后还应当负责办理受扶养人的丧事。扶养人不履行扶养义务的，应当承担违约责任。

（二）受扶养人的义务

按照遗赠扶养协议，受扶养人负有将其财产遗赠给扶养人的义务。受扶养人对在遗赠扶养协议中指定遗赠给扶养人的财产，不得擅自处分。例如，受扶养人在协议中确定要遗赠给扶养人一套房屋，此后受扶养人就不得将该房屋转移给第三人。

三、遗赠扶养协议的解除

按照私法自治原则，遗赠扶养协议签订之后，当事人双方可以协议解除该协议。另外，如果一方当事人严重违约，导致双方之间的信任基础丧失，或者协议已经不可能再继续履行，则另一方当事人也可以通过诉讼等方式解除协议。例如，受扶养人生病后，扶养人不管不问，则受扶养人就可以解除协议。

扶养人无正当理由不履行义务，导致遗赠扶养协议解除的，不能享有受遗赠的权利，其支付的供养费用一般不予补偿；遗赠人无正当理由不履行义务，导致遗赠扶养协议解除的，则应当偿还扶养人已支付的供养费用。

▶即测即评　　▶案例资源

第五章　遗产的处理

第一节　遗产的保管与管理

一、遗产的保管

遗产的保管是指在继承开始后，存有遗产的人对遗产的实际管领。在继承开始后，原属于被继承人的一切财产转归继承人所有。但是，在遗产分割前，由于遗产的最后归属尚未确定，如果不对遗产加以妥善保管，就可能使遗产遭受损害。所以，遗产的保管对于继承人、受遗赠人以及其他利害关系人而言，都是相当重要的。

如果被继承人生前自己占有财产，继承开始后，应当由知道被继承人死亡的继承人或者遗嘱执行人保管遗产；继承人都知道被继承人死亡的，继承人应当共同保管遗产，也可以协商由继承人中的一人或数人保管。如果继承人中无人知道被继承人死亡或者知道被继承人死亡而不能通知的，遗产应当由被继承人的生前所在单位或者遗产所有地的居民委员会、村民委员会负责保管。法院在审理继承案件时，如果知道有继承人而无法通知的，分割遗产时，要保留其应继承的份额，并确定该遗产的保管人或保管单位。

存有遗产的人应当尽妥善保管义务。遗产保管人没有尽到妥善保管义务，致使遗产遭受损害的，应当承担相应的民事责任。应当指出，对于故意隐匿、侵吞或者争抢遗产的继承人，可以酌情减少其应继承的遗产。

二、遗产的管理

（一）遗产管理人的确定

遗产管理人是指继承开始后，对遗产进行管理的民事主体。遗产管理人可以是自然人，也可以是法人或非法人组织。

依据《民法典》第 1145 条和第 1146 条的规定，遗产管理人按照如下顺序产生：

第一，遗嘱执行人为遗产管理人。被继承人可以在遗嘱中指定遗嘱执行人，也可以在遗嘱外另行指定遗嘱执行人。被继承人指定遗嘱执行人，表明了其对遗嘱执行人的信任，另外，遗嘱执行人执行遗嘱本来就需要对遗产进行管理，所以，该遗嘱执行人是首选的遗产管理人。

第二，继承人推选遗产管理人。在没有遗嘱执行人的情况下，继承人应当及时推选遗产管理人。因为被继承人死亡后遗产归继承人共有，所以，推选遗产管理人应当是全体继承人的权利。被推选的遗产管理人，可以是继承人中的一人或数人，也可以是继承人以外的人。

第三，继承人共同担任遗产管理人。遗产的管理原本就是继承人的事务，所以，继承人没有推选遗产管理人时，就应当由他们共同担任管理遗产人。继承人未推选遗产管理人，主要包括三种情况：（1）共同继承人拒绝通过推选的方式产生遗产管理人；（2）共同继承人无法通过协商的方式推选出遗产管理人；（3）继承开始后，继承人未及时推选遗产管理人。

第四，有关单位或者组织担任遗产管理人。在没有继承人或者继承人均放弃继承权的情况下，应当由被继承人生前住所地的民政部门或者村民委员会担任遗产管理人。如果被继承人是农村居民，则由村民委员会担任遗产管理人；如果被继承人是城镇居民，则由其生前住所地的民政部门担任遗产管理人。

第五，司法指定遗产管理人。依据《民法典》第1146条的规定，如果对遗产管理人的确定有争议，利害关系人可以向法院申请指定遗产管理人。这里所说的利害关系人，是指遗产管理对其利益有影响的人，包括遗嘱执行人、继承人、受遗赠人、被继承人的债权人等。

（二）遗产管理人的职责

依据《民法典》第1147条的规定，遗产管理人应当履行下列职责：

第一，清理遗产并制作遗产清单。遗产管理人应当清查被继承人遗留的所有财产，包括不动产、动产、知识产权、债权、债务等。遗产管理人清理遗产之后，应当制作遗产清单，载明遗产权利和被继承人的债务情况。

第二，向继承人报告遗产情况。遗产管理人清理遗产并制作遗产清单以后，应当向全体继承人报告遗产的情况，包括遗产权利和被继承人的债务情况，以实现继承人的知情权。这里所说的全体继承人既包括遗嘱继承人，也包括法定继承人。

第三，采取必要措施防止遗产毁损、灭失。遗产管理人要妥善保管遗产，因此，应当采取必要措施，避免遗产的毁损、灭失。遗产的毁损、灭失，可以是物理上的毁损、灭失，如生鲜食品的腐烂变质；也可以是法律上的毁损、灭失，如遗产中的动产被他人善意取得。

第四，处理被继承人的债权债务。被继承人既可能享有债权，也可能负担债务。遗产管理人应当收取被继承人的债权，清偿被继承人的债务。遗产管理人处理被继承人债权债务的情况，也应当向继承人报告。

第五，按照遗嘱或者依照法律规定分割遗产。遗产分割是遗产处理的重要环节，也是遗产管理人的重要职责。遗产的分割，应当优先按照被继承人所立的有效遗嘱进行。例如，遗嘱中明确某套房屋给其小女儿，遗产分割时应当尊重被继承人的意愿。对于遗嘱没有涉及的事项，遗产管理人应当按照法律的规定分割遗产。例如，依据民法典中法定继承的规则，在法定继承人之间分割遗产。

第六，实施与管理遗产有关的其他必要行为。为了管理遗产，遗产管理人还可以实施其他的必要行为。例如，遗产管理人为了查明被继承人遗产的范围，可以进行必要的调查。

（三）遗产管理人的民事责任

遗产管理人应当依法履行职责，在法律允许的范围内进行遗产管理，而且应当积极履行其职责。依据《民法典》第1148条的规定，遗产管理人因故意或者重大过失造成继承人、受遗赠人、债权人损害的，应当承担民事责任。这就是说，遗产管理人实施了不当的遗产管理行为，且有故意或重大过失的，应当承担违约责任或者侵权责任。

（四）遗产管理人的报酬请求权

遗产管理人进行遗产管理，需要付出较多的劳动，在遗产价值较大且种类繁多时更是如此。为使遗产管理人的劳动得到回报，也为使遗产管理人更好地管理遗产，《民法典》第1149条规定，遗产管理人可以依照法律规定或者按照约定获得报酬。可见，遗产管理人享有获得报酬的权利。例如，继承人共同推选了遗产管理人且约定支付报酬，则该遗产管理人就有权主张报酬。此外，这里的“按照约定获得报酬”应当从宽解释，也包括遗产管理人按照被继承人遗嘱中的指定而获得报酬。

第二节 转 继 承

一、转继承的概念

《民法典》第1152条规定：“继承开始后，继承人于遗产分割前死亡，并没有放弃继承的，该继承人应当继承的遗产转给其继承人，但是遗嘱另有安排的除外。”依此规定，转继承是指在继承开始后，继承人于遗产分割前死亡，该继承人应当继承的遗产转给其继承人的制度。在转继承中，继承开始后、遗产分割前死亡的继承人称被转继承人，而实际取得遗产的继承人称转继承人。

转继承是连续发生的两次继承。在被继承人死亡后，继承人参与继承，这是发生的第一次继承；继承人参与继承后、遗产分割前死亡，又由转继承人承受被继承人的遗产，这是发生的第二次继承。因此，转继承又称连续继承或者转归继承。

二、转继承的适用条件

依据《民法典》第 1152 条的规定，转继承的适用条件包括如下五项：

第一，被转继承人在被继承人死亡后、遗产分割前死亡。如果被转继承人在被继承人死亡前死亡，则可能发生代位继承；如果被转继承人在遗产分割后死亡，则其已经取得了遗产权利，自不发生转继承问题。

第二，被转继承人没有丧失继承权，也没有放弃继承权。如果被转继承人丧失了继承权，或者虽然没有丧失继承权但放弃了继承权，则其不能参与继承，无权取得遗产，其继承人自然就不能转继承。

第三，转继承人没有丧失继承权，也没有放弃继承权。转继承也是一种继承，因此，转继承人也需要具备参与继承的条件。如果转继承人丧失了继承权，或者虽然没有丧失继承权但放弃了继承权，自不发生转继承问题。

第四，被转继承人继承取得了相应的应继份额。被转继承人虽然没有丧失继承权或者放弃继承权，但如果按照法定继承的遗产分配原则，不具备分遗产条件的，则被转继承人不得分得遗产。在被转继承人没有取得遗产份额的情况下，转继承也就不可能发生。

第五，遗嘱中没有另外安排。这里的遗嘱既包括被继承人的遗嘱，也包括被转继承人的遗嘱。例如，被转继承人在遗嘱中指定，其全部遗产或者从被继承人处继承的遗产遗赠给某基金会，此时发生遗赠关系，不适用转继承。

在符合转继承的条件后，就应当由转继承人继承被转继承人应当继承的遗产。如果转继承人是法定继承人，则其应当按照法定继承的规则取得应当继承的份额；如果转继承人是遗嘱继承人，则按照被转继承人所立的遗嘱取得遗产。

三、转继承与代位继承的区别

转继承和代位继承有相似之处，但二者是不同的继承制度，存在如下区别：

第一，性质不同。转继承是两个本位继承的连续，先由被转继承人直接取得被继承人的遗产，再由转继承人直接继承原由被转继承人继承的遗产份额；而代位继承与本位继承相对应，是由代位继承人直接继承被继承人的遗产份额，而非继承被代位继承人的遗产。可见，代位继承具有替补的性质。

第二，发生条件不同。转继承适用于继承人在被继承人死亡后、遗产分割前死亡的情形；而代位继承适用于继承人先于被继承人死亡的情形。

第三，主体范围不同。转继承人包括被转继承人的所有继承人，既包括法定继承人，也包括遗嘱继承人；而代位继承人的范围仅限于被继承人子女的晚辈直系血亲和被继承人兄弟姐妹的子女，不包括其他继承人。

第四，适用范围不同。转继承既适用于法定继承，也适用于遗嘱继承；而代位继承仅适用于法定继承，不适用于遗嘱继承。

第三节 遗产的分割

一、遗产分割的概念

遗产分割是指在数个继承人之间，按照各个继承人的应继承份额分配遗产的行为。遗产可能基于被继承人的遗嘱进行分割，也可能基于继承人之间的协议进行分割，还可能通过法院的审判进行分割。

遗产分割的前提是遗产的确定。在被继承人死亡之后，其遗产可能与其他人的财产混在一起，所以，必须把被继承人的遗产和其他人的财产区分开来。依据《民法典》第1153条第1款的规定，夫妻共同所有的财产，除有约定的外，遗产分割时，应当先将共同所有的财产的一半分出为配偶所有，其余的为被继承人的遗产。因我国法律实行婚后所得共同制，故夫妻双方婚后所得的财产原则上都属于共同所有的财产。在遗产分割之前，除另有约定外，夫妻共同财产中的一半属于遗产。

另外，被继承人还可能与其他家庭成员形成家庭共有关系。依据《民法典》第1153条第2款的规定，遗产在家庭共有财产之中的，遗产分割时，应当先分出他人的财产。依此规定，遗产分割之前，也需要将被继承人的遗产与其他家庭成员的财产区分开来。此外，被继承人可能还与其他人形成财产共有关系，如合伙共有，在遗产分割时，也应当将被继承人的财产与其他人的共有财产区分开来。

二、遗产分割的原则

（一）遗产分割自由原则

遗产分割自由原则，是指共同继承人得随时要求分割遗产。就是说，继承人得随时行使遗产分割请求权，任何继承人不得拒绝分割。一般认为，遗产分割请求权属于形成权，即使其他继承人反对，也不能阻碍分割的进行。所以，遗产分割请求权不受诉讼时效的限制。而且，在遗产分割之前，继承人随时可以请求分割遗产，所以，遗产分割请求权也不适用除斥期间。当然，遗产分割请求权虽以自由行使为原则，但若法律另有规定或者当事人另有约定，则不在此限。例如，依据《民法典》第303条的规定，共有人约定不得分割共有的不动产或者动产，以维持共有关系的，应当按照约定，但共有人有重大理由需要分割的，可以请求分割。又如，被继承人通过遗嘱限制遗产的分割，也应承认其效力。

（二）保留胎儿继承份额原则

保留胎儿继承份额原则，是指在分割遗产时，如果有胎儿的，应当保留胎儿的继承份额。《民法典》第16条规定，涉及遗产继承、接受赠与等胎儿利益保护的，胎儿视为具有民事权利能力。据此，为了保护胎儿的利益，胎儿被视为是民事主体。与此相应，在继承领域，胎儿具有继承能力。依据《民法典》第1155条的规定，遗产分割时，应当保留胎儿的继承份额。胎儿娩出时是死体的，保留的份额按照法定继承办理。在遗产处理中，应当为胎儿保留遗产份额而没有保留的，应从继承人所继承的遗产中扣回。为胎儿保留的遗产份额，如胎儿出生后死亡的，由其继承人继承；如胎儿娩出时是死体的，由被继承人的继承人继承。

（三）互谅互让与协商原则

《民法典》第1132条规定："继承人应当本着互谅互让、和睦团结的精神，协商处理继承问题。遗产分割的时间、办法和份额，由继承人协商确定；协商不成的，可以由人民调解委员会调解或者向人民法院提起诉讼。"互谅互让，要求继承人在分割遗产时要相互关心、相互照顾，对法律规定需要特殊照顾的继承人，应当适当多分给遗产；协商分割，要求继承人在遗产分割时，对遗产的分割时间、分割办法、分割份额等都应当按照继承人之间协商一致的意见处理。

（四）物尽其用原则

物尽其用原则，是指在遗产分割时，应当从有利于生产和生活的需要出发，注意发挥遗产的实际效用。对此，《民法典》第1156条第1款规定："遗产分割应当有利于生产和生活需要，不损害遗产的效用。"所以，法院在分割遗产中的房屋、生产资料和特定职业所需要的财产时，应当依据有利于发挥其使用效益和充分保障继承人的实际需要的原则，兼顾各继承人的利益进行处理。

三、遗产分割的方式

遗产分割的方式是指继承人取得遗产应继份的具体方法。《民法典》第1156条第2款规定："不宜分割的遗产，可以采取折价、适当补偿或者共有等方法处理。"根据这一规定，遗产分割的方式主要有以下四种：

（一）实物分割

实物分割是指对遗产进行实体分割，由各继承人取得分割部分的单独所有权。例如，被继承人有两吨大米，两个继承人可以各取得其中的一吨大米。遗产是一项集合财产，可以是可分物，也可以是不可分物。如果遗产是不可分物，则不能采取实物分割的方式。例如，被继承人遗留的一套房屋是不可分物，就不能采取实物分割的方式进行遗产分割。

(二) 变价分割

变价分割是指将遗产出卖而由继承人分配价金。如果遗产不宜进行实物分割，或者继承人都不愿取得该遗产，则可以将遗产变卖，换取价金，然后由继承人按照自己应继份的比例，对价金进行分割。例如，遗产是一辆汽车，继承人都不愿取得该汽车，则可以将汽车出售，分割价款。使用变价分割的方式分割遗产，实际上是对遗产的处分，所以，遗产的变价应当经过全体继承人的同意。

(三) 补偿分割

补偿分割是指由某个或某些继承人取得遗产的所有权，并由该继承人向其他继承人补偿其应继份的价值。对于不宜实物分割的遗产，如果继承人中有人愿意取得该遗产，则由该继承人取得遗产的所有权，然后由取得遗产所有权的继承人按照其他继承人应继份的比例，分别补偿给其他继承人相应的价金。例如，遗产中有一套房屋，取得该房屋所有权的继承人应当补偿其他继承人相应的价金。如果继承人中有多人愿意取得遗产的所有权，而又达不成协议，则应当从有利于继承人的实际需要和发挥遗产效用的考虑出发，确定给某个继承人。

(四) 共有分割

共有分割是指继承人对遗产不作实物分割、变价分割和补偿分割，而是将共同共有的遗产改变为按份共有。对于不宜进行实物分割，继承人又都愿意取得的遗产，或者继承人基于某种生产或生活目的，不愿意进行实物分割的遗产，均可以采取共有分割的方式，由继承人对遗产享有按份共有权，其各自共有份额按照应继份的比例确定。例如，被继承人遗留下一个商铺，其两个子女都希望取得该商铺，则可以协商以按份共有的方式进行遗产分割，每个子女取得一半的份额。

四、遗产分割的效力

(一) 遗产分割效力的发生时间

关于遗产分割效力的发生时间，存在宣告主义和移转主义两种不同的观点和立法例。宣告主义认为，遗产的分割就等于宣告遗产归属于特定的继承人，而且此种宣告溯及到继承开始时生效。这就是说，遗产分割后，遗产归属于特定继承人所有的效力会溯及到继承开始时。移转主义认为，遗产的分割是将继承人共有的权利移转给单个的继承人。也就是说，继承开始后、遗产分割前，遗产由继承人共有；遗产分割后，遗产才由单个继承人所有。

我国民法典没有就遗产分割效力的发生时间作出明确规定，但从民法典体系来看，应认为其采取了移转主义。依据《民法典》第230条的规定，因继承取得物权的，自继承开始时发生效力。但是，继承开始时，各继承人取得的是对遗产的共同共有权而非单独所有权；只有在遗产分割后，各继承人取得的才是单独所有权，因而遗产分割的效力发生于“分割时”而并非“继承开始时”。同时，在法院裁判分割遗产时，其效力是自法律文书生效时发生，而非自继承开始时发生。

（二）遗产分割的瑕疵担保责任

遗产分割采用实物分割方式时，各继承人对其他继承人所分得的遗产，应当参考《民法典》第615条和第612条的规定，负有与出卖人同样的瑕疵担保责任。这一担保责任既包括物的瑕疵担保责任，也包括权利的瑕疵担保责任。在继承领域，物的瑕疵担保责任是指继承人之间应担保其他继承人取得的遗产没有品质上的瑕疵；权利的瑕疵担保责任是指继承人之间应担保其他继承人取得的遗产上不存在第三人的权利。

继承人分得债权时，其他继承人有担保债权实现的责任。如果继承人在遗产分割时分得的部分为遗产债权，而此遗产债权又因债务人在遗产分割时缺乏支付能力无法实现时，该继承人就有权要求其他继承人承担担保责任；如果该遗产债权是附停止条件或未届清偿期的债权，则各共同继承人应对清偿时债务人的支付能力负担保责任。

第四节　被继承人债务的清偿

一、被继承人债务的概念和范围

被继承人债务是指被继承人生前依法应当缴纳的税款和依据民事法律负担的债务。只有在被继承人死亡时尚未清偿的依法应当由其清偿的债务，才属于被继承人的债务。在继承开始后，为处理遗产事务而产生的债务，如因支付丧葬费、遗产管理而产生的债务，均不属于被继承人的债务。

被继承人的债务可以是合同之债，也可以是侵权之债、不当得利之债、无因管理之债；可以是主债务，也可以是为提供保证、抵押、质押而形成的从债务；可以是纯个人债务，也可以是与他人形成的共同债务、连带债务。

二、被继承人债务的清偿原则

被继承人债务的清偿直接关涉继承人、受遗赠人以及遗产债权人的利益，应当遵循如下原则：

（一）限定清偿原则

限定清偿原则，是指继承人对被继承人债务的清偿只以遗产的实际价值为限，除继承人自愿清偿外，继承人对于超过遗产实际价值的部分不负清偿责任。限定清偿原则废弃了我国古代“父债子还”的制度，契合民法上的自己责任原则，也有利于对继承人的保护。

依据《民法典》第1161条第1款的规定，继承人以所得遗产实际价值为限清偿被继承人依法应当缴纳的税款和债务。超过遗产实际价值部分，继承人自愿偿还的不在此限。继承人如果偿还了该债务，债权人可以保有继承人的给付，继承人不能要求返还不当得利。另外，如果继承人放弃继承，对被继承人依法应当缴纳的税款和债务可以不负清偿责任。

（二）保留必留份原则

保留必留份原则，是指继承人中有缺乏劳动能力又没有生活来源的人，即使遗产不足以缴纳税款和清偿债务，也应为其保留适当遗产，然后再依法缴纳税款和清偿债务。《民法典》第1159条规定：“分割遗产，应当清偿被继承人依法应当缴纳的税款和债务；但是，应当为缺乏劳动能力又没有生活来源的继承人保留必要的遗产。”这就确立了保留必留份原则，它具有保护弱势群体的作用，体现了民法的人文关怀精神。这里所说的保留必要的遗产，是指要保留一定数量的遗产，以保证继承人的基本生活。

（三）清偿被继承人的债务优先于执行遗赠原则

《民法典》第1162条规定：“执行遗赠不得妨碍清偿遗赠人依法应当缴纳的税款和债务。”依照这一规定，在执行遗赠和清偿被继承人的债务的顺序上，清偿被继承人的债务优先于执行遗赠。只有在清偿被继承人的债务之后，还有剩余遗产时，遗赠才能得到执行。如果遗产已不足以清偿被继承人的债务，则遗赠就不能执行。这一规则的确立，是为了保障债权人的权益，避免被继承人利用遗赠制度来逃避债务。

三、被继承人债务的清偿时间和方式

依据《民法典》第1159条的规定，分割遗产，应当清偿被继承人依法应当缴纳的税款和债务。因此，对于被继承人债务的清偿，一般应在遗产分割前进行。即继承人首先从遗产中清算出被继承人的债务，并将清算出的相当于被继承人债务数额的遗产交付给债权人。然后，根据各继承人应继承的份额，分配剩余遗产。当然，法律也没有限制在遗产分割后再清偿被继承人的债务。

在实践中，如果遗产已被分割而未清偿债务，则应当依据《民法典》第1163条的规定处理，即“既有法定继承又有遗嘱继承、遗赠的，由法定继承人清偿被继承人依法应当缴纳的税款和债务；超过法定继承遗产实际价值部分，由遗嘱继承人和受遗赠人按比例以所得遗产清偿”。例如，法定继承人分得了20万元的遗产，遗嘱继承人取得了40万的遗产，受遗赠人取得了20万元的遗产。如果遗产分割后，债权人的50万元债权没有清偿，则应先由法定继承人以其取得的20万元来清偿债务；剩余的30万元债务，遗嘱继承人和受遗赠人按照其获得遗产的比例，应当分别清偿20万元和10万元债务。

此外，被继承人债务的清偿还需要结合民法典中相关制度来进行。例如，对附担保债务，需要结合《民法典》物权编的规定进行清偿。又如，对被继承人生前负担的夫妻共同债务，应当结合《民法典》婚姻家庭编确定的夫妻共同债务清偿规则进行清偿。

第五节　无人承受遗产的处理

一、无人承受遗产的概念和范围

无人承受的遗产是指没有继承人或者受遗赠人承受的遗产。自然人死亡后，一般都是有继承人或受遗赠人的。但是，在个别情况下，也可能出现无人承受被继承人遗产的情况。

从实践来看，无人承受的遗产主要包括：（1）没有继承人和受遗赠人的遗产；（2）继承人放弃继承、受遗赠人放弃受遗赠的遗产；（3）继承人丧失继承权、受遗赠人丧失受遗赠权的遗产。

二、无人承受遗产的归属

《民法典》第1160条规定："无人继承又无人受遗赠的遗产，归国家所有，用于公益事业；死者生前是集体所有制组织成员的，归所在集体所有制组织所有。"可见，民法典是按死者的身份来确定无人承受遗产归属的。例如，死者是村集体的成员的，则其遗产归村集体所有。同时，民法典强调，国家取得无人承受的遗产时，应当用于公益事业，如慈善事业等，以体现"取之于民、用之于民"的宗旨。

此外，在处理无人承受的遗产时，还应当注意两个问题：

其一，死者债务的清偿问题。依据《民法典》第1161条的规定，继承人继承遗产应当清偿被继承人的债务。同理，取得无人承受遗产的国家或集体所有制组织，也应当在取得遗产的实际价值范围内负责清偿死者生前所欠的债务。只有清偿债务后，国家或集体所有制组织才能取得剩余部分的遗产。

其二，非继承人取得遗产的问题。在处理无人承受遗产时，如果有继承人以外的依靠被继承人扶养的缺乏劳动能力又没有生活来源的人，或者有继承人以外的对被继承人扶养较多的人，则可以视情况适当分给他们遗产。

▶即测即评

▶案例资源

第七编 侵权责任

第一章　侵权责任法概述

第一节　侵权责任与侵权责任法概述

一、侵权责任

（一）侵权责任的概念和特征

侵权责任，是指侵权人因实施侵害或损害他人民事权益的行为而依据侵权责任法所应当承担的法律后果，是民事责任的一种类型。侵权责任的成立以存在侵权行为为前提。侵权行为是指侵害他人受保护之权益，依法应承担侵权责任的行为。在某些情况下，行为人虽然实施了侵权行为，但不符合法律规定的责任构成要件，也不一定当然产生侵权责任。正是从这个意义上说，侵权责任和侵权行为是既有联系又有区别的概念，不能简单地将两者等同。

侵权责任具有如下特征：

第一，侵权行为是行为人承担侵权责任的前提。法律规定侵权责任的目的就是制裁侵权行为，保护公民、法人的民事权利，恢复被侵权行为破坏了的财产关系和人身关系。当然，侵权行为可能不仅产生侵权责任，有些侵权行为也会产生行政责任，甚至是刑事责任，但是不得因行为人承担了行政责任、刑事责任而免除其侵权责任。

第二，侵权责任是依据侵权责任法的规定而应承担的责任。《民法典》第120条规定，“民事权益受到侵害的，被侵权人有权请求侵权人承担侵权责任。”据此可见，侵权行为发生以后，被侵权人有权依据侵权责任法的规定要求侵权人承担责任。《民法典》侵权责任编虽然只有95条，但其确立了一般侵权行为和特殊侵权行为的归责原则、构成要件、抗辩事由等，为各种侵权行为的责任承担提供了依据。

第三，侵权责任主要是合同外的民事责任。侵权行为是承担侵权民事责任的前提。但侵权责任不能涵盖整个民事责任，其是与违反合同的民事责任相对应的一类民事责任，这就是说，在侵权责任产生之时当事人间并没有合同关系，而只是因为侵权行为的发生才产生法律责任。

第四，侵权责任以损害赔偿为核心，但又不限于损害赔偿。侵权责任的主要功能在于对受害人提供补救，使受害人遭受的全部损失得到恢复。《民法典》第179条列举了11种责任方式，大多是侵权责任形式。当然，应当看到，在侵权责任法中，损害赔偿是其主要的责任形式，侵权责任虽以损害赔偿为核心，但并不局限于损害赔偿。

第五，侵权责任是对受害人承担的责任。法律责任都是由国家强制力保障实现的责任，但侵权责任不同于刑事责任和行政责任之处就在于，侵权责任通过损害赔偿等方式，实现对受害人的直接救济。

第六，侵权责任具有明显的强制性特点。法律责任都具有强制性，是国家权力运行的具体体现，是国家对责任者的财产或人身自由的强制限制或剥夺。侵权责任的强制性主要表现为责任成立的强制性、责任范围的强制性以及责任承担方式的强制性。

（二）侵权责任承担方式

侵权责任承担方式，是指责任人承担侵权责任的具体方法。民法典确立了多种侵权责任承担方式，但侵权责任编主要规定了损害赔偿责任方式。这一立法体例具有重要意义：一方面，该立法体例明确了侵权责任法主要是救济法的特征。同时，由于侵权责任法主要以损害赔偿为中心，在此基础上，民法典将侵权损害赔偿请求权与物权请求权、人格权请求权等绝对权请求权作出了区分。另一方面，除损害赔偿外，《民法典》侵权责任编还确认停止侵害、排除妨碍、消除危险、返还财产等侵权责任承担方式。侵权责任仅在其承担方式为损害赔偿时，属于债的法律关系；在其承担方式为停止侵害、排除妨碍、消除危险、返还财产等时，侵权责任就并非对应着债的法律关系，也就不能完全归属于债法的范畴，这就为侵权责任成为民法典中独立的一编提供了扎实的依据。由于侵权责任制度将统一发挥对各种类型的民事权利和利益进行保护的功能，返还财产、排除妨碍、停止侵害、消除危险等侵权责任承担方式将有适用于各类民事权益保护的可能。

二、侵权责任法

（一）侵权责任法的概念和特征

侵权责任法，是规定侵权行为及其法律责任的法律规范的总称。《民法典》第 1164 条明确规定："本编调整因侵害民事权益产生的民事关系。"该规定不仅确立了侵权责任法的调整对象，也明确了侵权责任法的概念。侵权责任法是我国民法的重要组成部分，侵权责任编是我国民法典的独立一编。

侵权责任法可以分为形式意义上的侵权责任法和实质意义上的侵权责任法。在我国，形式意义上的侵权责任法是指《民法典》侵权责任编；实质意义上的侵权责任法是规定侵权行为及其法律责任的法律规范的总称，除《民法典》侵权责任编外，还包括民法典及其他法律法规中的侵权责任规则。

侵权责任法主要具有如下特征：

第一，从调整对象来看，侵权责任法调整的是平等主体之间因侵害民事权益而产生的民事关系。在没有发生侵权行为时，民事主体不受到侵权责任法的调整，一旦发生侵权行为，行为人与受害人之间的法律关系就应当交由侵权责任法加以调整。侵权责任法就是规定侵权行为及其责任的法。

第二，侵权责任法是救济法。《民法典》总则编第五章对民事权利体系作出全面规定，同时物权编、合同编、人格权编、婚姻家庭编和继承编分别详细规定了各项不同的民事权利，这些规定均属权利法。在此基础上，《民法典》侵权责任编作为救济法，具有对民事权利体系进行保护和救济的重要特征。

第三，侵权责任法主要规定合同外的责任。通常情况下，因侵权行为引发纠纷的当事人之间往往没有合同关系，因此在非合同责任中，涉及侵害民事权益的责任主要由侵权责任法规范。

（二）侵权责任法的功能与保护范围

1. 侵权责任法的功能

侵权责任法具有如下功能：

（1）救济功能。救济功能又称补偿功能、填补损害的功能，是指在受害人有遭受侵害危险或遭受侵害后，可通过行为人对侵权责任的承担而免受侵害或尽可能恢复到如同侵害没有发生的状态。

（2）预防功能。预防功能可以分特殊预防和一般预防。特殊预防是指侵权责任法通过对特定民事主体课加侵权责任，避免其以后再实施类似行为；一般预防是指侵权责任法可以起到对于社会一般人的预防作用。

（3）制裁功能。制裁功能，是指侵权责任法通过强加给民事主体以责任，来教育行为人，以维护良好的社会生产和生活秩序。

（4）维护行为自由的功能。如何在对受害人进行妥当救济和保障社会一般人行为自由之间找到最佳的均衡点，是侵权责任法承担的核心任务，我国侵权责任法也通过多项制度，维护社会一般人的行为自由。例如，以作为的侵权责任为原则，以不作为的侵权责任为例外；将过错责任确立为侵权损害赔偿责任的一般归责原则；在侵权损害赔偿责任的承担上以自己责任为原则，以为他人行为负责为例外等。

2. 侵权责任法的保护范围

《民法典》第1164条规定，“本编调整因侵害民事权益产生的民事关系”。这里的民事权益，包括生命权、身体权和健康权、姓名权和名称权、肖像权、名誉权和荣誉权、隐私权和个人信息、婚姻自主权、监护权、所有权、用益物权、担保物权、著作权、专利权、商标专用权、发现权、股权、继承权等人身、财产权益。可见，我国侵权责任法的保护范围包括民事权利和民事利益。

民事权利就是为实现或维持民事主体的特定利益，由法律保证实现的自由。

侵权责任法所保护的民事权利，既包括绝对权，又包括相对权。民事利益是指独立于民事权利，但仍然受到民事法律保护的人身或财产利益。一般人格利益主要包括人格平等、人身自由和人格尊严等；财产利益包括单纯基于占有所获得的财产利益、纯粹经济损失所对应的财产利益等。

第二节 侵权责任的归责原则

侵权责任的归责原则，是关于侵权责任“归责”的基本规则，即行为人因为何种事由被要求承担责任。归责原则不仅确立了归责的依据，而且确定了不同的责任构成要件、免责事由，因此，在侵权责任法中居于核心地位。

我国民法典认可侵权责任承担方式的多样化。当侵权责任承担方式为停止侵害、排除妨碍、消除危险、返还财产等时，以严格责任为归责原则；当侵权责任承担方式为损害赔偿时，则以过错责任为一般归责原则，以过错推定责任和严格责任为例外归责原则。

一、过错责任原则

《民法典》第 1165 条第 1 款规定：“行为人因过错侵害他人民事权益造成损害的，应当承担侵权责任。”这是关于过错责任作为侵权损害赔偿责任一般归责原则的规定。过错责任，是指以过错作为归责的最终构成要件，并且以过错作为确定责任范围的重要依据。过错责任原则在侵权损害赔偿责任的归责原则中处于主导和统帅地位，过错推定责任原则、严格责任原则是对过错责任原则的补充。《民法典》第 1165 条第 1 款的规定具有强大的开放性和普遍适用性，是可以适用于特殊侵权损害赔偿责任之外的所有侵权损害赔偿责任的兜底条款。

过错责任原则的特点在于：一是相较于加害行为、损害事实及其因果关系等构成要件，过错是归责的最终要件，无过错即无责任。根据“谁主张，谁举证”原则，受害人对加害人的过错承担举证责任。二是依过错程度确定责任范围。即在混合过错的情况下，考虑加害人和受害人之间的过错程度并进行比较，通过适用过失相抵规则确定加害人和受害人的责任范围；在共同过错的情况下，考虑共同侵权人的过错程度，或者数人在无意思联络而共同实施侵权行为的情况下，考虑各侵害人的过错，从而确定各自与其过错相适应的民事责任。

二、过错推定责任原则

《民法典》第 1165 条第 2 款规定：“依照法律规定推定行为人有过错，其不能证明自己没有过错的，应当承担侵权责任。”这是关于过错推定责任作为侵权损害赔偿责任例外归责原则的规定。过错推定责任，是指基于法律的特别规定，推定加害人存在过错而应承担侵权责任，加害人能够证明自己没有过错的除外。

过错推定责任的特点在于：

第一，过错推定是根据法律规定的一定的基础事实推定行为人具有过错。例如，《民法典》第1222条规定的推定医疗机构有过错的基础事实包括下列任一情形：违反法律、行政法规、规章以及其他有关诊疗规范的规定；隐匿或者拒绝提供与纠纷有关的病历资料；遗失、伪造、篡改或者违法销毁病历资料。

第二，过错推定在过错证明责任分配上实行举证责任倒置。受害人只需证明存在一定的基础事实，无须证明行为人具有过错，而由行为人举证证明自己没有过错。

第三，关于过错的推定可以被“推翻”。行为人可以通过证明自己没有过错来推翻法律规定对过错的推定。法律明确规定反证事由的，行为人可以通过证明反证事由存在从而证明自己没有过错；法律对反证事由没有明确规定的，行为人只要证明自己尽到了法定的和一般的注意义务即可证明自己没有过错。

三、严格责任原则

《民法典》第1166条规定：“行为人造成他人民事权益损害，不论行为人有无过错，法律规定应当承担侵权责任的，依照其规定。”这是关于严格责任作为侵权损害赔偿责任例外归责原则的规定。严格责任，是指基于法律的特别规定，受害人能够证明所受损害是加害人的行为、活动或者物件所致，加害人就应当承担民事责任，加害人能够证明存在法定抗辩事由的除外。

严格责任的构成要件有四项：一是须有行为或活动（如高度危险活动）；二是受害人受有损害；三是行为与损害之间存在因果关系；四是不存在法定的免责事由。在严格责任中，免责事由是由法律特别规定的。严格责任的适用有明确的限制，即主要适用于民法典规定的特殊侵权责任，如产品责任、环境污染和生态破坏责任、高度危险责任等。

第三节 多元化的损失补救制度

一、多元化的损失补救制度的概念

多元化的损失补救制度，是指由侵权损害赔偿责任、保险、社会保障、社会救助等组成的损失补救制度。对受害人遭受的损害进行分配，是侵权责任法的一项重要任务。侵权损害赔偿虽然可以救济受害人，但是，它也存在诉讼程序复杂、加害人不具有足够的责任财产等缺陷，受害人可能无法获得充分救济，因此，应当设置多元化的损失补救制度。我国民法典也认可多元化的损失补救制度。这些制度以承受损害主体的不同为依据，可以分为受害人自己承受损害和由受害人以外的其他民事主体承担损害。其中，由受害人以外的其他民事主体承担损害，又分为通过承担侵权损害赔偿责任的方式来承担损害和用承担侵权损害赔偿责任以外的其他方式来承担损害两种类型。除此之外，我国民法典也认可其他的由受害人以外的民事主体分担损害的损害分配制度。

二、多元化的损失补救制度的内容

首先，通过法定补偿义务制度来分配损害。民法典允许在特定情形下，依据民法公平原则由其他民事主体对受害人遭受的损害予以补偿。补偿不同于损害赔偿，并非侵权责任的承担方式。《民法典》第 1190 条第 1 款以及第 1254 条第 1 款中的补偿义务，第 1186 条确立的“分担损失”规则，第 1188 条第 2 款中“有财产的无民事行为能力人、限制民事行为能力人造成他人损害的，从本人财产中支付赔偿费用”等，都属有关法定补偿义务的规定。这些规定与《民法典》总则编第 182 条第 2 款、第 183 条以及最高人民法院相关司法解释确认的法定补偿义务一起，构成我国民法中独立类型之债。在我国的责任保险制度尚不发达、社会保障制度还远未健全的背景下，法定补偿义务制度运用得当，无疑可在一定程度上弥补侵权损害赔偿责任制度的不足。

其次，借助保险制度来分配损害。例如，根据《民法典》第 1213 条、第 1215 条第 2 款、第 1216 条的规定，凡是机动车参加强制保险的，由保险人在机动车强制保险责任限额范围内予以赔偿或者垫付抢救费用。

最后，通过其他社会保障措施来分配损害。例如，《民法典》第 1216 条规定，机动车驾驶人发生交通事故后逃逸，机动车不明或者该机动车未参加强制保险或者抢救费用超过机动车强制保险责任限额，需要支付被侵权人人身伤亡的抢救、丧葬等费用的，由道路交通事故社会救助基金垫付。

▶即测即评　　▶案例资源

第二章　损害赔偿

第一节　损害赔偿概述

一、损害赔偿的概念和类型

损害赔偿也称损害赔偿责任，是指为填补加害行为给受害人或其他赔偿权利人所造成的损害，应当由赔偿义务人承担的赔偿责任。依据目的不同，损害赔偿可以分为补偿性损害赔偿与惩罚性赔偿。补偿性损害赔偿也称填补性损害赔偿，是指以填补受害人或其他赔偿权利人因民事权益被侵害而遭受的损害为目的的损害赔偿责任；惩罚性赔偿是指不以填补损害为目的，而以惩罚特定的加害人为目的的赔偿，其主要的功能是惩罚与遏制加害行为。我国民法以补偿性损害赔偿为原则，以惩罚性赔偿为例外。故此，《民法典》第179条第2款规定："法律规定惩罚性赔偿的，依照其规定。"

依据造成损害的原因不同，补偿性损害赔偿又可以分为侵权赔偿责任、违约赔偿责任和其他赔偿责任。无论是哪一种，都旨在消除加害行为所造成的不利益，使受害人或其他赔偿权利人的损害得到填补。《民法典》第七编"侵权责任"的第二章"损害赔偿"是对侵权赔偿责任的规定，第三编"合同"的第八章"违约责任"是对违约赔偿责任的规定。

就侵权赔偿责任而言，存在很多的分类方法。例如，依据所填补的损害是财产损害还是精神损害，可以将其分为财产损害赔偿责任与精神损害赔偿责任；又如，依据侵害的对象是人身权益还是财产权益，可以将其分为侵害人身权益的损害赔偿与侵害财产权益的损害赔偿。再如，依据损害赔偿的目的是补偿还是惩罚，可以将其分为补偿性赔偿责任与惩罚性赔偿责任。《民法典》第七编"侵权责任"第二章"损害赔偿"结合侵害的对象与填补的损害这两个标准，依次规定了人身损害赔偿责任（第1179—1182条）、精神损害赔偿责任（第1183条）和财产损害赔偿责任（第1184条）。此外，为了加强对知识产权的保护，提高侵权违法成本，《民法典》第1185条还专门对故意侵害知识产权的惩罚性赔偿作出了规定。

二、损害赔偿的原则

（一）完全赔偿原则

侵权赔偿责任以完全赔偿为基本原则。所谓完全赔偿原则，是指侵权人应当就其侵权行为给被侵权人造成的全部损害承担赔偿责任，从而使被侵权人重新恢复到侵权行为没有发生时其本应处的状态。

完全赔偿原则意味着侵权赔偿责任仅与受害人的损害有关，即损害多少，赔偿多少。一方面，侵权人主观上的可非难程度如何、故意抑或过失，通常并不影响赔偿的范围与数额。即便侵权人仅具有最轻微的过失，但若造成了严重的损害，也要就该损害承担全部的赔偿责任。反之，纵然侵权人从事的是道德上最卑鄙或可非难程度最高的侵权行为，但是，其加害行为仅给被侵权人造成了轻微的损害，也不能以侵权人的主观恶性大就加重其赔偿责任。至于侵权赔偿责任的成立与否，也不受加害人动机的影响。另一方面，无论被侵权人所遭受的是财产损害还是精神损害，无论是所受损害还是所失利益，侵权人都应当予以赔偿，除非法律对此另有规定（如《民法典》第 1244 条）。

（二）禁止得利原则

禁止得利原则是损害赔偿的另一项基本原则，是指被侵权人不能因损害赔偿而获得超过其损害的利益。如果损害赔偿所给予被侵权人的利益超过了应予赔偿的损害的范围，就意味着被侵权人因赔偿而获利，这是法律所不允许的，也违反了公平的原则。损益相抵规则是为了贯彻禁止得利原则而产生的一项规则。损益相抵也称“损益同销”，是指当赔偿权利人因同一赔偿原因事实的发生而获得利益时，赔偿义务人有权要求将该利益加以扣除，从而确定损害赔偿的范围。例如，甲的汽车左前车门被乙撞凹下去，受损车辆送至 4S 店维修时并不是通过钣金喷漆的方式修复，而是更换了一个全新的车门。由于更换车门的价值高于维修旧的车门，该差额就是受害人甲所获得的利益，因此产生了损益相抵的问题，甲不能就该新车门的全部价格要求乙赔偿，而应当扣除以新换旧给其增加的价值。

三、损害赔偿的方法

损害赔偿的方法有两种：一是恢复原状，二是金钱赔偿。恢复原状是指侵权人应当通过经济手段使得被侵权人的财产权益重新处于经济上等值的状态。例如，甲因过失将乙的 A 车撞坏，那么甲就应负责 A 车的修理，使之价值恢复到被撞之前的状态。金钱赔偿是指侵权人通过向被侵权人支付相应数量的金钱，以弥补被侵权人遭受的财产损害或精神损害。例如，张三骑车将李四撞伤，李四到医院治疗花费了 3 000 元，则张三应当向李四赔偿该 3 000 元的财产损害。

在法律没有特别规定的情形下，恢复原状与金钱赔偿这两种损害赔偿方法的适用规则为：首先，侵害财产权益的赔偿方式可以是恢复原状，也可以是金钱赔偿。例如，依据《民法典》第 237、238 条的规定，造成不动产或者动产毁损的，权利人可以依法请求修理、重作、更换或者恢复原状。侵害物权，造成权利人损害的，权利人可以依法请求损害赔偿，也可以依法请求承担其他民事责任。其次，侵害人身权益的，无论造成的是财产损害还是精神损害，赔偿方法都是金钱赔偿。例如，《民法典》第1179条规定："侵害他人造成人身损害的，应当赔偿医疗费、护理费、交通费、营养费等为治疗和康复支出的合理费用，以及因误工减少的收入。造成残疾的，还应当赔偿辅助器具费和残疾赔偿金；造成死亡的，还应当赔偿丧葬费和死亡赔偿金。"

第二节　人身损害赔偿

一、人身损害赔偿的概念和特征

人身损害赔偿，是指因侵害他人之生命权、身体权、健康权而致人伤亡，侵权人就被侵权人所遭受的损失依法承担的赔偿责任。人身损害赔偿的特征包括：第一，人身损害仅指侵害自然人的生命权、身体权或健康权所造成的损害，不包括侵害其他人格权益或者财产权益造成的损害。第二，人身损害赔偿包括财产损害赔偿与精神损害赔偿，这是从侵害对象的角度对损害赔偿的分类。但精神损害与财产损害不仅仅是在人身损害赔偿中才有。例如，精神损害可能是因为侵害生命权、身体权、健康权所造成的，也可能是侵害名誉权、隐私权、肖像权等其他自然人的人身权益所致。

二、人身损害赔偿的范围

依据《民法典》第1179条的规定，人身损害赔偿的范围包括：医疗费、护理费、交通费、营养费、住院伙食补助费等为治疗和康复支出的合理费用，以及因误工减少的收入。造成残疾的，还应当赔偿辅助器具费和残疾赔偿金；造成死亡的，还应当赔偿丧葬费和死亡赔偿金。由此可见，人身损害赔偿可以分为以下两类：

所受损害也称积极损害，即被侵权人因人身损害而已经支出或必须支出的各种合理费用，包括医疗费、护理费、交通费、营养费、住院伙食补助费等为治疗和康复支出的合理费用，受害人残疾时还包括辅助器具费，受害人死亡的还包括丧葬费。

所失利益也称消极损害，即被侵权人因人身损害而丧失的本来可以得到的财产收入，包括因误工减少的收入，受害人残疾时包括残疾赔偿金，受害人死亡时包括死亡赔偿金。

区分所受损害和所失利益的意义在于，损害赔偿的计算标准不同。对于所受损害而言，因其是被侵权人因人身损害而已经支出或必须支出的费用，故此，只要是合理的费用，都应当给予赔偿。但是，对于所失利益而言，因其属于未来收人的损失，具有很大的不确定性，故此，为了减少争议，统一裁判尺度，我国司法实践往往是按照抽象的、统一的标准来计算的，如《人身损害赔偿解释》第12条第1款对残疾赔偿金计算方法的规定。

三、多人死亡时的死亡赔偿金的确定

《民法典》第1180条规定："因同一侵权行为造成多人死亡的，可以以相同数额确定死亡赔偿金。"这一规定主要基于如下考虑：一是防止不同的赔偿权利人之间互相攀比，避免造成新的矛盾，使得赔偿问题长期无法解决，甚至引发群体性事件；二是我国以往处理同一损害事故造成多人死亡的案件（如矿难赔偿）时，多采取给付所有受害人的近亲属以固定数额的赔偿金的方式；三是为我国今后应对现代社会的大规模侵权赔偿问题提供法律依据。

四、人身损害赔偿请求权的主体

人身损害赔偿请求权的主体包括：（1）被侵权人，即直接遭受人身损害的受害人；（2）被侵权人近亲属，在被侵权人死亡的时候，其近亲属有权请求侵权人承担侵权责任（《民法典》第1181条第1款）。此外，被侵权人死亡的，支付被侵权人医疗费、丧葬费等合理费用的人有权请求侵权人赔偿费用，但是侵权人已经支付该费用的除外（《民法典》第1181条第2款）。

五、赔偿费用的支付方式

赔偿费用的支付方式有两种：一次性支付与分期支付。一次性支付，是指在确定损害赔偿费用的总额后，赔偿义务人一次性将全部的赔偿费用支付给赔偿权利人；分期支付，是指在确定损害赔偿费用的总额后，赔偿义务人将赔偿费用按照固定的期限（如按月、季度或年）分批、分次支付给赔偿权利人。依据《民法典》第1187条的规定，赔偿权利人与赔偿义务人可以就赔偿费用的支付方式进行协商，如果协商不成，那么损害赔偿费用应当一次性支付。只有当赔偿义务人一次性支付确有困难时，才可以分期支付，但是被侵权人有权请求提供相应的担保，如保证或抵押等。

第三节 财产损害赔偿

一、财产损害赔偿的概念和类型

财产损害赔偿，是指赔偿义务人就赔偿权利人所遭受的财产损失或经济损失

承担的赔偿责任。财产损害可能是侵害人身权益所致，如人身伤亡的财产损害；也可能是侵害所有权等财产权益所致。由于本章第二节已经介绍了人身损害赔偿，故此，本节的财产损害赔偿包括两类：一是侵害其他人身权益的财产损害赔偿；二是侵害财产权益的财产损害赔偿。

二、侵害其他人身权益的财产损害赔偿

侵害其他人身权益的财产损害赔偿，是指因侵害生命权、身体权与健康权之外的人身权益而给受害人造成财产损害，赔偿义务人应当承担的赔偿责任。所谓其他人身权益，如人格尊严、人身自由、姓名权、名称权、名誉权、荣誉权、肖像权、隐私权、个人信息、监护权等人身权益。

除了人身损害外，侵害他人的其他人身权益也会给被侵权人造成财产损失。例如，未经许可擅自使用歌星、影星、体育明星等知名人物的姓名、肖像的，属于侵害他人姓名权、肖像权的行为。此种侵权行为会给被侵权人造成财产损失。因为对于歌星、影星、体育明星等知名人物而言，其可以将自己的姓名、肖像等许可他人使用而取得相应的报酬或费用（《民法典》第993条）。侵权人未经许可而擅自使用，就会给被侵权人造成损失。此外，即便是不能被商业化利用的人格权益，在其被侵害时也会造成财产损失，如在拐卖儿童等非法侵害他人监护权的案件中，监护人为寻找被监护人会支出相当数量的费用，这些财产损失也是因侵权人的侵权行为所造成的，当然要由侵权人承担赔偿责任。

损害赔偿法以完全赔偿为基本原则，即损失多少，赔偿多少。被侵权人在行使损害赔偿请求权时，必须证明损失及其数额。但是，在侵害其他人身权益尤其是其他人格权益的财产损害赔偿中，往往会出现被侵权人难以证明损害赔偿数额的困难。这是因为，人格权益的商业化利用本身存在不确定。一方面，有些民事主体的姓名、名称、肖像等具有很高的经济价值，可这些主体并未真正将之许可他人使用，如碍于各种规定或者限制未将之许可他人使用，因此也就很难证明财产损失；另一方面，即便是曾经被商业利用过的人格权益，因为交易的场景不同，经济价值或交易价格也有差异。但是，如果仅仅因为损失数额难以计算，就不给予赔偿，任由侵权人因侵害他人人格权益而获益，显然是不公平的，也不利于预防和制止侵权行为。

有鉴于此，《民法典》第1182条对于侵害其他人身权益的财产损害赔偿责任作出了专门的规定："侵害他人人身权益造成财产损失的，按照被侵权人因此受到的损失或者侵权人因此获得的利益赔偿；被侵权人因此受到的损失以及侵权人因此获得的利益难以确定，被侵权人和侵权人就赔偿数额协商不一致，向人民法院提起诉讼的，由人民法院根据实际情况确定赔偿数额。"按照这一规定，被侵

权人享有选择权，既可以按照被侵权人因此受到的损失要求赔偿，也可以按照侵权人因此获得的利益要求赔偿。被侵权人的这一请求权也被称为“获利返还请求权”。该请求权是一种新型的独立的请求权，既不同于侵权损害赔偿请求权，也不同于传统的不当得利返还请求权。

依据《民法典》第 1182 条的规定，被侵权人因此受到的损失以及侵权人因此获得的利益难以确定且被侵权人和侵权人就赔偿数额协商不一致的，由法院根据实际情况确定赔偿数额。所谓根据实际情况确定赔偿数额，也称法定赔偿，是指法院主要考虑侵权人的过错程度、原因力、侵权行为的方式和性质、侵权行为造成的损害后果、侵权人主体类型及经济状况、被侵权人的知名度等因素，在个案中确定具体的赔偿数额。

三、侵害财产权益的损害赔偿

财产权益，包括财产权利和财产利益。《民法典》总则编第五章“民事权利”对财产权益作了系统列举，其中财产权利包括物权、债权、知识产权中的财产性权利、继承权、股权和其他投资性权利，而财产利益包括纯粹经济利益、占有、商业秘密等。侵害财产权益给被侵权人造成的主要是财产损失（《民法典》第 1183 条第 2 款的情形除外），故此，侵权人应当就被侵权人的财产损失承担赔偿责任。

（一）财产损失的类型

侵害财产权益给被侵权人造成的财产损失可分为所受损害与所失利益。

1. 所受损害

所受损害也称直接损失，是指现有财产价值的减少，既包括积极财产的减少，也包括消极财产的增加。

积极财产的减少，分为两类：（1）因财产毁损或灭失而直接减少的价值。财产尤其是物（动产与不动产）被毁损或者灭失时，该财产被减少或毁灭的价值就是被侵权人的所受损害。（2）财产被毁损后的贬值损失。物一旦被毁损，即便进行了修复，仍有价值之减少，即物的贬值。这种贬值包括两种情形：一是技术性贬值，即被毁损的物通过修理之后不能完全恢复原状，仍存在一些瑕疵，以致其价值与被毁损之前依旧存在差异。例如，甲的一件名牌西服被乙不慎泼上墨水，虽经过干洗仍然无法完全洗掉，由此导致的该西服的价值减少，就属于技术性贬值损失，受害人应有权要求赔偿。二是交易性贬值，即被毁损的物经过修理完全修复，但是因曾经发生过损害事故而导致交易价格降低，最典型的情形就是汽车被损坏。受害人的机动车发生交通事故后，虽经修理，恢复了原有的形态，但因其功能受到损害，其在市场上的价值仍然会低于受损害之前的价值。这种价值之间的差额就是交易性贬值。对此，侵权人应当给予赔偿。

消极财产的增加，即被侵权人因财产权益受侵害而额外增加支出的费用。对此种财产损害，侵权人也应予以赔偿。例如，A 因过失导致 B 的房屋被损坏，B 为维修房屋而向银行借款，该借款的利息侵权人也应当赔偿。

2. 所失利益

所失利益，是指被侵权人因财产权益被侵害而无法获得本应获得的利益。本来，如果被侵权人的财产权益没有遭受侵害，按照事物通常的发生、发展过程或按照被侵权人所做的准备以及采取的措施，其具有极大的可能性通过使用该财产而获得利益，但侵权行为的发生使得这些利益无法获得。例如，甲公司用于从事运输的 A 车被乙撞坏，在该车修理期间，甲公司因 A 车被中断使用而遭受的损失就是所失利益。侵权人就被侵权人所失利益的损害，应当给予赔偿。

（二）损害赔偿的计算方法

依据《民法典》第 1184 条的规定，侵害他人财产的，财产损失按照损失发生时的市场价格或者其他合理方式计算。

1. 损失发生时的市场价格

财产权益不同于人身权益，其具有可转让性，即能够进行交易。有交易就有市场，市场自然就会给进入交易的任何财产定价，从而形成市场价格。因此，以市场价格作为计算财产损失的标准最为客观合理，也能够为当事人接受。所谓市场价格，是指被侵害财产一般交易上的客观价格。当然，市场也包括各种类型，如崭新的汽车会有一个市场，其价格是全新产品的价格；而用过 5 年的汽车，也会有二手车市场，其价格是折旧价格。《民法典》第 1184 条以"损失发生时"作为计算市场价格的基准点。"损失发生时"就是指因侵害他人财产而造成损失之时。

2. 其他合理方式

《民法典》第 1184 条将"其他合理方式"与"损失发生时的市场价格"这两种财产损失的计算方法并列，未确定何者为原则，何者为例外。这也说明，"其他合理方式"也属于计算财产损失的合理方式之一。其他合理方式的范围非常广泛，司法实践中使用过的其他合理方式大致有：鉴定法、有关部门的损失统计以及其他的合理方式。

第四节 精神损害赔偿

一、精神损害赔偿的概念和特征

精神损害赔偿，是指因侵害自然人的人身权益或具有人身意义的特定物造成严重精神损害时，侵权人应当承担的支付精神损害抚慰金的责任。《民法典》第1183条规定："侵害自然人人身权益造成严重精神损害的，被侵权人有权请求精神损害赔偿。因故意或者重大过失侵害自然人具有人身意义的特定物造成严重精神损害的，被侵权人有权请求精神损害赔偿。"

我国立法上的精神损害赔偿具有以下特征：第一，仅适用于侵害自然人的人身权益以及对自然人具有人身意义的特定物遭受侵害的场合。自然人其他民事权益被侵害，或者法人或非法人组织的民事权益被侵害的，不适用精神损害赔偿。第二，必须造成严重精神损害，才能产生精神损害赔偿责任。如果只是一般的精神损害，可以通过赔礼道歉，消除影响、恢复名誉等加以填补和抚慰，不适用精神损害赔偿责任。第三，因为当事人一方的违约行为，损害对方人格权并造成严重精神损害的，受损害方可以在违约责任中主张精神损害赔偿（《民法典》第996条）。

精神损害赔偿如同财产损害赔偿一样，都是建立在补偿而非惩罚的思想之上的。任何因侵权行为而使他人生活变得沉重的人，都应当通过给付，使他人的生活在可能的范围内重新轻松起来。唯其如此，被侵权人才可以享有另外的舒适生活或通过转向其他的途径以更好地实现其利益。此外，精神损害赔偿还具有抚慰被侵权人的功能。

二、精神损害赔偿的构成要件

（一）侵害了自然人的人身权益或者具有人身意义的特定物

自然人的人身权益，包括自然人的人格权益和身份权益。人格权包括生命权、身体权、健康权、姓名权、名誉权、荣誉权、肖像权、隐私权等；人格利益包括死者的姓名、肖像、名誉、荣誉、隐私等以及自然人基于人身自由、人格尊严享有的其他人格利益。身份权益，是指具有一定亲属关系的自然人相互间享有的权益，该权益是以基于亲属这一身份关系而享有的利益为内容的。《民法典》第112条规定："自然人因婚姻家庭关系等产生的人身权利受法律保护。"所谓"因婚姻家庭关系等产生的人身权利"，指的就是身份权或亲属权，如配偶权、监护权等。

自然人具有人身意义的特定物，是指蕴含了自然人人身利益的物（包括动产和不动产），该人身利益与物高度紧密地结合在一起，以至于一旦该物被侵害而毁损或灭失，自然人的人身利益也被侵害。从司法实践来看，被法院认定为"自然人具有人身意义的特定物"包括骨灰、婚纱照片、婚礼录像、唯一的一张父母生前的照片、宠物狗、坟墓等。

（二）造成了严重精神损害

之所以要求严重精神损害，主要是为了防止精神损害赔偿责任被滥用。是否构成严重精神损害，需要综合考虑多种因素，如侵权行为的性质、程度和方式（如披露他人的隐私、诽谤他人、在发行量巨大或读者众多的媒体上实施侵害行为等），侵权人的主观过错程度（故意、重大过失抑或轻微过失），损害后果的类型以及被侵权人因侵权行为而引起的连锁反应（如出现失眠、学习成绩下降、企图自杀）等。

（三）侵权人必须是因故意或者重大过失而侵害了自然人具有人身意义的特定物

由于自然人具有人身意义的特定物并不具有典型公开性，外人不得而知，故此，为了防止精神损害赔偿责任被滥用，《民法典》第 1183 条第 2 款要求，必须是因故意或者重大过失侵害自然人具有人身意义的特定物造成严重精神损害的，被侵权人才有权请求精神损害赔偿。

三、精神损害赔偿的权利人

（一）侵害自然人人身权益的权利人

因侵害身体权、健康权或者其他人格权益而遭受严重精神损害的被侵权人，当然属于精神损害赔偿的权利人。被侵权人因侵权行为死亡的，其近亲属有权要求侵权人承担精神损害赔偿责任。

（二）侵害死者人格利益的权利人

依据《民法典》第 994 条，死者的姓名、肖像、名誉、荣誉、隐私、遗体等受到侵害的，其配偶、子女、父母有权依法请求行为人承担民事责任；死者没有配偶、子女并且父母已经死亡的，其他近亲属有权依法请求行为人承担民事责任。

（三）侵害具有人身意义的特定物品的权利人

依据《民法典》第 1183 条第 2 款的规定，因故意或者重大过失侵害自然人具有人身意义的特定物造成严重精神损害的，被侵权人有权请求精神损害赔偿。这里的“被侵权人”，是指被侵害的具有人身意义的特定物的所有人或者管理人。

四、精神损害赔偿数额的确定

依据《精神损害赔偿解释》第 5 条，精神损害的赔偿数额根据以下因素确定：（1）侵权人的过错程度，但是法律另有规定的除外；（2）侵权行为的目的、方式、场合等具体情节；（3）侵权行为所造成的后果；（4）侵权人的获利情况；

（5）侵权人承担责任的经济能力；（6）受理诉讼法院所在地的平均生活水平。

第五节 惩罚性赔偿

一、惩罚性赔偿的含义

惩罚性赔偿，是指赔偿的数额超出受害人所受损害，而以惩罚行为人、预防加害行为再次发生为目的的赔偿责任。

惩罚性赔偿依然属于民事责任，而非刑事责任的罚金、行政处罚中的罚款。同为损害赔偿责任，惩罚性赔偿与补偿性损害赔偿的区别在于：第一，目的不同。惩罚性赔偿以惩罚和制裁为目的，从而起到预防特定加害行为再次发生的功能；补偿性损害赔偿以填补受害人的损害为目的，遵循完全赔偿与禁止得利的原则。第二，构成要件不同。惩罚性赔偿与补偿性损害赔偿都以受害人遭受损害为要件，但是惩罚性赔偿一般具有特定的主观要求，即加害人主观上必须是故意的或者恶意的；补偿性损害赔偿则不要求加害人必定是故意，甚至在适用无过错责任的情形下，不以过错为要件。第三，赔偿范围不同。惩罚性赔偿的数额都是远远超过受害人遭受的损害的，但是补偿性损害赔偿的范围以损害为限。第四，能否约定不同。在我国，惩罚性赔偿只能由法律规定，而补偿性损害赔偿可以由当事人约定。

二、惩罚性赔偿的功能

惩罚性赔偿针对的主要是那些故意或恶意从事侵害他人民事权益的加害行为之人，通过使加害人承担（远）超出受害人损害的赔偿金，遭受经济上的严重不利益而为自己的加害行为付出惨痛的代价，而使其记忆尤深，从而今后不敢再从事类似的行为。而且，惩罚性赔偿彻底剥夺了加害人因加害行为的非法获利，使之“赔了夫人又折兵”，也再无从事类似加害行为的经济上的动力。法经济学的研究也表明，当惩罚性赔偿金的倍数等于补偿性损害赔偿金与预防成本之比乘以避免损害事故的边际概率时，惩罚性赔偿金将使得那些边际加害人将社会成本内在化。故此，惩罚性赔偿具有较强的惩罚与预防功能。

三、惩罚性赔偿适用的情形

《民法典》第 179 条第 2 款规定：“法律规定惩罚性赔偿的，依照其规定。”这就是说，惩罚性赔偿也属于民事责任的方式，但只有在法律有特别规定的情形下，才能适用。

在民法典中，惩罚性赔偿主要适用于如下三种情形：（1）知识产权侵权中的惩罚性赔偿，即“故意侵害他人知识产权，情节严重的，被侵权人有权请求相应的惩罚性赔偿”（《民法典》第1185条）；（2）产品责任中的惩罚性赔偿，即“明知产品存在缺陷仍然生产、销售，或者没有依据前条规定采取有效补救措施，造成他人死亡或者健康严重损害的，被侵权人有权请求相应的惩罚性赔偿”（《民法典》第1207条）；（3）环境侵权中的惩罚性赔偿，即“侵权人违反法律规定故意污染环境、破坏生态造成严重后果的，被侵权人有权请求相应的惩罚性赔偿”（《民法典》第1232条）。

▶即测即评

▶案例资源

第三章　一般侵权责任

第一节　一般侵权责任概述

一、一般侵权责任的概念

一般侵权责任也称一般侵权赔偿责任，即适用过错责任原则的侵权责任。在侵权责任法中，过错责任原则是最基本的归责原则，过错推定责任、无过错责任以及公平责任都以法律有规定为前提。因此，凡是法律没有规定适用过错推定责任、无过错责任或公平责任的侵权责任，都应当适用过错责任。鉴于此，学说上将适用过错责任的侵权责任称为一般侵权责任。

二、一般侵权责任的构成要件

依据《民法典》第 1165 条第 1 款的规定，一般侵权责任应具备以下构成要件：

（一）加害行为与民事权益被侵害

所谓加害行为与民事权益被侵害，是指行为人实施了侵害他人民事权益的行为，即加害行为。没有加害行为，就不会产生侵权责任。完全与人无关的自然事件，如地震导致人员伤亡和财产损失，虽然也会发生一定的法律效果，如保险赔偿金的给付、国家的救灾行为等，但不产生侵权责任。由于侵权责任法保护的是民事权益，故此，只有民事权益被侵害才发生侵权责任，如果受侵害的并非民事权益，可能发生其他法律责任，但不会产生侵权责任。

（二）造成了损害

行为人实施的侵害他人民事权益的加害行为，往往会给受害人造成损害。没有损害，就没有赔偿。因此，损害只是一般侵权责任的构成要件之一。同时，所谓过错责任也只是一般侵权责任的归责原则，并非所有侵权责任承担方式的归责原则。例如，停止侵害、排除妨碍、消除危险等绝对权请求权不以损害和过错为要件。

（三）具有因果关系

如果民事权益被侵害的后果并非该加害行为所致，而是由其他原因造成的（如受害人故意），则行为人无须承担侵权责任。同样，如果民事权益被侵害与损害之间不存在因果关系，则就超出因果关系的损害，侵权人也不需要承担赔偿责任。

（四）存在过错

存在过错是指加害人具有过错。过错包括故意和过失。在一般侵权责任中，即便行为人侵害了他人的民事权益，存在因果关系，但是如果没有过错，也无须承担侵权赔偿责任。

第二节　民事权益被侵害与损害

一、加害行为

（一）加害行为的概念

加害行为，是指侵害他人民事权益的受意志支配的人的行为。一方面，加害行为是侵害他人民事权益的行为。侵权责任法无法也不应当对那些没有侵害他人民事权益的行为作出评价。作为侵权责任构成要件的加害行为必须对他人的民事权益，如生命权、身体权、健康权等人身权益或物权、知识产权等财产权益造成了侵害。另一方面，加害行为必须是受到意思的支配的人的行为，即行为是在行为人的意识控制下，由其意愿所引导，可以控制的人的行为。倘若某一行为不是在人的意思的支配下进行的，而是被强制作出的身体的动作或者因外力的影响而产生的不自觉的反应，则不属于侵权责任法上的“加害行为”。

（二）加害行为的类型

依据表现形态的不同，加害行为可以分为作为与不作为。

作为，是指行为人积极的举止动作，即有所为，外界对此能够加以识别。加害行为中，作为是最常见的，如殴打他人、发表污蔑他人的文章、偷窃他人的财物、损坏他人的汽车、纵火焚毁他人的房屋等。

不作为，是指不做某件事情，从外界表现来看，行为人处于消极的静止状态，即有所不为。在侵权责任法上，不作为并非指一切属于人类的消极静止状态，能够被认定构成加害行为的不作为，必须是违反了作为义务。侵权责任法一般性确认的民事义务主要是没有特别关系的人之间相互负有的“不得损害”他人的消极不作为义务。至于在没有特别关系的人之间，一方积极为他方利益而作为的义务通常不为法律所一般性地认可。故此，作为义务主要产生于特定身份或特定关系的人之间，如基于亲属关系的抚养、照顾义务，基于合同关系的各种作为义务，从事了在先行为的人负有的作为义务以及因特定职务或业务而负有的作为义务。例如，警察负有保护人民群众安全、制止违法犯罪的义务。

二、民事权益被侵害

（一）侵害民事权益的概念

侵害民事权益，是指民事权益遭受了侵害的客观事实，它是侵权责任的成立要件之一（《民法典》第 1165 条第 1 款）。在侵权诉讼中，原告主张民事权益被侵害的前提是其确实享有该民事权益。生命权、身体权、健康权、姓名权、名誉权、肖像权、隐私权、人身自由权、人格尊严权等人格权是任何自然人都当然享有的权利，被侵权人无须证明自己享有这些权利。除此之外的其他民事权益，被侵权人负有证明其享有该民事权益的举证责任。

（二）权益侵害与损害的关系

侵害民事权益往往会造成损害，从损害这一事实中也可以看出民事权益被侵害。例如，甲开车撞伤乙的行为，既侵害了乙的健康权，又造成了损害（如医疗费等）。然而，有的时候，虽然行为人侵害了他人的民事权益，却并不当然就会造成损害。例如，B 购买了一个停车位，但并未使用，A 占用了 B 的停车位。该行为侵害了 B 的所有权，却尚未造成损害。

损害赔偿责任以损害为必备要件，而过错责任等归责原则也仅适用于侵权损害赔偿责任。至于停止侵害、排除妨害、消除危险等绝对权请求权，其是基于物权、人格权等绝对权而产生的保护性请求权，要求权益被侵害，却不要求损害，更不考虑加害人有无过错。

三、损害

（一）损害的概念

损害是所有民事赔偿责任的必备要件。唯有被侵权人因侵权行为遭受了损害，方能要求侵权人负损害赔偿义务，即成立侵权赔偿责任。客观上的损害，是指任何物质的或精神的利益的非自愿的丧失。并非所有的客观上的损害都能获得法律上的救济，只有那些具有法律上可赔偿性的损害，才属于损害赔偿法意义上的损害。

法律上可赔偿的损害应符合以下两个要件：其一，必须是能够通过侵权人承担赔偿责任得到赔偿的损害。其二，必须是基于法律价值上的考量应当由侵权人予以赔偿的损害。例如，因果关系上过于遥远的损害，不应由侵权人赔偿。

（二）损害的类型

1. 财产损害与精神损害

依据损害能否通过金钱加以计算，可以将损害分为财产损害与精神损害。财产损害也称经济损失，是指具有财产价值，能够以金钱加以计算的损害。例如，A 将 B 的电话损坏，甲将乙的房屋烧毁。精神损害也称非财产性损害，是指没有财产价值，无法以金钱加以计算的损害。例如，甲因近亲属乙被丙开车撞死而遭受的失去亲人的痛苦，A 因被 B 打伤致残而遭受的痛苦。

2. 直接损害与间接损害

直接损害，是指对受害人的人身权益、财产权益本身所造成的损害。这种损害可以从客观形体上的变化中反映或者被察觉。例如，某人毁损他人汽车，汽车本身的毁损是有形的、可从外部观察到的。间接损害，是指由于权益被侵害而延伸发展出来的损害，包括减少的收入、失去的利润和物品丧失使用等。例如，某人将他人汽车毁坏后，车主无法使用该车的损失；某人将他人打伤后，伤者因此丧失的工作收入。

3. 积极损害与消极损害

积极损害也称所受损害，是指因加害行为的发生导致受害人既有的财产的减少或债务的增加；消极损害也称所失利益，是指因加害行为的发生导致受害人应增加的财产未增加。例如，A 被 B 打伤，A 因治疗伤害而支出医疗费、交通费、护理费等 10 万元是积极损害，因住院治疗耽误工作而减少的收入 20 万元就是消极损害。

第三节　因果关系

一、因果关系的概念与意义

侵权责任法上的因果关系，是指加害人的行为与损害后果之间的因果关联。因果关系是包括侵权责任在内的所有法律责任都应当具备的要件。

在侵权责任法上，讨论因果关系的意义在于：一方面，维护自己责任原则。现代法治社会奉行自己责任原则，任何人都要为也仅为自己的行为负责。在实现自己责任原则的过程中，因果关系起到了过滤器的作用，它可以将能归因于某人的事实性后果和不能归因于该人的事实性后果区分开来，从而有效地贯彻自己责任原则。

另一方面，控制责任范围。世界是普遍联系的，事物之间的因果链条可以无限延伸。行为人的一个行为会引发一连串的后果，有些后果行为人可以预见，有些则无法预料。如果不把那些过于遥远的损害排除出去，要求行为人对这些损害也承担赔偿责任，将会严重损害人们的合理行为自由，摧毁人们的生存空间。

二、两个层次的因果关系

侵权责任法上的因果关系可以分为两个层次。

第一个层次是责任成立的因果关系，即加害行为与权益遭受侵害之间的因果关联。只有当权益被侵害的结果与加害人的行为有关时，侵权责任方可成立，因此，该层次的因果关系用来解决侵权责任成立与否的问题。

第二个层次是责任范围的因果关系，即权益被侵害与损害之间的因果关系，它是侵权责任成立后用于确定赔偿范围的因果关系。由于权益被侵害会引发各种损害，而从法律政策的角度出发，侵权人并非对所有的损害都要赔偿，故通过责任范围的因果关系可以过滤掉不合理的损害赔偿请求权，以控制赔偿责任的范围。

三、因果关系的判断标准

判断责任成立因果关系的主流标准是相当因果关系理论。它实际上是分为两个阶段来判断因果关系的。首先，依条件说来确认加害行为与权益受侵害之间有无条件关系，即加害行为是否属于权益受侵害的原因。其次，在确认了加害行为是权益受侵害的原因后，再判断是否存在相当性，即该加害原因是否属于权益受侵害的充分原因。如果是，因果关系成立；如果否，因果关系不成立。

依据条件说，现实生活中可能有很多因素导致权益被侵害的事实。但是，只有那些“不可想象其不存在的条件，才属于结果的原因”。因此，就加害行为而言，只有当其不存在，则权益就不会受到侵害的情况下，该加害行为才是权益被侵害的条件。例如，A 超速驾驶机动车，撞伤了穿越马路的 B。如果 A 不超速行驶，其完全有足够的时间刹车，避免撞伤 B。因此，A 的超速行为是 B 受伤的必要条件。

条件说只是对因果关系进行一种事实意义上的检测，它并不足以解决法律上的可归责性问题。依据条件说，所有对于权益被侵害这一结果的出现不可或缺的条件都是原因，具有同等的效力或同等的价值。故此，条件说也被称为“等值理论”。可是，如果按照条件说，只要行为人的行为是损害的必要条件之一，就要承担侵权责任，无疑就会使那些完全不真实的因果关系以及过于“遥远”的原因都被涵盖进来，因果关系链条将被无限制地加以延伸。所以，在法律上有必要对条件说加以限制，即在侵害权益的原因中必须区分重要的与不重要的原因（即具有相当性的条件与不具有相当性的条件），从而适当地控制侵权责任的成立。由此，就产生了所谓相当性理论。那些被认为具有相当性的条件，必须同时符合两个特征：其一，该条件的存在对于诉争损害的发生几率产生了影响；其二，该条件并非在某些极端特殊的情形下才成为引发损害的条件。

相当因果关系理论的关键在于：作为原因被考察的事件是否通常会增加损害后果出现的客观可能性。行为人对损害范围能否预见，无关紧要。因为相当因果关系只是要排除那些客观上超乎寻常的原因所造成的损害。

四、第三人行为中断因果关系

第三人的行为能否中断因果关系，在法律对之有明确规定时，应依据法律规定处理。例如，《民法典》第1204、1233、1242、1250条分别就产品责任、环境污染和生态破坏责任、高度危险物致害责任以及饲养动物损害责任中的第三人行为不得免除侵权人的责任作了规定。但是，在法律没有规定侵权人不得以第三人行为作为减责或免责事由的场合，倘若第三人行为中断了因果关系，可以减轻或免除侵权人的责任。

第三人行为能否中断因果关系的判断标准为，行为人能否合理地预见在其行为发生后第三人行为的出现。在认定被告能否合理预见第三人行为时，应当考虑两个因素：一是第三人行为的类型。当第三人行为是合法行为时，不会中断被告的行为与损害之间的因果关系。第三人的合法行为，既包括第三人的行为是合理的、不具有可非难性即没有过错的行为，也包括第三人维护自身权益的行为。如果第三人的行为是不法行为，则能否中断因果关系，需要考虑从事在先加害行为的行为人是否能够预见第三人的不法行为。二是行为人违反的法律规范的目的。如果避免第三人行为出现或防止第三人造成某种损害结果就是该法律规范的目的，则即便事实上行为人无法预见第三人的行为，该第三人的行为也无法中断因果关系。

五、特殊因果关系

1. 共同的因果关系

共同的因果关系，即多个行为人分别实施加害行为，这些行为偶然地结合在一起，给受害人造成了同一损害，并且如果只是其中的任何一个加害行为单独发生，均不足以造成部分或全部的损害。例如，A船与B船在航行中均有过失，以致两船碰撞。B船碰撞后船体出现破裂，所载重油泄漏，污染了C游泳场管理的水域及海岸带。

2. 竞合的因果关系

竞合的因果关系，是指多个行为人分别实施了加害行为，侵害了他人民事权益而给他人造成同一损害，但即便是其中的任何一个加害行为单独发生，也足以侵害他人民事权益并造成该同一损害。例如，A厂与B厂不约而同向河里偷排污水，且任何一个厂排放的污水都足以导致C的鱼苗死亡。又如，甲在林中散步时，被来自不同方向的打猎者乙、丙各自发射的一颗子弹击中头部而死亡，其中任何一颗子弹都是致命的。

3. 超越的因果关系

超越的因果关系，是指对同一受害人造成损害结果的多个原因依次发生，在先原因所造成的损害后果被在后的原因所改变。例如，受害人A被加害人B驾驶的轿车撞断左腿，随即被送至C医院抢救，手术过程中出现麻醉意外，A成为植物人。

4. 择一的因果关系

择一的因果关系，是指损害是由多个行为人中的某一或某些人的行为所致，但是不能确定具体的侵权人。例如，甲、乙、丙三个小孩从楼顶往楼下扔酒瓶，其中一个酒瓶砸中受害人，但不知道该酒瓶是三人中何人所扔。

5. 假设的因果关系

假设的因果关系，是指损害已因某一加害人的行为而发生，但即便该加害行为不存在，损害的全部或部分也会因为另外一个与加害人无关的原因而发生。例如，甲将乙的房屋烧毁，但由于乙的房屋是违章建筑，即便甲不烧毁该房屋，该房屋也即将被行政机关依法拆除。

第四节 过　错

一、过错的概念与本质

过错是对行为人主观心理状态的评价，分为故意与过失。只有存在加害行为与损害后果等客观要件后，方有讨论过错的必要。过错必须涉及何种内容，通常也要由客观构成要件加以决定。

现代侵权责任法侧重于补偿损害及预防损害，因此，过错不再是单纯的对行为人主观上的道德非难，而成为一种用于协调各种法律价值的、纯粹的技术性手段。法院对过错的认定往往基于各种价值的考量、相互冲突的利益的权衡。例如，法院可能从防范损害发生的成本与受害人损害的大小和发生概率的关系的角度出发来确认被告有无过错，进而建立一种更有效率的激励机制。

二、过错的类型

（一）故意

故意是指行为人明知其行为会发生侵害他人民事权益的后果，仍有意为之的一种主观心理状态。故意包括认识要素与意愿要素。前者是指行为人对于其行为将会发生侵害他人民事权益的后果有所认识，即“明知”；后者是指行为人在对其行为之后果有所认识后具有的实现该后果的决意或意愿。依据行为人是主动追求还是放任该后果的发生，可将故意分为直接故意与间接故意。“恶意”并非一类独立的过错类型，而是属于故意中的直接故意。

（二）过失

1. 过失的概念

过失，是指行为人对侵害他人民事权益之结果的发生，应注意或能注意却未注意的一种心理状态。过失包含认识要素与意愿要素。过失中的认识要素即所谓的“可预见性”，是指行为人能够或应当预见到其行为会侵害他人的民事权益。可预见性只要求行为人能够预见到其行为会侵害他人的民事权益，并不要求行为人预见到其行为的具体后果，尤其是不要求预见到损害的类型和范围。过失中的意愿要素即“可避免性或可回避性”，是指行为人具有避免侵害他人民事权益的可能性。如果行为人虽然预见到了其行为可能侵害他人民事权益，但是无法避免，也不能构成过失。

2. 过失的类型

依据严重程度不同，过失可分为重大过失、一般过失与轻微过失。

重大过失，是指行为人连最普通人的注意都没有尽到，或者说，行为人是以一种“异乎寻常的方式”违背了必要的注意。行为人是否具有重大过失，应依行为人未尽注意之时的总体情况加以判断。行为人是否知悉其行为之危险性，并非判断重大过失的必备标准。即便行为人完全没有注意到其行为之危险性，但是，倘若其尽到最低程度的注意就能知悉，也构成重大过失。

一般过失是最为常见的过失形态。前述对过失的界定指的就是这种过失。随着过失的客观化，侵权责任法中判断行为人是否具有一般过失，采取的是相对客观的标准，如以善良管理人作为判断标准。

轻微过失，是相对于一般过失程度更加轻微的过失。这种过失的程度要小于一般过失。一般来说，在适用过错责任原则的侵权行为中，即便行为人仅存在轻微过失而给他人造成损害的，也需要承担侵权责任。只不过是在赔偿责任的裁量中，法院可以考虑加害人的轻微过失以及受害人对损害的发生或扩大是否具有过错的事实，而对侵权人的赔偿责任予以酌情减轻甚至免除。

三、过失的判断标准

现代侵权责任法对于过失的判断采取的是客观过失说，即以相对客观的标准来认定侵权人的过失。这有助于在不同的案件中考虑具体情况和因素，合理地对行为人提出注意义务的要求，进而科学处理权益保护与行为自由之间的关系。具体而言，在认定行为人是否有过失时，需要考虑的因素包括：（1）法律法规的规定。很多情况下，法律法规对行为人的作为或不作为义务有明文规定。行为人不按照法律法规的要求行为，违反法定义务，常常因此而被认为存在过失。（2）职业或团体成员的一般知识能力和水平。客观过失说的最大特点就在于其并非依据个案中特定行为人个人的知识水平和专业能力来提出要求，而是要求任何从事某一职业或隶属于某一团体的人员，均应达到该职业或该团体内普通的从业人员所应当具有的知识水平、专业技能和业务水平。如果达到了，就不存在过失，否则就有过失。所谓职业或团体可能是那些非常专门的职业或团体，如医生、会计师、律师等行业，不仅有专门的知识和能力的要求，还有很高的行业准入门槛；也可能仅仅是因为长期从事该职业或活动而被认为具有普遍高于外行人的能力的职业或团体。（3）行为的危险程度与民事权益的类型。行为的危险程度是指行为人实施的行为给他人造成损害的可能性的大小。越容易给他人人身财产权益造成损害的行为，行为人负有越高的注意义务，越应当预见损害发生的可能性，从而采取相应的防范措施，否则会被认为存在过失。（4）预防损害的成本与收益。侵权责任法的经济本质就在于通过责任的运用，将那些由于高交易成本造成的外部性内部化。所以，判断从事经营活动或者其他社会活动的民事主体是否应当承担以及承担何种限度内的注意义务，进而认定行为人有无过失时，需要考虑行为人预防与控制风险或损害的成本和收益。（5）其他因素。在有些案件中，侵权人的年龄、身体缺陷也会成为考虑认定其过错的因素。

第五节 侵权责任的免责与减责事由

一、侵权责任的免责与减责事由概述

免责事由，是指使侵权责任不成立的法律事实；减责事由，是指减轻侵权人的赔偿责任的法律事实。

免责事由不同于抗辩事由。第一，抗辩事由包括但不限于免责事由。抗辩事由，是指在侵权诉讼中被告针对原告的请求而提出的有关侵权责任不成立或侵权责任虽成立但应免除或减轻侵权责任的一切主张。除了免责事由外，抗辩事由还包括：（1）通过证明侵权责任构成要件的欠缺而主张责任不成立的抗辩事由，如侵权人证明自己没有过错；（2）通过提出其他法律事实或者依据法律的规定而主张免除责任或者减轻责任，如侵权人提出诉讼时效期间届满或受害人对于损害的发生也具有过错。第二，免责事由蕴涵了立法者的价值判断。针对不同的侵权责任，立法者承认的免责事由也是不同的，因而免责事由须由法律规定。但是，并非一切抗辩事由都要由法律逐一规定。例如，行为人通过证明侵权责任的构成要件的欠缺而不承担侵权责任，是不言自明的，无须法律规定。

民法典对侵权责任的免责与减责事由采取了“一般规定+特别规定”的立法模式。一般规定，是指《民法典》总则编及侵权责任编第一章“一般规定”中对侵权责任的减责和免责事由作出的规定，即第180—182条、第184条、第

1173—1177 条；特别规定，是指《民法典》侵权责任编在规定特殊侵权责任的相关章节中，专门对一些特殊侵权责任的免责以及减责事由作出的规定，如第 1224 条、第 1237—1240 条、第 1245 条、第 1246 条等。

为了明确上述关于免责和减责事由的法律规定的适用关系，《民法典》第 1178 条规定："本法和其他法律对不承担责任或者减轻责任的情形另有规定的，依照其规定。"

二、侵权责任免责事由的类型

民法典中规定的免责事由包括：不可抗力（第 180 条）、正当防卫（第 181 条）、紧急避险（第 182 条）、自愿救助他人（第 184 条）、受害人故意（第 1174 条）、第三人行为（第 1175 条）、自甘冒险（第 1176 条）以及自助行为（第 1177 条）。因本书"民事责任"章对《民法典》总则编规定的免责事由已有介绍，本部分主要介绍以下几类免责事由。

（一）受害人故意

受害人故意，是指受害人故意给自己造成损害。由于损害结果的出现是受害人所追求的目的，即受害人故意是导致损害发生的唯一原因，因此加害行为与损害结果之间并无因果关系，行为人不承担侵权责任。

（二）第三人行为

第三人行为，是指行为人（侵权人）与受害人（被侵权人）之外的第三人从事的不法行为，该行为在中断了行为人（侵权人）在先的加害行为与损害之间的因果关系后，可以免除行为人（侵权人）的侵权责任。

（三）自甘冒险

自甘冒险，是指某人明知且自愿地进入使自己权益遭受危险的境地。确立自甘冒险规则，有利于明确学校等机构正常开展具有一定风险的文体活动的责任界限。《民法典》第 1176 条规定："自愿参加具有一定风险的文体活动，因其他参加者的行为受到损害的，受害人不得请求其他参加者承担侵权责任；但是，其他参加者对损害的发生有故意或者重大过失的除外。活动组织者的责任适用本法第一千一百九十八条至第一千二百零一条的规定。"

依据《民法典》第 1176 条第 1 款的规定，只有符合以下条件，才能适用自甘冒险，免除其他参加者的责任：

第一，自愿参加具有一定风险的文体活动。一方面，受害人是自愿参加具有一定风险的文体活动，而不是被迫参加的。这种自愿性本身也就表明了受害人是明确地知道该文体活动具有一定的危险性，且愿意承担该文体活动中的风险现实化而带来的损害。正因如此，才能免除其他参加者的侵权责任。另一方面，受害人自愿参加的是具有一定风险的文体活动。这就是说，并非受害人参加的任何对自己的人身财产安全具有危险性的行为，都属于自甘冒险。例如，乘坐醉酒人驾驶的机动车，发生交通事故而遭受损害，此时应当认为受害人对于同一损害的发生具有过错，可以适用《民法典》第 1173 条的过失相抵规则，减轻侵权人的责任，但不能免除责任。所谓具有一定风险的文体活动，是指那些因有对抗性、竞技性而存在一定的发生人身损害的风险的体育比赛等活动，如拳击、篮球、排球、击剑、足球、曲棍球、冰球、滑冰、滑雪等两人以上参加的比赛。如果仅仅是一人表演性的比赛，如跳水、跳高、舞蹈等，虽然也有一定的风险，但是这种风险并非来自活动的对抗性或竞技性，不涉及其他参与者，自然就不存在免除其他参与者的侵权责任的问题。在受害人参加具有一定风险的文体活动而该文体活动本身没有其他参与者的情况下，如在攀爬雪山、攀岩、海上冲浪等活动中死亡或受伤的，虽然也被人们称为“自甘冒险”，但是这种风险并非来自其他参与者，而是来自外界，因此，可以适用受害人同意的规则，而不适用自甘冒险规则。当然，如果存在其他需要承担侵权责任的人，如一同组队爬山却见死不救，则另当别论。

第二，其他参加者没有故意或者重大过失。其他参加者，是指与受害人一同参加具有一定风险的文体活动的人，如拳击比赛中的对手、球赛中的其他球员等。当其他参加者基于故意或者重大过失给受害人造成损害时，不能以自甘冒险作为抗辩。例如，拳击比赛中故意违反比赛规则，攻击对手的要害部位。虽然参加者自愿参与拳击比赛这一具有风险的体育活动，但其只是愿意接受该体育活动在符合比赛规则情形下的正常风险，不意味着其愿意承受犯规行为制造的风险。故此，在其他参加者存在故意或者重大过失的情形下，不能依据《民法典》第 1176 条免除参与者的侵权责任。

《民法典》第 1176 条第 1 款明确规定了自甘冒险的法律效果只是免除其他参加者的侵权责任。该具有一定风险的文体活动的经营者、管理者、组织者或者教育机构的侵权责任，并不能以受害人自甘冒险为由免除。依据《民法典》第 1176 条第 2 款的规定，体育场馆、娱乐场所等经营场所、公共场所的经营者、管理者或者群众性活动的组织者，未尽到安全保障义务，造成他人损害的；或者第三人侵权而经营者、管理者或组织者没有尽到安全保障义务的，它们分别依据《民法典》第 1198 条第 1、2 款承担侵权责任。如果是幼儿园、学校或者其他教育机构组织的具有一定风险的文体活动，那么教育机构应当分别依据《民法典》第 1199—1201 条的规定承担侵权责任。

（四）自助行为

自助行为，是指权利人为了保护自己的权利，对于他人的自由或财产施以拘束、扣留或毁损的行为。自助行为与正当防卫、紧急避险一样，都是权利人通过自己的力量保护自己的行为，属于私力救济。“自助行为”制度赋予了自然人在一定条件下的自我保护权利，是对国家机关保护的有益补充；明确规定“自助行为”制度，对保护自然人的人身财产权益具有现实意义，也有利于对这种行为进行规范。据此，《民法典》第 1177 条规定：“合法权益受到侵害，情况紧迫且不能及时获得国家机关保护，不立即采取措施将使其合法权益受到难以弥补的损害的，受害人可以在保护自己合法权益的必要范围内采取扣留侵权人的财物等合理措施；但是，应当立即请求有关国家机关处理。受害人采取的措施不当造成他人损害的，应当承担侵权责任。”

自助行为必须符合以下几个条件：第一，合法权益受到侵害。也就是说，自助人是为了保护自己的合法权益。这种合法权益仅限于依法可以强制执行的请求权（债权、物权请求权）。对于那些无须相对人进行给付的权利如形成权、支配权，不能采取自助行为。这些权利受到侵害时可以进行正当防卫或者紧急避险。第二，情况紧迫且不能及时获得国家机关保护，不立即采取措施将使其权益受到难以弥补的损害。一方面，这说明自助行为具有补充性；另一方面，这也意味着自助行为必须是一种迫不得已的行为。“情况紧迫”和“不立即采取措施将使其权益受到难以弥补的损害”正是分别从侵害行为和损害后果两方面提出的认定标准，前者要求合法权益正在受到侵害，后者意味着如果不采取措施则会使得受害人的请求权无法实现或者实现上具有明显的困难。第三，必须是在保护自己合法权益的必要范围内采取扣留侵权人的财物等合理的措施。是否在保护自己合法权益的必要范围，是衡量措施合理与否的重要标准。至于自助行为人可以采取哪些措施，《民法典》第 1177 条列出了“扣留侵权人的财物”这一种情况，但除此之外，还包括暂时阻止侵权人离开、直接取回自己的财产等。第四，应当立即请求有关国家机关处理。也就是说，在采取措施的同时或者采取措施之后，应当立即请求有关国家机关处理相关的纠纷，最典型的方式就是报警，请求公安机关来处理。毕竟自助行为具有补充性，是迫不得已的行为，因此，自助行为人必须尽快回到正常的法律途径的轨道上。否则，就会构成侵权。

如果符合上述要件，构成自助行为的，自助人无须就其采取的扣留侵权人的财物等合理措施而承担侵害民事权益的侵权责任。但是，如果不构成自助行为，则需要承担侵权责任。此外，即便行为人的行为构成自助行为，如果其采取的措施不当，造成他人损害的，依据《民法典》第 1177 条第 2 款的规定，也应当承担侵权责任。所谓采取的措施不当，主要是指采取的措施超出保护自己合法权益的必要范围，具体应当根据案件的具体事实（如急迫性），受害人被保护的权益、受害人有无选择其他措施的可能性、该措施对侵权人权益的影响程度等加以判断。

三、侵权责任减责事由的类型

侵权赔偿责任的减责事由主要就是受害人过错，也称过失相抵，即受害人对于同一损害的发生或扩大具有过错时，可以减轻侵权人的赔偿责任。例如，行人甲违反交通规则，闯红灯通过路口，结果被司机乙驾驶的汽车撞伤，显然甲对损害的发生是具有过错的。对于受害人的过错，《民法典》第 1173 条、第 1188 条第 1 款、第 1239 条、第 1240 条等作出了相应的规定。

此外，民法典还规定了其他减责事由，如第 1188 条第 1 款规定的“监护人尽到监护职责的”、第 1217 条规定的“好意同乘”等。

▶即测即评 ▶案例资源

第四章 数人侵权责任

第一节 数人侵权责任概述

一、数人侵权责任的含义

数人侵权责任是与单独的侵权责任相对应的。单独的侵权责任是指由一个加害人实施侵权行为而产生的责任；数人侵权责任是指由二人以上实施侵权行为而产生的责任。现代社会的侵权行为中，加害人为多人的情形极为常见，如机动车损害责任、产品责任、医疗损害责任、环境污染和生态破坏责任等。在数人实施侵权行为时，因果关系表现为多因一果或多因多果，故此，受害人如何证明因果关系、多个加害人如何向受害人承担侵权责任、数个侵权人内部责任如何分担等问题更为复杂。

二、数人侵权责任的类型

依据《民法典》第 1168—1172 条的规定，数人侵权责任可以分为两大类：一是共同侵权责任，包括因共同加害行为（《民法典》第 1168 条）、教唆帮助行为（《民法典》第 1169 条）以及共同危险行为（《民法典》第 1170 条）而产生的侵权责任；二是无意思联络的数人侵权责任，包括承担连带责任的无意思联络的数人侵权责任（《民法典》第 1171 条）、承担按份责任的无意思联络的数人侵权责任（《民法典》第 1172 条）。

第二节 共同加害行为

一、共同加害行为的概念

共同加害行为是最典型的共同侵权行为，也称狭义的共同侵权行为，是指二人以上共同实施侵权行为造成他人损害，数个侵权人应当承担连带赔偿责任（《民法典》第 1168 条）。例如，A、B、C 三人都与 D 有仇，一同将 D 打伤。

共同加害行为中的数个侵权人之间往往有分工，他们可能都直接从事了加害行为，也可能并未都直接从事加害行为，此时，每个加害人的行为对损害的作用方式和作用范围是不同的。例如，在盗窃团伙实施偷盗行为时，往往是头目负责方案的拟订，诸多手下又各有分工。按照肇因原则的要求，受害人如果想要团伙的每一个成员都向其承担侵权责任，需要逐一证明每个人的行为与其权益受侵害之间存在因果关系。显然，受害人难以做到。鉴于此，侵权责任法上特别设立共同加害行为制度，将那些具有共同过错的数个侵权人实施的行为评价为一个侵权行为，使他们承担连带责任，从而有效地减轻了受害人因果关系证明责任，保护了受害人的合法权益。

二、共同加害行为的构成要件

（一）须有数个加害人

共同加害行为中应有数个加害人，即两人以上。否则，只能成立单独的侵权行为。至于各个行为人是否为完全民事行为能力人，对确定加害人数没有影响。

（二）每个加害人的行为皆符合侵权行为的客观构成要件

共同侵权行为是单独侵权行为的扩张。只有当各个行为人的行为皆符合侵权行为的客观构成要件即加害行为、权益被侵害以及具有因果关系时，方能成立共同加害行为。

（三）共同过错

数个加害人之间必须具有共同过错。共同过错包括共同故意与共同过失。共同故意，是指二人以上明知且意欲协力导致损害结果发生的心理状态；共同过失，是指各个加害行为人对于权益被侵害以及损害结果的发生都已经预见或者应预见而未预见。

三、共同加害行为的法律后果

共同加害行为的各个行为人承担连带赔偿责任，赔偿权利人有权请求部分或者全部连带责任人承担责任。连带责任人的责任份额根据各自责任大小确定；难以确定责任大小的，平均承担责任。实际承担责任超过自己责任份额的连带责任人，有权向其他连带责任人追偿。

第三节 教唆帮助行为

一、教唆帮助行为的概念

教唆帮助行为，是指教唆、帮助他人实施侵权行为而依法应当承担侵权责任的情形。在教唆、帮助他人实施侵权行为的案件中，教唆人和帮助人并非直接的、具体的实施加害行为的人。因此，受害人要证明并未直接实施加害行为的教唆人、帮助人的行为与损害之间的原因力和原因力的大小，较为困难。为消除这种困难，侵权责任法上将教唆人、帮助人视作共同加害行为人，他们必须与被教唆人、被帮助人一起就被侵权人的全部损害承担赔偿责任（《民法典》第 1169 条）。这一规定既有利于保护受害人的合法权益，也有助于遏制教唆帮助行为的发生。

二、教唆帮助行为的类型

依据被教唆人或被帮助人是否为完全民事行为能力人，《民法典》第 1169 条将教唆帮助行为分为以下两类。

第一，教唆、帮助完全民事行为能力人实施侵权行为。此时，教唆人或帮助人应与行为人承担连带责任（《民法典》第 1169 条第 1 款）。

第二，教唆、帮助无民事行为能力人或限制民事行为能力人实施侵权行为。此时，教唆人或帮助人应当承担侵权责任；该被教唆或被帮助的无民事行为能力人、限制民事行为能力人，无须承担责任，但是他们的监护人未尽到监护职责时，要承担相应的责任（《民法典》第 1169 条第 2 款）。

三、教唆行为的构成要件

（一）存在数个行为人

教唆行为中至少有两个行为人：一是实施教唆行为之人，即教唆人；二是实施侵害他人权益行为之人，即行为人。

（二）存在加害行为且加害行为与权益被侵害之间有因果关系

加害行为，是指被教唆人实施的侵害他人民事权益的行为，即“主行为”。如果教唆人虽进行了教唆，但被教唆人未实施侵害他人民事权益的行为，或虽侵害了他人民事权益却未造成损害，则均不构成教唆行为。

（三）存在教唆行为且教唆行为与加害行为存在因果关系

教唆行为，是指利用言辞对他人进行开导、说服，或通过刺激、利诱、怂恿等方法使其从事侵害他人权益之行为。教唆行为与加害行为存在因果关系，是指被教唆人实施的加害行为正是教唆的内容，即教唆行为引起了加害行为，前者是后者的原因。如果教唆行为并未引起任何加害行为，则不发生侵权责任。即便存在加害行为，倘若该行为并非教唆人的教唆内容或超出了教唆的内容，那么只需要由行为人单独承担侵权责任即可，教唆人要么不承担连带责任，要么对超出的部分不承担连带责任。

（四）存在共同故意

教唆人应当具有教唆的故意，过失不构成教唆。此外，被教唆人也必须具有故意，即其明知他人的教唆行为并且按照教唆的内容实施了侵害他人权益之行为。

四、帮助行为的构成要件

帮助行为，是指给予他人以帮助（如提供工具或者指导方法），以便使该人易于实行侵权行为。帮助行为的构成要件与教唆行为大体相同，但有一处不同：帮助行为并不要求帮助人的行为是加害行为的原因，即只要帮助行为客观上使加害行为易于实施即可。至于行为人是否因为帮助人的帮助行为而实施了加害行为，无关紧要。

第四节 共同危险行为

一、共同危险行为的概念和特征

共同危险行为，是指两人以上实施危及他人人身、财产安全的行为，其中一人或者数人的行为造成了他人的损害，但不能确定该人是谁，故由全体实施危及他人人身、财产安全行为之人承担连带责任。例如，甲、乙、丙、丁四人在棋牌室打麻将，四人皆抽烟且随地乱扔烟头，将房间地毯点燃，但不知道是何人所扔的烟头引发的。这就是共同危险行为，应当由甲、乙、丙、丁四人承担连带赔偿责任。

共同危险行为的特殊之处在于：受害人仅仅知道哪些人参与从事了对自己的人身、财产安全具有危险的活动，但不知道具体造成损害的是这些人中的哪一个或哪一些。为了消除受害人证明具体加害人的困难，侵权责任法上特别设立了共同危险行为制度。据此，在具体加害人不明的情形下，实施因果关系举证责任的倒置。除非参与危险活动之人能够证明其行为与损害之间不存在因果关系，否则他们都应当向受害人负担连带赔偿责任。

二、共同危险行为的构成要件

（一）基本构成要件

作为共同危险行为基本规范的《民法典》第1170条，并非侵权责任的成立规范，只是证明责任的分配规范。虽然受害人因此而免负因果关系之证明责任，但仍须证明每一个共同危险行为人的行为符合其他的侵权责任成立要件。这些要件属于共同危险行为的基本构成要件。

第一，存在损害。这是所有侵权赔偿责任必备的要件，共同危险行为也不例外。所谓损害，包括人身伤亡与财产损失。对此，受害人负证明责任。

第二，其他构成要件。共同危险行为是为解决因果关系不明而设立的制度，在一般侵权行为和特殊侵权行为中都有可能出现因果关系不明的情形，所以，共同危险行为既可以适用于一般侵权责任，也可以适用于特殊侵权责任。

（二）不存在共同过错

在共同加害行为与共同危险行为的适用顺序上，应当先判断是否构成共同加害行为。只有不构成共同加害行为时，才考虑能否适用共同危险行为。所以，缺乏共同过错是共同危险行为的消极主观要件。

（三）数人实施了危险行为

首先，共同危险行为中必定存在数个参与实施危险行为之人，其人数至少应为两人。如果只有一人，不构成共同危险行为。其次，两人以上实施危险行为中的“实施”，既包括作为，也包括不作为。最后，数人的行为均具有导致他人权益遭受特定损害的危险性。在共同危险行为中，之所以全部行为人均要向受害人承担赔偿责任，是因为这些参与人都实施了危及他人人身、财产安全的行为。也就是说，参与人虽然分别、独立地从事行为，并无共同过错，但他们都从事了对受害人的人身财产权益具有危险性的行为。共同危险行为的成立在于客观上的共同，即数人均实施了对他人人身、财产安全有共同的危险的行为。

（四）因果关系不明

《民法典》第 1170 条已将因果关系不明表述为“不能确定具体侵权人”，且规定“能够确定具体侵权人的，由侵权人承担责任”，所以，只有加害人不明即处于择一的因果关系形态时，方适用该条规定，构成共同危险行为。仅仅是“加害部分不明”，不适用共同危险行为，而应根据不同的情形适用《民法典》第 1171 条或第 1172 条的规定。

三、共同危险行为的法律后果

共同危险行为人应就被侵权人的损害承担连带责任。一方面，被侵权人有权要求全部或部分行为人就全部或部分的损害承担连带赔偿责任；另一方面，共同危险行为人内部应当按照责任大小确定赔偿份额，不能确定的则平均承担责任。支付超出自己赔偿数额的连带责任人，有权向其他连带责任人追偿。

四、共同危险行为的免责事由

共同危险行为中，除了一个或多个侵权人的行为与损害之间存在真实的因果关系外，其他人的行为与损害之间存在的是“可能的因果关系”。因此，共同危险行为人只有证明究竟何人是造成损害的人即具体的加害人时才能免责。

第五节 无意思联络的数人侵权

一、无意思联络的数人侵权的概念和类型

无意思联络的数人侵权，是指没有共同过错的数人分别实施侵权行为，造成他人同一损害而依法承担连带责任或按份责任的情形。《民法典》第 1171、1172 条分别规定了两类无意思联络的数人侵权。

二、无意思联络的数人侵权的构成要件

（一）数人分别实施侵权行为

无意思联络的数人侵权意味着加害人必须是数人，即两人以上。但他们是分别实施侵权行为的，既不存在共同故意，也不存在共同过失。否则，就构成共同加害行为，应适用《民法典》第 1168 条的规定。

（二）造成了同一损害

无意思联络的数人侵权必须给受害人造成了“同一损害”。所谓同一损害，既不是指给受害人仅造成了一个损害或造成同一性质的损害，也不意味着受害人遭受的损害是不可分割的，而是指各个侵权人分别实施的加害行为均与受害人的权益被侵害之间存在因果关系。如果受害人遭受了多个损害，则各个侵权人的行为与该多个损害之间都具有责任成立上的因果关系；如果受害人仅遭受了一个损害，则每个侵权人的行为都和这个损害具有责任成立上的因果关系。至于原因力的程度（即责任范围的因果关系），在所不问。

（三）存在因果关系

具体而言，适用《民法典》第 1171 条的因果关系的要求是，分别实施侵权行为的人中“每个人的侵权行为都足以造成全部损害”。这种因果关系被称为“累积因果关系”或“聚合因果关系”。所谓“足以造成全部损害”，不等于每个侵权行为都实际造成损害，只要每个侵权行为与损害的发生具有相当之因果关系即可。也就是说，每个侵权行为如果单独出现，都可以造成受害人的全部损害。各个行为在原因力上是相等的，可以相互替代。即便只有单独的一个侵权行为，损害结果也不会因此发生改变。

《民法典》第 1172 条未要求每个人的侵权行为都足以造成全部损害。这种因果关系属于“部分因果关系”，具体包括两种类型：一是每个侵权人的行为均不足以导致损害后果的发生，必须相互结合才能导致损害后果的发生；二是部分侵

权人的行为足以造成全部损害的发生，部分侵权人的行为仅能造成部分的损害。《最高人民法院关于审理环境侵权责任纠纷案件适用法律若干问题的解释》第 3 条第 2、3 款规定："两个以上侵权人分别实施污染环境、破坏生态行为造成同一损害，每一个侵权人的污染环境、破坏生态行为都不足以造成全部损害，被侵权人根据民法典第一千一百七十二条规定请求侵权人承担责任的，人民法院应予支持。""两个以上侵权人分别实施污染环境、破坏生态行为造成同一损害，部分侵权人的污染环境、破坏生态行为足以造成全部损害，部分侵权人的污染环境、破坏生态行为只造成部分损害，被侵权人根据民法典第一千一百七十一条规定请求足以造成全部损害的侵权人与其他侵权人就共同造成的损害部分承担连带责任，并对全部损害承担责任的，人民法院应予支持。"

三、无意思联络的数人侵权的法律后果

（一）连带责任

依据《民法典》第 1171 条的规定，每个人的侵权行为都足以造成全部损害的，行为人承担连带责任。在这一情形下，被侵权人有权请求部分或者全部连带责任人承担责任。而连带责任人内部各自的赔偿数额，应当按照各自责任的大小确定；难以确定责任大小的，平均承担赔偿责任。

（二）按份责任

依据《民法典》第 1172 条的规定，在无意思联络的数人侵权中，只要任何一个行为人的行为不足以造成全部损害，他们就无须向被侵权人承担连带责任，而仅承担按份责任。具体而言，能够确定责任大小的，行为人各自承担相应的责任；难以确定责任大小的，行为人平均承担赔偿责任。

▶即测即评　　▶案例资源

第五章　侵权责任主体的特殊规定

第一节　监护人责任

一、监护人责任的概念和特征

监护人责任，是指无民事行为能力人或限制民事行为能力人侵害他人民事权益造成损害，监护人依法应当承担的侵权责任。监护人责任属于特殊的侵权责任，其特殊之处在于：

第一，监护人责任适用的就是无过错责任，即只要被监护人侵害他人民事权益造成损害，无论监护人对于被监护人造成他人损害有无过错，都需要承担侵权赔偿责任。即便监护人证明自己尽到了监护职责，也不能免除侵权赔偿责任，而只能减轻责任。只有当被监护人是因为被他人教唆、帮助而实施侵权行为时，监护人才可以通过证明尽到监护职责而免于承担责任。

第二，监护人责任属于替代责任。虽然实施加害行为的人是被监护人，但承担侵权责任的却是监护人。即便被监护人有自己的财产，应自行承担侵权责任，但倘若其财产不足以支付赔偿费用，监护人仍应就不足部分承担赔偿责任。由此可见，在监护人责任中，行为人与责任人发生了分离。

二、监护人责任的构成要件

（一）加害人是无民事行为能力人、限制民事行为能力人

无民事行为能力人包括未满 8 周岁的未成年人，以及不能辨认自己行为的成年人和 8 周岁以上的未成年人，限制民事行为能力人包括已满 8 周岁的未成年人和不能完全辨认自己行为的成年人。

（二）造成了他人损害

只有无民事行为能力人或限制民事行为能力人造成了他人损害，监护人才承担侵权责任。他人，仅指监护人与被监护人之外的第三人。因此，被监护人造成监护人的损害，或监护人造成被监护人的损害，都不适用监护人责任。损害，既包括财产损害，也包括精神损害。监护人就被监护人的侵权行为承担的责任主要是损害赔偿责任。此外，无民事行为能力人或限制民事行为能力人的加害行为与受害人的损害之间须存在因果关系。

三、责任主体与监护职责

监护人责任中的责任主体是监护人。

被监护人造成他人损害的，有明确的监护人时，由该监护人承担民事责任。

监护人不明确的，由顺序在前的有监护能力的人承担民事责任；同一顺序有数个监护人的，则由与无民事行为能力人、限制民事行为能力人共同生活的监护人承担民事责任；共同生活的监护人为数人的，承担连带责任。

监护人将监护职责部分或者全部委托给他人的，被监护人致人损害的，因监护人的职责只是暂时委托给他人，所以监护人仍应承担责任。但受托人有过错的（即其对于损害的发生有过错），应当承担相应的责任（《民法典》第1189条）。

四、监护人责任的法律后果

被监护人实施侵权行为的，应当由监护人承担责任，被监护人无须与监护人一同承担连带责任。至于监护人如何具体承担赔偿责任，依据被监护人有无自己的财产，《民法典》第1188条区分了以下两种情形：其一，被监护人没有自己的财产的，监护人应当就被监护人给他人造成的损害承担赔偿责任。如果是多个无民事行为能力人或限制民事行为能力人共同造成他人损害的，他们各自的监护人应向被侵权人承担共同侵权责任。其二，被监护人有自己的财产的，应先从被监护人本人的财产中支付赔偿费用，不足的部分由监护人赔偿。

无民事行为能力人、限制民事行为能力人造成他人损害的，如果监护人尽到了监护职责，则可减轻侵权责任（《民法典》第1188条第1款）。

第二节　暂时没有意识或失去控制造成他人损害时的侵权责任

一、暂时没有意识或失去控制造成他人损害时的侵权责任的概念

暂时没有意识或失去控制造成他人损害时的侵权责任，是指行为人在正常情况下具有相当的意思能力，但由于疾病、外界刺激等原因暂时地丧失正常的意思能力而致人损害时应承担的侵权责任。例如，某人在开车途中突发心脏病或中风而对机动车失去控制，导致交通事故的发生。完全民事行为能力人具有意思决定的自由，能够认识行为的危险性并加以选择或控制，自然应当就自己的行为给他人造成的损害承担侵权赔偿责任。但实践中也会发生完全民事行为能力人由于种种原因突然陷入对自己的行为暂时没有意识或失去控制的状态，以致不能完全辨认甚至完全不能辨认自己的行为，进而给他人造成损害的情况。《民法典》第1190条在区分完全民事行为能力人有无过错的基础上对此作了规定。

二、暂时没有意识或失去控制造成他人损害时的侵权责任的责任承担

（一）有过错时承担侵权责任

依据《民法典》第1190条第1款的规定，完全民事行为能力人对自己的行

为暂时没有意识或者失去控制造成他人损害有过错的，应当承担侵权责任。这里的“过错”，是指完全民事行为能力人对使自己陷入对自己的行为暂时没有意识或者失去控制这种状态存在过错。例如，醉酒后驾驶机动车时突然陷入昏迷，以致对自己的行为失去控制。由于醉酒者对于自己是否醉酒以及是否醉酒后驾车完全具有选择的自由（即原因自由行为），所以其不能以发生交通事故时没有意识为由否认过错，醉酒者应当承担侵权责任。

（二）无过错时承担公平责任

如果某人陷入暂时没有意识或失去控制的状态，并非自己在先行为所致（如完全是被他人暴力强迫服用毒品以致对自己的行为失去控制），或者行为人虽因自己的在先行为陷入暂时没有意识的状态，但并未预见到自己会陷入该状态（如医生并未告知患者服用某类药物后会出现暂时丧失意识的后果而患者服用该药物），那么，行为人没有过错，不应当承担侵权责任。考虑到受害人毕竟遭受了损害，其对于损害的发生更没有过错，因此，依据公平原则，《民法典》第 1190 条第 1 款规定，“没有过错的，根据行为人的经济状况对受害人适当补偿”。

第三节 用人者责任

一、用人者责任的概念和特征

（一）用人者责任的概念

侵权责任法上的用人者责任有广义、狭义之分。狭义的用人者责任，仅指被使用者因执行工作任务或提供劳务而造成他人损害时，用人者应承担的侵权责任，此种用人者责任既包括民法上的用人者责任，也包括国家赔偿责任。广义的用人者责任，除包括狭义的用人者责任外，还包括被使用者因执行工作任务或提供劳务自身遭受损害时用人者应当承担的责任，如《民法典》第 1192 条规定的提供劳务一方因劳务自己受到损害时，接受劳务一方的责任。

本章介绍的“用人者责任”仅指狭义的用人者责任，且仅限于民法上的用人者责任而不包括国家赔偿责任。

（二）用人者责任特征

用人者责任有两个特征：第一，适用无过错责任。也就是说，只要用人单位的工作人员因执行工作任务造成他人损害，或提供劳务的一方因劳务造成他人损害，无论用人单位或接受劳务的一方有无过错，均应承担侵权责任。适用无过错责任更有利于保护受害人，符合现代侵权责任法保护弱者、补偿损害的理念。第二，属于替代责任。用人者责任中，从事加害行为的是被使用者（即用人单位的工作人员或提供劳务的一方），而承担侵权责任的却是用人者（用人单位或接受劳务的一方）。这种行为主体与责任主体的分离，即为他人行为之责任。

二、单位用工责任

（一）单位用工责任的概念和特征

单位用工责任，是指用人单位的工作人员因执行工作任务造成他人损害的，由用人单位承担侵权责任。《民法典》第 1191 条第 1 款规定："用人单位的工作人员因执行工作任务造成他人损害的，由用人单位承担侵权责任。用人单位承担侵权责任后，可以向有故意或者重大过失的工作人员追偿。"该条款对单位用工责任作出了规定。单位用工责任主要具有如下特征：

第一，责任主体是单位。单位用工责任的主要特点在于其主体的特殊性。这里所说的单位大体相当于组织的概念，其包括法人和非法人组织。用工单位，包括多种所有制之下的企业、事业单位等。

第二，责任发生的前提是用工关系。用人单位与其工作人员之间往往存在劳动关系，但是，劳动关系与用工关系并不完全等同。劳动关系只是认定用工关系的基础，用工关系比劳动关系更为宽泛，即使没有形成劳动法上的劳动关系，只要双方形成了实际的指示服从等关系，也可以认定用工关系的存在。

第三，责任的构成要件是工作人员因执行工作任务造成他人损害。《民法典》第 1191 条规定用工责任时使用了"因执行工作任务"的表述，这就是说，是执行工作任务的原因造成了他人损害，即便行为不是在工作过程中发生的，只要与执行工作任务有关联，也可以认为是执行工作任务。

第四，单位用工责任采取严格责任归责原则。在我国民法典中，用工责任采取严格责任的模式，即一旦确定工作人员的行为符合侵权责任成立要件，用人单位就应当承担责任，而不考虑用人单位对于工作人员的选任、监督等是否具有过失。即便用人单位对于其选任、监督没有过失，也应当承担责任，这是严格责任的必然要求。

（二）单位用工责任的构成要件

1. 加害人是用人单位的工作人员

用人单位，是指除自然人之外的一切民事主体，包括法人、非法人组织以及个体工商户。也就是说，只要不是自然人，皆属于《民法典》第 1191 条所称的用人单位。至于有无法人资格，在所不问。

工作人员，是指被纳入用人单位的组织之内、服从用人单位的指示并受其管理控制的自然人。至于工作人员究竟是该组织的劳动者，还是正式在编的公务员，抑或参照公务员法管理的工作人员，以及该工作人员与用人单位之间是否签订劳动合同，不影响对工作人员身份的认定。

2. 工作人员的行为构成侵权行为

单位用工责任属于替代责任，即用人单位对工作人员的侵权行为承担责任。只有工作人员的行为是侵权行为时，用人单位才需要为工作人员承担责任。所以，工作人员的行为构成侵权行为，是单位用工责任的构成要件之一。

3. 因执行工作任务造成他人损害

第一，损害因执行工作任务所致。依据《民法典》第 1191 条第 1 款的规定，用人单位的工作人员必须是“因”执行工作任务造成他人损害，用人单位才需要承担侵权责任。法律中这个“因”字就意味着，用人单位的工作人员造成他人损害的行为与“执行工作任务”是存在因果关系的。

第二，要注意执行工作任务的判断标准。单位用工责任的构成要件中最富争议的一点就是，如何判断损害是否因执行工作任务所致。对该要件的判断，与行为自由和权益保护的协调密切相关。如果标准过宽，则会令用人单位承担过重的责任，甚至为其根本无法控制的工作人员的行为负责，不利于维护用人单位的合理行为自由。但倘若标准过严，又会使用人单位任意推脱责任，无法有效地保护被侵权人以及工作人员的合法权益。司法实践中的做法是：先看执行工作任务是否属于用人单位的授权或者指示范围内的活动；如果超出授权或指示范围，则考察该活动的表现形式与执行工作任务是否存在内在联系。

（三）单位用工责任的承担

用人单位的工作人员因执行工作任务造成他人损害的，由用人单位承担侵权责任；但是，如果工作人员具有故意或重大过失，那么用人单位承担侵权责任后可以对之进行追偿（《民法典》第 1191 条第 1 款）。这一规定，既有利于工作人员履行工作职责或提供劳务，也能够贯彻落实自己责任，维护用人者的合法权益，预防侵权行为的发生。

（四）劳务派遣关系

劳务派遣，是指劳务派遣单位与接受劳务派遣的单位签订劳务协议，由前者将其工作人员派往后者，令其服从后者的指挥并在该单位监督下提供劳动的情形。劳务派遣关系中存在三方主体：劳务派遣单位、被派遣的工作人员及接受劳务派遣的单位。劳务派遣单位是被派遣工作人员的“用人单位”，与被派遣的工作人员之间存在的是劳动关系。接受劳务派遣的单位是被派遣工作人员的“用工单位”，与被派遣的工作人员之间存在的是劳务关系。劳务派遣单位与接受劳务派遣的单位存在劳务派遣协议，依据该协议，被派遣的工作人员为接受劳务派遣的单位提供劳务。

劳务派遣期间，对被派遣的工作人员加以指示、管理和监督的不是作为用人单位的劳务派遣单位，而是作为用工单位的接受劳务派遣的单位，故此，被派遣的工作人员因执行工作任务造成他人损害的，应由接受劳务派遣的用工单位承担侵权责任。对此，《民法典》第1191条第2款有明确的规定。此外，该条款还规定，“劳务派遣单位有过错的，承担相应的责任”。所谓“有过错”，是指劳务派遣单位违反劳务派遣协议，派遣了不符合要求的工作人员到用工单位，以致该工作人员因执行工作任务而给他人造成损害。也就是说，劳务派遣单位的过错体现为对损害的发生上的过错。

三、个人用工责任

（一）个人用工责任的概念和特征

个人用工责任，是指在个人之间形成劳务关系的情况下，提供劳务一方因劳务造成他人损害时，接受劳务一方对他人承担的侵权责任。《民法典》第1192条专门就个人用工责任作出了规定。个人用工责任主要具有如下特征：

第一，当事人之间必须形成劳务关系。《民法典》第1192条没有使用“用工关系”的提法，而使用了“劳务关系”或“提供劳务”的表述，这表明，个人之间形成的是劳务关系。从主体上看，劳务关系主体双方当事人都是自然人，其主要由民法典等法律调整。

第二，责任主体是自然人。个人用工主体是自然人，而不是单位。从文义解释来看，《民法典》第1192条所规定的“个人”指称的是自然人，而不包括合伙、法人等独立的民事主体。

第三，提供劳务的一方造成自身损害。提供劳务的一方因劳务自身遭受损害，是指在形成劳务关系的自然人之间，提供劳务一方因劳务给自己造成了损害，该损害可能是第三人的侵权行为所致，也可能是受害人自身的或者接受劳务一方的原因所致。由于个人之间形成的劳务关系不属于依法应当参加工伤保险统筹的情形，无法适用《工伤保险条例》，因此，受害人无法取得工伤保险赔偿。为解决由此产生的赔偿责任问题，《民法典》第1192条第1款规定，提供劳务一方因劳务受到损害的，根据双方各自的过错承担相应的责任。

个人用工责任的构成要件与单位用工责任具有相似性，即提供劳务的一方因劳务造成他人损害的，仍然适用严格责任，由接受劳务的一方承担责任。如果提供劳务的一方具有故意或重大过失，则接受劳务的一方有权在承担责任之后向提供劳务的一方追偿。

（二）第三人的行为造成提供劳务一方损害

《民法典》第1192条第2款规定："提供劳务期间，因第三人的行为造成提供劳务一方损害的，提供劳务一方有权请求第三人承担侵权责任，也有权请求接受劳务一方给予补偿。接受劳务一方补偿后，可以向第三人追偿。"该条款对因第三人行为造成提供劳务一方损害的责任承担规则作出了规定。例如，家庭聘请保姆料理家务，保姆在买菜时遭受他人伤害，或第三人入室盗窃被保姆发现，遂将保姆打伤等。虽然在民法典中被置于用工责任的相关条文中，但严格地说，其并非用工责任。此种责任的特点表现在：

第一，此种责任是对提供劳务一方的责任，而不是对第三人的责任。用工责任是对外的责任，就个人用工责任而言，它是指提供劳务的一方造成他人损害，接受劳务的一方所承担的责任。但提供劳务一方自己遭受损害的责任，并非对第三人的责任，因此不属于用工责任的范畴，而是用工者所承担的其他责任，应当认为是用工责任的附带性责任。

第二，此种责任是一种补偿责任，而不是赔偿责任。《民法典》第1192条第2款规定的"给予补偿"，表明接受劳务的一方仅对提供劳务的一方提供补偿，不承担赔偿责任。

第三，此种责任在性质上属于损失的分担，而不是侵权责任的承担。一般的侵权责任是因自己的过错而造成他人损害的责任；而此种责任在性质上是依据公平原则作出补偿，不是基于过错承担赔偿责任。

根据《民法典》第1192条第2款的规定，个人用工中对被用工者损害的分担应当具备如下要件：一是必须双方之间形成了劳务关系；二是侵害行为必须发生于提供劳务期间；三是第三人的行为造成提供劳务一方的损害，而非接受劳务一方的损害。根据《民法典》第1192条第2款的规定，接受劳务一方的责任为补偿责任，因为虽然接受劳务的一方从劳务中获利，但是与雇佣关系仍然存在区别，在第三人对提供劳务一方造成损害的情形下，接受劳务的一方也不可能具有监督等责任。同时，接受劳务的一方与提供劳务的一方并没有明显的经济分担能力的区别，甚至提供劳务的一方分担损失的能力可能更强。

《民法典》第1192条第2款规定，"接受劳务一方补偿后，可以向第三人追偿"。规定追偿权主要有以下两个原因：一方面，第三人的侵权行为造成提供劳务一方的损害，第三人属于终局的责任者；另一方面，接受劳务一方享有追偿权更为公平。尤其是本条款没有强调接受劳务一方仅承担"补充性"的责任，而是规定提供劳务一方即使知道第三人的存在，也可以先主张接受劳务一方补偿。如果接受劳务一方没有追偿权，那么在此种案件中就可能出现严重的利益失衡。

第四节 定作人侵权责任

一、定作人侵权责任的概念和特征

定作人侵权责任是指定作人在定作、指示或者选任上存在过错造成他人损害时应当依法承担的责任。定作人的侵权责任涉及定作人、承揽人与第三人，定作人与承揽人是承揽合同的当事人。关于定作人的侵权责任，《民法典》第 1193 条规定："承揽人在完成工作过程中造成第三人损害或者自己损害的，定作人不承担侵权责任。但是，定作人对定作、指示或者选任有过错的，应当承担相应的责任。"从该条规定来看，定作人的侵权责任主要具有如下特征：

第一，定作人侵权责任的责任主体是定作人。从《民法典》第 1193 条的规定来看，定作人侵权责任的责任主体是定作人，而不包括承揽人。

第二，定作人责任产生的原因是承揽人在完成工作过程中造成第三人损害或者自己损害。从《民法典》第 1193 条的规定来看，定作人侵权责任主要适用于两种情形：一是承揽人在完成工作过程中造成第三人损害；二是承揽人在完成工作过程中造成自己损害。《民法典》第 1193 条所规定的定作人侵权责任仅包括上述两种情形，而不包括其他情形。

第三，定作人责任属于过错责任。在承揽关系中，承揽人一般独立从事工作，承揽人在独立完成承揽合同中的工作内容时，一般不受定作人的干预，因此，承揽人因完成承揽工作造成他人或自己损害的，定作人原则上不承担责任。但如果定作人在承揽工作的完成中，对承揽人进行了错误的指示，对定作行为本身具有过错，或定作人在承揽人的选任上具有过错，则应当承担责任。

二、定作人侵权责任的构成要件

依据《民法典》第 1193 条的规定，如果定作人在定作、指示、选任方面有过错，则应当承担侵权责任。这一责任在性质上应当属于转承责任，而承揽人承担的责任为自己责任，二者在责任性质上存在区别。因此，定作人侵权责任的成立除需要满足承揽人具有侵害行为、第三人或承揽人遭受损害的要件以外，还需要满足以下要件：

第一，必须存在承揽关系。承揽合同是承揽人按照定作人提出的要求完成一定的工作，并将工作成果交付给定作人，定作人接受该工作成果，给付约定报酬的合同。承揽合同以承揽人完成一定工作并交付工作成果为目的，承揽人仅提供劳务并不意味着其义务的完成，而必须将其劳务最终凝结为一定的工作成果、一定的物，并将之交付给定作人，才真正实现了合同目的。

第二，承揽人是因为执行承揽事项而造成自身或他人损害。这一要件要求损害必须是在执行承揽事项过程中造成的，对承揽人非因执行承揽事项而造成的损害，定作人不承担责任。

第三，定作人在定作、指示、选任上具有过错。定作人是否具有过错，应当依据定作人所负义务进行判断。例如，定作人在定作特定的工作成果时，需要提供一定的技术材料，否则可能使承揽人遭受损害，如果因定作人未提供该技术材料而使承揽人遭受损害，则定作人存在定作过错，应当对承揽人的损害承担责任。

第四，定作人的过错与损害后果之间存在因果关系。也就是说，虽然定作人可能在定作或指示上有过错，但如果过错与损害之间没有因果关系，定作人也无须承担侵权责任。

三、定作人责任的承担

定作人的责任是根据其过错而承担的侵权损害赔偿责任。这就是说，在损害发生以后，定作人要根据其过错对承揽人对他人或者自己造成的损害负责。依据《民法典》第 1193 条的规定，在定作人有过错时，其应当承担“相应的责任”。所谓相应的责任，是指定作人应当承担与其过错相适应的责任，即定作人的责任情况与其过错程度存在直接关联，定作人的过错程度应当根据其对损害发生的原因力来判断，其过错程度越重，其责任也就越大。

第五节　网络侵权责任

一、网络侵权责任的概念和特征

网络侵权责任，是指网络用户利用网络服务实施侵害他人民事权益的行为而产生的侵权责任，其中既包括实施侵权行为的网络用户应当承担的侵权责任，也包括提供网络服务的网络服务提供者应当承担的侵权责任。一切发生在互联网上或利用互联网实施的侵权行为，都可称为网络侵权行为。从本质上说，这种侵权行为与没有利用互联网实施的侵权行为并无不同，都是对他人民事权益的侵害，应当依法承担侵权责任。

《民法典》第 1194 条规定：“网络用户、网络服务提供者利用网络侵害他人民事权益的，应当承担侵权责任。法律另有规定的，依照其规定。”利用网络，是指以网络作为媒介或工具。这里所说的网络是指互联网以及其他公共信息网络。在网络用户和网络服务提供者构成单独侵权的情况下，按照过错责任原则，应当由行为人单独承担侵权责任。在构成单独侵权责任的情况下，网络用户、网络服务提供者直接对其过错行为负责，因此，其应当承担完全赔偿责任。但是，民法典关于网络侵权责任的规范重点是网络服务提供者的侵权责任，这主要是考虑到网络服务提供者具有很强的能力，规定其责任有助于预防和制止网络用户的侵权行为，维护民事主体的合法权益。

民法典规定的网络服务提供者的侵权责任具有以下特征：

第一，原则上适用“通知与移除规则”，即当网络用户利用网络服务从事侵权行为时，被侵权人有权通知网络服务提供者采取删除等必要措施，只要网络服务提供者及时采取了必要措施，就无须承担侵权责任。如果没有及时采取措施，网络服务提供者应当就损害扩大的部分与实施侵权行为的网络用户承担连带责任。

第二，网络服务提供者知道或者应当知道网络用户利用其提供的网络技术服务从事侵权行为时，无须被侵权人通知，该网络服务提供者就应当主动采取必要的措施加以阻止，否则要与该侵权人承担连带责任。

第三，为了避免给网络服务提供者造成不必要的负担，使其无须充任裁判网络侵权纠纷的角色，《民法典》第 1195 条第 2、3 款以及第 1196 条对于被侵权人、被指控侵权的网络用户之间通知与反通知的程序作了详细规定，并且明确了因错误通知造成网络用户或者网络服务提供者损害的，应当由发出错误通知的被侵权人承担侵权责任。

二、网络服务提供者侵权责任的构成要件

（一）网络用户利用网络服务实施了侵权行为

除非是网络服务提供者自己实施了侵权行为，否则网络服务提供者只有在网络用户利用了其网络服务实施侵权行为且其未履行法定义务时，才需要与网络用户承担连带责任。例如，对于链接侵权纠纷中，被链接的内容构成侵权是认定链接服务提供者是否构成侵权的前提。

网络用户利用网络服务实施的行为是否属于侵权行为，应依民法典及其他法律的相关规定加以判断。原告依据《民法典》第 1195、1197 条要求网络服务提供者与网络用户承担连带责任时，其应证明网络用户利用了网络服务提供者所提供的网络服务，从事了侵权行为。这具体包括：一方面，原告要证明存在网络用户侵害其合法民事权益的事实，如侵害了自己的著作权、隐私权或名誉权等民事权益。由于证明网络侵权行为存在的证据为电子证据，具有易修改性、易消逝性

的特点，故当事人往往需要通过公证保全的方式来对网络侵权的电子证据加以收集、固定、存储和描述。另一方面，原告必须证明该网络用户利用了被告提供的网络服务，如利用链接服务、搜索服务、存储空间服务等。

（二）网络服务提供者具有过错

在网络用户和网络服务提供者利用网络侵权的情形下，责任主体主观上都是有过错的。网络服务提供者接到通知后，应当及时将该通知转送相关网络用户，并根据构成侵权的初步证据和服务类型采取必要措施；未及时采取必要措施的，就构成过错。

（三）受害人遭受了损害

网络用户和网络服务提供者的侵权行为必须造成他人损害。此处所说的损害，既包括财产损害，又包括非财产损害。例如，网络用户侵害他人的著作权，就属于造成财产损害；而网络服务提供者侵害他人隐私权，可能造成他人非财产损害。

（四）网络用户和网络服务提供者的侵权行为与损害之间存在因果关系

因果关系的存在是责任正当性的基础，只有行为人的行为与受害人的损害具有因果关系，认定行为人承担侵权责任才具有正当性。在因果关系的判断方面，也应当适用因果关系判断的一般规则，如采相当因果关系说等。

三、通知规则与反通知规则

（一）通知规则

通知规则也称“通知—删除”规则，或避风港原则，是指在网络用户利用网络服务者提供的网络实施侵权行为时，网络服务提供者在收到受害人通知后，有义务采取必要措施以避免损害的扩大。《民法典》第 1195 条第 2 款确立了通知规则。

根据通知规则，网络服务提供者在收到受害人的通知以后，没有根据构成侵权的初步证据或服务类型采取删除、屏蔽等必要措施的，应当为损害的扩大部分与该网络用户承担连带责任。从这个意义上说，网络服务提供者是因为未尽到法定的义务而承担责任，即网络服务提供者不是因为自己实施了积极的侵权行为，而是因为没有采取必要措施导致受害人损害扩大而承担责任。

向网络服务提供者发出通知，应当提交行为人可能构成侵权的“初步证据”，并提供“权利人的真实身份信息”。权利人通知的内容应当包括要求网络服务提供者采取何种措施。

（二）反通知规则

依据《民法典》第 1196 条第 1 款的规定，网络用户接到转送的通知后，可以向网络服务提供者提交不存在侵权行为的声明。声明应当包括不存在侵权行为的初步证据及网络用户的真实身份信息。此即反通知规则。网络用户可以向网络服务提供者作出反通知。网络用户作出反通知，也应当提供其不构成侵权的初步证据和其真实身份信息，网络服务提供者在收到反通知后，应将其转发给权利人，并告知其如何采取权利保护措施。

依据《民法典》第 1196 条第 2 款，反通知的效力主要包括如下几项：一是网络服务提供者转送反通知。网络服务提供者接到声明后，应当将该声明转送发出通知的权利人，由其决定是否采取权利保护措施。二是网络服务提供者应当告知权利人可以采取的措施，即告知权利人其可以向有关部门投诉或者向人民法院提起诉讼。三是网络服务提供者在转送声明到达权利人后的合理期限内，未收到权利人已经投诉或者提起诉讼通知的，应当及时终止所采取的措施。

四、知道规则

知道，即明知，是指网络服务提供者事实上知道网络用户利用其网络服务从事侵权行为。应当知道，即应知，是指虽然网络服务提供者可能确实不知道网络侵权行为的存在，但从法律的规定和案件的事实来看，其应当知道该行为的存在，即有义务知道却因为过失而不知道的情形。例如，网络用户以非常明显的辱骂、谩骂、诽谤性的文字、图像、音频、视频等内容侵害他人的名誉权、隐私权等人格权，网络服务提供者仍将这些侵权内容进行推荐、置顶或加以编辑利用，则网络服务提供者的行为就属于“明知或应知”。

五、网络服务提供者侵权责任的法律后果

（一）就损害扩大部分承担连带责任

依据《民法典》第 1195 条第 2 款，网络服务提供者只需要就“损害的扩大部分”与从事侵权的网络用户承担连带赔偿责任。进一步说，利用网络服务侵害他人民事权益的网络用户，其作为直接的侵权人，当然要对被侵权人的全部损害承担侵权赔偿责任。网络服务提供者只需要就扩大的那部分损害负责。就损害的扩大部分，网络服务提供者与侵权的网络用户才形成了连带责任。所谓“损害的扩大部分”，是指网络服务提供者接到通知后，未在合理时间内采取必要之措施而导致的损害被扩大的那部分。

（二）就全部损害承担连带责任

依据《民法典》第 1197 条的规定，网络服务提供者知道或应当知道网络用户利用其网络服务从事侵权行为，而未采取必要的措施的，网络服务提供者应与网络用户承担连带责任。需注意，该连带责任的范围并非被侵权人的全部损害，

而仅限于网络服务提供者知道或应当知道之后的损害，之前的损害仍应由网络用户单独承担侵权责任。这是因为，如果网络服务提供者根本不知道或者不应当知道网络侵权行为的存在，要求其对知道之前的那部分损害也负赔偿责任，显然是不合理的。

第六节 违反安全保障义务的侵权责任

一、安全保障义务的概念、特征和功能

（一）安全保障义务的概念和特征

安全保障义务，是指宾馆、商场、银行、车站、机场、体育场馆、娱乐场所等经营场所、公共场所的经营者、管理者或者群众性活动的组织者依法负有的保障他人人身财产安全的注意义务。其未尽到安全保障义务造成他人损害的，应当依法承担侵权责任。《民法典》第 1198 条对安全保障义务作出了明确的规定。

安全保障义务具有以下特征：第一，该义务保护的是他人的人身与财产安全。只要安全保障义务人违反了安全保障义务，无论是造成了他人的财产损害还是精神损害，均应承担赔偿责任。第二，负有安全保障义务的主体是特定的主体。安全保障义务只适用于特定主体，即经营场所的经营者、公共场所的管理者或者群众性活动的组织者。第三，违反安全保障义务产生的是侵权责任。

（二）安全保障义务的功能

民法典规定违反安全保障义务的侵权责任，主要功能在于：第一，维护公共安全，保护民事权益。公共场所、经营场所供不特定之人进出和活动，群众性活动的参与者人数众多，均涉及不特定多数人的人身、财产安全。令公共场所的管理者、经营场所的经营者与群众性活动的组织者负有安全保障义务，可以有效地维护公众的安全。第二，有助于认定不作为侵权。在不作为侵权中，被告承担侵权责任的要件之一为负有作为之义务。安全保障义务不仅要求义务人负有不侵害他人绝对权之消极不作为义务，也要求义务人为保护他人民事权益而从事积极的行为即作为。

二、违反安全保障义务的侵权责任的类型

违反安全保障义务的侵权责任可以分为两类：（1）义务人因自身违反安全保障义务的行为造成他人损害时的侵权责任（《民法典》第 1198 条第 1 款）；（2）第三人造成他人损害但义务人未尽到安全保障义务时的侵权责任（《民法典》第 1198 条第 2 款）。这两类侵权责任的区别在于以下几点：

第一，直接加害人不同。《民法典》第 1198 条第 1 款规定的违反安全保障义务的侵权责任中的直接加害人就是安全保障义务人本身，即经营者、管理者或组织者。但是，同条第 2 款中直接从事加害行为之人却非安全保障义务人，而是安全保障义务人与被侵权人之外的第三人。

第二，义务的内容和要求不同。《民法典》第 1198 条第 1 款中安全保障义务的内容是，义务人应遵守法律规定和约定，尽到谨慎注意之义务，确保不因自己的行为或管理、控制下的物件及人员给他人造成损害。同条第 2 款安全保障义务的内容是，义务人应尽到一定的注意义务，以降低第三人对他人实施侵权行为的风险或降低损害的程度，即在一定范围内预防和制止第三人的侵权行为。

第三，承担的侵权责任不同。违反《民法典》第 1198 条第 1 款，安全保障义务人就是责任人，不存在向别人进行追偿的问题。而在第 1198 条第 2 款中，直接从事侵权行为的是第三人，不是安全保障义务人。所以，第一位的责任人是第三人，安全保障义务人承担的只是相应的补充责任，其在承担补充责任后可以向第三人追偿。

三、违反安全保障义务的侵权责任的构成要件

（一）安全保障义务人是经营者、管理者或组织者

公共场所、经营场所是供不特定人出入、通行、活动的场所，《民法典》第 1198 条第 1 款与《消费者权益保护法》第 18 条第 2 款明确列举了几类典型的公共场所和经营场所：宾馆、商场、餐馆、银行、机场、车站、港口、影剧院、体育场馆、娱乐场所。此外，以下地点或场所也是公共场所或经营场所：茶馆、公共浴室；展览馆、博物馆、图书馆、动物园、公园、游乐园；集贸市场、客运码头、候船厅、航站楼、地铁站、会堂；邮政局、通信公司、证券公司、医院、大学等企业事业单位和政府机关的营业场所以及其他向公众开放的场所。

经营场所的经营者，是指为消费者提供服务或从事生产、销售商品的民事主体。经营者通常是经营场所的所有人或管理人。

公共场所的管理者，是指对公共场所具有事实上的管理和控制力的自然人、法人或非法人组织。何人为管理者，判断标准并非单纯的所有权关系，而取决于是否对公共场所有实际的管理和控制之力。

群众性活动的组织者，是指负责具体组织实施群众性活动的单位或个人。

（二）未尽到安全保障义务

安全保障义务人只有在未尽到安全保障义务，确切地说，在具有过错的情况下，才需要承担侵权责任。由于不同的情形中安全保障义务的内容也不尽相同，因而，要根据具体案件中安全保障义务的内容来对照义务人的实际行为，从而判

断其是否尽到了安全保障义务。具体来说，确定安全保障义务的内容时，应依据法律法规的规定、活动的危险程度、义务人的预防与控制能力、安全保障义务人是否获益等因素加以判断。

（三）他人遭受了损害

构成违反安全保障义务的侵权责任，必须是因为安全保障义务人违反了安全保障义务而给他人造成了损害；该损害既包括财产损害，也包括精神损害。所谓“他人”，是指安全保障义务人及其工作人员、第三人之外的自然人、法人和非法人组织。

四、违反安全保障义务的侵权责任的法律后果

经营场所、公共场所的经营者、管理者或者群众性活动的组织者违反安全保障义务给他人造成损害，他们自然要承担侵权责任。不过，当损害是因第三人的侵权行为所致时，第三人属于直接的侵权人，是第一位的侵权责任承担者；管理人或组织者只有在未尽到安全保障义务的时候，才承担相应的补充责任。

“相应的补充责任”有两层含义：第一，应当由从事侵权行为的第三人就受害人的损害承担侵权责任。如果该人已经全部承担了侵权责任，安全保障义务人就无须承担侵权责任。只有第三人不能承担全部的侵权责任，包括无法确定第三人、第三人下落不明或第三人没有赔偿能力时，安全保障义务人才承担补充责任。第二，安全保障义务人并非对受害人未能从第三人处获得赔偿的部分全部予以赔偿，而仅要根据其过错和原因力承担相应部分的责任。

在第三人侵权时，依据《民法典》第 1198 条第 2 款的规定，安全保障义务人承担补充责任后可以向第三人进行全部的追偿。

第七节　教育机构的侵权责任

一、教育机构侵权责任的概念和特征

教育机构的侵权责任，是指教育机构因未尽到相应的教育、管理职责，致使无民事行为能力人和限制民事行为能力人在幼儿园、学校和其他教育机构学习、生活期间遭受人身伤害，教育机构依法应当承担的侵权责任。

教育机构的侵权责任具有以下特征：第一，教育机构的侵权责任仅仅是就无民事行为能力人或限制民事行为能力人在幼儿园、学校或其他教育机构学习生活期间遭受的人身损害承担的侵权责任。第二，教育机构是因为没有尽到教育、管理职责而承担侵权责任，性质上属于过错责任或过错推定责任。

我国许多法律法规和规章对幼儿园、中小学等教育机构的教育、管理职责作出了详细的规定。为了促使教育机构更好地履行教育、管理职责，更好地维护无民事行为能力人和限制民事行为能力人的合法权益，《民法典》第1199—1201条对教育机构的侵权责任作出了规定。

二、教育机构侵权责任的类型与归责原则

（一）教育机构直接侵权的责任

教育机构直接侵权的责任，是指由于教育机构没有尽到教育、管理职责而造成在幼儿园、学校或其他教育机构学习生活的无民事行为能力人或限制民事行为能力人遭受人身损害，教育机构依法应当承担的侵权责任。

教育机构直接侵权的责任以过错为要件。具体而言，受害人是限制民事行为能力人的，适用过错责任，即受害人需要证明学校或其他教育机构存在过错即未尽教育、管理职责，才能要求教育机构承担侵权责任（《民法典》第1200条）。受害人是无民事行为能力人的，适用过错推定责任，即只要无民事行为能力人在教育机构学习、生活期间遭受人身损害的，就推定教育机构存在过错，应承担侵权责任；教育机构能够证明尽到教育、管理职责的，不承担侵权责任（《民法典》第1199条）。

（二）第三人侵权时教育机构的侵权责任

第三人侵权时教育机构的侵权责任，是指无民事行为能力人和限制民事行为能力人在幼儿园、学校和其他教育机构学习、生活期间遭受第三人的侵权，而幼儿园、学校或者其他教育机构未尽到管理职责时，教育机构依法应当承担相应的补充责任。第三人，是指幼儿园、学校或者其他教育机构以外的人，如来学校办理相关业务的外单位人员。第三人既不包括教育机构的工作人员（如教师、职工等），也不包括在教育机构学习、生活的无民事行为能力人和限制民事行为能力人。

三、教育机构侵权责任的构成要件

（一）受害人为无民事行为能力人或限制民事行为能力人

无民事行为能力人和限制民事行为能力人，既包括未成年人，也包括因精神健康状况而不能或不能完全辨认自己行为的成年人。

（二）在教育机构学习、生活期间受到了人身损害

《民法典》第1199条明确列举的“幼儿园、学校”是最主要的教育机构。除幼儿园、学校之外，教育机构还包括各种专修（进修）学院、培训（补习）学校、培训（补习）中心等。教育机构既可以是政府、事业单位、

社会团体设立的，也可以是企业、个人设立的；既可以是进行普通教育的，也可以是对残疾人实施特殊教育的，还包括依据未成年人保护法设立的一些专门学校。

教育机构的教育、管理职责只限于学生“在教育机构学习、生活期间”。该期间以外的时间，自然要由监护人负担教育、管理、保护等职责。所谓“在教育机构学习、生活期间”，即正常的教学教育活动期间，是指按照幼儿园、学校及其他教育机构的教学计划，属于教学、课间休息、学生自习的时间。此外，只要是属于学校等教育机构安排的教育教学活动，是否在教育机构的场所内进行，都不影响认定为在校学习生活期间。例如，学校组织的去某公园春游。

（三）教育机构未尽到教育、管理职责

教育机构之所以承担侵权责任，是因为其具有过错。所谓过错，就是“未尽到教育、管理职责”。教育、管理职责，是指教育机构负有的对在教育期间学习、生活的无民事行为能力人、限制民事行为能力人，进行教育、管理和保护的义务。违反了该职责，教育机构就有过错，应当承担侵权责任。《未成年人保护法》《教育法》《义务教育法》等法律、法规与规章对于学校、幼儿园或者其他教育机构的教育、管理、保护义务作出了明确的规定。在第三人侵权时，教育机构只有未尽到管理职责时，才需要承担侵权责任。

四、教育机构侵权责任的法律后果

教育机构未尽到教育、管理职责，致使无民事行为能力人和限制民事行为能力人在教育机构学习、生活期间遭受人身损害的，应当承担侵权责任。如果无民事行为能力人或者限制民事行为能力人在教育机构学习、生活期间，受到来自教育机构以外的人员的侵害，遭受人身损害的，则应由该直接从事侵权行为之人作为第一位责任人，承担侵权责任。教育机构只在未尽到管理职责时，才承担“相应的补充责任”。法律作此规定的目的是避免教育机构承担过重的责任。毕竟，直接从事侵权行为的是第三人，而非教育机构。同时，《民法典》第1201条还明确规定，教育机构在承担补充责任后可以向第三人进行追偿。该规定的理由与《民法典》第1198条第2款关于安全保障义务人对第三人的追偿权的理由是一致的。

补充责任，意味着教育机构仅在第三人无法确定、下落不明或没有赔偿能力时，就第三人不能赔偿的部分承担的赔偿责任。但是，教育机构并非就第三人不能赔偿的部分予以兜底、全部进行赔偿，而是承担与其过错及原因力相适应的赔偿责任。

▶即测即评

▶案例资源

第六章　产 品 责 任

第一节　产品责任概述

一、产品责任的概念和特征

产品责任，是指因产品存在缺陷造成他人损害时，生产者、销售者依法应当承担的侵权责任。产品责任的特征在于：一方面，产品责任是侵权责任，即无论受害人与产品的生产者、销售者之间有无合同关系，受害人均可对他们提起产品责任之诉。在这一点上，产品责任不同于瑕疵担保责任，后者是违约责任。另一方面，产品责任属于特殊的侵权责任，其适用的是无过错责任，即不以生产者或销售者的过错作为侵权责任的成立要件。

二、产品责任的归责原则

（一）生产者承担的是无过错责任

生产者就缺陷产品给他人造成的损害，承担的是无过错责任（《民法典》第1202条、《产品质量法》第41条第1款），即无论生产者对于产品缺陷的产生有无过错，只要因产品存在缺陷造成他人损害，生产者就应当承担侵权责任。

（二）销售者承担的是无过错责任

销售者承担的也是无过错责任，即只要是因产品存在缺陷造成他人损害，销售者就应当承担侵权责任。被侵权人可以向产品的生产者请求赔偿，也可以向产品的销售者请求赔偿（《民法典》第1203条第1款）。至于产品的缺陷是否由销售者的过错所致，只是产品的生产者、销售者之间进行追偿的要件，而非被侵权人要求产品的销售者承担赔偿责任的要件（《民法典》第1203条第2款）。

第二节　产品责任的构成要件

一、产品

（一）产品的概念和特征

产品，是指经过加工、制作，用于销售的产品（《产品质量法》第2条第2款）。产品具有以下特征：

第一，产品限于动产，不包括不动产。产品责任中的产品仅指有体物中的动产，不包括不动产。建筑物、构筑物、林木等不动产造成他人损害的，应当适用

《民法典》侵权责任编第10章“建筑物和物件损害责任”的规定。此外，《产品质量法》第2条第3款也明确规定，“建设工程不适用本法规定”。

第二，产品是经过加工、制作的动产。产品必须是经过加工、制作的动产，这一要求使生产者成为产品责任中的责任主体。事实上，产品的缺陷也是因为加工、制作才会产生的。物品在原始状态下存在的缺陷（如野生的毒蘑菇）所造成的损害，可能会产生侵权责任，但不属于产品责任。加工、制作，是指任何改变物品原有的物理状态或化学性质，从而使其品质有所变化的活动。至于被改变的物品究竟是人工产品还是天然产品、是原材料还是毛坯或半成品，其加工方法是工业方法还是手工方法、是在工厂内进行的加工还是在家庭作坊内进行的加工等，均在所不问。

第三，产品是用于销售的动产。用于销售，是指产品被投入流通，即产品被交付给他人使用，至于此等交付是基于有偿的还是无偿的法律关系，在所不问。

（二）特殊的产品

1. 食品

食品，是指各种供人食用或者饮用的成品和原料，以及按照传统既是食品又是药品的物品，但不包括以治疗为目的的物品（《食品安全法》第150条第1款）。食品当然属于产品，当其存在缺陷给他人造成损害时产生的侵权责任，属于产品责任。

2. 药品、消毒产品、医疗器械

药品，是指用于预防、治疗、诊断人的疾病，有目的地调节人的生理机能并规定有适应症或者功能主治、用法和用量的物质，包括中药、化学药和生物制品等（《药品管理法》第2条第2款）。

消毒产品，包括消毒剂、消毒器械（含生物指示物、化学指示物和灭菌物品包装物）、卫生用品和一次性使用医疗用品（《消毒管理办法》第45条第3款）。

医疗器械，是指直接或者间接用于人体的仪器、设备、器具、体外诊断试剂及校准物、材料以及其他类似或者相关的物品，包括所需要的计算机软件（《医疗器械监督管理条例》第76条第1款）。

药品、消毒产品和医疗器械，皆属于产品。因此，因药品、消毒产品和医疗器械存在缺陷，造成他人损害的，生产者和有过错的销售者应当承担侵权责任。由于这些产品一般在诊疗活动中加以使用，《民法典》侵权责任编第六章“医疗损害责任”特别规定，因药品、消毒产品、医疗器械的缺陷造成患者损害的，患者可以向药品上市许可持有人、生产者请求赔偿，也可以向医疗机构请求赔偿。患者向医疗机构请求赔偿的，医疗机构赔偿后，有权向负有责任的药品上市许可持有人、生产者进行追偿（《民法典》第1223条）。

3. 血液

血液，是指全血、血液成分和特殊血液成分（《血站管理办法》第65条第1款）。血液从采集到最终进入患者体内的过程涉及诸多主体，如献血者、血站、医疗机构。为有效保护患者的合法权益，法律上将血液视为产品。因此，血液提供机构须就血液不合格给患者造成的损害承担无过错责任，医疗机构也应当承担无过错责任。当然，医疗机构在承担赔偿责任后，有权向负有责任的血液提供机构进行追偿（《民法典》第1223条）。同理，如果因医疗机构保管不当等造成血液不合格，血液提供机构赔偿后，也可以向医疗机构进行追偿。

4. 农产品

农产品，是指来源于农业的初级产品，即在农业活动中获得的植物、动物、微生物及其产品（《农产品质量安全法》第2条第1款）。农产品也属于产品，农产品致害责任属于产品责任，适用的也是无过错责任。

5. 汽车

汽车属于产品，因汽车存在缺陷发生交通事故而造成他人损害的，涉及产品责任与机动车交通事故责任的竞合问题。例如，A驾驶的B公司生产、C公司销售的机动车存在缺陷，发生交通事故造成行人D受伤。此时，被侵权人D既可以适用产品责任，要求机动车的生产者B公司或销售者C公司承担赔偿责任，也可以适用机动车交通事故责任，要求机动车一方即A承担赔偿责任。

（三）不适用产品责任的物

1. 动物

动物也是物，属于动产。但是，一方面，动物并非人们加工制造的动产，不属于产品；另一方面，动物致害责任本身就是一种特殊的侵权责任，《民法典》侵权责任编第九章“饲养动物损害责任”已有专门的规范。故此，饲养动物损害责任不属于产品责任。

2. 武器装备

武器装备也称军工产品，是指实施和保障军事行动的武器、武器系统和军事技术器材（《武器装备质量管理条例》第2条第1款）。武器装备存在缺陷造成损害的，不适用产品责任。

3. 核设施、核产品

核设施的运营与核产品的生产、使用，属于高度危险作业，其造成他人的人身伤亡或财产损害，不属于产品责任，而是《民法典》第1237条以及《核安全法》规定的核事故损害责任。

4. 电力

电力是指人类制造或生产、控制、输送和在商业中销售的一种能源。电力不属于产品，不适用产品责任。因电压不符合标准引起的纠纷属于供用电合同纠纷，适用《民法典》合同编第十章“供用电、水、气、热力合同”以及《电力法》等法律、司法解释的规定。因高压电造成他人人身损害的，则适用《民法典》第1240条；低压电造成他人人身损害的，适用《民法典》第1165条第1款的过错责任。

5. 人体器官

器官与人体分离后，原则上属于物，即动产。人体器官只有在从捐献者体内摘除后移植入患者体内时，才可能造成患者的损害。人体器官移植造成患者损害的，捐献者原则上无须承担责任。如果医疗机构违反法律的规定，没有对人体器官捐献人进行医学检查或者未采取措施，导致接受人因人体器官移植手术感染疾病，从而遭受损害，医疗机构应当就其医疗过失行为承担责任（《人体器官移植条例》第27条第2、4款）。该侵权责任属于医疗损害责任，而非产品责任。

二、缺陷

（一）缺陷的含义与判断

只有当产品存在缺陷，且该缺陷造成他人损害时，才发生产品责任。依据《产品质量法》第46条的规定，缺陷是指产品存在危及人身、他人财产安全的不合理的危险；产品有保障人体健康和人身、财产安全的国家标准、行业标准的，缺陷是指该产品不符合这些标准。

判断产品有无缺陷的根本标准在于，是否存在危及人身、他人财产安全的不合理的危险。具体而言，首先，如果产品有保障人体健康和人身、财产安全的国家标准、行业标准，只要产品不符合该标准，就存在缺陷。其次，如果产品没有保障人体健康和人身、财产安全的国家标准、行业标准，则应当判断该产品是否存在危及人身、他人财产安全的不合理的危险。最后，即便产品符合保障人体健康和人身、财产安全的国家标准、行业标准，是合格的产品，也只能初步表明该产品形式上没有缺陷，并不等于该产品是没有缺陷的产品。只要能够证明产品存在危及人身、他人财产安全的不合理危险，仍应认定该产品存在缺陷。

（二）缺陷的类型

依据引发产品缺陷的不同原因，缺陷可以分为设计缺陷、制造缺陷与警示缺陷。

设计缺陷是指产品因其设计上存在欠缺而存在危及他人人身、财产安全的不合理危险。制造缺陷是指因产品使用的原材料、零部件等存在缺陷或者因加工、装配等制造上的原因，而使产品违反了强制性国家标准、行业标准中的强制性标准或者存在危及人身、他人财产安全的不合理危险。警示缺陷也称指示缺陷、说明缺陷或告知缺陷，是指因产品的标识、标注、使用说明中未全面、妥当地说明或警告，而使产品违反了强制性国家标准、行业标准中的强制性标准或者存在危及人身、他人财产安全的不合理危险。存在警示缺陷的前提是产品的生产者或销售者负有警示的义务。倘若无该义务，不存在警示缺陷。

（三）缺陷的举证责任

我国法律并未对产品缺陷的举证责任作出特别规定。《最高人民法院关于适用〈中华人民共和国民事诉讼法〉的解释》第 91 条规定，主张产品存在缺陷的原告负有证明该缺陷存在的证明责任。

（四）对产品缺陷的补救

1. 生产者、销售者对产品安全的持续关注义务

产品的缺陷在投入流通之前就已被发现的，无论是生产者还是销售者，都不应继续将产品投入流通。即便在投入流通时没有发现产品存在缺陷，而是在投入流通后才发现，生产者、销售者也不能置之不理，而是负有采取补救措施的积极作为义务。如果他们没有履行该义务，就应当承担侵权责任。对此，《民法典》第 1206 条规定："产品投入流通后发现存在缺陷的，生产者、销售者应当及时采取停止销售、警示、召回等补救措施；未及时采取补救措施或者补救措施不力造成损害扩大的，对扩大的损害也应当承担侵权责任。依据前款规定采取召回措施的，生产者、销售者应当负担被侵权人因此支出的必要费用。"此外，《消费者权益保护法》第 19 条、《食品安全法》第 63 条也有相应的规定。

2. 采取停止销售、警示、召回等补救措施

停止销售，是指在发现产品存在缺陷后，销售者应当立即停止缺陷产品的销售，如正在缔约过程中应当停止缔约，已经缔约但尚未交付产品的不得交付。警示，是对产品存在的某种危险或应有的正确使用方法而给予的说明、提示；召回，是指通过采取撤回、退货、更换、修理、销毁等方式，预防、控制和消除产品的缺陷，避免因该缺陷给他人造成损害。

生产者、销售者在产品投入流通后，发现了产品的缺陷，无论其是否采取补救措施，对于该缺陷给他人造成的损害，都应当承担侵权责任。但是，如果及时采取了有力的补救措施，则对于采取措施后扩大的损害不再承担责任。对此，《民法典》第 1206 条第 1 款作出了明确规定。此外，该条第 2 款还规定，生产者、销售者采取召回措施的，如果被侵权人因此支出了必要费用（如将缺陷汽车从外地开到 4S 店进行修理而支付的汽油费、通行费及住宿费等），生产者、销售者必须向被侵权人支付该费用，因为这也属于因产品存在缺陷而给消费者造成的

损失。

三、因果关系

只有在受害人的人身或财产损害是由产品的缺陷所致时，生产者、销售者才需要承担侵权责任。但是，要认定产品的缺陷与损害之间的因果关系，并不容易。

司法实践中，为了更好地保护受害人，法院在认定产品缺陷与损害之间的因果关系时，往往采取降低受害人证明要求的做法。例如，依据《最高人民法院关于审理食品药品纠纷案件适用法律若干问题的规定》第5条第2款，消费者举证证明因食用食品或者使用药品受到损害，只要“初步证明”损害与食用食品或者使用药品存在因果关系即可。

第三节　产品责任的法律后果

一、产品的生产者与销售者

（一）生产者

缺陷产品造成他人损害时，生产者是首当其冲的责任人。生产者，是指生产缺陷产品的自然人、法人或非法人组织，包括产品的设计者、制造者、生产商及任何将自己置于生产者这一法律地位的人。例如，超市委托他人生产产品后将自己作为产品的生产商在产品标识上加以注明，则该超市属于产品的生产者。

1. 举证责任

原告应当证明被告就是产品的生产者。一般来说，原告可以通过购物发票、收据、产品相关标志标识等来证明。

2. 特殊情形中生产者的确定

（1）存在缺陷的只是产品的一个部件或者原材料。当存在缺陷的只是组成该产品的一个部件或原材料，而该部件或原材料乃是其他人生产时，受害人可以选择要求整个产品的生产者承担责任，也可以要求存在缺陷的部件或原材料的生产者承担责任。

（2）将商标、姓名、名称或其他标识许可他人使用。商标权人与他人签订协议，授权他人在生产的产品上使用其商标的，或者生产者许可其他企业在生产的产品上使用其名称、姓名或可资识别的其他标识的，如果该产品存在缺陷并造成他人损害，被侵权人既可以起诉产品的制造者，也可以起诉商标的所有人或者授权许可他人使用其姓名、名称或标识的自然人、法人或非法人组织。

（3）产品的进口商应视为产品的生产者。当缺陷产品是从国外进口时，产品的进口商也应当作为产品的生产者。这有利于更好地保护受害人，使之能够依据国内法获得救济。

（4）销售者不能指明生产者或供货者时应视为生产者。如果销售者不能指明缺陷产品的生产者，也不能指明缺陷产品的供货者，则销售者被视为生产者。

（二）销售者

销售者，是指所有将产品投入流通领域的非产品生产者的自然人、法人或非法人组织，包括批发商、零售商、以提供产品为目的而履行劳务合同的人、提供产品以换取任何非金钱代价的人（如商品的奖券）、提供产品以履行法定义务的人、提供产品作为奖品或捐赠的人等。

《消费者权益保护法》还规定了两种视为产品销售者的情形：其一，使用他人营业执照的违法经营者提供商品或者服务，损害消费者合法权益的，消费者可以向其要求赔偿，也可以向营业执照的持有人要求赔偿（《消费者权益保护法》第42条）。其二，消费者在展销会、租赁柜台购买商品或者接受服务，其合法权益受到损害的，可以向销售者或者服务者要求赔偿。展销会结束或者柜台租赁期满后，也可以向展销会的举办者、柜台的出租者要求赔偿。展销会的举办者、柜台的出租者赔偿后，有权向销售者或者服务者追偿（《消费者权益保护法》第43条）。

（三）生产者与销售者之间的关系

依据《民法典》第1203条和《产品质量法》第43条的规定，因产品存在缺陷造成损害的，被侵权人可以向产品的生产者请求赔偿，也可以向产品的销售者请求赔偿。此时，生产者与销售者承担的是不真正连带责任。如果产品的缺陷是由生产者造成的，而销售者对缺陷的产生并无过错，那么销售者在承担赔偿后，有权对生产者进行追偿。如果产品的缺陷是由销售者造成的，而生产者对缺陷的产生并无过错，那么生产者在赔偿后，有权对销售者进行追偿。多数情形下，产品的缺陷是由生产者所致，而销售者存在过错的情形较少。常见情形如，销售者没有将产品中应有的配件出售给消费者导致产品存在缺陷，销售者因保管上的欠缺使得产品损坏或变质，等等。

二、产品的运输者、仓储者等第三人

产品的运输者、仓储者等第三人承担的不是产品责任，他们只是与产品的生产者或销售者之间存在合同关系。即便产品的缺陷是由运输者、仓储者等第三人的过错所致，受害人也不能直接要求他们承担侵权责任，而只能要求产品的生产者或销售者赔偿。生产者或销售者赔偿后，有权向运输者、仓储者等第三人追偿（《民法典》第1204条）。在产品责任诉讼中，可以将运输者和仓储者列为第三人。

三、产品责任的免责事由

依据《产品质量法》第 41 条第 2 款的规定，产品的生产者享有以下三种免责事由，其对此负有举证责任。

（一）未将产品投入流通

产品责任属于危险责任，只有在产品的生产者是基于自由意志将缺陷产品投入流通时，才能认为其开启了危险状态。此时，方能依据自己责任原则，将产品缺陷造成的损害归责于生产者。但是，如果产品是在违背生产者意志和意愿的情况下被投入了流通，那么生产者并不存在侵权责任法意义上的“行为”，即便该产品缺陷造成了他人损害，生产者也无须负责。“未将产品投入流通”这一免责事由既适用于生产者，也适用于销售者。

（二）产品投入流通时引起损害的缺陷尚不存在

如果产品在脱离生产者的占有、投入流通时并不存在缺陷，那么该缺陷可能是在运输、仓储、销售等流通环节形成的，也可能是由受害人自身对产品的不正当使用所致。依据《民法典》第 1204 条的规定，即便流通环节中形成的缺陷，生产者也要先承担责任，然后再向销售者、运输者、仓储者等进行追偿。故此，这里所说的“产品投入流通时引起损害的缺陷尚不存在”应作狭义的理解，即只有生产者可以证明缺陷是由受害人自身的原因所造成的，方能免责。

（三）将产品投入流通时的科学技术水平尚不能发现缺陷的存在

如果生产者能够证明将产品投入流通时的科学技术水平尚不能发现缺陷的存在，则该产品即便存在危及人身、财产安全的危险，也不属于不合理的危险，不应当认定产品具有缺陷。关于“产品投入流通时的科学技术水平”的认定，应注意两点：第一，应当以“产品投入流通时”这一时间点上的科学技术水平作为判断标准，而非以投入流通后被提升的科学技术水平作为标准；第二，科学技术水平既不是指生产者自身的科学技术水平，也不是指当时世界上最先进的科学技术水平，而是我国社会整体具有的科学技术水平。

四、侵权责任承担方式

（一）侵权损害赔偿责任

因产品存在缺陷造成他人损害的，生产者、销售者应当承担赔偿责任。如果缺陷的产品造成了产品的购买者、使用者人身伤亡，侵害人应当赔偿医疗费、护理费、交通费等为治疗和康复支出的合理费用，以及因误工减少的收入。造成残疾的，还应当赔偿辅助器具费和残疾赔偿金；造成死亡的，还应当赔偿丧葬费和死亡赔偿金等费用。

从《民法典》第 1202 条和第 1203 条第 1 款的规定来看，所谓“他人损害”，既包括缺陷产品自身的损害，也包括因为产品存在缺陷而给受害人固有的人身财产权益造成的损害。例如，A 花费 1 万元购买的电视机爆炸，将 A 眼睛炸伤，A 为此支付了 5 万元医疗费。该例中，电视机爆炸损失的 1 万元，属于缺陷产品自身的损害；而 5 万元医疗费，属于受害人固有人身权益遭受的损害。

（二）停止侵害、排除妨碍与消除危险

如果产品存在缺陷，尽管尚未造成实际损害，但已经危及民事主体的人身权益、财产权益。对此，《民法典》第 1205 条提供了预防性的保护措施，即被侵权人有权请求生产者、销售者承担停止侵害、排除妨碍、消除危险等侵权责任。

（三）惩罚性赔偿责任

惩罚性赔偿责任的主要目的不是补偿受害人，而是惩罚侵权人，防止类似的侵权行为再次发生。因此，其具体的赔偿数额不是依据被侵权人的实际损失而定，而是依据加害人或者其他赔偿义务人主观上的可非难程度、不法获利数额、赔偿能力等因素加以确定。《民法典》第 1207 条规定："明知产品存在缺陷仍然生产、销售，或者没有依据前条规定采取有效补救措施，造成他人死亡或者健康严重损害的，被侵权人有权请求相应的惩罚性赔偿。"

此外，《食品安全法》第 148 条第 2 款规定："生产不符合食品安全标准的食品或者经营明知是不符合食品安全标准的食品，消费者除要求赔偿损失外，还可以向生产者或者经营者要求支付价款十倍或者损失三倍的赔偿金；增加赔偿的金额不足一千元的，为一千元。但是，食品的标签、说明书存在不影响食品安全且不会对消费者造成误导的瑕疵的除外。"《消费者权益保护法》第 55 条规定："经营者提供商品或者服务有欺诈行为的，应当按照消费者的要求增加赔偿其受到的损失，增加赔偿的金额为消费者购买商品的价款或者接受服务的费用的三倍；增加赔偿的金额不足五百元的，为五百元。法律另有规定的，依照其规定。经营者明知商品或者服务存在缺陷，仍然向消费者提供，造成消费者或者其他受害人死亡或者健康严重损害的，受害人有权要求经营者依照本法第四十九条、第五十一条等法律规定赔偿损失，并有权要求所受损失二倍以下的惩罚性赔偿。"

▶即测即评

▶案例资源

第七章　机动车交通事故责任

第一节　机动车交通事故责任概述

一、机动车交通事故责任的概念

机动车交通事故，是指机动车在道路上造成他人人身伤亡与财产损害的事件；机动车交通事故责任，是指因机动车发生交通事故造成他人损害，机动车的所有人、使用人等民事主体应当承担的侵权责任。

《道路交通安全法》对机动车交通事故侵权责任的归责原则、构成要件与免责事由等作出了规定。因此，《民法典》第1208条规定："机动车发生交通事故造成损害的，依照道路交通安全法律和本法的有关规定承担赔偿责任。"道路交通安全法律主要是指《道路交通安全法》，但不限于该法，还包括其他规范道路交通安全的法律。

二、机动车交通事故责任的归责原则

（一）机动车之间适用过错责任原则

依据《道路交通安全法》第76条第1款第1项的规定，机动车之间发生交通事故造成人身伤亡、财产损失的，应当先由保险公司在机动车第三者责任强制保险责任限额范围内予以赔偿；不足的部分，由有过错的一方承担赔偿责任；双方都有过错的，按照各自过错的比例分担责任。因此，在机动车之间发生交通事故时，就第三者责任强制保险赔偿限额范围外的损失的赔偿，适用的是过错责任原则。这主要是考虑到机动车驾驶人之间属于平等的主体，不存在强弱的区别，并负有相同的义务。作出这样的制度安排，符合世界各国处理这类事故的惯例和我国目前处理交通事故的实践。

（二）机动车与非机动车驾驶人、行人之间适用无过错责任原则

依据《道路交通安全法》第76条第1款第2项的规定，机动车发生交通事故造成了非机动车驾驶人、行人的人身伤亡、财产损失的，就保险公司在机动车第三者责任强制保险责任限额范围内予以赔偿后不足的部分，非机动车驾驶人、行人没有过错的，由机动车一方承担赔偿责任；有证据证明非机动车驾驶人、行人有过错的，根据过错程度适当减轻机动车一方的赔偿责任；机动车一方没有过错的，承担不超过10%的赔偿责任。此外，该条第2款规定："交通事故的损失是由非机动车驾驶人、行人故意碰撞机动车造成的，机动车一方不承担赔偿责任。"由此可见，当机动车发生交通事故造成非机动车驾驶人、行人损害时，机

动车一方应当承担的是无过错责任。

（三）机动车内乘客遭受损害时的归责原则

无论是机动车与机动车发生交通事故，还是机动车与非机动车驾驶人或行人发生交通事故，都可能涉及车内乘客的损害赔偿问题。依据机动车的乘客与机动车一方有无客运合同关系，可区分以下两种情形加以解决。

1. 乘客与机动车一方存在客运合同关系

乘客与机动车一方存在客运合同关系，是指乘客购票乘坐公交车或者乘坐出租车等情形。此时的责任认定应当注意两点：第一，受害人可以依据客运合同，要求机动车一方承担违约责任（包括人身伤亡时的精神损害赔偿）。由于还存在违约责任与侵权责任的竞合，所以受害的乘客也可以针对机动车一方提起侵权损害赔偿之诉。第二，如果乘客所乘坐的机动车是与其他机动车发生碰撞，则受害人可以将自己乘坐的机动车一方与其他机动车一方作为共同被告，要求它们承担侵权责任；也可以仅依据违反客运合同为由，要求承运人承担违约赔偿责任。

2. 乘客与机动车一方没有客运合同关系

如果乘客与机动车一方没有客运合同关系（如好意同乘），此时乘客可以依据过错责任要求所乘坐的机动车一方承担责任。但是，如果机动车驾驶人没有故意或者重大过失，应当减轻其侵权赔偿责任（《民法典》第1217条）。

第二节 机动车交通事故责任的构成要件

一、造成了他人损害

第一，机动车造成了他人损害。“他人”既包括其他机动车上的人员、非机动车驾驶人、行人，也包括本车上的人员。

第二，无论是机动车与机动车发生交通事故，还是机动车与非机动车驾驶人、行人发生交通事故，只有造成了损害，才会产生侵权赔偿责任。损害，包括人身伤亡与财产损失。其中，人身伤亡引发的损害既包括财产损害，也包括精神损害。

二、机动车处于运行中

（一）机动车

机动车是指以动力装置驱动或者牵引，上道路行驶的供人员乘用或者用于运送物品以及进行工程专项作业的轮式车辆（《道路交通安全法》第119条第3项）。具体来说，民法典和《道路交通安全法》所规定的机动车交通事故责任的机动车，包括各种汽车、电车、电瓶车、摩托车、拖拉机以及轮式专用机械车。

（二）处于运行中

处于运行中，是指机动车已经作为交通工具被投入了运行，即在道路上行驶。道路，是指公路、城市道路和虽在单位管辖范围但允许社会机动车通行的地方，包括广场、公共停车场等用于公众通行的场所（《道路交通安全法》第119条第1项）。

只有机动车参与了道路交通，才会对周围环境中的人身、财产权益造成危险。该危险的现实化，就是机动车在运动中因自身的重量、速度、惯性而给其他机动车、车上人员、非机动车驾驶人、行人造成损害。机动车的运行不仅包括机动车处于运动状态的各种情形，如启动、行驶、转弯和倒车等；也包括机动车虽未运动但仍处于道路交通中的情形，如为了等候红灯而暂时熄火、临时停靠在路边等。

三、损害是由机动车的运行所致

受害人的损害必须是由机动车的运行所致。也就是说，因机动车运行所形成的危险现实化造成了他人损害。至于损害的发生是否因在机动车之间、机动车与非机动车或行人之间发生物理上的接触，在所不问。

如果受害人的损害虽然与机动车相关，但并非由机动车的运行所致，则不属于机动车交通事故责任。例如，A的机动车停放在路边的停车位上，因该车发生自燃，将相邻的B的机动车烧毁。B可以依据产品责任，要求A车的生产者承担赔偿责任；也可以依据过错责任原则，要求A承担赔偿责任。

四、机动车之间发生交通事故时，行为人应具有过错

依据《道路交通安全法》第76条第1款第1项的规定，机动车之间发生交通事故适用过错责任原则。因此，只有加害人对于损害的发生具有过错时，其才承担赔偿责任。机动车之间发生的交通事故中，无论是加害人过失的认定，还是受害人过失的认定，采取的都是客观标准，即依据加害人、受害人是否违反道路交通安全法律、法规以及相关规则，判断各自有无过失以及过失的大小。司法实践中，主要是以公安机关作出的交通事故责任认定书，作为确定发生交通事故的机动车双方有无过错及各自过错大小的主要依据。该认定书不属于行政行为，不能针对其提起行政诉讼。

第三节　机动车交通事故责任的主体

一、机动车一方的概念

机动车交通事故责任的主体是机动车一方。所谓机动车一方，就是指对机动

车的运行享有支配权，并享受机动车运行所产生的利益的人。具体来说，判断民事主体是否为机动车一方的核心标准有两个：一是运行支配，即该主体是否可以在事实上支配管理机动车的运行；二是运行利益，即该主体是否因机动车的运行而享有利益。

二、机动车一方的具体认定

（一）机动车的所有人与管理人

原则上，机动车一方就是机动车的所有人或者管理人。我国对机动车实行登记制度。机动车经公安机关交通管理部门登记后，方可上道路行驶。任何个人或单位在购买机动车之后，都应当依据法律的规定办理机动车所有权注册登记或转移登记。因此，判断某人是否为机动车的所有权人，通常依据的就是机动车登记簿。机动车的所有权人驾驶机动车造成非机动车驾驶人或者行人损害时，应承担侵权责任。如果机动车是共同共有或者按份共有，那么责任主体应为该数个所有人，他们共同向受害人承担连带赔偿责任，除非法律另有规定或者第三人知道共有人不具有连带债权债务关系（《民法典》第307条）。

机动车的管理人，是指机动车所有人之外的对机动车享有管理权的人。例如，民事主体通过租赁、委托、借用等合法方式从机动车所有权人处取得对机动车的占有、使用、收益等管理权时，其就属于机动车的管理人。

（二）因租赁、借用等情形使机动车所有权与使用权分离

因租赁、借用等情形机动车所有人、管理人与使用人不是同一人时，发生交通事故造成损害，属于该机动车一方责任的，依据《民法典》第1209条的规定，应当由机动车使用人承担赔偿责任，机动车所有人、管理人对损害的发生有过错的，承担相应的赔偿责任。

依据《道路交通事故损害赔偿解释》第1条，机动车的所有人、管理人对损害的发生有过错的情形包括：（1）知道或者应当知道机动车存在缺陷，且该缺陷是交通事故发生原因之一的；（2）知道或者应当知道驾驶人无驾驶资格或者未取得相应驾驶资格的；（3）知道或者应当知道驾驶人因饮酒、服用国家管制的精神药品或者麻醉药品，或者患有妨碍安全驾驶机动车的疾病等依法不能驾驶机动车的；（4）其他应当认定机动车所有人或者管理人有过错的。

应当注意的是，机动车所有人或管理人此时承担的相应的赔偿责任，既非连带责任，也不是补充责任，而是按份责任，即根据机动车所有人、管理人对损害发生的过错程度和原因力，确定其应当承担的赔偿责任。

（三）以买卖或者其他方式转让并交付机动车但是未办理登记

机动车属于动产，机动车所有权的转让以交付为生效要件，以登记作为物权

法上的对抗要件。故此，以买卖或者其他方式转让并交付机动车但是未办理登记，不影响受让人的机动车交通事故责任的承担。《民法典》第1210条规定，当事人之间已经以买卖或者其他方式转让并交付机动车但是未办理登记，发生交通事故造成损害，属于该机动车一方责任的，由受让人承担赔偿责任。

（四）机动车挂靠

机动车的挂靠，是指为了满足法律或地方政府对车辆运输经营管理的需要，个人将自己出资购买的机动车挂靠于某个具有运输经营权的公司，向该公司缴纳或不缴纳一定的管理费用，由该公司为挂靠车主代办各种相应的法律手续。《民法典》第1211条规定："以挂靠形式从事道路运输经营活动的机动车，发生交通事故造成损害，属于该机动车一方责任的，由挂靠人和被挂靠人承担连带责任。"这样规定，主要是考虑到：第一，被挂靠人对于挂靠车辆的运行可以进行控制，也可以由其运行而获得利益。例如，被挂靠人可以通过对挂靠人进行选择、管理、监督来控制挂靠车辆，而且其不仅可以收取管理费，也可以获得因接受挂靠而产生的其他利益，如单位的规模扩大、市场份额增加等。第二，承担连带责任有利于督促从事道路交通运输经营的公司加强管理，从而减少违法行为，维护正常的运输经营市场秩序。第三，连带责任有利于保护受害人的合法权益。

（五）未经允许驾驶他人机动车

未经允许驾驶他人机动车，是指没有获得机动车的所有人或管理人的同意而驾驶他人的机动车。实践中主要存在以下情形：其一，亲人朋友等存在特定亲属关系、朋友关系的人之间偷开机动车，尤其是成年子女偷开父母的机动车（如果是未成年子女偷开父母的机动车，则适用《民法典》第1188条关于监护人责任的规定）。其二，没有特定关系的人之间偷开机动车，如客人将汽车交给修理厂修理，结果修车厂的职工偷开该车出去。

未经允许驾驶他人机动车的行为虽然也属于侵权行为，但不能简单地等同于盗抢机动车，因为偷开机动车者并没有非法占有机动车的意思。故此，《民法典》第1212条规定："未经允许驾驶他人机动车，发生交通事故造成损害，属于该机动车一方责任的，由机动车使用人承担赔偿责任；机动车所有人、管理人对损害的发生有过错的，承担相应的赔偿责任，但是本章另有规定的除外。"

（六）转让拼装或已达到报废标准的机动车

拼装的机动车，是指没有制造、组装机动车许可证的企业或个人，擅自非法制造、拼凑、组装的机动车。拼装的机动车没有整车出厂合格证明或进口机动车的进口凭证，因此达不到机动车的国家安全技术标准。这样的机动车一旦上道路行驶，势必会对公众的人身和财产安全构成严重的威胁。故此，《道路交通安全法》第16条第1项明确禁止任何单位或者个人拼装机动车。已达到报废标准的机动车，是指按照国家强制报废标准应当报废的机动车。这种机动车已经行驶达到了一定的年限和里程，其安全系数已经不符合要求，如果仍上道路行驶，也会严重威胁公众的人身和财产安全。

为了防止拼装的或已达到报废标准的机动车被投入到道路交通之中，从而危及公众的人身与财产安全，《民法典》第1214条特别规定："以买卖或者其他方式转让拼装或者已经达到报废标准的机动车，发生交通事故造成损害的，由转让人和受让人承担连带责任。"

（七）盗抢机动车

《民法典》第1215条第1款规定："盗窃、抢劫或者抢夺的机动车发生交通事故造成损害的，由盗窃人、抢劫人或者抢夺人承担赔偿责任。盗窃人、抢劫人或者抢夺人与机动车使用人不是同一人，发生交通事故造成损害，属于该机动车一方责任的，由盗窃人、抢劫人或者抢夺人与机动车使用人承担连带责任。"这是因为：第一，机动车被盗窃、抢劫或抢夺时，机动车的所有人、管理人本身就是受害者，实施盗窃、抢劫或抢夺机动车的人不仅侵害了机动车所有人、管理人的民事权益，而且其行为也构成犯罪，还需要承担刑事责任；第二，机动车的所有人或管理人是在完全违背意志的情况下失去对机动车的支配和控制的，故此对于被盗抢的机动车发生的交通事故当然不需要承担责任。

（八）套牌机动车

套牌机动车，是指悬挂与他人机动车牌照的号码相同的伪造号牌的机动车。套牌行为属于伪造车牌的严重违法行为，不仅逃避法律监管，使受害人无法找到真正的加害人，还侵害了被套牌人的合法权益，使其可能被追究行政处罚责任。套牌机动车发生交通事故造成损害，属于该机动车一方责任的，应当由套牌机动车的所有人或者管理人承担赔偿责任；如果被套牌机动车所有人或者管理人同意套牌，则其应当与套牌机动车的所有人或者管理人承担连带责任。

（九）驾校学员在驾驶培训中发生事故

接受驾驶培训的人员在培训中驾驶机动车发生交通事故的，属于该机动车一方责任时，依据《道路交通安全法实施条例》第20条第2款的规定，学员在学习驾驶中有道路交通安全违法行为或者造成交通事故的，由教练员承担责任。由于教练员是驾驶培训机构的工作人员，故此，其中的侵权责任应由驾驶培训机构承担（《民法典》第1191条第1款）。

（十）试乘发生事故

试乘是机动车销售商为了推销产品而提供的一种服务，虽然是免费的，但根本目的在于推销产品，所以不能等同于一般的社会生活中的免费搭车，不能仅仅因为无偿而减轻责任或限制责任的成立。机动车试乘过程中发生交通事故造成试乘人损害，应当由提供试乘服务者承担赔偿责任；试乘人有过错的，则应当减轻提供试乘服务者的赔偿责任。

第四节　机动车交通事故责任的减责与免责事由

一、机动车交通事故责任的减责事由

（一）具体类型

1. 受害人过错

机动车之间发生交通事故适用的是过错责任原则，因此，如果被侵权人对损害的发生有过错，可以减轻侵权人的赔偿责任。机动车与非机动车驾驶人、行人发生交通事故，适用的是无过错责任原则。《道路交通安全法》第 76 条第 1 款第 2 项规定："有证据证明非机动车驾驶人、行人有过错的，根据过错程度适当减轻机动车一方的赔偿责任。机动车一方没有过错的，承担不超过百分之十的赔偿责任。"需要注意的是，受害人自身具有先天性疾病等特殊体质，以致发生交通事故后损害扩大的，不能认定为受害人过错，更不能据此减轻机动车一方的赔偿责任。①

2. 好意同乘

好意同乘，是指日常生活中基于友情或好意，机动车一方让另一方无偿搭乘机动车。好意同乘属于社会生活中的情谊行为，提供搭乘方属于好意施惠，因此为了维持人们社会关系的和谐，在搭乘者遭受损害的时候，可以适当减轻提供搭乘方的赔偿责任。《民法典》第 1217 条规定："非营运机动车发生交通事故造成无偿搭乘人损害，属于该机动车一方责任的，应当减轻其赔偿责任，但是机动车使用人有故意或者重大过失的除外。"适用该条规定有两个前提：（1）必须是非营运机动车发生交通事故，如果是营运机动车则不适用；（2）搭乘人是无偿的，所谓无偿主要是指对价意义上的无偿，即非营运机动车一方并不是以获得搭乘人的对待给付为目的而提供搭乘服务的。搭乘人为了感谢机动车一方而馈赠礼品甚至分担汽油费的，不应当影响对好意同乘的认定。

（二）减轻的比例

第一，机动车之间发生交通事故的，按照各自过错的比例分担。对于机动车之间发生的交通事故，被侵权人也有过错的，应当按照各自过错的比例分担责

---

① 参见最高人民法院指导案例 24 号：荣宝英诉王阳、永诚财产保险股份有限公司江阴支公司机动车交通事故责任纠纷案。

任。如果只是原告遭受损害，被告没有遭受损害或者被告虽遭受损害未提起反诉，那么，就原告的损失应当按照原被告双方的过错比例来确定被告应当赔偿的数额与原告自行负担的数额；如果原被告皆遭受了损害且被告针对原告提出了反诉，那么，应当在确定该起交通事故造成的总损失额后，根据双方的过错的比例，分别确定各自负担的部分。机动车双方各自过错比例的确定，主要依据是公安机关交通管理部门出具的交通事故责任认定书，除非当事人能够举证推翻。

第二，机动车与非机动车驾驶人、行人之间发生交通事故的，可根据非机动车驾驶人、行人的过错程度适当减轻机动车一方的赔偿责任。机动车与非机动车驾驶人、行人之间发生交通事故，非机动车驾驶人、行人没有过错的，原则上由机动车一方承担赔偿责任。如果机动车一方有证据证明非机动车驾驶人、行人有过错，应当根据过错程度适当减轻机动车一方的赔偿责任。但是，即便机动车一方完全没有过错，也应当承担不超过10%的赔偿责任。所谓适当的减轻，意味着要考虑加害人与受害人各自的过错程度，以确定是否减轻以及减轻的比例。例如，如果加害人具有重大过失（如酒后驾车、超速驾车或无证驾车等），那么除非受害人对于损害的发生具有重大过失，否则不应减轻机动车一方的赔偿责任；如果加害人具有的是一般过失，而受害人具有重大过失，则应当减轻机动车一方的赔偿责任。

二、机动车交通事故责任的免责事由

（一）受害人故意

《民法典》第1174条规定："损害是因受害人故意造成的，行为人不承担责任。"《道路交通安全法》第76条第2款规定："交通事故的损失是由非机动车驾驶人、行人故意碰撞机动车造成的，机动车一方不承担赔偿责任。"受害人故意碰撞机动车造成交通事故损失的情形包括：其一，受害人的自杀与自残行为；其二，受害人虽非自杀或自残，但是为了某种目的而故意主动地去碰撞机动车，如为了敲诈他人的钱财而故意实施"碰瓷"行为。① 被告应就受害人故意碰撞机动车负举证责任。

（二）不可抗力

不可抗力是指不能预见、不能避免且不能克服的客观情况。《民法典》第180条第1款规定："因不可抗力不能履行民事义务，不承担民事责任。法律另

① 依据《最高人民法院、最高人民检察院、公安部关于依法办理"碰瓷"违法犯罪案件的指导意见》（公通字〔2020〕12号），"碰瓷"是指行为人通过故意制造或者编造其被害假象，采取诈骗、敲诈勒索等方式非法索取财物的行为。

有规定的，依照其规定。”在机动车交通事故责任中，不可抗力也属于免责事由。

第五节　交通事故的责任强制保险与社会救助基金

一、交通事故责任强制保险

（一）交通事故责任强制保险的概念

交通事故责任强制保险，是指由保险公司对被保险机动车发生道路交通事故造成本车人员、被保险人以外的受害人的人身伤亡、财产损失，在责任限额内予以赔偿的强制性责任保险（《机动车交通事故责任强制保险条例》第3条）。机动车交通事故责任强制保险的宗旨在于，保障机动车交通事故中受害的第三人，使第三人能够及时获得补偿。因此，该责任保险不同于商业性的机动车第三者责任险，具有强制性、公益性以及为第三人利益性的特征。

（二）机动车交通事故责任强制保险中受害人的范围

受害人是侵权责任法上的用语，在机动车交通事故责任强制保险中称“第三人”“第三方”或“受害的第三人”。根据《机动车交通事故责任强制保险条例》第3条的规定，有权获得机动车交通事故责任强制保险赔偿金的受害人，不包括以下两类人员。

一是被保险人。被保险人是指投保人及其允许的合法驾驶人（《机动车交通事故责任强制保险条例》第42条第2项）。投保人是指与保险公司订立机动车交通事故责任强制保险合同，并按照合同负有支付保险费义务的机动车的所有人、管理人（《机动车交通事故责任强制保险条例》第42条第1项）。之所以将被保险人排除在机动车交通事故责任强制保险的受害人范围之外，主要是出于防范道德风险、降低制度成本等考虑。

二是本车人员。本车人员是指发生机动车交通事故时除驾驶人以外的被保险机动车上承载的人员。是否属于本车人员，应以保险车辆发生道路交通事故时该人员是否置身于车内为标准。只要机动车交通事故发生时，该人处于车外，就不属于本车人员。至于该人是主动下车抑或因交通事故被甩出车外，都不会对其车外人员的身份造成影响，其亦均有权获得强制责任保险的赔偿。

二、交通事故社会救助基金

虽然法律对机动车造成非机动车驾驶人或者行人损害时采取了无过错责任原则，又实行了机动车强制责任保险制度，但交通事故的受害人的保障仍可能不足。例如，某些机动车车主违反法律规定未投保强制保险，结果发生交通事故后，既没有保险给付，责任人又无赔偿能力。再如，机动车肇事后驾驶人逃逸，无法查明加害人或肇事车辆。

为更好地维护机动车交通事故受害人的合法权益，《道路交通安全法》第 17 条规定：“国家实行机动车第三者责任强制保险制度，设立道路交通事故社会救助基金。具体办法由国务院规定。”第 75 条规定：“医疗机构对交通事故中的受伤人员应当及时抢救，不得因抢救费用未及时支付而拖延救治。肇事车辆参加机动车第三者责任强制保险的，由保险公司在责任限额范围内支付抢救费用；抢救费用超过责任限额的，未参加机动车第三者责任强制保险或者肇事后逃逸的，由道路交通事故社会救助基金先行垫付部分或者全部抢救费用，道路交通事故社会救助基金管理机构有权向交通事故责任人追偿。”

《民法典》第 1216 条规定：“机动车驾驶人发生交通事故后逃逸，该机动车参加强制保险的，由保险人在机动车强制保险责任限额范围内予以赔偿；机动车不明、该机动车未参加强制保险或者抢救费用超过机动车强制保险责任限额，需要支付被侵权人人身伤亡的抢救、丧葬等费用的，由道路交通事故社会救助基金垫付。道路交通事故社会救助基金垫付后，其管理机构有权向交通事故责任人追偿。”根据上述规定，救助基金先行垫付的只是受害人的人身伤亡的抢救费用或者丧葬费用。除这些费用外，无论是人身伤亡方面的费用，还是财产损失方面的费用，都不能由救助基金给付。

▶即测即评

▶案例资源

第八章　医疗损害责任

第一节　医疗损害责任概述

一、医疗损害责任的概念和特征

医疗损害责任的概念有广义、狭义之分。狭义的医疗损害责任，仅指医疗机构或者其医务人员在诊疗活动中因过失侵害患者的生命权、身体权或健康权而依法应当承担的侵权责任。广义的医疗损害责任还包括：其一，药品、医疗器械等的缺陷给患者造成损害时医疗机构的侵权责任；其二，医疗机构或者医务人员在诊疗过程中侵害患者的生命权、健康权与身体权之外的其他民事权益的侵权责任。民法典出于立法便捷性和系统性的考虑，《民法典》侵权责任编的第六章“医疗损害责任”对这两类责任也作出了规定，即第1223条以及第1226条。本章仅讨论狭义的医疗损害责任。

狭义的医疗损害责任属于专家责任，具有两方面的特征：一方面，造成损害的主体是医疗机构或其医务人员；另一方面，损害是在提供专业性服务（即诊疗活动）中造成的。正是因为造成损害的人是专业机构或专业人员，损害又发生在专业活动中，医疗损害责任在过错与因果关系的判断上均需要专业知识，具有特殊性，需要法律的特别规范。

二、医疗损害责任的归责原则

我国法律对于医疗损害责任适用的是过错责任原则。《民法典》第1218条规定：“患者在诊疗活动中受到损害，医疗机构或者其医务人员有过错的，由医疗机构承担赔偿责任。”这就是说，在医疗损害责任纠纷中，受害人只有在证明因诊疗活动遭受了损害、医疗机构或者其医务人员在诊疗活动中存在过错且该过错行为与损害之间存在因果关系时，才能要求医疗机构承担赔偿责任。

第二节　医疗损害责任的构成要件

一、加害人为医疗机构或者医务人员

医疗机构，是指依照《医疗机构管理条例》的规定，取得《医疗机构执业许可证》并从事医疗活动的机构，包括从事疾病诊断、治疗活动的医院、卫生

院、疗养院、门诊部、诊所、卫生所（室）以及急救站等（《医疗机构管理条例》第2条）。医务人员，是指经过考核和卫生行政机关批准或承认，取得相应资格的各级各类卫生技术人员（如执业医师、执业助理医师、护士等）以及从事医疗管理、后勤服务等人员。

将医疗损害责任中的加害人限定于医疗机构或者医务人员，是因为医疗活动是具有高度专业性、技术性和风险性的活动，涉及广大人民群众的生命安全与身体健康。《执业医师法》《医疗机构管理条例》《护士管理办法》等法律法规明确规定，只有医疗机构和医务人员才能从事医疗活动。如果非医疗机构或非医务人员从事了医疗活动，则构成非法行医，由此造成患者损害的侵权责任属于一般侵权责任，应当适用《民法典》第1165条第1款规定的过错责任原则，不属于医疗损害责任。

二、患者在诊疗活动中受到损害

（一）诊疗活动

患者只有在诊疗活动中受到损害，才会发生医疗损害责任。所谓诊疗活动，是医疗机构及其医务人员借助医学知识、专业技术、仪器设备及药物等手段，为患者提供的紧急救治、检查、诊断、治疗、护理、保健、医疗美容以及为此服务的后勤和管理等维护患者生命、健康所必需的活动的总称。判断医疗机构或者医务人员从事的是否为诊疗活动，关键是看该活动是否要运用专业知识与技能。如果需要，就属于诊疗活动，反之则否。

（二）患者遭受了损害

诊疗活动以维护患者的生命健康为目的。因此，医疗损害责任中，医疗机构及其医务人员因过失而侵害的是患者的生命权、身体权和健康权，而不包括其他人身财产权益。例如，某医院的护士借诊疗活动之机偷窃患者的金钱，属于一般侵权责任，适用过错责任原则即可，不属于医疗损害责任；又如，患者在医院大厅就诊时因地面湿滑而摔倒，此时应当适用《民法典》第1198条第1款的规定，由作为公共场所管理者的医院承担违反安全保障义务的侵权责任。

（三）诊疗活动与患者的损害之间存在因果关系

患者的损害必须是由诊疗活动所致。也就是说，医疗机构或者其医务人员具有过错的诊疗活动侵害了患者的生命权、身体权或健康权，并造成了损害。损害既包括财产损害，也包括精神损害。故此，被侵权人应证明损害与诊疗活动之间存在因果关系。具体而言：（1）证明曾在该医疗机构接受过诊疗活动并遭受了损害，如提供交费单据、挂号单、病历、出院证明等；（2）证明诊疗活动与损害之间存在因果关系，如进行法医鉴定、提供专家证言等。

三、医疗机构或者其医务人员具有过错

医疗损害责任属于过错责任，故加害人主观上应具有过错，即《民法典》第1218条规定的“医疗机构或者其医务人员有过错”。一方面，医疗过错仅指医疗过失，不包括故意的情形。如果医疗机构或者其医务人员在诊疗活动中故意给患者造成损害（如医生利用诊疗活动故意用毒药杀害患者），在民法上构成一般的侵权责任，而非医疗损害责任。另一方面，医务人员是医疗机构的工作人员，其从事诊疗活动属于执行工作任务，因而即便医疗机构对于损害的发生没有过错，也要承担用人单位的侵权责任（《民法典》第1191条第1款）。

由于医疗损害责任属于过错责任，受害人应当证明医疗机构或者其医务人员存在医疗过失。为了既有效地维护患者的合法权益，又不妨碍医学科学的正常发展，对医疗机构及其医务人员的合理行为自由不构成不正当的限制，民法典规定了以下三种判断医疗过失的方法：其一，违反说明及取得同意之义务（第1219条第1款）；其二，违反诊疗义务（第1221条）；其三，特殊情形下的医疗过失推定（第1222条）。

（一）说明及取得同意之义务

《民法典》第1219条第1款规定：“医务人员在诊疗活动中应当向患者说明病情和医疗措施。需要实施手术、特殊检查、特殊治疗的，医务人员应当及时向患者具体说明医疗风险、替代医疗方案等情况，并取得其明确同意；不能或者不宜向患者说明的，应当向患者的近亲属说明，并取得其明确同意。”此外，《民法典》第1008条第1款规定：“为研制新药、医疗器械或者发展新的预防和治疗方法，需要进行临床试验的，应当依法经相关主管部门批准并经伦理委员会审查同意，向受试者或者受试者的监护人告知试验目的、用途和可能产生的风险等详细情况，并经其书面同意。”除了民法典，其他的法律和法规，如《基本医疗卫生与健康促进法》第32条第2款、《精神卫生法》第43条、《执业医师法》第26条、《医疗机构管理条例》第33条等，也对医疗机构和医务人员的说明及取得同意之义务作出了相应的规定。

《民法典》第1219条第1款中的“特殊检查、特殊治疗”，是指具有下列情形之一的诊断、治疗活动：（1）有一定危险性，可能产生不良后果的检查和治疗；（2）由于患者体质特殊或者病情危重，可能对患者产生不良后果和危险的检查和治疗；（3）临床试验性检查和治疗；（4）收费可能对患者造成较大经济负担的检查和治疗。

在因抢救生命垂危的患者等紧急情况下，如果不能取得患者或者其近亲属意

见，依据《民法典》第 1220 条的规定，经医疗机构负责人或者授权的负责人批准，可以立即实施相应的医疗措施。

（二）与当时的医疗水平相应的诊疗义务

《民法典》第 1221 条规定："医务人员在诊疗活动中未尽到与当时的医疗水平相应的诊疗义务，造成患者损害的，医疗机构应当承担赔偿责任。"诊疗义务，是指医务人员在对患者进行诊疗活动中应当负有的义务。与当时的医疗水平相应的诊疗义务中的"当时"，是指对患者从事诊疗活动之时一个合格的医务人员应具有的医疗水平，而非医疗损害赔偿诉讼提出之时医务人员所应具有的医疗水平。这是因为，医学在不断发展进步，医务人员的专业知识水平也会随之而不断提高。以损害事件发生后的医学水平来对从事诊疗活动时的医务人员提出要求，显然不合理。

（三）医疗过失推定

依据《民法典》第 1222 条的规定，在以下三种情形中，患者因诊疗活动遭受损害的，医疗机构将被推定为具有过错，被侵权人无须证明医疗机构的过错：（1）违反法律、行政法规、规章以及其他有关诊疗规范的规定；（2）隐匿或者拒绝提供与纠纷有关的病历资料；（3）遗失、伪造、篡改或者违法销毁病历资料。

第三节 医疗损害责任的法律后果

一、医疗损害责任的责任主体

在医疗损害责任中，尽管实际从事诊疗活动，进而给患者造成损害的是医务人员，但由于医务人员是因执行工作任务而造成他人损害的，医疗机构作为用人单位，应当承担侵权责任。医务人员经过所在医疗机构的批准而受其他医疗机构之邀请外出会诊，因诊疗活动中的过失造成患者损害的，则应由邀请的医疗机构承担侵权赔偿责任（《最高人民法院关于审理医疗损害责任纠纷案件适用法律若干问题的解释》第 20 条）。

二、医疗损害责任的免责事由

（一）患者或者其近亲属不配合医疗机构进行符合诊疗规范的诊疗

依据《民法典》第 1224 条第 1 款第 1 项以及第 2 款的规定，患者或者其近亲属不配合医疗机构进行符合诊疗规范的诊疗且医疗机构或者其医务人员也不存在过错的，即便患者遭受了损害，医疗机构也不承担侵权责任。当然，如果医疗机构的诊疗本身就不符合诊疗规范，患者或者其近亲属有权拒绝，由此导致患者遭受损害的，医疗机构仍然需要承担侵权责任。

（二）抢救生命垂危的患者等紧急情况下已经尽到合理诊疗义务

医务人员在抢救生命垂危的患者等紧急情况下，不可能如同普通的诊疗活动那样具有充分的时间进行反复思考、权衡各种诊疗措施的利弊，作出全面慎重的判断。此时，不应过分苛求医务人员和医疗机构。故此，《民法典》第 1224 条第 1 款第 2 项要求医务人员只要尽到了合理诊疗义务，医疗机构就可以不承担侵权责任。何为“合理诊疗义务”，必须根据个案具体判断。

（三）限于当时的医疗水平难以诊疗

医疗水平是随着医学技术不断发展而逐渐提高的。在判断医疗机构是否应对患者因诊疗活动遭受的损害承担侵权责任时，应考虑从事诊疗活动时的医疗水平。如果在当时的医疗水平的限制下，医疗机构及其医务人员无法预料其诊疗行为对于患者所造成的损害或难以避免此种损害，就不应苛求医疗机构及其医务人员，判令其承担侵权责任。否则，将会妨害医学技术水平的提高，最终损害的仍是患者的利益。故此，《民法典》第 1224 条第 1 款第 3 项规定，限于当时的医疗水平难以诊疗，医疗机构不承担赔偿责任。

▶即测即评　　▶案例资源

第九章　环境污染和生态破坏责任

第一节　环境污染和生态破坏责任概述

一、环境、环境污染与生态破坏

环境，是影响人类生存和发展的各种天然的和经过人工改造的自然因素的总体，包括大气、水、海洋、土地、矿藏、森林、草原、湿地、野生生物、自然遗迹、人文遗迹、自然保护区、风景名胜区、城市和乡村等（《环境保护法》第2条）。

环境污染有广义、狭义之分。狭义的环境污染即“公害”，也称“特殊的环境污染”，是指因产业活动或其他人为活动而破坏大气、水、土壤、海洋等自然环境，从而给不特定多数人的生命、身体、健康、财产或者其他民事权益造成损害的行为。广义的环境污染除“公害”外，还包括“私害”，即相邻关系人之间的环境污染行为。这种环境污染被称为“一般的环境污染”，是指相邻的不动产权利人之间，一方从事违反国家规定弃置固体废物，排放大气污染物、水污染物、噪声、光辐射、电磁波辐射等有害物质污染环境的行为，给他方造成损害的情形。

生态破坏，是指人类社会活动引起的生态退化及由此衍生的环境效应，导致了环境结构和功能的变化，对人类生存发展以及环境本身发展产生不利影响的现象。生态破坏的类型主要包括：水土流失、沙漠化、荒漠化、森林锐减、土地退化、生物多样性的减少、湖泊的富营养化、地下水漏斗、地面下沉等。

二、环境污染和生态破坏责任的概念与特征

环境污染和生态破坏责任，是指因污染环境、破坏生态造成他人损害时，侵权人依法应当承担的侵权责任。除《民法典》侵权责任编第七章专门规定环境污染和生态破坏责任外，还有许多法律有相应的规定，如《环境保护法》《海洋环境保护法》《水污染防治法》《大气污染防治法》等。

作为特殊的侵权责任，环境污染和生态破坏责任的特殊之处表现在以下三点：

第一，以无过错责任为归责原则。无论是环境污染，还是生态破坏，只要造成他人损害，即便侵权人没有过错，也要承担侵权责任（《民法典》第1229条）。

第二，实行因果关系推定。即只要因污染环境、破坏生态发生纠纷，就推定行为与损害之间存在因果关系，由行为人就其行为与损害之间不存在因果关系承担举证责任（《民法典》第1230条）。

第三，侵权人与第三人承担不真正连带责任。也就是说，即便环境污染、破坏生态是因第三人的过错所致，侵权人也不能因此免除侵权责任，而应当与第三人一同向受害人负不真正连带责任（《民法典》第1233条）。

第二节　环境污染和生态破坏责任的构成要件

一、存在污染环境、破坏生态的行为

污染环境，是指向环境中排放大气污染物、水污染物、土壤污染物、噪声、光辐射、电磁辐射等有害物质的行为。破坏生态，是指因污染环境的行为或者其他行为而对生态造成的破坏，如水土流失、沙漠化、荒漠化、森林锐减、生物多样性的减少、湖泊的富营养化、地面下沉等。

排放污染物是产业活动的必然后果或副产品，完全禁止排放污染物就等于完全禁止产业活动，因而任何国家都不可能完全禁止排放污染物，而只能划定相应的污染物排放标准，要求企业等民事主体在该标准范围内排放污染物。《环境保护法》第16条规定："国务院环境保护主管部门根据国家环境质量标准和国家经济、技术条件，制定国家污染物排放标准。省、自治区、直辖市人民政府对国家污染物排放标准中未作规定的项目，可以制定地方污染物排放标准；对国家污染物排放标准中已作规定的项目，可以制定严于国家污染物排放标准的地方污染物排放标准。地方污染物排放标准应当报国务院环境保护主管部门备案。"因此，行为人在规定的标准内排放污染物，国家不予禁止，也不作为污染环境、破坏生态的行为进行行政处罚。但是，如果超过标准排放，则不仅要被禁止，面临处罚，因此造成他人损害的还必须承担侵权责任。实践中，污染者的排污行为是否超过标准，通常需要由有关机构如环境监测部门出具检测报告加以证明。不过，即便企业等民事主体的排污行为符合排污标准，只要造成了他人的损害，依然需要承担侵权责任。也就是说，排污符合国家标准或地方标准不能作为污染者减轻或者免除责任的理由。

二、造成他人损害

无论是污染环境，还是破坏生态，都只有在给他人造成损害时，才产生侵权赔偿责任。在我国，法律并未限制给他人造成的损害的类型。损害，既包括人身

伤亡（如造成他人患病），也包括财产损失（如因河流污染导致养殖户的鱼苗死亡）。其中，财产损失既包括直接损害，也包括间接损失。此外，对于被污染者因清除污染而支出的费用也应当给予赔偿。

三、存在因果关系

（一）因果关系的推定

环境污染和生态破坏责任实行因果关系推定，即受害人无须证明污染环境、破坏生态的行为与其损害之间的因果关系，而由行为人就其行为与损害之间不存在因果关系负举证责任（《民法典》第1230条）。环境污染、生态破坏的侵权行为具有长期性、潜伏性、持续性、广泛性的特点，且其造成损害的过程非常复杂，往往要经历一系列中间环节才能最终造成损害。通常，只有借助现代科学知识并利用相应的科学仪器才能确认污染环境、破坏生态的行为与损害之间的因果关系。即便在现有科学技术的条件下，有时也无法认定某些环境污染或生态破坏中的因果关系。如果要求受害人必须确切地证明污染环境、破坏生态的行为与损害的因果关系，显然是强人所难。为了减轻受害人的举证负担，更加迅速地救济受害人，我国立法确立了因果关系推定的规则。

（二）举证责任

环境污染和生态破坏责任适用因果关系推定，并不意味着被侵权人就不负担任何举证责任。被侵权人至少应提出初步的或盖然性的证据，据以建立被告的污染环境、破坏生态行为与自己所受损害之间的初步联系。

只要被侵权人完成了上述对污染环境、破坏生态行为与损害之间的因果关系的初步证明责任，就实行因果关系的推定，由行为人来证明自己的行为与被侵权人的损害之间没有因果关系。例如，如果污染者举证证明排放的污染物没有造成该损害的可能或者排放的可造成该损害的污染物未到达该损害发生地，就可以认定污染行为与损害之间不存在因果关系。

第三节 环境污染和生态破坏责任的法律后果

一、多人侵权责任

污染环境或破坏生态行为往往不是由某一个企业或个人造成的，而是多个企业共同造成的。如果两个以上污染者共同故意污染环境，毫无疑问构成共同侵权，应承担连带责任（《民法典》第1168条）。不过，实践中更常见的是，多个企业各自排污，污染环境、破坏生态，从而造成损害。对此，《民法典》第1231

条规定："两个以上侵权人污染环境、破坏生态的，承担责任的大小，根据污染物的种类、浓度、排放量，破坏生态的方式、范围、程度，以及行为对损害后果所起的作用等因素确定。"该条主要是对多人污染环境、破坏生态时，其内部责任如何划分的规定，至于对被侵权人究竟是承担连带责任还是按份责任，应当依据《民法典》第1168—1172条的规定加以确定。

二、免责与减责事由

（一）免责事由

环境污染和生态破坏责任的免责事由只有两项：不可抗力与受害人故意。对此，《水污染防治法》第96条第2、3款规定："由于不可抗力造成水污染损害的，排污方不承担赔偿责任；法律另有规定的除外。水污染损害是由受害人故意造成的，排污方不承担赔偿责任。水污染损害是由受害人重大过失造成的，可以减轻排污方的赔偿责任。"此外，《海洋环境保护法》第91条规定："完全属于下列情形之一，经过及时采取合理措施，仍然不能避免对海洋环境造成污染损害的，造成污染损害的有关责任者免予承担责任：（一）战争；（二）不可抗拒的自然灾害；（三）负责灯塔或者其他助航设备的主管部门，在执行职责时的疏忽，或者其他过失行为。"

《民法典》第1233条规定："因第三人的过错污染环境、破坏生态的，被侵权人可以向侵权人请求赔偿，也可以向第三人请求赔偿。侵权人赔偿后，有权向第三人追偿。"由此可见，即便是完全因第三人过错而致污染环境、破坏生态，给被侵权人造成损害的，侵权人也不能以第三人过错为由免责，被侵权人可以要求侵权人赔偿，也可以要求第三人赔偿。之所以如此，是为了更有效地保护环境污染、生态破坏侵权责任的受害人。

（二）减责事由

既然环境污染和生态破坏责任属于无过错责任，那么只有在受害人对损害的发生或扩大具有重大过失时，方能减轻侵权人的赔偿责任。例如，《水污染防治法》第96条第3款规定："水污染损害是由受害人重大过失造成的，可以减轻排污方的赔偿责任。"

（三）举证责任

依据《民法典》第1230条的规定，因污染环境、破坏生态发生纠纷，行为人应当就法律规定的不承担责任或者减轻责任的情形承担举证责任。

三、惩罚性赔偿

依据《民法典》第1232条的规定，侵权人违反法律规定故意污染环境、破坏生态造成严重后果的，被侵权人有权请求相应的惩罚性赔偿。

第四节 生态环境损害责任

一、生态环境损害的概念

生态环境损害，是指因污染环境、破坏生态造成大气、地表水、地下水、土壤、森林等环境要素和植物、动物、微生物等生物要素的不利改变，以及上述要素构成的生态系统功能退化。生态环境损害不同于民法上的损害。民法上的损害，是指具有可赔偿性的特定民事主体所遭受的物质利益或精神利益的非自愿的丧失。二者的差异表现在以下几方面：

第一，性质不同。民法上的损害是指人身权益、财产权益遭受侵害而产生的不利益，具体表现为因人身伤亡而遭受的财产损失，因财产权益被侵害而遭受的财产损失，或者因人身权益被侵害而给受害人及其近亲属造成的精神痛苦。但是，生态环境损害专指生态环境本身的损害，是与民法上的人身损害、财产损害相并列的损害类型。因此，从环境污染、生态破坏侵权责任的角度而言，如果说环境损害是大概念，则环境损害包括了人身财产损害和生态环境损害。

第二，赔偿权利人不同。民法上的损害，无论是财产损害，还是精神损害，都是特定民事主体即自然人、法人或非法人组织的人身财产权益遭受侵害而遭受的不利益。然而，生态环境损害并非特定主体遭受的损害，而是生态环境本身的损害，即污染环境或破坏生态的行为给生态环境造成的不利改变以及对其提供的生态系统服务功能的破坏。正因如此，民法上损害的赔偿权利人是被侵权人，在被侵权人死亡的情况下是其近亲属；被侵权人为组织，该组织分立、合并的，承继权利的组织有权请求侵权人承担侵权责任。但是，生态环境损害发生后，有权要求侵权人承担侵权责任的主体不是某个特定的被侵权人，而是“国家规定的机关或者法律规定的组织”（《民法典》第 1234 条）。

第三，赔偿方法不同。对于民法上的损害，赔偿的方法有两种：一是恢复原状，二是金钱赔偿。除非有法律的明确规定，如《国家赔偿法》第 32 条第 1 款规定的“国家赔偿以支付赔偿金为主要方式”，否则，对于赔偿方式为恢复原状还是金钱赔偿，我国采自由选择主义。然而，对于生态环境损害，重要的赔偿方法是对受损的生态环境进行修复。

正是由于生态环境损害与民法上的损害存在上述差别，《民法典》第 1234 条和第1235条专门针对生态环境损害作出了特别规定。

二、生态环境损害的修复责任

修复责任，是指污染环境、破坏生态的行为人依法应当承担的修复生态环境的责任。对生态环境的修复，包括生态修复与环境修复。生态修复是指生态环境损害发生后，为将生态环境的物理、化学或生物特性及其提供的生态系统服务恢复至基线状态，同时补偿期间损害而采取的各项必要的、合理的措施。环境修复是指生态环境损害发生后，为防止污染物扩散迁移、降低环境中污染物浓度，将环境污染导致的人体健康风险或生态风险降至可接受风险水平而开展的必要的、合理的行动或措施。

修复责任应当由侵权人在合理期限内承担，侵权人在该期限内未修复的，国家规定的机关或者法律规定的组织可以自行或者委托他人进行修复，所需费用由侵权人负担。修复费用包括制定、实施修复方案的费用，修复期间的监测、监管费用，以及修复完成后的验收费用、修复效果后评估费用等。当然，修复责任的前提是受损的生态环境能够修复，如果确实无法修复，此时只能由侵权人赔偿损失，如赔偿生态环境功能永久性损害造成的损失。

三、生态环境损害修复责任的请求权人

依据《民法典》第1234条的规定，违反国家规定造成生态环境损害，生态环境能够修复的，国家规定的机关或者法律规定的组织有权请求侵权人在合理期限内承担修复责任。国家规定的机关，是指国家有关文件所确定的机关，如省级、市地级人民政府及其指定的相关部门、机构或者受国务院委托行使全民所有自然资源资产所有权的部门。法律规定的组织，主要是指在污染环境、破坏生态的行为也损害社会公共利益的情形下，依据法律规定有权提起民事公益诉讼的组织，具体包括：（1）检察机关（《民事诉讼法》第58条第2款）；（2）符合条件的社会组织（《环境保护法》第58条第1款）。

四、生态环境损害的赔偿范围

依据《民法典》第1235条的规定，违反国家规定造成生态环境损害的，国家规定的机关或者法律规定的组织有权请求侵权人赔偿下列损失和费用：

一是生态环境受到损害至修复完成期间服务功能丧失导致的损失。即受损的生态环境从损害发生到通过修复而恢复至受损之前的状态这一期间内，提供生态系统服务的损失补偿。

二是生态环境功能永久性损害造成的损失。即指受损的生态环境及其服务难

以恢复，其向公众或其他生态系统提供服务能力完全丧失，对于此种损失所给与的补偿。

三是生态环境损害调查、鉴定评估等费用。即国家规定的机关或者法律规定的组织及其指定的部门开展对生态环境损害的现场调查、勘验勘查、环境监测、鉴定评估、专家咨询、信息公开、第三方审计、验收等活动而支出的费用，此外也包括为此进行生态环境损害诉讼支出的律师费等必要费用。

四是清除污染、修复生态环境的费用。清除污染的费用是指清洗被污染的动植物和公共建筑、集中处理和处置污染物、回收废物、应急物资产生的费用；修复生态环境的费用是指生态环境损害发生后，为防止污染物扩散迁移、降低环境中污染物浓度，将环境污染导致的人体健康风险或生态风险降至可接受风险水平而开展的必要的、合理的行动或措施产生的费用。

五是防止损害的发生和扩大所支出的合理费用。即国家规定的机关或者法律规定的组织实施应急方案以及为防止生态环境损害的发生和扩大采取合理预防、处置措施发生的应急处置费用等。

▶即测即评

▶案例资源

第十章　高度危险责任

第一节　高度危险责任概述

一、高度危险责任的概念和类型

（一）高度危险责任的概念

高度危险责任也称高度危险作业责任，是指因从事高度危险作业造成他人损害时，应当承担的侵权责任。《民法典》侵权责任编第八章对高度危险责任作出了详尽的规定。首先，《民法典》第 1236 条是高度危险责任的一般性规定，它明确了高度危险责任适用的是无过错责任。其次，《民法典》第 1237—1240 条、第 1243 条逐一规定了各种类型的高度危险责任，如核事故损害责任、民用航空器致害责任、高度危险物致害责任、高度危险活动致害责任以及高度危险区域致害责任等。最后，《民法典》第 1241—1242 条、第 1244 条对高度危险责任的主体以及赔偿限额问题作出了规定。

（二）高度危险责任的具体类型

1. 核事故损害责任

核事故损害责任，是指民用核设施或者运入运出核设施的核材料发生核事故造成他人损害时，民用核设施的营运单位依法应当承担的侵权责任（《民法典》第 1237 条）。

2. 民用航空器致害责任

民用航空器致害责任，是指民用航空器的运营造成他人损害时，民用航空器的经营者依法应当承担的侵权责任（《民法典》第 1238 条）。

3. 高度危险物致害责任

高度危险物致害责任，是指占有或者使用易燃、易爆、剧毒、高放射性、强腐蚀性、高致病性等高度危险物造成他人损害时，占有人或者使用人依法应当承担的侵权责任（《民法典》第 1239 条）。

4. 高度危险活动致害责任

高度危险活动致害责任，是指从事高空、高压、地下挖掘活动或者使用高速轨道运输工具等造成他人损害时，高度危险活动的经营者依法应当承担的侵权责任（《民法典》第 1240 条）。

5. 高度危险区域致害责任

高度危险区域致害责任，是指受害人未经许可进入高度危险活动区域或者高度危险物存放区域而遭受损害时，该区域的管理人依法应当承担的侵权责任

（《民法典》第 1243 条）。

二、高度危险责任的构成要件

（一）从事高度危险作业

高度危险作业，是指对周围环境有高度危险的作业。首先，“作业”一词的含义十分广泛，既包括占有、使用对周围环境具有高度危险的各种物品，也包括从事对周围环境具有高度危险的各类活动。其次，“周围环境”应当理解为在危险物品或者危险活动附近，可能因此遭受损害的一切民事主体的人身权益与财产权益。最后，“高度危险”意味着，作业造成他人损害的概率或者可能性极高，即便从事作业者尽到高度的注意义务亦难以完全避免损害之发生。

（二）造成他人损害

高度危险作业责任中的“他人”，是指从事高度危险作业的民事主体之外的人，而该人之损害是由高度危险作业所致。损害，既包括人身伤害、财产损害，也包括精神损害。

三、高度危险责任的责任主体

（一）责任主体的类型

高度危险责任的类型不同，侵权责任主体也不相同。首先，核事故损害责任的主体是民用核设施的营运单位；其次，民用航空致害责任的主体是民用航空器的经营者；高度危险物致害责任的主体原则上依据与该物的物权关系加以确定，包括高度危险物的所有人、管理人、使用人、占有人、非法占有人等；高度危险活动致害责任的主体是这些活动的经营者；高度危险区域致害责任的主体是该区域的管理人。

（二）多个主体时的责任承担

高度危险责任可能涉及多个责任主体，就他们之间的责任承担问题，民法典确立了以下规则：第一，遗失、抛弃高度危险物造成他人损害的，由所有人承担侵权责任；所有人将高度危险物交由他人管理的，由管理人承担侵权责任；所有人有过错的，与管理人承担连带责任（《民法典》第 1241 条）。第二，非法占有高度危险物造成他人损害的，由非法占有人承担侵权责任。所有人、管理人不能证明对防止非法占有尽到高度注意义务的，与非法占有人承担连带责任（《民法典》第 1242 条）。

四、高度危险责任的免责事由

（一）受害人故意

《民法典》第 1174 条原则上规定了受害人故意属于免责事由，即便是在高度危险责任中，受害人故意也可以作为免责事由。为明确各类高度危险责任的免责事由，《民法典》第1237—1240条逐一作出了规定。

（二）不可抗力

不可抗力属于民事责任的免责事由，但是其并非所有的高度危险责任的免责事由。《民法典》仅在第1239条（高度危险物致害责任）与第1240条（高度危险活动致害责任）中，将不可抗力与受害人故意并列侵权人的免责事由。至于其他的高度危险责任，如核事故损害责任、民用航空器致害责任，均未规定不可抗力属于免责事由。故此，在这些侵权责任中，不可抗力不能作为免责事由。

（三）战争等情形

战争、武装冲突、暴乱等情形仅仅是核事故损害责任的免责事由。《核安全法》第90条第1款规定："因核事故造成他人人身伤亡、财产损失或者环境损害的，核设施营运单位应当按照国家核损害责任制度承担赔偿责任，但能够证明损害是因战争、武装冲突、暴乱等情形造成的除外。"《民法典》第1237条与《核安全法》的规定保持了一致。

第二节　核事故损害责任

一、核事故损害责任的概念与归责原则

核事故损害责任，是指民用核设施或者运入运出核设施的核材料发生核事故而给他人造成损害时，侵权人依法应当承担的侵权责任。民用核设施是指非军工、军事用途的核设施。依据《核安全法》第2条的规定，民用核设施包括：（1）核电厂、核热电厂、核供汽供热厂等核动力厂及装置；（2）核动力厂以外的研究堆、实验堆、临界装置等其他反应堆；（3）核燃料生产、加工、贮存和后处理设施等核燃料循环设施；（4）放射性废物的处理、贮存、处置设施。核材料包括：（1）铀-235材料及其制品；（2）铀-233材料及其制品；（3）钚-239材料及其制品；（4）法律、行政法规规定的其他需要管制的核材料。

民用核设施以及运入运出核设施的核材料对周围环境具有高度危险性，一旦操作不慎或出现其他问题，就容易导致泄漏、爆炸等严重后果。故此，核事故损害责任属于高度危险责任，适用的是无过错责任，并且其免责事由也比一般的无过错责任更加严格。即便是不可抗力造成的核事故，也不能免除核设施营运单位的责任。

二、核事故损害责任的构成要件

（一）民用核设施或者运入运出核设施的核材料发生核事故

民用核设施或者运入运出核设施的核材料发生核事故，是指核设施内的核燃

料、放射性产物、废料或运入运出核设施的核材料发生放射性、毒害性、爆炸性或其他危害性事故或一系列事故。

（二）造成他人损害

造成他人损害，是指他人因核事故而遭受了损害，既包括人身伤亡，也包括财产损失。《核安全法》第 90 条第 1 款规定，因核事故造成他人人身伤亡、财产损失或者环境损害的，核设施营运单位应当按照国家核损害责任制度承担赔偿责任。《国务院关于核事故损害赔偿责任问题的批复》第 2 条规定："营运者应当对核事故造成的人身伤亡、财产损失或者环境受到的损害承担赔偿责任。"

三、核事故损害责任的责任主体

核事故损害责任的主体是民用核设施的营运单位，即在中华人民共和国境内，申请或者持有核设施安全许可证，可以经营和运行核设施的单位（《核安全法》第 93 条第 3 款）。需要注意的是，为核设施营运单位提供设备、工程以及服务等的单位不承担核损害赔偿责任。如果核设施营运单位与其有约定，则在承担赔偿责任后，可以按照约定追偿（《核安全法》第 90 条第 2 款）。

四、核事故损害责任的最高赔偿限额

民用核设施的营运单位承担的是无过错责任。为避免无过错责任产生的赔偿责任对民用核设施的营运单位造成严重的负担，《民法典》第 1244 条规定："承担高度危险责任，法律规定赔偿限额的，依照其规定，但是行为人有故意或者重大过失的除外。"也就是说，对于核事故损害责任，即使要规定赔偿限额，也应当由法律加以规定。《国务院关于核事故损害赔偿责任问题的批复》第 7 条第 1 款规定，"核电站的营运者和乏燃料贮存、运输、后处理的营运者，对一次核事故所造成的核事故损害的最高赔偿额为 3 亿元人民币；其他营运者对一次核事故所造成的核事故损害的最高赔偿额为 1 亿元人民币"。如果民用核设施的营运单位对损害的发生有故意或者重大过失，则不适用法律规定的赔偿限额，而应当赔偿被侵权人的全部损害。

第三节 民用航空器致害责任

一、民用航空器致害责任的概念和类型

（一）民用航空器致害责任的概念

民用航空器致害责任，是指民用航空器的运营造成他人损害时，民用航空器

的经营者依法应当承担的侵权责任。航空器是指大气层中靠空气反作用力做支撑的任何器械，而民用航空器是指除用于执行军事、海关、警察飞行任务外的航空器（《民用航空法》第5条）。

（二）民用航空器致害责任的类型

1. 民用航空器对运输的旅客、货物造成损害的侵权责任

民用航空器在运输旅客、货物的过程中，对所运载的旅客、货物造成损害时，经营者应当承担侵权责任。《民用航空法》第124条规定："因发生在民用航空器上或者在旅客上、下民用航空器过程中的事件，造成旅客人身伤亡的，承运人应当承担责任。"第125条第1款规定："因发生在民用航空器上或者在旅客上、下民用航空器过程中的事件，造成旅客随身携带物品毁灭、遗失或者损坏的，承运人应当承担责任。因发生在航空运输期间的事件，造成旅客的托运行李毁灭、遗失或者损坏的，承运人应当承担责任。"旅客或货物的托运人与民用航空器的经营者之间存在运输合同关系，因此，受害人既可以要求经营者承担侵权责任，也可以要求其承担违约责任。

2. 民用航空器对地面第三人造成损害时的侵权责任

飞行中的民用航空器或从飞行中的民用航空器上落下的人或者物，造成地面、水面上的人身伤亡或财产损害的，民用航空器的经营人依法应当承担侵权责任（《民用航空法》第157条第1款）。飞行中，是指自民用航空器为实际起飞而使用动力时起至着陆冲程终了时止；就轻于空气的民用航空器而言，飞行中是指自其离开地面时起至其重新着地时止（《民用航空法》第157条第2款）。

二、民用航空器致害责任的构成要件

（一）因民用航空器所致

因民用航空器所致的情形包括以下几种：

第一，旅客的人身伤亡，必须是发生在民用航空器上或者在旅客上、下民用航空器过程中的事件所造成的。

第二，旅客随身携带物品的毁损，必须是发生在民用航空器上或者在旅客上、下民用航空器过程中的事件所造成的。

第三，旅客的托运行李的毁损，必须是发生在航空运输期间的事件所造成的。"航空运输期间"，是指在机场内、民用航空器上或者机场外降落的任何地点，托运行李、货物处于承运人掌管之下的全部期间（《民用航空法》第125条第5款）。该期间不包括机场外的任何陆路运输、海上运输、内河运输过程；但是，此种陆路运输、海上运输、内河运输是为了履行航空运输合同而装载、交付或者转运，在没有相反证据的情况下，所发生的损失视为在航空运输期间发生的

损失（《民用航空法》第 125 条第 6 款）。

第四，地面第三人的损害，必须是因飞行中的民用航空器或者从飞行中的民用航空器上落下的人或者物所造成的。如果地面第三人所受之损害并非造成损害的事故的直接后果，或者所受损害仅是民用航空器依照国家有关的空中交通规则在空中通过造成的，受害人无权要求赔偿（《民用航空法》第 157 条第 1 款）。例如，因飞机坠落到湖里，引发大量的人群旁观，结果踩毁了原告的农田。对此，民用航空器的经营者不承担赔偿责任。

（二）受害人遭受了损害

受害人的损害既包括人身权益遭受的损害，如生命权、身体权、健康权等被侵害；也包括财产权益遭受的损害，如行李的丢失、货物的毁损、地面房屋被毁等。

三、民用航空器致害责任的责任主体

（一）公共航空运输的承运人

民用航空器致害责任的主体为民用航空器的经营者（《民法典》第 1238 条）。民用航空器造成旅客或运输的货物损害时，经营者就是公共航空运输的承运人，包括缔约承运人与实际承运人。前者应当对航空运输合同约定的全部运输负责，后者仅对其履行的运输负责（《民用航空法》第 138 条）。缔约承运人，是指以本人名义与旅客或者托运人，或者与旅客或者托运人的代理人，订立航空运输合同的人（《民用航空法》第 137 条第 1 款）。实际承运人，是指根据缔约承运人的授权，履行全部或者部分运输的人，而且只要没有相反的证明，就认为存在此种授权（《民用航空法》第 137 条第 2 款）。

（二）民用航空器的经营人、所有人

民用航空器造成地面第三人的损害时，民用航空器的经营者应当承担侵权责任（《民法典》第 1238 条）。此时，民用航空器的经营者，是指损害发生时使用民用航空器的人。民用航空器的使用权已经直接或者间接地授予他人，本人保留对该民用航空器的航行控制权的，本人仍被视为经营人（《民用航空法》第 158 条第 2 款）。经营人的受雇人、代理人在受雇、代理过程中使用民用航空器，无论是否在其受雇、代理范围内行事，均视为经营人使用民用航空器（《民用航空法》第 158 条第 3 款）。民用航空器登记的所有人应当被视为经营人，并承担经营人的责任；除非在判定其责任的诉讼中，所有人证明经营人是他人，并在法律程序许可的范围内采取适当措施使该人成为诉讼当事人之一（《民用航空法》第 158 条第 4 款）。未经对民用航空器有航行控制权的人同意而使用民用航空器，对地面第三人造成损害的，有航行控制权的人除证明本人已经适当注意防止此种使用外，应当与该非法使用人承担连带责任（《民用航空法》第159条）。

四、民用航空器致害责任的减责与免责事由

（一）减责事由

《民用航空法》第161条第1款规定："应当承担责任的人证明损害是部分由于受害人或者其受雇人、代理人的过错造成的，相应减轻其赔偿责任。但是，损害是由于受害人的受雇人、代理人的过错造成时，受害人证明其受雇人、代理人的行为超出其所授权的范围的，不免除或者不减轻应当承担责任的人的赔偿责任。"

（二）免责事由

1. 受害人故意

依据《民法典》第1238条的规定，如果民用航空器的经营者能够证明损害是因受害人故意造成的，不承担责任。《民用航空法》第161条第1款也规定："依照本章规定应当承担责任的人证明损害是完全由于受害人或者其受雇人、代理人的过错造成的，免除其赔偿责任。"但是，在旅客依据客运合同要求承运人承担人身伤亡的违约赔偿责任时，免责事由除了旅客的故意，还包括旅客的重大过失（《民法典》第823条第1款）。

2. 旅客本人的健康状况所致

依据《民法典》第823条第1款和《民用航空法》第124条的规定，如果伤亡是旅客自身健康原因造成的，承运人不承担责任。

3. 行李、货物自身原因所致

《民法典》第832条规定："承运人对运输过程中货物的毁损、灭失承担赔偿责任，但是承运人证明货物的毁损、灭失是因不可抗力、货物本身的自然性质或者合理损耗以及托运人、收货人的过错造成的，不承担赔偿责任。"

4. 战争或武装冲突

依据《民用航空法》第125条和第160条的规定，如果损害是武装冲突或者骚乱的直接后果，则免除经营者的侵权责任。

5. 被有关国家机关剥夺民用航空器的使用权

《民用航空法》第160条第2款规定："依照本章规定应当承担责任的人对民用航空器的使用权业经国家机关依法剥夺的，不承担责任。"

五、民用航空器致害责任的最高赔偿限额

（一）对旅客和运输货物的最高赔偿限额

依据《国内航空运输承运人赔偿责任限额规定》第2、3条的规定，在中华

人民共和国国内航空运输中造成损害的，国内航空运输承运人应当在下列规定的赔偿责任限额内按照实际损害承担赔偿责任，但是《民用航空法》另有规定的除外：（1）对每名旅客的赔偿责任限额为人民币 40 万元；（2）对每名旅客随身携带物品的赔偿责任限额为人民币 3 000 元；（3）对旅客托运的行李和对运输的货物的赔偿责任限额，为每千克人民币 100 元。

（二）对地面第三人损害的最高赔偿限额

民用航空器造成地面第三人损害时，经营者的赔偿责任是否需要有最高赔偿限额的规定，国内外都存在很大的争议。我国《民用航空法》对于赔偿责任限额没有作出规定。

第四节 高度危险物致害责任

一、高度危险物致害责任的概念

高度危险物致害责任，是指占有或使用高度危险物造成他人损害时，占有人或使用人依法应当承担的侵权责任。高度危险物，是指易燃、易爆、剧毒、高放射性、强腐蚀性、高致病性等高度危险物品。这些物品对于他人的人身财产安全具有高度的危险，因此高度危险物致害责任适用的是无过错责任。

二、高度危险物致害责任的构成要件

（一）占有、使用高度危险物

占有、使用高度危险物的情形包括生产、装卸、运输、储存、保管高度危险物等。《民法典》第 1239 条提出“占有或者使用”的要求，是因为：一方面，占有、使用高度危险物就意味着开启了对周围环境的高度危险源，占有人或者使用人相应地负有法定义务和其他注意义务，以避免该高度危险物的危险现实化而造成他人损害。另一方面，只有在有人占有、使用高度危险物时，才能确定应当对由此造成的损害负责的主体。如果是自然界中天然存在的物品，即便具有高度危险性，造成了他人损害，因与人的行为无关，也不发生侵权责任。

（二）高度危险物品造成了他人损害

他人，是指高度危险物的占有人、使用人之外的人；损害，既包括财产损害，也包括精神损害。同时，损害必须是因高度危险物的危险现实化所致。如果受害人的损害与高度危险物的危险无关，则即使构成侵权行为，也不属于高度危险物致害责任。例如，运输剧毒化学品的车辆发生交通事故，造成他人伤亡，应

当适用机动车交通事故责任。

三、高度危险物致害责任的减责与免责事由

（一）减责事由

高度危险责任属于无过错责任，但为了更好平衡各方利益，《民法典》第1239条规定，“被侵权人对损害的发生有重大过失的，可以减轻占有人或者使用人的责任”。这就是说，只有当受害人对损害的发生有重大过失时，才能减轻侵权人的赔偿责任。

（二）免责事由

依据《民法典》第1239条的规定，高度危险物的占有人或者使用人能够证明损害是因受害人故意或者不可抗力所致的，不承担责任。

四、高度危险物致害责任的责任主体

（一）占有人、使用人

原则上，高度危险物的占有人、使用人是高度危险物致害责任的主体。因为《民法典》第1242条对非法占有人的责任有特别之规定，所以，《民法典》第1239条中的占有人仅限于合法占有人。此外，由于在该条中占有人与使用人并列，而使用人必定要占有高度危险物方能使用，所以，占有人是指使用人之外的合法占有人，包括所有权人以及基于运输、保管等非以使用为目的的合同债权而占有高度危险物之人。使用人，是指基于借用、租赁等以使用为目的的合同债权而占有高度危险物的人。

（二）所有人、管理人

依据《民法典》第1241条的规定，遗失或抛弃高度危险物造成他人损害的，由所有人承担侵权责任。这是因为，所有人依法对高度危险物的保管负有高度之注意义务。倘因保管不善而使高度危险物遗失而致人损害，所有人难辞其咎。如果是因为他人的盗窃致使高度危险物丢失，鉴于该物本身的高度危险性，为保护受害人，所有人仍需要承担侵权责任。至于所有人任意抛弃高度危险物，该行为本身就有明显的过错，所有人更应对此造成的损害承担责任。

《民法典》第1241条还规定，所有人将高度危险物交由他人管理的，由管理人承担侵权责任。所有人将高度危险物交由他人保管、运输或储存等情形下，管理人是指所有人之外的合法占有人。因管理人实际占有高度危险物，故由其作为占有人就高度危险物给他人造成的损害负无过错责任。但是该条还规定，所有人有过错的，应与管理人负连带责任。所有人有过错的情形，是指所有人在将高度危险物交由他人管理时没有履行法定义务或具有其他的过错，而该过错行为与损害的发生存

在因果关系，包括：（1）没有选择具有法定资格的管理人来管理高度危险物。（2）没有依法采取相应的管理、防护措施。（3）未依法如实向管理人说明高度危险物的名称、性质、数量、危害以及应急措施等需要注意以免造成他人损害的情形。

（三）非法占有人

《民法典》第1242条规定："非法占有高度危险物造成他人损害的，由非法占有人承担侵权责任。所有人、管理人不能证明对防止非法占有尽到高度注意义务的，与非法占有人承担连带责任。"该条中的"非法占有"，是指违背所有人或管理人的意志，通过盗窃、抢劫、抢夺等非法行为而取得对高度危险物的占有的人。当非法占有人占有的高度危险物造成他人损失时，当然要由非法占有人承担侵权责任。此时，所有人、管理人之所以也要负连带责任，是因为其没有对防止他人非法占有尽到高度注意义务，存在过错。这就是说，在非法占有高度危险物造成损害时，受害人无须证明所有人、管理人的过错，而是实行过错推定。所有人、管理人应反驳对其过错的推定，但只是证明了自己对非法占有尽到了一般的注意义务是不够的，还必须证明自己已经尽到了高度注意义务。高度注意义务的要求明显要高于善良管理人的注意义务，意味着所有人、管理人在避免他人非法占有上完全符合法律的要求（如按照法律的规定采取安全保卫措施等），尽到了自己应尽的全部注意义务。

第五节 高度危险活动致害责任

一、高度危险活动致害责任的概念和类型

高度危险活动致害责任，是指从事高空、高压、地下挖掘活动或者使用高速轨道运输工具造成他人损害时，高度危险活动的经营者依法应当承担的侵权责任。高度危险活动致害责任与高度危险物致害责任一样，适用的都是无过错责任。前者的高度危险性来自活动，后者的高度危险性来自物品本身。

依据活动的类型不同，高度危险活动致害责任可分为高空作业致害责任、高压致害责任（如高压电致害责任）、地下挖掘活动致害责任以及高速轨道运输工具致害责任（如铁路运营致害责任）。由于实践中高压电致害责任与铁路运营致害责任较为常见，本节主要介绍这两类高度危险活动致害责任。

二、高压电致害责任

（一）高压电致害责任的概念和构成要件

高压电致害责任，是指高压电造成他人损害时，电力设施产权人应当承担的侵

权责任。高压电致害责任属于高度危险作业致害责任的一种，适用无过错责任。

高压电致害责任的构成要件包括如下几项：

1. 高压电

何为高压电，实践中曾存在不同的认识。电力行业通常将 1 万伏以上的电压称为高压电，而在输电线路上，只有 22 万伏以上的输电线路才被认为是高电压。司法实践中将高压电界定为“1 千伏（kV）及以上电压等级的高压电”。1 千伏（kV）以下电压等级的，属于低压电。

2. 造成了损害

侵权责任法中的损害既包括人身伤亡（如身体的残疾或者死亡），也包括财产损害（如物品的毁损）。但是，高压电致害责任中的损害仅限于“人身伤亡”，即因触电而受伤或死亡。这是因为，如果高压电只是侵害了财产权益，造成了损害，完全可基于《民法典》合同编第十章关于供用电合同的规定以及当事人之间的约定，追究供电人的违约责任，或者依据《民法典》第 1165 条第 1 款，要求侵权人承担过错责任，而没有适用无过错责任的必要。

3. 存在因果关系

受害人的人身损害为接触高压电所致。也就是说，损害是因高压电流通过身体而造成的。如果损害是输送、储存高压电的设施或其他物件本身所致，如电线杆倒塌砸伤行人、电线划伤车辆等，应当适用《民法典》侵权责任编第十章关于建筑物和物件损害责任的规定。

（二）高压电致害责任的责任主体

1. 电力设施产权人的概念

高压电致害责任的主体应为电力设施的产权人，包括电力设施的所有人和管理人。

2. 电力设施产权人的确定

电力的供应由多个环节构成，电力设施也是相互连接的。因此，只有明确了电力设施产权的分界处，才能准确判明造成损害的电力设施的产权人是谁。电力设施产权的分界处就是划分相互连接的电力设施产权归属的分界点。分界点电源侧的电力设施归供电人所有，分界点负荷侧供电设施归用电人所有。

（三）高压电致害责任的免责事由

高压电致害责任的免责事由包括受害人故意与不可抗力，《民法典》第 1240 条对此有明确的规定。

三、铁路运营致害责任

（一）铁路运营致害责任的概念

铁路运营致害责任属于高速轨道运输工具致害责任的一种，是指因铁路的运营而造成他人损害时，铁路的运营者应承担的侵权责任。依据是否影响铁路正常行车，铁路运营造成他人损害的事故可分为两类：铁路行车事故与其他铁路运营事故（《铁路法》第58条第1款）。

铁路行车事故也称铁路交通事故，是指铁路机车车辆在运行过程中与行人、机动车、非机动车、牲畜及其他障碍物相撞，或者铁路机车车辆发生冲突、脱轨、火灾、爆炸等影响铁路正常行车的铁路交通事故。

其他铁路运营事故，是指铁路行车事故之外的，因铁路的运营致他人损害的事故，如乘客在上下车时摔伤或被列车挤伤、旅客在列车行驶中遭受人身伤亡、货物在运输过程中被毁损等。

（二）铁路运营致害责任的类型

依据受害人与铁路运营者有无合同关系，可以将铁路运营致害责任分为以下两类。

第一，铁路运营造成旅客或托运人的人身伤亡、财产损害时的责任。此类损害事故中，受害人与铁路运营者之间存在客运合同、货运合同关系，因此，发生侵权责任与违约责任的竞合，受害人可以要求铁路运营者承担侵权责任或违约责任。

第二，铁路运营给没有合同关系的人造成人身伤亡、财产损失时的责任。所谓“没有合同关系的人”，是指与铁路运营者之间不存在货运合同、客运合同关系的民事主体，如行人、机动车驾驶人等。此类损害事故也称“铁路路外事故”。由于受害人与铁路运营者之间不存在合同关系，所以其只能要求经营者承担侵权责任。

（三）铁路运营致害责任的归责原则

铁路运营属于高度危险作业，铁路运营致害责任适用无过错责任。

（四）铁路运营致害责任的免责事由

依据《民法典》第1240条的规定，铁路运营者的免责事由包括不可抗力与受害人故意。其中，受害人故意，是指受害人故意以卧轨、碰撞等方式造成损害的情形（《铁路人身损害赔偿解释》第5条第2项）。此外，《铁路人身损害赔偿解释》第7条第2款针对铁路运输人身损害赔偿责任规定了一种特别的免责事由，即“受害人不听从值守人员劝阻或者无视禁行警示信号、标志硬行通过铁路平交道口、人行过道，或者沿铁路线路纵向行走，或者在铁路线路上坐卧，造成人身损害，铁路运输企业举证证明已充分履行安全防护、警示等义务的，不承担赔偿责任”。

（五）铁路运营致害责任的减责事由

铁路运营致害责任属于高度危险责任，适用无过错责任。依据《民法典》

第 1240 条的规定，只有当受害人对损害的发生有重大过失时，方能减轻铁路运营者的侵权责任。就如何减轻责任，《铁路人身损害赔偿解释》第 8 条规定："铁路运输造成无民事行为能力人人身损害的，铁路运输企业应当承担赔偿责任；监护人有过错的，按照过错程度减轻铁路运输企业的赔偿责任，但铁路运输企业承担的赔偿责任应当不低于全部损失的百分之五十。铁路运输造成限制民事行为能力人人身损害的，铁路运输企业应当承担赔偿责任；监护人及受害人自身有过错的，按照过错程度减轻铁路运输企业的赔偿责任，但铁路运输企业承担的赔偿责任应当不低于全部损失的百分之四十。"

（六）第三人侵权与铁路运营者的侵权责任

1. 第三人侵权与铁路运营者的安全保障义务

在旅客运输过程中，因铁路运营者以外的第三人给旅客造成损害的，应当首先由实施侵权行为的第三人承担侵权责任。至于铁路运营者，其只有在没有尽到安全保障义务的情形下，才在能够防止或者制止损害的范围内承担相应的补充责任，铁路运输企业承担赔偿责任后，有权向第三人追偿（《民法典》第 1198 条第 2 款）。例如，张三在列车内打伤了乘客李四，由于铁路乘警没有及时采取有效措施，张三逃跑了，此时铁路公司应当承担相应的补充责任。

2. 车外第三人原因不能免除责任

实践中，曾发生因车外第三人投掷石块等击打列车行为而造成车内旅客人身损害的情形。在这一情形下，赔偿权利人有权要求铁路运输企业先予赔偿，铁路运输企业赔付后，有权向第三人追偿。这样做有利于保护受害旅客的合法权益，因为在车外第三人投掷石块等的情况下，基本上很难找到侵权人。此时，铁路运输企业不得以第三人侵权为由要求免除责任，或者仅如车内的第三人实施侵权那样只是承担相应的补充责任。

（七）铁路运营者与其他人的共同侵权

铁路机车车辆与机动车发生碰撞造成机动车驾驶人员以外的人人身损害的，应当由铁路运输企业与机动车一方对受害人承担连带赔偿责任。铁路运输企业与机动车一方之间，按照各自的过错分担责任；双方均无过错的，按照公平原则分担责任。对受害人实际承担赔偿责任超出应当承担份额的一方，有权向另一方追偿。

（八）铁路运营致害责任的主体

因国家铁路、地方铁路之运营造成损害的，铁路运营者为铁路运输企业（《铁路法》第 58 条第 1 款），包括铁路局和铁路分局（《铁路法》第 72 条）。国家铁路是指由国务院铁路主管部门管理的铁路（《铁路法》第 2 条第 2 款），地方铁路是指由地方人民政府管理的铁路（《铁路法》第 2 条第 3 款）。

因专用铁路及铁路专用线之运用造成损害的，运营者为肇事工具或者设备的所有人、使用人或者管理人。专用铁路，是指由企业或者其他单位管理，专为本企业或者本单位内部提供运输服务的铁路（《铁路法》第2条第4款）。铁路专用线，是指由企业或者其他单位管理的与国家铁路或者其他铁路线路接轨的岔线（《铁路法》第2条第5款）。

第六节 高度危险区域致害责任

一、高度危险区域致害责任的概念与归责原则

高度危险区域致害责任，是指受害人未经许可进入高度危险活动区域或者高度危险物存放区域而遭受损害时，该区域的管理人依法应当承担的侵权责任。高度危险区域致害责任适用的是无过错责任。但是，与高度危险活动致害责任、高度危险物致害责任相比，高度危险区域致害责任最大的特点在于免责和减责事由不同。

依据《民法典》第1243条的规定，高度危险区域致害责任的减责和免责事由必须同时符合两个条件：其一，受害人是未经许可而进入到高度危险区域的；其二，管理人能够证明已经采取足够安全措施并尽到充分警示的义务。这两项条件缺一不可。例如，如果受害人经过管理人的许可进入高度危险区域，那么对其在该区域遭受的损害，管理人不得以已经采取了足够安全措施并尽到充分警示义务为由来主张减责或免责。又如，即便受害人未经许可而进入高度危险区域，但管理人若不能证明已经采取了足够安全措施并尽到充分警示义务，也不能减责或免责。如此规定，是因为高度危险区域虽然危险，但其本身是静态的，并不像高度危险活动那样对周围环境造成了主动的、积极的危险，只要不是未经许可擅自进入该区域，一般是不会遭受损害的。在受害人未经许可进入该区域，而管理人又已经采取了足够安全措施并尽到充分警示义务的情况下，受害人的损害实际上完全是其自己所造成的，如受害人卧轨自杀、自残等。在这种情况下，管理人可以相应减轻或免除责任。

二、高度危险区域致害责任的构成要件

（一）未经许可进入高度危险活动区域或高度危险物存放区域

高度危险活动区域，是指从事高度危险活动的特定地方。例如，民航机场是民用航空公司进行活动的区域，该区域内飞机不停起降，属于高度危险活动；又如，高速公路上车辆行驶的速度非常快，该区域内非常危险，行人或非机动车驾

驶人是不得进入的。

高度危险物存放区域，是指存放高度危险物品的区域，如存放炸药的仓库、储存剧毒化学物品的仓库或存放放射性物质的铅房等。

（二）管理人没有采取足够安全措施并尽到充分警示义务

由于管理人管理的是高度危险活动区域或高度危险物存放区域，因此，其必须尽到高度的注意义务，以免发生损害。这种高度的注意义务具体体现为：一方面，必须采取了足够的安全措施。所谓足够的安全措施，不仅包括避免他人未经许可擅自进入该区域而依法采取的安全保卫措施，也包括其他能够避免他人未经许可进入高度危险活动区域或者高度危险物存放区域而采取的应有的安全措施。另一方面，管理人仅仅采取安全措施还不够，还必须尽到充分警示义务。所谓充分警示义务，是指管理人要设置充分、明显的警示标志，从而使他人完全可以知悉将要进入的区域属于高度危险活动区域或者高度危险物存放区域。

三、高度危险区域致害责任的减免责事由

高度危险区域的管理人能够证明自己已经采取足够安全措施并尽到充分警示义务的，可以减轻或者不承担责任。否则，就应当承担侵权责任。故此，减责或免责事由的证明责任由管理人负担，受害人无须证明管理人没有采取足够安全措施并尽到充分警示义务。司法实践中，法院在认定高度危险区域的管理人是否采取足够安全措施并尽到充分警示义务时，需要考虑损害发生的具体情况，结合多种因素综合判断。

▶即测即评　　▶案例资源

第十一章　饲养动物损害责任

第一节　饲养动物损害责任概述

一、饲养动物损害责任的概念

饲养动物损害责任，是指饲养的动物造成他人损害时，饲养人或管理人依法应当承担的侵权赔偿责任。随着经济的发展，人民生活水平的提高，饲养动物的情形越来越普遍。为更好地规范饲养动物的行为，防止饲养动物给他人造成损害，《民法典》侵权责任编第九章对饲养动物损害责任作出了详细的规定。

二、饲养动物损害责任的归责原则

（一）以无过错责任为原则

依据《民法典》第 1245 条的规定，饲养的动物造成他人损害的，无论饲养人、管理人有无过错，均应承担侵权责任，即无过错责任。只有在证明损害是因受害人故意或重大过失所致时，饲养人或者管理人方可不承担或者减轻责任。

（二）两类非常严格的无过错责任

《民法典》第 1246 条与第 1247 条规定了两类非常严格的无过错责任，说其非常严格，是因为法律对于这两类责任的免责与减责事由的规定非常严格。

一方面，《民法典》第 1246 条对违反管理规定而使得饲养动物造成他人损害的责任作出了规定。依据该条规定，违反管理规定，未对动物采取安全措施造成他人损害的，动物饲养人或者管理人应当承担无过错责任，即无论饲养人或管理人有无过错，均应承担侵权责任。被侵权人故意造成损害的情形下，不能免责而只能减责，显然该无过错责任比一般的饲养动物损害责任所适用的无过错责任更为严格。这样规定主要是为了更好地规范动物饲养人或管理人的行为，促使其严格地依照法律的规定采取安全措施，以免给他人造成损害。

另一方面，《民法典》第 1247 条对禁止饲养的烈性犬等危险动物的致害责任作出了规定。这种责任是我国侵权责任法上唯一的“绝对责任”，即该侵权责任没有任何的免责事由和减责事由。民法典如此规定，是考虑到烈性犬等危险动物比一般的饲养动物的危险性更高，而且，法律法规或相关规定已经禁止人们饲养这些危险动物，但是，饲养人或管理人却知法犯法，主观恶性严重。故此，对于此种禁止饲养的危险动物致害责任，法律上没有给予饲养人或管理人以任何的免责事由或减责事由。

（三）动物园饲养的动物造成损害的适用过错推定责任

《民法典》第 1248 条对动物园饲养的动物给予了特别的优待。依据该条规定，动物园的动物造成他人损害的，不适用无过错责任，而适用过错推定责任。因此，动物园可以通过证明尽到管理职责而免除责任。这一规定的理由在于，动物园饲养动物是为了满足人民日益提高物质和文化生活需要或进行科学研究，并非如普通的自然人那样，纯粹出于精神上的满足。况且，从实践来看，游客因动物园的动物而遭受损害，要么是因为动物园没有尽到管理职责（如存在安全设施或设备的瑕疵、欠缺警示标志等），要么是游客自身的原因（如违反规定投喂食物、激惹或挑逗动物等），因此，在动物园已经尽到了管理职责的情形下，损害就完全是由受害人自身所致。此时，如果令动物园承担无过错责任，过于苛刻，故应当允许动物园在证明尽到管理职责的情形下，免除责任。

第二节　饲养动物损害责任的构成要件

一、无过错责任的构成要件

（一）饲养的动物

民法典规定造成他人损害的动物应是“饲养的动物”，是为了排除野生动物致害之情形。饲养的动物意味着，该动物是有饲养人或者管理人的，而非野生的动物。在有人饲养的动物造成损害时，饲养人或者管理人自然是承担责任的主体。而完全处于自然状态下的野生动物造成他人损害的，由于没有饲养人或者管理人，原则上不发生侵权责任。当然，法律另有规定的除外，如《野生动物保护法》第 2 条第 2 款规定的“珍贵、濒危的陆生、水生野生动物和有重要生态、科学、社会价值的陆生野生动物”造成损害的，受害人有权请求国家给予补偿。

饲养动物中的“饲养”应作广义的解释，并不局限于“喂食”或“豢养”，只要是为某人所有或者为某人占有、管理、控制的动物，都属于“饲养的动物”。至于该动物为他人控制或者管理的力度究竟有多大，并不是一个需要考虑的问题。因此，无论是个人饲养的犬、猫，还是动物园的动物等，均属于饲养的动物。

（二）造成了他人损害

饲养动物造成了他人损害，包含两层意思：其一，该饲养动物的行为是导致他人损害的原因，即二者之间存在因果关系。例如，狗咬伤人、牛将人顶伤、马踩踏他人的庄稼等。其二，该饲养动物导致他人损害的行为是基于该动物本身特有的危险性所引起的。至于这种危险性，是来源于动物的本性，还是因动物受外界刺激而作出的反应，无关紧要。此外，致害动物是否与被侵权人发生物理上的接触，也在所不问。例如，因动物追赶、逼近等危险动作导致受害人摔倒受伤的，也应认定其与损害之间存在因果关系。

他人因动物的危险遭受的“损害”包括人身伤亡，也包括财产损失。实践中，最为常见的就是人身损害，如狗咬伤、撞伤他人。但是，也有财产遭受损害的情形，如饲养的牛到他人的菜园中啃食蔬菜、践踏庄稼等。

二、更严格的无过错责任的构成要件

（一）违反管理规定而使饲养动物造成他人损害的责任

依据《民法典》第1246条，违反管理规定，未对动物采取安全措施造成他人损害的，动物饲养人或者管理人应当承担侵权责任。管理规定，是指法律、法规、规章和相关规范性文件确立的对饲养动物的管理规定；安全措施，是指为防止动物造成他人损害所必须采取的措施。例如，当饲养人带着狗出门时，必须由完全民事行为能力人以犬链有效管控狗，为大型犬佩戴嘴套；进入电梯或者楼梯等狭小空间，应当采取收紧犬链或者怀抱犬只等方式主动避让他人。如果饲养人或者管理人违反规定，不采取安全措施，造成他人损害，因其具有严重过错，所以即便损害是因被侵权人故意造成的，也只能减轻饲养人或者管理人的责任。

（二）禁止饲养的烈性犬等危险动物致害责任

《民法典》第1247条规定：“禁止饲养的烈性犬等危险动物造成他人损害的，动物饲养人或者管理人应当承担侵权责任。”烈性犬等危险动物对于他人的人身、财产安全显然有高度之危险，因此，我国禁止饲养这些动物。违反禁止性规定饲养这些动物本身就是严重的过错，故《民法典》第1247条没有为侵权人规定任何减责与免责事由。

“烈性犬”并非动物学上的概念，其具体范围如何，并无法律和法规的统一规定，一般是由各地的畜牧兽医行政部门加以确定。除烈性犬外，危险动物还包括各类毒蛇、食人鱼、狮子、老虎等。

三、过错推定责任的构成要件

动物园的动物造成他人损害的，依据《民法典》第1248条的规定，动物园承担的是过错推定责任，即动物园的过错是被法律推定的，其只有证明“尽到管理职责”后才能免责，否则就应当承担责任。

动物园包括综合性动物园（水族馆）、专类性动物园、野生动物园、城市公园的动物展区、珍稀濒危动物饲养繁殖研究场所。对于动物园的管理职责，《动物防疫法》《城市动物园管理规定》等法律规章有明确的规定。

在发生损害事故后，认定动物园是否尽到了管理责任时，应“根据具体动物的种类和性质来定，并且鉴于动物园所承担的独特社会功能，其不应该只是承担善良管理人的注意义务，而应该承担更高的符合其专业管理动物的注意义务”[①]。具体考虑的因素包括：（1）动物园是否尽到了法律、法规和规章规定的义务，如提醒义务、警示义务等；（2）动物园是否建立了巡查制度，管理人员是否履行该义务并尽到对游人擅自翻越、穿越栏杆靠近动物等危险行为的劝阻义务；（3）动物本身的危险程度；（4）相应的设施、设备有无安全问题等。

第三节　饲养动物损害责任的法律后果

一、饲养动物损害责任的责任主体

民法典将饲养动物损害责任的主体规定为“饲养人或者管理人”。动物的饲养人，通常是指动物的所有人；动物的管理人，是指动物所有人之外的对动物进行实际控制与管理的人，包括依法负有管理动物的职责的人（如国家设立的动物园）以及依合同的约定负有管理动物职责之人（如依据保管合同保管动物的人）。动物的管理人可以是直接占有人，也可以是间接占有人。但是，如果某人是依据用人单位的指令或者提供劳务方要求而照顾动物，则动物的管理人是该用人单位或接受劳务的人。

动物脱离了饲养人或管理人的占有处于逃逸的状态，或者动物的饲养人或管理人遗弃了动物时，该动物致人损害时的责任主体仍为原饲养人或管理人（《民法典》第1249条）。这是为了加强动物的饲养人或管理人对动物的管理职责，以免危害公众安全而作出的特别规定。

二、饲养动物损害责任的免责事由

（一）受害人故意

只要不是《民法典》第1246条和第1247条所规定的情形，受害人故意可以作为动物饲养人或者管理人的免责事由。当然，在饲养动物致人损害的情形中，受害人故意引发损害的情形很少。实践中，多是受害人对损害的发生具有一般过失或者重大过失。例如，挑逗、激惹动物等被动物咬伤。

（二）第三人过错

《民法典》第1250条规定：“因第三人的过错致使动物造成他人损害的，被

---

① 参见“谢某某诉上海动物园饲养动物致人损害纠纷案”，《中华人民共和国最高人民法院公报》2013年第8期。

侵权人可以向动物饲养人或者管理人请求赔偿，也可以向第三人请求赔偿。动物饲养人或者管理人赔偿后，有权向第三人追偿。”所谓因第三人的过错致使动物造成他人损害，包括两层含义：其一，动物的饲养人、管理人以及受害人之外的第三人从事了有过错的行为；其二，受害人的损害完全是由第三人有过错的行为所致，动物的饲养人或管理人不存在任何过错。如果动物的饲养人或者管理人也存在过错，则不适用该条的规定。

▶即测即评

▶案例资源

第十二章　建筑物和物件损害责任

第一节　建筑物和物件损害责任概述

一、建筑物和物件损害责任的概念和类型

（一）建筑物和物件损害责任的概念

建筑物和物件损害责任属于狭义的物的损害责任。广义的物的损害责任，是指人类管理、控制下的任何物（如动产、不动产）造成他人损害时的侵权责任，除狭义的物的损害责任外，尚包括产品责任、机动车交通事故责任、高度危险物责任、环境污染责任、饲养动物损害责任等。《民法典》侵权责任编第十章“建筑物和物件损害责任”规范的就是狭义的物件损害责任。

（二）建筑物和物件损害责任的类型

《民法典》侵权责任编第十章规定的建筑物和物件致害责任，既有建筑物、构筑物或者其他设施及其搁置物、悬挂物造成损害的责任，也有抛掷物、坠落物、堆放物致害责任，还有林木、地面施工以及窨井等地下设施造成损害时的责任。

依据不同的标准，可以对民法典中的建筑物和物件损害责任进行不同的分类。（1）依据造成损害的物是不动产还是动产，可将其分为不动产损害责任与动产损害责任。前者即建筑物、构筑物或者其他设施，林木或者果实，地面施工以及窨井等地下设施等造成他人损害的责任（《民法典》第1252—1253条、第1257—1258条）；后者是指搁置物、悬挂物脱落、坠落，建筑物中的抛掷物，堆放物等造成他人损害的责任（《民法典》第1253—1255条）。（2）依据归责原则不同，可以将其分为适用过错推定责任的物件损害责任（《民法典》第1253条、第1255—1258条）、适用无过错责任的物件损害责任（《民法典》第1252条、第1256条）以及适用公平责任的物件损害责任（《民法典》第1254条）。

二、建筑物和物件损害责任的归责原则

民法典依据造成损害的物件的不同以及物件造成损害方式的不同，对建筑物和物件损害责任规定了不同的归责原则。

其一，适用无过错责任的，包括《民法典》第1252条规定的建筑物、构筑物或者其他设施倒塌、塌陷致害责任；第1256条规定的妨碍通行的物品造成他人损害时行为人的侵权责任。

其二，适用过错推定责任的，包括《民法典》第1253条规定的建筑物、构

筑物或者其他设施及其搁置物、悬挂物等脱落、坠落致害责任；第 1255 条规定的堆放物倒塌等致害责任；第 1256 条规定的妨碍通行的物品造成他人损害时公共道路管理人的侵权责任；第 1257 条规定的林木折断等致害责任；第 1258 条规定的地面施工造成他人损害时施工人的侵权责任以及窨井等地下设施造成他人损害时管理人的侵权责任。

其三，适用公平责任的，是《民法典》第 1254 条规定的抛掷物、坠落物造成他人损害时可能加害的建筑物使用人的补偿责任。

第二节　建筑物、构筑物及其他设施致害责任

一、建筑物、构筑物及其他设施致害责任的概念与归责原则

（一）建筑物、构筑物或者其他设施的概念

建筑物也称“房屋”，是指任何在土地上建造的直接供人们居住生活、从事生产活动或者进行其他活动的场所。按照用途可将其分为：民用房屋，如独户住宅、多户住宅；工业房屋，如生产厂房、仓库等；商业房屋，如旅店、银行、超市、客运站、冷藏库等；文教卫生房屋，如学校教学楼与校舍、医院门诊住院大楼、影剧院、歌舞厅、办公楼、体育场（馆）、会议厅等。

构筑物，是指以人力方式在地面上建造的具有特定用途，但不能直接供人们居住生活、从事生产活动或者进行其他活动的场所。至于该构筑物是附着于土地的永久性设施还是临时性设施，在所不问。

其他设施，是指建筑物、构筑物的附属设施，如房屋内的电梯、消防设备间等。

（二）建筑物、构筑物及其他设施致害责任的概念

建筑物、构筑物及其他设施致害责任，是指因建筑物、构筑物或者其他设施倒塌、塌陷，或者因建筑物、构筑物或者其他设施及其搁置物、悬挂物发生脱落、坠落等而造成他人损害时，有关民事主体依法应当承担的赔偿责任。

（三）建筑物、构筑物及其他设施致害责任的归责原则

《民法典》第 1252 条和第 1253 条区分了“建筑物、构筑物或者其他设施”的不同致害方式，规定了不同的归责原则：建筑物、构筑物或者其他设施倒塌、塌陷造成他人损害的，适用无过错责任，并由建设单位与施工单位承担连带责任；建筑物、构筑物或者其他设施及其搁置物、悬挂物发生脱落、坠落造成他人损害的，适用过错推定责任。作此区分的理由是，建筑物等倒塌、塌陷严重危害人民群众的人身、财产安全，因此应对其责任进行更严格的规定；建筑物等及其

搁置物、悬挂物发生脱落、坠落造成他人损害，往往与所有人、管理人或者使用人在管理、维护时的过错有很大关系，因此，采取过错推定既符合社会生活的实际情况，也有利于保护被侵权人的合法权益。

二、建筑物、构筑物及其他设施致害责任的构成要件

构成建筑物、构筑物及其他设施致害责任，要求因倒塌、塌陷、脱落或者坠落而造成他人损害。

倒塌，是指建筑物、构筑物或者其他设施的主体结构或者整个建筑物、构筑物或其他设施倾倒、崩塌；塌陷，是指地面或道路突然下陷；脱落、坠落，是指建筑物、构筑物或者其他设施上的某一成分（如砖块、瓷砖、窗户）等与建筑物、构筑物或其他设施脱离后掉落下来。现代城市中人群聚集居住，建筑物、构筑物或者其他设施无论是倒塌、塌陷，还是脱落、坠落，对于广大人民群众的人身财产安全都会造成损害，故需要对建筑物、构筑物或者其他设施倒塌、塌陷、脱落或者坠落而造成他人损害的侵权责任作出规定。

三、建筑物、构筑物及其他设施致害责任的免责事由

（一）建筑物、构筑物或其他设施倒塌、塌陷致害责任的免责事由

建筑物、构筑物或者其他设施倒塌、塌陷致害责任，适用的是无过错责任，并且应由建设单位与施工单位承担连带责任。建设单位或者施工单位既不能以没有过错为由主张免除侵权责任，也不能以此为由主张不承担连带责任。依据《民法典》第1252条第1款的规定，建设单位与施工单位能够证明不存在质量缺陷的，不需要承担侵权责任，更无须承担连带责任。所谓能够证明不存在质量缺陷，是指建设单位、施工单位证明建筑物、构筑物或者其他设施并非是因为质量缺陷而倒塌、塌陷，即勘察、设计、施工与监理等涉及建设工程质量的各个环节都不存在问题。建筑物、构筑物或其他设施之所以发生倒塌，完全是由于不可抗力（如地震）或者由《民法典》第1252条第2款规定的情形所致。此时，无论是建设单位还是施工单位均无须承担责任。

（二）建筑物、构筑物或其他设施脱落、坠落等致害责任的免责事由

建筑物、构筑物或者其他设施发生脱落、坠落等致害责任，适用的是过错推定责任。所有人、管理人或使用人可以通过证明自己没有过错（即尽到了管理、维护职责）而免除责任。从实践来看，所有人、管理人或者使用人能够证明自己没有过错的情形下，损害往往是由以下三种原因所致：其一，不可抗力，如天花板上的吊灯因为强烈的地震而掉落下来砸伤他人。其二，受害人自身过错。例如，被告的采光井上玻璃承重有限，不能站人，为防止有人站上去，被告将采光

井严密围挡并设置了“禁止站立”“站立危险”等充分的警示标志，原告依然翻越围挡，站在采光井上，因玻璃破碎而摔下受伤。其三，第三人的过错行为，即所有人、管理人或者使用人之外的人实施了故意或者过失侵害他人的行为。例如，甲与乙有仇，其在丙家中做客时，看见乙从楼下经过，故意将其阳台上的花盆撞掉下去砸伤乙。《民法典》第1253条规定：“所有人、管理人或者使用人赔偿后，有其他责任人的，有权向其他责任人追偿。”这里所说的“其他责任人”就是指所有人、管理人或者使用人之外的对损害的发生存在过错的第三人。

四、建筑物、构筑物及其他设施致害责任的责任主体

（一）建筑物、构筑物或其他设施倒塌、塌陷致害责任的主体

1. 建设单位与施工单位承担连带责任

在建筑物、构筑物或者其他设施倒塌、塌陷而造成他人损害时，依据《民法典》第1252条的规定，责任主体为建设单位与施工单位，二者应当就被侵权人的损害承担连带责任。建设单位，是指依法取得土地使用权，在该土地上建造建筑物、构筑物或者其他设施的单位，为建设工程合同的总发包人。施工单位，是指具体负责建筑物、构筑物或其他设施施工建设的企业。

之所以作出这样的规定，主要考虑是：其一，建设单位作为以建造建筑物、构筑物或者其他设施为目的的建设工程合同的总发包人，也是该等不动产合法建造完毕后的初始所有权人，其对于建筑物、构筑物和其他设施的质量负有法定的义务和责任。对此，《建筑法》等法律有明确的规定。实践中，建筑物等倒塌、塌陷往往与建设单位有关，如建设单位要求建筑设计单位或者建筑施工企业在工程设计或者施工作业中违反法律、行政法规和建筑工程质量、安全标准，降低工程质量等。故此，一旦建筑物因质量缺陷而倒塌、塌陷，建设单位难辞其咎。其二，建筑物、构筑物或其他设施发生倒塌、塌陷多是因为建设工程质量存在缺陷，而造成这种缺陷的原因往往是，施工单位作为建设工程合同的承包人，没有按照工程设计图纸和施工技术标准施工，偷工减料，或者擅自修改工程设计。因此，施工单位也需要承担责任，法律规定由建设单位与施工单位承担连带责任就是非常合理的。

2. 建设单位、施工单位向其他责任人追偿

《民法典》第1252条第1款规定：“建设单位、施工单位赔偿后，有其他责任人的，有权向其他责任人追偿。”这就是说，在建筑物、构筑物或者其他设施的倒塌、塌陷是由设计单位、勘察单位或监理单位的原因所致时，建设单位与施工单位依然要向受害人承担连带责任。建设单位、施工单位在承担赔偿责任后，有权向设计单位、勘察单位或者监理单位等追偿。

3. 所有人、管理人、使用人或者第三人承担侵权责任

因所有人、管理人、使用人或者第三人的原因，建筑物、构筑物或者其他设施倒塌、塌陷造成他人损害的，由所有人、管理人、使用人或者第三人承担侵权责任。例如，所有人在装修房间时违规拆除承重墙，导致房屋结构损坏，以致房屋倒塌；又如，第三人驾驶的重型卡车失控撞上大楼的承重柱，以致大楼倒塌。在这些情形中，建筑物等倒塌并非是因为质量缺陷，与建设单位、施工单位无关。因此，《民法典》第 1252 条第 2 款规定，建设单位和施工单位无须承担连带责任，应当由造成建筑物等倒塌塌陷的加害行为人，即所有人、管理人、使用人或者第三人承担侵权责任。

（二）建筑物、构筑物或其他设施脱落、坠落致害责任的主体

建筑物、构筑物或者其他设施脱落、坠落造成他人损害时，责任主体为所有人、管理人或者使用人。所有人，是指建筑物、构筑物或者其他设施的所有权人。我国实行不动产登记制度，不动产登记簿是不动产物权归属和内容的根据（《民法典》第 216 条第 1 款）。因此，在确定某人是否属于所有人时可以通过查询不动产登记簿了解。因建筑物、构筑物或者其他设施脱落、坠落而遭受损害的被侵权人属于《民法典》第 218 条规定的利害关系人，有权向不动产登记机构申请查询复制不动产登记簿。管理人，是指虽非建筑物等不动产的所有人，但依法或依约定享有管理权限的民事主体。依法享有管理权限的民事主体如国有财产的管理人，包括国家机关、国家举办的事业单位和国家出资的企业。这些主体只是对其直接支配的国家所有的不动产享有占有、使用和依法处分的权利，但并非不动产所有人（《民法典》第 255—256 条）。依约定享有管理权限的民事主体包括依据物业服务协议等对建筑物、构筑物或者其他设施负有维护管理职责的物业服务公司以及其他建筑物管理人等。使用人，是指基于债权关系或物权关系而对建筑物、构筑物或者其他设施享有使用权的民事主体，包括承租人、地役权人等。

建筑物、构筑物或其他设施上有使用人或管理人的，应由使用人或管理人承担侵权责任。没有使用人或管理人的，应由所有人承担侵权责任。它们之间并不发生连带责任。此外，即便损害是由其他责任人所致，所有人、管理人或者使用人也应先承担侵权责任，然后向其他责任人追偿（《民法典》第 1253 条）。

第三节　林木致害责任

一、林木致害责任概述

林木致害责任，是指因林木折断、倾倒或者果实坠落等造成他人损害时，林木

的所有人或者管理人依法应当承担的侵权责任。林木，是指种植在土地上的树木。因林木种植在土地上，不可移动，故属于不动产。根据我国法律规定，林木、房屋与土地都属于独立的不动产。《民法典》第1257条对林木致害责任作出了规定。

二、林木致害责任的归责原则

林木致害责任适用过错推定责任。这是因为，林木折断、倾倒或者果实坠落造成他人损害的，多因林木的所有人或者管理人具有过错，即他们未尽到应有的管理、维护职责，如没有及时清除干枯的树枝、砍伐已经枯死的树木、采摘成熟的果实等。因此，依据造成他人损害这一事实就可以推定林木的所有人或者管理人存在过错。如果所有人或者管理人尽到维护、管理的职责，通常就不会造成他人的损害。即便仍然给他人造成损害，也往往是由不可抗力或第三人的过错行为所致，此时所有人或者管理人没有过错，无须承担侵权责任。

三、林木致害责任的责任主体

林木折断等造成他人损害的，应当由林木的所有人或者管理人承担侵权责任。所有人，是指林木的所有权人；管理人，是指依据合同或法律规定对林木负有管理职责的民事主体。例如，公园对公园内的树木负有管理职责；公路养护管理部门对种植在公路旁的护路树负有管理职责；物业服务企业对物业小区内的树木负有管理职责等。

第四节 地面施工致害责任

一、地面施工致害责任的归责原则

地面施工致害责任，是指施工人在公共场所或者道路上从事挖掘、修缮安装地下设施等施工活动造成他人损害时，依法应当承担的侵权责任。依据《民法典》第1258条第1款，地面施工致害责任为过错推定责任，即受害人不需要证明施工人的过错，只有施工人能够证明自己没有过错，才能免责。所谓能够证明自己没有过错，表现为其能够证明“已经设置明显标志和采取安全措施”。事实上，设置明显标志和采取安全措施，也是相关法律法规的明确要求，属于法定义务。例如，《道路交通安全法》第105条规定：“道路施工作业或者道路出现损毁，未及时设置警示标志、未采取防护措施，或者应当设置交通信号灯、交通标志、交通标线而没有设置或者应当及时变更交通信号灯、交通标志、交通标线而没有及时变更，致使通行的人员、车辆及其他财产遭受损失的，负有相关职责的单位应当依法承担赔偿责任。”

二、地面施工致害责任的构成要件

（一）在公共场所或者道路上从事了挖掘、修缮安装地下设施等活动

地面施工致害责任的适用范围为公共场所或者道路。这是因为，公共场所或者道路是供不特定的人即公众往来、通行的空间。施工人在这样的地方施工，理应负有高度的注意义务，从而防止对公众之人身和财产造成损害。至于在非公共场所或者道路的地方进行挖掘、修缮安装地下设施的活动而致人损害的案件，不适用《民法典》第 1258 条第 1 款。例如，在自家的院子里挖坑，未采取安全措施，导致他人跌入摔伤，此时适用过错责任即可。

（二）不能证明已经设置了明显标志和采取了安全措施

施工人负有证明自己已经设置了明显标志和采取了安全措施的证明责任，判断时应依据以下标准：首先，如果法律、法规和规章就如何设置明显标志和采取安全措施有明确的规定，应符合这一规定。例如，《公路法》第 32 条要求施工单位在施工路段两端设置明显的施工标志和安全标志，如果施工单位只在一端设置了而没有在另一端设置，那么显然不符合法律的要求，具有过错。其次，如果法律、法规和规章等对此没有明确的规定，法院应从维护公众安全的角度出发，从严认定施工人是否设置了明显标志和采取了安全措施。

（三）造成他人损害

受害人的损害包括人身伤亡以及财产损害。需要注意的是，损害必须是在施工进行阶段发生的。如果受害人是在施工结束后，因建筑物或者构筑物存在管理或维护上的瑕疵而遭受损害，则应适用《民法典》第 1252、1253 条等规定。

三、地面施工致害责任的责任主体

地面施工致害责任的主体为施工人，即在公共场所或者道路上实施挖掘、修缮安装地下设施等施工活动的人。

第五节 地下设施致害责任

一、地下设施致害责任概述

地下设施，是指在地面以下以人力方式修建的窨井、水井、下水道、地下坑道等设施。窨井是指上下水道或其他地下管线工程用于检查或疏通而建造的井状构造物。严格地说，地下设施也属于构筑物，无须单独规定。但由于《民法典》

第 1252、1253 条只是规定了构筑物倒塌、塌陷脱落、坠落这几种造成他人损害的方式，不够周延，因而《民法典》第 1258 条第 2 款专门对地下设施致害责任作出了规定。

二、地下设施致害责任的归责原则

地下设施致害责任适用过错推定责任，管理人可以通过证明已经尽到管理职责来免除责任。管理职责即维护与管理之义务，管理人应尽何种程度的维护与管理义务，要考虑地下设施之位置等因素。如果是位于道路和公共通道上的地下设施，由于直接关涉公众安全，管理人须尽到高度的注意义务。倘若是位于自家封闭院落的地下设施，如院子里修建的水井、粪池等，则管理人仅对那些合法进入该领域的人负有一定程度的注意义务。

三、地下设施致害责任的责任主体

地下设施致害责任的主体为管理人。该管理人既包括地下设施的所有人，如某人在自家院落内修建的水井、地窖等；也包括虽非所有人但对地下设施负有管理、维护职责的民事主体，如公路养护段、高速公路管理公司、物业服务公司、市政管理部门等。

第六节 搁置物与悬挂物致害责任

一、搁置物与悬挂物致害责任概述

《民法典》第 1253 条规定了建筑物、构筑物或者其他设施上的搁置物、悬挂物脱落、坠落造成他人损害的责任。搁置物、悬挂物，并非建筑物等不动产的成分，而属于动产。

悬挂物，是指通过一定的连接方式而悬挂在建筑物、构筑物或其他设施的内部或外部的物体，如挂在过街天桥上的公路指示牌，建筑物外墙上的空调外挂机、灯箱、霓虹灯招牌或广告牌，建筑物或其他设施内部悬挂的吊灯、吸顶灯、吊扇、音箱、雕塑、画像，冬天屋檐上雨雪结冰形成的冰凌等。

搁置物，是指人为搁置在建筑物、构筑物或其他设施上但不与之相连接的动产，如放置在阳台上的花盆、啤酒瓶等杂物。

二、搁置物与悬挂物致害责任的归责原则

搁置物、悬挂物脱落、坠落造成他人损害的，多是所有人、管理人或使用人

平时未尽维护、管理义务所致，因此适用过错推定责任。除非所有人、管理人或使用人证明自己没有过错，否则应当承担责任。例如，张三房间的外挂空调机突然掉下来，将路人李四砸死，显然，该空调机掉下来这一事实足以说明了建筑物的所有人张三有过错。因为，如果该空调机的安装和维护管理没有问题的话，是不可能掉下来的。

第七节　抛掷物与坠落物致害责任

一、抛掷物与坠落物致害责任概述

近一段时间以来，"高空抛物坠物"造成他人损害的事件频发，"头顶上的安全"引发社会关注。"为了保障好人民群众的生命财产安全"，民法典"对高空抛物坠物治理规则作了进一步的完善，规定禁止从建筑物中抛掷物品，同时针对此类事件处理的主要困难是行为人难以确定的问题，强调有关机关应当依法及时调查，查清责任人，并规定物业服务企业等建筑物管理人应当采取必要的安全保障措施防止此类行为的发生"。[①] 据此，《民法典》第 1254 条从多个角度对"高空抛物坠物"问题作出了规定。

二、抛掷物与坠落物致害责任的归责原则

（一）明确禁止从建筑物中抛掷物品

《民法典》第 1254 条第 1 款规定："禁止从建筑物中抛掷物品。"这就在法律上明确了任何单位或者个人都不得从建筑物中抛掷物品的义务，也确立了追究违反行为的行为人的民事责任、行政责任乃至刑事责任的前提。

（二）侵权人依法承担侵权责任

《民法典》第 1254 条第 1 款明确规定："从建筑物中抛掷物品或者从建筑物上坠落的物品造成他人损害的，由侵权人依法承担侵权责任。"这就是说，谁抛掷物品或者谁的物品坠落造成他人损害，就应当由谁承担责任，这也是侵权责任法的自己责任原则的基本要求。但考虑到实践中受害人往往难以查明究竟是谁抛掷物品或谁的物品坠落给其造成损害，因此《民法典》第 1254 条第 3 款特别规定："发生本条第一款规定的情形的，公安等机关应当依法及时调查，查清责任人。"这就是说，公安等机关应当依法及时调查，对于此种因抛掷物或坠落物造

---

① 王晨：《关于〈中华人民共和国民法典（草案）〉的说明——二〇二〇年五月二十二日在第十三届全国人民代表大会第三次会议上》，《人民日报》2020 年 5 月 23 日，第 7 版。

成他人损害的违法甚至是犯罪行为，不能懈怠，而应当依法履行职责，及时调查，从而查清责任人。这样不仅可以使得受害人要求加害人承担侵权责任，也有利于追究加害人的行政法律责任以及刑事责任。

（三）建筑物管理人未尽安全保障义务时应当承担侵权责任

无论是否有具体的侵权人或者是否查明具体的侵权人，只要物业服务企业等建筑物管理人没有采取必要的安全保障措施，防止从建筑物中抛掷物品或者从建筑物上坠落的物品造成他人损害的情形发生，那么物业服务企业等建筑物管理人就要承担违反安全保障义务的侵权责任。具体而言，如果是因为物业服务企业等建筑物管理人没有履行维护好建筑物的外墙面等安全保障义务，导致建筑物上的砖头、瓷砖等坠落而造成他人损害的，其需要依据《民法典》第 1198 条第 1 款承担全部的侵权责任；如果是因为第三人侵权造成他人损害，如有人从建筑物中抛掷物品，而物业服务企业等建筑物管理人没有尽到安全保障义务防止和制止此种侵权行为，那么其需要依据《民法典》第 1198 条第 2 款承担相应的补充责任，但是可以向第三人追偿。为了明确这一点，《民法典》第 1254 条第 2 款作出了明确规定："物业服务企业等建筑物管理人应当采取必要的安全保障措施防止前款规定情形的发生；未采取必要的安全保障措施的，应当依法承担未履行安全保障义务的侵权责任。"

（四）适用公平责任

有些情况下，即便经过公安等机关努力调查，依然无法查清责任人，而且也不存在物业服务企业等建筑物管理人没有采取必要的安全保障措施防止高空抛物坠物的情形。此时，对无辜受害人遭受的损害，又不能给予相应的弥补。故此，《民法典》第 1254 条第 1 款明确规定："经调查难以确定具体侵权人的，除能够证明自己不是侵权人的外，由可能加害的建筑物使用人给予补偿。可能加害的建筑物使用人补偿后，有权向侵权人追偿。"这一补偿责任就属于法律规定的公平责任。

三、可能加害的建筑物使用人的补偿责任

（一）责任性质和构成要件

《民法典》第 1254 条第 1 款规定由可能加害的建筑物使用人给予补偿，此种补偿责任不同于赔偿责任，性质上属于公平责任。其构成要件如下：

第一，造成损害的物品是从"建筑物"而非"构筑物或其他设施"中抛掷或者坠落的物品。这是因为，建筑物如住宅楼、办公楼往往层数较多且存在多个所有人（建筑物区分所有权）或使用人，难以确定具体的侵权人。如果是从构筑物或其他设施中抛掷或坠落的物品造成他人损害的，因该构筑物或其他设施的

权利人多为单个的民事主体，受害人完全可以依据《民法典》第 1253 条的规定，要求所有人、管理人或使用人承担责任，不存在“由可能加害的建筑物使用人给予补偿”的问题。实践中常见的抛掷物或坠落物，有烟灰缸、砖头、菜板、玻璃、花盆等。

第二，必须经调查难以确定具体的侵权人。如果能够确定具体的侵权人，就应当由该侵权人承担责任。

（二）责任主体

补偿责任的主体，为可能加害的建筑物使用人。

第一，责任人是建筑物的使用人而非所有人。使用人与所有人可能是同一人，也可能不是同一人，例如，出租房屋的情形下，承租人就是使用人。民法典将责任主体限定为使用人，是因为只有使用人于损害发生时在建筑物内进行活动，控制、管理着建筑物和建筑物内的物品。当抛掷物、坠落物致人损害，又无法确定具体加害人时，只有在实际使用人中确定可能的加害人才与社会生活的实际经验相吻合。

第二，必须是可能加害的建筑物使用人。可能加害，是指与损害具有因果关系可能性的加害人。如果在诉讼发生时经过调查难以确定具体侵权人，而由可能加害的建筑物使用人对被侵权人给与了补偿，但此后发现了侵权人，那么依据《民法典》第 1254 条第 1 款规定，可能加害的建筑物使用人补偿后，有权向侵权人追偿。

（三）免责事由

可能的加害人只有在证明自己不是侵权人时，才能免除补偿责任。要证明自己不是侵权人，就必须排除自己加害的全部可能性，这种证明责任的要求是比较高的。例如，受害人甲被建筑物中抛出的烟灰缸砸伤。其以二楼及以上的住户乙、丙、丁、戊为被告提起诉讼。被告丁证明了，损害发生时自己和家人全部在国外旅行，家中并无任何人居住，就可以排除其加害之全部可能性。但是如果丁只是证明自己和家人都不抽烟，因此没有烟灰缸，这显然没有排除加害的全部可能性，因为被告及其家人不抽烟并不等于家中就一定没有烟灰缸。

第八节　堆放物致害责任

一、堆放物致害责任概述

堆放物致害责任，是指因堆放物倒塌、滚落或者滑落造成他人损害时，堆放人依法应当承担的侵权责任。依据《民法典》第 1255 条的规定，堆放物致害责任适用的是过错推定责任，即除非堆放人能够证明自己没有过错，否则就应当承担侵权责任。

堆放物属于动产，不仅包括堆放在土地上的各种物品，如砖头、水泥、钢材、木材、石块、煤块等；还包括堆放在其他物品上的物，如堆放在汽车上的家具等。但需要注意的是，堆放在公共道路上的物，不属于《民法典》第 1255 条的堆放物，而应当适用《民法典》第 1256 条的规定。如果是堆放在建筑物、构筑物或其他设施上的物品发生脱落、坠落造成他人损害的，则应适用《民法典》第 1253 条的规定。

二、堆放物致害责任的责任主体

堆放物致害责任的责任主体为堆放人。堆放人并非指从事堆放行为之人，而应理解为堆放物品的所有人或者管理人。因为从事堆放行为的人有可能只是该堆放物品所有人或管理人的工作人员，而工作人员在执行工作任务过程中造成他人损害的，应由用人单位承担侵权责任。

第九节 妨碍通行的物品致害责任

一、妨碍通行的物品致害责任概述

《民法典》第 1256 条规定：“在公共道路上堆放、倾倒、遗撒妨碍通行的物品造成他人损害的，由行为人承担侵权责任。公共道路管理人不能证明已经尽到清理、防护、警示等义务的，应当承担相应的责任。”在公共道路上堆放、倾倒、遗撒妨碍通行的物品，如任意堆放在路上的沙石、砖块、谷子，倾倒在路上的垃圾，从车上遗撒下来的土块、石头、石油等。公共道路用于供不特定的公众通行，如果任由行为人在公共道路上堆放、倾倒、遗撒妨碍通行的物品，势必对广大公众的人身财产安全造成极大的威胁。故此，我国法律明确禁止任何人在公共道路上违法堆放、倾倒或遗撒妨碍通行的物品。为了更好地保障公众安全，预防和制止侵权行为，《民法典》第 1256 条对妨碍通行的物品致害责任作出了特别规定。

二、妨碍通行的物品致害责任的归责原则与构成要件

《民法典》第 1256 条将妨碍通行的物品致害责任的主体分为两类：一是行为人，即在公共道路上实施了堆放、倾倒、遗撒妨碍通行的物品的行为之人；二是公共道路管理人，即依法对公共道路负有管理维护职责的人。

在区分这两类责任主体的基础上，《民法典》第1256条还分别确立了不同的责任：行为人承担无过错责任，公共道路管理人承担过错推定责任。这是因为：

第一，公共道路是供公众通行之用，法律法规已经非常明确地规定，不得在公共道路上堆放、倾倒、遗撒妨碍通行的物品，故此行为人只要实施了该行为，造成他人损害，就应当承担侵权责任。事实上，这种行为本身也就证明了行为人是有过错的，否则也不会发生该行为。

第二，对于公共道路管理人而言，其负有维护管理公共道路的职责。例如，《公路法》第35条规定：“公路管理机构应当按照国务院交通主管部门规定的技术规范和操作规程对公路进行养护，保证公路经常处于良好的技术状态。”故此，公共道路管理人应当依法履行养护、维修管理公共道路的义务，发现在公共道路上存在堆放、倾倒、遗撒妨碍通行的物品时，应当及时清理、防护和警示。如果其没有尽到此等义务，而造成他人损害，那么就应当承担侵权责任。如果公共道路管理人已经尽到该义务，即便因为公共道路上存在堆放、倾倒、遗撒妨碍通行的物品而造成他人损害，也应当仅由行为人承担侵权责任。

▶即测即评　　▶案例资源

阅读文献

■ 马克思：《对民主主义者莱茵区域委员会的审判》，《马克思恩格斯全集》第六卷，人民出版社 1961 年版。

■ 恩格斯：《恩格斯致康拉德·施米特》，《马克思恩格斯文集》第十卷，人民出版社 2009 年版。

■ 恩格斯：《路德维希·费尔巴哈和德国古典哲学的终结》，《马克思恩格斯文集》第四卷，人民出版社 2009 年版。

■ 习近平：《决胜全面建成小康社会　夺取新时代中国特色社会主义伟大胜利——在中国共产党第十九次全国代表大会上的报告》（2017 年 10 月 18 日），人民出版社 2017 年版。

■ 习近平：《坚定不移走中国特色社会主义法治道路　为全面建设社会主义现代化国家提供有力法治保障》，《求是》2021 年第 5 期。

■ 习近平：《在庆祝中国共产党成立 100 周年大会上的讲话》（2021 年 7 月 1 日），《人民日报》2021 年 7 月 2 日，第 2 版。

■ 习近平：《论坚持全面依法治国》，中央文献出版社 2020 年版。

■ 中共中央文献研究室编：《习近平关于全面依法治国论述摘编》，中央文献出版社 2015 年版。

■《习近平谈治国理政》第一卷，外文出版社 2018 年版。

■《习近平谈治国理政》第二卷，外文出版社 2017 年版。

■《习近平谈治国理政》第三卷，外文出版社 2020 年版。

■《中共中央关于全面深化改革若干重大问题的决定》，人民出版社 2013 年版。

■《中共中央关于全面推进依法治国若干重大问题的决定》，人民出版社 2014 年版。

■《中共中央关于坚持和完善中国特色社会主义制度　推进国家治理体系和治理能力现代化若干重大问题的决定》，人民出版社 2019 年版。

■《中共中央关于党的百年奋斗重大成就和历史经验的决议》，人民出版社 2021 年版。

■ 黄薇主编：《中华人民共和国民法典解读》（物权编、合同编），中国法制出版社 2020 年版。

■ 王利明等：《中国民法典释评》（十卷本），中国人民大学出版社 2020 年版。

■ 中国社会科学院法学研究所：《民法典评注》（15 册），中国法制出版社 2020 年版。

■ 王利明总主编：《中国民法典评注》（7 编 12 册），人民法院出版社 2021 年版。

■ 王利明主编：《民法》（第九版）（上下册），中国人民大学出版社 2022 年版。

■ 魏振瀛主编：《民法》（第八版），北京大学出版社 2021 年版。

■ 郭明瑞、房绍坤主编：《民法》（第五版），高等教育出版社 2021 年版。

■ 谭启平主编：《中国民法学》（第三版），法律出版社 2021 年版。

后　记

《民法学》是马克思主义理论研究和建设工程重点教材，由教育部组织编写，经国家教材委员会审查通过。

在教材编写过程中，得到了国家教材委员会高校哲学社会科学（马工程）专家委员会、思想政治审议专家委员会以及教育部原马工程重点教材审议委员会的指导。同时，广泛听取了高校教师和学生的意见建议。

本教材由王利明主持编写，王卫国、陈小君任副主编。绪论，第一章第一节、第六节至第八节，第三章第一节至第五节，王利明撰写；第一章第二节至第五节，第五章第一节至第三节，王卫国撰写；第二章，姚辉撰写；第三章第六节、第八节，孟强撰写；第三章第七节，高圣平撰写；第四章第一节至第四节，陈小君撰写；第四章第五节至第八节，高飞撰写；第四章第九节、第十节、第十五节，第七章第一节，王轶撰写；第四章第十一节至第十四节，许德峰撰写；第五章第四节、第五节，王歌雅撰写；第六章第一节至第三节，房绍坤撰写；第六章第四节、第五节，周友军撰写；第七章第二节至第五节，程啸撰写。

2018 年 12 月 28 日

第二版后记

为深入贯彻习近平新时代中国特色社会主义思想特别是习近平法治思想，贯彻落实党的十九届五中、六中全会精神，充分体现最新颁布的相关法律法规，充分体现全面依法治国的最新实践，进一步增强教材的针对性，教育部组织对已出版的法学类教育部马工程重点教材进行了全面修订。本书修订版经国家教材委员会高校哲学社会科学（马工程）专家委员会审核通过。

王利明主持了本次教材修订工作，王卫国、陈小君、王叶刚、孟强、高圣平、王轶、石冠彬、许德峰、许中缘、姚辉、王歌雅、房绍坤、周友军、程啸参加了具体的修订工作。

2022 年 6 月

郑重声明

高等教育出版社依法对本书享有专有出版权。任何未经许可的复制、销售行为均违反《中华人民共和国著作权法》,其行为人将承担相应的民事责任和行政责任;构成犯罪的,将被依法追究刑事责任。为了维护市场秩序,保护读者的合法权益,避免读者误用盗版书造成不良后果,我社将配合行政执法部门和司法机关对违法犯罪的单位和个人进行严厉打击。社会各界人士如发现上述侵权行为,希望及时举报,我社将奖励举报有功人员。

反盗版举报电话　(010)58581999　58582371

反盗版举报邮箱　dd@hep.com.cn

通信地址　北京市西城区德外大街4号

高等教育出版社法律事务部

邮政编码　100120

读者意见反馈

为收集对教材的意见建议,进一步完善教材编写并做好服务工作,读者可将对本教材的意见建议通过如下渠道反馈至我社。

咨询电话　400-810-0598

反馈邮箱　gjdzfwb@pub.hep.cn

通信地址　北京市朝阳区惠新东街4号富盛大厦1座

高等教育出版社总编辑办公室

邮政编码　100029

防伪查询说明

用户购书后刮开封底防伪涂层,使用手机微信等软件扫描二维码,会跳转至防伪查询网页,获得所购图书详细信息。

防伪客服电话　(010)58582300